소장 · 서식 · 판례 · 이론

판례 사례 형사소송 실제

편저 : 김창범

형사소송법 총론 · 수사와 공소 · 공판 · 상소
확정재판에 대한 비상구제절차, 특수절차 수록

법문 북스

머 리 말

이 책은 실무와 이론을 겸비하여 학설을 포함시키면서 나름대로의 형식으로 서술해 본 것이다. 이미 나와 있는 형사소송법 서적들은 대부분 이론과 판례 등으로 이루어진 체계를 가지고 있다. 물론 그러한 형태는 구체적으로 상세한 설명을 취할 수 있다는 장점은 있으나 번거롭고 일목요연하지 못하다는 단점을 안고 있다. 따라서 이 책에서는 여러 영역을 한 권으로 엮어 여러 책을 함께 보지 않더라도 형사소송법 전반에 걸친 개관이 가능하도록 하였다.

순수한 소송은 민사소송뿐이라는 견해도 있으나 형사소송에 있어서도 국민의 권리보호라는 측면에서 본다면 범죄자에게 형벌을 과하는 데 있어서 범죄를 찾는 자와 죄를 결정하는 자로 나누어 죄의 유무경중을 제3자적 입장에서 판단하게 함으로써 재판에 공정을 기해야 할 것이다. 또한 피고인에게도 나름대로의 주장을 하도록 하는 등 민사재판을 모방한 절차에 의한 재판을 거치도록 하고, 그 다음 형벌권을 행사하는 것이 요망된다.

이러한 이유에서 일반인에 대한 국가형벌권의 유무와 범위를 정하기 위하여 행하여지는 재판절차, 즉 형사재판의 절차를 규정하고 있는 법이 형사소송법이다.

형사소송법이 1954년 제정되어 시행된지 벌써 반세기가 지났고 그 동안 훌륭한 저서가 많이 출판되어 이 책이 독자들에게 또 하나의 부담을 드리는 것이 아닌가 하는 걱정이 앞선다. 각종범죄에 의한 형사절차에 관한 언론보도에 익숙한 우리들은 형사소송법은 간단하고 쉬운 법으로 생각할 수 있으나, 막상 이론적·체계적으로 파고 들어가면 형사소송법처럼 어려운 분야가 없다는 것을 느낄 것이다.

이 책은 법률실무분야 종사자들을 주 대상으로 하였고 사법시험이나 공무원시험 및 승진시험 등 시험 준비를 하는 수험생들에게 많은 도움이 될 것이라고 본다.

이 책의 특색은 다음과 같다.

첫째, 형사소송법 제1조부터 마지막 부칙까지 조문순서에 따라 학설을 포함한 실무와 이론을 겸비하여 서술하였으며 형사절차를 알기 쉽게 설명하였다.

둘째, 판례는 최근까지의 대법원판례 중 중요한 것을 뽑아 기술하여 판례의 입장이 무엇인지를 명백히 알 수 있도록 하였고, 끝으로 최신 개정된 조문과 해설을 완전히 수록하였다.

셋째, 기존의 형사소송법 주석서는 그 책이 너무 많을 뿐 아니라 이론이나 판례가 따로 기술되어 있기 때문에 바쁜 실무자나 수험생 여러분이 시간적·심리적으로 부담이 있었으나, 이 책은 이론과 판례를 단권으로 일목요연하게 체계적으로 엮어서 실무자나 법률을 전공하는 분들의 부담을 덜어 주었다.

넷째, 이론 설명은 해설 끝부분에 도해를 넣어 법률초보자도 알기 쉽게 하였으며 형사절차에 필요한 서식을 다수 수록하여 실무자에게 도움이 되도록 하였다. 또한 형사소송법의 특별법을 실무에 도움이 되도록 각조마다 주석을 달아 설명하였다.

다섯째, 각 조문마다 쟁점을 돌출시켜 문답식으로 설명, 법률을 처음 공부하는 초보자도 이해하기 쉽게 하였다.

이 책에서 저자의 뜻한 바가 실현되는지에 대하여는 두려움이 앞설 뿐이다. 아직 공부를 마치지 못한 입장에서 미숙하기 짝이 없는 졸저를 세상에 내놓는다는 것이 더 없이 부끄러운 일이지만 이 책이 여러 독자들의 형사소송법학연구에 조금이나마 보탬이 되기를 바라는 심정으로 위안을 삼고자 한다.

마지막으로 이 책의 출판에 힘써 주신 여러분들에게 감사의 뜻을 표하는 바이다. 또한 법문북스 김현호 대표님을 비롯한 편집부 여러분에게도 이 지면을 빌려 감사드린다.

2019. 6.

편저자

차 례

제1편 형사소송법 총론

제 1 장 서 론

제2장 소송의 주체

제3장 소송행위와 소송조건

제2편 수사와 공소

제 1 장 수사

제 2 장 강제처분과 강제수사

제 3 장 수사의 종결

제 4 장 공 소

제3편 공 판

제 1 장 공판절차

제 2 장 증 거

제 3 장 재 판

제4편 상 소

제 1 장 상소제도 개설

제 2 장 항소, 상고, 항고

제5편 확정재판에 대한 비상구제절차, 특수절차 등

제 1 장 확정재판에 대한 비상구제절차

제 2 장 특별절차

제 3 장 재판의 집행, 형사보상

부 록

제1편
형사소송법 총론

제 1 편 총 론

제1장 서 론

Ⅰ. 형사소송법의 의의

1. 형사소송법의 의의

범죄를 수사하여 형벌을 과하고 선고된 형벌을 집행하기 위한 절차를 형사절차라고 하는데, 이러한 형사절차를 규정하는 법률체계가 형사소송법이다. 즉, 형사소송법은 형벌법규의 구체적 적용·실현하기 위한 절차를 규정하는 법률체계를 의미한다.

형법은 어떤 행위가 범죄로 되고, 그 범죄에 어떤 형벌을 과할 것인가를 규정하고 있고, 형법에 규정된 범죄를 범한 때에는 국가형벌권이 발생하게 된다. 따라서 형법이 형벌권의 발생요건을 규정하는 법률이라 한다면, 형사소송법은 형벌권을 실현하기 위한 법률이라 할 수 있다.

2. 형사소송

형사절차가 소송의 구조, 즉 소를 제기한 자(원고)와 그 상대방(피고인)이 대립하여 공격·방어를 행하고 이에 기하여 제3자인 법원이 공권적 판단을 내리는 구조를 취하고 있는 경우에 그 형사 절차를 형사소송이라고 한다.

형사소송절차는 범죄의 수사절차, 공판절차 및 재판의 집행절차로 구분할 수 있는데, 공판절차는 법원이 담당하나 수사절차와 재판의 집행절차는 검사의 권한에 속하고 법원은 특별한 경우에 한하여 부분적으로 이에 개입한다.

3. 형사절차법정주의

형법의 적용이라는 공익목적을 위한 형사절차에 있어서는 필연적으로 개인의 기본적 인권을 침해하지 않을 수 없다. 따라서 형벌권을 실현하는 절차에서 개인의 자유침해를 억제하기 위해서는 형사절차를 법률에 의하여 규정할 것이 요구되는데, 이를 형사절차법정주의라고 한다. 형사절차법정주의에 의하여 형사절차는 반드시 법률에 의하여 정하여진 절차에 따라 행하여질 것을 요구한다. 이에 따라 제정된 것이 형사소송법이다.

Ⅱ. 형사소송법의 법원(法源)

1. 헌법

헌법에 포함된 형사절차에 관한 규정은 형사절차를 지배하는 최고이념으로서 형사소송법의 법원이 된다.

형사소송법의 법원이 되는 헌법규정으로 중요한 것은 형사절차법정주의(헌법 제12조 제1항), 고문금지와 불이익한 진술거부권(헌법 제12조 제2항), 영장주의(헌법 제12조 제3항 · 제16조), 변호인의 조력을 받을 권리(헌법 제12조 제4항), 구속적부심사청구권(헌법 제12조 제6항), 자백배제법칙과 자백의 보강법칙(헌법 제12조 제7항), 일사부재리의 원칙(헌법 제13조 제1항), 신속한 공개재판을 받을 권리(헌법 제27조 제3항), 피고인의 무죄추정(헌법 제27조 제4항), 형사보상청구권(헌법 제28조) 등을 들 수 있다.

2. 형사소송법

형사소송법은 형사절차에 관한 가장 중요하고 기본적인 규정을 수록한 법률이므로 형사소송법의 가장 중요한 법원이다.

3. 대법원규칙

형사소송법을 보완하기 위하여 형사소송법이 대법원규칙에 위임한 사항, 그 밖에 형사소송절차에 관하여 필요한 사항을 정한 것이 형사소송규칙이다. 이외에도 국민의 형사재판 참여에 관한 규칙, 공판정에서의 좌석에 관한 규칙, 법정에서의 방청 · 촬영에 관한 규칙, 법정 등의 질서유지를 위한 재판에 관한 규칙 등이 있다.

Ⅲ. 형사소송법(2016. 5. 29 개정) 등의 주요내용

1. 형사소송법 개정의 결과

우리 형사소송법이 1954. 9. 23. 법률 제341호로 공포된 이래 10여 차례의 개정을 통하여 형사사법제도의 변화가 있어 왔다. 그 중 중요한 개정법률로서는 영미식 당사자주의

요소와 인권보장기능을 강화한 1961. 9. 1. 법률 제705호 개정 법률과 영장실질심사의 도입을 통해 인신구속제도의 개선을 도모한 1995. 12. 29. 법률 제5054호 개정 법률을 들 수 있다. 하지만 형사사법제도의 기본 틀은 1954. 9. 23. 형사소송법이 제정된 이래 큰 틀의 변화 없이 50여 년 동안 지속되어 왔다. 이러한 우리의 형사사법제도는 주어진 형사사법의 인력과 여건 속에서 효율적인 재판시스템을 구축하는 데 기여해 왔다고 평가할 수 있다. 하지만 국민의 인권의식과 권리의식이 높아진 오늘날 우리의 형사사법제도가 과연 국제적 기준(global standard)에 부합하는 것인지에 관한 의문이 제기되기에 이르렀다.

대법원은 사법제도의 전반적인 개선을 위하여 2003. 10. 28. 대법원 산하에 사법개혁위원회를 설치하였고, 사법개혁위원회는 21세기 국제적 기준에 걸맞은 형사사법제도의 구축을 위원회 과제의 하나로 채택하였다. 사법개혁위원회는 형사사법절차에서의 피의자·피고인의 인권보장, 형사피해자 보호방안을 논의하였다. 그 세부 쟁점으로서는 인신구속절차의 개선, 변호인의 조력을 받을 권리의 실질적 보장, 공판중심주의적 법정심리절차의 확립, 형사사건 처리절차의 다양화, 피해자의 진술권, 신뢰관계자의 동석제도, 재정신청제도의 확대 등이었다. 사법개혁위원회는 1년 여 동안의 논의를 거쳐 "사법개혁을 위한 건의문"을 발표하고 2004년 말에 활동을 마쳤다. 그 후 대통령 직속의 "사법제도개혁추진위원회"의 설치를 내용으로 하는 대통령령이 2004. 12. 15. 제정, 공포되었다. 사법제도개혁추진위원회는 법원과 검찰, 변호사, 학계, 시민단체대표 등이 참여하여 1년 여 동안의 논의를 거친 끝에 정부입법안을 성안하여 2006년 1월에 국회에 형사소송법 일부 개정 법률안을 제출하였다. 국회는 2006년 하반기부터 정부가 제안한 형사소송법 일부 개정 법률안(다음부터 '개정안'이라고만 한다)을 본격적으로 논의한 끝에 2007. 4. 30.에 형사소송법 일부 개정 법률안이 통과되었고, 2007. 6. 1. 법률 제8496호로 공포되어 2008. 1. 1.부터 시행되게 되었다.

2. 개정 형사소송법의 주요 내용

(1) 서류·증거물의 열람·복사

피고인과 변호인은 소송계속 중의 관계 서류 또는 증거물을 열람하거나 복사할 수 있다. 또한 피고인의 법정대리인, 제28조에 따른 특별대리인, 제29조에 따른 보조인 또는 피고인의 배우자·직계친족·형제자매로서 피고인의 위임장 및 신분관계를 증명하는 문서를 제출한 자도 제1항과 같다. 재판장은 피해자, 증인 등 사건관계인의 생명 또는 신체의 안전을 현저히 해칠 우려가 있는 경우에는 제1항 및 제2항에 따른 열람

·복사에 앞서 사건관계인의 성명 등 개인정보가 공개되지 아니하도록 보호조치를 할 수 있다. 제3항에 따른 개인정보 보호조치의 방법과 절차, 그 밖에 필요한 사항은 대법원규칙으로 정한다.

(2) 진술서등

피고인 또는 피고인이 아닌 자가 작성한 진술서나 그 진술을 기재한 서류로서 그 작성자 또는 진술자의 자필이거나 그 서명 또는 날인이 있는 것(피고인 또는 피고인 아닌 자가 작성하였거나 진술한 내용이 포함된 문자·사진·영상 등의 정보로서 컴퓨터용디스크, 그 밖에 이와 비슷한 정보저장매체에 저장된 것을 포함한다. 이하 이 조에서 같다)은 공판준비나 공판기일에서의 그 작성자 또는 진술자의 진술에 의하여 그 성립의 진정함이 증명된 때에는 증거로 할 수 있다. 단, 피고인의 진술을 기재한 서류는 공판준비 또는 공판기일에서의 그 작성자의 진술에 의하여 그 성립의 진정함이 증명되고 그 진술이 특히 신빙할 수 있는 상태하에서 행하여 진 때에 한하여 피고인의 공판준비 또는 공판기일에서의 진술에 불구하고 증거로 할 수 있다. 제1항 본문에도 불구하고 진술서의 작성자가 공판준비나 공판기일에서 그 성립의 진정을 부인하는 경우에는 과학적 분석결과에 기초한 디지털포렌식 자료, 감정 등 객관적 방법으로 성립의 진정함이 증명되는 때에는 증거로 할 수 있다. 다만, 피고인 아닌 자가 작성한 진술서는 피고인 또는 변호인이 공판준비 또는 공판기일에 그 기재 내용에 관하여 작성자를 신문할 수 있었을 것을 요한다.

(3) 증거능력에 대한 예외

제312조 또는 제313조의 경우에 공판준비 또는 공판기일에 진술을 요하는 자가 사망·질병·외국거주·소재불명 그 밖에 이에 준하는 사유로 인하여 진술할 수 없는 때에는 그 조서 및 그 밖의 서류(피고인 또는 피고인 아닌 자가 작성하였거나 진술한 내용이 포함된 문자·사진·영상 등의 정보로서 컴퓨터용디스크, 그 밖에 이와 비슷한 정보저장매체에 저장된 것을 포함한다)를 증거로 할 수 있다. 다만, 그 진술 또는 작성이 특히 신빙할 수 있는 상태하에서 행하여졌음이 증명된 때에 한한다.

(4) 무죄판결의 공시

재심에서 무죄의 선고를 한 때에는 그 판결을 관보와 그 법원소재지의 신문지에 기재하여 공고하여야 한다. 다만, 다음 각 호의 어느 하나에 해당하는 사람이 이를 원하지 아니하는 의사를 표시한 경우에는 그러하지 아니하다.

1. 제424조제1호부터 제3호까지의 어느 하나에 해당하는 사람이 재심을 청구한 때에는

재심에서 무죄의 선고를 받은 사람

2. 제424조제4호에 해당하는 사람이 재심을 청구한 때에는 재심을 청구한 그 사람

(5) 재산형 등의 집행

벌금, 과료, 몰수, 추징, 과태료, 소송비용, 비용배상 또는 가납의 재판은 검사의 명령에 의하여 집행한다. 이 명령은 집행력 있는 채무명의와 동일한 효력이 있다. 검사는 제1항의 재판을 집행하기 위하여 필요한 조사를 할 수 있다. 이 경우 제199조제2항을 준용한다. 벌금, 과료, 추징, 과태료, 소송비용 또는 비용배상의 분할납부, 납부연기 및 납부대행기관을 통한 납부 등 납부방법에 필요한 사항은 법무부령으로 정한다.

제2장 소송의 주체

Ⅰ. 법 원

1. 법원의 의의

법원이란 사법권을 행사하는 국가기관을 말한다. 법률상의 쟁송에 관하여 심리·재판하는 권한과 이에 부수하는 권한을 사법권이라고 한다. 헌법은 사법권은 법관으로 구성된 법원에 속한다고 규정하고 있다(헌법 제101조 제1항).

법원이라는 말은 두 가지 의미로 사용되고 있다. 국법상 의미의 법원과 소송법상 의미의 법원이 그것이다. 전자는 사법행정상의 단위이기 때문에 대법원장과 법원장의 지휘·감독을 받는 데 반하여, 후자는 독립하여 재판권을 행사하고 상급법원이나 법원장의 지휘·감독을 받지 않는다는 점에 차이가 있다.

(1) 국법상 의미의 법원

가. 의 의

국법상 의미의 법원은 사법행정상의 의미에서의 법원이라고도 한다. 이는 다시 사법행정상의 관청으로서의 법원과 관서로서의 법원으로 구분된다. 전자는 사법행정권의 주체가 되는 법원을 말하고, 후자는 그 자체로서는 아무런 권한을 가지고 있지 않는, 법관과 전 직원을 포괄한 사법행정상의 단위에 불과한 법원을 의미한다. 법원조직법에서 말하는 법원은 보통 국법상 의미의 법원을 뜻한다.

나. 조 직

각 법원관서의 장을 정점으로 하여 소속 법관으로 구성된 재판기관(소송법상 의미의 법원)과 기타의 직원으로 조직된다.

대법원장은 사법행정사무를 총괄하며 그 사무에 관하여 관계공무원을 지휘·감독한다.

(2) 소송법상 의미의 법원

가. 의 의

구체적 사건에 대하여 심판을 담당하는 재판기관(통칭 재판부)을 소송법상 의미의 법원이라고 한다. 국법상 의미의 법원이 구체적으로 재판권을 행사할 때에는 일정한 수의 법관으로 구성된 재판기관(합의부 또는 단독판사)에 의한다. 형사소송법에서 법원이라고 할 때에는 소송법상 의미의 법원을 말한다.

나. 구 성

1) 단독제와 합의제

① 단독제 : 1인의 법관으로 법원을 구성하는 방법으로, 소송절차의 신속 진행·법관의 강한 책임감 등의 장점이 있음에 반하여 사건의 심리가 신중·공정하지 못하게 될 우려가 있다.

② 합의제 : 3인의 법관으로 법원을 구성하는 방법으로, 사건심리를 신중·공정하게 할 수 있는 장점이 있으나 소송절차의 지연·법관의 책임감 약화 등의 위험이 있다. 현행 형사소송에 있어서 제1심 법원에는 단독제와 합의제를 병용하고 있으나 단독제가 원칙이 되고 있음에 반하여(법조 제7조), 상소법원은 합의제로 구성되어 있다.

2) 재판장

법원이 합의체인 경우에는 그 구성원 중의 1인이 재판장이 된다. 재판장은 공판기일지정권(법 제267조), 소송지휘권(법 제279조), 법정경찰권(법 제281조 제1항, 법조 제58조) 등을 행사한다. 재판장 이외의 법관을 합의부원(배석판사)이라고 한다.

3) 수명법관

합의체의 법원이 그 구성원인 법관에게 특정한 소송행위를 하도록 명하였을 때 그 법관을 수명법관이라고 한다(법 제37조 제4항, 제136조).

4) 수탁판사

하나의 법원이 다른 법원의 법관에게 일정한 소송행위를 하도록 촉탁한 경우에 그 촉탁을 받은 법관을 수탁판사라고 한다(법 제37조 제4항, 제136조).

5) 수임판사

수소법원과는 독립하여 소송법상의 권한을 행사할 수 있는 개개의 법관을 수임판사라고 한다. 예컨대, 수사기관에 대하여 각종의 영장을 발부하는 판사(법 제201조), 증거보전절차를 행하는 판사(법 제184조), 수사상의 증인신문을 행하는 판사(법 제221조의2)가 이에 해당한다.

수명법관은 소송법상 의미의 같은 법원 내에 있는 즉 같은 합의체 구성원 중 하나이며, 수탁판사는 조직법상 의미의 다른 법원 소속판사이고, 수임판사는 조직법상 같은 법원에 있는 판사이다.

법원의 종류	재 판 기 관		
	명칭	구성법관의 수	담당사건의 종류
지방법원 및 그 지원	단독판사	1인의 판사	법조 32①을 제외한 1심사건
	합의부	3인의 판사	법조 32①②
고 등 법 원	합의부	3인의 판사	법조 28
대 법 원	부	3인 이상의 대법관	법조 14, 7① 단서
	합의체	3분의 2 이상의 대법관	법조 14, 7① 본문

2. 법원의 관할

(1) 관할의 의의

관할이라 함은 각 법원에 대한 재판권의 분배, 즉 특정법원이 특정사건을 재판할 수 있는 권한을 말한다. 관할은 법원간의 재판권의 분배를 의미하므로 한 법원 내에서 특정사건을 처리할 법관을 정하는 사무분담 또는 사건배당의 문제와는 구별되어야 한다.

관할권은 재판권과 구별해야 한다. 재판권은 사법권을 의미하는 일반적·추상적 권한을 뜻하는 국법상의 개념임에 반하여, 관할권은 재판권을 전제로 특정사건에 대하여 특정법원이 재판권을 행사할 수 있는 구체적 한계를 정하는 소송법상의 개념이다.

관할에는 사물관할, 토지관할 및 심급관할이 있다. 사물관할과 토지관할은 제1심 법원 간의 재판권의 분배에 관한 것이고, 심급관할은 상소에 관한 것이다.

(2) 관할의 종류

가. 사물관할

사물관할이란 사건의 경중 또는 성질에 의한 제1심 관할의 분배를 말한다. 사물관할은 법원조직법에 규정되어 있다.

1) 단독판사의 사물관할

제1심의 사물관할은 원칙적으로 지방법원 및 가정법원과 그 지원, 가정지원 및 시 · 군법원의 단독판사에 속한다. 따라서 다음의 합의부 사물관할에 속하는 사건을 제외한 사건은 모두 단독판사 사물관할에 속한다.

다만, 시 · 군법원 판사의 심판권은 20만원 이하의 벌금 또는 과료에 처할 범죄사건 즉, 즉결심판사건에만 미친다.

2) 합의부의 사물관할

합의부의 사물관할에 속하는 사건은 다음과 같다.

① 사형, 무기 또는 단기 1년 이상의 징역이나 금고에 해당하는 사건

법정형이 중한 사건은 그 처리에 있어서도 신중을 기하자는 의미에서 합의부의 관할로 정한 것이다. 법정형에 단기 1년 이상의 징역이 규정되어 있다면 설사 벌금형이 선택형으로 규정되어 있더라도 합의부의 관할이 된다. 그리고 '3년 이하의 징역', '10년 이하의 징역'의 형식으로 규정된 사건은 단기가 1년 미만이므로 모두 단독판사의 관할이 된다. 그러나 다음과 같은 예외가 있다.

쟁 점

<법정형에 관계 없이 단독판사가 관할하는 사건>

① 형법 제331조(특수절도), 제332조(단순절도·야간주거침입절도·특수절도·자동차 등 불법사용죄의 각 상습범, 각 죄에 정한 형의 장단기 모두를 2분의1까지 가중)와 그 각 미수죄에 해당하는 사건

② 폭력행위등처벌에관한법률 제2조 제1항·제3항(일정한 폭력성 범죄의 상습범·누범, 3년 이상의 유기징역), 제3조 제1항(위 범죄의 단체·다중범 흉기소지범, 3년 이상의 유기징역), 제3조 제2항(위 항의 죄를 야간에 범한 경우, 5년 이상의 유기징역), 제6조(동 제2조 제1항·제3항, 제3조 제1항·제2항의 미수죄), 제9조(사법경찰관리의 직무유기)

③ 병역법 위반사건 전부

④ 특정범죄가중처벌등에관한법률 제5조의3 제1항(도주차량 운전자의 가중처벌), 제5조의4 제1항(상습강도·절도죄의 가중처벌)·제4항(상습 장물취득·알선죄의 가중

처벌)·제5항(위 범죄의 누범) ⑤ 보건범죄단속에관한특별조치법 제5조(영리를 목적으로 한 부정의료행위) ⑥ 부정수표단속법 제5조(수표의 위조·변조)

② 위 ①항의 사건과 동시에 심판할 공범사건

이는 후술의 관련사건에 해당하므로 형사소송법 제9조나 제10조에 의하여 당연히 합의부가 병합관할하거나 병합 심리할 수 있을 것이나 법원조직법은 따로 이를 합의부관할로 명시하고 있다.

③ 지방법원판사에 대한 제척・기피사건

④ 다른 법률에 의하여 지방법원 합의부의 권한에 속하는 사건

예컨대 치료감호법 제3조 제2항 및 공직선거법 제269조 등이 있다.

⑤ 합의부에서 스스로 심판할 것으로 결정한 사건

나. 토지관할

1) 토지관할의 의의

토지관할이란 사건의 토지적(지역적) 관계에 의한 제1심관할의 분배를 말하며, 재판적이라고도 한다. 각급법원의 설치와 관할구역에 관한 법률은 동법에 의해 설치된 각급 법원의 권한행사구역으로서의 관할구역을 정하고 있는데, 그 관할구역 내에 범죄지, 피고인의 주소, 거소, 현재지가 존재하는 사건에 대하여는 그 법원이 토지관할을 갖는 것이 된다(법 제4조 제1항).

2) 토지관할의 표준

① 범죄지

「범죄지」란 범죄의 구성요건에 해당하는 사실의 전부 또는 일부가 발생한 장소를 말한다. 실행행위의 장소뿐만 아니라 구성요건적 결과가 발생한 장소도 포함되고 또 그 중 일부만이 발생한 장소도 마찬가지이다.

② 주소와 거소

주소와 거소는 민법상의 개념에 의한다. 즉 주소는 생활의 근거가 되는 곳을 말하고, 거소는 사람이 다소 계속적으로 거주하는 곳을 말한다. 주소와 거소는 공소제기시에 법원의 관할구역 안에 있으면 된다.

③ 현재지

피고인의 현재지인 이상 범죄지 또는 주소지가 아니더라도 토지관할이 인정된다.

현재지란 임의 또는 적법한 강제에 의하여 피고인이 현재하는 장소를 말한다.

3) 선박 · 항공기 내의 범죄의 특칙

국외에 있는 우리나라의 선박 또는 항공기 내에서 발생한 범죄에 관하여는 위의 장소 외에 선박의 선적지 또는 범죄 후에 선박이나 항공기가 우리나라에 도착한 장소도 토지관할의 기초가 된다(법 제4조 제2항 · 제3항).

4) 토지관할을 위반한 경우의 처리

만약 토지관할에 대한 관할위반이 있다 하더라도 피고인의 신청이 없으면 토지관할에 대하여는 관할위반의 선고를 하지 못하고, 관할위반의 신청은 피고사건에 대한 진술 전에 하여야 한다(법조 제320조).

다. 심급관할

심급관할이란 상소제도와의 관계상 하급법원의 재판에 대하여 불복상소가 있는 경우에 이를 심판할 상급법원을 정하는 관할을 말한다. 심급관할을 도해하면 다음과 같다.

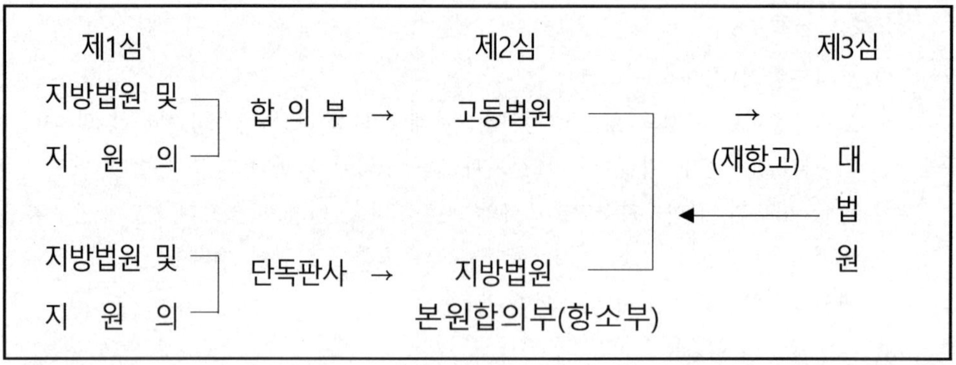

(3) 관련사건의 병합 · 분리

가. 관련사건의 의의 등

관련사건이란 수개의 사건이 상호 관련하는 것을 말한다. 관련사건의 경우에는 고유의 법정관할에 대한 수정이 인정되고 있다. 관련사건에는 주관적 관련 또는 인적 관련과 객관적 관련 또는 물적 관련이 있다. 전자는 1인이 범한 수죄를 의미하고, 후자는 수인이 공동하여 범한 죄를 의미한다. 형사소송법은 다음의 경우를 관련사건으로 규정하고 있다.

1) 1인이 범한 수죄

경합범의 경우가 여기에 해당한다. 여기서 범죄란 소송법상의 의미로 이해하여야 한다. 따라서 상상적 경합은 소송법상 1죄이므로 관련사건에 속하지 않는다.

2) 수인이 공동으로 범한 죄

공동으로 범한 죄란 형법총칙상의 공범뿐만 아니라 필요적 공범과 합동범을 포함한다.

3) 수인이 동시에 동일한 장소에서 범한 죄

이는 동시범의 경우를 말한다.

4) 범인은닉죄 · 증거인멸죄 · 위증죄 · 허위감정통역죄 또는 장물에 관한 죄와 그 본범의 죄

나. 관련사건의 병합관할

관련사건에 대하여는 병합관할이 인정되고 있다. 즉 1개의 사건에 대하여 관할권이 있는 법원은 관련사건에 대하여도 관할권을 가진다.

쟁 점

<피고인들이 일가친척이라는 사실만으로 '관련사건'에 해당하는지 여부>

수인이 공동으로 범한 죄라 함은 형법총칙상의 공범, 즉 공동정범·교사범·종범뿐만 아니라 필요적 공범·합동범·상해의 동시범을 포함하지만, 이러한 관계가 없는 경우에는 단순히 피고인들이 일가친척이라는 사실만으로는 여기에 해당한다고 할 수 없다 (대판 1978. 10. 10, 78도2225).

다. 토지관할의 경우

1) 병합관할의 원칙

사물관할은 같이 하나 토지관할을 달리하는 여러 개의 사건이 관련사건에 해당하는 때에는 그 중 어느 한 사건에 관하여 관할이 있는 법원이 다른 사건까지 병합하여 관할할 수 있다(법 제5조). 따라서 그 여러 사건을 어느 법원에도 한꺼번에 기소할 수 있게 된다.(예컨대 甲이 범한 폭행죄(단독판사 심판사건)와 甲을 은닉해준 乙의 범인은닉죄(단독판사 심판사건)의 토지관할이 서울중앙지방법원 단독판사와 대전지방법원 단독판사에게 있을 때 두 사건을 서울중앙지방법원이나 대전지방법원 어느 법원에도 기소할 수 있다.

2) 병합심리결정

① 한 법원이 병합할 수 있는 관련사건이 각각 다른 법원에 기소되어 별도로 계속된

때에는 그 각 법원에 공통되는 직근상급법원이 검사 또는 피고인의 신청에 의한 결정으로 그 중 어느 한 법원으로 하여금 병합심리하게 할 수 있다.

이 때 피고인의 변호인이 신청하기 위하여는 포괄적 대리권이 있어야 한다.

② 신청은 반드시 서면에 의하여야 하며 그 서면에 병합심리가 필요한 사유를 기재하여 공통되는 직근 상급법원에 제출한다(규 제2조 제1항).

검사의 신청서에는 피고인의 수에 해당하는 부본을, 피고인의 신청서에는 1통의 부본을 각 첨부하여야 하고(동조 제2항), 신청을 받은 법원에서는 전자의 부본을 각 피고인에게, 후자의 부본을 검사에게 각각 송달함과 함께 각 사건계속법원에 신청이 접수되었다는 취지를 통지하여야 한다(동조 제3항).

③ 신청서의 부본을 송달받은 신청 상대방은 송달일로부터 3일 이내에 의견서를 제출할 수 있으며(규 제2조 제4항), 각 사건 계속 법원에서는 급속을 요하는 경우가 아닌 한 결정이 있기까지 소송절차를 정지하여야 한다(규 제7조).

④ 신청에 대한 재판은 결정의 형식으로 하며 신청이 이유 있다고 인정하는 때에는 병합심리의 결정을, 이유 없다고 인정하는 때에는 신청을 기각하는 취지의 결정을 하여야 한다(규 제3조).

병합심리의 결정을 하는 경우에는 병합 심리할 법원을 지정하여야 하며 병합심리의 결정이 고지된 경우에는 소송기록의 송부가 행하여진다(규칙 제3조 제1항). 지정된 이외의 법원에서는 결정등본 수령일로부터 7일 이내에 소송기록과 증거물을 지정된 법원으로 송부하여야 한다(규 제3조 제2항). 병합심리의 결정 또는 병합심리의 신청을 기각하는 결정에 대해서는 법원의 관할에 관한 결정이기 때문에 항고가 허용되지 않는다(법 제403조 제1항).

⑤ 병합기소된 관련사건 중 병합심리의 필요가 없다고 인정되는 사건은 직권에 의한 결정으로 이를 분리하여 본래의 관할법원에 이송할 수 있으나(법 제7조) 실무에서는 거의 실시하지 않는다.

3) 토지관할과 사물관할이 동일한 경우

동일한 법원 내 단독판사와 단독판사 사이 또는 합의부와 합의부 사이에 관련사건이 계속중인 경우에는 소송법상의 관할의 문제는 발생하지 않으나 내부적인 재판부의 사무분담이 문제이므로 이 두 신청이나 재배당 등에 대하여 관련사건을 병합심리하게 된다.

핵심판례

토지관할병합

사물관할은 같지만 토지관할을 달리하는 수개의 제1심 법원(지원을 포함한다. 이하 같다)들에 관련 사건이 계속된 경우에 있어서, 형사소송법 제6조에서 말하는 '공통되는 직근상급법원'은 그 성질상 형사사건의 토지관할 구역을 정해 놓은 '각급 법원의 설치와 관할구역에 관한 법률' 제4조에 기한 [별표 3]의 관할구역 구분을 기준으로 정하여야 할 것인바, 형사사건의 제1심 법원은 각각 일정한 토지관할 구역을 나누어 가지는 대등한 관계에 있으므로 그 상급법원은 위 표에서 정한 제1심 법원들의 토지관할 구역을 포괄하여 관할하는 고등법원이 된다. 따라서 토지관할을 달리하는 수개의 제1심 법원들에 관련 사건이 계속된 경우에 그 소속 고등법원이 같은 경우에는 그 고등법원이, 그 소속 고등법원이 다른 경우에는 대법원이 위 제1심 법원들의 공통되는 직근상급법원으로서 위 조항에 의한 토지관할 병합심리 신청사건의 관할법원이 된다(대법원 2006.12.5, 자, 2006초기335, 전원합의체 결정).

라. 사물관할의 경우

1) 합의부의 병합관할의 원칙

사물관할을 달리하는 여러 개의 사건이 관련사건에 해당하는 때, 예를 들면 “A”가 범한 살인죄(합의부심판사건)와 그 “A”를 은닉한 “B”의 범인은닉죄(단독판사심판사건)가 있는 때에는 합의부가 그 두 사건을 병합관할한다(법 제9조).

따라서 검사는 그 두사건을 병합하여 1건을 기소함으로써 한꺼번에 합의부가 심판하도록 할 수 있다.

2) 병합심리결정

합의부가 병합관할할 수 있는 관련사건이 시기를 달리하여 동일법원 또는 별개의(즉 토지관할을 달리하는) 동급법원에 따로따로 기소됨으로써 각각 합의부와 단독판사에게 계속된 때에는 합의부는 결정으로 단독판사에 속한 사건을 병합하여 심리할 수 있다(법 제10조, 규칙 제4조 제1항).

이 병합심리결정은 합의부의 재량에 의하여 직권으로 하는 것이고 이 결정을 구하는 내용의 신청이 있다 하더라도 이는 합의부의 직권발동을 촉구하는 의미 밖에는 없다. 병합심리결정을 한 때에는 이를 검사와 피고인에게 고지함과 동시에 즉시 그 결정등본(구술로 한 경우에는 조서등본)을 단독판사에게 송부하여야 하고 단독판사는 이를 송부받은 날로부터 5일 이내에 소송기록과 증거물을 합의부에 송부하여야 한다(규 제4조 제3항).

3) 분리이송결정

합의부의 병합관할에 따라 병합기소되거나 추가기소되어 합의부에 계속된 관련사건 중 본래 합의부 관할에 속하지 않는 사건은 합의부의 결정으로 관할단독판사에게 이송할 수 있다.

제 출 법 원	직근상급법원		
신 청 권 자	검사, 피고인		
제 출 부 수	신청서 1부 및 상대방 수만큼의 부본 제출	관련법규	형사소송법 제13조
불복절차 및 기간	없음 (형사소송법 제403조 제1항)		

(4) 관할의 지정

가. 의 의

어느 사건에 관하여 관할법원이 명확하지 아니한 때 또는 관할위반을 선고한 재판이 확정된 사건에 관하여 다른 관할법원이 없는 때에 검사의 신청으로 관할법원을 정하는 것을 관할의 지정이라고 한다(법 제14조).

나. 관할지정절차

1) 검사의 신청

관할의 지정은 검사가 관계있는 제1심 법원에 공통되는 직근 상급법원에 신청하여야 한다(법 제14조). 신청은 공소제기 전후를 불문한다.

신청을 함에는 사유를 기재한 신청서를 직근상급법원에 직접 제출하여야 하며(법 제16조 제1항), 이때에는 피고인 또는 피의자의 수에 상응하는 부본을 첨부해야 한다(규 제5조 제1항). 이 부본은 지체 없이 피고인 또는 피의자에게 송달하여야 하며(규 제5조 제2항). 송달을 받은 피고인 또는 피의자는 3일 내에 의견서를 제출할 수 있다(동조 제3항).

2) 결정등본의 송부

① 기소 전의 사건에 관하여 관할지정의 결정을 한 경우 결정을 한 법원은 결정등본을 검사와 피의자에게 각 송부하여야 하며, 검사가 그 사건에 관하여 공소를 제기할 때에는 공소장에 그 결정등본을 첨부하여야 한다. 또한 기소 후인 때에는 결정을 한 법원은 결정등본을 검사와 피고인 및 사건계속법원에 각 송부하여야 한다(규 제6조 제1항·제2항).

② 기소 후의 사건계속법원이 관할지정결정등본을 송부받은 때에는 지체 없이 그 소송기록과 증거물을 위 결정등본과 함께 지정된 법원으로 송부하여야 한다.

(5) 관할의 이전

가. 의 의

관할의 이전이란 관할법원이 재판권을 행사할 수 없거나 적당하지 않은 때에 법원의 관할권을 관할권 없는 법원으로 이전하는 것을 말한다(법 제15조). 따라서 관할의 이전은 관할권 있는 법원에 대한 사건이송과 구별된다. 관할의 이전은 그 성질상 토지관할에 대하여만 인정된다. 다만 1심뿐만 아니라 항소심에서도 관할의 이전이 인정된다.

나. 관할이전의 사유(법 제15조)

1) 관할법원이 법률상 이유 또는 특별한 사정으로 재판권을 행사할 수 없을 때

법률상 이유란 법관의 제척·기피·회피로 인하여 소송법상 의미의 법원을 구성할 수 없는 때를 말하며, 특별한 사정이란 천재지변 또는 법관의 질병·사망 등으로 장기간 재판을 할 수 없는 경우를 말한다.

2) 범죄의 성질·지방의 민심·소송의 상황 기타 사정으로 재판의 공정을 유지하기 어려운 염려가 있는 때

불공정한 재판을 할 염려가 있는 객관적 사정이 있는 경우를 말한다.

쟁 점

<관할이전사유가 되지 않는 경우>

㉠ 피고인이 담당법관에 대하여 기피신청을 하였고, 위증을 한 증인이 다른 법원 관할 내의 검찰청에서 조사를 받고 있는 경우(대결 1982. 12. 17, 82초50)

㉡ 법원에서 공소장변경을 허용한 경우(대결 1984. 7. 24, 82초45)

㉢ 유죄판결에 불복하여 상고를 제기한 피고인을 교도소 소장이 검사의 이송지휘도 없이 다른 교도소로 이송처분한 경우(대결 1983. 7. 5, 83초20).

다. 신청 및 재판

관할의 이전은 검사 또는 피고인의 신청에 의하여 직근 상급법원에서 결정한다(법 제15조). 법문상 검사의 신청은 의무적으로 되어 있음에 반하여 피고인의 신청은 권리로서 규정되어 있다.

신청을 함에는 사유를 기재한 신청서를 직근 상급법원에 직접 제출하여야 하며(법 제16조 제1항). 이때에는 상대방의 수(검사신청시에는 피고인·피의자의 수, 피고인 신청시에는 1)에 상응하는 부본을 첨부해야 한다(규 제5조 제1항). 이 부본은 지체없이 상대방에게 송달하여야 하며(동조 제2항), 송달을 받은 상대방은 3일 내에 의견서를 제출할 수 있다(동조 제3항). 신청을 받은 법원은 신청이 이유있다고 인정할 때에는 관할법원을 이전하는 결정을 하고 그렇지 않을 때에는 신청기각의 결정을 한다.

(6) 사건의 이송

가. 피고인 현재지 법원에의 이송

법원은 그 관할에 속하는 사건의 피고인이 그 관할구역 내에 현재하지 않는 경우에 특별한 사정이 있으면 결정으로 사건을 피고인의 현재지의 동급 법원으로 이송할 수 있다(법 제8조).

여기서 동급법원이란 관할구역을 달리하는 동급법원을 의미하는 것이므로 본원과 지원은 동급법원에 해당하며, 본조는 동급법원의 종류를 제한하고 있지 아니하므로, 항소심에서도 본조에 의한 사건의 이송이 허용된다고 보아야 한다.

사건의 이송은 관할법원 상호간에 소송계속을 이전하는 것이라는 점에서 관할의 이전과는 구별된다. 따라서 피고인에 대하여 관할권이 없는 경우에는 사건을 이송해야 하는 것은 아니다. 이 결정은 직권에 의해서 하며 피고, 검사에게는 신청권이 없고 신청이 있더라도 직권발동을 촉구하는 의미밖에 없다.

나. 사건의 군사법원에의 이송

법원은 공소가 제기된 사건에 대해서는 군사법원이 재판권을 가지게 되었거나, 피고인이 사건 계속중에 입영 등으로 군인신분을 취득한 때와 군사법원이 재판권을 가졌음이 판명된 때에는 직권으로 결정에 의해 사건을 같은 심급의 군사법원으로 이송하여야 한다(법 제16조의2). 공소가 제기된 사건에 관하여 군사법원이 재판권을 가졌음이 판명된 때란 공소제기 당시에 이미 군사법원이 재판권을 가지고 있던 경우를 포함한다.

피고인이 재판 당시에 군인의 신분을 가지고 있음이 판명된 경우에는 재판권이 없다 하여 공소기각판결을 선고할 것이 아니라 사건을 군사법원으로 이송하여야 한다. 이송결정 역시 직권에 의해서 한다. 신청이 있더라도 직권발동을 촉구하는 의미밖에 없다.

다. 사건의 소년부 송치(소년법 제50조, 제51조)

① 법원은 소년에 대한 피고사건을 심리한 결과 벌금 이하의 형에 해당하는 범죄이거나 보호처분에 해당할 사유가 있다고 인정한 때에는 결정으로써 사건을 관할 소년부에 송치하여야 한다.

② 소년부도 법원으로부터 송치받은 사건을 심리한 결과 본인이 20세 이상임이 판명된 때에는 결정으로써 사건을 송치한 법원에 다시 이송하여야 한다.

(7) 관할의 경합

가. 의 의

동일사건에 대하여 2개 이상의 법원이 관할권을 가지는 경우가 있다. 이를 관할의 경합이라 한다. 이 경우 법원의 관할권에는 우열이 없으므로 검사는 어느 법원에나 공소를 제기할 수 있고, 또 검사가 어느 한 법원에 공소를 제기하였다고 하여 다른 법원의 관할권이 소멸하는 것도 아니다. 그러나 동일사건에 대하여 이중으로 심판하거나 이중판결을 하는 것은 소송경제에 반할 뿐만 아니라 모순된 판결을 초래할 위험이 있으므로, 형사소송법은 이를 방지하기 위하여 다음과 같은 규정을 두고 있다.

핵심판례

사기·사문서위조·위조사문서행사·대부업등의등록및금융이용자보호에관한법률위반·특정경제범죄가중처벌등에관한법률위반(사기)(인정된죄명:사기)

제1심에서 합의부 관할사건에 관하여 단독판사 관할사건으로 죄명, 적용법조를 변경하는 공소장변경허가신청서가 제출되자, 합의부가 공소장변경을 허가하는 결정을 하지 않은 채 착오배당을 이유로 사건을 단독판사에게 재배당한 사안에서, 형사소송법은 제8조 제2항에서 단독판사의 관할사건이 공소장변경에 의하여 합의부 관할사건으로 변경된 경우 합의부로 이송하도록 규정하고 있을 뿐 그 반대의 경우에 관하여는 규정하고 있지 아니하며, '법관 등의 사무분담 및 사건배당에 관한 예규'에서도 이러한 경우를 재배당사유로 규정하고 있지 아니하므로, 사건을 배당받은 합의부는 공소장변경허가결정을 하였는지에 관계없이 사건의 실체에 들어가 심판하였어야 하고 사건을 단독판사에게 재배당할 수 없는데도, 사건을 재배당받은 제1심 및 원심이 사건에 관한 실체 심리를 거쳐 심판한 조치는 관할권이 없는데도 이를 간과하고 실체판결을 한 것으로서 소송절차에 관한 법령을 위반한 잘못이 있고, 이러한 잘못은 판결에 영향을 미쳤다는 이유로, 원심판결 및 제1심판결을 모두 파기하고 사건을 관할권이 있는 법원 제1심 합의부에 이송한 사례.(대판 2013.4.25., 선고, 2013도1658)

나. 사물관할의 경합

동일사건이 사물관할을 달리하는 수개의 법원에 계속된 때(동일사건이 각각 합의부와 단독판사에게 계속된 경우)에는 법원합의부가 이를 심판한다(법 제12조). 단독판사는 합의부 계속 사실을 안 때에는 즉시 공소기각 결정을 하여야 하고(법 제328조 제1항 제3호), 만일 단독판사의 사건에 대한 판결이 먼저 확정된 때에는 합의부에서 면소의 판결을 한다(법 제326조 제1호).

다. 토지관할의 경합

동일사건이 사물관할을 같이하는 수개의 법원에 계속된 때에는 먼저 공소를 받은 법원이 심판한다(법 제13조 본문). 이를 선착수의 원칙이라고 한다. 다만 각 법원에 공통되는 직근 상급법원은 검사 또는 피고인의 신청에 의하여 결정으로 뒤에 공소를 받은 법원으로 하여금 심판하게 할 수 있다(동조 단서).

이 경우 심판을 하지 않게 된 법원은 결정으로 공소를 기각해야 한다(법 제328조 제1항 제3호). 그러나 뒤에 공소가 제기된 사건이 먼저 확정된 때에는 먼저 공소가 제기된 사건에 대하여 면소판결을 해야 한다(법 제326조 제1호). 이에 반하여 동일사건을 수개의 법원에서 판결하여 모두 확정된 때에는 뒤에 확정된 판결은 무효이다.

(8) 관할권 부존재의 효과

가. 관할위반의 판결

관할권의 존재는 소송조건의 하나이다. 따라서 법원은 직권으로 관할을 조사하여야 하며(법 제1조), 관할권이 없음이 명백한 때에는 관할위반의 판결을 선고하여야 한다(법 제319조 본문). 관할을 위반하여 선고한 판결은 항소이유가 된다(법 제361조의5 제3호).

쟁 점

<관할권의 존재를 결정하는 시기>

㉠ 토지관할의 경우

토지관할에 있어서는 공소제기시를 기준으로 하지만 뒤에 관할권이 생기면 하자는 치유된다.

㉡ 사물관할의 경우

사물관할은 공소제기시부터 재판종결에 이르기까지 전체 심리과정에 존재해야 한다.

나. 예 외

1) 토지관할의 위반

① 토지관할에 관하여 법원은 피고인의 신청이 없으면 관할위반의 선고를 하지 못한다(법 제320조 제1항). 토지관할이 다르더라도 동등한 법원에서 심판한다면 사물관할에 영향이 없어 실질적으로 피고인에게 불이익을 가져올 염려가 없기 때문이다.

② 피고인의 관할위반의 신청은 피고사건에 대한 진술 전에 하여야 한다(동조 제2항).

2) 재정신청의 경우

종전에는 재정신청에 의하여 사건이 지방법원의 심판에 부하여진 경우에 착오로 관할권이 없는 법원에 부하는 결정이 있더라도 그 결정에 의하여 법원에 관할권이 창설되므로 법원은 관할위반의 선고를 할 수 없었다(법 제319조 단서). 그러나 2007. 6. 1. 형사소송법 개정으로 부심판결정제도는 폐지되었다. 즉, 재정신청이 이유 있는 때에는 법원은 사건에 대한 공소제기를 결정하고, 관할 지방검찰청 검사장 또는 지청장은 담당 검사를 지정하여 공소를 제기하도록 하여야 하므로(법 제262조), 법원의 부심판결정에 의하여 관할권이 창설되는 일은 없게 되었다.

3) 관할구역 외에서의 직무

법원 또는 법관은 원칙적으로 관할구역 안에서만 소송행위를 할 수 있다. 그러나 사실 발견을 위하여 필요하거나 긴급을 요하는 때에는 법원은 관할구역 외에서 직무를 행하거나 사실조사에 필요한 처분을 할 수 있다.

[서식] 관할이전신청서

관 할 이 전 신 청

피 고 인 ○ ○ ○

○○시 ○○구 ○○길 ○번지

위 피고인에 대한 ○○지방법원 20○○고합 ○○○호 강간사건은 ○○지방에서 크게 물의를 일으켰던 사건으로 이 지방의 민심으로 보아 재판의 공평을 유지하기 어려울 우려가 있으므로, 이 사건의 재판관할을 피고인의 주거지 관할인 ○○지방법원으로 이전하여 주시기 바랍니다.

20○○년 ○월 ○일

위 피고인 ○ ○ ○ (인)

○ ○ 고 등 법 원 귀 중

[서식] 병합심리신청서

병 합 심 리 신 청

사건번호 20○○고단 ○○○○호
20○○고단 ○○○○호
사 건 명 절도
피 고 인 ○ ○ ○

위 피고인에 대한 동일 사건의 사물관할을 같이하는 ○○지방법원 20○○고단 ○○○○호 절도피고사건과 ○○지방법원 ○○지원 20○○고단 ○○○○호 절도 피고사건이 각 계속 중에 있는 바, 피고인의 주거지가 ○○시 ○○○구 ○○동 ○○번지인 관계로 공판기일 출석 등을 감안하여 뒤에 공소를 받은 ○○지방법원 ○○지원에서 재판을 받는 것이 편리하겠으므로 형사소송법 제13조 단서에 의하여 이 건 신청에 이른 것입니다.

20○○년 ○월 ○일
피 고 인 ○ ○ ○ (인)

○ ○ 고 등 법 원 귀 중

【서식】 사건이송신청서

사 건 이 송 신 청 서

사 건 20○○고정 ○○○호, ○○○○○○법위반
피 고 인 ○ ○ ○

위 사건에 관하여 피고인은 아래와 같이 사건이송을 신청합니다.

신 청 취 지

본 사건을 ○○지방법원으로 이송한다. 라는 결정을 구합니다.

신 청 이 유

1. 피고인은 20○○. ○. ○. ○○지방법원에 ○○○○○○법위반으로 인한 약식명령에 대하여 정식재판청구서를 접수하여, 현재 ○○지방법원 20○○고정 ○○○호로 소송 계속 중입니다.
2. 그런데, 피고인은 현재 ○○ ○○구 ○○동 ○○○-○○에 주소를 두고 있어 귀원에 출석하는데 교통비 등 부담이 커 어려움이 큰바, 피고인의 현재지로서의 관할권이 있는 ○○지방법원으로 소송이송의 결정을 구하기 위하여 이 사건 신청에 이른 것입니다.

20○○년 월 일

위 피고인 ○ ○ ○

○○지방법원 귀중

3. 법관 등의 제척·기피·회피

(1) 제척

가. 제척의 의의

형사소송법 제17조는 불공정한 재판을 할 위험이 있는 사유를 유형화하여 규정하고, 이에 해당하는 법관은 당연히 직무집행으로부터 제외되는 것으로 하고 있는데, 이것이 제척이다. 이 규정은 동조 제7호(법관이 사건에 관하여 전심재판 또는 그 기초되는 조사·심리에 관여한 때)를 제외하고는 법원서기관·법원사무관·법원주사 또는 법원주사보와 통역인에 관하여도 준용된다(법 제25조 제1항). 형사소송법상의 제척원인은 예시적인 것이 아니라 제한적 열거이다.

나. 제척의 원인(법 제17조)

1) 법관이 피해자인 때(동조 제1호)

피해자가 그 사건에 대한 법관이 될 수는 없다. 여기서 피해자란 직접피해자만을 의미하며 간접피해자는 포함되지 않는다.

2) 법관이 피고인 또는 피해자와 개인적으로 관련이 있는 때

① 법관이 피고인 또는 피해자의 친족·가족 또는 이러한 관계가 있었던 자인 때(동조 제2호). 친족·가족의 개념은 민법에 의하여 결정된다.

② 법관이 피고인 또는 피해자의 법정대리인·후견감독인인 때(동조 제3호)

③ 법관이 사건에 관하여 피해자의 대리인(동조 제4호 후단) 또는 피고인의 대리인·변호인·보조인으로 된 때(동조 제5호)

㉠ 법관이 피해자의 대리인이 된 때란 법관이 고소대리인 또는 재정신청의 대리인이 된 때를 말한다.

㉡ 피고인의 대리인에는 피고인의 법인의 대표자(법 제27조)를 포함하며, 변호인에는 사선변호인뿐만 아니라 국선변호인도 포함된다. 특별변호인(법 제31조 단서)이 된 경우도 포함한다.

3) 법관이 이미 당해 사건에 관여하였을 때

① 법관이 사건에 관하여 증인·감정인으로 된 때(동조 제4호 전단)

법관도 증인 또는 감정인이 될 수 있지만 일단 증인이나 감정인이 된 때에는 제척사유가 된다. 여기서 사건에 관하여란 당해 형사사건만을 말하고, 민사소송 기타의 절차에서 증인 또는 감정인이 된 때에는 여기에 해당하지 않는다. 당해사건인 이상 피고사건뿐만 아니라 피의사건도 포함하므로, 증거보전절차·증인신문절차에서 증인 또는 감정인이 된 때에도 여기에 해당한다.

② 법관이 사건에 관하여 검사 또는 사법경찰관의 직무를 행한 때(동조 제6호)
법관이 임관되기 전에 검사 또는 사법경찰관으로 범죄를 수사하거나 공소를 제기·유지한 때를 의미한다.

③ 법관이 사건에 관하여 전심재판 또는 그 기초되는 조사·심리에 관여한 때(동조 제7호)

㉠ '전심재판에 관여한 때'의 의미

i. 전심이란 상소에 의하여 불복신청된 재판을 말하며, 구체적으로는 제2심에 대한 1심, 제3심에 대한 2심 또는 1심을 말하고, 재판은 종국재판을 의미한다. 종국재판인 이상 판결이든 결정이든 불문한다. 따라서 파기환송 전의 원심에 관여한 법관이 환송 후의 재판에 관여한 경우나, 재심청구의 대상인 확정판결에 관여한 법관(대결 1982. 12. 15, 82모12), 형사소송법 제400조에 의한 판결정정신청사건의 상고심은 전심이 아니므로 제척사유가 되지 않는다.

ii. 전심재판에 관여한 때란 전심재판의 내부적 성립에 실질적으로 관여한 때를 말한다. 따라서 재판의 선고에만 관여한 때는 물론 사실심리나 증거조사를 하지 않고 공판기일을 연기하는 재판에만 관여한 때, 공판에 관여한 바는 있어도 판결선고 전에 경질된 때에는 여기에 해당되지 않는다.

쟁 점

<약식명령을 한 판사가 정식재판을 담당한 경우 제척사유가 되는지 여부>

이에 대하여 약식명령의 경우에도 판사는 사건의 실체에 관하여 조사·심리에 관여하는 것이므로 예단 편견의 가능성이 있다는 이유로 전심재판에 관여한 때에 해당된다고 보는 견해도 있으나, 판례는 약식명령을 발부한 법관이 정식재판절차의 제1심 판결에 관여하였다고 하여도 이는 동일한 심급 내에서 서로 절차만 달리할 뿐이므로 제척의 원인이 된다고 볼 수 없다고 하였다(대판 2002.4.12, 2002도944).

㉡ '전심재판의 기초되는 조사·심리에 관여한 때'의 의미

전심재판의 기초되는 조사·심리란 전심재판의 내용형성에 영향을 미친 경우를 말하며, 공소제기의 전후를 불문한다. 따라서 수사단계에서 구속영장을 발부한 법관, 구속적부심사에 관여한 법관 또는 보석허가결정에 관여한 법관은 여기에 해당하지 않는다. 그러나 다음의 경우는 제척사유가 된다.

i. 제1심 판결에서 피고인에 대한 유죄의 증거로 사용된 증거를 조사한 판사가 항소심 재판에 관여하는 경우

ii. 수탁판사로서 증거조사를 한 경우

iii. 증인신문절차에 관여한 경우

iv. 기소강제절차에서 공소제기 결정을 한 경우

다. 제척의 효과

제척사유에 해당하는 법관은 당해 사건의 직무집행에서 당연히 배제된다. 즉 제척의 효과는 법률에 의하여 당연히 발생한다. 배제되는 직무집행의 범위는 당해 사건에 관한 모든 소송행위에 미친다. 제척사유 있는 법관은 스스로 회피하여야 하며(법 제24조 제1항), 당사자도 기피신청을 할 수 있다(법 제18조 제1항) 제척사유 있는 법관이 재판에 관여한 때에는 절대적 항소이유(법 제361조의5 제7호)와 상고이유(법 제383조 제1호)가 된다.

핵심판례

선거관리위원장으로서 공직선거및선거부정방지법위반혐의사실에 대하여 수사기관에 수사의뢰를 한 법관이 당해 형사피고사건의 재판을 하는 경우, 형사소송법 제17조 제6호 소정의 제척원인인 '법관이 사건에 관하여 사법경찰관의 직무를 행한 때'에 해당하는지 여부(소극)

선거관리위원장은 형사소송법 제197조나 사법경찰관리의직무를행할자와그직무범위에관한법률에 사법경찰관의 직무를 행할 자로 규정되어 있지 아니하고 그 밖에 달리 사법경찰관에 해당한다고 볼 근거가 없으므로 선거관리위원장으로서 공직선거및선거부정방지법위반혐의사실에 대하여 수사기관에 수사의뢰를 한 법관이 당해 형사피고사건의 재판을 하는 경우 그것이 적절하다고는 볼 수 없으나 형사소송법 제17조 제6호의 제척원인인 '법관이 사건에 관하여 사법경찰관의 직무를 행한 때'에 해당한다고 할 수 없다.(대판 1999.4.13. 선고, 99도155)

형사소송법 제17조 제7호 소정의 제척원인인 '법관이 사건에 관하여 그 기초되는 조사에 관여한 때'의 의미 및 법관이 선거관리위원장으로서 공직선거및선거부정방지법위반혐의사실에 대하여 수사기관에 수사의뢰를 하고 그 후 당해 형사피고사건의 항소심 재판을 하는 경우가 이에 해당하는지 여부(소극)

형사소송법 제17조 제7호의 제척원인인 '법관이 사건에 관하여 그 기초되는 조사에 관여한 때'라 함은 전심재판의 내용 형성에 사용될 자료의 수집·조사에 관여하여 그 결과가 전심재판의 사실인정 자료로 쓰여진 경우를 말하므로, 법관이 선거관리위원장으로서 공직선거및선거부정방지법위반혐의사실에 대하여 수사기관에 수사의뢰를 하고, 그 후 당해 형사피고사건의 항소심 재판을 하는 경우, 형사소송법 제17조 제7호 소정의 '법관이 사건에 관하여 그 기초되는 조사에 관여한 때'에 해당한다고 볼 수는 없다.(대판 1999.4.13. 선고, 99도155)

(2) 기피

가. 의 의

기피란 당해법관에게 제척사유가 있거나 기타 불공평한 재판을 할 염려가 있음에도 법관이 심판에 관여하는 경우 당사자의 신청으로 그 법관을 직무집행으로부터 배제하는 제도이다. 따라서 이미 그 사건의 직무집행에서 배제되어 있는 법관에 대한 기피신청은 허용되지 않는다(대결 1986. 9. 24, 86모48).

법관이 불공평한 재판을 할 염려가 있는 때란 보통인의 판단으로 법관과 사건과의 관계로 보아 피고인에게 법관이 편파 또는 불공평한 재판을 할 염려가 있는 객관적 사정이 있는 경우를 말한다. 기피는 법원서기관·법원사무관·법원주사 또는 주사보와 통역인에게 준용된다(법 제25조 제1항).

나. 기피의 원인(법 제18조 제1항)

1) 법관이 제척의 원인에 해당하는 때

2) 법관이 불공평한 재판을 할 염려가 있을 때

법관이 불공평한 재판을 할 염려가 있는 때란 보통인의 판단으로 법관과 사건과의 관계로 보아 편파 또는 불공평한 재판을 할 것 같다는 염려를 일으킬 만한 객관적 사정이 있는 때를 말한다(대판 1966. 7. 28, 66도37). 예컨대 법관이 피고인 또는 피해자와 친구 또는 적대관계에 있을 때, 법관이 심리중에 유죄를 예단한 말을 한 경우(대결 1974. 10. 16, 74모68) 등이 여기에 해당한다.

쟁 점

<당사자의 증거신청을 채택하지 않은 것만으로 재판의 공평을 기대하기 어렵다고 볼 수 있는지 여부>

형사소송법 제18조 제1항 제2호 소정의 '불공평한 재판을 할 염려가 있는 때'라함은 당사자가 불공평한 재판이 될지도 모른다고 추측할 만한 주관적 사정이 있는 때를 말하는 것이 아니라, 통상인의 판단으로서 법관과 사건과의 관계상 불공평한 재판을 할 것이라는 의혹을 갖는 것이 합리적이라고 인정할 만한 객관적인 사정이 있는 때를 말한다. 따라서 재판부가 당사자의 증거신청을 채택하지 아니하거나 이미 한 증거결정을 취소하였다 하더라도 그러한 사정만으로는 재판의 공평을 기대하기 어려운 객관적인 사유가 있다 할 수 없다(대결 1995.4.3, 95모10).

다. 기피의 원인이 되지 않는 사례

① 검사의 공소장 변경허가신청에 대하여 불허가결정을 한 경우

② 재판부가 당사자의 증거신청을 채택하지 아니하였다거나 형사소송법 제262조에 정한 기간(20일) 내에 재정신청사건의 결정을 하지 아니한 경우

③ 재판부가 증인에 대한 증인신문사항의 미제출을 이유로 증인채택결정을 취소한 경우

④ 재항고인의 소송기록열람신청에 대하여 국선변호인이 선임되어 있어 국선변호인을 통하여 소송기록의 열람 및 등사신청을 하도록 알려준 경우

라. 신 청

1) 신청권자

신청권자는 검사 또는 피고인이며, 변호인은 피고인의 명시적인 의사에 반하지 않는 때에 한하여 신청권이 있다(법 제18조 제2항). 변호인의 기피신청권은 대리권이므로, 피고인이 기피신청권을 포기한 때에는 변호인의 그것도 소멸된다.

2) 신청방법

신청방식은 서면 또는 구술로 한다(규 제176조).

신청은 합의부의 법관에 대한 기피는 그 법관소속의 법원에 대하여 해야 하고, 수명법관·수탁판사나 단독판사에 대한 기피는 당해 법관에 대하여 하여야 한다(법 제19조 제1항). 한편 법원사무관 등과 통역인에 대한 기피는 기피당한 자에 대하여 신청할 것이 아니라 합의부에 법관의 경우를 준용하여 기피당한 자의 소속법관(합의부에 참여하는 때에는 합의부)에 대하여 신청하여야 한다(법 제25조 제2항 단서 참조). 기피신청시에는 기피의 원인이 되는 사실을 구체적으로 명시해야 한다(규 제9조 제1항). 기피사유는 3일 이내에 서면으로 소명해야 한다.

3) 기피신청의 시기

기피신청의 시기에는 제한이 없다. 따라서 판결시까지 기피신청이 가능하며, 종국판결 선고 후의 기피신청은 부적법하다.

마. 기피신청사건에 대한 재판

1) 기피신청을 받은 법원의 처리

① 간이기각결정의 사유

기피신청이 다음 사유에 해당하는 때에는 이른바 간이기각결정을 할 수 있다(법 제20조 제1항, 규 제9조 제2항).

㉠ 소송지연을 목적으로 함이 명백한 경우(법 제20조 제1항)

㉡ 신청의 대상을 잘못 정한 경우(법 제19조 제1항)

㉢ 3일 이내에 서면에 의한 소명을 하지 않은 경우(법 제19조 제2항)

㉣ 기피의 원인된 사실을 구체적으로 명시하지 않은 경우(규 제9조 제1항)

② 간이기각결정에 대한 즉시항고

㉠ 합의부, 수탁판사, 단독판사의 간이기각결정에 대하여는 즉시항고를 할 수 있고(법 제23조), 수명법관의 간이기각결정에 대하여는 준항고를 할 수 있다(법 제416조

제1항 제1호). 또 위 즉시항고 또는 준항고의 기각결정에 대하여는 재항고를 할 수 있다(법 제415조, 제419조).

㉡ 소송지연을 방지하기 위하여 기피신청의 간이기각결정에 대한 즉시항고에는 집행정지의 효력을 인정하지 않는다(법 제23조 제2항).

2) 기피신청사건의 담당법원

기피당한 법관 등이 소속된 법원의 합의부가 담당하며, 기피당한 법관 자신은 이에 관여하지 못하고(법 제21조 제1·2항), 합의부 구성이 불가능한 때에는 직근 상급법원이 담당하게 된다(법 제21조 제3항). 다만 기피당한 판사를 제외하고는 합의부를 구성할 수 없는 수의 법관을 동시에 기피신청하는 것은 허용되지 않는다.

법원사무관 등이나 통역인의 경우에는 그 기피당한 자의 소속법원이 담당하는 것으로 규정되어 있어(법 제25조 제2항), 단독판사가 재판함이 원칙이고(법조 제7조 제4항), 예외적으로 합의부가 심판할 것을 스스로 결정한 때에는 합의부가 재판할 수 있게 된다(법 제32조 제1항 제1호).

3) 기피신청에 대한 재판

기피신청에 대한 재판은 결정으로 한다.

① 기피신청이 이유 없다고 인정한 때에는 기피신청을 기각한다. 이 기각결정에 대해서는 즉시항고를 할 수 있다(법 제23조). 다만 소송지연을 목적으로 함이 명백하여 행한 기각결정(법 제20조 제1항)에 대한 즉시항고는 재판의 집행을 정지하는 효력이 없다(법 제23조 제2항).

② 기피신청이 이유있다고 인정한 때에는 이유있다는 결정을 한다. 이 결정에 대하여는 항고하지 못한다.

4) 소송절차의 정지

기피신청이 있는 때에는 간이기각결정을 하는 경우를 제외하고는 소송진행을 정지하여야 한다. 다만 급속을 요하는 경우에는 예외로 한다(법 제22조 제1항).

기피신청이 있는 경우에 형사소송법 제22조에 의하여 정지될 소송진행은 그 피고사건에 실체적 재판에의 도달을 목적으로 하는 본안의 소송절차를 말하고 '판결의 선고'는 이에 해당되지 않는다. 따라서 그와 같이 이미 종국판결이 선고되어 버리면 그 담당재판부를 사건심리에서 배제하고자 하는 기피신청은 그 목적의 소멸로 재판을 할 이익이 상실되어 부적법하게 된다.

쟁 점

<기피신청이 있어도 정지되지 않는 소송진행>

㉠ 구속기간의 갱신절차

형사소송법 제22조에 규정된 정지하여야 할 소송절차란 실체재판에의 도달을 직접의 목적으로 하는 본안의 소송절차를 말하며 '구속기간의 갱신절차'는 이에 포함되지 아니하는 것이다.

㉡ 구속기간의 진행

법관에 대한 기피신청 때문에 소송의 진행이 정지되더라도 구속기간의 진행은 정지되지 아니한다.

바. 기피의 효과

기피신청이 이유 있다는 결정이 있을 때에는 그 법관은 당해 사건의 직무집행으로부터 탈퇴한다. 그 법관이 사건의 심판에 관여한 때에는 상소이유가 된다(법 제361조의5, 제383조). 기피당한 법관이 기피신청을 이유 있다고 인정한 때에도 또한 같다.

핵심판례

형사소송법 제18조 제1항 제2호의 '불공정한 재판을 할 염려가 있는 때'의 의미

기피원인에 관한 형사소송법 제18조 제1항 제2호 소정의 '불공정한 재판을 할 염려가 있는 때'라고 함은 당사자가 불공평한 재판이 될지도 모른다고 추측할 만한 주관적인 사정이 있는 때를 말하는 것이 아니라, 통상인의 판단으로서 법관과 사건과의 관계상 불공평한 재판을 할 것이라는 의혹을 갖는 것이 합리적이라고 인정할 만한 객관적인 사정이 있는 때를 말한다(대결 2001.3.21., 2001모2).

기피신청이 소송지연을 목적으로 함이 명백한 경우 법원의 조치(=간이기각 결정)

기피신청이 소송의 지연을 목적으로 함이 명백한 경우에는 그 신청 자체가 부적법한 것이므로 신청을 받은 법원 또는 법관은 이를 결정으로 기각할 수 있는 것이고, 소송지연을 목적으로 함이 명백한 기피신청인지의 여부는 기피신청인이 제출한 소명방법만에 의하여 판단할 것은 아니고 당해 법원에 현저한 사실이거나 당해 사건기록에 나타나 있는 제반사정들을 종합하여 판단할 수 있다(대결 2001.3.21, 2001모2).

【서식】 기피신청서(1)

기 피 신 청 서

사 건 20○○고합 23호 절도 피고사건
피고인 ○ ○ ○

위 사람에 대한 절도 피고사건에 관하여 다음의 원인으로 판사 ○○○을 기피한다. 기피원인에 대하여는 추후 서면으로 하겠습니다.

다 음

1. 판사 ○○○은 피해자와 고등학교 선후배로서 절친한 사이임.

20○○년 월 일

위 피고인 ○ ○ ○ ㊞

○○○○지방법원 귀중

주의요소

① 기피신청이 법률의 규정에 위배된 때에는 신청을 받은 법원 또는 법관은 결정으로 이를 기각한다.
② 기피신청이 법률의 규정에 위배된 경우란 신청권자 아닌 자가 신청한 경우, 기피의 원인되는 사실을 구체적으로 명시하지 않은 경우 또는 3일 이내에 기피사유를 서면으로 소명하지 않은 경우이다.
③ 소송지연만을 목적으로 한 기피신청도 신청이 부적법한 경우에 해당한다.
④ 기피당한 법관은 이 경우 이외에는 지체 없이 기피신청에 대한 의견서를 제출해야 하며, 기피당한 법관이 기피신청을 이유있다고 인정하는 때에는 그 결정이 있은 것으로 간주한다.

【서식】 기피신청서(2)

기 피 신 청 서

사 건 20○○고단 ○○○○호
피고인 ○ ○ ○

위 사람에 관하여 피고인은 담당재판장인 판사 ○○○은 피해자와는 3촌 지간이므로 이 사건 재판의 공정성을 해하는 사정이 있다 할 수 있는 바, 이 사건 기피신청에 이른 것입니다.

첨 부 서 류

1. 주민등록표등본 1통
1. 가족관계증명서 1통
1. 제적등본 1통

20○○년 월 일

위 피고인 ○ ○ ○ ㊞

○○지방법원 귀중

【서식】 기피신청 기각결정에 대한 항고장

항 고 장

사 건 20○○고합 4321호 절도 피고사건
항고인 ○ ○ ○

위 절도 피고사건에 관한 서울중앙지방법원에서 행한 기피신청에 대한 기각결정에 불복하므로 항고를 제기합니다.

항 고 이 유

항고인의 기피신청에 대해 이유 없다 하여 기각하였으나 이것은 사실에 대하여 조사 불충분이라 하겠으니 본 사건 기피신청은 진실한 것으로 인증은 물론 물증 등이 있어 진실성이 충분히 내포되어 있는데도 이에 대한 조사 불충분으로 사건 자체를 소홀히 다루는가 하면 항고인의 의사를 무시하고 있으니 원결정의 사실판단은 진실을 외면한 결정이므로 원결정을 취소코자 본 항고를 제기합니다.

20○○년 월 일

위 항고인 ○ ○ ○ ㊞

서울고등법원 귀중

주의 요소
① 제출기간은 재판의 고지가 있은 날로부터 3일내이다.
② 항고법원 또는 고등법원의 결정에 대하여는 재판에 영향을 미친 헌법, 법률, 명령 또는 규칙의 위반이 있음을 이유로 하는 때에 한하여 재항고를 할 수 있음

(3) 회피

회피라 함은 위의 기피사유가 있다고 생각되는 법관이 스스로 당해사건의 직무집행으로부터 물러서는 제도이다(법 제24조).

통상의 경우 법관이 기피사유가 있다고 생각하면 사건배당주관자(법관의 사무분담 및 사건배당에 관한 예규 제8조)에게 재배당을 요구하여 재배당을 받거나 인사권자에게 타법관의 직무대리발령(법조 제6조 제3항)을 건의하여 그 직무대리법관에게 그 사건을 담당시킴으로써 그 직무집행에서 물러서는 것이 일반적이나 예외적으로 위 재배당 또는 직무대리발령에 의한 해결이 어려운 경우에는 부득이 회피제도를 이용할 수밖에 없게 된다.

회피는 소속법원에 서면으로 신청하여야 한다(법 제24조 제2항). 다만 회피사건은 합의부가 처리하여야 하므로(법 제24조 제3항, 제21조) 단독지원 등의 경우처럼 소속법원에 합의부가 없는 때에는 직근 상급법원에 신청서를 제출한다.

신청의 시기에는 제한이 없다. 회피신청에 대한 결정에는 기피에 관한 규정이 준용된다(법 제24조 제3항). 그러나 회피신청에 대한 법원의 결정에 대하여는 항고할 수 없고, 법관이 회피신청을 하지 않는다고 하여 상소이유가 되는 것은 아니다.

Ⅱ. 검 사

1. 검사의 의의

검사란 검찰권을 행사는 국가기관을 말한다. 검사는 수사절차에서는 수사의주재자로서 사법경찰관리를 지휘·감독하며, 수사의 결과 공소제기 여부를 독점적으로 결정하고, 공판절차에서는 피고인에 대립되는 당사자로서 법원에 대하여 법령의 정당한 적용을 청구하고, 재판이 확정된 때에는 형의 집행을 지휘·감독하는 광범위한 권한을 가진다.

2. 검사의 성격

(1) 준사법기관

검사가 행사하는 검찰권은 행정권에 속한다. 따라서 검사는 법무부에 소속된 행정기관으로서 국가의 행정목적을 위하여 활동하지 않을 수 없다. 그러나 범죄수사와 공소제기·유지 및 재판의 집행을 내용으로 하는 검찰권은 그 내용에 있어서 사법권과 밀접한 관계를 맺고 있어, 검찰권의 행사는 형사사법의 운용에 중대한 영향을 미치게 된다. 따라서 검사는 행정기관이면서도 동시에 사법기관인 이중성격을 가진 기관이며, 엄격한 의미로는 사법행정기관이면서도 동시에 사법기관인 이중성격을 가진 기관이며, 엄격한 의미로는 사법기관이 아니지만 오로지 진실과 정의에 따라야 할 의무를 가지고 있는 준사법기관이라고 할 수 있다.

(2) 단독제의 관청

검사는 검찰사무를 처리하는 단독제의 관청이다. 검찰사무란 검사의 직무로 정해져 있는 사무(검찰청법 제4조)를 말한다. 이러한 검찰사무는 모든 검사가 단독으로 처리하는 것이며, 검사가 검찰총장이나 검사장의 보조기관으로서 처리하는 것은 아니다.

3. 검사의 소송법상의 지위

(1) 수사의 주재자

검사는 수사권·수사지휘권 및 수사종결권을 가지고 범죄를 수사하는 수사의 주체이다.

(2) 공소권의 주체

검사는 공소를 제기·수행하는 공소권의 주체이다.

가. 공소제기의 독점자

공소는 검사가 제기한다. 즉 공소제기의 권한은 검사에게 독점되어 있으므로 사인소추는 인정되지 않는다. 이를 기소독점주의라고 한다. 그러나 기소독점주의와 기소편의주의(공소제기에 관하여 검사의 재량을 인정하는 것)에 대하여 검사의 공소권행사를 적정하게 하기 위한 제도적 장치로 검찰청법에 의한 항고가 있다. 종전에는 재판상 준기소절차도 이에 해당되었으나 형사소송법 개정으로 재판상 준기소절차는 폐지되었다. 종전의 재판상 준기소절차는 검사의 불기소처분이 있는 때에 고소인의 재정신청에 대한 법원의 재판에 의하여 법원의 심판에 부하는 절차였으나, 개정 형사소송법은 재정신청이 이유있는 때에는 법원은 사건에 대한 공소제기를 결정하고, 공소의 제기는 검사가 수행하도록 하였다(법 제262조). 특히 2007. 6. 1. 형소법 개정으로 재정신청의 대상범죄를 모든 범죄로 확대함으로써(종전에는 그 대상이 공무원의 직권남용죄에 제한되어 있었음), 기소독점주의에 대한 법적 규제를 확대하여 국가 형벌권 행사의 적정성을 제고하였다.

나. 공소수행의 담당자

검사는 공판절차에서 공익의 대표자로서 공소사실을 입증하고, 공소를 유지하는 공소수행의 담당자가 된다.

(3) 재판의 집행기관

재판의 집행은 검사가 지휘한다(법 제460조). 다만 예외적으로 재판장·수명법관·수탁판사가 재판의 집행을 지휘할 수 있는 경우도 있다(법 제81조, 제115조).

핵심판례

검사의 객관의무

검사는 소추와 공소유지를 담당하는 당사자로서의 지위 외에도 공익의 대표자로서의 지위에서 피고인의 정당한 이익을 옹호해야 할 의무도 지고 있으므로, 진실을 발견하고 적법한 법의 운용을 위하여 피고인에게 불리한 증거에 대하여는 상대방에게 방어의 기회를 부여하고, 피고인에게 유리한 증거에 대하여는 이를 상대방이 이용할 수 있도록 하여 주어야 한다(헌재 1997.11.27., 94헌마60).

검사의 불기소처분 또는 공소제기에 대하여 행정소송을 제기할 수 있는지의 여부(소극)

형사소송법에 의하면 검사가 공소를 제기한 사건은 기본적으로 법원의 심리대상이 되고 피의자 및 피고인은 수사의 적법성 및 공소사실에 대하여 형사소송절차를 통하여 불복할 수 있는 절차와 방법이 따로 마련되어 있으므로 검사의 공소제기가 적법절차에 의하여 정당하게 이루어진 것이냐의 여부에 관계없이 검사의 공소에 대하여는 형사소송절차에 의하여서만 이를 다툴 수 있고 행정소송의 방법으로 공소의 취소를 구할 수는 없다(대판 2000. 3. 28. 99두11264).

검사의 불기소처분에 기판력(일사부재리 효력)이 발생하는지의 여부(소극)

일사부재리의 효력은 확정판결이 있을 때에 발생하는 것이므로 검사가 일차 무혐의 결정을 하였다가 다시 공소를 제기하였다 하여도 이를 일사부재리의 원칙에 위배된 것이라고는 할 수 없다.

기소유예 처분 후 다시 기소하여 유죄판결이 선고된 경우 일사부재리의 원칙에 반하는지 여부

검사가 절도죄에 관하여 일단 기소유예의 처분을 한 것을 그 후 다시 재기하여 기소하였다 하여도 기소의 효력에 아무런 영향이 없는 것이고, 법원이 그 기소사실에 대하여 유죄판결을 선고하였다 하여 그것이 일사부재리의 원칙에 반하는 것이라 할 수 없다.

Ⅲ. 피고인

1. 피고인의 의의

피고인이란 검사에 의하여 형사책임을 져야 할 자로 공소가 제기된 자, 또는 공소가 제기된 자로 취급되어 있는 자를 말한다. 피고인은 공소가 제기된 자를 의미한다는 점에서 공소제기 전에 수사기관에 의하여 수사의 대상으로 되어 있는 피의자와 구별되며, 유죄판결이 확정된 수형자와도 구별된다.

쟁 점

<공동피고인>

수인의 피고인이 동일 소송절차에서 공동으로 심판을 받는 경우가 있는데, 이를 공동피고인이라고 한다. 공동피고인은 반드시 공범자임을 요하지 않으므로, 수개의 사건이 동일법원에 계속되어 있는 경우에 불과하다. 따라서 공동피고인에 대한 소송관계는 각 피고인마다 별도로 존재하고, 그 1인에 대해 발생한 사유는 원칙적으로 다른 피고인에게 영향을 미치지 않는다. 다만 상소심에서 피고인의 이익을 위하여 원심판결을 파기하는 때에는 그 예외가 인정된다(법 제364조의2, 제392조).

2. 피고인의 특정

(1) 특정의 기준

공소장에는 피고인의 성명 기타 피고인을 특정할 수 있는 사항을 기재하여야 한다. 따라서 통상의 경우에는 공소장에 기재되어 있는 자가 피고인이 된다. 그러나 당사자의 성명모용이나 위장출석처럼 공소장에 피고인으로 적시된 이외의 자가 피고인으로 취급되거나 행위를 한 경우에 누구를 피고인으로 할 것인가의 문제가 있다. 이에 대해서는 ① 검사의 의사를 기준으로 해야 한다는 의사설, ② 공소장에 피고인으로 표시된 자가 피고인이라는 표시설, ③ 실제로 피고인으로 행위하거나 피고인으로 취급된 자가 피고인이라는 행위설, ④ 표시설을 중심으로 하면서도 행위설과 의사설도 함께 고려하여 피고인을 결정해야 한다고 해석하는 실질적 표시설(절충설) 등이 대립된다.

(2) 성명모용의 경우

甲이 乙의 성명을 모용하여 乙의 이름으로 공소가 제기된 경우에 피모용자 乙은 피고인이 아니고 甲만이 피고인으로 된다.

피고인은 甲이므로 검사가 모용관계를 바로잡아 피고인을 특정하기 위하여는 공소장정정절차에 의하여 피고인의 표시를 정정해야 할 것이다. 甲이 공판정에 출석하여 유죄판결이 확정된 때에도 판결의 효력은 乙에게는 미치지 않는다.

쟁 점

<성명모용에 있어서 피고인의 성명을 정정하지 않은 경우의 공소의 효력>
갑이 수사기관에서 수사를 받을 때 을의 성명·주소·본적 등 인적 사항을 모용하였기 때문에 검사가 이를 오인하여 을의 표시로 공소를 제기한 경우, 이 공소장의 기재는 갑에 대한 공소로서는 동인을 특정할 수 있다고 볼 수 없으므로 달리 검사가 공소제기 후 위 갑을 특정하여 피고인 표시정정을 함으로써 그 모용관계가 바로잡혔다고 볼 수 없는 이상, 이 공소는 형사소송법 제254조의 규정에 의하여 무효라고 할 것이다.

(3) 위장출석의 경우

공소장에는 甲이 피고인으로 기재되어 있음에도 乙이 출석하여 재판을 받는 경우에는 공소장에 표시된 甲은 실질적 피고인, 위장출석하여 소송에 관여한 乙은 형식적 피고인이 된다. 이때 공소제기의 효력은 실질적 피고인에 대해서만 발생한다.

인정신문의 단계에서 위장출석이 밝혀진 경우에는 乙을 퇴정시켜 소송절차에서 배제하고 甲을 소환하여 공판절차를 진행하여야 한다. 그러나 사실심리에 들어간 후에 乙의 위장출석 사실이 밝혀진 때에는 乙에 대하여 사실상의 소송계속이 발생하였으므로 법 제327조 제2호를 유추적용하여 공소기각판결을 선고하고, 甲을 소환하여 공판절차를 진행하여야 한다.

乙의 위장출석이 상소심의 심리 중 판명된 경우에도 乙에 대해서 공소기각의 판결을 선고하고, 甲에 대하여 제1심 절차를 다시 진행하여야 한다.

핵심판례

타인의 명의를 모용하여 발급받은 신용카드를 이용하여 현금자동지급기에서 현금대출을 받는 경우의 죄책(=절도죄)

피고인이 타인의 명의를 모용하여 신용카드를 발급받은 경우, 비록 카드회사가 피고인으로부터 기망을 당한 나머지 피고인에게 피모용자 명의로 발급된 신용카드를 교부하고, 사실상 피고인이 지정한 비밀번호를 입력하여 현금자동지급기에 의한 현금대출(현금서비스)을 받을 수 있도록 하였다 할지라도, 카드회사의 내심의 의사는 물론 표시된 의사도 어디까지나 카드명의인인 피모용자에게 이를 허용하는 데 있을 뿐 피고인에게 이를 허용한 것은 아니라는 점에서, 피고인이 타인의 명의를 모용하여 발급받은 신용카드를 사용하여 현금자동지급기에서 현금대출을 받는 행위는 카드회사에 의하여 미리 포괄적으로 허용된 행위가 아니라, 현금자동지급기의 관리자의 의사에 반하여 그의 지배를 배제한 채 그 현금을 자기의 지배하에 옮겨 놓는 행위로서 절도죄에 해당한다(대판 2006. 7. 27, 선고, 2006도3126).

법원이 공소장 변경 없이 직권으로 공소장에 기재된 공소사실과 다른 범죄사실을 인정하여야 하는 경우

법원은 심리의 경과에 비추어 피고인의 방어권행사에 실질적인 불이익을 초래할 염려가 없다고 인정되는 때에는 공소장이 변경되지 않았더라도 공소사실의 동일성이 인정되는 범위 내에서 직권으로 공소사실과 다른 범죄사실을 인정할 수 있고, 이와 같은 경우 공소가 제기된 범죄사실과 대비하여 볼 때 실제로 인정되는 범죄사실의 사안이 중대하여 공소장이 변경되지 않았다는 이유로 이를 처벌하지 않는다면 적정절차에 의한 신속한 실체적 진실의 발견이라는 형사소송의 목적에 비추어 현저히 정의와 형평에 반하는 것으로 인정되는 경우라면 법원으로서는 직권으로 그 범죄사실을 인정하여야 한다(대판 2006. 4. 13, 선고, 2005도9268).

3. 무죄추정의 원칙

(1) 의 의

무죄추정의 원칙이란 형사절차에서 피고인 또는 피의자는 유죄판결이 확정될 때까지는 무죄로 추정된다는 원칙을 말한다.

이 원칙은 무고한 사람을 처벌해서는 안 된다는 인권보장사상에서 유래하였고, 헌법

제27조 제4항은「형사피고인은 유죄의 판결이 확정될 때까지는 무죄로 추정된다」고 규정하여 무죄추정의 원칙을 기본권으로 보장하였고, 이에 따라 형사소송법 제275조의 2도「피고인은 유죄의 판결이 확정될 때까지는 무죄로 추정된다」는 규정을 두어 무죄추정의 원칙을 선언하고 있다.

(2) 무죄추정의 원칙의 내용

유죄의 확정판결이 있을 때까지는 국가의 수사권은 물론 공소권·재판권·행형권 등의 행사에 있어서 피의자 또는 피고인은 무죄로 추정되고, 그 신체의 자유를 해하지 아니하여야 한다는 무죄추정의 원칙은 인간의 존엄성을 기본권질서의 중심으로 보장하고 있는 헌법질서 내에서 형벌작용의 필연적인 기속원리가 될 수밖에 없고, 이러한 원칙이 제도적으로 표현된 것으로는 공판절차의 입증단계에서 거증책임을 검사에게 부담시키는 제도, 보석 및 구속적부심 등 인신구속의 제한을 위한 제도 그리고 피의자 및 피고인에 대한 부당한 대우 금지 등이 있다.

가. 인신구속의 제한

1) 불구속수사·재판의 원칙

피의자에 대한 수사와 피고인에 대한 재판이 원칙적으로 불구속으로 행하여져야 한다는 것은 무죄추정의 원칙의 당연한 내용이 된다. 무죄의 추정을 받은 피고인에 대하여 유죄판결이 확정되기 전에 자유형과 같은 효과를 가지는 강제처분을 과하는 것은 허용되기 어렵다고 보기 때문이다.

2) 불필요한 고통의 금지

무죄추정의 원칙은 구속된 피고인이나 피의자에 대하여 구속 이외의 불필요한 고통을 과하지 않을 것을 요구한다.

나. 의심스러운 때에는 피고인의 이익으로

무죄추정의 원칙은 증명의 단계에서 '의심스러운 때에는 피고인의 이익으로'의 원칙으로 작용한다. 이에 의하여 범죄의 성립과 형벌권의 발생에 영향을 미치는 모든 사실에 대한 거증책임은 검사가 부담하지 않을 수 없다.

다. 불이익처우의 금지

1) 예단배제의 원칙

무죄추정의 원칙으로 인하여 국가기관은 피고인을 예단하거나 불이익한 처우를 해서는 안된다. 공소장일본주의(규 제118조 제2항)는 예단금지의 원칙을 실현하고 있다고 할 수 있다. 공소장일본주의는 공소장에는 사건에 관하여 법원에 예단이 생기게 할 수 있는 서류 기타 물건을 첨부하거나 그 내용을 인용하여서는 아니된다는 원칙을 말한다.

2) 피고인과 피의자의 진술거부권

피고인과 피의자의 진술거부권도 무죄추정의 원칙을 기초로 한다고 해야 한다.

3) 부당한 대우의 금지

피고인의 진술이 고문·폭행 또는 협박 등에 의하여 이루어져 임의성이 없는 것으로 인정될 때에는 유죄의 증거로 할 수 없다고 규정하고 있는 것은 무죄추정의 원칙에 근거하는 것이다.

쟁 점

<피의자 · 피고인을 구속하거나 필요한 한도 내에서 포승이나 수갑을 사용하는 것이 무죄추정의 원칙에 위배되는지 여부>

무죄추정을 받는 피고인이라고 하더라도 그에게 구속의 사유가 있어 구속영장이 발부·집행된 이상 신체의 자유가 제한되는 것은 당연한 것이므로, 이러한 조치가 무죄추정의 원칙에 위배되는 것이라고 할 수는 없다(대판 2001. 11. 30, 2001조5225).

핵심판례

수용자 또는 수용자 아닌 자가 교도관의 감시·단속을 피하여 규율위반행위를 하는 경우, 위계에 의한 공무집행방해죄의 성립 여부(한정 적극)

행형법 제45조, 제46조 제1항, 구 수용자 규율 및 징벌에 관한 규칙(2004. 6. 29. 법무부령 제555호로 개정되기 전의 것) 제3조, 제7조 제1항, 교도관직무규칙 제47조, 제54조의 각 규정들을 종합해 보면, 수용자에게는 허가 없는 물품을 사용·수수하거나 허가 없이 전화 등의 방법으로 다른 사람과 연락하는 등의 규율위반행위를 하여서는 아니 될 금지의무가 부과되어 있고, 교도관은 수용자의 규율위반행위를 감시·단속·적발하여 상관에게 보고하고 징벌에 회부되도록 하여야 할 일반적인 직무상 권한과 의무가 있다고 할 것이므로, 수용자가 교도관의 감시·단속을 피하여 규율위반행위를 하는 것만으로는 단순히 금지규정에 위반되는 행위를 한 것에 지나지 아니할 뿐 위계에 의한 공무집행방해죄가 성립한다고 할 수 없고, 또 수용자가 아닌 자가 교도관의 검사 또는 감시를 피하여 금지물품을 반입하거나 허가 없이 전화 등의 방법으로 다른 사람과 연락하도록 하였더라도 교도관에게 교도소 등의 출입자와 반출·입 물품을 단속·검사할 권한과 의무가 있는 이상, 수용자 아닌 자의 그러한 행위는 특별한 사정이 없는 한 위계에 의한 공무집행방해죄에 해당하는 것으로는 볼 수 없다 할 것이나, 구체적이고 현실적으로 감시·단속업무를 수행하는 교도관에 대하여 그가 충실히 직무를 수행한다고 하더라도 통상적인 업무처리과정하에서는 사실상 적발이 어려운 위계를 적극적으로 사용하여 그 업무집행을 하지 못하게 하였다면 이에 대하여 위계에 의한 공무집행방해죄가 성립한다.(대판 2005. 8. 25. 선고, 2005도1731).

4. 피고인의 진술거부권

(1) 의 의

진술거부권이란 피고인 또는 피의자가 공판절차 또는 수사절차에서 법원 또는 수사기관의 신문에 대하여 진술을 거부할 수 있는 권리를 말한다.

헌법은 제12조 제2항에서 「모든 국민은 고문을 받지 아니하며, 형사상 자기에게 불리한 진술을 강요당하지 아니한다.」라고 규정하여 진술거부권을 국민의 기본적 인권으로 보장하고 있으며, 이에 따라 형사소송법은 피고인의 진술거부권(법 제283조의 2)과 피의자의 진술거부권(법 제244조의 3)을 규정하고 있다.

(2) 내 용

가. 진술거부권의 주체

헌법 제12조 제2항은 모든 국민에게 진술거부권을 보장하고 있으므로 진술거부권의 주체에는 제한이 없다. 피고인뿐만 아니라 피의자도 진술거부권을 가진다. 의사무능력자인 피고인 또는 피의자의 대리인(법 제26조), 피고인인 법인의 대표자, 외국인 등도 진술거부권의 주체가 된다.

나. 진술거부권의 범위

1) 진술강요의 금지

진술거부권은 형벌 기타의 제재에 의한 진술강요의 금지를 본질적 내용으로 한다. 따라서 피고인 또는 피의자는 수사기관은 물론 법원에 대하여도 진술거부권을 행사할 수 있다.

강요당하지 않는 것은 진술에 한한다. 따라서 지문과 족형의 채취, 신체의 측정, 사진촬영이나 신체검사에 대하여는 진술거부권이 미치지 않는다. 그러나 진술인 이상 구두의 진술에 한하지 아니하고 이에 갈음하는 서면에 대하여도 진술거부권이 적용된다. 따라서 피의자는 수사기관의 진술서 제출요구를 거부할 수 있다.

쟁 점

<음주측정을 강제하는 것이 진술거부권을 침해하는 것인지 여부>

진술거부권에서 '진술'이란 생각이나 지식, 경험사실을 정신작용의 일환인 언어를 통하여 표출하는 것을 의미하는데 반해, 도로교통법 제41조 제2항에 규정된 음주측정은 호흡측정기에 입을 대고 호흡을 불어넣음으로써 신체의 물리적·사실적 상태를 그대로 드러내는 행위에 불과하므로 이를 두고 '진술'이라 할 수 없고, 따라서 주취운전의 혐의자에게 호흡측정기에 의한 주취 여부의 측정에 응할 것을 요구하고 이에 불응할 경우 처벌한다고 하여도 이는 형사상 불리한 '진술'을 강요하는 것에 해당한다고 할 수 없다(헌재 1997. 2. 20, 95헌마27).

2) 진술의 범위

거부할 수 있는 진술은 형사상 자기에게 불리한 진술이다. 여기서 불리한 진술이란 형사책임에 관한 것이며, 민사책임은 포함되지 않지만, 형사책임에 관한 한 범죄사실 또는 간접사실뿐만 아니라 범죄사실 발견의 단서가 되는 사실도 포함한다고 해석된다.

다. 진술거부권의 고지

1) 피의자에 대한 고지

검사 또는 사법경찰관은 수사에 필요한 때에는 피의자의 출석을 요구하여 진술을 들을 수 있는데, 피의자를 신문하기 전에 다음의 사항을 알려주어야 한다(법 제244조의3 제1항).

① 일체의 진술을 하지 아니하거나 개개의 질문에 대하여 진술을 하지 아니할 수 있다는 것

② 진술을 하지 아니하더라도 불이익을 받지 아니한다는 것

③ 진술을 거부할 권리를 포기하고 행한 진술은 법정에서 유지의 증거로 사용될 수 있다는 것

④ 신문을 받을 때에는 변호인을 참여하게 하는 등 변호인의 조력을 받을 수 있다는 것

2) 피고인에 대한 고지

재판장은 법 제284조에 따른 인정신문을 하기 전에 피고인에게 진술을 하지 아니하거나 개개의 질문에 대하여 진술을 거부할 수 있고, 이익 되는 사실을 진술할 수 있음을 알려야 한다(규 제127조).

3) 진술거부권 불고지의 효과

형사소송법 제244조의3은 검사 또는 사법경찰관이 출석한 피의자를 신문하기 전에 미리 피의자에 대하여 진술을 거부할 수 있음을 알려야 한다고 규정하고 있는바, 이러한 피의자의 진술거부권은 헌법이 보장하는 형사상 자기에게 불리한 진술을 강요당하지 않는 자기부죄거부의 권리에 터잡은 것이므로, 수사기관이 피의자를 신문함에 있어 피의자에게 미리 진술거부권을 고지하지 않은 때에는 그 피의자의 진술은 위법하게 수집된 증거로서 진술의 임의성이 인정되는 경우라도 증거능력이 부정되어야 한다(대판 1992. 6. 23, 92도682).

라. 진술거부권의 효과

1) 증거능력의 배제

진술거부권에 의하여 피고인 또는 피의자의 진술을 강요할 수 없으므로 진술거부권을 행사하였다는 이유로 형벌 기타의 제재를 과할 수 없다(법 제244조의 3). 진술거부권을 침해하여 강요에 의하여 받은 자백은 임의성이 없으므로 증거능력이 부정된다.

2)불이익추정의 금지

진술거부권의 행사를 피고인에게 불이익한 간접증거로 하거나 또는 이를 근거로 유죄의 추정을 하는 것은 허용되지 않는다.

핵심판례

진술거부권을 고지하지 않은 상태에서 임의로 행해진 피고인의 자백을 기초로 한 2차적 증거 중 피고인 및 피해자의 법정진술은 공개된 법정에서 임의로 이루어진 것이라는 점에서 유죄 인정의 증거로 사용할 수 있는지 여부

강도 현행범으로 체포된 피고인에게 진술거부권을 고지하지 아니한 채 강도범행에 대한 자백을 받고, 이를 기초로 여죄에 대한 진술과 증거물을 확보한 후 진술거부권을 고지하여 피고인의 임의자백 및 피해자의 피해사실에 대한 진술을 수집한 사안에서, 제1심 법정에서의 피고인의 자백은 진술거부권을 고지받지 않은 상태에서 이루어진 최초 자백 이후 40여 일이 지난 후에 변호인의 충분한 조력을 받으면서 공개된 법정에서 임의로 이루어진 것이고, 피해자의 진술은 법원의 적법한 소환에 따라 자발적으로 출석하여 위증의 벌을 경고받고 선서한 후 공개된 법정에서 임의로 이루어진 것이어서, 예외적으로 유죄 인정의 증거로 사용할 수 있는 2차적 증거에 해당한다고 한 사례.(대판 2009. 3. 12. 2008도11437).

경찰공무원에 대한 증인적격 인정이 피고인의 진술거부권을 침해하는지 여부(소극)

형사소송법상 피고인의 증인적격이 부정되고 있어 피고인의 진술거부권이 침해될 소지는 없다고 보여질 뿐만 아니라, 피고인은 증인이 아닌 당사자로서 그 법정진술이 직접 자신을 위한 유리한 증거로 사용될 수 있다는 점에서 경찰공무원에 대한 증인적격 인정이 바로 피고인에 대한 증인적격 인정으로 귀결된다고 볼 아무런 근거가 없고, 그 밖에 이 사건 법률조항에 의한 경찰공무원의 증인적격 인정과 피고인의 진술거부권 침해와의 연관성을 인정할 만한 사정도 없다(헌재 2001. 11. 29. 2001헌마41).

5. 피고인의 소송능력

(1) 소송능력의 의의 등

가. 소송능력의 의의

소송능력이란 피고인으로서 유효하게 소송행위를 할 수 있는 능력 즉 의사능력을 기초로 한 소송행위능력를 말한다. 피고인의 소송행위가 유효하기 위하여는 피고인이 자기를 방어할 수 있는 능력이 있어야 하므로, 소송능력은 피고인이 자기의 소송상의 지위와 이해관계를 이해하고, 이에 따라 방어행위를 할 수 있는 의사능력을 의미한다. 즉, 민법상의 의사능력 또는 형법 제10조 제1항의 사물의 변별 또는 의사의 결정능력에 해당하는 개념이라고 할 수 있다.

나. 당사자능력과의 구별

당사자능력이란 소송법상 당사자가 될 수 있는 일반적인 능력을 말한다. 당사자능력은 일반적·추상적으로 당사자가 될 수 있는 능력을 의미하는 것이므로, 구체적 특정사건에서 당사자가 될 수 있는 자격인 당사자적격과는 구별된다.

자연인은 연령이나 책임능력의 여하를 불문하고 언제나 당사자능력을 가지고(태아나 사망자는 당사자능력이 없음), 법인 기타 단체(법인격 없는 사단과 재단)도 처벌받는 경우가 있으므로 당사자능력을 가진다.

당사자능력은 소송조건이므로 법원은 직권으로 당사자능력의 유무를 조사하여 피고인에게 당사자능력이 없는 때에는 공소기각의 재판을 하여야 한다.

(2) 소송능력 흠결의 효과

가. 소송행위의 무효

소송능력이 없는 자연인이 한 소송행위는 무효이다. 다만 소송능력은 당사자능력과 달리 소송조건은 아니다. 따라서 소송능력이 없는 자에 대하여 공소가 제기되었다고 하여 공소가 무효로 되는 것은 아니며, 소송능력이 없는 자에 대한 공소장부본의 송달이 있는 경우에 송달 자체가 무효로 되는 것도 아니다.

나. 공판절차의 정지

피고인이 계속적으로 소송능력이 없는 상태에 있을 때에는 절차를 진행시킬 수 없으므로 공판절차를 정지하여야 한다. 즉 피고인이 사물의 변별 또는 의사를 결정할 능력이 없는 상태에 있을 때에는 법원은 검사와 변호인의 의견을 들어서 결정으로 그 상태가 계속하는 기간 동안 공판절차를 정지하여야 한다(법 제306조 제1항).

다. 공판절차를 정지하지 않는 경우

다음의 경우에는 피고인에게 소송능력이 없는 경우에도 공판절차를 정지하지 않는다.

1) 무죄・면소・공소기각 등의 재판을 할 경우

피고사건에 대하여 무죄・면소・형의 면제・공소기각의 재판을 할 것이 명백한 때에는 피고인에게 소송능력이 없는 경우에도 피고인의 출정 없이 재판할 수 있다(법 제306조 제1항).

2) 의사무능력자와 소송행위의 대리

① 형법 제9조(형사미성년자)・제10조(심신장애인)・제11조(농아자)의 적용을 받지 않는 범죄사건에 관하여 피고인 또는 피의자가 의사능력이 없는 때에는 그 법정대리인이 소송행위를 대리한다(법 제26조).

② 법정대리인이 없는 때에는 법원이 특별대리인을 선임하여야 한다(법 제28조).

3) 피고인인 법인의 대표

법인 기타 단체는 의사능력이 없으므로 소송능력이 없다. 그러나 법인이 피고인인 때에는 법인이 소송행위를 할 수는 없으므로 그 기관인 자연인이 법인을 대표하여 소송행위를 할 수 밖에 없다. 따라서 법인이 피고인인 때에는 그 대표자가 소송행위를 대표한다(법 제27조 제1항). 대표자가 수인인 경우에는 각각 대표권을 행사한다(동조 제2항).

법인에 대표자가 없을 때에는 법원은 직권 또는 검사의 청구에 의하여 특별대리인을 선임하여야 하며, 특별대리인은 대표자가 있을 때까지 그 임무를 행한다.

정리회사의 경우에도 대표자는 적법하게 선임되어 있는 대표이사이지 관리인이 대표자가 되는 것은 아니다.

(3) 특별대리인

가. 특별대리인 선임사유

형사미성년자・심신장애인・농아자에 해당되지 않는 의사무능력자인 피고인에게 법정대리인이 없거나 법인인 피고인에게 대표자가 없는 때에는 법원은 직권 또는 검사의 청구에 의하여 특별대리인을 선임하여야 한다(법 제28조 제1항).

나. 피의자의 특별대리인

위의 특별대리인선임제도는 피의자에 대하여도 적용된다(법 제28조 제1항). 피의자의 경우에는 법원에 본안사건이 없으므로 직권으로 선임할 수는 없고, 검사 또는 이해관계인의 청구가 있을 때에 한하여 선임하며(같은 항), 이 선임청구사건의 담당법원은 그 피의사건을 수사 중인 검사 또는 사법경찰관이 소속된 관서(검찰청, 경찰서)의 소재지의 관할지방법원이다(규 제10조). 이는 피의사건 내용에 관계없이 단독판사가 처리한다(법조 제7조 제4항).

다. 특별대리인의 임무 종료

이상의 특별대리인은 피고인이나 피의자를 위한 법정대리인 또는 대표자가 생길 때까지 임무를 행한다(법 제28조 제2항). 법정대리인 또는 대표자가 생긴 때에는 절차를 명확하게 하기 위하여 법원은 해임의 결정을 하여야 한다. 피의자의 특별대리인은 공소제기 후에도 계속하여 임무를 행할 수 있다고 해석할 것이다(변호인, 보조인의 경우를 유추함).

Ⅳ. 변호인

1. 변호인의 의의

변호인이란 피고인 또는 피의자의 방어력을 보충함을 업무로 하는 보조자를 말한다. 즉, 변호인은 소송의 주체가 아니라 소송의 주체인 피고인 또는 피의자의 보조자에 지나지 않는다. 변호인제도의 존재이유는 피고인과 신뢰관계에 있으면서 검사와 대등한 법률지식을 가지고 있는 법률전문가로 하여금 피고인을 보조하게 하여 공정한 재판을 실현할 필요성이 절실하기 때문이다.

2. 사선변호인

(1) 의 의

사선변호인이란 국선변호인에 대응하는 개념이고, 광의에 있어서는 특별변호인을 포함하는 것이지만, 협의로는 선임권자가 선임한 변호사의 자격이 있는 변호인을 말한다. 즉, 사선변호인은 피고인·피의자 또는 그와 일정한 관계가 있는 사인이 선임한 변호인을 말한다.

(2) 선 임

가. 변호인 선임의 의의

변호인이 소송절차에 관여하려면 선임을 필요로 한다. 즉 변호인의 지위는 선임에 의하여 발생한다.

선임이란 선임권자가 피고인 또는 피의자의 사건에 관하여 변호사 또는 법무법인을 변호인으로 선임하고, 그 사건을 담당하는 법원 또는 수사기관에 일정한 방식으로 신고하는 소송행위를 말한다. 변호인선임은 법원 또는 수사기관에 대한 소송행위이므로 그 전제가 되는 선임권자와 변호사간의 변호위임계약 등 사법상의 행위는 여기서 말하는 선임행위에 해당하지 않는다. 따라서 위임계약이 무효 또는 취소되었다고 하여도 변호인선임의 효력에는 영향이 없다.

나. 선임권자

선임권자는 피고인 또는 피의자, 법정대리인, 배우자, 직계친족, 형제자매 등이다(법 제30조 제1항·제2항). 선임권 없는 자가 한 변호인선임은 효력이 없다.

쟁 점

<피고인 및 피의자로부터 선임권을 위임받은 자가 변호인을 선임할 수 있는지 여부>

형사소송에 있어서 변호인을 선임할 수 있는 자는 피고인 및 피의자와 형사소송법 제30조 제2항에 규정된 자에 한정되는 것이고, 피고인 및 피의자로부터 그 선임권을 위임받은 자가 피고인이나 피의자를 대리하여 변호인을 선임할 수는 없는 것이므로, 피고인이 법인인 경우에는 형사소송법 제27조 제1항 소정의 대표자가 피고인인 당해 법인을 대표하여 피고인을 위한 변호인을 선임하여야 하며, 대표자가 제3자에게 변호인 선임을 위임하여 제3자로 하여금 변호인을 선임하도록 할 수는 없다.

다. 피선임자

변호인은 변호사(대한변호사협회에 등록을 마친 자에 한함) 또는 법무부장관의 인가를 받은 법무법인 중에서 선임하여야 한다. 다만 대법원이 아닌 법원은 특별한 사정이 있으면 변호사 아닌 자를 변호인으로 선임하는 것을 허가할 수 있는데, 이를 특별변호인이라 한다.

라. 선임의 방식

변호인의 선임은 변호인과 선임자가 연명・날인한 서면(변호인선임서)를 공소제기 전에는 그 사건을 취급하는 검사 또는 사법경찰관에게, 공소가 제기된 후에는 그 법원에 제출하여야 한다(법 제32조 제1항).

피고인・피의자 이외의 선임권자가 선임신고서면을 제출한 때에는 선임권자의 신분, 즉 피고인・피의자와의 친족관계를 소명하는 서면(가족관계증명서 또는 주민등록의 등본)을 첨부하여 제출하여야 한다(규 제12조).

위 서면은 선임권자와 변호인의 기명・날인이 있으면 충분하고 서명을 요하는 것은 아니다. 인장이 없어 지장을 찍은 경우(법 제59조)에는 본인의 지장임을 증명한다는 증명문구를 기재하는 것이 관례이다.

마. 대표변호인

1) 대표변호인의 지정

1인의 피고인 또는 피의자가 선임할 수 있는 변호인의 수에는 제한이 없다. 다만, 형사소송법은 소송지연을 방지하기 위하여 대표변호인제도를 도입하고 있다. 즉 수인의 변호인이 있는 경우에 재판장은 피고인・피의자 또는 변호인의 신청 또는 직권에 의하여 대표변호인을 지정할 수 있고(법 제32조의2 제1항・제2항), 이 경우에 대표변호인의 수는 3인을 초과할 수 없다(동조 제3항).

2) 대표변호인의 지정 등의 신청

대표변호인의 지정, 지정의 철회 또는 변경의 신청은 그 사유를 기재한 서면으로 한다. 다만 공판기일에서는 구술로 할 수 있다(규 제13조의2).

대표변호인의 지정, 지정의 철회 또는 변경은 피고인 또는 피의자의 신청에 의한 때에는 검사 및 대표변호인에게, 변호인의 신청이나 직권에 의한 때에는 피고인 또는 피의자 및 검사에게 이를 통지하여야 한다(규 제13조의3).

3) 대표변호인 지정의 효력

① 대표변호인이 지정된 경우에 대표변호인에 대한 통지 또는 서류의 송달은 변호인 전원에 대하여 효력이 있다(법 제32조의2 제4항).

② 대표변호인의 선임은 같은 피고인에 대하여 병합된 다른 사건에 대해서도 효력이 있다(규 제13조의5).

(3) 변호인 선임의 효력

가. 사건과의 관계

변호인의 선임은 사건을 단위로 하는 것이므로, 선임의 효력은 공소사실의 동일성이 인정되는 사건의 전부에 미치는 것이 원칙이다. 공소장변경에 의하여 공소사실이 변경된 경우에도 선임의 효력에는 영향이 없다.

선임행위에서 특별한 제한(예컨대, 구속적부심사청구에 국한)을 가한 때에는 그 제한 내에서만 선임의 효력이 있게 될 것이지만, 선임행위에서 그 제한이 명시되지 않았다면 가사 사법상의 선임계약에서 제한을 하였다 하더라도 선임의 효력은 소송절차 전부에 미친다.

또한 하나의 사건에 관하여 한 변호인선임은 동일 법원의 동일 피고인에 대하여 추가 기소되어 병합심리된 다른 사건에 관하여도 그 효력이 미친다. 기소의 순서는 묻지 않는다. 그러나 피고인이나 변호인이 이와 다른 의사표시를 한 때에는 그러하지 아니하다(규 제13조).

나. 심급과의 관계

변호인선임의 효력은 그 심급에 한하여 미친다. 따라서 변호인은 심급마다 선임하여야 한다(제32조 제1항). 다만, 공소제기 전, 즉 수사단계에서 한 변호인선임은 제1심에 있어서도 그 효력이 있다(법 제32조 제2항). 따라서 공소장에는 그 변호인선임신고서를 첨부할 것이 요구된다(규 제118조 제1항).

변호인선임의 효력은 그 심급의 종료시까지 계속된다. 다만 변호인은 상소권이 있으므로(법 제341조 제1항) 상소장은 제출할 수 있으나 그 후의 소송행위에 관하여는 새로운 선임을 필요로 한다. 그러나 환송에 의하여 원래의 심급으로 돌아가는 경우에는 파기환송 전의 원심에서 있었던 변호인 선임의 환송 후에도 효력을 갖게 되고, 이송의 경우에도 마찬가지이다(법 제366조 · 제367조, 규 제158조).

핵심판례

형사사건에 관한 성공보수약정이 선량한 풍속 기타 사회질서에 위배되는 것으로 평가할 수 있는지 여부(적극) 및 어느 법률행위가 선량한 풍속 기타 사회질서에 위반되어 무효인지 판단하는 기준 시점(=법률행위가 이루어진 때)과 판단 기준 / 종래 이루어진 보수약정이 성공보수 명목으로 되어 있는 경우, 민법 제103조에 의하여 무효라고 단정할 수 있는지 여부(소극) 및 이 판결 선고 후 체결된 성공보수약정의 효력(무효)

형사사건에 관하여 체결된 성공보수약정이 가져오는 여러 가지 사회적 폐단과 부작용 등을 고려하면, 구속영장청구 기각, 보석 석방, 집행유예나 무죄 판결 등과 같이 의뢰인에게 유리한 결과를 얻어내기 위한 변호사의 변론활동이나 직무수행 그 자체는 정당하다 하더라도, 형사사건에서의 성공보수약정은 수사·재판의 결과를 금전적인 대가와 결부시킴으로써, 기본적 인권의 옹호와 사회정의의 실현을 사명으로 하는 변호사 직무의 공공성을 저해하고, 의뢰인과 일반 국민의 사법제도에 대한 신뢰를 현저히 떨어뜨릴 위험이 있으므로, 선량한 풍속 기타 사회질서에 위배되는 것으로 평가할 수 있다. 다만 선량한 풍속 기타 사회질서는 부단히 변천하는 가치관념으로서 어느 법률행위가 이에 위반되어 민법 제103조에 의하여 무효인지는 법률행위가 이루어진 때를 기준으로 판단하여야 하고, 또한 그 법률행위가 유효로 인정될 경우의 부작용, 거래자유의 보장 및 규제의 필요성, 사회적 비난의 정도, 당사자 사이의 이익균형 등 제반 사정을 종합적으로 고려하여 사회통념에 따라 합리적으로 판단하여야 한다.

그런데 그동안 대법원은 수임한 사건의 종류나 특성에 관한 구별 없이 성공보수약정이 원칙적으로 유효하다는 입장을 취해 왔고, 대한변호사협회도 1983년에 제정한 '변호사보수기준에 관한 규칙'에서 형사사건의 수임료를 착수금과 성공보수금으로 나누어 규정하였으며, 위 규칙이 폐지된 후에 권고양식으로 만들어 제공한 형사사건의 수임약정서에도 성과보수에 관한 규정을 마련하여 놓고 있었다. 이에 따라 변호사나 의뢰인은 형사사건에서의 성공보수약정이 안고 있는 문제점 내지 그 문제점이 약정의 효력에 미칠 수 있는 영향을 제대로 인식하지 못한 것이 현실이고, 그 결과 당사자 사이에 당연히 지급되어야 할 정상적인 보수까지도 성공보수의 방식으로 약정하는 경우가 많았던 것으로 보인다.

이러한 사정들을 종합하여 보면, 종래 이루어진 보수약정의 경우에는 보수약정이 성공보수라는 명목으로 되어 있다는 이유만으로 민법 제103조에 의하여 무효라고 단정하기는 어렵다. 그러나 대법원이 이 판결을 통하여 형사사건에 관한 성공보수약정이 선량한 풍속 기타 사회질서에 위배되는 것으로 평가할 수 있음을 명확히 밝혔음에도 불구하고 향후에도 성공보수약정이 체결된다면 이는 민법 제103조에 의하여 무효로 보아야 한다(대판 2015. 7. 23, 선고, 2015다200111 전원합의체 판결).

【서식】 변호인선임 신고서

변 호 인 선 임 신 고 서	
사건번호	2008 교단 123호
사 건 명	절도
피 고 인 (피의자)	김 ○ ○
위 사건에 관하여 서울 ○○구 ○○길 ○○ ○○빌딩 ○○호 변호사 ○ ○ ○를 변호인으로 선임하였으므로 신고합니다.	
첨 부 서 류	1. 2.
20○○년 월 일 선임인 성 명 김 ○ ○ 주 소 서울 서초구 서초대로 123 관 계 본인 위 본인의 무인임을 증명함. 교도 김 ○ ○ 변호사 ○ ○ ○ ㊞ 서울 ○○구 ○○길 ○○ ○○빌딩 ○○호 전화 : 팩스 : 서울 중앙 지방법원 귀중 변호사회경유	

【서식】 변호인선임 신고서(2)

○○법무법인

변호사 선임 신고

사건번호 20○○고단 234호 절도피고사건
피고인(피의자) ○ ○ ○

위 사건에 관하여 다음 표시 변호사를 변호인으로 선임하고 이에 연서 신고합니다.

20○○년 월 일

선임인 피고인의 처 ○ ○ ○ ㊞

위 본인의 무인임을 증명함.

교 도 ○○시 ○○구 ○○길 ○○○
○○법무법인
위 피고인(피의자)의 변호인 변호사 ○ ○ ○ ㊞
변호사 ○ ○ ○ ㊞

위와 같이 담당변호사를 지정함.

20○○년 월 일

태양법무법인
대표 변호사 ○ ○ ○ ㊞

○○지방법원 귀중

【서식】 변호위임 계약서

계 약 서

피의자 ○ ○ ○

사건명 공무집행방해

위 사건의 제1심의 변호사무를 귀하에게 위임하고 아래와 같이 계약함.

제1 위임사무의 착수 수수료 금 ○○○원을 금일 지급함.
단, 위임 해재 기타 어떠한 사고가 발생하여도 반환청구는 못함.

제2 위임사무 처리에 필요한 출장여비 등은 청구하시는 대로 즉시 지급함.

제3 위임사무 처리상 필요에 의하여 조회한 사항에 대하여는 신속히 이에 응하여 조사 회답함.

제4 위임사무가 성공한 때는 보수금을 아래 구별로 지급함.

1. 경찰, 검찰청에서 본건이 성공한 때에는	금 ○○,○○○원
1. 보석허가가 된 때에는	금 ○○,○○○원
1. 면소, 면형 또는 무죄가 된 때에는	금 ○○,○○○원
1. 형의 집행유예가 된 때에는	금 ○○,○○○원
1. 벌금형이 된 때에는	금 ○○,○○○원
1. 실형이 경감된 때에는	금 ○○,○○○원

제5 본인이 계약상 의무를 이행하지 않은 때나 위임사무의 내용에 대하여 본인이 진술한 사실이 허위인 때는 고의가 아니라도 귀하가 위임사무를 포기하고 사임하며, 본 계약을 해제하여도 이의가 없음.

제6 아래 경우에는 위임사무가 성공한 것으로 간주하고 제4항에 정한 보수금의 전부를 지급함.

(1) 본인의 임의로 말하였거나 또는 상소를 포기하고 취하한 때

(2) 본인이 본 계약상의 의무를 이행치 않고 사실을 허위로 진술함으로써 귀하가 본 계약을 해제한 때

(3) 본인이 본 계약을 해제하고 기타 귀하에게 책임이 없는 사유로 인하여 위임이 종료된 때

제7 본 계약으로 생긴 일체의 소송은 서울중앙지방법원을 관할법원으로 합의함.

위와 같이 계약합니다.

20○○년 월 일

주소 ○○시 ○○구 ○○길 ○○
위임자 ○○○의 처 ○ ○ ○ ㊞
주소 ○○시 ○○구 ○○길 ○○
연대보증인 ○ ○ ○ ㊞

변호사 ○○○ 귀하

3. 특별변호인

(1) 의의

대법원 아닌 법원은 특별한 사정이 있으면 변호사 아닌 자를 변호인으로 선임하는 것을 허가할 수 있는데(법 제31조 단서) 이를 특별변호인이라 한다. 사건의 경중에 따른 제한은 없으나 특별한 사정의 존재를 필요로 한다.

(2) 특별변호인 선임

선임허가결정이 있은 후에 사선변호인과 마찬가지로 특별변호인 선임신고서를 제출함으로써 특별변호인 선임의 효력이 생기며 선임의 효력·사임·해임 등의 사항은 사선변호인의 경우와 동일하다. 특별변호인선임 허가결정은 상당한 이유가 있는 경우 취소할 수 있는데 그 취소결정이 있으면 특별변호인은 당연히 자격을 상실하게 된다.

(3) 선임의 허가

특별변호인을 선임함에는 법원의 허가가 필요하다. 이 허가의 신청은 변호인 선임권자가 서면 또는 구술로 할 수 있다.

피선임자의 자격에는 제한이 없으나, 피고인의 소송활동 전반을 보조하고 그 방어권을 보호할 수 있는 자이어야 한다.

신청방식에는 제한이 없으므로 서면이나 구술로 할 수 있다.(규 제176조).

【서식】 특별변호인 선임허가청구서

특 별 변 호 인 선 임 허 가 청 구 서

사 건 20○○고단 ○○○호 절도
피고인 ○ ○ ○

위 피고인에 대한 ○○지방법원 20○○고단 ○○○호 절도사건에 관하여, 피고인의 특별변호인선임허가를 신청합니다.

청 구 취 지

이 사건의 특별변호인으로 다음 사람을 선임함을 허가한다.
라는 재판을 구합니다.

다 음

성 명 : ○ ○ ○
주 소 : ○○시 ○○구 ○○길 ○○
주민등록번호 : 000000 - 0000000
직 업 : ○○○

청 구 이 유

위 사람은 피고인의 (형사소송법 제31조 단서의 특별한 사유 기재) 한다.

20○○년 월 일

위 피고인 ○○○ ㊞

○○○○지방법원 귀중

【서식】특별변호인 선임신고서

특 별 변 호 인 선 임 신 고 서

사 건 20〇〇고단 〇〇〇호 횡령
피고인 〇 〇 〇

귀원 20〇〇고단 〇〇〇호 횡령사건에 관하여 □□□를 특별변호인으로 선임을 허가받았으므로 위 사람과 연서하여 신고합니다.

첨 부

허가결정정본 1통

20〇〇년 월 일

위 피고인 〇〇〇 ㊞
〇〇시 〇〇길 〇〇
위 특별변호인 〇 〇 〇 ㊞
〇〇시 〇〇길 〇〇

〇〇지방법원 귀중

4. 국선변호인

(1) 의 의

국선변호인이란 변호인선임권자에 의해 변호인이 선임되지 않는 경우, 피고인을 위해 법원이 선정해 주는 변호인을 말한다.

국선변호인제도는 헌법이 보장하고 있는 국선변호인 선임의뢰권을 구체화한 것이며, 사선변호인제도를 보충하여 피고인의 변호권을 강화하기 위한 것이다.

(2) 국선변호인의 선정

가. 선정사유

1) 형사소송법 제33조

① 피고인이 구속된 때

당해 사건에서 구속으로 재판을 받고 있는 피고인에게 사선변호인이 없으면 법원이 직권으로 변호인을 선정하여야 한다. 다만 별건으로 구속되어 있거나 수형자라 하더라도 당해 사건에서 불구속으로 재판을 받고 있다면 선정할 필요는 없다.

② 피고인이 미성년자인 때

③ 피고인이 70세 이상인 때

④ 피고인이 농아자인 때

⑤ 피고인이 심신장애의 의심이 있는 때

⑥ 피고인이 사형, 무기 또는 단기 3년 이상의 징역이나 금고에 해당하는 사건으로 기소된 때

⑦ 피고인이 빈곤 기타 사유로 변호인을 선임 할 수 없는 때, 다만 이 경우에는 피고인의 청구가 있는 때에 한한다.(빈곤 기타의 사유는 피고인 본인에게 있어야 함).

⑧ 피고인의 연령, 지능 및 교육 정도 등을 참작하여 권리보호를 위하여 필요하다고 인정하는 때(명시적 의사에 반하지 아니하는 범위 안에서)

핵심판례

피고인이 시각장애인인 경우, 형사소송법 제33조 제3항에 의하여 국선변호인을 선정할 필요가 있는지 판단하는 기준

헌법상 변호인의 조력을 받을 권리를 비롯한 형사소송법(이하 '법'이라 한다) 제33조, 형사소송규칙 제156조의2 제1항, 국선변호에 관한 예규 제6조 제2항, 제8조 제1항의 규정 및 국선변호인 제도의 취지와, 피고인이 시각장애인인 경우에는 공소장 부본을 송달받을 권리(법 제266조), 소송계속 중의 관계 서류나 증거물 또는 공판조서의 열람·등사청구권(법 제35조 제1항, 제55조 제1항) 등 법이 피고인에게 보장하고 있는 권리를 자력으로 행사하기 곤란할 것임에도 소송계속 중의 관계 서류 등이 점자자료로 작성되어 제공되고 있지 아니한 현행 형사소송실무상 이를 제대로 확인하지 못한 채 공판심리에 임하게 됨으로써 효과적인 방어권을 행사하지 못할 가능성이 높은 점 등에 비추어, 법원으로서는 피고인이 시각장애인인 경우 장애의 정도를 비롯하여 연령·지능·교육 정도 등을 확인한 다음 권리보호를 위하여 필요하다고 인정하는 때에는 법 제33조 제3항의 규정에 의하여 피고인의 명시적 의사에 반하지 아니하는 범위 안에서 국선변호인을 선정하여 방어권을 보장해 줄 필요가 있다(대판 2014. 8. 28, 2014도4496).

2) 필요적 변호사건

① 법 제33조 1항 각 호의 국선변호인 선임사유에 해당하는 사건 및 같은 조 제2항·제3항의 규정에 따라 국선변호인이 선정된 사건에 관하여는 변호인 없이 개정하지 못하므로, 이 경우에도 법원은 직권으로 국선변호인을 선정해야 한다(법 제282조, 제283조).

② 치료감호청구사건 : 치료감호법 제15조는 동법 제2조 제1항 제1호에 규정된 치료감호청구사건에 관하여 형사소송법 제282조와 제283조를 준용하고 있다. 따라서 치료감호의 청구가 있는 사건은 변호인 없이 개정할 수 없으므로, 피감호청구인에게 변호인이 없거나 출석하지 않은 때에는 국선변호인을 선정해야 한다.

핵심판례

필요적 변호사건에서 변호인의 재정의무 위반인 피고인 자신의 귀책사유에 기인하고 피고인측의 방어권의 남용 내지 변호권의 포기로 보여지는 경우에 변호인 없이 심리할 수 있는지 여부(적극)

이른바 필요적 변호사건에 있어서 변호인이 피고인의 명시적 또는 묵시적인 동의 아래 그 방어권행사의 한 방법으로, 재판장의 허가 없이 임의로 퇴정하여 버리거나 피고인과 합세하여 법정의 질서를 문란케 하여 재판의 진행을 방해하는 등의 행위를 하여 재판장으로부터 질서유지를 위한 퇴정을 명받는 경우와 같이, 변호인의 재정의무 위반이 피고인 자신의 귀책사유에 기인할 뿐만 아니라 피고인측의 방어권의 남용 내지 변호권의 포기로 보여지는 경우에는, 신속한 재판 및 사법권의 옹호라는 측면을 중시하여 형사소송법 제330조의 규정을 유추적용하여 예외적으로 변호인 없이 개정.심리할 수 있다(대판 1990. 6. 8. 90도646).

3) 피고인의 권리보호를 위하여 필요하다고 인정하는 때

법원은 피고인의 연령·지능 및 교육의 정도 등을 참작하여 권리보호를 위하여 필요하다고 인정하는 때에는 피고인의 명시적 의사에 반하지 아니하는 범위 안에서 변호인을 선정하여야 한다(법 제33조 제3항).

4) 군사법원법이 적용되는 사건의 경우

군사법원법 사건에 관하여 피고인에게 변호인이 없는 때에는 군사법원은 직권으로 변호인을 선정하여야 한다. 이 조항은 군사법원사건의 상고심인 대법원에서도 적용되므로 대법원이 고등군사법원사건에 관한 상고사건을 접수한 때에는 예외 없이 국선변호인을 선정하여야 한다.

5) 구속영장청구에 기한 피의자 심문의 경우

구속영장청구에 의하여 피의자를 심문할 경우 심문할 피의자에게 변호인이 없는 때에는 지방법원판사는 직권으로 변호인을 선정하여야 한다. 이 경우 변호인의 선정은 피의자에 대한 구속영장 청구가 기각되어 효력이 소멸한 경우를 제외하고는 제1심까지 효력이 있다(법 제201조의2 제8항).

6) 체포·구속적부심사 청구의 경우

체포·구속적부심사를 청구한 피의자가 형사소송법 제33조의 국선변호인 선임사유에 해당하고, 변호인이 없는 때에는 국선변호인을 선임하여야 한다(법 제214조 2 제10항). 피의자를 체포 또는 구속한 검사 또는 사법경찰관은 체포 또는 구속된 피의자와 체포 또는 구속된 피의자의 변호인 · 법정대리인 · 배우자 · 직계친족 · 형제자매 · 동거인 · 가족 또는 고용주 중에서 피의자가 지정하는 자에게 적부심사를 청구할 수 있음을 알려야 한다(법 제214조의2 제2항).

7) 재심사건

재심개시의 결정이 확정된 사건에 있어서 다음의 사유에 해당하고, 재심청구자가 변호인을 선임하지 아니한 경우에는 국선변호인을 선임하여야 한다(법 제438조 제4항).

① 사망자 또는 회복할 수 없는 심신장애자를 위하여 재심의 청구가 있는 때

② 유죄의 선고를 받은 자가 재심의 판결 전에 사망하거나 회복할 수 없는 심신장애자로 된 때

핵심판례

항소심법원이 피고인으로부터 국선변호인 선정청구를 받고도 그에 대한 허부의 결정을 지체하다가 피고인이 항소이유서 제출기간 내에 항소이유서를 제출하지 않았다는 이유로 항소기각결정을 할 수 있는지 여부(소극)와 항소심법원이 취하여야 할 조치

1. 피고인이 빈곤 등을 이유로 국선변호인의 선정을 청구하면서, 국선변호인의 조력을 받아 항소이유서를 작성.제출하는 데 필요한 충분한 시간여유를 두고 선정청구를 하였는데도 법원이 정당한 이유 없이 그 선정을 지연하여 항소이유서 제출기간이 경과한 후에야 비로소 항소기각결정을 함과 동시에 국선변호인 선정청구를 기각함으로써 항소이유서의 작성.제출에 필요한 변호인의 조력을 받지도 못한 상태로 피고인에 대한 항소이유서 제출기간이 도과해 버렸다면 이는 변호인의 조력을 받을 피고인의 권리가 법원에 의하여 침해된 것과 다를 바 없으므로, 설사 항소이유서 제출기간 내에 그 피고인으로부터 적법한 항소이유서의 제출이 없었다고 하더라도 그러한 사유를 들어 곧바로 결정으로 피고인의 항소를 기각하여서는 아니된다.
2. 피고인이 항소이유서의 작성.제출에 관하여 변호인의 조력을 받지 못한 것이 피고인의 귀책사유에 의한 것이 아니라 항소심법원의 국선변호인 선정여부에 관한 결정지연에서 비롯된 것인 경우, ㉠ 항소심법원으로서는 항소이유서 제출기간이 지난 후에라도 국선변호인 선정결정과 함께 그 변호인에게 소송기록접수 통지를 하여 국선변호인이 그 통지를 받은 날로부터 기산하여 소정의 기간 내에 피고인을 위하여 항소이유서를 제출할 기회를 주든지, ㉡ 형사소송규칙 제44조를 유추적용하여 항소이유서 제출기간을 연장하는 조치를 취하는 방법으로 피고인에게 사선 변호인을 선임하여 항소이유서를 제출

할 수 있는 기회를 실질적으로 부여함으로써 피고인으로 하여금 변호인의 조력을 받을 수 있도록 해주어야 한다(대판 2003. 10. 27, 2003모306).

피고인이 항소한 필요적 변호사건에서, 항소장에 항소이유 기재가 없고 항소이유서도 제출하지 아니한 경우, 법원이 국선변호인 선임 없이 항소기각 결정을 할 수 있는지 여부(소극)

사건이 사형, 무기 또는 단기 3년 이상의 징역이나 금고에 해당하는 소위 필요적 변호사건의 경우, 항소심은 항소심에 준용되는 형사소송법 제282조, 제283조, 형사소송규칙 제16조 제1항, 제17조 제1항에 의하여 피고인에게 변호인이 없는 때에는 국선변호인을 선정하여 그 국선변호인으로 하여금 항소이유서를 작성, 제출하도록 하여야 하는 것이고, 피고인이 항소이유서 제출기간 이내에 항소이유서를 제출하지 않고, 항소장에도 항소이유를 기재하지 않았다고 하더라도, 피고인에게 변호인이 없는 때에는 국선변호인을 선정하지 않은 채 형사소송법 제361조의4 제1항에 의하여 결정으로 피고인의 항소를 기각할 수 없다.

즉결심판을 받은 피고인이 정식재판청구를 함으로써 공판절차가 개시된 경우(청구 당시 피고인은 만 70세), 국선변호인 선정에 관한 형사소송법 제283조가 적용되는지의 여부(적극)

형사소송법 제455조 제3항은 '정식재판의 청구가 적법한 때에는 공판절차에 의하여 심판하여야 한다.'고 규정하고 있는바, 위 규정 내용에 비추어 보면 즉결심판을 받은 피고인이 정식재판청구를 함으로써 공판절차가 개시된 경우에는 통상의 공판절차와 마찬가지로 국선변호인의 선정에 관한 형사소송법 제283조의 규정이 적용된다.

필요적 변호사건에서 변호인 없이 이루어진 공판절차에서의 소송행위 효력(무효)

필요적 변호사건의 공판절차가 사선 변호인과 국선 변호인이 모두 불출석한 채 개정되어 국선 변호인선정 취소결정이 고지된 후 변호인 없이 피해자에 대한 증인신문 등 심리가 이루어진 경우, 그와 같은 위법한 공판절차에서 이루어진 피해자에 대한 증인신문 등 일체의 소송행위는 모두 무효라고 할 것이다.

필요적 변호사건에서 변호인 없이 공판절차가 진행되어 그 공판절차가 위법하게 된 경우, 그 이전에 이루어진 소송행위의 효력(유효)

필요적 변호사건에서 변호인이 없거나 출석하지 아니한 채 공판절차가 진행되었기 때문에 그 공판절차가 위법한 것이라 하더라도 그 절차에서의 소송행위 외에 다른 절차에서 적법하게 이루어진 소송행위까지 모두 무효로 된다고 볼 수는 없다. 따라서 위법하게 공판절차가 진행되기 이전에 이미 진술한 피고인들의 제1심 공판에서의 판시 사실에 일부 부합하는 각 진술을 원심이 증거로 채용하였다고 하여 증거능력이 없는 증거를 증거로 한 것이라고 볼 수는 없다.

나. 국선변호인의 자격

국선변호인은 법원의 관할구역 내에 사무소를 둔 변호사, 그 관할구역 안에서 근무하는 공익법무관에 관한 법률에 의한 공익법무관(법무부와 그 소속기관 및 각급 검찰청에서 근무하는 공익법무관을 제외한다) 또는 그 관할구역 안에서 수습중인 사법연수생 중에서 이를 선정하여야 하나(규 제14조 제1항), 그러한 변호사나 공익법무관 또는 사법연수생이 없거나 기타 부득이한 때에는 인접한 법원의 관할구역 안에 사무소를 둔 변호사, 그 관할구역 안에서 근무하는 공익법무관 또는 그 관할구역 안에서 수습중인 사법연수생 중에서 이를 선정할 수 있다(같은 조2항).

이상의 변호사, 공익법무관 또는 사법연수생이 없거나 기타 부득이한 때에는 법원의 관할구역 안에서 거주하는 변호사 아닌 자 중에서 이를 선정할 수 있다(같은 조 3항).

핵심판례

제1심에서 변호사 아닌 법원사무관을 국선변호인으로 선임할 수 있는지의 여부(적극)
형사소송법 제31조의 규정에 대법원 이외의 법원은 특별한 사정이 있으면 변호사 아닌 자를 변호인으로 선임함을 허가할 수 있다고 하고 있으므로 국선변호인으로 변호사 아닌 법원사무관을 변호인으로 선임하였다 하여 위법됨이 없을 뿐 아니라 이를 헌법위반이 될 리도 없다.

(3) 선정의 절차

국선변호인의 선정은 법원의 선정결정에 의한다.

가. 선정을 위한 고지

재판장은 공소제기가 있는 때에는 변호인 없는 피고인에게 서면으로, ① 형사소송법 제33조 1호 내지 6호의 어느 하나에 해당하는 때에는 변호인 없이 개정할 수 없는 취지와 피고인 스스로 변호인을 선임하지 아니할 경우에는 국선변호인을 선정하게 된다는 취지, ② 제33조 제2항에 해당하는 때에는 법원에 대하여 국선변호인의 선정을 청구할 수 있다는 취지, ③ 법 제33조 제3항에 해당하는 때에는 법원에 대하여 국선변호인의 선정을 희망하지 아니한다는 의사를 표시할 수 있다는 취지를 고지한다(규 제17조 제1항, 제2항).

나. 국선변호인의 선정 및 고지

법원은 위의 고지를 받은 피고인이 변호인을 선임하지 아니한 때 및 법 제33조 제2항의 규정에 의하여 국선변호인 선정청구가 있거나 같은 조 제3항에 의하여 국선변호인을 선정하여야 할 때에는 지체없이 국선변호인을 선정하고 피고인 및 변호인에게 그 뜻을 고지해야 한다(규 제17조 제3항). 공소제기가 있은 후 변호인이 없게 된 때에도 같다(규 제17조 제4항).

다. 공소가 제기되기 전에 국선변호인 선정(규 제16조)

1) 요 건

① 법 제201조의2(구속영장 청구와 피의자심문)에 따라 심문할 피의자에게 변호인이 없거나 ② 체포 또는 구속의 적부심사가 청구된 피의자에게 변호인이 없는 때 및 ③ 구속영장이 청구된 후 또는 체포·구속의 적부심사를 청구한 후에 변호인이 없게 된 때에는 법원 또는 지방법원판사는 지체 없이 국선변호인을 선정하고, 피의자와 변호인에게 그 뜻을 고지하여야 한다(제1항, 제4항).

2) 고 지

법원 또는 지방법원판사가 국선변호인을 선정한 경우 피의자와 변호인에게 그 뜻을 고지하여야 하는데, 이 경우 국선변호인에게 피의사실의 요지 및 피의자의 연락처 등을 함께 고지할 수 있다(제2항). 그리고 이 고지는 서면 이외에 구술·전화·모사전송·전자우편·휴대전화 문자전송 그 밖에 적당한 방법으로 할 수 있다(제3항).

라. 국선변호인의 수

국선변호인은 피고인 또는 피의자마다 1인을 선정하되, 사건의 특수성에 비추어 필요하다고 인정할 때에는 1인의 피고인 또는 피의자에게 수인의 국선변호인을 선정할 수 있다(규 15조 제1항). 피고인 또는 피의자 수인 간에 이해가 상반되지 아니할 때에는 그 수인의 피고인 또는 피의자를 위하여 동일한 국선변호인을 선정할 수 있다(같은 조 제2항).

핵심판례

형사소송규칙 제15조 제2항 소정의 '피고인 수인간에 이해가 상반되지 아니할 때'의 의미 및 그 판단 기준

공범관계에 있지 않은 공동피고인들 사이에서도 공소사실의 기재 자체로 보아 어느 피고인에 대한 유리한 변론이 다른 피고인에 대하여는 불리한 결과를 초래하는 사건에 있어서는 공동피고인들 사이에 이해가 상반된다고 할 것이어서, 그 공동피고인들에 대하여 선정된 동일한 국선변호인이 공동피고인들을 함께 변론한 경우에는 형사소송규칙 제15조 제2항에 위반된다고 할 것이며, 그러한 공동피고인들 사이의 이해상반 여부의 판단은 모든 사정을 종합적으로 판단하여야 하는 것은 아니지만, 적어도 공동피고인들에 대하여 형을 정함에 있어 영향을 미친다고 보이는 구체적 사정을 종합하여 실질적으로 판단하여야 한다(대판 2000. 11. 24, 2000도4398).

마. 국선변호인 선임청구 기각결정에 대한 불복 여부

국선변호인 선임청구를 기각한 결정은 판결 전의 소송절차이므로, 그 결정에 대하여 즉시항고를 할 수 있는 근거가 없는 이상 그 결정에 대하여는 재항고도 할 수 없다(대결 1993 .12. 3, 92모49).

(4) 국선변호인의 선정취소 및 사임

가. 선정취소

1) 필요적 선정취소

법원 또는 지방법원판사는 다음 각호의 1에 해당하는 때에는 국선변호인의 선정을 취소하여야 한다(규칙 제18조 제1항).

① 피고인 또는 피의자에게 변호인이 선임된 때

② 국선변호인이 규칙 제14조 제1항 및 제2항에 규정한 자격을 상실한 때

③ 법원 또는 지방법원판사가 국선변호인의 사임을 허가한 때

2) 임의적 취소사유

다음에 해당하는 경우에는 국선변호인의 선정을 취소할 수 있다(규칙 제18조 제2항).

① 국선변호인이 그 직무를 성실히 수행하지 아니한 때

② 피고인 또는 피의자의 국선변호인 변경 신청이 상당하다고 인정하는 때

③ 그 밖에 국선변호인의 선정결정을 취소할 상당한 이유가 있는 때

3) 선정취소의 통지

법원이 국선변호인의 선정을 취소한 때에는 지체 없이 그 뜻을 해당되는 국선변호인과 피고인 또는 피의자에게 통지하여야 한다(규칙 제18조 제3항).

나. 국선변호인의 사임

국선변호인은 다음 각호의 1에 해당하는 경우에는 법원 또는 지방법원판사의 허가를 얻어 사임할 수 있다(규칙 제20조).

① 질병 또는 장기여행으로 인하여 국선변호인의 직무를 수행하기 곤란한 때

② 피고인 또는 피의자로부터 폭행·협박 또는 모욕을 당하여 신뢰관계를 지속할 수 없을 때

③ 피고인 또는 피의자로부터 부정한 행위를 할 것을 종용받았을 때

④ 기타 국선변호인으로서의 직무를 수행할 수 없다고 인정할 만한 상당한 사유가 있을 때

핵심판례

국선변호인의 선정취소권과 감독권에 관한 형사소송규칙 제18조 제2항, 제21조의 법적 성질 및 그 권한 불행사가 판결에 영향을 미친 위법에 해당하는지 여부(소극)

형사소송규칙 제21조에 따르면 법원이 국선변호인에 대하여 불성실한 사적이 현저하면 그 사유를 대한변호사협회장이나 소속 지방변호사회에 통고할 수 있고, 같은 규칙 제18조 제2항의 규정에 따르면 법원은 국선변호인이 그 직무를 성실히 수행하지 아니하거나 기타 상당한 이유가 있는 때에는 국선변호인의 선정을 취소할 수 있으나, 이들은 모두 임의적인 규정으로서 설령 법원이 그와 같은 권한을 적절하게 행사하지 아니하였다 하더라도 그 사실만으로 바로 판결 결과에 영향을 미치는 위법이 있다고 할 수는 없다.

【서식】 국선변호인 선정청구서(고지확인서 겸 청구서)

재판부		재판장	허	부

국선변호인 선정 청구서

(피고인 이외의 청구권자 용)

사건번호 및 죄명			
피고인	성 명		□ 구속 □ 불구속
	주 거		

【변호인의 도움을 받을 권리】

피고인은 변호인의 도움을 받을 권리가 있습니다.

피고인이 스스로 변호인을 선임할 수 없을 때에는 법원은 국선변호인을 선정합니다.

【필요적 변호】

피고인에게 다음과 같은 사정이 있는 경우에는 변호인 없이 재판을 진행할 수 없습니다. 이러한 피고인이 스스로 변호인을 선임하지 않은 때에는 법원은 반드시 국선변호인을 선정하게 됩니다.

피고인에게 해당되는 사정이 있는 경우 ☑ 표시하시기 바랍니다.

□ 미성년자인 때
□ 70세 이상의 자인 때
□ 농아자인 때
□ 심신장애의 의심 있는 자인 때
□ 법정형이 사형·무기 또는 3년 이상의 징역·금고에 해당하는 때

【임의적 변호】

피고인이 경제 사정 등으로 사선변호인을 선임할 수 없는 때에는 법원에 국선변호인의 선정을 청구할 수 있습니다.

피고인의 법정대리인, 배우자, 직계친족, 형제자매 역시 독립하여 국선변호인의 선정을 청구할 수 있습니다.

피고인이 국선변호인의 선정을 청구하지 않는 경우에도 법원은 필요하다고 인정하는 때에는 국선변호인을 선정할 수 있습니다.

뒷면에 계속됩니다.

【국선변호인 선택】

　재판부별로 전속되어 있는 변호인들 중에 국선변호인으로 선정하여 주기 원하는 변호인이 있는 경우 '전속변호인' 난에 그 변호인의 성명을 적기 바랍니다.

　※ 재판부별 전속변호인은 담당재판부에 문의하기 바랍니다.

　만일 재판부에 전속된 변호인 이외의 변호인을 국선변호인으로 선정하여 주기 원하는 경우는 '기타' 난에 그 변호인의 성명, 연락처 등을 적기 바랍니다.

　※ 변호인의 사정에 따라 원하는 변호인이 선정되지 않을 수도 있습니다.

	성　명	주　　소	전화번호	비고
전속변호인				
기 타				

　위와 같이 국선변호인의 선정을 청구합니다.

<div align="center">200○. 2. 25.</div>

　피고인의

　□ 법정대리인　□ 배우자　□ 직계친족　□ 형제자매 <해당란에 ☑ 표시>

<div align="center">○ ○ ○ ㊞ (또는 서명)</div>

　서 울 중 앙 지 방 법 원　귀중

☞ 참고 사항

　1. 이 양식의 짙은 색 부분을 기재하여 이 법원에 제출하기 바랍니다.

　2. 피고인은 담당재판부로부터 송부 받은 양식을 사용하고, 특히 구속된 피고인은 국선변호인 선정청구서를 교도소, 구치소 또는 경찰서에 제출하면 됩니다.

【서식】 국선변호인 선정에 관한 고지

국선변호인 선정에 관한 고지

피고인이 다음에 해당되는 경우에 스스로 변호인을 선임하지 아니할 때에는 법원이 직권으로 국선변호인을 선정할 것임을 고지합니다.

1. 구속된 때
2. 미성년자인 때
3. 70세 이상인 자인 때
4. 농아자인 때
5. 심신장애의 의심이 있는 때
6. 사형, 무기 또는 단기 3년 이상의 징역이나 금고에 해당하는 때

또한 피고인이 빈곤 기타의 사유로 변호인을 선임할 수 없을 때에는 법원에 대하여 국선변호인의 선정을 청구할 수 있습니다.

위 청구를 할 경우에는 그 사유에 대한 소명자료를 첨부하여 이 고지를 받은 날로부터 7일 이내에 청구하기 바랍니다.

【서식】 국선변호인 선임청구서

국 선 변 호 인 선 임 청 구

사　건　20○○고단 175호 절도 피고사건
피고인　○　○　○

본인에 대한 절도 피고사건에 관하여 다음의 이유로 변호인을 선임할 수가 없으므로 국선변호인을 선임하여 주십시오.

아　　래

피고인이 빈곤한 가정 형편상으로 변호인을 선임할 비용이 없습니다.

20○○년　　월　　일

피고인 ○○○ ㊞

○○지방법원 귀중

5. 변호인의 권한

변호인의 권한에는 변호인이 피고인 또는 피의자의 소송행위를 대리하는 권한(대리권)과 변호인에게 인정되는 고유한 권한(고유권)이 있다. 사선변호인과 국선변호인, 변호사인 변호인과 특별 변호인은 그 권한에 있어서 차이가 없다.

(1) 대리권

가. 종속대리권

변호인이 본인의 의사에 종속하여 하는 대리권을 말하는데, 관할이전의 신청(법 제15조), 관할위반의 판결(법 제319조), 동의와 증거능력(법 제318조), 상소취하(법 제349조) 및 정식재판의 청구(법 제453조) 등은 종속대리권에 속한다.

핵심판례

증거동의의 대리

변호인은 피고인의 명시한 의사에 반하지 아니하는 한 피고인을 대리하여 증거로 함에 동의할 수 있으므로 피고인이 증거로 함에 동의하지 아니한다고 명시적인 의사표시를 한 경우 이외에는 변호인은 서류나 물건에 대하여 증거로 함에 동의할 수 있고 이 경우 변호인의 동의에 대하여 피고인이 즉시 이의하지 아니하는 경우에는 변호인의 동의로 증거능력이 인정된다.

나. 독립대리권

본인의 의사에 반하여 행사할 수 있는 대리권을 독립대리권이라 한다.

① 본인의 명시한 의사에 반하여 행사할 수 있는 것 : 구속취소의 청구(법 제93조), 보석의 청구(법 제94조), 증거보전의 청구(법 제184조), 공판기일 변경신청(법 제270조 제1항), 증거조사에 대한 이의신청(법 제296조 제1항) 등

② 명시의 의사에 반할 수 없으나 묵시의 의사에 반하여 행사할 수 있는 것 : 기피신청(법 제18조 제2항), 상소제기(법 제341조)

쟁 점

<피고인의 상소권이 소멸된 경우 변호인이 상소를 제기할 수 있는지 여부>
형사소송법 제341조 제1항에 원심의 변호인은 피고인을 위하여 상소할 수 있다 함은 변호인에게 고유의 상소권을 인정한 것이 아니고 피고인의 상소권을 대리하여 행사하게 한 것에 불과하므로, 변호인은 피고인의 상소권이 소멸된 후에는 상소를 제기할 수 없는 것이고, 상소를 포기한 자는 형사소송법 제354조에 의하여 그 사건에 대하여 다시 상소를 할 수 없다.

(2) 고유권

고유권이란 변호인의 권리로 특별히 규정된 것 중에서 성질상 대리권이라고 볼 수 없는 것을 말한다.

압수, 수색영장의 집행에의 참여(법 제121조, 제145조), 감정에의 참여(법 제176조), 증인신문(법 제161조의2), 증거제출·증인신문신청(법 제294조)·서류·증거물의 열람·복사(법 제35조)·피고인·피의자와의 접견, 교통, 수진(법 제34조) 등이 이에 해당한다. 이 중에서 가장 중요한 것이 접견교통권과 기록열람·등사권이다.

(3) 변호인의 접견교통권

가. 의 의

변호인 또는 변호인이 되려는 자는 신체구속을 당한 피고인 또는 피의자와 접견하고 서류 또는 물건을 수수할 수 있으며, 의사로 하여금 진료하게 할 수 있다(법 제34조). 이를 변호인의 접견교통권이라 한다.

나. 접견교통권의 제한 여부

변호인의 접견교통권은 감시 받지 않는 자유로운 접견교통을 내용으로 한다. 따라서 변호인과 피고인 또는 피의자와의 접견은 비밀이 보장되어야 하고, 법원의 결정이나 수사기관의 처분에 의하여 접견교통권을 제한할 수 없다. 다만 구속장소의 질서유지를 위한 접견시간의 제한이나 무기 또는 위험한 물건의 수수를 금지하는 것은 변호인의 접견교통권을 침해한 것이라고 할 수 없다. 다만 이 경우에도 수수한 서류의 내용을 조사하거나 접견내용에 관여하는 것은 허용되지 않는다.

핵심판례

변호인의 접견교통권의 법적 지위와 수사기관의 처분에 의하여 변호인의 접견교통권을 제한할 수 있는지의 여부

변호인의 구속된 피고인 또는 피의자와의 접견교통권은 피고인 또는 피의자 자신이 가지는 변호인과의 접견교통권과는 성질을 달리하는 것으로서 헌법상 보장된 권리라고는 할 수 없고, 형사소송법 제34조에 의하여 비로소 보장되는 권리이지만, 신체구속을 당한 피고인 또는 피의자의 인권보장과 방어준비를 위하여 필수불가결한 권리이므로 수사기관의 처분 등에 의하여 이를 제한할 수 없고, 다만 법령에 의하여서만 제한이 가능하다(대결 2002. 5. 6, 2000모112).

사법경찰관이 경찰서 유치장에 수용된 피의자에 대한 변호인의 수진권(受診權) 행사에 의무관의 참여를 요구한 것이 변호인의 수진권을 침해하는 위법한 처분인지 여부(소극)

경찰서 유치장은 미결수용실에 준하는 것이어서(행형법 제68조) 그 곳에 수용된 피의자에 대하여는 행형법 및 그 시행령이 적용되고, 행형법시행령 제176조는 '형사소송법 제34조, 제89조, 제209조의 규정에 의하여 피고인 또는 피의자가 의사의 진찰을 받는 경우에는 교도관 및 의무관이 참여하고 그 경과를 신분장부에 기재하여야 한다'고 규정하고 있는바, 이는 피고인 또는 피의자의 신병을 보호, 관리해야 하는 수용기관의 입장에서 수진과정에서 발생할지도 모르는 돌발상황이나 피고인 또는 피의자의 신체에 대한 위급상황을 예방하거나 대처하기 위한 것으로서 합리성이 있으므로, 행형법 시행령 제176조의 규정은 변호인의 수진권 행사에 대한 법령상의 제한에 해당한다고 보아야 할 것이고, 그렇다면 국가정보원 사법경찰관이 경찰서 유치장에 구금되어 있던 피의자에 대하여 의사의 진료를 받게 할 것을 신청한 변호인에게 국가정보원이 추천하는 의사의 참여를 요구한 것은 행형법 시행령 제176조의 규정에 근거한 것으로서 적법하고, 이를 가리켜 변호인의 수진권을 침해하는 위법한 처분이라고 할 수는 없다(대결 2002. 5. 6, 2000모112).

(4) 서류 · 증거물의 열람 · 복사권(등사권)

가. 증거개시제도의 도입

형사소송법은 피고인의 방어권을 충실히 보장하고 신속한 재판을 가능하도록 하기 위하여 피고인 또는 변호인이 공소제기된 사건과 관련된 서류나 물건을 열람·복사할 수 있도록 하는 규정을 신설하였다(법 제266조의 3). 즉 개정법은 검사, 피고인 또는 변호인이 상대방이 보유하고 있는 증거자료를 열람·복사하거나 서면의 교부를 신청할 수 있도록 하고, 상대방이 열람·복사 등을 거부하거나 범위를 제한하는 경우에는 법원에 그 허용 여부에 관한 판단을 구할 수 있도록 하는 규정을 신설하였다.

강학상 증거개시(discovery)라고도 불리는 이 제도는 소송의 일방 당사자로 하여금 증거조사에 앞서 상대방이 소송에서 제출할 증거에 관하여 접근할 수 있도록 한다. 상대방이 법정에서 제출한 증거에 관하여 미리 열람·복사하거나 서면을 교부받음으로써 소송에서 실질적인 무기대등의 원칙을 실현하고 효율적인 공판준비를 통하여 신속한 재판이 이루어질 수 있도록 하는 것이다.

형사소송절차에서 증거자료의 열람·복사는 주로 피고인과 변호인이 검사가 보관하고 있는 관련 서류나 증거물에 접근할 수 있도록 하여 피고인과 변호인의 방어권이나 변론권을 보장하는 제도로 이해된다. 검사가 대부분의 증거를 가지고 있는 현실에서, 피고인으로서는 검사가 어떠한 증거를 가지고 있는지를 미리 파악하기 어렵기 때문이다. 종래에도 형사소송법 제35조는 "변호인은 소송 계속 중의 관계 서류 또는 증거물을 열람 또는 복사할 수 있다."라고 규정하고 있었으나, 여기서 '소송 계속 중의 관계 서류 또는 증거물'에 검사가 공소제기 후 아직 법원에 증거로 제출하지 아니한 관계 서류나 증거물도 포함되는지 여부에 관하여 논란이 있어 왔다. 학설상으로는 변호인은 검사가 아직 법원에 증거로 제출하지 아니한 관계서류나 증거물에 대해서도 열람·복사권을 행사할 수 있다는 견해가 다수설이었으나, 변호인의 신청이 있는 경우 법원이 검사에 대하여 관계서류나 증거물의 열람·복사를 명해야 하는지가 분명하지 아니하였다. 법원이 공소장 일본주의를 충실하게 시행해 가면서 법정에서 증거능력 있는 증거를 분리하여 제출받게 되자, 피고인이나 변호인은 더 이상 종전과 같이 검사가 공소를 제기함과 동시에 법원에 일괄 제출한 수사기록에 접근하여 공판준비를 할 수 없게 되었고, 아직 증거로 제출되지 아니한 채 검사가 보관하고 있는 증거서류에 대한 열람·복사를 할 수 있는지가 실무상 문제가 되었다. 개정법에서는 피고인의 방어권 보장과 공판중심주의적 법정심리절차의 확립을 위해 피고인 또는 변호인이 공소제기된 사건과 관련된 서류나 물건을 열람·복사할 수 있도록 하는 규정을 신설하여 이러한 실무상의 문제점을 입법적으로 해결하였다.

다만, 형사재판에 있어 무기대등의 원칙과 원활한 심리 진행을 위해 일정한 사항에 대하여는 검사가 피고인이나 변호인을 상대로 증거의 열람·복사를 요구할 실질적 필요성이 있다. 이러한 취지에서 개정법은 검사도 일정한 경우 피고인 또는 변호인이 보관하고 있는 서류나 물건을 열람·복사할 수 있도록 하였다. 또한, 검사나 피고인 또는 변호인이 상대방의 서류나 물건에 대한 열람·복사 신청을 거부하는 경우에는 상대방은 법원에 열람·복사를 허용하도록 할 것을 신청할 수 있고 법원의 결정에 의하여 열람·복사를 이행하도록 함으로써 실효성을 확보하고자 하였다.

[열람·복사 절차의 흐름]

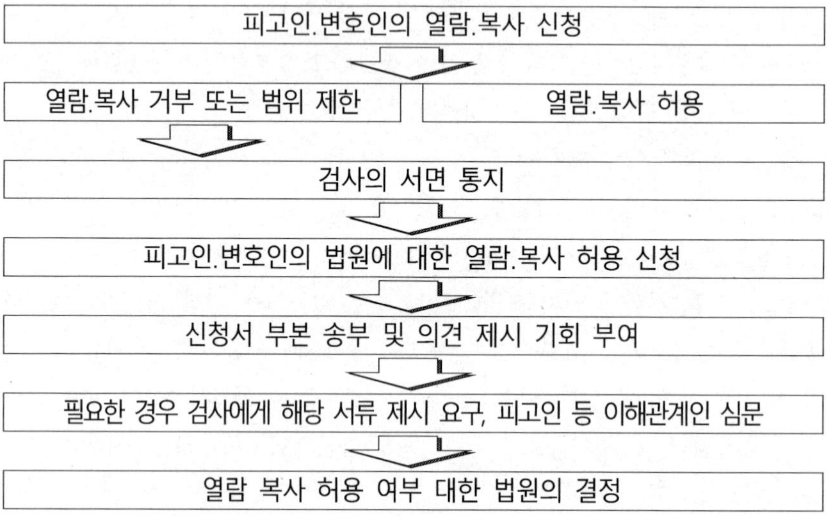

나. 열람·복사의 신청

피고인 또는 변호인은 공소제기 후 검사에게 공소제기된 사건에 관한 서류 또는 물건의 목록 및 공소사실의 인정 또는 양형에 영향을 미칠 수 있는 서류 또는 물건에 관한 열람·복사를 신청할 수 있다(법 제266조의3 제1항).

1) 신청방식

위 신청은 ① 사건번호, 사건명, 피고인, ② 신청인 및 피고인과의 관계, ③ 열람 또는 등사할 대상을 기재한 서면으로 하여야 한다(규 제123조의2). 신청방식을 서면으로 하게 한 이유는 검사가 열람·복사 신청을 받은 때로부터 48시간 이내에 열람·등사를 거부하거나 범위를 제한할 것인지 여부를 피고인 또는 변호인에게 통지하여야 하는데, 그 신청의 존재와 신청 시점을 명확하게 하기 위해서이다. 다만 공판준비 또는 공판기일에서는 법원의 허가를 얻어 구두로 신청할 수 있는데, 그 신청과 그에 대한 결정은 공판준비기일 또는 공판기일의 조서에 기재하여야 한다(규 제123조의5 제1항, 제3항). 변호인이 있는 피고인은 열람만을 신청할 수 있다(법 제266조의3 제1항 단서).

열람·등사 신청서에서 어느 정도로 열람·등사할 대상을 특정하여야 할 것인지가 문제된다. 실제로 피고인이나 변호인은 검사가 어떤 증거를 신청할 것인지 미리 정확하게 알 수 없기 때문이다. 실물상으로 피고인 또는 변호인으로서는 사안에 따라 수사기록 일체에 대한 열람·등사를 신청하거나 열람·등사 신청서에 공소제기된 사건에 관한 서류 또는 물건의 목록을 첨부하면서 '증거목록에 기재된 증거서류 일체'와 같이 기재하여 신청할 수 있을 것이다.

2) 신청의 상대방

열람·등사 신청은 공소가 제기된 법원에 대응하는 검찰청 소속 검사에게 하여야 한다. 열람·등사의 대상이 되는 수사기록을 다른 검찰청이 보관하고 있다고 하더라도 역시 그 신청의 상대방은 공소가 제기된 법원에 대응하는 검찰청 소속 검사가 된다고 보아야 한다.

다. 열람·등사의 대상

1) 공소제기된 사건에 관한 서류 또는 물건 목록

피고인 또는 변호인이 검사에게 수사기록에 대한 열람·등사를 신청하기 위해서는 그 대상을 특정해야 하는데 이를 위해서는 먼저 수사기록의 목록을 확인할 필요가 있다. 개정법 제266조의3 제5항은 피고인 또는 변호인이 검사에게 공소제기된 사건에 관한 서류 또는 물건의 목록에 대한 열람·등사를 신청할 경우 같은 조 제2항의 제한사유가 있음을 묻지 아니하고 반드시 열람·등사를 허용하도록 하고 있다.

2) 공소사실 인정 또는 양형에 영향을 미칠 수 있는 서류 또는 물건

① 검사가 증거로 신청할 서류 또는 물건(제1호)

검사가 피고인의 유죄를 입증하기 위하여 제출할 서류 등은 유죄의 증거 등 피고인에게 불리한 증거가 대부분일 것이므로 당연히 열람·등사 신청의 대상이 된다. 문제가 되는 것은 수사기간이 수사기록에 편철하지 아니하여 피고인이 열람·등사할 수 없었던 서류를 공판기일에 증거로 제출하는 것이 가능한지 여부이다. 이에 관하여는 피고인 또는 변호인이 열람·등사 신청 당시 이를 특정하지 아니한 이상 검사가 열람·등사를 부당하게 거부한 것으로 볼 수 없으므로 증거제출은 허용하되 그에 대한 반증의 기회를 폭넓게 부여할 수밖에 없다는 견해가 있다. 반면, 수사기관의 고의적인 기록편철 누락을 억제하기 위해서라도 공판준비기일이 열린 경우 그 때 신청하지 아니한 증거는 부득이 한 사유가 없으면 다시 증거로 신청하지 못한다는 개정법 제266조의13의 규정을 유추적용하여 증거로 채택할 수 없다고 해석하여야 한다는 견해도 있다. 결국 수사기관이 당해 서류 또는 물건을 목록에는 기재하였는지 여부, 목록에도 기재하지 않았거나 수사기록에 편철하지 않은 경위 및 이유 등을 종합하여 합리적으로 판단해야 할 것이다.

② 검사가 증인으로 신청할 사람의 성명·사건과의 관계 등을 기재한 서면 또는 그 사람이 공판기일 전에 행한 진술을 기재한 서류 또는 물건(제2호)

제2호는 검사가 공판기일에 증인으로 신청할 것으로 예상되는 사람에 대하여 피고인 또는 변호인이 그 진술 요지 등을 사전에 알 수 있도록 하기 위하여 규정된 것이다. 위 서면의 교부는 검사가 당해 진술조서의 열람·등사 신청에 대하여 사유를 들어 거부하거나 검사가 당해 증인에 대한 진술조서를 미리 작성하지 아니하여 당해 증거와 사건과의 관계 등을 기재한 서면이 필요한 경우 등에 주로 이루어질 수 있을 것이다. 검사는 증인과 사건과의 관계에 관하여 가능한 한 상세하게 기재한 서면을 작성하여 교부하여야 할 것이다.

③ 제1호 또는 제2호의 서류 또는 물건의 증명력에 관련된 서류 또는 물건(제3호)

검사가 제출하는 증거의 증명력을 높이기 위한 서류 또는 물건은 통상 제1호의 서류에 포함될 것이므로, 제3호는 검사가 제출할 증거의 증명력을 약화시킬 수 있는 서류 또는 물건을 열람·등사할 수 있도록 하기 위하여 규정된 것이다. 예를 들어 참고인이 진술을 번복하였을 경우 번복하기 전의 참고인 진술조서나 서로 모순되는 진술이 있음에도 그 일부를 검사가 제출하지 않을 경우 그 진술조서 등을 열람·등사할 수 있다.

④ 피고인 또는 변호인이 행한 법률상·사실상 주장과 관련된 서류 또는 물건(관련 형사재판확정기록, 불기소처분기록 등을 포함한다. 제4호)

제4호는 피고인 또는 변호인이 피고인에게 유리한 자료를 검사가 보관하고 있는 경우 이를 열람·등사할 수 있게 하기 위하여 규정되었다. 예를 들면 피고인의 현장부재증명과 관련된 자료, 정당방위를 주장할 경우 이에 관련된 자료 등이 여기에 해당한다. 피고인 또는 변호인의 법률상·사실상 주장은 반드시 공판준비기일이나 공판기일에서 있어야 하는 것은 아니고 소송절차의 진행에 따라 적절한 시기에 있는 것으로 족하며, 경우에 따라서는 열람·등사 신청서에 기재된 내용만으로도 그러한 주장이 있다고 볼 수 있는 경우가 있을 것이다.

제4호의 '관련 형사재판확정기록, 불기소처분기록 등을 포함한다'는 문구는 피고인 또는 변호인의 주장과 관련된 자료라면 당해 사건기록에 한정되지 않음을 보다 명확하게 밝히고 있다. 수사기관이 작성하거나 수집한 서류 또는 물건을 어떤 기록에 편철하는 가는 사무편의상, 사무처리상의 기준에 따라 달라질 수 있으므로, 수사기관의 분류기준에 따라 당해 사건기록에 편철되지 아니한 서류 또는 물건을 열람·등사의 대상에서 제외시키는 것은 옳지 않기 때문이다. 관련성이 인정된다면 반드시 당해 검찰청의 사건기록에 한정할 필요는 없다.

이와 관련하여 논의 대상이 되는 것은 수사기관의 내부문서이다. 의견서, 보고문서, 수사지휘서, 법률검토자료 등이 이에 해당한다. 나아가 수사담당자의 개인적 메모, 수사기관 내부용 문서의 초안, 직무감독 등의 행정적 목적으로 작성된 서류 또는 물건이 열람·등사의 대상이 되는지 여부도 문제될 수 있다. 수사기관의 내부 문서라고 하더라도 범죄적적발보고서, 압수경위서 등 공소사실의 증명에 관련된 것은 열람·등사의 대상이 된다고 보아야 할 것이므로, 결국 열람·등사의 대상이 되는지 여부는 문서의 작성 형식이 아닌 내용에 따라 판단하여야 한다. 현재 실무에서도 수사보고서 형식으로 작성된 문서도 공소사실에 대한 증거로 신청되고 있다.

3) 특수매체의 열람·등사

열람·등사의 대상이 되는 서류 또는 물건은 도면·사진·녹음테이프·비디오테이프·컴퓨터용 디스크 그 밖에 정보를 담기 위하여 만들어진 물건으로서 문서가 아닌 특수매체를 포함한다(법 제266조의3 제6항 전문). 이 경우 특수매체에 대한 등기는 필요 최소한의 범위에 한한다(같은 항 후문).

라. 검사의 열람·등사 거부 또는 범위 제한

증거의 열람·등사는 피고인의 방어권 보장, 신속하고 효율적인 공판 준비를 위하여 필요한 제도이나, 다른 보호법익과의 관계상 일정한 경우에는 제한될 수 있다. 검사는 국가안보, 증인보호의 필요성, 증거인멸의 염려, 관련사건의 수사에 장애를 가져올 것으로 예상되는 구체적인 사유 등 열람·등사 또는 서면의 교부를 허용하지 아니할 상당한 이유가 있다고 인정하는 때에는 열람·등사 또는 서면의 교부를 거부하거나 그 범위를 제한할 수 있다(법 제266조의3 제2항).

위와 같은 제한 사유가 있는 경우에도 서류 또는 물건의 목록에 대하여는 열람·등사 신청을 제한할 수 없다(법 제266조의3 제5항).

검사는 열람·등사 또는 서면의 교부를 거부하거나 그 범위를 제한하는 때에는 지체 없이 그 이유를 서면으로 통지하여야 한다(법 제266조의3 제3항). 검사가 통지서에 어떤 사항을 기재해야 하는지, 거부 사유 또는 범위 제한 사유를 어느 정도로 구체적으로 기재해야 하는지에 관하여 개정법이나 개정규칙에는 아무런 규정이 없으나, 피고인 또는 변호인이 거부 또는 제한 사유를 파악하여 법원에 열람·등사의 허용을 구하는 신청을 할지 여부를 판단할 수 있을 정도로 기재하는 것이 바람직하다.

마. 열람·등사 허용신청과 법원의 결정

1) 열람·등사 허용 신청

① 요 건

피고인 또는 변호인은 검사가 서류 또는 물건의 열람·등사 또는 서면의 교부를 거부하거나 그 범위를 제한한 때에는 법원에 그 서류 또는 물건의 열람·등사 또는 서면의 교부를 허용하도록 할 것을 신청할 수 있다(법 제266조의4 제1항). 검사가 열람·등사를 허용하지 않으면서도 48시간 이내에 법 제266조의3 제3항에 따른 통지에 하지 않는 경우도 마찬가지이다(법 제266조의3 제4항).

② 신청방식 및 첨부서류

위 신청은 열람 또는 등사를 구하는 서류 또는 물건의 표목, 열람 또는 등사를 필요로 하는 사유를 기재한 서면으로 하여야 하고(규 제123조의4 제1항), 검사에 대한 열람·등사 신청서 사본, 검사의 열람·등사 불허 또는 범위 제한 통지서(다만, 검사가 서면으로 통지하지 않은 경우에는 그 취지를 기재한 서면), 법원에 대한 열람·등사 허용 신청서 부본 1부를 첨부하여야 한다(규 제123조의4 제2항). 이는 허용 신청이 적법한 절차를 거쳐 이루어졌는지를 확인하고, 검사의 거부 또는 제한 결정이 정당한지 여부를 판단하는 자료로 활용할 수 있도록 하기 위해서이다.

2) 심 리

① 검사의 의견 제시

법원은 열람·등사의 허용 신청에 대한 결정을 함에 있어 검사에게 의견을 제시할 수 있는 기회를 부여하여야 한다(개정법 제266조의4 제3항). 이에 따라 법원은 피고인 또는 변호인으로부터 서류 또는 물건에 대한 열람·등사 허용 신청이 있는 경우 즉시 검사에게 신청서 부본을 송부하여야 하고, 검사는 이에 대한 의견을 제시할 수 있도록 하였다(규 제123조의4 제3항).

② 이해관계인 심문

법원은 필요하다고 인정하는 때에는 피고인 그 밖의 이해관계인을 심문할 수 있다

(개정법 제266조의4 제4항). 위 이해관계인이란 검사가 거부사유로 내세우는 사정에 관련된 이해관계인으로, 예컨대 목격자 진술조서 등의 열람으로 인하여 생명, 신체, 재산 등의 피해가 발생할 것이 우려되는 이해관계인이 있다고 주장하는 경우 그 이해관계인을 심문하는 것을 말한다.

③ 구두신청의 경우

검사, 피고인 또는 변호인이 공판준비기일이나 공판기일에서 구두로 기록 열람·등사를 신청한 경우 상대방이 이를 거부하거나 범위를 제한한 때에는 검사, 피고인 또는 변호인은 직접 법원에 구두로 그 허용을 신청할 수 있고, 법원은 그 기일에서 신청의 당부를 결정할 수 있다(법 제266조의9 제1항 제10호, 규 제123조의5 제2항).

④ 심리절차

열람·등사의 허용 신청에 따른 심리절차는 서면심리를 원칙으로 하므로, 검사가 제시하는 의견만으로 결정이 가능한 경우에는 공판준비기일이나 별도의 신문기일을 지정함이 없이 즉시 열람·등사 허용 여부를 결정할 수 있다. 만약 열람·등사 허용 신청서와 검사의 의견만으로 열람·등사 허용 여부를 결정하기 어려운 경우에는, 법원은 이미 지정된 공판준비기일 또는 공판기일에서 심리하거나 별도의 기일을 지정하여 심리할 수 있다.

법원은 필요하다고 인정할 경우 검사에게 해당 서류 또는 물건의 제시를 요구할 수 있다(법 제264조의6 제4항). 법원이 열람·등사의 허용 여부를 결정하기 위해서는 당해 서류 또는 물건의 내용 등을 확인할 필요가 있을 수 있기 때문이다. 다만, 이 경우는 아직 정식 증거조사절차를 거치기 전이므로 허용 여부의 결정에 필요한 최소한에 그쳐야 할 것이다.

3) 열람·등사 허용 판단 기준 및 판단 방법

법원은 열람·등사 또는 서면의 교부를 허용하는 경우에 생길 폐해의 유형·정도, 피고인의 방어 또는 재판의 신속한 진행을 위한 필요성 및 해당 서류 또는 물건의 중요성 등을 고려하여 허용 여부를 결정하여야 한다(법 제266조의4 제2항 전문). 즉, 피고인 또는 변호인의 신청 이유와 이에 대한 검사의 거부 사유, 이해관계인을 심문한 경우 그 결과 등을 종합하여 허용 여부를 결정하여야 한다. 따라서 검사는 단순히 열람·등사로 인하여 폐해의 발생이 우려된다는 정도로 막연하게 그 거부 또는 제한의 사유를 밝혀서는 안 되고, 폐해의 발생이 있을 것이라는 구체적 위험에 대한 소명을 하여야 한다.

심리 결과 열람·등사의 필요성은 인정되나 제한 없이 허용하게 되면 그로 인한 폐해가 함께 예상될 경우에는 법원은 열람·등사의 시기나 방법을 지정하거나 조건·의무를 부과하는 등 이를 제한할 수 있다(개정법 제266조의4 제2항 후문). 예컨대,

참고인 진술조서를 등사하게 되면 증인 협박 등의 폐해가 발생한 우려가 있는 경우에는 그 일부의 열람·등사만을 허용하거나 열람만을 가능하도록 하는 결정을 할 수 있다.

열람·등사를 허용할 경우에는 그 결정에 따라 검사가 열람·등사를 허용할 수 있도록 대상 서류 또는 물건을 특정하여야 하고, 하나의 서류 중 일부에 대한 열람·등사를 허용하는 경우에는 허용되는 부분을 특정하여야 한다. 필요한 경우 열람·등사의 일시·장소·방법을 기재할 수 있고, 열람·등사에 부가되는 조건이나 의무를 구체적으로 기재할 수도 있으며, 열람·등사 거부 사유의 소멸시기 또는 소멸사유를 확정할 수 있는 경우에는 이를 조건으로 하여 열람·등사를 허용하도록 하는 등의 결정을 할 수 있을 것이다.

4) 법원의 결정에 대한 불복 여부

법원의 열람·등사의 허용 여부에 관한 결정에 대하여 즉시항고를 허용하는 규정을 두고 있지 않다. 집행정지에 효력을 가지는 즉시항고를 허용하게 되면 공판준비단계에서 신속하게 이루어져야 할 증거개시절차가 유명무실해질 우려가 있다는 점을 고려한 것이다.

5) 열람·등사 허용 결정의 불이행에 대한 제재

법원의 열람·등사 허용 결정의 실효성을 보장하기 위하여 개정법은 검사가 열람·등사에 관한 결정을 지체 없이 이행하지 아니하는 때에는 해당 증인 및 서류 또는 물건에 대한 증거신청을 할 수 없도록 규정하였다(법 제266조의4 제5항). 다만 이에 대하여는 피고인에게 유리한 증거에 관하여 법원의 열람·등사 허용 결정이 있음에도 검사가 이를 이행하지 않는 경우, 단순히 이를 증거로 제출할 수 없다는 것만으로는 제재수단으로 별다른 실효성이 없으므로 보완책의 마련이 필요하다는 비판이 있다.

6) 열람·등사된 증거의 남용 금지

개정법은 피고인 또는 변호인에게 열람·등사 신청권을 폭 넓게 인정하고 있고, 검사가 정당한 이유 없이 열람·등사를 거부할 경우에는 그 증거신청 자체를 허용하지 않고 있다. 그런 반면 피고인 또는 변호인이 열람·등사 절차를 거쳐 얻은 증거를 목적 외의 용도로 사용하는 부작용도 우려된다. 이와 같은 점을 고려하여 피고인 또는 변호인(피고인 또는 변호인이었던 자를 포함한다)은 검사가 열람 또는 등사하도록 한 서면 또는 서류 사본을 당해 사건 또는 관련 소송의 준비에 사용할 목적이 아닌 다른 목적으로 다른 사람에게 교부 또는 제시(전기통신설비를 이용하여 제공하는 것을 포함한다)하여서는 안 되고(법 제266조의16 제1항), 피고인 또는 변호인이 이를 위반한 때에는 1년 이하의 징역 또는 500만원 이하의 벌금에 처하도록 하였다(같은 조 제2항).

바. 검사의 열람·등사

형사재판에 있어 무기대등의 원칙과 원활한 심리 진행을 위해 검사가 피고인이나 변호인을 상대로 서류 또는 물건의 열람·등사를 요구할 실질적 필요성이 있다. 검사는 피고인 또는 변호인이 공판기일 또는 공판준비절차에서 현장부재·심신상실 또는 심신미약 등 법률상·사실상의 주장을 한 때에는 피고인 또는 변호인에게 ① 피고인 또는 변호인이 증거로 신청할 서류 등 ② 피고인 또는 변호인이 증인으로 신청할 사람의 성명·사건과의 관계 등을 기재한 서면, ③ 제1호의 서류등 또는 제2호의 서면의 증명력과 관련된 서류 등 ④ 피고인 또는 변호인이 행한 법률상·사실상의 주장과 관련된 서류등의 열람·등사 또는 서면의 교부를 요구할 수 있다[법 제266조의11(피고인 또는 변호인이 보관하고 있는 서류등의 열람·등사) 제1항].

피고인 또는 변호인은 검사가 서류 또는 물건의 열람·등사 또는 서면의 교부를 거부한 때에는 자신들이 보유하는 서류 또는 물건의 열람·등사 또는 서면의 교부를 거부할 수 있다(개정법 제266조의11 제2항 본문). 이는 검사가 정당한 사유 없이 열람·등사를 거부한 경우에 피고인 또는 변호인도 마찬가지로 자신의 열람·등사를 거부할 수 있도록 함으로써 무기대등의 원칙을 실현하고 피고인을 두텁게 보호하려는 규정이다. 다만, 법원이 개정법 제266조의4 제1항에 따른 피고인 또는 변호인의 열람·등사 허용 신청을 기각하는 결정을 한 때에는 피고인 또는 변호인을 열람·등사를 거부할 수 없다(법 제266조의11 제2항 단서).

검사는 피고인 또는 변호인이 열람·등사 요구를 거부한 때에는 법원에 그 서류 또는 물건의 열람·등사 또는 서면의 교부를 허용하도록 할 것을 신청할 수 있다(법 제266조의11 제3항). 그에 따른 절차는 피고인 또는 변호인의 신청에 대하여 개시된 열람·등사 허용 여부에 관한 재판절차와 같고, 열람·등사 대상인 서류 또는 물건은 특수매체를 포함한다(법 제266조의11 제4항, 제5항).

핵심판례

변호인이 기소 전에 피의자에 대한 고소장과 피의자 신문조서를 열람.등사할 수 있는지의 여부

고소로 시작된 형사피의사건의 구속적부심절차에서 피구속자의 변호를 맡은 변호인으로서는 피구속자가 무슨 혐의로 고소인의 공격을 받고 있는 것인지, 그리고 이와 관련하여 피구속자가 수사기관에서 무엇이라고 진술하였는지, 그리고 어느 점에서 수사기관 등이 구속사유가 있다고 보았는지 등을 제대로 파악하지 않고서는 피구속자의 방어를 충분히 조력할 수 없다는 것은 사리상 너무도 명백하므로 이 사건에서 변호인인 청구인은 고소장과 피의자 신문조서의 내용을 알 권리가 있는 것이고 따라서 청구인은 정당한 이해관계를 가진 자로서 그 알 권리를 행사하여 피청구인(경철서장)에게 위 서류들의 공개를 청구할 권리가 있다고 할 것이다. 결국 변호인에게 고소장과 피의자 신문조서에 대한 열람 및 등사를 거부한 경찰서장의 정보비공개결정은 변호인의 피구속자를 조력할 권리를 침해하여 헌법에 위반된다(헌재 2003. 3. 27. 2000헌마474).

【서식】 사실조회신청서

사실조회신청서

사 건 ○○○○고단 ○○○○ 무고
피고인 ○ ○ ○

위 피고사건에 관하여, 피고인의 변호인은 피고인의 무죄사실을 입증하기 위하여 다음과 같이 사실조회를 신청합니다.

다 음

1. 조회할 곳 : ○○보건소
서울 ○○구 ○○길 ○○
(우편번호 : ○○○○○)

2. 조회할 사항
(조회대상자) 피고인 : ○ ○ ○
생년월일 : ○○○○. ○. ○
주 소 : 서울 ○○구 ○○길 ○○○

가. 위 조회대상자가 성병으로 귀 보건소에서 치료받은 사실이 있는 지
나. 치료받은 사실이 있다면 그 병명은 무엇이며, 언제부터 언제까지 몇 번에 걸쳐 치료받은 사실이 있는 지(날짜를 특정하여)
다. 위 조회대상자의 성병(매독)의 발병일은 언제쯤이고, 현 상태는 구체적으로 어떠한지(상태에 따라 1기, 2기, 3기로 표시할 수 있다면 몇 기에 해당하고, 피고인이 진료 받을 당시는 감염된 후 약 몇 개월이 경

과되었는지 여부)

라. 위 조사대상자의 완치여부(만일, 완치되지 않았다면 완치소요기간은 얼마나 걸리는지, 아니면 완치가 불가한지)

마. 위 조회대상자가 감염되어 있는 성병은 전염성이 있는지

바. 참고로 위 조회대상자의 진료소견서 및 진료차트 사본을 위 사실조회사항의 회보와 함께 송부해 주시기 바랍니다.

20○○년 월 일

위 피고인의 변호인 변호사 ○○○ ㊞

○○지방법원 귀중

【서식】 사실조회신청서2

사실조회신청서

사 건 ○○○○고단○○ 사기
피고인 ○ ○ ○

위 사건에 관하여 피고인은 다음과 같이 사실조회를 신청합니다.

다 음

1. 사실조회 신청기관

가. ○○텔레콤 주식회사
○○시 ○○구 ○○로 ○○(○○로○가) ○○타워 ○○텔레콤(주)
나. 주식회사 ○○○○
○○시 ○○구 ○○로 90 (○○동 206)
다. 주식회사 ○○○○○○
○○시 ○○구 ○○대로 32 ○○○○ 빌딩

2. 사실조회 신청사항

별지 기재와 같습니다.

3. 사실조회 신청의 목적

피고인이 이 사건 공소사실 중 2천만원을 편취하지 않고 전달하였다고 주장하는 공소외 홍길동에 대하여 이와 같은 사실이 있었는지 증인신문을 통하여 확인하고자 하는데, 공소외 홍길동의 송달 가능한 주소지 정보가 없어, 공소외 홍길동의 인적사항을 특정하기 위하여 입니다.

20○○년 월 일

위 신청인 ○○○ ㉪

○○지방법원 귀중

[별지]

사실조회 할 사항

1. 가입자들의 성명, 주민등록번호 등

성　　명 : 홍 길 동
주민등록번호 : 불상
주민등록부상 주소지 : 불상
가입번호: 010-****-****

2. 조회사항

가. 귀 사에 2016. 1. 1. 이후부터 현재까지 ① 성명 '홍길동', 가입번호 '010-****-****'인 가입자가 존재하였거나 현재 존재하는지 여부

나. 위와 같은 가입자가 있다면, 그 가입자의 ① 성명, ② 주민등록번호, ③ 주소 등 인적사항 일체(해당사실을 확인할 수 있는 객관적인 자료를 함께 송부하여 주시기 바랍니다).

다. (나항과 관련) 위와 같은 가입자들이 없다면 2016. 1. 1. 이후부터 현재까지 가입번호 '010-****-****'의 가입자들의 이름(회사일 경우 상호), 주민등록번호(회사일 경우 법인등록번호), 주소 등 인적사항 일체.　끝.

【서식】 정신감정신청서

정신감정신청서

사 건 20○○노 ○○○ 살인
피고인 ○ ○ ○

위 피고사건에 관하여 피고인의 변호인은 피고인에 대하여 아래와 같이 정신감정을 신청합니다.

아 래

1. 피감정인의 표시
   성 명 : ○ ○ ○
   생년월일 : ○○○○. ○. ○. 생(○○○○○○-○○○○○○○)
   주 소 : ○○시 ○○구 ○○길 ○○○

2. 피감정인의 병력 : 조울정신병 우울증 등

3. 감정인 : 법원이 정하는 종합병원의 정신과 전문의를 감정인으로 지정하여 주시기 바랍니다.

4. 감정사항
   피 감정인은 20○○. ○. ○. ○○:○○경 피해자 망 ○○○(남 ○○세)를 찾아가 무릎을 꿇고 빌려준 돈을 달라고 사정하였으나 거절당하고 오히려 위 ○○○으로부터 따귀까지 얻어맞게 되자 야구방망이로 때려 두개골 파열로 인한 뇌손상으로 사망에 이르게 함으로써 ○○교도소에 수감되어 2심 재판계류 중에 있습니다(별첨 판결문 참조).

피감정인은 어릴때부터 마음이 여렸는데 집안 사정으로 초등학교 1학년때부터 부모님과 떨어져 서울에서 생활하게 되면서 항상 부모님과 할머니를 그리워했고, 학교생활도 제대로 하지 못하였습니다.

그러다보니 증세는 우울증으로 변하였고, 결혼 후에도 친구들과 어울리지 못하고 가족들이 모여도 혼자 방안에 우두커니 앉아 있는 경우가 많아졌으며 특히, 아버지와 형님이 돌아가신 이후부터는 잠도 잘 자지 않고 안절부절 못하고 잠이 들었다가 금방 깨어나 괴성을 지르고 아버지 산소에 간다며 집밖을 뛰쳐나가곤 하여 ○○정신과의원에서 정신과 치료를 받았으며, 현재에도 가족들이 향정신병약을 안양교도소에 영치하여 투약하고 있는 상태입니다.(별첨 ○○○ 증인신문조서 참조)

피감정인의 이상과 같은 증상들을 참작하여,

① 피감정인의 이 사건 범행시나 현재의 정신상태가 구체적으로 어떤 증상에 해당되는지

② 피감정인의 병명과 피해자를 살인하겠다는 생각을 통제하지 못한 것과의 사이에 상당인과 관계가 있는지

③ 피감정인의 현재의 증상으로 미루어 보아 향후에도 정신과적인 치료가 계속적으로 필요한지

④ 만약 향후에도 정신과적인 치료가 필요하다면 구체적으로 어떤 치료를 하여야 하는지

20○○년 월 일

위 피고인의 변호인 변호사 ○○○ ㊞

○○지방법원 귀중

V. 보조인

1. 보조인의 의의

보조인이란 일정한 신분관계에 기하여 형사절차에서 피고인 또는 피의자의 이익을 보호하는 자를 말한다. 신분관계에 의하여 피고인 또는 피의자의 보조인으로 된 자라는 점에서 법률전문가가 법률적 측면에서 피고인·피의자를 보호하는 변호인과 구별된다. 변호인제도를 보충하려는 데 제도의 취지가 있다.

2. 보조인이 될 수 있는 자

보조인이 될 수 있는 자는 피고인 또는 피의자의 법정대리인, 배우자, 직계친족, 형제자매 등이다(법 제29조 제1항).

3. 보조인 신고

보조인은 변호인과 같이 선임되는 것이 아니라 보조인이 되고자 하는 자가 서면으로 신고하면 족하다. 즉 보조인이 되고자 하는 자는 심급별로 그 취지를 신고하여야 한다(법 제29조 제2항).

보조인의 신고는 보조인이 되고자 하는 자와 피고인 또는 피의자 사이의 신분관계를 소명하는 서면을 첨부하여 이를 하여야 한다(규 제11조 1항). 공소제기 전의 보조인 신고는 제1심에도 효력이 있다(같은 조2항).

4. 보조인의 권한

(1) 피고인 등의 의사에 반하지 아니하는 소송행위

보조인에게는 변호인과 같은 광범위한 권한이 인정되지 않는다. 즉, 보조인은 독립하여 피고인 또는 피의자의 명시한 의사에 반하지 아니하는 소송행위를 할 수 있다. 다만 법률에 다른 규정이 있는 때에는 예외로 한다(법 제29조 제3항).

(2) 서류·증거물의 열람·등사

보조인으로 신고를 한 자는 소송계속 중의 관계서류 또는 증거물을 열람하거나 등사할 수 있다(법 제35조 제2항).

【서식】 위임장

위 임 장

사건번호 :

피 고 인 :

위 사건에 관하여 수임인에게 아래 서류의 제출행위에 대한 일체의 권한을 위임합니다.

아 래

수임인 성 명 : ㉑

관 계 :

주민등록번호 :

주 소 :

전 화 번 호 :

위임인 성 명 : ㉑

주민등록번호 :

주 소 :

○○지방법원 형사 제○(단독 부)귀중

[서식] 보조인신고서

보 조 인 신 고 서

사　　건　2001고단 ○○호 ○○법위반
피 고 인　○ ○ ○

위 사건에 관하여 신고인은 피고인 ○○○의 처로서 보조인이 되고자 하므로 신고합니다.

소 명 자 료

1. 가족관계증명서　　　　　1통

20○○년　○월　○일
위 신고인　피고인의 처　□ □ □ (인)

○○ 지 방 법 원 귀 중

Ⅵ. 배심원

1. 서 설

(1) 배심제도의 도입

2007. 6. 1.「국민의 형사재판참여에 관한 법률(법률 제8495호)이 공포됨에 따라 2008. 1. 1.부터는 일반인도 형사재판에 참여하여 피고인의 유·무죄 판단을 한 뒤 판사에게 평의결과와 양형의견을 제시하는 배심제가 실시된다.

배심원단 평결은 권고적 효력만 있고 재판부가 이를 반드시 따라야 하는 것은 아니어서 미국식 배심제도와는 차이가 있다.

그러나 재판부가 배심원단 평결과 다르게 판결을 선고할 때에는 판결문에 그 이유를 적어야 하고, 법정에서 피고인에게 설명해 주도록 했다. 이는 재판부가 배심원단의 판단을 어느 정도는 존중하도록 한 것이다.

(2) 국민의 형사재판 참여에 관한 법률의 제정 이유

사법의 민주적 정당성을 강화하고 투명성을 높임으로써 국민으로부터 신뢰받는 사법제도를 확립하기 위하여, 국민이 배심원으로서 형사재판에 참여하는 국민참여재판 제도를 도입하도록 함에 따라 국민참여재판 제도가 적용되는 사건의 범위, 참여하는 배심원의 자격 및 선정절차, 공판준비 및 공판절차, 평의·평결·토의 및 판결 선고와 배심원 보호 등에 관한 사항을 정하려는 것이다.

2. 대상사건

(1) 국민참여재판의 의의

국민참여재판이란 배심원으로 선정된 일반인이 참여하는 형사재판을 말한다(국민의 형사재판참여에 관한 법률 제2조 2호). 배심원은 피고인의 유·무죄에 관하여 평결을 내리고, 유죄평결이 내려진 피고인에게 선고할 적정한 형을 토의하는 등 재판에 참여한다.

(2) 대상사건

국민참여재판의 대상사건은 다음과 같다(동법 제5조).

가. 형법상의 사건

제144조 제2항 후단(특수공무집행방해치사), 제164조 제2항 후단(현주건조물 등 방화치사), 제172조 제2항 후단(폭발성물건파열치사), 제172조의2 제2항 후단(가스·전기 등 방류치사), 제173조 제3항 후단(가스·전기 등 공급방해치사), 제177조 제2항 후단(현주건조물 등 일수치사), 제188조 후단(교통방해치사), 제194조 후단(음용수 혼독치사), 제250조(살인, 존속살해), 제252조(촉탁·승낙에 의한 살인 등), 제253조(위계에 의한 촉탁살인 등), 제259조(상해치사·존속상해치사), 제262조 중 제259조 부분(폭행치사), 제275조 제1항 후단 및 제2항 후단(유기 등 치사), 제281조 제1항 후단 및 제2항 후단(체포·감금 등 치사), 제301조(강간 등 상해·치상), 제301조의2(강간 등 살인·치사), 제305조 중 제301조·제301조의2 부분(미성년자간음추행 상해·치상·살인·치사), 제324조의4(인질살해·치사), 제337조(강도상해·치상), 제338조(강도살인·치사), 제339조(강도강간), 제340조 제2항 및 제3항(해상강도상해·치상·살인·치사·강간), 제368조 제2항 후단(중손괴치사)

나. 특정범죄가중처벌 등에 관한 법률상의 사건

제2조 제1항 제1호(뇌물), 제4조의2 제2항(체포·감금 등의 치사), 제5조 제1호(국고 등 손실), 제5조의2 제1항·제2항·제4항·제5항(약취·유인), 제5조의5(강도상해·치상, 강도강간), 제5조의9 제1항·제3항(보복범죄), 「특정경제범죄 가중처벌 등에 관한 법률」 제5조 제4항 제1호(배임수재), 「성폭력범죄의 처벌 및 피해자보호 등에 관한 법률」 제5조(특수강도강간 등), 제6조(특수강간 등), 제9조(강간 등 상해·치상), 제10조(강간 등 살인·치사)

다. 법원조직법상의 사건(합의부 관할사건)

「법원조직법」 제32조 제1항 제3호에 따른 합의부 관할 사건 중 대법원규칙으로 정하는 사건

라. 기 타

① 위 '가.' 부터 '다.' 까지 해당하는 사건의 미수죄·교사죄·방조죄·예비죄·음모죄에 해당하는 사건

② 위 가.~다. 및 ①과 「형사소송법」 제11조에 따른 관련 사건으로서 병합하여 심리하는 사건

3. 국민참여재판시 피고인 의사 존중(동법 제8조)

법원은 대상사건의 피고인에 대하여 국민참여재판을 원하는지 여부에 관한 의사를 서면 등의 방법으로 반드시 확인하여야 한다. 이 경우 피고인 의사의 구체적인 확인 방법은 대법원규칙으로 정하되, 피고인의 국민참여재판을 받을 권리가 최대한 보장되도록 하여야 한다.

피고인은 공소장 부본을 송달받은 날부터 7일 이내에 국민참여재판을 원하는지 여부에 관한 의사가 기재된 서면을 제출하여야 한다. 이 경우 피고인이 서면을 우편으로 발송한 때, 교도소 또는 구치소에 있는 피고인이 서면을 교도소장·구치소장 또는 그 직무를 대리하는 자에게 제출한 때에 법원에 제출한 것으로 본다.

피고인이 제2항의 서면을 제출하지 아니한 때에는 국민참여재판을 원하지 아니하는 것으로 본다. 피고인은 제9조 제1항의 배제결정 또는 제10조 제1항의 회부결정이 있거나 공판준비기일이 종결되거나 제1회 공판기일이 열린 이후에는 종전의 의사를 바꿀 수 없다.

4. 국민참여재판의 배제

(1) 배제사유

가. 피고인이 원하지 않는 경우

피고인이 국민참여재판을 원하지 아니하는 경우에는 국민참여재판을 하지 아니한다(동법 제5조 제2항)

나. 배제결정

1) 사 유

법원은 공소제기 후부터 공판준비기일이 종결된 다음 날까지 다음 각 호의 어느 하나에 해당하는 경우 국민참여재판을 하지 아니하기로 하는 결정을 할 수 있다(동법 제9조 제1항).

① 배심원·예비배심원·배심원후보자 또는 그 친족의 생명·신체·재산에 대한 침해 또는 침해의 우려가 있어서 출석의 어려움이 있거나 이 법에 따른 직무를 공정하게 수행하지 못할 염려가 있다고 인정되는 경우

② 공범 관계에 있는 피고인들 중 일부가 국민참여재판을 원하지 아니하여 국민참여재판의 진행에 어려움이 있다고 인정되는 경우

③ 그 밖에 국민참여재판으로 진행하는 것이 적절하지 아니하다고 인정되는 경우

(2) 검사·피고인 등의 의견 청취

법원은 배제결정을 하기 전에 검사·피고인 또는 변호인의 의견을 들어야 한다(동법 제9조 제2항). 배제결정에 대하여는 즉시항고를 할 수 있다(동법 제9조 제3항).

(3) 지방법원 지원 관할사건의 특례(동법 제10조)

제8조에 따라 피고인이 국민참여재판을 원하는 의사를 표시한 경우 지방법원 지원 합의부가 제9조 제1항의 배제결정을 하지 아니하는 경우에는 국민참여재판절차 회부결정을 하여 사건을 지방법원 본원 합의부로 이송하여야 한다.

지방법원 지원 합의부가 심판권을 가지는 사건 중 지방법원 지원 합의부가 제1항의 회부결정을 한 사건에 대하여는 지방법원 본원 합의부가 관할권을 가진다.

5. 통상절차 회부(동법 제11조)

법원은 피고인의 질병 등으로 공판절차가 장기간 정지되거나 피고인에 대한 구속기간의 만료, 그 밖에 심리의 제반 상황에 비추어 국민참여재판을 계속 진행하는 것이 부적절하다고 인정하는 경우에는 직권 또는 검사·피고인 또는 변호인의 신청에 따라 결정으로 사건을 지방법원 본원 합의부가 국민참여재판에 의하지 아니하고 심판하게 할 수 있다.

법원은 제1항의 결정을 하기 전에 검사·피고인 또는 변호인의 의견을 들어야 한다.

제1항의 결정에 대하여는 불복할 수 없다.

6. 배심원

(1) 배심원의 의의 및 국민의 의무

가. 배심원과 예비배심원의 의의

"배심원"이란 「국민의 형사재판 참여에 관한 법률」에 따라 형사재판에 참여하도록 선정된 사람을 말한다(동법 제2조 제1호).

예비배심원은 배심원 중 일부에게 직무를 수행할 수 없는 사정이 갑자기 생기는 경우에 대비하여 예비적인 배심원으로 선정된 자이다. 배심원과 예비배심원은 배심원 평의가 시작되기 전까지는 그 권한과 의무에 있어 차이가 없으나, 평의와 양형에 관한 토의에는 오로지 배심원만 참여할 수 있다.

나. 국민의 의무

대한민국 국민은 법으로 정하는 바에 따라 국민참여재판에 참여할 권리와 의무를 가진다(동법 제3조 제2항).

(2) 배심원의 권한과 의무

가. 권 한

배심원은 국민참여재판을 하는 사건에 관하여 사실의 인정, 법령의 적용 및 형의 양정에 관한 의견을 제시할 권한이 있다(동법 제12조 제1항).

나. 의 무

① 배심원은 법령을 준수하고 독립하여 성실히 직무를 수행하여야 한다(동법 제12조 제2항).

② 배심원은 직무상 알게 된 비밀을 누설하거나 재판의 공정을 해하는 행위를 하여서는 아니 된다(동법 제12조 제3항).

(3) 배심원 및 예비배심원의 수

가. 9인으로 하는 경우

법정형이 사형·무기징역 또는 무기금고에 해당하는 대상사건에 대한 국민참여재판에는 9인의 배심원이 한다.

나. 7인으로 하는 경우

가. 외의 대상사건에 대한 국민참여재판에는 7인의 배심원이 참여한다.

다. 5인으로 하는 경우

법원은 피고인 또는 변호인이 공판준비절차에서 공소사실의 주요내용을 인정한 때에는 5인의 배심원이 참여하게 할 수 있다.

라. 배심원의 수를 달리 정할 수 있는 경우

법원은 사건의 내용에 비추어 특별한 사정이 있다고 인정되고 검사·피고인 또는 변호인의 동의가 있는 경우에 한하여 결정으로 배심원의 수를 7인과 9인 중에서 위 가.~다.와 달리 정할 수 있다.

마. 예비배심원(동법 제14조)

① 법원은 배심원의 결원 등에 대비하여 5인 이내의 예비배심원을 둘 수 있다.

② 배심원에 대한 사항은 그 성질에 반하지 아니하는 한 예비배심원에 대하여 준용한다.

(4) 배심원의 자격 등

가. 배심원의 자격

만 20세 이상의 대한민국 국민은 원칙적으로 배심원이 될 수 있는데, 배심원은 만 20세 이상의 대한민국 국민 중에서 국민의 형사재판 참여에 관한 법률이 정하는 바에 따라 선정된다.

나. 배심원의 결격사유

배심원이 공무를 수행하는 점을 고려하여 배심원의 결격사유를 국가공무원의 결격사유와 동일하게 규정하였다.

1) 선정제외 사유

다음 각 호의 어느 하나에 해당하는 사람은 배심원으로 선정될 수 없다(동법 제17조).

① 피성년후견인 또는 피한정후견인

② 파산선고를 받고 복권되지 아니한 사람

③ 금고 이상의 실형을 선고받고 그 집행이 종료(종료된 것으로 보는 경우를 포함한다)되거나 집행이 면제된 후 5년을 경과하지 아니한 사람

④ 금고 이상의 형의 집행유예를 선고받고 그 기간이 완료된 날부터 2년을 경과하지 아니한 사람

⑤ 금고 이상의 형의 선고유예를 받고 그 선고유예기간 중에 있는 사람

⑥ 법원의 판결에 의하여 자격이 상실 또는 정지된 사람

2) 직업 등에 따른 제외사유

다음 각 호의 어느 하나에 해당하는 사람을 배심원으로 선정하여서는 아니 된다(동법 제18조).

① 대통령

② 국회의원·지방자치단체의 장 및 지방의회의원

③ 입법부·사법부·행정부·헌법재판소·중앙선거관리위원회·감사원의 정무직 공무원

④ 법관·검사

⑤ 변호사·법무사

⑥ 법원·검찰 공무원

⑦ 경찰·교정·보호관찰 공무원

⑧ 군인·군무원·소방공무원 또는 「예비군법」에 따라 동원되거나 교육훈련의무를 이행 중인 예비군

3) 제척사유

다음 각 호의 어느 하나에 해당하는 사람은 당해 사건의 배심원으로 선정될 수 없다(동법 제19조).

① 피해자

② 피고인 또는 피해자의 친족이나 이러한 관계에 있었던 사람

③ 피고인 또는 피해자의 법정대리인

④ 사건에 관한 증인·감정인·피해자의 대리인

⑤ 사건에 관한 피고인의 대리인·변호인·보조인

⑥ 사건에 관한 검사 또는 사법경찰관의 직무를 행한 사람

⑦ 사건에 관하여 전심 재판 또는 그 기초가 되는 조사·심리에 관여한 사람

다. 면제사유

법원은 직권 또는 신청에 따라 다음 각 호의 어느 하나에 해당하는 사람에 대하여 배심원 직무의 수행을 면제할 수 있다(법 제20조).

① 만 70세 이상인 사람

② 과거 5년 이내에 배심원후보자로서 선정기일에 출석한 사람

③ 금고 이상의 형에 해당하는 죄로 기소되어 사건이 종결되지 아니한 사람

④ 법령에 따라 체포 또는 구금되어 있는 사람

⑤ 배심원 직무의 수행이 자신이나 제3자에게 위해를 초래하거나 직업상 회복할 수 없는 손해를 입게 될 우려가 있는 사람

⑥ 중병·상해 또는 장애로 인하여 법원에 출석하기 곤란한 사람

⑦ 그 밖의 부득이한 사유로 배심원 직무를 수행하기 어려운 사람

(5) 배심원 선정절차

가. 배심원후보예정자명부의 작성(국민의 형사재판 참여에 관한 법률 제22조)

① 지방법원장은 배심원후보예정자명부를 작성하기 위하여 행정자치부장관에게 매년 그 관할 구역 내에 거주하는 만 20세 이상 국민의 주민등록정보에서 일정한 수의 배심원후보예정자의 성명·생년월일·주소 및 성별에 관한 주민등록정보를 추출하여 전자파일의 형태로 송부하여 줄 것을 요청할 수 있다.

② 제1항의 요청을 받은 행정자치부장관은 30일 이내에 주민등록자료를 지방법원장에게 송부하여야 한다.

③ 지방법원장은 매년 주민등록자료를 활용하여 배심원후보예정자명부를 작성한다.

나. 배심원후보자의 결정 및 출석통지(동법 제23조)

① 법원은 배심원후보예정자명부 중에서 필요한 수의 배심원후보자를 무작위 추출 방식으로 정하여 배심원과 예비배심원의 선정기일을 통지하여야 한다.

② 제1항의 통지를 받은 배심원후보자는 선정기일에 출석하여야 한다.

③ 법원은 제1항의 통지 이후 배심원의 직무 종사 예정기간을 마칠 때까지 제17조부터 제20조까지에 해당하는 사유가 있다고 인정되는 배심원후보자에 대하여는 즉시 그 출석통지를 취소하고 신속하게 당해 배심원후보자에게 그 내용을 통지하여야 한다.

다. 후보자명부 송부 등(동법 제26조)

① 법원은 선정기일의 2일 전까지 검사와 변호인에게 배심원후보자의 성명·성별·출생연도가 기재된 명부를 송부하여야 한다.

② 법원은 선정절차에 질문표를 사용하는 때에는 선정기일을 진행하기 전에 배심원후보자가 제출한 질문표 사본을 검사와 변호인에게 교부하여야 한다.

라. 선정기일의 참여자(동법 제27조)

① 법원은 검사·피고인 또는 변호인에게 선정기일을 통지하여야 한다.

② 검사와 변호인은 선정기일에 출석하여야 하며, 피고인은 법원의 허가를 받아 출석할 수 있다.

③ 법원은 변호인이 선정기일에 출석하지 아니한 경우 국선변호인을 선정하여야 한다.

마. 배심원후보자에 대한 질문과 기피신청(동법 제28조)

① 법원은 배심원후보자가 제17조부터 제20조까지의 사유에 해당하는지 여부 또는 불공평한 판단을 할 우려가 있는지 여부 등을 판단하기 위하여 배심원후보자에게 질문을 할 수 있다. 검사·피고인 또는 변호인은 법원으로 하여금 필요한 질문을 하도록 요청할 수 있고, 법원은 검사 또는 변호인으로 하여금 직접 질문하게 할 수 있다.

② 배심원후보자는 제1항의 질문에 대하여 정당한 사유 없이 진술을 거부하거나 거짓 진술을 하여서는 아니 된다.

③ 법원은 배심원후보자가 제17조부터 제20조까지의 사유에 해당하거나 불공평한 판단을 할 우려가 있다고 인정되는 때에는 직권 또는 검사·피고인·변호인의 기피신청에 따라 당해 배심원후보자에 대하여 불선정결정을 하여야 한다. 검사·피고인 또는 변호인의 기피신청을 기각하는 경우에는 이유를 고지하여야 한다.

바. 이의신청(국민의 형사재판 참여에 관한 법률 제29조)

① 제28조 제3항의 기피신청을 기각하는 결정에 대하여는 즉시 이의신청을 할 수 있다.

② 제1항의 이의신청에 대한 결정은 기피신청 기각결정을 한 법원이 한다.

③ 이의신청에 대한 결정에 대하여는 불복할 수 없다.

사. 무이유부기피신청(동법 제30조)

① 검사와 변호인은 각자 다음 각 호의 범위 내에서 배심원후보자에 대하여 이유를 제시하지 아니하는 기피신청(이하 "무이유부기피신청"이라 한다)을 할 수 있다.

㉠ 배심원이 9인인 경우는 5인

㉡ 배심원이 7인인 경우는 4인

㉢ 배심원이 5인인 경우는 3인

② 무이유부기피신청이 있는 때에는 법원은 당해 배심원후보자를 배심원으로 선정할 수 없다.

③ 법원은 검사·피고인 또는 변호인에게 순서를 바꿔가며 무이유부기피신청을 할 수 있는 기회를 주어야 한다.

아. 선정결정 및 불선정결정(동법 제31조)

① 법원은 출석한 배심원후보자 중에서 당해 재판에서 필요한 배심원과 예비배심원의 수에 해당하는 배심원 후보자를 무작위로 뽑고 이들을 대상으로 직권, 기피신청 또는 무이유부기피신청에 따른 불선정결정을 한다.

② 제1항의 불선정결정이 있는 경우에는 그 수만큼 제1항의 절차를 반복한다.

③ 제1항 및 제2항의 절차를 거쳐 필요한 수의 배심원과 예비배심원 후보자가 확정되면 법원은 무작위의 방법으로 배심원과 예비배심원을 선정한다. 예비배심원이 2

인 이상인 경우에는 그 순번을 정하여야 한다.

④ 법원은 배심원과 예비배심원에게 누가 배심원으로 선정되었는지 여부를 알리지 아니할 수 있다.

(6) 배심원의 해임 및 사임

가. 해 임(국민의 형사재판 참여에 관한 법률 제32조)

① 법원은 배심원 또는 예비배심원이 다음 각 호의 어느 하나에 해당하는 때에는 직권 또는 검사·피고인·변호인의 신청에 따라 배심원 또는 예비배심원을 해임하는 결정을 할 수 있다.

㉠ 배심원 또는 예비배심원이 제42조 제1항의 선서를 하지 아니한 때

㉡ 배심원 또는 예비배심원이 제41조 제2항 각 호의 의무를 위반하여 그 직무를 담당하게 하는 것이 적당하지 아니하다고 인정되는 때

㉢ 배심원 또는 예비배심원이 출석의무에 위반하고 계속하여 그 직무를 행하는 것이 적당하지 아니한 때

㉣ 배심원 또는 예비배심원에게 제17조부터 제20조까지의 사유에 해당하는 사실이 있거나 불공평한 판단을 할 우려가 있는 때

㉤ 배심원 또는 예비배심원이 질문표에 거짓 기재를 하거나 선정절차에서의 질문에 대하여 정당한 사유 없이 진술을 거부하거나 거짓의 진술을 한 것이 밝혀지고 계속하여 그 직무를 행하는 것이 적당하지 아니한 때

㉥ 배심원 또는 예비배심원이 법정에서 재판장이 명한 사항을 따르지 아니하거나 폭언 또는 그 밖의 부당한 언행을 하는 등 공판절차의 진행을 방해한 때

② 제1항의 결정을 함에 있어서는 검사·피고인 또는 변호인의 의견을 묻고 출석한 당해 배심원 또는 예비배심원에게 진술기회를 부여하여야 한다.

③ 제1항의 결정에 대하여는 불복할 수 없다.

나. 배심원의 사임(동법 제33조)

① 배심원과 예비배심원은 직무를 계속 수행하기 어려운 사정이 있는 때에는 법원에 사임을 신청할 수 있다.

② 법원은 제1항의 신청에 이유가 있다고 인정하는 때에는 당해 배심원 또는 예비배심원을 해임하는 결정을 할 수 있다.

③ 제2항의 결정을 함에 있어서는 검사·피고인 또는 변호인의 의견을 들어야 한다.

④ 제2항의 결정에 대하여는 불복할 수 없다.

(7) 배심원등의 임무 종료(국민의 형사재판 참여에 관한 법률 제35조)

배심원과 예비배심원의 임무는 다음 각 호의 어느 하나에 해당하면 종료한다.

① 종국재판을 고지한 때

② 제6조 제1항 단서 또는 제11조에 따라 통상절차 회부결정을 고지한 때

7. 국민참여재판의 절차

(1) 공판의 준비

국민참여재판은 다음과 같은 순서로 진행된다.

① 재판장의 사건 호명 및 소송관계인의 출석 확인

② 배심원과 예비배심원의 선서

③ 재판장의 배심원과 예비배심원에 대한 최초설명

④ 재판장의 피고인에 대한 진술거부권의 고지

⑤ 검사의 최초진술

⑥ 피고인의 최초진술

⑦ 재판장의 쟁점 정리 또는 검사, 변호인의 주장 및 입증계획 진술

⑧ 증거조사

⑨ 피고인 신문

⑩ 검사의 의견진술

⑪ 피고인과 변호인의 최종 의견진술

⑫ 재판장의 배심원에 대한 최종설명

⑬ 배심원의 평의·평결

⑭ 양형에 관한 토의

⑮ 판결 선고

국민참여재판은 철저한 공판중심주의적 심리절차가 요구되므로 이에 따라 공판준비절차를 도입하고, 공판준비기일을 지정하여 당사자의 주장과 증거를 정리하도록 하였다.

가. 공판준비절차(동법 제36조)

① 재판장은 제8조에 따라 피고인이 국민참여재판을 원하는 의사를 표시한 경우에 사건을 공판준비절차에 부쳐야 한다. 다만, 공판준비절차에 부치기 전에 제9조 제1항의 배제결정이 있는 때에는 그러하지 아니하다.

② 공판준비절차에 부친 이후 피고인이 국민참여재판을 원하지 아니하는 의사를 표시하거나 제9조 제1항의 배제결정이 있는 때에는 공판준비절차를 종결할 수 있다.

③ 지방법원 본원 합의부가 지방법원 지원 합의부로부터 제10조 제1항에 따라 이송 받은 사건에 대하여는 이미 공판준비절차를 거친 경우에도 필요한 때에는 공판준비절차에 부칠 수 있다.

④ 검사·피고인 또는 변호인은 증거를 미리 수집·정리하는 등 공판준비절차가 원활하게 진행되도록 협력하여야 한다.

나. 공판준비기일(동법 제37조)

① 법원은 주장과 증거를 정리하고 심리계획을 수립하기 위하여 공판준비기일을 지정하여야 한다.

② 법원은 합의부원으로 하여금 공판준비기일을 진행하게 할 수 있다. 이 경우 수명법관은 공판준비기일에 관하여 법원 또는 재판장과 동일한 권한이 있다.

③ 공판준비기일은 공개한다. 다만, 법원은 공개함으로써 절차의 진행이 방해될 우려가 있는 때에는 공판준비기일을 공개하지 아니할 수 있다.

④ 공판준비기일에는 배심원이 참여하지 아니한다.

(2) 공판절차

가. 공판기일의 통지(동법 제38조)

공판기일은 배심원과 예비배심원에게 통지하여야 한다.

나. 소송관계인의 좌석(동법 제39조)

① 공판정은 판사 · 배심원 · 예비배심원 · 검사 · 변호인이 출석하여 개정한다.

② 검사와 피고인 및 변호인은 대등하게 마주 보고 위치한다. 다만, 피고인 신문을 하는 때에는 피고인은 증인석에 위치한다.

③ 배심원과 예비배심원은 재판장과 검사 · 피고인 및 변호인의 사이 왼쪽에 위치한다.

④ 증인석은 재판장과 검사 · 피고인 및 변호인의 사이 오른쪽에 배심원과 예비배심원을 마주 보고 위치한다.

다. 공판정에서의 속기·녹취(동법 제40조)

① 법원은 특별한 사정이 없는 한 공판정에서의 심리를 속기사로 하여금 속기하게 하거나 녹음장치 또는 영상녹화장치를 사용하여 녹음 또는 영상녹화하여야 한다.

② 제1항에 따른 속기록 · 녹음테이프 또는 비디오테이프는 공판조서와는 별도로 보관되어야 하며, 검사 · 피고인 또는 변호인은 비용을 부담하고 속기록 · 녹음테이프 또는 비디오테이프의 사본을 청구할 수 있다.

라. 배심원의 절차상의 권리와 의무(동법 제41조)

1) 권리(동법 제41조 제1항)

배심원과 예비배심원은 다음 각 호의 행위를 할 수 있다

① 피고인 · 증인에 대하여 필요한 사항을 신문하여 줄 것을 재판장에게 요청하는 행위

② 필요하다고 인정되는 경우 재판장의 허가를 받아 각자 필기를 하여 이를 평의에 사용하는 행위

2) 의무(동법 제41조 제2항)

배심원과 예비배심원은 다음 각 호의 행위를 하여서는 아니 된다

① 심리 도중에 법정을 떠나거나 평의 · 평결 또는 토의가 완결되기 전에 재판장의 허락 없이 평의 · 평결 또는 토의 장소를 떠나는 행위

② 평의가 시작되기 전에 당해 사건에 관한 자신의 견해를 밝히거나 의논하는 행위

③ 재판절차 외에서 당해 사건에 관한 정보를 수집하거나 조사하는 행위

④ 이 법에서 정한 평의 · 평결 또는 토의에 관한 비밀을 누설하는 행위

마. 선서(동법 第42조)

① 배심원과 예비배심원은 법률에 따라 공정하게 그 직무를 수행할 것을 다짐하는 취지의 선서를 하여야 한다.

② 재판장은 배심원과 예비배심원에 대하여 배심원과 예비배심원의 권한·의무·재판절차, 그 밖에 직무수행을 원활히 하는 데 필요한 사항을 설명하여야 한다.

바. 간이공판절차 규정의 배제(동법 第43조)

국민참여재판에는 「형사소송법」 제286조의2(간이공판절차의 결정)를 적용하지 아니한다. 따라서 피고인이 공판정에서 공소사실에 대하여 자백하더라도 법원은 그 공소사실에 대하여 간이공판절차에 의하여 심판하도록 결정할 수 없다.

사. 배심원의 증거능력 판단 배제(동법 第44조)

배심원 또는 예비배심원은 법원의 증거능력에 관한 심리에 관여할 수 없다.

아. 공판절차의 갱신(동법 第45조)

① 공판절차가 개시된 후 새로 재판에 참여하는 배심원 또는 예비배심원이 있는 때에는 공판절차를 갱신하여야 한다.

② 제1항의 갱신절차는 새로 참여한 배심원 또는 예비배심원이 쟁점 및 조사한 증거를 이해할 수 있도록 하되, 그 부담이 과중하지 아니하도록 하여야 한다.

(3) 평의·평결·토의 및 판결 선고

가. 재판장의 설명·평의·평결·토의 등(동법 第46조)

1) 재판장의 설명

재판장은 변론이 종결된 후 법정에서 배심원에게 공소사실의 요지와 적용법조, 피고인과 변호인 주장의 요지, 증거능력, 그 밖에 유의할 사항에 관하여 설명하여야 한다. 이 경우 필요한 때에는 증거의 요지에 관하여 설명할 수 있다.

2) 평의·평결

① 평의·평결의 의의

평의는 법정 공방이 끝난 후 배심원들이 모두 모여서 피고인의 유무죄에 관한 논의를 진행하는 것을 말하고, 평결은 평의를 통하여 확정된 배심원의 최종 판단 결과를 말한다.

② 평의와 평결의 진행절차

평의는 보통 평의실이라는 독립된 공간에서 비공개로 이루어지고, 오로지 배심원만이 참여할 수 있다. 평의 결과 만장일치로 유무죄에 대한 의견이 정하여지면 평결을 내릴 수 있다.

다만, 배심원 과반수의 요청이 있으면 심리에 관여한 판사의 의견을 들을 수 있다. 배심원은 유·무죄에 관하여 전원의 의견이 일치하지 아니하는 때에는 평결을 하기 전에 심리에 관여한 판사의 의견을 들어야 한다. 이 경우 유·무죄의 평결은 다수결의 방법으로 한다. 심리에 관여한 판사는 평의에 참석하여 의견을 진술한 경우에도 평결에는 참여할 수 없다.

③ 양형에 관한 토의

양형에 관한 토의는 배심원의 평결이 유죄인 경우 배심원과 심리에 관여한 판사가 피고인에게 어떤 형을 선고하는 것이 적절하지 토의하는 것을 의미한다. 평결이 유죄인 경우 배심원은 심리에 관여한 판사와 함께 양형에 관하여 토의하고 그에 관한 의견을 개진한다. 재판장은 양형에 관한 토의 전에 처벌의 범위와 양형의 조건 등을 설명하여야 한다. 배심원은 판사의 설명을 들은 후 양형에 관한 의견을 제시하고, 판사는 적절한 방법으로 배심원의 양형에 관한 의견을 집계하여 서면에 기록한다.

나. 배심원의 평결과 양형에 관한 의견에 판사가 기속되는지 여부

배심원의 평결과 양형에 관한 의견은 법원을 기속하지 아니한다(법 제46조 1항). 다만 판사가 배심원의 평결결과와 다른 판결을 선고하는 때에는 피고인에게 그 이유를 설명하여야 하고, 판결서에도 그 이유를 기재하여야 한다.

다. 평의 등의 비밀(동법 제47조)

배심원은 평의·평결 및 토의 과정에서 알게 된 판사 및 배심원 각자의 의견과 그 분포 등을 누설하여서는 아니 된다.

라. 판결선고기일(동법 제48조)

① 판결의 선고는 변론을 종결한 기일에 하여야 한다. 다만, 특별한 사정이 있는 때에는 따로 선고기일을 지정할 수 있다.

② 변론을 종결한 기일에 판결을 선고하는 경우에는 판결서를 선고 후에 작성할 수 있다.

③ 제1항 단서의 선고기일은 변론종결 후 14일 이내로 정하여야 한다.

④ 재판장은 판결선고 시 피고인에게 배심원의 평결결과를 고지하여야 하며, 배심원의 평결결과와 다른 판결을 선고하는 때에는 피고인에게 그 이유를 설명하여야 한다.

마. 판결서의 가재사항(동법 제49조)

① 판결서에는 배심원이 재판에 참여하였다는 취지를 기재하여야 하고, 배심원의 의견을 기재할 수 있다.

② 배심원의 평결결과와 다른 판결을 선고하는 때에는 판결서에 그 이유를 기재하여야 한다,

8. 배심원 등의 보호를 위한 조치

(1) 불이익 취급의 금지(동법 제50조)

누구든지 배심원·예비배심원 또는 배심원 후보자인 사실을 이유로 해고하거나 그 밖의 불이익한 처우를 하여서는 아니 된다.

(2) 배심원 등에 대한 접촉의 규제(동법 제51조)

누구든지 당해 재판에 영향을 미치거나 배심원 또는 예비배심원이 직무상 취득한 비밀을 알아낼 목적으로 배심원 또는 예비배심원과 접촉하여서는 아니 된다.

누구든지 배심원 또는 예비배심원이 직무상 취득한 비밀을 알아낼 목적으로 배심원 또는 예비배심원의 직무에 종사하였던 사람과 접촉하여서는 아니 된다. 다만, 연구에 필요한 경우는 그러하지 아니한다.

(3) 배심원 등의 개인정보 공개금지(동법 제52조)

법령으로 정하는 경우를 제외하고는 누구든지 배심원·예비배심원 또는 배심원후보자의 성명·주소와 그 밖의 개인정보를 공개하여서는 아니 된다.

배심원·예비배심원 또는 배심원후보자의 직무를 수행하였던 사람들의 개인정보에 대하여는 본인이 동의하는 경우에 한하여 공개할 수 있다.

(4) 배심원 등에 대한 신변보호조치(동법 제53조)

재판장은 배심원 또는 예비배심원이 피고인이나 그 밖의 사람으로부터 위해를 받거나 받을 염려가 있다고 인정하는 때 또는 공정한 심리나 평의에 지장을 초래하거나 초래할 염려가 있다고 인정하는 때에는 배심원 또는 예비배심원의 신변안전을 위하여 보호, 격리, 숙박, 그 밖에 필요한 조치를 취할 수 있다. 검사, 피고인, 변호인, 배심원 또는 예비배심원은 재판장에게 제1항의 조치를 취하도록 요청할 수 있다.

9. 벌칙

(1) 배심원 등에 대한 청탁죄(동법 제56조)

배심원 또는 예비배심원에게 그 직무에 관하여 청탁을 한 자는 2년 이하의 징역 또는 500만원 이하의 벌금에 처한다. 배심원후보자에게 그 직무에 관하여 청탁을 한 자도 제1항과 같다.

(2) 배심원 등에 대한 위협죄(동법 제57조)

피고사건에 관하여 당해 피고사건의 배심원·예비배심원 또는 그러한 직에 있었던 자나 그 친족에 대하여 전화·편지·면회, 그 밖의 다른 방법으로 겁을 주거나 불안감을 조성하는 등의 위협행위를 한 자는 2년 이하의 징역 또는 500만원 이하의 벌금에 처한다. 피고사건에 관하여 당해 피고사건의 배심원후보자 또는 그 친족에 대하여 제1항의 방법으로 위협행위를 한 자도 제1항과 같다.

(3) 배심원 등에 의한 비밀누설죄(동법 제58조)

배심원 또는 예비배심원이 직무상 알게 된 비밀을 누설한 때에는 6개월 이하의 징역 또는 300만원 이하의 벌금에 처한다. 배심원 또는 예비배심원이었던 자가 직무상 알게 된 비밀을 누설한 때에도 제1항과 같다. 다만, 연구에 필요한 협조를 한 경우는 그러하지 아니한다.

(4) 배심원 등의 금품 수수 등(동법 제59조)

배심원·예비배심원 또는 배심원 후보자가 직무와 관련하여 재물 또는 재산상 이익을 수수·요구·약속한 때에는 3년 이하의 징역 또는 1천만원 이하의 벌금에 처한다.

배심원·예비배심원 또는 배심원후보자에게 제1항의 재물 또는 재산상 이익을 약속·공여 또는 공여의 의사를 표시한 자도 제1항과 같다.

(5) 배심원후보자의 불출석 등에 대한 과태료(동법 제60조)

다음 각 호의 어느 하나에 해당하는 때에 법원은 결정으로 200만원 이하의 과태료를 부과한다.

㉠ 출석통지를 받은 배심원·예비배심원·배심원후보자가 정당한 사유 없이 지정된 일시에 출석하지 아니한 때

㉡ 배심원 또는 예비배심원이 정당한 사유 없이 제42조 제1항의 선서를 거부한 때

㉢ 배심원후보자가 배심원 또는 예비배심원 선정을 위한 질문서에 거짓 기재를 하여 법원에 제출하거나 선정절차에서의 질문에 대하여 거짓 진술을 한 때 제1항의 결정에 대하여는 즉시 항고할 수 있다.

제 3 장 소송행위와 소송조건

Ⅰ. 소송행위

1. 소송행위의 의의

소송은 판결과 그 집행을 목적으로 발전하는 동적 절차인데, 이러한 소송절차를 형성하는 개개의 행위로서 소송법상의 효과가 인정되는 것을 소송행위라고 한다.

(1) 소송절차를 조성하는 행위일 것

소송행위라고 할 수 있으려면 소송절차를 조성하는 행위일 것을 요한다.따라서 법관의 임면이나 사법사무의 분배와 같이 소송에 관계있는 행위라 할지라도 소송절차 자체를 조성하는 행위가 아닌 것은 소송행위가 아니다.

(2) 소송법상의 효과가 인정되는 행위일 것

소송행위는 소송법상의 효과가 인정되는 행위를 말한다. 따라서 사실상 소송의 진행에 기여하는 행위라 할지라도 소송법적 효과가 인정되지 않는 것은 소송행위가 아니다. 법정경위의 법정정리 또는 개정준비행위가 여기에 해당된다.

2. 소송행위의 종류

(1) 주체의 의한 분류

가. 법원의 소송행위

법원이 하는 소송행위를 말한다. 피고사건에 대한 심리와 재판이 가장 중요한 소송행위이나, 강제처분과 강제조사도 여기에 포함된다. 재판장 · 수명법관 · 수탁판사의 소송행위도 법원의 소송행위에 준한다. 법원사무관 등의 소송행위도 여기에 속한다.

나. 당사자의 소송행위

검사와 피고인의 소송행위를 말한다. 피고인의 변호인 · 대리인 · 보조인의 소송행위도 당사자의 소송행위에 준한다.

1) 신청 · 청구

법원에 대하여 일정한 재판을 구하는 소송행위를 말한다. 관할 이전의 신청 · 기피신청 · 공소제기 · 상소제기 · 보석의 청구 등이 여기에 해당된다. 법이 이를 당사자의 권리로 인정한 때에는 법원은 반드시 재판을 하여야 한다.

2) 입 증

증명에 관한 소송행위를 말한다. 증거제출 · 증거조사의 신청 · 증인의 신문 등이 여기에 해당한다.

3) 진 술

① 진술 : 사실 또는 법률에 대한 의견을 진술하는 것이며, 변론이라고도 한다. 검사의 논고와 구형 및 변호인의 변론이 여기에 해당된다.

② 협의의 진술 : 법원의 심증형성에 영향을 미치는 사실을 말하는 것으로서, 피고인의 진술이 여기에 해당된다.

다. 제3자의 소송행위

법원과 당사자 이외의 자가 행하는 소송행위를 말한다. 고소 · 고발 · 증언 · 감정 등이 여기에 해당된다.

(2) 성질에 의한 분류

가. 법률행위적 소송행위

일정한 소송법적 효과를 지향하는 의사표시를 요소로 하고 그에 상응하는 효과가 인정되는 소송행위를 말한다. 공소제기 · 재판의 선고 및 상소제기가 여기에 해당된다.

나. 사실행위적 소송행위

주체의 의사와 관계없이 일정한 소송법적 효과가 부여되는 소송행위를 말한다. 논고 · 구형 · 변론 · 증언과 같은 표시행위와 구속 · 압수 · 수색 또는 영장의 집행 등과 같은 순수한 사실행위로 나뉜다.

(3) 목적에 의한 분류

가. 실체형성행위

법관의 심증형성을 위한 행위를 말한다. 당사자의 변론 · 증언 등이 여기에 해당된다.

나. 절차형성행위

절차의 형식적 발전과 그 발전을 추구하는 절차면의 형성에 역할을 담당하는 행위를 말한다. 공소제기·공판기일의 지정·상소의 제기 등이 여기에 속한다.

3. 소송행위의 주체

소송행위에는 주체가 필요하다. 행위의 주체가 그의 이름으로 소송행위를 할 수 있는 자격을 행위적격이라고 한다.

소송행위 일반에 요구되는 행위적격인 일반적 행위적격과 개개의 소송행위에 대하여 요구되는 행위적격인 특별행위적격으로 나뉜다.

4. 소송행위의 대리

(1) 의 의

소송행위의 대리란 소송행위에 있어서 행위적격자의 대리가 허용되는가의 문제를 말한다. 대리란 대리인의 행위에 의하여 본인에게 직접 법률상의 효과가 발생하는 것을 말한다. 민법상의 대리는 법률행위에 대하여만 인정되는 것임에 반하여, 소송행위의 대리에 있어서는 법률행위적 소송행위인가 또는 사실행위적 소송행위인가를 불문한다.

그리고 소송행위의 대리는 피고인·피의자 또는 제3자의 소송행위에 대하여만 문제된다. 법원이나 검사의 소송행위에 대하여는 대리를 인정할 여지가 없기 때문이다.

(2) 대리의 허용범위

형사소송법이 명문으로 소송행위의 대리를 인정하는 경우는 문제가 없으나, 명문규정이 없는 경우에도 대리가 인정될 것인가에 대하여 긍정설과 부정설이 대립한다.

핵심판례

음주운전과 관련한 도로교통법 위반죄의 범죄수사를 위하여 미성년자인 피의자의 혈액채취가 필요한 경우, 법정대리인이 의사능력 없는 피의자를 대리하여 채혈에 관한 동의를 할 수 있는지 여부(원칙적 소극)

형사소송법상 소송능력이란 소송당사자가 유효하게 소송행위를 할 수 있는 능력, 즉 피고인 또는 피의자가 자기의 소송상의 지위와 이해관계를 이해하고 이에 따라 방어행위를 할 수 있는 의사능력을 의미하는데, 피의자에게 의사능력이 있으면 직접 소송행위를 하는 것이 원칙이고, 피의자에게 의사능력이 없는 경우에는 형법 제9조 내지 제11조의 규정의 적용을 받지 아니하는 범죄사건에 한하여 예외적으로 법정대리인이 소송행위를 대리할 수 있다(형사소송법 제26조). 따라서 음주운전과 관련한 도로교통법 위반죄의 범죄수사를 위하여 미성년자인 피의자의 혈액채취가 필요한 경우에도 피의자에게 의사능력이 있다면 피의자 본인만이 혈액채취에 관한 유효한 동의를 할 수 있고, 피의자에게 의사능력이 없는 경우에도 명문의 규정이 없는 이상 법정대리인이 피의자를 대리하여 동의할 수는 없다(대판 2014. 11. 13, 2013도1228, 판결).

5. 소송행위의 방식

(1) 소송행위의 방식

가. 구두주의

구두주의란 법원이 당사자의 구두(口頭)에 의한 공격·방어를 근거로 하여 심리·재판하는 주의를 말한다. 형사소송법에서는 공판정에서의 변론은 구두로 하여야 한다는 원칙을 명문화하였다(법 제275조의3).

구두주의는 표시내용이 신속, 선명하고 표시자와 표시가 일치한다는 장점이 있다. 따라서 구두주의는 공판정에서의 소송행위, 특히 실체형성행위에 대한 원칙적 방식이 되고 있다. 따라서 공판정에서 진술되지 아니한 변호인의 변론요지서에 대하여는 법원의 판단을 요하지 않는다.

나. 서면주의

서면주의는 소송행위를 내용적, 절차적으로 명확히 한다는 장점이 있다. 따라서 서면주의는 형식적 확실성을 요하는 절차형성행위의 원칙적 방식이다.

(2) 소송서류와 송달

가. 소송서류의 의의

특정한 소송행위에 관하여 작성된 일체의 서류를 소송서류라고 한다. 법원에서 작성된 서류뿐만 아니라 법원에 제출된 서류를 포함한다. 소송서류는 특정한 소송에 관하여 작성되거나 제출된 서류를 의미하므로 압수된 서류는 증거물이지 소송서류가 아니다.

법원이 소송서류를 소송절차의 진행순서에 따라 편철한 것을 소송기록이라고 한다.

나. 소송서류의 종류

1) 의사표시적 문서와 보고적 문서

① 의사표시적 문서 : 의사표시를 내용으로 하는 문서를 의사표시적 문서라고 한다. 공소장 · 고소장 · 고발장 · 상소장 등이 여기에 해당된다. 당해 사건에 대한 의사표시적 문서는 증거능력이 없다.

② 보고적 문서 : 일정한 사실의 보고를 내용으로 하는 서류를 보고적 문서라고 한다. 공판조서 · 검증조서 또는 신문조서 등이 여기에 해당된다.

2) 공무원의 서류와 비공무원의 서류

① 공무원의 서류 : 공무원이 작성하는 서류를 말한다. 공무원이 작성하는 서류에는 법률에 다른 규정이 없는 때에는 작성연월일과 소송공무소를 기재하고 기명날인 또는 서명하여야 하며, 서류에는 간인하거나 이에 준하는 조치를 하여야 한다(형사소송법 제57조, 제58조).

② 비공무원의 서류 : 공무원이 아닌 자가 작성하는 서류를 말한다. 비공무원의 서류에는 연원일을 기재하고 기명날인 또는 서명해야 한다. 인장이 없으면 지장으로 한다(법 제59조).

3) 조 서

보고적 문서 중 일정한 절차 또는 사실을 입증하기 위하여 작성된 공권적 문서를 조서라고 한다. 공판조서, 진술조서, 압수 · 수색 · 검증의 결과를 기재한 조서가 여기에 해당된다.

① 조서의 작성 방법 : 피고인 · 피의자 · 증인 · 감정인 · 통역인 또는 번역인을 신문하는 때에는 참여한 법원사무관 등이 조서를 작성하여야 한다(법 제48조 제1항). 조서에는 피고인 · 피의자 · 증인 · 감정인 등의 진술, 증인 · 감정인 등이 선서하지 아

니한 때에는 그 사유를 기재하여야 한다(동조 제2항).

② 조서의 기재요건 : 조서에는 조사 또는 처분의 연월일시와 장소를 기재하고 그 조사 또는 처분을 행한 자와 참여한 법원사무관 등이 기명날인 또는 서명하여야 한다. 단 공판기일 외에 법원이 조사 또는 처분을 행한 때에는 재판장 또는 법관과 참여한 법원사무관 등이 서명날인하여야 한다(법 제50조).

③ 공판조서

㉠ 공판기일의 소송절차에 관하여는 참여한 법원사무관 등이 공판조서를 작성하여야 한다(법 제51조 제1항). 공판조서에는 법 제51조 제2항에 규정된 사항과 모든 소송절차를 기재하여야 하며, 재판장과 참여한 법원사무관 등이 기명날인 또는 서명하여야 한다(법 제53조 제1항).

공판조서에 그 공판에 관여한 법관의 성명이 기재되어 있지 아니하다면 공판절차가 법령에 위반되어 판결에 영향을 미친 위법이 있다 할 것이다. 그러나 공판조서의 일부가 된 변호인의 피고인에 대한 신문사항을 기재한 별지가 공판조서에 첨부되지 않은 사실만으로는 그 공판조서가 무효라고 볼 수 없다.

핵심판례

공판조서의 일부가 된 변호인의 피고인에 대한 신문사항을 기재한 별지가 공판조서에 첨부되지 않은 사실만으로는 그 공판조서가 무효라고 볼 수 없는 경우

공판조서의 일부가 된 변호인의 피고인에 대한 신문사항을 기재한 별지가 공판조서에 첨부되지 않았으나, 공판조서에 의하면 피고인은 판사의 신문과 공소사실에 대한 검사의 신문에 대하여 범행을 부인하고, 변호인이 '별지 신문사항과 같이 피고인을 신문'한 데 대하여 피고인은 모두 '예'라고 대답한 것으로 기재되어 있는 점에 비추어 볼 때 공판기일에서 변호인이 별지로 된 신문사항에 의하여 피고인을 신문하였지만 공판조서 작성상의 잘못으로 인하여 별지 첨부가 누락된 것으로 보이고, 또 변호인의 신문에 앞선 판사와 검사의 신문에 대한 피고인의 진술이 기재되어 있는 점을 고려하면 변호인의 피고인에 대한 신문사항 첨부 누락으로 인하여 위 공판조서가 무효로 된다고는 할 수 없다고 한 사례(대판 1999. 11. 26, 98도3040, 판결).

㉡ 공판조서는 각 공판기일 후 신속히 정리하여야 하며, 다음 회의 공판기일에는 전회의 공판심리에 관한 주요사항의 요지를 공판조서에 의하여 고지하여야 한다. 다만 다음 회의 공판기일까지 전회의 공판조서가 정리되지 아니한 때에는 조서에 의하지 아니하고 고지할 수 있다(법 제54조 제1항, 2항).

㉢ 피고인은 공판조서의 열람 또는 등사를 청구할 수 있다. 피고인이 조서를 읽지 못하는 때에는 조서의 낭독을 청구할 수 있다. 피고인의 이러한 청구에 응하지 않은 때에는 그 공판조서는 증거로 할 수 없다(법 제55조).

핵심판례

열람.등사청구권이 침해된 경우 그 공판조서의 증거능력 유무

피고인에게 공판조서의 열람 또는 등사청구권을 부여한 이유는 공판조서의 열람 또는 등사를 통하여 피고인으로 하여금 진술자의 진술내용과 그 기재된 조서의 기재내용의 일치 여부를 확인할 수 있도록 기회를 줌으로써 그 조서의 정확성을 담보함과 아울러 피고인의 방어권을 충실하게 보장하려는 데 있으므로 피고인의 공판조서에 대한 열람 또는 등사청구에 법원이 불응하여 피고인의 열람 또는 등사청구권이 침해된 경우에는 그 공판조서를 유죄의 증거로 할 수 없을 뿐만 아니라, 공판조서에 기재된 당해 피고인이나 증인의 진술도 증거로 할 수 없다(대판 2003. 10. 10, 2003도3282).

다. 소송서류의 송달

1) 송달의 의의

송달이란 당사자 기타 소송관계인에 대하여 법률에 정한 방식에 의하여 소송서류의 내용을 알리는 법원 또는 법관의 직권행위를 말한다. 송달은 특정인에 대한 것이라는 점에서 공시 또는 공고와 구별되고, 요식행위인 점에서 통지와 구별된다.

2) 송달에 관한 민사소송법 규정의 준용

서류의 송달에 관하여는 법률에 다른 규정이 없으면 「민사소송법」을 준용한다(법 제65조).

3) 송달영수인의 신고

① 피고인·대리인·대표자·변호인 또는 보조인이 법원소재지에 서류의 송달을 받을 수 있는 주소 또는 거소를 두지 아니한 때에는 법원소재지에 주거 또는 사무

소가 있는 자를 송달영수인으로 선임하여 연명한 서면으로 신고하여야 한다(법 제60조 제1항).

② 송달영수인은 송달에 관하여 본인으로 간주하고 그 거소 또는 사무소는 본인의 거소 또는 사무소로 간주한다(동조 제2항).

③ 송달영수인의 선임은 같은 지역에 있는 각 심급법원에 대하여 효력이 있다(동조 제3항).

④ ①~③의 규정은 신체구속을 당한 자에게 적용하지 아니한다(동조 제4항).

쟁 점

<송달수령인 신고를 면제받는 '신체구속을 당한 자'의 의미>

형사소송법 제60조 제4항이 규정한 '신체구속을 당한 자'라 함은 그 사건에서 신체를 구속당한 자를 가리키는 것이고 다른 사건으로 신체구속을 당한 자는 여기에 해당되지 아니한다고 보는 것이 상당하므로 다른 사건으로 신체구속을 당한 자로서는 이 강도상해사건에 관하여는 송달받기 위한 신고의무를 면제받을 수 없는 것이다(대결 1976. 11. 10, 76모69).

[서식] 송달영수인 선정신고서

송 달 영 수 인 선 정 신 고

사 건 20○○고합 ○○○호 ○○

피 고 인 ○ ○ ○

위 사건에 관하여 다음 사람을 송달영수인으로 선임하였으므로 신고합니다.

다 음

송달장소 ○○시 ○구 ○길 ○○

송달영수인 □ □ □

20○○년 ○월 ○일

위 피고인 ○ ○ ○ (인)

송달영수인 □ □ □ (인)

○ ○ 지 방 법 원 귀 중

4) 송달방법

① 주거·사무소 등을 신고하지 않은 경우의 송달 : 주거·사무소 또는 송달영수인의 선임을 신고하여야 할 자가 신고를 하지 아니한 때에는 법원사무관 등은 서류를 우체에 부치거나 기타 적당한 방법에 의하여 송달 할 수 있다. 서류를 우체에 부친 경우에는 도달된 때에 송달된 것으로 간주한다(법 제61조).

② 검사에 대한 송달 : 소속검찰청에 송부하여야 한다(법 제62조).

③ 교도소 또는 구치소에 구속된 자에 대한 송달 : 그 소장에게 한다(민소법 제169조). 교도소 또는 구치소에 구속된 자에 대한 송달은 그 소장에게 송달하면 구속된 자에게 전달된 여부와 관계없이 효력이 생기는 것이다.

핵심판례

송달보고서의 기재상 흠이 있으나 다른 증거방법에 의하여 송달실시행위가 적법하게 이루어졌음이 증명되는 경우, 그 송달의 효력(유효)

형사소송절차에 있어서도 형사소송법 제65조에 따라 송달에 관한 민사소송법의 규정이 준용되는바, 민사소송법 제178조의 규정에 의하여 송달한 기관이 송달에 관한 사유를 서면으로 작성하여 법원에 제출하는 송달보고서는 송달사실에 대한 증거방법에 지나지 않는다고 할 것이나, 송달보고서는 공문서로서 그의 진정성립이 추정되기에 송달보고서 기재상의 흠이 있다고 하여 바로 그 송달이 부적법하게 되어 무효가 되는 것은 아니고 다른 증거방법에 의하여 송달실시행위가 적법하게 이루어졌음이 증명되는 한 송달은 유효한 것으로 해석되며, 다른 증거방법에 의하여도 송달실시행위가 적법하게 이루어졌음을 증명할 수 없는 경우에만 송달을 무효로 볼 것이다(대결 2000. 8. 22, 자, 2000모42).

5) 공시송달

① 의의 : 공시송달이란 피고인의 주거·사무소 등을 알 수 없는 때에 법원사무관이 등이 송달할 서류를 보관하고 그 사유를 법원게시장에 공시하는 것을 말한다(법 제64조 제2항). 법원은 그 사유를 관보나 신문지상에 공고할 것을 명할 수 있다(동조 제3항).

② 공시송달의 요건

㉠ 피고인의 주거·사무소와 현재지를 알 수 없는 때 또는 피고인이 재판권이 미치지 아니하는 장소에 있는 경우에 다른 방법으로 송달할 수 없는 때에 공시송달을 할 수 있다(법 제63조).

㉡ 공시송달은 법원이 명하는 때에 한하여 할 수 있다(법 제64조 제1항). 법원은 공시송달의 사유가 있다고 인정하는 때에는 직권으로 결정에 의하여 공시송달을 명한다(규칙 제43조).

쟁 점

<공시송달의 요건이 충족되지 않는 경우>

㉠ 기록상 피고인의 주거가 나타나 있는 경우

형사소송절차에서 피고인에 대한 공시송달은 피고인의 주거, 사무소와 현재지를 알 수 없는 때에 한하여 할 수 있을 뿐이고, 피고인의 사무소와 현재지가 기록상 명백한 경우에는 이를 할 수 없다. 따라서 우편집배원이 2회에 걸쳐 재항고인의 주소지에 갔었으나 그 때마다 수취인이 부재하였다는 사유만으로는 그 주거를 알 수 없는 때에 해당한다고 단정하기 어렵다(대결 1984. 11. 8, 84모31).

㉡ 우편집배원의 송달불능보고서만 가지고 공시송달하는 경우

주민등록표상의 주소가 불명하다는 우편집배원의 송달불능보고서만으로 피고인의 주거를 알 수 없다고 단정하여 한 공시송달결정은 위법한다(대결 1991. 1. 25, 90모70).

㉢ 피의자 신문조서에 피고인의 사무소가 나타나 있는 경우

공소장에 기재된 피고인의 주거지로 약식명령서를 송달하였다가 수취인불명 등으로 송달이 불능되었다 하더라도 수사기록에 편철된 피고인에 대한 피의자 신문조서 등에 피고인의 사무소가 나타나 있다면 법원으로서는 그 사무소에 다시 소송서류를 송달해 보아야 할 것임에도 바로 공시송달의 방법을 취한 것은 공시송달의 요건을 흠결한 것이며, 그로 인하여 피고인이 정식재판 청구기간을 도과하게 되었다면 이는 피고인이 책임질 수 없는 사유에 해당한다(대결 1986. 2. 27, 85모6).

6. 소송행위의 가치판단

(1) 소송행위의 성립 · 불성립

가. 의 의

소송행위의 성립과 불성립은 소송행위가 소송행위로서의 외관을 갖추었는가, 즉 소송행위에 요구되는 본질적 개념요소를 구비하고 있는가에 대한 가치판단을 말한다. 이러한 요소를 구비하고 있으면 성립, 구비하지 않은 경우를 불성립이라 한다.

나. 소송행위의 불성립과 무효의 차이점

① 소송행위가 불성립한 때에는 이를 무시 · 방치할 수 있으나 성립한 때에는 무효라

도 방치할 수 없고, 절차형성행위, 특히 신청에 관하여는 판단을 요한다.

② 소송행위로서 요구되는 본질적인 개념요소가 결여되어 소송행위로 성립되지 아니한 경우에는 소송행위가 성립되었으나 무효인 경우와는 달리 하자의 치유문제는 발생하지 않으나, 추후 당해 소송행위가 적법하게 이루어진 경우에는 그때부터 위 소송행위가 성립된 것으로 볼 수 있다 할 것이어서 이에 따른 조치를 취하여야 할 것이다(대판 2003. 11. 14, 2003도2735).

③ 성립이 있는 한 일정한 법률효과가 발생한다. 즉 공소제기가 무효인 때에도 공소시효정지의 효력은 발생하며, 판결이 무효라도 형식적 확정력은 인정된다.

핵심판례

경찰서장의 즉결심판청구를 법원이 기각하여 경찰서장이 사건기록을 관할 지방검찰청의 장에게 송부하였는데, 검사가 피고인으로부터 정식재판청구가 있다고 오인하여 그대로 사건기록을 1심 법원에 송부한 경우, 이 공소제기의 가치판단(=불성립)

즉결심판 청구기각의 결정이 있어 경찰서장이 관할 지방검찰청 또는 지청의 장에게 송치한 사건의 경우에는 검사만이 공소를 제기할 수 있고, 공소를 제기할 경우에는 검사는 형사소송법 제254조에 따른 공소장을 작성하여 법원에 제출하여야 할 것임에도, 검사가 이를 즉결심판에 대한 피고인의 정식재판청구가 있은 사건으로 오인하여 그 사건기록을 법원에 송부한 경우에는 이러한 검사의 사건기록 송부행위는 외관상 즉결심판에 대한 피고인의 정식재판청구가 있는 사건의 사건기록 송부행위와 차이가 없다고 할지라도, 공소제기의 본질적 요소라고 할 수 있는 검사에 의한 공소장의 제출이 없는 이상 기록을 법원에 송부한 사실만으로 공소제기가 성립되었다고 볼 수 없다(대판 2003 .11 .14, 2003도2735).

(2) 소송행위의 유효·무효

가. 의 의

소송행위의 유효·무효는 소송행위가 성립한 것을 전제로 소송행위의 본래적 효력을 인정할 것인가에 대한 가치판단을 말한다. 무효는 소송행위의 본래적 효력을 인정하지 않는 것에 불과하며 아무런 법적 효과가 인정되지 않는 것은 아니다.

나. 무효의 원인

1) 주체에 관한 무효 원인

소송행위에 필요한 행위적격이 없는 자의 소송행위는 무효가 될 수 있다. 소송능력이 없는 자가 한 절차형성행위는 무효이지만, 실체형성행위(피고인의 진술·증인의 증언)는 무효라고 할 수 없다.

2) 착오·사기·강박에 의한 소송행위

① 의 의

실체형성행위는 의사에 합치하는가가 아니라 실체에 합치하는가를 문제삼는 것이므로 착오 등이 무효원인으로 될 수 없다. 그러나 절차형성행위에 대하여는 착오·사기·강박은 무효원인이 아니라는 견해와 소송의 형식적 확실성을 강조하여 피고인의 이익과 정의가 희생되어서는 안된다는 이유로 착오가 책임 있는 사유로 인한 것인 때에는 무효로 해야 한다는 견해가 대립된다.

② 착오로 인하여 행하여진 절차형성적 소송행위가 무효가 되기 위한 요건

절차형성적 소송행위가 착오로 인하여 행하여진 경우, 절차의 형식적 확실성을 강조하면서도 피고인의 이익과 정의의 희생이 커서는 안 된다는 측면에서 그 소송행위의 효력을 고려할 필요가 있으므로 착오에 의한 소송행위가 무효로 되기 위하여서는 ㉠ 통상인의 판단을 기준으로 하여 만일 착오가 없었다면 그러한 소송행위를 하지 않았으리라고 인정되는 중요한 점(동기를 포함)에 관하여 착오가 있고, ㉡ 착오가 행위자 또는 대리인이 책임질 수 없는 사유로 인하여 발생하였으며, ㉢ 그 행위를 유효로 하는 것이 현저히 정의에 반한다고 인정될 것 등 세 가지 요건을 필요로 한다(대결 1992. 3. 13, 92모1).

3) 내용과 방식에 관한 무효원인

소송행위의 내용이 법률상 또는 사실상 불능인 때에는 무효가 된다.

예컨대 존재하지 않는 재판에 대한 상소제기가 여기에 해당된다. 방식에 대한 하자도 방식을 요구하는 목적과 필요성을 고려하여 무효원인이 될 수 있는 경우가 있다.

다. 무효의 치유

1) 의 의

소송행위의 유효·무효는 원칙적으로 행위 당시를 기준으로 판단해야 한다. 무효의 치유란 무효인 소송행위가 사정변경에 의하여 유효하게 될 수 있는가의 문제를 말한다.

쟁 점

<무효의 치유를 인정한 사례>

㉠ 법정 외에서 증인신문을 실시함에 있어서 피고인에 대하여 통지하지 아니하여 참여기회를 주지 않은 잘못이 있다고 하더라도 그 후 속개된 공판기일에서 피고인과 변호인이 그 증인신문조서에 대하여 별 의견이 없다고 진술하였다면 그 잘못은 책문권의 포기로 치유된다 할 것이다(대결 1992. 3. 13, 92모1).

㉡ 피고인에 대하여 공소장부본이 송달되지 아니하였다 하여도 피고인이 법정에서 기소사실에 관하여 충분히 진술, 변론한 이상 판결결과에는 영향이 없다(대판 1962. 11. 22, 62도155).

㉢ 검사에게 공판기일통지를 하지 않았으나 검사가 그 기일에 출석한 경우에는 비록 기일통지를 아니한 흠이 있다 할지라도 원심이 검사에게 공판참여의 권리를 박탈한 것이라고는 보기 곤란하다(대판 1967. 3. 21, 66도1751).

2) 소송행위의 추완

소송행위의 추완이란 법정기간이 경과한 후에 이루어진 소송행위에 대하여 그 기간 내에 행한 소송행위와 같은 효력을 인정할 수 있는가의 문제를 말한다. 소송행위의 추완에 관하여는 추완되는 소송행위 자체가 유효인가(단순추완)와 소송행위의 추완에 의하여 다른 소송행위의 효력이 보정될 수 있는가(보정적 추완)라는 두 가지 문제가 제기된다.

① 단순추완 : 형사소송법은 상소권회복(제345조)과 약식명령에 대한 정식재판청구권의 회복(제458조)에 관하여는 단순추완을 명문으로 인정하고 있다.

② 보정적 추완 : 소송의 동적·발전적 성격과 소송경제를 고려하여 소송행위의 보정적 추완을 인정해야 한다는 점에 대해서는 견해가 일치하나 어느 범위까지 인정할 수 있는가가 문제된다.

㉠ 변호인 선임의 추완 : 변호인 선임신고 이전에 변호인으로서 한 소송행위가 변호인 선임신고에 의하여 유효하게 되는가의 문제를 말한다.

변호인선임계를 제출하지 아니한 채 항소이유서만을 제출하고 동 이유서 제출기간 경과 후에 동 선임계를 제출하였다면 이는 적법·유효한 변호인의 항소이유서로 볼 수 없다(대결 1969. 10. 4, 69모68)

㉡ 고소의 추완 : 친고죄에 있어서 고소가 없음에도 불구하고 공소를 제기한 후에 비로소 고소가 있는 경우에 고소의 추완에 의하여 공소가 적법하게 될 수 있는가의

문제를 말한다. 고소의 추완은 고소가 소송조건이 되는 친고죄에 대하여만 문제된다. 이에 대해서는 견해가 대립된다. 판례는 고소의 추완을 인정하지 않는다.

Ⅱ. 소송조건

1. 의 의

소송조건이란 사건의 실체에 대하여 심판할 수 있는 실체심판의 전제조건, 즉 형벌권의 존부를 심판하는 데 구비되어야 할 전체로서의 소송에 공통된 조건을 말한다.

(1) 공소제기의 유효조건

실체에 대한 심판은 형사소송의 목적일 뿐 아니라 공소제기의 본래적 효력이라는 점에서 소송조건은 공소제기의 유효조건이다.

(2) 소송의 존속과 발전을 위한 조건

소송조건이 없는 때에는 형식적으로 소송을 종결시키고 절차의 존속과 발전이 허용되지 않는 점에서 소송조건은 소송의 존속과 발전을 위한 조건이라고도 할 수 있다.

2. 소송조건의 종류

(1) 일반적 소송조건과 특별소송조건

가. 일반적 소송조건

일반사건에 공통으로 필요로 하는 소송조건을 말한다. 법원의 재판권·관할권이 이에 속한다.

나. 특별 소송조건

특수한 사건에 대하여만 필요한 소송조건으로, 친고죄의 고소가 여기에 속한다.

(2) 절대적 소송조건과 상대적 소송조건

가. 절대적 소송조건

법원이 공익을 위하여 특히 필요하다고 인정하여 직권으로 조사하여야 하는 소송조건을 말한다. 소송조건은 절대적 소송조건을 원칙으로 한다.

나. 상대적 소송조건

당사자의 이익을 위하여 정해진 조건이기 때문에 당사자의 신청을 기다려 법원이 조사하는 예외적 소송조건을 말한다. 토지관할은 상대적 소송조건에 속한다.

(3) 적극적 소송조건과 소극적 소송조건

가. 적극적 소송조건

일정한 사실의 존재가 소송조건이 되는 것을 적극적 소송조건이라 한다. 관할권・재판권의 존재가 이에 속한다.

나. 소극적 소송조건

일정한 사실의 부존재가 소송조건이 되는 것을 말한다. 동일사건에 대하여 확정판결이 없는 것, 반의사불벌죄에 있어서 처벌불원의 의사표시의 부존재 등이 여기에 속한다.

(4) 형식적 소송조건과 실체적 소송조건

가. 형식적 소송조건

절차면에 관한 사유를 소송조건으로 하는 것으로, 공소기각(법 제327조, 제328조) 또는 관할위반(법 제319조)의 재판을 하는 경우로 열거된 소송조건을 말한다.

나. 실체적 소송조건

실체면에 관한 사유를 소송조건으로 하는 것으로, 면소판결(법 제326조)을 해야 할 것으로 규정된 소송조건을 말한다.

3. 소송조건 흠결의 효과

(1) 소송조건의 조사

소송조건의 존부는 상대적 소송조건의 경우를 제외하고는 원칙적으로 법원이 직권으로 조사하여야 한다. 소송조건은 공소제기의 유효 요건이므로 공소사실을 기준으로 판단해야 하며, 공소장 변경의 경우에는 변경된 공소사실을 기준으로 판단해야 한다. 그러나 소송조건은 절차의 존속과 발전을 위한 조건이므로 법원은 절차의 모든 단계에서 소송조건의 유무를 조사해야 한다. 다만 토지관할은 공소제기시에 존재하면 족하다.

(2) 형식재판에 의한 종결

소송조건이 구비되지 않은 때에는 형식재판에 의하여 소송을 종결해야 하며, 실체의 심판을 할 수 없다. 따라서 소송조건이 결여된 사건에 대하여 무죄판결을 할 수는 없다.

(3) 소송조건 흠결의 경합

가. 형식적 소송조건과 실체적 소송조건의 흠결이 경합한 때

이 경우에는 형식적 소송조건의 흠결을 이유로 재판하여야 한다.

나. 수개의 형식적 소송조건의 흠결이 경합한 때

이 경우에는 하자의 정도가 중한 것을 기준으로 해야 한다. 따라서 관할위반과 공소기각의 사유가 경합한 때에는 공소기각의 재판을 해야 하며, 공소기각의 판결과 공소기각의 결정 사유가 경합한 때에는 공소기각의 결정을 해야 한다.

핵심판례

강간치상죄로 공소제기된 사건에서 고소가 취하된 경우 무죄의 선고를 해야 하는지 여부

1. 강간치상죄는 강간죄의 결과적 가중범으로서 강간치상의 공소사실 중에는 강간죄의 공소사실도 포함되어 있는 것이므로 법원은 공소장 변경절차 없이 강간죄의 공소사실에 관하여 심리판단할 수 있다.
2. 강간치상죄로 공소제기가 된 사건에 있어서 그 치상의 점에 관하여 증명이 없더라도 강간의 점에 관하여 증명이 있으면 법원으로서는 강간의 점에 대하여 유죄인정을 할 수 있다 할 것이므로 이 경우에 있어 제1심 판결 선고 전에 그 소추요건인 고소의 취소가 있었다면 형사소송법 제327조 제5호에 의하여 공소기각의 판결을 선고하여야 할 것이지 범죄의 증명이 없는 것으로 보아 무죄의 선고를 할 수는 없다(대판 1988. 3. 8, 87도2673).

제2편
수사와 공소

제 2 편 수사와 공소

제 1 장 수 사

Ⅰ. 수사의 의의와 조건 등

1. 수사의 의의

수사란 범죄의 혐의 유무를 명백히 하여 공소의 제기와 유지 여부를 결정하기 위하여 범인을 발견·확보하고 증거를 수집·보전하는 수사기관의 활동을 말한다. 이러한 활동을 법적으로 규제하는 절차를 수사라고 하기도 한다.

수사는 주로 공소제기 전에 하는 것이나 반드시 공소제기 전에 제한되는 것은 아니다. 공소제기 후에도 공소의 유지를 위하거나 또는 공소유지 여부를 결정하기 위한 수사는 허용된다.

2. 수사의 방법

수사의 방법에는 임의수사와 강제수사가 있다.

임의수사란 임의적인 조사에 의한 수사, 즉 강제력을 행사하지 않고 상대방의 동의나 승낙을 받아서 행하는 수사를 말함에 대하여, 강제처분에 의한 수사를 강제수사라고 한다. 강제처분이란 소송의 진행과 형벌의 집행을 확보하기 위하여 강제력을 사용하는 것을 말한다. 현행 형사소송법 하에서는 임의수사가 원칙이며 강제수사는 법이 특히 규정한 경우에 한하여 필요한 최소한도의 범위 안에서만 허용된다(법 제199조 제1항).

3. 수사의 조건

(1) 수사의 필요성

수사는 수사의 목적을 달성하기 위하여 필요한 때에만 할 수 있다. 이러한 의미에서 수사의 필요성은 임의수사와 강제수사에 필요한 수사조건이 되지 않을 수 없다.

가. 범죄의 혐의와 수사

수사는 수사기관의 주관적 혐의에 의하여 개시된다. 따라서 혐의가 없음이 명백한 사건에 대한 수사는 허용되지 않는다. 여기서 범죄혐의는 수사기관의 주관적 혐의를 의미하며 객관적 혐의를 요하는 것은 아니지만, 수사기관의 주관적 혐의는 구체적 사실에 근거를 둔 혐의일 것을 요한다.

나. 소송조건이 수사의 조건이 되는지 여부

1) 의 의

수사는 공소제기의 가능성이 있음을 요건으로 한다. 따라서 공소제기의 가능성이 없는 사건에 대하여는 수사가 허용되지 않는다. 여기서 소송조건이 수사의 조건이 될 수 있는가가 문제된다. 소송조건은 공소제기의 조건이며 실체심판의 조건이지 수사의 조건은 아니기 때문이다. 그러나 수사는 공소제기의 전 절차이며 독립된 절차는 아니므로 소송조건이 결여되어 공소제기의 가능성이 없는 때에는 수사도 허용되지 않는다.

2) 친고죄의 고소와 수사와의 관계

소송조건과 수사와의 관계에 관하여 특히 문제가 되는 것은 친고죄의 고소와 수사와의 관계이다. 고소는 수사의 단서에 불과하지만 친고죄에 있어서 고소는 소송조건이므로 고소가 없으면 공소를 제기할 수 없다. 친고죄에 있어서 고소가 없는 경우에 수사를 개시할 수 있느냐에 관해 전면허용설, 전면부정설, 제한적 허용설(판례의 입장) 등이 대립된다.

핵심판례

친고죄나 세무공무원 등의 고발이 있어야 논할 수 있는 죄에 있어서 고소나 고발이 있기 전에 행해진 수사가 위법한지의 여부(소극, '제한적 허용설')

친고죄나 세무공무원 등의 고발이 있어야 논할 수 있는 죄에 있어서 고소 또는 고발은 이른바 소추조건에 불과하고 당해 범죄의 성립요건이나 수사의 조건은 아니므로, 위와 같은 범죄에 관하여 고소나 고발이 있기 전에 수사를 하였다고 하더라도, 그 수사가 장차 고소나 고발이 있을 가능성이 없는 상태하에서 행해졌다는 등의 특단의 사정이 없는 한, 고소나 고발이 있기 전에 수사를 하였다는 이유만으로 그 수사가 위법하다고 볼 수는 없다(대판 1995. 2. 24, 94도252).

수사기관이 고발에 앞서 조세범처벌법 위반 사건의 수사를 한 후 공소제기 전에 검찰의 요청에 따라 세무서장이 고발을 한 경우, 공소제기의 절차가 무효인지의 여부(소극)

조세범처벌법 제6조의 세무종사 공무원의 고발은 공소제기의 요건이고 수사개시의 요건은 아니므로 수사기관이 고발에 앞서 수사를 하고 피고인에 대한 구속영장을 발부받은 후 검찰의 요청에 따라 세무서장이 고발조치를 하였다고 하더라도 공소제기 전에 고발이 있은 이상 조세범처벌법 위반사건 피고인에 대한 공소제기의 절차가 법률의 규정에 위반하여 무효라고 할 수 없다. 이 수사비례의 원칙을 선언할 것이다(대판 1995. 3. 10, 94도3373).

(2) 수사의 상당성

가. 수사의 신의칙과 수사비례의 원칙

수사의 상당성은 수사의 신의칙과 수사비례의 원칙을 내용으로 한다. 범죄를 유발하는 함정수사는 국가가 사술에 의하여 국민을 함정에 빠뜨리는 것으로서 수사의 신의칙에 반하기 때문에 허용되지 않는다.

수사비례의 원칙이란 수사처분은 그 목적을 달성하기 위한 최소한도에 그쳐야 한다는 원칙을 말한다. 형사소송법이 「강제처분은 필요한 최소한도의 범위 안에서만 하여야 한다.」고 규정하고 있는 것(법 제199조)은 수사비례의 원칙을 선언한 것이다. 수사비례의 원칙은 특히 강제수사를 하기 위한 요건으로서의 의미를 가진다.

또한 2016. 5. 29. 일부개정 된 형사소송법에 "피의자에 대한 수사는 불구속상태에서 함을 원칙으로 한다."(법 제198조 1항)는 규정 되어 있다.

나. 함정수사의 적법성 여부

1) 함정수사의 의의

함정수사란 수사기관이 범죄를 교사하여 그 실행을 기다려 범인을 체포하는 수사방법을 말한다.

2) 함정수사의 종류

① 범의유발형 함정수사 : 범죄의사가 없는 자에게 범의를 유발한 경우를 말한다. 범의유발형 함정수사는 위법하다.

핵심판례

위법한 함정수사에 기한 공소제기의 효력(=무효)

범의를 가진 자에 대하여 단순히 범행의 기회를 제공하거나 범행을 용이하게 하는 것에 불과한 수사방법이 경우에 따라 허용될 수 있음은 별론으로 하고, 본래 범의를 가지지 아니한 자에 대하여 수사기관이 사술이나 계략 등을 써서 범의를 유발케 하여 범죄인을 검거하는 함정수사는 위법함을 면할 수 없고, 이러한 함정수사에 기한 공소제기는 그 절차가 법률의 규정에 위반하여 무효인 때에 해당한다(대판 2005.10.28., 선고, 2005도1247).

② 기회제공형 함정수사 : 이미 범의를 가지고 있는 자에 대하여 범죄를 범할 기회를 제공한 경우를 말한다.

함정수사는 본래 범의를 가지지 아니한 자에 대하여 수사기관이 사술이나 계략 등을 써서 범의를 유발케 하여 범죄인을 검거하는 수사방법을 말하는 것이므로, 범의를 가진 자에 대하여 범행의 기회를 주거나 범행을 용이하게 한 것에 불과한 경우에는 함정수사라고 말할 수 없다(대판 1992. 10. 27, 92도1377).

쟁 점

<기회제공형 함정수사를 적법으로 본 사례>

㉠ 마약사범을 단속하는 공무원이 정보원을 앞세워 피고인으로부터 마약을 매수하게 하여 본건 범죄를 행하게 하였다 할지라도 전혀 범의가 없는 피고인으로 하여금 본건 범행을 유발하게 한 경우가 아니라면 피고인의 본건 소위가 범죄가 되지 아니한다거나 공소제기절차 내지 공소권에 흠이 있는 경우라고 볼 수 없다

(대판 1963. 9. 12, 63도190).
ⓛ 함정수사에 의하여 피고인의 범의가 비로소 야기되거나 범행이 이루어진 것이 아닌 경우에는 피고인의 행위가 함정수사에 의한 것이어서 처벌할 수 없다는 주장은 이유없다(대판 1982. 6. 8, 82도884).

Ⅱ. 수사의 단서

검사는 범죄의 혐의가 있다고 사료하는 때에는 범죄사실과 증거를 수사하여야 한다(법 제195조). 사법경찰관은 검사의 지휘를 받아 수사하여야 한다(법 제196조). 이와 같이 수사는 수사기관의 주관적 혐의에 의하여 개시된다. 수사개시의 원인을 수사의 단서라고 한다.

수사의 단서에는 ① 수사기관 자신의 체험에 의한 경우(현행범인 체포・변사자검시・불심검문・다른 사건 수사중의 범죄발견・기사・풍설 등)와 ② 타인의 체험의 청취에 의한 경우(고소・고발・자수・진정・범죄신고 등)가 있다.

1. 고소

(1) 고소의 의의

고소란 범죄의 피해자 또는 그와 일정한 관계가 있는 고소권자가 수사기관에 대하여 범죄사실을 신고하여 범인의 처벌을 구하는 의사표시를 말한다. 고소가 있어야 죄를 논할 수 있는 친고죄의 경우와는 달리 비친고죄에 있어서 고소는 단순한 수사의 단서가 됨에 지나지 아니하므로 고소의 유무 또는 그 고소의 취소 여부에 관계없이 그 죄를 논할 수 있다.

쟁 점

<고소능력>

고소를 함에는 소송행위능력, 즉 고소능력이 있어야 하는바, 고소능력은 피해를 받은 사실을 이해하고 고소에 따른 사회생활상의 이해관계를 알아차릴 수 있는 사실상의 의사능력으로 충분하므로 민법상의 행위능력이 없는 자라도 위와 같은 능력을 갖춘 자에게는 고소능력이 인정된다고 할 것이고, 고소위임을 위한 능력도 위와 마찬가지라고 할 것이다(대판 1999. 2. 9, 98도2074).

(2) 고소권자

고소는 고소권자에 의하여 행하여져야 한다. 따라서 고소권 없는 자가 한 고소는 고소로서의 효력이 없다.

간통죄 폐지 : 헌법재판소 2015년 2월 26일 형법 241조 간통죄 처벌 조항에 대한 위헌법률 심판에서 위헌결정으로 62년만에 폐지되었다.

가. 피해자

범죄로 인한 피해자는 고소할 수 있다(법 제223조). 그러나 자기 또는 배우자의 직계존속은 고소하지 못한다(법 제224조). 다만 성폭력범죄에 대하여는 자기 또는 배우자의 직계존속도 고소할 수 있다(성폭력범죄의 처벌 및 피해자보호 등에 관한 법률 제18조).

피해자란 범죄로 인하여 침해된 법익의 귀속주체를 말한다. 자연인에 한하지 않고 법인은 물론 법인격 없는 사단, 재단도 포함한다. 다만 여기의 피해자는 범죄로 인한 직접 피해자에 제한되며 간접적으로 피해를 입은 자는 포함되지 않는다.

나. 피해자의 법정대리인

피해자의 법정대리인은 독립하여 고소할 수 있다(법 제225조 제1항).

1) 법정대리인의 의의

법정대리인이란 친권자·후견인 등과 같이 무능력자의 행위를 일반적으로 대리할 수 있는 자를 말하며, 재산관리인·파산관재인 또는 법인의 대표자는 포함하지 않는다.

법정대리인의 지위는 고소시에 있어야 한다. 따라서 고소할 때에 법정대리인의 지위에 있었으면 범죄시에는 그 지위에 있지 않았거나, 고소 후에 그 지위를 상실하였어도 고소의 효력에는 영향이 없다.

2) 법정대리인 고소권의 성질(고유권)

형사소송법 제225조 제1항이 규정한 법정대리인의 고소권은 무능력자의 보호를 위하여 법정대리인에게 주어진 고유권이므로, 법정대리인은 피해자의 고소권 소멸 여부에 관계없이 고소할 수 있고, 이러한 고소권은 피해자의 명시한 의사에 반하여도 행사할 수 있다(대판 1999. 12. 24, 99도3784).

3) 법정대리인의 고소기간 진행의 시기

형사소송법 제225조 제1항이 규정한 법정대리인의 고소권은 무능력자의 보호를 위하여 법정대리인에게 주어진 고유권으로서 피해자의 고소권 소멸 여부에 관계없이 고소할 수 있는 것이므로 법정대리인의 고소기간은 법정대리인 자신이 범인을 알게 된 날로부터 진행한다(대판 1987. 6. 9, 87도857).

핵심판례

이혼한 생모가 친권자(법정대리인)로서 독립하여 고소할 수 있는지의 여부
모자관계는 호적에 입적되어 있는 여부와는 관계없이 자(子)의 출생으로 법률상 당연히 생기는 것이므로 고소 당시 이혼한 생모(生母)라도 피해자인 그의 자의 친권자(법정대리인)로서 독립하여 고소할 수 있다(대판 1987. 9. 22, 87도1707).

다. 피해자의 배우자·친족

피해자가 사망한 때에는 그 배우자·직계친족 또는 형제자매가 고소할 수 있다. 다만 피해자의 명시한 의사에 반하지 못한다(법 제225조 제2항). 이러한 신분관계는 피해자가 사망한 때에 존재하면 족하다. 따라서 간통죄에 있어서 배우자가 사망한 때에는 피해자인 배우자의 직계친족·형제자매 또는 피해자의 모가 한 고소는 적법하다.

라. 지정고소권자

친고죄에 대하여 고소할 자가 없는 경우에 이해관계인의 신청이 있으면 검사는 10일 이내에 고소할 수 있는 자를 지정해야 한다(법 제228조). 고소할 자가 없게 된 사유는 묻지 않는다. 다만 고소권자가 고소권을 상실하거나 고소하지 않을 의사를 명시하고 사망한 경우는 제외한다. 이해관계인이란 법률상 또는 사실상 이해관계를 가진 자를 말한다.

(3) 고소의 방식과 기간

고소는 서면 또는 구술로 검사 또는 사법경찰관에게 하야야 한다. 검사 또는 사법경찰관이 구술에 의한 고소를 받은 때에는 조서를 작성하여야 한다(법 제237조).

형사소송법에서는 고소는 대리인으로 하여금 하게 할 수 있다고 규정하여 대리고소를 인정하고 있다(법 제236조).

친고죄에 대하여는 범인을 알게 된 날로부터 6월을 경과하면 고소하지 못한다. 단, 고소할 수 없는 불가항력의 사유가 있는 때에는 그 사유가 없어진 날부터 기산한다(법 제230조 제1항). 범인이란 정범뿐만 아니라 교사범과 종범을 포함한다.

(4) 고소불가분의 원칙

가. 의 의

친고죄에 있어서 고소의 효력이 미치는 범위에 관한 원칙이다. 즉, 한 개의 범죄의 일부분에 대한 고소 또는 그 취소는 그 전부에 대하여 효력이 발생하며, 수인의 공범 중 1인 또는 수인에 대한 고소 또는 그 취소는 다른 공범자에게도 효력이 있다. 전자를 고소의 객관적 불가분의 원칙, 후자를 주관적 불가분의 원칙이라고 한다. 형사소송법은 후자에 대하여만 규정하고 있으나, 객관적 불가분의 원칙도 이론상 당연한 것이라고 인정되고 있다. 고소불가분의 원칙은 친고죄의 고소에 대하여만 적용되는 원칙이다.

쟁 점

<반의사불벌죄에도 고소불가분의 원칙이 준용되는지 여부>

형사소송법이 고소와 고소취소에 관한 규정을 하면서 제232조 제1항, 제2항에서 고소취소의 시한과 재고소의 금지를 규정하고 제3항에서는 반의사불벌죄에 제1항, 제2항의 규정을 준용하는 규정을 두면서도, 제233조에서 고소와 고소취소의 불가분에 관한 규정을 함에 있어서는 반의사불벌죄에 이를 준용하는 규정을 두지 아니한 것은 처벌의 희망하지 아니하는 의사표시나 처벌을 희망하는 의사표시의 철회에 관하여 친고죄와는 달리 공범자간에 불가분의 원칙을 적용하지 아니하고자 함에 있다고 볼 것이지, 입법의 불비로 볼 것은 아니다.

나. 객관적 불가분의 원칙

1) 의 의

1개의 범죄사실의 일부분에 대한 고소와 그의 취소는 고소의 대상이 된 범죄사실과 동일성이 인정되는 범위 내의 공소사실 전부에 대하여 그의 효력이 미친다는 원칙을 말한다.

고소에 있어서 범죄사실의 신고가 반드시 정확할 수는 없고, 처벌의 범위까지 고소권자의 의사에 좌우되어서는 안 된다는 것을 이유로 한다.

2) 적용범위

① 단순일죄

단순일죄에 대하여는 이 원칙이 예외 없이 적용된다. 따라서 강간의 수단인 폭행·협박에 대한 고소의 효력은 강간에 대하여도 미치며, 강간에 대하여 고소가 없을 때에는 그 일부인 폭행·협박도 기소할 수 없다.

② 과형상 일죄

과형상 일죄는 실질상은 수죄이지만 1죄로 처벌하는 범죄를 말한다.

㉠ 과형상의 일죄의 각 부분이 모두 친고죄이고(예:강제추행죄와 모욕죄) 피해자가 같을 때에는 객관적 불가분의 원칙이 적용된다.

㉡ 일죄의 각 부분이 모두 친고죄라 하더라도 피해자가 다를 때에는 이 원칙이 적용되지 않으므로 1인의 피해자가 한 고소의 효력은 다른 피해자에 대한 범죄사실에는 미치지 않는다. 예컨대 하나의 문서로 A. B. C를 모욕한 경우에 A의 고소는 B.C에 대한 모욕에 효력을 미치지 않는다. 이는 친고죄의 본질상 당연하다.

㉢ 일죄의 일부분만이 친고죄인 때에는 비친고죄에 대한 고소의 효력은 친고죄에 대하여 미치지 않는다. 친고죄에 대하여는 고소가 없기 때문이다.

③ 수 죄

객관적 불가분의 원칙은 한 개의 범죄사실을 전제로 한 원칙이므로 수죄, 즉 경합범에 대하여는 적용되지 않는다. 따라서 수회의 간통이 경합범의 관계에 있다고 볼 때에는 고소를 한 간통사실에 대한 고소의 효력은 그 이외의 간통사실에는 미치지 않는다.

핵심판례

고소권자가 비친고죄로 고소한 사건을 검사가 친고죄로 구성하여 공소를 제기한 경우, 법원이 친고죄에서 소송조건이 되는 고소가 유효하게 존재하는지 직권으로 조사·심리하여야 하는지 여부(한정 적극) 및 이때 공소사실에 대하여 피고인과 공범관계에 있는 사람에 대한 적법한 고소취소의 효력이 피고인에 대하여 미치는지 여부(적극)

법원은 검사가 공소를 제기한 범죄사실을 심판하는 것이지 고소권자가 고소한 내용을 심판하는 것이 아니므로, 고소권자가 비친고죄로 고소한 사건이더라도 검사가 사건을 친고죄로 구성하여 공소를 제기하였다면 공소장 변경절차를 거쳐 공소사실이 비친고죄로 변경되지 아니하는 한, 법원으로서는 친고죄에서 소송조건이 되는 고소가 유효하게 존재하는지를 직권으로 조사·심리하여야 한다. 그리고 이 경우 친고죄에서 고소와 고소취소의 불가분 원칙을 규정한 형사소송법 제233조는 당연히 적용되므로, 만일 공소사실에 대하여 피고인과 공범관계에 있는 사람에 대한 적법한 고소취소가 있다면 고소취소의 효력은 피고인에 대하여 미친다(대판 2015.11.17. 선고, 2013도7987).

다. 주관적 불가분의 원칙

1) 의 의

친고죄의 공범 중 1인 또는 수인에 대한 고소와 그 취소는 다른 공범자에 대하여도 효력이 있다(법 제233조). 이를 고소의 주관적 불가분의 원칙이라고 한다.

2) 적용범위

① 절대적 친고죄

절대적 친고죄에 있어서는 언제나 이 원칙이 적용된다. 따라서 공범 중 1인에 대한 고소의 효력은 전원에 대하여 미친다. 따라서 실용신안법 제30조 제1항 제1호 소정 실용신안권을 침해한 공범자 중의 1인에 대한 고소취하의 효력은 형사소송법 제233조에 의하여 다른 공범자에 대하여도 효력이 있다(대판 1976. 4. 27, 76도578).

② 상대적 친고죄

친족상도례의 경우와 같이 범인과 피해자 사이에 일정한 친족관계가 있는 경우에만 친고죄로 되는 상대적 친고죄에 있어서는 친족관계가 없는 자에 대한 고소의 효력은 친족관계 있는 공범에게는 미치지 아니하며, 친족관계에 있는 자에 대한 피해자의 고소취소는 친족관계가 없는 공범자에게는 그 효력이 미치지 아니한다(대판 1964. 12. 15, 64도481).

③ 공범자에 대한 제1심 판결 선고 후 고소취소

고소 후에 공범자 1인에 대하여 제1심 판결이 선고되어 고소를 취소할 수 없게 되었을 때에 다른 1심 판결 선고 전의 공범에 대한 고소취소가 가능한가가 문제된다. 고소가 가능하다고 하게 되면 이는 고소의 주관적 불가분의 원칙에 반하고 고소권자의 선택에 의하여 불공평한 결과를 초래하는 것이므로 고소를 취소할 수 없고, 고소의 취소가 있어도 효력이 없다고 해야 한다(대판 1985. 11. 12, 85도1940).

④ 관세범·조세범에게도 고소불가분의 원칙이 적용되는지 여부

㉠ 관세범의 경우 : 관세범에 대한 관세법상 즉시고발의 경우에는 그 특별요건 구비여부는 범인 개개인에 대하여 개별적으로 따질 것이고 고소고발 불가분의 원칙이 적용될 여지가 없다(대판 1971. 11. 23, 71도1106).

㉡ 조세범의 경우 : 조세범처벌절차법 제8조, 제9조에 의한 즉시고발의 경우에는 고소고발 불가분의 원칙은 적용될 수 없다(대판 1962. 1. 11, 60도883).

핵심판례

친고죄의 경우 양벌규정에 의하여 처벌받는 법인(法人) 등에 대하여 별도의 고소를 요하는지의 여부(소극)

고소는 범죄의 피해자 또는 그와 일정한 관계가 있는 고소권자가 수사기관에 대하여 범죄사실을 신고하여 범인의 처벌을 구하는 의사표시이므로, 고소인은 범죄사실을 특정하여 신고하면 족하고 범인이 누구인지 나아가 범인 중 처벌을 구하는 자가 누구인지를 적시할 필요도 없는바, 저작권법 제103조의 양벌규정은 직접 위법행위를 한 자 이외에 아무런 조건이나 면책조항 없이 그 업무의 주체 등을 당연하게 처벌하도록 되어 있는 규정으로서 당해 위법행위와 별개의 범죄를 규정한 것이라고는 할 수 없으므로, 친고죄의 경우에 있어서도 행위자의 범죄에 대한 고소가 있으면 족하고, 나아가 양벌규정에 의하여 처벌받는 자에 대하여 별도의 고소를 요한다고 할 수는 없다(대판 1996. 3. 12, 94도2423).

(5) 고소의 취소와 포기

가. 고소의 취소

1) 고소의 취소권자

고소를 취소할 수 있는 자는 고유의 고소권자이거나 고소의 대리행사권자이거나 불문한다. 다만 고유의 고소권자는 대리행사권자가 제기한 고소를 취소할 수 있지만, 고소권자 본인이 한 고소를 대리행사권자가 취소할 수는 없다. 따라서 피해자의 부친이 피해자 사망 후에 피해자를 대신하여 그 피해자가 이미 하였던 고소를 취소하더라도 이는 적법한 고소취소라 할 수 없다(대판 1969. 4. 29, 69도376).

2) 고소취소의 시기

① 친고죄의 고소취소의 시기

고소는 제1심 판결선고 전까지 취소할 수 있다(법 제233조 제1항). 범인과 피해자 사이의 화해가능성을 고려하여 고소의 취소를 인정하면서도 국가사법권의 발동이 고소인의 자의에 의하여 좌우되는 것을 막기 위하여 이를 제1심 판결선고 전까지로 제한한 것이다. 여기서 고소는 물론 친고죄의 고소를 말한다. 비친고죄의 고소는 수사의 단서에 불과하므로 언제나 취소할 수 있기 때문이다. 친고죄에 있어서의 고소취소는 제1심 판결선고 전까지만 할 수 있다고 형사소송법 제232조 제1항에 규정되어 있어 제1심 판결선고 후에 고소가 취소된 경우에는 그 취소의 효력이 없으므로 같은 법 제327조 제5호의 공소기각의 재판을 할 수 없다(대판 1985. 2. 8, 84도2682).

핵심판례

항소심에서 고소를 취소한 경우 그 고소취소의 효력

항소심에서 공소장의 변경에 의하여 또는 공소장 변경절차를 거치지 아니하고 법원 직권에 의하여 친고죄가 아닌 범죄를 친고죄로 인정하였더라도 항소심을 제1심이라 할 수는 없는 것이므로, 항소심에 이르러 비로소 고소인이 고소를 취소하였다면 이는 친고죄에 대한 고소취소로서의 효력은 없다(대판 1999. 4. 15, 96도1922).

친고죄에서 고소를 취소하거나 반의사불벌죄에서 처벌을 희망하는 의사표시를 철회할 수 있는 시기(=제1심판결 선고 전까지) 및 그 상대방

형사소송법 제232조 제1항, 제3항에 의하면 친고죄에서 고소의 취소 및 반의사불벌죄에서 처벌을 희망하는 의사표시의 철회는 제1심판결 선고 전까지만 할 수 있고, 따라서 제1심판결 선고 후에 고소가 취소되거나 처벌을 희망하는 의사표시가 철회된 경우에는 효력이 없으므로 형사소송법 제327조 제5호 내지 제6호의 공소기각 재판을 할 수 없다. 그리고 고소의 취소나 처벌을 희망하는 의사표시의 철회는 수사기관 또는 법원에 대한 법률행위적 소송행위이므로 공소제기 전에는 고소사건을 담당하는 수사기관에, 공소제기 후에는 고소사건의 수소법원에 대하여 이루어져야 한다(대판 2012.2.23. 선고, 2011도17264).

② 반의사불벌죄에 있어 처벌희망 의사표시의 철회시기

형사소송법 제232조 제1항, 제3항의 취지는 국가형벌권의 행사가 피해자의 의사에 의하여 좌우되는 현상을 장기간 방치할 것이 아니라 제1심 판결선고 이전까지로 제한하자는 데 그 목적이 있다 할 것이므로, 비록 항소심에 이르러 비로소 반의사불벌죄가 아닌 죄에서 반의사불벌죄로 공소장 변경이 있었다 하여 항소심인 제2심을 제1심으로 볼 수는 없다. 따라서 항소심에 이르러 비로소 처벌의사를 철회하였더라도 그 효력은 없다(대판 1988. 3. 8, 85도2518)

핵심판례

반의사불벌죄에 있어서 1심 판결선고 후 처벌을 희망하는 의사표시를 철회한 경우 그 효력

피해자의 명시한 의사에 반하여 죄를 논할 수 없는 사건에서 처벌을 희망하는 의사표시의 철회 또는 처벌을 희망하지 아니하는 의사표시는 제1심 판결선고시까지 할 수 있으므로 그 후의 의사표시는 효력이 없다(대판 2003. 9. 5, 2003도2578).

3) 고소취소의 방법

고소취소의 방법은 고소의 그것과 같다(법 제239조). 다만 공소제기 후의 고소취소는 법원에 대하여 할 수 있다. 따라서 고소의 취소는 서면 또는 구술로 할 수 있으며, 검사의 진술조서 작성시에 고소취소의 진술이 있었다면 그 고소는 적법하게 취소되었다고 할 수 있다.

① 고소취소에 해당하는 사례

㉠ 피해자가 가해자와 합의한 후 '이 사건 전체에 대하여 가해자와 원만히 합의하였으므로 피해자는 가해자를 상대로 이 사건과 관련한 어떠한 민·형사상의 책임도 묻지 아니한다'는 취지의 합의서가 경찰에 제출된 경우

㉡ 피해자는 피고인의 처벌을 원하지 않으며 이 사건 고소를 취소하겠다고 명백히 하고 또 한 번 고소를 취소한 후는 다시 고소할 수 없다는 점도 잘 알고 있다고 진술한 경우

㉢ 강간피해자 명의의 '당사자간에 원만히 합의되어 민·형사상 문제를 일체 거론하지 않기로 화해되었으므로 합의서를 제1심 재판장 앞으로 제출한다'는 취지의 합의서 및 '피고인들에게 중형을 내리기보다는 법의 온정을 베풀어 사회에 봉사할 수 있도록 관대한 처분을 바란다'는 취지의 탄원서가 제1심 법원에 제출된 경우

㉣ 강간미수의 피해자(당시 15세)의 어머니와 피고인의 아버지 간에 피해가 변상되었으니 관대한 처벌을 하여 달라는 내용의 합의서가 제출되었고 또 피해자의 어머니가 피해자는 물론 자기도 처벌을 원치 않는다고 합의서의 기재를 부연하는 증언을 한 경우

② 고소취소에 해당하지 않는 사례

㉠ 단순히 고소인이 합의서를 피고인에게 작성하여준 경우

㉡ 고소인과 피고인 사이에 작성된 '상호간에 원만히 해결되었으므로 이후에 민·형사간 어떠한 이의도 제기하지 아니할 것을 합의한다'는 취지의 합의서가 제1심 법

원에 제출되었으나, 고소인이 제1심에서 고소취소의 의사가 없다고 증언한 경우

㉢ 피해자가 고소장을 제출하여 처벌을 희망하는 의사를 분명히 표시한 후 고소를 취소한 바 없는 경우(다만, 고소 전에 피해자가 처벌을 원치 않았음)

③ 처벌희망 의사표시 철회에 해당하는 사례

피해자가 피고인과 사이에 피고인이 교통사고로 인한 피해자의 치료비 전액을 부담하는 조건으로 민·형사상 문제 삼지 아니하기로 합의하고 피고인으로부터 합의금 일부를 수령하면서 피고인에게 합의서를 작성·교부하고, 피고인이 그 합의서를 수사기관에 제출한 경우(다만, 이후 피고인이 피해자에게 약속한 치료비 전액을 지급하지 아니함

④ 처벌희망 의사표시 철회에 해당하지 않는 사례

㉠ 피해자 오빠의 제1심 법정에서의 진술 중에서 피고인의 처벌을 불원하는 의사표시가 있는 경우(다만, 오빠의 행위가 피해자의 대리행위라고 인정할 자료가 없음)

㉡ 검사가 작성한 피해자에 대한 진술조서기재 중 '피의자들의 처벌을 원하는가요?'라는 물음에 대하여 '법대로 처벌하여 주기 바랍니다.'로 되어 있고 이어서 '더 할 말이 있는가요?'라는 물음에 대하여 '젊은 사람들이니 한번 기회를 주시면 감사하겠습니다.'로 기재되어 있는 경우

4) 고소취소의 대리

고소의 취소에 대하여도 대리인으로 하여금하게 할 수 있다(법 제236조). 고소한 자가 다시 혼인하거나 이혼소송을 취하한 때에는 고소가 취소된 것으로 간주된다(법 제229조 제2항). 고소의 취소를 다시 취소할 수는 없다.

5) 고소취소의 효과

고소를 취소한 자는 다시 고소하지 못한다(법 제232조 제2항). 고소를 취소한 때에는 불기소처분 또는 공소기각의 판결을 하여야 한다.

고소의 취소에 대하여도 고소불가분의 원칙이 적용된다. 따라서 공범자의 1인 또는 수인에 대한 고소의 취소는 다른 공범자에 대하여도 효력이 있고(주관적 불가분의 원칙), 한 개의 범죄사실의 일부에 대한 고소의 취소는 그 전부에 대하여 효력을 미친다.

나. 고소권의 포기

고소권의 포기란 친고죄의 고소기간 내에 장차 고소권을 행사하지 아니한다는 의사표시를 하는 것을 말한다. 고소권을 포기할 수 있는가에 관해서는 견해가 대립되는데, 판례는 고소권의 포기를 인정하지 않는다.

문 **갑은 을의 범죄 피해자이지만, 평소 친분관계가 두터웠던 연유로 을에게 고소하지 않겠다는 약속을 하였습니다. 하지만, 을은 자신의 범죄행위에 대하여 책임감 없는 태도로 일관하였고 이에 격분한 갑은 을을 형사고소 하였습니다. 갑의 형사고소는 유효할까요?**

답 판례는 「피해자는 1991. 10. 15. 고소장을 제출하여 피고인의 처벌을 희망하는 의사를 분명히 표시하였고 그 후 고소를 취소한 바 없으므로, 비록 고소 전에 피해자가 피고인의 처벌을 원치 않았다고 하더라도 그 후에 한 피해자의 이 사건 고소는 유효하다고 할 것이며, 또한 피해자의 고소가 적법하게 소추요건을 구비하고 있고, 검사가 형법 제51조 소정의 사항들을 참작하여 자유로운 재량으로 공소를 제기한 이상 위와 같은 사정만으로 이 사건 공소제기를 가리켜 공소권의 남용에 해당한다고 할 수 없다」라고 하여 일반적으로 고소 전에 고소권의 포기는 할 수 없다고 보고 있습니다(대법원 1993. 10. 22. 선교 93도1620 판결). 따라서 비록 갑이 을에게 고소하기 이전에 고소하지 않겠다는 약속을 하였더라도, 적법 유효하게 을의 범죄사실에 대한 고소를 할 수 있다고 할 것입니다. (자료 : 법률구조공단)

2. 고발

(1) 고발의 의의

고발이란 고소권자와 범인 이외의 사람이 수사기관에 대하여 범죄사실을 신고하여 그 소추를 구하는 의사표시를 말한다. 따라서 단순한 피해신고는 고발이라고 할 수 없다. 고소는 일반적으로 수사의 단서에 불과하나 특정한 범죄에 대하여는 소송조건이 될 수 있다. 관세법 또는 조세범처벌법 위반의 경우가 여기에 해당한다.

쟁 점

<진범이 아닌 자에 대한 고발이 진범에게 효력이 미치는지의 여부>

고발이란 범죄사실을 수사기관에 고하여 그 소추를 촉구하는 것으로서 범인을 지적할 필요가 없는 것이고 또한 고발에서 지정한 범인이 진범인이 아니더라도 고발의 효력에는 영향이 없는 것이므로, 고발인이 농지전용행위를 한 사람을 甲으로 잘못 알고 甲을 피고발인으로 하여 고발하였다고 하더라도 乙이 농지전용행위를 한 이상 乙에 대하여도 고발의 효력이 미친다(대판 1994. 5. 13, 94도458).

(2) 고발권자

누구든지 범죄가 있다고 사료하는 때에는 고발할 수 있다. 공무원은 그 직무를 행함에 있어 죄가 있다고 사료하는 때에 고발하여야 한다(법 제234조). 직무를 행함에 있어서란 범죄의 발견이 직무내용에 포함되는 경우를 말하고, 직무집행과 관계없이 범죄를 발견한 경우는 여기에 해당되지 않는다.

(3) 고발의 제한

자기 또는 배우자의 직계존속은 고발하지 못한다(법 제235조). 고발의 취소의 절차와 방식은 고소의 경우와 같다. 고발기간에는 제한이 없으며, 고발을 취소한 후에도 다시 고발할 수 있다는 점에서 고소와 구별된다.

(4) 고발의 대리 여부

고발은 피해자 본인 및 고소권자를 제외하고는 누구나 할 수 있는 것이어서 고발의 대리는 허용되지 않는다.

3. 변사자 검시

변사자 검시란 사람의 사망이 범죄로 인한 것인가를 판단하기 위하여 수사기관이 변사자의 상황을 조사하는 것을 말한다. 변사자 또는 변사의 의심 있는 사체가 있는 때에는 그 소재지를 관할하는 지방검찰청 검사가 검시하여야 한다. 검사는 사법경찰관에게 검시를 명할 수 있다(법 제222조 제1항, 제2항).

검시의 결과 범죄의 혐의가 인정될 때에는 수사가 개시된다. 따라서 변사자 검시는 수사가 아니라 수사의 전 처분, 즉 수사의 단서에 지나지 않는다. 변사자 검시는 수사의 단서에 불과하므로 법관의 영장을 요하지 않는다. 검시에 의하여 범죄의 혐의를 인정하고 긴급을 요할 때에는 영장 없이 검증할 수 있다(법 제222조 제2항).

4. 불심검문

(1) 불심검문의 의의

불심검문이란 경찰관이 거동이 수상한 자를 발견한 때에 이를 정지시켜 질문하는 것을 말한다. 경찰관직무집행법은 “경찰관은 수상한 거동 기타 주위의 사정을 합리적으로 판단하여 어떠한 죄를 범하였거나 범하려 하고 있다고 의심할 만한 상당한 이유가 있는 자 또는 이미 행하여진 범죄나 행하여지려고 하는 범죄행위에 관하여 그 사실을 안다고 인정되는 자를 정지시켜 질문할 수 있다"고 하여 불심검문을 규정하고 있다(경찰관직무집행법 제3조 제1항). 불심검문은 범죄가 발각되지 않은 경우에 범죄수사의 단서가 될 뿐 아니라, 특정범죄에 대한 범인이 발각되지 않은 때에는 범인발견의 계기가 된다는 점에서 수사와 밀접한 관계를 가진다. 불심검문에 의하여 범죄의 혐의가 있게 되면 수사가 개시되므로 불심검문은 수사의 단서가 된다.

(2) 불심검문의 대상

불심검문의 대상은 '수상한 거동 또는 기타 주위의 사정을 합리적으로 판단하여 죄를 범하였거나 범하려고 하고 있다고 의심할 만한 상당한 이유가 있는 자 또는 이미 행하여진 범죄나 행하여지려고 하는 범죄행위에 관하여 그 사실을 안다고 인정되는 자'이다. 이를 거동불심자라고도 한다. 어떤 죄를 범하려 하고 있다고 의심할 만한 상당한 이유란 준현행범인(법 제211조 제2항) 또는 긴급체포(법 제200조의3)에 이르지 않는 경우이거나, 범죄가 특정되지 않은 경우를 말한다고 할 수 있다. 거동불심성의 판단은 합리적일 것을 요한다.

(3) 불심검문의 방법

가. 정지와 질문

불심검문의 핵심은 질문에 있다. 정지와 동행요구는 질문을 위한 수단에 불과하다. 질문은 거동불심자에게 행선지나 용건 또는 성명·주소·연령 등을 묻고, 필요한 때에는 소지품의 내용을 질문하여 수상한 점을 밝히는 방법에 의한다. 질문은 어디까지나 임의수단이다. 따라서 질문에 대하여 상대방은 답변을 강요당하지 아니한다(경찰관직무집행법 제3조 제7항). 즉 질문의 강제는 어떤 경우에도 허용되지 않는다.

나. 동행의 요구

경찰관은 질문을 위하여 당해인에게 부근의 경찰서·지구대·파출소 또는 출장소에 동행할 것을 요구할 수 있다. 동행의 요구는 그 장소에서 질문하는 것이 당해인에게 불리하거나 교통의 방해가 된다고 인정되는 때에 한하여 할 수 있으며, 당해인은 경찰관의 동행요구를 거절할 수 있다(동조 제2항). 동행을 요구할 경우 경찰관은 자신의 신분을 표시하는 증표를 제시하면서 소속과 성명을 밝히고 그 목적과 이유를 설명하여야 하며, 동행장소를 밝혀야 한다(동조 제4항). 가족 또는 친지에게 동행한 경찰관의 신분·동행장소, 동행목적과 이유를 고지하거나 본인으로 하여금 즉시 연락할 수 있는 기회를 부여하여야 하며, 변호인의 조력을 받을 권리가 있음을 고지하여야 한다(동조 제5항). 이 경우에 6시간을 초과하여 당해인을 경찰관서에 머무르게 할 수는 없고(동조 제6

항), 당해인은 형사소송에 관한 법률에 의하지 않고는 신체를 구속당하지 아니하며 그 의사에 반하여 답변을 강요당하지 아니한다(동조 제7항).

핵심판례

경찰관이 불심검문 대상자 해당 여부를 판단하는 기준 및 불심검문의 적법 요건과 내용

경찰관직무집행법(이하 '법'이라고 한다)의 목적, 법 제1조 제1항, 제2항, 제3조 제1항, 제2항, 제3항, 제7항의 내용 및 체계 등을 종합하면, 경찰관이 법 제3조 제1항에 규정된 대상자(이하 '불심검문 대상자'라 한다) 해당 여부를 판단할 때에는 불심검문 당시의 구체적 상황은 물론 사전에 얻은 정보나 전문적 지식 등에 기초하여 불심검문 대상자인지를 객관적·합리적인 기준에 따라 판단하여야 하나, 반드시 불심검문 대상자에게 형사소송법상 체포나 구속에 이를 정도의 혐의가 있을 것을 요한다고 할 수는 없다. 그리고 경찰관은 불심검문 대상자에게 질문을 하기 위하여 범행의 경중, 범행과의 관련성, 상황의 긴박성, 혐의의 정도, 질문의 필요성 등에 비추어 목적 달성에 필요한 최소한의 범위 내에서 사회통념상 용인될 수 있는 상당한 방법으로 대상자를 정지시킬 수 있고 질문에 수반하여 흉기의 소지 여부도 조사할 수 있다(대판 2014.2.27., 선고, 2011도13999)

경찰관이 신분증을 제시하지 않고 불심검문을 하였으나, 검문하는 사람이 경찰관이고 검문하는 이유가 범죄행위에 관한 것임을 피고인이 알고 있었던 경우, 그 불심검문이 위법한 공무집행인지 여부(소극)

경찰관직무집행법(이하 '법'이라 한다) 제3조 제4항은 경찰관이 불심검문을 하고자 할 때에는 자신의 신분을 표시하는 증표를 제시하여야 한다고 규정하고, 경찰관직무집행법 시행령 제5조는 위 법에서 규정한 신분을 표시하는 증표는 경찰관의 공무원증이라고 규정하고 있는데, 불심검문을 하게 된 경위, 불심검문 당시의 현장상황과 검문을 하는 경찰관들의 복장, 피고인이 공무원증 제시나 신분 확인을 요구하였는지 여부 등을 종합적으로 고려하여, 검문하는 사람이 경찰관이고 검문하는 이유가 범죄행위에 관한 것임을 피고인이 충분히 알고 있었다고 보이는 경우에는 신분증을 제시하지 않았다고 하여 그 불심검문이 위법한 공무집행이라고 할 수 없다(대판 2014.12.11., 선고, 2014도7976).

Ⅲ. 수사의 일반원칙과 임의수사

1. 임의수사의 원칙

수사의 방법에는 임의수사와 강제수사가 있다. 임의수사란 임의적인 조사에 의한 수사, 즉 강제력을 행사하지 않고 상대방의 동의나 승낙을 받아서 행하는 수사를 말함에 대하여, 강제처분에 의한 수사를 강제수사라고 한다.

강제처분이란 직·간접으로 물리적 강제력을 행사하거나 상대방에게 의무를 부담하게 하는 것을 말한다. 따라서 강제처분에는 구속·압수·수색·검증 이외에 증인신문청구·증거보전 및 공무소에의 조회 등이 포함된다.

수사에 관하여는 그 목적을 달성하기 위하여 필요한 조사를 할 수 있다. 다만 강제처분은 법률에 특별한 규정이 없으면 하지 못한다(법 제199조). 이와 같이 수사는 원칙적으로 임의수사에 의하고 강제수사는 법률에 규정된 경우에 한하여 허용된다는 원칙을 임의수사의 원칙이라 한다. 수사는 수사의 필요성과 인권보장이라는 상극하는 이념이 충돌하는 절차이므로 수사는 필요하고 상당한 것이 되어야 한다는 비례성의 원칙이 수사법에 실현된 것이라고 할 수 있다.

2. 강제수사의 규제

(1) 강제처분법정주의

강제처분은 법률에 특별한 규정이 없으면 하지 못한다(법 제199조). 이를 강제처분법정주의 또는 강제수사법정주의라고 한다.

이 원칙은 임의수사의 원칙과 표리관계에 있는 원칙이다. 즉 수사는 원칙적으로 임의수사에 의하고, 강제수사의 방법을 취하는 경우에는 그 종류와 내용이 법률에 규정되어 있을 것을 요구하는 것이 바로 강제처분법정주의이다. 강제처분의 적법성의 한계를 법률에 명백히 규정하여 법관에 의한 구체적 판단을 가능하게 한다는 점에서 영장주의의 전제가 되는 원칙이라고 할 수 있다.

(2) 영장주의

영장주의란 형사절차와 관련하여 체포·구속·압수 등의 강제처분을 함에 있어서는 사법권 독립에 의하여 그 신분이 보장되는 법관이 발부한 영장에 의하지 않으면 아니된다는 원칙을 말한다. 따라서 영장주의의 본질은 신체의 자유를 침해하는 강제처분을 함에 있어서는 중립적인 법관이 구체적 판단을 거쳐 발부한 영장에 의하여야만 한다는 데에 있다고 할 수 있다. 수사단계이든 공판단계이든 수사나 재판의 필요상 구속 등 강제처분을 하지 않을 수 없는 경우는 있게 마련이지만 강제처분을 받는 피의자나 피고인의 입장에서 보면 심각한 기본권의 침해를 받게 되므로, 헌법은 강제처분의 남용으로부터 국민의 기본권을 보장하기 위한 수단으로 영장주의를 천명한 것이다.

핵심판례

구속영장 없이 경찰서 조사대기실에 유치하는 것의 위법성 여부
경찰서 조사대기실이 조사대기자 등의 도주방지와 경찰업무의 편의 등을 위한 수용시설로서 그 안에 대기하고 있는 사람들의 출입이 제한되는 시설이라면, 일단 그 장소에 유치되는 사람은 그 의사에 기하지 아니하고 일정장소에 구금되는 결과가 되므로 경찰관직무집행법상 정신착란자, 주취자, 자살기도자 등 응급의 구호를 요하는 자를 24시간을 초과하지 아니하는 범위 내에서 경찰관서에 보호조치할 수 있는 시설로 제한적으로 운영되는 경우를 제외하고는 구속영장을 발부받음이 없이 조사대기실에 유치하는 것은 영장주의에위배되는 위법한 구금이라고 하지 않을 수 없다(대판 1995.5.26., 선고, 94다37226).

(3) 비례성의 원칙

형사절차에 의한 개인의 기본권의 침해는 사건의 의미와 기대되는 형벌에 비추어 상당성이 유지될 때에만 허용된다는 것을 비례성의 원칙이라고 한다. 비례성의 원칙은 강제처분의 실행과 기간 및 방법을 제한하는 이념이 된다. 그것은 구속에 대하여 뿐만 아니라, 대물적 강제처분에 대하여도 당연히 적용되는 원칙이 되고 있다.

형사소송법이 "강제처분은 필요한 최소한도의 범위 안에서만 하여야 한다"고 규정하고 있는 것도(법 제199조) 이 비례성의 원칙을 선언한 것이다.

3. 임의수사로서 적법성이 문제되는 수사방법

(1) 임의동행

가. 임의동행의 의의 및 성질

1) 임의동행의 의의

임의동행이란 수사기관이 피의자의 동의를 얻어 피의자와 수사기관까지 동행하는 것을 말한다. 임의동행에는 형사소송법 제199조 제1항에 의한 임의수사로서의 임의동행과 경찰관직무집행법에 의한 직무질문을 위한 임의동행의 두 가지가 있다.

2) 임의동행의 성질

형사소송법에 의한 임의동행은 피의자신문을 위한 보조수단으로서 임의수사로서의 성질을 가진다. 이를 수사수단으로서의 임의동행이라고 한다. 이에 반하여 경찰관직무집행법 제3조에 의한 임의동행은 범죄예방과 진압을 위한 행정경찰처분이다. 그러나 임의동행으로 인하여 구속으로 발전하거나 또는 수사가 계속된 경우의 임의동행의 성질에 관하여는 견해가 대립되고 있다.

나. 임의동행의 적법성

임의동행은 피의자의 승낙을 전제로 한 임의수사이며, 형사소송법은 피의자에 대한 출석요구방법을 제한하지 않고 있으므로 사회통념상 신체의 속박이나 심리적 압박에 의한 자유의 구속이 있었다고 할 수 없는 객관적 상황이 있는 때에는 허용된다고 보는 것이 통설이다.

다. 임의동행에 있어서 임의성의 판단기준

이른바 임의동행에 있어서의 임의성의 판단은 동행의 시간과 장소, 동행의 방법과 동행거부의사의 유무, 동행 이후의 조사방법과 퇴거의사의 유무 등 여러 사정을 종합하여 객관적인 상황을 기준으로 하여야 할 것이다.

핵심판례

임의동행의 적법요건

형사소송법 제199조 제1항은 "수사에 관하여 그 목적을 달성하기 위하여 필요한 조사를 할 수 있다. 다만, 강제처분은 이 법률에 특별한 규정이 있는 경우에 한하며, 필요한 최소한도의 범위 안에서만 하여야 한다."고 규정하여 임의수사의 원칙을 명시하고 있는바, 수사관이 수사과정에서 당사자의 동의를 받는 형식으로 피의자를 수사관서 등에 동행하는 것은, 상대방의 신체의 자유가 현실적으로 제한되어 실질적으로 체포와 유사한 상태에 놓이게 됨에도, 영장에 의하지 아니하고 그 밖에 강제성을 띤 동행을 억제할 방법도 없어서 제도적으로는 물론 현실적으로도 임의성이 보장되지 않을 뿐만 아니라, 아직 정식의 체포·구속단계 이전이라는 이유로 상대방에게 헌법 및 형사소송법이 체포·구속된 피의자에게 부여하는 각종의 권리보장 장치가 제공되지 않는 등 형사소송법의 원리에 반하는 결과를 초래할 가능성이 크므로, 수사관이 동행에 앞서 피의자에게 동행을 거부할 수 있음을 알려 주었거나 동행한 피의자가 언제든지 자유로이 동행과정에서 이탈 또는 동행장소로부터 퇴거할 수 있었음이 인정되는 등 오로지 피의자의 자발적인 의사에 의하여 수사관서 등에의 동행이 이루어졌음이 객관적인 사정에 의하여 명백하게 입증된 경우에 한하여, 그 적법성이 인정되는 것으로 봄이 상당하다. 형사소송법 제200조 제1항에 의하여 검사 또는 사법경찰관이 피의자에 대하여 임의적 출석을 요구할 수는 있겠으나, 그 경우에도 수사관이 단순히 출석을 요구함에 그치지 않고 일정 장소로의 동행을 요구하여 실행한다면 위에서 본 법리가 적용되어야 하고, 한편 행정경찰 목적의 경찰활동으로 행하여지는 경찰관직무집행법 제3조 제2항 소정의 질문을 위한 동행요구도 형사소송법의 규율을 받는 수사로 이어지는 경우에는 역시 위에서 본 법리가 적용되어야 한다(대판 2006.7.6., 선고, 2005도6810)

핵심판례

음주측정을 위해 운전자를 강제로 연행하기 위하여 따라야 하는 절차 및 위법한 체포 상태에서 이루어진 음주측정요구에 불응한 행위를 처벌할 수 있는지 여부(소극)

교통안전과 위험방지를 위한 필요가 없음에도 주취운전을 하였다고 인정할 만한 상당한 이유가 있다는 이유만으로 이루어지는 음주측정은 이미 행하여진 주취운전이라는 범죄행위에 대한 증거 수집을 위한 수사절차로서의 의미를 가지는 것인데, 구 도로교통법(2005. 5. 31. 법률 제7545호로 전문 개정되기 전의 것)상의 규정들이 음주측정을 위한 강제처분의 근거가 될 수 없으므로 위와 같은 음주측정을 위하여 당해 운전자를 강제로 연행하기 위해서는 수사상의 강제처분에 관한 형사소송법상의 절차에 따라야 하고, 이러한 절차를 무시한 채 이루어진 강제연행은 위법한 체포에 해당한다. 이와 같은 위법한 체포 상태에서 음주측정요구가 이루어진 경우, 음주측정요구를 위한 위법한 체포와 그에 이은 음주측정요구는 주취운전이라는 범죄행위에 대한 증거 수집을 위하여 연속하여 이루어진 것으로서 개별적으로 그 적법 여부를 평가하는 것은 적절하지 않으므로 그 일련의 과정을 전체적으로 보아 위법한 음주측정요구가 있었던 것으로 볼 수밖에 없고, 운전자가 주취운전을 하였다고 인정할 만한 상당한 이유가 있다 하더라도 그 운전자에게 경찰공무원의 이와 같은 위법한 음주측정요구에 대해서까지 그에 응할 의무가 있다고 보아 이를 강제하는 것은 부당하므로 그에 불응하였다고 하여 음주측정거부에 관한 도로교통법 위반죄로 처벌할 수 없다(대판 2006.11.9., 선고, 2004도8404).

(2) 보호실유치

가. 의 의

보호실유치는 피의자의 의사와 관계없이 수사기관에서 강제로 유치하는 강제유치와 피의자의 승낙을 받아 유치시키는 승낙유치로 나눌 수 있다. 강제유치가 구속에 해당한다는 점에는 의문이 없다.

나. 승낙유치를 임의수사의 방법으로 허용할 수 있는지 여부

보호실유치는 본인의 사전동의를 받은 경우에도 그것이 법률에 규정된 강제처분과 같은 효과를 가지는 경우에는 구속과 다를 바 없다. 실질적인 구속을 본인의 동의를 이유로 허용하는 것은 영장주의를 유린하는 결과를 가져온다. 따라서 긴급체포사유가 없음에도 불구하고 보호실에 유치한 경우는 물론, 긴급체포사유가 있는 때에도 체포 또는 구속영장을 받지 않고 피의자를 보호실에 유치하는 것은 영장주의에 위배하는 위법한 구금이라고 하지 않을 수 없다.

판례도 법정의 절차없이 피해자를 경찰서보호실에 감금한 행위는 수사목적달성을 위하여 적절한 행위라고 믿고 한 정당행위라 할 수 없고 직무상의 권능을 행사함에 있어서 법정의 조건을 구비하지 아니하고 이를 행사한 것은 곧 직권을 남용하여 불법감금한 것에 해당한다고 하였다.

(3) 거짓말탐지기에 의한 검사

가. 의 의

거짓말탐지기(polygraph)에 의한 검사란 피의자 등의 피검자에 대하여 피의사실에 관계있는 질문을 하여 회답시의 피검자의 호흡·혈압·맥박·피부전기반사에 나타난 생리적 변화를 polygraph의 검사지에 기록하고 이를 관찰·분석하여 답변의 진위 또는 피의사실에 대한 인식의 유무를 판단하는 것을 말한다.

나. 허용여부

거짓말탐지기에 의한 검사는 신문시의 인간의 심리를 기계에 의한 검사의 대상으로 삼는다는 점에 문제가 있다. 피검자의 동의에 의한 검사는 임의수사로서 허용되고 피검자의 동의가 없는 경우에는 polygraph에 의한 검사가 허용되지 않는다. 대법원도 거짓말탐지기에 의한 검사는 검사를 받는 사람이 동의한 때에만 증거로 할 수 있다고 판시하고 있다.

4. 임의수사의 방법

(1) 피의자신문

가. 의의 및 법적성질

피의자신문이란 수사기관, 즉 검사 또는 사법경찰관이 피의자를 신문하여 피의자로부터 진술을 듣는 것을 말한다.

검사 또는 사법경찰관은 수사에 필요한 때에는 피의자의 출석을 요구하여 진술을 들을 수 있다(법 제200조).

피의자신문의 법적 성질은 피의자의 임의의 진술을 듣는 임의수사에 불과하다. 진술거부권이 보장되어 있는 피의자에 대하여(헌법 제12조 제2항) 진술을 강제할 수는 없기 때문이다.

나. 피의자신문의 방법

1) 출석요구

검사 또는 사법경찰관은 피의자를 신문하기 위하여는 피의자의 출석을 요구하여야 한다(법 제200조). 출석요구의 방법에는 제한이 없다. 원칙적으로 출석요구서의 발부에 의하나 반드시 여기에 제한되는 것이 아니라 전화·구두 또는 인편에 의하여 출석을 요구할 수도 있다. 출석을 요구하는 장소도 수사관서일 것을 요하지 않는다. 수사기관이 피의자가 있는 곳에 가서 신문하여도 좋다.

피의자에게는 출석요구에 응할 의무가 없다. 따라서 피의자는 출석을 거부할 수 있고, 출석한 때에도 언제나 퇴거할 수 있다.

2) 진술거부권 고지(법 제244조의3)

① 고지할 사항

검사 또는 사법경찰관은 피의자를 신문하기 전에 다음 각 호의 사항을 알려주어야 한다(동조 제1항).

㉠ 일체의 진술을 하지 아니하거나 개개의 질문에 대하여 진술을 하지 아니할 수 있다는 것

㉡ 진술을 하지 아니하더라도 불이익을 받지 아니한다는 것

㉢ 진술을 거부할 권리를 포기하고 행한 진술은 법정에서 유죄의 증거로 사용될 수 있다는 것

㉣ 신문을 받을 때에는 변호인을 참여하게 하는 등 변호인의 조력을 받을 수 있다는 것

② 진술거부권 등의 행사 여부에 대한 질문

검사 또는 사법경찰관은 위 ①에 따라 알려 준 때에는 피의자가 진술을 거부할 권리와 변호인의 조력을 받을 권리를 행사할 것인지의 여부를 질문하고, 이에 대한 피의자의 답변을 조서에 기재하여야 한다. 이 경우 피의자의 답변은 피의자로 하여금 자필로 기재하게 하거나 검사 또는 사법경찰관이 피의자의 답변을 기재한 부분에 기명날인 또는 서명하게 하여야 한다(동조 제2항).

3) 신문사항

검사 또는 사법경찰관이 피의자를 신문함에는 먼저 그 성명·연령·등록기준지·주거와 직업을 물어 피의자임에 틀림없음을 확인하여야 한다(법 제241조). 이를 인정신문이라고 한다. 피의자는 인정신문에 대하여도 진술을 거부할 수 있다. 피의자에

게 신문할 사항은 범죄사실과 정상에 관하여 필요한 사항이며, 피의자에 대하여도 이익되는 사실을 진술할 기회를 주어야 한다(법 제242조). 검사 또는 사법경찰관이 사실을 발견함에 필요할 때에는 피의자와 다른 피의자 또는 피의자 아닌 자와 대질하게 할 수 있다(법 제245조).

4) 피의자신문조서의 작성

① 피의자의 진술은 조서에 기재하여야 한다(법 제244조 제1항).

② ①의 조서는 피의자에게 열람하게 하거나 읽어 들려주어야 하며, 진술한 대로 기재되지 아니하였거나 사실과 다른 부분의 유무를 물어 피의자가 증감 또는 변경의 청구 등 이의를 제기하거나 의견을 진술한 때에는 이를 조서에 추가로 기재하여야 한다. 이 경우 피의자가 이의를 제기하였던 부분은 읽을 수 있도록 이를 남겨 두어야 한다(법 제244조 제2항).

③ 피의자가 조서에 대하여 이의나 의견이 없음을 진술한 때에는 피의자로 하여금 그 취지를 자필로 기재하게 하고 조서에 간인한 후 기명날인 또는 서명하게 한다(법 제244조 제3항).

핵심판례

원진술자인 피고인이 검사 작성의 피의자신문조서에 대하여 간인, 서명, 무인한 사실을 인정하면서 진술내용을 다투는 경우, 증거능력을 인정할 수 있는지 여부(한정 적극)

원진술자인 피고인이 간인과 서명, 무인한 사실이 있음을 인정하는 검사 작성의 피의자신문조서는 그 간인과 서명, 무인이 형사소송법 제244조 제2항, 제3항의 절차를 거치지 않고 된 것이라고 볼 사정이 없는 한 원진술자의 진술내용대로 기재된 것이라고 추정된다 할 것이므로 원진술자인 피고인이 공판정에서 검사 작성의 피의자신문조서에 기재된 진술내용이 자기의 진술내용과 다르게 기재되었다고 다투더라도 그 조서에 간인, 서명, 무인한 사실이 있음을 시인하여 조서의 형식적 진정성립을 인정하고 한편, 그 간인과 서명, 무인이 위의 법조항에 정한 절차를 거치지 않는 등 특히 신빙할 수 없는 상태에서 이루어진 것이라고 볼 만한 사정이 발견되지 않는 경우라면 그 피의자신문조서는 원진술자의 공판기일에서의 진술에 의하여 성립의 진정함이 인정된 것으로 볼 수 있다(대판 2000.7.28., 선고, 2000도2617 판결).

핵심판례

형사소송법 제244조의5에서 정한 '피의자 신문시 동석제도'의 취지 및 동석자가 한 진술의 성격과 그 진술의 증거능력을 인정하기 위한 요건

형사소송법 제244조의5는, 검사 또는 사법경찰관은 피의자를 신문하는 경우 피의자가 신체적 또는 정신적 장애로 사물을 변별하거나 의사를 결정·전달할 능력이 미약한 때나 피의자의 연령·성별·국적 등의 사정을 고려하여 그 심리적 안정의 도모와 원활한 의사소통을 위하여 필요한 경우에는, 직권 또는 피의자·법정대리인의 신청에 따라 피의자와 신뢰관계에 있는 자를 동석하게 할 수 있도록 규정하고 있다. 구체적인 사안에서 위와 같은 동석을 허락할 것인지는 원칙적으로 검사 또는 사법경찰관이 피의자의 건강 상태 등 여러 사정을 고려하여 재량에 따라 판단하여야 할 것이나, 이를 허락하는 경우에도 동석한 사람으로 하여금 피의자를 대신하여 진술하도록 하여서는 안 된다. 만약 동석한 사람이 피의자를 대신하여 진술한 부분이 조서에 기재되어 있다면 그 부분은 피의자의 진술을 기재한 것이 아니라 동석한 사람의 진술을 기재한 조서에 해당하므로, 그 사람에 대한 진술조서로서의 증거능력을 취득하기 위한 요건을 충족하지 못하는 한 이를 유죄 인정의 증거로 사용할 수 없다(대판 2009.6.23., 선고, 2009도1322).

다. 변호인 등의 참여(법 제243조의 2)

1) 변호인의 참여의 신청

검사 또는 사법경찰관은 피의자 또는 그 변호인 · 법정대리인 · 배우자 · 직계친족 또는 형제자매의 신청에 따라 변호인을 피의자와 접견하게 하거나 정당한 사유가 없는 한 피의자에 대한 신문에 참여하게 하여야 한다(동조 제1항).

2) 참여할 변호인의 지정

신문에 참여하고자 하는 변호인이 2인 이상일 때에는 피의자가 신문에 참여할 변호인 1인을 지정한다. 지정이 없는 경우에는 검사 또는 사법경찰관이 이를 지정할 수 있다(동조 제2항).

3) 참여한 변호인의 의견진술

신문에 참여한 변호인은 신문 후 의견을 진술할 수 있다. 다만, 신문중이라도 부당한 신문방법에 대하여 이의를 제기할 수 있고, 검사 또는 사법경찰관의 승인을 얻어 의견을 진술할 수 있다(동조 제3항).

4) 신문조서의 열람 등

변호인의 의견이 기재된 피의자신문조서는 변호인에게 열람하게 한 후 변호인으로 하여금 그 조서에 기명날인 또는 서명하게 하여야 한다(동조 제3항).

5) 변호인의 신문참여 등의 기재

검사 또는 사법경찰관은 변호인의 신문참여 및 그 제한에 관한 사항을 피의자신문조서에 기재하여야 한다(동조 제5항).

핵심판례

불구속 피의자가 피의자신문을 받을 때 변호인의 참여를 요구할 권리가 있는지 여부(적극)

불구속 피의자나 피고인의 경우 형사소송법상 특별한 명문의 규정이 없더라도 스스로 선임한 변호인의 조력을 받기 위하여 변호인을 옆에 두고 조언과 상담을 구하는 것은 수사절차의 개시에서부터 재판절차의 종료에 이르기까지 언제나 가능하다. 따라서 불구속 피의자가 피의자 신문시 변호인을 대동하여 신문과정에서 조언과 상담을 구하는 것은 신문과정에서 필요할 때마다 퇴거하여 변호인으로부터 조언과 상담을 구하는 번거로움을 피하기 위한 것으로서 불구속 피의자가 피의자 신문장소를 이탈하여 변호인의 조언과 상담을 구하는 것과 본질적으로 아무런 차이가 없다. 형사소송법 제243조는 피의자 신문시 의무적으로 참여하여야 하는 자를 규정하고 있을 뿐 적극적으로 위 조항에서 규정한 자 이외의 자의 참여나 입회를 배제하고 있는 것은 아니다. 따라서 불구속 피의자가 피의자 신문시 변호인의 조언과 상담을 원한다면, 위법한 조력의 우려가 있어 이를 제한하는 다른 규정이 있고 그가 이에 해당한다고 하지 않는 한 수사기관은 피의자의 위 요구를 거절할 수 없다(헌재 2004. 9. 23, 2000헌마138).

피의자신문 과정에 변호인이 참여할 수 있는지의 여부

현행법상 신체구속을 당한 사람과 변호인 사이의 접견교통을 제한하는 규정은 마련돼 있지 아니하므로 신체구속을 당한 사람은 수사기관으로부터 피의자신문을 받는 도중에라도 언제든지 변호인과 접견교통하는 것이 보장되고 허용돼야 할 것이고, 이를 제한하거나 거부하는 것은 신체구속을 당한 사람의 변호인과의 접견교통권을 제한하는 것으로서 위법임을 면치 못한다. 형사소송법이 아직은 구금된 피의자의 신문에 변호인이 참여할 수 있다는 명문규정을 두고 있지는 않지만, 접견교통권이 헌법과 법률에 의해 보장되고 있을 뿐 아니라 누구든지 체포 또는 구속을 당한 때에는 즉시 변호인의 조력을 받을 권리를 가진다고 선언한 헌법규정에 비춰 구금된 피의자는 형사소송법 규정을 유추적용해 피의자신문을 받음에 있어 변호인의 참여를 요구할 수 있고 그러한 경우 수사기관은 이를 거절할 수 없는 것으로 해석하는 것이 인신구속과 처벌에 관해 적법절차주의를 선언한 헌법정신에 부합한다(대결 2003. 11. 11, 2003모402).

피의자 신문시 변호인 참여를 제한할 수 있는지 여부

구금된 피의자에 대한 신문시 무제한적으로 변호인의 참여를 허용하는 것 또한 헌법이 선언한 적법절차의 정신에 맞지 않으므로 신문을 방해하거나 수사기밀을 누설하는 등의 염려가 있다고 의심할 만한 상당한 이유가 있는 때에는 변호인의 참여를 제한할 수 있음은 당연하다(대결 2003. 11. 11, 2003모402).

형식적 진정성립이 인정되지 않는 검사작성 피의자 신문조서의 증거능력 유무

조서 말미에 피고인의 서명만이 있고, 그 날인(무인 포함)이나 간인이 없는 검사 작성의 피고인에 대한 피의자 신문조서는 증거능력이 없다고 할 것이다(대판 1999. 4. 13, 99도237).

검사작성 피의자 신문조서에 작성자인 검사의 서명날인이 누락된 경우, 그 조서의 증거능력 유무(소극)

검사 작성의 피의자 신문조서에 작성자인 검사의 서명날인이 되어 있지 아니한 경우 그 피의자 신문조서는 공무원이 작성하는 서류로서의 요건을 갖추지 못한 것으로서 위 법규정에 위반되어 무효이고 따라서 이에 대하여 증거능력을 인정할 수 없다(대판 2001. 9. 28, 2001도4091).

【서식】 피의자심문신청서

<table>
<tr><td colspan="4">피의자심문신청서</td><td>판 사

</td></tr>
<tr><td rowspan="3">피의자</td><td>성 명</td><td></td><td>성 별</td><td>□ 남
□ 여</td></tr>
<tr><td>주민등록번호</td><td colspan="3"></td></tr>
<tr><td>주 거</td><td colspan="3"></td></tr>
<tr><td>죄 명</td><td colspan="4"></td></tr>
<tr><td>체포관서</td><td colspan="4"></td></tr>
<tr><td rowspan="4">신 청 인</td><td>성 명</td><td colspan="3"></td></tr>
<tr><td>피의자와의 관계</td><td colspan="3"></td></tr>
<tr><td>주 거</td><td colspan="3"></td></tr>
<tr><td>전 화 번 호</td><td colspan="3"></td></tr>
<tr><td colspan="5">형사소송법 제201조의2 제1항의 규정에 따라 피의자에 대하여 판사의 심문을 신청합니다.
200○. 3. 3.
신청인 (인)
○○지방법원 귀중</td></tr>
<tr><td>첨부서류</td><td colspan="4"></td></tr>
<tr><td rowspan="2">※ 처 리</td><td>신분관계확인</td><td colspan="3">□ 소명자료 첨부 □ 보정요구 :
□ 신분증으로 확인(확인자 : 인)</td></tr>
<tr><td>접수 당시 영장청구여부</td><td colspan="3">□ 청구(진행번호 :) □ 발부 후 신청
□ 미청구(수사기록의 소재 :)</td></tr>
</table>

주의요소 ① 주민등록번호나 죄명 등을 모르면 기재하지 아니하여도 됩니다.
② ※ 부분은 법원 접수 담당자가 기재하는 난이므로 신청인은 기재하지 마십시오.

(2) 참고인 조사

검사 또는 사법경찰관은 수사에 필요한 때에는 피의자가 아닌 자의 출석을 요구하여 진술을 들을 수 있다. 이 경우 그의 동의를 얻어 영상녹화할 수 있다(법 제221조 제1항)

피의자 아닌 제3자를 참고인이라 한다. 참고인은 제3자라는 점에서 넓은 의미에서는 증인이라고도 할 수 있다. 그러나 증인이 법원 또는 법관에 대하여 실험한 사실을 진술하는 제3자를 의미함에 대하여, 참고인은 수사기관에 대하여 진술하는 자라는 점에서 증인과 구별된다. 참고인은 증인과는 달리 강제로 소환당하거나 신문당하지 아니한다.

(3) 감정 · 통역 · 번역의 위촉

검사 또는 사법경찰관은 수사상 필요한 때에는 감정 · 통역 또는 번역을 위촉할 수 있다(법 제221조 제2항).

위촉을 받은 자가 수락하는가의 여부는 자유이다. 또 출석을 거부하거나 출석 후 퇴거하는 것은 위촉받은 자의 자유이다. 이를 강제하는 방법은 없다. 감정인 · 통역인 · 번역인은 비대체적인 것이 아니므로 다른 사람에게 위촉할 수 있기 때문이다.

감정서의 기재내용을 명백히 하기 위하여 감정인을 참고인으로 조사할 수 있다. 감정을 위촉하는 경우에 유치처분이 필요하다고 인정할 때에는 검사는 감정유치를 청구할 수 있고(법 제221조의3), 감정의 위촉을 받은 자는 판사의 허가를 얻어 감정에 필요한 처분을 할 수 있다(법 제221조의4).

【서식】 고소장 표준서식

고 소 장

(고소장 기재사항 중 * 표시된 항목은 반드시 기재하여야 합니다.)

1. 고소인*

성 명 (상호·대표자)			주민등록번호 (법인등록번호)	-
주 소 (주사무소 소재지)	(현 거주지)			
직 업		사무실 주소		
전 화	(휴대폰)	(자택)	(사무실)	
이메일				
대리인에 의한 고소	□ 법정대리인 (성명 : , 연락처) □ 고소대리인 (성명 : 변호사 , 연락처)			

※ 고소인이 법인 또는 단체인 경우에는 상호 또는 단체명, 대표자, 법인등록번호(또는 사업자등록번호), 주된 사무소의 소재지, 전화 등 연락처를 기재해야 하며, 법인의 경우에는 법인등기부 등본이 첨부되어야 합니다.

※ 미성년자의 친권자 등 법정대리인이 고소하는 경우 및 변호사에 의한 고소대리의 경우 법정대리인 관계, 변호사 선임을 증명할 수 있는 서류를 첨부하시기 바랍니다.

2. 피고소인*

성 명			주민등록번호	-
주 소	(현 거주지)			
직 업		사무실 주소		
전 화	(휴대폰)	(자택)	(사무실)	
이메일				
기타사항				

※ 기타사항에는 고소인과의 관계 및 피고소인의 인적사항과 연락처를 정확히 알 수 없

을 경우 피고소인의 성별, 특징적 외모, 인상착의 등을 구체적으로 기재하시기 바랍니다.

3. 고소취지*

(죄명 및 피고소인에 대한 처벌의사 기재)

고소인은 피고소인을 ○○죄로 고소하오니 처벌하여 주시기 바랍니다.*

4. 범죄사실*

※ 범죄사실은 형법 등 처벌법규에 해당하는 사실에 대하여 일시, 장소, 범행방법, 결과 등을 구체적으로 특정하여 기재해야 하며, 고소인이 알고 있는 지식과 경험, 증거에 의해 사실로 인정되는 내용을 기재하여야 합니다.

5. 고소이유

※ 고소이유에는 피고소인의 범행 경위 및 정황, 고소를 하게 된 동기와 사유 등 범죄사실을 뒷받침하는 내용을 간략, 명료하게 기재해야 합니다.

6. 증거자료

(■ 해당란에 체크하여 주시기 바랍니다)

□ 고소인은 고소인의 진술 외에 제출할 증거가 없습니다.

□ 고소인은 고소인의 진술 외에 제출할 증거가 있습니다.

☞ 제출할 증거의 세부내역은 별지를 작성하여 첨부합니다.

7. 관련사건의 수사 및 재판 여부*

(■ 해당란에 체크하여 주시기 바랍니다)

① 중복고소여부	본 고소장과 같은 내용의 고소장을 다른 검찰청 또는 경찰서에 제출하거나 제출하였던 사실이 있습니다 □ / 없습니다 □
② 관련 형사사건 수사 유무	본 고소장에 기재된 범죄사실과 관련된 사건 또는 공범에 대하여 검찰청이나 경찰서에서 수사 중에 있습니다 □ / 수사 중에 있지 않습니다 □
③ 관련 민사소송 유 무	본 고소장에 기재된 범죄사실과 관련된 사건에 대하여 법원에서 민사소송 중에 있습니다 □ / 민사소송 중에 있지 않습니다 □

기타사항

※ ①, ②항은 반드시 표시하여야 하며, 만일 본 고소내용과 동일한 사건 또는 관련 형사사건이 수사·재판 중이라면 어느 검찰청, 경찰서에서 수사 중인지, 어느 법원에서 재판 중인지 아는 범위에서 기타사항 난에 기재하여야 합니다.

8. 기타

(고소내용에 대한 진실확약)

본 고소장에 기재한 내용은 고소인이 알고 있는 지식과 경험을 바탕으로 모두 사실대로 작성하였으며, 만일 허위사실을 고소하였을 때에는 형법 제156조 무고죄로 처벌받을 것임을 서약합니다.

2016년 월 일*

고소인__________(인)
제출인__________(인)

※ 고소장 제출일을 기재하여야 하며, 고소인 난에는 고소인이 직접 자필로 서명 날(무)인 해야 합니다. 또한 법정대리인이나 변호사에 의한 고소대리의 경우에는 제출인을 기재하여야 합니다.

○○지방검찰청 귀중

※ 고소장은 가까운 경찰서에 제출하셔도 되며, 경찰서 제출시에는 'OO경찰서 귀중'으로 작성하시기 바랍니다.

별지 : 증거자료 세부 목록

(범죄사실 입증을 위해 제출하려는 증거에 대하여 아래 각 증거별로 해당 난을 구체적으로 작성해 주시기 바랍니다)

1. 인적증거 (목격자, 기타 참고인 등)

성 명		주민등록번호	-		
주 소	자택 : 직장 :			직업	
전 화	(휴대폰)	(자택)	(사무실)		
입증하려는 내용					

※ 참고인의 인적사항과 연락처를 정확히 알 수 없으면 참고인을 특정할 수 있도록 성별, 외모 등을 '입증하려는 내용'란에 아는 대로 기재하시기 바랍니다.

2. 증거서류 (진술서, 차용증, 각서, 금융거래내역서, 진단서 등)

순번	증거	작성자	제출 유무
1			□ 접수시 제출 □ 수사 중 제출
2			□ 접수시 제출 □ 수사 중 제출
3			□ 접수시 제출 □ 수사 중 제출
4			□ 접수시 제출 □ 수사 중 제출
5			□ 접수시 제출 □ 수사 중 제출

※ 증거란에 각 증거서류를 개별적으로 기재하고, 제출 유무란에는 고소장 접수시 제

출하는지 또는 수사 중 제출할 예정인지 표시하시기 바랍니다.

3. 증거물

순번	증거	소유자	제출 유무
1			□ 접수시 제출 □ 수사 중 제출
2			□ 접수시 제출 □ 수사 중 제출
3			□ 접수시 제출 □ 수사 중 제출
4			□ 접수시 제출 □ 수사 중 제출
5			□ 접수시 제출 □ 수사 중 제출

※ 증거란에 각 증거물을 개별적으로 기재하고, 소유자란에는 고소장 제출시 누가 소유하고 있는지, 제출 유무란에는 고소장 접수시 제출하는지 또는 수사 중 제출할 예정인지 표시하시기 바랍니다.

4. 기타 증거

【서식】 고소장 표준서식 작성례(횡령)

고 소 장(횡령죄)

1. 고소인

성 명	김 0 0	주민등록번호	7△△△△△ - ×××××××
주 소	00시 00구 00길 00		
직 업	회사원	사무실 주소	00시 00구 00길 00
전 화	(휴대폰) 010-100-0000 (자택) 02-100-0000 (사무실) 02-100-0000		
이메일	lawb@lawb.co.kr		

2. 피고소인

성 명	이 0 0	주민등록번호	8△△△△△ - ×××××××
주 소	00시 00구 00길 00		
직 업	부동산중개업소 직원	사무실 주소	00시 00구 00길 00 00부동산
전 화	(휴대폰) 010-100-0000, (사무실) 02-100-0000		
이메일	lawb@lawb.co.kr		
기타사항	피고소인은 고소인이 아파트 매입시 알게 된 부동산중개업소 직원임		

3. 고소취지

고소인은 피고소인을 횡령죄로 고소하오니 처벌하여 주시기 바랍니다.

4. 범죄사실

○ 피고소인은 '00부동산' 직원으로 근무하던 자입니다.

○ 피고소인은 2016. 3. 2.경 자신이 근무하는 00시 00구 00길 00빌딩 00호에 있는 00부동산 사무실에서, 고소인이 피고소인의 소개로 매입한 00아파트 00호 계약금 1,000만원을 고소인으로부터 건네받아 보관하던 중 다음 날 피고소인의 신용카드 대금을 갚는데 전액 사용하여 횡령하였습니다.

5. 고소이유

○ 고소인은 00회사에서 과장으로 근무 중이며, 피고소인은 00시 00구 00길 00빌딩 00호에 있는 00부동산 직원으로서, 고소인이 00아파트 00호를 위 00부동산을 통하여 매입하면서 알게 되었습니다.

○ 고소인은 2016. 2. 초순경 00부동산에 아파트 구입 문의를 하였으며, 2016. 2. 25.경 00부동산 직원이던 피고소인을 통하여 00아파트 00호를 금 0억원에 구입하는 매매계약을 아파트 소유자 000과 체결하였습니다.

○ 계약 당시 계약금을 2016. 3. 2. 00부동산에서 소유자에게 직접 주기로 하였는데 마침 그 날 소유자의 개인 사정으로 소유자가 나오지 못하게 되어 피고소인에게 소유자에게 전해달라며 계약금 1,000만원을 맡기게 되었습니다.

○ 그런데 피고소인은 고소인으로부터 받은 계약금을 아파트 소유자에게 전달하지 아니하였고, 고소인은 수일 후 아파트 소유자와 함께 피고소인을 만나 추궁하니 계약금을 받은 다음 날 피고소인의 00카드 연체대금을 갚는데 전액 사용하였다고 횡령사실을 시인하였습니다.

○ 이에 고소인은 피고소인에게 계약금 상당을 다시 돌려줄 것을 요구하였으나 자신은 현재 돈이 없다면서 고소인에게 돈을 반환할 수 없다고 하기에 고소에 이르렀습니다.

6. 증거자료

□ 고소인은 고소인의 진술 외에 제출할 증거가 없습니다.

■ 고소인은 고소인의 진술 외에 제출할 증거가 있습니다.

☞ 증거자료의 세부내역은 별지를 작성하여 첨부합니다.

7. 관련사건의 수사 및 재판 여부

① 중복 고소 여부	본 고소장과 같은 내용의 고소장을 다른 검찰청 또는 경찰서에 제출하거나 제출하였던 사실이 있습니다 □ / 없습니다 ■
② 관련 형사사건 수사 유무	본 고소장에 기재된 범죄사실과 관련된 사건 또는 공범에 대하여 검찰청이나 경찰서에서 수사 중에 있습니다 □ / 수사 중에 있지 않습니다 ■
③ 관련 민사소송 유 무	본 고소장에 기재된 범죄사실과 관련된 사건에 대하여 법원에서 민사소송 중에 있습니다 ■ / □ 민사소송 중에 있지 않습니다 □

※ 고소인이 피고소인에 대하여 2016. 3. 15. 00법원에 2016가단000호로 00청구소송을 제기하여 현재 소송 중에 있음

본 고소장에 기재한 내용은 고소인이 알고 있는 지식과 경험을 바탕으로 모두 사실대로 작성하였으며, 만일 허위사실을 고소하였을 때에는 형법 제156조 무고죄로 처벌받을 것임을 서약합니다.

2016년 9월 5일

고소인 김 0 0 (인)

○○경찰서 귀중

별지 : 증거자료 세부 목록

1. 인적증거

성 명	김00	주민등록번호	7△△△△△ - ×××××××
주 소	직장 : 00시 00구 00길 00 00빌딩 00호	직업	00부동산중개사무소 대표
전 화	(휴대폰) 010-100-0000 (사무실) 02-100-0000		
입증하려는 내용	피고소인이 고소인에게 00아파트를 중개하고, 2016. 3. 2. 계약금 000만원을 고소인으로부터 받은 사실		

성 명	이00	주민등록번호	8△△△△△ - ×××××××
주 소	자택 : 00시 00구 00길 00 직장 : 00시 00구 00길 00상사	직업	00상사 이사
전 화	(휴대폰) 010-100-0000 (사무실) 02-100-0000		
입증하려는 내용	00아파트 00호 소유자이며, 계약금을 피고소인이 신용카드 대금채무에 사용하였다는 것을 고소인과 같이 들어 알고 있음		

2. 증거서류

순번	증거	작성자	제출 유무
1	부동산매매계약서(사본)	피고소인	■ 접수시 제출 □ 수사 중 제출
2	예금통장(사본)	고 소 인	■ 접수시 제출 □ 수사 중 제출
3	보관증(사본)	피고소인	■ 접수시 제출 □ 수사 중 제출

※ 예금통장 사본은 고소인이 계약금 1,000만원을 인출한 것을 입증하고자 하는 것이며 보관증 사본은 피고소인이 계약금을 고소인으로부터 받은 후 그 증거로 고소인에게 작성해 준 것임(증거서류 원본은 고소인이 가지고 있음)

3. 증거물

순번	증거	소유자	제출 유무
1	피고소인의 명함(사본)	고소인	■ 접수시 제출 □ 수사 중 제출
2			□ 접수시 제출 □ 수사 중 제출
3			□ 접수시 제출 □ 수사 중 제출

4. 기타 증거

○ 없음

【서식】 고소장(횡령)

고 소 장

고 소 인 ○ ○ ○
○○시 ○○구 ○○길 ○○ (전화번호 : ○○○ - ○○○○)

피고소인 △ △ △
○○시 ○○구 ○○길 ○○ (전화번호 : ○○○ - ○○○○)
주민등록번호 : 111111 - 1111111

고 소 취 지

고소인은 피고소인을 상대로 아래와 같이 횡령죄로 고소를 제기하오니 철저히 조사하시어 엄벌하여 주시기 바랍니다.

고 소 사 실

피고소인은 20○○. ○. ○. ○○:○○경 ○○시 ○○구 ○○길 ○○에 있는 고소인의 집에서 고소인으로부터 "발행일 20○○. ○. ○. 지급기일 같은 해 ○. ○, 액면금 1,000만원"의 약속어음 1장에 대한 할인의뢰를 받아 고소인을 위하여 보관중, 20○○. ○. ○.경 고소인의 허락 없이 임의로 위 어음을 고소외 □□□에 대한 외상물품대금 명목으로 동인에게 교부하여 이를 횡령하였기에 본 고소에 이른 것입니다.

입 증 방 법

추후 조사시에 제출하겠습니다.

20○○년 ○월 ○일

위 고소인 ○ ○ ○ (인)

○ ○ 경 찰 서 장(또는 ○ ○ 지 방 검 찰 청 검 사 장) 귀 중

제출기관	범죄지, 피의자의 주소, 거소 또는 현재지의 경찰서, 검찰청	공소시효	○년(☞공소시효일람표)
고소권자	피해자(형사소송법 223조) (※ 아래(1)참조)	소추요건	※ 아래(2) 참조 (형법 361조, 328조)
제출부수	고소장 1부	관련법규	형법 355조1항
범죄성립 요 건	타인의 재물을 보관하는 자가 그 재물을 횡령하거나 그 반환을 거부한 때		
형 량	· 5년 이하의 징역 · 1,500만원 이하의 벌금 (10년 이하의 자격정지를 병과할 수 있음 : 형법 358조)		
불기소처분 등에 대한 불복절차 및 기간	(항고) · 근거 : 검찰청법 10조 · 기간 : 처분결과의 통지를 받은 날부터 30일(검찰청법 10조4항) (재정신청) · 근거 : 형사소송법 제260조 · 기간 : 항고기각 결정을 통지받은 날 또는 동법 제260조 제2항 각 호의 사유가 발생한 날부터 10일(형사소송법 제260조 제3항) (헌법소원) · 근거 : 헌법재판소법 68조 · 기간 : 그 사유가 있음을 안 날로부터 90일 이내에, 그 사유가 있은 날로부터 1년 이내에 청구하여야 한다. 다만, 다른 법률에 의한 구제절차를 거친 헌법소원의 심판은 그 최종결정을 통지받은 날로부터 30일 이내에 청구(헌법재판소법 69조)		

※ (1) 고소권자

(형사소송법 225조)

1. 피해자가 제한능력자인 경우의 법정대리인
2. 피해자가 사망한 경우의 배우자, 직계친족, 형제, 자매. 단, 피해자의 명시한 의사에 반하여 고소할 수 없음

(형사소송법 224조)

자기 또는 배우자의 직계존속은 고소할 수 없음[단, 성폭력범죄의 처벌 등에 관한 특례법 제18조에서는 "성폭력범죄에 대하여는 형사소송법 제224조(고소의 제한) 및 군사법원법 제266조에 불구하고 자기 또는 배우자의 직계존속을 고소할 수 있다."고 규정함]

※ (2) 친족간의 범행과 고소

1. 직계혈족 ,배우자, 동거친족, 동거가족 또는 그 배우자간의 제323조의 죄는 형을 면제
2. 제1항이외의 친족간에 제323조의 죄를 범한 때에는 고소가 있어야 공소를 제기할 수 있음
3. 전2항의 신분관계가 없는 공범에 대하여는 전2항을 적용하지 아니함

[서식] 고소장(점유이탈물횡령죄)

고 소 장

고 소 인 ○ ○ ○
○○시 ○○구 ○○길 ○○
피고소인 △ △ △
○○시 ○○구 ○○길 ○○

고 소 사 실

1. 고소인은 경주시 ○○길 소재 ○○○식당이라는 한식점을 경영하는 자로서 20○○. ○월 ○일 저녁 ○○:○○경 근처 ○○회사에 다니는 피고소인이 친구 5명과 함께 술과 음식을 먹은 사실이 있습니다. 당일 고소인이 운영하는 ○○식당은 저녁손님이 많아 무척 바쁜 상황이었습니다. 이에 피고소인이 당일 저녁 ○○:○○경 식사를 마치고 식사비계산을 할 때 고소인의 종업원인 □□□가 계산서와 함께 식대금 280,000원을 지급 청구하였는데 피고소인은 ○○은 행발행의 자기앞수표 10만원권 3장을 지급하여 위 종업원이 거스름돈 20,000원을 주어야 하는데 그만 실수로 80,000원을 지급하였습니다. 이에 피고소인이 가고 난 후 고소인이 거스름돈 지급이 잘못된 것을 알았으나 이미 피고소인은 가고 없어 부득이 그 다음날 피고소인이 근무하는 ○○회사에 전화를 하여 양해의 말씀을 드리고 계산서를 맞추어 본 결과 거스름돈 60,000원이 더 지급되었다는 것을 통지하였습니다.
2. 이에 피고소인은 저녁 퇴근 후 돌려주겠다고 말을 하였습니다. 그런데 며칠이 지나도 연락이 없어 다시 ○○회사에 전화를 했더니 피고소인은 오히려 화를 내면서 당신들이 계산을 잘못한 것이니 당신들이 책임져야한다며 그 반환을 거부하여 거듭 사과의 말씀을 드렸으나 이제는 법대로 하라면서 막무가내였습니다. 심지어 "식당문을 닫고 싶으냐." 라고까지 하면서 거스름돈의 반환을 거부하였습니다.
3. 따라서 더 지급된 거스름돈의 반환의무가 있음에도 고의적으로 이를 거부하므로 위와 같은 사실을 들어 고소하오니 조사하여 처벌하여 주시기 바랍니다.

소 명 방 법

1. 계산서 영수증 1통
1. 수표사본 1통

20○○년 ○월 ○일
위 고 소 인 ○ ○ ○ (인)

○ ○ 경 찰 서 장(또는 ○ ○ 지 방 검 찰 청 검 사 장) 귀 중

【서식】 고소장 표준서식 작성례(배임)

고 소 장(배임죄)

1. 고소인

성 명	김 0 0	주민등록번호	8△△△△△ - ×××××××
주 소	00시 00구 00길 00		
직 업	회사원	사무실 주소	00시 00구 00길 00빌딩 000호
전 화	(휴대폰) 010-100-0000 (자택) 02-100-0000 (사무실) 02-100-0000		
이메일	lawb@lawb.co.kr		
고소대리인	변호사 서○○, 연락처 02-100-0000, 010-000-0000		

2. 피고소인

성 명	이 0 0	주민등록번호	8△△△△△ - ×××××××
주 소	00시 00구 00길 00		
직 업	상업	사무실 주소	00시 00구 00길 00빌딩 00호 00리테일
전 화	(휴대폰) 010-100-0000, (사무실) 02-100-0000		
이메일	lawb@lawb.com		
기타사항	피고소인은 고소인의 부동산 거래상대방으로서 친·인척 관계는 없음		

3. 고소취지

고소인은 피고소인을 배임죄로 고소하오니 처벌하여 주시기 바랍니다.

4. 범죄사실

○ 피고소인은 2015. 2. 10. 10:00경 00시 00구 00길 0번지에 있는 00부동산 사무실에서, 피고소인 소유의 00시 00구 00길 00빌딩 00호를 매매대금 3억원에 매도하기로 고소인과 계약을 체결하고 그 자리에서 계약금으로 금 1억원을, 2015. 2. 25. 잔금으로 2억원을 고소인으로부터 받았습니다.

○ 피고소인은 이와 같이 00빌딩 00호에 대한 매매대금 전액을 받았으면 고소인에게 위 부동산에 대한 소유권이전등기를 해 주어야 할 임무가 있음에도 불구하고,

2015. 3. 5.경 위 부동산을 최00에게 금 5억원에 매도한 후 2015. 3. 10.경 최00으로부터 5억원을 받음과 동시에 소유권이전등기를 경료해 주어 금 5억원 상당의 재산상 이익을 취득하고 고소인에게 동액 상당의 재산상 손해를 가하였습니다.

5. 고소이유

○ 고소인은 00회사 이사로 근무 중이며 퇴직을 앞두고 있어 개인사업을 해 볼 생각으로 사무실을 구하고 있었습니다.

○ 그러던 중, 00부동산을 통해 00빌딩 00호 소유자인 피고소인을 소개받아 알게 되었습니다.

○ 마침 피고소인은 대출금 상환을 위해 00빌딩 00호를 매도하려고 하고 있어 고소인과 피고소인은 2015. 2. 10. 10:00경 범죄사실 기재 부동산 사무실에서 부동산 대표 박00이 입회한 가운데 금 3억원에 부동산매매계약을 체결하였습니다.

○ 그리고 범죄사실에 기재한 바와 같이 매매대금 3억원을 2015. 2. 25.까지 모두 지급하였는데 피고소인은 갑자기 고소인과의 연락을 피하여 고소인은 소유권이전등기를 위한 서류를 받을 수가 없었습니다.

○ 그런데 부동산중개업소 대표로부터 제가 산 부동산을 피고소인이 다른 사람에게 다시 팔아버린 것 같다는 말을 듣고 2015. 3. 20.경 등기부를 확인해 보니 피고소인이 제가 샀던 00빌딩 00호를 금 5억원에 최00에게 팔았다는 것을 알게 되었습니다.

○ 이에 고소인은 피고소인에게 찾아가 그 경위를 묻자 대출금 상환 독촉 때문에 어쩔

수 없이 매매대금을 더 받을 수 있는 최00에게 팔아버렸다고 하기에 본 고소에 이르렀습니다.

6. 증거자료

□ 고소인은 고소인의 진술 외에 제출할 증거가 없습니다.

■ 고소인은 고소인의 진술 외에 제출할 증거가 있습니다.

☞ 증거자료의 세부내역은 별지를 작성하여 첨부합니다.

7. 관련사건의 수사 및 재판 여부

① 중복 고소 여부	본 고소장과 같은 내용의 고소장을 다른 검찰청 또는 경찰서에 제출하거나 제출하였던 사실이 있습니다 □ / 없습니다 ■
② 관련 형사사건 수사 유무	본 고소장에 기재된 범죄사실과 관련된 사건 또는 공범에 대하여 검찰청이나 경찰서에서 수사 중에 있습니다 □ / 수사 중에 있지 않습니다 ■
③ 관련 민사소송 유 무	본 고소장에 기재된 범죄사실과 관련된 사건에 대하여 법원에서 민사소송 중에 있습니다 ■ / 민사소송 중에 있지 않습니다 □

※ 고소인이 피고소인에 대하여 2015. 4. 20. 00법원에 2015가합000호로 매매대금 반환청구소송을 제기하였으며, 위 소송은 변호사 김○○을 선임하여 소송 중에 있음

본 고소장에 기재한 내용은 고소인이 알고 있는 지식과 경험을 바탕으로 모두 사실대로 작성하였으며, 만일 허위사실을 고소하였을 때에는 형법 제156조 무고죄로 처벌받을 것임을 서약합니다.

2015년 9월 25일

고소인 김 0 0 (인)

제출인 변호사 김○○ (인)

○○경찰서 귀중

별지 : 증거자료 세부 목록

1. 인적증거

성 명	박00	주민등록번호	7△△△△△ - ×××××××	
주 소	직장 : 00시 00구 00길 00빌딩 00호		직업	00부동산대표
전 화	(휴대폰) 010-100-0000 (사무실) 02-100-0000			
입증하려는 내용	피고소인이 금 3억원에 00빌딩 00호를 고소인에게 매도한 사실 및 매매대금 전액을 받은 사실, 피고소인이 위 부동산을 최00에게 이중으로 매도한 사실			

성 명	최00	주민등록번호	7△△△△△ - ×××××××	
주 소	자택 : 00시 00구 00길 00		직업	모름
전 화	(휴대폰) 010-100-0000			
입증하려는 내용	피고소인으로부터 00빌딩 00호를 금 5억원에 매수한 사실			

2. 증거서류

순번	증거	작성자	제출 유무
1	부동산매매계약서(사본)	피고소인	■ 접수시 제출 □ 수사 중 제출
2	부동산등기부등본	00등기소	■ 접수시 제출 □ 수사 중 제출
3	매매대금 영수증(사본)	피고소인	■ 접수시 제출 □ 수사 중 제출

3. 증거물 및 기타 증거

○ 없음

제출기관	범죄지, 피고인의 주소, 거소 또는 현재지의 경찰서, 검찰청	공소시효	○년(☞공소시효일람표)
고소권자	피해자(형사소송법 223조) (※ 아래(1)참조)	소추요건	※ 아래(2) 참조 (형법 361조, 328조)
제출부수	고소장 1부	관련법규	형법 355조2항 검찰 권장 표준 서식
범죄성립 요 건	타인의 사무를 처리하는 자가 그 임무에 위배하는 행위로써 재산상의 이익을 취득하거나 제3자로 하여금 이를 취득하게 하여 본인에게 손해를 가한 때		
형 량	· 5년 이하의 징역 · 1,500만원 이하의 벌금 (10년 이하의 자격정지를 병과할 수 있음 : 형법 358조)		
불기소처분 등에 대한 불복절차 및 기간	(항고 및 재항고) · 근거 : 검찰청법 10조 · 기간 : 처분결과의 통지를 받은 날부터 30일(검찰청법 10조4항) (헌법소원) · 근거 : 헌법재판소법 68조 · 기간 : 그 사유가 있음을 안 날로부터 90일 이내에, 그 사유가 있은 날로부터 1년 이내에 청구하여야 한다. 다만, 다른 법률에 의한 구제절차를 거친 헌법소원의 심판은 그 최종결정을 통지받은 날로부터 30일 이내에 청구(헌법재판소법 69조)		

※ (1) 고소권자

(형사소송법 225조)

1. 피해자가 제한능력자인 경우의 법정대리인
2. 피해자가 사망한 경우의 배우자, 직계친족, 형제, 자매. 단, 피해자의 명시한 의사에 반하여 고소할 수 없음

(형사소송법 224조)

자기 또는 배우자의 직계존속은 고소할 수 없음(단, 성폭력범죄의 처벌 등에 관한 특례법 제18조에서는 "성폭력범죄에 대하여는 「형사소송법」 제224조(고소의 제한) 및 「군사법원법」 제266조에도 불구하고 자기 또는 배우자의 직계존속을 고소할 수 있다."고 규정함)

※ (2) 친족간의 범행과 고소

1. 직계혈족 ,배우자, 동거친족, 호주, 가족 또는 그 배우자간의 제323조의 죄는 형을 면제
2. 제1항 이외의 친족간에 제323조의 죄를 범한 때에는 고소가 있어야 공소를 제기할 수 있음
3. 전2항의 신분관계가 없는 공범에 대하여는 전2항을 적용하지 아니함

【서식】 고소장(배임)

고 소 장

고 소 인 ○ ○ ○

○○시 ○○구 ○○길 ○○ (전화번호 : ○○○ - ○○○○)

피고소인 △ △ △

○○시 ○○구 ○○길 ○○ (전화번호 : ○○○ - ○○○○)

주민등록번호 : 111111 - 1111111

고 소 취 지

고소인은 피고소인을 상대로 아래와 같이 배임죄로 고소를 제기하오니 철저히 조사하시어 엄벌하여 주시기 바랍니다.

고 소 사 실

피고소인은 20○○. ○. ○. ○○:○○경 ○○시 ○○구 ○○길 ○○에 있는 ○○부동산 소개소에서 피고소인 소유의 같은 길 ○○에 있는 대지 ○○○평, 건평○○평의 주택 1동에 대한 매매계약을 체결함에 있어 계약금 1억원은 계약당일, 중도금 3억원은 같은 달 21. 잔금 3억원은 위 주택에 관한 소유권이전등기 소요서류와 상환으로 같은 달 30. 각 지급 받기로 약정하고 고소인으로부터 즉석에서 계약금 1억원을, 같은 달 21. 위 부동산소개소에서 중도금 3억원을 각 수령하였으므로 잔금기일인 같은 달 30. 잔금수령과 동시에 고소인에게 위 주택의 대지 및 건물에 대한 소유권이전등기절차를 이행하여 주어야 할 임무가 있음에도 불구하고 그 임무에 위배하여 같은 달 25.경 고소외 박□□에게 대금 10억원에 위 주택을 매도하고 소유권이전등기를 경료하여 주어 위 부동산 시가 상당의 재산상 이익을 취득하고, 고소인에게 동액 상당의 손해를 가하였기에 본 고소에 이른 것입니다.

입 증 방 법

추후 조사시에 제출하겠습니다.

20○○년 ○월 ○일

위 고소인 ○ ○ ○ (인)

○ ○ 경 찰 서 장(또는 ○ ○ 지 방 검 찰 청 검 사 장) 귀 중

제출기관	범죄지, 피의자의 주소, 거소 또는 현재지의 경찰서, 검찰청	공소시효	7년(☞공소시효일람표)
고소권자	피해자(형사소송법 223조) (※ 아래(1)참조)	소추요건	※ 아래(2) 참조 (형법 361조, 328조)
제출부수	고소장 1부	관련법규	형법 355조2항
범죄성립 요건	타인의 사무를 처리하는 자가 그 임무에 위배하는 행위로써 재산상의 이익을 취득하거나 제3자로 하여금 이를 취득하게 하여 본인에게 손해를 가한 때		
형 량	· 5년 이하의 징역 · 1,500만원 이하의 벌금 (10년 이하의 자격정지를 병과할 수 있음 : 형법 358조)		
불기소처분 등에 대한 불복절차 및 기간	(항고) · 근거 : 검찰청법 10조 · 기간 : 처분결과의 통지를 받은 날부터 30일(검찰청법 10조4항) (재정신청) · 근거 : 형사소송법 제260조 · 기간 : 항고기각 결정을 통지받은 날 또는 동법 제260조 제2항 각 호의 사유가 발생한 날부터 10일(형사소송법 제260조 제3항) (헌법소원) · 근거 : 헌법재판소법 68조 · 기간 : 그 사유가 있음을 안 날로부터 90일 이내에, 그 사유가 있은 날로부터 1년 이내에 청구하여야 한다. 다만, 다른 법률에 의한 구제절차를 거친 헌법소원의 심판은 그 최종결정을 통지받은 날로부터 30일 이내에 청구(헌법재판소법 69조)		

※ (1) 고소권자

(형사소송법 225조)

1. 피해자가 제한능력자인 경우의 법정대리인

2. 피해자가 사망한 경우의 배우자, 직계친족, 형제, 자매. 단, 피해자의 명시한 의사에 반하여 고소할 수 없음

(형사소송법 224조)

자기 또는 배우자의 직계존속은 고소할 수 없음[단, 성폭력범죄의 처벌 등에 관한 특례법 제18조에서는 "성폭력범죄에 대하여는 형사소송법 제224조(고소의 제한) 및 군사법원법 제266조에 불구하고 자기 또는 배우자의 직계존속을 고소할 수 있다."고 규정함]

※ (2) 친족간의 범행과 고소

1. 직계혈족, 배우자, 동거친족, 동거가족 또는 그 배우자간의 제323조의 죄는 형을 면제
2. 제1항 이외의 친족간에 제323조의 죄를 범한 때에는 고소가 있어야 공소를 제기할 수 있음
3. 전2항의 신분관계가 없는 공범에 대하여는 전2항을 적용하지 아니함

【서식】 고소장(상해)

고 소 장

1. 고소인

성 명	○ ○ ○	주민등록번호	8△△△△△-×××××××
주 소	○○시 ○○구 ○○길 ○○ (현 거주지)		
직 업	○○	사무실 주소	
전 화	(휴대폰) (자택) (사무실)		
이메일	lawb@lawb.co.kr		
대리인에 의한 고소	□법정대리인(성명: , 연락처) □고소대리인(성명: 변호사 , 연락처)		

2. 피고소인

성 명	○ ○ ○	주민등록번호	8△△△△△-×××××××
주 소	○○시 ○○구 ○○길 ○○ (현 거주지)		
직 업	○○	사무실 주소	
전 화	(휴대폰) (자택) (사무실)		
이메일	lawb@lawb.co.kr		
기타사항			

3. 고소취지

위 피고소인을 상해죄로 고소하오니 처벌하여 주시기 바랍니다.

4. 범죄사실

피고소인 등은 평소 불량한 자들로서 고소인이 ○○년 ○월 ○일 오후 2시 30분경 ○○시 ○○구 ○○동 ○○갈비집앞 길을 지나가던 중 고소인에게 "너 어디서 사는가? 담배 한 대 줄 수 없나?"라고 반말을 하길래 "당신이 나를 언제 보았기에 반말이냐"고 하였더니 "담배 한 대 달라는데 시비가 무슨 시비야" 하면서 피고소인 등은 합세하여 고소인의 얼굴과 가슴을 수회에 걸쳐 구타하므로 고소인은 땅에 쓰러졌으나 그 후 정신을 차리고 일어서 본즉 다리와 가슴이 몹시 아파 병원에 가본즉 전치 2주를 요하는 전신타박상을 입었습니다.

5. 고소이유

이로 인한 상해의 상처를 치료는커녕 잘못했다는 말 한마디 없는 피고소인 등을 엄중히 조사, 처벌하여 주시기 바랍니다.

6. 증거자료

(✔해당란에 체크하여 주시기 바랍니다.)

☑ 고소인은 고소인의 진술 외에 제출할 증거가 없습니다.
□ 고소인은 고소인의 진술 외에 제출할 증거가 있습니다.

7. 관련사건의 수사 및 재판 여부

(✔해당란에 체크하여 주시기 바랍니다)

① 중복 고소 여부	본 고소장과 같은 내용의 고소장을 다른 검찰청 또는 경찰서에 제출하거나 제출하였던 사실이 있습니다 □ / 없습니다 ☑
② 관련 형사사건 수사 유무	본 고소장과 기재된 범죄사실과 관련된 사건 또는 공범에 대하여 검찰청이나 경찰서에서 수사중에 있습니다 □ / 수사중에 있지 않습니다 ☑
③ 관련 민사소송 유무	본 고소장과 기재된 범죄사실과 관련된 사건에 대하여 법원에서 민사소송중에 있습니다 □ / 민사소송 중에 있지 않습니다 ☑

8. 기타

본 고소장에 기재한 내용을 고소인이 알고 있는 지식과 경험을 바탕으로 모두 사실대로 작성하였으며, 만일 허위사실을 고소하였을 때에는 형법 제156조 무고죄로 처벌받을 것임을 서약합니다.

20○○년 ○월 ○일

고소인__________(인)
제출인__________(인)

○○지방검찰청 귀중

【서식】 고소장(폭력행위등처벌에관한법률위반 상해2)

고 소 장

고 소 인 ○ ○ ○ (전화 : ○○○ - ○○○○)
○○시 ○○구 ○○길 ○○

피고소인 △ △ △ (전화 : ○○○ - ○○○○)
○○시 ○○구 ○○길 ○○

위 피고소인을 아래와 같이 상해의 죄 등으로 고소하오니 철저히 조사하여 엄중 처벌하여 주시기 바랍니다.

- 아 래 -

1. 고소인과 피고소인은 동네에서 각각 동종의 영세한 점포를 운영하는 자 들로서 이웃에 거주하는 사실로 평소 안면이 있는 사이입니다.

2. 고소인과 피고소인은 일전에 점포의 간판이 돌출되어 영업에 지장이 있는 관계로 말다툼한 사실이 있는데 그 후 별 일없이 지내오던 중, 20○○. ○. ○. 아침 ○○:○○경 고소인은 평소 다니던 약수터에 가기 위해 집을 나서서 ○○길의 뒷산으로 향하던 중 등산로의 초입에서 피고소인을 만났는데, 피고소인이 고소인에게 고소인이 피고소인의 험담을 하고 다닌다는 말을 들었다고 하며 어찌된 일인가 하고 물어와 고소인은 "그런 사실이 없다"고 대답하였는데 "아니 땐 굴뚝에 연기 나느냐"며 재차 따져 고소인이 "그런 사실 없고 누가 그런 소리를 하고 다니는지 알아보고 혼을 내겠다. 그런 사실 없으니 오해 말아라"하며 헤어졌습니다.

3. 그런데 그 날 오후 고소인이 시장에서 물건을 받아 점포에 도착하여 물건을 내리는데 피고소인이 찾아와 "내가 동네사람들에게 다 물어봤다" "네가 험담을 하고 내가 손님들에게 바가지를 씌운다고 소문을 내서 장사가 안되고 있다"라며 트집을 잡아 고소인은 "그런 사실 전혀 없으니 일하는데 방해하지 말고 가라"고 대답하였고 피고소인이 계속안가고 사실무근인 일로 트집을 잡고 욕을 하여 말도 되지 않는 소리라 들은 체도 안하고 물건을 정리하기 바빴는데 피고소인이 "사람의 말이 말 같지 않느냐? 맛을 봐야 하겠느냐?"며 갑자기 고소인의 점포에 쓰레기를 치우기 위해 두었던 철제 쓰레받기를 들고 허리를 숙이고 물건을 정리하던 고소인의 뒷머리를 철제 쓰레받기의 모서리로 내리쳐 고소인은 충격으로 쓰러지고 주변사람들이 와서 피고소인으로부터 철제 쓰레받기를 빼앗고 피고소인이 더 이상 고소인을 내리칠 수 없도록 말렸습니다.

4. 이에 고소인이 겨우 정신을 차리고 일어나 보니 뒷머리가 온통 피로 범벅이 되었고 피가 계속 흘러내리고 정신이 혼미하여 주변사람의 부축을 받아 근처에 있는 외과병원에 가서 치료를 받았는데 뒷머리가 5㎝정도 찢어지고 피를 많이 흘려 X-ray를 찍어보았으나 뼈에는 다행히 문제가 없어 12바늘의 봉합수술을 하였고 흘린 피가 많아 링거주사를 2시간에 걸쳐 맞았습니다. 담당의사는 경과를 두고 봐야 한다면서 며칠 입원하라고 하였으나 고소인은 일이 바빠 그럴 수 없다고 하자 담당의사는 환자가 원해서 퇴원한다는 각서를 고소인이 써주자 퇴원을 허락하였고 당시 어느 정도의 치료기간이 걸리겠는가의 고소인의 물음에 달리 다른 증세가 없다면 최소한 ○주 정도는 치료를 받아야 완치 될 것이며 계속적으로 병원에 와서 치료를 받고 약을 받아가야 한다고 하였습니다.

5. 그리하여 4시간에 걸친 응급처치 후에 고소인은 집으로 돌아와 쉬었는데 피고소인은 바로 옆에서 영업을 하면서도 찾아와서 용서를 구하던가, 또는 치료비를 물어주겠다는 소리도 한마디 없이 현재까지 오히려 자기가 잘 한 것이고, 고소인이 험담을 하여 천벌을 준 것이라는 등의 거짓말만 하고 다니며 잘못을 뉘우치지 않고 있습니다.

6. 이에 고소인은 피고소인을 상해죄로 고소하는 바이고, 피고소인의 고소인에 대한 행위는 단순히 폭행을 하여 상해의 결과를 야기한 폭행 치상의 죄가 아니고 고의적으로 고소인에게 상해를 가할 의도로 위험한 물건인 철제 쓰레받기의 모서리로 내리친 것으로서 상해의 죄로 엄중히 처벌받아야 마땅할 것인바, 조사하시어 엄히 처벌하여주시기 바랍니다.

첨 부 서 류

상해진단서 1통

20○○년 ○월 ○일

고 소 인 ○ ○ ○ (인)

○ ○ 경 찰 서 장(또는 ○ ○ 지 방 검 찰 청 검 사 장) 귀 중

제출기관	범죄지, 피의자의 주소, 거소 또는 현재지의 경찰서, 검찰청	공소시효	○년(☞공소시효일람표)
고소권자	피해자(형사소송법 223조) (※ 아래(1)참조)	소추요건	
제출부수	고소장 1부	관련법규	형법 257조, 폭력행위등처벌에 관한법률 3조1항, 2조1항
범죄성립 요 건	흉기 기타 위험한 물건을 휴대하여 사람의 신체를 상해한 때		
형 량	· 3년 이상의 유기징역		
불기소처분 등에 대한 불복절차 및 기간	(항고) · 근거 : 검찰청법 10조 · 기간 : 처분결과의 통지를 받은 날부터 30일(검찰청법 10조4항) (재정신청) · 근거 : 형사소송법 제260조 · 기간 : 항고기각 결정을 통지받은 날 또는 동법 제260조 제2항 각 호의 사유가 발생한 날부터 10일(형사소송법 제260조 제3항) (헌법소원) · 근거 : 헌법재판소법 68조 · 기간 : 그 사유가 있음을 안 날로부터 90일 이내에, 그 사유가 있은 날로부터 1년 이내에 청구하여야 한다. 다만, 다른 법률에 의한 구제절차를 거친 헌법소원의 심판은 그 최종결정을 통지받은 날로부터 30일 이내에 청구(헌법재판소법 69조)		

【서식】 고소장[업무상과실치상죄(의료사고)]

고 소 장

고 소 인 ○ ○ ○ (주민등록번호 : 111111 - 1111111)
○○시 ○○구 ○○길 ○○

피고소인 김 △ △ (주민등록번호 : 111111 - 1111111)
○○시 ○○구 ○○길 ○○ ○○병원
이 △ △ (주민등록번호 : 111111 - 1111111)
○○시 ○○구 ○○길 ○○ ○○병원

고 소 취 지

피고소인은 고소인에게 고혈압 및 편두통 치료를 하다가 업무상 과실로 뇌동맥 파열로 인한 지주막하출혈로 사지부전마비 상태에 이르게 한 사실이 있으므로 피고소인을 철저히 수사하여 엄벌에 처해 주시기 바랍니다.

고 소 사 실

1. 고소인은 20○○. ○.경 구토를 동반한 심한 두통으로 피고소인을 사용하고 있는 ○○병원에 내원하여 소화기 내과 전문의인 김△△로부터 진찰을 받았는데, 고혈압으로 의심한 위 의사는 순환기 내과 의사인 A에게 협의진료를 요청하였고, 위 김△△는 검사를 시행한 다음 혈압강하제인 ○○○을 복용토록 하였습니다.
2. 고소인은 위 약물을 계속 복용하였으나 한달 후인 20○○. ○. 중순경 계속된 통증으로 다시 위 병원에 내원 하였는데, 당시 김△△는 고혈압, 일과성 뇌허혈, 뇌막염 의심 하에 정밀진단을 위하여 고소인을 입원토록 하였고 당시 고소인은 두통 및 구토와 함께 목이 뻣뻣

하고 목 뒤에서 맥박이 뛰는 듯하며, 말이 어둔하고 전신이 쇠약한 상태였습니다. 한편 피고 김△△는 신경학과 의사인 이△△에게 협진 의뢰를 한 바 별다른 이상 없다는 통보를 받고 편두통 진단을 하여 최종적으로 만성위염, 지방간, 고혈압 진단을 내리고 이에 대한 약물치료를 한 다음 혈압이 다소 안정되자 같은 달 말경 고소인을 퇴원토록 하였습니다.

3. 고소인은 위 병원에 다녀온 뒤 조금 증상이 호전되는 듯하다가 퇴원 후 ○개월이 지난 20○○. ○. ○경 새벽 무렵 수면 도중 갑작스럽게 비명을 지르면서 의식을 잃고 쓰러져 즉시 응급실에 내원하게 되었고 이△△는 뇌 CT 촬영을 하였던바, 좌측 뇌실 내 출혈과 함께 좌측 측두엽 끝과 좌우 내실내 출혈 소견을 보여 일단 동정맥기형 파열과 뇌실내 출혈, 종양 출혈과 뇌실 내 출혈, 모야모야병과 뇌실내 출혈, 고혈압성 뇌출혈과 뇌실내 출혈로 진단하였습니다. 그러나 이△△는 고소인의 상태가 좋지 않아 수술예정만 잡아놓고 합병증 발생 예방 치료만을 하였습니다.

4. 이에 고소인은 수술날짜를 기다릴 수 없어서 다른 병원으로 전원하였던바, 위 병원 의료진은 동맥류파열에 의한 지주막하출혈로 진단하고 재출혈 방지를 위한 외동맥류 경부 결찰술을 시행하였습니다. 그러나 고소인은 수술전 이미 심한 뇌부종에 의한 뇌세포 괴사와 뇌혈관연축에 의한 뇌경색, 뇌수두증 등으로 뇌손상을 입어 위 병원에서 치료를 받다가 다음해 ○월경 퇴원하였습니다.

5. 한편 위 병원의 진단 결과 현재의 증상(뇌동맥류 파열에 의한 지주막하출혈)은 이미 위 피고소인이 고소인을 진찰하고 치료할 당시인 20○○. ○. ○. 및 같은 해 ○경에 이미 나타났던 것으로 드러났습니다. 뇌동맥류 파열에 희한 지주막하출혈은 갑작스러운 두통 및 구토이외에는 뇌신경학적 증상이 없는 경우가 있으므로 이 경우 신경외과 의사인 이△△와 주치의인 김△△로서는 환자나 발병과정을 지켜본 사람에게서 자세한 병력을 들어 지주막하출혈 가능성을 추정하고 소량의 출혈시에는 반드시 뇌 CT 촬영, 뇌척수액검사 및 뇌혈관 촬영 등을 신속히 시행하여 뇌동맥류 파열로 인한 지주막하 출혈을 확인하였어야 하는 업무상 주의 의무를 위반하여 만연히 즉시 위와 같은 조치를 하지 않고 혈압강하제 만을 투약케 한 업무상 과실로 피고소인을 사지부전마비 상태에 빠뜨렸으니, 조사하여 엄히 처벌하여 주시기 바랍니다.

첨 부 서 류

1. 진단서(A병원 피고소인 작성)
1. 진단서(B병원 의사 작성)
1. 진료기록부(A병원)
1. 진료기록부(B병원)
기타 추후 제출하겠습니다.

20○○년 ○년 ○월

고 소 인 ○ ○ ○ (인)

○ ○ 경 찰 서 장(또는 ○ ○ 지 방 검 찰 청 검 사 장) 귀 중

제출기관	범죄지, 피의자의 주소, 거소 또는 현재지의 경찰서, 검찰청	공소시효	○년(☞공소시효일람표)
고소권자	피해자(형사소송법 223조) (※ 아래(1)참조)	소추요건	
제출부수	고소장 1부	관련법규	형법 268조
범죄성립 요 건	업무상과실 또는 중대한 과실로 인하여 사람을 사상에 이르게 한 때		
형 량	· 5년 이하의 금고 또는 2천만원 이하의 벌금		
불기소처분 등에 대한 불복절차 및 기간	(항고) · 근거 : 검찰청법 10조 · 기간 : 처분결과의 통지를 받은 날부터 30일(검찰청법 10조4항) (재정신청) · 근거 : 형사소송법 제260조 · 기간 : 항고기각 결정을 통지받은 날 또는 동법 제260조 제2항 각 호의 사유가 발생한 날부터 10일(형사소송법 제260조 제3항) (헌법소원) · 근거 : 헌법재판소법 68조 · 기간 : 그 사유가 있음을 안 날로부터 90일 이내에, 그 사유가 있은 날로부터 1년 이내에 청구하여야 한다. 다만, 다른 법률에 의한 구제절차를 거친 헌법소원의 심판은 그 최종결정을 통지받은 날로부터 30일 이내에 청구(헌법재판소법 69조)		

【서식】 업무상 과실치사 고소장

고 소 장

1. 고소인

성 명	○ ○ ○	주민등록번호	7△△△△△-×××××××
주 소	○○시 ○○구 ○○동 ○○ (현 거주지)		
직 업	○○	사무실 주소	
전 화	(휴대폰) (자택) (사무실)		
이메일	lawb@lawb.co.kr		
대리인에 의한 고소	□법정대리인(성명: , 연락처) □고소대리인(성명: 변호사 , 연락처)		

2. 피고소인1

성 명	○ ○ ○	주민등록번호	8△△△△△-×××××××
주 소	○○시 ○○구 ○○동 ○○ (현 거주지)		
직 업	○○	사무실 주소	
전 화	(휴대폰) (자택) (사무실)		
이메일	lawb@lawb.co.kr		
기타사항			

피고소인2

성 명	○ ○ ○	주민등록번호	7△△△△△-×××××××
주 소	○○시 ○○구 ○○동 ○○ (현 거주지)		
직 업	○○	사무실 주소	
전 화	(휴대폰) (자택) (사무실)		
이메일	lawb@lawb.co.kr		
기타사항			

3. 고소취지

위 피고소인을 업무상 과실치사죄로 고소하오니 처벌하여 주시기 바랍니다.

4. 범죄사실

당시 ○○형사지방법원에 계속중인 위 한○○에 대한 강도피고사건에 있어서 같은 동에 사는 유○○가 증인으로 소화된 것을 알고 위 한○○를 위하여 유리한 허위진술을 시키기로 작정하고 ○○년 ○월 ○일 위 유○○을 한○○ 집으로 불러 피고소인 김○○이 주식을 권하면서 한○○에 대하여 강도사건으로 증인 심문을 받게 될 때에는 자기가 동년 ○월 ○일 오후 8:30경 위 ○○맥주홀에 갔을 때 한○○는 사무실에서 자기부인과 돈 때문에 이야기를 하고 있더라고 허위진술을 시켜서 위증을 교사하였습니다.

5. 고소이유

피고소인 유○○은 위와 같은 부탁을 받자 위 사실이 전혀 허위인 줄 알면서 이를 수락하고 같은 달 ○월 ○일 위 한○○에 대한 강도피고 사건에 있어서 ○○지방법원 형사2단독 재판장 ○○○ 앞에서 동 사건의 증인으로 선서한 후 재판장으로부터 심문을 받을 때 위와 같이 의뢰받은 사실과 동 취지의 허위진술을 하여서 위증을 하였습니다.

6. 증거자료

(✔해당란에 체크하여 주시기 바랍니다.)

☑ 고소인은 고소인의 진술 외에 제출할 증거가 없습니다.
☐ 고소인은 고소인의 진술 외에 제출할 증거가 있습니다.

7. 관련사건의 수사 및 재판 여부

(✔해당란에 체크하여 주시기 바랍니다)

① 중복 고소 여부	본 고소장과 같은 내용의 고소장을 다른 검찰청 또는 경찰서에 제출하거나 제출하였던 사실이 있습니다 □ / 없습니다 ☑
② 관련 형사사건 수사 유무	본 고소장과 기재된 범죄사실과 관련된 사건 또는 공범에 대하여 검찰청이나 경찰서에서 수사중에 있습니다 □ / 수사중에 있지 않습니다 ☑
③ 관련 민사소송 유 무	본 고소장과 기재된 범죄사실과 관련된 사건에 대하여 법원에서 민사소송중에 있습니다 □ / 민사소송 중에 있지 않습니다 ☑

8. 기타

본 고소장에 기재한 내용을 고소인이 알고 있는 지식과 경험을 바탕으로 모두 사실대로 작성하였으며, 만일 허위사실을 고소하였을 때에는 형법 제156조 무고죄로 처벌받을 것임을 서약합니다.

20○○년 ○월 ○일

고소인__________(인)

제출인__________(인)

○○지방검찰청 귀중

【서식】 고소장(무고죄)

고 소 장

고 소 인 성명 ○ ○ ○
주소 ○○시 ○○구 ○○길 ○○ (우편번호 : ○○○ - ○○○)
전화번호 ○○○ - ○○○○

피고소인 성명 △ △ △
주소 ○○시 ○○구 ○○길 ○○ (우편번호 : ○○○ - ○○○)
전화번호 ○○○ - ○○○○

고소인은 피고소인에 대하여 다음과 같이 고소하오니 철저히 조사하여 법에 따라서 처벌하여 주시기 바랍니다.

다 음

1. 피고소인은 일정한 직업이 없는 자로서, 사실은 20○○. ○. ○. 갚는 날을 20○○. ○. ○. 이자는 월○푼으로 하는 내용으로 피고소인이 직접 작성한 지불각서를 고소인에게 교부하고 금 ○,○○○,○○○원을 고소인으로부터 차용하였음에도 불구하고, 고소인이 피고소인에게 갚기를 독촉하자 오히려 고소인이 피고소인의 도장을 이용하여 피고소인 명의의 지불각서를 위조하여 피고소인으로부터 금 ○,○○○,○○○원을 편취하려 한다는 내용의 고소장을 20○○. ○. ○일 ○○경찰서에 제출하였습니다.

2. 이는 피고소인이 고소인에 대한 채무를 면해 보고자 고소인을 형사처분 받게 할 목적으로 허위의 사실을 기재 고소인을 음해하는 것이므로 피고소인을 무고죄로 고소하오니 조사하여 엄벌하여 주시기 바랍니다.

20○○년 ○월 ○일

위 고소인 ○ ○ ○ (인)

○ ○ 경 찰 서 장(또는 ○ ○ 지 방 검 찰 청 검 사 장) 귀 중

제출기관	범죄지, 피의자의 주소, 거소 또는 현재지의 경찰서, 검찰청	공소시효	○년(☞공소시효일람표)
고소권자	피해자(형사소송법 223조) (※ 아래(1)참조)	소추요건	
제출부수	고소장 1부	관련법규	형법 156조
범죄성립 요 건	타인으로 하여금 형사처분 또는 징계처분을 받게 할 목적으로 공무소 또는 공무원에 대하여 허위의 사실을 신고한 때		
형 량	· 10년 이하의 징역 · 1,500만원 이하의 벌금		
불기소처분 등에 대한 불복절차 및 기간	(항고) · 근거 : 검찰청법 10조 · 기간 : 처분결과의 통지를 받은 날부터 30일(검찰청법 10조4항) (재정신청) · 근거 : 형사소송법 제260조 · 기간 : 항고기각 결정을 통지받은 날 또는 동법 제260조 제2항 각 호의 사유가 발생한 날부터 10일(형사소송법 제260조 제3항) (헌법소원) · 근거 : 헌법재판소법 68조 · 기간 : 그 사유가 있음을 안 날로부터 90일 이내에, 그 사유가 있은 날로부터 1년 이내에 청구하여야 한다. 다만, 다른 법률에 의한 구제절차를 거친 헌법소원의 심판은 그 최종결정을 통지받은 날로부터 30일 이내에 청구(헌법재판소법 69조)		

※ (1) 고소권자

(형사소송법 225조)

1. 피해자가 제한능력자인 경우의 법정대리인
2. 피해자가 사망한 경우의 배우자, 직계친족, 형제, 자매. 단, 피해자의 명시한 의사에 반하여 고소할 수 없음

(형사소송법 224조)

자기 또는 배우자의 직계존속은 고소할 수 없음[단, 성폭력범죄의 처벌 등에 관한 특례법 제18조에서는 "성폭력범죄에 대하여는 형사소송법 제224조(고소의 제한) 및 군사법원법 제266조에 불구하고 자기 또는 배우자의 직계존속을 고소할 수 있다."고 규정함]

【서식】 부동산중개업법 위반 고소장

고 소 장

1. 고소인

성 명	○ ○ ○	주민등록번호	111111-2222222
주 소	○○시 ○○구 ○○길 ○○ (현 거주지)		
직 업	○○	사무실 주소	
전 화	(휴대폰) (자택) (사무실)		
이메일	lawb@lawb.co.kr		
대리인에 의한 고소	□법정대리인(성명: , 연락처) □고소대리인(성명: 변호사 , 연락처)		

2. 피고소인

성 명	○ ○ ○	주민등록번호	111111-2222222
주 소	○○시 ○○구 ○○길 ○○ (현 거주지)		
직 업	○○	사무실 주소	
전 화	(휴대폰) (자택) (사무실)		
이메일	lawb@lawb.co.kr		
기타사항			

3. 고소취지

위 피고소인을 부동산중개업법 위반으로 이 고소를 제기하오니 의법처단 있으시기 바랍니다.

4. 범죄사실

고소인은 20○○년 ○월경 피고소인의 소개로 현주소지로 이주하게 된 관계로 알게 되었는데, 피고소인은 이를 기회로 고소인에게 자주 전화를 걸고 저렴한 땅이 있으니 중개하겠다고 성화이므로 동년 ○월 ○일에 피고소인을 만났던 바, 시내 ○○구 ○○길 ○○ 거주 ○○○가 김포공항확장공사에 당국으로부터 철거에 따르는 대토권이 부여되었는데 이를 사서 두면 얼마가지 않아 몇 배의 이득을 득할 수 있겠고 아니면 집을 지어서 살아도 좋다고 감언이설로 속이고, 즉 사실상에는 아파트 추첨권임에도 대토권이라고 사회물정에 대해서 아무것도 모르는 가정주부인 고소인으로 하여금 중개대상물의 정확한 고지 없이 고소인의 판단을 흐리게 하여 무려 1,200만원이란 판매대금을 받아 착복하였습니다.

5. 고소이유

위 피고소인은금일 현재까지 만나주지도 않고 피해 다니는 자이오니 체포하시어 법이 적용되는 한 엄벌에 처해주시기 바라와 이 고소에 이르렀습니다.

6. 증거자료

(✔해당란에 체크하여 주시기 바랍니다.)

☑ 고소인은 고소인의 진술 외에 제출할 증거가 없습니다.
□ 고소인은 고소인의 진술 외에 제출할 증거가 있습니다.

7. 관련사건의 수사 및 재판 여부

(✔해당란에 체크하여 주시기 바랍니다)

① 중복 고소 여부	본 고소장과 같은 내용의 고소장을 다른 검찰청 또는 경찰서에 제출하거나 제출하였던 사실이 있습니다 □ / 없습니다 ☑
② 관련 형사사건 수사 유무	본 고소장과 기재된 범죄사실과 관련된 사건 또는 공범에 대하여 검찰청이나 경찰서에서 수사중에 있습니다 □ / 수사중에 있지 않습니다 ☑
③ 관련 민사소송 유 무	본 고소장과 기재된 범죄사실과 관련된 사건에 대하여 법원에서 민사소송중에 있습니다 □ / 민사소송 중에 있지 않습니다 ☑

8. 기타

본 고소장에 기재한 내용을 고소인이 알고 있는 지식과 경험을 바탕으로 모두 사실대로 작성하였으며, 만일 허위사실을 고소하였을 때에는 형법 제156조 무고죄로 처벌받을 것임을 서약합니다.

20○○년 ○월 ○일

고소인__________(인)
제출인__________(인)

○○지방검찰청 귀중

【서식】 고소장 표준서식 작성례(사기)

고 소 장(사기죄)

1. 고소인

성 명	강 0 0	주민등록번호	8△△△△△ - ×××××××
주 소	00시 00구 00길 00		
직 업	회사원	사무실 주소	서울 00구 00길 00
전 화	(휴대폰) 010-100-0000 (자택) 02-100-000 (사무실) 02-100-0000		
이메일	lawb@lawb.co.kr		

2. 피고소인

성 명	박 0 0	주민등록번호	7△△△△△ - ×××××××
주 소	00시 00구 00길 00		
직 업		사무실 주소	
전 화	(휴대폰) 010-100-0000		
이메일	lawb@lawb.com		
기타사항	고소인과의 관계 : 거래상대방으로서 친·인척 관계는 없음		

3. 고소취지

고소인은 피고소인을 사기죄로 고소하오니 처벌하여 주시기 바랍니다.

4. 범죄사실

○ 피고소인은 분양대행사인 (주)00부동산컨설팅 분양팀장으로 행세하는 자입니다.

○ 2016. 3. 2. 16:00경 서울 강남구 00길 00번지에 있는 00커피숍에서, 피고소인은 서울 00구 00길 00상가를 고소인에게 분양받도록 해 줄 의사나 능력이 없음에도 고소인에게 "00상가를 급하게 팔려는 사람이 있으니 컨설팅비 1,000만원을 주면 시세보다 20% 정도 싼 가격에 상가를 분양받도록 해 주겠다"고 거짓말하여 이에 속은 고소인으로부터 2016. 3. 10.경 컨설팅비로 금 1,000만원을 받아 편취하였습니다.

5. 고소이유

○ 고소인은 00주식회사 00부에서 근무 중이며, 피고소인은 고소인의 친구 강00으로부터 2016. 2.초에 소개받아 알게 되었습니다.

○ 피고소인은 자신이 (주)00부동산컨설팅 분양팀장으로 근무한다고 하면서 투자를 할 만한 좋은 부동산이 있으면 소개해 주겠다고 한 후 2016. 2.말경 고소인의 직장으로 전화를 걸어 방금 나온 좋은 매물이라면서 00상가를 추천하였습니다.

○ 이에 고소인은 2016. 3. 2. 16:00경 서울 강남구 00길 00번지에 있는 00커피숍에서 피고소인을 만났는데 그 자리에서 피고소인은 "00상가의 주인이 다른 사업자금 조달을 위해 상가 101호를 급히 매물로 내 놓았다. 컨설팅비 1,000만원을 주면 00상가를 시세보다 20%정도 싼 가격에 상가를 분양받도록 해 주고 피고소인이 근무하는 회사에서 금융기관 대출도 알선해 주겠다"고 하기에 이를 믿고 피고소인과 컨설팅계약서를 작성하였습니다.

○ 고소인은 2016. 3. 10.경 00은행에 있던 고소인의 예금 중 1,000만원을 100만원권 수표로 인출하여 그 날 14:00경 위 00커피숍에서 피고소인에게 컨설팅비조로 주었습니다.

○ 그런데 그로부터 한 달이 지나도록 연락이 없어 (주)00부동산컨설팅으로 피고소인을 찾아갔더니 그 회사에서는 피고소인이 분양팀장으로 근무한 바도 없고 전혀 모르는 사람이라고 하면서 이전에도 유사한 일로 문의전화가 여러 통 왔었다고 하였습니다.

○ 이에 고소인은 00상가 관리사무소에 들러 확인해 보니 101호는 상가 주인이 팔려고 한 사실도 없음을 확인하였고 피고소인은 그 후 연락도 되지 않고 있어 이건 고소에 이르게 되었습니다.

6. 증거자료

□ 고소인은 고소인의 진술 외에 제출할 증거가 없습니다.

■ 고소인은 고소인의 진술 외에 제출할 증거가 있습니다.

☞ **증거자료의 세부내역은 별지를 작성하여 첨부합니다.**

7. 관련사건의 수사 및 재판 여부

① 중복 고소 여부	본 고소장과 같은 내용의 고소장을 다른 검찰청 또는 경찰서에 제출하거나 제출하였던 사실이 있습니다 □ / 없습니다 ■
② 관련 형사사건 수사 유무	본 고소장에 기재된 범죄사실과 관련된 사건 또는 공범에 대하여 검찰청이나 경찰서에서 수사 중에 있습니다 □ / 수사 중에 있지 않습니다 ■
③ 관련 민사소송 유무	본 고소장에 기재된 범죄사실과 관련된 사건에 대하여 법원에서 민사소송 중에 있습니다 □ / 민사소송 중에 있지 않습니다 ■

본 고소장에 기재한 내용은 고소인이 알고 있는 지식과 경험을 바탕으로 모두 사실대로 작성하였으며, 만일 허위사실을 고소하였을 때에는 형법 제156조 무고죄로 처벌받을 것임을 서약합니다.

2016년 9월 5일

고소인 강 0 0 (인)

○○지방검찰청 귀중

별지 : 증거자료 세부 목록

1. 인적증거

성 명	정00	주민등록번호	8△△△△△ - ×××××××		
주 소	자택 : 00시 00구 00길 00 직장 : 00시 00구 00길 00			직업	회사원
전 화	(휴대폰) 010-100-0000 (자택) 02-100-0000 (사무실) 02-100-0000				
입증하려는 내용	정00은 고소인의 친구이며, 피고소인이 고소인에게 컨설팅비를 요구하면서 00상가를 싸게 분양받도록 해 주겠다는 말을 2016. 3. 2. 고소인과 같이 들었음				

성 명	박00	주민등록번호	7△△△△△ - ×××××××		
주 소	자택 : 00시 00구 00길 00 직장 : 00시 00구 00길 00(주)00부동산컨설팅			직업	(주)00부동산컨설팅 총무과장
전 화	(휴대폰) 010-100-0000 (사무실) 02-100-0000				
입증하려는 내용	피고소인이 (주)00부동산컨설팅 직원도 아니면서 마치 위 회사 분양팀장으로 근무한 것처럼 거짓말한 사실				

성 명	최00	주민등록번호	8△△△△△ - ×××××××		
주 소	직장 : 00시 00구 00길 00상가 관리사무소			직업	00상가 관리사무소장
전 화	(휴대폰) 010-100-0000 (사무실) 02-100-0000				
입증하려는 내용	00상가 101호는 상가 소유자가 팔려고 한 적도 없다는 사실				

2. 증거서류

순번	증거	작성자	제출 유무
1	컨설팅 계약서(사본)	피고소인	■ 접수시 제출 □ 수사 중 제출
2	예금통장(사본)	고 소 인	■ 접수시 제출 □ 수사 중 제출
3	영수증(사본)	피고소인	■ 접수시 제출 □ 수사 중 제출

※ 예금통장 사본은 고소인이 피고소인의 컨설팅비 1,000만원을 2016. 3. 10. 수표로 인출한 사실을 입증하고자 하는 것이며 증거서류 원본은 고소인이 소지하고 있음

3. 증거물

순번	증거	소유자	제출 유무
1	피고소인의 명함(사본)	고소인	■ 접수시 제출 □ 수사 중 제출
2			□ 접수시 제출 □ 수사 중 제출
3			□ 접수시 제출 □ 수사 중 제출

4. 기타 증거

○ 없음

제출기관	범죄지, 피의자의 주소, 거소 또는 현재지의 경찰서, 검찰청	공소시효	10년(☞공소시효일람표)
고소권자	피해자(형사소송법 223조) (※ 아래(1)참조)	소추요건	※ 아래(2) 참조 (형법 354조, 328조)
제출부수	고소장 1부	관련법규	형법 347조/ 검찰 권장 고소장 표준 서식(2006. 5. 15.)
범죄성립 요 건	·사람을 기망하여 재물의 교부를 받거나 재산상의 이익을 취득한 때 ·사람을 기망하여 제3자로 하여금 재물의 교부를 받거나 재산상의 이익을 취득하게 한 때		
형 량	· 10년 이하의 징역 · 2,000만원 이하의 벌금 (10년 이하의 자격정지를 병과할 수 있음 : 형법 353조)		
불기소처분 등에 대한 불복절차 및 기간	(항고) · 근거 : 검찰청법 10조 · 기간 : 처분결과의 통지를 받은 날부터 30일(검찰청법 10조4항) (재정신청) · 근거 : 형사소송법 제260조 · 기간 : 항고기각 결정을 통지받은 날 또는 동법 제260조 제2항 각 호의 사유가 발생한 날부터 10일(형사소송법 제260조 제3항) (헌법소원) · 근거 : 헌법재판소법 68조 · 기간 : 그 사유가 있음을 안 날로부터 90일 이내에, 그 사유가 있은 날로부터 1년 이내에 청구하여야 한다. 다만, 다른 법률에 의한 구제절차를 거친 헌법소원의 심판은 그 최종결정을 통지받은 날로부터 30일 이내에 청구(헌법재판소법 69조)		

※ (1) 고소권자

(형사소송법 225조)

1. 피해자가 제한능력자인 경우의 법정대리인
2. 피해자가 사망한 경우의 배우자, 직계친족, 형제, 자매. 단, 피해자의 명시한 의사에 반하여 고소할 수 없음

(형사소송법 224조)

자기 또는 배우자의 직계존속은 고소할 수 없음(단, 성폭력범죄의처벌및피해자보호등에관한 법률 제7조에서는 "친족관계에 의한 강간 등은 친고죄에 해당되지 아니할 뿐만 아니라 직계존속에 대하여 고소할 수 있다."고 규정함)

※ (2) 친족간의 범행과 고소

1. 직계혈족 ,배우자, 동거친족, 동거가족 또는 그 배우자간의 제323조의 죄는 형을 면제
2. 제1항 이외의 친족간에 제323조의 죄를 범한 때에는 고소가 있어야 공소를 제기할 수 있음
3. 전2항의 신분관계가 없는 공범에 대하여는 전2항을 적용하지 아니함

【서식】 고소장(사기1)

고 소 장

1. 고소인

성 명	○ ○ ○	주민등록번호	111111-2222222
주 소	○○시 ○○구 ○○길 ○○ (현 거주지)		
직 업	○○	사무실 주소	
전 화	(휴대폰) (자택) (사무실)		
이메일	lawb@lawb.co.kr		
대리인에 의한 고소	□법정대리인(성명: , 연락처) □고소대리인(성명: 변호사 , 연락처)		

2. 피고소인

성 명	○ ○ ○	주민등록번호	111111-2222222
주 소	(공장소재지)○○시 ○○구 ○○길 ○○(○○기계제작소) (현 거주지)		
직 업	○○	사무실 주소	
전 화	(휴대폰) (자택) (사무실)		
이메일	lawb@lawb.co.kr		
기타사항			

3. 고소취지

위 피고소인은 사기 등 죄로 이 고소를 제기하오니 의법 처단 있으시길 바랍니다.

4. 범죄사실

위 표시 피고소인의 ○○기계제작소는 피고소인의 형인 고소외 ○○○의 소유임에도 피고소인은 일정직업 없이 형이 공장을 경영하고 있는 것을 기화로 서기 20○○년 ○월 ○일에 고소인에게 위 ○○기계제작소를 자신의 소유인 양 오신케 하여 고소인이 소요하는 대형 미싱 3대를 동년 ○월 ○일까지 일금 1,800만원으로 제작 납품해 주겠다고 속여 당일 계약금 명목으로 일금 200만원을 고소인으로부터 지불받아 피고소인은 위 금원을 가지고 행방불명이 된 자입니다.

5. 고소이유

조속히 수배, 체포하시어 엄벌에 처해주시기 바라와 이 고소에 이르렀습니다.

6. 증거자료

(✔해당란에 체크하여 주시기 바랍니다.)

☑ 고소인은 고소인의 진술 외에 제출할 증거가 없습니다.
□ 고소인은 고소인의 진술 외에 제출할 증거가 있습니다.

7. 관련사건의 수사 및 재판 여부

(✔해당란에 체크하여 주시기 바랍니다)

① 중복 고소 여부	본 고소장과 같은 내용의 고소장을 다른 검찰청 또는 경찰서에 제출하거나 제출하였던 사실이 있습니다 □ / 없습니다 ☑
② 관련 형사사건 수사 유무	본 고소장과 기재된 범죄사실과 관련된 사건 또는 공범에 대하여 검찰청이나 경찰서에서 수사중에 있습니다 □ / 수사중에 있지 않습니다 ☑
③ 관련 민사소송 유 무	본 고소장과 기재된 범죄사실과 관련된 사건에 대하여 법원에서 민사소송중에 있습니다 □ / 민사소송 중에 있지 않습니다 ☑

8. 기타

본 고소장에 기재한 내용을 고소인이 알고 있는 지식과 경험을 바탕으로 모두 사실대로 작성하였으며, 만일 허위사실을 고소하였을 때에는 형법 제156조 무고죄로 처벌받을 것임을 서약합니다.

20○○년 ○월 ○일

고소인__________(인)
제출인__________(인)

○○지방검찰청 귀중

【서식】 고소장(사기2)

고 소 장

1. 고소인

성 명	○ ○ ○	주민등록번호	111111-2222222
주 소	○○시 ○○구 ○○길 ○○ (현 거주지)		
직 업	○○	사무실 주소	
전 화	(휴대폰) (자택) (사무실)		
이메일	lawb@lawb.co.kr		
대리인에 의한 고소	□법정대리인(성명: , 연락처) □고소대리인(성명: 변호사 , 연락처)		

2. 피고소인

성 명	○ ○ ○	주민등록번호	111111-2222222
주 소	○○시 ○○구 ○○길 ○○ (현 거주지)		
직 업	○○	사무실 주소	
전 화	(휴대폰) (자택) (사무실)		
이메일	lawb@lawb.co.kr		
기타사항			

3. 고소취지

위 피고소인을 ○○죄로 고소하오니 처벌하여 주시기 바랍니다.

4. 범죄사실

○○○년 ○월 ○일 고소인과 문화사업을 동업하자고 제의하여 고소인도 사업을 하고자 물색중이므로 순순히 수락한 사실이 있습니다. 그런데 피고소인이 외국영화를 수입하여 흥행

하면 필연적으로 돈을 벌기 마련이니 프랑스 영화 “○○○○”을 수입하자고 하여 서로 간에 의견의 일치가 되었으나 피고소인은 자기 여동생과 짜고 고소인의 돈을 편취할 것을 기도한 나머지 동년 ○월 ○일 고소인에게 위 영화를 수입한다 하더라도 그 영화 상영권인 ‘쿼터’가 있어야 되는데 다행하게도 20○○년 ○월에 상영할 수 있는 “쿼터”를 한국영화사에서 사놓았다. 당시 돈이 없어 이자돈을 얻어서 사놓았으니 그 돈도 빨리 갚아야 된다면서 피고인은 피고소인에게 금 100만원을 내 놓으라고 하여 20○○년 ○월 ○일 금 100만원을 주었으며 외화가 수입되면 검열이 끝나야만 빨리 상영할 수 있다. 그래서 우리는 미리 검열교제비를 지급해야 한다면서 고소인에게 50만원을 요구하기에 순순히 믿고 20○○년 ○월 ○일 위 금원을 ○○2가 ○○다방에서 준 바 있습니다. 그러나 ○월 ○일이 경과되어 수입 영화의 소속을 알아본 결과 현재까지도 아무런 수속도 밟지 않고 있으며 후에 안 일이지만 고소인의 돈을 받아가지고 유흥비에 낭비하였습니다.

5. 고소이유

위 사실은 모두가 거짓으로 판명되었기에 앞으로 사회정화를 위하여 고소를 하는 바입니다.

6. 증거자료

(✔해당란에 체크하여 주시기 바랍니다.)

☑ 고소인은 고소인의 진술 외에 제출할 증거가 없습니다.
☐ 고소인은 고소인의 진술 외에 제출할 증거가 있습니다.

7. 관련사건의 수사 및 재판 여부

(✔해당란에 체크하여 주시기 바랍니다)

① 중복 고소 여부	본 고소장과 같은 내용의 고소장을 다른 검찰청 또는 경찰서에 제출하거나 제출하였던 사실이 있습니다 ☐ / 없습니다 ☑
② 관련 형사사건 수사 유무	본 고소장과 기재된 범죄사실과 관련된 사건 또는 공범에 대하여 검찰청이나 경찰서에서 수사중에 있습니다 ☐ / 수사중에 있지 않습니다 ☑
③ 관련 민사소송 유 무	본 고소장과 기재된 범죄사실과 관련된 사건에 대하여 법원에서 민사소송중에 있습니다 ☐ / 민사소송 중에 있지 않습니다 ☑

8. 기타

본 고소장에 기재한 내용을 고소인이 알고 있는 지식과 경험을 바탕으로 모두 사실대로 작성하였으며, 만일 허위사실을 고소하였을 때에는 형법 제156조 무고죄로 처벌받을 것임을 서약합니다.

20○○년 ○월 ○일

고소인___________(인)
제출인___________(인)

○○지방검찰청 귀중

[서식] 고소장(사기죄)

고 소 장

고 소 인 ○ ○ ○
○○시 ○○구 ○○길 ○○

피고소인 김 △ △
○○시 ○구 ○○길 ○○
이 △ △
○○시 ○구 ○○길 ○○

고 소 취 지

피고소인들은 고소인을 속여 고소인으로부터 금 3,000만원을 편취한 자들이므로 이를 고소하니 철저히 조사하여 법에 따라 처벌하여 주시기 바랍니다.

고 소 이 유

1. 고소인은 피고소인들과는 아무런 친·인척관계가 없으며, 피고소인 김△△는 ○○시 ○구 ○○길 ○○번지상의 주택의 소유자이고, 피고소인 이△△는 위 주택의 임차인입니다.

2. 고소인은 20○○년 ○월 ○일 ○○:○○경에 직장이전관계로 급히 주택을 임차하기 위하여 생활정보지의 광고를 보고 피고소인 김△△을 찾아가서 피고소인 이△△이 거주하던 위 주택을 둘러보고 보증금 3,000만원에 임차하기로 계약하면서 고소인이 사정이 급박한 관계로 당일 피고소인 김△△이 있는 자리에서 피고소인 이△△에게 직접 보증금 전액을 모두 지불하고 피고소인 김△△로부터 계약서를 교부받았습니다.

3. 고소인은 위 계약을 하면서 당일이 토요일인지라 등기부상 권리관계를 확인할 수 가 없어 피고소인들에게 위 주택에 별다른 문제가 없는지 물었으나 피고소인들은 한결같이 아무런 문제가 없다고 하여 이를 믿고 보증금의 전액을 지급하였던 것입니다.
4. 고소인은 다음날 이사를 하고 직장관계로 며칠 뒤 위 주택의 등기부등본을 확인한 결과 위 주택은 이미 오래 전에 ○○은행으로부터 경매가 들어와 ○○법원에서 경매가 진행 중이었던 관계로 곧 낙찰이 될 지경이었습니다. 고소인이 이러한 사실을 피고소인들에게 항의하고 보증금을 반환해 달라고 하자 피고소인들은 자신들도 몰랐다고 발뺌하며 보증금을 돌려줄 수 없다고 하고 있으나 피고소인 김△△은 집주인으로서 이러한 사실을 몰랐을 리가 없으며, 피고소인 이△△은 배당금을 받기 위하여 법원에 임차인신고를 이미 해 놓았는데 이를 몰랐다는 것은 상식적으로 납득이 되지 않는 것입니다.

5. 따라서 피고소인들은 공모하여 고소인에게 거짓말을 하여 기망한 다음 고소인으로부터 보증금 3000만원을 편취한 것이 분명하므로 조사하여 법에 따라 처벌해 주시기 바랍니다.

첨 부 서 류

1. 전세계약서 사본 1통
1. 생활정보지 1통

20○○년 ○월 ○일

고 소 인 ○ ○ ○ (인)

○ ○ 경 찰 서 장(또는 ○ ○ 지 방 검 찰 청 검 사 장) 귀 중

[서식] 고소장(준사기죄)

고 소 장

고 소 인 ○ ○ ○
○○ ○○시 ○○길 ○○
피고소인 △ △ △
○○ ○○시 ○○길 ○○

고 소 사 실

피고소인은 일정한 직업이 없는 자로 20○○. ○. ○. ○○:○○경 ○○시 ○○길 ○○번지 소재 ○○공원에서 자전거를 타고 놀고있던 고소인의 자 □□□(11세)에게 접근하여 미리 준비한 과자를 주면서 환심을 산 후 "너 힘이 세어 야구를 잘 할 것 같은데 테스트 해보고 잘하면 선수로 등록시켜 주겠다."고 하고는 자전거를 빌려주면 내가 집에 가서 야구글러브 가지고 올테니 기다리라고 하고는 시가 20만원 상당의 자전거를 사취한 것입니다.

20○○. ○. ○.

위 고소인은 미성년자이므로 법정대리인
친권자 부 □ □ □ (인)

○ ○ 경 찰 서 장(또는 ○ ○ 지 방 검 찰 청 검 사 장) 귀 중

【서식】 특정범죄가중처벌법 위반 고소장

고 소 장

1. 고소인

성 명	○ ○ ○	주민등록번호	111111-2222222
주 소	○○시 ○○구 ○○길 ○○ (현 거주지)		
직 업	○○	사무실 주소	
전 화	(휴대폰) (자택) (사무실)		
이메일	lawb@lawb.co.kr		
대리인에 의한 고소	□법정대리인(성명: , 연락처) □고소대리인(성명: 변호사 , 연락처)		

2. 피고소인외 2명(성명미상)

성 명	○ ○ ○	주민등록번호	111111-2222222
주 소	○○시 ○○구 ○○길 ○○ (현 거주지)		
직 업	○○	사무실 주소	
전 화	(휴대폰) (자택) (사무실)		
이메일	lawb@lawb.co.kr		
기타사항			

3. 고소취지

위 피고소인 등을 특정범죄가중처벌법 위반으로 이 고소를 제기하오니 의법 처단하여 주시기 바랍니다.

4. 범죄사실

피고소인 등은 서로 공모하여 범죄단체를 조직하고, 학생들이 왕래하는 길목을 전전하면서 학생들을 상대로 폭행 및 금품요구를 상습하는 자들인 바, 피고소인 등은 서기 20○○년 ○월 ○일 16:00경 고소인이 학업을 마치고 돌아가는 길에 전시터미널 앞 공중전화 박스앞을 지나가는데 피고소인 3인중 한 사람이 고소인을 공중전화박스 뒤편으로 끌고가서 복부상단(명치) 급소를 수회 구타하고 금품을 요구하며 다시 지하상가로 끌고 내려가서 오락실에 들어가 중학생을 상대로 금품을 갈취해 오지 않으면 죽이겠다고 협박하므로 고소인은 부득이 오락실안으로 들어가서 중학생 한 명에게 위 사실을 은밀히 알려주면서 중학생을 끌고 나와 금품을 요구하는 척 할 터이니 동료 중학생 한명은 112에 신고를 하라고 일렀으나 그 중학생이 겁을 먹고 도주하자 피고인등은 합세하여 고소인에게 폭행을 가하여 전치 2주를 요하는 상해까지 가한 자들입니다.

5. 고소이유

(생략)

6. 증거자료

(✔해당란에 체크하여 주시기 바랍니다.)

☑ 고소인은 고소인의 진술 외에 제출할 증거가 없습니다.
☐ 고소인은 고소인의 진술 외에 제출할 증거가 있습니다.

7. 관련사건의 수사 및 재판 여부

(✔해당란에 체크하여 주시기 바랍니다)

① 중복 고소 여부	본 고소장과 같은 내용의 고소장을 다른 검찰청 또는 경찰서에 제출하거나 제출하였던 사실이 있습니다 ☐ / 없습니다 ☑
② 관련 형사사건 수사 유무	본 고소장과 기재된 범죄사실과 관련된 사건 또는 공범에 대하여 검찰청이나 경찰서에서 수사중에 있습니다 ☐ / 수사중에 있지 않습니다 ☑
③ 관련 민사소송 유 무	본 고소장과 기재된 범죄사실과 관련된 사건에 대하여 법원에서 민사소송중에 있습니다 ☐ / 민사소송 중에 있지 않습니다 ☑

8. 기타

본 고소장에 기재한 내용을 고소인이 알고 있는 지식과 경험을 바탕으로 모두 사실대로 작성하였으며, 만일 허위사실을 고소하였을 때에는 형법 제156조 무고죄로 처벌받을 것임을 서약합니다.

20○○년 ○월 ○일

고소인__________(인)
제출인__________(인)

○○지방검찰청 귀중

【서식】 사기 및 특정경제범죄가중처벌법 위반 고소장

고 소 장

1. 고소인

성 명	○ ○ ○	주민등록번호	111111-2222222
주 소	○○시 ○○구 ○○길 ○○ (현 거주지)		
직 업	○○	사무실 주소	
전 화	(휴대폰) (자택) (사무실)		
이메일	lawb@lawb.co.kr		
대리인에 의한 고소	□법정대리인(성명: , 연락처) □고소대리인(성명: 변호사 , 연락처)		

2. 피고소인1

성 명	○ ○ ○	주민등록번호	111111-2222222
주 소	○○시 ○○구 ○○길 ○○ (현 거주지)		
직 업	○○	사무실 주소	
전 화	(휴대폰) (자택) (사무실)		
이메일	lawb@lawb.co.kr		
기타사항			

피고소인2

성 명	○ ○ ○	주민등록번호	111111-2222222
주 소	○○시 ○○구 ○○길 ○○ (현 거주지)		
직 업	○○	사무실 주소	
전 화	(휴대폰) (자택) (사무실)		
이메일	lawb@lawb.co.kr		
기타사항			

3. 고소취지

위 피고소인 등을 사기 및 특정경제범죄가중처벌등에 관한 법률 위반으로 이 고소를 제기하오니 의법 처단하여 주시기 바랍니다.

4. 범죄사실

위 2피고소인이 20○○년 ○월에 ○○도 ○○군 ○○면 ○○리 ○○번지 ○○물산주식회사(속칭 신앙촌공장) 유지부와 동 회사에서 생산되는 유지제품에 대한 특약점 설치계약을 체결한 것을 기화로 1,2피고소인은 서로 공모하여 ○○시 ○○구○○길 ○○에 ○○상사를 설치하고, 위 회사의 다른 제품(간장, 된장, 이불, 담요 등)에 대한 독점판매권을 취득한 바 없고 대리점설치는 위 회사의 사전 승인없이는 할 수 없도록 되어 있고, 피고소인 등은 운영자금이 없어 대리점을 위해 유지제품 판매를 위한 텔레비전 광고나 간판설치와 판촉사원 파견에 의한 판매지원 및 제품의 외상 공급 등을 하여 줄 능력이 없을 뿐만 아니라 제품을 시중가격보다 현저히 염가공급하여 줄 의사가 없었음에도 불구하고 20○○년 ○월 ○일 15:00 경위○○상사 사무실에서 고소인에게 ○○상사는 ○○물산(주) 전제품의 총판원인데 대리점계약을 하면 텔레비전 광고는 물론 간판도 설치해 주고, 판촉사원을 파견하여 판매를 지원해 줄 뿐 아니라 외상으로 물품을 공급해 줄 터이며, 계약금을 내고 대리점 계약만 체결하면 월수입이 최저 100만원 이상 보장되니 서둘러 계약을 체결하자고 거짓말을 하면서 이에 속은 고소인으로부터 즉석에서 계약금 명목으로 금 45만원을 교부받은 것을 비롯하여 20○○년 ○월 ○일경부터 20○○년 ○월 ○일경까지 사이에 전후 419회에 걸쳐 419명으로부터 같은 방법으로 도합 금 105,310,000원을 교부받아 이를 편취한 자 들이오니 엄중 수사하여 엄벌에 처해 주시기 바랍니다.

5. 고소이유

6. 증거자료

(✔해당란에 체크하여 주시기 바랍니다.)

☑ 고소인은 고소인의 진술 외에 제출할 증거가 없습니다.
☐ 고소인은 고소인의 진술 외에 제출할 증거가 있습니다.

7. 관련사건의 수사 및 재판 여부

(✔해당란에 체크하여 주시기 바랍니다)

① 중복 고소 여부	본 고소장과 같은 내용의 고소장을 다른 검찰청 또는 경찰서에 제출하거나 제출하였던 사실이 있습니다 ☐ / 없습니다 ☑
② 관련 형사사건 수사 유무	본 고소장과 기재된 범죄사실과 관련된 사건 또는 공범에 대하여 검찰청이나 경찰서에서 수사중에 있습니다 ☐ / 수사중에 있지 않습니다 ☑
③ 관련 민사소송 유 무	본 고소장과 기재된 범죄사실과 관련된 사건에 대하여 법원에서 민사소송중에 있습니다 ☐ / 민사소송 중에 있지 않습니다 ☑

8. 기타

본 고소장에 기재한 내용을 고소인이 알고 있는 지식과 경험을 바탕으로 모두 사실대로 작성하였으며, 만일 허위사실을 고소하였을 때에는 형법 제156조 무고죄로 처벌받을 것임을 서약합니다.

20○○년　○월　○일

고소인__________(인)
제출인__________(인)

○○지방검찰청 귀중

【서식】 사기 및 혼인빙자 간음 고소장

고 소 장

1. 고소인

성 명	○ ○ ○	주민등록번호	111111-2222222
주 소	○○시 ○○구 ○○길 ○○아파트 ○동 ○호 (현 거주지)		
직 업	○○	사무실 주소	
전 화	(휴대폰) (자택) (사무실)		
이메일	lawb@lawb.co.kr		
대리인에 의한 고소	□법정대리인(성명: , 연락처) □고소대리인(성명: 변호사 , 연락처)		

2. 피고소인외 2명

성 명	○ ○ ○	주민등록번호	111111-2222222
주 소	○○시 ○○구 ○○길 ○○ (현 거주지)		
직 업	○○	사무실 주소	
전 화	(휴대폰) (자택) (사무실)		
이메일	lawb@lawb.co.kr		
기타사항			

3. 고소취지

위 피고소인 등을 사기 및 위 1피고소인을 혼인빙자 등에 의한 간음죄로 이 고소를 제기하오니 의법처단하여 주시기 바랍니다.

4. 범죄사실

위 2, 3 피고소인 등을 우연히 알게 되어 2피고소인은 자기 동생을 혼인 중매하겠다고 하여 서기 20○○년 ○월 ○일에 1피고소인과 맞선을 보고 동년 ○월 ○일에 약혼식까지 한 사이입니다. 1피고소인은 직업이 일반선원임에도 선장직에 재하고 있고 앞으로 제주도에서 위 3피고소인과 유람선 사업을 하도록 모든 조치가 완료되었으니 원양선은 앞으로 타지 않을 것이고, 또 충남 천원군 소재 독립기념관 건립 부지부근에 수천평 짜리 상가건립이 추진중인 바 이에도 자신이 투자를 하였다고 감언이설로 고소인을 속이고 약혼까지 성립케 한 후 이번에 마지막으로 원양선을 동년 20○○년 ○일에 승선하니 명년에 귀국하여 결혼식을 올리자고 하면서 시내 ○○구 소재 상호미상의 여관으로 유인하여 서로 마음이 변치 않는다는 정표라면서 고소인을 간음하고, 다음날에 전시 2,3피고소인이 급히 금 300만원이 필요하니 10일간만 쓰고 돌려주겠다고 속여 고소인으로부터 위 금원을 받아 2,3피고소인 등에게 제공하여 출국한 자입니다.

5. 고소이유

2. 3피고소인 등은 위 금원을 1피고소인으로부터 받은 것이 사실임에도 이를 반환하지 않을 뿐만 아니라 위 돈에 대해서 전연 아는 바 없다고 잡아 떼기 때문에 이들의 정체를 확인해 본 결과 상습적으로 사기꾼들로 판명되어 이 고소를 제기하니 수배 일망타진하여 법이 적용하는 한 엄벌에 처해주시기 바랍니다.

6. 증거자료

(✔해당란에 체크하여 주시기 바랍니다)

☑ 고소인은 고소인의 진술 외에 제출할 증거가 없습니다.
☐ 고소인은 고소인의 진술 외에 제출할 증거가 있습니다.

7. 관련사건의 수사 및 재판 여부

(✔해당란에 체크하여 주시기 바랍니다)

① 중복 고소 여부	본 고소장과 같은 내용의 고소장을 다른 검찰청 또는 경찰서에 제출하거나 제출하였던 사실이 있습니다 ☐ / 없습니다 ☑
② 관련 형사사건 수사 유무	본 고소장과 기재된 범죄사실과 관련된 사건 또는 공범에 대하여 검찰청이나 경찰서에서 수사중에 있습니다 ☐ / 수사중에 있지 않습니다 ☑
③ 관련 민사소송 유 무	본 고소장과 기재된 범죄사실과 관련된 사건에 대하여 법원에서 민사소송중에 있습니다 ☐ / 민사소송 중에 있지 않습니다 ☑

8. 기타

본 고소장에 기재한 내용을 고소인이 알고 있는 지식과 경험을 바탕으로 모두 사실대로 작성하였으며, 만일 허위사실을 고소하였을 때에는 형법 제156조 무고죄로 처벌받을 것임을 서약합니다.

20○○년 ○월 ○일

고소인__________(인)
제출인__________(인)

○○지방검찰청 귀중

【서식】 고소장(주거침입1)

고 소 장

1. 고소인

성 명	○ ○ ○	주민등록번호	111111-2222222
주 소	○○시 ○○구 ○○길 ○○ (현 거주지)		
직 업	○○	사무실 주소	
전 화	(휴대폰) (자택) (사무실)		
이메일	lawb@lawb.co.kr		
대리인에 의한 고소	□법정대리인(성명: , 연락처) □고소대리인(성명: 변호사 , 연락처)		

2. 피고소인

성 명	○ ○ ○	주민등록번호	111111-2222222
주 소	○○시 ○○구 ○○길 ○○ (현 거주지)		
직 업	○○	사무실 주소	
전 화	(휴대폰) (자택) (사무실)		
이메일	lawb@lawb.co.kr		
기타사항			

3. 고소취지

위 피고소인을 주거침해죄로 고소하오니 처벌하여 주시기 바랍니다.

4. 범죄사실

피고소인은 ○○시 ○○구 ○○길 ○○에 있는 재건대원으로 각처에 버려진 종이·고물 등을 수집하는 자로서 20○○년 ○월 ○일 오후 10시경 평소 알게 된 ○○○의 딸을 간음할 목적으로 ○○시 ○○구 ○○길 ○○에 침입하였고 ○○○에 발각, 퇴거를 명하였으나 이에 불응하며 20분 동안 난동을 부렸습니다.

5. 고소이유

(생략)

6. 증거자료

(✔해당란에 체크하여 주시기 바랍니다.)

☑ 고소인은 고소인의 진술 외에 제출할 증거가 없습니다.
☐ 고소인은 고소인의 진술 외에 제출할 증거가 있습니다.

7. 관련사건의 수사 및 재판 여부

(✔해당란에 체크하여 주시기 바랍니다)

① 중복 고소 여부	본 고소장과 같은 내용의 고소장을 다른 검찰청 또는 경찰서에 제출하거나 제출하였던 사실이 있습니다 ☐ / 없습니다 ☑
② 관련 형사사건 수사 유무	본 고소장과 기재된 범죄사실과 관련된 사건 또는 공범에 대하여 검찰청이나 경찰서에서 수사중에 있습니다 ☐ / 수사중에 있지 않습니다 ☑
③ 관련 민사소송 유 무	본 고소장과 기재된 범죄사실과 관련된 사건에 대하여 법원에서 민사소송중에 있습니다 ☐ / 민사소송 중에 있지 않습니다 ☑

8. 기타

본 고소장에 기재한 내용을 고소인이 알고 있는 지식과 경험을 바탕으로 모두 사실대로 작성하였으며, 만일 허위사실을 고소하였을 때에는 형법 제156조 무고죄로 처벌받을 것임을 서약합니다.

20○○년 ○월 ○일

고소인__________(인)
제출인__________(인)

○○지방검찰청 귀중

【서식】 고소장(주거침입2)

고 소 장

고 소 인 ○ ○ ○
○○도 ○○시 ○○길 ○○

피고소인 △ △ △
○○도 ○○시 ○○길 ○○

고 소 사 실

고소인은 직장문제로 서울에서 20○○. ○.경 현재 살고 있는 ○○도 ○○시 ○○길 ○○번지의 단독주택으로 이사를 왔습니다. 이사온 주택은 지은 지 5년밖에 되지 않은 주택으로 대문이나 울타리가 콘크리트나 벽돌로 사람의 키만큼 높이 쌓은 담이 아니고 밖에서 울타리 안을 훤히 볼 수 있게 된 철근식 울타리이며 대문도 늘 개방되어 있는 전원주택입니다. 그런데 고소인이 이사온 지 채 한 달이 되기도 전에 옆집에 사는 중년의 피고소인은 열려진 대문으로 수시로 들어와 창문을 열고 거실을 들여다보고, 가끔은 고소인과 눈이 마주쳐 고소인이 놀라기도 했으며 아이들과 아내는 무서워 다시 이사를 가자고 합니다. 피고소인은 심지어 밤에도 위와 같은 행동을 하는 것입니다. 그래서 고소인은 수차례 주의를 주었는데도 상대방은 이를 그만두지 않아 이 건 고소를 하게 되었으니 의법 조치해 주시기 바랍니다.

입 증 방 법

피고소인은 동네에서 평판이 좋지 않고 전에도 그런 사실이 있다는 반장의 말이 있으므로 필요하시면 참고인으로 반장을 조사해 주시기 바랍니다.

20○○. ○. ○.

위 고소인 ○ ○ ○ (인)

○ ○ 경 찰 서 장(또는 ○ ○ 지 방 검 찰 청 검 사 장) 귀 중

제출기관	범죄지, 피의자의 주소, 거소 또는 현재지의 경찰서, 검찰청	공소시효	○년(☞공소시효일람표)
고소권자	피해자(형사소송법 223조) (※ 아래(1)참조)	소추요건	
제출부수	고소장 1부	관련법규	형법 319조 1항
범죄성립 요 건	사람의 주거, 관리하는 건조물, 선박이나 항공기 또는 점유하는 방실에 침입한 때		
형 량	· 3년 이하의 징역 또는 500만원 이하의 벌금		
불기소처분 등에 대한 불복절차 및 기간	(항고) · 근거 : 검찰청법 10조 · 기간 : 처분결과의 통지를 받은 날부터 30일(검찰청법 10조4항) (재정신청) · 근거 : 형사소송법 제260조 · 기간 : 항고기각 결정을 통지받은 날 또는 동법 제260조 제2항 각 호의 사유가 발생한 날부터 10일(형사소송법 제260조 제3항) (헌법소원) · 근거 : 헌법재판소법 68조 · 기간 : 그 사유가 있음을 안 날로부터 90일 이내에, 그 사유가 있은 날로부터 1년 이내에 청구하여야 한다. 다만, 다른 법률에 의한 구제절차를 거친 헌법소원의 심판은 그 최종결정을 통지받은 날로부터 30일 이내에 청구(헌법재판소법 69조)		

※ (1) 고소권자

(형사소송법 225조)

1. 피해자가 제한능력자인 경우의 법정대리인
2. 피해자가 사망한 경우의 배우자, 직계친족, 형제, 자매. 단, 피해자의 명시한 의사에 반하여 고소할 수 없음

(형사소송법 224조)

자기 또는 배우자의 직계존속은 고소할 수 없음(단, 성폭력범죄의처벌등에관한특례법 제18조에서는 "성폭력범죄에 대하여는 「형사소송법」 제224조(고소의 제한) 및 「군사법원법」 제266조에도 불구하고 자기 또는 배우자의 직계존속을 고소할 수 있다."고 규정함)

[서식] 고소장(퇴거불응죄)

고 소 장

고 소 인 ○ ○ ○
○○도 ○○군 ○○읍 ○○길 ○○(전화번호 : ○○○ - ○○○○)
피고소인 △ △ △
○○도 ○○군 ○○읍 ○○길 ○○(전화번호 : ○○○ - ○○○○)

고 소 취 지

고소인은 피고소인을 상대로 아래와 같이 퇴거불응죄로 고소를 제기하오니 철저히 조사하시어 엄벌하여 주시기 바랍니다.

고 소 사 실

1. 고소인은 ○○교회 당회장이며 피고소인은 속칭 ○○왕국회관(일명 여호아 증인)의 신도입니다.
2. 피고소인은 20○○. ○. ○. 예배의 목적이 아니라 ○○교회의 예배를 방해하여 교회의 평온을 해할 목적으로 ○○교회에 출입하여 진정한 하느님의 자식은 자신들 뿐이다는 고함을 지르며 ○○교회의 예배를 방해하여 위 교회 건물의 관리주체라고 할 수 있는 ○○교회 교회당회에서 피고소인에 대한 교회출입금지의결을 하고, 이에 따라 위 교회의 관리인인 위 고소인이 피고소인에게 퇴거를 요구하였으나 약 1시간 이상 위와 같은 고함을 지르며 퇴거 요구에 불응한 사실이 있습니다.
3. 위 사실과 같이 피고소인의 교회출입을 막으려는 위 ○○교회의 의사는 명백히 나타난 것이기 때문에 이에 기하여 퇴거요구를 한 것은 정당하고 이에 불응하여 퇴거를 하지 아니한 행위는 퇴거불응죄에 해당되며 교회는 교인들의 총유에 속하는 것으로서 교인들 모두가 사용수익권을 갖고 있고, 출입이 묵시적으로 승낙되어 있는 장소이나 이 같은 일반적으로 개방되어 있는 장소라도 필요한 때는 관리자가 그 출입을 금지 내지 제한할 수 있으므로 피고소인을 철저히 조사하여 법에 따라 엄벌해 주시기 바랍니다.

첨 부 서 류

1. 주민 확인서 1통

20○○년 ○월 ○일

고 소 인 ○ ○ ○ (인)

○ ○ 경 찰 서 장(또는 ○ ○ 지 방 검 찰 청 검 사 장) 귀 중

[서식] 고소장(강도죄)

고 소 장

고 소 인 ○ ○ ○

○○ ○○시 ○○길 ○○ (전화번호 : ○○○ - ○○○○)

피고소인 △ △ △

○○ ○○시 ○○길 ○○ (전화번호 : ○○○ - ○○○○)

고 소 취 지

피고소인은 아래와 같은 방법으로 강도죄를 저지른 사실이 있습니다.

고 소 사 실

피고소인은 일정한 직업이 없는 자인 바, 20○○. ○. ○. ○○:○○경 ○○ ○○시 ○○길 소재 ○○다방을 운영하고 있는 고소인 소유 건물에 침입하여 그 날 따라 몸이 아파 다방 일을 쉬고 방에서 자고있던 고소인을 깨워 협박하면서 공포심을 갖게 한 후 금전을 내놓으라고 하여 고소인이 가지고 있던 현금이 없다고 하자 고소인을 내실에 가두어 폭행을 가하면서 고소인의 의사 및 반항을 억압하여 반항을 불가능하게 하고 장롱을 뒤져 금반지 3돈 짜리 2개, 시가 40만원 상당의 손목시계 2등 합계 금70만원 상당의 금품을 강취하여 재산상 이득을 취하고 도주하였습니다.

이에 본 고소에 이른 것입니다.

입 증 방 법

추후 조사시에 제출하겠습니다.

20○○. ○. ○.

위 고소인 ○ ○ ○ (인)

○ ○ 경 찰 서 장(또는 ○ ○ 지 방 검 찰 청 검 사 장) 귀 중

【서식】 출판물에 의한 명예훼손 고소장

고 소 장

1. 고소인

성 명	○ ○ ○	주민등록번호	111111-2222222
주 소	○○시 ○○구 ○○길 ○○ (현 거주지)		
직 업	○○	사무실 주소	
전 화	(휴대폰) (자택) (사무실)		
이메일	lawb@lawb.co.kr		
대리인에 의한 고소	□법정대리인(성명: , 연락처) □고소대리인(성명: 변호사 , 연락처)		

2. 피고소인

성 명	○ ○ ○	주민등록번호	111111-2222222
주 소	○○시 ○○구 ○○길 ○○ (현 거주지)		
직 업	○○	사무실 주소	
전 화	(휴대폰) (자택) (사무실)		
이메일	lawb@lawb.co.kr		
기타사항			

3. 고소취지

위 피고소인을 출판물에 의한 명예훼손죄로 고소하오니 처벌하여 주시기 바랍니다.

4. 범죄사실

자유당 정치의 부정과 부패를 결정체인 천지재벌은 누구하나 손을 못대고 다른 몇몇 소재벌은 공민권마저 박탈하는 무모한 짓을 서슴치 않고 자행하고 있다는 등 지금도 천지재벌인 민주당 정권천하에서 하였듯 그것 못지 않게 더욱 횡포를 감행하고 있으며 심지어 ○○은행의 총 주식의 80%를 쥐고 완전히 개인 금고처럼 사용하고 있으며 ○○은행의 주식도 55%를 장악하여 2개은행의 자금을 자신의 기업을 운영하는데 사업자금으로 활용하고 있다. 그나마 인사권을 쥐고 있으므로 대출한도의 할당권마저 쥐고 은행운영권을 장악하고 있는가 하면 ○○은행 총재마저 자기사람을 천거하여 집어넣고 금융통화위원회에서 다수권을 행사하여 금융정책마저 농락하고 있는 실정이다. 물론 자유당시절에 정치자금 자체가 천지재벌에서 나왔다는 사실은 만인이 다 아는 사실이지만 민주당 천지재벌에게 특혜를 주면서 그 품안에서 놀 줄이야 누가 알았는가 하는 기사를 써 "한국경제"란 책자에 실었으나 이 사실은 전부 다 사실무근입니다.

5. 고소이유

고소인은 연간 외화취급액이 2천만불이고 원당도입액이 연평균 334만불이며, 대출액 총액만도 금 350억원이고 ○○년 ○월 ○일 현재의 대출잔고는 80억원으로서 ○○은행 총대출잔고 100억의 7.8%에 불과하여 대기업으로서 기업규모에 대한 의존도도 ○○년 ○월 ○일 현재 6.8%에 지나지 않으며 정치와 경제에 대하여 농락한다고 하나 고소인은 정치자금은 다소 전달했을 뿐 전연 정치에 간섭을 청한 사실이 없음을 자명한 사실이다. 그런데도 피고소인은 허위보도를 기재하여 고소인을 출판물에 의해서 명예를 훼손시킨 것이다.

6. 증거자료

(✔해당란에 체크하여 주시기 바랍니다.)

☑ 고소인은 고소인의 진술 외에 제출할 증거가 없습니다.
☐ 고소인은 고소인의 진술 외에 제출할 증거가 있습니다.

7. 관련사건의 수사 및 재판 여부

(✔해당란에 체크하여 주시기 바랍니다)

① 중복 고소 여부	본 고소장과 같은 내용의 고소장을 다른 검찰청 또는 경찰서에 제출하거나 제출하였던 사실이 있습니다 ☐ / 없습니다 ☑
② 관련 형사사건 수사 유무	본 고소장과 기재된 범죄사실과 관련된 사건 또는 공범에 대하여 검찰청이나 경찰서에서 수사중에 있습니다 ☐ / 수사중에 있지 않습니다 ☑
③ 관련 민사소송 유 무	본 고소장과 기재된 범죄사실과 관련된 사건에 대하여 법원에서 민사소송중에 있습니다 ☐ / 민사소송 중에 있지 않습니다 ☑

8. 기타

본 고소장에 기재한 내용을 고소인이 알고 있는 지식과 경험을 바탕으로 모두 사실대로 작성하였으며, 만일 허위사실을 고소하였을 때에는 형법 제156조 무고죄로 처벌받을 것임을 서약합니다.

20○○년 ○월 ○일

고소인__________(인)
제출인__________(인)

○○지방검찰청 귀중

【서식】 명예훼손 고소장

고 소 장

1. 고소인

성 명	○ ○ ○	주민등록번호	
주 소	○○시 ○○구 ○○길 ○○ (현 거주지)		
직 업	○○	사무실 주소	
전 화	(휴대폰) (자택) (사무실)		
이메일	lawb@lawb.co.kr		
대리인에 의한 고소	□법정대리인(성명: , 연락처) □고소대리인(성명: 변호사 , 연락처)		

2. 피고소인

성 명	○ ○ ○	주민등록번호	
주 소	○○시 ○○구 ○○길 ○○ (현 거주지)		
직 업	○○	사무실 주소	
전 화	(휴대폰) (자택) (사무실)		
이메일	lawb@lawb.co.kr		
기타사항			

3. 고소취지

위 피고소인을 명예훼손죄로 고소하오니 처벌하여 주시기 바랍니다.

4. 범죄사실

피고소인은 한국문제연구소 추진위원으로서 20○○년 ○월 ○일 ○○시 ○○구 ○○5가 ○○루 2층에서 한국문제연구소에 대하여 정기총회가 있었는데 그 당시 고소인이 정신개조와 근면에 대하여 고소인의 생각을 피력하고자 피고소인과 견해가 달라 서로가 언쟁이 되어 그 곳에 모인 회원 100여명이 만류하여 언쟁을 중단하려고 하는데 피고소인은 고소인에 대하여 과거 이북에서 공산당관계에 손을 댄 자로서 사상이 의심스러우며 저자가 김정은의 명에 의하여 한국으로 월남한 자가 아닌가 조사해 볼 필요가 있다고 큰 소리로 외치며 타인들의 동조를 구하고 있는 실정이었다.

5. 고소이유

고소인은 알지도 못한 허위사실을 이야기하여 고소인은 명예를 훼손하였으므로 고소를 제기하오니 엄중히 조사하여 주시기 바랍니다.

6. 증거자료

(✔해당란에 체크하여 주시기 바랍니다.)

☑ 고소인은 고소인의 진술 외에 제출할 증거가 없습니다.
□ 고소인은 고소인의 진술 외에 제출할 증거가 있습니다.

7. 관련사건의 수사 및 재판 여부

(✔해당란에 체크하여 주시기 바랍니다)

① 중복 고소 여부	본 고소장과 같은 내용의 고소장을 다른 검찰청 또는 경찰서에 제출하거나 제출하였던 사실이 있습니다 □ / 없습니다 ☑
② 관련 형사사건 수사 유무	본 고소장과 기재된 범죄사실과 관련된 사건 또는 공범에 대하여 검찰청이나 경찰서에서 수사중에 있습니다 □ / 수사중에 있지 않습니다 ☑
③ 관련 민사소송 유무	본 고소장과 기재된 범죄사실과 관련된 사건에 대하여 법원에서 민사소송중에 있습니다 □ / 민사소송 중에 있지 않습니다 ☑

8. 기타

본 고소장에 기재한 내용을 고소인이 알고 있는 지식과 경험을 바탕으로 모두 사실대로 작성하였으며, 만일 허위사실을 고소하였을 때에는 형법 제156조 무고죄로 처벌받을 것임을 서약합니다.

20○○년 ○월 ○일

고소인__________(인)
제출인__________(인)

○○지방검찰청 귀중

【서식】 고소장(모욕)

고 소 장

1. 고소인

성 명	○ ○ ○	주민등록번호	111111-2222222
주 소	○○시 ○○구 ○○길 ○○ (현 거주지)		
직 업	○○	사무실 주소	
전 화	(휴대폰) (자택) (사무실)		
이메일	lawb@lawb.co.kr		
대리인에 의한 고소	□법정대리인(성명: , 연락처) □고소대리인(성명: 변호사 , 연락처)		

2. 피고소인

성 명	○ ○ ○	주민등록번호	111111-2222222
주 소	○○시 ○○구 ○○길 ○○ (현 거주지)		
직 업	○○	사무실 주소	
전 화	(휴대폰) (자택) (사무실)		
이메일	lawb@lawb.co.kr		
기타사항			

3. 고소취지

위 피고소인을 모욕죄로 고소하오니 처벌하여 주시기 바랍니다.

4. 범죄사실

고소인은 마음에 드는 T셔츠를 추려 주인에게 얼마냐고 값을 물었더니 10,000원이라 하여 현재 시세보다 비싸기에 7,000원만 하자고 하니까 당신 도둑질해서 밥먹고 살지요? 우리 양품점은 물건 팔아서 먹고 삽니다. "공짜로 주는데가 있으면 그곳으로 가 보시오."하기에 하도 어이가 없던 중 옆 고객들이 고소인을 도둑놈으로 오인, 모두가 밖으로 뛰쳐나가면서 우리 돈을 훔치러 왔을 모양이지 하면서 수군거렸습니다. 이와 같이 피고소인은 고소인을 모욕하였으므로 이 분함을 참을 수 없어 고소를 제기하오니 처벌하여 주시기 바랍니다.

5. 고소이유

(생략)

6. 증거자료

(✔해당란에 체크하여 주시기 바랍니다.)

☑ 고소인은 고소인의 진술 외에 제출할 증거가 없습니다.
☐ 고소인은 고소인의 진술 외에 제출할 증거가 있습니다.

7. 관련사건의 수사 및 재판 여부

(✔해당란에 체크하여 주시기 바랍니다)

① 중복 고소 여부	본 고소장과 같은 내용의 고소장을 다른 검찰청 또는 경찰서에 제출하거나 제출하였던 사실이 있습니다 ☐ / 없습니다 ☑
② 관련 형사사건 수사 유무	본 고소장과 기재된 범죄사실과 관련된 사건 또는 공범에 대하여 검찰청이나 경찰서에서 수사중에 있습니다 ☐ / 수사중에 있지 않습니다 ☑
③ 관련 민사소송 유 무	본 고소장과 기재된 범죄사실과 관련된 사건에 대하여 법원에서 민사소송중에 있습니다 ☐ / 민사소송 중에 있지 않습니다 ☑

8. 기타

본 고소장에 기재한 내용을 고소인이 알고 있는 지식과 경험을 바탕으로 모두 사실대로 작성하였으며, 만일 허위사실을 고소하였을 때에는 형법 제156조 무고죄로 처벌받을 것임을 서약합니다.

20○○년 ○월 ○일

고소인__________(인)
제출인__________(인)

○○지방검찰청 귀중

【서식】 신용훼손의 경우 고소장

고 소 장

1. 고소인

성 명	○ ○ ○	주민등록번호	111111-2222222
주 소	○○시 ○○구 ○○길 ○○ (현 거주지)		
직 업	○○	사무실 주소	
전 화	(휴대폰) (자택) (사무실)		
이메일	lawb@lawb.co.kr		
대리인에 의한 고소	□법정대리인(성명: , 연락처) □고소대리인(성명: 변호사 , 연락처)		

2. 피고소인

성 명	○ ○ ○	주민등록번호	111111-2222222
주 소	○○시 ○○구 ○○길 ○○ (현 거주지)		
직 업	○○	사무실 주소	
전 화	(휴대폰) (자택) (사무실)		
이메일	lawb@lawb.co.kr		
기타사항			

3. 고소취지

위 피고소인을 신용훼손죄로 고소하오니 처벌하여 주시기 바랍니다.

4. 범죄사실

고소인 업소는 I.M.F라는 경제위기 속에서도 꾸준히 거래처를 확보·유지하여 성장하고 있습니다. 피고소인 업소는 고소인의 업소가 경제위기에 아랑곳하지 않고 꾸준히 발전하는 것을 시기하여 고소인의 신용을 떨어뜨리려고 20○○.○.○경 고소인의 협력업체 '(주)○○'과 '○○주식회사'에 고소인의 업소의 경영이 부실하여 어음 부도가 속출하고 있어 얼마가지 않아 문을 닫게 될 것이니 참작하는 것이 좋을 것이라고 허위의 사실을 유포하여 고소인의 신용을 훼손시켰습니다.

5. 고소이유

이에 고소인은 피고소인을 법으로 엄중 처벌할 것을 바로오니 본 고소장을 제출합니다.

6. 증거자료

(✔해당란에 체크하여 주시기 바랍니다.)

☑ 고소인은 고소인의 진술 외에 제출할 증거가 없습니다.

☐ 고소인은 고소인의 진술 외에 제출할 증거가 있습니다.

7. 관련사건의 수사 및 재판 여부

(✔해당란에 체크하여 주시기 바랍니다)

① 중복 고소 여부	본 고소장과 같은 내용의 고소장을 다른 검찰청 또는 경찰서에 제출하거나 제출하였던 사실이 있습니다 ☐ / 없습니다 ☑
② 관련 형사사건 수사 유무	본 고소장과 기재된 범죄사실과 관련된 사건 또는 공범에 대하여 검찰청이나 경찰서에서 수사중에 있습니다 ☐ / 수사중에 있지 않습니다 ☑
③ 관련 민사소송 유 무	본 고소장과 기재된 범죄사실과 관련된 사건에 대하여 법원에서 민사소송중에 있습니다 ☐ / 민사소송 중에 있지 않습니다 ☑

8. 기타

본 고소장에 기재한 내용을 고소인이 알고 있는 지식과 경험을 바탕으로 모두 사실대로 작성하였으며, 만일 허위사실을 고소하였을 때에는 형법 제156조 무고죄로 처벌받을 것임을 서약합니다.

20○○년 ○월 ○일

고소인__________(인)
제출인__________(인)

○○지방검찰청 귀중

【서식】 고소장(직권남용, 감금)

고 소 장

1. 고소인

성 명	○ ○ ○	주민등록번호	111111-2222222
주 소	○○시 ○○구 ○○길 ○○ (현 거주지)		
직 업	○○	사무실 주소	
전 화	(휴대폰) (자택) (사무실)		
이메일	lawb@lawb.co.kr		
대리인에 의한 고소	□법정대리인(성명: , 연락처) □고소대리인(성명: 변호사 , 연락처)		

2. 피고소인

성 명	○ ○ ○	주민등록번호	111111-2222222
주 소	○○시 ○○구 ○○길 ○○ (현 거주지)		
직 업	○○	사무실 주소	
전 화	(휴대폰) (자택) (사무실)		
이메일	lawb@lawb.co.kr		
기타사항			

3. 고소취지

위 피고소인을 직권남용, 감금죄로 고소하오니 처벌하여 주시기 바랍니다.

4. 범죄사실

20○○년 ○월 ○일 오후 7시경 김포세관으로 출두하라는 명을 받고 고소인은 ○○세관 사무실로 갔었습니다. 그런데 미군 P.X.에서 컬러TV 3대를 사서 다른 사람에게 매각하고도 소정관세를 포탈하였으니 당신을 체포한다고 말한 후 고소인에 게 수갑을 채워서 불법으로 체포하기에 법원에서 발부한 구속영장을 제시하라고 하였으나 들은 척도 하지 않고 고소인을 20○○년 ○월 ○일 오후 7:10부터 동년 ○월 ○일 까지 동 세관 숙직실에 구금하였으니 불법감금한 사실이 확실하며, 2. 20○○년 ○월 ○일 고소인을 불법감금 조사중 위 혐의사실을 자백치 않으니 피고소인들의 생각대로 되지 않자 고소인으로부터 자백을 강요하여야만 된다고 믿어 방법을 연구중 사건과는 아무런 관계도 없어 고소인이 경영하는 양품점을 수색하

여 사건화 하는 것 같이 위협함으로써 고소인으로 하여금 당황케 하여 위 죄의 사실을 자백케 할 목적으로 법원에서 발부받은 영장이 없음은 물론 정식 입건의 절차 및 상사에게 보고도 없이 ○○시장에 있는 고소인의 점포에 이르러 고소인 소유임을 확인하고 동 점포 점원인 ○○○ 및 고소인의 처 ○○○에게 ○○○(고소인)는 관세법 위반으로 형사책임을 받아야 하며 최하 직영 5년을 살아야 되고 이 ○○○도 공범으로 입건조치하겠다고 엄포를 하였습니다. 그 후 20○○년 ○월 ○일 오후 2시에 피고소인들은 지프차를 타고 와서 위 ○○○ 및 ○○○을 불법으로 연행하였고 동일 7시(오후)에는 ○○세관식으로 진열장에다 봉인을 붙였고 불법압수를 하여 각 의무 없는 일에 응하게 하였으며 그날부터 위 점포를 폐쇄케 하여 영업을 못하게 하는 등 갖은 수법을 사용하였습니다. 고소인 가족들은 놀라 앞으로의 일이 두려운 나머지 피고소인들의 말을 들어 주기로 결심하고 위 벌금담보조로 20○○○년 ○월 ○일 오후 3시에 금 100만원을 피고소인등에게 교부하였습니다.

5. 고소이유

이 모든 것은 공무원이 직권을 남용하여 고소인으로 하여금 의무 없는 일을 행하게 함으로써 또한 권리행사를 방해하였다고 생각되어 고소하오니 엄중히 조사하여 처벌하여 주시기 바랍니다.

6. 증거자료

(✔해당란에 체크하여 주시기 바랍니다.)

☑ 고소인은 고소인의 진술 외에 제출할 증거가 없습니다.
☐ 고소인은 고소인의 진술 외에 제출할 증거가 있습니다.

7. 관련사건의 수사 및 재판 여부

(✔해당란에 체크하여 주시기 바랍니다)

① 중복 고소 여부	본 고소장과 같은 내용의 고소장을 다른 검찰청 또는 경찰서에 제출하거나 제출하였던 사실이 있습니다 ☐ / 없습니다 ☑
② 관련 형사사건 수사 유무	본 고소장과 기재된 범죄사실과 관련된 사건 또는 공범에 대하여 검찰청이나 경찰서에서 수사중에 있습니다 ☐ / 수사중에 있지 않습니다 ☑
③ 관련 민사소송 유 무	본 고소장과 기재된 범죄사실과 관련된 사건에 대하여 법원에서 민사소송중에 있습니다 ☐ / 민사소송 중에 있지 않습니다 ☑

8. 기타

본 고소장에 기재한 내용을 고소인이 알고 있는 지식과 경험을 바탕으로 모두 사실대로 작성하였으며, 만일 허위사실을 고소하였을 때에는 형법 제156조 무고죄로 처벌받을 것임을 서약합니다.

20○○년 ○월 ○일

고소인__________(인)
제출인__________(인)

○○지방검찰청 귀중

[서식] 고소장(사문서부정행사죄등)

고 소 장

고 소 인 ○ ○ ○
○○ ○○구 ○○길 ○○
피고소인 △ △ △
○○ ○○구 ○○길 ○○

고 소 사 실

1. 고소인은 고소외 휴양콘도미니엄업을 주업으로 하는 □□회사에 금○○○원을 주고 회원으로 가입하여 콘도미니엄 이용시에 필요한 회원카드를 발급받아 소지하고 있었는데,

2. 20○○. ○. ○. 고소인이 ○○동 소재 고소인의 사무실에서 지갑을 정리하고 있던 중 사업관계로 알고 지내던 피고소인이 방문하여 책상 위에 놓여 있던 위 카드를 습득하여 콘도미니엄 이용 시에 부정하게 행사함으로써 피해를 입어 고소하오니 이를 조사하여 엄벌에 처해 주시기 바랍니다.

입 증 방 법

추후 제출하겠습니다.

20○○년 ○월 ○일
위 고 소 인 ○ ○ ○ (인)

○ ○ 경 찰 서 장(또는 ○ ○ 지 방 검 찰 청 검 사 장) 귀 중

【서식】 계를 조직하여 불입한 계금을 계원에게 주지 않고 편취한 경우 고소장

고 소 장

1. 고소인

성 명	○ ○ ○	주민등록번호	111111-2222222
주 소	○○시 ○○구 ○○길 ○○ (현 거주지)		
직 업	○○	사무실 주소	
전 화	(휴대폰) (자택) (사무실)		
이메일	lawb@lawb.co.kr		
대리인에 의한 고소	□법정대리인(성명: , 연락처) □고소대리인(성명: 변호사 , 연락처)		

2. 피고소인1

성 명	○ ○ ○	주민등록번호	111111-2222222
주 소	○○시 ○○구 ○○길 ○○ (현 거주지)		
직 업	○○	사무실 주소	
전 화	(휴대폰) (자택) (사무실)		
이메일	lawb@lawb.co.kr		
기타사항			

피고소인2

성 명	○ ○ ○	주민등록번호	111111-2222222
주 소	○○시 ○○구 ○○길 ○○ (현 거주지)		
직 업	○○	사무실 주소	
전 화	(휴대폰) (자택) (사무실)		
이메일	lawb@lawb.co.kr		
기타사항			

3. 고소취지

위 피고소인을 배임죄로 고소하오니 처벌하여 주시기 바랍니다.

4. 범죄사실

피고소인들은 부부간으로 공모하여, 20○○.○.○.경 당시 그들이 살고 있던 ○○시 ○○구 ○○길 ○○ 소재 그들의 집에서 고소인 외 약 18명의 계원들을 모아 1계좌 금 ○○○원짜리의 속칭 번호계를 조직 하고 그 1번인 계주가 되어 고소인 외 약 18명의 위임에 따라 매회 계원들로부터 각 배정액을 징수한 후 즉시 그 지정된 계원에게 위 계금을 지급하여줄 의무가 있음에도 불구하고 그 임무에 위배하여 자기의 용도에 소비하기 위하여 위 고소인으로 하여금 위 계의 16번 계좌에 가입시켜 그 계의 1회때인 20○○.○.○.경부터 위 계의 15번때인 20○○.○.○.까지 총 15회에 걸쳐 합계 금 ○○원을 불입하게 한 후 위 계의 16회 때인 20○○.○.○. 위 계원들로부터 징수한 계금 ○○○원중 금 ○○○원만 위 고소인에게 지급하고 나머지 금 ○○○원을 지급하지 아니하고 제 마음대로 소비하여 동액의 재산상 이익을 취하고, 위 고소인에게 동액의 재산상 손해를 가한 것입니다. 피고소인들은 번갈아 가면서 고소인으로부터 불입계금을 징수하였고, 고소인의 지급 독촉을 받던 중 피고소인 ○○○은 피고소인 ○○○이 참석한 자리에서 고소인에게 미지급한 계금 완불 조건으로 금 ○○○원을 20○○.○.○.말일까지 지급하겠다는 내용으로 현금보관증을 작성해 준 뒤 피고소인들은 20○○.○.말경 어디론지 도주해버렸습니다.

5. 고소이유

6. 증거자료

(✔해당란에 체크하여 주시기 바랍니다.)

☑ 고소인은 고소인의 진술 외에 제출할 증거가 없습니다.
☐ 고소인은 고소인의 진술 외에 제출할 증거가 있습니다.

7. 관련사건의 수사 및 재판 여부

(✔해당란에 체크하여 주시기 바랍니다)

① 중복 고소 여부	본 고소장과 같은 내용의 고소장을 다른 검찰청 또는 경찰서에 제출하거나 제출하였던 사실이 있습니다 □ / 없습니다 ☑
② 관련 형사사건 수사 유무	본 고소장과 기재된 범죄사실과 관련된 사건 또는 공범에 대하여 검찰청이나 경찰서에서 수사중에 있습니다 □ / 수사중에 있지 않습니다 ☑
③ 관련 민사소송 유 무	본 고소장과 기재된 범죄사실과 관련된 사건에 대하여 법원에서 민사소송중에 있습니다 □ / 민사소송 중에 있지 않습니다 ☑

8. 기타

본 고소장에 기재한 내용을 고소인이 알고 있는 지식과 경험을 바탕으로 모두 사실대로 작성하였으며, 만일 허위사실을 고소하였을 때에는 형법 제156조 무고죄로 처벌받을 것임을 서약합니다.

20○○년 ○월 ○일

고소인__________(인)

제출인__________(인)

○○지방검찰청 귀중

【서식】 정비업소에서 의뢰받은 차량의 부속품을 헌 것으로 교체한 경우 고소장

고 소 장

1. 고소인

성 명	○ ○ ○	주민등록번호	111111-2222222
주 소	○○시 ○○구 ○○길 ○○ (현 거주지)		
직 업	○○	사무실 주소	
전 화	(휴대폰) (자택) (사무실)		
이메일	lawb@lawb.co.kr		
대리인에 의한 고소	□법정대리인(성명: , 연락처) □고소대리인(성명: 변호사 , 연락처)		

2. 피고소인

성 명	○ ○ ○	주민등록번호	111111-2222222
주 소	○○시 ○○구 ○○길 ○○ (현 거주지)		
직 업	○○	사무실 주소	
전 화	(휴대폰) (자택) (사무실)		
이메일	lawb@lawb.co.kr		
기타사항			

3. 고소취지

위 피고소인을 ○○죄로 고소하오니 처벌하여 주시기 바랍니다.

4. 범죄사실

고소인은 20○○.○.○. 고소인 소유의 차량이 며칠 전부터 엔진이 이상해서 피고소인 정비업소에 정비를 하려고 맡겼습니다. 피고소인 정비소는 적어도 하루정도 걸릴 것 같으니 내일 퇴근시간쯤에 오라고 하였습니다. 고소인은 다음날 퇴근시간 쯤 돼서 정비소에 들렀더니 엔진뿐만 아니라 브레이크 등 여러군데 정비하고 부품을 갈아 끼웠으니 수리비로 ○○○○○원을 내라고 하였습니다. 고소인은 자동차에 대해 잘 알지도 못하고 해서 좀 이상하긴 했지만 당초 예상수리비의 4배나 되는 금 ○○○○○원을 지불하고 차를 끌고 왔습니다. 하지만 자동차는 정비전이나 후나 별로 달라진 것이 없어 고소인은 다음날 규모가 더 큰 ○○카센터에 위 차량을 맡기고 옆에서 지켜보고 있는데 그 카센터 직원이 ○○부품 등이 많이 낡았다고 하였습니다. 어이없게도 그 부품은 지난달 지방으로 출장시 차가 이상이 있어 지방에서 새것으로 교체한 부품인데 어느새 헌 것으로 탈바꿈 된 것이었습니다. 그 부품만이 아니었습니다. 고소인의 차량은 구입한 지 1년 6개월 밖에 안되는 차인데 피고소인은 새부품을 낡은 부품으로 갈아 끼우고 더구나 수리비마저 터무니없이 비싼 값으로 받아 챙긴 것입니다.

5. 고소이유

이에 고소인은 피고소인 정비소의 파렴치한 행동을 법에 의해 엄중처벌하여 주시기 바라며 더 이상의 선의의 피해자들이 나오지 않도록 하는 바람에서 본 고소장을 제출합니다.

6. 증거자료

(✔해당란에 체크하여 주시기 바랍니다.)

☑ 고소인은 고소인의 진술 외에 제출할 증거가 없습니다.
☐ 고소인은 고소인의 진술 외에 제출할 증거가 있습니다.

7. 관련사건의 수사 및 재판 여부

(✔해당란에 체크하여 주시기 바랍니다)

① 중복 고소 여부	본 고소장과 같은 내용의 고소장을 다른 검찰청 또는 경찰서에 제출하거나 제출하였던 사실이 있습니다 ☐ / 없습니다 ☑
② 관련 형사사건 수사 유무	본 고소장과 기재된 범죄사실과 관련된 사건 또는 공범에 대하여 검찰청이나 경찰서에서 수사중에 있습니다 ☐ / 수사중에 있지 않습니다 ☑
③ 관련 민사소송 유 무	본 고소장과 기재된 범죄사실과 관련된 사건에 대하여 법원에서 민사소송중에 있습니다 ☐ / 민사소송 중에 있지 않습니다 ☑

8. 기타

본 고소장에 기재한 내용을 고소인이 알고 있는 지식과 경험을 바탕으로 모두 사실대로 작성하였으며, 만일 허위사실을 고소하였을 때에는 형법 제156조 무고죄로 처벌받을 것임을 서약합니다.

20○○년 ○월 ○일

고소인__________(인)
제출인__________(인)

○○지방검찰청 귀중

【서식】 유가증권을 할인하여 준다고 하여 유가증권을 습득한 후 편취한 경우 고소장

고 소 장

1. 고소인

성 명	○ ○ ○	주민등록번호	111111-2222222
주 소	○○시 ○○구 ○○길 ○○ (현 거주지)		
직 업	○○	사무실 주소	
전 화	(휴대폰) (자택) (사무실)		
이메일	lawb@lawb.co.kr		
대리인에 의한 고소	□법정대리인(성명: , 연락처) □고소대리인(성명: 변호사 , 연락처)		

2. 피고소인

성 명	○ ○ ○	주민등록번호	미상
주 소	주소불상 (현 거주지)		
직 업	○○	사무실 주소	
전 화	(휴대폰) (자택) (사무실)		
이메일	lawb@lawb.co.kr		
기타사항			

3. 고소취지

위 피고소인에 대하여 아래와 같은 고소사실로 고소를 하오니 처벌을 하여 주시기 바랍니다.

4. 범죄사실

위 피고소인은 소외 ○○기전의 대표인 ○○○의 소개로 만나게 된 동 고소인에게 고소인이 할인하고자 하는 타인 발행의 유가증권을 마치 자신이 그 다음 날까지 할인을 해다줄 것처럼 속여 교부받아 도주 잠적을 하여 편취하기로 기도하고, 20○○.○.○. 15:00경 ○○시 ○○구 ○○동 ○번지 소재 소외 ○○○이 경영하는 ○○기전 사무실에서, 위 피고소인은 동 사무실의 경리 아가씨의 입회하에 고소인이 거래처로부터 수금하여 할인하고자 하던 소외 ○○종합건설 주식회사 대표이사 ○○○발행 ○○은행 ○○동지점 지급의 어음번호 자가 ○

○○2312, 지급일자 20○○.○.○., 액면 금 ○○○원권 약속어음 1매를 그 다음날인 ○.○.까지 할인을 하여 고소인의 계좌번호인 ○○은행 001-01-000000-8호로 입금시켜 주기로 하고 교부받을시, 사실 자신은 ○○자동차학원에 근무하지도 아니하였고 또 당시 동 ○○자동차학원의 원장 심부름을 오지도 아니하였던 것이며 게다가 자신의 동 약속어음을 할인해다 줄 의사마저 전혀 없었고 오직 고소인을 속여 교부받아 도주하여 편취할 계획적인 의사였던 것임에도 마치 자신이 ○○자동차학원의 과장직에 근무하고 있고 당시 자신의 원장의 심부름을 온 것처럼 또 동 약속어음을 그 다음날까지는 할인을 하여 고소인의 위 계좌번호로 입금시켜 줄 것처럼 온갖 거짓말로 고소인을 속여 이에 속은 고소인으로부터 위 유가증권을 교부받아 도주 잠적을 하여 편취한 자이므로 고소합니다.

5. 고소이유

위 피고소인은 자신을 고소인에게 소개시켜준 위 ○○기전의 대표 ○○○과 서로 짜고 고소인을 속여 동 유가증권을 편취한 것으로 생각되오니 이점 철저하게 수사해 주시기 바랍니다.

6. 증거자료 (✔해당란에 체크하여 주시기 바랍니다)

☑ 고소인은 고소인의 진술 외에 제출할 증거가 없습니다.
☐ 고소인은 고소인의 진술 외에 제출할 증거가 있습니다.

7. 관련사건의 수사 및 재판 여부 (✔해당란에 체크하여 주시기 바랍니다)

① 중복 고소 여부	본 고소장과 같은 내용의 고소장을 다른 검찰청 또는 경찰서에 제출하거나 제출하였던 사실이 있습니다 ☐ / 없습니다 ☑
② 관련 형사사건 수사 유무	본 고소장과 기재된 범죄사실과 관련된 사건 또는 공범에 대하여 검찰청이나 경찰서에서 수사중에 있습니다 ☐ / 수사중에 있지 않습니다 ☑
③ 관련 민사소송 유 무	본 고소장과 기재된 범죄사실과 관련된 사건에 대하여 법원에서 민사소송중에 있습니다 ☐ / 민사소송 중에 있지 않습니다 ☑

8. 기타

본 고소장에 기재한 내용을 고소인이 알고 있는 지식과 경험을 바탕으로 모두 사실대로 작성하였으며, 만일 허위사실을 고소하였을 때에는 형법 제156조 무고죄로 처벌받을 것임을 서약합니다.

20○○년 ○월 ○일

고소인__________(인)
제출인__________(인)

○○지방검찰청 귀중

【서식】 계금을 납입할 의사없이 선순위로 낙찰받아 편취한 경우 고소장

고 소 장

1. 고소인

성 명	○ ○ ○	주민등록번호	111111-2222222
주 소	○○시 ○○구 ○○길 ○○ (현 거주지)		
직 업	○○	사무실 주소	
전 화	(휴대폰) (자택) (사무실)		
이메일	lawb@lawb.co.kr		
대리인에 의한 고소	□법정대리인(성명: , 연락처) □고소대리인(성명: 변호사 , 연락처)		

2. 피고소인

성 명	○ ○ ○	주민등록번호	111111-2222222
주 소	○○시 ○○구 ○○길 ○○ (현 거주지)		
직 업	○○	사무실 주소	
전 화	(휴대폰) (자택) (사무실)		
이메일	lawb@lawb.co.kr		
기타사항			

3. 고소취지

위 피고소인을 ○○죄로 고소하오니 처벌하여 주시기 바랍니다.

4. 범죄사실

피고소인은 20○○.○.○.고소인이 경영하는 ○○시장내에서 고소인이 계주가 되어 조직한 계금 ○○○원짜리 26인조 낙찰식계에 1구좌를 가입하여 19○○.○.○. 동계의 3번째 곗날에 계금을 낙찰받더라도 그 이후 동 계가 끝날 때까지 매월 불입하여야 할 불입금 ○○○원씩을 불입할 의사나 능력이 전혀 없으면서 동계의 3회째 곗날 계금 ○○○원을 낙찰받은 후 동계의 14회째인 20○○.○.○.까지 이후 앞으로 불입할 12회분 불입금 ○○○원 상당을 불입하지 아니함으로써 동액상당을 편취한 후 소재불명된 자입니다.

5. 고소이유

(생략)

6. 증거자료 (✔해당란에 체크하여 주시기 바랍니다.)

☑ 고소인은 고소인의 진술 외에 제출할 증거가 없습니다.
☐ 고소인은 고소인의 진술 외에 제출할 증거가 있습니다.

7. 관련사건의 수사 및 재판 여부 (✔해당란에 체크하여 주시기 바랍니다)

① 중복 고소 여부	본 고소장과 같은 내용의 고소장을 다른 검찰청 또는 경찰서에 제출하거나 제출하였던 사실이 있습니다 ☐ / 없습니다 ☑
② 관련 형사사건 수사 유무	본 고소장과 기재된 범죄사실과 관련된 사건 또는 공범에 대하여 검찰청이나 경찰서에서 수사중에 있습니다 ☐ / 수사중에 있지 않습니다 ☑
③ 관련 민사소송 유 무	본 고소장과 기재된 범죄사실과 관련된 사건에 대하여 법원에서 민사소송중에 있습니다 ☐ / 민사소송 중에 있지 않습니다 ☑

8. 기타

본 고소장에 기재한 내용을 고소인이 알고 있는 지식과 경험을 바탕으로 모두 사실대로 작성하였으며, 만일 허위사실을 고소하였을 때에는 형법 제156조 무고죄로 처벌받을 것임을 서약합니다.

20○○년 ○월 ○일

고소인__________(인)
제출인__________(인)

○○지방검찰청 귀중

【서식】 업무상 위력에 의한 간음 고소장

고 소 장

1. 고소인

성 명	○ ○ ○	주민등록번호	111111-2222222
주 소	○○시 ○○구 ○○길 ○○ (현 거주지)		
직 업	○○	사무실 주소	
전 화	(휴대폰) (자택) (사무실)		
이메일	lawb@lawb.co.kr		
대리인에 의한 고소	□법정대리인(성명: , 연락처) □고소대리인(성명: 변호사 , 연락처)		

2. 피고소인

성 명	○ ○ ○	주민등록번호	111111-2222222
주 소	○○시 ○○구 ○○동 화물트럭터미널 ○동 3층 ○호 (현 거주지)		
직 업	○○	사무실 주소	
전 화	(휴대폰) (자택) (사무실)		
이메일	lawb@lawb.co.kr		
기타사항			

3. 고소취지

위 피고소인은 업무상 위력등에 의한 간음죄로 이 고소를 제기하오니 의법처단하여 주시기 바랍니다.

4. 범죄사실

피고소인은 위 회사 사장의 동생으로 업무과장직에 재직하는 자로서 평소 고소인에게 업무를 도와주는 등 친절히 하며 접근하여, 피고소인은 동년 7월 초순경, 고소인에게 여자 친구 3인을 데리고 오면 좋은 곳에 구경시켜 주겠다고 속이고 여의도에 있는 나이트클럽으로 유인하여 춤을 추고 고의적으로 시간을 지연시켜 다음날 02시경에 이르러 위 3인 여자 친구들은 집으로 빨리 가라고 한 후 밤이 늦었으니 친구집에 가서 방이 많으니 가자고 위계로서 속이고 소재미상의 여관으로 강제로 끌고 들어가서 "나와 결혼을 하자! 말을 듣지 않으면 당장 회사에서 내보내겠다"는 등의 상위직의 위력으로 간음을 한 자입니다. 그 뿐만 아니라 고소인의 언니가 피고소인을 만나 동생의 신상을 책임지라고 요구하자 "고소인을 건드린 사실이 없다"고 잡아떼는가 하면 "고소인에게 돈을 주고 건드렸다"는 등, 법대로 하라고 오히려 협박을 하며 폭언까지 하므로 고소인은 수치감을 무릅쓰고 이 고소를 제기하오니 예의 수사하시어 진상이 밝혀지는 한 엄중한 처벌을 가해주시기 바라는 바입니다.

5. 고소이유

(생략)

6. 증거자료

(✔해당란에 체크하여 주시기 바랍니다.)

☑ 고소인은 고소인의 진술 외에 제출할 증거가 없습니다.
☐ 고소인은 고소인의 진술 외에 제출할 증거가 있습니다.

7. 관련사건의 수사 및 재판 여부

(✔해당란에 체크하여 주시기 바랍니다)

① 중복 고소 여부	본 고소장과 같은 내용의 고소장을 다른 검찰청 또는 경찰서에 제출하거나 제출하였던 사실이 있습니다 ☐ / 없습니다 ☑
② 관련 형사사건 수사 유무	본 고소장과 기재된 범죄사실과 관련된 사건 또는 공범에 대하여 검찰청이나 경찰서에서 수사중에 있습니다 ☐ / 수사중에 있지 않습니다 ☑
③ 관련 민사소송 유 무	본 고소장과 기재된 범죄사실과 관련된 사건에 대하여 법원에서 민사소송중에 있습니다 ☐ / 민사소송 중에 있지 않습니다 ☑

8. 기타

본 고소장에 기재한 내용을 고소인이 알고 있는 지식과 경험을 바탕으로 모두 사실대로 작성하였으며, 만일 허위사실을 고소하였을 때에는 형법 제156조 무고죄로 처벌받을 것임을 서약합니다.

20○○년 ○월 ○일

고소인__________(인)
제출인__________(인)

○○지방검찰청 귀중

【서식】 고소장(협박)

고 소 장

1. 고소인

성 명	○ ○ ○	주민등록번호	111111-2222222
주 소	○○시 ○○구 ○○길 ○○ (현 거주지)		
직 업	○○	사무실 주소	
전 화	(휴대폰) (자택) (사무실)		
이메일	lawb@lawb.co.kr		
대리인에 의한 고소	□법정대리인(성명: , 연락처) □고소대리인(성명: 변호사 , 연락처)		

2. 피고소인

성 명	○ ○ ○	주민등록번호	111111-2222222
주 소	○○구 ○○길 ○○ (현 거주지)		
직 업	○○	사무실 주소	
전 화	(휴대폰) (자택) (사무실)		
이메일	lawb@lawb.co.kr		
기타사항			

3. 고소취지

위 피고소인을 협박죄로 고소하오니 처벌하여 주시기 바랍니다.

4. 범죄사실

피고소인은 전처와 이혼하고 독신생활을 하고 있는 자로서 ○○시 ○○구 ○○길 ○○ 고소인의 가에 살고 있는 ○○과는 친구 사이로서 3차에 걸쳐 놀러온 사실이 있다. 그런데 피고소인은 고소인이 혼자 사는 것을 기화로 20○○년 ○월 ○일 밤 12시에 벨을 눌러 사람을 찾기에 나가 보았더니 급한 용무가 있으니 이야기 좀 하자고 하여 방으로 같이 들어갔습니다.

그런데 갑자기 나는 혼자 살고 있으니 같이 사귀는 것이 어떠냐고 하기에 나는 아직 그런 짓을 할 수 없다고 하자 만약 당신이 나와 같이 사귀지 않으면 당신의 남자관계를 모두 폭로하겠으며 이 동리에서 못살게 만들겠다고 협박하므로 고소인은 그런 말만은 하지 말라고 애원하였으나 당신이 이 동네에서 얼굴을 들고 살 수 없도록 하겠다고 협박을 가했습니다.

5. 고소이유

(생략)

6. 증거자료

(✔해당란에 체크하여 주시기 바랍니다.)

☑ 고소인은 고소인의 진술 외에 제출할 증거가 없습니다.
☐ 고소인은 고소인의 진술 외에 제출할 증거가 있습니다.

7. 관련사건의 수사 및 재판 여부

(✔해당란에 체크하여 주시기 바랍니다)

① 중복 고소 여부	본 고소장과 같은 내용의 고소장을 다른 검찰청 또는 경찰서에 제출하거나 제출하였던 사실이 있습니다 ☐ / 없습니다 ☑
② 관련 형사사건 수사 유무	본 고소장과 기재된 범죄사실과 관련된 사건 또는 공범에 대하여 검찰청이나 경찰서에서 수사중에 있습니다 ☐ / 수사중에 있지 않습니다 ☑
③ 관련 민사소송 유 무	본 고소장과 기재된 범죄사실과 관련된 사건에 대하여 법원에서 민사소송중에 있습니다 ☐ / 민사소송 중에 있지 않습니다 ☑

8. 기타

본 고소장에 기재한 내용을 고소인이 알고 있는 지식과 경험을 바탕으로 모두 사실대로 작성하였으며, 만일 허위사실을 고소하였을 때에는 형법 제156조 무고죄로 처벌받을 것임을 서약합니다.

20○○년 ○월 ○일

고소인__________(인)
제출인__________(인)

○○지방검찰청 귀중

【서식】 고소장(공갈)

고 소 장

1. 고소인

성 명	○ ○ ○	주민등록번호	111111-2222222
주 소	○○시 ○○구 ○○길 ○○ (현 거주지)		
직 업	○○	사무실 주소	
전 화	(휴대폰) (자택) (사무실)		
이메일	lawb@lawb.co.kr		
대리인에 의한 고소	□법정대리인(성명: , 연락처) □고소대리인(성명: 변호사 , 연락처)		

2. 피고소인

성 명	○ ○ ○	주민등록번호	111111-2222222
주 소	○○시 ○○구 ○○길 ○○ (현 거주지)		
직 업	○○	사무실 주소	
전 화	(휴대폰) (자택) (사무실)		
이메일	lawb@lawb.co.kr		
기타사항			

3. 고소취지

위 피고소인을 공갈죄로 고소하오니 처벌하여 주시기 바랍니다.

4. 범죄사실

피고소인은 전과 2범인 자로서 일정한 직업도 없이 배회하는 불량한 자로서 20○○년 ○월 ○일 오후 15시경 ○○시 ○○구 ○○길 ○○ 극장 앞에서 고소인이 휴대하고 있는 카메라를 빌려 달라고 하기에 카메라는 형님의 것이기 때문에 빌려줄 수 없다고 하였더니 "이 자식이 너 빌려주지 않으면 재미없어."라고 위협적인 언사를 사용하였으며 만일 고소인이 말을 들어주지 않으면 당장이라도 주먹이 날아와 몸에 맞으면 상처가 날 것 같은 행동에 공포감과 두려움을 느껴 고소인이 가지고 있던 카메라 시가 30만원 상당을 갈취당하였으므로 고소를 제기합니다.

5. 고소이유

(생략)

6. 증거자료

(✔해당란에 체크하여 주시기 바랍니다.)

☑ 고소인은 고소인의 진술 외에 제출할 증거가 없습니다.
☐ 고소인은 고소인의 진술 외에 제출할 증거가 있습니다.

7. 관련사건의 수사 및 재판 여부

(✔해당란에 체크하여 주시기 바랍니다)

① 중복 고소 여부	본 고소장과 같은 내용의 고소장을 다른 검찰청 또는 경찰서에 제출하거나 제출하였던 사실이 있습니다 ☐ / 없습니다 ☑
② 관련 형사사건 수사 유무	본 고소장과 기재된 범죄사실과 관련된 사건 또는 공범에 대하여 검찰청이나 경찰서에서 수사중에 있습니다 ☐ / 수사중에 있지 않습니다 ☑
③ 관련 민사소송 유 무	본 고소장과 기재된 범죄사실과 관련된 사건에 대하여 법원에서 민사소송중에 있습니다 ☐ / 민사소송 중에 있지 않습니다 ☑

8. 기타

본 고소장에 기재한 내용을 고소인이 알고 있는 지식과 경험을 바탕으로 모두 사실대로 작성하였으며, 만일 허위사실을 고소하였을 때에는 형법 제156조 무고죄로 처벌받을 것임을 서약합니다.

20○○년 ○월 ○일

고소인__________(인)
제출인__________(인)

○○지방검찰청 귀중

[서식] 고소장(강요죄)

고 소 장

고 소 인 ○ ○ ○ (111111 - 1111111)
○○시 ○○구 ○○길 ○○
피고소인 △ △ △ (111111 - 1111111)
○○시 ○○구 ○○길 ○○

고 소 취 지

고소인은 피고소인을 형법 제324조의 강요죄(협박에 의한 권리행사방해죄)로 형사고소하니 엄히 처벌하여 주시기 바랍니다.

고 소 원 인

고소인은 위 주소지에서 조그마한 중소기업을 경영하다 경제 불황으로 매출실적이 현격히 떨어져, 은행으로부터 대출 받은 원금에 대한 이자도 변제하지 못하고 있던 중, 회사의 경영상 급전이 필요하여 생활정보지 광고를 보고 사채업을 하는 위 피고소인에게 사채를 얻어 사용하게 되었습니다.

그러나 회사의 사정은 더욱 악화되어 고소인은 업종 변경 등으로 다른 사업을 구상하던 중, 친구의 권유를 받아 해외 사업 시찰의 일환으로 동남아 여행을 목적으로 여권을 발급 받았는데, 위 피고소인인 사채업자가 고소인이 채무변제를 회피할 목적으로 해외도피를 하는 것으로 오인하여 그의 채권 실현을 목적으로 조직원들을 동원, 고소인을 찾아와 폭행 협박하고 고소인이 겁을 먹고 있는 상태를 이용하여 고소인 소유의 여권을 교부케 하여 그 여권을 강제 회수당한 결과, 고소인은 고소인의 중요한 해외 사업 시찰 계획에 차질이 있었을 뿐만 아니라 해외를 여행할 사실상 권리마저 침해당하였던 바, 고소인은 위와 같은 사실을 들어 피고소인을 강요죄(협박에 의한 권리행사방해죄)로 형사고소하니 법률이 허용하는 범위내에서 엄벌하여 주시기 바랍니다.

20○○년 ○월 ○일

위 고 소 인 ○ ○ ○ (인)

○ ○ 경 찰 서 장(또는 ○ ○ 지 방 검 찰 청 검 사 장) 귀 중

[서식] 고소장(인질강요죄)

고 소 장

고 소 인 김 ○ ○ (111111 - 2222222)
○○시 ○구 ○○길 ○○
피고소인 박 △ △
○○시 ○구 ○○길 ○○

고 소 취 지

고소인은 피고소인을 형법 제324조의2 인질강요죄로 형사 고소하니 엄히 처벌하여 주시기 바랍니다.

고 소 원 인

고소인은 위 주소지에서 조그마한 슈퍼를 경영하면서 무남 독녀인 여고 2년생을 슬하에 두고 오로지 딸자식이 잘되기만을 생각하며 열심히 교육도 시키며 단란하고 행복한 가정생활을 하였습니다.

그런데 어느 날 딸의 귀가 시간이 평소와는 달리 많이 늦어 걱정이 된 나머지 대문 밖에서 기다렸으나 결국 자정이 넘도록 집에 돌아오지 않아 노심초사 방에서 기다리고 있던 중, 거친 남자 목소리의 전화가 와 "딸을 잘 보호하고 있으니 현금 3,000만원을 준비하라 그렇지 아니하면 앞으로 딸을 만날 수 없을지도 모른다. 그리고 경찰서에 알리면 가족들을 모두 죽이겠다."고 협박하여 고소인은 딸을 살릴 목적으로 어쩔 수 없이 돈 3,000만원을 준비하여 피고소인이 지정한 약속장소에 나가 현금3,000만원을 건네 주고 감금된 딸을 돌려보내 줄 것을 요구하자 현금 2,000만원을 더 요구하여 더 이상 돈이 없다고 하자 피고소인 중 또 다른 1명이 그렇다면 2,000만원을 지불하겠다는 각서라도 작성하라 하여 고소인은 겁에 질려 고소인이 원하는 대로 지불각서에 내용을 기재하고 무인까지 날인하여 주었습니다.

딸은 부모의 품안에 돌아 왔으나 고소인은 위 금 2,000만원을 달라는 협박에 잠도 못 이루고 결국 정신병까지 생겨 현재 병원에 입원까지 하고 있으니 고소인은 위와 같은 사실을 들어 피고소인을 인질 강요죄로 형사 고소하니 법률이 허용하는 범위내에서 엄벌하여 주시기 바랍니다.

20○○년 ○월 ○일
위 고 소 인 김 ○ ○ (인)
이 ○ ○ (인)

○ ○ 경 찰 서 장(또는 ○ ○ 지 방 검 찰 청 검 사 장) 귀 중

【서식】 근로기준법 위반 고소장

고 소 장

1. 고소인

성 명	○ ○ ○	주민등록번호	111111-2222222
주 소	○○시 ○○구 ○○길 ○○ (현 거주지)		
직 업	○○	사무실 주소	
전 화	(휴대폰) (자택) (사무실)		
이메일	lawb@lawb.co.kr		
대리인에 의한 고소	□법정대리인(성명: , 연락처) □고소대리인(성명: 변호사 , 연락처)		

2. 피고소인

성 명	○ ○ ○	주민등록번호	111111-2222222
주 소	○○시 ○○구 ○○길 ○○(○○물산 대표) (현 거주지)		
직 업	○○	사무실 주소	
전 화	(휴대폰) (자택) (사무실)		
이메일	lawb@lawb.co.kr		
기타사항			

3. 고소취지

위 피고소인은 근로기준법 제51조 위반으로 이 고소를 제기하오니 의법처단하여 주시기 바랍니다.

4. 범죄사실

고소인의 차남 ○○○(19○○년 ○월 ○일생, 만 17세)는 20○○년 ○월 초순경 가출하여 ○○에 올라와서 주변을 방황하게 되자, 피고소인은 주소지에서 목제공예업을 영위하면서 18세 미만인 소년에게는 위험한 작업을 요구하지 못하도록 법률로 금지하고 있는데도 불구하고 현저히 저렴한 노임으로 고용 혹사하기 위하여 부모의 동의와 보건복지부장관의 승인도 없이 월 5만원의 임금으로 고용하여 아무런 작업경험도 없는 어린 소년에게 위험한 전기회전톱을 조작토록 하여 20○○년 ○월 ○일 18:00시경 작업도중 고소인의 시지, 중지, 인지가 절단직

전에 이르고, 소지의 기능 마비를 가져오는 등의 중상을 입게 한 자입니다
.

5. 고소이유

피고소인은 치료비절약을 위하여 환자를 즉시 종합병원에서 손가락의 접합수술을 하지 아니하고 이름도 없는 인근 의원에서 부모의 동의도 없이 손가락을 모두 절단해 버림으로써 평생 불구자로 만든 자이오니 엄중한 벌로서 처단하여 주시기 바랍니다.

6. 증거자료

(✔해당란에 체크하여 주시기 바랍니다.)

☑ 고소인은 고소인의 진술 외에 제출할 증거가 없습니다.
□ 고소인은 고소인의 진술 외에 제출할 증거가 있습니다.

7. 관련사건의 수사 및 재판 여부*

(✔해당란에 체크하여 주시기 바랍니다)

① 중복 고소 여부	본 고소장과 같은 내용의 고소장을 다른 검찰청 또는 경찰서에 제출하거나 제출하였던 사실이 있습니다 □ / 없습니다 ☑
② 관련 형사사건 수사 유무	본 고소장과 기재된 범죄사실과 관련된 사건 또는 공범에 대하여 검찰청이나 경찰서에서 수사중에 있습니다 □ / 수사중에 있지 않습니다 ☑
③ 관련 민사소송 유무	본 고소장과 기재된 범죄사실과 관련된 사건에 대하여 법원에서 민사소송중에 있습니다 □ / 민사소송 중에 있지 않습니다 ☑

8. 기타

본 고소장에 기재한 내용을 고소인이 알고 있는 지식과 경험을 바탕으로 모두 사실대로 작성하였으며, 만일 허위사실을 고소하였을 때에는 형법 제156조 무고죄로 처벌받을 것임을 서약합니다.

20○○년 ○월 ○일

고소인__________(인)
제출인__________(인)

○○지방검찰청 귀중

【서식】 위력에 의한 업무방해 고소장

고 소 장

1. 고소인

성 명	○ ○ ○	주민등록번호	
주 소	○○시 ○○구 ○○길 ○○ (현 거주지)		
직 업	○○	사무실 주소	
전 화	(휴대폰) (자택) (사무실)		
이메일	lawb@lawb.co.kr		
대리인에 의한 고소	□법정대리인(성명: , 연락처) □고소대리인(성명: 변호사 , 연락처)		

2. 피고소인

성 명	○ ○ ○	주민등록번호	
주 소	○○시 ○○구 ○○길 ○○ (현 거주지)		
직 업	○○	사무실 주소	
전 화	(휴대폰) (자택) (사무실)		
이메일	lawb@lawb.co.kr		
기타사항			

3. 고소취지

위 피고소인을 업무방해죄로 고소하오니 처벌하여 주시기 바랍니다.

4. 범죄사실

피고소인은 평소 깡패두목으로서 그의 누나되는 ○○○가 경영하는 식당 옆 ○○시 ○○구 ○○길 ○○에서 경영하는 식당이 잘되어 손님이 없음을 창피하게 생각하여 위 고소인 식당을 못하게 할 목적으로 20○○년 ○월 ○일 깡패 10명을 동원하여 고소인의 식당을 점거하고 타인들을 못 들어오게 하였으며 고소인이 왜 이러느냐고 하니까 장사를 하려면 다른 곳에 가서 하라. 만약 이사를 가지 않고 계속 장사를 하면 항시 깡패를 동원하여 장사를 망쳐 놓겠다고 으름장을 놓음으로써 그 위력을 과시하였고 그 위력에 의하여 식사하는 고객이 한 사람도 들어오지 않아서 고소인은 손해를 많이 보고 있습니다.

5. 고소이유

(생략)

6. 증거자료

(✔해당란에 체크하여 주시기 바랍니다.)

☑ 고소인은 고소인의 진술 외에 제출할 증거가 없습니다.
☐ 고소인은 고소인의 진술 외에 제출할 증거가 있습니다.

7. 관련사건의 수사 및 재판 여부

(✔해당란에 체크하여 주시기 바랍니다)

① 중복 고소 여부	본 고소장과 같은 내용의 고소장을 다른 검찰청 또는 경찰서에 제출하거나 제출하였던 사실이 있습니다 ☐ / 없습니다 ☑
② 관련 형사사건 수사 유무	본 고소장과 기재된 범죄사실과 관련된 사건 또는 공범에 대하여 검찰청이나 경찰서에서 수사중에 있습니다 ☐ / 수사중에 있지 않습니다 ☑
③ 관련 민사소송 유 무	본 고소장과 기재된 범죄사실과 관련된 사건에 대하여 법원에서 민사소송중에 있습니다 ☐ / 민사소송 중에 있지 않습니다 ☑

8. 기타

본 고소장에 기재한 내용을 고소인이 알고 있는 지식과 경험을 바탕으로 모두 사실대로 작성하였으며, 만일 허위사실을 고소하였을 때에는 형법 제156조 무고죄로 처벌받을 것임을 서약합니다.

20○○년 ○월 ○일

고소인__________(인)
제출인__________(인)

○○지방검찰청 귀중

【서식】 강제집행면탈의 경우 고소장

고 소 장

1. 고소인

성 명	○ ○ ○	주민등록번호	111111-2222222
주 소	○○시 ○○구 ○○길 ○○ (현 거주지)		
직 업	○○주식회사대표이사	사무실 주소	○○주식회사
전 화	(휴대폰) (자택) (사무실)		
이메일	lawb@lawb.co.kr		
대리인에 의한 고소	□법정대리인(성명: , 연락처) □고소대리인(성명: 변호사 , 연락처)		

2. 피고소인

성 명	○ ○ ○	주민등록번호	111111-2222222
주 소	○○시 ○○구 ○○길 ○○ (현 거주지)		
직 업	○○	사무실 주소	
전 화	(휴대폰) (자택) (사무실)		
이메일	lawb@lawb.co.kr		
기타사항			

3. 고소취지

위 피고소인을 ○○죄로 고소하오니 처벌하여 주시기 바랍니다.

4. 범죄사실

고소인은 20○○.○.○.자로 금 ○○○만원을 연이율 20%에 1년간 대여해주고 만기일에 그 지급을 받고자 하였으나 피고소인이 한달만 연기하여 달라고 하여 연기하여 주었는데도 계속 변제하지 아니하여 20○○.○.○.까지 변제하지 아니하면 법적 절차에 의해 강제집행을 실시하겠다는 내용증명을 송부하였더니 피고소인은 강제집행을 면할 목적으로 자

기명의로 되어있던 ○○시 ○○구 ○○길 ○○ 소재 콘크리트 2층 기와지붕 ○○평방미터를 ○○시 ○○구 ○○길 ○○에 거주하는 ○○○에게 이를 판매하고 그 대금은 피고소인이 사촌동생의 예금통장 등으로 분산 입금하여 둠으로써 고소인이 법적절차에 의한 강제집행에 임하더라도 그 실효를 거둘 수 없게끔 피고소인의 재산을 타인의 명의로 옮겨 고소인에 대한 채무를 면탈하고 강제집행 등에 의한 채권행사를 불능케 하였습니다.

5. 고소이유

고소인은 이러한 비양심적인 피고소인의 소위를 법에 따라 엄중 처벌하여 주시기를 바라는 뜻에서 본 고소장을 제출합니다.

6. 증거자료

(✔해당란에 체크하여 주시기 바랍니다.)

☑ 고소인은 고소인의 진술 외에 제출할 증거가 없습니다.
☐ 고소인은 고소인의 진술 외에 제출할 증거가 있습니다.

7. 관련사건의 수사 및 재판 여부

(✔해당란에 체크하여 주시기 바랍니다)

① 중복 고소 여부	본 고소장과 같은 내용의 고소장을 다른 검찰청 또는 경찰서에 제출하거나 제출하였던 사실이 있습니다 ☐ / 없습니다 ☑
② 관련 형사사건 수사 유무	본 고소장과 기재된 범죄사실과 관련된 사건 또는 공범에 대하여 검찰청이나 경찰서에서 수사중에 있습니다 ☐ / 수사중에 있지 않습니다 ☑
③ 관련 민사소송 유 무	본 고소장과 기재된 범죄사실과 관련된 사건에 대하여 법원에서 민사소송중에 있습니다 ☐ / 민사소송 중에 있지 않습니다 ☑

8. 기타

본 고소장에 기재한 내용을 고소인이 알고 있는 지식과 경험을 바탕으로 모두 사실대로 작성하였으며, 만일 허위사실을 고소하였을 때에는 형법 제156조 무고죄로 처벌받을 것임을 서약합니다.

20○○년 ○월 ○일

고소인__________(인)
제출인__________(인)

○○지방검찰청 귀중

【서식】 미성년자에 대한 간음 고소장

고 소 장

1. 고소인

성 명	○ ○ ○	주민등록번호	111111-2222222
주 소	○○시 ○○구 ○○길 ○○ (현 거주지)		
직 업	○○	사무실 주소	
전 화	(휴대폰) (자택) (사무실)		
이메일	lawb@lawb.co.kr		
대리인에 의한 고소	□법정대리인(성명: , 연락처) □고소대리인(성명: 변호사 , 연락처)		

2. 피 해 자

성 명	○ ○ ○	주민등록번호	111111-2222222
주 소	○○시 ○○구 ○○길 ○○ (현 거주지)		
직 업	○○	사무실 주소	
전 화	(휴대폰) (자택) (사무실)		
이메일	lawb@lawb.co.kr		
기타사항			

3. 피고소인

성 명	○ ○ ○	주민등록번호	111111-2222222
주 소	○○시 ○○구 ○○길 ○○ (현 거주지)		
직 업	○○	사무실 주소	
전 화	(휴대폰) (자택) (사무실)		
이메일	lawb@lawb.co.kr		
기타사항			

4. 고소취지

위 피고소인을 미성년자에 대한 간음죄로 이 고소를 제기하오니 의법처단하여 주시기 바랍니다.

5. 범죄사실

피고소인은 인근에서 부부간 무허가 하숙집을 경영하면서 비밀리에 윤락행위 알선까지 하는 자로서 20○○년 ○월 ○일에 고소인의 3녀인 ○○○를 자기집으로 놀러오라고 꼬셔 방문을 안에서 잠그고 해괴한 감언이설로 12살 밖에 안되는 자를 강제로 간음한 자입니다. 그 뿐만 아니라 그 후에도 3회에 긍하여 위와 동일한 수법으로 유인하여 간음행위를 함으로써 전치 2주를 요하는 질강내 파열상을 가한 자로서 이는 인륜, 도덕상 도저히 용납할 수 없는 천이 공노할 자라고 단정되므로 이 고소를 제기하오니 법이 적용하는 한 엄벌에 처해 주시기 바랍니다.

6. 고소이유

(생략)

7. 증거자료 (✔해당란에 체크하여 주시기 바랍니다.)

☑ 고소인은 고소인의 진술 외에 제출할 증거가 없습니다.
☐ 고소인은 고소인의 진술 외에 제출할 증거가 있습니다.

8. 관련사건의 수사 및 재판 여부 (✔해당란에 체크하여 주시기 바랍니다)

① 중복 고소 여부	본 고소장과 같은 내용의 고소장을 다른 검찰청 또는 경찰서에 제출하거나 제출하였던 사실이 있습니다 ☐ / 없습니다 ☑
② 관련 형사사건 수사 유무	본 고소장과 기재된 범죄사실과 관련된 사건 또는 공범에 대하여 검찰청이나 경찰서에서 수사중에 있습니다 ☐ / 수사중에 있지 않습니다 ☑
③ 관련 민사소송 유 무	본 고소장과 기재된 범죄사실과 관련된 사건에 대하여 법원에서 민사소송중에 있습니다 ☐ / 민사소송 중에 있지 않습니다 ☑

9. 기타

본 고소장에 기재한 내용을 고소인이 알고 있는 지식과 경험을 바탕으로 모두 사실대로 작성하였으며, 만일 허위사실을 고소하였을 때에는 형법 제156조 무고죄로 처벌받을 것임을 서약합니다.

20○○년 ○월 ○일

고소인__________(인)
제출인__________(인)

○○지방검찰청 귀중

[서식] 고소장(미성년자 약취, 유인죈)

고 소 장

고 소 인 ○ ○ ○
○○시 ○○구 ○○로 ○○
피고소인 △ △ △
○○시 ○○구 ○○로 ○○

고 소 취 지

피고소인은 고소인의 아들인 미성년자 고소 외 □□□(만 ○세)을 유인(또는 약취)한 사실이 있습니다.

고 소 사 실

피고소인은 ○○시 ○○구 ○○로 ○○번지에 거주하는 자인데 20○○. ○. ○. ○○:○○경 ○○시 ○○구 ○○로 ○○ 앞 노상에서 걸어가고 있던 고소인의 아들인 미성년자 고소외 □□□(만 ○세)에게 접근하여 "아주머니가 맛있는 과자를 사줄테니 아주머니랑 같이 가자"라고 말하여 위 □□□를 유혹하여 ○○시 ○○구 ○○로에 있는 ○○에 데리고 가서 같은 날 ○○:○○경까지 위 □□□를 보호자인 고소인의 보호상태에서 이탈케 한 후 피고소인의 실력적 지배하에 둔 것이다.

위와 같은 사실을 들어 고소하오니 조사하여 엄벌하여 주시기 바랍니다.

소 명 방 법

1. 사실확인서
2. 세부적인 자료는 추후 제출하겠음

20○○년 ○월 ○일
위 고소인 ○ ○ ○ (인)

○ ○ 경 찰 서 장(또는 ○ ○ 지 방 검 찰 청 검 사 장) 귀 중

【서식】 강제추행의 경우 고소장

고 소 장

1. 고소인

성 명	○ ○ ○	주민등록번호	111111-2222222
주 소	○○시 ○○구 ○○길 ○○ (현 거주지)		
직 업	○○	사무실 주소	
전 화	(휴대폰) (자택) (사무실)		
이메일	lawb@lawb.co.kr		
대리인에 의한 고소	□법정대리인(성명: , 연락처) □고소대리인(성명: 변호사 , 연락처)		

2. 피고소인

성 명	○ ○ ○	주민등록번호	111111-2222222
주 소	○○시 ○○구 ○○길 ○○ (현 거주지)		
직 업	○○	사무실 주소	
전 화	(휴대폰) (자택) (사무실)		
이메일	lawb@lawb.co.kr		
기타사항			

3. 고소취지

위 피고소인을 ○○죄로 고소하오니 처벌하여 주시기 바랍니다.

4. 범죄사실

20○○.○.○. 오후 19:40경 고소인이 퇴근을 하여 고소인의 동네에서 버스에서 내려 항상 다니던 길로 가고 있는데 가로등이 없는 ○○건물 모서리를 지나려고 하는데 마침 술에 취한 피고소인이 건물 모퉁이에 서 있다가 고소인이 앞을 지나가자 기다렸다는 듯이 갑자기 달려 들어 고소인을 끌어안고는 가슴을 만지며 키스를 하려고 하여 뿌리치려고 하자 다시 한 손으로 음부를 잡는 것이었습니다. 고소인은 너무 순간적으로 일어난 일이라 당황하여 아무 생각

도 하지 못하였는데 마침 이곳을 지나가던 이웃집 아주머니가 "이봐요. 거기서 뭐해요."하자 그 남자는 달아나고 아주머니가 요즘 젊은 것들이란 하기에 아주머니 그런 것이 아니고 자초지종을 이야기 하였더니 원 세상에 큰일날뻔 했다면서 "가만있어라 그놈을 어디서 많이 보았는데"하면서 한참을 생각하더니 그래 길 건너 ○○집에 사는 것 같다고 하고는 돌아갔습니다. 그래서 고소인은 집으로 돌아와 어떻게 할까 망설이다가 어차피 동네 아주머니가 보았으니 소문이 날거고 숨긴다고 될 일도 아니고 하여 부모님에게 말씀을 드렸더니 부모님은 이런 죽일놈 하시면서 고소인과 함께 아주머니가 알려준 집으로 찾아갔더니 마침 외출하지 않고 피고소인이 집에 있어 피고소인을 확인할 수 있었습니다. 고소인이 부모님과 찾아가니 사태가 심상치 않음을 깨달은 피고소인은 잘못했다면서 사정하는 것이었습니다. 그래서 용서해 줄까도 생각하다가 피고소인이 "어떻게 집을 알게 되었냐"면서 혼자말로 '재수가 없어서'하는 것이었습니다.

5. 고소이유

이에 자기 잘못을 뉘우치지 못하고 반성의 기미가 보이지 않은 피고소인을 고소하여 법의 준엄한 심판을 받게 하기 위하여 고소장을 제출합니다.

6. 증거자료

(✔해당란에 체크하여 주시기 바랍니다.)

☑ 고소인은 고소인의 진술 외에 제출할 증거가 없습니다.
☐ 고소인은 고소인의 진술 외에 제출할 증거가 있습니다.

7. 관련사건의 수사 및 재판 여부

(✔해당란에 체크하여 주시기 바랍니다)

① 중복 고소 여부	본 고소장과 같은 내용의 고소장을 다른 검찰청 또는 경찰서에 제출하거나 제출하였던 사실이 있습니다 ☐ / 없습니다 ☑
② 관련 형사사건 수사 유무	본 고소장과 기재된 범죄사실과 관련된 사건 또는 공범에 대하여 검찰청이나 경찰서에서 수사중에 있습니다 ☐ / 수사중에 있지 않습니다 ☑
③ 관련 민사소송 유 무	본 고소장과 기재된 범죄사실과 관련된 사건에 대하여 법원에서 민사소송중에 있습니다 ☐ / 민사소송 중에 있지 않습니다 ☑

8. 기타

본 고소장에 기재한 내용을 고소인이 알고 있는 지식과 경험을 바탕으로 모두 사실대로 작성하였으며, 만일 허위사실을 고소하였을 때에는 형법 제156조 무고죄로 처벌받을 것임을 서약합니다.

20○○년 ○월 ○일

고소인__________(인)
제출인__________(인)

○○지방검찰청 귀중

[서식] 고소장(준강제추행죄)

고 소 장

고 소 인 ○ ○ ○
○○시 ○○구 ○○길 ○○
(전화번호 : ○○○ - ○○○○)

피고소인 △ △ △
○○시 ○○구 ○○길 ○○

고소인은 다음과 같이 피고소인을 고소하오니, 법에 따라 조사하여 처벌하여 주시기 바랍니다.

고 소 사 실

피고소인은 20○○. ○. ○. ○○:○○경 ○○시 ○○구 ○○길 소재 고소인이 경영하는 술집에서 고소인이 피고소인의 억지로 권하는 술에 취하여 쓰러져 잠이 들어 항거할 수 없게 되자 피고소인은 고소인이 술에 취해 인사불성이 되어 항거불능상태에 있던 사실을 이용하여 고소인의 의사에 반하여 유방을 만지고 손가락을 질내에 삽입하는 등 추행한 사실이 있습니다.

20○○년 ○월 ○일

위 고소인 ○ ○ ○ (인)

○ ○ 경 찰 서 장(또는 ○ ○ 지 방 검 찰 청 검 사 장) 귀 중

【서식】 절도 및 업무방해죄 고소장

고 소 장

1. 고소인

성 명	○ ○ ○	주민등록번호	111111-2222222
주 소	○○시 ○○구 ○○길 ○○ (현 거주지)		
직 업	○○	사무실 주소	
전 화	(휴대폰) (자택) (사무실)		
이메일	lawb@lawb.co.kr		
대리인에 의한 고소	□법정대리인(성명: , 연락처) □고소대리인(성명: 변호사 , 연락처)		

2. 피고소인

성 명	○ ○ ○	주민등록번호	111111-2222222
주 소	○○시 ○○구 ○○길 ○○ (현 거주지)		
직 업	○○	사무실 주소	
전 화	(휴대폰) (자택) (사무실)		
이메일	lawb@lawb.co.kr		
기타사항			

3. 고소취지

위 피고소인은 절도 및 업무방해죄로 이 고소를 제기하오니 의법 엄단하여 주시기 바랍니다.

4. 범죄사실

피고소인은 고소인의 무용단 무용수로 2년간의 고용계약을 하고 공증까지 한 사실이 있사온데 고소인은 위 4명의 무용수들을 약 3개월간에 걸쳐 단체 연습을 하여 그 중 한 사람이라도 빠지면 무용단을 운영할 수 없는 업무상 중요한 위치에 있는데도 불구하고 고소인은 피고소인이 어린 나이로 평소 담배를 피우는 등 단정하지 못하므로 모든 행동을 바로 잡아 줄 생각으로 20○○년 ○월 ○일경 피고소인에게 준엄한 훈계를 하였던 바 피고소인이 이에 앙심을 품고 동년 ○월 ○일 오후 2시경 고소인의 숙소에서 무용복(은빛색) 3벌 시가 1,500,000원과 치마(검정색) 2벌, 시가 40,000원 등 합계 1,900,000원 상당의 물품을 절취

도주함으로써 위 1,900,000원의 손해는 물론 피고소인이 빠짐으로써 동 무용단을 운영하지 못하도록 고소인의 업무를 방해한 자이오니 체포하셔서 엄벌에 처해 주시기 바랍니다.

5. 고소이유

(생략)

6. 증거자료

(✔해당란에 체크하여 주시기 바랍니다.)

☑ 고소인은 고소인의 진술 외에 제출할 증거가 없습니다.
☐ 고소인은 고소인의 진술 외에 제출할 증거가 있습니다.

7. 관련사건의 수사 및 재판 여부

(✔해당란에 체크하여 주시기 바랍니다)

① 중복 고소 여부	본 고소장과 같은 내용의 고소장을 다른 검찰청 또는 경찰서에 제출하거나 제출하였던 사실이 있습니다 ☐ / 없습니다 ☑
② 관련 형사사건 수사 유무	본 고소장과 기재된 범죄사실과 관련된 사건 또는 공범에 대하여 검찰청이나 경찰서에서 수사중에 있습니다 ☐ / 수사중에 있지 않습니다 ☑
③ 관련 민사소송 유 무	본 고소장과 기재된 범죄사실과 관련된 사건에 대하여 법원에서 민사소송중에 있습니다 ☐ / 민사소송 중에 있지 않습니다 ☑

8. 기타

본 고소장에 기재한 내용을 고소인이 알고 있는 지식과 경험을 바탕으로 모두 사실대로 작성하였으며, 만일 허위사실을 고소하였을 때에는 형법 제156조 무고죄로 처벌받을 것임을 서약합니다.

20○○년 ○월 ○일

고소인__________(인)
제출인__________(인)

○○지방검찰청 귀중

[서식] 고소장(절도죄)

고 소 장

고 소 인 ○ ○ ○
(고발인) 주소 : ○○시 ○○구 ○○길 ○○
생년월일 : 19○○년 ○월 ○일생
전화번호 : ○○○ - ○○○○
피고소인 △ △ △ (성명을 모르면 「성명미상」이라고 하면 됨)
(피고발인) 주소 : ○○시 ○○구 ○○길 ○○
생년월일 : 19○○년 ○월 ○일생
전화번호 : ○○○ - ○○○○

고 소 취 지

고소인(고발인)은 다음과 같이 피고소인(피고발인)을 고소(고발)하오니, 법에 따라 조사하여 처벌하여 주기바랍니다.

고 소 사 실

피고소인은 ○○건설이라는 상호로 건축업에 종사하고 있는 자인바, 타인의 재물을 절취할 것을 마음먹고 20○○. ○월 중순경 날자 미상일 ○○:○○경 건외 □□□의 건물을 신축하기 위하여 ○○군 ○○면 ○○길 ○○번지 공사현장에 고소인 ○○○가 쌓아놓은 건축 자재를 피고소인 소유의 차량 ○○ ○○고○○○○호 차량에 싣고 가 이를 피고소인이 건축하던 공사 현장에 이를 임의적으로 사용한 사실이 있어 이를 고소하오니 조사하여 엄벌하여 주시기 바랍니다.

입 증 방 법

위와 같은 사실에 대하여 당시의 건축현장에 일용근로자로 고용되어 근로를 제공하던 □□□가 절취현장에 있었으므로 이를 참고인으로 조사하여 주시기 바랍니다.

참고인 □ □ □
주소 : ○○시 ○○구 ○○길 ○○
주민등록번호 : 111111 - 1111111

20○○년 ○월 ○일

고소인 ○ ○ ○ (인)

○ ○ 경 찰 서 수 사 과(또는 ○ ○ 지 방 검 찰 청) 귀 중

【서식】 술집에서 음주 후 기물을 파손한 경우 고소장

고 소 장

1. 고소인

성 명	○ ○ ○	주민등록번호	111111-2222222
주 소	○○시 ○○구 ○○길 ○○ (현 거주지)		
직 업	○○	사무실 주소	
전 화	(휴대폰) (자택) (사무실)		
이메일	lawb@lawb.co.kr		
대리인에 의한 고소	□법정대리인(성명: , 연락처) □고소대리인(성명: 변호사 , 연락처)		

2. 피고소인

성 명	○ ○ ○	주민등록번호	111111-2222222
주 소	○○시 ○○구 ○○길 ○○ (현 거주지)		
직 업	○○	사무실 주소	
전 화	(휴대폰) (자택) (사무실)		
이메일	lawb@lawb.co.kr		
기타사항			

3. 고소취지

위 피고소인을 기물파손죄로 고소하오니 처벌하여 주시기 바랍니다.

4. 범죄사실

20○○.○.○. ○○:○○경 피고소인은 고소인의 단란주점 내에서 양주등 도합 ○○○원 상당의 술을 취식하고 그 술값을 요구하는 고소인에게 심부름하는 아가씨를 2차 내보내 달라고 하자, 고소인이 이곳은 접대부가 없기 때문에 아가씨를 2차 보낼 수 없다고 했더니 피고소인은 고소인의 단란주점 1번 룸의 출입문 유리창을 주먹으로 쳐 깨뜨리고 또 벽면 대형유리 1매를 주먹으로 깨뜨려 ○○○원의 수리비를 요하는 재물을 손괴하였습니다. 이에 고소인

은 피고소인에게 1번 룸의 수리비 ○○○원을 요구했으나 피고소인은 막무가내로 고소인이 잘못했다고 수리비의 절반만 물어주겠다고 합니다.

5. 고소이유

고소인은 피고소인의 소행이 참으로 괘씸하여 법의 엄중한 처벌을 바라며 본 고소장을 제출합니다.

6. 증거자료

(✔해당란에 체크하여 주시기 바랍니다.)

☑ 고소인은 고소인의 진술 외에 제출할 증거가 없습니다.
□ 고소인은 고소인의 진술 외에 제출할 증거가 있습니다.

7. 관련사건의 수사 및 재판 여부

(✔해당란에 체크하여 주시기 바랍니다)

① 중복 고소 여부	본 고소장과 같은 내용의 고소장을 다른 검찰청 또는 경찰서에 제출하거나 제출하였던 사실이 있습니다 □ / 없습니다 ☑
② 관련 형사사건 수사 유무	본 고소장과 기재된 범죄사실과 관련된 사건 또는 공범에 대하여 검찰청이나 경찰서에서 수사중에 있습니다 □ / 수사중에 있지 않습니다 ☑
③ 관련 민사소송 유 무	본 고소장과 기재된 범죄사실과 관련된 사건에 대하여 법원에서 민사소송중에 있습니다 □ / 민사소송 중에 있지 않습니다 ☑

8. 기타

본 고소장에 기재한 내용을 고소인이 알고 있는 지식과 경험을 바탕으로 모두 사실대로 작성하였으며, 만일 허위사실을 고소하였을 때에는 형법 제156조 무고죄로 처벌받을 것임을 서약합니다.

20○○년 ○월 ○일

고소인__________(인)
제출인__________(인)

○○지방검찰청 귀중

【서식】 악의로 타인의 집에 방화한 경우 고소장

고 소 장

1. 고소인

성 명	○ ○ ○	주민등록번호	111111-2222222
주 소	○○시 ○○구 ○○길 ○○ (현 거주지)		
직 업	○○	사무실 주소	
전 화	(휴대폰) (자택) (사무실)		
이메일	lawb@lawb.co.kr		
대리인에 의한 고소	□법정대리인(성명: , 연락처) □고소대리인(성명: 변호사 , 연락처)		

2. 피고소인

성 명	○ ○ ○	주민등록번호	111111-2222222
주 소	○○시 ○○구 ○○길 ○○ (현 거주지)		
직 업	○○	사무실 주소	
전 화	(휴대폰) (자택) (사무실)		
이메일	lawb@lawb.co.kr		
기타사항			

3. 고소취지

위 피고소인을 ○○죄로 고소하오니 처벌하여 주시기 바랍니다.

4. 범죄사실

20○○.○.○. 고소인과 피고소인은 주차문제로 심하게 다투었는데 그 이후부터 피고소인은 고소인을 욕하고 다니며 고소인에게 사사건건 트집을 잡는 등 고소인과는 상당히 불편한 관계가 되었습니다. 그러던 어느 날 피고소인이 운전하던 서울 12아1234 소나타Ⅱ 승용차가

고소인 소유의 서울 12자5678 크레도스 승용차의 앞부분을 충돌하여 고소인에게 손해를 배상해준 일이 발생하였습니다. 이에 앙심을 품은 피고소인은 20○○.○.○. 고소인과 고소인의 부인이 집을 비우고 아이들(7세, 5세)만 집에 있는 것을 확인하고 고소인 집에 잠입하여 아이들이 정신없이 오락에 몰두하는 사이 방 한쪽에 이불이 싸여있는 것을 확인하고 종이에 을 붙여 이불에 갖다 놓고 나옴으로 이불에 불이 붙어 게임을 하던 아이들은 갑자기 연기가 나자 놀라서 집밖으로 뛰쳐나오고 불은 순식간에 장롱에 옮겨 붙어 장롱이 불에 타 소실되었으며 집은 다행이 이웃집의 신고로 출동한 소방관에 의해 진화되었습니다. 고소인은 만약 아이들이 잘못되었다면 생각만 해도 정신이 아찔합니다.

5. 고소이유

이에 고소인은 이러한 나쁜 소행의 피고소인을 법에 따라 엄중 처벌하여 주시기를 바라는 뜻에서 고소장을 제출하여 고소하는 바입니다.

6. 증거자료

(✔해당란에 체크하여 주시기 바랍니다.)

☑ 고소인은 고소인의 진술 외에 제출할 증거가 없습니다.
□ 고소인은 고소인의 진술 외에 제출할 증거가 있습니다.

7. 관련사건의 수사 및 재판 여부

(✔해당란에 체크하여 주시기 바랍니다)

① 중복 고소 여부	본 고소장과 같은 내용의 고소장을 다른 검찰청 또는 경찰서에 제출하거나 제출하였던 사실이 있습니다 □ / 없습니다 ☑
② 관련 형사사건 수사 유무	본 고소장과 기재된 범죄사실과 관련된 사건 또는 공범에 대하여 검찰청이나 경찰서에서 수사중에 있습니다 □ / 수사중에 있지 않습니다 ☑
③ 관련 민사소송 유 무	본 고소장과 기재된 범죄사실과 관련된 사건에 대하여 법원에서 민사소송중에 있습니다 □ / 민사소송 중에 있지 않습니다 ☑

8. 기타

본 고소장에 기재한 내용을 고소인이 알고 있는 지식과 경험을 바탕으로 모두 사실대로 작성하였으며, 만일 허위사실을 고소하였을 때에는 형법 제156조 무고죄로 처벌받을 것임을 서약합니다.

20○○년 ○월 ○일

고소인__________(인)
제출인__________(인)

○○지방검찰청 귀중

[서식] 고소장(방화죄)

고 소 장

고 소 인 ○ ○ ○
○○도 ○○군 ○○면 ○○길 ○○ (전화 : ○○○ - ○○○○)
주민등록번호 : 111111 - 1111111
피고소인 △ △ △
○○도 ○○군 ○○면 ○○길 ○○ (전화 : ○○○ - ○○○○)
주민등록번호 : 111111 - 1111111

고 소 취 지

고소인은 피고소인을 일반건조물방화죄로 고소하오니 철저히 조사하여 엄벌하여 주시기 바랍니다.

고 소 사 실

피고소인은 고소인에게 대여금채무를 부담하고 있는 자로 변제기가 도래하였음에도 채무이행을 하지 아니하여 고소인이 변제를 수차 독촉하자 이에 앙심을 품고 20○○. ○. ○. ○○시경 고소인의 주소에 소재한 고소인의 헛간에 불을 놓아 이를 전소시킨 사실이 있어 고소하오니 철저히 조사하여 엄벌하여 주시기 바랍니다.

첨 부 서 류

1. 목격자진술서 1통

20○○년 ○월 ○일
위 고소인 ○ ○ ○ (인)

○ ○ 경 찰 서 장(또는 ○ ○ 지 방 검 찰 청 검 사 장) 귀 중

[서식] 고소장(손괴죄)

고 소 장

고 소 인 ○ ○ ○
○○시 ○○구 ○○길 ○○

피고소인 △ △ △
○○시 ○○구 ○○길 ○○

피고소인은 고소인과 이웃에 사는 사람으로 20○○. ○. ○. ○○:○○경 고소인과 주위토지 통행문제로 시비가 되어 이에 화가 나 마침 그 주위에 있던 기와장을 고소인 소유의 승용차에 집어 던져 위 승용차의 앞 유리 부분 금 450,000원 상당을 손괴하여 그 효용을 해한 자이므로 엄벌에 처해주시기 바랍니다.

20○○년 ○월 ○일
위 고 소 인 ○ ○ ○ (인)

○ ○ 경 찰 서 장(또는 ○ ○ 지 방 검 찰 청 검 사 장) 귀 중

【서식】 고소장(강간죄)

고 소 장

1. 고소인

성 명	○ ○ ○	주민등록번호	111111-2222222
주 소	○○시 ○○구 ○○길 ○○ (현 거주지)		
직 업	○○	사무실 주소	
전 화	(휴대폰) (자택) (사무실)		
이메일	lawb@lawb.co.kr		
대리인에 의한 고소	□법정대리인(성명: , 연락처) □고소대리인(성명: 변호사 , 연락처)		

2. 피고소인

성 명	○ ○ ○	주민등록번호	111111-2222222
주 소	○○시 ○○구 ○○길 ○○ (현 거주지)		
직 업	○○	사무실 주소	
전 화	(휴대폰) (자택) (사무실)		
이메일	lawb@lawb.co.kr		
기타사항			

3. 고소취지

고소인은 피고소인을 상대로 아래와 같이 강간죄로 고소를 제기하오니 철저히 조사하여 법에 따라 엄벌에 처해주시기 바랍니다.

4. 범죄사실

고소인은 20○○.○.○. 피고소인으로부터 고소인이 잠자고 있던 방에서 고소인을 폭행, 협박하여 강제로 1회 성교를 하였습니다. 당시 고소인은 깊은 잠에 빠져있었는데 열린 창문으로 침입한 피고소인이 갑자기 놀라 잠에서 깨어난 고소인의 입을 손으로 틀어막은 후 가만히 있지 않으면 죽여버리겠다고 협박하고 이에 반항하는 고소인의 목을 조르고 얼굴을 주먹으로 수회 강타한 후 강제로 자신의 성기를 고소인의 질내에 삽입하여 고소인을 강간한 것입니다.

5. 고소이유

고소인은 현재 ○○산부인과에서 치료를 받고 있는데, 피고소인을 엄중 조사하시어 다시는 이러한 일이 발생하지 않도록 엄벌에 처해주시기 바랍니다.

6. 증거자료

(✔해당란에 체크하여 주시기 바랍니다.)

☑ 고소인은 고소인의 진술 외에 제출할 증거가 없습니다.
☐ 고소인은 고소인의 진술 외에 제출할 증거가 있습니다.

7. 관련사건의 수사 및 재판 여부

(✔해당란에 체크하여 주시기 바랍니다)

① 중복 고소 여부	본 고소장과 같은 내용의 고소장을 다른 검찰청 또는 경찰서에 제출하거나 제출하였던 사실이 있습니다 ☐ / 없습니다 ☑
② 관련 형사사건 수사 유무	본 고소장과 기재된 범죄사실과 관련된 사건 또는 공범에 대하여 검찰청이나 경찰서에서 수사중에 있습니다 ☐ / 수사중에 있지 않습니다 ☑
③ 관련 민사소송 유 무	본 고소장과 기재된 범죄사실과 관련된 사건에 대하여 법원에서 민사소송중에 있습니다 ☐ / 민사소송 중에 있지 않습니다 ☑

8. 기타

본 고소장에 기재한 내용을 고소인이 알고 있는 지식과 경험을 바탕으로 모두 사실대로 작성하였으며, 만일 허위사실을 고소하였을 때에는 형법 제156조 무고죄로 처벌받을 것임을 서약합니다.

20○○년 ○월 ○일

고소인__________(인)
제출인__________(인)

○○지방검찰청 귀중

[서식] 고소장(유사강간죄)

고 소 장

고 소 인 ○ ○ ○
○○시 ○○구 ○○길 ○○
피고소인 △ △ △
○○시 ○○구 ○○길 ○○

고 소 취 지

피고소인은 고소인을 유사강간한 사실이 있습니다.

고 소 사 실

1. 피고소인은 ○○시 ○○구 ○○길 ○○번지에 사는 자인데 고소인의 친구인 ○○○의 소개로 몇 번 만난 사이인데 ○○시 ○○구 ○○길 ○○건물 주차장 앞에 세워둔 피고소인 소유의 그랜져XG ○○○ 차안에서 강제로 고소인의 구강에 피고소인의 성기를 넣는 행위를 하였습니다.
2. 당시 피고소인은 일상적인 대화를 하던 중 고소인의 손목을 잡고 피고소인의 중요부위에 손을 갖다 대어 고소인이 당황한 나머지 뿌리쳤더니 피고소인이 갑자기 돌변하면서 내가 하라는 대로 하지 않으면 죽여 버리겠다고 협박하고 주먹으로 고소인의 얼굴을 ○회 가격하며 폭행하면서 반항을 현저히 곤란하게 한 후 성기를 꺼내어 고소인의 구강에 억지로 삽입하여 고소인을 유사강간 한 것입니다.
3. 위와 같은 사실을 들어 고소하오니 조사하여 엄벌하여 주시기 바랍니다.

소 명 방 법

1. 진단서
2. 세부적인 자료는 추후 제출하겠음.

20○○년 ○월 ○일
위 고 소 인 ○ ○ ○ (인)

○ ○ 경 찰 서 장(또는 ○ ○ 지 방 검 찰 청 검 사 장) 귀중

[서식] 고소장(강간등 상해치상죄)

고 소 장

고 소 인 : ○ ○ ○ (주민등록번호 : -)
주소 : ○○시 ○○구 ○○길 ○○
직업 : 사무실 주소 :
전화번호 : (휴대폰:) (자택:) (사무실:)
이메일 :

피고소인 : △ △ △ (주민등록번호 : -)
주소 : ○○시 ○○구 ○○길 ○○
직업 : 사무실 주소 :
전화번호 : (휴대폰:) (자택:) (사무실:)
이메일 :

고소인은 다음과 같이 피고소인을 고소하오니, 법에 따라 조사하여 처벌하여 주시기 바랍니다.

고 소 사 실

피고소인은 ○○시 ○○구 ○○길 ○○번지에 사는 자인데 20○○. ○. ○. ○○:○○경에 ○○시 ○○구 ○○길 ○○번지 소재 고소인 경영의 술집에서 혼자 영업을 하고 있는 고소인을 손으로 밀쳐 바닥에 눕힌 다음 하의와 속옷을 벗기고 "말을 듣지 않으면 죽여버린다." 고 협박하고 이에 반항하는 고소인의 목을 조르고 얼굴을 주먹으로 수회 강타한 후 강제로 자신의 성기를 고소인의 질내에 삽입하여 고소인을 ○회 강간하였습니다. 이로 인하여 피고소인은 고소인으로 하여금 약 ○주간의 치료를 요하는 안면부 타박상 및 외음부 찰과상 등의 상해를 입게 한 사실이 있습니다.

위와 같은 사실을 들어 고소하오니 조사하여 엄벌하여 주시기 바랍니다.

첨 부 서 류

1. 상해진단서 1통

20○○년 ○월 ○일

위 고소인 ○ ○ ○ (인)

○○경찰서장(또는 ○○지방검찰청 검사장) 귀 중

【서식】 강제집행면탈 고소장

고 소 장

1. 고소인

성 명	○ ○ ○	주민등록번호	111111-2222222
주 소	○○시 ○○구 ○○길 ○○ (현 거주지)		
직 업	○○	사무실 주소	
전 화	(휴대폰) (자택) (사무실)		
이메일	lawb@lawb.co.kr		
대리인에 의한 고소	□법정대리인(성명: , 연락처) □고소대리인(성명: 변호사 , 연락처)		

2. 피고소인

성 명	○ ○ ○	주민등록번호	111111-2222222
주 소	○○시 ○○구 ○○길 ○○ (현 거주지)		
직 업	○○	사무실 주소	
전 화	(휴대폰) (자택) (사무실)		
이메일	lawb@lawb.co.kr		
기타사항			

3. 고소취지

고소인은 피고소인을 상대로 아래와 같이 사기 및 강제집행면탈죄로 고소를 제기하오니 철저히 조사하여 법에 따라 엄벌에 처해주시기 바랍니다.

4. 범죄사실

피고소인 ○○○은 20○○.○.○. 고소인으로부터 신탁대출 1,000만원, 신탁대출 2,000만원, 공제대출 2,000만원등 3건의 대출을 받으면서 그 담보로 동인소유의 주택(○○시 ○○구 ○○길 234소재 대지 및 건물)에 20○○.○.○. 고소인의 명의의 근저당권설정등기 3건(채권최고금액을 각 2,400만원, 2,400만원, 1,200만으로 하여) 경료하였습니다. 그 후 피고소인 ○○○은 고소인에게 대출원금 및 그 이자를 지불하지 않아 기한의 이익을 잃게 되어 고소인은

20○○.○.○. 지방법원에 위 근저당권에 기하여 피고소인 소유의 주택(대지 및 건물)을 임의경매신(20○○타경1234)하기에 이르렀습니다. 그런데 피고소인 ○○○은 20○○.경 고소인에게 담보제공한 위 주택의 건물을 헐고 그 지상에 새로이 건물을 신축하여 보존등기한 뒤, 20○○.○.○. 동신축건물에 대하여 피고소인 ○○○에게 20○○.○.○.자 매매계약을 원인으로 한 소유권이전등기청구권가등기를 경료해주고 피고소인 ○○○은 20○○.○.○. 위 신축건물에 대하여 위 가등기에 대한 본등기를 경료하였습니다. 위 3호와 같이 피고소인 ○○○은 피고소인 ○○○과 공모하여 고소인에게 대출 받은 원금 및 동이자를 편취하려고 고소인에게 가히 담보제공한 위 주택의 건물을 헐고 신축하면서 대지와 함께 공동으로 담보제공되었던 위 건물의 멸실사실을 고소인에게 숨기고 건물을 신축하여 보존등기한 뒤 피고소인 ○○○에게 가등기에 기한 소유권이전등기를 하도록 한 바, 사실상 피고소인 ○○○이 제공한 담보물인 주택(대지 및 건물) 중 대지에 대해서만 강제집행(경매) 할 수밖에 없도록 함으로써(건물과 대지의 소유자가 다름으로 인하여 경매에 있어서 매수신고자가 없을 뿐만 아니라 계속 유찰되어 저가로 건물 소유자로 되어 있는 피고소인 ○○○외에는 아무도 경낙받을 수 없는 상황이 되어 고소인은 20○○.○.초경 위 경매신청을 취하였습니다.) 고소인으로부터 대출원금 4,000만원 및 그 이자 1,900만원 도합 6,000만원 상당의 금원을 편취하고자, 고소인의 강제집행을 불능케 하여 이를 면탈한 것입니다.

<피고소인들의 공모에 관한 입증>

가. 피고소인 ○○○은 근저당권자인 고소인의 동의나 승낙 없이 일방적으로 담보제공 되었던 종전 건물을 철거하고 건물을 신축하여 보존등기를 필하였습니다. 그리고 새로 건물을 신축하였다면 마땅히 고소인 명의의 근저당권설정등기를 경료하여 주어야 함에도 불구하고 채무를 면탈할 목적으로 피고소인 ○○○에게 소유권이전등기청구권가등기를 경료하여 주었습니다.

나. 그리고 피고소인 ○○○은 이건 토지와 종전건물에 고소인 명의의 선순위 근저당권이 설정되어 있었음을 알면서도 이를 매수한 것처럼 위장하여 일단 가등기를 경료해 두고 있다가 고소인이 20○○.○.○. 위 대지 및 신축건물을 임의경매신청하자 20○○.○.○. 위 신축건물에 대하여 위 가등기에 기한 본등기를 경료한 뒤 20○○.○.○. 위와 같은 사유를 법원에 신고하여 법원은 20○○.○.○. 위 건물에 대하여는 가등기에 의한 본등기로 하여 소유자가 변경되었음을 이유로 건물에 대한 임의경매 절차를 취소한다는 결정이 있게 하였습니다.

다. 위와 같이 피고소인 ○○○이 피고소인 ○○○으로부터 이건 주택에 대하여 대지를 제외하고 건물만 매수하기로 하고 매매예약 가등기를 하였다는 것은 부동산거래관행 및 경험칙에도 반하고, 피고소인들이 공모하여 고소인의 강제집행을 불능케 하기 위함이 아니라면 있을 수 없는 것입니다.

라. 그리고 피고소인 ○○○은 이건 외에도 고소인이 피고소인 ○○○소유의 부동산(○○시 ○○구 ○○길 789)을 임의경매신청한 사건(○○지원 20○○타경4567호, 채무자, ○○제지(주))에도 허위의 전세계약서를 제출하여 권리신고를 하고 금 8,000만원의 배당요구서를 제출하여 배당받은 바도 있습니다(증 제5호증의 1, 2 참조).

5. 고소이유

피고소인들은 공모하여 고소인을 기망하고 대출금 및 그 이자 6,000만원 상당을 편취하려고 담보제공된 위 주택의 강제집행을 사실상 불능케 하여 이를 면탈한 것이 명백하오니 철저히 조사하시어 엄벌에 처해주시기 바랍니다.

6. 증거자료 (✔해당란에 체크하여 주시기 바랍니다.)

☑ 고소인은 고소인의 진술 외에 제출할 증거가 없습니다.
☐ 고소인은 고소인의 진술 외에 제출할 증거가 있습니다.

7. 관련사건의 수사 및 재판 여부 (✔해당란에 체크하여 주시기 바랍니다)

① 중복 고소 여부	본 고소장과 같은 내용의 고소장을 다른 검찰청 또는 경찰서에 제출하거나 제출하였던 사실이 있습니다 ☐ / 없습니다 ☑
② 관련 형사사건 수사 유무	본 고소장과 기재된 범죄사실과 관련된 사건 또는 공범에 대하여 검찰청이나 경찰서에서 수사중에 있습니다 ☐ / 수사중에 있지 않습니다 ☑
③ 관련 민사소송 유 무	본 고소장과 기재된 범죄사실과 관련된 사건에 대하여 법원에서 민사소송중에 있습니다 ☐ / 민사소송 중에 있지 않습니다 ☑

8. 기타

본 고소장에 기재한 내용을 고소인이 알고 있는 지식과 경험을 바탕으로 모두 사실대로 작성하였으며, 만일 허위사실을 고소하였을 때에는 형법 제156조 무고죄로 처벌받을 것임을 서약합니다.

20○○년 ○월 ○일

고소인__________(인)
제출인__________(인)

○○지방검찰청 귀중

【서식】 경계침범 및 건축법위반 고소장

고 소 장

1. 고소인

성 명	○ ○ ○	주민등록번호	111111-2222222
주 소	○○시 ○○구 ○○길 ○○ (현 거주지)		
직 업	○○	사무실 주소	
전 화	(휴대폰) (자택) (사무실)		
이메일	lawb@lawb.co.kr		
대리인에 의한 고소	□법정대리인(성명: , 연락처) □고소대리인(성명: 변호사 , 연락처)		

2. 피고소인외 피고발인 2명

성 명	○ ○ ○	주민등록번호	111111-2222222
주 소	○○시 ○○구 ○○길 ○○ (현 거주지)		
직 업	○○	사무실 주소	
전 화	(휴대폰) (자택) (사무실)		
이메일	lawb@lawb.co.kr		
기타사항			

3. 고소취지

고소인은 피고소인을 상대로 아래와 같이 경계침범 및 건축법위반죄로 고소를 제기하오니 철저히 조사하여 법에 따라 엄벌에 처해주시기 바랍니다.

4. 범죄사실

1. 경계침범의 점에 대하여

고소인들은 위 ○○길 ○○○○ 소재 토지 지상에 연립주택을 건축하게 되었는 바, 20○○. ○.○. 흙막이 공사를 하면서 고소인의 토지를 침범하여 고소인 토지상에 H철골파일을 타설하고, 동년 ○.○.에는 절토공사를 하면서 절토된 흙으로 낮은 지대에 위치한 고소인의 토지를 덮어버려 토지의 경계를 침범함으로써 고소인 토지의 경계를 인식불능케 한 것입니다.

2. 건축법 위반의 점에 대하여
피고소인들은 20○○.○.○. ○○시 ○○구청으로부터 위○○길 ○○○○ 소재 토지상에 연립주택 건축허가를 받기 전부터 위 ○○구청에 착공계도 제출하지 않은 상태로 20○○.○.○.부터 미리 공사에 착수하여 흙막이 공사 등을 함으로써 건축법을 위반하여 불법시공을 한 것입니다.

5. 고소이유

위와 같은 범행은 피고소인들이 고의적, 계획적으로 자행한 범행임이 명백하므로, 피고소인들을 철저히 조사하시어 엄벌에 처해주시기 바랍니다.

6. 증거자료

(✔해당란에 체크하여 주시기 바랍니다.)

☑ 고소인은 고소인의 진술 외에 제출할 증거가 없습니다.
☐ 고소인은 고소인의 진술 외에 제출할 증거가 있습니다.

7. 관련사건의 수사 및 재판 여부

(✔해당란에 체크하여 주시기 바랍니다)

① 중복 고소 여부	본 고소장과 같은 내용의 고소장을 다른 검찰청 또는 경찰서에 제출하거나 제출하였던 사실이 있습니다 ☐ / 없습니다 ☑
② 관련 형사사건 수사 유무	본 고소장과 기재된 범죄사실과 관련된 사건 또는 공범에 대하여 검찰청이나 경찰서에서 수사중에 있습니다 ☐ / 수사중에 있지 않습니다 ☑
③ 관련 민사소송 유무	본 고소장과 기재된 범죄사실과 관련된 사건에 대하여 법원에서 민사소송중에 있습니다 ☐ / 민사소송 중에 있지 않습니다 ☑

8. 기타

본 고소장에 기재한 내용을 고소인이 알고 있는 지식과 경험을 바탕으로 모두 사실대로 작성하였으며, 만일 허위사실을 고소하였을 때에는 형법 제156조 무고죄로 처벌받을 것임을 서약합니다.

20○○년 ○월 ○일

고소인__________(인)
제출인__________(인)

○○지방검찰청 귀중

[서식] 고소장(배임수증죄)

고 소 장

고 소 인 ○ ○ ○
○○시 ○○구 ○○길 ○○
주민등록번호 : 111111 - 1111111

피고소인 △ △ △
○○시 ○○구 ○○길 ○○
주민등록번호 : 111111 - 11111111

고소인은 피고소인에 대하여 아래 사실과 같이 고소하오니 철저히 조사하시어 법에 따라 처벌하여 주시기 바랍니다.

고 소 사 실

피고소인은 고소인을 포함한 ○○아파트 입주자들로부터 그 대표로 선출되어 위 아파트를 건축한 고소외 ○○건설 주식회사(이하 고소외 회사라 함)와의 사이에 하자보수문제 등 과 관련하여 각 세대당 금 200만원의 보상금지급문제 등에 관한 협상권한을 위임받아 입주자들을 대표하여 고소외 회사와 협상사무를 처리한 자인데, 피고소인은 고소외 회사의 협상대표 □□□으로부터 협상의 쟁점인 각 세대당 금 200만원의 보상금 문제에 관하여 전체 금 2000만원으로 대폭 양보하여 조속히 합의해 줄 것을 부탁받고 금액 불상의 약속어음을 지급받은 뒤 고소외 회사측과 합의를 함에 있어 오히려 합의 금액이 회사측이 제시한 금원보다 적은 액으로 합의를 보았습니다. 이로 인하여 고소인을 포함한 입주자들은 이러한 사실을 모른 채 당초 요구했던 보상금보다 훨씬 적은 금액을 지급 받게 되었는바, 결국 이는 피고소인이 고소외 회사의 협상대표로부터 부정한 청탁을 받고 이에 대한 명목으로 약속어음을 수령한 후 수임업무를 부당히 처리하였으므로 귀 기관에서 위 사실들을 철저히 조사하시어 엄벌에 처하여 주시기 바랍니다.

첨 부 서 류

1. 목격자 진술서 1통
1. 입주자대표 위임장 1통

20○○. ○. ○.

고 소 인 ○ ○ ○ (인)

○ ○ 경 찰 서 장(또는 ○ ○ 지 방 검 찰 청 검 사 장) 귀 중

【서식】 위임장

위 임 장

피위임인 ○ ○ ○

○○시 ○○구 ○○길 987

상기인은 고소인의 사위로 고소인의 토지를 관리하고 있어 그 내용을 고소인보다 더 상세히 알고 있으므로 고소 및 고발사건(경계침범 및 건축법위반)에 대하여 고소대리인으로 위임함.

20○○년 월 일

고소인 ○ ○ ○ ㊞

○○경철서장 귀중

【서식】 교통사고처리특례법위반 고소장

고 소 장

1. 고소인

성 명	○ ○ ○	주민등록번호	111111-2222222
주 소	○○시 ○○구 ○○길 ○○ (현 거주지)		
직 업	○○	사무실 주소	
전 화	(휴대폰) (자택) (사무실)		
이메일	lawb@lawb.co.kr		
대리인에 의한 고소	□법정대리인(성명: , 연락처) □고소대리인(성명: 변호사 , 연락처)		

2. 피고소인

성 명	○ ○ ○	주민등록번호	111111-2222222
주 소	○○시 ○○구 ○○길 ○○ (현 거주지)		
직 업	○○	사무실 주소	
전 화	(휴대폰) (자택) (사무실)		
이메일	lawb@lawb.co.kr		
기타사항			

3. 고소취지

고소인은 피고소인을 상대로 아래와 같이 교통사고처리특례법위반죄로 고소를 제기하오니 철저히 조사하여 법에 따라 엄벌에 처해주시기 바랍니다.*

4. 범죄사실

고소인은 20○○.○.○. 22:45경 고소인 소유인 서울 70도○○○○호 승합차를 운전하고 ○○사거리에서 ○○방면으로 가는 도중 ○○시장 앞 노상주차장에 주차중이었는데 피고소인 운전의 서울80루○○○○호 화물자동차가 중앙선을 넘어와 고소인 승합차를 충돌하여 고소인으로 하여금 전치 ○○주의 치료를 요하는 두개골골절, 우측경골 및 비골골절 등의 상해를 입혔습니다. 이러한 경우 피고소인으로서는 제한속도를 엄수하고 전후좌우를 잘 살피는 등 운전자로서의 주의의무를 다하여야 함에도 불구하고 이를게을리한채 앞지르기를 할 수 없는 장소에서 앞차를 추월하려고 중앙선을 넘어와 운행하다가 운전부주의로 노상주차장에 주차중이던 고소인의 차량 전면을 충돌하였습니다.

5. 고소이유

따라서 피고소인을 철저히 조사하시어 엄벌에 처해주실 것을 바랍니다.

6. 증거자료

(✔해당란에 체크하여 주시기 바랍니다.)

☑ 고소인은 고소인의 진술 외에 제출할 증거가 없습니다.
□ 고소인은 고소인의 진술 외에 제출할 증거가 있습니다.

7. 관련사건의 수사 및 재판 여부

(✔해당란에 체크하여 주시기 바랍니다)

① 중복 고소 여부	본 고소장과 같은 내용의 고소장을 다른 검찰청 또는 경찰서에 제출하거나 제출하였던 사실이 있습니다 □ / 없습니다 ☑
② 관련 형사사건 수사 유무	본 고소장과 기재된 범죄사실과 관련된 사건 또는 공범에 대하여 검찰청이나 경찰서에서 수사중에 있습니다 □ / 수사중에 있지 않습니다 ☑
③ 관련 민사소송 유 무	본 고소장과 기재된 범죄사실과 관련된 사건에 대하여 법원에서 민사소송중에 있습니다 □ / 민사소송 중에 있지 않습니다 ☑

8. 기타

본 고소장에 기재한 내용을 고소인이 알고 있는 지식과 경험을 바탕으로 모두 사실대로 작성하였으며, 만일 허위사실을 고소하였을 때에는 형법 제156조 무고죄로 처벌받을 것임을 서약합니다.

20○○년 ○월 ○일

고소인__________(인)
제출인__________(인)

○○지방검찰청 귀중

[서식] 고소장(교통사고처리특례법위반(중앙선침범))

고 소 장

고 소 인 ○ ○ ○ (주민등록번호 : 111111 - 1111111)
○○시 ○○구 ○○길 ○○
피고소인 △ △ △ (주민등록번호 : 111111 - 1111111)
○○시 ○○구 ○○길 ○○

고 소 취 지

피고소인은 고소인을 교통사고로 전치 ○주의 상해를 가한 사실이 있으므로 피고소인을 철저히 수사하여 엄벌에 처해 주시기 바랍니다.

고 소 사 실

피고소인은 20○○. ○. ○. ○○:○○경 피고소인 소유의 경기○○러○○○○호 승용차를 운전하고 ○○에서 ○○ 쪽으로 가는 도중 ○○학교 앞 노상에 이르렀을 때 운전자로서 제한속도를 엄수하고 전후좌우를 잘 살피어 불의에 나타나는 장애물을 피할 수 있도록 주의를 다하고 장애물이 있을 때에는 경적을 울리고 일단 이를 피하도록 한 후 운행함으로써 사고를 미연에 방지하여야할 업무상 주의의무가 있음에도 불구하고 이를 태만히 하여 앞차를 추월하려고 차도의 중앙선 부분까지 침범하여 운행하다가 때마침 반대쪽에서 오는 차를 보고 우측으로 피하다가 우측부근에 서있던 고소인을 위 차량 전면으로 들이받아 고소인을 지면에 전도시켜 전치 ○주의 치료를 요하는 두개골골절, 우측경골 및 비골골절 등의 상해를 입힌바, 조사하여 엄히 처벌하여 주시기 바랍니다.

첨 부 서 류

1. 진단서
1. 목격자진술
1. 현장사진

20○○년 ○월 ○일

고 소 인 ○ ○ ○ (인)

○ ○ 경 찰 서 장(또는 ○ ○ 지 방 검 찰 청 검 사 장) 귀 중

【서식】 일반교통방해죄 고소장

고 소 장

고 소 인 ☆ ☆ ☆
○○도 ○○시 ○○면 ○○리 ○○
☆ ☆ ☆
○○도 ○○시 ○○면 ○○리 ○○
☆ ☆ ☆
○○도 ○○시 ○○면 ○○리 ○○

피고소인 △ △ △
○○도 ○○시 ○○면 ○○리 ○○

고 소 사 실

1. 피고소인은 20○○. ○. ○. ○○도 ○○시 ○○면 ○○리 산○의 ○에 있는 도로 양측에 차량등 통행을 막기 위하여 말뚝 10개를 설치하고 통행금지 표지 석을 세웠습니다.

2. 그러나 이 도로는 ○년 전에 마을주민들이 상의하여 폭을 넓혀 ○톤 트럭 및 경운기 등이 다닐 수 있는 도로가 되었습니다.

3. 고소인 ☆☆☆, 고소인 ☆☆☆ 등은 그 인근에 있는 전답을 경작하면서 이 사건 도로를 주로 사용하였고, 도로 끝에 거주하고 있는 고소인 ☆☆☆은 출입을 하면서 포터트럭 및 경운기를 운행하였고, 기타 가스배달 등 영업용 차량 등이 필요에 따라 이 사건 도로를 통행하며 사용하였습니다.

4. 그런데 피고소인이 위 사실과 같이 차량 등의 통행을 불가능하게 하므로, 이에 교통을 방해하는 피고소인을 엄밀히 조사하여 처벌해 주시길 바라며 본 건 고소에 이른 것입니다.

입 증 방 법

추후 제출하겠습니다.

20○○년 ○월 ○일

위 고소인 ☆ ☆ ☆ (인)

☆ ☆ ☆ (인)

☆ ☆ ☆ (인)

○ ○ 경 찰 서 장(또는 ○ ○ 지 방 검 찰 청 검 사 장) 귀 중

제출기관	범죄지, 피의자의 주소, 거소 또는 현재지의 경찰서, 검찰청	공소시효	○년(☞공소시효일람표)
고소권자	피해자(형사소송법 223조) (※아래(1)참조)	소추요건	
제출부수	고소장 1부	관련법규	형법 185조
범죄성립 요 건	육로, 수로 또는 교량을 손괴 또는 불통하게 하거나 기타 방법으로 교통을 방해한 때		
형 량	· 10년 이하의 징역 · 1,500만원 이하의 벌금		
불기소처분 등에 대한 불복절차 및 기간	(항고) · 근거 : 검찰청법 10조 · 기간 : 처분결과의 통지를 받은 날부터 30일(검찰청법 10조4항) (재정신청) · 근거 : 형사소송법 제260조 · 기간 : 항고기각 결정을 통지받은 날 또는 동법 제260조 제2항 각 호의 사유가 발생한 날부터 10일(형사소송법 제260조 제3항) (헌법소원) · 근거 : 헌법재판소법 68조 · 기간 : 그 사유가 있음을 안 날로부터 90일 이내에, 그 사유가 있은 날로부터 1년 이내에 청구하여야 한다. 다만, 다른 법률에 의한 구제절차를 거친 헌법소원의 심판은 그 최종결정을 통지받은 날로부터 30일 이내에 청구(헌법재판소법 69조)		

【서식】 명예훼손죄 고소장

고　　소　　장

1. 고소인

성　명	○ ○ ○	주민등록번호	111111-2222222
주　소	○○시 ○○구 ○○길 123　　　(현 거주지)		
직　업	○○	사무실 주소	
전　화	(휴대폰)　　　(자택)　　　(사무실)		
이메일	lawb@lawb.co.kr		
대리인에 의한 고소	□법정대리인(성명:　　　　, 연락처　　　　) □고소대리인(성명: 변호사　　　　, 연락처　　　　)		

2. 피고소인

성　명	○ ○ ○	주민등록번호	111111-2222222
주　소	○○시 ○○구 ○○길 234　　　(현 거주지)		
직　업	○○	사무실 주소	
전　화	(휴대폰)　　　(자택)　　　(사무실)		
이메일	lawb@lawb.co.kr		
기타사항			

3. 고소취지

고소인은 피고소인을 상대로 아래와 같이 명예훼손죄로 고소를 제기하오니 철저히 조사하여 법에 따라 엄벌에 처해주시기 바랍니다.

4. 범죄사실

고소인과 피고소인과 같은 우산 제조업을 하는 자로서, 평소에 고소인이 지역내에서 우산 제조 등에 대한 주문을 많이 받아서 납품수익을 많이 올리는 것을 시기하던 중 20○○.○.○. ○○:○○경 피고소인이 거주하는 아파트의 반상회에 참석하여 고소인이 우산 납품을 잘못하여 고소인이 운영하는 우산 제조공장 제품에 채권자들이 가압류를 하여 아마 더 이상은 영업을 하기 힘들거라고 말하는 등 고소인이 지불능력에 대한 사회적 신뢰를 저하시킬 우려가 있는 허위의 발언을 한 사실이 있습니다.

5. 고소이유

따라서 피고소인을 철저히 조사하시어 엄벌하여 주시기 바랍니다.

6. 증거자료

(✔해당란에 체크하여 주시기 바랍니다.)

☑ 고소인은 고소인의 진술 외에 제출할 증거가 없습니다.
☐ 고소인은 고소인의 진술 외에 제출할 증거가 있습니다.

7. 관련사건의 수사 및 재판 여부

(✔해당란에 체크하여 주시기 바랍니다)

① 중복 고소 여부	본 고소장과 같은 내용의 고소장을 다른 검찰청 또는 경찰서에 제출하거나 제출하였던 사실이 있습니다 ☐ / 없습니다 ☑
② 관련 형사사건 수사 유무	본 고소장과 기재된 범죄사실과 관련된 사건 또는 공범에 대하여 검찰청이나 경찰서에서 수사중에 있습니다 ☐ / 수사중에 있지 않습니다 ☑
③ 관련 민사소송 유 무	본 고소장과 기재된 범죄사실과 관련된 사건에 대하여 법원에서 민사소송중에 있습니다 ☐ / 민사소송 중에 있지 않습니다 ☑

8. 기타

본 고소장에 기재한 내용을 고소인이 알고 있는 지식과 경험을 바탕으로 모두 사실대로 작성하였으며, 만일 허위사실을 고소하였을 때에는 형법 제156조 무고죄로 처벌받을 것임을 서약합니다.

20○○년 ○월 ○일

고소인__________(인)
제출인__________(인)

○○지방검찰청 귀중

[서식] 고소장(사자에 대한 명예훼손죄)

고 소 장

고 소 인 ○ ○ ○
○○시 ○○구○○길 ○○번지
피고소인 △ △ △
○○시○○구○○길 ○○번지

고 소 사 실

사건 피해자인 망인은 생전에 피고소인과 절친한 친구사이로서 이들은 19○○년부터 20○○년까지 전화기 제조공장을 공동으로 운영하여 왔습니다. 그런데 사업을 하는 중에 피고소인은 자신이 개인적으로 돈이 필요하기 때문에 위 망인과 협의하여 자신이 투자한 원금을 가지고 가겠다고 하므로 피고소인과 망인은 동업계약 해지에 관한 각서를 쓰고 동업관계를 종료한 바 있고 위 망인은 그 이후에도 계속해서 사업을 하여오다가 20○○년 ○월에 갑작스런 교통사고로 사망하였습니다. 그런데 위 망인이 사망한 이후인 20○○년 ○월 ○일에 피고소인은 망인과 자신이 회원으로 가입하여 있던 계모임에서 위 망인과 자신의 동업계약에 관한 이야기가 나오면서 당시 피고소인이 회사 상태가 어려워 부채가 훨씬 더 많았음에도 채권·채무관계의 계산도 없이 원금을 다 가져간 것이 무리한 것이었다는 이야기가 나오자 피고소인은 자신이 위 망인과 동업할 당시 위 망인은 자신 몰래 돈을 빼돌리기 일쑤였고 자신의 영업권마저 빼앗았기 때문에 계약관계를 종료할 수밖에 없었던 것이고 오히려 당시 동 망인에게 책임을 물으려다가 참고 조용히 나간 것이라면서 위 망인은 겉으로는 착한 사람인 척 했지만 자신에게 얼마나 간섭하였는지 모른다며 자신은 당시 동업계약 해지에 아무런 잘못이 없다고 얘기하였습니다. 그러나 피고소인과 위 망인이 동업계약 해지시 각서를 작성하는 자리에는 당사자 둘뿐이 아니라 망인의 동네 친구인 □□□도 같이 있었고 동 ○○○는 당시 피고소인은, 자신이 개인사정으로 어쩔 수 없는 상황이라 돈을 빼 가는 것이라 너무 미안하면서도 고맙다는 얘기를 들었다고 말하고 있으므로 피고소인은 자신이 망인의 생전에 망인으로부터 도움 받은 사실도 잊고 오히려 망인의 명예를 거짓사실로 더럽히고 있는 것을 도저히 참을 수가 없어 법에 합당한 처벌을 받게 하고자 고소를 하게 된 것입니다.

20○○년 ○월 ○일
위 고소인 ○ ○ ○ (인)

○ ○ 경 찰 서 장(또는 ○ ○ 지 방 검 찰 청 검 사 장) 귀 중

[서식] 고소장(비밀침해죄)

고 소 장

고 소 인 ○ ○ ○
○○시 ○○길 ○○
피고소인 △ △ △
○○시 ○○길 ○○

고 소 사 실

1. 고소인은 ○○시 ○○길 ○○ 소재 피고소인의 2층에 세들어 살고 있는데, 피고소인은 20○○. ○. ○. ○○:○○경 고소인에게 배달되어 온 편지 1통을 고소인을 대신하여 받았습니다.
2. 그런데 위 편지가 여자로부터 배달되어 온 것이라 고소인에게 전해주기 전에 호기심으로 그 편지의 위쪽 봉한 부분을 물에 적셔서 뜯어보고는 원상태로 다시 붙여 놓았습니다.
3. 물론 위 편지에 중요한 내용이 담겨 있지 않아 다른 사람이 보더라도 문제가 될 것은 없겠지만, 피고소인의 행위는 임차인의 사생활을 침해하는 것 같으므로 이번 기회에 피고소인의 행위를 면밀히 조사하여 엄벌해 주시기 바랍니다.

입 증 방 법

1. 우편물 1통

20○○. ○. ○.
위 고 소 인 ○ ○ ○ (인)

○ ○ 경 찰 서 장(또는 ○ ○ 지 방 검 찰 청 검 사 장) 귀 중

【서식】 부동산강제집행효용침해죄 고소장

고 소 장

1. 고소인

성 명	○ ○ ○	주민등록번호	111111-2222222
주 소	○○시 ○○구 ○○길 123 (현 거주지)		
직 업	○○	사무실 주소	
전 화	(휴대폰) (자택) (사무실)		
이메일	lawb@lawb.co.kr		
대리인에 의한 고소	□법정대리인(성명: , 연락처) □고소대리인(성명: 변호사 , 연락처)		

2. 피고소인

성 명	○ ○ ○	주민등록번호	111111-2222222
주 소	○○시 ○○구 ○○길 234 (현 거주지)		
직 업	○○	사무실 주소	
전 화	(휴대폰) (자택) (사무실)		
이메일	lawb@lawb.co.kr		
기타사항			

3. 고소취지

고소인은 피고소인을 상대로 아래와 같이 부동산강제집행효용침해죄(강제집행으로 명도 또는 인도된 부동산에 침입하거나 기타 방법으로 강제집행의 효용을 해한 경우임)로 고소를 제기하오니 철저히 조사하여 법에 따라 엄벌에 처해주시기 바랍니다.

4. 범죄사실

고소인은 피고소인에게 고소인 소유인 ○○도 ○○시 ○○길 ○○○ 소재 점포 1칸을 임대하였으나, 피고소인이 계속하여 임대료를 체납하면서 임대료 지급을 거절하여 피고소인을 상대로 건물명도청구의 소송을 제기하여 고소인의 승소판결로 동 사건이 이미 확정되었습니다. 그래서 고소인은 ○○지방법원 소속 집행관의 지휘 아래 피고소인이 무단으로 점유하고 있던 점포 1칸에 대하여 명도집행을 하고 난 직후 피고소인이 명도집행 한 점포에 진입하려는 것을 저지하던 피고소인이 고소인을 폭행하면서 강제적으로 위 점포에 진입함으로서 위 부동산 강제집행의 효용을 침해하였습니다.

5. 고소이유

따라서 피고소인을 철저히 조사하여 이와 같은 행위가 재발하지 않도록 법에 따라 엄벌하여 주시기를 간절히 바랍니다.

6. 증거자료

(✔해당란에 체크하여 주시기 바랍니다.)

☑ 고소인은 고소인의 진술 외에 제출할 증거가 없습니다.
□ 고소인은 고소인의 진술 외에 제출할 증거가 있습니다.

7. 관련사건의 수사 및 재판 여부

(✔해당란에 체크하여 주시기 바랍니다)

① 중복 고소 여부	본 고소장과 같은 내용의 고소장을 다른 검찰청 또는 경찰서에 제출하거나 제출하였던 사실이 있습니다 □ / 없습니다 ☑
② 관련 형사사건 수사 유무	본 고소장과 기재된 범죄사실과 관련된 사건 또는 공범에 대하여 검찰청이나 경찰서에서 수사중에 있습니다 □ / 수사중에 있지 않습니다 ☑
③ 관련 민사소송 유무	본 고소장과 기재된 범죄사실과 관련된 사건에 대하여 법원에서 민사소송중에 있습니다 □ / 민사소송 중에 있지 않습니다 ☑

8. 기타

본 고소장에 기재한 내용을 고소인이 알고 있는 지식과 경험을 바탕으로 모두 사실대로 작성하였으며, 만일 허위사실을 고소하였을 때에는 형법 제156조 무고죄로 처벌받을 것임을 서약합니다.

20○○년 ○월 ○일

고소인__________(인)
제출인__________(인)

○○지방검찰청 귀중

【서식】 불법체포감금죄 고소장

고 소 장

1. 고소인

성 명	○ ○ ○	주민등록번호	111111-2222222
주 소	○○시 ○○구 ○○길 ○○ (현 거주지)		
직 업	○○	사무실 주소	
전 화	(휴대폰) (자택) (사무실)		
이메일	lawb@lawb.co.kr		
대리인에 의한 고소	□법정대리인(성명: , 연락처) □고소대리인(성명: 변호사 , 연락처)		

2. 피고소인외 2명

성 명	○ ○ ○	주민등록번호	111111-2222222
주 소	○○시 ○○구 ○○길 ○○ (현 거주지)		
직 업	○○	사무실 주소	
전 화	(휴대폰) (자택) (사무실)		
이메일	lawb@lawb.co.kr		
기타사항			

3. 고소취지

고소인은 피고소인을 상대로 아래와 같이 불법체포감금죄로 고소를 제기하오니 철저히 조사하여 법에 따라 엄벌에 처해주시기 바랍니다.

4. 범죄사실

피고소인들은 ○○지방경찰청 강력부에 근무하면서 조직폭력배들을 검거하고 수사를 담당하는 등 인신구속 등에 관한 직무를 행하고 있는 사법경찰관들인바, 고소인은 친구인 고소외 ○○○와 같이 20○○.○.○. 16:30경 평소 자주 드나들던 다방에서 차를 마시다가 사소한 시비로 옆자리의 손님들과 싸움을 하던 중 피고소인들이 들이닥쳐 고소인을 조직폭력으로 체포한다며 수갑을 채우기에 고소인은 하도 어이가 없어 체포영장을 제시하라고 하였으나 피고소인들은 막무가내로 고소인을 연행하였습니다. 피고소인들은 고소인에게 조직폭력배임을 자백하라면서 진술을 강요하였으나 고소인으로서는 폭력배와는 전혀 상관이 없었으므로 피고소인들의 강요에 자백하지 않았습니다. 그러자 피고소인들은 다음날 새벽 04시경이 되어서야 고소인을 풀어주었습니다.

5. 고소이유

따라서 피고소인들의 이러한 행위는 공무원이 직권을 남용하여 고소인을 불법으로 체포하고, 감금한 것이 명백하므로 피고소인들을 불법체포·감금죄로 고소하오니 엄중히 조사하여 처벌해 주시기 바라며 다시는 고소인과 같은 피해를 입지 않도록 ○○지방검찰청 검사님께서 직접 조사하여 주시기를 간절히 바랍니다.

6. 증거자료

(✔해당란에 체크하여 주시기 바랍니다.)

☑ 고소인은 고소인의 진술 외에 제출할 증거가 없습니다.
☐ 고소인은 고소인의 진술 외에 제출할 증거가 있습니다.

7. 관련사건의 수사 및 재판 여부

(✔해당란에 체크하여 주시기 바랍니다)

① 중복 고소 여부	본 고소장과 같은 내용의 고소장을 다른 검찰청 또는 경찰서에 제출하거나 제출하였던 사실이 있습니다 ☐ / 없습니다 ☑
② 관련 형사사건 수사 유무	본 고소장과 기재된 범죄사실과 관련된 사건 또는 공범에 대하여 검찰청이나 경찰서에서 수사중에 있습니다 ☐ / 수사중에 있지 않습니다 ☑
③ 관련 민사소송 유 무	본 고소장과 기재된 범죄사실과 관련된 사건에 대하여 법원에서 민사소송중에 있습니다 ☐ / 민사소송 중에 있지 않습니다 ☑

8. 기타

본 고소장에 기재한 내용을 고소인이 알고 있는 지식과 경험을 바탕으로 모두 사실대로 작성하였으며, 만일 허위사실을 고소하였을 때에는 형법 제156조 무고죄로 처벌받을 것임을 서약합니다.

20○○년 ○월 ○일

고소인__________(인)
제출인__________(인)

○○지방검찰청 귀중

【서식】 상습무고 고소장

고 소 장

1. 고소인1

성 명	○ ○ ○	주민등록번호	111111-2222222
주 소	○○시 ○○구 ○○길 123 (현 거주지)		
직 업	○○제1구역주택개량 재개발조합 조합장	사무실 주소	
전 화	(휴대폰) (자택) (사무실)		
이메일	lawb@lawb.co.kr		
대리인에 의한 고소	□법정대리인(성명: , 연락처) □고소대리인(성명: 변호사 , 연락처)		

고소인2

성 명	○ ○ ○	주민등록번호	111111-2222222
주 소	○○시 ○○구 ○○길 ○○ (현 거주지)		
직 업	○○건설(주)대표이사	사무실 주소	
전 화	(휴대폰) (자택) (사무실)		
이메일	lawb@lawb.co.kr		
대리인에 의한 고소	□법정대리인(성명: , 연락처) □고소대리인(성명: 변호사 , 연락처)		

2. 피고소인외 4명

성 명	○ ○ ○	주민등록번호	111111-2222222
주 소	○○시 ○○구 ○○길 ○○ (현 거주지)		
직 업	○○	사무실 주소	
전 화	(휴대폰) (자택) (사무실)		
이메일	lawb@lawb.co.kr		
기타사항			

3. 고소취지

고소인은 피고소인을 상대로 아래와 같이 상습무고죄로 고소를 제기하오니 철저히 조사하여 법에 따라 엄벌에 처해주시기 바랍니다.(○○지청 20○○형제1234호, 20○○형제2345호 사건과 관련입니다.)

4. 범죄사실

1. 피고소인들의 민사소송 제기

피고소인들은 고소인들을 상대로 승소가능성이 전혀 없는 민사소송등을 제기하여 피고소인 ○○○은 제1심(○○지방법원 ○○지원 20○○가합3456호, 소유권이전등기)에서 패소하여 대법원(대법원 20○○다4567호)에 까지 상고하여 패소가 확정된 바 있고, 피고소인 ○○○도 제1심(○○지법 ○○지원5678호 부당이득금)에서 패소하자 항소(○○고등법원 20○○나6789호)를 하였으나 항소재판을 포기하여 패소가 확정된 바 있고, 피고소인 ○○○, ○○○ ○○○도 제1심(○○지법 ○○지원 20○○가합7890호, 부당이득금)에 패소하자 항소를 포기하여 피고소인들의 패소가 확정된 바 있습니다.

2. 피고소인들의 형사고소

피고소인들은 전에도 횡령, 배임 등의 혐의가 고소인들에게 있다고 고소를 하였으나 모두 무혐의 처분된 바 있었고(증제 1, 2호증, 각 공소부제기 이유고지), 결국 피고소인들을 상대로 민사소송 등을 제기하여 모두 패소가 확정되자, 피고소인 등은 자신들이 선량하고 가난한 시민들임을 내세우면 고소인들을 무고하여도 처벌을 받지 않을 것이라고 확신을 가지고, 고소인들을 형사처벌받게 할 목적으로 "고소인들이 조합원들로부터 국공유지대금이라는 명목으로 1,000만원씩 받아서 횡령하였다"는 등 ○○지청 20○○형제8901호, 동 20○○형제 9012호 사건의 고소 내용과 같이 허위의 사실을 적시하여 형사고소를 한 것입니다. (위 사건은 각 ○○지청 ○○검사실 ○○○검사께서 수사하고 있습니다)

5. 고소이유

따라서 피고소인들은 위 고소건 뿐만 아니라 지금까지 수차에 거쳐 상습적으로 고소인들을 형사처벌 받게 할 목적으로 허위의 사실로 무고한 사실이 있으므로, 이번만은 피고소인들을 철저히 조사하시어 엄벌에 처함으로써 수사기관을 능멸하고 고소인들과 같이 장기간 동안 정신적 고통을 당하며 선의의 피해를 받는 사례가 없도록 엄단하여 주시기 바랍니다.

6. 증거자료

(✔해당란에 체크하여 주시기 바랍니다.)

☑ 고소인은 고소인의 진술 외에 제출할 증거가 없습니다.

☐ 고소인은 고소인의 진술 외에 제출할 증거가 있습니다.

7. 관련사건의 수사 및 재판 여부*

(✔해당란에 체크하여 주시기 바랍니다)

① 중복 고소 여부	본 고소장과 같은 내용의 고소장을 다른 검찰청 또는 경찰서에 제출하거나 제출하였던 사실이 있습니다 ☐ / 없습니다 ☑
② 관련 형사사건 수사 유무	본 고소장과 기재된 범죄사실과 관련된 사건 또는 공범에 대하여 검찰청이나 경찰서에서 수사중에 있습니다 ☐ / 수사중에 있지 않습니다 ☑
③ 관련 민사소송 유 무	본 고소장과 기재된 범죄사실과 관련된 사건에 대하여 법원에서 민사소송중에 있습니다 ☐ / 민사소송 중에 있지 않습니다 ☑

8. 기타

본 고소장에 기재한 내용을 고소인이 알고 있는 지식과 경험을 바탕으로 모두 사실대로 작성하였으며, 만일 허위사실을 고소하였을 때에는 형법 제156조 무고죄로 처벌받을 것임을 서약합니다.

20○○년 ○월 ○일

고소인__________(인)
제출인__________(인)

○○지방검찰청 귀중

【서식】 고소장(소송사기)

고 소 장

1. 고소인

성 명	○ ○ ○	주민등록번호	111111-2222222
주 소	○○시 ○○구 ○○길 ○○ (현 거주지)		
직 업	○○	사무실 주소	
전 화	(휴대폰) (자택) (사무실)		
이메일	lawb@lawb.co.kr		
대리인에 의한 고소	□법정대리인(성명: , 연락처) □고소대리인(성명: 변호사 , 연락처)		

2. 피고소인

성 명	○ ○ ○	주민등록번호	111111-2222222
주 소	○○시 ○○구 ○○길 ○○ (현 거주지)		
직 업	○○	사무실 주소	
전 화	(휴대폰) (자택) (사무실)		
이메일	lawb@lawb.co.kr		
기타사항			

3. 고소취지

피고소인은 아무런 법적 권원 없이 고소인과 법원을 기망하여 고소인에게 금 4,400만원 상당의 금원을 편취할 목적으로 고소인의 부동산에 가압류집행을 하고 고소인을 상대로 민사소송을 제기하는 소송사기를 자행한 사실이 있어 소송사기죄로 고소하오니 의법 처단하여 주시기 바랍니다.

4. 범죄사실

고소인은 인장업을 하면서 사채업을 하는 피고소인을 고소외 ○○○에게 소개하여 20○○.○.○. 경 위 ○○○((주)주택 대표이사)이 피고소인에게 위 회사의 약속어음 1매(액면금 5,000만원)의 할인을 받도록 고소인이 주선하고 고소인이 위 약속어음에 배서를 하였습니다. 그런데 그 때 피고소인은 고소인에게 배서한 것만 가지고는 부족하니 고소인 명의의 약속어음 1매(5,000만원 상당)를 공증하여 줄 것을 요구하여 고소인은 별도로 피고소인에게 5,000

만원짜리 약속어음의 공증을 해준 사실이 있습니다. 그 후 위 (주)○○주택의 약속어음을 결제되고, 그 뒤 ○○○이 또 (주)○○주택의 약속어음 20○○.○.○.경 약속어음 5,000만원짜리 1매와 같은 해 ○중순경 약속어음 2,150만원짜리 1매의 할인을 부탁하여 고소인은 위 각 약속어음에 배서하여 피고소인으로부터 어음할인을 받도록 하였습니다. 그런데 20○○.○.경 위 약속어음 2매가 부도처리되었는데 그 때 위 ○○○은 피고소인에게 (주)○○주택의 약속어음 3,000만원짜리, 2,160만원짜리 각 1매와 (주)○○주택의 약속어음 2,130만원짜리를 담보조로 피고소인에게 교부했습니다. 그런데도 불구하고 피고소인은 고소인이 전에 담보조로 피고소인에게 약속어음(5,000만원) 공증을 해준 것을 기화로 그 약속어음 공정증서를 가지고 고소인 소유의 부동산(경기도 ○○군 ○○읍 ○○동 390-2 대지 3,025평방미터, 공유자 지분 1/2지분)에 대하여 20○○.○.○. ○○지방법원에 강제경매신청(20○○타경1234호)을 하였으나, 위 ○○○이 경매청구채권 5,000만원 및 경매비용 200만원 합계금 5,200만원을 피고소인에게 지불하여 위 강제경매는 취하되고, 위 ○○○이 피고소인에게 변제하여야 할 약속어음금은 위 2,150만원짜리 약속어음 1매만 남게 되었습니다. 그리고 그 후 피고소인은 위 ○○○이 담보조로 피고소인에게 교부하였던 (주)○○주택의 약속어음 2매(3,000만원짜리 1매, 2,160만원짜리 1매)를 20○○.○말경 (주)주택의 대표이사 ○○○를 찾아가 피사취부도처리되었던 위 약속어음금 전액을 모두 은행으로부터 결제받았습니다. 따라서 위 ○○○과 고소인의 피고소인에 대한 약속어음금 채무는 모두 소멸되었습니다.(* 위 약속어음의 결제에 관하여는 별첨 ○○○의 진술서 3 내지 4호에 그 경위가 상세히 설명되어 있습니다.) 그런데 피고소인은 ○○○으로부터 위 (주)○○주택의 약속어음을 결제 받고도 20○○.○.○.경 ○○○으로부터 그들 두사람(○○○과 피고소인) 사이의 채무정산을 하여 위 ○○○으로부터 4,400만원의 지불각서를 받아둔 것은 고소인은 모르고 있었습니다(고소인은 위 각서 작성 당시 참석하지도 않았고, 그 후 위 각서에 날인한 바도 없습니다). 따라서 피고소인에 대한 위 ○○○의 약속어음금 등의 채무가 모두 변제되어 소멸되어 동인의 채무를 보증하고 있던 고소인의 보증채무도 동시에 소멸되었다 할 것인데, 피고소인은 위 ○○○이 어음할인한 (주)○○주택 발행의 약속어음(액면 5,000만원)을 동인에게 반환하지 않고 있다가 위 어음에 배서인으로 고소인의 배서가 되어 있는 것을 기화로 또다시 피고소인은 고소인의 위 부동산에 20○○.○.○. 가압류(○○지법 20○○가단4567호)를 하였고, 위 지불각서를 근거로 위 지불각서상 연대보증인(고소인은 위 지불각서에 연대보증인으로 날인한 바 없음)으로 되어 있는 고소인을 상대로 ○○지법 ○○지원에 민사소송 20○○가합 6789, 대여금)을 제기하여 승소하였으나, 고소인이 항소하여 현재 ○○고등법원 민사 8부(20○○나7890)에 계류중에 있습니다. 따라서 피고소인은 위 ○○○의 약속어음금 등의 채무가 위와 같이 이미 소멸하여 배서인겸 보증인인 고소인의 보증채무도 소멸되었음에도 불구하고, 아무런 법적 권원없이 위 ○○○에게 반환치 않고 소지하고 있던 (주)○○주택의 약속어음(5,000만원)과 고소인이 알지도 못하고 보증인으로 날인한 바도 없는 지불각서를 가지고 위와 같이 고소인과 법원을 기망하여 고소인에게 금 4,400만원의 금원을 편취할 목적으로 고소인의 부동산에 가압류 집행을 하고 고소인을 상대로 민사소송을 제기하는 소송사기를 자행하고 있습니다.

5. 고소이유

따라서 위피고소인을 철저히 조사하시어 엄벌에 처해주시기 바랍니다.

6. 증거자료

(✔해당란에 체크하여 주시기 바랍니다.)

☑ 고소인은 고소인의 진술 외에 제출할 증거가 없습니다.
☐ 고소인은 고소인의 진술 외에 제출할 증거가 있습니다.

7. 관련사건의 수사 및 재판 여부

(✔해당란에 체크하여 주시기 바랍니다)

① 중복 고소 여부	본 고소장과 같은 내용의 고소장을 다른 검찰청 또는 경찰서에 제출하거나 제출하였던 사실이 있습니다 ☐ / 없습니다 ☑
② 관련 형사사건 수사 유무	본 고소장과 기재된 범죄사실과 관련된 사건 또는 공범에 대하여 검찰청이나 경찰서에서 수사중에 있습니다 ☐ / 수사중에 있지 않습니다 ☑
③ 관련 민사소송 유 무	본 고소장과 기재된 범죄사실과 관련된 사건에 대하여 법원에서 민사소송중에 있습니다 ☐ / 민사소송 중에 있지 않습니다 ☑

8. 기타

본 고소장에 기재한 내용을 고소인이 알고 있는 지식과 경험을 바탕으로 모두 사실대로 작성하였으며, 만일 허위사실을 고소하였을 때에는 형법 제156조 무고죄로 처벌받을 것임을 서약합니다.

20○○년 ○월 ○일

고소인__________(인)
제출인__________(인)

○○지방검찰청 귀중

【서식】 고소장(업무방해죄)

고 소 장

1. 고소인

성 명	○ ○ ○	주민등록번호	111111-2222222
주 소	○○시 ○○구 ○○길 ○○ (현 거주지)		
직 업	○○	사무실 주소	
전 화	(휴대폰) (자택) (사무실)		
이메일	lawb@lawb.co.kr		
대리인에 의한 고소	□법정대리인(성명: , 연락처) □고소대리인(성명: 변호사 , 연락처)		

2. 피고소인

성 명	○ ○ ○	주민등록번호	111111-2222222
주 소	○○시 ○○구 ○○길 ○○ (현 거주지)		
직 업	○○	사무실 주소	
전 화	(휴대폰) (자택) (사무실)		
이메일	lawb@lawb.co.kr		
기타사항			

3. 고소취지

고소인은 피고소인을 상대로 아래와 같이 업무방해죄로 고소를 제기하오니 철저히 조사하여 법에 따라 엄벌에 처해주시기 바랍니다.

4. 범죄사실

고소인은 20○○.○.○.부터 피고소인 소유인 서울 ○○구 ○○길 456 소재 1층 점포를 임대보증금 5,000만원, 월임료 200만원, 임대차기간 2년으로 하여 임차한 후 ○○식당을 개설하여 영업하던 중, 영업부진 등으로 20○○.○.○.부터 ○개월간 월임료를 지불하지 못하고 어려운 사정을 이야기하여 양해를 구하였음에도 불구하고, 피고소인은 20○○.○.○. 18:50경 술에 만취되어 식당 안에서 식사를 하던 손님들이 놀라 도망가게 한 것을 비롯하여 그 이후에도 여러 차례나 술을 마시고 찾아와 식당 안에서 고소인에게 욕을 하는 등 영업을 방해한 사실이 있습니다.

5. 고소이유

고소인은 피고소인의 위와 같은 행위로 위장소에서 도저히 식당영업을 할 수 없는 지경에 이르러 막대한 피해를 입고 있으므로 철저히 조사하여 엄벌에 처해 주시기 바랍니다.

6. 증거자료

(✔해당란에 체크하여 주시기 바랍니다.)

☑ 고소인은 고소인의 진술 외에 제출할 증거가 없습니다.
☐ 고소인은 고소인의 진술 외에 제출할 증거가 있습니다.

7. 관련사건의 수사 및 재판 여부

(✔해당란에 체크하여 주시기 바랍니다)

① 중복 고소 여부	본 고소장과 같은 내용의 고소장을 다른 검찰청 또는 경찰서에 제출하거나 제출하였던 사실이 있습니다 ☐ / 없습니다 ☑
② 관련 형사사건 수사 유무	본 고소장과 기재된 범죄사실과 관련된 사건 또는 공범에 대하여 검찰청이나 경찰서에서 수사중에 있습니다 ☐ / 수사중에 있지 않습니다 ☑
③ 관련 민사소송 유 무	본 고소장과 기재된 범죄사실과 관련된 사건에 대하여 법원에서 민사소송중에 있습니다 ☐ / 민사소송 중에 있지 않습니다 ☑

8. 기타

본 고소장에 기재한 내용을 고소인이 알고 있는 지식과 경험을 바탕으로 모두 사실대로 작성하였으며, 만일 허위사실을 고소하였을 때에는 형법 제156조 무고죄로 처벌받을 것임을 서약합니다.

20○○년 ○월 ○일

고소인__________(인)
제출인__________(인)

○○지방검찰청 귀중

[서식] 고소장(업무상 배임죄)

고 소 장

고 소 인 ○○은행(주)
대표이사 ○ ○ ○
○○시 ○○구 ○○길 ○○ (전화번호 : ○○○ - ○○○○)
피고소인 △ △ △
○○시 ○구 ○길 ○○ (전화번호 : ○○○ - ○○○○)
주민등록번호 : 111111 - 1111111

고 소 취 지

고소인은 피고소인을 상대로 아래와 같이 업무상 배임죄로 고소를 제기하오니 철저히 조사하시어 엄벌하여 주시기 바랍니다.

고 소 사 실

1. 피고소인은 19○○. ○. ○.경부터 ○○시 ○구 ○길 ○○소재 당 은행 ○○지점의 대리로 근무하면서 대출담당 업무에 종사하여 오던 자입니다.
2. 피고소인은 20○○. ○. ○. 13:00경 위 은행지점에서 그 은행내규 상 ○○○원 이상은 무담보대출이 금지되어 있으므로 ○○○원 이상의 대출을 함에 있어서는 채무자로부터 반드시 담보를 제공받아야 할 업무상 의무가 있음에도 불구하고, 이에 위배하여 피고소인의 친구인 고소외 □□□의 편의를 보아주기 위하여 즉석에서 그에게 무담보로 금 ○○○원을 대출하고 그 회수를 어렵게 하여 위 □□□에게 대출금 ○○○원 상당의 재산적 이익을 취득하게 하고, 위 은행에 동액 상당의 손해를 가하였기에 본 고소에 이른 것입니다.

입 증 방 법

추후 조사시에 제출하겠습니다.

20○○. ○. ○.
위 고소인 ○○은행(주)
대표이사 ○ ○ ○ (인)

○ ○ 경 찰 서 장(또는 ○ ○ 지 방 검 찰 청 검 사 장) 귀 중

[서식] 고소장(업무상 횡령죄)

고 소 장

고 소 인 ○○약품주식회사
대표이사 ○ ○ ○
○○시 ○○구 ○○길 ○○ (전화번호 : ○○○ - ○○○○)

피고소인 △ △ △
○○시 ○구 ○길 ○○ (전화번호 : ○○○ - ○○○○)
주민등록번호 : 111111 - 1111111

고 소 취 지

고소인은 피고소인을 상대로 아래와 같이 업무상 횡령죄로 고소를 제기하오니 철저히 조사하시어 엄벌하여 주시기 바랍니다.

고 소 사 실

1. 피고소인은 20○○. ○. ○.부터 ○○시 ○○구 ○○길 ○○에 있는 ○○약품주식회사의 영업사원으로서 위 회사의 약품판매 및 수금업무에 종사하여 오던 자입니다.
2. 피고소인은 20○○. ○. ○. ○○시 ○○구 ○○길 ○○에 있는 ○○○ 경영의 ○○약국에서 약품대금 1,500만원을 수금하여 위 회사를 위하여 보관하던 중 그 무렵 이 중 1,000만원을 자신과 불륜관계를 맺어온 위 회사 경리사원 □□□에게 관계청산을 위한 위자료 명목으로 임의로 지급하여 이를 횡령하였기에 본 고소에 이른 것입니다.

입 증 방 법

추후 조사시에 제출하겠습니다.

20○○년 ○월 ○일
위 고소인 ○○약품주식회사
대표이사 ○ ○ ○ (인)

○ ○ 경 찰 서 장(또는 ○ ○ 지 방 검 찰 청 검 사 장) 귀 중

[서식] 고소장(업무상비밀누설죄)

고 소 장

고 소 인 ○ ○ ○
○○도 ○○시 ○○길 ○○ (전화 : ○○○ - ○○○○)
주민등록번호 : 111111 - 1111111

피고소인 △ △ △
○○도 ○○시 ○○길 ○○ (전화 : ○○○ - ○○○○)
주민등록번호 : 111111 - 1111111

고소인은 피고소인에 대하여 다음과 같이 고소하오니 철저히 조사하여 법에 따라서 처벌하여 주시기 바랍니다.

다 음

1. 고소인은 20○○년 ○월 ○일 ○○도 ○○시 ○○길 소재 피고소인이 운영하는 "○○성형외과"에서 고소인이 철없을 시절 고소인 신체 중 등에다 문신을 한 것을 제거하기 위한 문신제거수술을 시술 받은 바 있습니다.
2. 이후 고소인의 직장동료 고소외 □□□가 위 성형외과에 입원하여 치료를 받는 중에 피고소인이 병원의 광고를 목적으로 병원 복도 벽에 고소인의 문신제거수술에 대한 사진을 부착하여 있음을 발견하고 고소인에게 "너의 사진이 아니냐"라고 하여 고소인은 위 성형외과를 방문하여 이를 확인한 결과 고소인임을 알 수 있는 문신 제거수술 전·후의 사진이 걸려 있음을 발견하였습니다.
3. 위의 사실은 피고소인이 의사로서 업무상 알게된 환자의 비밀에 대한 치료사실을 고소인의 동의도 없이 불특정 다수인 누구에게나 관람할 수 있게끔 방치하여 고소인의 사생활의 평온을 침해함으로서 고소인의 사회생활과 대인관계에 막대한 피해를 입게 하였습니다.
4. 피고소인의 이러한 행위는 형법 제317조의 업무상비밀누설죄에 해당하므로 법에 따른 처벌을 구하고자 고소장을 제출하는 바입니다.

첨 부 서 류

1. 진단서 1통
2. 진술서 1통

20○○년 ○월 ○일

위 고소인 ○ ○ ○ (인)

○ ○ 경 찰 서 장(또는 ○ ○ 지 방 검 찰 청 검 사 장) 귀 중

[서식] 고소장(업무상위력등에의한 간음죄)

고 소 장

고 소 인 ○ ○ ○

주민등록번호 : 111111 - 1111111

전화 : ○○○ - ○○○○

주소 : ○○시 ○○구 ○○길 ○○

피고소인 △ △ △

주민등록번호 : 111111 - 1111111

전화 : ○○○ - ○○○○

주소 : ○○시 ○○구 ○○길 ○○

고 소 취 지

위 피고소인을 업무상위력등에 의한 간음죄로 고소하오니 철저한 수사를 하여 의법 조치하여 주시기 바랍니다.

고 소 이 유

1. 고소인은 고향인 ○○도 ○○군에서 고등학교를 졸업하고 가정형편이 어려워 업을 목적으로 상경하여 현 주소지에 거주하고 있습니다. 특별한 기술이 없던 고소인은 먼저 상경한 고향친구 □□□의 소개로 ○○년 ○월 ○일부터 ○○구 ○○길 소재 ○○○미용학원에서 ○○년 ○월 ○일까지 미용기술을 배우게 되었습니다.

2. 미용기술을 배운 고소인은 상기 ○○미용학원의 원장으로 있는 □□□의 소개로 피고소인이 ○○도 ○○시 ○○구 ○○길에서 원장으로 운영하는 “○○○”이라는 미용업소에서 ○○년 ○월 ○일부터 수습 미용사로서 미용일을 시작하게 되었습니다.

3. 피고소인은 고소인이 일을 하게 된 날부터 “미용기술만 잘 배우면 한평생 걱정 없이 살 수 있지만 열심히 내가 시키는 일을 하지 않고 게으름을 피우면 잘라버릴 거야”며 위협적인 분위기를 조성한 사실이 있었습니다. 당시

고소인은 중학교와 초등학교에 다니는 동생들의 학비와 간암말기인 어머니의 병원비를 책임지고 있었고 이런 고소인의 어려운 생활을 피고소인은 알고 있었습니다.

4. 그러던 ○○년 ○월 ○일 ○○:○○경 여느 날과 같이 뒷정리를 하고 퇴근하려고 하던 고소인에게 피고소인은 "오늘 너에게 특별한 기술을 알려 줄테니 이리와"하며 고소인의 오른쪽 손을 잡아끌며 강제로 미용실 손님들의 대기 의자인 장의자에 고소인을 눕히고 머리를 쓰다듬었습니다.

5. 고소인이 강하게 저항하자 피고소인은 "너 여기서 쫓겨나고 싶어, 다른 곳에 취업 못하게 할 수도 있어. 그러니 가만히 있어"하며 고소인의 입에 피고소인의 입을 맞추며 고소인의 상의를 찢고 가슴을 만지며 간음하였습니다.

6. 피고소인은 인간의 탈을 쓴 파렴치범으로 고소인의 고용인으로서 경제적으로 고소인이 어려운 처지를 약점 삼아 강제로 간음한 자로 현재까지도 아무런 뉘우침이 없어 고소를 제기하오니 법이 적용하는 한 엄벌에 처해 주시기 바랍니다.

입 증 방 법

1. 상해진단서 1부
2. 기타 서류

20○○년 ○월 ○일

위 고소인 ○ ○ ○ (인)

○ ○ 경 찰 서 장(또는 ○ ○ 지 방 검 찰 청 검 사 장) 귀 중

【서식】 유가증권변조 등 고소장

고 소 장

1. 고소인

성 명	○ ○ ○	주민등록번호	111111-2222222
주 소	○○시 ○○구 ○○길 ○○ (현 거주지)		
직 업	○○	사무실 주소	
전 화	(휴대폰) (자택) (사무실)		
이메일	lawb@lawb.co.kr		
대리인에 의한 고소	□법정대리인(성명: , 연락처) □고소대리인(성명: 변호사 , 연락처)		

2. 피고소인

성 명	○ ○ ○	주민등록번호	111111-2222222
주 소	○○시 ○○구 ○○길 ○○ (현 거주지)		
직 업	○○	사무실 주소	
전 화	(휴대폰) (자택) (사무실)		
이메일	lawb@lawb.co.kr		
기타사항			

3. 고소취지

고소인은 피고소인을 상대로 아래와 같이 유가증권 변조등 죄로 고소를 제기하오니 철저히 조사하여 법에 따라 엄벌에 처해주시기 바랍니다.

4. 범죄사실

피고소인은 20○○.○.○.경 서울 종로구 인사동에 있는 피고인의 집에서 행사할 목적으로 권한 없이 거래처로부터 거래대금조로 수금한 수표번호 아가 ○○○○○○○호, 액면금 2,500,000원으로 되어 있는 가계수표 용지의 액면금란 기재를 지운 다음 볼펜을 사용하여 액면금란에 "5,000,000원"을 적어 넣어 가계수표를 변조하고, 같은 달 ○경 관철동에 있는 ○○○의 집에서 변조된 것을 모르는 ○○○에게 현금할인을 부탁하면서 위와 같이 변조한 수표를 마치 진정하게 작성된 것처럼 교부하여 이를 행사하였습니다.

5. 고소이유

(생략)

6. 증거자료

(✔해당란에 체크하여 주시기 바랍니다.)

☑ 고소인은 고소인의 진술 외에 제출할 증거가 없습니다.
☐ 고소인은 고소인의 진술 외에 제출할 증거가 있습니다.

7. 관련사건의 수사 및 재판 여부

(✔해당란에 체크하여 주시기 바랍니다)

① 중복 고소 여부	본 고소장과 같은 내용의 고소장을 다른 검찰청 또는 경찰서에 제출하거나 제출하였던 사실이 있습니다 ☐ / 없습니다 ☑
② 관련 형사사건 수사 유무	본 고소장과 기재된 범죄사실과 관련된 사건 또는 공범에 대하여 검찰청이나 경찰서에서 수사중에 있습니다 ☐ / 수사중에 있지 않습니다 ☑
③ 관련 민사소송 유 무	본 고소장과 기재된 범죄사실과 관련된 사건에 대하여 법원에서 민사소송중에 있습니다 ☐ / 민사소송 중에 있지 않습니다 ☑

8. 기타

본 고소장에 기재한 내용을 고소인이 알고 있는 지식과 경험을 바탕으로 모두 사실대로 작성하였으며, 만일 허위사실을 고소하였을 때에는 형법 제156조 무고죄로 처벌받을 것임을 서약합니다.

20○○년 ○월 ○일

고소인__________(인)
제출인__________(인)

○○지방검찰청 귀중

【서식】 고소장(위증)

고 소 장

1. 고소인

성 명	○ ○ ○	주민등록번호	111111-2222222
주 소	○○시 ○○구 ○○길 ○○ (현 거주지)		
직 업	○○	사무실 주소	
전 화	(휴대폰) (자택) (사무실)		
이메일	lawb@lawb.co.kr		
대리인에 의한 고소	□법정대리인(성명: , 연락처) □고소대리인(성명: 변호사 , 연락처)		

2. 피고소인

성 명	○ ○ ○	주민등록번호	111111-2222222
주 소	○○시 ○○구 ○○길 ○○ (현 거주지)		
직 업	○○	사무실 주소	
전 화	(휴대폰) (자택) (사무실)		
이메일	lawb@lawb.co.kr		
기타사항			

3. 고소취지

고소인은 피고소인을 상대로 아래와 같이 위증으로 고소를 제기하오니 철저히 조사하여 법에 따라 엄벌에 처해주시기 바랍니다.

4. 범죄사실

피고소인은 각 재판기일에 출석하여 선서한 후 재판장으로부터 신문을 받을 때 위와 같이 진실이 아닌 사실을 진실인양 허위의 증언을 하여 위증을 하였습니다.

5. 고소이유

피고소인을 철저히 조사하시어 진실이 외면되지 않도록 존경하는 검사님께옵서 직접 조사하여 엄벌에 처해주실 것을 간절히 바랍니다.

6. 증거자료

(✔해당란에 체크하여 주시기 바랍니다.)

☑ 고소인은 고소인의 진술 외에 제출할 증거가 없습니다.
☐ 고소인은 고소인의 진술 외에 제출할 증거가 있습니다.

7. 관련사건의 수사 및 재판 여부

(✔해당란에 체크하여 주시기 바랍니다)

① 중복 고소 여부	본 고소장과 같은 내용의 고소장을 다른 검찰청 또는 경찰서에 제출하거나 제출하였던 사실이 있습니다 ☐ / 없습니다 ☑
② 관련 형사사건 수사 유무	본 고소장과 기재된 범죄사실과 관련된 사건 또는 공범에 대하여 검찰청이나 경찰서에서 수사중에 있습니다 ☐ / 수사중에 있지 않습니다 ☑
③ 관련 민사소송 유 무	본 고소장과 기재된 범죄사실과 관련된 사건에 대하여 법원에서 민사소송중에 있습니다 ☐ / 민사소송 중에 있지 않습니다 ☑

8. 기타

본 고소장에 기재한 내용을 고소인이 알고 있는 지식과 경험을 바탕으로 모두 사실대로 작성하였으며, 만일 허위사실을 고소하였을 때에는 형법 제156조 무고죄로 처벌받을 것임을 서약합니다.

20○○년 ○월 ○일

고소인__________(인)
제출인__________(인)

○○지방검찰청 귀중

【서식】 자동차등 불법사용죄 고소장

고 소 장

1. 고소인

성 명	○ ○ ○	주민등록번호	111111-2222222
주 소	○○시 ○○구 ○○길 ○○ (현 거주지)		
직 업	○○	사무실 주소	
전 화	(휴대폰) (자택) (사무실)		
이메일	lawb@lawb.co.kr		
대리인에 의한 고소	□법정대리인(성명: , 연락처) □고소대리인(성명: 변호사 , 연락처)		

2. 피고소인

성 명	○ ○ ○	주민등록번호	111111-2222222
주 소	○○시 ○○구 ○○길 ○○ (현 거주지)		
직 업	○○	사무실 주소	
전 화	(휴대폰) (자택) (사무실)		
이메일	lawb@lawb.co.kr		
기타사항			

3. 고소취지

고소인은 피고소인을 상대로 아래와 같이 자동차등 불법사용죄로 고소를 제기하오니 철저히 조사하여 법에 따라 엄벌에 처해주시기 바랍니다.

4. 범죄사실

고소인은 서울 ○○가○○○○번의 뉴EF 소나타의 소유자로서 차량에 이상이 있어 20○○.○.○. 평소 자주 이용하던 피고소인이 운영하는 ○○카센터에 수리를 부탁하자 피고소인은 차량 상태를 점검하더니 다음날 오면 수리를 완료하겠다고 하여 수리를 맡겼는데, 이튿날 자동차를 찾으러 갔더니 피고소인은 없고 종업원이 하는 말이 피고소인이 시운전을 하기 위하여 갔다고 하여 한참을 기다려도 돌아오지 않아 결국 포기하고 귀가하였습니다. 고소인은 그 이튿날 다시 ○○○카센터로 가서 종업원에게 어떻게 되어 시운전하러 간 자동차가 아직까지 돌아오지 않았느냐며 항의하자 그때서야 피고소인이 자신의 급한 볼일 때문에 고소인이 수리를 맡긴 자동차를 타고 시골집에 갔다는 것이었습니다.

5. 고소이유

피고소인은 고소인이 수리를 맡긴 자동차에 대하여 불법영득의 의사는 없었다 하더라도 소유자의 동의 없이 무단으로 이틀간이나 사용하여 고소인에게 피해를 입힌 사실이 명백하므로 이 사건 고소장을 제출하오니 철저히 조사하여 두 번 다시 고소인과 같은 피해를 입는 사람이 없도록 철저히 조사하여 엄벌에 처해 주시기 바랍니다.

6. 증거자료

(✔해당란에 체크하여 주시기 바랍니다.)

☑ 고소인은 고소인의 진술 외에 제출할 증거가 없습니다.
☐ 고소인은 고소인의 진술 외에 제출할 증거가 있습니다.

7. 관련사건의 수사 및 재판 여부

(✔해당란에 체크하여 주시기 바랍니다)

① 중복 고소 여부	본 고소장과 같은 내용의 고소장을 다른 검찰청 또는 경찰서에 제출하거나 제출하였던 사실이 있습니다 ☐ / 없습니다 ☑
② 관련 형사사건 수사 유무	본 고소장과 기재된 범죄사실과 관련된 사건 또는 공범에 대하여 검찰청이나 경찰서에서 수사중에 있습니다 ☐ / 수사중에 있지 않습니다 ☑
③ 관련 민사소송 유 무	본 고소장과 기재된 범죄사실과 관련된 사건에 대하여 법원에서 민사소송중에 있습니다 ☐ / 민사소송 중에 있지 않습니다 ☑

8. 기타

본 고소장에 기재한 내용을 고소인이 알고 있는 지식과 경험을 바탕으로 모두 사실대로 작성하였으며, 만일 허위사실을 고소하였을 때에는 형법 제156조 무고죄로 처벌받을 것임을 서약합니다.

20○○년 ○월 ○일

고소인__________(인)
제출인__________(인)

○○지방검찰청 귀중

【서식】 직무유기죄 고소장

고 소 장

1. 고소인

성 명	○ ○ ○	주민등록번호	111111-2222222
주 소	○○시 ○○구 ○○길 ○○ (현 거주지)		
직 업	○○	사무실 주소	
전 화	(휴대폰) (자택) (사무실)		
이메일	lawb@lawb.co.kr		
대리인에 의한 고소	□법정대리인(성명: , 연락처) □고소대리인(성명: 변호사 , 연락처)		

2. 피고소인

성 명	○ ○ ○	주민등록번호	111111-2222222
주 소	○○시 ○○구 ○○길 ○○ (현 거주지)		
직 업	○○	사무실 주소	
전 화	(휴대폰) (자택) (사무실)		
이메일	lawb@lawb.co.kr		
기타사항			

3. 고소취지

고소인은 피고소인을 상대로 아래와 같이 직무유기죄(공무원이 자신의 직무를 태만히 하였을 경우)로 고소를 제기하오니 철저히 조사하여 법에 따라 엄벌에 처해주시기 바랍니다.

4. 범죄사실

고소인은 20○○.○.○. ○○:○○경 서울 ○○구 ○○길 ○○ 슈퍼 부근에서 승객인 고소외 ○○○으로부터 요금문제 등으로 사소한 시비가 있었는데, 고소인이 고소외 ○○○으로부터 전치 4주의 치료를 요하는 폭행을 당했습니다. 이에 고소인은 고소외 ○○○을 인근지구대에 신고를 하자 피고소인이 현장에 도착하였으나 피고소인은 싸움을 말릴 생각은 하지 않고 오히려 고소인에게 부당한 요금을 징수하였기 때문에 발생한 문제이니 고소인에게 알아서 하라고 하면서 돌아가 버렸습니다. 고소인이 나중에 자초지종을 알고보니 고소외 ○○○과 피고소인은 평소 알고 지내는 사이로서 당시 싸움 현장에서 고소외 ○○○의 부당한 행위를 제지하지 않았음을 알아냈습니다. 피고소인은 사회질서와 안정등을 지켜야 할 경찰관으로서 범법자인 고소외 ○○○을 현장에서 검거하지도 않고 이탈하여 피해자인 고소인으로 하여금 정신적·육체적 고통을 당하게 하였습니다. 따라서 피고소인의 자신의 직무를 태만히 하였습니다.

5. 고소이유

직무유기죄 등에 대하여 철저히 수사하여 엄벌에 처해주시기 바랍니다.

6. 증거자료

(✔해당란에 체크하여 주시기 바랍니다.)

☑ 고소인은 고소인의 진술 외에 제출할 증거가 없습니다.
☐ 고소인은 고소인의 진술 외에 제출할 증거가 있습니다.

7. 관련사건의 수사 및 재판 여부

(✔해당란에 체크하여 주시기 바랍니다)

① 중복 고소 여부	본 고소장과 같은 내용의 고소장을 다른 검찰청 또는 경찰서에 제출하거나 제출하였던 사실이 있습니다 ☐ / 없습니다 ☑
② 관련 형사사건 수사 유무	본 고소장과 기재된 범죄사실과 관련된 사건 또는 공범에 대하여 검찰청이나 경찰서에서 수사중에 있습니다 ☐ / 수사중에 있지 않습니다 ☑
③ 관련 민사소송 유 무	본 고소장과 기재된 범죄사실과 관련된 사건에 대하여 법원에서 민사소송중에 있습니다 ☐ / 민사소송 중에 있지 않습니다 ☑

8. 기타

본 고소장에 기재한 내용을 고소인이 알고 있는 지식과 경험을 바탕으로 모두 사실대로 작성하였으며, 만일 허위사실을 고소하였을 때에는 형법 제156조 무고죄로 처벌받을 것임을 서약합니다.

20○○년 ○월 ○일

고소인__________(인)
제출인__________(인)

○○지방검찰청 귀중

【서식】 컴퓨터등 사용사기죄 고소장

고 소 장

1. 고소인

성 명	○ ○ ○	주민등록번호	111111-2222222
주 소	○○시 ○○구 ○○길 ○○ (현 거주지)		
직 업	○○	사무실 주소	
전 화	(휴대폰) (자택) (사무실)		
이메일	lawb@lawb.co.kr		
대리인에 의한 고소	□법정대리인(성명: , 연락처) □고소대리인(성명: 변호사 , 연락처)		

2. 피고소인

성 명	○ ○ ○	주민등록번호	111111-2222222
주 소	○○시 ○○구 ○○길 ○○ (현 거주지)		
직 업	○○	사무실 주소	
전 화	(휴대폰) (자택) (사무실)		
이메일	lawb@lawb.co.kr		
기타사항			

3. 고소취지

고소인은 피고소인을 상대로 아래와 같이 컴퓨터 등 사용사기죄로 고소를 제기하오니 철저히 조사하여 법에 따라 엄벌에 처해주시기 바랍니다.

4. 범죄사실

고소인은 영업이 바빠 평소 은행에 직접 가지 못하는 경우가 많아 인터넷 은행거래(인터넷 뱅킹)를 하기 위하여 인터넷에 경험이 많은 피고소인에게 사용 방법등을 배워 몇차례 인터넷으로 은행과 금융거래를 하였습니다. 피고소인은 고소인의 인터넷 뱅킹을 도와주면서 고소인의 계좌번호와 비밀번호를 알게 되었음을 기화로 인터넷 뱅킹을 이용하여 고소인 모르게 고소인의 ○○은행 ○○지점 계좌에서 20○○.○.○. ○○:○○경 금 400만원, 그 다음날 ○○:○○경 금 700만원, 같은날 ○○:○○경 금 300만원 등 도합 1,400만원을 피고소인의 통장으로 계좌이체를 한 후 이를 인출하여 소비함으로써 고소인에게 위 금액만큼 손해를 입혔습니다. 고소인은 인터넷을 통하여 은행거래를 하기 위하여 계좌에 잔금을 확인하던 중

1,400만원이 3회에 걸쳐 인출된 사실을 알고, 피고소인에게 그러한 사실을 이야기하였으나 피고소인은 극구 부인하였습니다. 그래서 고소인이 거래 은행에 직접 가서 입금자의 계좌를 추적한 결과 피고소인의 계좌로 입금되었음을 확인하였고, 피고소인에게 거래은행에서 있었던 사실을 이야기하자 그때서야 자신이 한 것이라고 시인하면서 빠른 시일내에 변제하겠다고 약속한 후 출근도 하지 않고 잠적하였습니다.

5. 고소이유

빠른 시일내에 변제하겠다고 약속한 후 출근도 하지 않고 잠적하였으므로 피고소인을 철저히 조사하여 엄벌에 처해 주시기 바랍니다.

6. 증거자료

(✔해당란에 체크하여 주시기 바랍니다.)

☑ 고소인은 고소인의 진술 외에 제출할 증거가 없습니다.
☐ 고소인은 고소인의 진술 외에 제출할 증거가 있습니다.

7. 관련사건의 수사 및 재판 여부

(✔해당란에 체크하여 주시기 바랍니다)

① 중복 고소 여부	본 고소장과 같은 내용의 고소장을 다른 검찰청 또는 경찰서에 제출하거나 제출하였던 사실이 있습니다 ☐ / 없습니다 ☑
② 관련 형사사건 수사 유무	본 고소장과 기재된 범죄사실과 관련된 사건 또는 공범에 대하여 검찰청이나 경찰서에서 수사중에 있습니다 ☐ / 수사중에 있지 않습니다 ☑
③ 관련 민사소송 유 무	본 고소장과 기재된 범죄사실과 관련된 사건에 대하여 법원에서 민사소송중에 있습니다 ☐ / 민사소송 중에 있지 않습니다 ☑

8. 기타

본 고소장에 기재한 내용을 고소인이 알고 있는 지식과 경험을 바탕으로 모두 사실대로 작성하였으며, 만일 허위사실을 고소하였을 때에는 형법 제156조 무고죄로 처벌받을 것임을 서약합니다.

20○○년 ○월 ○일

고소인__________(인)
제출인__________(인)

○○지방검찰청 귀중

【서식】 피의사실공표죄 고소장

고 소 장

1. 고소인

성 명	○ ○ ○	주민등록번호	111111-2222222
주 소	○○시 ○○구 ○○길 ○○ (현 거주지)		
직 업	○○	사무실 주소	
전 화	(휴대폰) (자택) (사무실)		
이메일	lawb@lawb.co.kr		
대리인에 의한 고소	□법정대리인(성명: , 연락처) □고소대리인(성명: 변호사 , 연락처)		

2. 피고소인

성 명	○ ○ ○	주민등록번호	111111-2222222
주 소	○○시 ○○구 ○○길 ○○ (현 거주지)		
직 업	○○	사무실 주소	
전 화	(휴대폰) (자택) (사무실)		
이메일	lawb@lawb.co.kr		
기타사항			

3. 고소취지

고소인은 피고소인을 상대로 아래와 같이 피의자사실공표죄로 고소를 제기하오니 철저히 조사하여 법에 따라 엄벌에 처해주시기 바랍니다.

4. 범죄사실

고소인은 20○○.○.○. 고소인이 근무하였던 ○○주식회사의 대표이사 ○○○로부터 ○○주식회사의 기밀서류인 신 개발품에 대한 도면 및 사업계획서 등을 ○○주식회사와 경쟁관계에 있던 주식회사 ○○의 기획팀장인 ○○○에게 유출한 사실이 밝혀져 ○○주식회사로부터 고소를 당하여 ○○경찰서에서 조사를 받은 사실이 있었습니다. 그런데 고소인이 조사를 받으면서 범죄사실을 강력히 부인하였고, ○○주식회사의 서류들이 유출되었다는 시점을 전후하여 고소인은 해외에 근무하고 있었음을 진술하였고, 그러한 사실을 증명하기 위하여 출입국의 사실에 관한 증명서까지 제출한 사실이 있었음에도 불구하고 신개발품에 대하여 각 언론기관 등에서 많은 관심을 가지고 있다는 사실을 안 피고소인은 범죄사실이 명백하게 밝혀지지도 않았음에도 ○○일보 기자에게 고소인이 주식회사 ○○에 스카우트되기 위하여 신 개발품에 대한 서류를 유출하였음이 밝혀졌다고 알려주면서 책임자로 하여금 수사발표까지 하게 하였습니다.

5. 고소이유

위와 같이 고소인에 대한 범죄사실이 밝혀지지도 않은 상태에서 피고소인이 고소인에 대한 피의사실을 언론기관에 발표한 것에 대하여 존경하는 검사님께서 직접 조사하시어 다시는 이러한 일이 일어나지 않도록 철저히 조사하시어 엄벌에 처해 주시기를 간절히 바랍니다.

6. 증거자료

(✔해당란에 체크하여 주시기 바랍니다.)

☑ 고소인은 고소인의 진술 외에 제출할 증거가 없습니다.
☐ 고소인은 고소인의 진술 외에 제출할 증거가 있습니다.

7. 관련사건의 수사 및 재판 여부

(✔해당란에 체크하여 주시기 바랍니다)

① 중복 고소 여부	본 고소장과 같은 내용의 고소장을 다른 검찰청 또는 경찰서에 제출하거나 제출하였던 사실이 있습니다 ☐ / 없습니다 ☑
② 관련 형사사건 수사 유무	본 고소장과 기재된 범죄사실과 관련된 사건 또는 공범에 대하여 검찰청이나 경찰서에서 수사중에 있습니다 ☐ / 수사중에 있지 않습니다 ☑
③ 관련 민사소송 유 무	본 고소장과 기재된 범죄사실과 관련된 사건에 대하여 법원에서 민사소송중에 있습니다 ☐ / 민사소송 중에 있지 않습니다 ☑

8. 기타

본 고소장에 기재한 내용을 고소인이 알고 있는 지식과 경험을 바탕으로 모두 사실대로 작성하였으며, 만일 허위사실을 고소하였을 때에는 형법 제156조 무고죄로 처벌받을 것임을 서약합니다.

20○○년 ○월 ○일

고소인__________(인)
제출인__________(인)

○○지방검찰청 귀중

[서식] 고소장(유기죄)

고 소 장

고 소 인 ○ ○ ○

○○시 ○○구 ○○길 ○○
주민등록번호 : 111111 - 2222222
직업 :

피고소인 △ △ △

○○시 ○○구 ○○길 ○○
주민등록번호 : 111111 - 1111111
직업 :

고 소 사 실

1. 고소인은 ○○세의 노령으로 보호자의 부양없이는 하루도 생활하기 힘들고 피고소인과는 모자관계에 있습니다. 고소인은 망 □□□의 배우자로서 □□□의 사망으로 인해 수억원의 재산을 상속받게 되었습니다.

2. 피고소인은 20○○. ○. ○.부터 고소외 □□□을 사귀게 되었고 혼인을 약속하게 되면서 고소인 및 고소외 □□□이 여타 가족이 없는 관계로 모두 함께 고소인의 집에서 고소인을 부양하면서 살게 되었습니다.

3. 하지만 심한 의견충돌로 인하여 고소인과 위 △△△가 자주 말다툼을 하는 일이 있었는데, 급기야 20○○. ○.경 위 △△△이 망년회를 하고 만취하여 들어온 것을 고소인이 나무라자 말대꾸를 하며 고소인에게 폭언을 한 사실이 있습니다.

4. 20○○. ○. 설날 명절을 기회로 피고소인과 고소외 □□□은 그동안 자신

들의 행동을 반성한다며 다함께 제주도 관광을 요청했습니다. 이에 고소인은 휠체어에 몸을 의지하는 관계로 여행을 거부했지만 피고소인의 완강한 요청으로 할 수 없이 여행에 동참하게 되었습니다.

5. 20○○. ○. ○. 제주도에 도착하자마자 ○○호텔에 여장을 풀고 하루를 보내게 되었습니다. 그런데 다음날 아침 피고소인이 회사에 급한 일이 생겼다며 먼저 상경해야 할 것 같다고 하면서 떠났고 고소외 □□□과 고소인 두명이 남게 되었습니다.

6. 하지만 위 고소외 □□□도 다음 날 쇼핑을 갔다오겠다고 하며 나갔다가 하루가 지나도록 돌아오질 않았습니다. 계속되는 전화연락에도 피고소인과 고소외 □□□은 연락이 없어 할 수 없이 고소인은 현지 경찰관의 도움으로 상경하여 고소인의 집으로 되돌아 왔습니다.

7. 그러나 고소인이 집에 도착하자마자 고소인의 모든 물건들은 없어지고 엉뚱하게 제3자인 고소외 ▣▣▣가 어제 이 집을 피고소인으로부터 매수하였다고 하며 실내공사를 하고 있었습니다.

8. 피고소인은 고소외 □□□과 결탁하여 고소인의 모든 재산을 가지고 어디론지 사라져 버렸습니다. 비록 친자식인 피고소인에게 버림을 받았다는 사실이 너무나 황당하고 어이가 없지만 거동이 불편한 몸으로 어디에 의지할 곳도 없는 고소인의 현실이 너무 막막하고 피고소인의 파렴치한 행동에 대한 처벌을 구하고자 하오니 피고소인을 의법 조치하여 주시기 바랍니다.

20○○년 ○월 ○일

위 고소인 ○ ○ ○ (인)

○ ○ 경 찰 서 장(또는 ○ ○ 지 방 검 찰 청 검 사 장) 귀 중

【서식】 고소장(학대죄)

고 소 장

1. 고소인

성 명	○ ○ ○	주민등록번호	111111-2222222
주 소	○○시 ○○구 ○○길 ○○ (현 거주지)		
직 업	○○	사무실 주소	
전 화	(휴대폰) (자택) (사무실)		
이메일	lawb@lawb.co.kr		
대리인에 의한 고소	□법정대리인(성명: , 연락처) □고소대리인(성명: 변호사 , 연락처)		

2. 피고소인

성 명	○ ○ ○	주민등록번호	111111-2222222
주 소	○○시 ○○구 ○○길 ○○ (현 거주지)		
직 업	○○	사무실 주소	
전 화	(휴대폰) (자택) (사무실)		
이메일	lawb@lawb.co.kr		
기타사항			

3. 고소취지

고소인은 피고소인을 상대로 아래와 같이 학대죄로 고소를 제기하오니 철저히 조사하여 법에 따라 엄벌에 처해주시기 바랍니다.

4. 범죄사실

고소인은 20○○.○.○.부터 피고소인이 운영하는 섬유공장에 기숙하며 일을 하고 있는데, 고소인이 처음 해보는 일이라 제대로 일을 하지 못하는 경우가 있었는데, 피고소인은 이를 이유로 고소인에게 식사도 하지 못하게 하고, 심지어 손을 들고 벌을 서게 하는 등의 학대를 한 적이 한 두 번이 아니었고, 20○○.○.○. 이후부터는 고소인의 가슴부위와 다리부위 등에 폭행을 행사하기도 하여 최근까지 계속 이루어져 왔습니다.

5. 고소이유

피고소인은 자기의 보호·감독을 받고 있는 고소인에게 수시로 식사를 못하게 하였고, 필요한 휴식을 주지 않은 것을 비롯하여 지나치게 빈번한 징계행위로 고소인에게 피해를 주었으므로 존경하는 검사님께 피고소인을 법에 따라 엄중 조사하시어 엄하게 처벌하여 주시기 바랍니다.

6. 증거자료

(✔해당란에 체크하여 주시기 바랍니다.)

☑ 고소인은 고소인의 진술 외에 제출할 증거가 없습니다.
□ 고소인은 고소인의 진술 외에 제출할 증거가 있습니다.

7. 관련사건의 수사 및 재판 여부

(✔해당란에 체크하여 주시기 바랍니다)

① 중복 고소 여부	본 고소장과 같은 내용의 고소장을 다른 검찰청 또는 경찰서에 제출하거나 제출하였던 사실이 있습니다 □ / 없습니다 ☑
② 관련 형사사건 수사 유무	본 고소장과 기재된 범죄사실과 관련된 사건 또는 공범에 대하여 검찰청이나 경찰서에서 수사중에 있습니다 □ / 수사중에 있지 않습니다 ☑
③ 관련 민사소송 유 무	본 고소장과 기재된 범죄사실과 관련된 사건에 대하여 법원에서 민사소송중에 있습니다 □ / 민사소송 중에 있지 않습니다 ☑

8. 기타

본 고소장에 기재한 내용을 고소인이 알고 있는 지식과 경험을 바탕으로 모두 사실대로 작성하였으며, 만일 허위사실을 고소하였을 때에는 형법 제156조 무고죄로 처벌받을 것임을 서약합니다.

20○○년 ○월 ○일

고소인__________(인)
제출인__________(인)

○○지방검찰청 귀중

【서식】 고소장(허위감정등죄)

고 소 장

1. 고소인

성 명	○ ○ ○	주민등록번호	111111-2222222
주 소	○○시 ○○구 ○○길 ○○ (현 거주지)		
직 업	○○	사무실 주소	
전 화	(휴대폰) (자택) (사무실)		
이메일	lawb@lawb.co.kr		
대리인에 의한 고소	□법정대리인(성명: , 연락처) □고소대리인(성명: 변호사 , 연락처)		

2. 피고소인

성 명	○ ○ ○	주민등록번호	111111-2222222
주 소	○○시 ○○구 ○○길 ○○ (현 거주지)		
직 업	○○	사무실 주소	
전 화	(휴대폰) (자택) (사무실)		
이메일	lawb@lawb.co.kr		
기타사항			

3. 고소취지

고소인은 피고소인을 상대로 아래와 같이 허위감정등죄로 고소를 제기하오니 철저히 조사하여 법에 따라 엄벌에 처해주시기 바랍니다.

4. 범죄사실

피고소인은 감정인으로서 고소인 소유의 ○○시 ○○면 ○○동 소재 고령토 광산이 강제경매가 진행중에 있는 바, 위 광산은 육안으로 확인하여도 특별한 수반광물이 없는 고령토의 단일광물로 구성되어 있음을 알 수 있음에도 불구하고 피고소인은 위 광산에 대한 시가감정을 하면서 여러 곳의 시료를 채취하여 분석실험도 거치고, 합리적으로 시가를 감정하여야 할 주의의무가 있음에도 불구하고 아무런 신빙할 수 있는 근거자료도 없이 단지 일반 사토광산이라고 감정함으로써 광업권에 대한 시가 분쟁에 있어 고소인에게 막대한 손해를 입힐 개연성이 충분하고, 위 광산에 대한 최저경매가를 정하는 중요한 자료인 광산평가조서에 감정가격을 허위로 기재함으로써 결국 허위감정을 하였음을 명백하다 할 것입니다.

5. 고소이유

존경하는 검사님께서 직접 피고소인을 엄중 조사하시어 엄벌에 처해 주실 것을 간절히 바랍니다.

6. 증거자료 (✔해당란에 체크하여 주시기 바랍니다.)

☑ 고소인은 고소인의 진술 외에 제출할 증거가 없습니다.
☐ 고소인은 고소인의 진술 외에 제출할 증거가 있습니다.

7. 관련사건의 수사 및 재판 여부 (✔해당란에 체크하여 주시기 바랍니다)

① 중복 고소 여부	본 고소장과 같은 내용의 고소장을 다른 검찰청 또는 경찰서에 제출하거나 제출하였던 사실이 있습니다 ☐ / 없습니다 ☑
② 관련 형사사건 수사 유무	본 고소장과 기재된 범죄사실과 관련된 사건 또는 공범에 대하여 검찰청이나 경찰서에서 수사중에 있습니다 ☐ / 수사중에 있지 않습니다 ☑
③ 관련 민사소송 유 무	본 고소장과 기재된 범죄사실과 관련된 사건에 대하여 법원에서 민사소송중에 있습니다 ☐ / 민사소송 중에 있지 않습니다 ☑

8. 기타

본 고소장에 기재한 내용을 고소인이 알고 있는 지식과 경험을 바탕으로 모두 사실대로 작성하였으며, 만일 허위사실을 고소하였을 때에는 형법 제156조 무고죄로 처벌받을 것임을 서약합니다.

20○○년 ○월 ○일

고소인__________(인)
제출인__________(인)

○○지방검찰청 귀중

[서식] 고소장(장물취득죄)

고 소 장

고 소 인 ○ ○ ○ (주민등록번호 : 111111 - 1111111)
○○시 ○○구 ○○길 ○○번지

피고소인 △ △ △ (주민등록번호 : 111111 - 1111111)
○○시 ○○구 ○○길 ○○번지

고 소 취 지

고소인은 아래 고소내용의 기재와 같은 이유로 피고소인을 고소하오니 법에 의거 처리하여 주시기 바랍니다.

고 소 내 용

1. 고소인은 ○○시 ○○구 ○○길에 소재한 '○○섬유'라는 섬유업체를 경영하는 사람이고, 피고소인은 ○○시 ○○구 ○○길에서 '○○○'라는 봉제공장을 경영하는 자로서 고소인과는 섬유원단의 나염임가공 건으로 몇 차례 거래를 하여 면식이 있는 사람이며, 고소외 김□□는 고소인이 경영하는 위 섬유공장의 나염처리기사로 근무했던 사람입니다.
2. 그런데 위 김□□는 20○○. ○. ○. ○○:○○경 그 일행들인 성명 불상자들과 합동하여, 위 김□□ 소유의 승합차를 이용하여 위 고소인소유의 섬유공장에서 나염지원단 2,289야드 시가 금 1,900,000원 상당을 절취한 것을 비롯하여 고소인소유의 나염지원단은 물론이고, 인근에 소재한 섬유공장에서도 동일한 수법으로 수차에 걸쳐 나염지원단을 절취한 사실이 있고, 위 범행사실이 발각되어 현재 ○○경찰서에서 조사를 받고 있는 중에 있습니다.
3. 한편 고소인은 위와 같이 몇 차례에 걸쳐 원단이 도난 당한 후, 관할경찰서에 피해사실을 신고함은 물론, 나름대로 도난당한 원단의 소재를 수소문하던 끝에 우연히 인근에 소재한 고소외 이□□이 경영하는 원단 임가공업체에서 도난당한 고소인 소유의 원단을 발견하게 되었는바, 위 이□□에게 확인해 본 결과, 다름 아닌 20○○. ○. ○.경 피고소인이 위 업체에 위 고

소인 소유의 원단에 대한 임가공을 의뢰하였다는 사실을 알게 되었고, 이에 고소인은 피고소인을 찾아가 원단의 출처를 추궁하게 되었습니다.

4. 이에 대해 피고소인은, 다름 아닌 위 김□□가 20○○. ○. ○. ○○:○○경 피고소인의 집으로 찾아와 위와 같이 고소인으로부터 절취한 원단을 매입할 것을 의뢰하였는데 당시 피고소인은 위 원단이 전혀 장물인 점을 알지 못하였으며, 상당한 가액을 지급하고 구입하였다면서 장물취득사실을 부인하고 있습니다.
5. 그러나 위 김□□는 고소인이 경영하는 섬유공장에서 나염처리를 맡고 있었던 기술자에 불과하여, 피고소인으로서도 당시 위 김□□에게 원단을 처분할 수 있는 권한이 없다는 것을 알고 있었던 것으로 보아야 할 것이고, 피고소인이 이 건 원단을 취득한 시기와 장소가 오후 9시경으로 피고소인의 집이며, 이 사건 원단은 거의 정품에 가까운 점에 대하여는 제대로 대답을 하지 못하고 있습니다.
6. 결국 통상적인 원단구입처가 아닌 나염공장 기술자에 불과한 김□□로부터 정품에 가까운 원단을, 야간에 그것도 피고소인의 집에서 시중시세보다 저렴하게 다량 매수한 피고소인의 행위는 도저히 정상적인 거래라 할 수 없는 것으로 보아야 할 것이며, 나아가 원단소지자인 위 김□□의 신분, 원단의 성질, 피고소인이 지급한 원단거래의 대가 기타 상황을 참작할 때 피고소인은 위 원단에 대하여 장물임을 인식하고 매수를 한 것으로 보아야 할 것입니다.
7. 따라서 고소인은 피고소인의 위와 같은 행위에 대하여 그 진상이 정확히 조사·확인되어 법 위반사실이 밝혀질 경우 그에 상응한 책임을 묻고자 이 건 고소에 이르게 된 것입니다.

첨 부 서 류

1. 확인서(이□□) 1통

20○○년 ○월 ○일

고 소 인 ○ ○ ○ (인)

○ ○ 경 찰 서 장(또는 ○ ○ 지 방 검 찰 청 검 사 장) 귀 중

【서식】 소유권이전등기를 하여주기로 하여 금품을 편취한 경우 고소장

고 소 장

1. 고소인

성 명	○ ○ ○	주민등록번호	111111-2222222
주 소	○○시 ○○구 ○○길 ○○ (현 거주지)		
직 업	○○	사무실 주소	
전 화	(휴대폰) (자택) (사무실)		
이메일	lawb@lawb.co.kr		
대리인에 의한 고소	□법정대리인(성명: , 연락처) □고소대리인(성명: 변호사 , 연락처)		

2. 피고소인

성 명	○ ○ ○	주민등록번호	111111-2222222
주 소	○○시 ○○구 ○○길 ○○ (현 거주지)		
직 업	○○	사무실 주소	
전 화	(휴대폰) (자택) (사무실)		
이메일	lawb@lawb.co.kr		
기타사항			

3. 고소취지

위 피고소인을 ○○죄로 고소하오니 처벌하여 주시기 바랍니다.

4. 범죄사실

○○○.○.○. 피고소인 소유인 ○○시 ○○면 ○○리 ○○번지 답 ○○㎡를 금 ○○○원에 고소인이 매수하여 인도받아 고소인이 경작중 계속 소유권이전등기를 요구하여도 차일피일 연기해오다가 20○○.○.○. ○○세무서에 압류되었기로 소유권이전등기를 하지 못하게 되었으며 현시가 ○○○만원을 피고소인에게 변상하라고 요구한 즉 피고소인은 잘못을 사과하면서 피고소인 소유의 ○○시 ○○면 ○○리 ○○번지 대 ○○㎡를 고소인이 팔아서 그 대금을 현 시가의 내입금으로 수령하기로 하고 고소인이 금 ○○○만원에 팔아 고소인이 위 현 시가의 일부로 수입하였던 바, 피고소인이 고소인을 찾아와 금○○○만원만 주면 책임지고 20○○.○.○. 까지 위 답 ○○㎡에 대한 소유권이전등기를 고소인 명의로 해주겠다고 하여

고소인은 그 말을 믿고 20○○.○.○. 금 ○○○만원을 피고소인에게 무통장 입금시켰으나 위 답의 소유권이전등기를 하여 주지 않고 있기로 내사하였던 바, 당초부터 위 금 ○○○만원을 편취하기 위하여 허위사실(소유권을 이전해줄 의사나 능력이 없음에도 불구하고 있는 양)로 고소인을 기망 오신케 하여 위 금 ○○○만원을 편취하였음이 밝혀졌는바, 그 죄질이 극악무도할 뿐만 아니라 치밀하고 계획적이며 지능적인 범행이므로 엄벌에 처해주실 것을 간절히 바랍니다.

5. 고소이유

(생략)

6. 증거자료

(✔해당란에 체크하여 주시기 바랍니다.)

☑ 고소인은 고소인의 진술 외에 제출할 증거가 없습니다.
☐ 고소인은 고소인의 진술 외에 제출할 증거가 있습니다.

7. 관련사건의 수사 및 재판 여부

(✔해당란에 체크하여 주시기 바랍니다)

① 중복 고소 여부	본 고소장과 같은 내용의 고소장을 다른 검찰청 또는 경찰서에 제출하거나 제출하였던 사실이 있습니다 ☐ / 없습니다 ☑
② 관련 형사사건 수사 유무	본 고소장과 기재된 범죄사실과 관련된 사건 또는 공범에 대하여 검찰청이나 경찰서에서 수사중에 있습니다 ☐ / 수사중에 있지 않습니다 ☑
③ 관련 민사소송 유 무	본 고소장과 기재된 범죄사실과 관련된 사건에 대하여 법원에서 민사소송중에 있습니다 ☐ / 민사소송 중에 있지 않습니다 ☑

8. 기타

본 고소장에 기재한 내용을 고소인이 알고 있는 지식과 경험을 바탕으로 모두 사실대로 작성하였으며, 만일 허위사실을 고소하였을 때에는 형법 제156조 무고죄로 처벌받을 것임을 서약합니다.

20○○년 ○월 ○일

고소인__________(인)
제출인__________(인)

○○지방검찰청 귀중

【서식】 친구로부터 금원을 차용한 후 잠적해 버린 경우 고소장

고 소 장

1. 고소인

성 명	○ ○ ○	주민등록번호	111111-2222222
주 소	○○시 ○○구 ○○길 ○○ (현 거주지)		
직 업	○○	사무실 주소	
전 화	(휴대폰) (자택) (사무실)		
이메일	lawb@lawb.co.kr		
대리인에 의한 고소	□법정대리인(성명: , 연락처) □고소대리인(성명: 변호사 , 연락처)		

2. 피고소인

성 명	○ ○ ○	주민등록번호	111111-2222222
주 소	○○시 ○○구 ○○길 ○○ (현 거주지)		
직 업	○○	사무실 주소	
전 화	(휴대폰) (자택) (사무실)		
이메일	lawb@lawb.co.kr		
기타사항			

3. 고소취지

위 피고소인을 사기죄로 고소하오니 처벌하여 주시기 바랍니다.

4. 범죄사실

본인은 20○○.○.○. ○○은행 ○○지점에서 적금대출 ○○○원을 받아 고등학교 동창인 ○○○에게 20○○.○.○.에 변제받기로 하고 그 보증으로 약속어음 ○○○원짜리 1매를 건네받고 ○○○원을 빌려주었습니다. 그 후 다섯 달 동안 이자를 받고 변제일자가 되어 대여금을 변제하라고 하니 돈이 없다고 잡아떼어 전화상으로 독촉을 하였더니 20○○.○.경 전화번호도 바꾸고 집도 이사를 가 행방불명된 상태입니다. 본인은 ○○○에게 약속어음 쪽지 한 장과 주민등록 번호를 기재해 놓은 것이 ○○○ 인적사항의 전부입니다.

5. 고소이유

위와 같은 사실을 들어 고소하오니 조사하여 엄벌하여 주시기 바랍니다.

6. 증거자료

(✔해당란에 체크하여 주시기 바랍니다.)

☑ 고소인은 고소인의 진술 외에 제출할 증거가 없습니다.
☐ 고소인은 고소인의 진술 외에 제출할 증거가 있습니다.

7. 관련사건의 수사 및 재판 여부

(✔해당란에 체크하여 주시기 바랍니다)

① 중복 고소 여부	본 고소장과 같은 내용의 고소장을 다른 검찰청 또는 경찰서에 제출하거나 제출하였던 사실이 있습니다 ☐ / 없습니다 ☑
② 관련 형사사건 수사 유무	본 고소장과 기재된 범죄사실과 관련된 사건 또는 공범에 대하여 검찰청이나 경찰서에서 수사중에 있습니다 ☐ / 수사중에 있지 않습니다 ☑
③ 관련 민사소송 유 무	본 고소장과 기재된 범죄사실과 관련된 사건에 대하여 법원에서 민사소송중에 있습니다 ☐ / 민사소송 중에 있지 않습니다 ☑

8. 기타

본 고소장에 기재한 내용을 고소인이 알고 있는 지식과 경험을 바탕으로 모두 사실대로 작성하였으며, 만일 허위사실을 고소하였을 때에는 형법 제156조 무고죄로 처벌받을 것임을 서약합니다.

20○○년 ○월 ○일

고소인__________(인)
제출인__________(인)

○○지방검찰청 귀중

【서식】 타인의 명의로 사업장을 낸 후 부도를 내고 도주한 경우 고소장

고 소 장

1. 고소인

성 명	○ ○ ○	주민등록번호	111111-2222222
주 소	○○시 ○○구 ○○길 ○○ (현 거주지)		
직 업	○○	사무실 주소	
전 화	(휴대폰) (자택) (사무실)		
이메일	lawb@lawb.co.kr		
대리인에 의한 고소	□법정대리인(성명: , 연락처) □고소대리인(성명: 변호사 , 연락처)		

2. 피고소인

성 명	○ ○ ○	주민등록번호	111111-2222222
주 소	○○시 ○○구 ○○길 ○○ (현 거주지)		
직 업	○○	사무실 주소	
전 화	(휴대폰) (자택) (사무실)		
이메일	lawb@lawb.co.kr		
기타사항			

3. 고소취지

위 피고소인을 ○○죄로 고소하오니 처벌하여 주시기 바랍니다.

4. 범죄사실

피고소인은 20○○.○.○.에 ○○시 ○○구 ○○길 ○○에서 ○○마트라는 편의점을 개설하면서 상기 고소인인 본인의 자녀 ○○○을 대표자로 하여 ○○세무서에 사업자 등록증을 신청하면서 본인 자녀로 명의를 도용하고 또한 본인의 명의와 인장을 도용하여 본인이 사용자 등록증을 신청한 것으로 기망하여 사업자 등록증을 ○○○가 직접 교부받아 ○○마트라는 편의점을 운영하다 사업체를 부도내고 도주하였으며 이 사실을 전혀 모르고 있던 본인과 본인의 자녀 ○○○는 ○○마트와 거래관계가 있는 ○○상사(합자회사)로부터 물품(주류)대금을 변상하라는 통보를 받고 피소됨으로써 본인과 본인 자녀의 명의와 인장을 도용당한 사실을 알게 되었습니다.

5. 고소이유

위와 같은 사실을 들어 고소하오니 조사하여 엄벌하여 주시기 바랍니다.

6. 증거자료

(✔해당란에 체크하여 주시기 바랍니다.)

☑ 고소인은 고소인의 진술 외에 제출할 증거가 없습니다.
☐ 고소인은 고소인의 진술 외에 제출할 증거가 있습니다.

7. 관련사건의 수사 및 재판 여부

(✔해당란에 체크하여 주시기 바랍니다)

① 중복 고소 여부	본 고소장과 같은 내용의 고소장을 다른 검찰청 또는 경찰서에 제출하거나 제출하였던 사실이 있습니다 ☐ / 없습니다 ☑
② 관련 형사사건 수사 유무	본 고소장과 기재된 범죄사실과 관련된 사건 또는 공범에 대하여 검찰청이나 경찰서에서 수사중에 있습니다 ☐ / 수사중에 있지 않습니다 ☑
③ 관련 민사소송 유무	본 고소장과 기재된 범죄사실과 관련된 사건에 대하여 법원에서 민사소송중에 있습니다 ☐ / 민사소송 중에 있지 않습니다 ☑

8. 기타

본 고소장에 기재한 내용을 고소인이 알고 있는 지식과 경험을 바탕으로 모두 사실대로 작성하였으며, 만일 허위사실을 고소하였을 때에는 형법 제156조 무고죄로 처벌받을 것임을 서약합니다.

20○○년 ○월 ○일

고소인__________(인)
제출인__________(인)

○○지방검찰청 귀중

【서식】 물품을 가져간 후 대금을 지급치 않은 경우 고소장

고 소 장

1. 고소인

성 명	○ ○ ○	주민등록번호	111111-2222222
주 소	○○시 ○○구 ○○동 ○ (주)○○유통 (현 거주지)		
직 업	○○	사무실 주소	
전 화	(휴대폰) (자택) (사무실)		
이메일	lawb@lawb.co.kr		
대리인에 의한 고소	□법정대리인(성명: , 연락처) □고소대리인(성명: 변호사 , 연락처)		

2. 피고소인

성 명	○ ○ ○	주민등록번호	111111-2222222
주 소	○○군 ○○면 ○○리 ○ (현 거주지)		
직 업	○○	사무실 주소	
전 화	(휴대폰) (자택) (사무실)		
이메일	lawb@lawb.co.kr		
기타사항			

3. 고소취지

위 피고소인을 ○○죄로 고소하오니 처벌하여 주시기 바랍니다.

4. 범죄사실

고소인 회사의 부장으로 재직중인 ○○○는 20○○.○.○. 03:00경 ○○시 ○○면에 소재하는 ○○도계장에서 도계를 마치고 냉동트럭에 물품을 싣고 나오는데 피고소인이 출입문을 그의 승용차와 트럭으로 입구를 막고 나가지 못하게 하였습니다. 위 ○○○는 일정이 바쁜 관계로 서둘러 배달을 해야 되는데 방해를 하므로 그 연유를 물어 보았더니 피고소인은 무작정 "너희만 닭을 가져가느냐, 나도 닭장사인데 닭 좀 주라"고 말하였습니다. 이에 ○○○는 이 닭은 우리가 사육하여 도계한 닭인데 무슨 소리냐고 하였으나 피고소인은 계속하여 똑같은 말만 되풀이하므로 시비가 되었는데 결국 고소인 회사의 사장인 ○○○와 피고소인간에 전화통화를 하게 되었습니다. 당시 피고소인과는 거래가 한 번도 없었고 또한 전혀 모르는 사람이므로 물건을 팔지 않으려 하였으나 워낙 강력하게 요구하므로 대표이사인 ○○○는 위

○○○에게 피고소인의 신분을 확인하고 믿을만하면 물건을 팔아도 좋다고 하였습니다. 이에 ○○○은 피고소인으로부터 생계출고 확인서와 지불각서, 자인서를 받고 생계 금 ○○○원 상당을 판매하였습니다. 그러나 피고소인은 지금까지 수차례의 독촉에도 불구하고 대금을 지급치 아니하고 있습니다.

5. 고소이유

피고소인은 생면부지의 사람으로서 새벽에 갑자기 나타나 생계도소매업에 종사하는 것처럼 행세하며 대금을 틀림없이 지불하겠다고 하였으나 지금에 와서 생각하여 보니 피고소인은 처음부터 대금을 지급할 생각이 없었으면서도 교묘한 감언이설로 고소인을 속이고 이에 속은 고소인에게 금 ○○○원 상당의 피해를 입혔으므로 억울하고 분하여 고소하오니 조사하시어 엄벌하여 주시기 바랍니다.

6. 증거자료 (✔해당란에 체크하여 주시기 바랍니다.)

☑ 고소인은 고소인의 진술 외에 제출할 증거가 없습니다.
☐ 고소인은 고소인의 진술 외에 제출할 증거가 있습니다.

7. 관련사건의 수사 및 재판 여부 (✔해당란에 체크하여 주시기 바랍니다)

① 중복 고소 여부	본 고소장과 같은 내용의 고소장을 다른 검찰청 또는 경찰서에 제출하거나 제출하였던 사실이 있습니다 ☐ / 없습니다 ☑
② 관련 형사사건 수사 유무	본 고소장과 기재된 범죄사실과 관련된 사건 또는 공범에 대하여 검찰청이나 경찰서에서 수사중에 있습니다 ☐ / 수사중에 있지 않습니다 ☑
③ 관련 민사소송 유 무	본 고소장과 기재된 범죄사실과 관련된 사건에 대하여 법원에서 민사소송중에 있습니다 ☐ / 민사소송 중에 있지 않습니다 ☑

8. 기타

본 고소장에 기재한 내용을 고소인이 알고 있는 지식과 경험을 바탕으로 모두 사실대로 작성하였으며, 만일 허위사실을 고소하였을 때에는 형법 제156조 무고죄로 처벌받을 것임을 서약합니다.

20○○년 ○월 ○일

고소인__________(인)
제출인__________(인)

○○지방검찰청 귀중

【서식】 물품을 구입한 후 의도적으로 이를 변제치 않은 경우 고소장

고 소 장

1. 고소인

성 명	○ ○ ○	주민등록번호	111111-2222222
주 소	○○시 ○○구 ○○길 ○○ (현 거주지)		
직 업	○○	사무실 주소	
전 화	(휴대폰) (자택) (사무실)		
이메일	lawb@lawb.co.kr		
대리인에 의한 고소	□법정대리인(성명: , 연락처) □고소대리인(성명: 변호사 , 연락처)		

2. 피고소인

성 명	○ ○ ○	주민등록번호	111111-2222222
주 소	○○시 ○○구 ○○길 ○○ (현 거주지)		
직 업	○○	사무실 주소	
전 화	(휴대폰) (자택) (사무실)		
이메일	lawb@lawb.co.kr		
기타사항			

3. 고소취지

위 피고소인을 ○○죄로 고소하오니 처벌하여 주시기 바랍니다.

4. 범죄사실

고소인은 20○○.○.부터 동년 ○.○.까지 피고소인의 사업자에 PB합판 및 MDF등 합판 ○○○원을 피고소인의 주문하에 납품하게 되었고 피고소인은 납품대금을 현금으로 결제하기로 약정하고 고소인은 그 말만 믿고 납품을 하였으나 피고소인은 자리를 피하고 말로만 준다고 하다가 고소인 본인에게 약속어음 ○○○원 및 미수금 ○○○원정 총합 ○○○원의 채무금이 존재하였는 바 약속어음은 부도로 지급받지 못하고 현재 도피생활을 하고 있습니다. 피고소인 ○○○는 이러한 일이 있고 난 후부터는 고소인을 잘 만나주지도 않고 도피중에 있으면서, 전화상으로 고소만 하지 않으면 빨리 갚아주겠다는 말만 되풀이하면서 차일피일 미루어 오던 중 고소인은 사업장 금전적인 어려움을 감당하지 못하여 20○○.○.에 고소인의 사업장 마저 폐업을 하게 되었습니다.

5. 고소이유

이와 같이 피고소인의 고소인을 속이는 행동을 분명 고소인의 재산을 편취할 목적을 가지고 처음부터 접근하였던 것이 분명하므로 고소하오니 고소인과 똑같은 피해자가 생기지 않도록 조사하시어 엄하게 처벌하여 주십시오.

6. 증거자료

(✔해당란에 체크하여 주시기 바랍니다.)

☑ 고소인은 고소인의 진술 외에 제출할 증거가 없습니다.
□ 고소인은 고소인의 진술 외에 제출할 증거가 있습니다.

7. 관련사건의 수사 및 재판 여부

(✔해당란에 체크하여 주시기 바랍니다)

① 중복 고소 여부	본 고소장과 같은 내용의 고소장을 다른 검찰청 또는 경찰서에 제출하거나 제출하였던 사실이 있습니다 □ / 없습니다 ☑
② 관련 형사사건 수사 유무	본 고소장과 기재된 범죄사실과 관련된 사건 또는 공범에 대하여 검찰청이나 경찰서에서 수사중에 있습니다 □ / 수사중에 있지 않습니다 ☑
③ 관련 민사소송 유 무	본 고소장과 기재된 범죄사실과 관련된 사건에 대하여 법원에서 민사소송중에 있습니다 □ / 민사소송 중에 있지 않습니다 ☑

8. 기타

본 고소장에 기재한 내용을 고소인이 알고 있는 지식과 경험을 바탕으로 모두 사실대로 작성하였으며, 만일 허위사실을 고소하였을 때에는 형법 제156조 무고죄로 처벌받을 것임을 서약합니다.

20○○년 ○월 ○일

고소인__________(인)
제출인__________(인)

○○지방검찰청 귀중

【서식】 무전취식의 경우 고소장

고 소 장

1. 고소인

성 명	○ ○ ○	주민등록번호	111111-2222222
주 소	○○시 ○○구 ○○길 ○○ (현 거주지)		
직 업	○○	사무실 주소	
전 화	(휴대폰) (자택) (사무실)		
이메일	lawb@lawb.co.kr		
대리인에 의한 고소	□법정대리인(성명: , 연락처) □고소대리인(성명: 변호사 , 연락처)		

2. 피고소인

성 명	○ ○ ○	주민등록번호	111111-2222222
주 소	○○시 ○○구 ○○길 ○○ (현 거주지)		
직 업	○○	사무실 주소	
전 화	(휴대폰) (자택) (사무실)		
이메일	lawb@lawb.co.kr		
기타사항			

3. 고소취지

위 피고소인을 ○○죄로 고소하오니 처벌하여 주시기 바랍니다.

4. 범죄사실

고소인 ○○○은 ○○시 ○○구 ○○길 ○○에서 “○○”이라는 상호로 식당을 경영하고 있습니다. 피고소인과 같은 동에서 사는 사람으로 그냥 얼굴만 아는 정도입니다. 그러던 20○○.○.○. 저녁 19:00경 피고소인이 고소인의 식당으로 와서 배가 고프다면서 제육 1인분을 시키는 것입니다. 그래서 제육을 주고 나니 고기엔 술이 있어야 한다면서 소주 한 병을 시키고 다 먹은 후에는 후식은 없냐면서 커피까지 시켜먹었습니다. 그 후 식대가 금 ○○○원이라고 하니 너무 비싸다면서 트집을 잡는 것입니다. 무슨 소리냐고 하니 자기는 지금 돈이 없으니 못 주겠다는 것입니다. 음식을 먹었으면 음식값을 내라고 하니 돈이 없어 못 주겠으니 마음대로 하라면서 생떼를 쓰고 있는 것입니다. 급기야는 경찰에 신고한다고 하니 할 테면

하라고 하는 것입니다. 아무리 같은 동네 사람이지만 차라리 처음부터 사정 이야기를 하면 사람의 도리로써 밥 한끼 대접 못하겠습니까?

5. 고소이유

피고소인의 태도가 위와 같으니 참다못해서 이렇게 피고소인을 고소하는 바입니다. 이에 피고소인을 법에 의해 엄중히 처벌해 주시기를 바라는 바입니다.

6. 증거자료

(✔해당란에 체크하여 주시기 바랍니다.)

☑ 고소인은 고소인의 진술 외에 제출할 증거가 없습니다.
☐ 고소인은 고소인의 진술 외에 제출할 증거가 있습니다.

7. 관련사건의 수사 및 재판 여부

(✔해당란에 체크하여 주시기 바랍니다)

① 중복 고소 여부	본 고소장과 같은 내용의 고소장을 다른 검찰청 또는 경찰서에 제출하거나 제출하였던 사실이 있습니다 ☐ / 없습니다 ☑
② 관련 형사사건 수사 유무	본 고소장과 기재된 범죄사실과 관련된 사건 또는 공범에 대하여 검찰청이나 경찰서에서 수사중에 있습니다 ☐ / 수사중에 있지 않습니다 ☑
③ 관련 민사소송 유 무	본 고소장과 기재된 범죄사실과 관련된 사건에 대하여 법원에서 민사소송중에 있습니다 ☐ / 민사소송 중에 있지 않습니다 ☑

8. 기타

본 고소장에 기재한 내용을 고소인이 알고 있는 지식과 경험을 바탕으로 모두 사실대로 작성하였으며, 만일 허위사실을 고소하였을 때에는 형법 제156조 무고죄로 처벌받을 것임을 서약합니다.

20○○년 ○월 ○일

고소인__________(인)
제출인__________(인)

○○지방검찰청 귀중

【서식】 신용카드사용사기의 경우 고소장

고 소 장

1. 고소인

성 명	○ ○ ○	주민등록번호	111111-2222222
주 소	○○쇼핑(주) (현 거주지)		
직 업	대표이사 ○ ○ ○	사무실 주소	
전 화	(휴대폰) (자택) (사무실)		
이메일	lawb@lawb.co.kr		
대리인에 의한 고소	□법정대리인(성명: , 연락처) □고소대리인(성명: 변호사 , 연락처)		

2. 고소대리인

성 명	○ ○ ○	주민등록번호	111111-2222222
주 소	○○시 ○○구 ○○길 ○○ (현 거주지)		
직 업	○○쇼핑(주)신용판매팀	사무실 주소	
전 화	(휴대폰) (자택) (사무실)		
이메일	lawb@lawb.co.kr		
대리인에 의한 고소	□법정대리인(성명: , 연락처) □고소대리인(성명: 변호사 , 연락처)		

2. 피고소인

성 명	○ ○ ○	주민등록번호	111111-2222222
주 소	○○시 ○○구 ○○길 ○○ (현 거주지)		
직 업	○○	사무실 주소	
전 화	(휴대폰) (자택) (사무실)		
이메일	lawb@lawb.co.kr		
기타사항			

3. 고소취지

피고소인 ○○○는 고소인 회사 신용카드 회원으로 입회 고소인을 기망하여 재물을 불법영득 편취한 자입니다.

4. 범죄사실

피고소인 ○○○는 고소인회사 신용카드회원으로 가입하고자 고소인에게 회원약관을 준수할 것을 약정한 고소인의 입회신청서를 제출하여 20○○.○.○. 입회하여 신용카드를 인수하고 이를 사용하여 20○○. ○. ○.부터 20○○.○.○.까지 ○○등 11종의 물품을 구입, 합계금액 ○○○원 상당의 물품을 구입하고 현재까지 변제치 않고 있으며, 대금결제일은 물품구입 후 익월 ○.입니다. 또한 고소인은 피고소인에게 서면 및 구두로 채무변제를 수차례 독촉하였음에도 불구하고 변제치 않고 있으며 피고소인은 입금을 하겠다는 말만하고 할부기간이 끝난 지금까지도 입금을 한 푼도 하지 않고 고의적으로 고소인을 기망하고 있는 것입니다. 피고소인의 20○○.○.○. 현재 채무금은 원금 ○○○원 수수료 ○○원 합계금액 ○○○원입니다.

5. 고소이유

피고소인은 상기 내용으로 보아 사용대금을 변제할 의사가 없다고 보며 본 약관을 이행할 것처럼 가장하여 고소인을 기망 재물을 편취한 것으로 사료됩니다. 법에 의거 적법하게 처리해 주시기 바랍니다.

6. 증거자료

(✔해당란에 체크하여 주시기 바랍니다.)

☑ 고소인은 고소인의 진술 외에 제출할 증거가 없습니다.
☐ 고소인은 고소인의 진술 외에 제출할 증거가 있습니다.

7. 관련사건의 수사 및 재판 여부

(✔해당란에 체크하여 주시기 바랍니다)

① 중복 고소 여부	본 고소장과 같은 내용의 고소장을 다른 검찰청 또는 경찰서에 제출하거나 제출하였던 사실이 있습니다 ☐ / 없습니다 ☑
② 관련 형사사건 수사 유무	본 고소장과 기재된 범죄사실과 관련된 사건 또는 공범에 대하여 검찰청이나 경찰서에서 수사중에 있습니다 ☐ / 수사중에 있지 않습니다 ☑
③ 관련 민사소송 유무	본 고소장과 기재된 범죄사실과 관련된 사건에 대하여 법원에서 민사소송중에 있습니다 ☐ / 민사소송 중에 있지 않습니다 ☑

8. 기타

본 고소장에 기재한 내용을 고소인이 알고 있는 지식과 경험을 바탕으로 모두 사실대로 작성하였으며, 만일 허위사실을 고소하였을 때에는 형법 제156조 무고죄로 처벌받을 것임을 서약합니다.

20○○년 ○월 ○일

고소인__________(인)
제출인__________(인)

○○지방검찰청 귀중

【서식】 타인의 물건을 중개하는 자가 이를 처분하여 편취한 경우 고소장

고 소 장

1. 고소인

성 명	○ ○ ○	주민등록번호	111111-2222222
주 소	○○시 ○○구 ○○길 ○○ (현 거주지)		
직 업	○○	사무실 주소	
전 화	(휴대폰) (자택) (사무실)		
이메일	lawb@lawb.co.kr		
대리인에 의한 고소	□법정대리인(성명: , 연락처) □고소대리인(성명: 변호사 , 연락처)		

2. 피고소인

성 명	○ ○ ○	주민등록번호	111111-2222222
주 소	○○시 ○○구 ○○길 ○○ (현 거주지)		
직 업	○○	사무실 주소	
전 화	(휴대폰) (자택) (사무실)		
이메일	lawb@lawb.co.kr		
기타사항			

3. 고소취지

위 피고소인에 대한 아래 범죄 사실을 고소하오니 엄한 처벌을 하여 주시기 바랍니다.

4. 범죄사실

피고소인은 20○○.○. 일자불상 초순경 사실은 피고소인이 책대여점을 개설하지도 않았음에도 자신이 ○○시 ○○구 ○○길 ○○에 책대여점 점포를 시설하는데 책꽂이 진열대 시설자금이 부족하다며 고소인이 자신에게 우선 금 ○○○만원만 빌려주면 2일만 쓰고 틀림없이 변제하겠다는 거짓말을 하여 고소인을 속여서 이를 믿은 고소인으로부터 금 ○○○만원을 교부받아 편취하고, 20○○.○.○. 고소인으로부터 변제 독촉을 받고 금 ○○○만원을 변제한 상태이고, 20○○.○.경 피고소인은 시내 서적상에 신용을 잃어 책을 외상으로 가져올 수가 없게 되자 고소인이 서적상에서 책을 외상으로 가져다주면 자신이 그 책을 공급하여 줄 서점이 있으므로 고소인더러 서적을 가져오게 하여 고소인이 시내 ○○서적상에서 소설책 31만원 상당을 외상으로 가져와서 피고소인에게 건네주었던바, 피고소인은 이 책을 처분하여 잠적하는 방법으로 동액을 편취하는 등 도합 금 ○○○만원을 편취한 것입니다.

5. 고소이유

(생략)

6. 증거자료

(✔해당란에 체크하여 주시기 바랍니다.)

☑ 고소인은 고소인의 진술 외에 제출할 증거가 없습니다.
□ 고소인은 고소인의 진술 외에 제출할 증거가 있습니다.

7. 관련사건의 수사 및 재판 여부*

(✔해당란에 체크하여 주시기 바랍니다)

① 중복 고소 여부	본 고소장과 같은 내용의 고소장을 다른 검찰청 또는 경찰서에 제출하거나 제출하였던 사실이 있습니다 □ / 없습니다 ☑
② 관련 형사사건 수사 유무	본 고소장과 기재된 범죄사실과 관련된 사건 또는 공범에 대하여 검찰청이나 경찰서에서 수사중에 있습니다 □ / 수사중에 있지 않습니다 ☑
③ 관련 민사소송 유무	본 고소장과 기재된 범죄사실과 관련된 사건에 대하여 법원에서 민사소송중에 있습니다 □ / 민사소송 중에 있지 않습니다 ☑

8. 기타

본 고소장에 기재한 내용을 고소인이 알고 있는 지식과 경험을 바탕으로 모두 사실대로 작성하였으며, 만일 허위사실을 고소하였을 때에는 형법 제156조 무고죄로 처벌받을 것임을 서약합니다.

20○○년 ○월 ○일

고소인__________(인)
제출인__________(인)

○○지방검찰청 귀중

【서식】 사전 허락 없이 음악을 불법사용한 경우 고소장

고 소 장

1. 고소인

성 명	○ ○ ○	주민등록번호	111111-2222222
주 소	○○시 ○○구 ○○길 ○○ (현 거주지)		
직 업	○○	사무실 주소	
전 화	(휴대폰) (자택) (사무실)		
이메일	lawb@lawb.co.kr		
대리인에 의한 고소	□법정대리인(성명: , 연락처) □고소대리인(성명: 변호사 , 연락처)		

2. 피고소인

성 명	○ ○ ○	주민등록번호	111111-2222222
주 소	○○시 ○○구 ○○길 ○○ (현 거주지)		
직 업	○○	사무실 주소	
전 화	(휴대폰) (자택) (사무실)		
이메일	lawb@lawb.co.kr		
기타사항			

3. 고소취지

위 피고소인을 저작권 침해죄로 고소하오니 처벌하여 주시기 바랍니다.

4. 범죄사실

피고소인 ○○○는 ○○시 ○○구 ○○길 ○○ 소재 ○○업소를 경영하면서 고소인 협회에서 관리하고 있는 ○○저작물을 저작권법 제17조(공연권) 및 제73조(방송권), 제46조(저작물의 이용허락)에 의한 사전허락을 받고 사용하여야 함에도 불구하고 이러한 정당한 절차를 거치지 않은 채 무단으로 ○○을 불법사용함으로써 저작권법을 위반한 자이며, 고소인 협회에서는 그 동안 수차례에 걸쳐 피고소인에게 합법적인 ○○사용을 촉구하였음에도 이를 무시하여 고소인 협회의 저작재산권을 침해하였습니다.

5. 고소이유

저작권법 제98조(권리침해죄)에 따라 피고소인을 고소하오니 철저히 조사하시어 의법 처리하여 주시기 바랍니다.

6. 증거자료

(✔해당란에 체크하여 주시기 바랍니다.)

☑ 고소인은 고소인의 진술 외에 제출할 증거가 없습니다.
□ 고소인은 고소인의 진술 외에 제출할 증거가 있습니다.

7. 관련사건의 수사 및 재판 여부

(✔해당란에 체크하여 주시기 바랍니다)

① 중복 고소 여부	본 고소장과 같은 내용의 고소장을 다른 검찰청 또는 경찰서에 제출하거나 제출하였던 사실이 있습니다 □ / 없습니다 ☑
② 관련 형사사건 수사 유무	본 고소장과 기재된 범죄사실과 관련된 사건 또는 공범에 대하여 검찰청이나 경찰서에서 수사중에 있습니다 □ / 수사중에 있지 않습니다 ☑
③ 관련 민사소송 유무	본 고소장과 기재된 범죄사실과 관련된 사건에 대하여 법원에서 민사소송중에 있습니다 □ / 민사소송 중에 있지 않습니다 ☑

8. 기타

본 고소장에 기재한 내용을 고소인이 알고 있는 지식과 경험을 바탕으로 모두 사실대로 작성하였으며, 만일 허위사실을 고소하였을 때에는 형법 제156조 무고죄로 처벌받을 것임을 서약합니다.

20○○년 ○월 ○일

고소인__________(인)
제출인__________(인)

○○지방검찰청 귀중

【서식】 타인의 인간도장 등으로 타인의 보증을 한 경우 고소장

고 소 장

1. 고소인

성 명	○ ○ ○	주민등록번호	111111-2222222
주 소	○○시 ○○구 ○○길 ○○ (현 거주지)		
직 업	○○	사무실 주소	
전 화	(휴대폰) (자택) (사무실)		
이메일	lawb@lawb.co.kr		
대리인에 의한 고소	□법정대리인(성명: , 연락처) □고소대리인(성명: 변호사 , 연락처)		

2. 피고소인

성 명	○ ○ ○	주민등록번호	111111-2222222
주 소	○○시 ○○구 ○○길 ○○ (현 거주지)		
직 업	○○	사무실 주소	
전 화	(휴대폰) (자택) (사무실)		
이메일	lawb@lawb.co.kr		
기타사항			

3. 고소취지

위 피고소인을 타인의 인감도장 등으로 타인의 보증을 한 죄로 고소하오니 처벌하여 주시기 바랍니다.

4. 범죄사실

고소인은 ○○시 ○○구 ○○길 ○○에서 ○○대리점을 경영하고 있는데 20○○.○.○. 새마을금고로부터 고소인에게 통지서가 날아왔는데 내용인 즉 고소인이 같은 동 동사무소에 근무하는 공무원인 피고소인의 보증을 섰으므로 보증인으로서 피고소인이 대출한 대출금을 20○○.○.○. 까지 변제하지 아니하면 고소인의 재산을 압류하겠다는 것이었습니다. 고소인은 피고소인을 잘 알지도 못하고 보증은 더더욱 서준 일이 없어 새마을금고에 확인하여 보니 고소인의 인감증명서가 첨부되어 보증을 한 것으로 되어 있었습니다. 고소인은 곧바로 피고소인을 찾아가 항의하며 자초지종을 확인하여본 즉 피고소인이 같은 동 새마을금고에서 금 ○○○만원을 대출하면서 고소인이 20○○.○. 중순경 토지매매관계로 인간증명서를 발급받은 적이 있는데 피고소인은 이 때 고소인의 인감증명서를 여분으로 더 발부해 놓았다가 20○○.○.○. 피고소인이 동 새마을금고에 고소인의 인감증명서를 제출하여 보증인으로 등재하여 상기 금원을 대출하였던 것입니다. 고소인은 너무나 어이가 없고 기가 막혀 할 말을 잃었습니다. 일반인도 아닌 공무원으로서 어찌 이럴 수가 있으며 어떻게 공무원을 믿고 살 수 있겠습니까?

5. 고소이유

이에 고소인은 피고소인을 법에 따라 엄중 처벌하여 주시기 바라는 뜻에서 본 고소장을 제출합니다.

6. 증거자료

(✔해당란에 체크하여 주시기 바랍니다.)

☑ 고소인은 고소인의 진술 외에 제출할 증거가 없습니다.
□ 고소인은 고소인의 진술 외에 제출할 증거가 있습니다.

7. 관련사건의 수사 및 재판 여부

(✔해당란에 체크하여 주시기 바랍니다)

① 중복 고소 여부	본 고소장과 같은 내용의 고소장을 다른 검찰청 또는 경찰서에 제출하거나 제출하였던 사실이 있습니다 □ / 없습니다 ☑
② 관련 형사사건 수사 유무	본 고소장과 기재된 범죄사실과 관련된 사건 또는 공범에 대하여 검찰청이나 경찰서에서 수사중에 있습니다 □ / 수사중에 있지 않습니다 ☑
③ 관련 민사소송 유 무	본 고소장과 기재된 범죄사실과 관련된 사건에 대하여 법원에서 민사소송중에 있습니다 □ / 민사소송 중에 있지 않습니다 ☑

8. 기타

본 고소장에 기재한 내용을 고소인이 알고 있는 지식과 경험을 바탕으로 모두 사실대로 작성하였으며, 만일 허위사실을 고소하였을 때에는 형법 제156조 무고죄로 처벌받을 것임을 서약합니다.

20○○년 ○월 ○일

고소인__________(인)
제출인__________(인)

○○지방검찰청 귀중

【서식】 여관종업원이 여관투숙객의 금품을 훔친 경우 고소장

고 소 장

1. 고소인

성 명	○ ○ ○	주민등록번호	111111-2222222
주 소	○○시 ○○구 ○○길 ○○ (현 거주지)		
직 업	○○	사무실 주소	
전 화	(휴대폰) (자택) (사무실)		
이메일	lawb@lawb.co.kr		
대리인에 의한 고소	□법정대리인(성명: , 연락처) □고소대리인(성명: 변호사 , 연락처)		

2. 피고소인

성 명	○ ○ ○	주민등록번호	111111-2222222
주 소	○○시 ○○구 ○○길 ○○ (현 거주지)		
직 업	○○	사무실 주소	
전 화	(휴대폰) (자택) (사무실)		
이메일	lawb@lawb.co.kr		
기타사항			

3. 고소취지

위 피고소인을 여관투숙객의 금품을 훔친죄로 고소하오니 처벌하여 주시기 바랍니다.

4. 범죄사실

사건당일도 ○○시에 업무차 2박 3일정도의 예정으로 내려가게 되었는데 첫날인 20○○. ○.○. 업무를 마치고 항상 ○○시에 내려오면 머무는 ○○모텔에서 숙박을 하기 위해 들어갔더니 낯선 얼굴의 종업원이 안내를 하기에 종업원이 바뀌었구나 생각하고 안내하는 방으로 들어가 짐을 풀고 식사를 하기 위해 키를 맡기려고 카운터에 갔더니 좀 전에 방을 안내해준 사람만 있고 다른 사람은 보이지 않아 "혼자예요?"하고 물어보았더니 모두 식사를 하고 있으니 금방 올라올 것이라고 하여 "그럼 키를 맡겨야 하는데.."하자 "이리 주시고 안심하고 식사하고 오세요."라고 하여 키를 맡기고 식사를 하고 가까운 커피숍에서 커피를 한잔하고 모텔로 와 카운터에 들러 키를 달라고 하자 모텔주인 아주머니가 키를 넘겨주면서 편안히 잘 주

무시라고 하기에 "예"하고 대답하고는 윗 층으로 올라가 방문을 열고 잠옷을 갈아입기 위해 가방을 찾으니 가방이 보이지 않았습니다. 고소인은 가방이 어디 갔나 혹 방을 비운 사이 카운터에서 보관하기 위해 가지고 갔나 싶어 카운터로 내려가서 "가방이 보이지 않는데 혹시 보관하고 계시는지"하고 여쭈어 보았더니 가지고 내려오지 않았다고 하는 것이었습니다. 평소에 이 모텔을 자주 이용하는 관계로 주인 및 종업원들도 가방 안에 중요 물품들이 들어있다는 사실을 익히 알고 있는 터라 간혹 고소인이 방을 비울 때는 가방을 들고 나가거나 맡기고 나가고 깜빡 잊어버린 경우에는 카운터에서 보관하고 하여 이날도 카운터에서 보관하는 것으로 알고 태연하게 내려와 물어보았는데 보관하고 있지 않다고 하는 말에 눈앞이 캄캄해지고 정신이 혼미하였습니다. 그 가방 안에는 업무를 처리할 서류들과 회사에 납입할 공금이 들어있는데 그때서야 주인아주머니도 난리법석을 떨며 종업원을 찾아보았지만 그 종업원은 이미 자기 짐을 챙겨 도주한 후였습니다.

5. 고소이유

이에 고소인은 피고소인을 고소하여 법적 절차에 의하여 엄중히 처벌하여 주시기를 바라는 뜻에서 본 고소장을 제출합니다.

6. 증거자료

(✔해당란에 체크하여 주시기 바랍니다.)

☑ 고소인은 고소인의 진술 외에 제출할 증거가 없습니다.
☐ 고소인은 고소인의 진술 외에 제출할 증거가 있습니다.

7. 관련사건의 수사 및 재판 여부

(✔해당란에 체크하여 주시기 바랍니다)

① 중복 고소 여부	본 고소장과 같은 내용의 고소장을 다른 검찰청 또는 경찰서에 제출하거나 제출하였던 사실이 있습니다 ☐ / 없습니다 ☑
② 관련 형사사건 수사 유무	본 고소장과 기재된 범죄사실과 관련된 사건 또는 공범에 대하여 검찰청이나 경찰서에서 수사중에 있습니다 ☐ / 수사중에 있지 않습니다 ☑
③ 관련 민사소송 유무	본 고소장과 기재된 범죄사실과 관련된 사건에 대하여 법원에서 민사소송중에 있습니다 ☐ / 민사소송 중에 있지 않습니다 ☑

8. 기타

본 고소장에 기재한 내용을 고소인이 알고 있는 지식과 경험을 바탕으로 모두 사실대로 작성하였으며, 만일 허위사실을 고소하였을 때에는 형법 제156조 무고죄로 처벌받을 것임을 서약합니다.

20○○년 ○월 ○일

고소인__________(인)
제출인__________(인)

○○지방검찰청 귀중

【서식】 편의시설 부정이용의 경우 고소장

고 소 장

1. 고소인

성 명	○ ○ ○	주민등록번호	111111-2222222
주 소	○○시 ○○구 ○○길 ○○ (현 거주지)		
직 업	○○	사무실 주소	
전 화	(휴대폰) (자택) (사무실)		
이메일	lawb@lawb.co.kr		
대리인에 의한 고소	□법정대리인(성명: , 연락처) □고소대리인(성명: 변호사 , 연락처)		

2. 피고소인

성 명	○ ○ ○	주민등록번호	111111-2222222
주 소	○○시 ○○구 ○○길 ○○ (현 거주지)		
직 업	○○	사무실 주소	
전 화	(휴대폰) (자택) (사무실)		
이메일	lawb@lawb.co.kr		
기타사항			

3. 고소취지

위 피고소인을 편의시설부정이용죄로 고소하오니 처벌하여 주시기 바랍니다.

4. 범죄사실

저희 문구 앞에는 음료수 자동판매기를 설치하여 그것을 이용 일정액의 수입을 얻고 있습니다. 그런데 어느 날 일을 마치고 판매기를 열어 들어온 금액을 세고 있는 데 동전중에 이상한 것이 몇 개 있어 보니 동전과 같은 모양처럼 생긴 가짜 동전이었습니다. 저는 누가 이런 짓을 했나 생각을 했지만 사람이 많고 또 일일이 신경을 못쓰다 보니 그냥 그렇게 덮어두었습니다. 그리고 20○○.○.○. 17:00경에 저는 문구에서 일을 보는데 누군가가 음료수를 뽑기 위해 자판기에 돈을 넣고 있기에 저번일도 있고 해서 그냥 한번 유심히 보는 데 글쎄 피고소인이 저번에 보았던 그런 모양의 가짜 동전을 넣고 있는 것이었습니다. 저는 얼른 가서 "이게 무슨 짓이냐며 온전한 돈을 넣고 빼먹어야지 왜 이런 걸 가지고 그러냐"고 하니까

"뭐 그런 걸 갖고 그러냐"면서 돈을 주면 되지 않느냐고 화를 내는 것이었습니다. 오히려 용서를 빌어도 안되는 상황에 더 큰소리를 치는 것이었습니다.

5. 고소이유

이에 피고소인을 고소하오니 법에 따라 엄중히 처벌하여 주시기 바랍니다.

6. 증거자료

(✔해당란에 체크하여 주시기 바랍니다.)

☑ 고소인은 고소인의 진술 외에 제출할 증거가 없습니다.
☐ 고소인은 고소인의 진술 외에 제출할 증거가 있습니다.

7. 관련사건의 수사 및 재판 여부

(✔해당란에 체크하여 주시기 바랍니다)

① 중복 고소 여부	본 고소장과 같은 내용의 고소장을 다른 검찰청 또는 경찰서에 제출하거나 제출하였던 사실이 있습니다 ☐ / 없습니다 ☑
② 관련 형사사건 수사 유무	본 고소장과 기재된 범죄사실과 관련된 사건 또는 공범에 대하여 검찰청이나 경찰서에서 수사중에 있습니다 ☐ / 수사중에 있지 않습니다 ☑
③ 관련 민사소송 유 무	본 고소장과 기재된 범죄사실과 관련된 사건에 대하여 법원에서 민사소송중에 있습니다 ☐ / 민사소송 중에 있지 않습니다 ☑

8. 기타

본 고소장에 기재한 내용을 고소인이 알고 있는 지식과 경험을 바탕으로 모두 사실대로 작성하였으며, 만일 허위사실을 고소하였을 때에는 형법 제156조 무고죄로 처벌받을 것임을 서약합니다.

20○○년 ○월 ○일

고소인__________(인)
제출인__________(인)

○○지방검찰청 귀중

【서식】 가압류된 물품을 임의로 처분한 경우 고소장

고 소 장

1. 고소인

성 명	○ ○ ○	주민등록번호	111111-2222222
주 소	○○시 ○○구 ○○길 ○○ (현 거주지)		
직 업	○○	사무실 주소	
전 화	(휴대폰) (자택) (사무실)		
이메일	lawb@lawb.co.kr		
대리인에 의한 고소	□법정대리인(성명: , 연락처) □고소대리인(성명: 변호사 , 연락처)		

2. 피고소인

성 명	○ ○ ○	주민등록번호	111111-2222222
주 소	○○시 ○○구 ○○길 ○○ (현 거주지)		
직 업	○○	사무실 주소	
전 화	(휴대폰) (자택) (사무실)		
이메일	lawb@lawb.co.kr		
기타사항			

3. 고소취지

위 피고소인을 가압류된 물품을 임의로 처분한죄로 고소하오니 처벌하여 주시기 바랍니다.

4. 범죄사실

위의 고소인은 대여금 ○○○원을 받기 위하여 20○○.○.○. 피고소인이 ○○길 ○○ ○○아파트에 거주하고 있을 때 유체동산 24종을 별지와 같이 가압류한 바 있습니다. 그 후 피고소인이 20○○년경 ○○길 ○○으로 이사한 후 20○○.○.○.에 법원절차를 받아 점검을 받았더니 24종 가운데 15평형 에어컨 1대가 없어졌기에 추궁했더니 전에 살던 아파트에서 공과금 체납으로 아파트에 보관시켰다 해서 아파트 관리실에 문의하니 그런 사실이 없다고 합니다.

5. 고소이유

가압류된 재산을 임의로 처분한 데 대하여 응분의 조치를 바랍니다.

6. 증거자료

(✔해당란에 체크하여 주시기 바랍니다.)

☑ 고소인은 고소인의 진술 외에 제출할 증거가 없습니다.
☐ 고소인은 고소인의 진술 외에 제출할 증거가 있습니다.

7. 관련사건의 수사 및 재판 여부

(✔해당란에 체크하여 주시기 바랍니다)

① 중복 고소 여부	본 고소장과 같은 내용의 고소장을 다른 검찰청 또는 경찰서에 제출하거나 제출하였던 사실이 있습니다 ☐ / 없습니다 ☑
② 관련 형사사건 수사 유무	본 고소장과 기재된 범죄사실과 관련된 사건 또는 공범에 대하여 검찰청이나 경찰서에서 수사중에 있습니다 ☐ / 수사중에 있지 않습니다 ☑
③ 관련 민사소송 유 무	본 고소장과 기재된 범죄사실과 관련된 사건에 대하여 법원에서 민사소송중에 있습니다 ☐ / 민사소송 중에 있지 않습니다 ☑

8. 기타

본 고소장에 기재한 내용을 고소인이 알고 있는 지식과 경험을 바탕으로 모두 사실대로 작성하였으며, 만일 허위사실을 고소하였을 때에는 형법 제156조 무고죄로 처벌받을 것임을 서약합니다.

20○○년 ○월 ○일

고소인__________(인)
제출인__________(인)

○○지방검찰청 귀중

【서식】 분묘발굴의 경우 고소장

고 소 장

1. 고소인

성 명	○ ○ ○	주민등록번호	111111-2222222
주 소	○○시 ○○구 ○○길 ○○ (현 거주지)		
직 업	○○	사무실 주소	
전 화	(휴대폰) (자택) (사무실)		
이메일	lawb@lawb.co.kr		
대리인에 의한 고소	□법정대리인(성명: , 연락처) □고소대리인(성명: 변호사 , 연락처)		

2. 피고소인

성 명	○ ○ ○	주민등록번호	111111-2222222
주 소	○○시 ○○구 ○○길 ○○ (현 거주지)		
직 업	○○	사무실 주소	
전 화	(휴대폰) (자택) (사무실)		
이메일	lawb@lawb.co.kr		
기타사항			

3. 고소취지

위 피고소인을 분묘발굴죄로 고소하오니 처벌하여 주시기 바랍니다.

4. 범죄사실

피고소인 ○○○은 수십년 전부터 고소인의 선친과 호형호제하면서 지내온 자이고, 동 ○○○은 그의 동생으로서 몇 년 전 피고소인 ○○○이 고소인의 선친에게 보증을 좀 서달라고 부탁을 했으나 고소인의 선친은 아무리 친한 사이라도 보증을 서는 것은 의를 상하게 할 수 있다는 이유로 거절을 하자 이 문제로 감정이 좋지 않았습니다. 한편, 피고소인은 ○○시 ○○구 ○○길 ○○에서 ○○이라는 장의 사업을 경영하고 있었는데 근자에 사업부진으로 생계가 곤란해지자 선친이 보증을 서주지 않아 사업부진으로 이어졌다며 이에 앙심을 품고 20○○.○.○. 23:00경 1년 전 고소인의 선친 장례식 때를 기억해내어 고소인 선친의 묘소를 삽

등으로 파헤쳐 관이 보일 지경에 이르게 하였습니다. 이에 고소인은 피고소인의 사업부진이 선친의 보증과 무슨 관계가 있으며 설사 다소의 원인이 있다고 하더라도 선친의 친구로서 어떻게 이럴 수 있나 생각하다가 아무리 선친의 친구였더라도 선친에게 나쁜 마음을 가지고 친구였던 선친의 묘를 파헤친다는 것은 자식으로서 도저히 용납할 수 없는 일입니다.

5. 고소이유

피고소인들을 법에 따라 엄중 처벌하여 주시기를 바라는 뜻에서 본 고소장을 제출합니다.

6. 증거자료

(✔해당란에 체크하여 주시기 바랍니다.)

☑ 고소인은 고소인의 진술 외에 제출할 증거가 없습니다.
□ 고소인은 고소인의 진술 외에 제출할 증거가 있습니다.

7. 관련사건의 수사 및 재판 여부

(✔해당란에 체크하여 주시기 바랍니다)

① 중복 고소 여부	본 고소장과 같은 내용의 고소장을 다른 검찰청 또는 경찰서에 제출하거나 제출하였던 사실이 있습니다 □ / 없습니다 ☑
② 관련 형사사건 수사 유무	본 고소장과 기재된 범죄사실과 관련된 사건 또는 공범에 대하여 검찰청이나 경찰서에서 수사중에 있습니다 □ / 수사중에 있지 않습니다 ☑
③ 관련 민사소송 유 무	본 고소장과 기재된 범죄사실과 관련된 사건에 대하여 법원에서 민사소송중에 있습니다 □ / 민사소송 중에 있지 않습니다 ☑

8. 기타

본 고소장에 기재한 내용을 고소인이 알고 있는 지식과 경험을 바탕으로 모두 사실대로 작성하였으며, 만일 허위사실을 고소하였을 때에는 형법 제156조 무고죄로 처벌받을 것임을 서약합니다.

20○○년 ○월 ○일

고소인__________(인)
제출인__________(인)

○○지방검찰청 귀중

【서식】 영업방해의 경우 고소장

고 소 장

1. 고소인

성 명	○ ○ ○	주민등록번호	111111-2222222
주 소	○○시 ○○구 ○○길 ○○ (현 거주지)		
직 업	○○	사무실 주소	
전 화	(휴대폰) (자택) (사무실)		
이메일	lawb@lawb.co.kr		
대리인에 의한 고소	□법정대리인(성명: , 연락처) □고소대리인(성명: 변호사 , 연락처)		

2. 피고소인

성 명	○ ○ ○	주민등록번호	111111-2222222
주 소	○○시 ○○구 ○○길 ○○ (현 거주지)		
직 업	○○	사무실 주소	
전 화	(휴대폰) (자택) (사무실)		
이메일	lawb@lawb.co.kr		
기타사항			

3. 고소취지

위 피고소인을 영업방해죄로 고소하오니 처벌하여 주시기 바랍니다.

4. 범죄사실

고소인은 피고소인보다 1년 늦게 식당을 시작하였는데도 요즘은 피고소인의 해장국집보다 항상 손님이 많다보니 피고소인은 늘 고소인의 식당을 헐뜯는가 하면 때로는 허무맹랑한 소리를 일삼기도 합니다. 그래도 손님들은 고소인의 식당에 와서 식사를 하지 피고소인의 식당에는 잘 가려고 하지 않았습니다. 20○○.○.○. 피고소인이 불쑥 고소인의 식당을 방문하여 얼마나 맛이 있는지 한 번 맛이나 보자고 하기에 저는 그럼 그러라고 해장국을 내주었습니다. 그런데 음식을 먹다가 손님이 많은 것을 의식한 듯 갑자기 큰소리로 "뭐 음식이 이 모양이냐, 이게 해장국이야 이것봐 바퀴벌레도 들어있고 이거 지저분해서 밥을 먹을 수 있겠어" 하며 한바탕 소란을 피우는 사이 손님들은 하나둘 씩 자리를 뜨기 시작하여 급기야 한사람의 손님도 남지 않게 되자 피고소인은 그때서야 빙그레 웃으며 나가버렸습니다.

5. 고소이유

같이 장사를 해먹고 살아가는 터에 이렇게 상도의에 어긋나고 비도덕적인 행동으로 타인의 영업을 방해하는 몰지각한 피고소인은 법에 의한 응분의 처벌을 받아야겠기에 이에 고소장을 제출하여 피고소인을 고소하오니 엄중히 처벌하여 주시기 바랍니다.

6. 증거자료

(✔해당란에 체크하여 주시기 바랍니다.)

☑ 고소인은 고소인의 진술 외에 제출할 증거가 없습니다.
□ 고소인은 고소인의 진술 외에 제출할 증거가 있습니다.

7. 관련사건의 수사 및 재판 여부

(✔해당란에 체크하여 주시기 바랍니다)

① 중복 고소 여부	본 고소장과 같은 내용의 고소장을 다른 검찰청 또는 경찰서에 제출하거나 제출하였던 사실이 있습니다 □ / 없습니다 ☑
② 관련 형사사건 수사 유무	본 고소장과 기재된 범죄사실과 관련된 사건 또는 공범에 대하여 검찰청이나 경찰서에서 수사중에 있습니다 □ / 수사중에 있지 않습니다 ☑
③ 관련 민사소송 유 무	본 고소장과 기재된 범죄사실과 관련된 사건에 대하여 법원에서 민사소송중에 있습니다 □ / 민사소송 중에 있지 않습니다 ☑

8. 기타

본 고소장에 기재한 내용을 고소인이 알고 있는 지식과 경험을 바탕으로 모두 사실대로 작성하였으며, 만일 허위사실을 고소하였을 때에는 형법 제156조 무고죄로 처벌받을 것임을 서약합니다.

20○○년 ○월 ○일

고소인__________(인)
제출인__________(인)

○○지방검찰청 귀중

【서식】 친족간 범행의 고소인 경우 고소장

고 소 장

1. 고소인

성 명	○ ○ ○	주민등록번호	111111-2222222
주 소	○○시 ○○구 ○○길 ○○ (현 거주지)		
직 업	○○	사무실 주소	
전 화	(휴대폰) (자택) (사무실)		
이메일	lawb@lawb.co.kr		
대리인에 의한 고소	□법정대리인(성명: , 연락처) □고소대리인(성명: 변호사 , 연락처)		

2. 피고소인

성 명	○ ○ ○	주민등록번호	111111-2222222
주 소	○○시 ○○구 ○○길 ○○ (현 거주지)		
직 업	○○	사무실 주소	
전 화	(휴대폰) (자택) (사무실)		
이메일	lawb@lawb.co.kr		
기타사항			

3. 고소취지

위 피고소인을 친족간 범행죄로 고소하오니 처벌하여 주시기 바랍니다.

4. 범죄사실

원래 고소인의 가족은 부모님, 위로 형님 한 분과 아래로 남녀동생 각 1명씩 우의 있게 생활하다가 20○○.○.○.경 갑자기 형님이 지병으로 돌아가시게 되자 형수님 혼자 아이들을 돌보며 생계를 꾸려왔는데 큰조카인 ○○○이 고등학교에 들어가면서부터 매일같이 싸움을 하는가 하면 고소인의 오토바이 대리점에 와 고소인이 없는 틈을 이용해 오토바이를 훔쳐 타고 가기가 일쑤이고 학교에도 나가지 않고 못된 친구들과 어울려 다니면서 술을 마시고 면허증도 없는 상태에서 고소인의 오토바이 대리점에서 무단으로 오토바이를 가지고 나가 거리를 폭주하고 있어 가족들이 상의한 끝에 피고소인을 오토바이 절도죄로 고소하기로 하였습니다.

5. 고소이유

법에 따라 처벌하여 다시는 못된 행동을 하지 않고 새로운 삶을 살아갈 수 있도록 엄벌하여 주십시오.

6. 증거자료

(✔해당란에 체크하여 주시기 바랍니다.)

☑ 고소인은 고소인의 진술 외에 제출할 증거가 없습니다.
□ 고소인은 고소인의 진술 외에 제출할 증거가 있습니다.

7. 관련사건의 수사 및 재판 여부

(✔해당란에 체크하여 주시기 바랍니다)

① 중복 고소 여부	본 고소장과 같은 내용의 고소장을 다른 검찰청 또는 경찰서에 제출하거나 제출하였던 사실이 있습니다 □ / 없습니다 ☑
② 관련 형사사건 수사 유무	본 고소장과 기재된 범죄사실과 관련된 사건 또는 공범에 대하여 검찰청이나 경찰서에서 수사중에 있습니다 □ / 수사중에 있지 않습니다 ☑
③ 관련 민사소송 유무	본 고소장과 기재된 범죄사실과 관련된 사건에 대하여 법원에서 민사소송중에 있습니다 □ / 민사소송 중에 있지 않습니다 ☑

8. 기타

본 고소장에 기재한 내용을 고소인이 알고 있는 지식과 경험을 바탕으로 모두 사실대로 작성하였으며, 만일 허위사실을 고소하였을 때에는 형법 제156조 무고죄로 처벌받을 것임을 서약합니다.

20○○년 ○월 ○일

고소인__________(인)
제출인__________(인)

○○지방검찰청 귀중

【서식】 고소장(폭행가혹행위죄)

고 소 장

고 소 인 ○ ○ ○
○○시 ○○구 ○○길 ○○

피고소인 △ △ △
○○시 ○○구 ○○길 ○○

고 소 취 지

고소인은 피고소인을 상대로 아래와 같이 폭행가혹행위죄로 고소하고자 하오니 철저히 조사하여 엄벌에 처해주시기 바랍니다.

고 소 사 실

1. 피고소인은 ○○경찰서 소속 사법경찰관인 자이고, 고소인은 ○○경찰서 관할구역 내 야채장사를 하는 상인입니다.
2. 20○○년 ○월 ○일경 오후 ○○시경 ○○시장내에서 고소인이 영업을 하고 있던 중 ○○시장내 주변 상인인 고소외 □□□와 시비가 붙어 몸싸움을 벌이고 있었는데, 마침 순찰중인 ○○경찰서 소속 피고소인을 포함한 경찰관 2인에 의해 경찰서로 연행되었습니다.
3. 20○○. ○. ○. 오후 ○○시까지 조사를 받고, 유치장에 구금되었는데, 고소인이 빨리 풀어달라고 요구하자, 피고소인이 갑자기 유치장 안에 있던 고소인을 끌어내더니 복부와 허벅지를 구타하고 얼굴을 수십차례 주먹으로 가격하는 등 폭행을 하였습니다.

4. 고소인은 다음날 풀려났지만 그 날의 폭행으로 육체적은 물론이고 정신적인 피해를 입었는바, 위 피고소인의 행위는 자신의 직위를 남용하여 힘없는 일반시민에 대해 가혹행위를 한 것이므로 피고소인을 폭행·가혹 행위죄로 고소하고자 하오니 엄중히 조사하여 주시기 바랍니다.

입 증 방 법

1. 진술서
2. 진단서

20○○년 ○월 ○일

위 고소인 ○ ○ ○ (인)

○ ○ 경 찰 서 장(또는 ○ ○ 지 방 검 찰 청 검 사 장) 귀 중

<table>
<tr><td>제출기관</td><td>범죄지, 피의자의 주소, 거소 또는 현재지의 경찰서, 검찰청</td><td>공소시효</td><td>○년(☞공소시효일람표)</td></tr>
<tr><td>고소권자</td><td>피해자(형사소송법 223조)
(※ 아래(1)참조)</td><td>소추요건</td><td></td></tr>
<tr><td>제출부수</td><td>고소장 1부</td><td>관련법규</td><td>형법 125조</td></tr>
<tr><td>범죄성립
요 건</td><td colspan="3">재판, 검찰, 경찰 기타 인신구속에 관한 직무를 행하는 자 또는 이를 보조하는 자가 그 직무를 행함에 당하여 형사피의자 또는 기타 사람에 대하여 폭행 또는 가혹한 행위를 가한 때</td></tr>
<tr><td>형 량</td><td colspan="3">· 5년 이하의 징역과 10년 이하의 자격정지</td></tr>
<tr><td>불기소처분등
에 대한
불복절차 및
기간</td><td colspan="3">(항고)
· 근거 : 검찰청법 10조
· 기간 : 처분결과의 통지를 받은 날부터 30일(검찰청법 10조4항)
(재정신청)
· 근거 : 형사소송법 제260조
· 기간 : 항고기각 결정을 통지받은 날 또는 동법 제260조 제2항 각 호의 사유가 발생한 날부터 10일(형사소송법 제260조 제3항)
(헌법소원)
· 근거 : 헌법재판소법 68조
· 기간 : 그 사유가 있음을 안 날로부터 90일 이내에, 그 사유가 있은 날로부터 1년 이내에 청구하여야 한다. 다만, 다른 법률에 의한 구제절차를 거친 헌법소원의 심판은 그 최종결정을 통지받은 날로부터 30일 이내에 청구(헌법재판소법 69조)</td></tr>
</table>

※ (1) 고소권자

(형사소송법 225조)

1. 피해자가 제한능력자인 경우의 법정대리인
2. 피해자가 사망한 경우의 배우자, 직계친족, 형제, 자매. 단, 피해자의 명시한 의사에 반하여 고소할 수 없음

(형사소송법 224조)

자기 또는 배우자의 직계존속은 고소할 수 없음[단, 성폭력범죄의 처벌 등에 관한 특례법 제18조에서는 “성폭력범죄에 대하여는 형사소송법 제224조(고소의 제한) 및 군사법원법 제266조에 불구하고 자기 또는 배우자의 직계존속을 고소할 수 있다.”고 규정함]

[서식] 고소장(인신매매죄)

고 소 장

고 소 인 누엔** (111111 - 2222222)
○○시 ○구 ○○로 00

피고소인 박 △ △
○○시 ○구 ○○로 00

고 소 취 지

고소인은 피고소인을 형법 제288조 제2항 인신매매죄로 형사 고소하니 엄히 처벌하여 주시기 바랍니다.

고 소 원 인

1. 저는 필리핀 국적의 23세 여성입니다.
2. 저는 노래 부르는 것에 재능이 있어 필리핀에서 가수가 되기 위해 다방면으로 노력을 하고 있었지만, 가수가 되기 위한 여건이 쉽게 마련되지 않았습니다.
3. 그러던 차에 한국에서 가수를 시켜주겠다는 피고소인을 알게 되었습니다. 피고소인이 알려준 방법으로 예술흥행비자(E-6)를 받아 한국에 입국하게 되었습니다.
4. 그런데 피고소인은 고소인이 인천공항에 도착하자마자 고소인의 여권과 외국인등록증을 잠시 보관한다는 명목으로 빼앗아버리고, 고소인을 가수와는 전혀 상관이 없는 동두천에 있는 한 유흥주점에 돈을 받고 팔아버렸습니다.
5. 다행히 고소인은 그런 사실을 알고 몰래 유흥주점을 빠져나오긴 했지만, 피고소인으로 인해 정신적, 경제적으로 극심한 피해를 입었습니다.
6. 이에 고소인은 피고소인을 형법 제289조가 정한 인신매매죄로 고소하오니 피고소인을 엄히 처벌하여 주시기 바랍니다.

20○○년 ○월 ○일

위 고 소 인 누엔**

○ ○ 경 찰 서 장(또는 ○ ○ 지 방 검 찰 청 검 사 장) 귀 중

【서식】 개주인이 개를 시켜 타인을 물개 한 경우 고소장

고 소 장

1. 고소인

성 명	○ ○ ○	주민등록번호	111111-2222222
주 소	○○시 ○○구 ○○길 ○○ (현 거주지)		
직 업	○○	사무실 주소	
전 화	(휴대폰) (자택) (사무실)		
이메일	lawb@lawb.co.kr		
대리인에 의한 고소	□법정대리인(성명: , 연락처) □고소대리인(성명: 변호사 , 연락처)		

2. 피고소인

성 명	○ ○ ○	주민등록번호	111111-2222222
주 소	○○시 ○○구 ○○길 ○○ (현 거주지)		
직 업	○○	사무실 주소	
전 화	(휴대폰) (자택) (사무실)		
이메일	lawb@lawb.co.kr		
기타사항			

3. 고소취지

위 피고소인을 개주인이 개를 시켜 타인을 물개 한 죄로 고소하오니 처벌하여 주시기 바랍니다.

4. 범죄사실

20○○.○.○. 오전 11:00경 피고소인의 집 앞을 지나자 3마리의 개가 뛰어나와 그 중 송아지만한 도사견이 저를 물었습니다. (--생략--) 세 번째로 20○○. 봄 본인의 손자 ○○○이 피고소인의 집 앞을 지나자 2마리의 개가 달려들어 물어 아이가 혼비백산하여 도망을 쳤습니다. 이 사실은 목격자인 동장님이 저에게 알려주었습니다. 이에 고소인이 피고소인에게 가서 치료비 상당액을 지급하여 줄 것을 청구하자 피고소인은 도리어 화를 내며 도사견에게 고소인을 물어버리라고 소리쳐 고소인이 동 개에게 물려 4주의 치료를 요하는 상해를 입었습니다.

5. 고소이유

이에 피고소인을 고소하오니 의법 처리하여 주실 것을 바라는 바입니다.

6. 증거자료

(✔해당란에 체크하여 주시기 바랍니다.)

☑ 고소인은 고소인의 진술 외에 제출할 증거가 없습니다.
☐ 고소인은 고소인의 진술 외에 제출할 증거가 있습니다.

7. 관련사건의 수사 및 재판 여부

(✔해당란에 체크하여 주시기 바랍니다)

① 중복 고소 여부	본 고소장과 같은 내용의 고소장을 다른 검찰청 또는 경찰서에 제출하거나 제출하였던 사실이 있습니다 ☐ / 없습니다 ☑
② 관련 형사사건 수사 유무	본 고소장과 기재된 범죄사실과 관련된 사건 또는 공범에 대하여 검찰청이나 경찰서에서 수사중에 있습니다 ☐ / 수사중에 있지 않습니다 ☑
③ 관련 민사소송 유 무	본 고소장과 기재된 범죄사실과 관련된 사건에 대하여 법원에서 민사소송중에 있습니다 ☐ / 민사소송 중에 있지 않습니다 ☑

8. 기타

본 고소장에 기재한 내용을 고소인이 알고 있는 지식과 경험을 바탕으로 모두 사실대로 작성하였으며, 만일 허위사실을 고소하였을 때에는 형법 제156조 무고죄로 처벌받을 것임을 서약합니다.

20○○년 ○월 ○일

고소인__________(인)
제출인__________(인)

○○지방검찰청 귀중

【서식】 고소장 정정신청서

고 소 장 정 정 신 청 서

신청인(고소인) ○ ○ ○
○○시 ○○구 ○○길 ○○
주민등록번호 -
전화번호 (02) -
핸 드 폰 (010) -

20○○년 ○월 ○일자로 제출한 피고소인 ○○○에 대한 사기고소사건에 관한 고소장 기재내용 중 다음에 부문은 잘못 기재되었으므로 아래와 같이 정정하고자 하오니 허가하여 주시기 바랍니다.

다 음

1. 피고인 ○○○를 ○○○로 정정 바랍니다.

20○○년 월 일

위 고소인 ○ ○ ○ ㊞

○○ 지방검찰청 귀중

【서식】 고소인 지정청구서

고 소 인 지 정 청 구 서

수 신 ○○지방검찰청 검사장
20○○년 ○월 ○일

제 목 고소인 지정청구

피의자 ○○○에 대한 미성년자 강제추행 피의사건에 관하여는 고소권자인 피해자 ○○○이 심신미약의 상태에 있는 고아로서 고소할 자가 없으므로 고소권자의 지정을 청구합니다.

위 신청인 이해관계인(피해자의 이웃주민)

○ ○ ○ ㉢

주의요소

① 친고죄에 대하여 고소할 자가 없는 경우에 이해관계인의 신청이 있으면 검사는 10일이내에 고소할 수 있는 자를 지정하여야 한다.

② 『고소할 자가 없는 경우』란 법 제223조·224조 내지 제227조에 의한 고소권자가 없는 경우를 말하며, 그러한 고소권자가 고소능력이 없는 경우를 포함한다.

【서식】 합의서(형사)

합 의 서

가 해 자 ○ ○ ○
○○시 ○○구 ○○길 ○○
(111111 - 1111111)

피 해 자 △ △ △
○○시 ○○구 ○○길 ○○
(111111 - 1111111)

가해자와 피해자간의 (금전대여 사기고소) 사건에 관하여 아래와 같이 원만히 합의합니다.

아 래

1. 가해자는 위 사건과 관련하여 피해자에게 금○○○원을 20○○. ○. ○.까지 변제한다. 가해자가 이를 이행하지 않을 경우 20○○. ○. ○.부터 다 변제할 때까지 연 20%의 지연손해금을 지급한다.

2. 피해자는 위 합의서를 교부받고 위 사건 고소를 직접 취하하거나 고소취하 인감증명서를 가해자에게 교부하기로 한다.

3. 가해자가 합의서를 교부한 날부터 ○일 이내에 위와 같이 이행하지 않을 경우 피해자는 합의내용을 취소할 수 있다.

20○○년 월 일

가 해 자 ○ ○ ○ (인)

피 해 자 △ △ △ (인)

【서식】 고소취하서

고소취하서

사건번호 : 20○○고합 123 (단독, 부)
피 고 인 : ○ ○ ○

위 사건에 관하여 고소인은 피고인(측)과 상호 원만히 합의하였으므로 고소를 모두 취하합니다.

20○○년 월 일

고 소 인 ○ ○ ○ ㊞
전 화 ( ) -

제 출 자 : ○ ○ ○ 관 계 : ○ ○ 주민등록번호 : 제출자의 신분확인 ㊞

○○ 지방법원 귀중

【서식】 고소취소장

고 소 취 소 장

고소인	성 명	○ ○ ○
	주민등록번호	111111 - 2222222
	주 소	○○시 ○○구 ○○동 ○
피고소인	성 명	○ ○ ○
	주민등록번호	111111 - 2222222
	주 소	○○시 ○○구 ○○동 ○

본인은 20○○. ○. ○. ○○지방검찰청(귀청 2008형제 1111호 피의사건)에 ○○○를 상대로 ○○죄로 고소한 고소인입니다.

위 사건에 관하여 본 고소인은 더 이상 피고소인의 처벌을 바라지 아니하므로 고소취소장을 제출합니다.

위 고소인 ○ ○ ○ ㉿

○○ 지방검찰청검사장 귀중

주의요소

① 고소는 제1심 판결 선고 전까지 취소할 수 있다.
② 고소를 취소한 자는 다시 고소하지 못한다.
③ 피해자가 명시한 의사에 반하여 죄를 논할 수 없는 사건에 있어서 처벌을 희망하는 의사표시의 철회에 관하여도 전2항의 규정을 준용한다.

【서식】 공장 폐수를 무단 방류한 경우 고발장

고 발 장

1. 고발인

성 명	○ ○ ○	주민등록번호	111111-2222222
주 소	○○시 ○○구 ○○길 ○○ (현 거주지)		
직 업	○ ○	사무실 주소	
전 화	(휴대폰) (자택) (사무실)		
이메일	lawb@lawb.co.kr		
대리인에 의한 고소	□법정대리인(성명: , 연락처) □고소대리인(성명: 변호사 , 연락처)		

2. 피고발인

성 명	○ ○ ○	주민등록번호	111111-2222222
주 소	○○시 ○○구 ○○길 ○○ (현 거주지)		
직 업	○ ○	사무실 주소	
전 화	(휴대폰) (자택) (사무실)		
이메일	lawb@lawb.co.kr		
기타사항			

3. 고발취지

고발인은 피고발인을 공장폐수를 무단방류한 죄로 고발하오니 처벌하여 주시기 바랍니다.

4. 범죄사실

피고발인은 같은 동에 있는 ○○주식회사로서 화학약품을 제조하는 회사입니다. 동 회사가 20○○.○.○.부터 가동을 시작한 이래 주위 토지 및 하천이 오염되어 심한 악취가 나고 하천에 물고기가 없어지는 등 환경오염이 날로 극심하여 동네 주민들이 찾아가 항의도 해보았으나 시정할 기미가 전혀 보이지 않아 이를 고발하오니 법에 따라 엄중 처벌하여 주시기 바랍니다.

5. 고발이유

(생략)

6. 증거자료

(✔해당란에 체크하여 주시기 바랍니다.)

☑ 고발인은 고발인의 진술 외에 제출할 증거가 없습니다.
□ 고발인은 고발인의 진술 외에 제출할 증거가 있습니다.

7. 관련사건의 수사 및 재판 여부

(✔해당란에 체크하여 주시기 바랍니다)

① 중복 고소 여부	본 고소장과 같은 내용의 고소장을 다른 검찰청 또는 경찰서에 제출하거나 제출하였던 사실이 있습니다 □ / 없습니다 ☑
② 관련 형사사건 수사 유무	본 고소장과 기재된 범죄사실과 관련된 사건 또는 공범에 대하여 검찰청이나 경찰서에서 수사중에 있습니다 □ / 수사중에 있지 않습니다 ☑
③ 관련 민사소송 유 무	본 고소장과 기재된 범죄사실과 관련된 사건에 대하여 법원에서 민사소송중에 있습니다 □ / 민사소송 중에 있지 않습니다 ☑

8. 기타

본 고발장에 기재한 내용을 고발인이 알고 있는 지식과 경험을 바탕으로 모두 사실대로 작성하였으며, 만일 허위사실을 고발하였을 때에는 형법 제156조 무고죄로 처벌받을 것임을 서약합니다.

20○○년 ○월 ○일

고발인__________(인)
제출인__________(인)

○○지방검찰청 귀중

[서식] 고발장(공무상비밀누설죄)

고 발 장

고 발 인 ○ ○ ○

주민등록번호 : 111111 - 1111111

○○시 ○○구 ○○길 ○○

전화번호 : ○○○ - ○○○○, ○○○ - ○○○ - ○○○○

피고발인 △ △ △

주민등록번호 : 111111 - 1111111

○○시 ○○구 ○○길 ○○

전화번호 : ○○○ - ○○○○

고 발 내 용

1. 고발인은 20○○. ○. ○. ◎◎시에서 주관하는 8급공개경쟁채용시험에 응시하였으며, 고발인은 100점만점중 92.5점을 득점하였으나 합격점인 92.6점에 미달하여 불합격된 사실이 있습니다.
2. 그런데 공무원인 피고발인은 위 시험의 출제위원으로서 출제위원의 조카이며 응시자인 고발외 □□□에게 피고발인이 출제를 담당하였던 영어문제지를 시험실시 하루 전에 건네준 사실이 있으며, 위 고발외 □□□은 영어과목에서 95점을 득점하여 100점만점 중 92.6점으로 합격점에 달하여 합격처리 된 사실이 있으며, 고발인은 고발외 □□□이 피고발인으로부터 문제지를 사전입수한 사실을 위 □□□의 친구인 ◎◎◎로부터 우연히 알게 되었습니다.
3. 이에 고발인은 위 □□□의 친구인 ◎◎◎로부터 □□□이 시험문제지를 피고발인으로부터 사전 입수한 사실에 대하여 증인확인서를 받고, 이를 녹음하여 속기사사무실에서 녹취록으로 작성을 하고, 위 □□□에게 사실을 확인한 바, 위 □□□은 처음에는 사실을 부인하였으나 고발인이 준비한 증인확인서와 녹취록을 보고는 사실을 시인하였으며, 위 □□□이 사실을 시인하는 자리에는 고발외 ◉◉◉도 동석하고 있었습니다.
4. 위의 사실에 의하면 피고발인은 공무상의 비밀인 시험 문제지를 사전에 유

출함으로써 공무상의 비밀을 누설하였으므로 사실관계를 조사하여 엄중 처벌하여 주시기 바랍니다.

첨 부 서 류

1. 증인확인서 사본 1부
1. 녹취록 사본 1부

20○○년 ○월 ○일

위 고 발 인 ○ ○ ○ (인)

○ ○ 경 찰 서 장(또는 ○ ○ 지 방 검 찰 청 검 사 장) 귀 중

■ 참 고 ■

제출기관	범죄지, 피의자의 주소, 거소 또는 현재지의 경찰서, 검찰청		
고발권자	모든 사람(형사소송법 224조)	소추요건	
범죄성립 요 건	공무원 또는 공무원이었던 자가 법령에 의한 직무상 비밀을 누설한 때		
형 량	- 2년이하의 징역이나 금고 - 5년이하의 자격정지		
불기소처분 등에 대한 불복절차 및 기간	(항고) - 근거 : 검찰청법 10조 - 기간 : 처분결과의 통지를 받은 날부터 30일(검찰청법 10조4항) (헌법소원) - 근거 : 헌법재판소법 68조 - 기간 : 그 사유가 있음을 안 날로부터 90일 이내에, 그 사유가 있은 날로부터 1년 이내에 청구하여야 한다. 다만, 다른 법률에 의한 구제절차를 거친 헌법소원의 심판은 그 최종결정을 통지받은 날로부터 30일 이내에 청구(헌법재판소법 제69조)		

【서식】 담당 공무원이 금품 등을 받고 특정인을 낙찰되게 한 경우 고발장

고 발 장

1. 고발인

성 명	○ ○ ○	주민등록번호	111111-2222222
주 소	○○시 ○○구 ○○길 ○○ (현 거주지)		
직 업	○ ○	사무실 주소	
전 화	(휴대폰) (자택) (사무실)		
이메일	lawb@lawb.co.kr		
대리인에 의한 고소	□법정대리인(성명: , 연락처) □고소대리인(성명: 변호사 , 연락처)		

2. 피고발인

성 명	○ ○ ○	주민등록번호	111111-2222222
주 소	○○시 ○○구 ○○길 ○○ (현 거주지)		
직 업	○ ○	사무실 주소	
전 화	(휴대폰) (자택) (사무실)		
이메일	lawb@lawb.co.kr		
기타사항			

3. 고발취지

고발인은 피고발인을 금품 등을 받고 특정인을 낙찰되게 한 죄로 고발하오니 처벌하여 주시기 바랍니다.

4. 범죄사실

고발인은 20○○.○.○. 14:00경 ○○시청 앞의 ○○커피숍에서 이번 ○○시에서 추진하는 ○○아파트 건설에 입찰을 하기 위해 서류를 준비중이었습니다. 한데 피고발인인 ○○○이 ○○○과 만나 이야기를 하더니 ○○○으로부터 봉투를 건네받는데 보니까 현금 같았습니다. 그 후 저와 ○○○은 입찰에 응했고 나중에 낙찰결과를 보니 저희는 떨어졌는데 ○○○씨가 있는 ○○건설이 낙찰을 받게 된 것이었습니다. 공무원이란 신분으로 오히려 더 공정해야할 입찰 등에 불법적으로 개입하여 금품을 받고 특정인에게 낙찰되도록 사전 정보를 알려주는 등의 행위는 있을 수 없는 일로 압니다.

5. 고발이유

이에 피고발인을 고발하오니 법에 따라 엄중히 처벌하여 주시기를 바랍니다.

6. 증거자료

(✔해당란에 체크하여 주시기 바랍니다.)

☑ 고발인은 고발인의 진술 외에 제출할 증거가 없습니다.
□ 고발인은 고발인의 진술 외에 제출할 증거가 있습니다.

7. 관련사건의 수사 및 재판 여부

(✔해당란에 체크하여 주시기 바랍니다)

① 중복 고소 여부	본 고소장과 같은 내용의 고소장을 다른 검찰청 또는 경찰서에 제출하거나 제출하였던 사실이 있습니다 □ / 없습니다 ☑
② 관련 형사사건 수사 유무	본 고소장과 기재된 범죄사실과 관련된 사건 또는 공범에 대하여 검찰청이나 경찰서에서 수사중에 있습니다 □ / 수사중에 있지 않습니다 ☑
③ 관련 민사소송 유 무	본 고소장과 기재된 범죄사실과 관련된 사건에 대하여 법원에서 민사소송중에 있습니다 □ / 민사소송 중에 있지 않습니다 ☑

8. 기타

본 고발장에 기재한 내용을 고발인이 알고 있는 지식과 경험을 바탕으로 모두 사실대로 작성하였으며, 만일 허위사실을 고발하였을 때에는 형법 제156조 무고죄로 처벌받을 것임을 서약합니다.

20○○년 ○월 ○일

고발인__________(인)
제출인__________(인)

○○지방검찰청 귀중

【서식】 불법으로 의료행위를 한 경우 고발장

고 발 장

1. 고발인

성 명	○ ○ ○	주민등록번호	111111-2222222
주 소	○○시 ○○구 ○○길 ○○ (현 거주지)		
직 업	○ ○	사무실 주소	
전 화	(휴대폰) (자택) (사무실)		
이메일	lawb@lawb.co.kr		
대리인에 의한 고소	□법정대리인(성명: , 연락처) □고소대리인(성명: 변호사 , 연락처)		

2. 피고발인

성 명	○ ○ ○	주민등록번호	111111-2222222
주 소	○○시 ○○구 ○○길 ○○ (현 거주지)		
직 업	○ ○	사무실 주소	
전 화	(휴대폰) (자택) (사무실)		
이메일	lawb@lawb.co.kr		
기타사항			

3. 고발취지

고발인은 피고발인을 불법의료행위죄로 고발하오니 처벌하여 주시기 바랍니다.

4. 범죄사실

피고발인은 ○○시 ○○구 ○○길 ○○에서 ○○미용실을 운영하는 자로 미용실을 하면서 가끔 그전에 자기가 간호사로 일한 경력을 가지고 이곳을 이용하는 다수자로부터 쌍꺼풀 수술 및 몇 가지의 일부 성형 수술을 하여 주고 건당 금 ○○○원을 받는 등 수차례에 걸쳐 이러한 행위를 하고 현재에도 계속하여 동 행위를 하고 있으므로 이에 피고발인을 고발하오니 법에 따라 엄중히 처벌하여 주시기를 바랍니다.

5. 고발이유

(생략)

6. 증거자료

(✔해당란에 체크하여 주시기 바랍니다.)

☑ 고발인은 고발인의 진술 외에 제출할 증거가 없습니다.
☐ 고발인은 고발인의 진술 외에 제출할 증거가 있습니다.

7. 관련사건의 수사 및 재판 여부

(✔해당란에 체크하여 주시기 바랍니다)

① 중복 고소 여부	본 고소장과 같은 내용의 고소장을 다른 검찰청 또는 경찰서에 제출하거나 제출하였던 사실이 있습니다 ☐ / 없습니다 ☑
② 관련 형사사건 수사 유무	본 고소장과 기재된 범죄사실과 관련된 사건 또는 공범에 대하여 검찰청이나 경찰서에서 수사중에 있습니다 ☐ / 수사중에 있지 않습니다 ☑
③ 관련 민사소송 유 무	본 고소장과 기재된 범죄사실과 관련된 사건에 대하여 법원에서 민사소송중에 있습니다 ☐ / 민사소송 중에 있지 않습니다 ☑

8. 기타

본 고발장에 기재한 내용을 고발인이 알고 있는 지식과 경험을 바탕으로 모두 사실대로 작성하였으며, 만일 허위사실을 고발하였을 때에는 형법 제156조 무고죄로 처벌받을 것임을 서약합니다.

20○○년 ○월 ○일

고발인__________(인)
제출인__________(인)

○○지방검찰청 귀중

【서식】 자동차를 도로에 무단으로 방치한 경우 고발장

고 발 장

1. 피고발인

성 명	○ ○ ○	주민등록번호	111111-2222222
주 소	○○시 ○○구 ○○길 ○○ (현 거주지)		
직 업	○ ○	사무실 주소	
전 화	(휴대폰) (자택) (사무실)		
이메일	lawb@lawb.co.kr		
기타사항			

2. 고발취지

고발인은 피고발인을 자동차관리법을 어긴죄로 고발하오니 처벌하여 주시기 바랍니다.

3. 범죄사실

<고발사항>

- 본건은 위 차량이 무단방치차량으로 적발(신고) 통보되었기에 자동차관리법 제26조 및 같은 법 시행규칙 제24조의 규정에 의거 ○○구 교통 ○○○-45(20○○.○.○.)호로 20○○.○.○.까지 자진이전 또는 폐차할 것을 내용으로 한 자동차처리명령서를 송부하였으나 소유자가 자진처리 하지 않았고,
- 20○○.○.○.자로 ○○시 내 각 구청, 차량등록사업소, 게시판 게시공고 및 ○○구 신문공고를 통하여 20○○.○.○.까지 자진이전 또는 폐차할 것을 공고하였으나 자진처리 하지 않았으므로,
- ○○가○○○○(카니발) 차량을 강제폐차 처리함과 동시에 자동차관리법 제26조, 제81조 제1호 및 같은 법 시행령 제6조, 시행규칙 제24조의 규정에 의거 붙임과 같이 고발합니다.

4. 고발이유

(생략)

5. 증거자료

(✔해당란에 체크하여 주시기 바랍니다.)

☑ 고발인은 고발인의 진술 외에 제출할 증거가 없습니다.

☐ 고발인은 고발인의 진술 외에 제출할 증거가 있습니다.

6. 관련사건의 수사 및 재판 여부

(✔해당란에 체크하여 주시기 바랍니다)

① 중복 고소 여부	본 고소장과 같은 내용의 고소장을 다른 검찰청 또는 경찰서에 제출하거나 제출하였던 사실이 있습니다 ☐ / 없습니다 ☑
② 관련 형사사건 수사 유무	본 고소장과 기재된 범죄사실과 관련된 사건 또는 공범에 대하여 검찰청이나 경찰서에서 수사중에 있습니다 ☐ / 수사중에 있지 않습니다 ☑
③ 관련 민사소송 유무	본 고소장과 기재된 범죄사실과 관련된 사건에 대하여 법원에서 민사소송중에 있습니다 ☐ / 민사소송 중에 있지 않습니다 ☑

7. 기타

본 고발장에 기재한 내용을 고발인이 알고 있는 지식과 경험을 바탕으로 모두 사실대로 작성하였으며, 만일 허위사실을 고발하였을 때에는 형법 제156조 무고죄로 처벌받을 것임을 서약합니다.

20○○년 ○월 ○일

고발인__________(인)
제출인__________(인)

○○지방검찰청 귀중

【서식】 진술서

진 술 서

소 속 : ○○시 차량등록사업소
직 급 : 지방행정서기
성 명 : ○ ○ ○ 생년월일 : 19○○. ○. ○.

상기 본인은 20○○.○.○.부터 현재까지 ○○시 차량등록사업소에 자동차 정기검사 관계 업무를 담당하고 있으며, 금번 자동차관리법 위반자를 고발함에 있어 아래와 같이 임의진술합니다.

1. 피고발자

자 동 차 등록번호	차 명	정기검사유효기간 만료일	소 유 자	
			주 소	성명(상호)
○○거○○○○		20○○. ○. ○.	○○시 ○○구 ○○길 ○	○○○

명령시 주소 : ○○시 ○○구 ○○길 ○○

2. 진술내용

상기자는 당해 차량의 소유자로서 자동차관리법 제43조 및 같은 법 시행규칙 제74조의 규정에 의거 20○○.○.○.까지 정기검사를 받아야 하나 이를 위반하여 같은 법 제37조 및 같은 법 시행규칙 제63조 제1항의 규정에 의거 차량 ○○○○~○○(20○○.○.○.)호로 20○○.○.○.까지 점검·정비 및 임시검사를 받을 것을 등기우편으로 명령하였으나 이를 이행하지 않아 고발하오니 같은 법 제81조 제2호의 규정에 의거 조치하여 주시기 바랍니다.

20○○년 월 일

위 고발인 ○ ○ ○ ㉾

○○ 경찰서 귀중

【서식】 자동차등 정비오일을 무단 방출한 경우 고발장

고 발 장

1. 고발인

성 명	○ ○ ○	주민등록번호	111111-2222222
주 소	○○시 ○○구 ○○길 ○○ (현 거주지)		
직 업	○ ○	사무실 주소	
전 화	(휴대폰) (자택) (사무실)		
이메일	lawb@lawb.co.kr		
대리인에 의한 고소	□법정대리인(성명: , 연락처) □고소대리인(성명: 변호사 , 연락처)		

2. 피고발인

성 명	○ ○ ○	주민등록번호	111111-2222222
주 소	○○시 ○○구 ○○길 ○○ (현 거주지)		
직 업	○ ○	사무실 주소	
전 화	(휴대폰) (자택) (사무실)		
이메일	lawb@lawb.co.kr		
기타사항			

3. 고발취지

고발인은 피고발인을 자동차 정비오일을 무단 방출한 죄로 고발하오니 처벌하여 주시기 바랍니다.

4. 범죄사실

피고발인은 자동차의 정비시 나오는 오일 찌꺼기 및 기타 기름들을 자주 도로변이나 고발인들의 집 주변에 흘려서 그로 인해 고발인들의 집 주위가 지저분하며 또한 그 오일 냄새로 인해 구토 및 현기증을 일으키는 주민도 있습니다.

5. 고발이유

이에 시정을 요구했지만 이렇다 할 대답이 없기에 이렇게 고발하오니 법에 따라 처벌하여 주시기 바랍니다.

6. 증거자료

(✔해당란에 체크하여 주시기 바랍니다.)

☑ 고발인은 고발인의 진술 외에 제출할 증거가 없습니다.
☐ 고발인은 고발인의 진술 외에 제출할 증거가 있습니다.

7. 관련사건의 수사 및 재판 여부

(✔해당란에 체크하여 주시기 바랍니다)

① 중복 고소 여부	본 고소장과 같은 내용의 고소장을 다른 검찰청 또는 경찰서에 제출하거나 제출하였던 사실이 있습니다 ☐ / 없습니다 ☑
② 관련 형사사건 수사 유무	본 고소장과 기재된 범죄사실과 관련된 사건 또는 공범에 대하여 검찰청이나 경찰서에서 수사중에 있습니다 ☐ / 수사중에 있지 않습니다 ☑
③ 관련 민사소송 유 무	본 고소장과 기재된 범죄사실과 관련된 사건에 대하여 법원에서 민사소송중에 있습니다 ☐ / 민사소송 중에 있지 않습니다 ☑

8. 기타

본 고발장에 기재한 내용을 고발인이 알고 있는 지식과 경험을 바탕으로 모두 사실대로 작성하였으며, 만일 허위사실을 고발하였을 때에는 형법 제156조 무고죄로 처벌받을 것임을 서약합니다.

20○○년 ○월 ○일

고발인__________(인)
제출인__________(인)

○○지방검찰청 귀중

【서식】 도로를 무단점유사용한 경우 고발장

고 발 장

1. 고발인

성 명	○ ○ ○	주민등록번호	111111-2222222
주 소	○○시 ○○구 ○○동 ○○번지 (현 거주지)		
직 업	○ ○	사무실 주소	
전 화	(휴대폰) (자택) (사무실)		
이메일	lawb@lawb.co.kr		
대리인에 의한 고소	□법정대리인(성명: , 연락처) □고소대리인(성명: 변호사 , 연락처)		

2. 피고발인

성 명	○ ○ ○	주민등록번호	111111-2222222
주 소	○○시 ○○구 ○○길 ○○ (현 거주지)		
직 업	○ ○	사무실 주소	
전 화	(휴대폰) (자택) (사무실)		
이메일	lawb@lawb.co.kr		
기타사항			

3. 고발취지

고발인은 피고발인을 도로를 무단점유사용한 죄로 고발하오니 처벌하여 주시기 바랍니다.

4. 범죄사실

피고발인은 20○○.○.○.부터 ○○카센터를 운영하면서 차량정비시 정비장소가 비좁다는 이유로 고발인들의 집 앞으로 나있는 도로를 무단으로 점유하고 차량정비를 하고 있습니다. 이로 인해 항시 차량이 상습적으로 막히고 또한 보행시도 그로 인해 많은 불편을 겪고 있습니다.

5. 고발이유

엄연히 통행을 위해 만든 도로인데 그런 식으로 무단으로 점유하는 것은 개인의 이익을 위해 다수에게 크나큰 불이익을 끼치게 되기에 이에 피고발인을 고발하오니 법에 따라 엄중히 처벌하여 주시기 바랍니다.

6. 증거자료

(✔해당란에 체크하여 주시기 바랍니다.)

☑ 고발인은 고발인의 진술 외에 제출할 증거가 없습니다.
☐ 고발인은 고발인의 진술 외에 제출할 증거가 있습니다.

7. 관련사건의 수사 및 재판 여부

(✔해당란에 체크하여 주시기 바랍니다)

① 중복 고소 여부	본 고소장과 같은 내용의 고소장을 다른 검찰청 또는 경찰서에 제출하거나 제출하였던 사실이 있습니다 ☐ / 없습니다 ☑
② 관련 형사사건 수사 유무	본 고소장과 기재된 범죄사실과 관련된 사건 또는 공범에 대하여 검찰청이나 경찰서에서 수사중에 있습니다 ☐ / 수사중에 있지 않습니다 ☑
③ 관련 민사소송 유 무	본 고소장과 기재된 범죄사실과 관련된 사건에 대하여 법원에서 민사소송중에 있습니다 ☐ / 민사소송 중에 있지 않습니다 ☑

8. 기타

본 고발장에 기재한 내용을 고발인이 알고 있는 지식과 경험을 바탕으로 모두 사실대로 작성하였으며, 만일 허위사실을 고발하였을 때에는 형법 제156조 무고죄로 처벌받을 것임을 서약합니다.

20○○년 ○월 ○일

고발인__________(인)
제출인__________(인)

○○지방검찰청 귀중

【서식】 아동학대의 경우 고발장

고 발 장

1. 고발인

성 명	○ ○ ○	주민등록번호	111111-2222222
주 소	○○시 ○○구 ○○길 ○○ (현 거주지)		
직 업	○ ○	사무실 주소	
전 화	(휴대폰) (자택) (사무실)		
이메일	lawb@lawb.co.kr		
대리인에 의한 고소	□법정대리인(성명: , 연락처) □고소대리인(성명: 변호사 , 연락처)		

2. 피고발인

성 명	○ ○ ○	주민등록번호	111111-2222222
주 소	○○시 ○○구 ○○길 ○○ (현 거주지)		
직 업	○ ○	사무실 주소	
전 화	(휴대폰) (자택) (사무실)		
이메일	lawb@lawb.co.kr		
기타사항			

3. 고발취지

고발인은 피고발인을 아동학대의 죄로 고발하오니 처벌하여 주시기 바랍니다.

4. 범죄사실

피고발인은 날마다 술을 먹고 또한 술을 먹으면 자신의 아들을 상습적으로 구타하는 것이었습니다. 20○○.○.○. 에도 아이의 울부짖음과 어른의 욕설이 나는 등 너무 시끄러워 가보니 아이가 머리에 피를 흘리고 있었습니다. 아이가 말을 안 듣는다면서 재떨이를 던져 아이의 머리가 찢어졌고, 고발인이 아이를 병원으로 데리고 가서 병원에서 무려 ○바늘이나 꿰매었습니다. 이렇듯 아이를 상습적으로 구타를 하여 지금 아이는 그로 인해 정신적 육체적 피해가 심합니다.

5. 고발이유

이에 피고발인을 고발하오니 법에 따라 엄중히 처벌하여 주시기를 바랍니다.

6. 증거자료 (✔해당란에 체크하여 주시기 바랍니다.)

☑ 고발인은 고발인의 진술 외에 제출할 증거가 없습니다.
☐ 고발인은 고발인의 진술 외에 제출할 증거가 있습니다.

7. 관련사건의 수사 및 재판 여부 (✔해당란에 체크하여 주시기 바랍니다)

① 중복 고소 여부	본 고소장과 같은 내용의 고소장을 다른 검찰청 또는 경찰서에 제출하거나 제출하였던 사실이 있습니다 ☐ / 없습니다 ☑
② 관련 형사사건 수사 유무	본 고소장과 기재된 범죄사실과 관련된 사건 또는 공범에 대하여 검찰청이나 경찰서에서 수사중에 있습니다 ☐ / 수사중에 있지 않습니다 ☑
③ 관련 민사소송 유 무	본 고소장과 기재된 범죄사실과 관련된 사건에 대하여 법원에서 민사소송중에 있습니다 ☐ / 민사소송 중에 있지 않습니다 ☑

8. 기타

본 고발장에 기재한 내용을 고발인이 알고 있는 지식과 경험을 바탕으로 모두 사실대로 작성하였으며, 만일 허위사실을 고발하였을 때에는 형법 제156조 무고죄로 처벌받을 것임을 서약합니다.

20○○년 ○월 ○일

고발인__________(인)
제출인__________(인)

○○지방검찰청 귀중

【서식】 불법 CD 제작 및 유포의 경우 고발장

고 발 장

1. 고발인

성 명	○ ○ ○	주민등록번호	111111-2222222
주 소	○○시 ○○구 ○○길 ○○ (현 거주지)		
직 업	○ ○	사무실 주소	
전 화	(휴대폰) (자택) (사무실)		
이메일	lawb@lawb.co.kr		
대리인에 의한 고소	□법정대리인(성명: , 연락처) □고소대리인(성명: 변호사 , 연락처)		

2. 피고발인

성 명	○ ○ ○	주민등록번호	111111-2222222
주 소	○○시 ○○구 ○○길 ○○ (현 거주지)		
직 업	○ ○	사무실 주소	
전 화	(휴대폰) (자택) (사무실)		
이메일	lawb@lawb.co.kr		
기타사항			

3. 고발취지

고발인은 피고발인을 불법 CD제작 및 유포의 죄로 고발하오니 처벌하여 주시기 바랍니다.

4. 범죄사실

저는 그냥 일반 물건을 나르는구나. 했는데 보니까 CD를 나르는 것이었습니다. 그런데 이상한 것이 거의 모든 CD가 복제품인 것 같았습니다. 그래서 좀 이상하다 싶었는데 서로 얘기하는 것을 들어보니 불법으로 CD를 복사해서 유포하는 일을 하는 사무실이었습니다.

5. 고발이유

이에 피고발인을 고발하오니 법에 따라 엄중히 처벌하여 주시기 바랍니다.

6. 증거자료

(✔해당란에 체크하여 주시기 바랍니다.)

☑ 고발인은 고발인의 진술 외에 제출할 증거가 없습니다.
☐ 고발인은 고발인의 진술 외에 제출할 증거가 있습니다.

7. 관련사건의 수사 및 재판 여부

(✔해당란에 체크하여 주시기 바랍니다)

① 중복 고소 여부	본 고소장과 같은 내용의 고소장을 다른 검찰청 또는 경찰서에 제출하거나 제출하였던 사실이 있습니다 ☐ / 없습니다 ☑
② 관련 형사사건 수사 유무	본 고소장과 기재된 범죄사실과 관련된 사건 또는 공범에 대하여 검찰청이나 경찰서에서 수사중에 있습니다 ☐ / 수사중에 있지 않습니다 ☑
③ 관련 민사소송 유 무	본 고소장과 기재된 범죄사실과 관련된 사건에 대하여 법원에서 민사소송중에 있습니다 ☐ / 민사소송 중에 있지 않습니다 ☑

8. 기타

본 고발장에 기재한 내용을 고발인이 알고 있는 지식과 경험을 바탕으로 모두 사실대로 작성하였으며, 만일 허위사실을 고발하였을 때에는 형법 제156조 무고죄로 처벌받을 것임을 서약합니다.

20○○년 ○월 ○일

고발인__________(인)
제출인__________(인)

○○지방검찰청 귀중

【서식】 상습도박의 장소를 제공하여 주는 경우 고발장

고 발 장

1. 고발인

성 명	○ ○ ○	주민등록번호	111111-2222222
주 소	○○시 ○○구 ○○길 ○○ (현 거주지)		
직 업	○ ○	사무실 주소	
전 화	(휴대폰) (자택) (사무실)		
이메일	lawb@lawb.co.kr		
대리인에 의한 고소	□법정대리인(성명: , 연락처) □고소대리인(성명: 변호사 , 연락처)		

2. 피고발인

성 명	○ ○ ○	주민등록번호	111111-2222222
주 소	○○시 ○○구 ○○길 ○○ (현 거주지)		
직 업	○ ○	사무실 주소	
전 화	(휴대폰) (자택) (사무실)		
이메일	lawb@lawb.co.kr		
기타사항			

3. 고발취지

고발인은 피고발인을 상습도박의 장소를 제공한 죄로 고발하오니 처벌하여 주시기 바랍니다.

4. 범죄사실

피고발인은 ○○시 ○○구 ○○길 ○○ ○○빌딩에 ○○호를 임대하여서 도박장으로 사용하면서 이곳을 이용하는 다수 사람에게 장소 사용명목으로 1인당 금 ○○○원을 받고 이곳을 사용하게 하고 술과 음식 등을 이들에게 터무니없이 비싼 가격으로 제공하고 부수입을 챙기는 수법을 일삼고 있습니다.

5. 고발이유

이에 피고발인을 고발하오니 법에 따라 엄중히 처벌하여 주시기를 바랍니다.

6. 증거자료

(✔해당란에 체크하여 주시기 바랍니다.)

☑ 고발인은 고발인의 진술 외에 제출할 증거가 없습니다.
☐ 고발인은 고발인의 진술 외에 제출할 증거가 있습니다.

7. 관련사건의 수사 및 재판 여부

(✔해당란에 체크하여 주시기 바랍니다)

① 중복 고소 여부	본 고소장과 같은 내용의 고소장을 다른 검찰청 또는 경찰서에 제출하거나 제출하였던 사실이 있습니다 ☐ / 없습니다 ☑
② 관련 형사사건 수사 유무	본 고소장과 기재된 범죄사실과 관련된 사건 또는 공범에 대하여 검찰청이나 경찰서에서 수사중에 있습니다 ☐ / 수사중에 있지 않습니다 ☑
③ 관련 민사소송 유 무	본 고소장과 기재된 범죄사실과 관련된 사건에 대하여 법원에서 민사소송중에 있습니다 ☐ / 민사소송 중에 있지 않습니다 ☑

8. 기타

본 고발장에 기재한 내용을 고발인이 알고 있는 지식과 경험을 바탕으로 모두 사실대로 작성하였으며, 만일 허위사실을 고발하였을 때에는 형법 제156조 무고죄로 처벌받을 것임을 서약합니다.

20○○년 ○월 ○일

고발인__________(인)
제출인__________(인)

○○지방검찰청 귀중

[서식] 고발장(도박죄)

고 발 장

고 발 인 ○ ○ ○
○○시 ○○구 ○○길 ○○
피고발인 김 △ △
○○시 ○○구 ○○길 ○○
이 △ △
○○시 ○○구 ○○길 ○○
박 △ △
○○시 ○○구 ○○길 ○○
최 △ △
○○시 ○○구 ○○길 ○○

고 발 사 실

1. 피고발인들은 20○○. ○.경 각자 친구들을 통하여 서로 알게 되어 20○○. ○. ○. ○○시 ○○구 ○○길 ○○모텔에서 ○○:○○경부터 ○○:○○까지 1점당 ○○원씩 수십 회에 걸쳐 금 ○,○○○,○○○원을 걸고 고스톱을 친 사실이 있습니다.
2. 며칠 후인 20○○. ○. ○. 저녁 그들은 ○○시 ○○구 ○○호텔에서 다시 만나 이번에는 기왕 치는 것 화끈하게 치자며 점당 ○,○○○원씩 당일 ○○:○○부터 그 다음날 ○○:○○까지 수십회에 걸쳐 도합 ○○,○○○,○○○원을 걸고 고스톱을 치고,
3. 그 다음날 같은 장소에서 같은 방법으로 점당 ○○,○○○원씩 ○○여회에 걸쳐 도합 금 ○○,○○○,○○○원을 걸고 도박행위를 한 사실이 있는 자들이기에 고발조치 하오니 엄밀히 조사하여 법에 따라 엄격하게 처벌하시기 바랍니다.

입 증 방 법

추후 제출하겠습니다.

20○○년 ○월 ○일
위 고 발 인 ○ ○ ○ (인)

○ ○ 경 찰 서 장(또는 ○ ○ 지 방 검 찰 청 검 사 장) 귀 중

【서식】 인근공장에서 방음장치를 설치하지 않아 소음공해가 극심한 경우 고발장

고 발 장

1. 고발인

성 명	○ ○ ○	주민등록번호	111111-2222222
주 소	○○시 ○○구 ○○길 ○○ (현 거주지)		
직 업	○ ○	사무실 주소	
전 화	(휴대폰) (자택) (사무실)		
이메일	lawb@lawb.co.kr		
대리인에 의한 고소	□법정대리인(성명: , 연락처) □고소대리인(성명: 변호사 , 연락처)		

2. 피고발인

성 명	○ ○ ○	주민등록번호	111111-2222222
주 소	○○시 ○○구 ○○길 ○○ (현 거주지)		
직 업	○ ○	사무실 주소	
전 화	(휴대폰) (자택) (사무실)		
이메일	lawb@lawb.co.kr		
기타사항			

3. 고발취지

고발인은 피고발인을 소음공해죄로 고발하오니 처벌하여 주시기 바랍니다.

4. 범죄사실

피고발인은 ○○시 ○○구 ○○길 ○○에 거주하는 사람들로서, 20○○.○.경 피고발인이 이곳에 소음이 극심한 ○○기계부품 생산공장을 설립하고 방음장치를 설치하여야 함에도 불구하고 이를 설치하지 아니하여 쇠붙이를 절단하는 등의 시끄러운 소음이 그대로 인근주택에 울림으로 인하여 인접지역 주민들은 생활에 고통을 겪고 있습니다. 이에 몇 차례 피고발인에게 시정을 요구하였지만 아직도 시정이 안되고 있습니다.

5. 고발이유

이에 피고발인을 고발하오니 법에 따라 엄중히 처벌하여 주시기를 바랍니다.

6. 증거자료

(✔해당란에 체크하여 주시기 바랍니다.)

☑ 고발인은 고발인의 진술 외에 제출할 증거가 없습니다.
☐ 고발인은 고발인의 진술 외에 제출할 증거가 있습니다.

7. 관련사건의 수사 및 재판 여부

(✔해당란에 체크하여 주시기 바랍니다)

① 중복 고소 여부	본 고소장과 같은 내용의 고소장을 다른 검찰청 또는 경찰서에 제출하거나 제출하였던 사실이 있습니다 ☐ / 없습니다 ☑
② 관련 형사사건 수사 유무	본 고소장과 기재된 범죄사실과 관련된 사건 또는 공범에 대하여 검찰청이나 경찰서에서 수사중에 있습니다 ☐ / 수사중에 있지 않습니다 ☑
③ 관련 민사소송 유 무	본 고소장과 기재된 범죄사실과 관련된 사건에 대하여 법원에서 민사소송중에 있습니다 ☐ / 민사소송 중에 있지 않습니다 ☑

8. 기타

본 고발장에 기재한 내용을 고발인이 알고 있는 지식과 경험을 바탕으로 모두 사실대로 작성하였으며, 만일 허위사실을 고발하였을 때에는 형법 제156조 무고죄로 처벌받을 것임을 서약합니다.

20○○년 ○월 ○일

고발인__________(인)
제출인__________(인)

○○지방검찰청 귀중

【서식】 카드할인 등의 경우 고발장

고 발 장

1. 고발인

성 명	○ ○ ○	주민등록번호	111111-2222222
주 소	○○시 ○○구 ○○길 ○○ (현 거주지)		
직 업	○ ○	사무실 주소	
전 화	(휴대폰) (자택) (사무실)		
이메일	lawb@lawb.co.kr		
대리인에 의한 고소	□법정대리인(성명: , 연락처) □고소대리인(성명: 변호사 , 연락처)		

2. 피고발인

성 명	○ ○ ○	주민등록번호	111111-2222222
주 소	○○시 ○○구 ○○길 ○○ (현 거주지)		
직 업	○ ○	사무실 주소	
전 화	(휴대폰) (자택) (사무실)		
이메일	lawb@lawb.co.kr		
기타사항			

3. 고발취지

고발인은 피고발인을 카드할인 등의 죄로 고발하오니 처벌하여 주시기 바랍니다.

4. 범죄사실

고발인은 ○○시 ○○구 ○○길 ○○에 있는 ○○오피스텔에서 ○○이라는 조그마한 출판사를 경영하고 있는데 바로 옆 사무실이 너무 시끄러워 제대로 일을 못할 지경이어서 도대체 뭘 하는 곳인데 이렇게 시끄러운가 하여 살펴보았더니 매일같이 많은 사람들이 이곳에 와서는 나갈 때 많은 돈을 가지고 가는 것이었습니다. 그리하여 이 중 한사람을 잡고 물어보았더니 옆 사무실에서 아직까지 이곳에서 뭘 하는지 모르셨어요? 이곳은 카드깡을 하는 곳인데 자기도 급하게 돈이 필요해 ○○○만원을 깡하였는데 수수료를 25%나 공제하고 주었다면서 수수료가 너무 비싸도 돈이 급하니 도리가 있나요. 하면서 나갔습니다. 이후로도 계속하여 이곳은 많은 사람들이 찾아와 카드를 할인하여 가고 있습니다.

5. 고발이유

이에 본인은 동 사무실이 너무 시끄럽고 또한 이러한 불법적 행위를 묵과 할 수 없기에 ○○○, ○○○, ○○○, ○○○을 고발하오니 법에 따라 엄중히 처벌하여 주시기를 바랍니다.

6. 증거자료 (✔해당란에 체크하여 주시기 바랍니다.)

☑ 고발인은 고발인의 진술 외에 제출할 증거가 없습니다.
□ 고발인은 고발인의 진술 외에 제출할 증거가 있습니다.

7. 관련사건의 수사 및 재판 여부 (✔해당란에 체크하여 주시기 바랍니다)

① 중복 고소 여부	본 고소장과 같은 내용의 고소장을 다른 검찰청 또는 경찰서에 제출하거나 제출하였던 사실이 있습니다 □ / 없습니다 ☑
② 관련 형사사건 수사 유무	본 고소장과 기재된 범죄사실과 관련된 사건 또는 공범에 대하여 검찰청이나 경찰서에서 수사중에 있습니다 □ / 수사중에 있지 않습니다 ☑
③ 관련 민사소송 유 무	본 고소장과 기재된 범죄사실과 관련된 사건에 대하여 법원에서 민사소송중에 있습니다 □ / 민사소송 중에 있지 않습니다 ☑

8. 기타

본 고발장에 기재한 내용을 고발인이 알고 있는 지식과 경험을 바탕으로 모두 사실대로 작성하였으며, 만일 허위사실을 고발하였을 때에는 형법 제156조 무고죄로 처벌받을 것임을 서약합니다.

20○○년 ○월 ○일

고발인__________(인)
제출인__________(인)

○○지방검찰청 귀중

【서식】 상수원 보호 지역에서 낚시를 할 경우 고발장

고 발 장

1. 고발인

성 명	○ ○ ○	주민등록번호	111111-2222222
주 소	○○시 ○○구 ○○길 ○○ (현 거주지)		
직 업	○ ○	사무실 주소	
전 화	(휴대폰) (자택) (사무실)		
이메일	lawb@lawb.co.kr		
대리인에 의한 고소	□법정대리인(성명: , 연락처) □고소대리인(성명: 변호사 , 연락처)		

2. 피고발인

성 명	○ ○ ○	주민등록번호	111111-2222222
주 소	○○시 ○○구 ○○길 ○○ (현 거주지)		
직 업	○ ○	사무실 주소	
전 화	(휴대폰) (자택) (사무실)		
이메일	lawb@lawb.co.kr		
기타사항			

3. 고발취지

고발인은 피고발인을 상수원 보호 지역에서 낚시를 한 죄로 고발하오니 처벌하여 주시기 바랍니다.

4. 범죄사실

20○○.○. 경부터는 야간에 강가에 불빛이 있어 무슨 불빛일까 궁금히 여기다가 누가 이곳을 지나가는 것이겠지 생각하였습니다. 그 후 주말만 되면 이곳에는 불빛이 있어 이상하게 생각하여 그곳에 가보았더니 5~6명의 낚시꾼들이 낚시를 하고 있는 것이었습니다. 이에 고발인은 이곳은 낚시가 금지된 상수원 보호구역이라고 하였더니 ○○시 ○○구 ○○길 ○○에 있는 ○○낚시가게에서 불특정 낚시인들을 대상으로 1인당 금 ○○○원을 받고 차량으로 이곳에 데리고 와서 이곳에서 낚시를 하라고 하여 낚시를 하여도 되는 곳으로 알고 있었다는 것이었습니다.

5. 고발이유

이후에도 주말만 되면 이곳은 동 낚시가게에서 수많은 낚시인들을 차량에 태우고 와서 이곳에서 낚시를 하게하고 있으므로 더 이상 이를 방관할 수 없어 ○○낚시가게 주인인 ○○○을 고발하오니 법에 따라 엄중히 처벌하여 주시기를 바랍니다.

6. 증거자료

(✔해당란에 체크하여 주시기 바랍니다.)

☑ 고발인은 고발인의 진술 외에 제출할 증거가 없습니다.
□ 고발인은 고발인의 진술 외에 제출할 증거가 있습니다.

7. 관련사건의 수사 및 재판 여부

(✔해당란에 체크하여 주시기 바랍니다)

① 중복 고소 여부	본 고소장과 같은 내용의 고소장을 다른 검찰청 또는 경찰서에 제출하거나 제출하였던 사실이 있습니다 □ / 없습니다 ☑
② 관련 형사사건 수사 유무	본 고소장과 기재된 범죄사실과 관련된 사건 또는 공범에 대하여 검찰청이나 경찰서에서 수사중에 있습니다 □ / 수사중에 있지 않습니다 ☑
③ 관련 민사소송 유 무	본 고소장과 기재된 범죄사실과 관련된 사건에 대하여 법원에서 민사소송중에 있습니다 □ / 민사소송 중에 있지 않습니다 ☑

8. 기타

본 고발장에 기재한 내용을 고발인이 알고 있는 지식과 경험을 바탕으로 모두 사실대로 작성하였으며, 만일 허위사실을 고발하였을 때에는 형법 제156조 무고죄로 처벌받을 것임을 서약합니다.

20○○년 ○월 ○일

고발인__________(인)
제출인__________(인)

○○지방검찰청 귀중

【서식】 허가담당공무원이 금품을 받고 불법으로 허가를 한 경우 고발장

고 발 장

1. 고발인

성 명	○ ○ ○	주민등록번호	111111-2222222
주 소	○○시 ○○구 ○○길 ○○ (현 거주지)		
직 업	○ ○	사무실 주소	
전 화	(휴대폰) (자택) (사무실)		
이메일	lawb@lawb.co.kr		
대리인에 의한 고소	□법정대리인(성명: , 연락처) □고소대리인(성명: 변호사 , 연락처)		

2. 피고발인

성 명	○ ○ ○	주민등록번호	111111-2222222
주 소	○○시 ○○구 ○○길 ○○ (현 거주지)		
직 업	○○시 ○○구청 ○○과장 ○○○	사무실 주소	
전 화	(휴대폰) (자택) (사무실)		
이메일	lawb@lawb.co.kr		
기타사항			

3. 고발취지

고발인은 피고발인을 허가담당공무원이 금품을 받고 불법으로 허가를 한 죄로 고발하오니 처벌하여 주시기 바랍니다.

4. 범죄사실

고발인은 20○○.○.○. ○○:○○경 ○○시 ○○구 ○○길 ○○ 신축 ○○빌딩 지하 1층에 레스토랑을 운영하기 위하여 허가를 받고자 ○○구청에 찾아가 허가에 필요한 시설 등을 물어보았더니 정화조시설 등 시설비용이 상당히 많이 소요될 것 같아 1주일 전에 같은 업종에 허가를 받은 ○○○을 찾아가 어떤 방법으로 설치를 하였으며 공사업자는 누구를 시켜하였는지 물어보았더니 ○○○은 이 사람 참 융통성이 없네. 허가기준에 맞춰 공사를 하자면 금 ○○○만원은 들것인데 그 비용을 어떻게 충당하려고 그러시나, 그러지 말고 자기가 방법을 가르쳐 줄 것이니 그 방법대로 하라고 하면서 자기도 그렇게 하여 금 ○○만원만 들이고 허가를 얻었다는 것이었습니다. 방법인즉 담당과장인 ○○○을 찾아가 금 ○○○원을 주고 정화조 시설은 조그마하게 형식적으로 만들어 놓으면 알아서 다 허가를 내주니까 그렇게 하라는 것이었습니다. 요즘 신규로 허가를 받는 사람들은 다 그렇게 하고 있으니 염려하지 말라는 것이었으나 고발인은 처음에는 그렇게 할까도 생각해 보았으나 하루 이틀 할 장사도 아니고 나중에 단속이 있으면 그 때마다 또 금품을 제공하여야 될 것 같아 규정대로 시공을 하고 허가를 받았으나 담당과장은 상당히 까다롭게 트집을 잡는 등 하여 허가 과정에서 상당한 애로를 겪었습니다. 규정대로 하였는데도 왜 이렇게 힘들었을까 생각하여 보니 다른 사람들과 같이 금품을 지급하지 않아서 그런 것 같기도 하지만 까다로운 허가 과정에는 이의가 없으나 상기와 같이 공무원이 금품을 받고 규정에 어긋나는 허가 등을 남발하여서는 아니 되겠기에 금품을 제공받고 법규에 어긋나는 허가를 일삼는 ○○담당과장 ○○○을 고발하오니 법에 따라 엄중 처벌하여 주시기 바랍니다.

5. 고발이유

(생략)

6. 증거자료

(✔해당란에 체크하여 주시기 바랍니다.)

☑ 고발인은 고발인의 진술 외에 제출할 증거가 없습니다.
□ 고발인은 고발인의 진술 외에 제출할 증거가 있습니다.

7. 관련사건의 수사 및 재판 여부

(✔해당란에 체크하여 주시기 바랍니다)

① 중복 고소 여부	본 고소장과 같은 내용의 고소장을 다른 검찰청 또는 경찰서에 제출하거나 제출하였던 사실이 있습니다 □ / 없습니다 ☑
② 관련 형사사건 수사 유무	본 고소장과 기재된 범죄사실과 관련된 사건 또는 공범에 대하여 검찰청이나 경찰서에서 수사중에 있습니다 □ / 수사중에 있지 않습니다 ☑
③ 관련 민사소송 유무	본 고소장과 기재된 범죄사실과 관련된 사건에 대하여 법원에서 민사소송중에 있습니다 □ / 민사소송 중에 있지 않습니다 ☑

8. 기타

본 고발장에 기재한 내용을 고발인이 알고 있는 지식과 경험을 바탕으로 모두 사실대로 작성하였으며, 만일 허위사실을 고발하였을 때에는 형법 제156조 무고죄로 처벌받을 것임을 서약합니다.

20○○년 ○월 ○일

고발인__________(인)
제출인__________(인)

○○지방검찰청 귀중

[서식] 고발장(수뢰죄)

고 발 장

고 소 인 ○ ○ ○

○○시 ○○구 ○○길 ○○

피고발인 △ △ △

○○시 ○○구 ○○길 ○○

고 발 취 지

피고발인은 고발인의 딸 □□□의 취직과 관련하여 고발인으로부터 금 ○○○만원을 수수한 사실이 있습니다.

고 발 사 실

1. 피고발인은 서울 ○○구청 인사계장으로 근무하는 공무원이고, 고발인은 용역업체에 소속되어 ○○구청 주변의 상가건물을 청소하는 근로자입니다.
2. 고발인은 고등학교를 졸업하고 집에서 쉬고있는 딸 □□□의 어머니로서 딸의 취직을 걱정하고 있던 중 같이 일하는 동료의 소개로 피고발인을 알게 되었습니다. 고발인은 20○○년 ○월 ○일경 ○○구청부근의 ○○다방에서 피고발인을 만나 딸의 취직을 부탁하였는바, 피고발인은 자신이 근무하는 ○○구청에서 행정보조원을 채용하고 있으니 딸이 채용되도록 해주겠다고 하였습니다. 이에 고발인은 그 자리에서 금 ○○○만원을 피고발인에게 건네주었고 피고발인은 딸의 취직을 약속했던 사실이 있습니다.
3. 그런데 2년이 지난 현재까지 딸은 채용이 되지 않고 있으며 피고발인은 아무런 대책도 없이 기다리라고만 할 뿐 약속을 지키지 않고 있습니다.
4. 위와 같은 사실을 고발하오니 조사하여 엄벌하여 주시기 바랍니다.

20○○년 ○월 ○일

위 고 발 인 ○ ○ ○ (인)

○ ○ 경 찰 서 장(또는 ○ ○ 지 방 검 찰 청 검 사 장) 귀 중

【서식】 세무공무원이 금품을 제공받고 낮은 세액을 징수한 경우 고발장

고 발 장

1. 고발인

성 명	○ ○ ○	주민등록번호	111111-2222222
주 소	○○시 ○○구 ○○길 ○○ (현 거주지)		
직 업	○ ○	사무실 주소	
전 화	(휴대폰) (자택) (사무실)		
이메일	lawb@lawb.co.kr		
대리인에 의한 고소	□법정대리인(성명: , 연락처) □고소대리인(성명: 변호사 , 연락처)		

2. 피고발인

성 명	○ ○ ○	주민등록번호	111111-2222222
주 소	○○시 ○○구 ○○길 ○○ (현 거주지)		
직 업	○○세무서 ○○세무 담당공무원 ○○○	사무실 주소	
전 화	(휴대폰) (자택) (사무실)		
이메일	lawb@lawb.co.kr		
기타사항			

3. 고발취지

고발인은 피고발인을 금품을 제공받고 낮은 세액을 징수한 죄로 고발하오니 처벌하여 주시기 바랍니다.

4. 범죄사실

피고발인은 20○○.○.○. ○○세 납세신고를 받는 과정에서 ○○시 ○○구 ○○동 ○번지 ○○빌딩 ○○호에서 ○○○세무사 사무실을 경영하는 ○○○세무사로부터 금 ○○○원을 제공받고 동인이 낮게 신고하는 세액을 아무런 확인없이 신고액대로 과세하는 등의 수법으로 불법행위를 하는 가 하면 20○○.○.○.에는 ○○시 ○○구 ○○동 소재 ○○주식회사로부터 금 ○○만원을 제공받고 세액 ○○○원을 감하여 과세하는 등의 행위를 하였으므로 위 ○○

○을 고발하오니 법에 따라 엄중 처벌하여 주시기 바랍니다.

5. 고발이유

(생략)

6. 증거자료

(✔해당란에 체크하여 주시기 바랍니다.)

☑ 고발인은 고발인의 진술 외에 제출할 증거가 없습니다.
□ 고발인은 고발인의 진술 외에 제출할 증거가 있습니다.

7. 관련사건의 수사 및 재판 여부

(✔해당란에 체크하여 주시기 바랍니다)

① 중복 고소 여부	본 고소장과 같은 내용의 고소장을 다른 검찰청 또는 경찰서에 제출하거나 제출하였던 사실이 있습니다 □ / 없습니다 ☑
② 관련 형사사건 수사 유무	본 고소장과 기재된 범죄사실과 관련된 사건 또는 공범에 대하여 검찰청이나 경찰서에서 수사중에 있습니다 □ / 수사중에 있지 않습니다 ☑
③ 관련 민사소송 유 무	본 고소장과 기재된 범죄사실과 관련된 사건에 대하여 법원에서 민사소송중에 있습니다 □ / 민사소송 중에 있지 않습니다 ☑

8. 기타

본 고발장에 기재한 내용을 고발인이 알고 있는 지식과 경험을 바탕으로 모두 사실대로 작성하였으며, 만일 허위사실을 고발하였을 때에는 형법 제156조 무고죄로 처벌받을 것임을 서약합니다.

20○○년 ○월 ○일

고발인__________(인)
제출인__________(인)

○○지방검찰청 귀중

【서식】 성매매행위를 알선한 경우 고발장

고 발 장

1. 고발인

성 명	○ ○ ○	주민등록번호	111111-2222222
주 소	○○시 ○○구 ○○길 ○○ (현 거주지)		
직 업	○ ○	사무실 주소	
전 화	(휴대폰) (자택) (사무실)		
이메일	lawb@lawb.co.kr		
대리인에 의한 고소	□법정대리인(성명: , 연락처) □고소대리인(성명: 변호사 , 연락처)		

2. 피고발인외 1명

성 명	○ ○ ○	주민등록번호	111111-2222222
주 소	○○시 ○○구 ○○길 ○○ (현 거주지)		
직 업	○ ○	사무실 주소	
전 화	(휴대폰) (자택) (사무실)		
이메일	lawb@lawb.co.kr		
기타사항			

3. 고발취지

고발인은 피고발인을 성매매행위를 알선한 죄로 고발하오니 처벌하여 주시기 바랍니다.

4. 범죄사실

피고발인은 ○○시 ○○구 ○○길 ○○에서 ○○장여관이라는 상호로 숙박업을 경영하는 자인바 20○○.○.○.경부터 영업을 개시하여 오다가 수입이 예상보다 떨어지자 20○○.○.○.부터 여종업원(22세) ○○○을 채용하여 그녀로 하여금 이곳에 숙박 온 손님들로부터 1회당 금 ○○○○○원을 받아 각각 ○○○○원씩 나누어 갖는 수법으로 성매매행위를 하기로 합의하고 20○○.○.○. ○○시 ○○구 ○○길 ○○에 사는 ○○○에게 어여쁜 아가씨가 있으니 같이 자지 않겠느냐는 등의 말로 유혹하여 이를 수락할 경우 위 여종업원 ○○○이 들어가 성매매행위를 하고 금 ○○○○○원을 받아 나누어 갖는 등 20○○.○.○.부터 현재까지 같은 수법으로 불특정 다수인을 상대로 수십회에 걸쳐 성매매행위를 알선·제공하고 금품을 수수하였으므로 이들을 고발하오니 법에 따라 엄중 처벌하여 주시기를 바랍니다.

5. 고발이유

(생략)

6. 증거자료

(✔해당란에 체크하여 주시기 바랍니다.)

☑ 고발인은 고발인의 진술 외에 제출할 증거가 없습니다.
□ 고발인은 고발인의 진술 외에 제출할 증거가 있습니다.

7. 관련사건의 수사 및 재판 여부

(✔해당란에 체크하여 주시기 바랍니다)

① 중복 고소 여부	본 고소장과 같은 내용의 고소장을 다른 검찰청 또는 경찰서에 제출하거나 제출하였던 사실이 있습니다 □ / 없습니다 ☑
② 관련 형사사건 수사 유무	본 고소장과 기재된 범죄사실과 관련된 사건 또는 공범에 대하여 검찰청이나 경찰서에서 수사중에 있습니다 □ / 수사중에 있지 않습니다 ☑
③ 관련 민사소송 유무	본 고소장과 기재된 범죄사실과 관련된 사건에 대하여 법원에서 민사소송중에 있습니다 □ / 민사소송 중에 있지 않습니다 ☑

8. 기타

본 고발장에 기재한 내용을 고발인이 알고 있는 지식과 경험을 바탕으로 모두 사실대로 작성하였으며, 만일 허위사실을 고발하였을 때에는 형법 제156조 무고죄로 처벌받을 것임을 서약합니다.

20○○년 ○월 ○일

고발인__________(인)
제출인__________(인)

○○지방검찰청 귀중

【서식】 마약류를 판매한 경우 고발장

고 발 장

1. 고발인

성 명	○ ○ ○	주민등록번호	111111-2222222
주 소	○○시 ○○구 ○○길 ○○ (현 거주지)		
직 업	○ ○	사무실 주소	
전 화	(휴대폰) (자택) (사무실)		
이메일	lawb@lawb.co.kr		
대리인에 의한 고소	□법정대리인(성명: , 연락처) □고소대리인(성명: 변호사 , 연락처)		

2. 피고발인

성 명	○ ○ ○	주민등록번호	111111-2222222
주 소	○○시 ○○구 ○○길 ○○ (현 거주지)		
직 업	○ ○	사무실 주소	
전 화	(휴대폰) (자택) (사무실)		
이메일	lawb@lawb.co.kr		
기타사항			

3. 고발취지

고발인은 피고발인을 마약류를 판매한 죄로 고발하오니 처벌하여 주시기 바랍니다.

4. 범죄사실

20○○.○.○.경 피고발인은 ○○부두에서 ○○선박을 통하여 밀반입한 히로뽕을 ○○시 ○○구 ○○길 ○○에 있는 ○○유흥업소 주인 ○○○에게 금 ○○○원을 지급받고 히로뽕 ○○g을 넘겨주는 등 수십차례에 걸쳐 인근 유흥업소 등 불특정 다수인에게 이를 판매하였습니다.

5. 고발이유

이에 피고발인을 고발하오니 법에 따라 엄중 처벌하여 주시기 바랍니다.

6. 증거자료

(✔해당란에 체크하여 주시기 바랍니다.)

☑ 고발인은 고발인의 진술 외에 제출할 증거가 없습니다.
☐ 고발인은 고발인의 진술 외에 제출할 증거가 있습니다.

7. 관련사건의 수사 및 재판 여부

(✔해당란에 체크하여 주시기 바랍니다)

① 중복 고소 여부	본 고소장과 같은 내용의 고소장을 다른 검찰청 또는 경찰서에 제출하거나 제출하였던 사실이 있습니다 ☐ / 없습니다 ☑
② 관련 형사사건 수사 유무	본 고소장과 기재된 범죄사실과 관련된 사건 또는 공범에 대하여 검찰청이나 경찰서에서 수사중에 있습니다 ☐ / 수사중에 있지 않습니다 ☑
③ 관련 민사소송 유 무	본 고소장과 기재된 범죄사실과 관련된 사건에 대하여 법원에서 민사소송중에 있습니다 ☐ / 민사소송 중에 있지 않습니다 ☑

8. 기타

본 고발장에 기재한 내용을 고발인이 알고 있는 지식과 경험을 바탕으로 모두 사실대로 작성하였으며, 만일 허위사실을 고발하였을 때에는 형법 제156조 무고죄로 처벌받을 것임을 서약합니다.

20○○년 ○월 ○일

고발인__________(인)
제출인__________(인)

○○지방검찰청 귀중

【서식】 마약류를 상습 투약한 경우 고발장

고 발 장

1. 고발인

성 명	○ ○ ○	주민등록번호	111111-2222222
주 소	○○시 ○○구 ○○길 ○○ (현 거주지)		
직 업	○ ○	사무실 주소	
전 화	(휴대폰) (자택) (사무실)		
이메일	lawb@lawb.co.kr		
대리인에 의한 고소	□법정대리인(성명: , 연락처) □고소대리인(성명: 변호사 , 연락처)		

2. 피고발인외 1명

성 명	○ ○ ○	주민등록번호	111111-2222222
주 소	○○시 ○○구 ○○길 ○○ (현 거주지)		
직 업	○ ○	사무실 주소	
전 화	(휴대폰) (자택) (사무실)		
이메일	lawb@lawb.co.kr		
기타사항			

3. 고발취지

고발인은 피고발인을 마약류를 상습 투약한죄로 고발하오니 처벌하여 주시기 바랍니다.

4. 범죄사실

피고발인은 ○○시 ○○구 ○○길 ○○ ○○빌딩에서 ○○무역상을 하고 있는 자로 ○○길 ○○에서 구입한 마약류 속칭 히로뽕을 20○○.○.○. ○○:○○경 상기장소에서 이를 투약하는 등 20○○.○.○.부터 20○○.○.○.경까지 상기장소 및 인근 유흥업소인 ○○유흥업소 밀실 등에서 수차에 걸쳐 이를 투약하였으므로 동인을 고발하오니 법에 따라 엄중 처벌하여 주시기를 바랍니다.

5. 고발이유

(생략)

6. 증거자료

(✔해당란에 체크하여 주시기 바랍니다.)

☑ 고발인은 고발인의 진술 외에 제출할 증거가 없습니다.
☐ 고발인은 고발인의 진술 외에 제출할 증거가 있습니다.

7. 관련사건의 수사 및 재판 여부

(✔해당란에 체크하여 주시기 바랍니다)

① 중복 고소 여부	본 고소장과 같은 내용의 고소장을 다른 검찰청 또는 경찰서에 제출하거나 제출하였던 사실이 있습니다 ☐ / 없습니다 ☑
② 관련 형사사건 수사 유무	본 고소장과 기재된 범죄사실과 관련된 사건 또는 공범에 대하여 검찰청이나 경찰서에서 수사중에 있습니다 ☐ / 수사중에 있지 않습니다 ☑
③ 관련 민사소송 유 무	본 고소장과 기재된 범죄사실과 관련된 사건에 대하여 법원에서 민사소송중에 있습니다 ☐ / 민사소송 중에 있지 않습니다 ☑

8. 기타

본 고발장에 기재한 내용을 고발인이 알고 있는 지식과 경험을 바탕으로 모두 사실대로 작성하였으며, 만일 허위사실을 고발하였을 때에는 형법 제156조 무고죄로 처벌받을 것임을 서약합니다.

20○○년 ○월 ○일

고발인__________(인)
제출인__________(인)

○○지방검찰청 귀중

【서식】 마약류를 불법 재배한 경우 고발장

고 발 장

1. 고발인

성 명	○ ○ ○	주민등록번호	111111-2222222
주 소	○○시 ○○구 ○○길 ○○ (현 거주지)		
직 업	○ ○	사무실 주소	
전 화	(휴대폰) (자택) (사무실)		
이메일	lawb@lawb.co.kr		
대리인에 의한 고소	□법정대리인(성명: , 연락처) □고소대리인(성명: 변호사 , 연락처)		

2. 피고발인외 1명

성 명	○ ○ ○	주민등록번호	111111-2222222
주 소	○○시 ○○구 ○○길 ○○ (현 거주지)		
직 업	○ ○	사무실 주소	
전 화	(휴대폰) (자택) (사무실)		
이메일	lawb@lawb.co.kr		
기타사항			

3. 고발취지

고발인은 피고발인을 ○○죄로 고발하오니 처벌하여 주시기 바랍니다.

4. 범죄사실

피고발인은 ○○도 ○○군 ○○면 ○○리 산○번지에 도라지 밭에 20○○.○.○.경 양귀비를 심어 이를 재배하여 20○○.○.○.경에 수확하여 사용하는 등 20○○.부터 20○○까지 ○년간 이를 재배하는 동 씨앗을 그 정을 모르는 이웃주민인 80세의 고령인 고발인의 부친에게 이것을 심어 재배를 하여 판매하면 큰돈을 벌 수 있다며 심어보라고 권유를 하여 동 씨앗을 보관하고 있던 부친께서 고발인에게 위 사실을 이야기하면서 동 씨앗을 보여 주시기에 이는 불법으로 재배를 하면 큰일이 난다고 말씀을 드리고 동 씨앗은 고발장과 함께 제출합니다.

5. 고발이유

이상과 같은 이유로 피고발인을 고발하오니 법에 따라 엄중 처벌하여 주시기를 바랍니다.

6. 증거자료

(✔해당란에 체크하여 주시기 바랍니다.)

☑ 고발인은 고발인의 진술 외에 제출할 증거가 없습니다.
☐ 고발인은 고발인의 진술 외에 제출할 증거가 있습니다.

7. 관련사건의 수사 및 재판 여부

(✔해당란에 체크하여 주시기 바랍니다)

① 중복 고소 여부	본 고소장과 같은 내용의 고소장을 다른 검찰청 또는 경찰서에 제출하거나 제출하였던 사실이 있습니다 ☐ / 없습니다 ☑
② 관련 형사사건 수사 유무	본 고소장과 기재된 범죄사실과 관련된 사건 또는 공범에 대하여 검찰청이나 경찰서에서 수사중에 있습니다 ☐ / 수사중에 있지 않습니다 ☑
③ 관련 민사소송 유 무	본 고소장과 기재된 범죄사실과 관련된 사건에 대하여 법원에서 민사소송중에 있습니다 ☐ / 민사소송 중에 있지 않습니다 ☑

8. 기타

본 고발장에 기재한 내용을 고발인이 알고 있는 지식과 경험을 바탕으로 모두 사실대로 작성하였으며, 만일 허위사실을 고발하였을 때에는 형법 제156조 무고죄로 처벌받을 것임을 서약합니다.

20○○년 ○월 ○일

고발인__________(인)
제출인__________(인)

○○지방검찰청 귀중

【서식】 진정서

진 정 서

진정인 : ○ ○ ○ (123456-1234567)
○○도 ○○시 ○구 ○○길 ○○○
전화번호 : 123-4567
E-mail : Lawb@lawb.co.kr
피진정인 : ○○대학 총장 ○ ○ ○
○○도 ○○시 ○구 ○○길 ○○○
전화번호 : 456-7890

진정요지

피진정인은 장애인인 진정인외 ○명을 모집하고 이들을 보호하고 제대로 교육할 의무를 지키지 않았습니다. 시정 조치하여 주시기 바랍니다.

진정내용

1. 진정인은 피진정인 학교에 ○○○○년 ○월 ○일 입학하여 지금까지 성실하게 생활하고 있습니다.
2. 그러나 피진정인은 장애인 특별전형으로 선발한 진정인에게 편의시설을 제공하기는커녕 도움을 호소하는 진정인을 방치한 것은 명백한 인권침해입니다.
이에 진정하오니 조속한 시일내에 적절하게 조치해 주시기 바랍니다.

<별첨 : 입학서류>

20○○년 ○월 ○일

위 진정인 : ○ ○ ○ (인)

○○검찰청 귀하

제 2 장 강제처분과 강제수사

Ⅰ. 체포

1. 체포의 의의 및 종류

(1) 체포의 의의

체포는 죄를 범하였다고 의심할 만한 상당한 이유가 있는 피의자를 단시간 동안 수사관서 등 일정한 장소에 인치하는 제도를 말한다. 특정인의 신체의 자유를 억제하는 강제처분이라는 점에서는 구속과 같으나 그 기간이 비교적 단기라는 점과 요건이 비교적 완화되어 있다는 점에서 구속과는 구별된다. 또 영장실질심사제도의 적용이 없고, 예외적으로 영장에 의하지 아니한 체포가 가능하다는 점에서 그러하지 않은 구속과는 구별된다.

(2) 체포의 종류

체포는 법상 체포영장에 의한 체포(법 제200조의2), 긴급체포(법 제200조의3), 현행범인의 체포(법 제212조)의 세 가지로 나누어지며, 요건이나 영장의 요부 등에서 서로 다르다. 형사소송법은 체포에 관하여 체포영장에 의한 체포, 즉 통상체포를 원칙으로 한다. 즉 체포를 함에는 지방법원판사가 발부한 체포영장이 있어야 한다(법 제200조의2).

2. 체포영장에 의한 체포

(1) 체포의 요건

체포영장에 의한 체포는 피의자가 죄를 범하였다고 의심할 만한 상당한 이유가 있고, 정당한 이유 없이 제200조의 규정에 의한 출석요구에 응하지 아니하거나 응하지 아니할 우려가 있는 때에는 검사는 관할 지방법원판사에게 청구하여 체포영장을 발부받아 피의자를 체포할 수 있고, 사법경찰관은 검사에게 신청하여 검사의 청구로 관할지방법원판사의 체포영장을 발부받아 피의자를 체포할 수 있는 것(법 200조의2 제1항)을 말한다.

가. 범죄혐의의 상당성

체포영장을 발부하기 위하여는 피의자가 죄를 범하였다고 의심할 만한 상당한 이유가 있어야 한다(법 제200조의2 제1항). 즉 '상당한 이유'라 함은 범죄의 합리적 혐의, 즉 혐의를 긍정하는 객관적이고 합리적인 근거가 있는 것을 말한다. 그 혐의란 주관적인 혐의만으로는 부족하나, 아직 수사단계인 점을 고려하여 유죄판결을 할 수 있을 정도라거나 공소를 제기할 수 있을 정도에까지 이르지 아니하여도 되지만, 증거자료가 뒷받침되는 객관적이고 합리적인 것이어야 한다.

나. 체포사유

피의자를 체포하기 위하여는 피의자가 수사기관의 출석요구에 응하지 아니하거나 응하지 아니할 우려가 있어야 한다(동조 1항). 다만, 다액 50만원 이하의 벌금, 구류 또는 과료에 해당하는 사건에 관하여는 피의자의 일정한 주거가 없는 경우 또는 정당한 이유 없이 출석요구에 응하지 아니한 경우에 한하여 체포할 수 있다(동조 1항 단서).

다. 체포의 필요성

명백히 체포의 필요성이 인정되지 아니하는 경우에는 체포하여서는 안된다(동조 2항). 체포영장의 청구에는 체포의 사유 및 필요를 인정할 수 있는 자료를 제출하여야 한다(규 제96조 1항).

(2) 체포의 절차

체포영장에 의한 체포는 검사의 청구에 의하여 지방법원판사가 발부한 체포영장에 의한다(법 제200조의2 제1항).

가. 체포영장의 청구

1) 청구권자

수사기관 중 검사만이 청구할 수 있고, 사법경찰관은 직접적인 청구권이 없으며 검사에게 신청하여 검사의 청구로 영장을 발부받게 된다(헌 제12조 제3항, 법 제200조의2 제1항).

2) 체포영장청구서의 기재사항(규 제95조)

서면(체포영장청구서)에 의하여야 하며, 청구서에는 다음의 사항을 기재하여야 한다.

① 피의자의 성명(분명하지 아니한 때에는 인상, 체격, 그 밖에 피의자를 특정할 수 있는 사항), 주민등록번호 등, 직업, 주거

② 피의자에게 변호인이 있는 때에는 그 성명
③ 죄명 및 범죄사실의 요지
④ 7일을 넘는 유효기간을 필요로 하는 때에는 그 취지 및 사유
⑤ 여러 통의 영장을 청구하는 때에는 그 취지 및 사유
⑥ 인치구금할 장소
⑦ 법 제200조의2 제1항이 규정한 체포의 사유
⑧ 동일한 범죄사실에 관하여 그 피의자에 대하여 전에 체포영장을 청구하였거나 발부받은 사실이 있는 때에는 다시 체포영장을 청구하는 취지 및 이유
⑨ 현재 수사 중인 다른 범죄사실에 관하여 그 피의자에 대하여 발부된 유효한 체포영장이 있는 경우에는 그 취지 및 그 범죄사실

3) 영장청구의 방식

체포영장청구서에는 범죄사실의 요지를 따로 기재된 서면 1통(수통의 영장을 청구하는 때에는 그에 상응하는 통수)을 첨부하여야 한다(규 제93조 2항). 압수·수색·검증영장의 청구서에는 범죄사실의 요지, 압수·수색·검증의 장소 및 대상을 따로 기재한 서면 1통(수통의 영장을 청구하는 때에는 그에 상응하는 통수)을 첨부하여야 한다(규 제93조 3항).

나. 체포영장의 심사

1) 담당법관

체포영장청구사건은 당직법관 또는 영장전담법관이 이를 처리한다.

2) 심 사

체포영장의 청구를 받은 판사는 체포의 사유와 체포의 필요를 엄밀히 심사하여야 한다. 다만 구속 여부의 결정에서 보다 약한 정도의 소명에 의하여 체포영장을 발부할 수 있다. 체포영장의 발부 여부는 신속히 결정하여야 한다.

체포영장청구사건을 처리함에 있어서는 피의자에 대한 심문을 요하지 아니한다.

① 체포의 사유에 대한 심사 : 체포의 사유는 '피의자가 죄를 범하였다고 의심할 만한 상당한 이유가 있고, 정당한 이유 없이 수사기관의 출석요구(법 제200조)에 불응하거나 불응할 우려가 있는 경우'에 인정된다.

피의자가 수사기관의 출석 요구에 대하여 1회 응하지 아니한 경우에도 정당한 이유 없이 출석 요구에 응하지 아니하였는가는 구체적인 사건에 따라 여러 가지 사정을 종합적으로 고려하여 판단하여야 한다.

수사기관의 출석 요구에 불응할 우려가 있는 경우라 함은 피의자가 도망하거나 지

명수배 중에 있는 경우 등을 말한다. 수사기관은 이러한 사정을 기재한 보고서 등 소명자료를 제출하여야 한다.

② 체포의 필요에 대한 심사 : 체포의 사유가 인정되더라도 명백히 체포의 필요가 인정되지 아니하면 체포영장의 청구를 기각하여야 한다(법 제200조의2 제2항, 규 제96조의2). 명백히 체포의 필요가 없는 경우란 피의자의 연령과 경력, 가족관계나 교우관계, 범죄의 경중 및 태양 기타 제반 사정에 비추어 피의자가 도망할 염려가 없고 증거를 인멸할 염려가 없는 등의 경우에 인정된다(규 제96조의2). 기타 제반 사정에는 위에 든 기준 이외에도 피의자의 신분, 직업, 질병, 방랑성, 주벽, 전과, 집행유예기간중인 여부, 자수 및 합의 여부 등 개인적인 사정 내지 정상, 범죄의 동기, 횟수, 수법, 규모, 결과 등과 형법 제51조가 정한 양형조건 등이 모두 포함된다.

다. 체포영장의 발부

체포영장의 청구를 받은 지방법원판사는 상당하다고 인정할 때에는 체포영장을 발부한다(법 제200조의2 제2항).

1) 체포영장의 기재사항

체포영장에는 피의자의 성명, 주거, 죄명, 피의사실의 요지, 인치·구금할 장소, 발부연월일, 그 유효기간과 그 기간을 경과하면 집행에 착수하지 못하며 영장을 반환하여야 한다는 취지를 기재하고 법관이 서명날인하여야 한다(법 제200조의6, 제75조 제1항).

2) 체포영장의 기각사유

체포영장을 발부하지 아니할 때에는 청구서에 그 취지 및 이유를 기재하고 서명날인 하여 청구한 검사에게 교부한다(법 제200조의2 제3항)

판사는 다음 각 항에 해당하는 경우에는 체포영장의 청구를 기각한다.

① 청구서의 방식에 현저히 위배되어 검사에게 그 보정을 요구하였으나 상당한 시간 내에 그 보정을 하지 아니하거나 보정에도 불구하고 흠이 치유되지 아니한 경우

② 체포의 사유에 대한 소명이 부족한 경우

③ 체포의 사유에 대한 소명이 충분하여도 명백히 체포할 필요가 인정되지 아니하는 경우

④ 체포를 함에 있어서 다른 법률에 정한 동의가 있어야 하는 경우 동의안이 부결된 경우

⑤ 수사기관이 체포영장 청구 이전에 피의자를 동행하였는데, 그 동행을 요구한 시간, 장소, 방법, 동행의 필요성, 동행 후의 조사기간, 거절하고 돌아올 수 있는 상태에 있었는가 여부 등 제반 사정을 종합적으로 고려할 때 피의자가 이미 사실상 체포의 상태에 있다고 인정되는 경우

라. 체포영장의 집행

1) 집행기관

체포영장은 검사의 지휘에 의하여 사법경찰관리가 집행한다(법 제81조 제1항 본문). 교도소 또는 구치소에 있는 피의자에 대하여 발부된 체포영장은 검사의 지휘에 의하여 교도관리가 집행한다(동조 제3항).

2) 피의사실의 요지 등의 고지

검사 또는 사법경찰관은 피의자를 체포하는 경우에는 피의사실의 요지, 체포의 이유와 변호인을 선임할 수 있음을 말하고 변명할 기회를 주어야 한다(법 제200조의5).

마. 집행 후의 절차

피의자를 체포한 때에는 즉시 피의사실의 요지와 변호인을 선임할 수 있음을 알려야 한다(법 제200조의6, 제86조). 또 변호인이 있는 경우에는 변호인에게, 변호인이 없는 때에는 변호인 선임권자 가운데 피의자가 지정한 자에게 피의사건명, 체포의 일시와 장소, 체포의 이유와 변호인을 선임할 수 있음을 알려야 한다(법 제200조의6, 제87조).

쟁 점

<구속영장을 소지하였다면 피의사실의 요지 등을 알리지 않고 체포할 수 있는지 여부>
사법경찰관 등이 피의자에 대한 구속영장을 소지하였다 하더라도 피의자를 체포하기 위하여는 체포 당시에 피의자에 대한 범죄사실의 요지, 구속의 이유와 변호인을 선임할 수 있음을 말하고 변명할 기회를 준 후가 아니면 체포할 수 없고, 이와 같은 절차를 밟지 아니한 채 실력으로 연행하려 하였다면 적법한 공무집행으로 볼 수 없다(대판 1996. 12. 23, 96도2673).

(3) 체포 후의 조치

검사 또는 사법경찰관이 체포한 피의자를 구속하고자 할 때에는 체포한 때로부터 48시간 이내에 검사는 관할 지방법원 판사에게 구속영장을 청구하여야 하고, 사법경찰관은 검사에게 신청하여 검사의 청구로 관할 지방법원 판사에게 구속영장을 청구하여야 한다(법 제200조의2 제5항). 48시간 이내에 구속영장을 청구하지 아니하거나 구속영장 청구가 기각된 경우에는 피의자를 즉시 석방하여야 한다(같은 항, 규칙 제100조 제2항).

3. 긴급체포

(1) 의 의

긴급체포란 사형·무기 또는 장기 3년 이상의 징역이나 금고에 해당하는 죄를 범하였다고 의심할 만한 상당한 이유가 있는 피의자를 수사기관이 일정한 요건하에 법관의 영장 없이 체포할 수 있는 제도(법 제200조의3)이다.

(2) 요 건(법 제200조의3 제1항)

긴급체포의 요건을 갖추었는지 여부는 사후에 밝혀진 사정을 기초로 판단하는 것이 아니라 체포 당시의 상황을 기초로 판단하여야 한다.

가. 범죄의 중대성

피의자가 사형·무기 또는 장기 3년 이상의 징역이나 금고에 해당하는 죄를 범하였다고 의심할 만한 상당한 이유가 있어야 한다.

나. 체포의 필요성

피의자가 증거를 인멸할 염려가 있거나 도망하거나 또는 도망할 염려가 있어야 한다.

다. 체포의 긴급성

긴급을 요하여 지방법원 판사의 체포영장을 받을 수 없어야 한다. 이 경우 긴급을 요한다고 함은 피의자를 우연히 발견한 경우 등과 같이 체포영장을 받을 시간적 여유가 없는 때를 말한다(법 제200조의3 제1항 후단).

핵심판례

동행을 거부하는 의사를 표시한 피의자를 수사기관이 영장에 의하지 아니하고 강제연행한 행위가 위법한 체포에 해당하는지 여부(적극) 및 위법한 체포상태에서 이루어진 마약 투약 혐의를 확인하기 위한 채뇨 요구가 위법한지 여부(적극)

피의자가 동행을 거부하는 의사를 표시하였음에도 불구하고 경찰관들이 영장에 의하지 아니하고 피의자를 강제로 연행한 행위는 수사상의 강제처분에 관한 형사소송법상의 절차를 무시한 채 이루어진 것으로 위법한 체포에 해당하고, 이와 같이 위법한 체포상태에서 마약 투약 혐의를 확인하기 위한 채뇨 요구가 이루어진 경우, 채뇨 요구를 위한 위법한 체포와 그에 이은 채뇨 요구는 마약 투약이라는 범죄행위에 대한 증거 수집을 위하여 연속하여 이루어진 것으로서 개별적으로 그 적법 여부를 평가하는 것은 적절하지 아니하므로 그 일련의 과정을 전체적으로 보아 위법한 채뇨 요구가 있었던 것으로 볼 수밖에 없다(대판 2013.3.14. 선고, 2012도13611).

검사의 교체를 요구하고자 부장검사 부속실에서 대기하고 있던 도로교통법 위반 피의자를 긴급체포한 경우, 긴급체포요건을 갖추었다고 볼 수 있는지 여부

도로교통법 위반 피의사건에서 기소유예 처분을 받은 재항고인이 그 후 혐의 없음을 주장함과 동시에 수사경찰관의 처벌을 요구하는 진정서를 검찰청에 제출함으로써 이루어진 진정사건을 담당한 검사가, 재항고인에 대한 위 피의사건을 재기한 후 담당검사인 자신의 교체를 요구하고자 부장검사 부속실에서 대기하고 있던 재항고인을 위 도로교통법 위반죄로 긴급체포하여 감금한 경우, 그 긴급체포는 형사소송법이 규정하는 긴급체포의 요건을 갖추지 못한 것으로서 당시의 상황과 경험칙에 비추어 현저히 합리성을 잃은 위법한 체포에 해당한다(대결 2003. 3. 27, 2002모81).

(3) 긴급체포의 절차

가. 긴급체포의 방법

1) 영장 없이 체포 가능

검사 또는 사법경찰관은 피의자에게 긴급체포를 한다는 사유를 고하고, 영장 없이 피의자를 체포할 수 있다(법 제200조의3 제1항). 사법경찰관이 긴급체포를 한 경우에는 즉시 검사의 승인을 받아야 한다(동조 제2항).

2) 피의사실 등의 고지

검사 또는 사법경찰관이 피의자를 긴급체포함에 있어서는 피의사실의 요지, 체포의 이유와 변호인을 선임할 수 있음을 말하고, 변명의 기회를 주어야 하며(법 제200조의5, 제72조), 즉시 긴급체포서를 작성하여야 한다.

나. 긴급체포 후의 조치

1) 긴급체포한 피의자를 구속하고자 할 때

검사 또는 사법경찰관이 긴급체포한 피의자를 구속하고자 할 때에는 지체 없이 검사는 관할 지방법원 판사에게 구속영장을 청구하여야 하고, 사법경찰관은 검사에게 신청하여 검사가 관할 지방법원 판사에게 구속영장을 청구하여야 한다.

이 경우 구속영장은 피의자를 체포한 때부터 48시간 이내에 청구하여야 하며, 제200조의3 제3항에 따른 긴급체포서를 첨부하여야 한다(법 제200조의4 제1항).

2) 구속영장을 청구하지 아니하거나 발부받지 못한 때

① 구속영장을 청구하지 아니하거나 발부받지 못한 때에는 피의자를 즉시 석방하여야 한다(법 제200조의4 제2항)

② 검사는 구속영장을 청구하지 아니하고 피의자를 석방한 경우에는 석방한 날부터 30일 이내에 서면으로 다음 각 호의 사항을 통지하여야 한다. 이 경우 긴급체포서의 사본을 첨부하여야 한다(법 제200조의4 제4항). 이는 긴급체포의 남용을 방지하기 위한 것이다.

㉠ 긴급체포 후 석방된 자의 인적 사항

㉡ 긴급체포의 일시·장소와 긴급체포하게 된 구체적 이유

㉢ 석방의 일시·장소 및 사유

㉣ 긴급체포 및 석방한 검사 또는 사법경찰관의 성명

③ 사법경찰관은 긴급체포한 피의자에 대하여 구속영장을 신청하지 아니하고 석방한 경우에는 즉시 검사에게 보고하여야 한다(법 제200조의4 제6항).

3) 긴급체포 관련 서류의 열람·등사

긴급체포 후 석방된 자 또는 그 변호인·법정대리인·배우자·직계친족·형제자매는 통지서 및 관련서류를 열람하거나 등사할 수 있다(법 제200조의4 제5항). 이는 긴급체포로 인한 위법행위의 시정이나 배상을 청구하는 데 사용될 수 있도록 하기 위해서 신설된 규정이다.

다. 재체포의 제한

긴급체포 되었으나 구속영장을 청구하지 아니하거나 구속영장을 발부받지 못하여 석방된 자는 영장 없이는 동일한 범죄사실에 관하여 다시 체포하지 못한다(법 제200조의4 제3항). 따라서 판사에 의하여 체포영장을 발부받은 때에는 다시 체포할 수 있게 된다.

핵심판례

긴급체포되었다가 수사기관에 의하여 석방된 후, 법원이 발부한 구속영장에 의하여 구속된 것이 위법한 구속인지의 여부(소극)

형사소송법 제200조의4 제3항은 영장 없이는 긴급체포 후 석방된 피의자를 동일한 범죄사실에 관하여 체포하지 못한다는 규정으로, 위와 같이 석방된 피의자라도 법원으로부터 구속영장을 발부받아 구속할 수 있음은 물론이고, 같은 법 제208조 소정의 '구속되었다가 석방된 자'라 함은 구속영장에 의하여 구속되었다가 석방된 경우를 말하는 것이지, 긴급체포나 현행범으로 체포되었다가 사후영장 발부 전에 석방된 경우는 포함되지 않는다 할 것이므로, 피고인이 수사 당시 긴급체포되었다가 수사기관의 조치로 석방된 후 법원이 발부한 구속영장에 의하여 구속이 이루어진 경우 앞서 본 법조에 위배되는 위법한 구속이라고 볼 수 없다(대판 2001. 9. 28, 2001도4291).

(4) 긴급체포와 압수 · 수색 · 검증

가. 영장에 의하지 아니하는 압수·수색·검증

검사 또는 사법경찰관은 긴급 체포된 자가 소유 · 소지 또는 보관하는 물건에 대하여 긴급히 압수할 필요가 있는 경우에는 체포한 때부터 24시간 이내에 한하여 영장 없이 압수 · 수색 또는 검증할 수 있다(법 제217조 제1항).

제217조 제1항에서는 긴급성의 요건을 추가하여 긴급압수 · 수색으로 인한 부당한 인권침해의 소지를 최소화하려고 하였다.

나. 계속 압수할 필요가 있는 경우의 영장 청구

검사 또는 사법경찰관은 긴급체포시 영장 없이 압수한 물건을 계속 압수할 필요가 있는 경우에는 지체 없이 압수수색영장을 청구하여야 한다. 이 경우 압수수색영장의 청구는 체포한 때부터 48시간 이내에 하여야 한다(법 제217조 제2항).

다. 압수한 물건의 반환

검사 또는 사법경찰관은 청구한 압수수색영장을 발부받지 못한 때에는 압수한 물건을 즉시 반환하여야 한다(법 제217조 제3항).

4. 현행범인 체포

(1) 현행범인의 의의

가. 고유한 의미의 현행범인

현행범인이란 범죄의 실행중이거나 실행의 직후인 자를 말한다.

1) '범죄의 실행중'의 의미

범죄의 실행중이란 범죄의 실행에 착수하여 종료하지 못한 상태를 말한다. 범죄는 특정된 죄임을 요하지만 죄명이나 형의 경중은 묻지 않는다. 미수가 처벌되는 범죄에 있어서는 실행의 착수가 있으면 족하고, 예비·음모를 벌하는 경우에는 예비·음모가 실행행위에 해당한다. 정범뿐만 아니라 공범도 포함한다.

2) '범죄의 실행 직후'의 의미

범죄의 실행직후란 범죄의 실행행위를 종료한 직후를 말한다. 결과발생의 유무와 관계없으며, 실행행위를 전부 종료하였을 것도 요하지 않는다. 즉 '범죄의 실행행위를 종료한 직후'란 범죄행위를 실행하여 끝마친 순간 또는 이에 아주 접착된 시간적 단계를 의미하는 것으로 해석되므로 시간적으로나 장소적으로 보아 체포를 당하는 자가 방금 범죄를 실행한 범인이라는 점에 관한 죄증이 명백히 존재하는 것으로 인정되어야 한다.

핵심판례

형사소송법 제211조 제1항 소정의 '범죄의 실행의 직후인 자'의 의미

형사소송법 제211조가 현행범인으로 규정한 '범죄의 실행의 직후인 자'라고 함은 범죄의 실행행위를 종료한 직후의 범인이라는 것이 체포하는 자의 입장에서 볼 때 명백한 경우를 일컫는 것으로서, 위 법조가 제1항에서 본래의 의미의 현행범인에 관하여 규정하면서 '범죄의 실행의 직후인 자'를 '범죄의 실행 중인 자'와 마찬가지로 현행범인으로 보고 있고, 제2항에서는 현행범인으로 간주되는 준현행범인에 관하여 별도로 규정하고 있는 점 등으로 미루어 볼 때 '범죄의 실행행위를 종료한 직후'라고 함은 범죄행위를 실행하여 끝마친 순간 또는 이에 아주 접착된 시간적 단계를 의미하는 것으로 해석되므로 시간적으로나 장소적으로 보아 체포를 당하는 자가 방금 범죄를 실행한 범인이라는 점에 관한 죄증이 명백히 존재하는 것으로 인정되는 경우에만 현행범인으로 볼 수 있다(대판 2002.5.10, 2001도300).

범죄를 저지른 후 40여분 정도가 지난 후에 경찰관들이 출동한 경우 현행범인으로 체포할 수 있는지 여부(소극)

교사가 교장실에 들어가 불과 약 5분 동안 식칼을 휘두르며 교장을 협박하는 등의 소란을 피운 후 40여분 정도가 지나 경찰관들이 출동하여 교장실이 아닌 서무실에서 그를 연행하려 하자 그가 구속영장의 제시를 요구하면서 동행을 거부하였다면, 체포 당시 서무실에 앉아 있던 위 교사가 방금 범죄를 실행한 범인이라는 죄증이 경찰관들에게 명백히 인식될 만한 상황이었다고 단정할 수 없는데도 이와 달리 그를 '범죄의 실행의 직후인 자'로서 현행범인이라고 단정한 원심판결에는 현행범인에 관한 법리오해의 위법이 있다(대판 1991. 9. 24, 91도1314).

싸움이 끝난 후 경찰관이 현장에 도착한 경우 현행범 체포요건에 해당하는지 여부(소극)

경찰관이 주민의 신고를 받고 현장에 도착했을 때에는 이미 싸움이 끝난 상태였다면 그러한 상황은 형사소송법 제211조, 제206조에 해당하지 않으므로 경찰관이 임의동행을 거부하는 피고인을 체포하려는 행위는 적법한 공무집행이라 볼 수 없다(대판 1989. 12. 12, 89도1934).

나. 준현행범인

준현행범인이란 현행범인은 아니지만 현행범인으로 간주되는 자를 말한다.

형사소송법은 다음의 경우를 현행범인으로 간주하고 있다(법 제211조 제2항).

① 범인으로 호창되어 추적되고 있는 때
② 장물이나 범죄에 사용되었다고 인정함에 충분한 흉기 기타의 물건을 소지하고 있을 때.
③ 신체 또는 의복류에 현저한 증적이 있는 때
④ 누구임을 물음에 대하여 도망하려 하는 때

이 경우는 주로 경찰관직무집행법에 의한 불심검문의 경우를 말한다. 그러나 묻는 주체는 반드시 경찰관임을 요하지 않고 사인의 경우도 포함한다.

핵심판례

준현행범으로 체포할 수 있다고 한 사례
순찰 중이던 경찰관이 교통사고를 낸 차량이 도주하였다는 무전연락을 받고 주변을 수색하다가 범퍼 등의 파손상태로 보아 사고차량으로 인정되는 차량에서 내리는 사람을 발견한 경우, 형사소송법 제211조 제2항 제2호 소정의 '장물이나 범죄에 사용되었다고 인정함에 충분한 흉기 기타의 물건을 소지하고 있는 때'에 해당하므로 준현행범으로서 영장 없이 체포할 수 있다(대판 2000. 7. 4, 99도4341).

(2) 현행범인의 체포

현행범인은 누구든지 영장 없이 체포할 수 있다(법 제212조).

가. 체포의 주체

현행범인 체포는 누구든지 할 수 있다. 즉 수사기관뿐만 아니라 사인도 체포할 수 있다. 다만 사인은 체포할 권한을 가질 뿐이며, 체포의 의무가 있는 것은 아니다. 사인의 현행범인 체포는 법령에 의한 행위로서 위법성이 조각된다(대판 1991. 1. 26, 98도3209).

나. 현행범인 체포의 요건

현행범인은 누구든지 영장 없이 체포할 수 있으므로 사인의 현행범인 체포는 법령에 의한 행위로서 위법성이 조각된다고 할 것인데, 현행범인 체포의 요건으로서는 행위의 가벌성, 범죄의 현행성·시간적 접착성, 범인·범죄의 명백성 외에 체포의 필요성, 즉 도망 또는 증거인멸의 염려가 있을 것을 요한다(대판 1999. 1. 26, 98도3209).

쟁 점

<현행범인의 요건을 갖추고 있지 않은 상황에서 강제 연행하려는 경찰관에게 체포를 면하려다가 상해를 입힌 경우 공무집행방해에 해당하는지 여부>

현행범인으로서의 요건을 갖추고 있었다고 인정되지 않는 상황에서 경찰관들이 동행을 거부하는 자를 체포하거나 강제로 연행하려고 하였다면, 이는 적법한 공무집행이라고 볼 수 없고, 그 체포를 면하려고 반항하는 과정에서 경찰관에게 상해를 가한 것은 불법체포로 인한 신체에 대한 현재의 부당한 침해에서 벗어나기 위한 행위로서 정당방위에 해당하여 위법성이 조각된다(대판 2002. 5. 10, 2001도300).

다. 피의사실의 요지 등의 고지

검사 또는 사법경찰관이 현행범인을 체포하는 경우에는 피의사실의 요지, 체포의 이유와 변호인을 선임할 수 있음을 말하고, 변명할 기회를 주어야 한다(법 제213조의2, 제200조의5).

핵심판례

형사소송법 제72조, 제219조의 고지 시기

사법경찰리가 현행범인으로 체포하는 경우에는 반드시 범죄사실의 요지, 구속의 이유와 변호인을 선임할 수 있음을 말하고 변명할 기회를 주어야 할 것임은 명백하며, 이러한 법리는 비단 현행범인을 체포하는 경우뿐만 아니라 긴급체포의 경우에도 마찬가지로 적용되는 것이고, 이와 같은 고지는 체포를 위한 실력행사에 들어가기 이전에 미리 하여야 하는 것이 원칙이나, 달아나는 피의자를 쫓아가 붙들거나 폭력으로 대항하는 피의자를 실력으로 제압하는 경우에는 붙들거나 제압하는 과정에서 하거나, 그것이 여의치 않은 경우에라도 일단 붙들거나 제압한 후에는 지체 없이 행하여야 한다(대판 2000. 7. 4, 99도4341).

라. 현행범인의 체포와 압수·수색·검증

검사 또는 사법경찰관이 현행범인을 체포하는 경우에 필요한 때에는 영장 없이 타인의 주거에 들어가 피의자를 수색할 수 있고, 체포현장에서 압수·수색·검증을 할 수 있다(법 제216조). 그러나 일반 사인이 현행범인을 체포하기 위하여 타인의 주거에 들어갈 수는 없다.

(3) 체포 후의 절차

가. 현행범인의 인도

검사 또는 사법경찰관리 아닌 자가 현행범인을 체포한 때에는 즉시 검사 또는 사법경찰관리에게 인도하여야 한다(법 제213조 제1항). 따라서 사인이 체포한 현행범인을 인도하지 않고 석방하는 것은 허용되지 않는다.

나. 구속영장의 청구

검사 또는 사법경찰관은 체포한 현행범인을 구속하고자 할 때에는 피의자를 체포한 때부터 48시간 이내에 구속영장을 청구하여야 하고, 그 기간 내에 구속영장을 청구하지 아니한 때에는 피의자를 즉시 석방하여야 한다(법 제213조의2, 제200조의2 제5항).

Ⅱ. 구속

1. 구속의 의의와 목적 등

(1) 구속의 의의

구속이란 피의자 또는 피고인의 신체의 자유를 억제하는 내용의 강제처분을 말한다.

구속은 구인과 구금을 포함한다(법 제69조). 구인이란 특정인을 강제력에 의하여 특정장소로 데려가는 것(끌어가는 것)을 말하고, 구금이란 역시 강제력에 의하여 특정인을 특정장소에 머물러 있게 하고 그의 의사에 따른 장소적 이동을 금하는 것을 말한다.

(2) 구속의 법적 성격

구속(미결구금)은 도망이나 증거인멸을 방지하여 수사, 재판 또는 형의 집행을 원활하게 진행하기 위하여 무죄추정원칙에도 불구하고 불가피하게 피의자 또는 피고인을 일정기간 일정시설에 구금하여 그 자유를 박탈하게 하는 재판확정 전의 강제적 처분이며, 형의 집행은 아니다(헌재 2000. 7. 20, 99헌가7).

(3) 구속의 목적

구속은 형사소송의 진행과 형벌의 집행을 확보함을 목적으로 하는 것이다. 즉 구속은 피의자의 자유를 제한하여 형사소송에의 출석을 보장하고, 증거인멸을 방지하여 수사와 심리의 방해를 제거하며, 확정된 형벌의 집행을 확보하기 위한 제도이다.

이와 같이 구속은 형사소송의 진행을 확보하기 위한 것이지 단순히 수사를 용이하게 하기 위한 제도는 아니다. 따라서 피의자나 피고인의 자백을 받기 위하여 구속하거나, 수사의 편의를 위하여 구속하는 것이 결코 허용되어서는 안 된다.

2. 구속의 요건

구속을 하려면 피고인이나 피의자가 죄를 범하였다고 의심할 만한 상당한 이유가 있고 구속사유, 즉 ① 일정한 주거가 없는 때, ② 증거를 인멸할 염려가 있는 때, ③ 도망 또는 도망할 염려가 있는 때의 하나에 해당하는 사유가 있어야 한다(법 제70조, 제201조).

(1) 범죄의 혐의

구속은 범죄의 혐의를 전제로 한다. 범죄수사는 수사기관의 주관적인 구체적 혐의에 의하여 개시된다. 그러나 구속은 개인의 자유를 제한하는 강제처분이므로 보다 강한 범죄의 혐의가 필요하다고 해야 한다.

형사소송법은 피고인과 피의자의 구속에 대하여 모두 죄를 범하였다고 의심할 만한 상당한 이유가 있을 것을 요구하고 있으므로, 혐의의 정도는 체포영장 발부의 경우와 동일하다. 따라서 여기서 죄를 범하였다고 의심할 만한 상당한 이유는 죄를 범하였음을 인정할 고도의 개연성을 의미한다고 해석해야 한다.

(2) 구속사유

가. 형사소송법상 구속사유

형사소송법이 인정하고 있는 구속사유는 ① 일정한 주거가 없는 때, ② 증거를 인멸할 염려가 있는 때, ③ 도망 또는 도망할 염려가 있는 때에 제한된다. 증거인멸과 도망의 염려는 가장 전형적인 구속사유이다(법 제70조 제1항). 일정한 주거가 없는 때라는 구속사유는 도망의 염려를 판단하기 위한 기준에 불과하므로 형사소송법은 고전적인 구속사유만을 인정하고 있다고 할 수 있다.

나. 구속사유의 심사시 고려사항

법원은 구속사유를 심사함에 있어서 범죄의 중대성, 재범의 위험성, 피해자·중요 참고인 등에 대한 위해우려 등을 고려하여야 한다(법 제70조 제2항).

3. 구속의 절차

구속은 피고인의 구속뿐만 아니라 피의자를 구속하는 때에도 법관이 발부한 영장에 의하여야 한다. 구속에 대하여 영장주의를 채택하고 있는 것은 구속에 대한 사법적 통제를 통하여 그 남용을 방지하고 인권을 보장하기 위한 것이다.

(1) 구속영장의 청구

가. 구속영장의 법적 성격

강제처분 중에서도 중립적인 심판자로서의 지위를 갖는 법원에 의한 강제처분에 비하여 수사기관에 의한 강제처분의 경우에는 범인을 색출하고 증거를 확보한다는 수사의 목적상 적나라하게 공권력이 행사됨으로써 국민의 기본권을 침해할 가능성이 큰 만큼 수사기관의 인권침해에 대한 법관의 사전적·사법적 억제를 통하여 수사기관의 강제처분 남용을 방지하고 인권보장을 도모한다는 면에서 영장주의의 의미가 크다고 할 것이다. 이러한 면에서 법원이 직권으로 발부하는 영장과 수사기관의 청구에 의하여 발부하는 구속영장의 법적 성격은 같지 않다. 즉, 전자는 명령장으로서의 성질을 갖지만 후자는 허가장으로서의 성질을 갖는 것으로 이해되고 있다(헌재 1997. 2. 20, 95헌바27).

나. 청구권자

검사는 관할지방법원판사에게 청구하여 구속영장을 받아 피의자를 구속할 수 있고 사법경찰관은 검사에게 신청하여 검사의 청구로 관할지방법원판사의 구속영장을 받아 피의자를 구속할 수 있다.(법 제201조 제1항).

구속영장의 청구는 서면에 의하여야 하며(규칙 제93조 제1항), 구속의 필요를 인정할 수 있는 자료를 제출해야 한다(제201조 제2항). 구속영장청구서에는 범죄사실의 요지를 따로 기재한 서면 1통(수통의 영장을 청구하는 때에는 그에 상응하는 통수)을 첨부하여야 한다(규칙 제93조 제2항). 체포영장에 의하여 체포된 자 또는 현행범인으로 체포된 자에 대하여 구속영장을 청구하는 때에는 체포영장 또는 현행범인으로 체포되었다는 취지와 체포의 일시와 장소가 기재된 서류를 제출하여야 한다(규칙 제96조 제2항). 피의자도 구속영장의 청구를 받은 판사에게 유리한 자료를 제출할 수 있다(규칙 제96조 제3항).

핵심판례

법원이 피고인에 대하여 구속영장을 발부하는 경우에 검사의 청구가 있어야 하는지의 여부(소극)

헌법상 영장제도의 취지에 비추어 볼 때, 헌법 제12조 제3항은 헌법 제12조 제1항과 함께 이른바 적법절차의 원칙을 규정한 것으로서 범죄수사를 위하여 구속 등의 강제처분을 함에 있어서는 법관이 발부한 영장이 필요하다는 것과 수사기관 중 검사만 법관에게 영장을 신청할 수 있다는 데에 그 의의가 있고, 형사재판을 주재하는 법원이 피고인에 대하여 구속영장을 발부하는 경우에도 검사의 신청이 있어야 한다는 것이 그 규정의 취지라고 볼 수는 없다.

(2) 영장실질심사

가. 의 의

영장실질심사제도란 구속영장의 청구를 받은 판사가 피의자를 직접 심문하여 구속사유를 판단하는 것을 말한다. 영장주의가 법관의 사법적 판단에 의하여 구속을 규제하는 제도적 기능을 다하기 위하여는 법관이 직접 피의자를 심문하여 구속사유가 충족되었는가를 판단해야 하고, 수사기관 특히 사법경찰관이 작성한 피의자신문조서는 피의자가 그 내용을 인정하여야 증거로 할 수 있음에도 불구하고 증거능력이 있는가를 알 수 없는 조서의 기재내용을 근거로 구속영장을 발부하는 것은 영장주의의 기본취지와 일치할 수 없다는 점에서 영장실질심사제도를 도입한 것이다.

나. 요 건

1) 체포영장에 의한 체포·긴급체포 또는 현행범인 체포에 의하여 체포된 피의자에 대한 구속영장을 청구 받은 경우

이 경우 판사는 지체 없이 피의자를 심문하여야 하고, 특별한 사정이 없는 한 구속영장이 청구된 날의 다음날까지 심문하여야 한다(법 제201조의2 제1항).

종전에는 피의자 또는 그 변호인, 법정대리인, 배우자, 직계친족, 형제자매나 또는 고용주의 신청이 있을 때에 피의자를 심문할 수 있도록 하였으나 개정법은 피의자의 법관대면권을 보장함으로써 인신구속에 대한 국제적 기준을 달성하기 위하여 체포된 피의자에 대하여 구속영장을 청구받은 판사는 지체 없이 피의자를 심문하여야 한다고 규정함으로써 필요적 심문제도를 도입하였다(법 제201조의2 제1항). 또한 특별한 사정이 없는 한 구속영장이 청구된 날의 다음날까지 심문하여야 한다는 규정을 신설함으로써(법 제201조의2 제1항 후문) 신속한 심문을 통해 영장발부 여부를 결정하도록 하였다.

2) 체포되지 않은 피의자에 대하여 구속영장을 청구받은 경우

위 1) 외의 피의자에 대하여 구속영장을 청구 받은 판사는 피의자가 죄를 범하였다고 의심할 만한 상당한 이유가 있는 경우에 구인을 위한 구속영장을 발부하여 피의자를 구인한 후 심문하여야 한다. 다만, 피의자가 도망하는 등의 사유로 심문할 수 없는 경우에는 심문 없이 구속영장 발부 여부를 결정할 수 있다(법 제201조의2 제2항).

다. 구속 전 피의자심문의 방법과 절차

1) 검사·피의자 등에의 심문기일·장소의 통지

체포된 피의자(법 제201조의2 제1항)의 경우에는 즉시, 체포되지 않은 피의자(동조 제2항)의 경우에는 피의자를 인치한 후 즉시 검사·피의자 및 변호인에게 심문기일과 장소를 통지하여야 한다. 이 경우 검사는 피의자가 체포되어 있는 때에는 심문기일에 피의자를 출석시켜야 한다(법 제201조의2 제3항).

2) 피의자의 인치

판사가 구속 전의 피의자를 심문하기 위하여는 먼저 피의자를 법원에 인치할 것이 필요하다. 피의자를 법원에 인치하는 방법은 피의자가 체포되어 있는 경우와 체포되지 않은 경우에 따라 구별된다. 먼저 체포된 피의자에 대하여는 체포의 효력을 이용하여 피의자를 법원에 인치한다. 즉 구속영장을 청구 받은 판사는 즉시 심문기일과 장소를 검사·피의자 및 변호인에게 통지하여야 하고, 검사는 그 기일에 피의자를 출석시켜야 한다(법 제201조의2 제3항). 이에 반하여 체포되지 아니한 피의자를 바로 구속하는 경우에는 판사가 피의자를 구인하여 심문하게 하고 있다. 즉, 지방법원판사는 죄를 범하였다고 의심할 만한 상당한 이유가 있는 경우에 구인을 위한 구속영장을 발부하여 피의자를 구인한 후에 심문하여야 한다. 다만 피의자가 도망하는 등의 사유로 심문할 수 없는 경우에는 그러하지 아니하다(동조 제2항).

3) 심문기일의 지정·통지

① 체포된 피의자 이외의 피의자에 대한 심문기일은 관계인에 대한 심문기일의 통지 및 그 출석에 소요되는 시간 등을 고려하여 피의자가 법원에 인치된 때로부터 가능한 한 빠른 일시로 지정하여야 한다(규 제96조의12 제2항).

② 심문기일의 통지는 서면 외에 구술·전화·모사전송·전자우편·휴대전화 문자전송 그 밖에 적당한 방법으로 신속하게 하여야 한다(동조 제2항).

4) 피의자의 심문절차 및 심문장소

심문기일에 판사는 구속사유를 판단하기 위하여 피의자를 심문하고, 검사와 변호인은 심문기일에 출석하여 의견을 진술할 수 있다(법 제201조의2 제4항). 심문을 함에 있어 판사는 공범의 분리심문 기타 수사상의 비밀보호를 위하여 필요한 조치를 하여야 한다(동조 제5항). 판사는 피의자가 심문기일에 출석을 거부하거나 질병 그 밖의 사유로 출석이 현저하게 곤란하고, 피의자를 심문 법정에 인치할 수 없다고 인정되는 때에는 피의자의 출석 없이 심문절차를 진행할 수 있다(규칙 제96조의13 제1항). 이 경우 출석한 검사 및 변호인의 의견을 듣고, 수사기록 그 밖에 적당하다고 인정하는 방법으로 구속사유의 유무를 조사할 수 있다(동조 제2항). 심문은 법원청사 내에서 하여야 하나, 피의자가 출석을 거부하거나 출석할 수 없는 때에는 경찰서, 구치소 기타 적당한 장소에서 심문 할 수 있다(규칙 제96조의15).

5) 심문기일의 절차(규 제96조의16)

① 범죄사실의 요지 및 진술거부권의 고지

판사는 피의자에게 구속영장청구서에 기재된 범죄사실의 요지를 고지하고, 피의자에게 일체의 진술을 하지 아니하거나 개개의 질문에 대하여 진술을 거부할 수 있으며, 이익 되는 사실을 진술할 수 있음을 알려주어야 한다(제1항).

② 심문의 방식

㉠ 판사는 구속 여부를 판단하기 위하여 필요한 사항에 관하여 신속하고 간결하게 심문하여야 한다. 증거인멸 또는 도망의 염려를 판단하기 위하여 필요한 때에는 피의자의 경력, 가족관계나 교우관계 등 개인적인 사항에 관하여 심문할 수 있다(제2항).

㉡ 판사는 구속 여부의 판단을 위하여 필요하다고 인정하는 때에는 심문장소에 출석한 피해자 그 밖의 제3자를 심문할 수 있다(제4항).

③ 검사·변호인 또는 피의자의 법정대리인 등의 의견진술

㉠ 검사와 변호인은 판사의 심문이 끝난 후에 의견을 진술할 수 있다. 다만, 필요한 경우에는 심문 도중에도 판사의 허가를 얻어 의견을 진술할 수 있다(제3항).

㉡ 구속영장이 청구된 피의자의 법정대리인, 배우자, 직계친족, 형제자매나 기족, 동거인 또는 고용주는 판사의 허가를 얻어 사건에 관한 의견을 진술할 수 있다(제6항).

6) 국선변호인 선정

① 심문할 피의자에게 변호인이 없는 때에는 지방법원판사는 직권으로 변호인을 선정하여야 한다. 이 경우 변호인의 선정은 피의자에 대한 구속영장 청구가 기각되어 효력이 소멸한 경우를 제외하고는 제1심까지 효력이 있다(법 제201조의2 제8항).

② 법원은 변호인의 사정 그 밖의 사유로 변호인 선정결정이 취소되어 변호인이 없게 된 때에는 직권으로 변호인을 다시 선정할 수 있다(동조 제9항).

7) 구속기간 불산입

피의자심문을 하는 경우 법원이 구속영장청구서·수사관계서류 및 증거물을 접수한 날부터 구속영장을 발부하여 검찰청에 반환한 날까지의 기간은 검사와 사법경찰관의 구속기간에 산입하지 아니한다(동조 제7항).

(3) 구속영장의 발부

가. 담당법관

구속영장청구사건은 원칙적으로 영장전담판사가 처리한다. 다만, 사건이 근무시간 외 또는 공휴일에 접수되거나, 미체포 피의자가 근무시간 외 또는 공휴일에 인치된 경우 또는 피의자심문기일이 일과시간 이외의 시각으로 지정된 경우에는 당직법관이 처리한다.

나. 구속영장의 발부

구속의 사유(법 제201조 제1항, 제70조 제1항)를 충족하고 구속의 필요성이 인정되면 구속영장을 발부한다. 법원은 구속사유를 심사함에 있어서 범죄의 중대성, 재범의 위험성, 피해자·중요 참고인 등에 대한 위해 우려 등을 고려하여야 한다(법 제70조 제2항).

(4) 구속영장의 집행

가. 구속영장의 집행절차

1) 집행기관

구속영장의 집행절차는 피고인과 피의자의 구속의 경우에 원칙적으로 차이가 없다. 즉 구속영장은 검사의 지휘에 의하여 사법경찰관리가 집행하며, 교도소 또는 구치소에 있는 피고인이나 피의자에 대하여는 검사의 지휘에 의하여 교도관리가 집행한다(법 제81조, 제209조). 다만 피고인의 구속에 있어서 급속을 요하는 경우에는 재판장·수명법관 또는 수탁판사가 집행을 지휘할 수 있다(법 제81조 제1항 단서). 검사는 관할구역 외에서 집행을 지휘할 수 있고, 당해 관해구역의 검사에게 집행지휘를 촉탁할 수 있다(법 제83조, 제209조).

2) 구속이유의 고지

피고인 또는 피의자에 대하여 범죄사실의 요지, 구속의 이유와 변호인을 선임할 수 있음을 말하고 변명할 기회를 준 후가 아니면 구속할 수 없다(법 제72조 본문). 다만, 피고인이 도망한 경우에는 그러하지 아니하다(법 제72조 단서).

3) 영장의 제시

구속영장을 집행함에는 이를 피고인 또는 피의자에게 제시하여야 하며 신속히 지정된 법원 기타 장소에 인치하여야 한다. 다만 구속영장을 소지하지 아니한 경우에 급속을 요하는 때에는 공소사실의 요지와 영장이 발부되었음을 고하고 집행할 수 있으며, 이때에는 집행을 완료한 후에 신속히 구속영장을 제시하여야 한다(법 제85조, 제209조). 구속영장의 집행을 받은 피고인 또는 피의자를 호송할 경우에 필요한 때에는 근접한 교도소 또는 구치소에 유치할 수 있다(법 제86조, 제209조).

핵심판례

형사소송법 제72조의 규정 취지

1. 형사소송법 제72조는 '피고인에 대하여 범죄사실의 요지, 구속의 이유와 변호인을 선임할 수 있음을 말하고 변명할 기회를 준 후가 아니면 구속할 수 없다.'고 규정하고 있는바, 이는 피고인을 구속함에 있어 법관에 의한 사전 청문절차를 규정한 것으로서, 구속영장을 집행함에 있어 집행기관이 취하여야 하는 절차가 아니라 구속영장 발부함에 있어 수소법원 등 법관이 취하여야 하는 절차라 할 것이므로, 법원이 피고인에 대하여 구속영장을 발부함에 있어 사전에 위 규정에 따른 절차를 거치지 아니한 채 구속영장을 발부하였다면 그 발부결정은 위법하다고 할 것이다
2. 그러나, 위 규정은 피고인의 절차적 권리를 보장하기 위한 규정이므로 이미 변호인을 선정하여 공판절차에서 변명과 증거의 제출을 다하고 그의 변호 아래 판결을 선고받은 경우 등과 같이 위 규정에서 정한 절차적 권리가 실질적으로 보장되었다고 볼 수 있는 경우에는, 이에 해당하는 절차의 전부 또는 일부를 거치지 아니한 채 구속영장을 발부하였다 하더라도 이러한 점만으로 그 발부결정이 위법하다고 볼 것은 아니다.

나. 영장집행 후의 절차

피고인 또는 피의자를 구속한 때에는 즉시 공소사실 또는 피의사실의 요지와 변호인을 선임할 수 있음을 알려야 한다(제88조, 제209조). 또한 지체 없이 서면으로 변호인 또는 변호인선임권자(제30조 제2항) 가운데 피고인 또는 피의자가 지정한 자에게 피의사건명·구속일시·장소·범죄사실의 요지·구속의 이유와 변호인을 선임할 수 있는 취지를 알려야 한다(규 제51조 1항). 구속의 통지는 구속을 한 때로부터 늦어도 24시간 이내에 하여야 한다. 통지할 자가 없어 통지를 하지 못한 경우에는 그 취지를 기재한 서면을 기록에 철하여야 한다(규 제51조 제2항). 급속을 요하는 경우에는 구속되었다는 취지 및 구속의 일시·장소를 전화 또는 모사전송기 기타 상당한 방법에 의하여 통지할 수 있다. 이 경우에도 구속통지는 다시 서면으로 하여야 한다(동조 제3항).

핵심판례

형사소송법 제88조의 규정을 위반한 경우, 구속영장의 효력이 상실되는지의 여부(소극)

형사소송법 제88조는 '피고인을 구속한 때에는 즉시 공소사실의 요지와 변호인을 선임할 수 있음을 알려야 한다.'고 규정하고 있는 바, 이는 사후 청문절차에 관한 규정으로서 이를 위반하였다 하여 구속영장의 효력에 어떠한 영향을 미치는 것은 아니다(대결 2000. 11. 10, 2000모134).

(5) 재구속의 제한

검사 또는 사법경찰관에 의하여 구속되었다가 석방된 자는 다른 중요한 증거를 발견한 경우를 제외하고는 동일한 범죄사실에 관하여 재차 구속하지 못한다. 이 경우에 1개의 목적을 위하여 동시 또는 수단결과의 관계에서 행하여진 행위는 동일한 범죄사실로 간주한다(법 제208조). 동일사건에 대한 수사기관의 중복적 구속을 방지함에 의하여 피의자의 인권을 보호하고 피의자의 지위의 안정을 보장하기 위한 것이다. 따라서 재구속영장의 청구서에는 재구속영장의 청구라는 취지와 재구속의 사유로 기재하여야 한다(규칙 제99조 제2항). 재구속의 제한은 검사 또는 사법경찰관이 피의자를 구속하는 경우에 적용될 뿐이며, 법원이 피고인을 구속하는 경우에는 적용되지 않는다. 재구속이 제한될 뿐이고 재구속되었다고 하여 공소제기가 무효로 되는 것도 아니다.

체포 및 구속의 적부심사에 의하여 석방된 경우에는 피의자가 도망하거나 죄증을 인멸하는 경우를 제외하고는 동일한 범죄사실을 관하여 재차 체포 또는 구속하지 못한다(법 214조의3 제1항). 구속적부심에서 보증금 납입을 조건으로 석방된 피의자는 도망한 때, 도망하거나 죄증을 인멸할 염려가 있다고 믿을 만한 충분한 이유가 있는 때, 출석요구를 받고 정당한 이유 없이 출석하지 아니한 때, 주거의 제한 기타 법원이 정한 조건을 위반한 때를 제외하고는 동일한 범죄사실에 관하여 재차 체포 또는 구속할 수 없다(동조 제2항).

4. 구속기간

(1) 사법경찰관의 구속기간

사법경찰관이 피의자를 구속한 때에는 10일 이내에 피의자를 검사에게 인치하지 아니하면 석방하여야 한다(법 제202조).

(2) 검사의 구속기간과 연장

가. 구속기간

검사가 피의자를 구속한 때 또는 사법경찰관으로부터 피의자의 인치를 받은 때에는 10일 이내에 공소를 제기하지 아니하면 석방하여야 한다(법 제203조).

나. 연 장

지방법원판사는 검사의 신청에 의하여 수사를 계속함에 상당한 이유가 있다고 인정한 때에는 10일을 초과하지 아니하는 한도에서 법 제203조의 구속기간의 연장을 1차에 한하여 허가할 수 있다(법 제205조 제1항).

핵심판례

구속기간 연장청구 기각결정에 대하여 불복할 수 있는지의 여부(소극)
형사소송법 제402조, 제403조에서 말하는 법원은 형사소송법상의 수소법원만을 가리키므로, 같은 법 제205조 제1항 소정의 구속기간의 연장을 허가하지 아니하는 지방법원판사의 결정에 대하여는 같은 법 제402조, 제403조가 정하는 항고의 방법으로는 불복할 수 없고, 나아가 그 지방법원판사는 수소법원으로서의 재판장 또는 수명법관도 아니므로 그가 한 재판은 같은 법 제416조가 정하는 준항고의 대상이 되지도 않는다(대결 1997. 6. 16, 97모1).

(3) 구속기간에의 산입

피의자가 체포영장에 의한 체포(법 제200조의2), 긴급체포(법 제200조의3), 현행범체포(법 제212조), 미체포된 피의자심문을 위한 구인영장 발부(법 제201조의2)에 의하여 체포 또는 구인된 경우에는 위 (1), (2)의 구속기간은 피의자를 체포 또는 구인한 날로부터 기산한다(법 제203조의2).

그러나 구속영장청구시 피의자심문을 하는 경우 법원이 구속영장청구서, 수사관계서류 및 증거물을 접수한 날부터 구속영장을 발부하여 검찰청에 반환한 날까지의 기간은 법 제202조 및 제203조(수사기관의 구속기간)의 적용에 있어서는 그 기간에 이를 산입하지 아니한다(법 제201조의2 제7항). 즉 영장실질심사기간은 수사기관의 구속제한 기간에 산입하지 않는다.

(4) 국가보안법위반 피의사건의 특례

국가보안법(같은 법, 제3조 내지 제10조)위반 피의사건에 있어서는 경찰에서 1차, 검찰에서 2차의 연장이 각각 가능하다(같은 법 제19조 제1항, 제2항). 따라서 최대 구속기간은 50일이 된다. 그러나 헌법재판소는 1992. 4. 14. 90헌마82 사건에서 국가보안법 제7조의 찬양·고무죄와 제10조의 불고지죄에 관하여는 같은 법 제19조에 따른 구속기간의 연장이 위헌이라 결정하였다. 국가보안법에 의하여 연장하는 경우에도 연장기간은 각각 10일씩 이하로 제한된다(같은 조 제3항).

핵심판례

구속기간을 제한하고 있는 형사소송법 제92조 제1항이 피고인의 공정한 재판을 받을 권리를 침해하는지 여부(소극)와 위 법률조항에 의한 구속기간의 제한과 구속기간 내에 심리를 마쳐 판결을 선고하려는 법원의 실무관행이 맞물려 피고인의 공정한 재판을 받을 권리가 사실상 침해되는 경우 위 법률조항의 위헌 여부(소극)

1. 사건 법률조항에서 말하는 '구속기간'은 '법원이 피고인을 구속한 상태에서 재판할 수 있는 기간'을 의미하는 것이지, '법원이 형사재판을 할 수 있는 기간'내지 '법원이 구속사건을 심리할 수 있는 기간'을 의미한다고 볼 수 없다. 즉, 이 사건 법률조항은 미결구금의 부당한 장기화로 인하여 피고인의 신체의 자유가 침해되는 것을 방지하기 위한 목적에서 미결구금기간의 한계를 설정하고 있는 것이지, 신속한 재판의 실현 등을 목적으로 법원의 재판기간 내지 심리기간 자체를 제한하려는 규정이라 할 수는 없다. 그러므로 구속사건을 심리하는 법원으로서는 만약 심리를 더 계속할 필요가 있다고 판단하는 경우에는 피고인의 구속을 해제한 다음 구속기간의 제한에 구애됨이 없이 재판을 계속할 수 있음이 당연하고, 따라서 비록 이 사건 법률조항이 법원의 피고인에 대한 구속기간을 엄격히 제한하고 있다 하더라도 이로써 법원의 심리기간이 제한된다거나 나아가 피고인의 공격.방어권 행사를 제한하여 피고인의 공정한 재판을 받을 권리가 침해된다고 볼 수는 없다.
2. 이 사건 법률조항에 의한 구속기간의 제한과 구속기간 내에 심리를 마쳐 판결을 선고하는 법원의 실무관행이 맞물려 피고인의 공정한 재판을 받을 권리가 사실상 침해되는 결과가 발생한다 하더라도, 그러한 침해의 근본적인 원인은 이 사건 법률조항을 그 입법목적에 반하여 그릇되게 해석.적용하는 법원의 실무관행에 있다 할 것이다. 따라서 비록 위와 같은 법원의 실무관행으로 말미암아 결과적으로 피고인의 공정한 재판을 받을 권리가 침해될 수 있다 하더라도, 이로써 그 자체로는 피고인의 공정한 재판을 받을 권리를 침해하지 아니하는, 오히려 피고인의 또 다른 기본권인 신체의 자유를 두텁게 보장하고 있는 이 사건 법률조항이 헌법에 위반된다고 할 수는 없다(헌재 2001. 6. 28. 99헌가14).

Ⅲ. 피고인과 피의자의 접견교통권

1. 접견교통권의 의의

접견교통권이란 피고인 또는 피의자, 특히 체포 또는 구속된 피의자(피고인)가 변호인이나 가족·친지 등의 타인과 접견하고 서류 또는 물건을 수수하며 의사의 진료를 받을 권리를 말한다. 헌법은 체포·구속을 당한 피고인·피의자의 변호인의 조력을 받을 권리를 기본적 인권으로 보장하고 있다(제12조 제4항). 변호인과의 자유로운 접견교통권은 헌법이 보장하는 변호권의 가장 중요한 내용이 된다. 그러나 체포 또는 구속된 피의자(피고인)의 변호인과의 접견교통권은 체포 또는 구속된 피의자(피고인)의 형사소송상 가장 중요한 기본적 권리임과 동시에 변호인에 대하여도 변호인의 고유권 가운데 가장 중요한 권리로서의 의미를 가지고 있다.

이러한 의미에서 형사소송법은 체포 또는 구속된 피고인·피의자의 변호인과의 접견교통권을 제한 없이 보장하고(제34조), 비변호인과의 접견교통권은 법률이 정한 범위에서 인정하면서 이에 대한 법적 제한을 규정하고 있다(법 제89조, 제91조, 제209조).

핵심판례

임의동행된 피의자와 피내사자에게 변호인 접견교통권이 인정되는지 여부(적극)
변호인의 조력을 받을 권리를 실질적으로 보장하기 위하여는 변호인과의 접견교통권의 인정이 당연한 전제가 되므로, 임의동행의 형식으로 수사기관에 연행된 피의자에게도 변호인 또는 변호인이 되려는 자와의 접견교통권은 당연히 인정된다고 보아야 하고, 임의동행의 형식으로 연행된 피내사자의 경우에도 이는 마찬가지이다(대결 1996. 6. 3, 96모18).

2. 변호인과의 접견교통권

(1) 의 의

체포·구속을 당한 피의자·피고인은 변호인을 선임할 권리가 있을 뿐 아니라(법 제30조), 변호인 또는 변호인이 되려는 자는 신체구속을 당한 피고인 또는 피의자와 접견하고 서류 또는 물건을 수수할 수 있으며 의사로 하여금 진료하게 할 수 있다(법 제34조). 여기서 신체구속을 당한 자에는 구속영장에 의하여 구속된 경우뿐만 아니라 체포영장에 의하여 체포되거나 긴급체포·현행범인의 체포에 의하여 체포된 자 또는 감정유치에 의하여 구속된 자를 포함한다.

(2) 변호인과의 접견교통권의 제한 여부

변호인과의 자유로운 접견은 신체구속을 당한 사람에게 보장된 변호인의 조력을 받을 권리의 가장 중요한 내용이어서 국가안전보장, 질서유지, 공공복리 등 어떠한 명분으로도 제한될 수 있는 성질의 것이 아니다.

핵심판례

접견교통권을 제한할 수 있는지 여부

변호인의 접견교통권은 피의자의 인권보장과 방어준비를 위하여 필수불가결한 권리이므로 법령에 의한 제한이 없는 한 수사기관의 처분은 물론 법원의 결정으로도 이를 제한할 수 없는 것이다(대결 1990. 12. 13, 89모37).

변호인의 접견교통권의 법적 지위와 수사기관의 처분에 의하여 변호인의 접견교통권을 제한할 수 있는지의 여부

변호인의 구속된 피고인 또는 피의자와의 접견교통권은 피고인 또는 피의자 자신이 가지는 변호인과의 접견교통권과는 성질을 달리하는 것으로서 헌법상 보장된 권리라고는 할 수 없고, 형사소송법 제34조에 의하여 비로소 보장되는 권리이지만, 신체구속을 당한 피고인 또는 피의자의 인권보장과 방어준비를 위하여 필수불가결한 권리이므로 수사기관의 처분 등에 의하여 이를 제한할 수 없고, 다만 법령에 의하여서만 제한이 가능하다(대결 2002. 5. 6, 2000모112).

사법경찰관이 경찰서 유치장에 수용된 피의자에 대한 변호인의 수진권(受診權) 행사에 의무관의 참여를 요구한 것이 변호인의 수진권을 침해하는 위법한 처분인지 여부(소극)

경찰서 유치장은 미결수용실에 준하는 것이어서(행형법 제68조) 그 곳에 수용된 피의자에 대하여는 행형법 및 그 시행령이 적용되고, 행형법 시행령 제176조는 '형사소송법 제34조, 제89조, 제209조의 규정에 의하여 피고인 또는 피의자가 의사의 진찰을 받는 경우에는 교도관 및 의무관이 참여하고 그 경과를 신분장부에 기재하여야 한다'고 규정하고 있는바, 이는 피고인 또는 피의자의 신병을 보호, 관리해야 하는 수용기관의 입장에서 수진과정에서 발생할지도 모르는 돌발상황이나 피고인 또는 피의자의 신체에 대한 위급상황을 예방하거나 대처하기 위한 것으로서 합리성이 있으므로, 행형법 시행령 제176조의 규정은 변호인의 수진권 행사에 대한 법령상의 제한에 해당한다고 보아야 할 것이고, 그렇다면 국가정보원 사법경찰관이 경찰서 유치장에 구금되어 있던 피의자에 대하여 의사의 진료를 받게 할 것을 신청한 변호인에게 국가정보원이 추천하는 의사의 참여를 요구한 것은 행형법 시행령 제176조의 규정에 근거한 것으로서 적법하고, 이를 가리켜 변호인의 수진권을 침해하는 위법한 처분이라고 할 수는 없다(대결 2002. 5. 6, 2000모112).

(3) 접견교통권의 내용

가. 비밀보장

변호인의 조력을 받을 권리의 필수적 내용은 신체구속을 당한 사람과 변호인과의 접견교통권이며 이러한 접견교통권의 충분한 보장은 구속된 자와 변호인의 대화내용에 대하여 비밀이 완전히 보장되고 어떠한 제한·영향·압력 또는 부당한 간섭 없이 자유롭게 대화할 수 있는 접견을 통하여서만 가능하고 이러한 자유로운 접견은 구속된 자와 변호인의 접견에 교도관이나 수사관 등 관계공무원의 참여가 없어야 가능하다. 변호인과 피의자·피고인의 접견시에 교도관이 입회하여 기재한 진술을 증거로 하는 것도 허용되지 않는다. 접견교통권을 침해하여 취득한 증거의 증거능력은 부정해야 하기 때문이다.

나. 서류 또는 물건의 수수

변호인 또는 변호인이 되려고 하는 자는 체포 또는 구속된 피의자 또는 피고인을 위하여 서류 또는 물건을 수수할 수 있다. 수수한 서류의 검열과 물건의 압수도 허용되지 않는다. 따라서 체포 또는 구속된 피의자 또는 피고인과 변호인 사이의 서신에 대한 압수는 허용되지 않는다. 다만 이 경우에도 체포 또는 구속장소의 질서유지를 위하여 무기 기타 위험한 물건의 수수를 금지하는 것은 허용된다고 해야 한다.

3. 비변호인과의 접견교통권

(1) 의 의

체포 또는 구속된 피의자 또는 피고인은 법률의 범위 내에서 타인과 접견하고 서류 또는 물건을 수수하며 의사의 진료를 받을 수 있다(법 제89조, 제200조의6, 제209조). 피고인·피의자의 방어권은 변호인과의 접견교통에 의하여 확보될 수 있지만 비변호인과의 접견과 교통도 방어권의 행사에 적지 않은 의미를 가지며, 특히 피고인 또는 피의자의 사회적 지위와 심리적 안정의 유지에 중대한 영향을 미친다.

쟁 점

<비변호인과의 접견교통권이 헌법상의 기본권인지 여부>

구속된 피의자 또는 피고인이 갖는 변호인 아닌 자와의 접견교통권은 가족 등 타인과 교류하는 인간으로서의 기본적인 생활관계가 인신의 구속으로 인하여 완전히 단절되어 파멸에 이르는 것을 방지하고, 또한 피의자 또는 피고인의 방어를 준비하기 위해서도 반드시 보장되지 않으면 안 되는 인간으로서의 기본적인 권리에 해당하므로 이는 성질상 헌법상의 기본권에 속한다고 보아야 할 것이다(헌재 2003. 11. 27, 2002헌마193).

(2) 접견교통권의 제한

비변호인과의 접견교통권은 법률이나 법원 또는 수사기관의 결정에 의하여 제한할 수 있다.

가. 법률에 의한 제한

비변호인과의 접견교통권은 법률의 범위 내에서 보장된다. 따라서 접견교통권이 법률에 의하여 제한될 수 있음은 당연하다. 구속된 피고인 또는 피의자의 접견교통권은 현재 형집행법과 동법 시행령에 의하여 제한되고 있다(형집행법 제18조, 제19조, 동법 시행령 제54조 이하). 경찰서 유치장에 구속되어 있는 피의자의 접견교통권도 형집행법에 의하여 제한받는다(제68조).

나. 법원 또는 수사기관의 결정에 의한 제한

법원은 도망하거나 또는 죄증을 인멸할 염려가 있다고 인정할 만한 상당한 이유가 있는 때에는 직권 또는 검사의 청구에 의하여 결정으로 구속된 피고인과 비변호인과의 접견을 금하거나 수수할 서류 기타 물건의 검열, 수수의 금지 또는 압수를 할 수 있다(법 제91조). 이 규정은 피의자의 체포 또는 구속에 대하여도 준용된다(법 제200조의6, 제209조).

다. 제한의 범위 및 절차

1) 제한의 범위

접견교통권의 제한은 접견의 금지, 서류 또는 물건의 검열과 압수 및 수수의 금지이다. 접견의 금지는 전면적인 금지뿐만 아니라 특정인을 제외한 사람의 접견을 금지하는 개별적 금지를 포함한다. 조건부 또는 기한부 금지도 가능하다. 다만 의류·양식 또는 의료품의 수수를 금지하거나 압수하는 것은 허용되지 않는다(제91조 단서).

2) 제한의 절차

피고인에 대한 접견교통권의 제한은 법원이 직권으로 하거나 검사의 청구에 대하여 법원의 결정이 있을 것을 요한다. 이에 반하여 피의자에 대한 접견교통권의 제한은 수사기관의 결정에 의하여 할 수 있다(법 제200조의 6, 제209조).

4. 접견교통권 침해에 대한 구제방법

(1) 접견교통권 침해 사례

가. 접견신청일이 경과하도록 접견이 이루어지지 않은 경우

접견신청일이 경과하도록 접견이 이루어지지 아니한 것은 실질적으로 접견불허가처분이 있는 것과 동일시된다고 할 것이다. 구치소에 구속되어 검사로부터 수사를 받고 있던 피의자들의 변호인으로 선임되었거나 선임되려는 변호사들이 피의자들을 접견하려고 1989. 7. 31. 구치소장에게 접견신청을 하였으나 같은 해 8. 9.까지도 접견이 허용되지 아니하고 있었다면, 수사기관의 구금 등에 관한 처분에 대하여 불복이 있는 경우 행정소송절차와는 다른 특별절차로서 준항고 절차를 마련하고 있는 형사소송법의 취지에 비추어, 위와 같이 피의자들에 대한 접견이 접견신청일로부터 상당한 기간이 경과하도록 허용되지 않고 있는 것은 접견불허처분이 있는 것과 동일시된다고 봄이 상당하다.

나. 구속영장에 기재된 구금장소의 임의적 변경

구속영장에는 청구인을 구금할 수 있는 장소로 특정 경찰서 유치장으로 기재되어 있었는데, 청구인에 대하여 위 구속영장에 의하여 2005. 11. 30. 07:50경 위 경찰서 유치장에 구속이 집행되었다가 같은 날 08:00에 그 신병이 조사차 국가안전기획부 직원에게 인도된 후 위 경찰서 유치장에 인도된 바 없이 계속하여 국가안전기획부 청사에 사실상 구금되어 있다면, 청구인에 대한 이러한 사실상의 구금장소의 임의적 변경은 청구인의 방어권이나 접견교통권의 행사에 중대한 장애를 초래하는 것이므로 위법하다.

(2) 접견교통권 침해에 대한 구제방법

가. 항고·준항고

법원의 접견교통제한결정에 대하여 불복이 있는 때에는 보통항고를 할 수 있고(법 402조), 검사 또는 사법경찰관의 접견교통권의 제한은 구금에 대한 처분이므로 준항고에 의하여 취소 또는 변경을 청구할 수 있다(법 제417조).

핵심판례

수사기관이 전국교직원노동조합 본부 사무실에 대한 압수·수색영장을 집행하면서 방대한 전자정보가 담긴 저장매체 자체를 수사기관 사무실로 가져가 그곳에서 저장매체 내 전자정보파일을 다른 저장매체로 복사하였는데, 이에 대하여 위 조합 등이 준항고를 제기한 사안에서, 위 영장 집행이 위법하다고 볼 수 없다는 이유로 준항고를 기각한 원심의 조치를 수긍한 경우

수사기관이 전국교직원노동조합 본부 사무실에 대한 압수·수색영장을 집행하면서 방대한 전자정보가 담긴 저장매체 자체를 영장 기재 집행장소에서 수사기관 사무실로 가져가 그곳에서 저장매체 내 전자정보파일을 다른 저장매체로 복사하자, 이에 대하여 위 조합 등이 준항고를 제기한 사안에서, 수사기관이 저장매체 자체를 수사기관 사무실로 옮긴 것은 영장이 예외적으로 허용한 부득이한 사유의 발생에 따른 것으로 볼 수 있고, 나아가 당사자 측의 참여권 보장 등 압수·수색 대상 물건의 훼손이나 임의적 열람 등을 막기 위해 법령상 요구되는 상당한 조치가 이루어진 것으로 볼 수 있으므로 이 점에서 절차상 위법이 있다고는 할 수 없으나, 다만 영장의 명시적 근거 없이 수사기관이 임의로 정한 시점 이후의 접근 파일 일체를 복사하는 방식으로 8,000여 개나 되는 파일을 복사한 영장집행은 원칙적으로 압수·수색영장이 허용한 범위를 벗어난 것으로서 위법하다고 볼 여지가 있는데, 위 압수·수색 전 과정에 비추어 볼 때, 수사기관이 영장에 기재된 혐의사실 일시로부터 소급하여 일정 시점 이후의 파일들만 복사한 것은 나름대로 대상을 제한하려고 노력한 것으로 보이고, 당사자 측도 그 적합성에 대하여 묵시적으로 동의한 것으로 보는 것이 타당하므로, 위 영장 집행이 위법하다고 볼 수는 없다는 이유로, 같은 취지에서 준항고를 기각한 원심의 조치를 수긍한 사례(대판 2011.5.26., 자, 2009모1190).

나. 증거능력의 배제

변호인과의 접견교통권을 침해하여 얻은 자백의 증거능력을 인정할 것인가가 문제된다. 자백을 하는가 하지 않는가는 피고인·피의자에게 가장 중요한 방어권의 행사이므로 변호인과의 접견의 기회를 주지 않고 얻은 자백은 위법절차에 의하여 얻은 자백으로서 증거능력을 부정해야 한다.

핵심판례

위법한 변호인접견 불허기간 중 작성된 피의자 신문조서의 증거능력 유무(소극)

㉠ 변호인과의 접견교통권은 헌법상 보장된 변호인의 조력을 받을 권리의 중핵을 이루는 것으로서 변호인과의 접견교통이 위법하게 제한된 상태에서는 실질적인 변호인의 조력을 기대할 수 없으므로, 위와 같은 변호인의 접견교통권 제한은 헌법이 보장하는 기본권을 침해하는 것으로서 이러한 위법한 상태에서 얻어진 피의자의 자백은 그 증거능력을 부인하여 유죄의 증거에서 배제하여야 하며, 이러한 위법증거의 배제는 실질적이고 완전하게 증거에서 제외함을 뜻하는 것이다(대판 2003. 9. 26, 2001도2209).

㉡ 피고인이 구속되어 국가안전기획부에서 조사를 받다가 변호인의 접견신청이 불허되어 이에 대한 준항고를 제기중에 검찰로 송치되어 검사가 피고인을 신문하여 제1회 피의자 신문조서를 작성한 후 준항고절차에서 위 접견불허처분이 취소되어 접견이 허용된 경우에는 검사의 피고인에 대한 위 제1회 피의자 신문은 변호인의 접견교통을 금지한 위법상태가 계속된 상황에서 시행된 것으로 보아야 할 것이므로 그 피의자신문조서는 증거능력이 없다.

변호인접견 전에 검사에 의하여 작성된 피의자 신문조서의 증거능력 유무(적극)

변호인접견 전에 작성된 검사의 피고인에 대한 피의자 신문조서가 증거능력이 없다고 할 수 없다.

수사기관에서의 변호인접견 등 구금에 관한 처분의 위법이 독립적인 상소이유가 될 수 있는지의 여부(소극)

검사 또는 사법경찰관의 구금에 관한 처분에 대하여 불복이 있는 경우 형사소송법 제417조에 따라 법원에 그 처분의 취소 또는 변경을 청구하는 것은 별론으로 하고 수사기관에서의 구금의 장소, 변호인의 접견 등 구금에 관한 처분이 위법한 것이라는 사실만으로는 그와 같은 위법이 판결에 영향을 미친 것이 아닌한 독립한 상소이유가 될 수 없다.

Ⅳ. 체포와 구속적부심사제도

1. 의 의

체포와 구속적부심사제도란 수사기관에 의하여 체포 또는 구속된 피의자에 대하여 법원이 체포 또는 구속의 적법 여부와 그 필요성을 심사하여 체포 또는 구속이 부적법·부당한 경우에 피의자를 석방시키는 제도를 말한다. 수사단계에서 체포 또는 구속된 피의자를 석방케 하기 위한 제도인 점에서 법원이 구속된 피고인의 석방을 결정하는 보석과 구별되며, 법원의 결정에 의하여 피의자를 석방하는 제도라는 점에서 검사가 피의자를 석방하는 구속취소(법 제93조·제209조)와 구별된다.

2. 내 용

(1) 청구권자

가. 체포 또는 구속된 피의자 또는 그 변호인 등

체포와 구속적부심사의 청구권자는 체포 또는 구속된 피의자 또는 그 변호인, 법정대리인, 배우자, 직계친족, 형제자매나 가족, 동거인 또는 고용주이다(법 제214조의2 제1항). 개정 형사소송법은 종전의 동거인뿐만 아니라 가족도 청구권자에 포함시킴으로써 청구권자의 범위를 확대하였다. 피의자만 체포와 구속적부심사의 청구를 할 수 있으므로 피고인은 이를 청구할 수 없다.

그리고 종전에는 체포영장 또는 구속영장에 의하여 체포 또는 구속된 피의자만 청구권자가 된다고 형사소송법이 규정하고 있어 체포영장 또는 구속영장이 발부되지 않고 불법하게 체포 또는 구속된 피의자, 예컨대 임의동행에 의하여 보호실에 유치되어 있거나 긴급체포 또는 현행범인 체포에 의하여 체포되어 구속영장이 청구되지 않는 피의자에게 청구권이 있는가에 관하여는 견해가 대립되고 있었다. 이에 따라 개정 형사소송법은 '체포영장 또는 구속영장에 의하여'라는 규정을 삭제함으로써 영장에 의하여 체포 또는 구속된 피의자에 한하지 않고 영장이 발부되지 않고 불법하게 체포 또는 구속된 피의자나 긴급체포 또는 현행범인 체포에 의하여 체포된 피의자도 청구권을 가지게 됨을 명백히 하였다.

핵심판례

체포영장 또는 구속영장의 청구에 관한 재판 자체에 대하여 직접 항고나 준항고를 통한 불복을 허용하지 아니한 것이 헌법에 위반되는지 여부(소극)

헌법 제12조 제1항, 제3항, 제6항 및 형사소송법 제37조, 제200조의2, 제201조, 제214조의2, 제402조, 제416조 제1항 등의 규정들은, 신체의 자유와 관련한 기본권의 침해는 부당한 구속 등에 의하여 비로소 생길 수 있고 검사의 영장청구가 기각된 경우에는 그로 인한 직접적인 기본권침해가 발생할 여지가 없다는 점 및 피의자에 대한 체포영장 또는 구속영장의 청구에 관한 재판 자체에 대하여 항고 또는 준항고를 통한 불복을 허용하게 되면 그 재판의 효력이 장기간 유동적인 상태에 놓여 피의자의 지위가 불안하게 될 우려가 있으므로 그와 관련된 법률관계를 가급적 조속히 확정시키는 것이 바람직하다는 점 등을 고려하여, 체포영장 또는 구속영장에 관한 재판 그 자체에 대하여 직접 항고 또는 준항고를 하는 방법으로 불복하는 것은 이를 허용하지 아니하는 대신에, 체포영장 또는 구속영장이 발부된 경우에는 피의자에게 체포 또는 구속의 적부심사를 청구할 수 있도록 하고 그 영장청구가 기각된 경우에는 검사로 하여금 그 영장의 발부를 재청구할 수 있도록 허용함으로써, 간접적인 방법으로 불복할 수 있는 길을 열어 놓고 있는 데 그 취지가 있고, 이는 헌법이 법률에 유보한 바에 따라 입법자의 형성의 자유의 범위 내에서 이루어진 합리적인 정책적 선택의 결과일 뿐 헌법에 위반되는 것이라고는 할 수 없다(대결 2006.12.18., 자, 2006모646).

나. 피의자를 체포 또는 구속한 검사 등의 고지의무

피의자를 체포 또는 구속한 검사 또는 사법경찰관은 체포 또는 구속된 피의자와 법 제214조의2 제1항에 규정된 자(청구권자) 중에서 피의자가 지정하는 자에게 적부심사를 청구할 수 있음을 알려야 한다(법 제214조의2 제2항).

(2) 청구의 사유

체포와 구속적부심사의 청구사유는 체포 또는 구속의 적부이다. 여기서 체포 또는 구속의 적부란 체포 또는 구속의 불법뿐만 아니라 부당, 즉 구속 계속의 필요성에 대한 판단을 포함한다. 체포영장 또는 구속영장의 발부가 법률에 위반하거나 구속 후 중대한 사정변경이 있을 것을 요하는 것은 아니다. 체포 또는 구속이 불법한 경우로는 다음과 같은 것이 있다.

① 재구속의 제한(법 제208조)에 위반하여 구속영장이 발부된 경우
② 긴급체포나 현행범인으로 체포된 자에 대하여 구속영장 청구기간(법 제200조의4, 제214조의2, 제200조의2 제5항)이 경과한 후에 구속영장이 발부된 것과 같이 영장발부가 위법한 경우
③ 구속사유가 없음에도 불구하고 구속영장이 발부된 경우
④ 경미한 사건으로 주거가 일정한 피의자에게 구속영장이 발부된 경우와 같이 구속의 필요성에 대한 판단이 잘못된 경우

체포영장 또는 구속영장의 발부가 위법하지 않은 경우라 할지라도 구속계속의 필요성이 인정되지 않는 경우의 구속계속에 대하여도 적부심사를 청구할 수 있다.

구속계속의 필요성은 피해변상·합의 또는 고소취소와 같은 사정변경이 있는 경우에 주로 문제되는 것이지만, 반드시 구속 후의 사정변경을 요하는 것은 아니다. 구속을 계속할 필요가 있는가를 판단하는 기준 시기는 심사시가 되어야 한다.

(3) 청구의 방법

체포·구속적부심사의 청구는 서면에 의하여야 한다.

체포 또는 구속의 적부심사청구서에는 다음 사항을 기재하여야 한다(규칙 제102조).

① 체포 또는 구속된 피의자의 성명, 주민등록번호 등, 주거
② 체포 또는 구속된 일자
③ 청구의 취지 및 청구의 이유
④ 청구인의 성명 및 체포 또는 구속된 피의자와의 관계

(4) 법원의 심사

가. 담당법원

체포영장 또는 구속영장을 발부한 법관은 형사소송법 제214조의2 제4항부터 제6항까지의 심문, 조사, 결정에 관여하지 못한다. 다만 체포영장 또는 구속영장을 발부한 법관 외에는 심문·조사·결정을 할 판사가 없는 경우에는 그러하지 아니한다(법 제214조의2 제12항). 체포영장 또는 구속영장을 발부한 법관의 예단을 배제하려는 취지이다.

나. 심문기일의 지정

체포·구속적부심사의 청구를 받은 법원은 청구서가 접수된 때부터 48시간 이내에 심문기일을 지정하여야 한다(법 제214조의2 제4항). 다만 ① 청구권자 아닌 자가 청구하거나 동일한 체포영장 또는 구속영장의 발부에 대하여 재청구한 때 ② 공범 또는 공동피의자의 순차청구가 수사방해의 목적임이 명백한 때에는 심문 없이 청구를 기각할 수

있으므로(제214조의2 제3항) 심문기일을 지정할 필요가 없다.

다. 심문기일의 통지 및 수사관계서류 등의 제출(규칙 제104조)

체포 또는 구속의 적부심사의 청구를 받은 법원은 지체 없이 청구인, 변호인, 검사 및 피의자를 구금하고 있는 관서(경찰서, 교도소 또는 구치소 등)의 장에게 심문기일과 장소를 통지하여야 한다(규 제104조 제1항).

이 통지는 서면 외에 전화 · 모사전송 · 전자우편 · 휴대전화 문자전송 그 밖에 적당한 방법으로 할 수 있다(규 제54조의2 제3항).

사건을 수사 중인 검사 또는 사법경찰관은 제1항의 심문기일까지 수사관계서류와 증거물을 법원에 제출하여야 하고, 피의자를 구금하고 있는 관서의 장은 위 심문기일에 피의자를 출석시켜야 한다. 법원사무관 등은 체포적부심사청구사건의 기록표지에 수사관계서류와 증거물의 접수 및 반환의 시각을 기재하여야 한다(제2항).

라. 심문기일의 절차

1) 피의자신문 및 수사관계서류 등의 조사

체포 · 구속적부심사의 청구를 받은 법원은 청구서가 접수된 때부터 48시간 이내에 피의자를 심문하고 수사관계서류와 증거물을 조사한다(법 제214조의2 제4항). 이를 위하여 사건을 수사 중인 검사 또는 사법경찰관은 수사관계서류와 증거물을 심문기일까지 법원에 제출하여야 하고, 피의자를 구금하고 있는 관서의 장은 피의자를 출석시켜야 한다(규 제104조 제2항). 피의자의 출정은 절차개시의 요건이다. 검사 · 변호인 및 청구인은 심문기일에 출석하여 의견을 진술할 수 있다(제214조의2 제8항). 심문기일에 출석한 검사 · 변호인과 청구인은 법원의 심문이 끝난 후에 의견을 진술할 수 있고, 필요한 경우에는 심문 도중에도 판사의 허가를 얻어 의견을 진술할 수 있다(규 제105조 1항). 또한 피의자는 판사의 심문 도중에도 변호인에게 조력을 구할 수 있다(동조 2항). 체포 또는 구속된 피의자를 심문할 수 있고, 체포 또는 구속된 피의자 · 변호인 · 청구인은 피의자에게 유리한 자료를 낼 수 있다(규 제105조 3항).

2) 국선변호인의 선정

체포 · 구속적부심사를 청구한 피의자가 다음에 해당할 때 또는 필요적 변호사건(법 제282조)에 해당하는 때에는 국선변호인을 선정하여야 한다(법 제214조의2 제10항, 제33조).

① 피고인이 구속된 때

② 피고인이 미성년자인 때

③ 피고인이 70세 이상인 때

④ 피고인이 농아자인 때

⑤ 피고인이 심신장애의 의심이 있는 때
⑥ 피고인이 사형, 무기 또는 단기 3년 이상의 징역이나 금고에 해당하는 사건으로 기소된 때
⑦ 피고인이 빈곤 그 밖의 사유로 변호인을 선임할 수 없는 때(단, 이 경우에는 피고인의 청구가 있어야 함)

3) 국선변호인의 선정 사실의 고지

① 체포 또는 구속의 적부심사가 청구된 피의자에게 변호인이 없는 때에는 법원 또는 지방법원 판사는 지체 없이 국선변호인을 선정하고, 피의자 및 변호인에게 그 뜻을 고지하여야 한다(규 제16조 제1항).
② 국선변호인을 선정한 경우 국선변호인에게 피의사실의 요지 및 피의자의 연락처 등을 함께 고지할 수 있다(규 제16조 제2항). 이때의 고지는 서면 이외에 구술·전화·모사전송·전자우편·휴대전화 문자전송 기타 적당한 방법으로 할 수 있다(규 제16조 제3항).
③ 체포 또는 구속의 적부심사를 청구시에는 사선변호인이 있었으나 그 이후에 어떤 사정으로 인하여 변호인이 없게 된 때에도 제1항 및 제2항의 규정을 준용한다(규 제16조 제4항).

4) 법원의 조치

법원은 심문을 하는 경우 공범의 분리심문 그 밖에 수사상의 비밀보호를 위한 적절한 조치를 취하여야 한다(법 제214조의2 제11항).

마. 법원의 결정

법원은 청구서가 접수된 때부터 48시간 이내에 체포·구속적부심사청구의 심문기일을 열어야 하고(법 제214조의2 제4항), 체포 또는 구속의 적부심사청구에 대한 결정은 체포 또는 구속된 피의자에 대한 심문이 종료된 때로부터 24시간 이내에 이를 하여야 한다(규 제106조). 이 경우 법원이 수사관계서류와 증거물을 접수한 때부터 결정 후 검찰청에 반환된 때까지의 기간은 검사 등이 체포영장에 의한 체포 또는 긴급체포한 피의자를 구속하고자 할 때에는 피의자를 체포한 때부터 48시간 이내에 구속영장을 청구하여야 한다는 규정(법 제200조의2 제5항, 제200조의4 제1항)의 적용에 있어서는 그 제한기간에 산입하지 아니하고, 사법경찰관의 구속기간(법 제202조), 검사의 구속기간(법 제203조), 구속기간의 연장(법 제205조)의 규정의 적용에 있어서는 그 구속기간에 산입하지 아니한다(법 제214조의2 제13항).

1) 기각결정

법원의 심사의 결과 청구가 이유 없다고 인정한 때에는 결정으로 그 청구를 기각하여야 한다(법 제214조의2 제4항). 법원의 체포·구속적부심사의 청구가 다음에 해당하는 때에는 심문 없이 결정으로 청구를 기각할 수 있다(동조 2항).

① 청구권자가 아닌 자가 청구하거나 동일한 체포영장 또는 구속영장의 발부에 대하여 재청구한 때

② 공범 또는 공동피의자의 순차청구가 수사방해의 목적임이 명백한 때

2) 석방결정

법원이 적부심사의 청구를 이유 있다고 인정한 때에는 결정으로 체포 또는 구속된 피의자의 석방을 명하여야 한다(동조 제4항). 석방결정은 그 결정서의 등본이 검찰청에 송달된 때에 효력을 발생한다(법 제42조).

3) 재체포 또는 재구속의 제한

체포와 구속적부심사의 결과 법원의 석방결정에 의하여 석방된 피의자는 도망하거나 죄증을 인멸하는 경우를 제외하고는 동일한 범죄사실에 대하여 재차 체포 또는 구속하지 못한다(법 제214조의3 제1항). 따라서 피의자가 도망하거나 죄증을 인멸하는 경우에는 재차 체포 또는 구속할 수 있게 된다.

(5) 항고의 금지

체포, 구속적부심사에 관한 법원의 결정에 대하여는 기각결정과 석방결정을 불문하고 항고가 허용되지 않는다.

3. 보증금납입조건부 피의자석방제도

(1) 의 의

보증금납입조건부 피의자 석방제도란 피의자에 대하여 보증금납입을 조건으로 구속의 집행을 정지하는 제도를 말한다.

법원은 구속된 피의자(심사청구 후 공소제기된 자 포함)에 대하여 피의자의 출석을 보증할 만한 보증금의 납입을 조건으로, 결정으로 법 제214조의2 제4항의 석방을 명할 수 있다(제214조의2 제5항). 보증금납입조건부 피의자석방제도는 보석제도를 피의자에 대해서까지 확대한 것이라 할 수 있다. 다만, 형사소송법은 보석을 피의자에게 준용하는 대신에 체포·구속적부심사와 결합하여 보증금납입조건부 피의자석방제도를 도입하였다. 보증금납입조건부 피의자석방제도는 ① 체포·구속적부심사의 청구가 있을 때

에만 허용되며, ② 법원의 직권에 의하여 석방을 명할 수 있을 뿐인 직권보석이고 재량보석이며 피의자에게 신청권이 인정되는 것은 아니라는 점에 특색이 있다.

(2) 보증금납입조건부 피의자석방의 청구

보증금납입조건부 피의자석방의 청구, 즉 피의자의 보석청구는 인정되지 않으며, 피의자가 체포·구속적부심사를 청구한 경우에 법원은 보증금의 납입을 조건으로 피의자의 석방을 명할 수 있을 뿐이다. 피의자에 대하여 보석의 청구권을 인정하지 않고 체포·구속적부심사청구가 있을 때에 피의자의 석방을 명하게 한 것은 피의자의 중복된 석방청구로 인하여 수사절차가 지연될 수 있기 때문이다.

쟁 점

<체포적부심사에서 체포된 피의자를 보증금 납입을 조건으로 석방할 수 있는지 여부>

형사소송법은 수사단계에서의 체포와 구속을 명백히 구별하고 있고 이에 따라 체포와 구속의 적부심사를 규정한 같은 법 제214조의2에서 체포와 구속을 서로 구별되는 개념으로 사용하고 있는바, 같은 조 제4항에 기소 전 보증금 납입을 조건으로 한 석방의 대상자가 '구속된 피의자'라고 명시되어 있고, 같은 법 제214조의3 제2항의 취지를 체포된 피의자에 대하여도 보증금 납입을 조건으로 한 석방이 허용되어야 한다는 근거로 보기는 어렵다 할 것이어서 현행법상 체포된 피의자에 대하여는 보증금 납입을 조건으로 한 석방이 허용되지 않는다(대결 1997. 8. 27, 97모21).

(3) 보증금납입조건부 피의자석방의 제외사유

피의자에게 ① 죄증을 인멸할 염려가 있다고 믿을 만한 충분한 이유가 있는 때, ② 피해자, 당해 사건의 재판에 필요한 사실을 알고 있다고 인정되는 자 또는 그 친족의 생명·신체나 재산에 해를 가하거나 가할 염려가 있다고 믿을 만한 충분한 이유가 있는 때에는 보증금납입조건부로 피의자의 석방을 명할 수 없다(법 제214조의2 제5항 단서).

(4) 조건의 부가

피의자의 석방결정을 하는 경우에는 주거의 제한, 법원 또는 검사가 지정하는 일시·장소에 출석할 의무 기타 적당한 조건을 부가할 수 있다(제214조의2 제6항).

보증금납입을 조건으로 하는 피의자석방의 경우에 보석조건의 결정 시 고려사항(법 제99조)이나 보석 집행절차에 관한 규정(법 제100조)이 준용된다(동조 제6항).

(5) 보증금

보증금납입조건부 피의자석방결정도 보증금을 납입한 후가 아니면 집행하지 못한다(법 제214조의2 제7항, 제100조 제1항). 법원은 유가증권 또는 피의자 이외의 자가 제출한 보증서로써 보증금에 갈음할 것을 허가할 수 있고(제3항), 이 보증서에는 보증금액을 언제든지 납입할 것을 기재하여야 한다(제4항).

(6) 재체포 및 재구속의 제한

보증금납입을 조건으로 석방된 피의자가 ① 도망한 때, ② 도망하거나 죄증을 인멸할 염려가 있다고 믿을 만한 충분한 이유가 있는 때, ③ 출석요구를 받고 정당한 이유없이 출석하지 아니한 때, ④ 주거의 제한 기타 법원이 정한 조건에 위반한 때, 어느 하나에 해당하는 경우를 제외하고는 동일한 범죄사실에 관하여 피의자를 재차 체포 또는 구속하지 못한다(법 제214조의3 제2항).

(7) 보증금의 몰수

가. 임의적 몰수

법원은 ① 보증금납입을 조건으로 석방된 피의자를 재체포·재구속 제한의 예외사유에 해당하여 재차 구속할 때, ② 보증금납입을 조건으로 석방된 피의자에 대하여 공소가 제기된 후 법원이 동일한 범죄사실에 관하여 피고인을 재차 구속할 때에는 납입된 보증금의 전부 또는 일부를 몰수할 수 있다(법 제214조의4 제1항).

나. 필요적 몰수

보증금납입을 조건으로 석방된 피의자가 동일한 범죄사실에 관하여 형의 선고를 받고 그 판결이 확정된 후, 집행하기 위한 소환을 받고 정당한 이유 없이 출석하지 아니하거나 도망한 때에는 법원은 직권 또는 검사의 청구에 의하여 결정으로 보증금의 전부 또는 일부를 몰수하여야 한다(법 제214조의4 제2항). 이 경우의 보증금의 몰수는 필요적 몰수이다.

【서식】 체포영장

<table>
<tr><td colspan="6" align="center">체 포 영 장
○○법원</td></tr>
<tr><td>영 장 번 호</td><td colspan="3"></td><td>죄 명</td><td></td></tr>
<tr><td rowspan="3">피 의 자</td><td>성 명</td><td colspan="2"></td><td>직 업</td><td></td></tr>
<tr><td>주민등록번호</td><td colspan="4"></td></tr>
<tr><td>주 소</td><td colspan="4"></td></tr>
<tr><td>청구한검사</td><td colspan="2"></td><td>청구일자</td><td colspan="2">20 . . .</td></tr>
<tr><td>변 호 인</td><td colspan="2"></td><td>유효기간</td><td colspan="2">20 . . . 까지</td></tr>
<tr><td>범죄사실의 요 지</td><td colspan="2">별지기재와 같음</td><td>인 치 할 장 소</td><td colspan="2">□[ ]지방검찰청[ ]지청
□[ ]경찰서</td></tr>
<tr><td>구금할장소</td><td colspan="5">□[ ]경찰서유치장 □[ ]구치소 □[ ]교도소</td></tr>
<tr><td colspan="3">□ 피의자는 정당한 이유 없이 수사기관의 출석요구에 응하지 아니하였음
□ 피의자는 정당한 이유 없이 수사기관의 출석요구에 응할지 아니할 우려가 있음
□ 피의자는 일정한 주거가 없음(다액 50만원 이하의 벌금, 구류 또는 과태료에 해당하는 사건)</td><td colspan="3">피의자의 별지 기재와 같은 죄를 범하였다고 의심할 만한 상당한 이유가 있고, 체포의 사유 및 체포의 필요가 있으므로, 피의자를 체포한다. 유효기간이 경과하면 체포에 착수 할 수 없고, 유효기간이 경과한 경우 또는 유효기간 내라도 체포의 필요가 없어진 경우에는 연장을 반환하여야 한다.
20 . . / 판사</td></tr>
<tr><td>체 포 일 시</td><td colspan="2"></td><td>체 포 장 소</td><td colspan="2"></td></tr>
<tr><td>인 치 일 시</td><td colspan="2"></td><td>인 치 장 소</td><td colspan="2"></td></tr>
<tr><td>구 금 일 시</td><td colspan="2"></td><td>구 금 장 소</td><td colspan="2"></td></tr>
<tr><td>집행불능사유</td><td colspan="5"></td></tr>
<tr><td>처리자의소속 관서,관직</td><td colspan="2"></td><td>처리일자 기명날인</td><td colspan="2"></td></tr>
</table>

【서식】 구속영장

<table>
<tr><td colspan="6" align="center">구 속 영 장</td></tr>
<tr><td colspan="4">[미체포피의자용]</td><td colspan="2">○○법원</td></tr>
<tr><td>영 장 번 호</td><td colspan="3"></td><td>죄 명</td><td></td></tr>
<tr><td rowspan="3">피 의 자</td><td>성 명</td><td colspan="2"></td><td>직 업</td><td></td></tr>
<tr><td>주민등록번호</td><td colspan="4"></td></tr>
<tr><td>주 소</td><td colspan="4"></td></tr>
<tr><td>청구한검사</td><td colspan="2"></td><td>변 호 인</td><td colspan="2"></td></tr>
<tr><td>범죄사실의
여 부</td><td colspan="2"></td><td>유효기간</td><td colspan="2">20 . . . 까지</td></tr>
<tr><td>피의자심문
여 부</td><td colspan="2"></td><td>반환일시</td><td colspan="2"></td></tr>
<tr><td>구금할장소</td><td colspan="5"></td></tr>
<tr><td colspan="3">□ 피의자는 일정한 주거가 없음
□ 피의자는 증거를 인멸할 염려가 있음
[ ]
□ 피의자는 도망하였음
□ 피의자는 도망할 염려가 있음
[ ]
□ 피의자는 소년으로서 구속하여야할 부득이한 사정이 있음</td><td colspan="3">피의자의 별지 기재와 같은 죄를 범하였다고 의심할 만한 상당한 이유가 있고, 체포의 사유 및 체포의 필요가 있으므로, 피의자를 체포한다. 유효기간이 경과하면 체포에 착수 할 수 없고, 유효기간이 경과한 경우 또는 유효기간 내라도 체포의 필요가 없어진 경우에는 연장을 반환하여야 한다.
20 . . / 판사</td></tr>
<tr><td>집 행 일 시</td><td colspan="2"></td><td>집 행 장 소</td><td colspan="2"></td></tr>
<tr><td>구 금 일 시</td><td colspan="2"></td><td>구 금 장 소</td><td colspan="2"></td></tr>
<tr><td>집행불능사유</td><td colspan="5"></td></tr>
<tr><td>처리자의소속
관서,관직</td><td colspan="2"></td><td>처리일자
기명날인</td><td colspan="2"></td></tr>
</table>

【서식】 구속적부심사청구서(주거침입 및 절도)

구속적부심사청구서

피 의 자 ○ ○ ○
20○○년 ○월 ○일
○○시 ○○구 ○○길 ○○

위 피의자에 대한 주거 침입 및 절도죄 법률위반 사건에 관하여 귀원에서 ○○년 ○월 ○일 발부한 구속영장에 의하여 현재 ○○구치소에 수감중인바, 구속적부심사를 청구하오니 청구취지와 같이 결정하여 주시기 바랍니다.

청 구 취 지

피의자 ○○○의 석방을 명한다. 라는 결정을 구합니다.

청 구 이 유

1. 범행 경위

피의자는 7년 전 ○○○와 결혼하여 6세, 4세, 1세 된 자녀를 둔 자로서 남편 ○○○는 20○○년 ○월 리비아로 해외 취업을 나간 후 혼자서 건어물 행상을 해가면서 어린 세 자녀를 부양하여 왔습니다.

피의자는 20○○년 ○월 ○일 15:00경 피의자의 친구를 찾아 전에 피의자가 살았던 ○○시 ○○구 ○○길 ○○의 집에 들어갔던 것인데 마침 집에는 아무도 없었으므로 냉장고에서 물을 꺼내 먹고 나오려 하던 중 방안에 장롱문이 열려 있으면서 장롱 속의 이불 위에 지갑이 있는 것을 발견하고 순간적으로 위 지갑을 열고 지갑속에 있던 돈 92,000원을 꺼내 가지고 나왔던 것입니다.

2. 정상론

(1) 이처럼 피의자의 본 건 범행은 사전에 범행을 계획하고 그 대상을 물색하여 범행 장소에 갔던 것이 아니고, 피의자의 친구 집을 찾아갔다가 물을 먹고 나오려던 중 우연히 장롱 속의 돈 지갑을 발견하고 궁핍한 생활 속에 허덕이던 피의자가 순간적으로 범행을 하게 된 것이고,

(2) 피의자에게 비록 전과가 있다 하나 7년 전의 것으로서 그 후 피의자는 견실한 생활을 하여 오면서 범행 당시까지도 피의자의 남편이 송금하는 돈을 모두 피의자가 20○○년 ○월 ○일 가입한 보험료로 입금하여 가족들의 생계는 피의자의 건어물 행상으로 유지하는 억척스런 생활을 하여 왔던 것입니다(참고자료 참조).

(3) 더구나 피의자가 그동안 부양하여 오던 어린 유아들은 피의자가 구속된 현재 아무도 돌봐 줄 수 없는 상태로서 현재 혼자 살고 있는 피의자의 친정아버지 ○○○는 6세와 4세의 어린 유아를 혼자서 보살피고 있는 형편이며, 뿐만 아니라 현재 1세 밖에 안되는 유아는 위 친정아버지에게 위탁할 수도 없어 피의자와 함께 구치소 생활을 하는 딱한 사정에 있습니다.

또한 피의자는 건강이 안 좋아 젖이 나오지 않아 우유를 먹여야 할 형편인데 구치소에서 우유병을 소독하는 것은 고사하고라도 유아를 먹일 우유를 필요에 따라 구입할 수도, 부패되지 않도록 보관할 수도 없는 형편입니다.

이 같은 상황에서 피의자의 구금 상태가 계속된다면 이제 1세 밖에 안되는 유아는 탁한 구치소의 공기속에서 질식되어 건강에 치명적인 해를 입게 될 것임이 분명하다 할 것입니다.

(4) 피의자가 비록 주거에 침입하여 절취 행위를 하였다 하나, 그 액수가 불과 90,000여 원에 불과하고 위 금원은 모두 피해자도 피의자의 사정을 딱하게 여겨 법이 허용하면 선처해 줄 것을 요망하고 있는 것입니다.

(5) 피의자는 수사기관에서 범행 발각 즉시 모든 범행을 모두 자백하여 더 조사할 것이 없는 상태에서 피의자가 증거를 인멸하거나 도주할 우려는 전혀 없습니다.

3. 결 론

이상에서 본 대로 피의자의 본건 범행이 가난한 생활 속에서 우발적으로 이루어진 것이고 피해가 경미할뿐더러 피해가 회복되어 피해자가 피의자의 처벌을 원하지 않고 있으며, 피의자가 구속됨으로써 그동안 피의자가 부양하여 오던 어린 유아를 돌 볼 사람이 아무도 없고, 뿐만 아니라 이제 1세 밖에 안되는 유아가 피의자와 함께 구치소 생활을 하여야 하는 딱한 사정에 있는 점(수사 경찰관도 이 같은 정상을 사정 변경으로 수사보고하고 있기까지 함) 등제 정상을 참작하시어 피의자에게 석방의 은전을 베풀어 주시기 바랍니다.

첨 부 서 류

1. 주민등록표 등본(현재 1세된 유아는 출생 신고조차 되지 않았음)
2. 급료지급 명세서(소명취지 : 피의자의 남편이 해외 취업하고 있는 사실)
3. 보험료 가수증 3매(소명취지 : 피의자가 남편으로부터 송금해오는 급료를 모두 보험료로 지급하고 있는 사실, 3개 보험의 1회 불입금은 모두 금 458,657원에 이름).

20○○년 월 일

신청인

피의자의 변호인 변호사 ○ ○ ○ ㉞

○○지방법원 남부지원 귀중

【서식】 구속적부심사청구서(공무집행방해)

구속적부심사청구서

피 의 자 ○ ○ ○(○○○○○○-○○○○○○○)
20○○년 ○월 ○일생
○○시 ○○구 ○○길 ○○
위 피의자의 변호사 ○ ○ ○

위 피의자에 대한 공무집행방해등 법률위반 사건에 관하여 귀원에서 20○○. ○. ○. 발부한 구속영장에 의하여 현재 ○○구치소에 수감중인바, 피해자의 변호인은 다음과 같은 이유를 들어 구속적부심사를 청구하오니 청구취지와 같은 결정을 하여 주시기 바랍니다.

청 구 취 지

"피의자 ○○○에 대한 석방을 명한다."
라는 결정을 바랍니다.

청 구 이 유

1. 구속적부심사의 요건
   가. 피의자의 이 사건 범죄사실에 관하여는 경찰 및 검찰에서 충분한 조사가 되어 있으므로 죄증인멸의 여지가 없습니다.
   나. 피의자는 주거가 일정하고 어머니와 함께 동거하고 있기 때문에 도주할 염려가 전혀 없습니다.

2. 피해자의 직업과 가정상황

가. 피의자는 고등학교를 졸업하고 ○○전문대학교 청강생으로 1년간 다니다가, ○○백화점 식품부 판매보조원인 아르바이트생으로 근무하고 있었습니다.

나. 피의자의 아버지는 육군상사로 근무하다 피의자가 중학교 2학년때 강원도 춘천에서 과로로 순직하였고, 피의자의 어머니는 피의자와 둘이서 연금으로 생활하고 있고 피의자도 월 50만원씩 돈을 벌어 보태고 있습니다.

다. 피의자는 현재 군입대를 위해 대기중인 상태입니다.

3. 이 사건의 경위

가. 피의자는 이 사건 당일날이 마침 생일날이라 ○○대학교 학생인 친구 ○○○, 음악학원에 다니는 친구 ○○○, ○○○, 또 다른 친구인 ○○○, 친구동생 1명, 친구의 여자친구 1명 등 6명이 ○○대학교 입구에 있는 ○○호프집에서 생일축하 샴페인을 같이 마셨는데 피의자는 샴페인 2잔을 마셨습니다.

나. 그리고 나서 그 자리에서 각자 맥주 500cc 몇 잔씩을 마셨는데 피의자는 1잔을 마셨습니다. 그리고 생일축하 행사가 끝나고 다른 사람들은 집에 가고, 피의자와 ○○○, ○○○, ○○○은 그 주위에 있던 ○○편의점에서 사발면과 안주로 과자와 오징어를 사들고 피의자에 집에서 2차로 술을 마시기 위해 피의자의 차에는 ○○○이 타고, 다른 차에는 ○○○와 ○○○이 타고 피의자의 차의 뒤를 따라 이 피의자의 집으로 가다 이 사건 사고현장에서 음주단속검문을 받게 되었습니다.

다. 그래서 검문을 하던 전경이 피의자에게 음주측정기를 불라고 하여 불자, 그 전경은 그 수치를 보여주지 않고 이 측정기가 잘못 되었나하며 순찰차에 가서 다른 것으로 바꿔와서 다시 불라고 해서 피의자가 불어보니 그 수치가 0.09%라는 것이었습니다.

라. 그전에 피의자는 전경의 면허증 제시요구를 받고 이미 면허증을 전경에게 주었고, 또 전경의 지시대로 피의자의 차를 도로가에 주차시킨 상태였습니다.

마. 그래서 피의자가 한번만 더 불어 보자고 하며 측정치도 서로 다르니 측정기를 바꾼 것이 아니냐고 하자 그 전경은 막무가내로 안된다는 것이었습니다. 그러면서 그 전경은 피의자에게 순찰차에 타라고 강요를 하자, ○○○가 와서 거세게 항의하며 다시한번 불어 보자고 해도 그 전경은 막무가내였습니다. 그러자 ○○○가 만일 다시 불어 수치가 0.05%가 넘으면 자기가 피의자를 경찰서까지 데려갈테니 다시한번 불어보자고 해도 역시 그 전경은 거부했습니다.

바. 그리고 나서 전경이 막무가내로 피의자를 순찰차에 밀어 넣으려고 하였는데, 피의자는 한편으로 수치가 0.1%가 되어야 면허취소가 되고 그 수치가 되더라도 구속은 안되는데 전경이 자꾸 자신을 연행하려는 지에 대해 야속케 생각하고 있던 차에, ○○○가 옆에서 "너 타지마라, 너가 죄있느냐, 왜 타느냐"고 떠들어 피의자도 그 분위기에 휩쓸려 그 순찰차에 안 들어가려고 버티면서 그 순찰차 뒤 2~3미터 지점에 있는 가게셔터에 기대어 버티고 있었습니다.

사. 그런데 ○○○가 다른 전경과 실랑이를 하다 그 전경이 주먹으로 몇 대 때리자, ○○○가 왜 사람을 때리느냐며 치료받게 병원으로 데려다 달라고 항의하고 있는데, 갑자기 형사기동대차가 도착하더니 경찰관들이 우루루 몰려와 피의자의 머리를 봉고인 그 차 출입문에 밀어놓고 안에 있는 사람은 피해자의 머리 부분을 당길 때 피의자가 붙잡혀 들어가지 않으려고 발로 버티다가 그 차의 유리창을 깨게 된 것입니다.

4. 피의자의 정상

가. 이 사건은 피의자의 생일날 전경들의 무리한 음주단속으로 일어난 것입니다. 만일 전경들이 이제 갓 20세가 된 피의자를 잘 다독거렸다면 도저히 있을 수 없었던 일입니다.

나. 거기다가 전경과 경찰관들은 측정을 한번만 더하자고 요구하는 피의자와 친구들에게 구타를 하고, 심지어 형사기동대차 안에서도 심하게 때렸을 정도로 피의자에게 가혹한 행동을 한 결과 이 사건이 일어난 것입니다.

다. 이 사건 피의자의 범죄사실중, 음주운전부분은 판례상 수치가 0.09%이면 검찰에서 구 약식으로 기소되어 벌금 50만원이하 형이 선고되는 것이 판례이고, 공무집행방해 부분에 대해서는 이 사건 관련 경찰관들의 직무집행의 정당성이 문제가 될 뿐 아니라, 의미 없이 폭행을 하며 무리한 연행을 하는데 대한 거부의 행동으로 일어난 것으로 그 피해내용이 아주 경미하고, 공용물건손괴의 점은 피의자가 공권력에 도전하겠다는 의사 없이 연행되지 않으려고 발버둥치다가 일어난 것입니다.

라. 거기다가 피의자는 평소 술을 전혀 못하고 술을 먹으면 두드러기가 나는데, 생일을 맞이하여 친구들을 만나 샴페인 2잔과 500cc 한잔을 마셨는데 많이 취해버린 상태였습니다. 그런데 한편으로 피의자는 그 정도 술을 먹었는데 어떻게 그 측정치가 그렇게 높게 나올 수 있느냐 하는 의문에서 이 사건이 발달된 것입니다.

마. 거기다가 피의자의 친구인 ○○○가 물론 친구를 위해서였지만, 속된말로 옆에서 너무 방방 뛰니까 피의자도 거기에 휩쓸려 이 사건 범행을 하게 된 것입니다.

바. 또 그 ○○○는 피의자가 구속되던 날 위와 같은 행위로 인해 귀원에서 즉결심판으로 구류 3일 처분을 받았습니다.

피해자가 ○○○보다 더 지은 죄는 음주 0.09%이고, 그 술은 생일축하 술이었는데 피의자는 이 사건으로 약 9일간 구속되어 있습니다. 이 점에서 피의자와 ○○○간의 형의 균형도 고려되어야 할 것입니다.

사. 피의자는 이 사건 형사기동대 차량수리비를 전부 변상했고, 어찌 되었거나 이와 같은 물의를 저지른데 대해 깊이 반성하고 있습니다.

아. 피의자는 이제 갓 20세 된 나이어린 청년이고, 홀어머니와 같이 사는 군경유가족입니다.

5. 존경하는 재판장님!

위와 같은 사건경위 및 제반정상 등을 헤아리시고 참작하시어 석방의 은전을 베풀어주시기 바랍니다.

[피의자의 보석보증금은 피의자의 모 ○○○(서울시 ○○구 ○○길 234)이 보석보험증권 첨부의 보증서로 갈음하여 제출하고자 하오니 허가하여 주시기 바랍니다.]

첨 부 서 류

1. 구속영장 사본
1. 변상확인서
1. 국가유공자유족증서
1. 주민등록등본
1. 변호인선임신고서

20○○년 월 일

신청인

피의자의 변호인 변호사 ○ ○ ○ ㊞

○○지방법원 남부지원 귀중

【서식】 구속적부심사청구서

구속적부심사청구서

피의자(가해자) : ○ ○ ○
20○○년 ○월 ○일생
○○시 ○○구 ○○길 ○○
(현재 ○○경찰서에 수감중)

위 피의자에 대한 폭력행위등처벌에관한법률 위반사건에 관하여 귀원에서 20○○년 ○월 ○일 발부한 구속영장에 의하여 ○○경찰서유치장에 수감중인바, 피의자의 처 ○○○는 다음과 같이 구속적법심사를 청구하오니 심문하시어 청구취지와 같은 결정을 하여 주시기 바랍니다.

청 구 취 지

피의자 ○○○의 석방을 허가한다.
라는 결정을 구합니다.

청 구 원 인

1. 피의자 ○○○의 범죄내용은 구속영장 기재의 범죄사실과 같사오니 피의자가 그와 같은 범죄를 저지르게 된 이유는 피의자들과 피해자들은 아는 사이였는데, 20○○년 ○월 ○일 22:30경 ○○시 ○○구 ○○길 192 소재 ○○다방 앞 노상에서 피의자 ○○○과 피해자가 옥신각신하는 것을, 피의자 ○○○가 이를 저지하다가 피해자에게 상처를 입히게 된 것입니다.

2. 그 후 피의자는 사회에 물의를 끼친 점에 대하여 크게 반성하고 있으므로 피의자 측에서는 피해자를 찾아가 피의자의 뜻을 전달하고 위 폭행사건에 대하여 깊이 사과를 함과 동시에 치료비 금 ○,○00,000원정을 지급함에 이르렀으므로 쌍방간에 원만히 합의가 20○○년 ○월 ○일 성립되어 피해자는 피의자에 대한 차후 민·형사상 일체를 포기한다는 합의서를 작성하였습니다.

그리고 피의자는 도주의 염려가 없으며 범죄사실을 모두 인정하고 전과 또한 없으며 증거인멸의 염려가 없으므로 피의자를 굳이 구속하고서만 조사할 것이 아니라 석방해 놓고도 조사에 아무런 지장을 주지 않을 것입니다.

3. 피의자는 주소지에서 처, 그리고 2녀(1살, 3살)와 같이 결혼생활을 하다가 구속되는 바람에 피의자인 신청인은 무슨 일을 어떻게 해야할지 영문을 모르고 있습니다.

피의자의 수입으로 생활비와 딸의 양육비를 조달하다가 피의자가 구속되는 바람에 지금 당장 생계를 연명할 수가 없고, 또한 피의자의 처 신청인은 결혼한지 3년이 되는 미숙한 주부이므로 이 건으로 말미암아 많은 고통을 받아 거리를 방황한 나머지 세상 모두가 두렵기만 합니다.

그러나 피의자는 현재 사회에 누를 끼친점에 대하여 크게 반성하고 있고 또한 초범자이오니 죄질로 보아서는 마땅히 용납되지 않사오나 한 번만 용서하시어 석방하는 결정이 있어 피의자의 가정에 광명의 길이 있고 앞길이 창창한 피의자의 가족을 보살펴 주시고자 이 적부심사를 청구합니다.

첨 부 서 류

1. 영장사본	1통
2. 주민등록등본	1통
3. 합의서	2통

20○○년 월 일

위 신청인(피의자의 처) : ○ ○ ○ ㊞

○○지방법원 남부지원 귀중

【서식】 구속적부심사청구서2

구속적부심사청구서

피 의 자 ○ ○ ○ (직업 : 여관업)
19○○년 ○월 ○일생(○○세)
○○시 ○○구 ○○길 ○○
위 피의자의 변호인 변호사 ○ ○ ○

위 피의자에 대한 음악산업진흥에관한법률 법률위반 사건에 관하여 귀원에서 20○○년 ○월 ○일 발부한 구속영장에 의하여 현재 ○○구치소에 수감(수감번호 ○○○호)되어 있는 바, 구속적부심사를 청구하오니 청구취지와 같이 결정하여 주시기 바랍니다.

청 구 취 지

피의자 ○○○에 대한 석방을 명한다.
라는 판결을 바랍니다.

청 구 이 유

1. 피의자에 대한 이 건 범죄사실은 첨부한 구속영장등본 범죄사실과 같은 바, 피의자는 이 건에 관하여 범행사실 전부를 처음부터 숨김없이 자백하여 수사가 사실상 마쳐져 있고 문제의 음반비디오테이프 4개도 압수되어 증거인멸의 염려가 전혀 없습니다.

2. 피의자는 이 건 여관을 20○○년 ○월에 인수하여 약 2개월간 수리를 마치고 3개월 전 개업을 하였습니다. 피의자가 문제의 비디오테이프를 여관방실에 신설한 것이 아니고 전 소유자로부터 매수할 때 함께 인수한 것입니다. 깊은 생각 없이 전 소유자가 하던 그대로 종업원들로 하여금 손님의 요구가 있으면 틀어주게 하여 이 건 범행이 이르게 된 것입니다.

3. 피의자는 2남 6녀의 어머니로서 그 중 2녀를 출가시킨 가정주부입니다. 아직 식구들이 이사도 못하고 노 시모와 남편은 ○○에 살고 있으며 피의자는 사실상 종업원에게 여관 경영을 맡긴채 ○○와 ○○을 왕래하고 있는 바, 고질적인 심장병과 고혈압 환자이기도 합니다. 이 건으로 구속된 후 외견상 현저할 정도로 심장병이 악화되어 얼굴이 부어있습니다. 주거도 일정하므로 도망할 염려도 없는 것입니다.

4. 또한 이 건으로 인하여 행정관청으로부터 영업정지 등의 행정처분도 받게 될 것입니다.

5. 피의자의 무사려한 소치로 애들의 어머니로서 또 가정주부로서의 소임을 다하지 못하고 있는 바, 깊이 반성하고 있사오니 이를 참작하여 주셔서 석방의 은혜를 베풀어 주심을 바랍니다.

20○○년 월 일

위 피의자의 변호인
변호사 ○ ○ ○ ㊞

○○지방법원 귀중

【서식】 구속적부심사청구서(상해 등)

구속적부심사청구서

피 의 자 ○ ○ ○ (○○○○○○-○○○○○○○)
19○○년 ○월 ○일생(○○세)
서울시 ○○구 ○○길 ○○
현재 ○○경찰서 수감 중
위 피의자의 변호인 변호사 ○ ○ ○

위 피의자에 대한 상해등 법률위반사건에 관하여 귀원에서 20○○. ○. ○. 발부한 구속영장에 의하여 ○○경찰서유치장에 구속 수감중인 바, 피의자의 변호인은 다음과 같은 사유로 구속적부심사를 청구하오니 청구취지와 같이 결정하여 주시기 바랍니다.

청 구 취 지

피의자 ○○○의 석방을 명한다.
라는 결정을 구합니다.

청 구 이 유

1. 범죄사실의 요지
피의자는
가. 20○○. ○. ○. 10:30경 서울 ○○구 ○○동 789호 ○○부페식당내에서 20○○. ○. ○.자 미상경등 수회에 걸쳐 상피의자 ○○○, ○○○등에게 빌려준 가계수표와 현금 등 도합 3천만원 상당을

받기 위해 전화를 하였으나, 위 ○○○가 통화중 수화기를 내려놓았다는 이유로 동 식당에 찾아가 "전화를 그 따위로 받는다"며 식탁위에 있던 불판뚜껑으로 때리려 하고 "죽여버리겠다"고 주먹과 발로 위 ○○○의 머리, 다리를 때리고 멱살을 잡아당겨 넘어뜨리고 목을 누르며 발로 머리를 수회 걷어차 위 ○○○에게 전치 약 14일간의 두개골부 좌상등의 상해를 가하고 만류하던 상피의자 ○○○의 가슴부위를 손으로 할퀴고 멱살을 잡아당겨 전치 약 14일간의 앞가슴부 다발성소상등의 상해를 가하고,

나. 가.항시 위 ○○○가 도망하자 "니가 나에게 맞았으니 좋게 해 주겠다"며 ○○○의 멱살을 잡아 당겨 바닥에 넘어뜨려 위에 올라타 앉아입고 있던 회색티셔츠를 양손으로 찢고 브래지어를 잡아당겨 뜯어지게 하고 오른쪽 유방을 손으로 만져 ○○○가 "악"비명을 지르며 가슴을 손으로 감싸자 ○○○의 얼굴을 주먹으로 1회 때리고 "좋게 해주겠다는데도"하며 ○○○의 반바지 속 팬티 안으로 손을 넣어 음부를 만지며 강제로 추행하고,

다. 위 ○○○가 신고하려고 전화기를 들자 수화기를 빼앗아 ○○○의 머리를 1회 때리며 전화기를 동소 전축으로 집어던져 전화기 시가 ○○0,000원 상당을 손괴한 사실로 귀원이 발부한 구속영장에 의하여 현재 ○○경찰서에 구속 중에 있습니다.

2. 범행의 경위

가. 피의자는 ○○구 ○○길 ○○에서 ○○가스라는 상호아래 LPG가스 판매업을 해왔고, 피해자 ○○○, ○○○ 부부는 피의자와 친구 사이로서 피해자로부터 여러차례에 걸쳐 돈 3,000만원을 빌리고 나서 이를 갚지 않고 이리저리 피해오다가 ○○○의 오빠 ○○○이 운영하는 ○○부페식당에 거주하는 사실을 피의자가 뒤늦게 알고 전화를 걸어 빚 독촉을 하였으나 피의자가 전화를 걸면 그냥 끊어버리는 등 불성실하게 대응하므

로 피의자가 화가 나서 찾아가 싸우다가 이 사건에 이르게 되었습니다.

나. 싸움이 벌어진 ○○부페식당에는 ○○부부외에 ○○○의 오빠 ○○○과 그의 처 ○○○들이 있다가 가세하여 피의자를 구타하여 이마가 찢어지는 상해를 입었습니다.

다. 강제추행의 점은 고소가 취소되었으므로 더 이상 문제 삼은 것은 아니지만 피의자가 ○○○와 싸우다가 서로 몸이 부딪히고 하는 과정을 피해자들이 과장하여 진술한 것으로 보입니다.

라. 돈 3,000만원을 빌려가고 차일피일 미루면서 약을 올려 싸우러 갔던터이고, 피해자가 친구 부인인데 구속영장기재와 같은 강제추행을 하였다는 것은 선뜻 납득할 수가 없습니다.

3. 피해자들과의 합의

피의자와 피의자들 사이에 곧 원만한 합의를 보았고, 고소취하까지 하였습니다.

4. 피의자의 정상

사건 빚을 받으러 갔다가 채무자와 우발적으로 싸웠던 일로서 쌍방 피해가 있었으나 싸운 장소에 피해자의 식구들만 있어 그들의 과장된 진술에 의해 피의자가 구속된 사정이 있고, 피해자와는 평소 친구사이였기 때문에 바로 원만히 합의하였으므로 피의자로 하여금 불구속으로 수사 받도록 하여 주시기 바랍니다.

[피의자의 보석보증금은 피의자의 부 ○○○(서울시 ○○구 ○○길 234)이 보석보험증권 첨부의 보증서로 갈음하여 제출하고자 하오니 허가하여 주시기 바랍니다.]

첨 부 서 류

1. 구속영장 사본 1통.
1. 합 의 서 1통.
1. 고소취소장 1통.
1. 진정서 1통.

(위 서류의 원본은 경찰서에 이미 제출되었습니다.)

1. 허 가 증 1통.
1. 사업자등록증 1통.

20○○년 월 일

위 피의자의 변호인
변호사 ○ ○ ○ ㊞

○○지방법원 귀중

【서식】 폭력행위등처벌에관한법률위반의 경우 구속적부심사청구서

구속적부심사청구서

피 의 자 1. ○ ○ ○ (○○○○○○-○○○○○○○)
등록기준지 서울 ○○구 ○○길 123
주 거 서울 ○○구 ○○길 234
현 재 ○○구치소 수감 중
2. ○ ○ ○ (○○○○○○-○○○○○○○)
등록기준지 서울 ○○구 ○○길 345
주 거 서울 ○○구 ○○길 456
현 재 ○○구치소 수감 중
3. ○ ○ ○ (○○○○○○-○○○○○○○)
등록기준지 서울 ○○구 ○○길 567
주 거 서울 ○○구 ○○길 678
현 재 ○○구치소 수감 중
4. ○ ○ ○ (○○○○○○-○○○○○○○)
등록기준지 서울 ○○구 ○○길 789
주 거 서울 ○○구 ○○길 890
현 재 ○○구치소 수감 중

위 피의자들의 변호인 변호사 ○ ○ ○

위 피의자들에 대한 폭력행위등처벌에관한법률위반 피의사건에 관하여 귀원에서 20○○년 ○월 ○일자로 발부한 구속영장에 의하여 ○○구치소에 구속 수감중인 바, 피의자들의 변호인은 구속적부심사를 청구하오니 청구취지와 같이 결정하여 주시기 바랍니다.

청 구 취 지

피의자 ○○○, ○○○, ○○○, ○○○의 각 석방을 명한다.
라는 결정을 구합니다.

청 구 이 유

1. 범죄사실의 요지

○○구 ○○동 987 앞 노상에서 ○○○, ○○○, ○○○들과 싸우다가 상해를 입힌 사실로 귀원의 구속영장에 의하여 현재 ○○구치소에 수감중에 있습니다.

2. 사건의 내용

피의자 ○○○, ○○○은 ○○고등학교 2학년에, 피의자 ○○○, ○○○은 ○○고등학교 2학년에 각 재학중에 있는 학생들로서 서로 친구들사이입니다.

피의자들은 함께 어울려 놀다 피해자들과 시비가 생겨 서로 붙어 싸우다가 이 사건 범행에 이르게 되었습니다.

범죄사실에 의하면 피의자들이 피해자 ○○○, ○○○을 상대로 돈을 갈취하려다 말을 잘 듣지 않아 폭행한 것으로 되어 있으나 실제 피의자들이 피해자 ○○○, ○○○으로부터 돈을 갈취한 사실은 없었고, 위 피해자들의 상해내용도 매우 경미합니다.

다만 위 피해자들이 ○○○, ○○○, ○○○를 데리고 와서 피의자들과 싸움을 벌려 사건이 크게 확대된 사정이 있습니다.

피의자들도 상대방으로부터 맞아 각 2주씩의 상해를 입었습니다(별첨 상해진단서 참조). ○○○이 4주간의 치료를 요하는 상해를 입었으나 다행히 후유증이 있는 상태는 아닙니다.

피의자 ○○○, ○○○등은 이 사건 범행에 있어 가담정도가 비교적 가볍습니다.

3. 피해변제

피의자들은 피해자 ○○○에 대하여 치료비와 위자료의 일부금으로서 돈 500만원을 공탁하였습니다.

4. 피의자들의 정상

피의자와 상대방들은 엇비슷한 나이 또래의 소년들로서 우발적으로 이 사건범행에 이르렀으나 모두 대학입시를 준비해야 할 학생들인 점을 참작하시어 기록에 의하여 범행의 가담정도가 가벼운 피의자들만이라도 석방해 주실 것을 바라며 이 사건 신청에 이르렀습니다.

[피의자의 보석보증금은 피의자들의 변호인 ○○○(서울시 ○○구 ○○길 876)이 보석보험증권 첨부의 보증서로 갈음하여 제출하고자 하오니 허가하여 주시기 바랍니다.]

첨 부 서 류

1. 구속영장 사본
1. 공탁서
1. 상해진단서
1. 변호인선임신고서

20○○년 월 일

위 피의자들의 변호인
변호사 ○ ○ ○ ㊞

○○지방법원 귀중

[서식] 구속적부심사청구서(특수절도)

구 속 적 부 심 사 청 구

피 의 자 ○ ○ ○
주민등록번호 111111-1234567
주 소 ○○시 ○○구 ○○길 ○○
직 업 ○○주식회사 사원

위 피의자에 대한 특수절도 피의사건에 관하여 피의자는 귀원에서 ○○월 ○일자로 발부한 구속영장에 의하여 ○○구치소(유치장)에 수감중인 자인 바, 구속적부심사를 청구하오니 청구취지와 같이 결정하여 주시기 바랍니다.

청 구 취 지

피의자 ○○○의 석방을 명한다.
라는 결정을 구합니다.

청 구 이 유

1. 피의사실 인정 여부 : 인정( ), 불인정(○)
2. 이 건 구속이 잘못되었다고 생각하는 이유 :
가. 이 사건은 실제 사건 내용이 구속영장기재사실과 다른 점이 있습니다. 구속영장상의 범죄사실에는 처음부터 절취의 고의로 피해자 방□□의 재물을 절취한 것으로 기재되어 있으나, 사실은 피해자가 분실한 것을 피의자가 습득한 것입니다. 이 점은 피해자도 인정하고 있습니다.
나. 이 사건은 그 사안이 경미합니다. 구속영장기재 범죄사실을 그대로 인정한다고 하여도 피의자는 다음과 같이 결과나 경위로 보아 극히 경미하다할 것입니다.
첫째, 피해자의 신체 등에 어떠한 위해를 가하거나 상처를 입히지 아니하였으며,
둘째, 그 경위로 보아 피의자는 피해자가 새벽에 술에 취하여 벤치에서 자고 있는 모습을 보고 순간적 실수로 저질렀으며,
셋째, 실제 피해자의 피해액은 10만원에 불과하여 피해정도가 미미하며,
넷째, 사기 등 법정형이 정한 중한 죄에 해당하는 범행을 저지르긴 하였으나, 사실은 1시간 여만에 일어난 단순한 범행으로, 행위불법이나 결과불법

의 측면에서 모두 경미한 사건에 불과합니다.

3. 구속후의 사정 변경(합의, 건강악화, 가족의 생계곤란 등)

피의자는 구속 후 피해자 방□□과 합의하였으며, 경제적으로 어려운 형편임에도 실제 피해액인 10만원을 훨씬 넘는 300만원이라는 많은 액수의 돈을 합의금으로 주었을 뿐 아니라, 스스로도 1년 여전의 잘못을 깊이 뉘우치고 있습니다.

피의자는 20○○. ○. ○.의 이 사건 후에 과거의 잘못을 뉘우치며 새로운 삶을 살고자 노력하였고, 그러다가 피의자의 처 김□□를 만났고, 20○○. ○. ○.엔 혼인신고를 하여 월세 ○○만원의 단칸방이지만, 그곳에서 단란하게 가정을 꾸려나가던 중이었습니다. 그런데, 현재처럼 피의자가 장기간 구속되어 영어의 몸이 된다면 가족의 생계마저 보장할 수 없는 상태입니다.

또한 위와 같은 사정을 볼 때, 피의자는 주거를 떠나거나, 이 사건의 증거를 인멸할 염려는 없다 할 것입니다.

4. 기타

이상의 여러 점을 참작하면 형사소송법상의 원리인 불구속수사가 타당할 것인 바, 특히 결혼한 지 얼마 되지 않아 신혼의 단꿈을 꾸어야 할 피의자의 처를 고려, 이번에 한하여 피의자의 석방이 상당하다고 사료되어 이건 청구에 이른 것입니다.

첨 부 서 류

1. 구속영장등본	1통
1. 합 의 서	1통
1. 가족관계증명서	1통
1. 주민등록등본	1통
1. 부동산임대차계약서	1통
1. 탄 원 서	1통
1. 변호인 선임계	1통

20○○년 ○월 ○일

위 피의자의 변호인 변 호 사 ○ ○ ○ (인)

전화 : (02) 1111-2222

○ ○ 지 방 법 원 귀 중

[서식] 구속적부심사청구서(도로교통법 위반)

구 속 적 부 심 사 청 구

사 건 도로교통법위반(음주측정거부) 등
피 의 자 ○ ○ ○ (주민등록번호 : 111111 - 1111111)
주 거 ○○시 ○○길 ○○
구속장소 ○○경찰서 유치장

위 피의자는 도로교통법위반 등 피의사건으로 20○○. ○. ○. 귀원에서 발부한 구속영장에 의하여 현재 ○○경찰서 유치장에 수감중이나, 피의자의 변호인은 다음과 같은 이유로 구속적부심사를 청구하오니 심리하시어 청구취지와 같은 결정을 하여 주시기 바랍니다.

청 구 취 지

"피의자 ○○○의 석방을 명한다"
라는 결정을 구합니다.

청 구 이 유

1. 구속적부심사의 요건
가. 피의자의 이 사건 범죄사실에 관하여는 경찰 및 검찰에서 충분한 조사가 되어있으므로 죄증인멸의 여지가 전혀 없습니다.
나. 피의자는 직업 및 주거가 일정하고 가족들과 함께 동거하고 있기 때문에 도주할 염려가 전혀 없습니다.
2. 피의자의 생활환경
피의자는 한 가족의 가장으로 부인 및 자녀들과 함께 주거지의 주택에서 살고 있으며, ○○시 ○○길에 소재한 “○○식당"을 운영하고 있습니다.
3. 이 사건 발생 당일의 상황
가. 피의자는 ○○식당을 운영하고 있는데 사건외 □□□은 공사현장의 목수반장으로서 인부들의 식비로 피의자에게 금 1,600,000원을 주기로 하였습니

다. 위 □□□은 피의자에게 우선 금 500,000원을 지급한 후 잔금 1,100,000원은 20○○. ○. ○.까지 주기로 했는데 변제기가 지나도 돈을 주지 않은 상태이었습니다.

나. 피의자는 본 건 발생 당일 오전 ○시경 □□□으로부터 잔금을 받기 위해 피의자의 처인 사건외 김□□가 운전하는 화물트럭을 타고 □□□이 있는 공사현장에 갔습니다. 피의자와 김□□는 □□□에게 대금지급을 요구하다가 김□□는 자신이 운영하는 식당영업을 위해 그곳을 떠나고 피의자는 전날 술을 많이 마신 상태이었기 때문에 공사현장에 있는 사무실 쇼파 위에서 잠이 들었습니다.

다. 당일 오전 ○○시경 사건외 황□□은 본인 소유의 본 건 전북○○다○○○○호 승용차를 타고 ○○식당 앞에 도착하였는데 그곳은 인적이 드문 곳이었기 때문에 차 열쇠를 열쇠구멍에 그대로 꽂아 놓은 상태로 주차를 해 놓았습니다. 식당안에 피의자가 없자 피의자의 처인 김□□에게 전화를 해보니 공사현장에 있다고 하여 찾아가니 피의자가 자고 있어 피의자를 깨워 피의자와 같이 ○○식당에 돌아왔습니다.

라. 위 황□□은 ○○식당의 칸막이 공사를 하고 있었고 피의자는 위 식당에서 자고 있었는데 당일 오후 ○시 ○○분경 음주운전을 하였다는 이유로 경찰에 의해 피의자가 연행된 것입니다.

4. 피의자 구속의 부당성

가. 피의자는 무면허 상태로 술에 취한 상태에서 본 건 당일 ○○:○○경 ○○시 ○○동 ○○보쌈식당 앞에서부터 ○○동 ○○직업훈련원 앞까지 약 1킬로미터 가량을 운전하였다는 혐의를 받고 있으나 이는 다음과 같은 이유로 부당합니다.

나. 피의자는 실제로 운전하다가 단속경찰에 의하여 체포된 것이 아니고 신고를 받고 출동한 경찰에 의하여 체포된 것입니다. 따라서 신고자의 진술외에는 피의자를 유죄로 인정할 증거가 없습니다.

다. 그런데, 신고자는 위 □□□으로서 처음 진술할 때는 '평소 안면이 있는 ○○식당 사장이 전북○○다○○○○호 흰색 차량을 운행하는 것을 보았다'고 하였으나(수사기록 제11면), 검찰에서 진술할 때는 '누가 운전하는지는 못보고 차량이 비틀거리는 것만 보았다, 차량 뒷번호는 봤는데 운전자는 안보여서 못 보았다, 경찰관에게 피의자를 지칭하지는 않았다, 당일 ○○시 ○○분경 차가 현장 앞에 있길래 우연히 번호판을 기억했다가 나중에 그 번호를 불러준 것이다'(위 기록 제47면) 등 진술이 일관되지 않습니다.

라. 이에 비해 피의자를 체포하였던 경찰관 고□□은 체포당시 위 □□□이 피의자를 가리키면서 차량의 운전자로 지목했다고 진술하고 있어(위 기록 제60면) □□□의 진술과 배치되고 있습니다. 또한 □□□은 피의자가 차량을 운행하였다는 장소에서 약 25미터 떨어진 곳에 있는 3층 건물에서 목격하였다고 하는데 그와 같이 근거리에서 차량번호도 전부 볼 수 있는 사람이 운전자를 보지 못했다고 하는 것은 납득이 되지 않습니다.

마. 이에 비하면 본 건 차량은 당일 오전 ○○시 이후에 계속 위 식당 앞에 주차되어 있는 상태이었고 피의자는 그 시각 이후에 계속 잠을 자고 있었다는 황□□의 진술은 일관되고 있습니다.

바. 또한, 경찰관들이 신고를 받은 시각이 본 건 당일 ○○:○○경이고 피의자가 체포된 시각은 같은 날 ○○:○○경인데 그 동안에 피의자가 운전을 마치고 주차를 한 다음 잠에 깊이 빠진다는 것은 상식적으로 생각하기 힘듭니다.

5. 결어

위와 같이 피의자가 이 사건 범행을 저질렀다는 증거가 없으므로 피의자에게 석방의 은전을 베풀어주시기 바랍니다.

첨 부 서 류

1. 구속영장사본 1통
1. 변호인선임신고서 1통

20○○년 ○월 ○일

위 피의자의 변호인

변 호 사 ○ ○ ○ (인)

○ ○ 지 방 법 원 ○ ○ 지 원 귀 중

【서식】 구속적부심사 청구취하서

구속적부심사청구취하서

사 건 20○○초 37호 구속적부심사 청구사건(주거침입 및 절도죄)
피구속자 ○ ○ ○(직업 : 직공)
19○○년 ○월 ○생
주 거 ○○시 ○○구 ○○길 ○○
구속장소 ○○구치소

위 사람에 대한 구속적부심사청구에 대하여 청구인은 사정에 의하여 동 청구를 취하합니다.

20○○. ○. ○.

신청인 ○ ○ ○ ㊞
전화 : ( ) -

제출자 :
관 계 :
주민등록번호 :
제출자의 신분확인 ㊞

○○법원 ○○지원 형사 ○부 귀중

【서식】 보증금납입조건부 피의자석방결정서

○ ○ 법원

제○형사부

결 정

사 건 20 초적 구속적부심사

피구속자 ○ ○ ○, [직업]

\-

주 거

본 적

청 구 인 변호인

주 문 보증금 납입을 조건으로 피의자의 석방을 명한다.

보증금액은 금 ○○○원으로 한다.

위 보증금 ○○○원은 ○○○(주소 :)제출하는 보석보증보험증권 첨부의 보증서로써 갈음할 수 있다.

피의자는 석방되면 별지 기재 지정조건을 성실히 지켜야 한다. 만일, 이에 위반하면 다시 구속될 수 있고 보증금을 몰수하는 수가 있다.

이 유 청구인으로부터 구속적부심사의 청구가 있는바, 이 사건은 형사소송법 제214조의2 제4항 단서 각호의 경우에 해당하지 아니하므로, 주문과 같이 결정한다.

20 . . .

재판장 판사 ○ ○ ○ ㊞

판사 ○ ○ ○ ㊞

판사 ○ ○ ○ ㊞

지 정 조 건

1. 피의자는 ○○○에 거주하여야 한다.
   위 주거를 변경할 필요가 있을 때에는 서면으로 법원 또는 검사에 신청하여 그 허가를 받아야 한다.
2. 피의자는 법원 또는 검사가 지정하는 일시, 장소에 출석하여야 한다.
   출석할 수 없는 정당한 사유가 있을 때에는 미리 사유를 명시하여 신고하여야 한다.
3. 도망 또는 증거를 인멸하거나 피해자측에 해를 가하는 행위를 하여서는 아니 된다.
4. 3일 이상 여행을 하거나 출국할 경우에는 미리 법원 또는 검사에게 신고하여 허가를 받아야 한다.
5. 기타사항 :

끝.

V. 보석

1. 의 의

(1) 보석의 개념

보석이란 일정한 보증금을 납부시킨 뒤 적당한 조건을 붙여 구속의 집행을 정지함으로써 구속된 피고인을 석방하는 제도를 말한다. 피고인이 도망하거나 지정한 조건을 위반한 경우에 보석을 취소하고 보증금을 몰수한다는 심리적 강제를 가하여, 이로써 심판절차에의 출석 및 형벌의 집행단계에서의 신체확보를 기하고자 하는 제도이다. 신체를 구속하지 않으면서도 구속과 동일한 효과를 얻을 수 있게 함으로써 불필요한 구속을 억제하고 이로 인한 폐해를 방지하려는 데 그 존재의의가 있다.

(2) 다른 제도와의 구별

보석은 구속의 집행만을 정지하는 제도라는 점에서 광의의 구속집행정지에 속한다. 다만 보석은 보증금의 납부를 조건으로 한다는 점에서 구속의 집행정지와 구별된다.

이러한 의미에서 보석은 보증금의 몰수라는 경제적 고통을 보증으로 하는 구속의 집행정지라고 할 수 있다. 보석은 구속의 집행을 정지하는 데 불과하므로 구속영장의 효력에는 영향을 미치지 않는다. 따라서 보석이 취소된 때에는 정지되어 있던 구속영장의 효력이 당연히 부활되는 점에서 보석은 구속의 취소와 다르다. 형사소송법상 보석은 피고인에 대하여만 허용되어 왔다. 따라서 보석은 피고인의 석방을 위한 제도라는 점에서 피의자를 석방하기 위한 체포·구속적부심사와 구별된다. 그러나 형사소송법이 보증금납입조건부 피의자 석방제도를 도입함으로써 피의자에 대해서까지 보석을 확대하였다.

2. 보석의 종류

보석은 청구에 기한 것이냐의 여부에 따라 청구보석과 직권보석으로 나눌 수 있다. 청구보석이란 보석청구에 의하여 법원이 보석결정을 하는 경우를 말하고, 직권보석은 법원이 직권으로 보석결정을 하는 것을 말한다.

또한 보석은 보석결정에 대한 법원의 재량의 유무에 따라 필요적 보석(권리보석)과 임의적 보석(재량보석)으로 구분된다.

필요적 보석은 보석청구가 있으면 법원이 반드시 보석허가를 해야 함에 반하여, 임의적 보석은 그 허가 여부가 법원의 재량에 속하는 경우이다. 필요적 보석은 청구보석에 대하여만 인정되고 임의적 보석은 청구보석과 직권보석에 모두 인정된다. 형사소송법은 필요적 보석을 원칙으로 하고 임의적 보석을 보충적으로 인정하고 있다.

보석등사건의처리에관한예규(재형 2003-5, 제3조)에 의하면 불구속 재판의 관행을 확립하기 위하여 피고인에 대하여 필요적 보석의 제외사유가 있는지 여부를 심리하여 제외사유가 없는 한 보석을 허가하고 직권보석도 적극 활용하도록 하고 있다.

(1) 필요적 보석

가. 필요적 보석의 원칙

보석의 청구가 있는 때에는 제외사유가 없는 한 보석을 허가하여야 한다(제95조). 형사소송법이 필요적 보석을 원칙으로 하고 있음을 명백히 한 것이다. 필요적 보석의 원칙은 보석이 취소된 후에 다시 보석청구가 있는 때에도 적용된다. 집행유예의 결격자라고 하여 보석을 할 수 없는 것도 아니다.

나. 필요적 보석의 제외사유(법 제95조)

형사소송법은 필요적 보석을 원칙으로 하면서도 이에 대한 광범위한 제외사유를 인정하고 있다. 형사소송법이 규정하고 있는 필요적 보석의 제외사유는 다음과 같다.

1) 피고인이 사형, 무기 또는 장기 10년이 넘는 징역이나 금고에 해당하는 죄를 범한 때

중대한 죄를 범한 때에는 실형의 개연성이 크기 때문에 보증금에 의하여 피고인의 출석을 확보할 수 없다는 것을 이유로 한다. 사형, 무기 또는 장기 10년이 넘는 징역이나 금고는 법정형을 의미한다. 죄는 공소장에 기재된 죄명을 말하고 법원이 인정하는 죄가 아니다. 공소장변경이 있는 때에는 변경된 공소사실이 기준이 되며, 공소사실과 죄명이 예비적·택일적으로 기재된 때에는 그 중의 1죄가 여기에 해당하면 족하다.

2) 피고인이 누범에 해당하거나 상습범인 죄를 범한 때

이 경우는 실형선고의 개연성 때문에 도망의 우려가 현저한 경우를 규정한 것이라고 보아야 한다. 상습범인 죄를 범한 때란 상습범이 구성요건요소로 된 경우뿐만 아니라 널리 공소사실인 범죄가 상습으로 행하여진 경우를 포함한다.

핵심판례

다른 사건으로 집행유예기간 중에 있는 피고인에 대하여 보석을 허가할 수 있는지의 여부(적극)

피고인이 집행유예의 기간 중에 있어 집행유예의 결격자라고 하여 보석을 허가할 수 없는 것은 아니고 형사소송법 제95조는 그 제1호 내지 제5호 이외의 경우에는 필요적으로 보석을 허가하여야 한다는 것이지, 여기에 해당하는 경우에는 보석을 허가하지 아니할 것을 규정한 것이 아니므로 집행유예기간 중에 있는 피고인의 보석을 허가한 것이 누범과 상습범에 대하여는 보석을 허가하지 아니할 수 있다는 형사소송법 제95조 제2호의 취지에 위배되어 위법이라고 할 수 없다(대결 1990. 4. 18, 90모22).

3) 피고인이 죄증을 인멸하거나 인멸할 염려가 있다고 믿을 만한 충분한 이유가 있는 때

죄증을 인멸할 염려란 법 제70조 제1항 제2호의 증거인멸의 염려와 같은 뜻이다. 죄증인멸의 염려는 당해 범죄행위의 객관적 사정, 소송과정, 피고인의 지위와 활동을 고려하여 구체적으로 결정해야 한다. 죄증인멸의 대상이 되는 사실은 구성요건 해당사실에 한하지 않고, 범죄의 배경사실이나 양형사실도 포함한다.

죄증인멸의 염려를 보석의 제외사유로 규정한 것은 보석이 증거인멸을 방지하기 위한 구속을 대신할 수 없다는 점을 이유로 한다.

4) 피고인이 도망하거나 도망할 염려가 있다고 믿을 만한 충분한 이유가 있는 때

보증금에 의하여도 피고인의 출석을 확보할 수 없는 경우를 말한다. 보석이 보증금의 몰수라는 심리적 압박에 의하여 피고인의 도망을 방지하기 위한 제도이므로 도망의 염려를 이유로 구속되어 있는 피고인에게 같은 이유로 보석을 허가하지 않는 것은 논리적 모순이며 보석 자체를 부정하는 결과가 된다는 비판이 있다.

5) 피고인의 주거가 분명하지 아니한 때

주거불명, 즉 법원이 피고인의 주거를 알 수 없는 경우를 말한다. 피고인이 주거에 대하여 묵비권을 행사하고 있어도 법원에서 주거를 알고 있는 때에는 여기에 해당하지 않는다.

6) 피고인이 피해자, 당해 사건의 재판에 필요한 사실을 알고 있다고 인정되는 자 또는 그 친족의 생명·신체나 재산에 해를 가하거나 가할 염려가 있다고 믿을 만한 충분한 이유가 있는 때

조직범죄, 특히 폭력범죄의 피고인이 보석으로 석방되어 피해자나 증인에게 보복을 가하거나 증인을 위해하여 증언할 수 없게 하는 것을 방지하기 위한 것이다.

(2) 임의적 보석

필요적 보석의 제외사유에 해당하는 때에도 법원은 상당한 이유가 있는 때에는 직권 또는 보석청구권자의 청구에 의하여 결정으로 보석을 허가할 수 있다. 피고인의 건강을 이유로 보석을 허가하는 경우(소위 병보석)가 여기에 해당한다.

임의적 보석을 결정함에 있어서는 범죄사실의 내용이나 성질, 피고인의 경력·행장·성격 등을 고려하기 위하여 구속영장에 기재되지 아니한 병합심리중인 여죄를 고려하는 것도 허용된다.

3. 보석의 절차

(1) 보석의 청구

가. 청구권자

보석의 청구권자는 피고인·피고인의 변호인·법정대리인·배우자·직계친족·형제자매·가족·동거인 또는 고용주이다(법 제94조). 법 개정으로 가족·동거인 또는 고용주가 보석청구권자로 추가되었다. 피고인 이외의 자의 보석청구권은 독립대리권이다.

나. 청구방법

1) 청구서의 제출

보석청구서 또는 구속취소청구서에는 다음 사항을 기재하여야 한다(규 제53조 제1항).

① 사건번호

② 구속된 피고인의 성명, 주민등록번호 등, 주거

③ 청구의 취지 및 청구의 이유

④ 청구인의 성명 및 구속된 피고인과의 관계

2) 진술서 등의 제출(규 제53조의2)

① 보석청구인은 적합한 보석조건에 관한 의견을 밝히고 이에 관한 소명자료를 낼 수 있다(제1항).

② 보석의 청구인은 보석조건을 결정함에 있어 법원이 정한 보석조건이 이행가능한 조건인지 여부를 판단하기 위하여 필요한 범위 내에서 피고인(피고인이 미성년자인 경우에는 그 법정대리인 등)의 자력 또는 자산 정도에 관한 서면을 제출하여야 한다(제2항). 보석의 청구서를 접수한 법원사무관 등은 청구인이 규칙 제53조의2에 규정한 서면을 제출하지 아니한 경우에 [전산양식 B1692]에 의하여 진술서를 작성하여 제출하도록 하여야 하며, 청구인이 제출한 진술서가 허위임이 판명된 경우 법원은 보석을 불허하거거나 보석의 조건을 변경할 수 있다(위 예규 제6조 제2항).

3) 청구의 시기

보석청구는 공소제기 후 재판의 확정 전까지는 심급을 불문하고 할 수 있다. 상소기간 중에도 가능하다(법 제105조). 피고인을 구속하는 경우에는 구속영장이 집행된 후이면 지정된 장소에 인치하기 전에도 보석청구에 할 수 있다. 보석청구는 보석허가결정이 있기 전까지 철회할 수 있다.

(2) 보석에 관한 검사의 의견

재판장은 보석에 관한 결정을 하기 전에 검사의 의견을 물어야 한다(법 제97조 제1항). 검사는 보석에 관한 의견요청에 대하여 지체 없이 의견을 표명하여야 한다(동조 제3항). 개정 형사소송법은 보석에 관한 결정을 신속하게 할 수 있도록 하기 위하여 검사는 재판장의 보석에 관한 의견요청에 대하여 지체 없이 의견을 표명하도록 하였다.

검사가 3일 이내에 의견을 표명하지 아니한 때에는 보석허가에 대하여 동의한 것으로 간주한다는 규정은 삭제되었다.

보석에 대한 의견요청을 받은 검사는 보석허가가 상당하지 아니하다는 의견일 때에는 그 사유를 명시하여야 하고, 보석허가가 상당하다는 의견일 때에는 보석조건에 대하여 의견을 나타낼 수 있다(규 제54조 2항・3항).

쟁 점

<검사의 의견청취절차를 거치지 아니한 보석허가결정의 효력>

검사의 의견청취의 절차는 보석에 관한 결정의 본질적 부분이 되는 것은 아니므로, 설사 법원이 검사의 의견을 듣지 아니한 채 보석에 관한 결정을 하였다고 하더라도 그 결정이 적정한 이상, 절차상의 하자만을 들어 그 결정을 취소할 수는 없다.

(3) 법원의 결정

가. 보석의 심리(규 제54조의2)

1) 피고인 심문

보석의 청구를 받은 법원은 지체 없이 심문기일을 정하여 구속된 피고인을 심문하여야 한다. 다만, 다음 각호의 어느 하나에 해당하는 때에는 그러하지 아니하다(제1항).

① 법 제94조에 규정된 청구권자 이외의 사람이 보석을 청구한 때
② 동일한 피고인에 대하여 중복하여 보석을 청구하거나 재청구한 때
③ 공판준비 또는 공판기일에 피고인에게 그 이익되는 사실을 진술할 기회를 준 때
④ 이미 제출한 자료만으로 보석을 허가하거나 불허가할 것이 명백한 때

2) 심문기일과 장소의 통지

심문기일을 정한 법원은 즉시 검사, 변호인, 보석청구인 및 피고인을 구금하고 있는 관서의 장에게 심문기일과 장소를 통지하여야 하고, 피고인을 구금하고 있는 관서의 장은 위 심문기일에 피고인을 출석시켜야 한다.

통지는 서면 외에 전화 또는 모사전송·전자우편·휴대전화 문자전송 그 밖에 적당한 방법에 의하여 이를 할 수 있다. 이 경우 통지의 증명은 그 취지를 심문조서에 기재함으로써 할 수 있다(제2항·3항).

핵심판례

형사소송규칙 제54조의2가 보석청구사건에 관하여 항고심에서도 필요적으로 피고인을 심문하도록 규정한 것인지 여부(소극)

1. 형사소송규칙 제54조의2는 보석청구를 받은 법원이 지체없이 심문기일을 정하여 구속 피고인을 심문하도록 규정한 것이지 항고심에서도 필요적으로 피고인을 심문하도록 규정한 것이 아니다.
2. 보석불허가 이유로 "피고인이 죄증을 인멸할 염려가 있다고 믿을 만한 충분한 이유가 있다"고 설시한 것은 필요적 보석의 제외사유인 형사소송법 제95조 제3호에 해당함을 명시한 것이므로 형사소송규칙 제55조의2에 위반되지 아니한다(대결 1991. 8. 13. 91모53).

3) 자료의 제출

피고인, 변호인, 보석청구인은 피고인에게 유리한 자료를 제출할 수 있고, 검사·변호인, 보석청구인은 심문기일에 출석하여 의견을 진술할 수 있다(제4항·5항). 법원은 피고인·변호인 또는 보석청구인에게 보석조건을 결정함에 있어 필요한 자료의 제출을 요구할 수 있다(제6항).

나. 보석의 결정기한

법원은 보석의 청구에 대하여 특별한 사정이 없는 한 보석의 청구를 받은 날부터 7일 이내에 그에 관한 결정을 하여야 한다(규 제55조). 보석의 청구가 부적법하거나 이유 없는 때에는 보석청구를 기각해야 한다. 다만 필요적 보석의 경우에는 제외사유에 해당하지 않는 한 보석청구를 기각할 수 없다. 이 경우에 법원이 보석을 허가하지 아니하는 결정을 하는 때에는 결정이유에 제외사유를 명시해야 한다(규칙 제55조의2).

다. 보석허가결정 후의 조치

① 법원은 주거를 병원으로 제한하여 보석을 허가한 경우 필요하다고 인정하는 때에는 그 병원에 피고인에 대한 진료경과, 현재의 건강상태, 예후 등을 조회할 수 있다. 이 경우 일정기간마다 주기적으로 보고할 것을 명할 수 있다.

② 법원은 관할경찰서, 동사무소 등에 피고인의 주거변경 여부, 기타 필요한 사항을 조회하는 등의 방법으로 보석조건의 이행 여부 또는 보석취소사유의 유무에 관하여 사실을 조사·확인할 수 있다.

③ 위 ①, ②의 조회결과 또는 사실조사결과는 보석취소 여부의 판단자료로 활용된다.

(4) 보석의 조건(법 제98조)

가. 조 건

법원은 보석을 허가하는 경우에는 필요하고 상당한 범위 안에서 다음의 조건 중 하나 이상의 조건을 정하여야 한다. 형사소송법은 보석조건을 다양화하여, 법원이 보석을 허가하는 경우에는 필요하다. 상당한 범위 안에서 법 제98조 제1호~제9호까지 9가지 보석조건 중 하나 이상의 조건을 정하도록 하였다.

1) 법원이 지정하는 일시·장소에 출석하고 증거를 인멸하지 아니하겠다는 서약서를 제출할 것

2) 법원이 정하는 보증금 상당의 금액을 납입할 것을 약속하는 약정서를 제출할 것

보석허가결정을 함에는 반드시 보증금을 정해야 한다. 보석은 보증금의 몰수라는 심리적 압박에 의하여 피고인의 출석을 확보하는 제도이므로 보증금은 보석허가결정의 필수적 요소이다. 따라서 보증서로 보증금에 갈음하는 경우에도(법 제100조 제3항) 보증금액을 정해야 한다.

3) 법원이 지정하는 장소로 주거를 제한하고 이를 변경할 필요가 있는 경우에는 법원의 허가를 받는 등 도주를 방지하기 위하여 행하는 조치를 수인할 것

4) 피해자, 당해 사건의 재판에 필요한 사실을 알고 있다고 인정되는 자 또는 그 친족의 생명·신체·재산에 해를 가하는 행위를 하지 아니하고 주거·직장 등 그 주변에 접근하지 아니할 것

5) 피고인 외의 자가 작성한 출석보증서를 제출할 것

개정 형사소송법은 피고인 외의 자가 작성한 출석보증서의 실효성을 제고하기 위하여 피고인이 정당한 사유 없이 불출석하는 경우에는 법원은 출석보증인에게 500만원 이하의 과태료를 부과할 수 있도록 하였다(법 제100조의2 제1항).

6) 법원의 허가 없이 외국으로 출국하지 아니할 것을 서약할 것

7) 법원이 지정하는 방법으로 피해자의 권리회복에 필요한 금원을 공탁하거나 그에 상당한 담보를 제공할 것

8) 피고인 또는 법원이 지정하는 자가 보증금을 납입하거나 담보를 제공할 것

9) 그 밖에 피고인의 출석을 보증하기 위하여 법원이 정하는 적당한 조건을 이행할 것

나. 보석조건의 결정시 고려사항(법 제99조)

1) 법원은 법 제98조의 조건을 정함에 있어서 다음 각 호의 사항을 고려하여야 한다(동조 1항).

① 범죄의 성질 및 죄상(罪狀)

② 증거의 증명력

③ 피고인의 전과·성격·환경 및 자산

④ 피해자에 대한 배상 등 범행 후의 정황에 관련된 사항

2) 법원은 피고인의 자력 또는 자산 정도로는 이행할 수 없는 조건을 정할 수 없다(동조 2항).

다. 보석조건의 변경 또는 이행의 유예(법 제102조 제1항)

법원은 직권 또는 제94조에 규정된 자의 신청에 따라 결정으로 피고인의 보석조건을 변경하거나 일정기간 동안 당해 조건의 이행을 유예할 수 있다.

법원은 보석을 허가한 후에 보석의 조건을 변경하거나 보석조건의 이행을 유예하는 결정을 한 경우에는 그 취지를 검사에게 지체 없이 통지하여야 한다(규 제55조의4).

라. 보석조건의 실효(법 제104조의2)

① 구속영장의 효력이 소멸한 때에는 보석조건은 즉시 그 효력을 상실한다. 구속영장의 효력이 소멸된 경우 피고인이 더 이상 보석조건을 준수할 필요성이 없으므로, 별도의 결정 없이 자동적으로 보석조건의 효력이 상실되는 것으로 규정한 것이다.

② 보석이 취소된 경우에도 위 ①과 같다. 다만, 법 제98조 제8호의 조건은 예외로 한다.

마. 과태료 부과 등(법 제102조 제3항)

법원은 피고인이 정당한 사유 없이 보석조건을 위반한 경우에는 결정으로 피고인에 대하여 1천만원 이하의 과태료를 부과하거나 20일 이내의 감치에 처할 수 있다. 이 결정에 대하여는 즉시항고를 할 수 있다.

(5) 보석허가결정에 대한 항고 여부

보석을 허가하는 결정에 대하여 검사는 즉시항고를 할 수 없다(법 제97조 제3항 참조). 형사소송법은 검사의 즉시항고를 허용하여 검사의 즉시항고가 있으면 보석의 집행이 정지되도록 하였으나, 헌법재판소는 영장주의, 적법절차의 원칙 및 과잉금지의 원칙에 반한다는 이유로 이를 위헌이라고 결정하였다.

(6) 보석의 집행(법 제100조)

가. 보석조건 이행 후 보석허가결정의 집행

법 제98조 제1호 · 제2호 · 제5호 · 제7호 및 제8호의 조건은 이를 이행한 후가 아니면 보석허가결정을 집행하지 못하며, 법원은 필요하다고 인정하는 때에는 다른 조건에 관하여도 그 이행 이후 보석허가결정을 집행하도록 정할 수 있다(동조 1항).

나. 관공서 등에 대해 적절한 조치 요구

법원은 보석허가결정에 따라 석방된 피고인이 보석조건을 준수하는 데 필요한 범위 안에서 관공서나 그 밖의 공사단체에 대하여 적절한 조치를 취할 것을 요구할 수 있다

(동조 5항).

다. 보석보증금 납부

1) 납부방법

보석허가결정은 법원이 정하는 보증금 상당의 금액을 납입할 것을 약속하는 약정서를 제출하지 않으면 집행하지 못한다(법 제100조 제1항).

법원은 유가증권 또는 피고인 이외의 자가 제출한 보증서로써 보증금에 갈음할 수 있다(법 제100조 제3항)

2) 보증서제출허가에 관한 결정

① 피고인의 변호인, 법정대리인, 배우자, 직계친족, 형제자매 또는 고용주가 보험보증서로써 보증금에 갈음하는 허가를 구한 때에는 법원은 특별한 사정이 없는 한 허가하되, 위 허가는 보석허가결정과 동시에 하거나, 보석허가결정 후에 별개의 결정으로 할 수 있다.

② 보증서제출허가 신청이 없는 때에도 직권으로 아래 각호에 해당하는 사람에 대하여 보험보증서로써 보증금에 갈음할 수 있음을 허가할 수 있다.

㉠ 피고인 또는 변호인 이외의 사람이 보석청구를 한 경우에는 그 보석청구를 한 사람

㉡ 피고인 또는 변호인이 보석청구를 한 경우에는 기록(공판기록과 수사기록을 포함한다)에 의하여 주소, 성명이 특정되는 피고인의 법정대리인, 배우자, 직계친족 또는 형제자매 중 적당하다고 인정되는 사람

㉢ 직권으로 보석을 허가하는 경우에는 위 ㉡에 규정된 사람 중 적당하다고 인정되는 사람

③ 보험보증서로써 보증금에 갈음함을 허가한 때에는 보석청구인, 보증서제출허가 요망인, 법원으로부터 보험보증서 제출을 허가받은 사람 및 검사에게 고지하고 변호인에게 통지하여야 한다.

라. 출석보증인에 대한 과태료(법 제100조의2)

법원은 법 제98조 제5호의 조건(피고인 외의 자가 작성한 출석보증서를 제출할 것)을 정한 보석허가결정에 따라 석방된 피고인이 정당한 사유 없이 기일에 불출석하는 경우에는 결정으로 그 출석보증인에 대하여 500만원 이하의 과태료를 부과할 수 있다. 이 결정에 대하여는 즉시항고를 할 수 있는데, 출석보증인이 부당한 제재를 받지 않도록 하기 위한 것이다.

4. 보석의 취소와 보증금의 몰취·환부

(1) 보석의 취소사유(법 제102조 제2항)

법원은 피고인이 다음 각 호의 어느 하나에 해당하는 경우에는 직권 또는 검사의 청구에 따라 결정으로 보석 또는 구속의 집행정지를 취소할 수 있다.

① 도망한 때
② 도망하거나 죄증을 인멸할 염려가 있다고 믿을 만한 충분한 이유가 있는 때
③ 소환을 받고 정당한 사유 없이 출석하지 아니한 때
④ 피해자, 당해 사건의 재판에 필요한 사실을 알고 있다고 인정되는 자 또는 그 친족의 생명·신체·재산에 해를 가하거나 가할 염려가 있다고 믿을 만한 충분한 이유가 있는 때
⑤ 법원이 정한 조건을 위반한 때

다만 이러한 사유는 보석 후에 발생하였을 것을 요한다. 보석의 취소 여부는 법원의 재량에 속한다. 보석취소결정에 대하여는 항고할 수 있다(법 제403조 제2항). 보석을 취소한 때에는 그 취소결정의 등본에 의하여 피고인을 재구금해야 한다. 다만, 급속을 요하는 경우에는 재판장, 수명법관 또는 수탁판사가 재구금을 지휘할 수 있다(규 제56조 1항). 보석취소결정의 송달은 요하지 않는다.

(2) 보증금 등의 몰취(법 제103조)

가. 임의적 몰취

법원은 보석을 취소하는 때에는 직권 또는 검사의 청구에 따라 결정으로 보증금 또는 담보의 전부 또는 일부를 몰취할 수 있다(동조 1항). 형사소송법은 보석취소를 원인으로 한 보증금 몰취는 법원의 직권뿐 아니라 검사의 청구에 따라서도 할 수 있도록 하였다. 보증금의 전부 또는 일부를 몰취하느냐는 법원의 재량에 속하며, 법원은 보증금을 전혀 몰취하지 않을 수도 있다.

핵심판례

보석보증금 몰수결정은 반드시 보석취소와 동시에 해야 하는지 여부(소극)
보석보증금을 몰수하려면 반드시 보석취소와 동시에 하여야만 가능한 것이 아니라 보석취소 후에 별도로 보증금 몰수결정을 할 수도 있다(대결 2001. 5. 29. 2000모22).

보석보증금몰수결정은 반드시 보석취소와 동시에 하여야만 하는지 여부(소극) 및 판결확정 전에 보석이 취소된 자가 형사소송법 제103조 소정의 '보석된 자'

에 포함되는지 여부(적극)
보석보증금이 소송절차 진행 중의 피고인의 출석을 담보하는 기능 외에 형 확정 후의 형 집행을 위한 출석을 담보하는 기능도 담당하는 것이고 형사소송법 제102조 제2항의 규정에 의한 보증금몰수결정은 반드시 보석취소결정과 동시에 하여야만 하는 것이 아니라 보석취소결정 후에 별도로 할 수도 있다고 해석되는 점에 비추어 보면, 위 법 제103조에서 규정하는 "보석된 자"란 보석허가결정에 의하여 석방된 사람 모두를 가리키는 것이지, 판결확정 전에 그 보석이 취소되었으나 도망 등으로 재구금이 되지 않은 상태에 있는 사람이라고 하여 여기에서 제외할 이유가 없다(대결 2002.5.17., 자, 2001모53).

나. 필요적 몰취

법원은 보증금의 납입 또는 담보제공을 조건으로 석방된 피고인이 동일한 범죄사실에 관하여 형의 선고를 받고 그 판결이 확정된 후 집행하기 위한 소환을 받고 정당한 사유 없이 출석하지 아니하거나 도망한 때에는 직권 또는 검사의 청구에 따라 결정으로 보증금 또는 담보의 전부 또는 일부를 몰취하여야 한다(동조 2항).

다. 몰수한 보증금의 처리

보증금몰수결정의 확정에 의하여 보증금은 국고에 귀속된다. 보증금이 유가증권으로 제출된 때에는 국가는 유가증권에 화체된 권리를 취득하며, 보증서가 제출된 때에는 국가가 제출인에 대하여 보증서에 기재된 금액을 청구할 채권을 가진다. 보증서의 제출인이 보증금을 납부하지 아니한 때에는 검사의 명령에 의하여 집행한다.

(3) 보증금의 환부

구속 또는 보석을 취소하거나 구속영장의 효력이 소멸된 때에는 몰수하지 아니한 보증금을 청구한 날로부터 7일 이내에 환부하여야 한다(법 제104조). 보석을 취소한 때에도 몰수하지 않거나, 일부만을 몰수한 때에는 나머지 보증금을 환부해야 한다. 구속을 취소하거나 구속영장의 효력이 소멸된 때에는 보증금을 전부 환부해야 한다.

(4) 보석조건 및 보석의 실효

가. 보석조건의 실효(법 제104조의2)

구속영장의 효력이 소멸한 때에는 보석조건은 즉시 그 효력을 상실한다. 구속영장의 효력이 소멸된 경우 피고인이 더 이상 보석조건을 준수할 필요가 없으므로, 별도의 결정 없이 자동적으로 보석조건의 효력이 상실되는 것으로 한 것이다.

보석이 취소된 경우에도 보석조건은 즉시 그 효력을 상실한다. 다만 법 제98조 제8호의 조건(피고인 또는 법원이 지정하는 자가 보증금을 납입하거나 담보를 제공할 것)의 조건은 예외로 한다.

나. 보석의 실효

무죄, 면소, 형의 선고유예와 집행유예, 벌금 또는 과료의 재판이 확정된 때에는 물론 자유형이나 사형이 확정된 경우에도 구속영장이 실효되므로 보석도 효력을 잃는다. 그러나 피고인에게 제1심이나 제2심에서 실형이 선고되었다고 하여도 그것이 확정되지 않고 또 보석이 취소되지 않는 한 보석의 효력은 상실되지 않는다.

문 **저희 부친은 사기죄로 구속·기소되어 재판을 받던 중 질병이 악화되어 보석을 청구하였고, 법원의 보석허가결정으로 석방되어 병원에 입원한 후 치료를 받던 중 도주하였습니다. 이 경우 보석의 효력은 어떻게 되는지요?**

답 「형사소송법」 제 102조 제2항은 "법원은 직권 또는 검사의 청구에 의하여 결정으로 보석 또는 구속의 집행정지를 취소할 수 있다."라고 규정하고 있습니다. 이 경우 보석취소사유로는 피고인이 ①도망한 때, ②도망하거나 또는 죄증(罪證)을 인멸할 염려가 있다고 믿을 만한 충분한 이유가 있는 때, ③소환을 받고 정당한 이유없이 출석하지 아니한 때, ④피해자, 당해 사건의 재판에 필요한 사실을 알고 있다고 인정되는 자 또는 그 친족의 생명·신체나 재산에 해를 가하거나 가할 염려가 있다고 믿을 만한 충분한 이유가 있는 때, ⑤그 밖에 법원이 정한 조건을 위반한 때 등입니다(다만, 국회의원에 대하여는 예외규정 있음). 보석이 취소되면 피고인은 그 취소결정서의 등본에 의하여 재수감되며(형사소송규칙 제56조), 납입한 보증금의 전부 또는 일부가 법원의 결정에 의해 몰수될 수 있습니다(형사소송법 제103조 제1항). 따라서 귀하의 부친이 보석 중 도주하였다면 법원의 직권 또는 검사의 청구에 의해 보석이 취소되어 재수감될 수 있고, 보석보증금 역시 전부 또는 일부가 몰수될 수도 있을 것입니다. (자료제공 : 법률구조공단)

【서식】 보석허가청구서(기본양식)

보 석 허 가 청 구 서

사 건
피 고 인

청 구 취 지

○ 피고인 __________에 대한 보석을 허가한다.
○ 보석보증금은 보석보증보험증권으로 갈음한다.
라는 결정을 구합니다.

청 구 이 유

(생략)

첨 부 서 류

1. 청구서부본
2. 재산관계진술서
3. 가족관계증명서

20○○년 월 일

청구인의 성명 ○ ○ ○ ㊞
피고인과의 관계

○○ 지방법원 형사 제 (단독,부)귀중

【서식】 보석허가청구서(폭행)

보 석 허 가 청 구 서

사건번호 및 재판부 : 20○○고단 ○○○호 (제 ○단독)
사 건 명 : 폭행
피 고 인 : ○ ○ ○
직 업 : 무 직
생 년 월 일 : 19○○년 ○월 ○○일생

청 구 취 지

피고인에 대한 보석을 허가한다.
라는 결정을 구합니다.

청 구 원 인

1. 피고인은 공소사실을 모두 자백하고 주거가 일정하여 도주의 우려가 없을 뿐만 아니라 죄증을 인멸할 염려가 없는 등, 형사소송법이 정한 필요적 보석의 요건을 모두 갖추고 있습니다.
2. 피고인은 초범이고 피해자에게 용서를 빌고 원만히 합의하였으며, 그동안의 구금생활을 통하여 깊이 반성하고 있습니다. 이러한 점들을 참작하시어 피고인으로 하여금 불구속상태에서 재판을 받을 수 있도록 보석을 허가하여 주시기 바랍니다.

3. 보석보증금은 신청인이 보증보험회사와 체결한 보증보험증권으로 대체할 수 있도록 하여 주시기 바랍니다.

첨 부 서 류

1. 가족관계증명서 1통
2. 주민등록등본 1통
3. 재산관계진술서 1통
4. 합의서 1통

20○○년 ○월 ○일

위 피고인의 처 ○ ○ ○ (인)

○ ○ 지 방 법 원 귀 중

【서식】 보석허가청구서(절도 등)

보 석 허 가 청 구 서

사건번호 및 재판부 : 20○○고단 ○○○호 (제 ○○단독)
사 건 명 : 절도 등
피 고 인 : ○ ○ ○
직 업 : 회 사 원
생 년 월 일 : 19○○년 ○월 ○○일생

청 구 취 지

피고인에 대한 보석을 허가한다.
라는 결정을 구합니다.

청 구 이 유

1. 공소사실의 요지

피고인에 대한 이 사건 공소사실의 요지는, 피고인은 20○○. ○. ○. 15:00경 ○○도 ○○군 ○○읍 ○○ 소재 국유지 내에 위치한 □□남도 문화재자료 제75호인 “□□□최선생 신도비” 보호책 설치공사를 하던 중 지표면으로부터 40센티미터 지점에 매장되어 있던 국가 소유의 금동보살입상 1점, 금동불좌상 1점, 아미타여래입상 1점, 관음보살좌상 1점, 여래좌상 1점 등 총 5점의 불상을 꺼내어 가 절취한 것이다.라는 것입니다.

2. 이 사건의 경위

피고인은 이 건 당시 □□건설주식회사에서 화물차 운전일을 하며 위 보호책 설치공사를 하고 있었습니다. 피고인은 위 보호책 설치공사의 기초공사 과정에서 땅속에 매장되어 있던 위 물건 5점을 발견하였습니다.

이에 피고인은 물욕을 이기지 못하고 이 건에 이르게 된 것입니다.

3. 정상에 관한 주장

가. 자백과 반성

(1) 피고인은 이 사건 범행 후 자신의 잘못을 깊이 뉘우치며 수사기관 및 법정에서 이 건 공소사실에 대한 기초사실을 모두 인정하고 있습니다.

(2) 더욱이, 피고인은 고향 문화재를 절취한 자신의 행동에 대해 양심의 가책을 느끼고 그 다음 날 2점을 군 문화계에 신고하였습니다. 또한 양심의 가책을 이기지 못하고 위 범행 얼마 후 피고인이 태어나고 자란 고향을 떠나 타향에서 지내기까지 하였습니다.

나. 불법의 경미성

(1) 피고인의 행위는 우연히 땅 속에 묻혀있던 물건을 발견하고 순간적인 물욕을 이기지 못하고 이를 가져가고 그 중 2점을 매도하려 했던 것 뿐입니다.

(2) 피고인은 위 물건의 매도과정에 대해 전혀 아는 바가 없었고 매수가격, 수수, 매수자 결정 등에 전혀 관여한 바 없습니다.

(3) 피고인은 위 매도로 금 ○○○원을 수수하고 그 중 ○○○원은 위 김□□에게 돌려주었습니다. 피고인이 실제로 이득을 취한 금원은 ○○○뿐이며 이도 채무변제, 조그만 구멍가게 인수계약금 등 생활비조로 사용하였습니다.

다. 동기의 참작성

(1) 피고인은 자신이 운영하던 카센터가 망한 후 막노동, 화물차 운전 등의 일을 하며 처와 초등학교에 다니는 두 자녀를 부양하고 있었던 가장입니다. 그나마 일거리가 많지 않아 피고인의 가정은 경제적으로 매우 어려운 상황이었습니다.

(2) 피고인의 가정은 조석을 잇기가 어려울 정도로 빈한하여 기초생활수급대상자로 지정되어 있을 정도입니다. 피고인이 이 건에 이르게 된 것도 자녀들의 양육비 문제로 얼마간의 빚을 진 피고인이 매일 이를 걱정하던 중 이 건 물건들을 발견하고 순간적으로 욕심이 생겼기 때문이었습니다.

(3) 피고인의 구속으로 인해 피고인의 가정은 현재 피고인의 처가 일당을 받고 하우스에서 노동일을 하며 자녀들을 부양하고 있는 형편입니다.

4. 보석사유에 관한 주장

가. 피고인의 전과 및 예외사유 해당 여부

피고인은 이 사건 범죄를 저지르기 이전에는 철없던 10대 시절 집행유예를 선고받은 이외에는 특별한 전과가 없고, 형사소송법 제 95조 제 1호에 규정한 필요적 보석의 예외사유, 즉 사형, 무기 또는 10년이 넘는 징역형이나 금고형에 해당하는 범죄를 저지르지 아니하였습니다.

나. 피고인은 주거가 분명하며 도주할 염려가 없습니다.

피고인은 ○○도 ○○군 ○○면 ○○길 ○○에서 처 및 두 자녀와 거주하며 생활하고 있어 도주할 염려는 없습니다.

다. 피고인은 증거를 인멸할 우려도 없습니다.

피고인은 이미 수사기관 및 법정에서 자신의 범행사실을 있는 사실대로 모두 시인하였으므로 피고인이 증거를 인멸할 우려가 전혀 없습니다.

5. 결론

이상과 같은 사정 및 기타 기록에 현출된 제반 사정을 참작하시어 피고인의 행위에 대한 선처를 통하여 그 동안 성실하게 살아온 피고인이 다시 사회로 복귀하여 한 가정의 가장으로서 처자식을 부양하고 생업에 종사할 수 있도록, 이번에 한하여 적당한 보증의 제공을 조건으로 하여 보석을 허가하여 주시기를 부탁드립니다.

6. 보석보증보험증권 첨부의 보증서제출허가신청

피고인은 현재 국민기초생활보장수급대상자로 지정될 정도로 빈한한 형편이어서 경제적 여유가 없으므로, 피고인의 처 박□□가 보석보증보험증권을 첨부한 보증서를 제출하여 보증금에 갈음하도록 허가하여 주시기 바랍니다.

첨 부 서 류

1. 탄원서(피고인의 처) 1통
1. 주민등록등본 사본 1통
1. 재산관계진술서 1통
1. 지방세세목별 과세증명서 1통

1. 국민기초생활 수급대상자 증명서 1통

20○○. ○. ○.

위 피고인의 변호인
공익법무관 ○ ○ ○ (인)

○ ○ 지 방 법 원 형사 제○단독 귀중

【서식】 보석허가청구서(강도상해)

보 석 허 가 청 구 서

사건번호 및 재판부 : 20○○고단 1234
사 건 명 : 강도상해
피 고 인 : ○ ○ ○
직 업 : 고등학생
생 년 월 일 : 19○○년 ○월 ○○일생

피고인에 대한 강도상해 피고사건에 관하여 피고인의 변호인은 다음과 같은 사유로 보석을 청구하오니 이를 허가하여 주시기 바랍니다.

청 구 취 지

"피고인 ○○○에 대한 보석을 허가한다." 라는 결정을 구함.

청 구 이 유

1. 공소사실의 요지

피고인은 20○○. ○. ○. ○○지방검찰청에서 특수절도죄로 기소유예처분을 받은 전력이 있는 자로 고등학생인 바, 20○○. ○. ○. 08:30경 서울 ○○구 ○○길 ○○ 소재 ○○약국 앞길에서 피해자 ○○○(여, 50세)에게 접근하여 주먹으로 피해자의 얼굴을 1회 강타하여 길바닥에 쓰러뜨려 피해자의 저항을 억압하고 현금 ○○,000원과 성경책이 든 피해자 소유의 가방 1개를 빼앗아 이를 강취하고 위 폭행으로 피해자에게 요치 2주간의 안면부좌상을 가한 사실로 구속·기소되었습니다.

2. 사건의 경위

가. 피고인은 사건 전날 밤 친구와 만나 당구를 치고 나서 집으로 돌아오

는 길에 학교선배들을 만나게 되었는데 학교선배들이 월급을 탔다고 하며 술을 사줘서 취해가지고 선배들과 함께 어디선가 자고 나서(어디서 잠을 잤는지도 기억이 안난다고 합니다) 아침 8시경에 집으로 들어가다가 이 사건 범행을 저지르게 되었는데 범행당시도 술이 깨지 않아 무슨 이유로 어떻게 해서 이런 범행을 저지르게 되었는지 기억할 수가 없다고 하고 있습니다.

나. 경찰에서의 피의자신문조서에 보면 당구친 값을 마련해 주기 위해서 이 사건 범행을 한 것이라고 되어 있으나 전날 친 당구 값을 마련하기 위해 다음날 아침 8시에 사람이 많이 다니는 길에서 강도범행을 저질렀다는 것은 아무래도 납득이 가지 않습니다.

다. 피고인의 변소에 의하면 피고인이 전날 당구를 쳤고, 친구가 당구 값을 나중에 갚기로 했다는 진술을 하자 당구 값을 마련하기 위해 강도를 한 것이라고 조서를 받았다고 합니다.

3. 피고인의 비행전력

가. 피고인은 20○○. ○. ○. ○○지방검찰청에서 특수절도죄로 기소유예처분을 받은 전력이 있습니다.

나. 피고인은 ○○에서 출생하여 ○○ ○○중학교 2학년까지 다니다가 서울로 전학하였는데 20○○. ○. 어느 일요일 ○○에 사는 친구생일에 놀러가서 친구들과 오토바이를 탔는데 그 오토바이가 남의 것을 훔친 것이어서 불구속으로 조사를 받고 기소유예처분을 받았던 것이지, 피고인이 남의 물건을 훔친 일이 아니었다고 합니다.

4. 피해와의 합의

피해자와는 원만히 합의하였습니다.

5. 피고인의 정상

가. 피고인은 ○○고등학교 3학년에 재학중인 학생으로서 학업성적도 비교적 양호하고 1, 2학년때는 반장을 했습니다.

나. 피고인이 선배들이 사 주는 술을 마시고 취해 우발적으로 이 사건범행에 이르렀으나 구속된지 한 달 이상 경과하여 더 이상 학교에 결석하게 되면 퇴학당해야 한다고 합니다.

다. 피해자와 합의도 되었고, 실제의 피해도 경미하였으며, 그 간 반성할 기회가 주어졌으므로 피고인으로 하여금 불구속으로 재판받을 수 있도록 허용하여 주시기 바랍니다.

[피고인의 보석보증금은 피고인의 모 ○○○(서울시 ○○구 ○○길 234)이 보석보험증권 첨부의 보증서로 갈음하여 제출하고자 하오니 허가하여 주시기 바랍니다.]

첨 부 서 류

1. 합 의 서 1통.
2. 재학증명서 1통.
3. 생활기록부 1통.
4. 담임의견서 1통.
5. 진 정 서 1통

20○○. ○. ○.

위 피고인의 변호인
변호사 ○ ○ ○ ㊞

○○ 지방법원 귀중

【서식】 보석허가청구서(교통사고처리특례법위반)

보 석 허 가 청 구 서

사건번호 및 재판부 : 20○○고단 ○○○호 (제 ○단독)
사 건 명 : 교통사고처리특례법위반
피 고 인 : ○ ○ ○
직 업 : 회 사 원
생 년 월 일 : 19○○년 ○월 ○○일생

위사건에 관하여 피고인의 변호인은 아래와 같은 이유로 보석을 청구합니다.

청 구 취 지

피고인 ○○○에 대한 보석을 허가한다.
라는 결정을 구합니다.

청 구 이 유

1. 피고인은 형사소송법 제95조에 규정된 필요적 보석의 예외사유, 즉, 사형, 무기, 또는 10년 이상의 징역에 해당하는 범죄를 범하지 아니하였으며, 또한 피고인은 모든 범죄사실을 시인하고 있을 뿐만 아니라 이에 대하여 충분한 조사가 완료되어 증거인멸의 우려가 없습니다. 더구나 피고인은 1남 3녀를 둔 가정의 세대주로서 주거가 분명하여 도주의 우려도 없습니다.
2. 피고인의 이 사건 범죄사실은 피고인의 고의에 의한 것이 아니고, 작은 과실에서 비롯하여 악천후 속에서 이처럼 큰 결과를 가져온 것입니다. 사고 발생일인 20○○. ○. ○. 12:30경 갑자기 쏟아진 우천으로 인하여

도로가 미끄러웠을 뿐만 아니라, 전방의 시야마저 확보되지 못한 상황이었습니다. 당시 피고인은 앞서가던 봉고승합차의 뒤를 따라 진행하고 있었는데, 앞서가던 승합차가 왕복 2차선의 좁은 교량상에서 갑자기 급제동을 하는 것을 보고 추돌을 피하기 위하여 피고인도 순간적으로 급제동 조치를 취하였던 것입니다. 도로가 미끄러운 상태에서의 급제동이 위험한 것은 익히 알고 있었으나, 앞서가던 차량과의 추돌을 방지하기 위해서는 불가피한 것이었습니다. 이러한 순간적인 과실이 화근이 되어 차가 빗길에 미끄러지면서 오른쪽 다리난간을 충격하고는 바로 중앙선을 침범하여 피해자들이 타고 있던 승용차가 피고인 운전의 화물차의 측면을 들이받았던 것입니다. 더구나 당시 폭우로 인하여 반대방향에서 오던 피해차량을 발견하지 못한 것이 원인이 되기도 하였습니다. 이러한 사고 당시의 정황을 잘 살펴주시기 바랍니다.

3. 또한 피고인은 피해자의 유가족에게 피고인의 사정이 허락하는 최대한의 성의를 들여 그 유가족들 및 피해자 이◎◎와 원만히 합의하였고, 이에 피해자 이□□, 전□□의 유가족 및 위 이◎◎도 피고인의 관대한 처벌을 탄원하고 있습니다.
4. 한편 피고인 ○○○는 단 한번의 전과도 없는 초범입니다. 즉, 피고인은 아버지를 전장에서 잃은 국가유공자의 자녀(전몰군경유족)로서, 가난 속에서 어렵게 성장하였습니다. 그러나 피고인은 그 어려운 환경 속에서도 성실히 성장하여 그동안 단 한번의 처벌도 받은 사실이 없습니다.
5. 피고인 ○○○는 현재 1남3녀의 자녀를 둔 한 가정의 가장입니다. 지난 22년간 피고인은 ○○시 ○○구 ○○길 ○○에 소재한 (주)☆☆에서 근속하였고, 위 회사의 소유주가 바뀌면서 20○○. ○. ○. 현재의 근무지인 ★★제재소로 직장을 바꾸게 되었습니다. 위 ★★제재소의 운전기사로 근무하면서 ○○○원이 조금 넘는 많지 않은 급여를 가지고 1남 3녀를

양육하는 등 근근히 가계를 이끌어 왔고, 큰 딸은 출가도 시켰습니다. 그런데 이제 이 사건으로 인하여 피해자들에게 속죄하기 위하여 그동안 피고인이 모은 재산의 대부분을 지급하였을 뿐만 아니라, 더구나 이제는 피고인의 구속이 장기화되면서 나머지 가족들의 생계마저 위협받는 상황이 되었습니다.

6. 경위야 어떻든 피고인 ○○○는 지난 40여일의 긴 구속기간동안 자신의 잘못을 깊이 뉘우치고 있을 뿐만 아니라, 다시는 자신의 생업인 운전업무에 있어서 작은 실수도 저지르지 않겠다고 다짐하고 있습니다.

이상과 같은 사실을 참작하여 상당한 보석보증금과 기타 적당한 조건을 붙여 보석을 허가하여 주시기 바랍니다.

첨 부 서 류

1. 합의서	1통
1. 재산관계진술서	1통
1. 탄원서	1통
1. 탄원인명부	1통
1. 국가유공자증명서	1통

20○○. ○. ○.

위 피고인 변호인

공익법무관 ○ ○ ○ (인)

○ ○ 지 방 법 원 귀 중

【서식】 보석허가청구서(도로교통법위반)

보 석 허 가 청 구 서

사건번호 및 재판부 : 20○○고단 1234
사 건 명 : 도로교통법위반
피 고 인 : ○ ○ ○
생 년 월 일 : 19○○년 ○월 ○○일생

위 피고인에 대한 도로교통법위반 피고사건에 관하여 피고인의 변호인은 다음과 같은 이유로 그의 보석을 구하오니 심의하시어 청구취지와 같이 결정하여 주시기 바랍니다.

청 구 취 지

피고인 ○○○에 대한 보석을 허가한다.
단, 보석보증금은 서울시 ○○구 ○○길 234 피고인의 처, ○○○가 제출하는 보석○○○○증권첨부의 보증서로서 갈음함을 허가한다
라는 결정을 구합니다.

청 구 이 유

피고인에 대한 공소사실을 공소장 기재 사실과 같은 바,

1. 피고인은 도망할 염려가 없습니다.
   피고인은 일정한 직업이 있고, 주거가 명확하여 처자식을 부양하여야 하는 가장으로서 가정환경으로 보아 도망할 염려는 전혀 없습니다.
2. 피고인은 죄증을 인멸할 염려가 없습니다.
   본건 공소사실에 대한 증거는 이미 기소단계에서 검사에 의하여 모두 수집 보전되어 있고, 피고인 또한 사실 그대로를 진술하고 있으므로 증거를 인멸할 필요조차 느끼지 않고 있습니다.
3. 피고인에게는 아래와 같이 정상을 참작할 만한 특별한 사정이 있습니다.

가. 피고인은 서울 ○○에서 가난한 집안의 아들로 태어나 가정형편이 어려워 ○○중학교를 중퇴하였으며, 그 후 계속해서 화물자동차 운전을 해왔습니다. 피고인은 20○○년 교통사고로 운전면허증이 취소되었으나, 가족들의 생계가 막연하여 다시 운전을 하다 이건 사고를 야기하였습니다. 피고인은 이건 사고 직전 처가 가출한 것에 상심한 나머지 소주를 약간 마신 것이 이건 사고의 원인이 되었습니다.

피고인은 현재까지 구금되어 있는 동안 자신의 잘못을 깊이 참회하고 앞으로는 성실하게 살아갈 것을 맹세하고 있습니다.

나. 피고인은 현재 가출했던 처가 돌아와서 아이들 둘을 돌보면서 피고인이 출감하기만을 학수고대하고 있으며, 또한 가족들의 생계조차 막연한 실정입니다.

다. 피고인은 이건으로 인해 구속됨으로서 자신의 생활을 깊이 반성하고 새사람으로 태어날 것을 맹세하고 있으며, 앞으로 가족과 함께 착실히 살아가려고 하고 있으므로 재범의 우려는 전혀 없습니다.

4. 이상의 여러 사유를 종합하건대 피고인이 자신의 잘못을 깊이 뉘우치고 반성하고 있으며 다시는 법을 어기는 일은 하지 않을 것을 맹세하고 있으므로 피고인이 조속히 석방되어 생업에 종사할 수 있도록 보석의 은전을 베풀어주심이 상당할 것으로 사료되는 바, 보석을 허가하심에는 상당한 보증금, 기타 적당한 조건을 붙여 청구취지와 같은 결정을 내려 주시기를 간절히 바랍니다.

[피고인의 보석보증금은 피고인의 모○○○(서울 ○○구 ○○동 234)이 보석보험증권 첨부의 보증서로 갈음하여 제출하고자 하오니 허가하여 주시기 바랍니다.]

첨 부 서 류

1. 가족관계증명서 1통.
1. 주민등록등본(피고인) 1통.

1. 합 의 서 1통.
1. 인감증명서 1통.
1. 변호인 선임계 1통.

20○○. ○. ○.

위 피고인의 변호인
변호사 ○ ○ ○ ㊞
서울시 ○○구 ○○동 ○○○번지
○○○-○○○○

○○ 지방법원 귀중

【서식】 보석조건변경신청서

보 석 조 건 변 경 신 청

사　　건 20○○고단 473호
피 고 인 ○ ○ ○

위 사람에 대한 사기 피고 사건에 관하여 피고인은 현재 보석중인 바, 다음과 같은 이유로 보석 조건을 변경하여 주시기 바랍니다.

다　　음

피고인은 현재 신라병원에 입원 중에 있는 바, 동 병원은 경제적 사정으로 부적당하여 아래와 같은 주거지에 보석 조건 변경을 결정하여 주시기 바랍니다.

20○○년　월　일

위 피고인의 변호인 변호사 ○ ○ ○ ㊞

○○지방법원　귀중

【서식】 항고장(보석허가청구 기각결정에 대한)

항 고 장

사 건 20○○고단 257호
항 고 인 ○ ○ ○

위 사건에 관하여 귀원(○○지방법원)에서 20○○. ○. ○.에 피고인(항고인)의 보석허가청구를 기각결정 하였으나 항고인은 이에 불복하여 다음과 같은 이유로 항고를 제기하오니 항고취지와 같은 결정을 하여 주시기 바랍니다.

항 고 취 지

원심법원의 20○○. ○. ○.자 보석청구기각 결정을 취소하고 피고인 ○○○의 보석을 허가한다.
라는 결정을 구합니다.

항 고 이 유

1. 피고인(항고인)은 귀원(○○지방법원) 20○○고단 ○○○호 ○○ 사건으로 재판 계속 중에 있는바, 위 피고인(항고인)이 20○○. ○. ○. 귀원에 보석허가청구를 하였으나 20○○. ○. ○.자에 기각한다는 결정을 받았습니다.
2. 그러나 이 사건은 피해자와 합의가 이루어져 피해가 모두 회복되었고 또한 피고인은 초범으로서 주거가 일정하여 도주의 우려가 없고, 증거를

인멸할 염려가 전혀 없으므로 법률상 당연히 보석을 허가하여야 함에도 불구하고 이를 기각하였음은 심히 부당하다고 생각되어 이건 항고에 이른 것입니다.

20○○년 ○월 ○일

위 피고인(항고인)의 변호인
공익법무관 ○ ○ ○ (인)

○ ○ 지 방 법 원 귀 중

제출법원	원심법원 (형사소송법 406조)	제출기간	제한없음(실익이 없는 경우제외) (형사소송법 404조)
신청권자	피고인, 변호인, 법정대리인, 배우자, 직계친족, 형제자매, 가족, 동거인, 고용주		
제출부수	신청서 1부	관련법규	형사소송법 402~415조
불복절차 및 기간	· 기각결정에 대하여 피고인 및 청구인 재항고(형사소송법 415조) · 재판의 고지가 있은 날로부터 3일내(형사소송법 415, 405조)		

[서식] 항고장(검사의 불기소처분-사기사건)

항 고 장

항 고 인(고소인) ○ ○ ○ (전화번호 ○○○ - ○○○○)
○○시 ○○구 ○○길 ○○번지
피 고 소 인 △ △ △ (전화번호 ○○○ - ○○○○)
○○시 ○○구 ○○길 ○○번지

피고소인에 대한 ○○지방검찰청 20○○ 형제 ○○○○○호 사기등 피의사건에 관하여 ○○지방검찰청 검사 □□□는 피고소인에게 혐의가 없다는 이유로 20○○. ○. ○.자로 불기소처분결정을 한 바, 이에 대하여 고소인은 불복하여 항고를 제기합니다.

(고소인은 위 불기소처분결정통지를 20○○. ○. ○. 수령하였습니다.)

항 고 이 유

검사의 불기소 이유의 요지는 증거 불충분 등의 이유로서 피의 사실에 대한 증거가 없다는 것인 바, 기타 제반 사정을 종합 검토하면 본 건 고소사실에 대한 증거는 충분하여 그 증명이 명백함에도 불구하고 증거가 불충분하다는 이유로 불기소처분한 것은 부당하니 재수사를 명하여 주시기 바랍니다.

첨 부 서 류

1.불기소처분통지서 1통

20○○. ○. ○.

항 고 인 ○ ○ ○ (인)

○ ○ 고 등 검 찰 청 귀 중

[서식] 항고장(소년원에 송치)

항 고 장

사 건 20○○푸 ○○○ 절도
보호소년 ○ ○ ○
결정년월일 20○○. ○. ○.
결정취지 ○○소년원에 송치하는 보호처분

위 처분에 대하여 다음과 같은 이유로 불복하므로 이에 항고합니다.

항 고 이 유

1. 본 건 보호처분의 결정은 중대한 사실오인에 기인한 것입니다. 원 심리 법원 조사관 □□□이 작성한 ○○○에 대한 진술조서 기재내용에 본 소년이 불량 학생이고 동 사건의 피해자가 처벌을 요구하고 있다는 내용의 기재는 전연 사실과 다르고 피해자중 일부는 소재불명으로 찾지 못하였으나 최근 연락이 되어 피해 전부를 회복해 주고 원만히 합의하였으며
2. 본 건 소년은 소년법 제4조 제1항 제3호에 저촉될 환경이나 형벌 법령에 저촉되는 행위를 할 우려없는 선량한 아이로서 친구의 꼬임에서 우발적으로 저지른 분별없는 짓이었음을 충분히 뉘우치고 있을 뿐 아니라 보호자는 현재 은행에 재직중이고 보호자 가족들의 지적수준으로 보아 충분히 가정교육이 이루어질 수 있으므로 소년법제 32조 1호 처분이 타당하다고 사료되며 원결정은 마땅히 취소되어야 할 것입니다.

첨 부 서 류

1. 피해자의 진정서 1통
2. 학교장의 품행조사서 1통
3. 보호자 재직증명서 1통

20○○년 ○월 ○일

위 보조인 변호사 ○ ○ ○ (인)

○ ○ 가 정 법 원 귀 중

【서식】 보석보증금 납입방법 변경신청서

보석보증금 납입방법 변경신청

사 건 명 20○○고단 ○○○호 사기
피 고 인 ○ ○ ○

위 사건에 관하여 귀원의 20○○. ○. ○.자 보석보증금 금 ○○○원으로 하는 보석허가결정이 있었는바, 피고인은 현재 국민기초생활보장수급자로 가정형편상 동 보증금의 납입이 곤란하므로 동 납입방법을 보석보증보험증권을 첨부한 보증서 제출로 갈음할 수 있도록 변경하여 주시기 바랍니다.

20○○년 월 일

위 신청인 ○ ○ ○ ㊞

○○지방법원 귀중

[서식] 준항고장(과태료 및 벌금형에 대한)

준 항 고 장

20○○노 431호
항고인 ○ ○ ○

피고인 ○○○에 대한 강도 피고사건에 대하여 증인으로서 소환에 응하지 아니하였다는 이유로 20○○년 ○월 ○일 ○○지방법원 판사 ○○○으로부터 과태료 ○○원에 처한다는 취지의 결정을 받았는바, 그 결정은 부당하므로 그 결정의 취소를 구하고자 이 청구에 이른 것입니다.

청구의 이유

위 사건에 대하여는 맨 처음 경찰로부터 소환이 있었는 바, 그때에는 이에 응하여 경찰서에 출석한 후 조사를 받은 바 있습니다. 그런데 그 후 검사 및 법원으로부터 또 다시 증인으로서 출석을 요구받았으나 생계로 인하여 나갈 틈이 없어 불출석하였습니다. 도시 증인으로서 출석하여야 할 의무적 한계가 어디에 있는지 이해할 수 없는 바, 헌법에 의하면 국민은 국정상 최대의 존중을 필요로 하는 것입니다. 아무리 수사나 재판을 위해서라 하더라도 선량한 시민의 경제적·정신적인 권리를 침범해 가면서까지 이것을 강행하는 것은 헌법의 정신에 반하는 것이라고 하겠습니다.

수사는 과학의 힘을 이용하여 할 것이거늘 힘의 부족을 일반시민에게 전가하여서는 안 되는 것이라고 생각합니다. 설사 본 항고인이 법률상 중요한 증인이라 하더라도 본인은 당시 7명의 생계를 유지하기 위하여 장사차 부산시에 가 있었고, 또 귀경 후에는 바로 몸살로 병석에 누워 있었기 때문에 ○월 ○일 및 ○월○일의 증인소환에 응하지를 못하였던 것으로 조금도 부정한 일은 없었습니다.

그런데도 불구하고 판사는 청구인의 정당한 이유를 무시하고 검사의 일방적이고 권력적인 의견만을 청취하고, 청구인을 ○○원의 과태료에 처한 것은 명백한 위법으로서 절대로 용인할 수 없다고 사료되므로 위 결정의 취소를 구하는 것입니다.

20○○년 월 일

위 항고인의 변호인 변호사 ○ ○ ○ ㊞

○○지방법원 귀중

【서식】 보석보증금

보 증 서

사 건 20○○고단 1537호 폭행 피고사건
피 고 인 ○ ○ ○
보석보증금 ○00,000원

본인은 위 피고인에 대한 보석허가 결정에 의하여 피고인이 납입하여야 할 위 보증금의 납입을 보증하며 명령만 있으면 언제든지 동 보증금액을 납입하겠음을 서약합니다.

20○○년 월 일

위 보증인 ○ ○ ○ ㊞
직업 상업(서울○○주식회사 대표이사)
주소 ○○시 ○○구 ○○길 ○○○

○○지방법원 귀중

【서식】 보석보증금환부청구서

<table>
<tr><td colspan="6" rowspan="2">보석보증금환부청구서</td><td colspan="2">처리기간</td></tr>
<tr><td colspan="2">즉시</td></tr>
<tr><td rowspan="3">청구인</td><td rowspan="2">성명</td><td rowspan="2"></td><td rowspan="2">주민등록번호</td><td rowspan="2"></td><td>전 화</td><td colspan="2">( )</td></tr>
<tr><td>팩 스</td><td colspan="2">( )</td></tr>
<tr><td>주소</td><td colspan="2"></td><td colspan="2">사건과의 관계</td><td colspan="2"></td></tr>
<tr><td colspan="2">사건번호</td><td colspan="2">형 제 호</td><td rowspan="2">죄 명</td><td colspan="3" rowspan="2"></td></tr>
<tr><td colspan="2">법원번호</td><td colspan="2"></td></tr>
<tr><td colspan="2">피 고 인</td><td></td><td>납입인</td><td></td><td>납입일</td><td colspan="2"></td></tr>
<tr><td rowspan="4">환부사유</td><td>선고</td><td colspan="5">200○. . . 법원</td><td>확인인</td></tr>
<tr><td>형명
형기</td><td colspan="5"></td><td rowspan="3"></td></tr>
<tr><td>확정</td><td colspan="5">200○. . .</td></tr>
<tr><td>기타</td><td colspan="5"></td></tr>
<tr><td colspan="2">청구금액</td><td colspan="6">보증금 원</td></tr>
<tr><td colspan="2" rowspan="3">환 부 금
수령방법</td><td rowspan="3">① 직 접
수 령</td><td rowspan="3">② 은 행
무통장입금</td><td>은 행 명</td><td colspan="2"></td><td rowspan="3">③ 우 편
환 급</td></tr>
<tr><td>구좌번호</td><td colspan="2"></td></tr>
<tr><td>예 금 주</td><td colspan="2"></td></tr>
</table>

형사소송법 제104에 의하여 보석보증금의 환부를 청구합니다.

200○. . .

<table>
<tr><td colspan="4">대리인이 신청할 때</td></tr>
<tr><td>주 소</td><td colspan="3"></td></tr>
<tr><td>주민등록번호</td><td></td><td>관 계</td><td></td></tr>
</table>

청구인 서명 또는 날인

<table>
<tr><td>수수료 : 없음</td><td colspan="4">처 리 과 정</td></tr>
<tr><td rowspan="5">구비서류
1. 납입인 청구시 : 영수증
2. 대리인의 직접수령 청구시 : 위임장, 인감증명서 각 1통(은행 무통장입금신청시는 통장사본)</td><td>접수일시</td><td></td><td>입(송)금 일 시</td><td></td></tr>
<tr><td>결재일시</td><td></td><td>입(송)금 금 액</td><td></td></tr>
<tr><td>인계일시</td><td></td><td>수 수 료</td><td></td></tr>
<tr><td>통지일시</td><td></td><td>통 지 일 시</td><td></td></tr>
<tr><td>환부일시</td><td></td><td>완 결 일 시</td><td></td></tr>
</table>

<table>
<tr><td rowspan="2">결재</td><td>담당</td><td>주무</td><td>과장</td><td rowspan="2">○ ○ 검 찰 청 검 사 장 귀하</td></tr>
<tr><td></td><td></td><td></td></tr>
</table>

【서식】 제한주거변경허가신청서

재판부	제 형사부(단독)

제한주거변경허가신청서

사 건		피고인성명	
변 경 의 이 유			
현 주 거			
신 주 거(전화)			

위와 같이 제한주거의 변경을 허가하여 주시기를 바랍니다.

20 . . .

위 피고인 ○ ○ ○ ㊞

○○법원 제○형사부(단독) 귀중

위 변경을 허가한다.

20 . . .

재판장 판 사 ○ ○ ○ ㊞

판 사 ○ ○ ○ ㊞

판 사 ○ ○ ○ ㊞

위 날짜에 피고인, ○○검찰청 ○○○에게 통지하였습니다.

법원사무관 ○ ○ ○ ㊞

【서식】 여행허가신청서

재판부	제 형사○(단독)

여행허가신청서

사 건		피고인성명	
여 행 의 목 적			
행 선 지			
여 행 기 간			

위와 같이 여행하고자 하오니 허가하여 주시기를 바랍니다

20 . . .

위 피고인 ○ ○ ○ ㉐

○○법원 형사○단독 귀중

위 변경을 허가한다.

20 . . .

재판장 판 사 ○ ○ ○ ㉐
판 사 ○ ○ ○ ㉐
판 사 ○ ○ ○ ㉐

위 날짜에 피고인, ○○검찰청 ○○○에게 통지하였습니다.

법원사무관 ○ ○ ○ ㉐

【서식】 보석청구기각결정

○ ○ 법 원
제 ○ 형사부
결 정

사 건 20 초보
(20 고)
피 고 인
청 구 인
주 문 이 사건 보석청구를 기각한다.
이 유 아래 호의 사유에 의한다.

1. 피고인은 사형, 무기 또는 장기 10년이 넘는 징역이나 금고에 해당하는 죄를 범하였다.
2. 피고인은 누범에 해당한다.
3. 피고인은 상습범인 죄를 범하였다.
4. 피고인은 죄증을 인멸하였다.
5. 피고인이 죄증을 인멸할 염려가 있다고 믿을 만한 충분한 이유가 있다.
6. 피고인은 도망하였다.
7. 피고인이 도망할 염려가 있다고 믿을 만한 충분한 이유가 있다.
8. 피고인의 주거가 분명하지 아니하다.
9. 피고인은 피해자, 당해 사건의 재판에 필요한 사실을 알고 있다고 인정되는 자 또는 그 친족의 생명, 신체나 재산에 해를 가하였다.
10. 피고인이 피해자, 당해 사건의 재판에 필요한 사실을 알고 있다고 인정하는 자 또는 그 친족의 생명, 신체나 재산에 해를 가할 염려가 있다고 믿을 만한 충분한 이유가 있다.
11. 보석을 허가할만한 상당한 이유가 없다.

20 . . .

재판장 판 사 ○ ○ ○ ㊞
판 사 ○ ○ ○ ㊞
판 사 ○ ○ ○ ㊞

【서식】 보석허가결정

○ ○ 법 원
제 ○ 형사부
결 정

사 건 20 초보
(20 고)
피 고 인 ○ ○ ○ . [직업]
-
주 거
등록기준지

청 구 인 변호인
주 문 피고인에 대한 보석을 허가한다.
보증금액은 금○○○원으로 한다.
위 보증금 ○○○원은 ○○○(주소 :)가 제출하는 보석보증보험증권 첨부의 보증서로써 갈음할 수 있다. 피고인은 석방되면 별지 기재 지정조건을 성실히 지켜야 한다. 만일 이에 위반하면 보석을 취소하고 보증금을 몰수하는 수가 있다.
이 유 청구인으로부터 보석의 청구가 있는바, 이 사건은 형사소송법 제95조 각호의 경우에 해당하지 아니하므로 (보석을 허가할 상당한 이유가 있다고 인정되므로), 주문과 같이 결정한다.

20 . . .

재판장 판 사 ○ ○ ○ ㊞
판 사 ○ ○ ○ ㊞
판 사 ○ ○ ○ ㊞

【서식】 지정조건

지 정 조 건

1. 피고인은 ○○○에 거주하여야 한다.
   위 주거를 변경할 필요가 있는 때에는 서면으로 법원에 신청하여 그 허가를 받아야 한다.

2. 소환을 받은 때에는 반드시 정해진 일시, 장소에 출석하여야 한다.
   출석할 수 없는 정당한 사유가 있을 때에는 미리 사유를 명시하여 법원에 신고하여야 한다.

3. 도망 또는 증거를 인멸하거나 피해자 측에 해를 가하는 행위를 하여서는 아니 된다.

4. 3일 이상 여행을 하거나 출국할 경우에는 미리 법원에 신고하여 허가를 받아야 한다.

5. 기타 사항 : 끝.

주의요소

① 변호인의 청구에 따라 필요적 보석을 허가하는 경우이다.

② 직권으로 재량보석을 허가하는 때에는 사건란에 본안사건을 기재하고 청구인란을 없애며 이유를 다음과 같이 함. "피고인의 보석을 허가 할 상당한 이유가 있으므로, 직권으로 형사소송법 제96조, 제97조 제1항, 제98조, 제99조에 의하여 주문과 같이 결정한다."

③ 청구에 따라 재량보석을 허가하는 때에는 청구인란을 두고 이유는 위 ②의 예시 중 "직권으로"를 ○○의 청구에 의하여"로 대체하면 된다.

Ⅵ. 구속의 집행정지와 실효

1. 구속의 집행정지

(1) 구속집행정지의 의의

가. 개 념

구속집행정지란 구속의 집행력을 정지시켜 피고인을 석방하는 제도를 말한다.

법원은 상당한 이유가 있는 때에는 결정으로 구속된 피고인을 친족·보호단체 기타 적당한 자에게 부탁하거나 피고인의 주거를 제한하여 구속의 집행을 정지할 수 있다(법 제101조 제1항). 구속된 피의자에 대하여는 검사 또는 사법경찰관이 구속의 집행을 정지할 수 있다(제209조). 다만 사법경찰관은 검사의 지휘를 받을 것을 요한다. 구속의 집행정지의 경우에는 구속의 집행이 정지될 뿐이며 구속영장의 효력에는 영향이 없다.

나. 다른 제도와의 차이점

구속집행정지는 구속영장의 효력을 소멸시키지 않는 점에서 구속취소와 다르고 보석과 그 본질을 같이 하나, 보증금의 납부를 조건으로 하지 않고, 직권에 의하여 행하여지며, 피고인뿐만 아니라 피의자에 대하여도 인정된다는 점에서 보석과 구별된다. 보증금 대신에 '친족 등에의 부탁' 또는 '주거의 제한'을 담보로 삼는 제도이다. 실무에서는 피고인의 중병 그 중에서도 시한부의 치료로 완치가 예상되는 경우(예컨대 출산, 급성맹장염의 수술 등), 근친의 관혼상제, 중요한 시험 등의 경우에 기간을 정해서 활용하는 경우가 많다.

(2) 구속집행정지의 절차

가. 검사의 의견 청취

법원이 피고인의 구속집행정지의 결정을 함에는 검사의 의견을 물어야 한다. 단 급속을 요하는 경우에는 그러하지 아니하다(법 제101조 제2항). 구속집행정지에 관하여 검사에게 의견을 묻고자 하는 경우에는 의견요청서를 검사에게 송부한다.

나. 국회의원 경우의 특칙

헌법 제44조에 의하여 구속된 국회의원에 대한 석방요구가 있으면 당연히 구속영장의 집행이 정지된다(법 제101조 제4항). 법원의 결정을 요하지 않고 국회의 석방결의에 의하여 구속집행정지의 효력이 발생한다는 점에 특색이 있다. 따라서 석방요구의 통고를 받은 검찰총장은 즉시 석방을 지휘하고 그 사유를 수소법원에 통지하여야 한다(동조 제5항). 또한 구속집행정지의 취소에 있어서도 특칙이 있는데, 국회의원에 대한 구속영장의 집행정지는 그 회기 중 취소하지 못한다(법 제102조 제2항).

다. 법원의 결정

법원은 구속집행정지사유에 따라 적기에 정지 여부를 결정하되, 중증통보와 같이 급속을 요하는 경우에는 첨부된 진단서 등을 토대로 가급적 신속하게 결정한다.

중병 등을 이유로 구속집행정지결정을 하는 경우에는 종합병원 등 적당한 병원으로 주거를 제한할 수 있다.

구속집행정지결정을 하는 경우에는 그 사유에 따라 필요 최소한의 정지기간을 정하되, 중병 등을 이유로 하는 경우에도 가급적 1개월을 넘지 않도록 한다.

(3) 구속집행정지의 취소(법 제102조 제2항)

가. 취소사유

구속집행정지의 취소사유는 보석의 취소사유와 같다. 다만 국회의원에 대한 구속영장의 집행정지는 그 회기 중 취소하지 못한다(법 제102조 제2항). 법원은 피고인이 다음의 어느 하나에 해당하는 경우에는 구속의 집행정지를 취소할 수 있다.

① 도망한 때
② 도망하거나 죄증을 인멸할 염려가 있다고 믿을 만한 충분한 이유가 있는 때
③ 소환을 받고 정당한 이유 없이 출석하지 아니한 때
④ 피해자, 당해 사건의 재판에 필요한 사실을 알고 있다고 인정되는 자 또는 그 친족의 생명·신체·재산에 해를 가하거나 가할 염려가 있다고 믿을 만한 충분한 이유가 있는 때
⑤ 법원이 정한 조건을 위반한 때

나. 취소절차

법원은 직권 또는 검사의 청구에 의하여 결정으로 구속의 집행정지를 취소할 수 있고(법 제102조 제2항), 구속된 피의자에 대하여는 검사 또는 사법경찰관이 결정으로 구속의 집행정지를 취소할 수 있다(법 제209조).

2. 구속의 실효

구속의 실효에는 구속의 취소와 구속의 당연실효가 있다.

(1) 구속의 취소

가. 의 의

구속의 취소란 구속의 사유가 없거나 소멸된 경우에 법원의 직권 또는 일정한 자의 청구에 의하여 법원의 결정으로 장래에 향하여 구속의 효력을 상실시키는 제도를 말한다. 구속의 사유가 없거나 소멸된 때에 피고인에 대하여는 법원이 직권 또는 검사·피고인·변호인과 변호인선임권자의 청구에 의하여, 피의자에 대하여는 검사 또는 사법경찰관이 결정으로 구속을 취소하여야 한다(법 제93조, 제209조).

나. 구속취소사유

① 구속의 사유(법 제70조)가 없거나 소멸된 때
구속의 사유가 처음부터 존재하지 않았음에도 구속을 하였음이 판명된 경우라든가 구속의 사유가 사후적으로 소멸되었을 때이다. 구속취소의 사유에는 구속사유의 부존재나 소멸만이 해당되고, 구속절차나 집행의 불법성의 이에 해당되지 않는다.

② 갑죄(영장기재 범죄)로 구속을 했다가 정작 기소는 을죄(공소사실)에 관하여 되었다면 갑죄에 관하여는 기소를 하지 않은 셈이 되므로 법 제203조에 따라 검사가 같은 조 소정 기간 만료와 동시에 석방했어야 할 것인데 석방이 되지 않은 채 구속상태로 을 죄 사건만 법원에 계속되었을 경우, 재형 63-1 예규는 구속취소결정을 하도록 했다.

③ 구속취소의 사유에 해당하는 사례
㉠ 피고인만이 상고한 사건에 있어서 피고인의 상고가 기각되더라도 제1심과 항소심 판결선고 전의 구금일수만으로도 본형 형기 전부에 산입되고도 남는 경우
㉡ 피고인에 대한 형이 그대로 확정된다고 하더라도 잔여형기가 8일 이내이고 또한 피고인의 주거가 일정할 뿐 아니라 증거인멸이나 도망의 염려도 없는 경우

핵심판례

판결선고 전 구금일수만으로도 본형 형기를 초과할 것이 명백한 경우 피고인 구속사유의 소멸 여부(소멸)

대법원의 파기환송취지대로 제1심 판결을 파기하고 징역형과 공소사실 중 일부 무죄를 선고한 항소심판결에 대하여 피고인과 검사가 다시 상고하였으나 검사의 상고가 받아들여지리라고 보기 어려우며, 피고인의 상고가 기각되더라도 제1심과 항소심판결 선고 전 구금일수만으로도 본형 형기를 초과할 것이 명백하므로 피고인이 현재 집행유예 기간 중에 있더라도 피고인을 구속할 사유는 소멸되었다고 할 것이므로 피고인에 대한 구속은 취소해야 한다(대결 1991. 4. 11, 91모25).

상소기간 중 또는 상소 중의 사건에 관한 피고인의 구속을 소송기록이 상소법원에 도달하기까지는 원심법원이 하도록 규정한 형사소송규칙 제57조 제1항의 규정이 형사소송법 제105조의 규정에 저촉되는지 여부(소극)

상소제기 후 소송기록이 상소법원에 도달하지 않고 있는 사이에는 피고인을 구속할 필요가 있는 경우에도 기록이 없는 상소법원에서 구속의 요건이나 필요성 여부에 대한 판단을 하여 피고인을 구속하는 것이 실질적으로 불가능하다는 점 등을 고려하면, 상소기간 중 또는 상소 중의 사건에 관한 피고인의 구속을 소송기록이 상소법원에 도달하기까지는 원심법원이 하도록 규정한 형사소송규칙 제57조 제1항의 규정이 형사소송법 제105조의 규정에 저촉된다고 보기는 어렵다(대결 2007.7.10., 자, 2007모460).

④ 구속취소의 사유에 해당하지 않는 사례

㉠ 다른 사유로 이미 구속영장이 실효된 후 피고인이 계속 구금되어 있는 경우

형사소송법 제93조에 의한 구속의 취소는 구속영장에 의하여 구속된 피고인에 대하여 구속의 사유가 없거나 소멸된 때에 법원이 직권 또는 피고인 등의 청구에 의하여 결정으로 구속을 취소하는 것으로서, 그 결정에 의하여 구속영장이 실효되므로, 구속영장의 효력이 존속하고 있음을 전제로 하는 것이고, 다른 사유로 이미 구속영장이 실효된 경우에는 피고인이 계속 구금되어 있더라도 위 규정에 의한 구속의 취소 결정을 할 수 없다(대판 1999. 9. 7, 99초355, 99도3454).

㉡ 체포·구금 당시에 체포·구금의 이유 및 변호인의 조력을 받을 권리 등을 고지받지 못한 경우

체포, 구금 당시에 헌법 및 형사소송법에 규정된 사항(체포, 구금의 이유 및 변호인의 조력을 받을 권리) 등을 고지받지 못하였고, 그 후의 구금기간 중 면회

거부 등의 처분을 받았다 하더라도 이와 같은 사유는 형사소송법 제93조 소정의 구속취소사유에는 해당하지 아니한다(대결 1991. 12. 30, 91모76).

다. 구속의 취소절차

법원이 피고인에 대한 구속취소의 결정을 함에는 검사의 청구에 의하거나 급속을 요하는 경우 이외에는 검사의 의견을 물어야 한다(법 제97조 제2항). 검사는 의견요청에 대하여 지체 없이 의견을 표명하여야 한다(법 제97조 제3항).

(2) 구속의 당연실효

다음과 같은 경우에는 구속영장의 효력이 당연히 상실된다.

가. 구속기간의 만료

구속기간이 만료되면 구속영장의 효력은 당연히 상실된다.

나. 구속영장의 실효

무죄, 면소, 형의 면제, 형의 선고유예, 집행유예, 공소기각 또는 벌금이나 과료를 과하는 판결이 선고된 때에는 구속영장은 효력을 잃는다(법 제331조). 구속중인 소년에 대한 피고사건에 관하여 법원의 소년부송치결정이 있는 때에도 구속영장은 효력을 잃는다(검찰사무규칙 제106조, 제105조).

다. 사형·자유형의 확정

사형 또는 자유형의 판결이 확정된 때에도 구속영장의 효력은 상실된다. 자유형의 판결이 확정된 때에는 그 확정된 날로부터 형의 집행이 시작된다. 사형선고를 받은 자는 그 집행까지 구치소에 수감된다. 그러나 이는 확정판결 자체의 효력에 의한 것이며 구속영장의 효력이 존속하는 것은 아니다.

【서식】 구속집행정지 결정

○○지방법원

결 정

사 건 20○○고단 1234호 폭행 피고사건
피 고 인 ○ ○ ○(○○세) 회사원
주 거 서울시 ○○구 ○○동 ○○○번지
현 재 지 서울구치소 수감중

20○○년 2월 7일 서울구치소장이 발송한 피고인에 대한 중증 통보(서울구치소 의무기정 ○○○가 작성한 피고인에 대한 진단서)에 의하면 피고인은 구금생활을 감내할 수 없다고 인정되므로 주문과 같이 결정한다.

주 문

피고인에 대한 구속집행을 정지한다. 단, 피고인을 ○○병원에 부탁한다.

20○○년 월 일

판 사 ○ ○ ○ ㊞

【서식】 구속집행정지신청서

구속집행정지신청서

사　　건 20○○고단1234 업무상횡령
피 고 인 ○ ○ ○
○○구치소 수감 중
생년월일 : 19○○. ○. ○.생(○○○○○○-○○○○○○○)
주 소 서울 ○○구 ○○동 123
위 피고인의 변호인 변호사 ○○○, ○○○
서울 ○○구 ○○동 1111-11 ○○빌딩 ○○호

위 피고인은 20○○.○.○.에 구속되어 현재 ○○구치소에 수감 중에 있는 바, 피고인의 변호인은 다음과 같은 사유로 구속집행정지신청을 하오니 신청취지와 같이 결정을 하여 주시기 바랍니다.

신 청 취 지

피고인의 석방을 명한다.
라는 결정을 구합니다.

신 청 원 인

1. 피고인은 20○○.○.○. 업무상 횡령죄로 구속되었고 같은 해 ○. ○. 기소되어 현재 재판에 계류중에 있는 바, 피고인은 평소 안구운동 신경마비, 긴장성 두통, 뇌 위축 등으로 지속적으로 치료를 받아 오던 중 20○○.○.○. 입원예정이었으나 그날 구속되었습니다.

2. 피고인은 구속 수감 중에도 같은 해 ○.○. 과 ○.○. 두 차례에 걸쳐 ○○대학병원과 ○○대학병원 의사의 외래진료 결과 위 진단명과 심시 뇌 허혈증(뇌졸중) 가성 뇌종양 증후군으로 진단 받은 바 있습니다.

3. 현재 피고인은 제대로 거동을 하지 못하며 교도소내 의무실에서는 전혀 치료가 불가능하므로 수감생활은 감내 할 수 없는 입장이고 생명까지 위태로운 지경이므로, 피고인의 변호인은 이건 구속집행정지신청에 이르게 되었습니다.

첨 부 자 료

1. 진 단 서 3통

20○○. ○. ○.

위 피고인의 변호인
변 호 사 ○ ○ ○
○ ○ ○

○○ 지방법원 형사1단독 귀중

【서식】 구속집행정지취소 결정(정지사유소멸)

○○지방법원

결 정

사 건 20○○고단 1234호 절도 폭행 피고사건
피 고 인 ○ ○ ○(○○세, 상업)
주 거 서울시 ○○구 ○○동 ○○○번지
현 재 지 서울시립병원 부탁중

위 피고인에 대하여 ○○시립병원장의 ○○년 ○월 ○일자 보고에 의하면 피고인의 병세는 호전되어 구금생활에 아무런 지장도 없겠다고 하므로 주문과 같이 결정한다.

주 문

피고인에 대한 구속집행정지결정을 취소한다.

20○○년 월 일

판 사 ○ ○ ○ ㊞

【서식】 구속취소신청서(1)

구 속 취 소 신 청 서

사　　건 20○○고단 257호
피 고 인 ○ ○ ○

위 사람은 폭행 피고사건으로 ○○년 ○월 ○일 구속된 후 이제 구속의 사유가 소멸되었으므로 구속의 취소를 하여 주시기 바랍니다.

20○○년　　월　　일

위 피고인 ○ ○ ○ ㊞

○○지방법원 귀중

제출법원	사건계속 법원		
신청권자	· 법원 · 검사 · 피고인, 변호인, 법정대리인, 배우자, 직계친족, 형제자매		
제출부수	신청서 1부	관련법규	형사소송법 93조
사　유	1. 구속사유가 없음에도 구속한 경우 2. 구속사유가 사후적으로 소멸된 경우 · 도망 및 증거인멸의 염려가 소멸된 경우 · 범죄의 의심할 만한 사유가 소멸된 경우 · 일정한 주거가 있는 경우		

【서식】 구속취소신청서(2)

구 속 취 소 신 청 서

사 건 20○○고단 ○○○호 폭력행위등처벌에관한법률위반
피 고 인 ○ ○ ○

요 지

구속취소신청서를 다음과 같이 제출합니다.

다 음

저는 ○○년 ○월 ○일 폭력사건으로 인하여 ○○년 ○월 ○일부로 입건되어 ○○년 ○월 ○일 ○○구치소에 입소하여 ○○년 ○월 ○일 ○○지방법원 ○○지원 2단독부로부터 징역 6월(1심 통상 85일)을 선고받고 ○○년 ○월 ○일부로 항소하였습니다.

1심 통상과 현재 항소 기간중에 있어서 ○○년 ○월 ○일부로 형량에 대한 만기일이 되므로 이에 구속 취소 신청원을 제출합니다.

20○○년 월 일

성 명 ○ ○ ○ ㊞

위 본인의 무인임을 증명함.

교 도 ○ ○ ○ ㊞

○○지방법원 항소 제9부 귀중

【서식】 구속취소 결정

○○지방법원

결 정

사 건 20○○고단 1234호 폭행
피 고 인 ○ ○ ○(31세)피고사건 상업

주 거 ○○시 ○○구 ○○길 ○○○
현 재 지 ○○구치소 수감중

위 피고인에 대한 피고인의 구속취소청구는 그 이유 있으므로 형사소송법 제93조에 의하여 주문과 같이 결정한다.

주 문

피고인에 대한 구속을 취소한다.

20○○년 월 일

판 사 ○ ○ ○ ㊞

Ⅶ. 압수·수색·검증

1. 대물적 강제처분

(1) 의 의

대물적 강제처분이란 증거물이나 몰수물의 수집과 보전을 목적으로 하는 강제처분을 말한다. 대물적 강제처분은 그 직접적 대상이 물건이라는 점에서 대인적 강제처분과 구별된다. 대물적 강제처분에는 압수·수색·검증이 있다. 다만 검증의 경우는 법원이 행하는 검증은 증거조사의 일종에 지나지 않고, 수사기관의 검증만 강제처분에 해당한다. 대물적 강제처분은 주체에 따라 법원이 증거수집을 위하여 행하는 경우와 수사기관이 수사로 행하는 경우로 나눌 수 있다. 수사기관의 대물적 강제처분을 대물적 강제수사라고 한다. 그러나 증거물이나 몰수할 물건의 수집과 확보를 목적으로 하는 강제처분이라는 점에서 양자는 그 성질을 같이한다. 대물적 강제수사에 대하여도 법원의 압수·수색과 검증에 관한 규정이 준용된다(법 제219조).

(2) 대물적 강제처분의 요건

가. 영장주의의 원칙

압수·수색·검증은 구속과 함께 형사소송법에 있어서 가장 중요한 강제처분이므로 원칙적으로 영장주의의 원칙이 적용되고 있다. 다만 법원이 공판정에서 행하는 압수에는 영장을 요하지 않는다. 그러나 이는 법원이 공판정에서 직접 하는 처분이므로 영장주의의 예외가 아니다. 공판정 외에서 법원이 압수·수색을 함에는 영장을 발부하여야 하며(법 제113조), 검사는 범죄수사에 필요한 때에는 지방법원판사에게 청구하여 발부받은 영장에 의하여 압수·수색 또는 검증을 할 수 있고, 사법경찰관도 검사에게 신청하여 검사의 청구로 지방법원 판사가 발부한 영장에 의하여 압수·수색 또는 검증을 할 수 있다(법 제215조).

나. 강제처분의 필요성

대물적 강제처분은 증거수집과 범죄수사를 위하여 필요한 때에만 할 수 있다. 여기서 '범죄수사를 위하여 필요한 때'란 수사를 위하여 필요할 뿐만 아니라 강제처분으로서 압수·수색을 하지 않으면 수사의 목적을 달성할 수 없는 경우를 말한다.

형사소송규칙 제108조 1항은 압수·수색 또는 검증의 영장을 청구할 때에는 압수·수색 또는 검증의 필요를 인정할 수 있는 자료를 제출케 하고 있다.

핵심판례

'범죄수사를 위하여 필요한 때'의 의미

1. 형사소송법 제215조에 의하면 검사나 사법경찰관이 범죄수사에 필요한 때에는 영장에 의하여 압수를 할 수 있으나, 여기서 '범죄수사에 필요한 때'라 함은 단지 수사를 위해 필요할 뿐만 아니라 강제처분으로서 압수를 행하지 않으면 수사의 목적을 달성할 수 없는 경우를 말하고, 그 필요성이 인정되는 경우에도 무제한적으로 허용되는 것은 아니며, 압수물이 증거물 내지 몰수하여야 할 물건으로 보이는 것이라 하더라도, 범죄의 형태나 경중, 압수물의 증거가치 및 중요성, 증거인멸의 우려 유무, 압수로 인하여 피압수자가 받을 불이익의 정도 등 제반 사정을 종합적으로 고려하여 판단해야 한다.
2. 검사가 이 사건 준항고인들의 폐수무단방류 혐의가 인정된다는 이유로 준항고인들의 공장부지, 건물, 기계류 일체 및 폐수운반차량 7대에 대하여 한 압수처분은 수사상의 필요에서 행하는 압수의 본래의 취지를 넘는 것으로 상당성이 없을 뿐만 아니라, 수사상의 필요와 그로 인한 개인의 재산권 침해의 정도를 비교형량해 보면 비례성의 원칙에 위배되어 위법하다(대결 2004. 3. 23, 2003모126).

다. 범죄혐의의 존재

압수·수색 또는 검증을 함에 있어서도 범죄혐의가 존재하여야 한다. 그것은 강제처분의 대상과 필요성을 판단하는 기준이 되기 때문이다. 따라서 형사소송규칙은 영장청구서에 피의사실의 요지를 기재하고(제107조 1항), 피의자에게 범죄의 혐의가 있다고 인정되는 자료를 제출할 것을 요구하고 있고(제108조), 압수·수색영장의 기재사항인 압수·수색의 사유를 범죄사실의 기재로 대신하고 있다.

쟁 점

<합리적인 의심의 여지가 없을 정도로 범죄사실이 인정되는 경우에만 압수를 할수 있는지 여부>

형사소송법 제215조, 제219조, 제106조 제1항의 규정을 종합하여 보면, 검사는 범죄수사에 필요한 때에는 증거물 또는 몰수할 것으로 사료하는 물건을 법원으로부터 영장을 발부받아서 압수할 수 있는 것이고, 합리적인 의심의 여지가 없을 정도로 범죄사실이 인정되는 경우에만 압수할 수 있는 것은 아니라 할 것이다(대결 1997. 1. 9, 96모34).

2. 압수와 수색

(1) 의 의

압수와 수색은 원칙적으로 증거물, 몰수물 등의 수집·보전을 목적으로 하는 대물적 강제처분에 속하는바, 압수란 유체물에 대한 점유의 취득 및 그 점유의 계속을 내용으로 하는 강제처분을 말하고, 수색이란 물건 또는 사람을 발견하기 위하여 일정한 장소나 사람의 신체에 대하여 행하는 강제처분을 말한다.

검사는 범죄수사에 필요한 때에는 피의자가 죄를 범하였다고 의심할 만한 정황이 있고 해당 사건과 관계가 있다고 인정할 수 있는 것에 한정하여 지방법원판사에게 청구하여 발부받은 영장에 의하여 압수, 수색 또는 검증을 할 수 있다(법 제215조 제1항).

(2) 압수·수색의 대상

가. 압수의 대상

압수의 대상은 원칙적으로 증거물 또는 몰수대상물이다(법 제106조 제1항).

증거물이란 증거가치가 있다고 판단되는 물건으로서 대체성이 없는 것을 가리키며, 몰수대상물이란 법원이 당해 사건에 관하여 그 시점에서 몰수사유에 해당한다고 판단한 물건을 의미한다.

예외적으로 일정한 우체물(전신에 관한 것 포함, 법 제107조)도 압수할 수 있다.

피고인이 발송한 우체물 또는 피고인 앞으로 발송된 우체물로서 체신관서 등이 소지·보관하는 것은 압수할 수 있고, 그 밖의 우체물은 피고사건과 관계있다고 인정할 수 있는 것에 한하여 압수할 수 있도록 규정되어 있는바, 이러한 우체물은 압수물의 요건인 증거물 또는 몰수대상물에 해당하는지 여부를 따질 필요 없이 압수가 가능하다.

이러한 처분을 할 때에는 발신인이나 수신인에게 그 취지를 통지하여야 한다. 다만 심리에 방해가 될 염려가 있는 경우에는 예외로 한다(법 제107조, 제219조).

나. 수색의 대상

수색의 목적물은 사람의 신체, 물건 또는 주거, 기타 장소이다. 법원 또는 수사기관은 피고인 또는 피의자의 신체, 물건 또는 주거, 기타 장소를 수색할 수 있다(법 제109조 제1항, 제219조). 피고인 또는 피의자에 대한 수색은 널리 허용된다. 피고인 또는 피의자 아닌 자의 신체, 물건 또는 주거, 기타 장소에 관하여는 압수할 물건이 있음을 인정할 수 있는 경우에 한하여 수색할 수 있다(법 제109조 제2항, 제219조).

(3) 압수 · 수색의 제한

가. 군사상 비밀을 요하는 장소에서의 압수 또는 수색

군사상 비밀을 요하는 장소는 그 책임자의 승낙 없이는 압수 또는 수색할 수 없다. 책임자는 국가의 중대한 이익을 해하는 경우를 제외하고는 승낙을 거부하지 못한다(법 제110조, 제219조).

나. 공무원 등이 소지하는 공무상 비밀에 관한 물건의 압수

공무원 또는 공무원이었던 자가 소지 또는 보관하는 물건에 관하여는 본인 또는 그 당해 공무소가 직무상의 비밀에 관한 것임을 신고한 때에는 그 소속공무소 또는 당해 감독관공서의 승낙 없이는 압수하지 못한다. 소속공무소 또는 당해 감독관공서는 국가의 중대한 이익을 해하는 경우를 제외하고는 승낙을 거부하지 못한다(법 제111조, 제219조).

다. 업무상 비밀에 관한 물건의 압수

변호사 · 변리사 · 공증인 · 공인회계사 · 세무사 · 대서업자 · 의사 · 한의사 · 치과의사 · 약사 · 약종상 · 조산사 · 간호사 · 종교의 직에 있는 자 또는 이러한 직에 있던 자가 그 업무상 위탁을 받아 소지 또는 보관하는 물건으로 타인의 비밀에 관한 것은 압수를 거부할 수 있다. 단 그 타인의 승낙이 있거나 중대한 공익상 필요가 있는 때에는 예외로 한다(법 제112조, 제219조).

(4) 압수 · 수색의 절차

가. 압수·수색영장의 발부

1) 공판정에서의 압수 · 수색

① 법원이 공판정에서 압수 · 수색을 할 때는 영장을 발부할 필요가 없다. 공판정에서 압수나 수색을 한 때에는 이를 공판조서에 기재하여야 하며, 압수의 경우에는 그 공판조서에 품종, 수량 등을 명시하여야 하는데(법 제49조 제3항), 이를 위해서 편의상 별지 목록이 사용된다.

② 압수의 경우에는 압수목록을 피압수자에게 교부하여야 한다(법 제129조). 또 수색의 경우에는 수색대상이 여자의 신체인 경우 성년의 여자를 참여하게 해야 하고(법 제124조, 신체검사의 경우처럼 남자 의사를 참여시킬 수는 없다. 법 제141조 제3항), 수색 결과 압수할 물건을 찾지 못했을 때는 그 취지의 증명서를 피수색자에게 교부하여야 한다.

2) 공판정 외에서의 압수 · 수색

① 공판정 외에서 압수 또는 수색을 함에는 영장을 발부하여 시행하여야 한다(법 제113조). 공판정 외이더라도 임의제출물이나 유류물의 압수를 할 때에는 물론 영장이 필요 없다(법 제108조).

② 검사는 범죄수사에 필요한 때에는 지방법원판사에게 청구하여 발부받은 영장에 의하여 압수 · 수색 또는 검증을 할 수 있다. 사법경찰관이 범죄수사에 필요한 때에는 검사에게 신청하여 검사의 청구로 지방법원판사가 발부한 영장에 의하여 압수 · 수색 또는 검증을 할 수 있다(법 제215조).

핵심판례

수사단계에서 소유권을 포기한 압수물에 대하여 형사재판에서 몰수형이 선고되지 않은 경우

수사단계에서 소유권을 포기한 압수물에 대하여 형사재판에서 몰수형이 선고되지 않은 경우, 피압수자는 국가에 대하여 민사소송으로 그 반환을 청구할 수 있다고 본 원심의 판단을 수긍한 사례(대결 2000.12.22. 선고, 2000다27725).

검사 또는 사법경찰관이 영장 발부 사유로 된 범죄 혐의사실과 무관한 별개의 증거를 압수한 경우, 유죄 인정의 증거로 사용할 수 있는지 여부(원칙적 소극) / 수사기관이 별개의 증거를 환부하고 후에 임의제출받아 다시 압수한 경우, 제출에 임의성이 있다는 점에 관한 증명책임 소재(=검사)와 증명 정도 및 임의로 제출된 것이라고 볼 수 없는 경우 증거능력을 인정할 수 있는지 여부(소극)

검사 또는 사법경찰관은 범죄수사에 필요한 때에는 피의자가 죄를 범하였다고 의심할 만한 정황이 있는 경우에 판사로부터 발부받은 영장에 의하여 압수·수색을 할 수 있으나, 압수·수색은 영장 발부의 사유로 된 범죄 혐의사실과 관련된 증거에 한하여 할 수 있으므로, 영장 발부의 사유로 된 범죄 혐의사실과 무관한 별개의 증거를 압수하였을 경우 이는 원칙적으로 유죄 인정의 증거로 사용할 수 없다. 다만 수사기관이 별개의 증거를 피압수자 등에게 환부하고 후에 임의제출받아 다시 압수하였다면 증거를 압수한 최초의 절차 위반행위와 최종적인 증거수집 사이의 인과관계가 단절되었다고 평가할 수 있으나, 환부 후 다시 제출하는 과정에서 수사기관의 우월적 지위에 의하여 임의제출 명목으로 실질적으로 강제적인 압수가 행하여질 수 있으므로, 제출에 임의성이 있다는 점에 관하여는 검사가 합리적 의심을 배제할 수 있을 정도로 증명하여야 하고, 임의로 제출된 것이라고 볼 수 없는 경우에는 증거능력을 인정할 수 없다(대결 2016.3.10. 선고, 2013도11233).

③ 압수·수색영장에는 피고인의 성명, 죄명, 압수할 물건, 수색할 장소·신체·물건, 발부연월일·유효기간과 그 기간을 경과하면 집행에 착수하지 못하며 영장을 반환하여야 한다는 취지, 압수·수색의 사유를 기재하고 재판장 또는 수명법관이 서명·날인하여야 한다(법 제114조 제1항, 규 제58조).

쟁 점

<동일한 영장으로 수회 같은 장소에서 압수·수색을 할 수 있는지 여부>

동일한 영장으로 수회 같은 장소에서 압수, 수색, 검증을 할 수는 없다. 또 동일한 장소 또는 물건을 대상으로 하는 처분일지라도 영장에 기재된 피의사실과 별개의 사실에 대하여 영장을 유용할 수도 없다. 압수·수색의 대상을 예비적으로 기재하는 것도 허용되지 않는다.

나. 압수·수색영장의 집행

1) 집행지휘·집행기관

압수·수색영장은 검사의 지휘에 의하여 사법경찰관리가 집행한다.

단, 필요한 경우에는 재판장은 법원사무관 등에게 그 집행을 명할 수 있다(법 제115조 제1항, 제219조). 검사는 관할구역 외에서도 집행을 지휘할 수 있고, 사법경찰관리도 압수·수색영장을 집행할 수 있다(법 제115조 제2항, 제83조). 법원사무관 등은 필요한 때에는 사법경찰관리에게 보조를 청구할 수 있다(법 제117조).

2) 집행절차

① 압수·수색영장은 처분을 받는 자에게 반드시 제시해야 한다(법 제118조, 제219조). 반드시 사전에 제시할 것을 요하고 구속에 있어서와 같은 긴급집행은 인정되지 않는다.

② 압수·수색영장의 집행중에는 타인의 출입을 금지할 수 있고, 이에 위배한 자에게는 퇴거하게 하거나 집행종료시까지 간수자를 붙일 수 있다(법 제119조, 제219조).

③ 영장의 집행에 있어서는 자물쇠를 열거나 봉인을 뜯는 등 필요한 처분을 할 수 있다. 압수물에 대하여도 같은 처분을 할 수 있다(법 제120조, 제219조).

④ 영장의 집행을 중지할 경우에 필요한 때에는 집행이 종료될 때까지 그 장소를 폐쇄하거나 간수자를 둘 수 있다(법 제127조, 제219조).

⑤ 압수·수색영장의 집행에 있어서는 타인의 비밀을 보호하여야 하며 처분받은 자의 명예를 해하지 아니하도록 하여야 한다(법 제116조).

3) 당사자 · 책임자 등의 참여

① 검사 · 피고인(피의자) 또는 변호인은 압수 · 수색영장의 집행에 참여할 수 있다(법 제121조, 제219조). 압수 · 수색절차의 공정을 확보하고 집행을 받는 자의 이익을 보호하기 위한 것이다. 따라서 압수 · 수색영장을 집행함에는 미리 집행의 일시와 장소를 참여권자에게 통지하여야 한다. 단 참여하지 아니한다는 의사를 표명한 때 또는 급속을 요하는 때(미리 알려주어서는 압수 · 수색의 실효를 거두기 어려울 것으로 판단되는 경우)에는 통지할 필요가 없다(법 제122조, 제219조).

② 공무소(관청) 또는 군용의 항공기 · 선박 · 차량 내에서 집행하고자 할 때에는 그 책임자에게 참여할 것을 통지하여야 한다(법 제123조 제1항).

③ 위 ②항 이외의 타인의 주거, 가옥, 건조물, 항공기, 선박, 차량 내에서 집행하고자 할 때는 주거주, 간수자 또는 이에 준하는 자를 참여시켜야 한다(법 제123조 제2항). 미리 통지할 필요까지는 없다. 그러한 자가 없거나 참여를 거부할 때에는 이웃사람 또는 지방자치단체의 직원을 참여시켜야 한다(같은 조 제3항).

④ 여자의 신체에 대하여 수색할 때에는 성년의 여자를 참여하게 하여야 한다(법 제124조, 제219조).

4) 야간 집행의 제한

일출 전 일몰 후에는 압수 · 수색영장에 야간집행을 할 수 있는 기재가 없으면 그 영장을 집행하기 위하여 타인의 주거, 간수자 있는 가옥 · 건조물 · 항공기 또는 선차 내에 들어가지 못한다(법 제125조, 제219조). 다만 도박 기타 풍속을 해하는 행위에 상용된다고 인정하는 장소, 여관 · 음식점 기타 야간에 공중이 출입할 수 있는 장소에 대하여는 이러한 제한을 받지 않는다(법 제126조, 제219조).

5) 수색증명서 · 압수목록의 교부

압수의 경우에는 압수목록을 피압수자에게 교부하여야 하며, 수색결과 압수할 물건을 찾지 못한 때에는 그 취지를 기재한 수색증명서를 교부(법 제128조, 제129조)하여야 한다. 압수목록과 수색증명서는 법원사무관 등이 작성 · 교부한다(규칙 제61조).

핵심판례

몰수대상 물건이 압수되어 있는지 및 적법한 절차에 의하여 압수되었는지 여부가 형법상 몰수의 요건인지 여부(소극)

범죄행위에 제공하려고 한 물건은 범인 이외의 자의 소유에 속하지 아니하거나 범죄 후 범인 이외의 자가 정을 알면서 취득한 경우 이를 몰수할 수 있고, 한편 법원이나 수사기관은 필요한 때에는 증거물 또는 몰수할 것으로 사료하는 물건을 압수할 수 있으나, 몰수는 반드시 압수되어 있는 물건에 대하여서만 하는 것이 아니므로, 몰수대상 물건이 압수되어 있는가 하는 점 및 적법한 절차에 의하여 압수되었는가 하는 점은 몰수의 요건이 아니다(대판 2003. 5. 30, 2003도705).

이미 그 집행을 종료함으로써 효력을 상실한 압수.수색영장에 기하여 압수한 몰수대상 물건을 몰수한 원심의 판단을 정당하다고 본 사례

이미 그 집행을 종료함으로써 효력을 상실한 압수.수색영장에 기하여 다시 압수.수색을 실시하면서 몰수대상 물건을 압수한 경우, 압수 자체가 위법하게 됨은 별론으로 하더라도 그것이 위 물건의 몰수의 효력에는 영향을 미칠 수 없다(대판 2003. 5. 30, 2003도705).

(5) 압수 · 수색에 있어서 영장주의의 예외

압수 · 수색의 긴급성을 고려하여 다음과 같은 경우에는 영장에 의하지 않고 압수 · 수색할 수 있다.

가. 영장에 의하여 체포·구속하는 경우의 피의자수사(수색)

검사 또는 사법경찰관은 체포영장에 의한 체포(법 제200조의2), 긴급체포(법 제200조의3) 또는 현행범인의 체포(법 제212조)에 의하여 체포하거나 구속영장에 의하여 피의자를 구속하는 경우(제201조)에 필요한 때에는 영장 없이 타인의 주거나 타인이 간수하는 가옥 · 건조물 · 항공기 · 선차 내에서 피의자수사를 할 수 있다(법 제216조 제1항 제1호).

구속 또는 체포하고자 하는 피의자가 타인의 주거 · 가옥 · 건조물 내에서 잠복하고 있다고 인정되는 경우에 피의자의 소재를 발견하기 위한 수색은 영장 없이 할 수 있도록 한 것이다. 수색은 피의자 또는 현행범인의 체포를 위한 불가결한 전제이기 때문에 영장주의의 예외를 인정한 것이라 할 수 있다.

1) 영장에 의하지 않은 피의자수색의 범위

① 영장주의의 예외가 되는 피의자수색은 피의자의 발견을 위한 처분을 말한다. 따라

서 피의자의 발견을 필요로 하지 않는 경우, 즉 피의자의 추적이 계속되고 있을 때에는 피의자를 따라 주거 · 건조물 등에 들어간다고 할지라도 그것은 체포 또는 구속 자체이며 본호의 수색에는 해당하지 않는다.

② 피의자의 수색은 피의자를 구속 · 체포하기 위한 처분이므로 수색은 체포 전임을 요한다. 따라서 피의자 또는 현행범인을 체포한 후에는 본호에 의한 수색은 인정되지 않는다.

③ 수색과 체포 사이의 시간적 접착이나 체포의 성공 여부는 문제되지 아니한다. 수색의 범위도 피의자의 주거 등에 제한되지 아니하고, 제3자의 주거도 포함한다. 다만 피의자 이외의 자의 주거 등에 대하여는 그 곳에 피의자가 소재한다는 개연성이 있어야 수색의 필요성을 인정할 수 있다.

2) 수색의 주체

수색은 검사 또는 사법경찰관만 할 수 있다. 현행범인은 누구나 체포할 수 있으나, 일반인은 현행범인의 체포를 위하여 타인의 주거를 수색할 수 없다.

나. 체포현장에서 하는 압수·수색·검증

검사 또는 사법경찰관이 피의자를 구속하는 경우 또는 체포영장에 의한 체포, 긴급체포 및 현행범인을 체포하는 경우에 필요한 때에는 영장 없이 체포현장에서 압수 · 수색 · 검증을 할 수 있다(법 제216조 제1항 제2호).

피의자를 체포 또는 구속하는 경우에 체포현장에서 증거수집을 위하여 행하는 압수 · 수색 · 검증에 대하여 영장주의의 예외를 인정한 것이다.

압수 · 수색의 대상은 체포자에게 위해를 줄 우려가 있는 무기 기타의 흉기, 도주의 수단이 되는 물건 및 체포의 원인이 되는 범죄사실에 대한 증거물에 한한다. 압수할 수 있는 것은 당해 사건의 증거물이며, 별건의 증거를 발견한 때에는 임의제출을 구하거나 영장에 의하여 압수해야 한다.

다. 피고인 구속현장에서의 압수·수색·검증

검사 또는 사법경찰관이 피고인에 대한 구속영장을 집행하는 경우에 필요한 때에는 그 집행현장에서 영장 없이 압수 · 수색 또는 검증할 수 있다(법 제216조 제2항). 피고인에 대한 구속영장을 집행하는 검사 또는 사법경찰관은 재판의 집행기관으로서 활동하는 것이지만, 집행현장에서의 압수 · 수색 또는 검증은 수사기관의 수사에 속하는 처분이다. 따라서 그 결과를 법관에게 보고하거나 압수물을 제출할 것을 요하는 것도 아니다. 영장 없이 압수 · 수색 · 검증할 수 있는 것은 피고인에 대한 구속영장을 집행하는 경우에 제한된다. 따라서 증인에 대한 구인장을 집행하는 경우에는 본항이 적용되지 않는다.

라. 범죄장소에서의 압수·수색·검증

범행중 또는 범행직후의 범죄장소에서 긴급을 요하여 법원판사의 영장을 받을 수 없는 때에는 영장 없이 압수·수색 또는 검증을 할 수 있다. 이 경우에는 사후에 지체 없이 영장을 받아야 한다(법 제216조 제3항). 이는 피의자의 체포 또는 구속을 전제로 하지 않는다는 점에서 긴급체포에 유사한 긴급압수·긴급수색 및 긴급검증을 인정한 것이라고 할 수 있다. 범죄현장에서의 증거물의 은닉과 산일을 방지하기 위한 것이라고 하겠다. 따라서 범행중 또는 범행직후의 범죄장소면 족하며, 피의자가 현장에 있거나 체포되었을 것을 요건으로 하지 않는다. 다만 사후에 지체 없이 영장을 받아야 한다.

핵심판례

긴급체포 시 압수한 물건에 관하여 형사소송법 제217조 제2항, 제3항의 규정에 의한 압수수색영장을 발부받지 않고도 즉시 반환하지 않은 경우, 그 증거능력 유무 및 증거동의에 의하여 증거능력이 인정되는지 여부(소극)

형사소송법 제216조 제1항 제2호, 제217조 제2항, 제3항은 사법경찰관은 형사소송법 제200조의3(긴급체포)의 규정에 의하여 피의자를 체포하는 경우에 필요한 때에는 영장 없이 체포현장에서 압수·수색을 할 수 있고, 압수한 물건을 계속 압수할 필요가 있는 경우에는 지체 없이 압수수색영장을 청구하여야 하며, 청구한 압수수색영장을 발부받지 못한 때에는 압수한 물건을 즉시 반환하여야 한다고 규정하고 있는바, 형사소송법 제217조 제2항, 제3항에 위반하여 압수수색영장을 청구하여 이를 발부받지 아니하고도 즉시 반환하지 아니한 압수물은 이를 유죄 인정의 증거로 사용할 수 없는 것이고, 헌법과 형사소송법이 선언한 영장주의의 중요성에 비추어 볼 때 피고인이나 변호인이 이를 증거로 함에 동의하였다고 하더라도 달리 볼 것은 아니다(대판 2009. 12. 24, 2009도11401).

마. 긴급체포시의 압수·수색·검증(법 제217조)

검사 또는 사법경찰관은 긴급체포의 규정(법 제200조의3)에 따라 체포된 자가 소유·소지 또는 보관하는 물건에 대하여 긴급히 압수할 필요가 있는 경우에는 체포한 때부터 24시간 이내에 한하여 영장 없이 압수·수색 또는 검증을 할 수 있다.

1) 압수 · 수색 · 검증을 할 수 있는 기간

영장 없이 압수 · 수색 또는 검증을 할 수 있는 기간은 긴급체포한 때부터 24시간 이내에 제한된다.

핵심판례

영장이나 감정처분허가장 없이 채취한 혈액을 이용한 혈중알코올농도 감정 결과의 증거능력 유무(원칙적 소극) 및 피고인 등의 동의가 있더라도 마찬가지인지 여부(적극)

수사기관이 법원으로부터 영장 또는 감정처분허가장을 발부받지 아니한 채 피의자의 동의 없이 피의자의 신체로부터 혈액을 채취하고 사후에도 지체 없이 영장을 발부받지 아니한 채 혈액 중 알코올농도에 관한 감정을 의뢰하였다면, 이러한 과정을 거쳐 얻은 감정의뢰회보 등은 형사소송법상 영장주의 원칙을 위반하여 수집하거나 그에 기초하여 획득한 증거로서, 원칙적으로 절차위반행위가 적법절차의 실질적인 내용을 침해하여 피고인이나 변호인의 동의가 있더라도 유죄의 증거로 사용할 수 없다(대판 2012.11.15. 2011도15258).

2) 압수 · 수색 또는 검증의 대상

영장 없이 압수 · 수색 또는 검증할 수 있는 것은 긴급체포된 자가 소유 · 소지 또는 보관하는 물건에 한한다.

3) 영장 없이 압수한 물건을 계속 압수할 필요가 있는 경우의 조치

① 검사 또는 사법경찰관은 긴급체포시 영장 없이 압수한 물건 또는 체포영장에 의한 체포 · 현행범인 체포 현장에서 영장 없이 압수한 물건을 계속 압수할 필요가 있는 경우에는 지체 없이 압수수색영장을 청구하여야 한다. 이 경우 압수수색영장의 청구는 체포한 때부터 48시간 이내에 하여야 한다(법 제217조 제2항).

② 검사 또는 사법경찰관은 위 ①에 따라 청구한 압수수색영장을 발부받지 못한 때에는 압수한 물건을 즉시 반환하여야 한다(동조 제3항). 긴급 압수 · 수색의 남용으로 인한 인권침해의 소지를 최소화하기 위한 것이다.

바. 임의제출한 물건의 압수

법원은 소유자 · 소지자 또는 보관자가 임의로 제출한 물건 또는 유류한 물건을 영장 없이 압수할 수 있고(제108조), 검사 또는 사법경찰관도 피의자 기타인의 유류한 물건이나 소유자 · 소지자 또는 보관자가 임의로 제출한 물건을 영장 없이 압수할 수 있다(법 제218조). 이를 영치라고도 한다. 영치는 점유취득과정에는 강제력이 행사되지 않았으나 일단 영치된 이상 제출자가 임의로 가져갈 수 없다는 점에서 강제처분으로 인정되고 있다. 다만 점유취득이 임의적이므로 영장 없이 압수할 수 있도록 한 것이다. 그러나 영치한 후의 법률효과는 압수의 경우와 동일하다. 영치의 대상은 증거물 또는 몰수물에 제한되지 아니하며, 소지자 또는 보관자도 반드시 권한에 기하여 소지 또는 보관한 자일 것을 요하지 않는다.

핵심판례

검사 또는 사법경찰관이 영장 발부 사유로 된 범죄 혐의사실과 무관한 별개의 증거를 압수한 경우, 유죄 인정의 증거로 사용할 수 있는지 여부(원칙적 소극) / 수사기관이 별개의 증거를 환부하고 후에 임의제출받아 다시 압수한 경우, 제출에 임의성이 있다는 점에 관한 증명책임 소재(=검사)와 증명 정도 및 임의로 제출된 것이라고 볼 수 없는 경우 증거능력을 인정할 수 있는지 여부(소극)

검사 또는 사법경찰관은 범죄수사에 필요한 때에는 피의자가 죄를 범하였다고 의심할 만한 정황이 있는 경우에 판사로부터 발부받은 영장에 의하여 압수·수색을 할 수 있으나, 압수·수색은 영장 발부의 사유로 된 범죄 혐의사실과 관련된 증거에 한하여 할 수 있으므로, 영장 발부의 사유로 된 범죄 혐의사실과 무관한 별개의 증거를 압수하였을 경우 이는 원칙적으로 유죄 인정의 증거로 사용할 수 없다. 다만 수사기관이 별개의 증거를 피압수자 등에게 환부하고 후에 임의제출받아 다시 압수하였다면 증거를 압수한 최초의 절차 위반행위와 최종적인 증거수집 사이의 인과관계가 단절되었다고 평가할 수 있으나, 환부 후 다시 제출하는 과정에서 수사기관의 우월적 지위에 의하여 임의제출 명목으로 실질적으로 강제적인 압수가 행하여질 수 있으므로, 제출에 임의성이 있다는 점에 관하여는 검사가 합리적 의심을 배제할 수 있을 정도로 증명하여야 하고, 임의로 제출된 것이라고 볼 수 없는 경우에는 증거능력을 인정할 수 없다(대판 2016.3.10. 2013도11233).

(6) 압수물의 처리

가. 보관상의 주의의무

압수·수색의 목적이 궁극적으로 증거물 또는 몰수대상물의 수집에 있으므로, 일단 이를 압수한 이상 압수 당시의 성상(性狀)·형태를 보전하여 장차 심판의 자료로 사용하거나 몰수할 수 있도록 유지하는 것이 필요하다. 한편 압수 당한 자의 재산권을 부당하게 침해하는 일이 없도록 환부 등에 이르기까지 선량한 관리자의 주의를 가지고 신속·적정하게 보관할 의무가 있다(법 제130조, 제131조, 법재규 제15조, 제16조).

"압수물"이라 함은 법에 의하여 법원이 압수한 증거물·몰수대상물 또는 우편물(법 제106조 제1항, 제107조), 제출명령에 의하여 제출된 증거물·압수대상물(법 제106조 제2항) 또는 임의제출물·유류물(법 제108조) 등을 말한다. 공판기일에 증거조사한 수사기관의 압수물을 법원의 압수물로 제출받을 필요가 있다고 인정하여 임의제출 받은 경우 또는 공판기일 전에 검사가 수사기관의 압수물을 법원에 송부한 경우의 수사기관 압수물을 포함한다.

나. 압수물 담당기관

법원 압수물의 접수, 보관, 가출(假出) 및 처분 등의 사무("압수사무")는 법원사무관 등과 압수물취급담임자("압수물담당자")가 이를 처리한다.

다. 압수물의 보관방법

1) 자청(自廳)보관의 원칙

압수물은 압수한 법원 또는 수사기관의 청사로 운반하여 직접 보관하는 것이 원칙이다. 이를 자청보관의 원칙이라 한다. 법원 또는 수사기관이 압수물을 보관함에 있어서는 그 상실 또는 파손 등의 방지를 위하여 상당한 조치를 하여야 한다(법 제131조, 제219조).

2) 위탁보관

운반 또는 보관에 불편한 압수물에 관하여는 간수자를 두거나 소유자 또는 적당한 자의 승낙을 얻어 보관하게 할 수 있다(법 제130조 제1항, 제219조). 이를 압수물의 위탁보관이라고 한다.

핵심판례

압수물의 위탁보관시 임치료를 지급하여야 하는지 여부(소극)
위탁보관처분은 압수와는 달리 공법상 권력작용이 아니고 단순한 임치계약의 성질을 가지기에 특별한 약정이 없으면 수사기관은 임치계약의 일반원칙에 따라서 보관자에게 임치료를 지급해야 할 의무를 지지 않는다(대판 1968. 4. 16, 68다285).

3) 폐기처분

① 직권에 의한 폐기처분 : 위험 발생의 염려가 있는 압수물은 폐기할 수 있다(법 제130조 제2항, 제219조). 이를 폐기처분이라고 한다. 폐기처분은 위험 발생의 염려가 있는 압수물에 대하여만 허용된다. 이는 개인의 소유권에 대한 중대한 침해를

의미하므로 엄격히 해석해야 한다.

② 권한 있는 자의 동의에 의한 폐기 : 법령상 생산·제조·소지·소유 또는 유통이 금지된 압수물로서 부패의 염려가 있거나 보관하기 어려운 압수물은 소유자 등의 권한 있는 자의 동의를 얻어 폐기할 수 있다(법 제130조 제3항).

4) 대가보관(법 제132조)

① 대상 및 요건

㉠ 몰수하여야 할 압수물로서 멸실·파손 등의 우려가 있는 경우 : 몰수하여야 할 압수물로서 멸실·파손·부패 또는 현저한 가치 감소의 염려가 있거나 보관하기 어려운 압수물은 매각하여 대가를 보관할 수 있다(법 제132조 1항).

핵심판례

압수물에 대한 환가처분 후 형사 본안사건에서 무죄 판결이 확정된 경우, 국가는 압수물 소유자 등에게 환가처분에 의한 매각대금 전액을 반환하여야 하는지 여부(적극)

형사 본안사건에서 무죄가 선고되어 확정되었다면 형사소송법 제332조에 의하여 검사가 압수물을 제출자나 소유자 기타 권리자에게 환부하여야 할 의무는 당연히 발생하는 것이고, 검사가 몰수할 수 있는 물건으로 보고 압수한 물건이 멸실, 손괴 또는 부패의 염려가 있거나 보관하기 불편하여 이를 매각하는 환가처분을 한 경우 그 매각대금은 압수물과 동일시 할 수 있는 것이므로, 국가는 압수물의 환가처분에 의한 매각대금 전액을 압수물의 소유자 등에게 반환할 의무가 있다(대판 2000.1.21. 선고, 97다58507).

㉡ 환부하여야 할 압수물 중 환부 받을 자가 누구인지 알 수 없는 경우 등 : 환부하여야 할 압수물 중 환부를 받을 자가 누구인지 알 수 없거나 그 소재가 불명한 경우로서 그 압수물의 멸실·파손·부패 또는 현저한 가치 감소의 염려가 있거나 보관하기 어려운 압수물은 매각하여 대가를 보관할 수 있다(법 제132조 제2항).

② 절 차

매각 및 대가보관결정은 법원이 직권으로써 하며 당사자에게는 신청권이 없고, 신청이 있더라도 응답할 의무가 없다.

위 결정을 하고자 함에는 미리 검사, 피해자(목적물과 관계있는 피해자에 한함) 및 피고인 또는 변호인(양자 중 택일)에게 통지하여야 한다(법 제135조). 통지로써 족하며 의견을 들을 필요는 없지만 통지와 결정 사이에는 적절한 시간적 간격을 요한다고 해석된다.

라. 압수물의 가환부

1) 의 의

가환부란 압수의 효력을 존속시키면서 압수물을 소유자·소지자 또는 보관자 등에게 잠정적으로 환부하는 제도를 말한다.

가환부는 압수를 계속할 필요성은 상존하나, ① 법원이 점유를 계속하지 않아도 심리에 지장이 없는 경우 소유자 등의 청구에 의하여(법 제133조 제1항 후단), 또는 ② 증거물로서만 압수하였는데 소유자나 소지자의 계속 사용이 필요한 경우 직권에 의하여(같은 조 제2항), 각각 압수의 효력을 유지하면서 압수물을 일시적으로 반환하는 것을 말한다.

2) 가환부의 대상

가환부의 대상은 증거에 공할 압수물에 제한된다(법 제133조 제1항).

증거에만 공할 목적으로 압수한 물건으로서 소유자 또는 소지자가 계속 사용하여야 할 물건은 사진촬영 기타 원형보존의 조치를 취하고 신속히 가환부하여야 한다(법 제133조 제2항, 제219조). 가환부의 대상은 증거에 공할 압수물임을 요하므로 몰수의 대상이 되는 압수물은 가환부할 수 없다(대결 1984. 7. 24, 84모43).

핵심판례

위조문서인 약속어음을 환부 또는 가환부할 수 있는지의 여부(소극)
(위조된) 약속어음은 범죄행위로 인하여 생긴 위조문서로서 아무도 이를 소유하는 것이 허용되지 않는 물건이므로 몰수가 될 뿐 환부나 가환부할 수 없고 다만 검사는 몰수의 선고가 있은 뒤에 형사소송법 제485조에 의하여 위조의 표시를 하여 환부할 수 있다.

가환부에 있어서 형소법 제133조 제1항 소정의 '증거에 공할 압수물'의 의미
형사소송법 제133조 제1항 후단이, 제2항의 '증거에만 공할' 목적으로 압수할 물건과는 따로이, '증거에 공할' 압수물에 대하여 법원의 재량에 의하여 가환부할 수 있도록 규정한 것을 보면, '증거에 공할 압수물'에는 증거물로서의 성격과 몰수할 것으로 사료되는 물건으로서의 성격을 가진 압수물이 포함되어 있다고 해석함이 상당하다.

몰수할 것에 해당하는 물건을 가환부할 수 있는지 여부
몰수할 것이라고 사료되어 압수한 물건 중 법률의 특별한 규정에 의하여 필요적으로 몰수할 것에 해당하거나 누구의 소유도 허용되지 아니하여 몰수할 것에 해당하는 물건에 대한 압수는 몰수재판의 집행을 보전하기 위하여 한 것이라는 의미도 포함된 것이므로 그와 같은 압수물건은 가환부의 대상이 되지 않지만, 그 밖의 형법 제48조에 해당하는 물건(임의적 몰수)에 대하여는 이를 몰수할 것인지는 법원의 재량에 맡겨진 것이므로 특별한 사정이 없다면 수소법원이 피고본안사건에 관한 종국판결에 앞서 이를 가환부함에 법률상의 지장이 없는 것으로 보아야 한다.

3) 가환부의 절차

가환부는 소유자・소지자・보관자 또는 제출인의 청구에 의하여 법원 또는 수사기관의 결정에 의하여 한다(법 제133조 제1항, 제219조). 법원 또는 수사기관이 가환부의 결정을 함에는 미리 이해관계인에게 통지하여야 한다(법 제135조, 제219조). 따라서 피고인에게 의견을 진술할 기회를 주지 아니한 채 한 가환부 결정은 형사소송법 제135조에 위배하여 위법하고 이 위법은 재판의 결과에 영향을 미쳤다 할 것이다(대결 1980. 2. 5, 80모3).

4) 가환부의 효력

가환부는 압수 자체의 효력을 잃게 하는 것이 아니다. 따라서 가환부를 받은 자는 압수물에 대한 보관의무를 가지며, 이를 임의로 처분하지 못하고, 법원 또는 수사기관의 요구가 있는 때에는 이를 제출하여야 한다. 가환부한 장물에 대하여 별단의 선고가 없는 때에는 환부의 선고가 있는 것으로 간주한다(제333조 제3항).

핵심판례

가환부 받은 압수물을 소유자가 처분할 수 있는지 여부(소극)
가환부의 결정이 있는 경우에도 압수의 효력은 지속되므로 가환부를 받은 자는 법원의 요구가 있으면 즉시 압수물을 제출할 의무가 있고 그 압수물에 대하여 보관의무를 부담하며 소유자라 하더라도 그 압수물을 처분할 수는 없는 것이다.

마. 압수물의 환부

1) 의 의

압수물의 환부란 압수의 필요가 없게 된 경우 압수의 효력을 소멸시키고 종국적으로 압수물을 피압수자에게 반환하는 것을 말한다(법 제133조 제1항 전단). 압수가 종국적으로 실효되는 점에서, 압수의 효력 존속 하에 일시적으로 반환을 하는 데 불과한 '가환부'와 구별되며, 피압수자에 대한 반환을 원칙으로 하는 점에서, 재산범죄의 피해자에 대한 장물의 반환인 '피해자환부'와 구별된다.

2) 환부의 대상

환부의 대상은 압수를 계속할 필요가 없다고 인정되는 압수물이다(법 제133조 제1항). 따라서 몰수의 대상이 되는 압수물을 환부하는 것은 위법하므로 항고 또는 준항고의 사유가 된다.

압수물이 범죄사실의 증거에 공할 물건인 경우에는 이를 가환부함은 모르되 환부는 할 수 없다(대결 1966. 9. 12, 66모58).

압수를 계속할 필요가 없다고 인정되는 압수물은 피고사건종결 전이라도 결정으로 환부하여야 한다(법 제133조 제1항 전단, 제219조).

쟁 점

<압수를 계속할 필요가 없어 환부를 하여야 하는 사례>

외국산 물품을 관세장물의 혐의가 있다고 보아 압수하였다 하더라도 그것이 언제, 누구에 의하여 관세포탈된 물건인지 알 수 없어 기소중지처분을 한 경우에는 그 압수물은 관세장물이라고 단정할 수 없어 이를 국고에 귀속시킬 수 없을 뿐만 아니라 압수를 더 이상 계속할 필요가 없다(대결 1996. 8. 16, 94모61).

3) 환부의 절차

환부는 법원 또는 수사기관의 결정에 의한다. 사법경찰관이 압수물을 환부할 때에는 검사의 지휘를 받아야 한다. 소유자 등의 청구가 있을 것을 요하지 않는다. 그러나 소유자 등이 환부청구를 할 수는 있다. 피압수자가 소유권을 포기한 경우에도 법원 또는 수사기관은 환부결정을 해야 한다. 환부의 결정을 함에는 검사, 피해자(목적물과 관계있는 자에 한함), 피고인 또는 변호인에게 미리 통지하여야 한다(법 제135조).

핵심판례

수사 도중에 피의자가 수사관에게 소유권 포기각서를 제출한 경우, 수사기관의 압수물 환부의무가 면제되는지의 여부(소극) 및 피의자의 압수물 환부청구권도 소멸하는지의 여부(소극)

피압수자 등 환부를 받을 자가 압수 후 그 소유권을 포기하는 등에 의하여 실체법상의 권리를 상실하더라도 그 때문에 압수물을 환부하여야 하는 수사기관의 의무에 어떠한 영향을 미칠 수 없고, 또한 수사기관에 대하여 형사소송법상의 환부청구권을 포기한다는 의사표시를 하더라도 그 효력이 없어 그에 의하여 수사기관의 필요적 환부의무가 면제된다고 볼 수는 없으므로, 압수물의 소유권이나 그 환부청구권을 포기하는 의사표시로 인하여 위 환부의무에 대응하는 압수물에 대한 환부청구권이 소멸하는 것은 아니다.

압수되었다가 압수해제 또는 환부된 물건을 다시 압수.몰수할 수 있는지의 여부(적극)

㉠ 범인으로부터 압수한 물품에 대하여 몰수의 선고가 없어 그 압수가 해제된 것으로 간주된다고 하더라도 공범자에 대한 범죄수사를 위하여 여전히 그 물품의 압수가 필요하다거나 공범자에 대한 재판에서 그 물품이 몰수될 가능성이 있다면 검사는 그 압수해제된 물품을 다시 압수할 수도 있다.

㉡ 피고인 소유의 물건으로서 압수되었다가 검찰에 의하여 피고인에게 환부된 물건은 피고인이 소지하고 있다 할 것이니(몰수는 압수되어 있는 물건에 대하여서만 하는 것이 아니다) 이를 피고인으로부터 몰수한 조치는 정당하다.

4) 환부의 효력

환부에 의하여 압수는 효력을 상실한다. 그러나 환부는 압수를 해제할 뿐이며 환부를 받은 자에게 실체법상의 권리를 확인하는 효력까지 가지는 것은 아니다. 따라서 이해관계인은 민사소송절차에 의하여 그 권리를 주장할 수 있다(법 제333조 제4항). 압수한 서류 또는 물품에 대하여 몰수의 선고가 없는 때에는 압수를 해제한 것으로 간주한다(법 제332조).

핵심판례

압수물을 환부받을 자가 압수 후 소유권을 포기한 경우 수사기관의 압수물 환부의무가 면제되는지 여부(소극)

피압수자 등 환부를 받을 자가 압수 후 그 소유권을 포기하는 등에 의하여 실체법상의 권리를 상실하더라도 그 때문에 압수물을 환부하여야 할 수사기관의 의무에 어떠한 영향을 미칠 수 없고, 또한 수사기관에 대하여 형사소송법상의 환부청구권을 포기한다는 의사표시를 하더라도 그 효력이 없어 그에 의하여 수사기관의 필요적 환부의무가 면제된다고 볼 수는 없다(대결 2001.4.10. 선고, 2000다49343).

압수물에 대한 몰수의 선고가 포함되지 않은 형사판결이 선고되어 확정된 경우 검사에게 압수물을 환부하여야 할 의무가 당연히 발생하는지 여부(적극)

형사소송법 제332조에 의하면 압수한 서류 또는 물품에 대하여 몰수의 선고가 없는 때에는 압수를 해제한 것으로 간주한다고 규정되어 있으므로 어떠한 압수물에 대한 몰수의 선고가 포함되지 않은 판결이 선고되어 확정되었다면 검사에게 그 압수물을 제출자나 소유자 기타 권리자에게 환부하여야 할 의무가 당연히 발생하는 것이고, 권리자의 환부신청에 의한 검사의 환부결정 등 어떤 처분에 의하여 비로소 환부의무가 발생하는 것은 아니다(대결 2001.4.10. 선고, 2000다49343).

5) 압수장물의 피해자 환부

압수한 장물은 피해자에게 환부할 이유가 명백할 때에는 피고사건의 종결 전이라도 피해자에게 환부할 수 있다(법 제134조, 제219조). 환부할 이유가 명백한 때라 함은 사법상 피해자가 그 압수된 물건의 인도를 청구할 수 있는 권리가 있음이 명백한 경우를 말하고, 그 인도청구권에 관하여 사실상 법률상 다소라도 의문이 있는 경우에는 여기에 해당하지 않는다. 피해자환부 결정은 법원의 직권사항이다. 압수한 장물로서 피해자에게 환부할 이유가 명백한 것은 판결로써 피해자에게 환부하는 선고를 해야 하며, 장물을 처분하였을 때에는 판결로써 그 대가로 취득한 것을 피해자에게 교부하는 선고를 하여야 한다(법 제333조 제1항, 제2항).

핵심판례

압수물의 피해자 환부에서 '환부할 이유가 명백한 때'의 의미

1. 형사소송법 제134조 소정의 '환부할 이유가 명백한 때'라 함은 사법상 피해자가 그 압수된 물건의 인도를 청구할 수 있는 권리가 있음이 명백한 경우를 의미하고 위 인도청구권에 관하여 사실상, 법률상 다소라도 의문이 있는 경우에는 환부할 명백한 이유가 있는 경우라고는 할 수 없다.
2. 갑.이 피해자 을.로부터 물건을 매수함에 있어서 사기행위로써 취득하였다 하더라도 피해자 을.이 갑.에게 사기로 인한 매매의 의사표시를 취소한 여부가 분명하지 않고, 위 갑.으로부터 위탁을 받은 병.이 위 물건을 인도받아 정.의 창고에 임치하여 정.이 보관하게 되었고 달리 정.이 위 물건이 장물이라는 정(情)을 알았다고 단정할 자료가 없다면, 정은 정당한 점유자라 할 것이고 이를 보관시킨 갑.에 대해서는 임치료청구권이 있고 그 채권에 의하여 위 물건에 대한 유치권이 있다고 보여지므로 피해자 을.은 정.에 대하여 위 물건의 반환청구권이 있음이 명백하다고 보기는 어렵다 할 것이므로 이를 피해자 을.에게 환부할 것이 아니라 민사소송에 의하여 해결케 함이 마땅하다(대결 1984. 7. 16, 84모38).

【서식】 압수영장(검사의 신청에 의한 경우)

압 수 수 색 영 장

영장번호 20○○년 압 제235호
사건번호 20○○년 형 제438호
사 건 명 보안법 위반
피 의 자 ○ ○ ○ 외 3인
생년월일 19○○년 ○월 ○일 (○○세)
직 업 학 생
주 거 ○○시 ○○구 ○○길 ○○○

압수할 물건 불온서적 및 현수막
수색할 장소
신체, 물건 ○○시 ○○구 ○○길 ○○○

위 피의사건에 관하여 압수 수색을 한다.
이 영장은 20○○년 ○월 ○일까지 유효하다.
이 기간을 경과하면 집행에 착수하지 못하며 영장을 반환해야 한다.
이 영장은 ○○지방검찰청 검사 ○○○의 신청에 의하여 발부한다.

20○○년 월 일

판 사 ○ ○ ○ ㊞

집 행 일 시 20○○년 ○월 ○일 06:00
압수할 물건 불온서적 및 현수막
집행불능 사유 ……………………
위와 같이 처리하였다.

20○○년 월 일

○○경찰서
사법경찰관 경장 ○ ○ ○ ㊞

【서식】 압수.수색영장집행 통지서

○○지방법원

압수·수색영장 집행통지서

20고단 4321호 절도 피고사건
피고인 ○ ○ ○

위 사건에 관하여 아래와 같이 압수, 수색영장의 집행을 하므로 통지합니다.

아 래

1. 집행의 일시 20○○년 ○월 ○일 10:00
2. 집행의 장소 ○○시 ○○구 ○○길 ○○○

20○○년 월 일

판 사 ○ ○ ○ ㉤

【서식】 압수물가환부신청서(상습도박)

압수물가환부신청서

사　　건　20○○고단○○○○호(20○○고약○○○호) 상습도박
피 고 인　○ ○ ○

위 사건에 관하여 피고인의 변호인은 다음과 같이 압수물의 가환부를 신청합니다.

다　　음

위 사건에 관하여 피고인으로부터 압수한 별지목록기재 유가증권(현금포함, 수사기록 78-79쪽)등은 더 이상 압수를 계속할 필요가 없을 뿐 아니라, 위 유가증권 등은 피고인이 주식회사 선우의 거래처로부터 수금한 것이고(피고인은 주식회사 ○○의 ○○지점 영업과장임), 최근 극심한 경기침체로 위 회사의 자금 사정은 최악의 위기상황에 이르고 있으므로 위 유가증권 등에 대하여 복사 기타 원형보존의 조치를 취하시고 가환부하여 주시기 바랍니다.

20○○년　　월　　일

위 피고인의 변호인
변호사　○ ○ ○

○○지방법원 형사 단독　귀중

별 지 목 록

번호	품 종	수량	피압수자 주거성명	소 유 자 주거성명	증서번호	비 고
1	농협 가계수표 100만원권	1매	상 동	상 동	11111111	18항
2	농협자기앞수표 100만원권	1매	상 동	상 동	11111111	19항
3	상 동 400만원권	1매	상 동	상 동	11111111	20항
4	상 동 500만원권	1매	상 동	상 동	00000000	21항
5	농협 당좌수표 1500만원권	1매	상 동	상 동	00000000	22항
6	제주은행가계수표 100만원권	1매	상 동	상 동	00000000	23항
7	우리은행가계수표 100만원권	1매	상 동	상 동	00000000	24항
8	상 동 300만원권	1매	상 동	상 동	00000000	25항

【서식】 압수물가환부청구서(사기)

압수물가환부청구서

사　　건　20○○형제1234 사기
피 고 인　○ ○ ○

위 사건에 관하여 압수된 별지목록기재 물건은 더 이상 압수를 계속할 필요가 없다고 생각되므로, 소유자가 관리할 수 있도록 사진촬영 등 기타 원형보존의 조치를 취하시고 가환부하여 주시기 바랍니다.

만일, 당국의 요구가 있을 때에는 한시라도 다시 제출하여 수사에 지장이 없도록 하겠습니다.

20○○년　　월　　일

○○시 ○○구 ○○길 ○○○
청구인(소유자)　○ ○ ○의 대리인
변호사　○ ○ ○

○○지방검찰청 (○○○호 검사실)　귀중

【서식】 압수물가환부청구서(절도)

압수물가환부청구서

사 건 20○○형제1234 절도
피 고 인 ○ ○ ○

위 사람에 대한 절도사건에 관하여 압수된 다음의 물건은 가정에서 꼭 필요로 하는 물건이니 가환부하여 주시기 바랍니다.

다 음

1. 냉장고 1대
2. 선풍기 1대

20○○년 ○월 ○일

주 소 : ○○시 ○○구 ○○길 ○○
청구인 ○ ○ ○ (인)

○○지방법원 귀 중

제출법원	사건 관할법원		
신청권자	압수물의 소유자, 소지자, 보관자 또는 제출자		
제출부수	신청서 1부	관련법규	형사소송법 133조

【서식】 압수물 가환부 결정

○○지방법원

결 정

20○○고단 4275호 절도 피고사건
피 고 인 ○ ○ ○

위 사건에 관한 소유자 ○○○의 압수물 가환부청구는 이유 있으므로 주문과 같이 결정한다.

주 문

20○○압 제227호로 압수한 텔레비전 1대, 카세트 1대를 각 소유자 ○○○에게 가환부 한다.

20○○년 월 일

판 사 ○○○ ㉤

【서식】 압수물 환부 결정

○○지방법원
결　　정

20○○고합 4251호 특수절도 피고사건
피 고 인 ○ ○ ○

위 사건에 관하여 압수한 장물은 피해자에게 환부할 이유가 명백히 인정되므로 주문과 같이 결정한다.

주　　문

20○○압 제4251호로 압수한 선풍기 1개를 피해자 ○○○에게 환부한다.

20○○년　　월　　일

판 사 ○○○ ㊞

【서식】 압수물 환부 통지서

○○법원
압수물환부통지서

아래 압수물을 환부하겠으니 오는 월 일 시 이 법원에서 수령하여 가시고, 만일 필요가 없을 때에는 그 뜻을 기재한 서면에 날인하여 제출(우송)하시기 바랍니다.

오실 때에는 이 통지서와 주민등록증 및 도장을 지참하시고 대리인에게 위임할 때에는 위임장(귀중품에 대하여는 인감증명서 포함)을 지참하도록 하시기 바랍니다.

20 . . .

법원사무관 ㊞

목 록				
물건번호	압수번호	물 건 명	수 량	비 고
				증 제○호

3. 수사상 검증

(1) 검증의 의의

검증이란 사람, 장소, 물건의 성질·형상을 시각·청각·취각·미각·촉각 등 오관의 작용에 의하여 인식하는 강제처분을 말한다. 검증에도 법원의 검증과 수사기관이 하는 검증이 있다. 법원의 검증은 증거조사의 일종으로 영장을 요하지 않는다(제139조). 이에 반하여 수사기관의 검증은 증거를 수집·보전하기 위한 강제처분에 속하며, 따라서 원칙적으로 법관의 영장에 의하지 않으면 안 된다(제215조).

(2) 검증의 절차

가. 영장의 발부

수사기관의 검증절차는 압수·수색의 경우와 같다. 형사소송법은 수사기관의 검증에 관하여는 압수·수색과 같이 규정하면서 법원의 검증에 관한 규정을 준용하고 있다(법 제219조). 검증영장의 청구, 영장의 기재사항, 영장의 집행방법 등 검증의 절차는 압수·수색의 경우와 같다. 검증을 함에는 신체의 검사, 사체의 해부, 분묘의 발굴, 물건의 파괴 기타 필요한 처분을 할 수 있다(제219조, 제140조). 사체의 해부 또는 분묘의 발굴을 하는 때에는 예를 잃지 않도록 주의하고 미리 유족에게 통지해야 한다(법 제219조, 제141조 제4항).

나. 영장 없이 검증을 할 수 있는 경우

검사 또는 사법경찰관은 긴급체포된 자가 소유·소지 또는 보관하는 물건에 대하여 긴급히 압수할 필요가 있는 경우에는 체포한 때로부터 24시간 이내에 한하여 영장 없이 검증을 할 수 있다(법 제217조 제1항).

(3) 신체검사

가. 의 의

신체검사란 사람의 신체 자체를 검사의 대상으로 하는 것을 말한다. 신체의 외부와 착의에 대하여 증거물을 수색하는 신체수색과 구별된다. 따라서 신체검사는 원칙적으로 검증으로서의 성질을 가진다.

신체검사에 있어서는 검사를 당하는 자의 성별·연령·건강상태 기타 사정을 고려하여 그 사람의 건강과 명예를 해하지 아니하도록 주의하여야 하며, 피고인 아닌 자의 신체검사는 증적의 존재를 확인할 수 있는 현저한 사유가 있는 경우에 한하여 할 수 있다. 여자의 신체를 검사하는 경우에는 의사나 성년의 여자를 참여하게 하여야 한다(법 제219조, 제141조 제3항).

나. 영장 없이 신체검사를 할 수 있는 경우

형사소송법 제216조와 제217조에 의하여 구속과 체포현장에서 신체검사를 영장 없이 할 수 있다. 체포 또는 구속된 피의자에 대하여 지문 또는 족형을 채취하고 신장과 체중 또는 흉위를 측정하는 것도 영장 없이 할 수 있다.

다. 신체검사의 한계

체내신체검사가 허용되는가가 문제된다. 체내 강제수사는 피검사자의 건강을 해치지 않는 범위 내에서 허용된다고 해야 한다.

신체내부 예컨대 질내·구강 내·항문 내의 수색은 압수·수색과 검증영장에 의하여 행할 수 있다. 그러나 신체에 대한 침해를 내용으로 하는 강제처분은 전문가의 지식을 필요로 하는 감정의 절차를 따라야 한다.

핵심판례

유치장 수용자에 대한 신체수색의 적법성 여부

피청구인이 유치장에 수용되는 자에게 실시하는 신체검사는 수용자의 생명.신체에 대한 위해를 방지하고 유치장 내의 안전과 질서를 유지하기 위하여 흉기 등 위험물이나 반입금지물품의 소지.은닉 여부를 조사하는 것으로서, 위 목적에 비추어 일정한 범위 내에서 신체수색의 필요성과 타당성은 인정된다 할 것이나, 이러한 행정목적을 달성하기 위하여 경찰청장이 일선 경찰서 및 그 직원에 대하여 그 직무권한행사의 지침을 발한 피의자유치및호송규칙에 따른 신체검사가 당연히 적법한 것이라고는 할 수 없고, 그 목적달성을 위하여 필요한 최소한도의 범위 내에서 또한 수용자의 명예나 수치심을 포함한 기본권이 침해되는 일이 없도록 충분히 배려한 상당한 방법으로 이루어져야 한다. 그런데 청구인들은 공직선거및선거부정방지법 위반의 현행범으로 체포된 여자들로서 체포 될 당시 흉기 등 위험물을 소지.은닉하고 있었을 가능성이 거의 없었고, 처음

유치장에 수용될 당시 신체검사를 통하여 위험물 및 반입금지물품의 소지.은닉 여부를 조사하여 그러한 물품이 없다는 사실을 이미 확인하였으며, 청구인들이 변호인 접견실에서 변호인을 접견할 당시 경찰관이 가시거리에서 그 접견과정을 일일이 육안으로 감시하면서 일부 청구인의 휴대폰사용을 제지하기도 하였던 점 등에 비추어 청구인들이 유치장에 재수용되는 과정에서 흉기 등 위험물이나 반입금지물품을 소지.은닉할 가능성이 극히 낮았던 한편, 당해 경찰서의 경우 변호인 접견 후 신체검사를 실시하여 흉기 등 위험물이나 반입금지물품의 소지.은닉을 적발한 사례가 없었던 사실을 피청구인이 자인하였으며, 특히 청구인들의 옷을 전부 벗긴 상태에서 청구인들에 대하여 실시한 이 사건 신체수색은 그 수단과 방법에 있어서 필요최소한의 범위를 명백하게 벗어난조치로서 이로 말미암아 청구인들에게 심한 모욕감과 수치심만을 안겨주었다고 인정하기에 충분하다. 따라서 피청구인의 청구인들에 대한 이러한 과도한 이 사건 신체수색은 그 수단과 방법에 있어서 필요한 최소한도의 범위를 벗어났을 뿐만 아니라, 이로 인하여 청구인들로 하여금 인간으로서의 기본적 품위를 유지할 수 없도록 하는 것으로서 수인하기 어려운 정도라고 보여지므로 헌법 제10조의 인간의 존엄과 가치로부터 유래하는 인격권 및 제12조의 신체의 자유를 침해하는 정도에 이르렀다고 판단된다(헌재 2002. 7. 18, 2000헌마327).

【서식】 압수수색검증영장(일반용)

압 수 수 색 검 증 영 장

[일반용]　　　　○ ○ 법원

영 장 번 호			죄 명		
피 의 자	성 명			직 업	
	주민등록번호				
	주 거				
청 구 검 사			변 호 인		
압수, 수색, 검증을 요하는 사유	별지 기재와 같다		유효기간	20 . . .까지	
압수, 수색, 검증할 장 소					
압수, 수색, 검증할 신체, 물건					
일부기각의 취지	□ 장소	□ 신체·물건		□ 기타( )	

위 사건의 범죄수사에 필요하므로, 위와 같이 압수, 수색, 검증을 한다.
유효기간을 경과하면 집행에 착수하지 못하며, 영장을 반환하여야 한다.

20 . . .

판 사

집 행 일 시	20 . . . :	집 행 장 소	
집 행 불 능 사 유			
처 리 자 의 소속관서, 관직		처 리 자 기 명 날 인	

【서식】 압수수색검증영장(금융계좌 추적용)

압 수 수 색 검 증 영 장

[금융계좌 추적용] ○ ○ 법원

영 장 번 호		죄 명		
피 의 자	성 명		직 업	
	주민등록번호			
	주 거			
청 구 검 사		변 호 인		
압수, 수색, 검증을 요하는 사유	별지 기재와 같다	유효기간	20 . . .까지	
대상계좌	계좌명의인	□ 피의자 본인 □ 제3자(인적사항은 별지와 같음)		
	개설은행·계좌번호			
	거래기간			
압수, 수색, 검증할 장소·물건 등				
일부기각의 취지	□ 대상계좌 □ 물건 □장소 □ 기타( )			

위 사건의 범죄수사에 필요하므로, 위와 같이 압수, 수색, 검증을 한다.
유효기간을 경과하면 집행에 착수하지 못하며, 영장을 반환하여야 한다.

20 . . .

판 사

집 행 일 시	20 . . . :	집 행 장 소	
집 행 불 능 사 유			
처 리 자 의 소속관서, 관직		처 리 자 기 명 날 인	

【서식】 압수수색검증영장(사후영장)

압 수 수 색 검 증 영 장

[사후 영장] ○ ○ 법원

<table>
<tr><td>영 장 번 호</td><td></td><td>죄 명</td><td colspan="3"></td></tr>
<tr><td rowspan="3">피 의 자</td><td>성 명</td><td colspan="2"></td><td>직 업</td><td></td></tr>
<tr><td>주민등록번호</td><td colspan="4">-</td></tr>
<tr><td>주 거</td><td colspan="4"></td></tr>
<tr><td>청 구 검 사</td><td colspan="2"></td><td>변 호 인</td><td colspan="2"></td></tr>
<tr><td>압수, 수색, 검증을 요하는 사유</td><td colspan="5">별지 기재와 같다</td></tr>
<tr><td>긴급 압수, 수색, 검증을 한 일시</td><td colspan="5"></td></tr>
<tr><td>긴급 압수, 수색, 검증을 한 장소</td><td colspan="5"></td></tr>
<tr><td>긴급 압수, 수색, 검증을 한 신체, 물건</td><td colspan="5"></td></tr>
<tr><td>긴급 압수, 수색, 검증을 한 자의 관직, 성명</td><td colspan="5"></td></tr>
</table>

형사소송법 제216조 제3항에 의하여 이 영장을 발부한다.

20 . . .

판 사

【서식】 검증(신체검사) 영장

○○법원
검증(신체검사)영장

영장번호
죄 명
피 의 자
주민등록번호 -
직 업
주 거
신체검사를 요하는 사유 별지 기재와 같다.
신체검사를 받은 사람 남, 여
주민등록번호 -
직 업
주 거
위 사건에 관하여 위와 같이 검증(신체검사)을 한다.
이 영장은 20 . . .까지 유효하다.
이 기간을 경과하면 집행에 착수하지 못하며 영장을 반환하여야 한다.
이 영장은 ○○검찰청 검사 ○○○의 청구에 의하여 발부한다.

20 . . .

판 사

집행일시 20 . . . :
집행장소
집행불능사유
위와 같이 처리하였습니다.

20 . . .

경찰서
사법경찰관(리)

【서식】 신체검증신청서

신 체 검 증 신 청 서

사 건 20○○고단1234 무고
피 의 자 ○ ○ ○

위 피고사건에 관하여 피고인의 변호인은 피고인의 무죄를 입증하기 위하여 다음과 같이 신체검증을 신청합니다.

다 음

1. 검증신청
 가. 검증대상
  피고인 ○ ○ ○ (○○○○○○-○○○○○○○)
 나. 검증의 목적
  피고인의 신체 각 부위의 흉터 등 특징을 확인하고 상피고인 ○○○의 피고인의 신체적 특징에 대한 주장과 부합하는지 여부를 가려보고, 그 부분 외 다른 신체부위를 사진 촬영하여 무죄입증자료로 제출하여 피고인에 대한 무죄를 입증하고자 함에 있음.

20○○년 월 일

위 피고인의 변호인
변호사 ○ ○ ○

○○지방법원 형사1단독 귀중

4. 수사상 감정유치

(1) 의 의

가. 감정의 의의

감정이란 법원 또는 수사기관이 재판상 또는 수사상 필요한 실험칙 등에 관한 전문지식·경험 등의 부족을 보충할 목적으로, 그 지시하는 사항에 관하여 제3자로 하여금 조사를 시키고 실험칙 또는 이를 적용하여 얻은 구체적 사실판단 등을 보고케 하는 것을 말한다.

법원은 재판상 필요한 경우 감정을 명할 수 있고, 수사기관은 수사상 필요한 경우 감정을 위촉할 수 있다(법 제169조, 제221조). 법원 또는 법관으로부터 감정의 명을 받은 자를 감정인이라고 한다. 수사기관으로부터 감정의 위촉을 받은 자도 실무상 감정인이라고 부르고 있으나 형사소송법상의 감정인은 아니다(강학상 감정수탁자, 감정수촉자). 후자에 대하여는 선서의 의무(법 제170조)도 없고, 허위감정을 하여도 허위감정죄(형법 제154조)에 해당하지 않으며 그 절차에 있어서 당사자에 의한 반대신문의 기회도 주어지지 않는 점 등에서 전자와는 다르다.

감정 그 자체는 강제처분이 아니고 임의조사에 속하므로 수사기관이 수사상 감정을 위촉하는 단계에서는 법원의 관여 없이 수사기관이 독자적으로 행한다. 그러나 감정을 함에 있어서 강제력의 행사가 필요한 경우에는 법원의 영장 또는 허가를 얻어서 행하게 된다.

나. 감정유치의 의의

감정유치란 피고인 또는 피의자의 정신 또는 신체에 관한 감정이 필요한 경우에 기간을 정하여 그 사람을 병원 기타 적당한 장소에 유치(가두어 둠)하는 것을 말한다(법 제221조의3, 제172조 제3항).

수사기관이 수사를 위하여 필요한 때에는 감정을 위촉할 수 있다(법 제221조 제2항).

감정은 강제력을 수반하지 않고는 충분한 결과를 얻을 수 없는 경우가 있다. 따라서 형사소송법은 검사는 감정을 위촉하는 경우에 감정유치가 필요한 때에는 판사에게 감정유치를 청구하여야 한다고 규정하고 있다(법 제221조의3). 이를 수사상의 감정유치라고 한다. 수사상의 감정유치는 검사의 청구에 의하여 판사가 발부하는 감정유치장의 집행이라는 형식으로 행하여진다. 감정유치가 감정이라는 특수한 목적을 위한 신체의 자유에 대한 구속을 의미하므로 판사가 발부하는 영장을 필요로 하는 것이다.

(2) 감정유치의 대상

수사상의 감정유치는 피의자를 대상으로 한다. 피의자인 이상 구속중임을 요하지 않는다. 따라서 피의자가 아닌 제3자에 대하여 감정유치를 청구할 수 없다.

수사기관의 감정유치는 공소제기를 결정하기 위하여 필요한 것이므로 공소가 제기된 피의자에 대하여는 감정유치를 청구할 수 없다.

(3) 감정유치의 요건

감정유치의 필요성이 인정되어야 감정유치를 청구할 수 있다.

감정유치의 필요성은 정신 또는 신체의 감정을 위하여 계속적인 유치와 관찰이 필요한 때에 인정된다. 따라서 피의자를 유치하지 않아도 병원에 통원함에 의하여 감정할 수 있는 때에는 감정유치를 청구할 수 없다.

쟁 점

<감정유치를 하기 위해 구속사유가 존재하여야 하는지 여부>

감정유치의 필요성은 구속의 필요성과는 구별된다. 따라서 감정유치를 함에 있어서 구속사유가 있을 것은 요하지 않는다. 문제는 범죄에 대한 혐의를 요건으로 하는가에 있다. 감정유치는 피의자에 대하여만 인정되고 감정유치도 유치라고 하는 실질에 비추어 범죄의 혐의는 필요하다고 해야 한다.

(4) 감정유치의 절차

감정유치에 관하여는 특별한 규정이 있는 경우 외에는 형사소송법이나 형사소송규칙 중 구속에 관한 규정이 적용된다.

가. 감정유치의 청구

감정유치의 청구는 검사만 할 수 있다. 사법경찰관이 감정을 위촉한 경우에도 감정유치는 검사에게 신청하여 검사가 청구하여야 하며, 감정처분허가장도 감정인이 청구하는 것이 아니라 검사가 청구하게 된다. 감정유치의 청구는 반드시 서면에 의하여야 한다.

감정유치청구서에는 ① 피의자(분명하지 아니할 때에는 인상·체격, 그 밖에 피의자를 특정할 수 있는 사항), 주민등록번호 등, 직업, 주거, 성명, ② 피의자에게 변호인이 있는 때에는 그 성명, ③ 죄명 및 범죄사실의 요지, ④ 7일을 넘는 유효기간을 필요로 할 때에는 그 취지와 사유, ⑤ 수통의 영장을 청구하는 때에는 그 취지와 사유, ⑥ 유치할 장소 및 유치기간, ⑦ 감정의 목적 및 이유, ⑧ 감정인의 성명, 직업을 기재하여야 한다(규칙 제113조).

나. 감정유치장의 발부

판사는 청구가 상당하다고 인정할 때에는 유치처분을 하여야 한다(법 제221조의3 제2항). 즉 감정유치장을 발부하여야 한다. 감정유치장에는 피의자의 성명, 주민등록번호 등, 직업, 주거, 죄명, 범죄사실의 요지, 유치할 장소, 유치기간, 감정의 목적 및 유효기간과 그 기간 경과 후에는 집행에 착수하지 못하고 영장을 반환하여야 한다는 취지를 기재하고 재판장 또는 수명법관이 서명·날인하여야 한다(규칙 제85조 제1항).

다. 감정유치 결정에 대한 항고 여부

감정유치를 기각하는 결정에 대하여는 물론, 감정유치장의 발부에 대한 피의자의 준항고도 허용되지 않는다.

(5) 감정유치장의 집행

가. 구속영장의 집행에 관한 규정의 준용

감정유치장의 집행에 관하여는 구속영장의 집행에 관한 규정이 준용된다(법 제221조의3 제2항, 제172조 제7항). 검사 또는 유치장소의 관리자가 간수의 필요가 있다고 인정할 때에는 검사는 유치의 청구와 동시 또는 별도로 판사에 대하여 간수명령을 청구할 수 있다. 판사가 직권으로 간수명령을 발하는 것도 가능하다(동조 제5항).

나. 유치기간

감정유치에 필요한 유치기간에는 제한이 없다. 수사상의 감정유치에 있어서 감정유치장의 유치기간을 연장할 때에는 검사의 청구에 의하여 판사가 결정하여야 한다(동조 제6항). 수사기관이 유치기간의 만료 전에 피의자를 석방할 수 있는가가 문제된다. 감정유치에 관하여는 구속에 관한 규정이 적용되므로 검사가 감정유치를 계속할 필요가 없다고 인정한 때에는 석방할 수 있다고 해석하는 것이 타당하다.

다. 감정유치의 장소

감정유치의 유치장소는 병원 기타 적당한 장소이다. 기타 장소에 관하여 특별한 제한은 없으나 시설면에서 계호가 가능한 장소임을 요한다고 할 것이다. 감정유치에 있어서 유치장소는 유치의 필요성을 판단하는 중요한 요소이므로 유치장소의 변경을 위하여는 검사가 판사에게 청구하여 결정을 받을 것을 요한다.

(6) 감정에 필요한 처분

수사기관으로부터 감정의 위촉을 받은 자는 감정에 관하여 필요한 때에는 판사의 허가를 얻어 타인의 주거, 간수자 있는 가옥·건조물·항공기·선차 내에 들어갈 수 있고 신체의 검사, 사체의 해부, 분묘의 발굴, 물건의 파괴 등 필요한 처분을 할 수 있다(법 제221조의4 제1항). 필요한 처분에 대한 허가는 검사가 청구하여야 하며(동조 제2항), 처분허가청구서에는 규칙 제114조에 규정된 소정의 사항(감정에 필요한 처분허가청구서의 기재사항)을 기재하여야 한다. 판사는 청구가 상당하다고 인정한 때에는 허가장을 발부하여야 한다(동조 제3항).

(7) 구속에 관한 규정의 준용

감정유치는 감정을 목적으로 하는 것이라 할지라도 실질적으로는 구속에 해당하므로 유치에 관하여는 구속에 관한 규정이 준용된다(동조 제7항). 따라서 미결구금일수의 산입에 있어서 유치기간은 구속으로 간주한다(동조 제8항).

구속중인 피의자에 대하여 감정유치장이 집행되었을 때에는 유치되어 있는 기간 동안 구속은 그 집행이 정지된 것으로 본다(법 제221조의3 제2항, 제172조의2 제1항). 따라서 감정유치기간은 구속기간에는 포함되지 않는다.

감정유치처분이 취소되거나 유치기간이 만료된 때에는 구속의 집행정지가 취소된 것으로 본다(동조 제2항).

【서식】 감정유치장

○○법원
감정유치장

영장번호
죄 명
피 의 자
주민등록번호 -
직 업
주 거
피의사실의 요지 및 감정의 목적 별지기재와 같다.
유치할 장소
유치기간 20 . . .부터 20 . . .까지
위 사건에 관하여 위와 같이 피의자를 유치한다.
이 유치장은 20 . . .까지 유효하다.
위 기간을 경과하면 집행에 착수하지 못하며 유치장을 반환하여야 한다.
이 유치장은 검찰청 검사 의 청구에 의하여 발부한다.

20 . . .

판 사

집행일시 20 . . . :
집행장소
집행불능사유
위와 같이 처리하였습니다.

20 . . .

처리자 관직, 성명

【서식】 감정허가장

○ ○ 법 원

감 정 허 가 장

영장번호
죄 명
피 의 자
감 정 인
직 업
처분사항

위 사건에 관하여 감정인이 위의 처분을 함을 허가한다.
이 허가장은 20 . . .까지 유효하다.
위 기간을 경과하면 허가된 착수에 착수하지 못하며 유치장을 반환하여야 한다.
이 허가장은 검찰청 검사 의 청구에 의하여 발부한다.

20 . . .

판 사

집행일시 20 . . . :
집행장소
집행불능사유
위와 같이 처리하였습니다.

처리자

【서식】 감정처분허가신청서

○ ○ 경 찰 서

제563호 20○○년 ○월 ○일
수 신 ○○지방검찰청 발신 ○ ○ 경찰서
사법경찰관 ○ ○ ○ ㊞
제 목 감정처분 허가신청

피의자 ○○○에 대한 강간 살인 피의사건에 관하여 감정을 위촉받은 아래 사람이 감정에 필요한 아래의 처분을 할 수 있는 허가를 청구하여 주시기 바랍니다.

감정인 ○ ○ ○ (직업 : 의사)
19○○년 ○월 ○일생
감정위촉 연월일 20○○년 ○월 ○일
감정위촉 사항 처녀막 파열여부

처분허가를 요하는 사항

1. 처녀막상실 여부
1. 두개골 파열 사항

피의사실의 요지

별지와 같음

감정처분허가 유효기간 20○○년 ○월 ○일까지

○ ○ 지 방 검 찰 청

제315호 20○○년 ○월 ○일
수 신 ○○지방법원
제 목 감정처분 허가청구

위와 같이 감정처분 허가신청이 있는바, 그 사유가 상당하다 인정되므로 감정처분의 허가를 청구합니다.

○○지방검찰청
검사 ○ ○ ○ ㊞

주의요소
① 법 제221조의 규정에 의하여 감정의 위촉을 받은 자는 판사의 허가를 얻어 제173조 제1항에 규정된 처분을 할 수 있다.
② 제1항의 허가의 청구는 검사가 하여야 한다.
③ 판사는 제2항의 청구가 상당하다고 인정할 때에는 허가장을 발부하여야 한다.
④ 제173조 제2항·제3항 및 제5항의 규정은 제3항의 허가장에 준용한다.

【서식】 필적 등 감정신청서

필적등감정신청서

사　　건　20○○고단1234
피 고 인　○ ○ ○
변 호 인　○ ○ ○

피고인에 대한 무고 피고사건에 관한 피고인의 변소사실을 입증하기 위하여 다음과 같이 필적 등에 관하여 감정을 신청합니다.

다　　음

1. 별첨 영수증에 권리금조라고 기재된 부분의 필적과 나머지 기재부분 그리고 별첨 임대차계약서의 필적 및 ○○○에게 시필시킨 필적이 동일한 필적인지의 여부

2. 별첨 영수증에 권리금조라고 기재된 부분의 기재와 나머지 부분의 기재가 동일한 필기도구에 의하여 기재된 것인지의 여부

20○○년　　월　　일

위 피고인의 변호인
변호사　○ ○ ○

○○지방법원　귀중

【서식】 정신감정신청서

정 신 감 정 신 청 서

사　　건　20○○노1234 살인
피 고 인　○ ○ ○

위 사건에 관하여 피고인의 변호인은 피고인에 대하여 아래와 같이 정신감정을 신청합니다.

아　　래

1. 피감정인의 표시
   성　　명 : ○ ○ ○
   생년월일 : ○○○○. ○. ○.(○○○○○○-○○○○○○○)
   주　　소 : 서울 ○○구 ○○길 123

2. 피감정인의 병력 : 조울정신병 및 우울증 등

3. 감정인 : 법원이 정하는 종합병원의 정신과 전문의를 감정인으로 지정하여 주시기 바랍니다.

4. 감정사항
   피감정인은 20○○. ○. ○. 07:00경 피해자 망 ○○○(남 ○○세)를 찾아가 무릎을 꿇고 빌려준 돈을 달라고 사정하였으나 거절당하고 오히려 위 ○○○으로부터 따귀까지 얻어맞게 되자 야구방망이로 때려 두개골 파열로 인한 뇌손상으로 사망에 이르게 함으로써 ○○교도소에 수감되어 2심 재판계류중에 있습니다(별첨 판결문 참조).

피감정인은 어릴때부터 마음이 여렸는데 집안 사정으로 초등학교 5학년때부터 부모님과 떨어져 서울에서 생활하게 되면서 항상 부모님과 할머니를 그리워했고, 학교생활도 제대로 하지 못하였습니다.

그러다보니 증세는 우울증으로 변하였고, 결혼 후에도 친구들과 어울리지 못하고 가족들이 모여도 혼자 방안에 우두커니 앉아있는 경우가 많아졌으며, 특히, 아버지와 형님이 돌아가신 이후부터는 잠도 잘 자지 않고 안절부절 못하고 잠이 들었다가 금방 깨어나 괴성을 지르고 아버지 산소에 간다며 집밖을 뛰쳐나가곤 하여 ○○정신과 의원에서 정신과 치료를 받았으며, 현재에도 가족들이 향정신병약을 안양교도소에 영치하여 투약하고 있는 상태입니다.(별첨 ○○○ 증인신문조서 참조)

피감정인의 이상과 같은 증상들을 참작하여,

① 피감정인의 이 사건 범행시나 현재의 정신상태가 구체적으로 어떤 증상에 해당되는지

② 피감정인의 병명과 피해자를 살인하겠다는 생각을 통제하지 못한 것과의 사이에 상당인과 관계가 있는지

③ 피감정인의 현재의 증상으로 미루어 보아 향후에도 정신과적인 치료가 계속적으로 필요한지

④ 만약 향후에도 정신과적인 치료가 필요하다면 구체적으로 어떤 치료를 하여야 하는지

20○○년 월 일

위 피고인의 변호인

변호사 ○ ○ ○

○○고등법원 귀중

5. 통신제한조치

(1) 통신제한조치의 의의

일정한 경우에 검사는 범죄수사를 위한 통신제한조치를 청구할 수 있고, 정보수사기관의 장은 국가안전보장에 대한 위해를 방지하기 위하여 통신제한조치를 취할 수 있다(통신비밀보호법 제5조, 제7조). 통신제한조치는 우편물의 검열 및 전기통신의 감청을 포함하며, 이는 당사자의 의사에 반하여 그 사생활에 중대한 침해를 가져온다는 점에서 강제처분에 속한다. 따라서 법정의 요건 아래 법원의 허가를 얻은 때에만 허용됨이 원칙이다.

감청이란 수사기관이 타인의 대화를 본인의 부재중에 청취하는 것을 말하며, 도청이라고도 한다. 통신비밀보호법은 감청에 대하여 '전기통신에 대하여 당사자의 동의 없이 전자장치·기계장치 등을 사용하여 통신의 음향·문언·부호·영사를 청취·공독하여 그 내용을 지득 또는 채록하거나 전기통신의 송·수신을 방해하는 것을 말한다'고 규정하고 있다(제2조 제7호).

(2) 범죄수사를 위한 통신제한조치

가. 청구의 요건

통신비밀보호법 제5조 제1항 제1호 소정의 범죄를 계획 또는 실행하고 있거나 실행하였다고 의심할 만한 충분한 이유가 있을 것. 위 조항이 규정하고 있는 범죄는 형법 및 군형법의 일부, 국가보안법, 군사기밀보호법 등이 정하는 범죄들이다. 다른 방법으로는 그 범죄의 실행을 저지하거나 범인의 체포 또는 증거의 수집이 어려울 것.

나. 청구권자

법원에 대하여 통신제한조치의 허가를 청구할 수 있는 자는 검사이다. 사법경찰관은 검사에게 신청하여 검사의 청구로 허가를 받게 된다(통신비밀보호법 제6조 제1항, 2항).

다. 관할법원

관할법원은 그 제한조치를 받을 통신당사자의 쌍방 또는 일방의 주소지 또는 소재지를 관할하는 지방법원 또는 지원으로 하고(통신비밀보호법 제6조 제3항), 업무는 당해 지방법원 및 지원의 당직판사가 담당한다. 관할 위반의 경우에는 그 사유로 청구를 기각하여야 한다.

라. 청구의 방식

반드시 서면(청구서)으로 하여야 하며, 청구서에는 필요한 통신제한조치의 종류·목적·대상·범위·기간 및 청구이유를 기재하여야 하며, 청구이유에 관한 소명자료를 첨부하여야 한다(동법 제6조 제4항). 이때에도 청구이유를 기재한 서면 1통(수통의 허가서를 청구하는 때에는 그에 상응하는 통수)를 첨부하여야 한다.

마. 통신제한의 허가와 내용

법원은 청구가 이유 있다고 인정하는 경우에는 통신제한조치를 허가하고 이를 증명하는 서류를 청구인에게 발부한다(동법 제6조 제5항). 통신제한조치의 기간은 2월을 초과하지 못한다(제7항).

다만 허가요건이 존속하는 경우에는 2월의 범위 내에서 기간연장의 허가를 청구할 수 있는데(동법 제6조 제7항), 이때에도 서면에 의하여야 한다. 이때에는 기간연장이 필요한 이유와 연장할 기간을 기재하고 소명자료를 첨부하여야 한다.

핵심판례

전기통신사업자가 검사 또는 수사관서의 장의 요청에 따라 구 전기통신사업법 제54조 제3항, 제4항에서 정한 형식적·절차적 요건을 심사하여 이용자의 통신자료를 제공한 경우, 이용자의 개인정보자기결정권이나 익명표현의 자유 등을 위법하게 침해한 것으로 볼 수 있는지 여부(원칙적 소극)

검사 또는 수사관서의 장이 수사를 위하여 구 전기통신사업법(2010. 3. 22. 법률 제10166호로 전부 개정되기 전의 것) 제54조 제3항, 제4항에 의하여 전기통신사업자에게 통신자료의 제공을 요청하고, 이에 전기통신사업자가 위 규정에서 정한 형식적·절차적 요건을 심사하여 검사 또는 수사관서의 장에게 이용자의 통신자료를 제공하였다면, 검사 또는 수사관서의 장이 통신자료의 제공 요청 권한을 남용하여 정보주체 또는 제3자의 이익을 부당하게 침해하는 것임이 객관적으로 명백한 경우와 같은 특별한 사정이 없는 한, 이로 인하여 이용자의 개인정보자기결정권이나 익명표현의 자유 등이 위법하게 침해된 것이라고 볼 수 없다(대판 2016.3.10., 선고, 2012다105482).

통신제한조치에 대한 기간연장결정이 원 허가의 대상과 범위를 초과할 수 있는지 여부(소극)

통신제한조치에 대한 기간연장결정은 원 허가의 내용에 대하여 단지 기간을 연장하는 것일 뿐 원 허가의 대상과 범위를 초과할 수 없다 할 것이므로 통신제한조치허가서에 의하여 허가된 통신제한조치가 '전기통신 감청 및 우편물 검열'뿐인 경우 그 후 연장결정서에 당초 허가 내용에 없던 '대화녹음'이 기재되어 있다 하더라도 이는 대화녹음의 적법한 근거가 되지 못한다(대판 1999.9.3. 선고, 99도2317).

(3) 국가안보를 위한 통신제한조치

가. 종 류

국가안전보장에 대한 위해를 방지하기 위하여 이에 관한 정보수집이 특히 필요한 때에도 통신제한조치는 허용되며, 그 허가 또는 승인의 주체에 따라 다음의 2가지로 나뉘어진다.

① 통신의 일방 또는 쌍방 당사자가 내국인인 때(통신비밀보호법 제7조 제1항 제1호)

② 대한민국에 적대하는 국가 등의 통신인 때(동법 제7조 제1항 제2호)

이 경우에는 대통령이 이를 승인하게 되어 있으므로 법원에서는 관여하지 아니한다.

나. 청구권자

고등검찰청 검사가 청구권자이다(동법 제7조, 제8조, 동 시행령 제7조).

정보 및 보안업무와 정보사범 등의 수사업무를 관장하는 정보수사기관의 장은 고등검찰청 검사에게 신청하여야 한다.

다. 관할법원

관할 고등법원의 수석부장판사가 담당한다. 고등법원장은 수석부장판사가 직무를 수행하기 어려운 때에는 대리할 부장판사를 지명한다.

라. 통신제한의 허가와 내용

범죄수사를 위한 통신제한조치의 경우와 같으며, 다만 통신제한조치의 기간은 4월을 초과하지 못한다(동법 제7조 제2항).

허가기간의 연장청구도 연장기간이 4월의 범위 내인 점을 제외하고는 범죄수사를 위한 통신제한조치의 경우와 같다.

(4) 통신제한조치에 관한 긴급처분

통신비밀보호법이 정한 허가절차를 거칠 수 없는 긴급한 사유가 있는 때에는 법원의 허가 없이 통신제한조치를 취할 수 있고, 이 경우 그 집행이 종료한 때로부터 36시간 이내에 법원의 허가를 받아야 한다. 법원의 허가를 받지 못한 때에는 즉시 그 통신제한 조치를 중단하여야 한다(동법 제8조 제1항).

Ⅷ. 수사상 증거보전(판사에 의한 강제처분)

1. 증거보전의 의의

(1) 수사상 증거보전의 의의

증거보전이란 장차 공판에서 사용하여야 할 증거가 멸실되거나 사용하기 곤란한 사정이 있는 경우에 당사자의 청구에 의하여 법관이 제1회 공판기일 전에 그 증거를 수집·보전하여 두는 제도를 말한다(법 제184조). 검사 외에 피의자나 피고인, 변호인 등에게도 청구권이 인정된다는 데에 제도의 의의가 있다. 즉 수사단계에 있어서 수사기관인 검사에게는 증거를 수집·보전하기 위한 여러 가지 강제처분의 권한이 인정되는 반면 피의자에게는 이러한 권한이 인정되지 않고 있기 때문에 본 제도를 통하여 피의자나 피고인에게도 유리한 증거를 수집·보전할 수 있는 길을 열어 준 것이다.

이러한 의미에서 증거보전절차는 검사뿐만 아니라 피의자나 피고인이 판사에 대하여 강제처분을 청구하여 이에 의하여 판사가 강제처분을 행하는 절차를 말한다고 할 수 있다. 이러한 증거보전은 수사절차에서만 인정되는 것이 아니라 제1회 공판기일 전까지의 공판절차에서도 인정됨을 주의하여야 한다.

(2) 다른 제도와의 차이점

증인신문 외에 압수, 수색, 검증, 감정까지 폭넓게 인정된다는 점에서 검사의 청구에 의한 제1회 공판기일 전의 증인신문제도와 구별되며, 피의자 또는 피고인 자신의 신문이 인정되지 않은 반면, 압수·수색도 할 수 있다는 점 및 수소법원 아닌 판사의 권한에 속한다는 점에서 공판기일 전의 증거조사(법 제273조)와 구별된다.

2. 증거보전의 대상

증거보전의 대상은 압수, 수색, 검증, 증인신문, 감정으로 한정되며 그 밖의 증거보전은 허용되지 아니한다.

3. 증거보전의 요건

증거보전은 미리 증거를 보전하지 않으면 그 증거를 사용하기 곤란한 사정이 있는 때에 제1회 공판기일전에 한하여 인정된다(법 제184조 1항).

(1) 미리 증거를 보전하지 아니하면 그 증거를 사용하기 곤란한 사정이 있을 것(증거보전의 필요성)

사용의 곤란이란 증거조사 자체의 곤란뿐 아니라 증명력의 발휘가 곤란한 경우를 포함한다. 예컨대, 증인의 경우에는 사망, 장기여행 등으로 신문이 곤란하게 될 경우 외에 증언 불능, 진술변경의 염려가 있는 경우를 포함한다.

검증에 있어서는 현장 또는 원상의 보존이 불가능한 경우, 감정에 대하여는 감정대상의 멸실·훼손·변경 이외에 감정인을 증인으로 신문할 수 없는 경우도 포함된다.

(2) 제1회 공판기일 전에 청구할 것

증거보전은 제1회 공판기일 전에 한하여 할 수 있다. 제1회 공판기일 후에는 수소법원에서의 증거조사가 가능하므로 증거보전의 필요가 없기 때문이다.

제1회 공판기일이란 검사의 기소요지 진술이 있은 기일을 말하며, 개정 후 연기된 경우(인정신문을 했더라도)는 여기에 해당되지 않는다.

증거보전은 제1회 공판기일 전에 한하여 인정되므로 항소심에서는 물론 파기환송 후의 절차에서도 증거보전을 청구할 수 없다.

핵심판례

형사입건도 되기 전에 증거보전을 청구할 수 있는지의 여부(소극)
형사소송법 제184조에 의한 증거보전은 피고인 또는 피의자가 형사입건도 되기 전에는 청구할 수 없다.

재심청구사건에서 증거보전을 청구할 수 있는지의 여부(소극)
증거보전이란 장차 공판에 있어서 사용하여야 할 증거가 멸실되거나 또는 그 사용하기 곤란한 사정이 있을 경우에 당사자의 청구에 의하여 공판 전에 미리 그 증거를 수집.보전하여 두는 제도로서 제1심 제1회 공판기일 전에 한하여 허용되는 것이므로, 재심청구사건에서는 증거보전청구는 허용되지 아니한다.

4. 증거보전의 청구

(1) 청구권자

증거보전의 청구권자는 검사·피고인·피의자 또는 변호인에 한정된다(법 제184조 1항). 피고인은 공소제기 후 제1회 공판기일 이전의 피고인을 말한다. 피의자란 수사기관이 특정범죄의 범인으로 수사의 대상으로 한 것이 수사기관의 활동에 의하여 객관적으로 표시된 자를 말한다. 따라서 형사입건되기 전의 자는 피의자가 아니므로 증거보전을 청구할 수 없다. 변호인의 청구권은 독립대리권에 속한다.

(2) 증거보전을 청구하여야 하는 법원

증거보전의 청구는 수소법원에 대하여 청구하는 것이 아니라, 다음 지역을 관할하는 지방법원 판사에게 하여야 한다(규 제91조).

① 압수에 관하여는 압수할 물건의 소재지
② 수색 또는 검증에 관하여는 수색 또는 검증할 장소, 신체 또는 물건의 소재지
③ 증인신문에 관하여는 증인의 주거지 또는 현재지
④ 감정에 관하여는 감정 대상의 소재지 또는 현재지(다만 감정의 청구는 감정함에 편리한 지방법원판사에게 할 수 있다)

성폭력범죄사건의 경우는 성폭력범죄사건을 전담하는 전문부가 설치되어 있으므로, 성폭력 피해자에 대한 증거보전절차는 전문부 소속 판사가 담당한다.

(3) 청구의 방식

증거보전을 청구함에는 서면으로 그 사유를 소명하여야 한다(제184조 제3항). 즉 증거보전청구서에는 ① 사건의 개요, ② 증명할 사실, ③ 증거 및 보전의 방법, ④ 증거보전을 필요로 하는 사유를 기재하여야 한다(규 제92조).

5. 증거보전 처분

(1) 증거보전 여부의 결정

가. 증거보전을 하는 경우

청구를 받은 판사는 청구가 적법하고 필요성이 있다고 인정할 때에는 증거보전을 하여야 한다. 이 경우에는 명시적인 결정을 하지 않고 바로 청구된 증거보전 처분을 하게 된다.

나. 기각결정을 하는 경우

청구가 부적법하거나 필요 없다고 인정할 때에는 청구를 기각하는 결정을 하여야 한다. 증거보전청구에 대한 기각결정이 있는 때에는 청구인에게만 그 결정등본을 송달하는 등의 방법으로 고지한다.

(2) 증거보전청구를 기각하는 결정에 대한 항고(법 제184조 제4항)

증거보전청구를 기각하는 결정에 대하여는 3일 이내에 항고할 수 있다. 종전에는 이에 대한 명문규정이 없어 증거보전청구를 기각하는 결정에 대하여는 즉시항고는 물론 항고나 준항고도 할 수 없고, 형사소송법상 어떤 방법으로도 불복을 할 수 없다고 해석하였으나, 형사소송법 개정으로 항고할 수 있게 되었다.

(3) 판사의 권한

청구를 받은 판사는 보전처분의 각 절차에 관하여 법원 또는 재판장과 동일한 권한이 있다(법 제184조 제2항). 따라서 판사는 증인신문의 전제가 되는 소환·구인을 할 수 있고, 법원 또는 재판장이 행하는 경우와 같이 법과 규칙 중 압수, 수색, 검증, 증인신문, 감정에 관한 규정이 전면적으로 준용된다. 그러므로 당사자 등의 참여권 등도 수소법원의 처분의 경우와 동일하게 인정된다(법 제121조, 제122조, 145조, 제163조, 제176조, 제177조).

핵심판례

증거보전절차에서 당사자의 참여권을 보장하지 않은 상태에서 작성한 증인신문조서가 증거능력이 있는지의 여부

형사소송법 제184조에 의한 증거보전절차에서는 그 증인신문시 그 일시와 장소를 피의자 및 변호인에게 미리 통지하지 아니하여 증인신문에 참여할 기회를 주지 아니한 경우에는 그 증인신문조서는 증거능력이 없다(대판 1992. 9. 22, 92도1751).

6. 증거보전 후의 절차

(1) 증거의 보관

증거보전에 의하여 취득한 증거(압수물, 압수·수색·검증조서, 증인신문조서, 감정인신문조서, 감정서 등) 중 서면은 기록에 가철하고 물건은 따로 보관방식에 따라 각각 기록과 함께 보전처분한 법관의 소속 법원에서 보관한다.

(2) 서류·증거물의 열람·등사

검사·피고인·피의자 또는 변호인은 판사의 허가를 얻어 그 서류와 증거물을 열람 또는 등사할 수 있다(제185조). 피고인에는 증거보전을 청구한 피고인뿐만 아니라 공동피고인도 포함된다. 변호인에도 공동피고인의 변호인을 포함한다. 그러나 공동피의자는 피고인이 된 때에 비로소 열람·등사권이 인정된다고 해야 한다. 열람·등사를 청구할 수 있는 시기에는 제한이 없다. 반드시 제1회 공판기일 전임을 요하지 않는다.

7. 증거보전절차에서 작성된 조서의 증거능력

증거보전절차에서 작성된 조서는 법원 또는 법관의 조서로서 당연히 증거능력이 인정된다. 그러나 검사·피고인 또는 변호인이 이를 증거로 이용하기 위하여는 수소법원에 증거조사를 청구하여야 하며, 수소법원은 증거보전을 한 법원에서 기록을 송부받아 증거조사를 하여야 한다.

【서식】 증거보전청구서(검사)

○○지방검찰청
증거보전 청구서

20○○년 형 제1234호 20○○년 ○월 ○일
수 신 ○○지방법원
제 목 증거보전 청구

다음 사건에 관하여 미리 증거를 보전하지 아니하면 그 증거를 사용하기 곤란한 사정이 있으므로 아래와 같이 증거보전을 청구합니다.

피의자(피고인) ○ ○ ○외 2명
죄 명 강도 등
범죄사실 별지와 같음.

증거보전할 사항

○○○에 대한 증인신문

증거보전을 필요로 하는 사유

위 증인은 범행현장을 목격한 유일한 증인인바, 피의자가 범행사실을 부인하고 있으며 또한 미국으로 이민을 가기로 절차가 끝나서 ○○년 ○월 ○일 출발하기로 되어 있으므로 공판기일까지 기다릴 수 없는 실정임.

소 명 서 류

1. 외무부장관 발행의 위 증인에 대한 이민사실확인증명서 1통

20○○년 월 일

○○지방검찰청
검 사 ○ ○ ○ ㊞

【서식】 증거보전청구서(변호인)

증 거 보 전 청 구 서

피 의 자 ○ ○ ○(○○○○○○-○○○○○○○)
본 적 ○○시 ○○구 ○○길 123
등록기준지 ○○시 ○○구 ○○길 234
현 재 ○○ ○○경찰서 유치장 수감 중

피의자에 대한 윤락행위등방지법위반등 피의사건에 관하여 피의자의 변호인은 증인 ○○○에 대하여 증거보전청구를 합니다.

1. 사건의 개요

피의자는 무허가로 술집을 경영하면서 미성년자인 ○○○을 접대부로 고용하여 고객들을 상대로 윤락할 것을 강요하였다는 피의사실로 20○○. ○. ○. 귀원에서 발부한 구속영장에 의하여 서울 ○○경찰서 유치장에 수감중에 있습니다.

2. 증명할 사실

피의자는 ○○○을 접대부로 고용한 사실 자체가 없고 따라서 ○○○에게 고객들을 상대로 윤락할 것을 강요한 사실도 없습니다.

3. 증거 및 보전의 방법

증인 ○○○에 대한 증인신문
증인의 소재지 ○○경찰서 보호실

4. 증거보전이 필요한 사유

증인 ○○○은 가출하여 술집을 전전하던 미성년자로서 피의자의 업소에서 일을 하겠다고 찾아온 것을 쓰지 않겠다고 하여 돌려보냈는데 그 뒤로 7, 8회나 찾아와 갈데가 없다고 하면서 하루 이틀씩 부엌일을 하다가 용돈을 받아가지고 나갔던 사실이 있었습니다.

그러던 중 ○○○은 ○○○이라는 동네불량배를 애인으로 삼고부터 피의자의 업소에서 나갔는데 ○○○이 피의자의 업소의 웨이터 ○○○를 구타한 사실로 피해 다니다가 피의자의 업소에 나타나 ○○○을 찾아내라며 술병을 깨들고 피의자와 피의자의 처를 구타한 사실로 구속되고 나서 그 일당들이 ○○○을 시켜서 허위사실을 경찰에 신고함으로써 이 사건에 이르게 되었는바 ○○○은 가출하여 술집을 돌아다니는 미성년자인 까닭에 급히 증인으로 조사하여 그 진상을 밝히지 아니하면 후일 공소제기 된 후 소재가 불명되어 법정에 출두시켜 증인으로 조사하는 것이 불가능하게 될 사정이 있습니다.

20○○년 월 일

위 피고자의 변호인
변호사 ○ ○ ○

○○지방법원 귀중

Ⅸ. 증인신문의 청구

1. 의의 및 다른 제도와 차이

(1) 의 의

증인신문의 청구란 참고인이 출석 또는 진술을 거부하거나 전의 진술과 다른 진술을 할 염려가 있는 경우에 제1회 공판기일 전까지 검사의 청구에 의하여 판사가 그를 증인으로 신문하는 진술증거의 수집과 보전을 위한 대인적 강제처분을 말한다.

증인으로부터 그 체험사실의 진술을 듣는 절차를 증인신문이라 하고 보통 수소법원의 증거조사의 일환으로 행하여진다. 수사기관은 피의자 아닌 제3자(통칭 참고인)를 임의로 출석시켜 그의 진술을 들을 수 있으나(법 제221조) 불응할 경우 강제력으로 진술을 들을 수는 없다(임의수사의 원칙). 다만 일정한 경우(법 제221조의2)에 검사가 그 제3자에 대한 증인신문을 지방법원판사에게 청구할 수 있도록 하였다.

(2) 다른 제도와의 차이

증인신문의 청구는 수소법원이 아닌 판사에 의한 참고인에 대한 증인신문이라는 점에서 수소법원의 증인신문과 구별된다. 증거의 수집과 보전을 목적으로 하는 판사에 의한 강제처분이라는 점에서는 증거보전과 유사하다. 그러나 증인신문의 청구는 청구권자가 검사에 제한되어 있을 뿐만 아니라 청구의 요건과 내용에 있어서도 증거보전과는 다르다.

2. 증인신문청구의 요건

(1) 참고인이 출석 또는 진술을 거부할 것

제1회 공판기일 전의 증인신문은 범죄수사에 없어서는 안 될 사실을 안다고 명백히 인정되는 자가 참고인으로서의 출석요구 또는 진술요구를 거부한 경우에 한하여 인정된다(법 제221조의2 제1항).

법 제221조의2 제2항은 수사기관에서 참고인으로 진술한 자가 공판기일에 이와 다른 진술을 할 염려가 있고 그의 진술내용이 범죄의 증명에 불가결한 경우에도 이를 할 수 있도록 규정하고 있으나 위 법조항은 헌법재판소에서 위헌결정(헌재 1996. 12. 26, 94헌바1)이 선고되어 효력을 상실하였다.

가. '범죄수사에 없어서는 아니되는 사실'의 의미

범죄수사에 없어서는 아니될 사실이란 범죄의 증명에 없어서는 아니될 사실보다는 넓은 개념으로 범죄의 성부에 관한 사실뿐만 아니라 정상에 관한 사실로서 기소·불기소의 결정과 형의 양정에 중대한 영향을 미치는 사실도 포함한다. 피의자의 소재를 알고 있는 자나 범죄의 증명에 없어서는 안 될 지식을 가지고 있는 참고인의 소재를 알고 있는 자나 범죄의 증명에 없어서는 안 될 지식을 가지고 있는 참고인의 소재를 알고 있는 자도 여기에 해당한다. 다만 증인신문의 대상은 비대체적 지식이므로 감정인은 여기에 해당하지 않는다. 공범자 내지 공동피의자도 다른 피의자에 대한 관계에서는 증인이 될 수 있으므로 여기에 해당한다고 해야 한다.

나. 출석거부와 진술거부

출석거부와 진술거부가 정당한 이유가 있는 경우에도 증인신문의 청구를 할 수 있다. 따라서 증언거부권이 있는 자에 대하여도 증인신문을 청구할 수 있다. 진술의 전부를 거부한 경우뿐만 아니라 일부를 거부한 경우에도 거부한 부분이 범죄수사에 없어서는 안 될 부분인 때에는 증인신문의 대상이 된다. 진술은 하였으나 진술조서에 서명·날인을 거부하는 경우에도 진술거부에 해당할 수 있다.

(2) 제1회 공판기일 전에 청구할 것

시기적으로는 제1회 공판기일 전(기소전후 불문)에만 청구할 수 있다. 제1회 공판기일이란 적어도 검사의 모두진술(법 제285조)이 있은 기일을 의미하기 때문에 개정 후 연기된 경우는 물론 인정신문만을 행하고 다음 기일로 속행된 경우에도 제1회 공판기일 전의 증인신문을 청구할 수 있다.

3. 청구권자 및 청구방식

(1) 청구권자

증인신문의 청구는 검사만 할 수 있다. 참고인이 사법경찰관의 출석요구에 출석 또는 진술을 거부한 때에도 증인신문을 청구할 수는 있다. 그러나 이 경우에도 증인신문의 청구는 검사만 할 수 있다.

(2) 청구방식

증인신문의 청구를 함에는 서면으로 그 사유를 소명하여야 한다(법 제221조의2 제3

항). 이 경우에 증인신문청구서에는 ① 증인의 성명·직업 및 주거, ② 피의자 또는 피고인의 성명, ③ 죄명 및 범죄사실의 요지, ④ 증명할 사실, ⑤ 신문사항, ⑥ 증인신문청구의 요건이 되는 사실, ⑦ 피의자 또는 피고인에게 변호인이 있는 때에는 그 성명을 기재하여야 한다(규 제111조).

4. 증인신문 절차

(1) 청구의 심사

판사는 증인신문의 청구가 적법하고 요건을 구비하였는가를 심사한다. 심사결과 요건을 구비하고 있다고 인정할 때에는 증인신문을 하지 않으면 안 된다. 청구절차가 부적법하거나 요건이 구비되지 않은 때에는 결정으로 기각하여야 한다. 청구를 기각한 결정에 대하여는 불복할 수 없다.

(2) 피고인·피의자 또는 변호인 등의 참여

증인신문의 청구에 따라 증인신문기일을 정한 때에는 피고인·피의자 또는 변호인에게 이를 통지하여 증인신문에 참여할 수 있도록 하여야 한다(법 제221조의2 제5항).

판사가 법 제221조의2의 규정에 의한 증인신문을 실시할 경우에는 피고인, 피의자 또는 변호인에게 신문기일과 장소 및 증인신문에 참여할 수 있다는 취지를 통지하여야 한다(규 제112조). 판사는 반드시 피고인·피의자 등을 증인신문에 참여할 수 있도록 하여야 한다.

핵심판례

피고인이 아닌 자가 수사과정에서 진술서를 작성하였으나 수사기관이 그에 대한 조사과정을 기록하지 아니하여 형사소송법 제244조의4 제3항, 제1항에서 정한 절차를 위반한 경우, 그 진술서의 증거능력 유무(원칙적 소극)

형사소송법 제221조 제1항, 제244조의4 제1항, 제3항, 제312조 제4항, 제5항 및 그 입법 목적 등을 종합하여 보면, 피고인이 아닌 자가 수사과정에서 진술서를 작성하였지만 수사기관이 그에 대한 조사과정을 기록하지 아니하여 형사소송법 제244조의4 제3항, 제1항에서 정한 절차를 위반한 경우에는, 특별한 사정이 없는 한 '적법한 절차와 방식'에 따라 수사과정에서 진술서가 작성되었다 할 수 없으므로 증거능력을 인정할 수 없다(대판 2015.4.23. 선고, 2013도3790).

수사기관이 참고인을 조사하는 과정에서 형사소송법 제221조 제1항에 따라 작성한 영상녹화물이 공소사실을 직접 증명할 수 있는 독립적인 증거로 사용될 수 있는지 여부(원칙적 소극)

2007. 6. 1. 법률 제8496호로 개정되기 전의 형사소송법에는 없던 수사기관에 의한 피의자 아닌 자(이하 '참고인'이라 한다) 진술의 영상녹화를 새로 정하면서 그 용도를 참고인에 대한 진술조서의 실질적 진정성립을 증명하거나 참고인의 기억을 환기시키기 위한 것으로 한정하고 있는 현행 형사소송법의 규정 내용을 영상물에 수록된 성범죄 피해자의 진술에 대하여 독립적인 증거능력을 인정하고 있는 성폭력범죄의 처벌 등에 관한 특례법 제30조 제6항 또는 아동·청소년의 성보호에 관한 법률 제26조 제6항의 규정과 대비하여 보면, 수사기관이 참고인을 조사하는 과정에서 형사소송법 제221조 제1항에 따라 작성한 영상녹화물은, 다른 법률에서 달리 규정하고 있는 등의 특별한 사정이 없는 한, 공소사실을 직접 증명할 수 있는 독립적인 증거로 사용될 수는 없다고 해석함이 타당하다(대판 2015.4.23. 선고, 2013도3790).

5. 증인신문 후의 조치

증인신문을 한 때에는 판사는 지체 없이 이에 관한 서류를 검사에게 송부하여야 한다(법 제221조의2 제6항). 증거보전의 경우와는 이 점에서도 구별된다.

6. 증인신문조서의 증거능력

증인신문조서는 법관의 면전조서로서 당연히 증거능력이 인정된다. 다만 이 경우에도 검사가 제출한 증거에 대한 증거조사가 필요한 것은 물론이다.

제 3 장 수사의 종결

Ⅰ. 수사절차의 종결

1. 수사종결의 시기

수사절차는 공소를 제기할 것인가를 판단할 수 있을 정도로 피의사건이 해명되었을 때 종결된다. 즉 검사는 범죄사실이 명백하게 되었거나 또는 수사를 계속할 필요가 없는 경우에 수사를 종결한다.

수사는 범죄의 혐의 유무를 밝혀 공소를 제기·유지할 것인가를 결정하기 위한 활동이기 때문이다.

2. 수사의 종결권자

수사의 종결은 검사만 할 수 있다. 사법경찰관은 수사에 관하여 검사의 보조기관에 불과하기 때문이다. 따라서 사법경찰관이 범죄를 수사하였을 때에는 관계서류와 증거를 검사에게 송부하여야 한다(법 제238조 참조). 공소를 제기할 수 없는 것이 명백한 경우에도 같다. 사법경찰관이 피의자를 구속한 때에는 10일 이내에 피의자를 검사에게 인치하지 아니하면 석방하여야 한다(법 제202조).

Ⅱ. 검사의 수사종결처분

수사는 검사의 다음과 같은 처분에 의하여 종결된다.

1. 공소의 제기

수사결과 범죄의 객관적 혐의가 충분하고 소송조건을 구비하여 유죄판결을 받을 수 있다고 인정할 때에는 검사는 공소를 제기한다. 수사종결의 가장 전형적인 경우이다.

2. 불기소처분

(1) 혐의의 불기소처분

가. 혐의 없음

피의사건에 관하여 공소를 제기함에 충분한 객관적 혐의가 없는 경우이다. 피의사실이 인정되지 아니하거나 피의사실을 인정할 만한 증거가 없는 경우 또는 피의사실이 범죄를 구성하지 아니하는 경우에 혐의 없음의 결정을 한다(검찰사건사무규칙 제69조 제3항 제2호).

나. 죄가 안됨

피의사실이 범죄구성요건에 해당하나 법률상 범죄의 성립을 조각하는 사유가 있어 범죄를 구성하지 아니하는 경우에 하는 처분이다(동조 제3호).

피의자가 형사미성년자 또는 심신상실자인 때 또는 피의자에게 위법성조각사유나 책임조각사유가 있는 때가 여기에 해당된다.

다. 공소권 없음

피의사건에 관하여 소송조건이 결여되었거나 형이 면제되는 경우를 말한다(동조 제4호).

(2) 기소유예

피의사건에 관하여 범죄의 혐의가 인정되고 소송조건이 구비되었으나 형법 제51조(양형의 조건)의 사항 즉 ①범인의 연령, 성행, 지능과 환경, ②피해자에 대한 관계, ③범행의 동기, 수단과 결과, ④범행 후의 정황 등을 참작하여 공소를 제기하지 아니하는 경우를 말한다(법 제247조).

(3) 기소중지

검사가 피의자의 소재불명 등의 사유로 수사를 종결할 수 없는 경우에 그 사유가 해소될 때까지 하는 처분이다(검찰사건사무규칙 제73조). 기소중지는 수사의 종결이라기보다는 수사중지처분에 속한다고 할 수 있다.

고소인, 고발인 또는 중요 참고인의 소재가 불명인 때에는 참고인중지의 결정을 할 수 있다(검찰사건사무규칙 제74조).

3. 타관송치

① 검사는 사건이 소속검찰청에 대응한 법원의 관할에 속하지 아니한 때에는 사건을 서류와 증거물과 함께 관할법원에 대응한 검찰청 검사에게 송치하여야 한다(법 제256조).

② 검사는 사건이 군사법원의 재판권에 속하는 때에는 사건을 서류와 증거물과 함께

재판권을 가진 관할군사법원 검찰부 검찰관에게 송치하여야 한다. 이 경우에 송치 전에 행한 소송행위는 송치 후에도 그 효력에 영향이 없다(법 제256조의2).

③ 검사는 소년에 대한 피의사건을 수사한 보호처분에 해당하는 사유가 있다고 인정한 경우에는 사건을 관할 소년부에 송치하여야 하고, 송치된 사건을 조사 또는 심리한 결과 그 동기와 죄질이 금고 이상의 형사처분을 할 필요가 있다고 인정한 때에는 결정으로써 해당 검찰청 검사에게 송치할 수 있다(소년법 제49조).

Ⅲ. 고소인·피의자·피해자 등에 대한 처분통지

1. 고소인 등에 대한 처분통지

검사는 고소 또는 고발 있는 사건에 관하여 공소를 제기하거나 제기하지 아니하는 처분, 공소의 취소 또는 타관송치를 한 때에는 그 처분한 날로부터 7일 이내에 서면으로 고소인 또는 고발인에게 그 취지를 통지하여야 한다(법 제258조 제1항).

2. 피의자에 대한 처분통지

검사는 불기소 또는 타관송치의 처분을 한 때에는 피의자에게 즉시 그 취지를 통지하여야 한다(법 제258조 제2항).

3. 불기소이유의 고지

검사는 고소 또는 고발 있는 사건에 관하여 공소를 제기하지 아니하는 처분을 한 경우에 고소인 또는 고발인의 청구가 있는 때에는 7일 이내에 고소인 또는 고발인에게 그 이유를 서면으로 설명하여야 한다(법 제259조).

4. 피해자 등에 대한 통지(법 제259조의2)

검사는 범죄로 인한 피해자 또는 그 법정대리인(피해자가 사망한 경우에는 그 배우자 · 직계친족 · 형제자매를 포함한다)의 신청이 있는 때에는 당해 사건의 공소제기여부, 공판의 일시 · 장소, 재판결과, 피의자 · 피고인의 구속 · 석방 등 구금에 관한 사실 등을 신속하게 통지하여야 한다.

Ⅳ. 불기소처분에 대한 불복

1. 재정신청

고소권자로서 고소를 한 자 [형법상의 직권남용죄(제123조), 불법체포·감금죄(제124조), 폭행·가혹행위죄(제125조)에 대하여는 고발을 한 자 포함]는 검사로부터 공소를 제기하지 아니한다는 통지를 받은 때에는 그 검사 소속의 지방검찰청 소재지를 관할하는 고등법원에 그 당부에 관한 재정을 신청할 수 있다(법 제260조 제1항).

2. 항고·재항고

(1) 항고·재항고를 할 수 있는 기관

검사의 불기소처분에 불복이 있는 고소인 또는 고발인은 그 검사가 속하는 지방검찰청 또는 지청을 거쳐 서면으로 관할 고등검찰청의 장에게 항고할 수 있다. 이 경우 지방검찰청 또는 지청의 검사는 항고가 이유 있다고 인정하는 때에는 그 처분을 경정하여야 한다(검찰청법 제10조 제1항). 고등검찰청검사장은 항고가 이유 있다고 인정하는 때에는 소속 검사로 하여금 지방검찰청 또는 지청 검사의 불기소처분을 직접 경정하게 할 수 있다(동조 제2항). 항고를 기각하는 처분에 대하여는 검찰청장에게 재항고할 수 있다(동조 제3항).

(2) 항고·재항고의 기간

항고 또는 재항고는 불기소처분의 통지 또는 항고기각결정통지를 받은 날로부터 30일 내에 하여야 한다. 다만 항고인에 책임이 없는 사유로 인하여 항고 또는 재항고하지 못한 것을 소명한 때에는 그 기간은 그 사유가 해소된 때로부터 기산한다(동조 제4항). 위의 기간이 경과하여 접수된 항고 또는 재항고는 기각하여야 한다. 다만 새로이 중요한 증거가 발견된 경우에 고소인 또는 고발인이 그 사유를 소명하면 위의 기간에 불구하고 항고 또는 재항고할 수 있다(동조 제5항). 재정신청을 한 때에는 항고하지 못한다. 항고한 자가 재정신청을 한 때에는 그 항고는 취소한 것으로 본다(동조 제7항). 다만 재정결정 전에 그 신청을 취소한 때에는 항고기간 내에 다시 항고할 수 있다(동조 제6항).

※ 종래 검사의 불기소처분에 불복이 있는 고소인은 헌법소원을 제기할 수 있으며, 불기소처분에 대한 헌법소원이 헌법재판소에 청구된 헌법소원이 대부분을 차지하고 있었다.

그러나 개정 형사소송법이 재정신청의 대상범죄를 모든 범죄로 하여 더 이상 불기소 처분에 대한 헌법소원은 불가능하게 되었다.

헌법소원은 보충성의 원칙에 따라 다른 법률에 구제절차가 있는 경우에는 그 절차를 모두 마쳐야 제기할 수 있으므로, 법원의 재판에 대하여는 헌법소원이 허용되지 아니한다.

나. 보충성의 원칙

다른 법률에 구제절차가 있는 경우에는 그 절차를 모두 마치고 난 후에야 헌법소원을 청구할 수 있다.

다. 권리보호의 이익

헌법소원은 국민의 침해된 기본권을 구제하는 제도이므로, 그 제도의 목적상 권리보호의 이익이 있어야 제기할 수 있다.

핵심판례

가. 헌법소원재판(헌법소원재판)에 있어서 피청구인(피청구인)과 심판대상(심판대상)의 확정

나. 헌법소원(헌법소원)에 있어서 보충성(보충성)의 원칙(원칙)의 예외를 인정한 사례 다. 법령(법령)에 대한 헌법소원(헌법소원)과 보충성(보충성)의 원칙(원칙)

<헌법재판소 1993.5.13. 91헌마190 전원재판부>

가. 헌법재판소(헌법재판소)는 청구인의 심판청구서(심판청구서)에 기재된 피청구인(피청구인)이나 청구취지(청구취지)에 구애됨이 없이 청구인의 주장요지를 종합적으로 판단하여야 하며 청구인이 주장하는 침해된 기본권(기본권)과 침해의 원인이 되는 공권력(공권력)을 직권으로 조사하여 피청구인(피청구인)과 심판대상(심판대상)을 확정하여 판단하여야 한다.

나. 세무대학장의 재임용추천거부행위(재임용추천거부행위)와 같은 총.학장의 임용제청이나 그 철회는 행정기관 상호간의 내부적인 의사결정 과정일 뿐 행정소송의 대상이 되는 행정처분(행정처분)이라고 볼 수 없다는 것이 대법원(대법원)의 일관된 판례이므로 세무대학장이 청구인의 교수 재임용추천을 하지 아니한 공권력(공권력) 불행사(불행사)의 위헌여부를 다투는 청구인이 행정소송(행정소송)을 거치지 아니하고 바로 헌법소원심판(헌법소원심판)을 청구하였다고 하더라도 소원심판청구(소원심판청구)의 적법요건인 보충성(보충성)의 원칙(원칙)에 반하지 아니한다.

【이 유】

1. 사건의 개요 및 심판의 대상

가. 사건이 개요는, 청구인이 1988.6.1.부터 세무대학의 조교수(민법담당)로 재

직 근무하던 중 1991.9.1. 세무대학에서 조교수로 재임용되지 못하여 1991.10.30. 이 사건 헌법소원심판을 청구한 것이다. 그 심판청구의 요지는, 세무대학설치법 제15조에 근거한 대통령령(세무대학의조직과운영에관한규정) 제16조의 교수(재)임용절차에 의하면 교수.부교수 및 조교수는 학장이 인사위원회의 동의를 얻어 재무부장관에게 추천하고 재무부장관의 제청으로 대통령이 임명하도록 되어 있다. 이에 따라 세무대학장은 1991.8.19. 세무대학 인사위원회의 동의를 얻어 재무부장관에게 청구인의 재임용을 추천하였다가 1991.8.29. 위 추천을 철회함으로써 결국 청구인은 교수재임용에서 탈락하게 되었다. 이는

첫째, 교육공무원법 제11조 제3항이 정한 교수임기제는 교수로서의 자질에 부족함이 없는 한 자동으로 연임되는 교수재임용제도인데 대통령이 청구인을 재임용하지 아니한 행위는 위헌이라고 주장하면서 이에 반하는 교수재임용절차에 관한 위 대통령령 제16조의 규정내용은 위법 무효일 뿐 아니라 세무대학설치법 제6조 제3항에 재무부장관은 세무대학에서 일반학과정의 교육을 담당하는 공무원을 임용하거나 그 제청을 하고자 할 때에는 교육부장관과 협의하여야 한다고 규정하고 있을 뿐 그 임용방법과 추천에 관하여 하위법령에 위임한 바 없는데 위 대통령령 제16조를 설정한 것은 상위법의 위임근거가 없는 위법 무효인 법령이며

둘째, 가사 위 대통령령 제16조가 유효하다 하더라도 세무대학장이 인사위원회의 동의를 얻어 재무부장관에게 청구인의 재임용을 추천하였다가 청구인이 전국교직원노동조합(이하 전교조라 함) 활동을 하고 그 탈퇴약속을 지키지 아니하였다고 하여 이를 일방적으로 철회하고 청구인의 재임용추천을 하지 아니한 것은 청구인의 헌법상 보장된 기본권 즉 평등권, 결사 및 학문의 자유권과 근로자의 단결권 등을 침해한 위헌적인 공권력의 불행사이기 때문에 이 사건 헌법소원심판을 청구한 것이다.

나. 그렇다면 이 사건 심판대상은 다음과 같다.

청구인의 심판청구서의 청구취지에서 "대통령이 청구인을 세무대학 조교수로 재임용하지 아니한 행위"를 위헌이라고 기재하고 있으나 이 사건은 대통령의 재임용권행사 또는 불행사 이전의 임용절차에 관한 법정요건인 추천단계에서 청구인의 기본권침해가 이루어진 것이므로 그 심판대상은

첫째, 세무대학장이 청구인의 조교수 재임용추천을 하지 아니한 공권력 불행사의 위헌여부이며

둘째, 청구인을 1991.9.1. 세무대학 조교수로 재임용하지 아니한 근거법령인 대통령령(세무대학의조직과운영에관한규정) 제16조 제1항 "교육법에 의

한 교수.부교수 및 조교수는 학장이 인사위원회의 동의를 얻어 재무부장관에게 추천하고 재무부장관의 제청으로 대통령이 임명한다. 이 경우 재무부장관이 제청하고자 하는 때에는 교육부장관과 협의하여야 한다."는 규정의 위헌여부이다.

2. 법무부장관과 재무부장관의 의견

가. 청구인의 심판청구는 행정청의 부작위에 대한 심판청구로서 행정소송법 제3조 제1호의 규정에 의한 항고소송에 의하여 먼저 그 구제절차를 거쳐야 하는데 이를 거치지 아니하였으므로 각하되어야 한다.

나. 세무대학설치법 제15조는 "이 법 시행에 관하여 필요한 사항은 대통령령으로 정한다."고 규정하고 있어 위 대통령령 제16조는 이에 근거하여 동법이 규정한 교수 등의 자격 및 임용(제6조)에 관한 사항을 시행하기 위한 것이므로 동 규정이 모법의 근거가 없다는 청구인의 주장은 그 이유가 없다.

다. 청구인은, 대학교수인 교육공무원은 특단의 사유가 없는 한 재임용이 보장되어야 한다고 하나 교육공무원법 제11조 제3항과 교육공무원임용령(대통령령)의 관계규정에 의하면 청구인과 같은 조교수의 경우 일정한 기간을 정하여 재임용하도록 규정되어 있을 뿐 그 어디에도 임용권자에게 임용이 만료된 자를 다시 자동적으로 재임용하여야 한다는 규정을 찾아 볼 수 없고 오히려 현행 교육공무원법하에서는 위에서 정한 임용기간이 만료되면 대학교원으로서의 신분관계는 당연히 종료되는 것으로 되어 있는 것이다. 따라서 임용권자가 임용기간이 만료된 자를 다시 임용할 것인가 여부는 결국 임용권자의 판단에 따른 세무대학장의 재량행위에 의하여 재임용 여부가 결정되는 것이다.

3. 판 단

가. 먼저 청구인의 심판청구서에서 피청구인을 대통령으로 특정하고, 그 청구취지에서 피청구인이 청구인을 세무대학 조교수로 재임용하지 아니한 행위가 헌법상 보장된 기본권을 침해한 위헌적인 공권력의 불행사로서 무효임을 확인한다라고 되어 있어서 이 사건의 피청구인은 대통령이며 그 심판대상은 대통령의 공권력 불행사 내지 거부처분이라고 보아야 하는지에 대하여 살펴본다.

헌법재판소법 제25조 , 제26조 , 제30조 , 제31조 , 제32조 , 제37조 , 제68조 , 제71조 등에 의하면 헌법소원심판제도는 변호사 강제주의, 서면심리주의, 직권심리주의, 국가비용부담 등의 소송구조로 되어 있어서 민사재판과 같이 대립적 당사자간의 변론주의 구조에 의하여 당사자의 청구취지 및 주장과 답변만을 판단하면 되는 것이 아니고, 헌법상 보장된 기본권을 침해받은 자가 변호사의 필요적 조력을 받아 그 침해된 권리의 구제를 청구하는 것이므로 소송비용과 청구양식에 구애되지 않고 청구인의 침해된 권리와 침해의 원인이 되는 공권력의 행사 또는 불행사에 대하여 직권으로 조사 판단하는 것을 원칙으로 하고 있다. 따라서 헌법소원심판은 그 청구서와 결정문에 반드시 피청구인을 특정하거나 청구취지를 기재하여야 할 필요가 없다. 그러므로 헌법소원심판청구서에 피청구인을 특정하고 있더라도 피청구인의 잘못된 표시는 헌법소원심판청구를 부적법하다고 각하할 사유가 되는 것이 아니며 소원심판대상은 어디까지나 공권력의 행사 또는 불행사인 처분 자체이기 때문에 심판청구서에서 청구인이 피청구인(처분청)이나 청구취지를 잘못 지정한 경우에도 권리구제절차의 적법요건에 흠결이 있는 것이 아니어서 직권으로 불복한 처분(공권력)에 대하여 정당하게 책임져야 할 처분청(피청구인)을 지정하여 정정할 수도 있고 처분청을 기재하지 아니할 수도 있다. 따라서 헌법재판소는 청구인의 심판청구서에 기재된 피청구인이나 청구취지에 구애됨이 없이 청구인의 주장요지를 종합적으로 판단하여야 하며 청구인이 주장하는 침해된 기본권과 침해의 원인이 되는 공권력을 직권으로 조사하여 피청구인과 심판대상을 확정하여 판단하여야 하는 것이다.

그렇다면 이 사건의 경우에도 청구인의 심판청구이유와 이해관계인의 의견 등을 종합하여 직권으로 살펴보아야 할 것이고, 그 심판청구서 등의 이 건 기록에 의하면 청구인이 주장하는 기본권침해는 세무대학의 조교수에 재임용되지 아니하여 조교수직을 상실한데서 비롯된 것이고, 침해의 원인이 되는 공권력의 행사 또는 불행사는 세무대학장이 재임용추천을 하지 아니한 행위 및 그에 대한 법정절차를 규정한 근거법령인 것이지 결코 대통령이 재임용권 행사를 하지 아니한 행위와는 직접 관계되는 것이 아님은 명백하다. 즉 청구인을 조교수로 재임용하지 아니한 행위는 재임용절차의 전치조건인 법적 요건을 갖추지 못하여 조교수 재임용에 필요한 추천이나 제청을 받지 아니한 것이어서 대통령의 공권력 행사 또는 불행사와는 직접 인과관계가 성립되지 아니하는 것이므로 이를 이 사건 심판의 대상으로 할 수 없으며 그 선행절차의 단계에서 이루어진 세무대학장의 공권력행사 또는 불행사와 그 법적 근거내지 법정요건을 규정한 그 법령까지 심판대상으로 하여야 하는 것이다.

나. 다음 청구인의 심판청구는 행정청의 부작위에 대한 심판청구로서 행정소송에 의하여 먼저 구제절차를 거쳐야 한다는 재무부장관의 의견에 대하여 살펴본다. 이 사건 청구인이 주장하는 세무대학장의 재임용추천거부행위와 같은 총.학장의 임용제청이나 그 철회는 "행정기관 상호간의 내부적인 의사결정과정일 뿐 행정소송의 대상이 되는 행정처분이라고 볼 수 없다."(1989.6.27.

선고, 88누9640호 등)는 것이 대법원의 일관된 판례이므로 이 사건의 경우에는 다른 법률에 구제절차가 있는 경우에 해당하지 아니하여 청구인이 행정소송을 거치지 아니하고 바로 헌법소원심판을 청구하였다고 하더라도 소원심판청구의 적법요건인 보충성의 원칙에 반하는 것이라고 볼 수 없다. 그리고 대통령령(세무대학의조직과운영에관한규정) 제16조 제1항과 같은 법령자체에 대한 헌법소원심판청구의 경우에도 "법령자체에 의한 직접적인 기본권침해 여부가 문제되었을 경우 그 법령의 효력을 직접 다투는 것을 소송물로 하여 일반 법원에 구제를 구할 수 있는 절차는 존재하지 아니하므로 이 경우에는 다른 구제절차를 거칠 것 없이 바로 헌법소원심판을 청구할 수 있다."(당재판소 1990.10.15. 선고, 89헌마178 등)는 것이 우리 헌법재판소의 판례이어서 이 규정을 직접 무효화하는 것을 소송물로 하여 일반 법원에 구제를 받을 수 있는 길도 없다고 할 것이다. 따라서 이 사건 헌법소원심판대상인 재임용추천을 하지 아니한 행위와 대통령령 제16조 제1항의 위헌.위법무효를 다투는 문제는 다른 어떤 구제절차가 존재하지 아니하는 경우에 해당하므로 이 사건 헌법소원심판청구는 보충성의 원칙에 반하지 아니하는 적법한 소원심판청구라 할 것이다.

6. 재판관 변정수의 반대의견

가. 교육공무원법 제11조 제3항 및 세무대학의조직과운영에관한규정 제16조 제5항이 대학에 근무하는 교원을 일정한 기간을 정하여 임용할 수 있도록 한 취지는 대학에 근무하는 교원은 직무와 책임의 특수성 때문에 신분이 강하게 보장되어 있어 한번 임용이 되면, 설사 능력이나 자질에 하자가 발견되더라도 정년(65세)이 될 때까지 퇴직시킬 수 없기 때문에 일정한 기간을 정하여 임용하여 그 기간 중 능력이나 자질에 하자가 있는지의 여부를 감별하여 재임용토록 함으로써 신분보장에서 초래되는 폐단(능력과 자질없는 교원을 장기근무케 하는)을 보완코자 하는 데 있는 것이다. 그러나 헌법이 지향하는 교육의 자주성.전문성.정치적 중립성.대학의 자율성 및 학문의 자유 보장을 위하여는 대학교원에 대한 신분보장은 매우 긴요한 것으로서 위와 같은 기간제 임용이 악용되어 대학교원의 신분을 위협하여 자유로운 학문연구와 교수활동에 장애가 되어서는 아니될 것이다. 그러므로 임용기간이 만료된 교원이라 할지라도 능력과 자질에 뚜렷한 하자가 발견되지 않았다면 재임용하는 것을 원칙으로 하여야 하고 또 실제에 있어서도 그와 같이 운영되어 온 것으로 안다.

나. 임용기간이 만료된 대학교원에 대한 재임용 여부는 기간제임용제도의 취지

에 비추어서나 그것이 대학교원의 신분과 기득권에 관한 것임에 비추어 임용권자의 자유재량행위에 속하는 것이 아니라 능력이나 자질에 뚜렷한 하자가 없는 한 재임용해야 할 의무가 있는 기속행위에 속한다고 보아야 한다. 즉 교육의 자주성.전문성.정치적 중립성.대학의 자율성과 학문의 자유 및 이를 위한 전제조건으로서의 대학교원의 신분보장을 위해서는 임용권자는 그 교원의 능력과 자질에 객관적으로 명백한 하자가 발견되지 않는 한 반드시 해당교원을 재임용하여야 하며 따라서 임용권자에게는 재임용 여부에 대한 결정재량권이 부여되어 있다고 볼 수 없다. 만일 재임용 여부의 결정이 전적으로 임용권자의 자유재량에 맡겨져 있다고 한다면 즉 재임용행위가 순수한 자유재량행위라고 한다면 대학교원의 재임용제도는 본래의 제도적 취지와는 달리 과거의 예에서 보듯이 대학교원을 순치시키고 대학재단이나 정부에 비판적이거나 비협조적인 교원을 탈락시키기 위한 대학교원의 통제제도로 전락할 것이고 대학교원의 신분보장과 대학의 자율성 및 학문의 자유 그리고 교육의 자주성.전문성.정치적 중립성은 형해화 될 것이다.

세무대학의조직과운영에관한규정 제16조 제1항이 교육법에 의한 교수, 부교수 및 조교수는 학장이 인사위원회의 동의를 얻어 재무부장관에게 추천하고 재무부장관의 제청으로 대통령이 임명한다라고 규정하여 조교수 이상의 세무대학 교원 임명에 세무대학장의 추천과 재무부장관의 제청을 거치도록 하고 세무대학장의 추천에는 인사위원회의 동의를 얻도록 하였는데 이는 교원(조교수 이상) 임명에 관하여 임명권자인 대통령의 전단행위뿐만 아니라 추천권자인 세무대학장의 전단행위도 방지하여 우수한 교원을 확보함과 동시에 대학의 자치 및 자율권과 교원의 신분보장(임용기간이 만료된 교원의 경우)을 도모하고자 하는 데 있는 것이다. 그러므로 후술하는 바와 같이 인사위원회(교수부장, 내국세학과장, 관세학과장, 조교수 이상의 교원 및 세무학 교수요원 중 학장이 지명하는 4인으로 구성된다)는 단순한 자문기관이 아니라 심의의결기관이라고 보아야 하는 것으로서 이러한 제도적 장치를 보더라도 임용기간 만료된 교원의 재임용에 관한 세무대학장의 추천권 행사나 임용권자의 재임명발령이 그들의 자유재량에 속하는 행위가 아닌 것을 알 수 있다. 그러므로 세무대학장으로서는 임용기간이 만료된 교원이 교원으로서의 능력과 자질에 뚜렷한 하자가 없는 한 인사위원회에 재임용추천에 대한 동의요청을 하고 인사위원회의 동의를 얻었다면 반드시 재무부장관에게 재임용추천을 하여야 할 의무가 있는 것이다.

재판관 조규광(재판장) 변정수 김진우 한병채 이시윤 최광률 김양균 김문희 황도연

【서식】 불기소사건에 대한 제기신청서

제 기 신 청 서

위 사람에 대한 절도죄 고소사건에 대하여 귀청은 20○○년 ○월 ○일자로 피의자가 소재불명이라는 이유로 불기소처분을 한 바, 현재 피의자는 아래 주소에 있음이 확인되었기에 그에 대한 고소사건을 제기하여 주십시오.

아　　래

피의자 현거주지 : ○○시 ○○구 ○○길 ○○

20○○년　월　일

고소인 ○ ○ ○ ㊞

○○지방검찰청　귀중

주의요소 본조의 이유고지는 모든 불기소 처분의 경우에 해당된다. 고소인 또는 고발인의 청구가 있는 때에 한하여 불기소의 이유를 고지해야 하며, 그 고지는 청구가 있은 날로부터 7일 이내에 서면으로 해야 한다.

【서식】 불기소사건제기서

○○지방검찰청

불기소사건제기서

피 의 자 주 거 서울시 ○○구 ○○길 ○○
전화(휴대폰)
(02) - , (010) -
번 호

팩 스 번 호 (02) - , e-mail주소 :
우 편 번 호 ○○○○○
직 업 ○ ○
주민등록번호 - xxxxxxx
성 명 ○ ○ ○
연 령 ○○세

죄 명 절 도
재기이유 고소인으로부터의 소재확인 제보
위와 같이 재기함.

20○○년 월 일

○○지방검찰청
검 사 ○ ○ ○ ㉑

【서식】 불기소 결정에 대한 항고장

항 고 장

피의자(피항고인) ○ ○ ○

위 피항고인에 대한 사기사건에 관하여 귀청은 20○○년 ○월 ○일자로 혐의가 없다는 이유로 불기소처분 결정을 한바, 다음과 같은 이유에 의하여 불복항고를 제기합니다.

항 고 이 유

위 피고사건에 대한 검사의 불기소 이유의 요지는, 피의사실에 대하여는 모든 증거가 불충분하여 '불기소 처분을 한다'라는 것인바, 이는 고소장에도 밝혔듯이 피항고인은 무직자로서 본 피해자에게는 ○○건설 상무라고 속여 해외건설현장에 보내주겠다고 금품을 요구해와 수차례에 걸쳐 ○○만원에 상당하는 금액을 주었는바, 이는 증인의 진술로도 여실히 증명이 되는데도 불구하고 검사는 증거불충분으로 불기소처분을 하였다는 것을 부당하다고 아니할 수 없습니다.

첨 부 서 류

1. 불기소처분통지서 1통
1. 불기소이유고지서 1통

20○○년 월 일

○○시 ○○구 ○○길 ○○
항고인 ○ ○ ○ ㊞

○○고등검찰청 귀중

【서식】 횡령 및 사기 불기소처분에 대한 항고장

항 고 장

사 건 20○○형제1234 횡령 및 사기
피 의 자 ○ ○ ○(○○○○○○-○○○○○○○)
서울 ○○구 ○○길 123
고소인(항고인) ○ ○ ○(○○○○○○-○○○○○○○)
서울 ○○구 ○○길 234

위 피의자에 대한 횡령 및 사기 피의사건에 관하여 ○○지방검찰청 ○○지청검사 ○○○는 피의자에게 혐의가 없다는 이유로 20○○. ○. ○.자로 불기소처분 결정을 하고 고소인은 20○○. ○. ○.위 처분결과 통지를 받았는바, 고소인은 다음과 같은 이유로 위 결정에 불복하여 항고를 제기합니다.

다 음

항 고 이 유

1. 이 사건에 관한 검사의 불기소처분은 피의자의 횡령 및 사기죄가 명백함에도 불구하고 고소인의 진술은 들으려 하지 않고 편파수사로 일관하여 형식적인 수사를 한 결과 피의자에게 무혐의 판단을 한 잘못이 있습니다.

2. 이 사건 검사의 무혐의 처분의 문제점
가. 횡령의 점.
피의자는 ○○ 레스토랑을 5억 2,000만원에 처분한 것이 명백한 사실이고 위 대금 중 10%인 금 5,200만원을 위 레스토랑의 10% 지분권자인 고소인에게 지급해야 함에도 불구하고 이를 임의로 빼돌려 횡령함으로써 고소인에게 5,200만원의 손해를 입힌 사실이 분명함에도 불구하고, 위 사실은 고소인의 일방적인 주장에 불과하며 피의사실을 인정하기에 부족하고 피의사실을 입증할 증거가 없어 범죄혐의가 없다고 판단하였습니다.

나. 사기의 점.

이 사건의 전후 정황을 볼 때 피의자는 당초부터 고소인을 기망하여 금원을 편취하기로 마음먹고 이 사건 범행을 저지른 것이 분명합니다.

첫째로, 피의자는 고소인으로부터 20○○. ○. ○.경 금 1,700만원을 차용한 사실이 있었는데, 위 금원의 변제가 어렵게 되자 피의자는 업소의 명의가 동인의 명의로 되어 있지도 않고 이미 ○○○에게 50%의 지분권을 고소인에게 양도하였음에도 불구하고 이 사건 "○○ 스탠드바"의 50% 영업지분권을 고소인에게 양도하고 위 업소의 영업허가명의도 고소인의 명의로 변경해주겠다고 기망하여 이를 미끼로 고소인에게 사기행각을 벌였던 것입니다.

(나중에 알게 된 사실이지만 위 업소의 명의는 20○○. ○. ○.경 피의자의 동행 ○○○와 이 사건 참고인 ○○○의 공동명의로 식품접객업소대장에 등재되어 있습니다)

둘째로, 피의자는 당초 위 업소의 건물소유자 ○○○에게 위 업소를 양도했다고 하면 보증금을 많이 올릴 것이 분명하니 당분간 임대차계약상의 임차인 명의를 종전 그대로 두자고 고소인을 기망했던 이유는, 피의자가 고소인에게 위 업소의 50%지분을 양도하여 피의자는 위 업소에 대한 권리가 없었고, 또한 위 업소의 임대료를 계속 장기간 체납하여 위 업소의 건물소유자 ○○○에게 건물명도 소송을 제기당하고도 한 번도 변론기일에 출석하지도 않아 패소판결이 확정되어 20○○. ○. ○. 말경 강제명도를 당했던 것만 보아도 피의자의 사기의 점은 여지없이 명백합니다.

셋째로, 피의자는 고소인에게 위 업소의 허가명의를 넘겨주려 하는데도 고소인이 받아가지를 않았다고 허위주장을 하나, 그런 사실이 전혀 없었습니다.

피의자는 고소인의 허락도 없이 20○○. ○. ○. 경 위 업소의 업태를 스탠드바에서 카바레로 변경했을 뿐만 아니라, ○. ○.경에는 임대료를 계속해서 내지 않아 강제로 명도 당했고, 20○○. ○. ○.경에는 위 업소의 영업허가권을 제3자에게 매도하였습니다.

위와 같은 사정하에서 피의자가 고소인에게 위 업소의 허가 명의를 넘겨주려 하였으나 고소인이 받아가지 않았다는 것은 말도 되지 않는 변명에 불과합니다.

단지, 참고인들의 진술은 이 사건 여러 정황을 볼 때 사실과 다르며 그 신빙성이 없습니다.

참고인 ○○○는 피의자의 동생이고, 참고인 ○○○, ○○○ 고소인과 같은 피해자인데 위 참고인 두 사람도 피의자에게 많은 돈을 받을 것이 있는데(○○○ 4억원 상당, ○○○ 6,000만원 상당), 위 두 사람은 피의자에게 단서가 될 만한 서류하나 받아 놓은 것이 없는데다가 피의자의 비위를 건드려 그나마 한 푼도 못 받을까봐 이 사건 수사당시 피의자에게 협조를 하였던 것입니다.

참고인 ○○○도 이 사건 참고인 조사 후 고소인에게 미안하다고 하면서 피의자에게 돈을 받기 위하여 어쩔 수 없다는 사정이야기를 털어놓았습니다.

넷째로, 피의자의 사기에 대한 점은 피의자가 미리 모든 재산을 타인의 명의로 빼돌려 놓고 지금도 외형적으로는 무일푼이나 제3자를 내세워 ○○길의 대학로 주변 등에 대형 호프점을 차리는 등 배후에서 재산권 행사하며 위 업소 등을 실질적으로 운영하고 있는 것을 보아도 알 수가 있습니다.

피의자는 심지어 자기가 살고 있는 집까지 타인의 명의로 돌려놓고 그 집에 살면서 고소인과 같은 피해자들이 민사소송을 제기할 것을 대비하여 모든 재산을 사전에 은닉하였던 것입니다.

다섯째, 피의자는 고소인이 이 사건 고소장을 접수한 뒤 구속될까봐 두려워서 ○○대학병원에 실제로 입원도 하지 않고 병실만 잡아 놓은 상태에서 진단서를 검찰에 제출하고 밖으로 돌아다니며 사업을 할 정도로 교활하게 법망을 교묘히 피해 다녔고, 고소인에게 이건 고소를 겁 없이 했다며 까불지 말라고 하면서 엄포를 놓고 나중에 어디보자고 오히려 협박까지 할 정도입니다.

3. 수사과정에 대하여

가. 이 사건 수사검사는 이 사건의 수사를 하면서 고소인과 피의자의 대질신문등 범죄사실에 대해서 구체적으로 수사를 하지 않고 피의자의 일방적인 변명만을 들어 주었고,

나. 수사검사는 시종일관 피의자에게는 대단히 호의적으로 대하면서 고소인에게는 한마디 말을 제대로 하지 못할 정도로 윽박지르면서 진술의 기회를 주지 않았고, 고소인과 피의자가 함께 있는 자리에서 고소인에게 면박을 주면서 피의자에게 고소인을 무고죄로 고소하라는 등 편파적인 수사를 하여 고소인으로서는 누가 피의자고 누가 피해자인지 모를 정도였습니다.

이 사건 조사 후 참고인 ○○○은 검사가 고소인을 대하는 태도를 보고 옆에 있기가 민망할 정도였다면서 고소인에게 위로의 말을 할 정도였습니다.

4. 결 어

고소인은 피의자에게 20○○. ○.말경부터 계획적으로 이 사건 횡령 및 사기를 당하고 단 한 푼이라도 피해를 회복하려고 차일피일 피의자에게 끌려다니다가 결단코 피의자의 범행을 과할 수가 없어 피의자로부터의 위해 및 피해금액을 한 푼도 못 받을 각오를 하고 피의자를 고소하기에 이르렀는바, ○○지점 ○○지청 검사 ○○○는 피의자의 위와 같은 범죄행위에 대하여 무혐의 처분을 하였기에 이에 불복하여 항고를 하는 것이오니 피의자의 이 사건 범행을 철저히 조사하셔서 엄중 문책하여 주시기 바랍니다.

첨 부 서 류

1. 사건결과처분통지 1통
1. 공소부제기이유고지 1통

20○○년 월 일

위 항고인 ○ ○ ○ ㊞

○○고등검찰청 귀중

【서식】 배임 불기소처분에 대한 항고장

항 고 장

사 건 ○○지방검찰청 20○○형제1234 배임
항소인(고소인) ○ ○ ○(○○○○○○-○○○○○○○)
○○시 ○○구 ○○길 123
피항고인(피의자) ○ ○ ○(○○○○○○-○○○○○○○)
○○시 ○○구 ○○길 234

○○지방검찰청 20○○형제1234 사건에 관하여 검사 ○○○는 20○○. ○. ○. 혐의 없음, 공소권 없음 등의 불기소 처분을 하였는바, 고소인은 위 불기소 처분에 대하여 불복이므로 이에 항고를 제기합니다.

항 고 이 유

1. 피의사실 제1항의 점(횡령부분)에 대하여,
   가. 검사는 피의자가 개인 소유의 이건 토지를 고소인에게 매도하고 계약금, 중도금, 잔금 등의 영수증을 개인 명의로 작성하여 준 사실은 인정하고 있습니다.
   나. 검사는 피의자가 회사의 형식상 대표이사일 뿐 실제 남편인 상피의자 ○○○이 회사를 경영한 것이므로 이건 매매대금의 처리문제에 대하여 관여한 일이 없다는 피의자의 변소를 피의자의 남편 ○○○과 아들 ○○○의 각 진술만 믿고 이를 인정하고 있습니다.
   다. 이는 이건 회사의 동업자로서 일을 해 온 고소인의 진술을 배척하고, 형식적인 회사대표 운운한 피의자의 남편과 아들의 거짓진술만 인정한 것은 부당한 것입니다.

라. 위 회사의 경리담당 ○○○ 전무도 검찰의 참고인 진술조서에서 ○○○(고소인)이 ○○○(피의자)에게 금 12억원을 주고 산 땅을 일방적으로 감정가액의 70%인 금 6억 600만원만 회사에 입금을 잡은 것에 대하여, 사전에 ○○○과 합의가 되어야 하는데, 합의가 없었고 ○○○, ○○○, ○○○만이 모여서 이사회 결의를 하고, ○○○이 금 12억원을 주고 산 부지를 금 6억600만원을 정하여 ○○○앞으로 입금한 것은 잘못이라고 명백하게 진술한 것일뿐더러, 동 이사회 의사록에도 ○○○이 그 이사회에 참석한 것으로 되어있고, 자필서명까지 되어있습니다. 이는 ○○○도 위 내용을 모두 알고 있었다고 인정되는 자료라고 사료됩니다.

2. 피의사실 제2항의 점(횡령)에 대하여

검사는 피의자가 회사의 형식상 대표이사일 뿐 실제 남편인 상피의자 ○○○이 회사를 경영한 것이므로 이건 권리금 및 골프장 운영비의 처리문제에 대하여 관여한 일이 없다는 취지로 변소한 점을 인정한 바 있으나, 검찰의 피의자 신문조서에 피의자 스스로 20○○. ○. ○. ○○관광(주)을 설립하여 현재까지 대표이사로 있기 때문에 회사의 내용을 잘 알고 20○○. ○. ○. 고소인과 동업계약을 직접 체결한 사실까지도 인정하였을 뿐만 아니라, 피의자가 ○○지방법원 민사법정에 이 사건과 관련하여 증자무효청구사건(20○○가합4321호)에 제출한 준비서면과 피의자의 아들인 동 회사의 감사 ○○○의 진술에서도 피의자 남편인 ○○○은 일개 주주일 뿐 계약 당사자가 아니고, 대표이사인 피의자가 모든 법률행위를 직접 처리한 사실이 나타나 있습니다.

이는 ○○지방법원 20○○고단2345호, 20○○고단3456호(○○지검 20○○형제4567 및 20○○형제5678) 병합사건의 판결문(별첨 6호증)만 보아도 명백하다 할 것이고, 위 사건기록을 살펴보면 피의자의 위 회사에서의 역할에 대하여 소상하게 알 수 있는 것으로 사료되므로, 피의자가 형식적인 대표라고 인정한 것은 수사미진이라 할 것입니다.

3. 피의사실 제3항 및 제4항에 대하여,

가. 검사는 토지평가 대금에 관하여 '상피의자 ○○○ 및 참고인 ○○○의 진술, 이사회 회의록, 경리장부에 따라 토지평가대금 전액이 입금 처리된 것으로 인정하고 있으나, 진술한 바와 같이 피의자 남편인 ○○○은 일개 주주일 뿐, 계약 당사자가 아니고, 회사의 대표이사인 피의자가 모든 법률행위를 직접 처리한 사실을 피의자 스스로 진술하였을 뿐더러, 검사가 이유로 들고 있는 수사기록 111정의 이사회 의사록에도 ○○○(피의자)이 의장으로써 의사를 진행하고 동인이 서명까지 한 사실이 명백하게 명기되어 있습니다.

그러므로 이건 토지에 관하여 피의자가 관여하지 않았다는 취지로 진술한 것은 허위임이 드러났을 뿐만 아니라, 동 의사록에 고소인 개인 소유인 부지 432,977m2를 금 1,323,186,750원에 ○○관광(주)에서 매수하고 대금은 ○○○이사 일시가수금으로 처리하기로 결의하였는데(20○○. ○. ○.), ○○관광(주)의 20○○. ○. ○.자 대차대조표의 부속명세서(부채)에 ○○○ 앞으로 금 50,012,011원만 기재되어있고, 나머지 금 1,278,174,739원(1,328,186,750원-50,012,011원)은 ○○○에게 지급한 사실도 없이 피의자가 임의로 처분한 것입니다.

그러므로 검사가 토지평가대금 전액이 입금 처리된 것처럼 인정한 것은 수사미진이라 할 것입니다.

나. 제4항의 경비에 대하여

검사는 상피의자 ○○○ 및 참고인 ○○○의 각 진술에 따라 경비 1억 80만원 전액이 주주차입금 명목으로 입금 처리되어 피의자가 경비의 처리문제에 관여하였는지 여부와 관계없이 이를 횡령한 것으로 인정하기 어려워 각 '혐의없다'고 하였으나. 피의자측 참고인 ○○○ 전무는 검찰의 진술조서에서 실제 회사장부에는 위 1억 80만원을 기재하지 않았고, 보조장부에만 기재하여 피의자에게만 결재받고, 고소인에게는 비밀로 하였다고 진술하고 있습니다.

또 당시 회사 임원회(피의자측 ○○○회장, ○○○ 전무와 고소인과 ○○○이사)에서도 위 금원을 회사에 입금하여 공동대표의 결재에 따라 집행하도록 합의까지도 한 것입니다(제1호증 사실확인서).

그럼에도 불구하고 주주차입금 명목으로 금 1억 80만원이 입금되었다고 인정한 것은 수사미진 내지는 판단착오라 할 것입니다.

4. 피의사실 제5항(배임)의 점에 대하여,

가. 검사는 상피의자 ○○○의 진술 및 ○○토지수용 위원회 재결서, 이사회 이사록 피의자 명의의 의견서의 각 기재 등에 의하면 이건 토지는 회사측에서 국방부에 토지수용 동의를 해주지 아니하자, 결국 ○○토지수용위원회의 재결에 의하여 강제로 수용당한 것으로 피의자가 토지수용 문제에 관여하였는지 여부에 관계없이 회사 재산 관리자로서의 임무를 위배하여 회사에 손해를 가한 것이라고 인정하기 어려워 혐의 없다고 하였으나,

○○토지수용위원회 재결서 49면에 피의자는 손실보상 가격의 합의만 되면 골프장 사업취소와 동시에 ○○부에 매도한다는 합의서를 제출한 것으로 명백하게 명기되어 있을뿐더러, 회사의 이사회 의사록에도 회사의 주요재산인 토지를 군부대에 수용합의서 작성에 대하여 20○○. ○. ○. 주주이며 이사인 ○○○가 해외 여행중이라 출석이사만의 승인가결로 합의문을 작성하고 피의자(의장 대표이사 ○○○)가 20○○. ○. ○.자 서명까지도 한 것입니다.

그러므로 이건 토지는 피의자가 수용합의서를 써 주었기 때문에 형식상으로만 수용으로 처리된 사실이 드러난 것이므로 검사가 강제수용당한 것으로 판단한 것은 수사미진이라 할 것입니다.

또 피의자가 수용위원회에 제출한 의견서에 당사는 20○○. ○. ○. 합의한 내용대로 금액합의가 되어야 매도가능 운운한 사실이 20○○. ○. ○. 자 명백하게 명기되어 있습니다.

그런데 골프장의 사업부지 48%인 271,790평은 고소인의 부지인데, 피의자는 고소인 등에게 부지대금 단돈 1원도 지급하지 않았음에도 불구하고 고소인과 아무런 합의도 없이 수용합의서를 써준 명백한 배임행위를 한 것일 뿐만 아니라, 회사의 전자산인 사업부지 양도와 사업승인권 취소에 대한 합의는 주주총회의 특별결의 사항이며 이사회의 위임사항도 될 수 없는 것입니다(상법 제374조 영업권 양도 등 참조). 그런데 피의자는 이건 주주총회의 특별결의를 받은 사실이 전혀 없습니다.

그러므로 토지수용에 대하여 검사가 불기소 처분한 것은 여러모로 보더라도 수사미진이 명백한 것입니다.

5. 끝으로,

검사는 이 사건 피의자는 형식상 대표이사일뿐 남편인 상피의자 ○○○이가 범죄행위를 모두 한 것으로 피의자에 대하여 무혐의 처리한 바 있으나, 진술한 바와 같이 피의자는 고소인과 체결한 동업계약서에 개인의 인감도장을 직접 날인하였고(제2호증), 또 법인의 인감도장을 날인하여 공증인의 인정까지도 받은 것입니다.

또 피의자 스스로 20○○. ○. ○. ○○관광(주)을 설립하여 현재까지 대표이사로 있기 때문에 회사의 내용을 잘 알고, 20○○. ○. ○. 고소인과 동업계약을 직접 체결한 사실을 인정하였을 뿐더러 피의자가 이 사건과 관련하여 ○○지방법원 민사법정에 제출한 준비서면(20○○가합987호)과 피의자 아들이며 회사의 감사인 ○○○의 진술도 피의자 남편인 ○○○은 일개주주일 뿐 계약 당사자가 아니고, 대표이사인 피의자가 모든 법률행위를 직접 처리한 것으로 되어 있습니다.

한편, ○○경찰서의 범죄인지 및 수사결과 보고서(제4호증)와 언론보도(제5호증)에 의하면, 이 사건 검찰이 수사로서 피의자의 범행이 드러나자 증거를 인멸하기 위한 목적으로 고소인 얼굴에 염산테러를 가하여 눈을 실명시키도록 배후조종을 피의자가 하여 저지른 청부폭력이었던 것으로 근 10여일 동안 각종 언론에 대대적으로 보도가 된 바 있으며, 피의자는 입건전력 7회인 자로서, 동인의 남편인 상피의자 ○○○과 ○○형사지방법원으로부터 20○○. ○. ○. 업무상 배임죄로 처벌받은 판결문(제6호증)과 같이 상습적으로 배임행위를 자행한 자들입니다.

증 거 서 류

1. 제1호증	사실확인서
1. 제2호증	동업계약서(개인인감 날인한 점)
1. 제3호증	고검 재기수사 명령서
1. 제4호증	○○경찰서 범죄인지 및 수사결과 보고서
1. 제5호증	언론보도
1. 제6호증	판결문
1. 제7호증	공소부제기이유고지서

20○○년 월 일

위 항고인 ○ ○ ○ ㊞

○○고등검찰청 귀중

V. 공소제기 후의 수사

1. 의 의

수사를 종결하였다고 하여 그 이후에는 절대로 수사를 할 수 없는 것은 아니다. 공소를 제기한 후에도 검사는 공소유지의 여부를 결정하기 위하여 수사를 할 수 있고, 불기소처분을 한 때에도 수사를 재개할 수 있다. 불기소처분에는 확정력이 인정되지 않기 때문이다.

공소제기 후에도 수사를 계속할 필요가 있는 경우는 공소제기 후에 피고인이 공소사실의 일부를 추가로 범한 것이 밝혀지거나, 피고인이 공판정에서 알리바이를 주장하여 그 진실성을 확인할 필요가 있는 경우 또는 공범자나 진범이 검거된 등이다. 따라서 수사는 범인과 증거를 발견·수집한다는 본질에 비추어 공소제기 전은 물론 공소가 제기된 후에도 판결이 확정될 때까지는 가능하다고 하지 않을 수 없다.

공소제기 후에도 수사를 할 수 있다고 하여 공소제기 후의 수사가 공소제기 전과 같이 무제한하게 허용된다는 의미는 아니다.

2. 공소제기 후의 강제수사

(1) 구속

공소제기 후의 피고인 구속은 법원의 권한에 속한다(법 제70조). 따라서 공소제기 후에 수사기관이 피고인을 구속할 수는 없다.

(2) 압수·수색·검증

공소제기 후에 압수·수색·검증이 허용되는지의 여부에 대해서는 긍정설과 부정설이 대립되고 있다.

다음과 같은 경우에는 공소제기 후에도 압수·수색·검증이 허용된다는 점에 대해서는 이론이 없다.

가. 피고인에 대한 구속영장을 집행하는 경우의 압수·수색·검증

검사 또는 사법경찰관이 피고인에 대한 구속영장을 집행하는 때에 그 집행의 현장에서는 영장 없이 압수·수색·검증할 수 있다(제216조 제2항). 이 경우 검사 또는 사법경찰관은 집행기관으로서 구속영장을 집행하는 데 불과하지만 압수·수색·검증은 수사에 속하는 강제처분이므로 압수물은 법관에게 제출해야 하는 것이 아니라 수사기관에서 보유할 수 있다. 이 범위에서 수사기관이 공소제기 후에도 압수·수색·검증을 할 수 있음이 명백하다.

나. 임의제출물의 압수

공소제기 후에 수사기관의 임의제출물을 압수할 수 있다. 임의제출의 압수는 강제수사지만 점유취득방법이 임의적이므로 공소제기 후에도 허용된다.

3. 공소제기 후의 임의수사

(1) 임의수사의 범위

공소제기 후에도 공소를 유지하거나 그 여부를 결정하기 위한 수사가 가능한 이상 공소제기 후의 임의수사는 원칙적으로 허용된다고 하지 않을 수 없다. 그러므로 참고인 조사, 감정·통역·번역의 위촉, 공무소에의 조회와 같은 임의수사는 제1회 공판기일 전후를 불문하고 허용된다고 하겠다. 그러나 임의수사라 하여 공소제기 후에도 무제한하게 허용되는 것은 아니다.

(2) 피고인신문의 인정 여부

공소제기 후에 수사기관이 공소사실에 관하여 피고인을 신문할 수 있는지에 관해서 견해가 대립되고 있다. ① 공소제기 후에도 제1회 공판기일 전후를 불문하고 수사기관이 피고인을 신문할 수 있다는 적극설, ② 수사기관은 공소제기 후에는 제1회 공판기일 전후를 불문하고 피고인을 신문할 수 없다는 소극설, ③ 공소제기 후에도 제1회 공판기일 전에는 수사기관에 의한 피고인신문을 허용해야 한다는 절충설 등이 그것이다. 소극설이 통설이다.

제4장 공 소

Ⅰ. 공소와 공소권

1. 공소의 의의

공소라 함은 검사가 법원에 대하여 특정 피고인의 형사사건에 관하여 유죄판결을 요구하는 의사표시를 말한다. 이를 기소라 약칭하기도 한다. 검사가 수사를 행한 결과 범죄의 혐의가 있고 처벌할 필요가 있다고 판단하면 공소를 제기한다.

검사의 공소제기는 수사의 종결을 의미하는 동시에 이에 의하여 법원의 심판이 개시된다. 따라서 공소에 의하여 범죄수사는 일응 종결되고 사건은 공판절차에 이행된다.

공소의 제기는 수사결과에 대한 검사의 판단에 의하여 결정된다. 그러나 공소제기가 없는 때에는 법원은 그 사건에 대하여 심판을 할 수 없다(불고불리의 원칙). 즉 법원의 심판의 대상은 공소제기에 의하여 결정되고 법원은 이를 중심으로 심판하지 않을 수 없다.

2. 공소권

공소권은 법원의 심판권, 피고인의 방어권과 함께 형사소송구조의 기본개념을 구성하고 있다. 공소권이란 공소를 제기하는 검사의 권리를 말한다. 즉 유죄·무죄의 실체재판을 청구하는 권리이다.

공소권은 검사의 공소제기에 관한 권리를 의미하는 것이므로 실체법상의 형벌권과 구별되는 개념이다. 따라서 형벌권이 존재하지 않기 때문에 무죄판결을 하는 경우에도 공소권은 존재할 수 있다. 물론 형벌권과 공소권이 전혀 관계가 없는 것은 아니다. 공소의 제기는 유죄판결을 전제로 하므로 공소제기에는 유죄판결의 개연성이 인정될 것을 요하기 때문이다.

3. 공소권남용

(1) 의 의

공소권의 남용이란 공소권의 행사가 형식적으로는 적법하지만 실질적으로는 부당한 경우를 말한다. 즉, 검사가 자의적으로 공소권을 행사하여 피고인에게 실질적인 불이익을 줌으로써 소추재량권을 현저히 일탈하였다고 보여지는 경우를 말한다. 예컨대 ①

범죄의 객관적 혐의가 없음에도 불구하고 검사가 공소를 제기한 경우, ② 사건의 성질과 내용에 비추어 기소유예를 함이 상당함에도 불구하고 공소를 제기한 경우, ③ 죄질과 범증이 유사한 여러 피의자 중에서 일부만을 선별적으로 공소제기한 경우, ④ 공소제기의 전제인 수사과정에 중대한 위법이 있는 경우가 여기에 해당한다.

핵심판례

공소권남용의 요건 및 효과

검사가 자의적으로 공소권을 행사하여 피고인에게 실질적인 불이익을 줌으로써 소추재량권을 현저히 일탈하였다고 보여지는 경우에 이를 공소권의 남용으로 보아 공소제기의 효력을 부인할 수 있는 것이고, 여기서 자의적인 공소권의 행사라 함은 단순히 직무상의 과실에 의한 것만으로는 부족하고 적어도 미필적이나마 어떤 의도가 있어야 한다(대판 2001. 9. 7, 2001도3026).

공소권남용에 해당하는 사례

피고인이 절취한 차량을 무면허로 운전하다가 적발되어 절도 범행의 기소중지자로 검거되었음에도 무면허 운전의 범행만이 기소되어 유죄의 확정판결을 받고 그 형의 집행 중 가석방되면서 다시 그 절도 범행의 기소중지자로 긴급체포되어 절도 범행과 이미 처벌받은 무면허 운전의 일부 범행까지 포함하여 기소된 경우, 그 후행 기소가 적법한 것으로 보아 유죄를 인정한 원심판결에는 공소권 남용에 관한 법리오해 또는 심리미진의 위법이 있다(대판 2001. 9. 7, 2001도3026).

(2) 공소권남용으로 볼 수 없는 경우

가. 검사의 무혐의 결정에 대해 고소인이 3년이 지난 뒤 다시 피고인을 동일한 혐의로 고소함에 따라 공소를 제기한 경우

공소제기된 피고인의 범죄사실 중 일부에 대하여 검사의 일차 무혐의 결정이 있었고, 이에 대하여 그 고소인이 항고 등 아무런 이의를 제기하지 않고 있다가 그로부터 약 3년이 지난 뒤에야 뒤늦게 다시 피고인을 동일한 혐의로 고소함에 따라, 검사가 새로이 수사를 재기하게 된 것이라 하더라도, (중략) 이를 가리켜 공소권을 남용한 경우로서 그 공소제기의 절차의 무효인 때에 해당한다고 볼 수는 없다.

나. 수사와 기소 단계에서 정치적 고려가 있는 경우

기업들에 대하여 막강한 영향력을 가지고 있던 국세청의 고위 공무원들과 공모하여 기업들로부터 거액의 정치자금을 모금한 행위는 정치자금의 투명한 조달을 왜곡하고 공정한 선거를 방해할 뿐만 아니라 기업들에 대하여는 막중한 경제적 부담을 지우는 것으로서, 검찰이 수사와 기소 단계에서 제15대 대통령 선거의 당선자측과 낙선자측을 불평등하게 취급하는 정치적인 고려가 있었다고 하더라도, 그 범죄행위에 상응한 책임을 묻는 검사의 공소제기가 소추재량권을 현저히 일탈하였다고 볼 수 없다(대판 2004. 4. 27, 2004도482).

다. 위법수사에 의한 공소제기

변호인이 주장하는 불법연행 등 각 위법사유가 사실이라고 하더라도 그 위법한 절차에 의하여 수집된 증거를 배제할 이유는 될지언정 공소제기의 절차 자체가 위법하여 무효인 경우에 해당한다고 볼 수 없다(대판 1990. 9. 25, 90도1586).

라. 범죄사실이 확인되었지만 이를 관련사건과 함께 기소하는 것을 간과한 경우

검사가 관련사건을 수사할 당시 이 사건 범죄사실이 확인된 경우 이를 입건하여 관련사건과 함께 기소하는 것이 상당하기는 하나 이를 간과하였다고 하여 검사가 자의적으로 공소권을 행사하여 소추재량권을 현저히 일탈한 위법이 있다고 보여지지 아니할 뿐 아니라, 검사가 위 항소심판결 선고 이후에 이 사건 공소를 제기한 것이 검사의 태만 내지 위법한 부작위에 의한 것으로 인정되지 아니한다.

마. 차별적 공소제기

검사는 피의자의 연령·성행·지능과 환경, 피해자에 대한 관계, 범행의 동기·수단과 결과, 범행 후의 정황 등의 사항을 참작하여 공소를 제기할 것인지의 여부를 결정할 수 있는 것으로서, 똑같은 범죄구성요건에 해당하는 행위라고 하더라도 그 행위자 또는 그 행위 당시의 상황에 따라서 위법성이 조각되거나 책임이 조각되는 경우도 있을 수 있는 것이므로, 자신의 행위가 범죄구성요건에 해당한다는 이유로 공소가 제기된 사람은 단순히 자신과 동일한 범죄구성요건에 해당하는 행위를 하였음에도 불구하고 불기소된 사람이 있다는 사유만으로는 평등권이 침해되었다고 주장할 수는 없는 것이다. 따라서 검사가 공소권을 남용하여 공소를 제기한 것이 아니라고 본 원심의 판단은 정당하다.

Ⅱ. 공소의 제기의 기본원칙

1. 국가소추주의

공소제기의 권한을 국가기관(특히 검사)에게 전담하게 하는 것을 국가소추의라고 하고, 사인의 공소제기를 인정하는 것을 사인소추주의라고 한다.

형사소송법은 공소는 검사가 제기하여 수행한다고 규정하여(제246조), 국가소추주의를 채택하고 있다.

2. 기소독점주의

(1) 의 의

국가기관 중에서 검사만이 공소를 제기하고 수행할 권한을 갖는 것을 검사의 기소독점주의라고 한다.

(2) 장 · 단점

기소독점주의는 전국적으로 통일된 조직체를 이루고 있는 검사에게 소추권을 독점케 함으로써 공소제기의 적정을 보장하고, 공익의 대표자인 검사가 개인적 감정이나 지방적 특수사정 또는 일시적 흥분에 의하여 좌우되지 않고 국가적 입장에서 공평하고 획일적인 소추를 할 수 있게 한다는 장점을 가진다. 특히 기소독점주의는 기소편의주의와 결합할 때에는 기소 · 불기소의 기준을 통일하여 공소권행사의 공정을 보장하는 기능을 하게 된다.

반면에 관료주의와 결합하여 공권력의 행사를 자의와 독선에 흐르게 하고, 비민주적인 검사독선을 초래할 위험을 내포하고 있다.

3. 기소편의주의

(1) 의 의

수사결과 공소를 제기함에 충분한 혐의가 인정되고 소송조건을 갖춘 때에는 반드시 공소를 제기해야 한다는 원칙을 기소법정주의라 하고, 재량에 의한 불기소처분을 인정하는 것을 기소편의주의라 한다. 형사소송법 제247조 는 검사는 형법 제51조의 사항(① 법인의 연령 · 성행 · 지능과 환경, ② 피하자에 대한 관계, ③ 범행의 동기 · 수단과 결과, ④ 범행 후의 정황)을 참작하여 공소를 제기하지 아니할 수 있다고 규정하여 기소편의주의를 채택하고 있다.

(2) 장 · 단점

기소편의주의는 형사사법의 탄력성 있는 운용을 통하여 구체적 정의를 실현하고, 공소제기에 대한 형사정책적 고려에 의하여 범죄인에게 조기개선의 기회를 제공함과 동시에 일반예방의 목적을 달성하고, 불필요한 공소를 억제하여 소송경제에 도움이 된다는 장점이 있다. 반면에 공소제기에 대한 정치적 영향과 검사의 자의를 배제할 수 없게 되어 법적 안정성을 유지할 수 없다는 단점이 있다.

핵심판례

피고인과 동일한 범죄구성요건에 해당하는 행위를 한 사람에 대하여 공소가 제기되지 않았다는 사유만으로 피고인에 대한 공소제기가 평등권을 침해하는 것인지 여부(소극)

검사는 피의자의 연령·성행·지능과 환경, 피해자에 대한 관계, 범행의 동기·수단과 결과, 범행 후의 정황 등의 사항을 참작하여 공소를 제기할 것인지의 여부를 결정할 수 있는 것으로서(형사소송법 제247조 제1항), 똑같은 범죄구성요건에 해당하는 행위라고 하더라도 그 행위자 또는 그 행위 당시의 상황에 따라서 위법성이 조각되거나 책임이 조각되는 경우도 있을 수 있는 것이므로, 자신의 행위가 범죄구성요건에 해당된다는 이유로 공소가 제기된 사람은 단순히 자신과 동일한 범죄구성요건에 해당하는 행위를 하였음에도 불구하고 공소가 제기되지 아니한 다른 사람이 있다는 사유만으로는 평등권이 침해되었다고 주장할 수 없다(대판 2006.12.22. 선고, 2006도1623).

Ⅲ. 공소제기의 방식

1. 공소장의 제출

(1) 서면주의

공소를 제기함에는 공소장을 관할법원에 제출하여야 한다(법 제254조 제1항). 이와 같이 공소제기는 서면에 의하여야 하므로 구두나 전자매체에 의한 공소제기는 인정되지 않는다.

공소장에는 피고인 수에 상응하는 부본을 첨부하여야 하고, 법원은 제1회 공판기일 전 5일까지 이를 피고인에게 송달하여야 한다(법 제266조).

핵심판례

제1심이 공소장 부본을 피고인 또는 변호인에게 송달하지 아니한 채 공시송달의 방법으로 피고인을 소환하여 피고인이 공판기일에 출석하지 아니한 가운데 제1심 공판절차가 진행된 경우, 항소심이 취해야 할 조치

형사소송법 제266조는 "법원은 공소의 제기가 있는 때에는 지체없이 공소장의 부본을 피고인 또는 변호인에게 송달하여야 한다. 단, 제1회 공판기일 전 5일까지 송달하여야 한다."고 규정하고 있으므로, 제1심이 공소장 부본을 피고인 또는 변호인에게 송달하지 아니한 채 공판절차를 진행하였다면 이는 소송절차에 관한 법령을 위반한 경우에 해당한다. 이러한 경우에도 피고인이 제1심 법정에서 이의함이 없이 공소사실에 관하여 충분히 진술할 기회를 부여받았다면 판결에 영향을 미친 위법이 있다고 할 수 없으나, 제1심이 공시송달의 방법으로 피고인을 소환하여 피고인이 공판기일에 출석하지 아니한 가운데 제1심의 절차가 진행되었다면 그와 같은 위법한 공판절차에서 이루어진 소송행위는 효력이 없으므로, 이러한 경우 항소심은 피고인 또는 변호인에게 공소장 부본을 송달하고 적법한 절차에 의하여 소송행위를 새로이 한 후 항소심에서의 진술과 증거조사 등 심리결과에 기초하여 다시 판결하여야 한다(대판 2014.4.24. 선고, 2013도9498).

(2) 공소장의 첨부서류

공소장에는 공소제기 전에 변호인이 선임되거나 보조인의 신고가 있는 경우 그 변호인선임서 또는 보조인신고서를, 공소제기 전에 특별대리인의 선임이 있는 경우 그 특별대리인 선임결정등본을, 공소제기 당시 피고인이 구속되어 있거나, 체포 또는 구속된 후 석방된 경우 체포영장, 긴급체포서, 구속영장 기타 구속에 관한 서류를 각 첨부하여야 한다(규 제118조 제1항).

2. 공소장의 기재사항

공소장에는 피고인·죄명·공소사실 및 적용법조를 기재하여야 한다(법 제254조 제3항).

(1) 피고인의 성명 기타 피고인을 특정할 수 있는 사항

가. 피고인을 특정할 수 있는 사항

공소장에는 피고인을 특정해야 한다. 피고인을 특정할 수 있는 사항으로는 피고인의 성명 이외에 주민등록번호 등·직업·주거 및 등록기준지를 기재하여야 하며, 피고인이 법인인 때에는 사무소 및 대표자의 성명과 주소를 기재해야 한다. 또 피고인이 구속되어 있는지 여부도 기재해야 한다(규 제117조 제1항). 다만 이러한 사항이 명백하지 아니한 때에는 그 취지를 기재하고(동조 제2항) 인상·체격의 묘사나 사진의 첨부에 의하여도 특정할 수 있으며, 구속된 피고인에 대하여는 유치번호를 기재해도 된다.

대법원은 공소장에 누범이나 상습범을 구성하지 아니하는 전과사실을 기재하는 것도 피고인을 특정할 수 있는 사항에 속한다고 한다(대판 1966. 7. 19, 66도793).

핵심판례

공소사실의 특정정도 및 특정을 요구하는 취지

공소사실의 특정방법을 정한 형사소송법 제254조 제4항에서 말하는 범죄의 '시일'은 이중기소나 시효에 저촉되지 않는 정도의 기재를 요하고 '장소'는 토지관할을 가늠할 수 있는 정도의 기재를 필요로 하며 '방법'은 범죄의 구성요건을 밝히는 정도의 기재를 요하는 것이고, 이와 같은 공소범죄사실의 세 가지 특정요소를 갖출 것을 요구하고 있는 법의 취지는 결국 피고인의 방어의 범위를 한정시켜 방어권을 쉽게 해주게 하기 위한 데 있는 것이므로, 공소사실은 위 세 가지의 특정요소를 종합하여 범죄구성요건에 해당하는 구체적 사실을 다른 사실과 판별할 수 있는 정도로 기재하여야 한다(대판 1994. 9. 23, 94도1853).

나. 특정의 정도

특정의 정도는 타인과 구별할 수 있는 정도면 족하다. 따라서 피고인을 주거·등록기준지·생년월일·직업 또는 인상·체격에 의하여 특정할 수 있는 한 피고인의 성명이 진명임을 요하지 않는다.

핵심판례

피고인의 특정정도

형사소송법 제254조 제3항에 의하여 공소장에 기재할 피고인의 성명은 반드시 재판을 받아야 할 그 피고인 고유의 성명을 기재하여야 하는 것도 아니며 또 그 기재에 오기가 있다고 하더라도 본적, 주소, 생년월일, 직업 또는 인상체격을 기재하거나 사진을 첨부하는 등 피고인을 특정할 수 있는 정도이면 된다고 할 것이다(대판 1982. 10. 12, 82도2078).

(2) 죄 명

공소장에는 죄명을 기재하여야 한다. 죄명은 범죄의 유형적 성질을 가리키는 명칭으로서 적용법조의 기재와 함께 공소제기의 범위를 정하는 데 보조적 기능을 한다.

죄명은 구체적으로 표시해야 한다.

죄명의 표시가 틀린 경우에도 이로 인하여 피고인의 방어에 실질적 불이익이 없는 경우는 공소제기의 효력에 영향이 없다. 따라서 공소사실이 복수인 때에는 명시된 공소사실의 죄명을 모두 표시해야 하나, 다수의 공소사실에 대하여 죄명을 일괄 표시했다고 하여 죄명이 특정되지 않았다고 할 수는 없다(대판 1969. 9. 23, 69도1219).

(3) 공소사실

가. 의 의

공소사실이란 구성요건에 해당하는 것으로 법률적·사실적으로 특정된 사실을 말하며, 검사가 공소장에 기재하여 공소를 제기한 범죄사실이고 법원의 심판의 대상이 되는 사실이라 할 수 있다.

나. 공소사실 특정의 정도

공소사실의 기재는 범죄의 일시·장소와 방법을 명시하여 사실을 특정할 수 있도록 하여야 한다(법 제254조 제4항). 심판의 대상을 명확히 하여 피고인의 방어권행사를 보호하기 위한 것이다.

특정의 정도는 구성요건 해당사실을 다른 사실과 판별할 수 있을 정도, 즉 공소사실의 동일성을 인정할 수 있는 정도면 족하다. 따라서 공소사실로는 구체적인 범죄사실의 기재가 있어야 하며, 단순히 추상적 구성요건만을 기재함에 그치고 범죄의 특별 구성요건을 충족하는 구체적 사실인 행위의 객체나, 범행의 방법을 기재하지 아니한 공소사실은 특정되었다고 할 수 없다.

다. 공소사실 불특정의 효과

공소사실의 특정은 공소제기의 유효요건이다. 따라서 공소사실이 특정되지 아니한 공소제기는 무효이므로 판결로써 공소를 기각해야 한다.

핵심판례

포괄일죄에 있어 공소사실의 특정정도

횡령죄는 피해자별로 별개의 죄를 이루는 것이어서 그 피해자가 수인인 경우에는 각 피해자별로 횡령금액이 정하여져야 하지만 공소사실의 기재에 있어서 범죄의 일시, 장소, 방법을 명시하여 공소사실을 특정하도록 한 법의 취지는 피고인의 방어권 행사를 쉽게 해 주기 위한 데에 있는 것이므로 ㉠ 공소사실은 이러한 요소를 종합하여 구성요건 해당사실을 다른 사실과 판별할 수 있을 정도로 기재하면 족하고, ㉡ 공소장에 범죄의 일시, 장소, 방법 등이 구체적으로 적시되지 않았더라도 위의 정도에 반하지 아니하고 더구나 공소범죄의 성격에 비추어 그 개괄적 표시가 부득이 하며 또한 그에 대한 피고인의 방어권 행사에 지장이 없다고 보여지는 경우에는 그 공소내용이 특정되지 않아 공소제기가 위법하다고 할 수 없고, ㉢ 포괄일죄에 있어서는 그 일죄의 일부를 구성하는 개개의 행위에 대하여 구체적으로 특정되지 아니하더라도 그 전체 범행의 시기와 종기, 범행방법, 범행횟수 또는 피해액의 합계 및 피해자나 상대방을 명시하면 이로써 그 범죄사실은 특정되는 것이다(대판 1997. 12. 26, 97도2609).

포괄일죄에 있어서 일죄의 일부를 구성하는 개개의 행위에 대해 구체적으로 특정하여야 하는지 여부

포괄일죄에 있어서는 일죄의 일부를 구성하는 개개의 행위에 대하여 구체적으로 사실을 특정할 필요는 없고, "1971년 말경부터 1972년 말경까지 사이에 비밀요정등지에서 금 1,200,000원 상당의 향응을 제공받았다"는 공소사실과 같이 범행의 시기, 장소, 방법 등이 기재된 이상 공소사실은 특정되었다 할 것이다.

상습사기죄의 경우 그 범행의 모든 피해자들의 성명을 명시해야 하는지 여부(소극)

포괄일죄인 상습사기의 공소사실에 있어서 그 범행의 모든 피해자들의 성명이 명시되지 않았다 하여 범죄사실이 특정되지 아니하였다고 볼 수 없다(대판 1990. 6. 26, 90도833).

라. 공소사실이 특정되었다고 볼 수 없는 사례

① '피고인 갑은 1982. 11. 말경부터 1983. 1. 하순경까지 사이에 경북 풍기읍 성내동

187 소재 식당방에서 월 평균 10회씩 도합 20회에 걸쳐 을과 성교하여 각 간통한 것이다'라는 기재와 같은 공소범죄사실의 설시 내용은 개개의 간통행위에 대하여 그 일시를 명시하여 사실을 특정한 구체적인 범죄사실을 기재한 것이라고 볼 수 없다(대판 1985. 10. 22, 85도1449).

② '피고인이 1980. 12. 일자 불상경부터 1981. 9. 5. 전일 경까지 사이에 피해자를 협박하여 약 20여 회 강간 또는 강제추행하였다'라는 공소사실(대판 1982. 12. 14, 82도2442).

③ '피고인이 성명불상자들과 합동하여 통행 중인 성명불상 여자로부터 품명불상의 재물을 절취하였다'라는 공소사실(대판 1975. 11. 25, 75도2946).

④ '피고인은 2000. 11. 2.경부터 2001. 7. 2.경까지 사이에 인천 이하 불상지에서 향정신성의약품인 메스암페타민 불상량을 불상의 방법으로 수회 투약하였다'라는 공소사실(대판 2002. 9. 27, 2002도3194).

⑤ '일정한 기간 사이에 성명불상의 고객들에게 1일 평균 매상액 상당을 판매하여 그 대금 상당액을 편취하였다'라는 공소사실(대판 1996. 2. 13, 95도2121).

⑥ '피고인이 1978. 12. 19.부터 1981. 6. 26.까지는 서울 관악구 봉천동에서, 1981. 11. 22.부터 1982. 7. 31.까지는 대구 중구 시장북로 소재 시장 여인숙에서 동거하면서 혼인을 빙자하여 수회 간음한 것이다'라는 공소사실(대판 1986. 12. 9, 86도1168).

⑦ '피고인은 1978. 5.말경부터 같은 해 9.말경까지 사이에 상피고인과 수회 간음하여 각 간통하였다'라는 공소사실(대판 1980. 7. 22, 79도2246).

⑧ '피고인들이 1972. 5. 중순경부터 1974. 4. 3.경까지 사이에 부산시 동구 수정 4동 984 및 위 셋방 등지에서 횟수불상 간음하여 간통하였다'라는 공소사실(대판 1975. 6. 24, 75도346).

⑨ "피고인은 '갑'집에 침입하여 라디오 1대를 훔친 것을 비롯하여 그 후 4회에 걸쳐 상습적으로 타인의 재물을 절취하였다"라는 공소사실 기재의 공소장은 구체적인 범죄사실의 기재가 없으므로 무효이다(대판 1971. 10. 12, 71도1615).

(4) 적용법조

공소장에는 죄명·공소사실과 함께 적용법조도 기재해야 한다. 적용법조란 공소사실에 적용된 법적 평가를 의미하며 죄명과 함께 공소의 범위를 확정하는 데 보조적 기능을 한다. 공소장에 적용법조의 기재를 요구하는 이유는 공소사실의 법률적 평가를 명확히 하여 피고인의 방어권을 보장하고자 하는 데 있다.

(5) 수개의 범죄사실과 적용법조의 예비적 · 택일적 기재

가. 의 의

공소장에는 수개의 범죄사실과 적용법조를 예비적 또는 택일적으로 기재할 수 있다(법 제254조 제5항).

예비적 기재라 함은 수개의 사실 또는 법조에 대하여 심판의 순서를 정하여 선순위의 사실이나 법조의 존재가 인정되지 않는 경우에 후순위의 사실 또는 법조의 존재의 인정을 구하는 취지로 기재하는 것을 말한다. 이 경우 선순위의 공소사실을 본위적 공소사실, 후순위의 공소사실을 예비적 공소사실이라고 한다. 이에 대하여 택일적 기재라 함은 수개의 사실에 관하여 심판의 순서를 정하지 않고 어느 것을 심판해도 좋다는 취지의 기재를 말한다.

나. 예비적·택일적 기재가 허용되는 범위

범죄사실과 적용법조의 예비적 · 택일적 기재가 허용되는 범위에 대하여는 견해가 대립되고 있다. 소극설은 범죄사실과 적용법조의 예비적 · 택일적 기재는 범죄사실의 동일성이 인정되는 범위에서만 허용된다고 한다(통설). 이에 반하여 적극설은 예비적 · 택일적 기재는 동일성을 요건으로 하지 않는다고 해석한다(판례의 입장).

다. 법원의 심판의 대상

범죄사실과 적용법조를 예비적 · 택일적으로 기재한 때에는 공소장에 기재된 모든 범죄사실이 법원의 심판의 대상이 된다. 항소심에서도 같다.

따라서 항소심은 예비적 공소사실을 유죄로 인정할 수 있고, 택일적 기재의 경우에도 하나의 사실을 유죄로 인정한 원심 판결을 파기하고 다른 사실을 유죄로 할 수 있다.

라. 법원의 심판의 순서

예비적 기재의 경우에는 법원의 심리 · 판단의 순서도 검사의 기소순위에 의하여 제한받는다. 따라서 법원이 검사의 본위적 공소사실을 판단하지 아니하고 예비적 공소사실만 판단하는 것은 위법이라고 해야 한다. 이에 반하여 택일적 기재의 경우에는 법원의 심판의 순서에 아무런 제한이 없다.

마. 심판의 방법

예비적 · 택일적 기재의 경우에 법원이 그 어느 하나로 유죄를 선고한 때에는 판결주문에 유죄만을 선고하면 족하고 다른 사실에 대한 판단은 요하지 않는다.

① 택일적 기재의 경우에는 판결이유에서도 다른 사실에 대한 판단이 필요 없고, 검사가 다른 사실을 유죄로 인정하지 않은 것을 이유로 상소할 수도 없다.

② 예비적 기재의 경우에 본위적 공소사실을 유죄로 인정한 때에도 같다. 이에 반하여 예비적 공소사실을 유죄로 인정한 경우에는 판결이유에서 본위적 공소사실을 판단해야 한다고 해석하는 것이 일반적이다. 법원이 판단의 순서에 제한을 받는 이상 본위적 공소사실을 판단하는 것은 당연하기 때문이다.

③ 예비적·택일적으로 기재된 모든 공소사실에 대하여 무죄를 선고하는 경우에는 모든 범죄사실 또는 적용법조에 대한 판단을 요한다.

핵심판례

택일적으로 기재한 공소사실의 일부를 인정한 판결에 대한 검사의 상소의 이익 유무(소극)

본래의 강도살인죄에 택일적으로 살인 및 절도죄를 추가하는 공소장 변경을 하여 법원이 택일적으로 공소제기된 살인 및 절도죄에 대하여 유죄로 인정한 이상 검사는 중한 강도살인죄를 유죄로 인정하지 아니한 것이 위법이라는 이유로 상소할 수 없다(1981. 6. 9, 81도1269).

3. 공소장일본주의

(1) 의 의

공소장일본주의란 공소를 제기하는 경우 법원에 공소장 하나만 제출하여야 하며, 공소사실에 대한 증거는 물론 법원에 예단을 생기게 할 수 있는 것은 증거가 아니더라도 제출할 수 없다는 원칙을 말한다.

형사소송법도 공소를 제기함에는 공소장을 관할법원에 제출하여야 하며(제254조 제1항), 공소장에는 사건에 관하여 법원에 예단이 생기게 할 수 있는 서류 기타 물건을 첨부하거나 그 내용을 인용하여서는 아니 된다(규 제118조 제2항)고 규정하고 있다.

공소장일본주의는 수사기관의 심증이 법원에 그대로 이어지는 것을 차단하여 법관은 사건에 대하여 예단을 가지지 않고 백지의 상태에서 공판에서의 양 당사자의 공격과 방어를 통하여 진실을 발견하여야 한다는 요청을 절차상으로 반영한 것이다.

군사법원법 제296조 제6항도 "공소장에는 재판관에게 예단을 가지게 할 염려가 있는 서류 기타의 물건을 첨부하거나 그 내용을 인용하지 못한다"고 하여 공소장일본주의를 규정하고 있다.

(2) 적용범위

공소장일본주의는 공소제기에 대하여 적용된다. 따라서 공판절차갱신 후의 절차, 상소심의 절차, 파기환송·이송 후의 절차에는 공소장일본주의가 적용되지 않는다.

(3) 내 용

가. 서류 기타 물건의 첨부 또는 인용의 금지

공소장일본주의는 사건에 관하여 법원에 예단이 생기게 할 수 있는 서류 기타 물건을 첨부하거나 그 내용을 인용하는 것을 금지한다.

1) 첨부의 금지

공소장에 첨부가 금지되는 것은 사건에 관하여 법원에 예단을 줄 수 있는 서류 기타 물건이다. 법원에 예단을 줄 수 있는 서류 또는 물건이란 사건의 실체심리 이전에 법관의 심증형성에 영향을 줄 수 있는 자료를 말한다. 증거물이 보통이나 반드시 여기에 제한되지 않는다. 따라서 공소사실을 증명하는 수사서류, 기타 증거물의 첨부는 절대로 허용되지 아니한다.

형사소송규칙은 공소장에 변호인선임서 또는 보조인신고서, 특별대리인선임결정등본, 구속영장 기타 구속에 관한 서류를 첨부하여야 한다고 규정하고 있는데(제118조 제1항), 이는 법원에 예단을 줄 염려가 없기 때문이다.

2) 인용의 금지

공소장에 증거 기타 예단이 생기게 할 수 있는 문서내용을 인용하는 것은 허용되지 않는다.

증거물의 인용이 금지된다고 할지라도 문서를 수단으로 한 협박·공갈·명예훼손 등의 사건에 있어서는 문서의 기재내용 그 자체가 범죄구성요건에 해당하는 중요한 요소이므로 공소사실을 특정하기 위하여 문서의 전부 또는 일부를 인용하는 것은 적법하다고 해야 한다.

나. 여사기재(餘事記載)의 금지

공소장일본주의의 원칙상 서류 기타 물건의 첨부나 인용이 금지될 뿐만 아니라 법원에 예단이 생기게 할 수 있는 사항을 공소장에 기재하는 것도 금지된다. 공소장에 법 제254조 제3항의 기재사항 이외의 사항을 기재하는 경우를 여사기재라고 한다.

여사기재에는 법관에게 사건에 대하여 예단이 생기게 할 수 있는 여사기재와 그런 염려가 없는 단순한 여사기재가 있다. 공소장일본주의에 의하여 금지되는 것은 전자이다. 여사기재와 관련하여 다음과 같은 점이 문제된다.

1) 전과의 기재

전과는 예단을 생기게 할 수 있는 사항이므로, 전과가 범죄구성요건에 해당하는 경우(상습누범·상습범)나 사실상 범죄사실의 내용을 이루는 경우(전과를 수단으로 한 공갈) 이외에는 공소장에 동종의 전과를 기재하는 것은 공소장일본주의에 반한다고 해야 한다.

2) 여죄의 기재

여죄의 기재는 법관에게 예단을 생기게 할 수 있는 사항이므로 허용되지 않는다고 해야 한다. 다만 구체적 범죄사실의 기재가 없는 여죄 존재의 지적은 단순한 여사기재로 삭제를 명하면 족하다고 할 것이다.

(4) 공소장일본주의 위반의 효과

공소장일본주의의 위반은 공소제기의 방식에 관한 중대한 위반이므로 공소제기는 무효이며, 따라서 법원은 판결로 공소기각을 선고하여야 한다(법 제327조 제2호). 이에 반하여 법관에게 예단을 생기게 할 우려가 없는 단순한 여사기재는 제254조 제3항 내지 제4항의 위반으로 검사에 대하여 그 삭제를 명하면 족하다.

(5) 약식절차에서의 공소장일본주의의 예외

검사가 약식명령을 청구하는 때에는 공소제기와 동시에 수사기록과 증거물을 제출하여야 한다. 약식절차가 서면심리에 의한 재판이라는 성질로 인하여 공소장일본주의의 예외를 인정한 것이다.

다만 약식명령의 청구가 있는 경우에 법원이 약식명령을 할 수 없거나 부적당하다고 인정하여 공판절차에 의하여 심판하거나(법 제450조), 정식재판의 청구가 있는 때에는 공소장일본주의가 적용된다고 해야 한다.

Ⅳ. 공소제기의 효과

공소제기에 의하여 법원의 공판절차가 개시된다. 즉 법원의 심판은 검사의 공소제기에 의하여 시작되며, 공소제기로 인하여 피의자는 피고인으로 전환하여 소송의 주체로서의 지위를 가지게 된다. 이 경우에 법원의 심판의 범위도 공소장에 기재된 공소사실에 한정된다. 이 외에도 공소제기에 의하여 공소시효의 진행이 정지된다. 따라서 공소제기의 소송법적 효과로는 소송계속과 심판범위의 한정 및 공소시효의 정지를 들 수 있다.

1. 소송계속

(1) 의 의

공소가 제기되면 피의사건이 피고사건으로 변하여(피의자→피고인) 법원은 그 사건에 관하여 심판할 권한과 의무를 갖게 되고 검사와 피고인은 당사자로서 법원의 심판을 받아야 할 권리의무를 갖게 되는 법률관계가 발생한다. 이러한 상태를 소송계속이라 한다.

가. 실체적 소송계속

공소제기가 적법·유효한 경우의 소송계속을 실체적 소송계속이라고 한다. 실체적 소송계속의 경우에는 법원은 공소사실의 존부에 관하여 유죄·무죄의 실체재판을 선고하여야 한다.

나. 형식적 소송계속

공소제기가 부적법·무효인 경우의 소송계속이 형식적 소송계속이다. 형식적 소송계속의 경우에는 면소·공소기각·관할위반과 같은 형식재판을 할 권리·의무가 있을 뿐이다. 공소제기가 없는 사건에 대하여 법원이 심리를 개시한 경우도 형식적 소송계속에 속한다.

(2) 소송계속의 효과

가. 소송계획의 적극적 효과(공소제기의 내부적 효과)

공소제기에 의하여 법원은 사건을 심리·재판할 권리·의무를 가지고, 검사와 피고인은 당사자로서 당해 사건의 심리에 관여하고 법원의 심판을 받아야 할 권리와 의무를 갖게 되는 법률관계가 발생한다. 이러한 법률관계는 공소제기의 본질적 효과이며 공소제기된 사건 자체에 대한 효과이므로, 이를 소송계속의 적극적 효과 또는 공소제기의 내부적 효과라고 한다.

나. 소송계속의 소극적 효과(공소제기의 외부적 효과)

공소의 제기가 있는 때에는 동일사건에 대하여 다시 공소를 제기할 수 없다. 이를 이중기소(재소)의 금지 또는 공소제기의 외부적 효과라고도 한다. 따라서 동일사건이 같은 법원에 이중으로 공소가 제기되었을 때에는 후소에 대하여 공소기각의 판결을 하여야 한다(법 제327조 제3호). 동일사건을 수개의 법원에 이중으로 공소제기하는 것도 허용되지 않는다. 그러므로 동일사건이 사물관할을 달리하는 수개의 법원에 계속된 때에는 법원합의부가 심판하고(법 제12조), 사물관할을 같이하는 수개의 법원에 계속된 때에는 먼저 공소를 받은 법원이 심판한다(법 제13조). 이 경우 심판할 수 없게 된 법원은 공소기각의 결정을 하여야 한다(법 제328조 제3호).

핵심판례

기소 당시에는 이중기소 상태였으나 후에 공소사실과 적용법조가 적법하게 변경된 경우 이중기소가 계속 존재한다고 볼 수 있는지 여부(소극)

기소 당시에는 이중기소된 위법이 있었다 하여도 그 후 공소사실과 적용법조가 적법하게 변경되어 새로운 사실의 소송계속상태가 있게 된 때에는 이중기소된 위법상태가 계속 존재한다고 할 수는 없다(대판 1989. 2. 14, 85도1435).

2. 사건의 범위의 한정

공소는 검사가 피고인으로 지정한 사람 외에 다른 사람에게는 그 효력이 미치지 않는다(법 제248조 제1항). 또 소송계속이 생기는 사건의 범위는 피고인 및 공소사실이 동일한 한 사건의 전부에 미친다(공소불가분의 원칙 법 제248조 제2항).

(1) 공소불가분의 원칙

공소제기의 효과는 공소장에 기재된 피고인과, 공소사실과 단일성 및 동일성이 인정되는 사실에 미친다. 이를 공소불가분의 원칙이라고 한다.

(2) 공소제기의 인적 효력범위

공소는 검사가 피고인으로 지정한 사람외의 다른 사람에게 그 효력이 미치지 아니한다(법 제248조 1항). 따라서 법원은 검사가 공소장에 특정하여 기재한 피고인만 심판하여야 하며 그 이외의 자를 심판할 수는 없다. 이 점에서 공소제기의 효력은 주관적 불가분의 원칙이 적용되는 고소의 효력과 구별된다. 따라서 공소제기 후에 진범인이 발견되어도 공소제기의 효력은 진범인에게 미치지 아니하며, 공범 중 1인에 대한 공소제기가 있어도 다른 공범자에 대하여는 그 효력이 미치지 않는다. 다만 공소제기로 인한 공소시효정지의 효력은 다른 공범자에게도 미친다(제253조 제2항).

가. '검사가 지정한 피고인'의 의미

검사가 지정한 피고인이란 공소장에 특정되어 있는 피고인을 의미한다. 공소장에는 피고인의 성명, 기타 피고인을 특정할 수 있는 사항을 기재하도록 하고 있으므로 통상의 경우에는 공소장에 기재되어 있는 자가 피고인이 된다.

나. 성명모용의 경우 공소제기의 효력범위

갑이 을의 성명을 모용하여 을의 이름으로 공소가 제기된 경우에 공소제기의 효력은 명의를 사칭한 자에게만 미치고, 그 명의를 모용당한 자에게는 미치지 않는다.

다. 위장출석의 경우

공소장에는 갑이 피고인으로 기재되어 있음에도 불구하고 을이 출석하여 재판을 받은 경우에는 갑은 실질적 피고인, 을은 검사가 지정한 피고인 이외의 자가 소송에 관여한 형식적 피고인이 된다. 이 경우에도 공소제기의 효력은 갑에게만 미친다.

(3) 공소제기의 물적 효력범위

가. 의 의

① 범죄사실의 일부에 대한 공소는 그 전부에 대하여 효력이 미친다(법 제248조 제2항). 즉 공소제기의 효력은 단일사건의 전체에 미치고 동일성이 인정되는 한 그 효력은 계속 유지된다.

② 여기서 공소사실의 단일성은 소송법적 행위의 단일성을 의미하며, 동일성은 기본적 사실의 동일성을 의미한다. 단일성과 동일성이 인정되는 사실의 전체에 대하여 공소제기의 효력이 미치므로 그것은 법원의 잠재적 심판의 대상이 된다.

③ 공소장변경에 의하여 현실적 심판의 대상이 된 때에만 법원은 그 사건에 대하여 심판할 수 있다. 이러한 의미에서 공소제기의 물적 효력범위는 법원의 잠재적 심판의 범위를 의미하며, 그것은 공소장변경의 한계가 되고 기판력의 객관적 범위와 일치한다고 할 수 있다.

나. 일죄의 일부에 대한 공소제기의 인정여부

강간에 대하여 고소가 있는 경우에 그 수단인 폭행·협박으로 공소제기할 수 있는가의 문제를 일죄의 일부에 대한 공소제기의 문제라고 한다. 일죄의 일부에 대한 공소제기의 문제는 일죄의 전부에 대하여 범죄혐의가 인정되고 소송조건이 구비된 경우에 검사가 일부만의 공소를 제기하는 것이 허용되는가를 문제삼는 것이다. 기소독점주의 기소편의주의를 채택하고 있는 형사소송법에서 공소의 제기는 검사의 재량에 속한다고 보아야 하고, 형사소송법 제248조 제2항은 일죄의 일부에 대한 공소제기를 허용한다고 전제에서 규정된 것이라 할 것이므로 허용된다.

쟁 점

<강간죄에 대하여 고소가 없거나 고소가 취소된 경우 또는 강간죄의 고소기간이 경과된 후에 고소가 있는 경우, 그 강간범행의 수단으로 사용된 폭행·협박의 점을 따로 떼어내어 폭행죄·협박죄 등으로 공소제기할 수 있는지 여부>

성폭력범죄의처벌및피해자보호등에관한법률이 시행된 이후에도 여전히 친고죄로 남아 있는 강간죄의 경우, 고소가 없거나 고소가 취소된 경우 또는 강간죄의 고소기간이 경과된 후에 고소가 있는 때에는 강간죄로 공소를 제기할 수 없음은 물론, 나아가 그 강간범행의 수단으로 또는 그에 수반하여 저질러진 폭행·협박의 점 또한 강간죄의 구성요소로서 그에 흡수되는 법조경합의 관계에 있는 만큼 이를 따로 떼어내어 폭행죄·협박죄 또는 폭력행위등처벌에관한법률 위반의 죄로 공소제기할 수 없다고 해야 마땅하고, 이는 만일 이러한 공소제기를 허용한다면, 강간죄를 친고죄로 규정한 취지에 반하기 때문이므로 결국 그와 같은 공소는 공소제기의 절차가 법률에 위반되어 무효인 경우로서 형사소송법 제327조 제2호에 따라 공소기각의 판결을 하여야 한다(대판 2002. 5. 16, 2002도51).

핵심판례

상습범에 있어서 공소제기의 효력이 미치는 범위

상습범에 있어서 공소제기의 효력은 공소가 제기된 범죄사실과 동일성이 인정되는 범죄사실 전체에 미치고, 또한 공소제기의 효력이 미치는 시적 범위는 사실심리가 가능한 마지막 시점인 판결선고시를 기준으로 삼아야 하므로, 검사가 일단 상습사기죄로 공소를 제기한 후(단순사기죄로 공소를 제기하였다가 상습사기죄로 공소장이 변경된 경우도 포함된다) 그 공소의 효력이 미치는 위 기준시까지의 사기행위 일부를 별개의 독립된 사기죄로 공소를 제기하는 것은 그 공소사실인 사기 범행이 이루어진 시기가 먼저 공소를 제기한 상습사기의 범행 이전이거나 이후인지 여부를 묻지 않고 공소가 제기된 동일사건에 대한 이중기소에 해당되어 허용될 수 없다(대판 2001. 7. 24, 2001도2196).

하나의 행위가 직무유기죄와 범인도피죄의 구성요건을 동시에 충족하는 경우, 그 중 하나의 죄로만 공소를 제기할 수 있는지의 여부(적극)

하나의 행위가 부작위범인 직무유기죄와 작위범인 범인도피죄의 구성요건을 동시에 충족하는 경우 공소제기권자는 재량에 의하여 작위범인 범인도피죄로 공소를 제기하지 않고 부작위범인 직무유기죄로만 공소를 제기할 수도 있다.

3. 공소시효의 정지

① 공소제기에 의하여 공소시효의 진행이 정지되며, 공소기각 또는 관할위반의 재판이 확정된 때로부터 진행한다(법 제253조 제1항). 공소제기가 있으면 시효가 정지되며 소송조건을 구비할 필요는 없다.

② 공범의 1인에 대한 시효정지는 다른 공범자에 대하여도 효력이 미친다(동조 제2항). 공소제기의 효력은 당해 피고인에 대하여만 미치는 것이 원칙이지만 공평의 견지에서 그 특례를 인정한 것이라고 할 수 있다. 여기서 공범에는 임의적 공범뿐만 아니라 필요적 공범도 포함한다.

③ 공소제기에 의한 시효정지의 효력은 잠재적으로 법원의 심판의 대상이 되는 공소사실과 단일하고 동일한 범위 내의 전체 사실에 효력을 미친다고 해석해야 한다. 따라서 과형상의 일죄의 일부에 대하여만 공소가 제기된 때에 다른 부분에 대하여도 공소시효가 정지된다.

Ⅴ. 공소취소

1. 의 의

공소의 취소란 검사가 제기한 공소를 철회하는 법률행위적 소송행위를 말한다. 형사소송법은 공소는 제1심 판결의 선고 전까지 취소할 수 있다고 규정하고 있다(제255조 제1항).

공소의 취소는 공소사실의 동일성이 인정되지 않는 수개의 공소사실의 전부 또는 일부를 철회하는 것이라는 점에서 동일성이 인정되는 공소사실의 일부를 철회하는 데 그치는 공소사실의 철회와 구별된다.

2. 공소취소의 사유

공소취소의 사유에는 법률상 제한이 없다. 원칙적으로 공소제기 후에 발생한 사정의 변화에 의하여 불기소처분을 하는 것이 상당하다고 인정되는 경우에 공소를 취소하는 것이나, 그 이외의 경우라도 공소취소의 효력에는 영향이 없다. 기소유예에 해당하는 사유가 발생한 때에만 공소취소를 할 수 있는 것은 아니다. 소송조건이 결여되었음이 판명된 경우나 증거불충분으로 공소를 유지할 수 없음이 명백한 경우에도 공소를 취소할 수 있다.

3. 공소취소의 절차

(1) 공소취소권자

공소취소는 검사만이 할 수 있다. 2016 개정 형사소송법에서는 종전의 재정신청에 있어서 재정법원의 부심판결정에 의한 공소제기의제와 법원이 지정하는 변호사에 의한 공소유지제도를 폐지하고 기소강제절차를 도입하였다. 기소강제절차의 실효성 확보를 위하여 법원이 재정신청에 대하여 이유 있다고 인정하여 공소제기를 결정한 때에는 검사가 공소취소를 할 수 없다(법 제264조의2).

(2) 공소취소의 시기

공소는 제1심판결 선고 전까지 취소할 수 있다. 공소취소의 시기를 제1심판결 선고 전까지로 제한한 것은 검사의 처분에 의하여 재판의 효력이 좌우되는 것을 막기 위해서이다. 여기서 제1심판결 선고란 제1심의 판결고지를 의미하는 데 지나지 않으며 실체판결인가 형식판결인가는 묻지 않는다. 따라서 유죄·무죄의 판결뿐만 아니라 면소판결이나 공소기각의 판결이 선고된 때에도 공소를 취소할 수 없다. 제1심판결에 대하여 상소심의 파기환송이나, 이송의 판결이 있는 경우, 제1심판결에 대한 재심소송절차에 있어서도 공소를 취소할 수 없다. 약식명령도 법원의 종국판단이므로 그 발부 후에는 공소취소가 허용되지 않는다고 해야 한다. 다만 정식재판의 청구에 의하여 공판절차가 개시되면 공소취소가 가능하다.

(3) 공소취소의 방법

공소취소는 이유를 기재한 서면으로 하여야 한다. 다만 공판정에서는 구술로써 할 수 있다(법 제255조 제2항). 공소취소신청이라는 형식을 갖추지 아니하였더라도 소송을 취소하는 취지가 명백하다면 공소취소로 보아야 한다(대판 1988. 3. 22, 88도67). 공소를 취소하는 이유는 법원에서 참고할 사항에 지나지 않으며 특별한 의미를 갖는 것은 아니므로 공소를 취소하는 서면에 이유를 기재하지 않은 경우에도 공소취소는 유효하다고 해야 한다. 공소를 취소한 때에는 7일 이내에 서면으로 고소인 또는 고발인에게 통지하여야 한다(법 제258조 제1항).

핵심판례

실체적 경합관계에 있는 수개의 공소사실 중 일부를 소추대상에서 철회하는 절차
공소장 변경의 방식에 의한 공소사실의 철회는 공소사실의 동일성이 인정되는 범위 내의 일부 공소사실에 한하여 가능한 것이므로, 공소장에 기재된 수개의 공소사실이 서로 동일성이 없고 실체적 경합관계에 있는 경우에 그 일부를 소추대상에서 철회하려면 공소장 변경의 방식에 의할 것이 아니라 공소의 일부 취소절차에 의하여야 한다(대판 1988. 3. 22, 88도67).

검사가 공소취소의 취지가 담긴 공소장 변경신청을 한 경우 법원이 취해야 할 조치
실체적 경합관계에 있는 수개의 공소사실 중 어느 한 공소사실을 전부 철회하거나 그 공소사실의 소추대상에서 피고인을 완전히 제외하는 검사의 공소장 변경신청이 있는 경우 이것이 그 부분의 소송을 취소하는 취지가 명백하다면 공소취소신청이라는 형식을 갖추지 아니하였더라도 이를 공소취소로 보아 공소기각을 하여야 한다(대판 1988. 3. 22, 88도67).

4. 공소취소의 효과

(1) 공소기각의 결정

공소가 취소되었을 때에는 결정으로 공소를 기각하여야 한다(법 제328조 제1항 제1

호). 공소취소의 효력이 미치는 범위는 공소제기의 경우와 같다.

(2) 공소취소 후 재기소의 제한

공소취소에 의한 공소기각의 결정이 확정된 때에는 공소취소 후 그 범죄사실에 대한 다른 중요한 증거를 발견한 경우에 한하여 다시 공소를 제기할 수 있다(법 제329조). 위 규정에 위반하여 공소가 제기되었을 때에는 판결로 공소기각의 선고를 하여야 한다(법 제327조 제4호).

핵심판례

공소취소 후 재기소에 관한 규정인 형사소송법 제329조가 종전의 범죄사실을 변경하여 재기소하는 경우에도 적용되는지 여부(적극)

형사소송법 제329조는 공소취소에 의한 공소기각의 결정이 확정된 때에는 공소취소 후 그 범죄사실에 대한 다른 중요한 증거를 발견한 경우에 한하여 다시 공소를 제기할 수 있다고 규정하고 있는바, 이는 단순일죄인 범죄사실에 대하여 공소가 제기되었다가 공소취소에 의한 공소기각결정이 확정된 후 다시 종전 범죄사실 그대로 재기소하는 경우뿐만 아니라 범죄의 태양, 수단, 피해의 정도, 범죄로 얻은 이익 등 범죄사실의 내용을 추가 변경하여 재기소하는 경우에도 마찬가지로 적용된다. 따라서 단순일죄인 범죄사실에 대하여 공소취소로 인한 공소기각결정이 확정된 후에 종전의 범죄사실을 변경하여 재기소하기 위하여는 변경된 범죄사실에 대한 다른 중요한 증거가 발견되어야 한다(대판 2009.8.20. 선고, 2008도9634).

공소취소 후 재기소의 제한에 해당되지 않는다고 본 사례

당초 피고인이 그가 상무로 재직하던 신용협동조합에서 이 사건 피해자를 비롯한 다수의 사람들로부터 대출 명의를 빌려 변제능력이 없는 사람들에게 대출을 함으로써 조합에 손해를 가한 혐의로 업무상 배임의 포괄일죄로 기소되어 1심재판을 받던 중, 이 사건 피해자 명의로 이루어진 대출의 경우 그 대출금이 위 조합의 시재금 부족분에 충당되었을 뿐 피고인이 이를 현실로 인출, 사용한 적이 없다는 이유로 그 부분 공소사실이 철회되고 나머지 공소사실에 관하여 유죄의 확정판결을 받았다가, 그 후 위 대출행위로 말미암아 위 조합에 대하여 법률상 채무를 부담하게 된 피해자의 고소에 의하여 피해자에 대한 사기죄로 이 사건 공소가 제기된 사실을 알 수 있는바, 그렇다면 위 공소사실의 철회는 공소의 취소에 해당하지 아니하여 형사소송법 제329조의 제한을 받지 아니한다(대판 2004. 9. 23, 2004도3203).

5. 공소취소의 제한

검사는 재정신청에 대하여 법원이 공소제기결정을 하여 그에 따라 공소를 제기한 때에는 이를 취소할 수 없다(법 제264조의2).

개정 형사소송법은 종래의 재판상 준기소절차를 폐지하고 독일 형사소송법을 모델로 기소강제절차를 도입하였다. 기소강제절차의 실효성 확보를 위하여 법원이 재정신청에 대하여 이유 있다고 인정하여 공소제기를 결정한 때에는 검사가 공소를 취소할 수 없다는 규정을 신설한 것이다.

【서식】 공소취소

○○지방검찰청

○○형 제○○호 20○○년 ○월 ○일

사 건 ○○지방법원

발 신 ○○지방검찰청

검 사 ○ ○ ○ ㊞

제 목 공소 취소

다음과 같이 공소를 취소합니다.

사 건 20○○고합 절도

피 고 인 ○ ○ ○

회사원 ○○년 ○월 ○일생

○○시 ○○구 ○○동 ○○번지

공소연월일 ○○년 ○월 ○일

공소취소 이유

피고인(불구속)에 대하여는 ○○년 ○월 ○일에 수사를 종결하고 같은 달 25일에 공소를 제기하였는바, 의사 ○○○작성의 사망진단서에 의하면 동 피고인은 ○○년 ○월 ○일 10:00에 사망한 것이 명백하다. 따라서 본건 공소는 공소권이 소멸된 이후에 제기된 부적법한 것이므로 이를 취소합니다.

주의요소

① 공소는 제1심판결의 선고 전까지 취소할 수 있다.

② 공소취소는 이유를 기재한 서면으로 하여야 한다. 단, 공판정에서는 구술로써 할 수 있다.

Ⅵ. 공소시효

1. 공소시효의 의의

(1) 개 념

공소시효란 검사가 일정한 기간 동안 공소를 제기하지 않고 방치하는 경우에 국가의 소추권을 소멸시키는 제도를 말한다. 일정한 시간이 경과한 사실상의 상태를 유지·존중하기 위한 제도이다. 즉, 공소시효의 존재이유는 시간의 경과에 따른 사실관계를 존중하여 사회와 개인생활의 안정을 도모하고, 형벌부과의 적정을 기하는 데 있다. 여기에는 시간의 경과에 의한 가벌성의 감소, 증거의 산일 이외에 장기간의 도망생활로 인하여 처벌받은 것과 같은 상태가 되며, 국가의 태만으로 인한 책임을 범인에게만 돌리는 것은 부당하다는 복합적 요소가 함께 고려된 것이다.

(2) 공소시효와 형의 시효와의 차이점

공소시효와 형의 시효 모두 형사시효의 일종이다. 형의 시효는 형법 제70조~제80조에서 규정하고 있다. 공소시효도 일정한 시간이 경과한 사실상의 상태를 유지·존중하기 위한 제도라는 점에서 형의 시효와 취지를 같이한다. 다만 형의 시효가 확정된 형벌권을 소멸시키는 제도임에 반하여, 공소시효는 국가의 소추권을 소멸시킨다는 점에 차이가 있다. 공소시효가 완성된 때에는 면소의 판결을 해야 함에 대하여, 형의 시효가 완성된 때에는 형의 집행이 면제된다.

2. 공소시효의 기간

(1) 공소시효기간의 기준(법 제249조 제1항)

공소시효의 기간은 법정형의 경중에 따라 차이가 있다.

① 사형에 해당하는 범죄는 25년
② 무기징역 또는 무기금고에 해당하는 범죄는 15년
③ 장기 10년 이상의 징역 또는 금고에 해당하는 범죄는 10년
④ 장기 10년 미만인 징역 또는 금고에 해당하는 범죄는 7년
⑤ 장기 5년 미만의 징역 또는 금고, 장기10년 이상의 자격정지 또는 벌금에 해당하는 범죄에는 5년
⑥ 장기 5년 이상의 자격정지에 해당하는 범죄에는 3년

⑦ 장기 5년 미만의 자격정지, 구류, 과료 또는 몰수에 해당하는 범죄에는 1년

(2) 의제공소시효(동조 제2항)

공소가 제기된 범죄는 판결의 확정 없이 공소를 제기한 때로부터 25년을 경과하면 공소시효가 완성된 것으로 간주한다(제249조 제2항). 이는 피고인의 소재불명으로 인한 영구미제사건을 종결처리하기 위한 규정이다.

(3) 공소시효기간 결정의 기준이 되는 형

공소시효기간의 기준이 되는 형은 처단형이 아니라 법정형이다.

가. 2개 이상의 형을 병과 또는 선택하는 경우

2개 이상의 형을 병과하거나 2개 이상의 형에서 1개를 과할 범죄에는 중한 형이 기준이 된다(법 제250조). 2개 이상의 형을 과할 경우라 함은 2개 이상의 주형을 병과할 경우를 말하고, 2개 이상의 형에서 1개를 과할 경우라 함은 수개의 형이 선택적으로 규정된 경우를 의미한다.

나. 형법에 의하여 형을 가중 또는 감경할 경우

① 형법에 의하여 형을 가중 또는 감경할 경우에는 가중 또는 감경하지 아니한 형이 시효기간의 기준이 된다(법 제251조). 가중·감경이 필요적임을 요하지 않고 임의적인 경우를 포함한다.

② 가중 또는 감경되지 않은 형을 기준으로 하는 것은 형법에 의하여 형이 가중·감경된 경우에 한하므로 특별법에 의하여 형이 가중·감경된 경우에는 그 법에 정한 법정형을 기준으로 시효기간을 결정해야 한다. 따라서 형사소송법 제251조는 형법 이외의 법률에 의하여 형을 가중·감경할 경우에는 적용되지 않는다. 특정범죄가중처벌등에관한법률 제8조 위반죄의 공소시효기간은 동법 조항의 법정형에 따라 정하여지고, 조세범처벌법 제17조 규정에 의할 수 없다. 교사범 또는 종범의 경우에는 정범의 형을 기준으로 해야 한다. 다만 필요적 공범에 있어서는 개별적으로 판단하지 않을 수 없다.

③ 양벌규정에 의하여 법인이나 사업주를 처벌하는 경우에 법인 또는 사업주의 시효기간은 사업주에게 규정된 법정형을 기준으로 하여야 한다.

핵심판례

범죄 후 법률변경으로 형이 가벼워진 경우 공소시효의 기준이 되는 법정형(=변경된 경한 법정형)
범죄 후 법률의 개정에 의하여 법정형이 가벼워진 경우에는 형법 제1조에 의하여 당해 범죄사실에 적용될 가벼운 법정형(신법의 법정형)이 공소시효기간의 기준으로 된다.

(4) 공소장이 변경된 경우 공소시효 완성 여부의 기준시점

공소제기 후에 공소장이 변경된 경우에 변경된 공소사실에 대한 공소시효를 공소제기시를 기준으로 할 것인가 또는 공소장 변경시를 기준으로 할 것인가가 문제된다. 공소제기의 효력은 공소장에 기재된 공소사실과 동일성이 인정되는 사실에 대하여도 미치므로 공소제기시를 기준으로 판단해야 한다.

핵심판례

공소장 변경으로 법정형에 차이가 있는 경우, 공소시효기간의 기준이 되는 법정형
공소장 변경절차에 의하여 공소사실이 변경됨에 따라 그 법정형에 차이가 있는 경우에는 변경된 공소사실에 대한 법정형이 공소시효기간의 기준이 된다(대판 2003. 3. 11, 2003도585).

공소장이 변경된 경우, 공소시효 완성 여부의 기준시점(=공소제기시)
㉠ 공소장 변경이 있는 경우에 공소시효의 완성여부는 당초의 공소제기가 있었던 시점을 기준으로 판단할 것이고, 공소장 변경시를 기준으로 삼을 것은 아니다(대판 2003. 3. 11, 2003도585)
㉡ 분묘발굴죄로 공소가 제기된 범죄사실에 대하여 예비적으로 매장및묘지등에관한법률 위반죄를 추가하는 공소장 변경이 된 경우에는 공소장 기재의 공소사실의 동일성에 관하여 아무런 소장이 없으므로 위 법률 위반죄에 대한 공소시효의 완성여부는 공소를 제기한 때를 기준으로 판단할 것이고, 공소장을 변경한 때를 기준으로 삼을 수 없다(대판 1992. 4. 24, 91도3150).
㉢ 사기죄로 공소가 제기된 범죄사실에 대하여 예비적으로 배임죄를 추가하는 공소장 변경이 된 경우에는 공소장 기재의 공소사실의 동일성에 아무런 소장이 없으므로 배임죄에 대한 공소시효의 완성여부는 본래의 공소제기시를 기준으로 하여야 하고 공소장 변경시를 기준으로 삼아서는 아니된다(대판 1981. 2. 10, 80도3245).

3. 공소시효기간의 계산방법

공소시효의 계산에 있어서는 초일은 시간을 계산함이 없이 1일로 산정하고 기간의 말일이 공휴일에 해당하는 날이라도 기간에 산입한다(법 제66조).

4. 공소시효의 기산점

(1) 범죄행위 종료시

가. 의 의

공소시효는 범죄행위를 종료한 때부터 진행한다(법 제252조 제1항). 여기서 '범죄행위의 종료시'란 결과발생시를 의미한다. 시효는 객관적인 사실 상태를 기초로 하는 것이기 때문이다. 따라서 결과의 발생을 요건으로 하는 결과범에 있어서는 결과가 발생한 때부터 공소시효가 진행된다. 다만 거동범과 미수범에 있어서는 행위시부터 시효가 진행된다고 보지 않을 수 없다. 계속 법에 있어서는 법익침해가 종료된 때로부터 공소시효가 진행된다. 포괄일죄에 있어서 공소시효의 기산점은 최종의 범죄행위가 종료된 때이다. 이에 반하여 과형상의 일죄에 있어서는 공소시효의 진행도 개별적으로 결정해야 한다.

나. 각 범죄별 공소시효의 기산점

1) 반국가단체구성죄

국가보안법에 규정된 반국가단체를 구성하는 죄는 그 범죄의 성립과 동시에 완성하는 즉시범으로서 그 범죄구성과 동시에 공소시효가 진행된다.

2) 도주죄

판례는 도주죄는 도주상태가 계속되는 것이므로 도주 중에는 시효가 진행이 안 된다는 소론을 채용할 수 없다고 하였다. 도주죄는 간수자의 지배범위로부터 벗어난 때 기수·종료되므로 이때부터 시효는 진행한다.

3) 범죄단체구성죄

폭력행위등처벌에관한법률 제4조 소정의 '단체 등의 조직죄'는 같은 법에 규정된 범죄를 목적으로 한 단체 또는 집단을 구성함으로써 즉시 성립하고 그와 동시에 완성되는 즉시범이므로, 범죄성립과 동시에 공소시효가 진행되는 것이다(대판 1995. 1. 20, 94도2752).

4) 변호사법 위반죄

변호사 아닌 사람이 타인간의 소송사건의 진행과 처리를 위임받아 대리행위를 한 경우에 대리행위의 종료시기는 그 소송사건이 확정한 때이므로 공소시효는 위 확정시부터 진행한다(대판 1974. 5. 14, 74도225).

5) 무허가시장개설죄

허가를 받지 아니하고 시장을 개설하는 행위는 계속범의 성질을 가지는 것이어서 허가를 받지 않은 상태가 계속되는 한 무허가 시장개설행위에 대한 공소시효는 진행하지 아니한다(대판 1981. 10. 13, 81도1244).

핵심판례

업무상 과실치사상죄의 공소시효 기산점(=결과발생시)

공소시효의 기산점에 관하여 규정한 형사소송법 제252조 제1항에 정한 '범죄행위'에는 당해 범죄행위의 결과까지도 포함하는 취지로 해석함이 상당하므로, 교량붕괴사고에 있어 업무상 과실치사상죄, 업무상 과실일반교통방해죄 및 업무상 과실자동차추락죄의 공소시효도 교량붕괴사고로 인하여 피해자들이 사상에 이른 결과가 발생함으로써 그 범죄행위가 종료한 때로부터 진행한다고 보아야 한다(대판 1997. 11. 28, 97도1740).

포괄일죄의 공소시효 기산점(=최종행위 종료시)

포괄일죄의 공소시효는 최종의 범죄행위가 종료한 때로부터 진행한다(대판 2002. 10. 11, 2002도2939).

(2) 공범에 관한 특칙

공범은 최종행위가 종료한 때로부터 전 공범에 대한 시효기간을 기산한다(법 제252조 제2항). 공범을 일률적으로 처벌하여 처벌의 공평을 기하기 위한 것이다. 여기의 공범에는 공동정범·교사범·종범뿐만 아니라 필요적 공범도 포함한다.

5. 공소시효의 정지

(1) 의 의

공소시효는 일정한 사유의 발생에 의하여 그 진행이 정지된다. 공소시효에 관해서는 시효의 정지만 인정되고 시효의 중단제도는 없다.

시효의 정지는 그 사유가 존재하는 동안 시효가 진행하지 않지만 그 효력이 없어지면 나머지 기간이 진행된다는 점에서, 중단사유가 소멸하면 새로 시효가 진행되는 중단과 구별된다.

(2) 공소시효정지의 사유

가. 공소의 제기

공소시효는 공소의 제기로 진행이 정지되고 공소기각 또는 관할위반의 재판이 확정된 때로부터 다시 진행한다(법 제253조 제1항). 공소제기가 적법·유효할 것을 요하는 것은 아니다.

나. 범인의 국외도피

범인이 형사처분을 면할 목적으로 국외에 있는 경우 그 기간 동안 공소시효는 정지된다(법 제253조 제3항). 처벌을 모면하기 위하여 국외에 도피한 범인을 처벌하여 형벌권을 적정하게 실현하기 위한 규정이다.

핵심판례

'범인이 형사처분을 면할 목적으로 국외에 있는 경우'의 의미

형사소송법 제253조 제3항은 범인이 형사처분을 면할 목적으로 국외에 있는 경우 그 기간 동안 공소시효는 정지된다고 규정하고 있는데, 이 때 범인의 국외체류의 목적은 오로지 형사처분을 면할 목적만으로 국외체류하는 것에 한정되는 것은 아니고 범인이 가지는 여러 국외체류 목적 중 형사처분을 면할 목적이 포함되어 있으면 족하다(대판 2003. 1. 24, 2002도4994).

다. 재정신청

재정신청이 있으면 고등법원의 재정결정이 확정될 때까지 공소시효의 진행이 정지된다. 법원의 재정결정이 있는 때에는 공소시효에 관하여 그 결정이 있는 날에 공소가 제기된 것으로 본다(법 제262조의4).

라. 소년보호사건의 심리개시결정

소년보호사건에 대하여 소년부판사가 심리개시의 결정을 한 때에는 그 사건에 대한 보호처분의 결정이 확정될 때까지 공소시효의 진행이 정지된다(소년법 제54조).

(3) 공소시효정지의 효력이 미치는 범위

공소시효정지의 효력은 공소제기된 피고인에 대하여만 미친다. 따라서 진범아닌 자에 대한 공소제기는 진범에 대한 공시효의 진행을 정지하지 않는다. 그러나 공범의 1인에 대한 공소시효의 정지는 다른 공범자에 대하여도 효력이 미치고, 당해 사건의 재판이 확정된 때로부터 진행한다(법 제253조 제2항). 공범인가의 여부는 심판을 하고 있는 법원이 결정한다. 따라서 검사가 단독범이라고 공소제기한 경우에도 공범이 있다고 인정된 때에는 공범에 대하여도 시효정지의 효력이 미친다.

핵심판례

공소시효 정지사유를 규정한 형사소송법 제253조 제3항의 입법 취지 / 위 규정에서 정한 '범인이 형사처분을 면할 목적으로 국외에 있는 경우'에 범인이 국외에서 범죄를 저지르고 형사처분을 면할 목적으로 국외에서 체류를 계속하는 경우가 포함되는지 여부(적극)

형사소송법 제253조 제3항은 "범인이 형사처분을 면할 목적으로 국외에 있는 경우 그 기간 동안 공소시효는 정지된다."라고 규정하고 있다. 위 규정의 입법 취지는 범인이 우리나라의 사법권이 실질적으로 미치지 못하는 국외에 체류한 것이 도피의 수단으로 이용된 경우에 체류기간 동안은 공소시효가 진행되는 것을 저지하여 범인을 처벌할 수 있도록 하여 형벌권을 적정하게 실현하고자 하는 데 있다. 따라서 위 규정이 정한 '범인이 형사처분을 면할 목적으로 국외에 있는 경우'는 범인이 국내에서 범죄를 저지르고 형사처분을 면할 목적으로 국외로 도피한 경우에 한정되지 아니하고, 범인이 국외에서 범죄를 저지르고 형사처분을 면할 목적으로 국외에서 체류를 계속하는 경우도 포함된다(대판 2015.6.24. 선고, 2015도5916).

핵심판례

형사소송법 제253조 제2항의 '공범'을 해석할 때 고려하여야 할 사항 / 이른바 대향범 관계에 있는 자 사이에서 각자 상대방 범행에 대하여 형법 총칙의 공범규정이 적용되는지 여부(소극) / 형사소송법 제253조 제2항의 '공범'에 뇌물공여죄와 뇌물수수죄 사이와 같은 대향범 관계에 있는 자가 포함되는지 여

부(소극)

형사소송법 제248조 제1항, 제253조 제1항, 제2항에서 규정하는 바와 같이, 형사소송법은 공범 사이의 처벌에 형평을 기하기 위하여 공범 중 1인에 대한 공소의 제기로 다른 공범자에 대하여도 공소시효가 정지되도록 규정하고 있는데, 위 공범의 개념이나 유형에 관하여는 아무런 규정을 두고 있지 아니하다. 따라서 형사소송법 제253조 제2항의 공범을 해석할 때에는 공범 사이의 처벌의 형평이라는 위 조항의 입법 취지, 국가형벌권의 적정한 실현이라는 형사소송법의 기본이념, 국가형벌권 행사의 대상을 규정한 형법 등 실체법과의 체계적 조화 등의 관점을 종합적으로 고려하여야 하고, 특히 위 조항이 공소제기 효력의 인적 범위를 확장하는 예외를 마련하여 놓은 것이므로 원칙적으로 엄격하게 해석하여야 하고 피고인에게 불리한 방향으로 확장하여 해석해서는 아니 된다.

뇌물공여죄와 뇌물수수죄 사이와 같은 이른바 대향범 관계에 있는 자는 강학상으로는 필요적 공범이라고 불리고 있으나, 서로 대향된 행위의 존재를 필요로 할 뿐 각자 자신의 구성요건을 실현하고 별도의 형벌규정에 따라 처벌되는 것이어서, 2인 이상이 가공하여 공동의 구성요건을 실현하는 공범관계에 있는 자와는 본질적으로 다르며, 대향범 관계에 있는 자 사이에서는 각자 상대방의 범행에 대하여 형법 총칙의 공범규정이 적용되지 아니한다.

이러한 점들에 비추어 보면, 형사소송법 제253조 제2항에서 말하는 '공범'에는 뇌물공여죄와 뇌물수수죄 사이와 같은 대향범 관계에 있는 자는 포함되지 않는다(대판 2015.2.12. 선고, 2012도4842).

6. 공소시효완성의 효과

(1) 공소시효의 완성

공소의 제기 없이 공소시효기간이 경과하거나 공소가 제기되었으나 판결이 확정되지 않고 15년을 경과한 때에는 공소시효가 완성된다.

(2) 공소시효가 완성된 범죄에 대한 처리

공소시효의 완성은 소송조건에 해당하므로 공소가 제기되지 않은 때에는 검사는 공소권 없음의 불기소처분을 하여야 한다. 공소가 제기된 후에 공소시효가 완성된 것이 판명된 때에는 법원은 면소의 판결을 해야 한다(법 제326조 제3호). 면소의 판결을 하지 않고 유죄 또는 무죄의 실체판결을 한 경우에는 항소 또는 상고이유가 된다.

Ⅶ. 재정신청

1. 의 의

재정신청이란 피의사건에 관하여 검사의 불기소처분이 있는 경우, 고소인 또는 고발인이 이에 불복하여 법원(고등법원)에 그 불기소처분의 당부에 관한 재정신청을 하고, 법원이 그 신청이 이유 있다고 인정하여 공소제기결정을 한 때에는 검사는 공소를 제기하여야만(기소강제) 하는 제도를 말한다. 이 제도는 기소독점주의에 대한 예외임과 동시에 기소편의주의에 대한 제한을 의미한다.

핵심판례

재정신청제도의 취지
기소편의주의를 채택하고 있는 우리 법제하에서 검사는 범죄의 혐의가 충분하고 소송조건이 구비되어 있는 경우에도 개개의 구체적 사안에 따라 형법 제51조에 정한 사항을 참작하여 불기소처분(기소유예)을 할 수 있는 재량을 갖고 있기는 하나 그 재량에도 스스로 합리적 한계가 있는 것으로서 이 한계를 초월하여 기소를 하여야 할 극히 상당한 이유가 있는 사안을 불기소처분한 경우 이는 기소편의주의의 법리에 어긋나는 부당한 조처라 하지 않을 수 없고 이러한 부당한 처분을 시정하기 위한 방법의 하나로 우리 형사소송법은 재정신청제도를 두고 있다(대결 1988. 1. 29, 86모58).

2. 재정신청제도의 주요 내용

개정 형사소송법은 피해자의 권리보호를 위하여 재정신청제도를 획기적으로 개선하였다. 그 주요 내용은 다음과 같다.

(1) 재정신청 대상범죄의 확대(법 제260조 제1항)

개정법은 대상범죄에 제한 없이 모든 고소인이 재정신청을 할 수 있도록 하여 대상범죄를 전면 확대하였다. 고발인은 형법 제123조 내지 제125조의 죄에 대하여 고발을 한 자 또는 특별법에서 재정신청 대상으로 규정한 죄의 경우에 한하여 재정신청이 인정된다(법 제260조 제1항).

(2) 검찰항고전치주의(법 제260조 제2항)

재정신청이 전면 확대됨에 따라 우려되는 남신청의 폐해를 줄이고 재정신청 제도의 효율성을 도모하기 위하여 검찰청법 제10조에 따른 검찰항고를 거치는 검찰항고전치주의를 그대로 유지하였다(법 제260조 제2항).

(3) 재정신청의 방식(법 제260조 제3항)

재정신청인은 항고기각 결정을 받은 날로부터 10일 이내에 서면으로 재정신청을 하도록 하였다(법 제260조 제3항). 다만 항고전치주의의 예외에 해당하여 항고절차를 거칠 필요가 없는 경우에는 다시 불기소처분의 통지를 받거나 또는 항고 신청 후 3개월이 경과한 날부터 위 기간을 기산하고, 공소시효 임박을 이유로 하는 재정신청은 공소시효 만료일 전날까지 재정신청서를 제출할 수 있도록 하였다(법 제260조 제3항).

(4) 관할법원(법 제260조 제1항)

재정신청사건의 관할법원은 종래와 마찬가지로 불기소처분을 한 검사 소속의 지방검찰청 소재지를 관할하는 고등법원으로 규정하였다(법 제260조 제1항).

(5) 경과조치(부칙 제5조)

개정법의 재정신청에 관한 개정규정은 개정법 시행 이후 최초로 불기소처분된 사건, 개정법 시행 전에 「검찰청법」에 따라 항고 또는 재항고를 제기할 수 있는 사건, 개정법 시행 당시 고등검찰청 또는 대검찰청에 항고 또는 재항고가 계속 중인 사건에 대하여 적용한다. 다만, 개정법 시행 전에 동일한 범죄사실에 관하여 이미 불기소처분을 받은 경우에는 그러하지 아니하다(부칙 제5조 제1항). 그리고 개정법 시행 전에 지방 검찰청검사장 또는 지청장에게 재정신청서를 제출한 사건은 종전의 규정에 따른다(부칙 제5조 제2항).

한편 개정법 제260조 제3항의 개정규정에도 불구하고 개정법 시행 전에 대검찰청에 재항고할 수 있는 사건의 재정신청기간은 개정법 시행일부터 10일, 대검찰청에 재항고가 계속 중인 사건의 경우에는 재항고기각결정을 통지받은 날부터 10일로 한다(부칙 제5조 제3항).

(6) 재정신청사건의 심리와 결정(법 제262조)

개정법은 심리의 충실 및 피의자의 장기간의 지위 불안의 해소와 심리의 신속 등을 조화롭게 달성하기 위하여 심리기간을 현실성이 있게 3개월로 규정하였다(개정법 제262조 제2항). 재정신청의 남발을 방지하고, 특히 민사사건의 형사사건화 및 재정신청을 민사사건에 악용하는 것을 방지하기 위하여 재정신청 사건의 심리는 특별한 사정이 없는 한 공개하지 아니한다는 규정도 신설되었다(법 제262조 제3항).

(7) 재정신청사건 기록의 열람·등사 제한(법 제262조의2)

재정신청사건의 심리 중에는 관련 서류 및 증거물을 열람 또는 등사할 수 없다는 규정이 신설되었다(개정법 제262조의2 본문). 다만, 재정신청절차에서 법원이 작성한 서류나 당사자가 제출한 서류 등에 대해서는 서류의 전부 또는 일부의 열람 또는 등사를 허가할 수 있도록 하였다(법 제262조의2 단서).

(8) 재정신청의 비용부담(법 제262조의3)

재정신청의 남용을 방지하기 위하여 재정신청이 기각된 경우 결정으로 재정신청인에게 신청절차에 의하여 생긴 비용의 전부 또는 일부를 부담하게 할 수 있다(개정법 제262조의3 제1항). 또한 법원은 직권 또는 피의자의 신청에 따라 재정신청인에게 피의자가 재정신청절차에서 부담하였거나 부담할 변호인선임료 등 비용의 전부 또는 일부의 지급을 명할 수 있다(법 제262조의3 제2항).

(9) 공소유지변호사제도의 폐지 및 공소취소의 제한(법 제262조 제6항, 제264조의2)

개정법은 재정법원의 부심판결정에 의한 공소제기의제와 법원이 지정하는 변호사에 의한 공소유지제도를 폐지하고, 법원의 공소제기결정과 검사에 의한 공소제기제도를 채택하였다(제265조 삭제, 법 제262조 제6항). 즉 종래의 재판상 준기소절차를 폐지하고 독일 형사소송법을 모델로 기소강제절차를 도입하였다. 기소강제절차의 실효성 확보를 위하여 법원이 재정신청에 대하여 이유 있다고 인정하여 공소 제기를 결정한 때에는 검사가 공소 취소를 할 수 없다는 규정이 신설되었다(법 제264조의2).

3. 재정신청절차

(1) 재정신청권자

가. 신청권자(법 제260조 제1항)

고소권자로서 고소를 한 자는 검사로부터 공소를 제기하지 아니한다는 통지를 받은 때에는 재정신청을 할 수 있다. 형법 제123조~제125의 죄(직권남용죄, 불법체포·감금죄, 폭행·가혹행위죄)에 대하여는 고발을 한 자도 재정신청을 할 수 있다. 대리인에 의하여도 재정신청을 할 수 있다.

(2) 재정신청의 대상

가. 모든 고소사건에 대한 불기소처분

재정신청의 대상은 모든 고소 사건에 대한 검사의 불기소처분이다. 종전에는 공무원의 직권남용죄(형법 제123조~제125조의 3개 범죄)에 한정하여 그 범죄에 대한 불기소처분에 대하여만 재정신청을 할 수 있도록 하였으나 현재는 대상범죄에 관계 없이 모든 고소인이 재정신청을 할 수 있도록 하여 대상범죄를 전면확대 하였다.

나. 검사의 불기소처분

불기소처분의 이유에는 제한이 없다. 따라서 협의의 불기소처분뿐만 아니라 기소유예처분에 대하여도 재정신청을 할 수 있다. 재정신청은 기소편의주의를 규제하기 위한 제도이기 때문이다. 다만 공소취소는 불기소처분이 아니므로 재정신청의 대상이 되지 않는다.

핵심판례

진정사건에 대한 검사의 내사종결처리가 재정신청의 대상이 되는 불기소처분인지의 여부(소극)

대통령에게 제출한 청원서를 대통령 비서실로부터 이관받은 검사가 진정사건으로 내사 후 내사종결처리한 경우, 위 내사종결처리는 고소 또는 고발사건에 대한 불기소처분이라고 볼 수 없어 재정신청의 대상이 되지 아니한다(대결 1991. 11. 5, 91모68).

불기소처분 당시 공소시효가 완성된 경우, 불기소처분에 대하여 재정신청이 허용되는지의 여부(소극)

검사의 불기소처분 당시의 공소시효가 완성되어 공소권이 없는 경우에는 위 불기소처분에 대한 재정신청은 허용되지 않는다(대결 1990. 7. 16, 90모34).

(3) 재정신청의 방법

가. 관할법원

고소권자로서 고소를 한 자(형법 제123조부터 제125조까지의 죄에 대하여는 고발을 한 자를 포함)는 검사로부터 공소를 제기하지 아니한다는 통지를 받은 때에는 그 검사 소속의 지방검찰청 소재지를 관할하는 고등법원에 그 당부에 관한 재정을 신청할 수 있다(법 제260조 제1항).

나. 검찰항고전치주의

재정신청을 하려면 검찰청법 제10조에 따른 항고를 거쳐야 한다. 다만, 다음 각 호의 어느 하나에 해당하는 경우에는 그러하지 아니하다(법 제260조 제2항).

① 항고 이후 재기수사가 이루어진 다음에 다시 공소를 제기하지 아니한다는 통지를

받은 경우

② 항고 신청 후 항고에 대한 처분이 행하여지지 아니하고 3개월이 경과한 경우

③ 검사가 공소시효 만료일 30일 전까지 공소를 제기하지 아니하는 경우

재정신청이 전면 확대됨에 따라 우려되는 남신청의 폐해를 줄이고 재정신청 제도의 효율성을 도모하기 위하여 검찰항고를 거치는 검찰항고전치주의는 그대로 유지하였다.

다. 재정신청의 방식

1) 재정신청서의 제출

재정신청을 하려는 자는 항고기각 결정을 통지받은 날 또는 법 제260조 제2항 각 호의 사유가 발생한 날부터 10일 이내에 지방검찰청검사장 또는 지청장에게 재정신청서를 제출하여야 한다. 다만, 검사가 공소시효 만료일 30일 전까지 공소를 제기하지 아니하는 경우에는 공소시효 만료일 전날까지 재정신청서를 제출할 수 있다(법 제260조 1항).

핵심판례

재정신청 제기기간 경과 후에 재정신청 대상을 추가할 수 있는지의 여부(소극)

재정신청 제기기간이 경과된 후에 재정신청보충서를 제출하면서 원래의 재정신청에 재정신청 대상으로 포함되어 있지 않은 고발사실을 재정신청의 대상으로 추가한 경우, 그 재정신청보충서에서 추가한 부분에 관한 재정신청은 법률상 방식에 어긋난 것으로서 부적법하다(대결 1999. 4. 22, 97모30).

재소자가 10일 기간 안에 교도관에게 재정신청서를 제출하였으나 위 기간 안에 불기소처분을 한 검사 소속의 지방검찰청 검사장 또는 지청장에게 도달하지 않은 경우, 적법한 재정신청서의 제출로 볼 수 있는지의 여부(소극)

재정신청서에 대하여는 형사소송법에 제344조 제1항과 같은 특례규정(소위 '재소자 특례규정')이 없으므로 재정신청서는 같은 법 제260조 제2항이 정하는 기간 안에 불기소처분을 한 검사가 소속한 지방검찰청의 검사장 또는 지청장에게 도달하여야 하고, 설령 구금 중인 고소인이 재정신청서를 그 기간 안에 교도소장 또는 그 직무를 대리하는 사람에게 제출하였다 하더라도 재정신청서가 위의 기간 안에 불기소처분을 한 검사가 소속한 지방검찰청의 검사장 또는 지청장에게 도달하지 아니한 이상 이를 적법한 재정신청서의 제출이라고 할 수 없다(대결 1998. 12. 14, 98모127).

2) 재정신청이유의 기재

재정신청서에는 재정신청의 대상이 되는 사건의 범죄사실 및 증거 등 재정신청을

이유 있게 하는 사유를 기재하여야 한다(법 제260조 제4항).

(4) 재정신청의 효력

가. 공동고소인 중 1인의 신청의 효력

고소인 또는 고발인이 수인인 경우에 공동신청권자 중 1인의 신청은 그 전원을 위하여 효력을 발생한다(제264조 제1항).

나. 공소시효의 정지

재정신청이 있으면 재정결정이 확정될 때까지 공소시효의 진행이 정지된다(법 제262조의4 제1항).

종전에는 '재정결정이 있을 때까지' 공소시효의 진행이 정지되는 것으로 하였으나 형사소송법 개정으로 재정결정이 확정될 때까지 시효진행이 정지된다.

다. 공소시효에 관하여 공소제기의 의제

재정신청을 받은 법원이 그 신청이 이유 있다고 인정하여 공소제기결정을 한 때에는 공소시효에 관하여 그 결정이 있은 날에 공소가 제기된 것으로 본다(법 제262조의 4 제2항).

(5) 재정신청의 취소

가. 취소방식 및 취소의 통지

재정신청은 고등법원의 재정결정이 있을 때까지 취소할 수 있다(법 제264조 2항). 재정신청의 취소는 관할 고등법원에 서면으로 하여야 한다. 다만 기록이 관할 고등법원에 송부되기 전에는 그 기록이 있는 검찰청 검사장 또는 지청장에게 하여야 한다. 취소서를 받은 고등법원의 사무관법원사무관 등은 즉시 관할 고등검찰청 검사장 및 피의자에게 그 사유를 통지하여야 한다(규칙 제121조).

나. 재정신청 취소의 효력

재정신청의 취소는 다른 공동신청권자에게 효력을 미치지 아니한다(법 제264조 제3항). 그리고 재정신청을 취소한 자는 다시 재정신청을 할 수 없다(법 제264조 2항).

(6) 지방검찰청검사장 등의 처리

가. 재정신청서 등의 고등법원에의 송부

재정신청서를 제출받은 지방검찰청검사장 또는 지청장은 재정신청서를 제출 받은 날부터 7일 이내에 재정신청서·의견서·수사 관계 서류 및 증거물을 관할 고등검찰청을 경유하여 관할 고등법원에 송부하여야 한다(법 제261조 본문).

나. 항고절차를 거치지 않아도 되는 사유에 해당하는 경우

법 제260조 제2항 각 호의 어느 하나에 해당하는 경우에는 지방검찰청검사장 또는 지청장은 다음의 구분에 따른다(법 제261조 단서).

① 신청이 이유 있는 것으로 인정하는 때에는 즉시 공소를 제기하고 그 취지를 관할 고등법원과 재정신청인에게 통지한다.

② 신청이 이유 없는 것으로 인정하는 때에는 30일 이내에 관할 고등법원에 송부한다.

4. 재정결정절차

(1) 재정신청사건의 관할

재정신청사건은 불기소처분을 한 검사 소속의 지방검찰청 소재지를 관할하는 고등법원의 관할에 속한다(법 제260조 제1항).

(2) 재정신청사건의 심리

가. 재정신청 사실의 통지

① 피의자에 대한 통지 : 법원은 재정신청서를 송부받은 때에는 송부 받은 날부터 10일 이내에 피의자에게 그 사실을 통지하여야 한다(법 제262조 제1항).

② 재정신청인에 대한 통지 : 법원은 재정신청서를 송부받은 때에는 송부 받은 날로부터 10일 이내에 피의자 이외에 재정신청인에게도 그 사유를 통지하여야 한다(규 제120조).

나. 법원의 심리

법원은 재정신청서를 송부 받은 날부터 3개월 이내에 항고의 절차에 준하여 재정결정을 한다. 이 경우 필요한 때에는 증거를 조사할 수 있다(법 제262조 제2항)

형사소송법 개정 전에는 20일 이내에 재정결정을 하여야 한다고 규정하였으나, 개정법은 심리의 충실 및 피의자의 장기간의 지위 불안의 해소와 심리의 신속 등을 조화롭게 달성하기 위하여 심리기간을 현실성 있게 3개월로 규정하였다. 이 기간은 훈시기간이므로 기간을 경과한 후에 결정을 하였다고 하여 결정 자체가 위법하게 되는 것은 아니다. 법원은 필요 있는 때에는 증거를 조사할 수 있다(제262조 제1항 본문). 따라서 법원은 피의자신문은 물론 참고인 조사나 검증도 할 수 있다. 증거조사는 법원이 필요하다고 인정하는 방법에 의하면 족하다.

핵심판례

형사소송법 제262조 제1항 소정의 기간이 지난 후에 재정결정을 한 경우 그 결정 자체의 효력(유효)

형사소송법 제262조 제1항이 20일 이내에 재정결정을 하도록 규정한 것은 훈시적 규정에 불과하므로 그 기간이 지난 후에 재정결정을 하였다 하여 재정결정 자체가 위법한 것은 아니다(대결 1990. 12. 13, 90모58).

다. 심리의 비공개

재정신청사건의 심리는 특별한 사정이 없는 한 공개하지 아니한다(법 제262조 제3항). 이는 재정신청의 남발을 방지하고, 특히 민사사건의 형사사건화 및 재정신청을 민사사건에 악용하는 것을 방지하기 위하여 신설된 규정이다.

라. 재정신청사건 기록의 열람·등사의 제한

재정신청사건의 심리 중에는 관련 서류 및 증거물을 열람 또는 등사할 수 없다. 다만, 법원은 법 제262조 제2항 후단의 증거조사과정에서 작성된 서류(재정신청절차에서 법원이 작성한 서류나 당사자가 제출한 서류)의 전부 또는 일부의 열람 또는 등사를 허가할 수 있다(법 제262조의2).

(3) 재정결정

가. 기각결정

1) 기각사유

재정신청이 법률상의 방식에 위배하거나 이유 없는 때에는 신청을 기각한다(법 제262조 제2항 제1호).

① 신청이 법률상의 방식에 위배한 때란 신청권자 아닌 자의 재정신청과 신청기간 경과 후의 재정신청을 말한다. 다만 재정신청서를 직접 고등법원에 제출한 경우에는 그 신청을 기각할 것이 아니라 재정신청서를 관할지방검찰청 검사장 또는 지청장에게 송부해야 한다.

② 신청이 이유 없는 때란 검사의 불기소처분이 정당한 것으로 판단된 경우를 말한다. 검사의 무혐의불기소처분이 위법하다 하더라도 기소유예의 불기소처분을 할 만한 사건인 때에도 기각결정을 할 수 있다.

③ 검사의 불기소처분 당시에 공소시효가 완성되어 공소권이 없는 경우에도 재정신청은 허용되지 않는다.

④ 재정신청의 이유 유무는 결정시를 표준으로 결정해야 한다. 따라서 불기소처분 후에 발견된 증거를 판단의 자료로 삼을 수는 없다.

2) 기각결정이 확정된 사건에 대한 소추금지

재정신청을 기각하는 결정이 확정된 사건에 대하여는 다른 중요한 증거를 발견한 경우를 제외하고는 소추할 수 없다(법 제262조 제4항). 다른 피해자의 고소가 있었던 경우도 같다.

핵심판례

검사의 무혐의 불기소처분이 위법하다 하더라도 기소유예를 할 만한 사건이라고 인정되는 경우, 재정신청을 기각할 수 있는지의 여부(적극)

공소를 제기하지 아니하는 검사의 처분의 당부에 관한 재정신청이 있는 경우에 법원은 검사의 무혐의 불기소처분이 위법하다 하더라도 기록에 나타난 여러 가지 사정을 고려하여 기소유예의 불기소처분을 할 만한 사건이라고 인정되는 경우에는 재정신청을 기각할 수 있다(대결 1997. 4. 22, 97모30).

나. 공소제기결정

신청이 이유 있는 때에는 사건에 대한 공소제기를 결정한다(법 제262조 제2항 제2호). 공소제기를 결정하는 때에는 죄명과 공소사실이 특정될 수 있도록 이유를 명시하여야 한다(규 제122조).

형사소송법 개정 전에는 재정신청이 이유 있는 때에는 사건을 관할 지방법원의 심판에 부하는 결정을 하도록 하고, 이와 같이 부심판결정이 있는 때에는 그 사건에 대하여 공소의 제기가 있는 것으로 간주하였으나 이를 폐지하고, 법원의 공소제기결정과 검사에 의한 공소제기제도를 채택하였다. 즉 종래의 재판상 준기소절차를 폐지하고 독일 형사소송법을 모델로 기소강제절차를 도입하였다.

다. 재정결정서의 송부

법원은 재정결정을 한 때에는 즉시 그 정본을 재정신청인·피의자와 관할 지방검찰청검사장 또는 지청장에게 송부하여야 한다. 이 경우 공소제기 결정을 한 때에는 관할 지방검찰청검사장 또는 지청장에게 사건기록을 함께 송부하여야 한다.

라. 재정결정에 대한 불복 금지

재정결정에 대하여는 불복할 수 없다. 재정신청 기각결정이 확정된 사건에 대하여는 다른 중요한 증거를 발견한 경우를 제외하고는 소추할 수 없다(법 제262조 제4항)

재정신청의 남용을 방지하고 피고소인이 장기간 법적 불안정 상태에 빠지는 것을 막기 위해 재정신청 법원을 고등법원으로 하고 재정결정에 대해 불복금지규정을 두어 단심제로 운영하도록 한 것이다.

형사소송법은 고등법원의 재정결정에 대해 대법원에 재항고를 할 수 있는지 여부가 문제되었는데, 판례는 재정신청기각결정에 대해서는 적극적으로 보고, 부심판결정에 대해서는 재항고할 수 없다고 하였다. 판례가 그 근거로 제시하고 있는 것을 보면 ① 재정신청 기각결정에 재판에 영향을 미친 헌법·법률·명령 또는 규칙의 위반이 있음을 이유로 하는 때에는 대법원의 최종적 심사를 받기 위하여 재항고를 할 수 있다. ② 그러나 형사소송법 제262조 제1항의 재정결정 중 관할지방법원의 심판에 부하는 결정에 잘못이 있는 경우에는 그 결정을 통하여 심판에 회부된 본안사건 자체의 재판을 통하여 대법원의 최종적인 판단을 받을 수 있는 길이 열려 있으므로, 이와 같은 심판회부의 결정에 대한 재항고를 허용하지 않는다고 하여 재판에 대하여 최종적으로 대법원의 심사를 받을 수 있는 권리가 침해되는 것은 아니라고 할 것이므로 같은 법 제262조 제1항의 결정 중 관할지방법원의 심판에 부하는 결정에 대하여는 같은 법 제415조의 재항고는 허용되지 않는다고 하였다.

5. 재정결정에 따른 공소제기(기소강제)

공소제기의 결정에 따른 재정결정서를 송부 받은 관할 지방검찰청 검사장 또는 지청장은 지체 없이 담당 검사를 지정하고 지정받은 검사는 공소를 제기하여야 한다(법 제262조 제6항).

형사소송법은 재정법원의 부심판결정에 의한 공소제기의제와 법원이 지정하는 변호사에 의한 공소유지제도를 폐지하고, 법원의 공소제기결정과 검사에 의한 공소제기제도를 채택하였다. 즉 독일 형사소송법을 모델로 기소강제절차를 도입하였다.

6. 비용부담

(1) 비용부담 규정 신설의 취지

검사의 불기소처분에 대한 불복수단인 재정신청의 대상이 모든 고소사건으로 확대됨에 따라 피고소인을 괴롭히려는 의도를 가진 남소가 폭증할 것이라는 우려 때문에 재정신청은 고등법원에서 단심으로 종결하도록 하고, 재정신청이 기각될 경우 신청자가 피고소인의 변호사 선임비용을 포함한 제반비용을 부담하도록 하였다(법 제262조의3).

(2) 비용부담의 결정

① 법원은 재정신청 기각결정 또는 재정신청의 취소가 있는 경우에는 결정으로 재정신청인에게 신청절차에 의하여 생긴 비용의 전부 또는 일부를 부담하게 할 수 있다(법 제262조의3 제1항).

② 법원은 직권 또는 피의자의 신청에 따라 재정신청인에게 피의자가 재정신청절차에서 부담하였거나 부담할 변호인선임료 등 비용의 전부 또는 일부의 지급을 명할 수 있다(동조 제2항). 재정신청의 남용을 방지하기 위한 규정이다.

③ 위 ①과 ②의 결정에 대해서는 즉시항고를 할 수 있다(동조 제3항).

(3) 비용의 지급범위와 절차

비용의 지급범위와 절차 등에 대하여는 대법원규칙으로 정한다(법 제262조3 제4항).

가. 피의자에 대한 비용지급의 범위(규 제122조의4)

법 제262조의3 제2항과 관련하여 재정신청인이 부담하여야 할 비용은 다음과 같다.

1) 피의자 또는 변호인이 출석함에 필요한 일당·여비·숙박료

2) 피의자가 변호인에게 부담하였거나 부담하여야 할 선임료

3) 기타 재정신청 사건의 절차에서 피의자가 지출한 비용으로 법원이 피의자의 방어권행사에 필요하다고 인정한 비용

① 이 비용을 계산함에 있어 선임료를 부담하였거나 부담할 변호인이 여러 명이 있은 경우에는 그 중 가장 고액의 선임료를 상한으로 한다(동조 2항).

② 변호사 선임료는 사인의 성격·난이도, 조사에 소요된 기간 그 밖에 변호인의 변론활동에 소요된 노력의 정도 등을 종합적으로 고려하여 상당하다고 인정되는 금액으로 정한다(동조 3항).

나. 피의자에 대한 비용지급의 절차(규 제122조의5)

1) 신청서 제출

피의자가 법 제262조의3 제2항에 따른 신청을 할 때에는 다음 각 호의 사항을 기재한 서면을 재정신청사건의 관할 법원에 제출하여야 한다(동조 1항).

① 재정신청 사건번호

② 피의자 및 재정신청인

③ 피의자가 재정신청절차에서 실제 지출하였거나 지출하여야 할 금액 및 그 용도
④ 재정신청인에게 지급을 구하는 금액 및 이유

2) 첨부서류

피의자는 비용지급신청서를 제출함에 있어 비용명세서 그 밖에 비용액을 소명하는 데 필요한 서면과 고소인 수에 상응하는 부본을 함께 제출하여야 한다(동조 2항).

3) 신청서 등의 송달 및 의견서 제출

법원은 위 1) 및 2)의 서면의 부본을 재정신청인에게 송달하여야 하고, 재정신청인은 위 서면을 송달받은 날로부터 10일 이내에 이에 대한 의견을 서면으로 법원에 낼 수 있다(동조 3항).

4) 비용지급명령

① 법원은 필요하다고 인정하는 경우에는 피의자 또는 변호인에게 비용액을 심리를 위하여 필요한 자료의 제출 등을 요구할 수 있고, 재정신청인, 피의자 또는 변호인을 심문할 수 있다(동조 4항).
② 비용지급명령에는 피의자 및 재정신청인, 지급을 명하는 금액을 표시하여야 한다. 비용지급명령의 이유는 특히 필요하다고 인정되는 경우가 아니면 이를 기재하지 아니한다(동조 5항).
③ 비용지급명령은 피의자 및 재정신청인에게 송달하여야 하고, 법 제262조의3 제3항에 따른 즉시항고기간은 피의자 또는 재정신청인이 비용지급명세서를 송달받은 날부터 진행한다(동조 6항).
④ 확정된 비용지급명령정본은「민사집행법」에 따른 강제집행법에 관하여는 민사절차에서의 집행력 있는 판결정본과 동일한 효력이 있다(동조 7항).

7. 공소취소의 제한

검사는 법 제262조 제2항 제2호의 공소제기의 결정에 따라 공소를 제기한 때에는 공소를 취소할 수 없다(법 제264조의2). 기소강제절차의 실효성 확보를 위한 규정이다.

【서식】 재정신청서

재 정 신 청 서

신 청 인(고소인) ○ ○ ○

피신청인(피의자) △ △ △

○○시 ○구 ○○길 ○○

피신청인(피의자)에 대한 ○○지방검찰청 20○○형제 ○○○호 불법체포·감금죄 피의 사건에 있어서, 동 검찰청 소속 검사 □□□이 20○○. ○. ○. 한 불기소처분(무혐의 처분)에 대하여 신청인은 이에 불복하여 항고(200○불항○○○호)하였으나 ○○고등검찰청 검사○○○은 200○. ○○. ○○.자로 항고기각 처분하였습니다. 그러나 다음과 같은 이유로 부당하여 재정신청을 하오니 위 사건을 관할 ○○지방검찰청에서 공소제기하도록 하는 결정을 하여주시기 바랍니다.

신청인이 검사로부터 불기소처분통지를 수령한 날 : 20○○. ○. ○.

신 청 취 지

피의자 △△△에 대한 ○○지방검찰청 ○○ 형제 ○○○호 불법체포·감금 피의사건에 대하여 피의자 △△△을 ○○지방법원의 심판에 부한다.라는 재판을 바랍니다.

신 청 이 유

1. 피의자 △△△의 범죄사실

별지기재와 같음

2. 피의자의 범죄에 관한 증거설명

별지기재와 같음

3. 검사의 불기소 이유의 요지는 피의사실에 대한 증거가 없어 결국 범죄 혐의가 없다는 것인 바, 참고인 진술과 압수한 증거물 기타 제반사정을 종합검토하면 본 건 피의사실에 대한 증거는 충분하여 그 증명이 명백함에도 불구하고 증거가 불충분하다는 이유로 불기소처분한 것은 부당하고 검사의 기소독점주의를 남용한 것이라 아니할 수 없으므로 재정신청에 이른 것입니다.

첨 부 서 류

1. 피의사실 및 증거내용 1통
2. 불기소처분통지서 1통
3. 기타 증거서류 사본 2통

20○○년 ○월 ○일

재정신청인(고소인) ○ ○ ○ (인)

○○고등법원 귀중

【서식】 재정신청기각 결정

○○고등법원

결 정

2016초 1234 재정신청 사건

피 의 자 ○ ○ ○

○○시 ○○구 ○○길 ○○

전화(휴대폰) 번 호 (02) - , (010) -

팩 스 번 호 (02) - , e-mail주소 :

우 편 번 호 ○○○-○○○

주 문

본 건 재정신청은 이를 기각한다.

이 유

본 신청은 그 이유가 없다고 인정됨에 인함.

적용법조 형사소송법 제262조 제1항 제1호

20○○년 월 일

재판장 판사 ○ ○ ○ ㊞

판사 ○ ○ ○ ㊞

판사 ○ ○ ○ ㊞

제3편
공 판

제 3 편 공 판

제 1 장 공판절차

Ⅰ. 공판중심주의와 공판절차의 기본원칙

1. 공판중심주의

(1) 의 의

공판중심주의는 형사소송법이 정한 절차에 따라 증거를 공개된 법정에서 조사한 다음 이를 바탕으로 형성된 법관의 심증을 토대로 피고인의 유·무죄 및 양형에 관한 판단을 해야 한다는 원칙을 말한다. 우리 형사소송법에 이러한 공판중심주의의 원칙을 명문으로 선언하지는 않았지만, 공판중심중의가 우리 형사소송법의 기본원칙이라는 점에 대해서는 학설상 아무런 이견이 없다.

공판중심주의의 원칙을 구현하기 위해서는 원칙적으로 공판정에서 증거를 조사하여야 한다. 따라서 공판정 밖에서 행하는 증거조사는 가급적 지양하거나 설령 증거조사를 하였다고 하더라도 공판기일에 공개된 법정에서 법원이 증거조사를 다시 하여야 한다. 결국 공판중심주의의 원칙을 구현하기 위해서는 공개주의, 직접주의, 구두변론주의의 원칙이 뒷받침되어야 한다.

(2) 형사소송법 공판중심주의

개정법은 공개주의, 공판중심주의의 충실화를 위하여 공판정에서의 변론은 구두로 하여야 한다는 원칙을 명문으로 규정하였다(법 제275조의3). 집중심리의 원칙(법 제267조의2)을 규정하는 한편, 효율적이고 집중적인 심리를 위하여 사건을 공판준비절차에 부칠 수 있도록 공판준비절차에 관한 규정이 있다(법 제265조의5 내지 15).

공판준비는 공판기일에서의 심리의 효율화를 위하여 이루어지는 것에 불과하다. 따라서 공판준비기일에서의 심리가 지나친 경우 공판기일의 심리절차가 형식적 절차로 흐를 우려가 있음을 유의할 필요가 있다.

개정법은 공판절차에 있어서도 공판중심주의적 요소를 강화하였다. 검사의 모두진술

절차를 필수적인 절차로 규정하였고(법 제285조), 피고인의 모두진술(법 제286조)과 재판장의 쟁점정리절차에 관한 규정(법 제287조)이 있다.

증거서류에 대한 조사방식을 개정하여, 검사·피고인 또는 변호인의 신청에 따라 증거서류를 조사하는 때에는 신청인이 이를 낭독하는 것을 원칙으로 규정하였다(제292조 제1항). 이는 특히 수사기관이 작성한 증거서류에 대한 조사가 형식적으로 이루어져 왔다는 점에 대한 비판을 고려한 규정이라고 볼 수 있다.

개정법은 피고인신문도 증거조사 절차가 모두 종료한 후에 할 수 있도록 하였다(법 제296조의2). 이는 피고인을 형사소송절차의 객체 또는 신문의 대상으로부터 검사의 상대방 당사자로 보려는 입법취지가 반영되어 있다.

피고인이나 참고인의 진술을 담은 영상녹화물의 본증 사용을 못하도록 하고, 오로지 조서의 진정성립을 인정하기 위한 보조자료 또는 피고인이나 참고인의 기억환기용 자료로만 사용할 수 있도록 한 것도 주목할 만하다.

피고인이나 참고인의 진술을 담은 영상녹화물의 본증 사용을 못하도록 하고, 오로지 조서의 진정성립을 인정하기 위한 보조자료 또는 피고인이나 참고인의 기억환기용 자료로만 사용할 수 있도록 한 것도 주목할 만하다.

개정법에서는 이와 같이 공판중심주의의 원칙을 구현하기 위하여 여러 가지 제도적 장치를 두었다. 그러나 공판중심주의를 뒷받침하기 위한 제도적 장치보다 더 중요한 것은 이를 실제 법정에서 구현하고자 하는 재판부의 의지와 노력이라고 볼 수 있다. 이러한 실무운영을 통해 개정법의 시행을 계기로 공판중심주의가 더욱 확고하게 자리잡을 수 있을 것으로 기대된다.

2. 공판절차의 기본원칙

(1) 공판절차의 의의

공판절차란 공소가 제기되어 사건이 법원에 계속된 이후 그 소송절차가 종결될 때까지의 전 절차, 즉 법원이 피고사건에 대하여 심리·재판하고 또 당사자가 변론을 행하는 절차단계를 말한다. 다만 이러한 공판절차 가운데 특히 공판기일의 절차를 협의의 공판절차라고도 한다. 공판절차는 형사절차의 핵심이며, 사건에 대한 법원의 심리는 모두 공판절차에서 행해진다.

(2) 공개주의

가. 의 의

공개주의는 일체의 방청을 허용하지 않고 비밀로 심판을 행하는 밀행주의와, 일정한 소송관계인에 한하여 참여를 허용하는 당사자공개주의에 대립되는 개념이다.

공개주의란 비밀재판을 배제하고 일반 국민에게 심리의 방청을 허용하여 일반 국민의 감시하에서 심리와 판결을 받게 하는 주의를 말한다. 개정 형사소송법은 공개주의의 충실화를 위하여 공판정에서의 변론은 구두로 하여야 한다는 원칙을 명문으로 규정하였다(법 제275조의3).

헌법은 공개재판을 받을 권리를 국민의 기본적 인권으로 보장하고 있을 뿐만 아니라(제27조 제3항) 법원에 관하여 다시 재판공개의 원칙을 선언하고 있고(제109조), 이에 따라 법원조직법 제57조도 재판의 심리와 판결은 공개한다고 하여 공개주의를 명백히 규정하고 있다.

공개주의의 이론적 근거는 법원의 심판절차를 국민의 감시하에 둠으로써 재판의 공정을 보장하고, 재판에 대한 국민의 신뢰를 유지하는 데 있다.

공개주의는 1심뿐만 아니라 모든 재판에 대하여 적용되며, 공개주의에 위반한 때에는 항소이유가 된다(법 제361조의5 제9호).

핵심판례

재판을 받을 권리와 공개주의

우리 헌법은 제27조 제1항에서 '모든 국민은 헌법과 법률이 정한 법관에 의하여 법률에 의한 재판을 받을 권리를 가진다'라 규정하고, 같은 조 제3항에서 '모든 국민은 신속한 재판을 받을 권리를 가진다. 형사피고인은 상당한 이유가 없는 한 지체없이 공개재판을 받을 권리를 가진다'라고 규정하여, 공정하고 신속한 공개재판을 받을 권리를 보장하고 있다. 이 재판청구권은 재판절차를 규율하는 법률과 재판에서 적용될 실체적 법률이 모두 합헌적이어야 한다는 의미에서의 법률에 의한 재판을 받을 권리뿐만 아니라, 비밀재판을 배제하고 일반 국민의 감시하에서 심리와 판결을 받음으로써 공정한 재판을 받을 수 있는 권리를 포함하고 있다. 이 공정한 재판을 받을 권리 속에는 신속하고 공개된 법정의 법관의 면전에서 모든 증거자료가 조사.진술되고 이에 대하여 피고인이 공격.방어할 수 있는 기회가 보장되는 재판, 즉 원칙적으로 당사자주의와 구두변론주의가 보장되어 당사자가 공소사실에 대한 답변과 입증 및 반증하는 등 공격.방어권이 충분히 보장되는 재판을 받을 권리가 포함되어 있다.

나. 공개주의의 내용

공개주의가 누구든지 언제나 공판에 출석할 권리를 보장하는 것은 아니다. 공개주의는 누구나 방청인으로서 공판절차에 참여할 수 있다는 추상적 가능성이 보장된다는 것을 내용으로 한다. 이러한 의미에서 공개주의는 일반공개주의를 의미한다고 할 수 있다. 누구나 특별한 어려움 없이 공판기일을 알 수 있고 공판정에 출입할 가능성이 부여된다는 점에 공개주의의 내용이 있다.

다. 공개주의의 제한

헌법 제109조 단서와 법원조직법 제57조 제1항 단서는 "심리는 국가의 안전보장 또는 안녕질서를 방해하거나 선량한 풍속을 해할 염려가 있을 때에 법원의 결정으로 공개하지 아니할 수 있다"고 규정하고 있다.

1) 특수사건의 비공개

재정신청사건의 심리는 특별한 사정이 없는 한 공개하지 아니한다(법 제262조 제3항). 또한 사건의 내용이 국가의 안전보장 또는 안녕질서를 방해하거나 선량한 풍속을 해할 염려가 있는 때에는 심리를 공개하지 않을 수 있다. 다만 공개하지 않을 수 있는 것은 심리에 한하므로 판결선고의 비공개는 허용될 수 없다. 또 소년보호사건에 대한 심리는 원칙적으로 공개하지 아니한다(소년법 제24조 제2항).

2) 방청인 수의 제한

법정의 크기에 따라 방청인 수를 제한하거나, 법정의 질서유지를 위하여 특정한 사람의 방청을 허용하지 않는 것은 공개주의에 위반되지 않는다.

법정에서의 방청 및 촬영 등에 관한 규칙도 재판장은 법정질서를 유지하기 위하여 필요하다고 인정할 때에는 방청에 관하여 방청석 수에 해당하는 방청권을 발행하게 하고 그 소지자에 한하여 방청을 허용하고, 법정경위로 하여금 방청인의 의복 또는 소지품을 검사하게 하고 위험물 기타 법정에서 소지함이 부적당하다고 인정되는 물품을 가진 자의 입정을 금하게 할 수 있다고 규정하고 있다(제2조).

핵심판례

법원이 방청권을 발행하여 방청인의 수를 제한하는 것이 공개주의에 위반되는지의 여부(소극)

법원이 법정의 규모, 질서의 유지, 심리의 원활한 진행 등을 고려하여 방청을 희망하는 피고인들의 가족, 친지 기타 일반 국민에게 미리 방청권을 발행하게 하고 그 소지자에 한하여 방청을 허용하는 등의 방법으로 방청인의 수를 제한하는 조치를 취하는 것이 공개재판주의의 취지에 반하는 것은 아니다(대판 1990. 6. 8, 90도646).

3) 퇴정명령

법정에서의 방청 및 촬영 등에 관한 규칙은 "재판장은 모자·외투를 착용한 자, 음식 또는 흡연을 하는 자, 단정한 자세로 정숙하지 아니하고 소란을 피우거나 함부로 이석을 하는 자 등에 대하여 퇴정을 명령할 수 있다"고 규정하고 있는데(제3조), 특정인에 대한 퇴정명령에 의하여 방청을 허용하지 않는 것도 공개주의에 반하는 것이 아니다.

(3) 집중심리주의

가. 의 의

집중심리주의란 심리에 2일 이상을 요하는 사건은 연일 계속하여 심리해야 한다는 원칙을 말한다. 계속심리주의라고도 한다. 집중심리주의는 법관이 신선하고 확실한 심증에 의하여 재판을 할 수 있을 뿐만 아니라, 소송의 촉진과 신속한 재판을 실현하고자 하는 데 그 취지가 있다.

나. 집중심리주의의 도입(법 제267조의2)

형사소송법은 집중심리주의를 명문으로 규정하게 되었다. 즉 법 제267조의 2는 다음과 같이 규정하고 있다.

① 공판기일의 심리는 집중되어야 한다.
② 심리에 2일 이상이 필요한 경우에는 부득이한 사정이 없는 한 매일 계속 개정하여야 한다.
③ 재판장은 여러 공판기일을 일괄하여 지정할 수 있다.
④ 재판장은 부득이한 사정으로 매일 계속 개정하지 못하는 경우에도 특별한 사정이 없는 한 전회의 공판기일부터 14일 이내로 다음 공판기일을 지정하여야 한다.
⑤ 소송관계인은 기일을 준수하고 심리에 지장을 초래하지 아니하도록 하여야 하며,

재판장은 이에 필요한 조치를 할 수 있다.

(4) 직접주의

직접주의란 공판정에서 직접 조사한 증거만을 재판의 기초로 삼을 수 있다는 주의를 말한다. 따라서 공판정 밖에서 행하는 증거조사는 가급적 지양하거나 설령 증거조사를 하였다고 하더라도 공판기일에 공개된 법정에서 법원이 증거조사를 다시 하여야 한다.

직접주의에는 법관이 직접 증거를 조사하여야 한다는 형식적 직접주의와 원본증거를 재판의 기초로 삼아야 한다는 실질적 직접주의가 포함된다. 형사소송법이 공판개정 후에 판사의 경질이 있으면 공판절차를 경신하도록 한 것은 직접주의의 요청이라 할 것이다.

(5) 구두변론주의

구두변론주의란 법원이 당사자의 구두에 의한 공격·방어를 근거로 하여 심리·재판하는 주의를 말한다.

가. 구두주의

구두주의란 서면주의에 대립되는 개념으로, 구두로 제공된 소송자료에 의하여 재판을 행하는 주의를 말한다.

형사소송법은 구두주의에 대해 명문규정을 두어 '공판정에서의 변론은 구두로 하여야 한다'(법 제275조의3)고 규정하였다. 공판중심주의를 충실화하기 위한 것이다.

구두주의는 구두에 의한 진술은 법관에게 신선한 인상을 주고 진술의 참뜻을 태도에 의하여 이해할 수 있게 할 뿐만 아니라, 방청인에게 변론의 내용을 알릴 수 있다는 장점이 있다.

나. 변론주의

변론주의란 당사자의 변론, 즉 주장과 입증에 의하여 재판하는 주의이며, 당사자주의의 중요한 내용이 된다고 할 수 있다.

<형사소송 절차 흐름도>

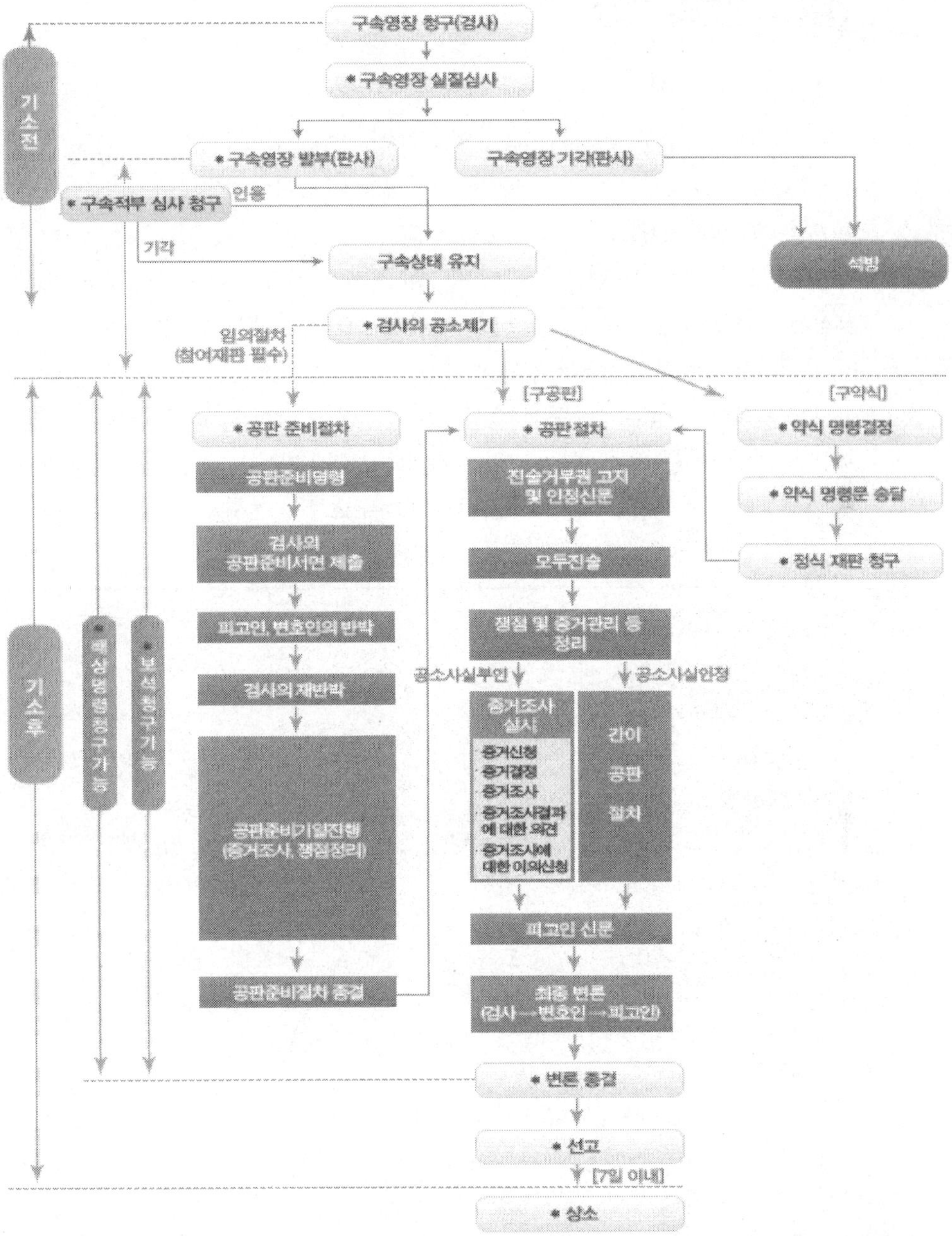

* 표시는 해당자료와 링크된 부분임

Ⅱ. 공판심리의 대상

1. 법원의 심판의 대상

(1) 불고불리의 원칙

불고불리의 원칙이란 검사의 공소제기가 없으면 법원이 심판할 수 없는 것이고, 법원은 검사가 공소제기한 사건에 한하여 심판을 하여야 한다는 원칙을 말한다(대판 2002. 7. 26, 2002도1855).

검사가 공소를 제기함에는 법원에 공소장을 제출하여야 하고, 공소장에 기재된 공소사실은 범죄의 시일·장소와 방법을 명시하여 사실을 특정할 수 있어야 한다(법 제254조 제1항·제4항). 법원의 심판의 대상이 공소장에 기재된 피고인과 공소사실에 제한되어야 한다는 것은 불고불리의 원칙의 당연한 결과이다. 이와 같이 공소장에 공소사실을 특정하도록 하고 법원의 심판의 대상을 공소장에 기재된 공소사실에 제한하는 것은 피고인의 방어권행사를 보장하여 당사자주의의 실효성을 확보하기 위한 것이다.

핵심판례

불고불리의 원칙과 심판의 대상

㉠ 법원은 공소장에 명시된 범죄의 시일, 장소와 방법에 의하여 특정된 사실에 관하여만 심리판단을 하여야 한다.

㉡ 포괄일죄라도 그를 구성하는 개개의 사실이 공소장에 명시되어 있지 않은 이상 심판의 대상이 될 수 없다(대판 1971. 11. 23, 71도1548).

㉢ 공소사실이 공갈과 사기의 상상적 경합관계가 있다고 하더라도 검사의 공소사실에 따라 공갈죄만을 인정하여 해당법조를 적용하였다 하여 위법이 있다 할 수 없다.

㉣ 공소장에 기재된 사실 중 검사가 공소범죄사실로 기재한 것이 아니라는 점을 분명히 밝히고 있는 부분은 공판심리의 대상이 아니다.

공소사실 또는 적용법조의 명백한 오기(誤記)를 바로잡는 것이 불고불리의 원칙에 위배되는지 여부(소극)

㉠ 피고인의 방어권 행사에 실질적인 불이익을 초래할 염려가 없는 경우에는 공소사실과 기본적 사실이 동일한 범위 내에서 법원이 공소장 변경절차를 거치지 아니하고 공소사실과 다르게 사실을 인정하거나, ㉡ 오기(誤記)임이 분명한 것을 증거에 의하여 바로잡아 인정하는 것은 불고불리의 원칙에 위배되지 않는다(대판 2002. 7. 12, 2002도2134).

(2) 형사소송법 해석상 심판의 대상

형사소송법은 공소장변경제도를 인정하여 공소장에 기재된 공소사실과 동일성이 인정되는 사실이라 할지라도 공소장을 변경하지 않으면 법원에서 심판할 수 없도록 하여 피고인의 방어권을 보호하고 있다. 이에 따라 형사소송법의 해석에 있어서 심판의 대상, 즉 소송물이 무엇인가에 대해 견해가 대립된다.

가. 공소사실대상설(범죄사실대상설)

이 견해는 공소장에 기재된 공소사실과 단일성 및 동일성이 인정되는 사실이 심판의 대상으로 된다고 해석하는 입장이다. 즉 공소사실과 단일성 및 동일성이 인정되는 사실에 대하여는 일부에 대한 공소라 할지라도 그 효력이 전부에 미치므로 공소심리의 인적 범위는 불고불리의 원칙에 의해, 물적 범위는 공소불가분의 원칙에 의해 한정된다는 것이다. 이 견해에 의하면 공소제기의 효력범위와 공소장변경의 한계 및 확정판결의 효력범위와 심판의 대상이 모두 일치하게 된다.

나. 소인(訴因)대상설

이 견해는 법원의 심판의 대상은 공소사실이 아니라 소인이라고 해석하는 입장이다. 여기서 소인이란 범죄가 되는 사실, 즉 구성요건에 해당하는 사실의 기재를 의미한다. 소인대상설에 의하면 공소사실은 실체개념이 아니라 소인변경을 한계지우는 기능개념에 불과하다고 한다.

다. 이원설

공소장에 기재된 공소사실이 현실적 심판의 대상이고 공소사실과 동일성이 인정되는 사실이 잠재적 심판의 대상이라고 하는 견해이다. 판례가 취하고 있는 태도이다.

핵심판례

법원의 심판대상(=이원설)

형사재판에 있어서 법원의 심판대상이 되는 것은 ㉠ 공소장에 기재된 공소사실과 ㉡ 예비적 또는 택일적으로 기재된 공소사실 그리고 ㉢ 소송의 발전에 따라 추가 또는 변경된 사실에 한하는 것이고, 공소사실과 동일성이 인정되는 사실이라 할지라도 위와 같은 공소장이나 공소장 변경신청서에 공소사실로 기재되어 현실로 판결의 대상이 되지 아니한 사실은 법원이 그 사실을 인정하더라도 피고인의 방어에 실질적 불이익을 초래할 염려가 없는 경우가 아니면 법원이 임의로 공소사실과 다르게 인정할 수 없는 것이며, 이와 같은 사실을 인정하려면 공소장 변경을 요한다(대판 1991. 5. 28, 90도1977).

라. 절충설

법원의 현실적 심판의 대상은 소인이고 공소사실은 잠재적 심판의 대상이라고 해석하는 견해이다. 즉 소인변경에 의하여 현실적 심판의 대상이 잠재적 심판의 대상의 범위 안에서 확장·이동하는 것이며, 법원은 현실적 심판의 대상에 제약되어 소인 이외의 사실을 심리할 수 없고, 판결에서도 소인 이외의 사실을 인정할 수 없다고 한다.

2. 공소장 변경

(1) 의의 및 취지

가. 공소장변경의 의의

공소장변경이란 검사가 공소사실의 동일성을 해하지 않는 한도에서 법원의 허가를 얻어 공소장에 기재된 공소사실 또는 적용법조를 추가·철회 또는 변경하는 것을 말한다(법 제298조 제1항). 공소사실 또는 적용법조의 추가란 공소장에 별개의 공소사실이나 적용법조를 부가하는 것을 말하며, 철회란 공소장에 기재된 수개의 공소사실이나 적용법조 가운데 일부를 철회하는 것을 말하고, 변경은 개개의 공소사실 또는 적용법조의 내용을 고치는 것을 말한다.

공소장변경은 공소사실의 동일성을 해하지 않는 범위 내에서만 인정된다.

핵심판례

공소장 변경제도의 취지

형사소송법 제298조의 공소장 변경제도는 피고인의 방어권 행사를 실질적으로 보장하려는 당사자주의적 견지에서 공소사실의 동일성이 인정되는 범위 내라 할지라도 공소장 변경절차에 의하여 심판의 대상을 명확히 한정하지 아니하면 심판대상이 되지 아니하는 것으로 함으로써 피고인이 예상하지 아니한 처벌을 받는 불이익을 방지하려는 것이다.

공소제기 당시의 공소사실.적용법조와 판결 선고시 특정된 공소사실.적용법조 중 어느 것이 법원이 심판의 대상인지 여부

법원은 공소장에 기재된 공소사실과 적용법조를 기초로 하여 형식적 또는 실체적 심판을 행하는 것이나 반드시 공소제기 당시의 공소사실과 적용법조에 구속되는 것이 아니라 소송의 진행을 거쳐 사실심리의 가능성 있는 최종시점인 판결 선고시를 기준으로 하여 이 때 특정된 공소사실과 적용법조가 현실적인 심판의 대상이 된다. 따라서 기소 당시에는 이중기소된 위법이 있었다 하여도 그 후 공소사실과 적용법조가 적법하게 변경되어 새로운 사실의 소송계속상태가 있게 된 때에는 이중기소된 위법상태가 계속 존재한다고 할 수는 없다.

공소사실의 동일성이 없는 일부 공소사실 또는 적용법조를 소추대상에서 철회하는 방법(공소의 일부 취소절차)

1. 공소장 변경의 방식에 의한 공소사실 또는 적용법조의 철회는 공소사실의 동일성이 인정되는 범위 내의 일부 공소사실 또는 적용법조에 한하여 가능한 것이므로, 공소장에 기재된 수개의 공소사실이 서로 동일성이 없고 실체적 경합관계에 있는 경우에 그 일부를 소추대상에서 철회하려면 공소장 변경의 방식에 의할 것이 아니라 공소의 일부 취소절차에 의하여야 한다.

2. 서로 동일성이 없고 실체적 경합관계에 있는 수개의 공소사실 중 일부 공소사실을 삭제한다는 검사의 공소장 변경신청이 있는 경우 위 절차가 위 법리에 어긋난 잘못이 있기는 하나 그 공소장 변경신청서 중 공소를 취소하는 취지가 명백하다면 공소취소신청이라는 형식을 갖추지 아니하였더라도 법원은 그 부분 공소를 기각하여야 할 것이다.

성명모용의 경우 피고인 표시를 바로 잡는 것이 공소장변경에 해당하는지 여부(소극)

피의자가 다른 사람의 성명을 모용한 탓으로 공소장에 피모용자가 피고인으로 표시된 경우 검사는 공소장의 인적 사항의 기재를 정정하여 피고인의 표시를 바로잡아야 하는 것인바, 이는 피고인의 표시상의 착오를 정정하는 것이지 공소장을 변경하는 것이 아니다.

포괄일죄의 일부에 관하여 추가 기소하는 것이 이중기소에 해당하는지의 여부(소극)

1. 유기가구를 사용하여 손님에게 사행행위를 하게 한 범죄사실로 구속되었다가 보석으로 석방된 후 영업을 재개하여 동일한 장소에서 같은 유기기구를 사용하여 손님에게 사행행위를 하게 하는 동일한 형태의 영업을 하다가 다시 공소제기되었다면 이는 단일한 범의 아래 반복적으로 계속하여 영업을 한 것으로서, 구속으로 일시 영업이 중단되었다는 사정만으로는 범의의 갱신이 있다고 볼 수 없으므로 포괄적 일죄에 해당한다.

2. 포괄적 일죄를 구성하는 행위의 일부에 관하여 추가 기소하는 것은 일죄를 구성하는 행위 중 누락된 부분을 추가 보충하는 취지라고 볼 것이어서 거기에

이중기소의 위법이 있다 할 수 없다.

단순 사기범행이 먼저 기소된 후 상습 사기범행이 추가로 기소되었으나 심리과정에서 기소된 범죄사실이 모두 포괄하여 상습사기의 일죄를 구성하는 것으로 밝혀진 경우, 법원의 조치

검사가 단순일을 추가로 기소하였으나 그 심리과정에서 전후에 기소된 범죄사실이 모두 포괄하여 상습사기의 일죄를 구성하는 것으로 밝혀진 경우에는, ㉠ 검사로서는 원칙적으로 먼저 기소한 사건의 범죄사실에 추가기소의 공소장에 기재한 범죄사실을 추가하여 전체를 상습범행으로 변경하고 그 죄명과 적용법조도 이에 맞추어 변경하는 공소장 변경신청을 하고 추가기소한 사건에 대하여는 공소취소를 하는 것이 형사소송법의 규정에 충실한 온당한 처리라고 할 것이나, ㉡ 이와 같은 처리에 의하지 않더라도 검사의 추가기소에는 전후에 기소된 각 범죄사실 전부를 포괄일죄로 처벌할 것을 신청하는 취지가 포함되었다고 볼 수 있어 공소사실을 추가하는 등의 공소장 변경과는 절차상 차이가 있을 뿐 그 실질에 있어서 별 차이가 없으므로, 석명에 의하여 추가기소의 공소장의 제출은 포괄일죄를 구성하는 행위로서 먼저 기소된 공소장에 누락된 것을 추가 보충하고 죄명과 적용법조를 포괄일죄의 죄명과 적용법조로 변경하는 취지의 것으로서 1개의 죄에 대하여 중복하여 공소를 제기한 것이 아님이 분명하여진 경우에는 위의 추가기소에 의하여 공소장 변경이 이루어진 것으로 보아 전후에 기소된 범죄사실 전부에 대하여 실체판단을 하여야 하고 추가기소에 대하여 공소기각 판결을 할 필요는 없다.

(2) 공소장변경의 한계

공소장변경은 공소사실의 동일성을 해하지 않는 범위에서 허용된다(법 제298조 제1항).

가. 공소사실의 동일성의 의의

공소사실의 동일성이란 공소사실의 단일성과 협의의 동일성을 포함하는 개념이다. 공소사실의 단일성은 소송법적 행위의 단일성을 의미하며, 동일성은 기본적 사실의 동일성을 의미한다.

나. 공소사실의 동일성의 기준

공소사실의 동일성은 소송의 발전에 따른 시간적 전후 동일성을 말한다. 그러나 어느 정도 동일하면 이를 인정할 수 있는가에 대하여는 견해가 대립되고 있다.

1) 기본적 사실 동일성

공소사실을 그 기초가 되는 사회적 사실관계로 환원하여 그러한 사실 사이에 다소의 차이가 있더라도 기본적인 점에서 동일하면 동일성을 인정하고, 법적 평가는 배제하는 입장을 말한다. 판례도 공소사실의 동일성은 그 사실의 기초가 되는 사회적 사실관계가 기본적인 점에서 동일한 것인가에 따라서 판단해야 한다고 하여 이 견해를 따르고 있다. 다만, 판례는 기본적 사실 동일설을 취하는 경우에도 규범적 요소를 전적으로 배제할 수는 없다고 하였다.

즉, 판례는 "공소사실이나 범죄사실의 동일성은 형사소송법상의 개념이므로 이것이 형사절차에서 가지는 의미나 소송법적 기능을 고려해야 할 것이고, 따라서 두 죄의 기본적 사실관계가 동일한가의 여부는 그 규범적 요소를 전적으로 배제한 채 순수하게 사회적·전법률적인 관점에서만 파악할 수는 없고, 그 자연적·사회적 사실관계나 피고인의 행위가 동일한 것인가 외에 그 규범적 요소도 기본적 사실관계의 동일성의 실질적 내용의 일부를 이루는 것이라고 보는 것이 상당하다"고 판시하였다(대판 1994. 3. 22, 93도2080).

쟁 점

<공소사실의 동일성이 인정되는 경우>

판례는 기본적 사실 동일성의 입장에서 다음과 같은 경우에 공소사실의 동일성을 인정하였다.

㉠ 돈을 수령한 사실이 같은 이상 횡령의 공소사실을 사기로 변경하는 경우
피고인이 거래처로부터 돈을 수금하였다는 기본적 사실이 동일한 이상, 이를 수금하여 보관하던 중 횡령하였다고 하여 업무상 횡령으로 공소제기하였다가 다시 일부는 횡령, 일부는 수금권한이 없는데도 있는 것처럼 가장하고 수금하여 이를 편취하였다고 사기로 공소장 변경을 하였다가, 다시 사기죄명을 철회하는 공소장 변경을 한 경우(대판 1984. 2. 28, 83도3074)

㉡ 을이 갑으로부터 금원을 교부받은 점에 대하여 공갈죄로 의율한 변경 전의 공소사실과 을이 아파트 입주자들의 사무를 처리하는 자에 해당된다 하여 배임수재죄로 의율한 변경 후의 공소사실 사이에 동일성 인정(대판 1993. 3. 26, 92도2033)

㉢ 흉기를 휴대하고 다방에 모여 강도예비를 하였다는 공소사실을 정당한 이유없이 폭력범죄에 공용될 우려가 있는 흉기를 휴대하고 있었다는 폭력행위등처벌에관한법률 제7조 소정의 죄로 공소장 변경을 한 경우(대판 1987. 1. 20, 86도2396)

㉣ 목을 조르고 폭행한 사실이 있는 이상 살인미수를 강간치상으로 변경하는 경우
피고인이 피해자를 살해하려고 목을 누르는 등 폭행을 가하였으나 미수에 그쳤다는 살인미수의 공소사실에 대하여 예비적으로 피고인이 피해자를 강간하려고

위와 같은 폭행을 가하였으나 미수에 그치고 피해자에게 상해를 입혔다는 강간치상의 공소사실을 추가하는 공소장 변경을 하는 경우(대판 1984. 6. 26, 84도666)

ⓜ 재물을 취득한 사실이 있는 이상 장물죄를 절도죄로 변경하는 경우
처음에 어느 물건을 장물인 줄 알면서 남에게 양여하였다 하여 장물양여죄로 공소를 제기하였다가 나중에 그 물건을 절취한 사실을 이유로 야간주거침입절도나 절도로 공소장 변경을 한 경우(대판 1964. 12. 29, 64도664)

ⓑ 협박한 사실이 있는 이상 협박죄를 범인도피죄로 변경하는 경우
참고인에 대하여 허위진술을 하여 달라고 요구하면서 이에 불응하면 어떠한 위해를 가할 듯한 태세를 보여 외포케 하여 참고인을 협박하였다는 공소사실과 위와 같이 협박하여 겁을 먹은 참고인으로 하여금 허위로 진술케 함으로써 2시경 수사기관에 검거되어 신병이 확보된 채 조사를 받고 있던 자를 증거불충분으로 풀려나게 하여 도피케 하였다는 공소사실은 허위진술을 하도록 참고인을 강요, 협박하였다는 기본적 사실관계가 동일하여 공소사실의 동일성이 있다(대판 1987. 2. 10, 85도897).

ⓢ 범행장소·범행일시가 같은 이상 경범죄처벌법상의 음주소란죄를 폭력행위등처벌에관한법률 위반죄로 변경하는 경우
경범죄처벌법 위반죄의 범죄사실인 음주소란과 폭력행위등처벌에관한법률 위반죄의 공소사실은 범행장소가 동일하고 범행일시도 같으며 모두 피고인과 피해자의 시비에서 발단한 일련의 행위들임이 분명하므로, 양 사실은 그 기본적 사실관계가 동일한 것이어서 이미 확정된 경범죄처벌법 위반죄에 대한 즉결심판의 기판력이 폭력행위등처벌에관한법률 위반죄의 공소사실에도 미친다(대판 1996. 6. 28, 95도1270).

핵심판례

강도상해죄와 장물취득죄 사이에 범죄사실의 동일성을 인정할 수 있는지 여부(소극)

1. 공소사실이나 범죄사실의 동일성은 형사소송법상의 개념이므로 이것이 형사소송절차에서 가지는 의의나 소송법적 기능을 고려하여야 할 것이고, 따라서 두 죄의 기본적 사실관계가 동일한가의 여부는 그 규범적요소를 전적으로 배제한 채 순수하게 사회적.전법률적인 관점에서만 파악할 수는 없고, 그 자연적.사회적 사실관계나 피고인의 행위가 동일한 것인가 외에 그 규범적 요소도 기본적 사실관계 동일성의 실질적 내용의 일부를 이루는 것이라고 보는 것이 상당하다.
2. 유죄로 확정된 장물취득죄와 이 사건 강도상해죄는 범행일시가 근접하고 위 장물취득죄의 장물이 이 사건 강도상해죄의 목적물 중 일부이기는 하나, 그

범행의 일시, 장소가 서로 다르고, 강도상해죄는 피해자를 폭행하여 상해를 입히고 재물을 강취하였다는 것인 데 반하여 위 장물취득죄는 위와 같은 강도상해의 범행이 완료된 이후에 강도상해죄의 범인이 아닌 피고인이 다른 장소에서 그 장물을 교부받았음을 내용으로 하는 것으로서 그 수단, 방법, 상대방 등 범죄사실의 내용이나 행위가 별개이고, 행위의 태양이나 피해법익도 다르고 죄질에도 현저한 차이가 있어, 위 장물취득죄와 이 사건 강도상해죄 사이에는 동일성이 있다고 보기 어렵고, 따라서 피고인이 장물취득죄로 받은 판결이 확정되었다고 하여 강도상해죄의 공소사실에 대하여 면소를 선고하여야 한다거나 피고인을 강도상해죄로 처벌하는 것이 일사부재리의 원칙에 어긋난다고는 할 수 없다(대판 1994. 3. 22, 93도2080).

2) 죄질동일설

공소사실은 자연적 사실이 아니라 일정한 죄명, 즉 구성요건의 유형적 본질(罪質)에 의한 사실관계의 파악이므로 죄질의 동일성이 인정되어야 공소사실의 동일성을 인정할 수 있다는 견해이다. 이 견해에 의하면 수뢰죄와 공갈죄는 죄질이 다르기 때문에 범죄의 동일성이 인정되지 않는다고 한다.

3) 구성요건공통설

A 사실이 갑 구성요건에 해당하고 B 사실이 을 구성요건에 해당하는 경우에 B 사실이 갑 구성요건에도 상당정도 부합하는 때에는 공소사실의 동일성이 인정된다고 보는 견해이다. 따라서 갑·을 구성요건이 죄질을 같이하거나 공통된 특징을 가질 것을 요하지 않는다고 한다.

이 견해에 의하면 공갈죄와 수뢰죄 사이에 범죄사실의 동일성이 인정된다.

4) 소인공통설

공소사실의 동일성은 소인(訴因)과 소인의 비교에서 오는 사실상의 문제에 지나지 않으므로 소인의 기본적 부분을 공통으로 할 때에 공소사실의 동일성이 인정된다는 견해이다.

(3) 공소장변경의 필요성

공소장에 기재된 공소사실과 동일성이 인정되는 사실은 공소장변경에 의하여 비로소 심판의 대상이 된다고 하여, 공소사실이나 적용법조에 조금이라도 변경이 생기면 언제나 공소장변경을 해야 하는 것이 아니다. 여기서 법원이 어떤 범위에서 공소장변경 없이 공소장에 기재된 공소사실과 다른 사실을 인정할 수 있는가가 문제된다.

가. 학 설

1) 법률구성설

구체적 사실관계가 다르다 할지라도 그 법률구성에 영향이 없을 때에는 공소장변경을 요하지 않고 공소장에 기재된 사실과 다른 사실을 인정할 수 있다는 견해로, 공소사실의 법률적 측면을 중시하는 입장이다.

2) 동일벌조설

구체적 사실관계가 다르다 할지라도 그 벌조(罰條) 또는 구성요건에 변경이 없는 한 공소장을 변경할 필요가 없다는 견해로, 공소사실을 어떤 구성요건에 해당하는가라는 법률적 평가라고 이해하는 입장이다. 이에 의하면 범죄의 시일과 장소가 다를지라도 그 구성요건을 같이하면 법원은 공소장변경 없이 다른 사실을 인정할 수 있으나 절도죄가 횡령죄로 바뀌는 경우와 같이 그 구성요건을 달리하는 때에는 공소장변경을 필요로 한다.

3) 사실기재설(판례의 태도)

공소사실을 구성요건에 해당하는 구체적 사실의 주장이라고 파악하여 그 사실적 측면을 강조함으로써 공소장에 기재되어 있는 사실과 실질적으로 다른 사실을 인정할 때에는 공소장변경을 필요로 한다는 견해이다. 그러나 사실기재설이라 하여 조금이라도 사실의 변경이 있으면 언제나 공소장변경을 요한다는 것이 아니라 사실 사이에 실질적 차이가 있을 때에만 공소장변경을 필요로 한다고 한다. 우리나라 통설·판례의 태도이다.

핵심판례

공소장 변경의 기준
피고인의 방어권 행사에 실질적인 불이익을 초래할 염려가 없는 경우에는 공소사실과 기본적 사실이 동일한 범위 내에서 법원이 공소장 변경절차를 거치지 않고 다르게 인정하였다 할지라도 불고불리의 원칙에 위반되지 않는다(대판 2000. 7. 28, 98도4558).

나. 공소장 변경의 필요성 판단기준

법원이 공소장의 변경 없이 직권으로 공소장에 기재된 공소사실과 다른 범죄사실을 인정하기 위하여는 공소사실의 동일성이 인정되는 범위 내이어야 할 뿐더러 또한 피고인의 방어권 행사에 실질적 불이익을 초래할 염려가 없어야 한다(대판 2003. 7. 25, 2003도2252).

다. 판례가 공소장변경을 요하지 않는다고 한 사례

1) 구성요건이 같은 경우

① 사소한 오류나 명백한 오기의 정정

㉠ 부정수표단속법 위반죄에서 수표의 발행일자가 공소장과 다른 경우(대판 1987. 7. 21, 87도546)

㉡ 국가보안법 위반사건에서 ND이념이 논의된 자리가 공소장에 '운영위원회'로 되어 있는 것을 '간부회의'로 하고 '지도이념으로 하되'를 '지도이념으로 논의하기로 하되'로 바꾸어 인정한 경우(대판 1986. 9. 23, 86도15747)

㉢ 위증죄에서 피고인이 허위증언한 이유가 공소장과 다른 경우(대판 1986. 11. 11, 86도866)

② 공소사실을 정리하거나 명확하게 하기 위한 보충설명의 추가

㉠ 관세포탈죄에서 금괴의 밀수과정을 추가한 경우(대판 1988. 6. 14, 88도592)

㉡ 피고인이 직접 사문서를 위조했다는 공소사실에 대해 피고인이 정을 모르는 회사직원으로 하여금 사문서를 위조하도록 한 것으로 인정한 경우(대판 1990.3.13,90도94)

③ 범죄의 일시·장소의 변경

범죄의 일시와 장소의 변경은 원칙적으로 공소장 변경을 요한다. 범죄의 일시·장소는 공소사실의 특정을 위한 불가결한 요소이며, 피고인의 방어권행사에 직접 영향을 미치는 것이기 때문이다. 다만 범죄의 일시의 기재가 명백한 오기인 때에는 공소장변경을 요하지 않는다.

판례는 범죄의 일시는 공소사실의 특정을 위한 요건이지 범죄사실의 기본적 요소는 아니므로 동일 범죄사실에 대하여 약간 다르게 인정하는 경우에도 반드시 공소장변경을 요하지 아니하나, 그 범행일시의 차이가 단순한 착오기재가 아니고 그 변경 인정이 피고인의 방어에 실질적 불이익을 가져다 줄 염려가 있는 경우에는 공소장의 변경을 요한다고 판시하고 있다(대판 1992. 10. 27, 92도1824).

㉠ 절도죄의 범행시기를 6. 16.에서 6. 17.로 인정한 경우(대판 1980. 2. 12, 79도1032)

㉡ 폭행일시를 1981. 1. 14. 19:00에서 1979. 12월 중순경으로 인정한 경우, 다소 시간적 간격이 있으나 밀접관계이고 공소사실의 동일성이 인정된다고 판시(대판 1982. 12. 28, 82도2156)

㉢ 범죄의 일시와 장소는 원칙적으로 공소장 변경을 요하나, 검사가 공소장을 변경하면서 범행일시를 1981년으로 기재할 것을 착오로 1982년으로 기재하였더라도 이는 오기에 불과하여 심판대상은 여전히 1981년의 공소장기재 범죄사실이라고

판시(대판 1985. 3. 12, 83도2501)

④ 범행의 수단·방법과 결과, 피해자 및 피해정도 등의 변경

㉠ '약 4개월 간의 치유를 요하는 상해'라는 공소사실을 '약 8개월 간의 치료를 요하는 상해'로 변경하는 경우(대판 1984. 10. 23, 84도1803)

㉡ 공소사실이나 법원이 인정한 사실이 그 전체 범행의 시기와 종기 및 피해자가 동일하고, 법원이 인정한 피해액수 또한 공소사실의 범위를 넘지 않는 경우(대판 1994. 9. 9, 94도998)

㉢ 증뇌물전달자를 공범 중 1인인 을에서 다른 공범인 갑으로 변경하는 경우(대판 1984. 5. 29, 84도682)

㉣ '과실로 트럭 왼쪽 뒷바퀴 부분으로 오토바이의 오른쪽을 충격하여 피해자로 하여금 위 오토바이와 함께 넘어져 사망에 이르게 하였다'는 공소사실을 '과실로 피해자가 위험을 느끼고 당황하여 중심을 잃고 땅에 넘어지게 하여 사망케 하였다'는 것으로 변경하는 경우(대판 1989. 12. 26, 89도1557)

㉤ 검사가 재물 편취의 사기죄로 공소를 제기하였으나 실제로는 이익 편취의 사기죄가 인정되는 경우(대판 2004. 4. 9, 2003도7828)

㉥ 변제할 의사와 능력 없이 피해자로부터 금원을 편취하였다고 기소된 사실을 피해자에게 제3자를 소개케 하여 동액의 금원을 차용하고 피해자에게 그에 대한 보증채무를 부담케 하여 재산상의 이익을 취득하였다고 인정하는 경우(대판 1984. 9. 25, 84도312)

2) 구성요건이 다른 경우

공소사실과 법원이 인정할 범죄사실 사이에 구성요건을 달리하는 때에는 사실도 변경된다고 해야 하고, 또 그 사실의 변경은 피고인의 방어에 영향을 미친다고 할 것이므로 원칙적으로 공소장변경이 필요하다고 해야 한다. 다만 다음의 두 가지 경우에는 공소장변경을 요하지 않는다.

① 축소사실의 인정

구성요건을 달리하는 사실이 공소사실에 포함되어 있는 경우에는 '大는 小를 포함하다'는 이론에 의하여 공소장변경을 요하지 않는다.

㉠ 강제추행치상죄를 강제추행죄로 변경(대판 1984. 4. 15, 82도1922)

㉡ 강간치상죄를 강간죄로 변경(대판 2002. 7. 12, 2001도6777)

㉢ 강간치사죄를 강간미수치사죄, 강간죄 또는 강간미수죄로 변경(대판 1969. 2. 18, 68도1601)

㉣ 강도강간죄를 특수강도미수 및 강간죄로 변경(대판 1987. 5. 12, 87도792)

ⓜ 성폭력범죄의처벌및피해자보호등에관한법률 위반(특수강도강간미수)을 특수강도죄로 변경(대판 1996. 6. 28, 96도1232)

ⓗ 허위사실적시 명예훼손죄를 사실적시 명예훼손죄로 변경(대판 2003. 9. 15, 2002도7055)

ⓢ 뇌물수수죄를 뇌물수수약속죄로 변경(대판 1988. 11. 22, 86도1223)

ⓞ 특정범죄가중처벌등에관한법률(제2조 제1항) 위반을 뇌물수수죄로 변경(대판 1994. 11. 4, 94도129)

ⓙ 중실화죄를 실화죄로 변경(대판 1980. 10. 14, 79도305)

ⓒ 강도상해죄를 주거침입죄 및 상해죄로 변경(대판 1996. 5. 10, 96도755)

ⓚ 특정범죄가중처벌등에관한법률 위반(상습절도죄 등의 가중처벌)을 절도죄로 변경(대판 1984. 2. 28, 84도34)

ⓣ 특수절도죄를 절도죄로 변경 또는 특수절도미수를 절도미수로 변경(대판 1973. 7. 24, 73도1256)

ⓟ 특정범죄가중처벌등에관한법률 위반(누범 준강도의 가중처벌)을 준강도죄로 변경(대판 1982. 9. 14, 82도1716)

ⓗ 수뢰 후 부정처사죄를 뇌물수수죄로 변경(대판 1999. 11. 9, 99도2530)

② 법률평가만을 달리하는 경우

사실의 변화 없이 법적 평가만을 달리하는 경우에는 원칙적으로 공소장변경을 요하지 않는다.

㉠ 배임죄를 횡령죄로 변경

㉡ 횡령죄를 배임죄로 변경

㉢ 실체적 경합범을 포괄일죄로 변경

㉣ 실체적 경합범을 상상적 경합범으로 변경

㉤ 포괄일죄를 실체적 경합범으로 변경

핵심판례

공소가 제기된 범죄사실에 보다 가벼운 범죄사실이 인정되는 경우 법원이 그 범죄사실을 인정하지 아니한 것이 위법인지의 여부

법원은 공소사실의 동일성이 인정되는 범위 내에서 공소가 제기된 범죄사실에 포함된 보다 가벼운 범죄사실이 인정되는 경우에 심리의 경과에 비추어 피고인의 방어권행사에 실질적인 불이익을 초래할 염려가 없다고 인정되는 때에는 공소장이 변경되지 않았더라도 직권으로 공소장에 기재된 공소사실과 다른 범죄사실을 인정할 수 있지만, 이와 같은 경우라고 하더라도 공소가 제기된 범죄사실과 대비하여 볼 때 실제로 인정되는 범죄사실의 사안이 중대하여 공소장이 변경되지 않았다는 이유로 이를 처벌하지 않는다면 적정절차에 의한 신속한 실체적 진실의 발견이라는 형사소송의 목적에 비추어 현저히 정의와 형평에 반하는 것으로 인정되는 경우가 아닌 한 법원이 직권으로 그 범죄사실을 인정하지 아니하였다고 하여 위법한 것이라고까지는 볼 수 없다(대판 1990. 10. 26, 90도1229).

공소장 변경이 없더라도 축소사실을 유죄로 인정하여야 한다고 본 사례

㉠ 공소사실인 장물취득죄는 인정되지 않지만, 장물보관죄가 인정되는 경우(대판 2003. 5. 13, 2003도1360)

㉡ 공소사실인 폭력행위등처벌에관한법률 제2조 제2항(야간 또는 2인 이상 폭행.협박)은 인정되지 않지만, 형법상 폭행.협박 사실이 인정되는 경우(대판 1990. 10. 30, 90도2022)

㉢ 공소사실인 폭력행위등처벌에관한법률 제3조 제2항(야간 흉기휴대 주거침입)은 인정되지 않지만, 형법상 주거침입 사실이 인정되는 경우(대판 1990. 4. 24, 90도401)

㉣ 공소사실인 특정범죄가중처벌등에관한법률 제5조의3 제1항(도주차량 운전)은 인정되지 않지만, 업무상 과실치상죄가 인정되는 경우(대판 1990. 12. 7, 90도1283)

㉤ 공소사실인 향정신성의약품을 제조.판매하여 영리를 취할 목적으로 그 원료가 되는 물질을 소지한 것은 인정되지 않지만, 향정신성의약품을 제조할 목적으로 그 원료가 되는 물질을 소지한 범죄사실이 인정되는 경우(대판 2002. 11. 8, 2002도3881)

㉥ 공소사실인 히로뽕투약죄의 기수사실은 인정되지 않지만, 그 미수(실행의 착수) 사실이 인정되는 경우(대판 1999. 11. 9, 99도3674)

라. 판례가 공소장변경을 요한다고 한 사례

① 구성요건이 같은 경우

㉠ '1988. 12.경의 범죄집단조직'의 공소사실을 '1990. 3.경의 범죄집단조직'으로 변경하는 경우(대판 1991. 6. 11, 91도723)

㉡ 교통사범에서 과실의 태양, 내용을 달리 인정하는 경우(횡단보도 앞에서 횡단보행자가 있는지 여부를 잘 살펴보지 아니하고 또 신호에 따라 정차하지 아니하고 시속 50킬로미터로 진행하였다"는 과실내용을 '보조 제동장치나 조향장치를 조작

하지 아니하였다'는 과실내용으로 변경하는 경우(대판 1989. 10. 10, 88도1691)

㉢ 1974. 8. 27.로 명시된 범행일자를 1975. 3.경으로 변경하는 경우(대판 1982. 6. 22, 81도1935)

㉣ '1985. 5. 중순경 범죄단체에서 가입하였다'는 공소사실을 '1986. 5.경 범죄단체에 가입하였다'는 것으로 변경하는 경우(대판 1992. 12. 22, 92도2596)

㉤ '1987. 3.경 신양오비파에 행동대장으로 가입하여 신양오비파를 구성하였다'는 공소사실을 '1988. 9.경 신양오비파에 가입하였다'는 것으로 변경하는 경우(대판 1992. 10. 27, 92도1824)

㉥ 사기죄에서 기망의 방법을 달리 인정하는 경우('고속버스터미널 화장실 관리권 등의 이권을 얻어 주겠다'는 기망 내용을 '시외버스 노선허가의 이권을 얻어 주겠다'는 기망 내용으로 변경하는 경우(대판 1979. 6. 26, 78도1166)

㉦ 횡령죄에서 횡령목적물의 소유자, 보관자의 지위 등을 다르게 인정하는 경우(대판 1991. 9. 24, 91도1605)

㉧ 수뢰죄에서 수뢰기간, 횟수 및 전체 수뢰금액은 축소 절감되어 있으나, 1회의 수뢰금액이나 매월의 합계액에 있어서 공소장 기재의 금액을 넘는 경우(대판 1981. 3. 24, 80도2823)

② 구성요건이 다른 경우

㉠ 사실적시 명예훼손죄를 허위사실적시 명예훼손죄로 변경(대판 2001. 11. 27, 2001도2008)

㉡ 살인죄를 폭행치사죄로 변경(대판 2001. 6. 29, 2001도1091)

㉢ 사기죄를 상습사기죄로 변경(대판 2000. 2. 11, 99도4797)

핵심판례

단독범으로 기소된 것을 다른 사람과의 공모 범행으로 인정하는 경우 공소장 변경이 필요한지 여부

단독범으로 기소된 것을 법원이 다른 사람과 공모하여 동일한 내용의 범행을 한 것으로 인정하는 경우에는 이 때문에 피고인에게 불의의 타격을 주어 그 방어권의 행사에 실질적 불이익을 줄 우려가 있지 아니하는 경우에는 반드시 공소장 변경을 필요로 한다고 할 수 없는 것이다(대판 1999. 7. 23, 99도1911).

공동정범으로 기소된 범죄사실을 공소장변경 없이 방조사실로 인정할 수 있는지 여부(적극)

법원은 그 심리의 경과 등에 비추어 볼 때 피고인의 방어에 실질적인 불이익을 주는 것이 아니라면 공소장 변경 없이 직권으로 가벼운 범죄사실을 인정할 수 있다고 할 것이므로 공동정범으로 기소된 범죄사실을 방조사실로 인정할 수 있다(대판 1999. 9. 29, 99도4567).

공동범행 중 일부행위에 관하여 피고인이 한 것이라고 기소된 것을 둘 중 누군가가 한 것이라고 인정하는 경우 공소장변경이 필요한지 여부(소극)

피고인과 공범자의 공동범행 중 일부행위에 관하여 피고인이 한 것이라고 기소된 것을 둘 중 누군가가 한 것이라고 인정하는 경우, 이 때문에 피고인에게 불의의 타격을 주어 그 방어권의 행사에 실질적인 불이익을 줄 우려가 있지 않는 한 공소장 변경을 필요로 한다고 볼 수 없다(대판 2000. 5. 12, 2000도745).

법원이 공소장 변경 없이 직권으로 공소장에 기재된 공소사실과 다른 범죄사실을 인정하여야 하는 경우

법원은 공소사실의 동일성이 인정되는 범위 내에서 심리의 경과에 비추어 피고인의 방어권 행사에 실질적인 불이익을 초래할 염려가 없다고 인정되는 때에는, 공소장이 변경되지 않았더라도 직권으로 공소장에 기재된 공소사실과 다른 범죄사실을 인정할 수 있고, 이와 같은 경우 공소가 제기된 범죄사실과 대비하여 볼 때 실제로 인정되는 범죄사실의 사안이 중대하여 공소장이 변경되지 않았다는 이유로 이를 처벌하지 않는다면 적정절차에 의한 신속한 실체적 진실의 발견이라는 형사소송의 목적에 비추어 현저히 정의와 형평에 반하는 것으로 인정되는 경우라면 법원으로서는 직권으로 그 범죄사실을 인정하여야 한다(대판 2002. 11. 22, 2000도4419).

공소사실인 상해치사는 인정되지 않지만, 폭행사실이 인정되는 경우 공소장이 변경되지 않았다는 이유로 이를 유죄로 인정하지 않은 것이 정당한지 여부

1. 피고인이 피해자의 얼굴을 주먹으로 2회 때리고 계속 달려드는 피해자의 전신을 주먹 등으로 수회 때려 땅바닥에 넘어뜨려서 피해자로 하여금 심장파열상 등으로 사망하게 하였다는 상해치사의 공소사실에 관해서 피고인이 주먹으로 얼굴을 2회 때리는 등의 정도로 피해자의 신체에 대하여 폭행을 가한 사실만이 인정되는 경우라면 원심법원이 공소장이 변경되지 않았다는 이유로 유죄로 인정하지 아니한 것이 인정되는 사실과 공소사실과를 대비하여 볼 때 현저히 정의와 형평에 반하는 것이라고 할 수 없다.

2. 상해치사죄로 공소제기된 사건에 있어서 피해자가 좌측안와부 외측에 표피박탈상을 입은 사실이 인정되더라도 이것이 공소장에 피고인이 범한 상해범죄사실로 기재되어 있지도 않았을 뿐만 아니라 상해치사 공소사실에 대한 심리

과정에서도 그에 대하여 한번도 언급되지도 아니한 경우 법원이 공소장의 변경없이 그대로 상해 범죄사실을 유죄로 인정한다면 피고인의 방어권행사에 실질적으로 불이익을 초래하게 되기 때문에 원심법원이 그 범죄사실을 유죄로 인정하지 아니한 것은 정당하다(대판 1990. 10. 26, 90도1229).

관세 등 포탈죄의 정범으로 기소되었지만 관세포탈의 방조행위에 해당하는 경우에 이를 유죄로 인정하지 아니한 것이 정의에 반하는지 여부(소극)
공소사실의 요지는 "주한미군 캠프 P.X의 지배인으로 근무하던 피고인이 비면세권자인 내외국인 관광객에게 면세품을 판매하여 관세와 방위세를 포탈하였다."는 것이나 비면세대상자에게 판매한 면세물품에 대한 관세와 방위세의 납세의무자는 피고인이 아니라 이를 양수한 비면세대상자이어서 관세와 방위세의 납세의무자가 아닌 피고인이 비면세대상자들에게 면세물품을 판매한 행위는 관세, 방위세의 포탈죄에는 해당하지 않는 경우에, 피고인의 위 면세물품 판매행위가 관세포탈의 방조행위에 해당된다고 하더라도, 관세 등 포탈죄의 정범으로 공소가 제기된 사건의 심리과정에서 단 한번도 언급된 바 없는 관세 등 포탈의 방조사실을 법원이 공소장의 변경도 없이 그대로 유죄로 인정하는 것이 피고인의 방어권행사에 실질적인 불이익을 초래할 염려가 없다고 보기 어려울 뿐만 아니라, 관세 등 포탈의 방조사실을 유죄로 인정하지 아니하는 것이 현저히 정의와 형평에 반하는 것이라고도 인정되지 않으므로 피고인에게 무죄를 선고한 원심법원의 조치는 적법하다(대판 1991. 5. 28, 91도676).

(4) 공소장변경의 절차

가. 검사의 신청에 의한 공소장 변경

1) 공소변경허가신청서의 제출

공소장에 기재한 공소사실 또는 적용법조의 추가, 철회 또는 변경을 하고자 하는 때에는 그 취지를 기재한 공소장변경허가신청서를 법원에 제출하여야 한다(규 제142조 1항 : 2007. 10. 29. 개정). 공소의 취소가 공판정에서는 구술로 가능함에 반하여(법 제255조 제2항 단서) 공소장변경으로서의 철회는 반드시 서면에 의하여야 한다.

2) 부본의 송달

검사가 공소장변경허가신청서를 제출할 때에는 피고인의 수에 상응하는 부본을 첨부하여야 하며(규 제142조 제2항), 이 부본은 즉시 (법원의 허가가 있을 것을 기다리지 말고) 피고인 또는 변호인에게 송달하여야 한다(동조 제3항).

핵심판례

공소장 변경신청서 부본을 공판정에서 피고인에게 교부하는 것의 적법 여부
피고인에 대하여 공소장 변경의 부본이 공판정에서 교부되었다 하더라도 피고인이 그 법정에서 변경된 기소사실에 대하여 충분히 진술변론한 이상 판결결과에는 영향이 없다할 것이다(대판 1986. 9. 23. 85도1041).

3) 공소장변경이 가능한 시한

공소장의 변경은 그 변경사유가 변론종결 이후에 발생하는 등 특별한 사정이 없는 한 법원에서 공판의 심리를 종결하기 전에 한 것에 한하여 공소사실의 동일성을 해하지 아니하는 한도에서 허가하여야 하는 것이지, 법원이 적법하게 공판의 심리를 종결한 뒤에 이르러 검사의 공소장 변경신청을 하였다하여 반드시 공판의 심리를 재개하여 공소장 변경을 허가하여야 하는 것은 아니다(대판 1994. 10. 28, 94도1756).

4) 법원의 공소장변경 허가

① 검사의 공소장변경신청이 공소사실의 동일성을 해하지 않는 때에는 법원은 이를 허가하여야 한다. 이 경우의 법원의 허가는 의무적이다.

② 공소장의 변경이 허가된 때에는 검사는 공판기일에 제1항의 공소장변경허가신청서에 의하여 변경된 공소사실·죄명 및 적용법조를 낭독하여야 한다. 다만, 재판장은 필요하다고 인정하는 때에는 공소장변경의 요지를 진술하게 할 수 있다(규 제142조 4항). 다만 피고인이 재정하는 공판정에서는 피고인에게 이익이 되거나 피고인이 동의하는 경우 구술에 의한 공소장변경을 허가할 수 있다(동조 5항).

③ 공소장변경이 피고인의 방어에 불이익을 증가할 염려가 있다고 인정될 때에는 법원은 결정으로 필요한 기간 공판절차를 정지할 수 있다(법 제298조 4항).

핵심판례

검사의 공소장 변경신청이 공소사실의 동일성을 해하지 아니하는 경우 법원은 이를 허가하여야 하는지의 여부(적극)

형사소송법 제298조 제1항의 규정에 의하면, '검사는 법원의 허가를 얻어 공소장에 기재한 공소사실 또는 적용법조의 추가.철회 또는 변경을 할 수 있고', '법원은 공소사실의 동일성을 해하지 아니하는 한도에서 이를 허가하여야 한다'고 되어 있으므로, 위 규정의 취지는 검사의 공소장 변경신청이 공소사실의 동일성을 해하지 아니하는 한 법원은 이를 허가하여야 한다는 뜻으로 해석하여야 할 것이다(대판 1999. 5. 14, 98도1438).

공소장변경이 있었음에도 공판절차를 정지하지 않은 경우 위법인지 여부

형사소송법 제298조 제4항은 공소사실의 변경 등이 피고인의 불이익을 증가할 염려가 있다고 인정될 때에는 피고인으로 하여금 필요한 방어의 준비를 하게 하기 위하여 공판절차를 정지할 수 있도록 규정하고 있으므로 공소사실의 일부 변경이 있고 법원이 그 변경을 이유로 공판절차를 정지하지 않았다고 하더라도 공판절차의 진행상황에 비추어 그 변경이 피고인의 방어권행사에 실질적 불이익을 주지 않는 것으로 인정될 때에는 이를 위법하다고 할 수 없다(대판 1995. 1. 12, 94도2687).

공소장 변경허가 결정에 대하여 독립하여 불복할 수 있는지의 여부(소극)

공소사실 또는 적용법조의 추가, 철회 또는 변경의 허가에 관한 결정은 판결 전의 소송절차에 관한 결정이라 할 것이므로, 그 결정을 함에 있어서 저지른 위법이 판결에 영향을 미친 경우에 한하여 그 판결에 대하여 상소를 하여 다툼으로써 불복하는 외에는 당사자가 이에 대하여 독립하여 상소할 수 없다(대결 1987. 3. 28, 87모17).

공소장 변경허가 결정을 법원이 스스로 취소할 수 있는지의 여부(적극)

공소사실의 동일성이 인정되지 않는 등의 사유로 공소장 변경허가 결정에 위법사유가 있는 경우에는 공소장 변경허가를 한 법원이 스스로 이를 취소할 수 있다(대판 2001. 3. 27, 2001도116).

나. 법원의 공소장변경 요구

1) 의 의

법원은 심리의 경과에 비추어 상당하고 인정할 때에는 공소사실 또는 적용법조의 추가 또는 변경을 요구하여야 한다(제298조 2항). 이와 같이 법원이 검사에 대하여 공소사실 또는 적용법조의 추가 또는 변경을 요구하는 것을 공소장변경요구라고 한다.

법원의 공소장변경 요구는 심리의 경과에 비추어 상당하다고 인정될 때에 하는 것이므로 심리가 상당한 정도 진행된 때에 해야 한다. 따라서 제1회 공판기일 이전에 법원이 공소장변경요구를 할 수는 없다. 그러나 1심뿐만 아니라 항소심에서도 공소장변경요구는 허용되며, 변론을 종결한 후일지라도 이를 재개하여 요구할 수 있다.

2) 법원의 공소장변경요구가 법원의 의무인지의 여부

공소장변경요구에 있어서 법원에 공소장변경요구의 의무가 있는지 아니면 공소장변경요구의 여부는 법원의 재량에 속하는지에 관하여 의무설·재량설·예외적 의무설 등이 대립한다. 판례는 공소장변경요구는 법원의 권한이지 의무가 아니며, 법원이 공소장변경요구를 하지 않았다고 하여 심리미진의 위법이 있는 것은 아니라고 판시하고 있다(대판 1984. 2. 28, 83도3334)

핵심판례

법원의 공소장변경요구가 법원의 재량에 속하다고 본 사례

㉠ 피고인이 이적표현물을 제작.반포한 사실은 부인하면서 이를 취득.소지한 것에 대하여는 자백하는 취지로 진술한다고 하여도 법원이 검사에게 공소장의 변경을 요구할 것인지 여부는 법원의 재량에 속하는 것이므로, 법원이 검사에게 그 표현물을 취득.소지한 것으로 공소장 변경을 요구하지 아니하였다 하여 위법하다고 할 수 없다(대판 1997. 8. 22, 97도1516).

㉡ 피고인의 행위가 특정범죄가중처벌법 위반에 해당함을 알면서도 공소장 변경요구를 하지 않은 결과 교통사고처리특례법 위반으로만 법률이 적용되었다 하여 공소장 변경요구를 하지 아니한 것이 재량권의 범위를 일탈한 위법한 처사라 할 수 없다(대판 1984. 4. 24, 84도137).

㉢ 법원이 검사에게 공소제기된 장물보관죄를 업무상 장물보관죄로 공소장 변경을 촉구 또는 요구하지 않았다 하여 심리미진이라 할 수 없다(대판 1984. 2. 28, 83도3334).

다. 항소심에서의 공소장변경

항소심에서 공소장변경이 허용되는지의 여부는 항소심의 구조를 어떻게 파악하느냐에 따라 달라진다.

항소심을 사후심으로 보면 공소장변경이 허용되지 않고, 항소심을 속심으로 보는 견해에 의하면 당연히 공소장변경이 허용된다고 본다(판례의 태도).

핵심판례

항소심에서도 공소장 변경을 할 수 있는지의 여부(적극)

법원이 종결된 변론을 재개하여 다시 공판심리를 하게 된 경우에도 검사는 적법하게 공소장 변경신청을 할 수 있고 항소심 절차에서도 이를 할 수 있으며 법원은 필요한 경우 직권으로 증거조사를 할 수 있다고 할 것이므로, 항소심 법원이 변론기일에 변론을 종결하였다가 그 후 변론을 재개하여 심리를 속행한 다음 직권으로 증인을 심문한 뒤 검사의 공소장 변경신청을 허가하였다고 하더라도 이와 같은 항소심의 조처는 형사소송법의 절차나 규정에 위반하였다고 볼 수 없다(대판 1995. 12. 5, 94도1520).

【서식】 공소장변경허가신청서

서 울 중 앙 지 방 검 찰 청

제 호 20○○년 ○월 ○일
수 신 서울중앙지방법원 발 신 ○○지방검찰청
검 사 ○ ○ ○ ㊞

제 목 공소장변경허가신청

귀원 20○○호 고단 422호 피고인 홍길동에 대한 절도피고사건의 공소장을

다음과 같이 □추가 □철회 □변경 하고자 합니다.

다 음

1. 죄 명
   상습절도
2. 적용법조
   형법 제○○조, 제○○조
3. 공소사실
   별지와 같음(별지 생략)

【서식】 공소장변경요구서

○ ○ 지 방 법 원
제 ○ 부

사 건 20○○노 432호 업무상 배임 피고사건
피고인 ○ ○ ○
수 신 변론관여 검사
제 목 공소장 변경요구

위 사건의 심리경과에 비추어 공소사실 중 상호신용계 및 임무위배의 점을 특정함이 상당하다고 인정되므로 이의 추가 변경을 요구합니다.

20○○년 월 일

재판장 판사 ○ ○ ○ ㊞
재판장 판사 ○ ○ ○ ㊞
재판장 판사 ○ ○ ○ ㊞

주의 요소 법원은 심리의 경과에 비추어 상당하다고 인정할 때에는 공소장변경을 요구할 수 있다.

Ⅲ. 공판준비절차

1. 의 의

공판준비절차란 공판기일에서의 심리를 신속하고 능률적으로 하기 위한 준비절차로서, 수소법원에 의하여 행하여지는 절차를 말한다.

제1회 공판기일 전인가 또는 제2회 이후의 공판기일 전인가를 묻지 않는다. 수소법원에 의하여 행하여지는 절차임을 요하므로, 수소법원과 관계없이 행하여지는 증거보전이나 각종의 영장의 발부는 공판준비에 포함되지 않는다.

2. 공판준비절차제도

형사소송법은 공판기일 전에 쟁점정리 및 입증계획의 수립을 할 수 있도록 하는 공판준비절차 제도가 있음으로써 심리를 효율적으로 운영할 수 있도록 하였다(법 제266조의 2~제266조의16).

3. 제1회 공판기일 전의 공판준비

(1) 개 요

피고인에 대하여 공소가 제기된 후 공판기일의 심리에 이르기까지 검사와 피고인은 공판기일에서의 심리를 미리 준비할 필요가 있다. 종래 이러한 사전준비절차는 공소장 부본의 송달과 피고인 또는 변호인의 사전 증거자료 열람·등사 등 절차가 주를 이루는 것이었으나, 개정법이 공판준비절차를 새로 도입함으로써 공판준비절차 회부 이전의 단계와 공판준비절차단계로 크게 구별할 수 있게 되었다.

공판준비절차 회부 이전 단계에서는 공소장 부본의 송달과 국선변호인의 선정, 검사, 피고인 또는 변호인의 증거자료의 열람·등사의 문제가 중요하게 다루어져야 하고, 공판준비절차에 회부된 이후에는 사건의 쟁점을 명확히 하고 조사되어야 할 증거를 집중하여 조사할 수 있도록 충실히 준비하는 것이 무엇보다 중요할 것이다.

이러한 절차들은 결국 검사의 공소 제기 이후 피고인·변호인이 충실하게 공판절차를 준비함으로써 제1회 공판기일이 공전되거나 무익한 절차로 전락하지 않고 실질적인 심리가 가능할 수 있도록 하기 위하여 마련된 것이다. 따라서 공판의 준비는 마련된 절차를 형식적으로 답습해 나감으로써 오히려 심리의 번잡과 지연을 초래하는 형태로 진행 되어서는 아니 되고, 실질적으로 단시일 내에 공판이 종결될 수 있도록 가장 효율적인 방법을 모색해 나가는 방식으로 운영될 필요가 있다.

(2) 법원의 사전준비

가. 공소장부본의 송달

법원은 공소의 제기가 있는 때에는 지체 없이 공소장의 부본을 피고인 또는 변호인에게 송달하여야 한다. 단 제1회 공판기일 전 5일까지 송달하여야 한다(법 제266조). 피고인은 공소장 부본을 송달받은 후에야 비로소 자신에 대한 공소사실, 즉 법원에서의 심판 대상을 구체적으로 알 수 있게 되어 방어책과 권리보호방법을 강구할 수 있게 되므로, 가능한 한 신속하게 이를 송달할 필요가 있다.

1) 송달의 의의

송달이란 법원이 재판에 관한 서류를 법정의 방식에 따라 당사자 기타 소송관계인에게 교부하여 그 내용을 알리거나 알 수 있는 기회를 부여하고 이를 공증하는 행위를 말한다.

송달은 반드시 법정의 방식(법 제60조 내지 제65조)에 의하도록 하는 점에서 서류나 의사가 사실상 상대방에게 도달하기만 하면 족한 무방식의 통지(법 제267조 제3항), 고지(법 제42조), 교부(법 제128조) 및 송부(법 제62조) 등과 구별된다.

2) 송달불능된 경우의 처리

불구속 피고인의 경우 공소장에 기재된 주소로 공소장 부본을 송달하였으나 송달불능된 경우가 문제로 된다. 송달불능의 사유를 살펴 송달불능이 공소장 기재 주소의 불특정으로 인한 것인 때 또는 공소제기 당시 피고인이 그 주소에 거주하지 않고 있었음이 판명된 때에는 재판장이 검사에게 주소보정을 요구할 수 있다. 증거제출 이전에는 증거기록에의 접근이 불가능하므로 주민조회 상의 주소지를 형식적으로 출력하여 제출하는 형태의 주소보정으로는 공소장 부본의 신속하고 정확한 송달에 어려움이 있을 수밖에 없다. 검사의 주소보정 또한 보다 실질적으로 이루어질 필요가 있고, 참여관 등도 검사가 보정한 주소로 단순히 재송달을 실시하는 데에서 나아가 피고인의 전화번호 등 연락처를 확인하고 이를 통하여 피고인과 연락할 수 있도록 노력하여야 한다. 참여관등이 전화 등으로 피고인과 연락한 결과는 별도의 서면으로 작성하여 기록에 편철하여야 한다.

3) 공소장부본을 송달하지 않은 경우의 효과

공소장부본의 송달이 없거나 또는 제1회 공판기일 전 5일의 유예기간을 두지 아니한 송달이 있는 때에 피고인은 심리개시에 대하여 이의신청을 할 수 있다. 이 경우에 법원은 다시 공소장부본을 송달하거나 공판기일의 지정을 취소하거나 또는 이를 변경하여야 한다. 그러나 피고인의 이의는 늦어도 피고인의 모두진술단계에서 하여야 하며, 피고인이 이의하지 않고 사건의 실체에 대하여 진술한 때에는 그 하자는 치유된다고 해야 한다.

나. 국선변호인의 선정

1) 국선변호인 선정을 위한 고지

법원은 변호인이 선임되어 있지 아니한 피고인에게는 공소장 부본 송달과 동시에 국선변호인 선정을 위한 고지를 하여야 한다. 즉 필요적 변호사건의 경우에는 당해 사건이 변호인 없이 개정할 수 없는 사건임을 알리는 한편 피고인이 스스로 변호인을 선임하지 않는 경우에는 법원이 직권으로 국선변호인을 선정한다는 취지로 고지한다. 필요적 변호사건이 아닌 경우에도 피고인이 빈곤 기타의 사유로 인하여 개인적으로 변호인을 선임할 수 없는 때에는 법원에 국선변호인 선정을 청구할 수 있음을 고지한다.

2) 국선변호인의 선정

법원은 피고인의 연령·지능 및 교육정도 등을 참작하여 권리보호를 위하여 필요하다고 인정하는 때에는 피고인의 명시적 의사에 반하지 아니하는 범위 안에서 변호인을 선정하여야 한다(법 제33조 제3항).

그런데 이와 같은 법률의 규정에도 불구하고, 여전히 적지 않은 피고인들이 변호인의 도움을 받지 못한 채 공판에 임하고 있다. 공판준비절차와 증거개시제도 등 개정법이 새로 도입하고 있는 여러 제도들이 피고인들이 적절하게 대응할 수 있도록 하기 위해서는 변호인의 도움을 받을 수 있는 기회가 대폭 증대될 필요가 있다. 특히 개정법이 피고인 신문절차를 증거조사절차 종료 이후에 배치하는 등 준비절차와 모두절차의 중요성이 대폭 강화된 상황에서 법원은 국선변호인의 선정에 더욱 적극적일 필요가 있다.

이러한 필요성은 항소심에도 마찬가지이다. 개정법은 피고인의 권리보호를 위하여 필요하다고 인정하는 때에는 피고인의 명시적 의사에 반하지 않는 범위 내에서 변호인을 선정하도록 하고 있고, 피고인의 권리보호를 위하여 국선변호인의 선정이 필요한 것인지 여부에 관한 판단은 법원의 재량에 달렸다고 할 것이지만, 필요하다고 인정되는 경우에는 반드시 국선변호인이 선정되어야 한다. 종국판결의 결과뿐만 아니라 소송절차에 관한 판단도 심급별로, 재판부별로 통일성과 일관성을 유지할 필요가 있다. 특히 항소심이 피고인에게 송부하는 국선변호인 선정을 위한 고지서에는 제1심에서 국선변호인을 선정한 경우에는 항소심에서도 특별한 사정이 없는 한 국선변호인을 선정한다고 기재되어 있음을 유의할 필요가 있다.

피고인의 국선변호인 선정 청구를 기각할 경우에도 가능한 한 신속하게 결정함으로써 피고인으로 하여금 사선변호인을 선임할 수 있는 시간적 여유를 갖도록 함이 바람직하다. 신속하게 국선변호인의 선정 여부에 관하여 결정하는 것이 결과적으로 신속하고 충실한 공판절차 진행에 기여할 수 있을 것이다.

(3) 소송관계인의 사전준비

1) 사건의 쟁점 확정

피고인·변호인은 검사가 제출한 공소장의 공소사실과 적용법조에 대한 구체적인 대응방법을 확정할 필요가 있다. 구체적으로는 공소사실을 전면적으로 부인할 것인가, 일부 사실만을 부인할 것인가, 공소사실은 인정하면서 책임이나 위법성 조각을 주장할 것인가, 공소사실을 모두 인정하고 다만 동기나 정상에 관한 변론에 집중할 것인가 등 그 대응은 다양한 형태로 나타날 것이다. 검사가 주장하는 공소사실과 그에 대한 피고인·변호인의 답변이 서로 상치되는 부분이 결국 당해 사건의 쟁점이 될 것이다.

쟁점은 공소사실의 인정 여부에 한정되지 않는다. 고의의 부인이나 알리바이의 주장 등 구성요건해당성 자체를 다투는 내용에서부터 범행 경위나 내용 등 개개의 구체적 사실, 공무원범죄에 있어 직무 관련성 등 일정한 사실관계에 관한 법률적 평가, 범행수익금의 분배나 처리 등 범행 후의 정황에 관련된 사실, 범행가담정도 등 정상에 관한 사항들에 이르기까지 다양하다. 공판기일에서의 심리가 신속하고 적절하게 이루어지기 위해서는 검사와 피고인·변호인이 사전에 쟁점을 명확히 부각시키고 그에 필요한 증거를 신속하게 특정하는 것이 무엇보다 중요하다.

2) 의견서의 제출(법 제266조의2)

① 의의 및 취지

피고인 또는 변호인은 공소장 부본을 송달받은 날부터 7일 이내에 공소사실에 대한 인정 여부, 공판준비절차에 관한 의견 등을 기재한 의견서를 법원에 제출하여야 한다. 다만, 피고인이 진술을 거부하는 경우에는 그 취지를 기재한 의견서를 제출할 수 있다(동조 1항).

공소가 제기된 사건 중에는 피고인이 자백하는 사건과 쟁점이 복잡하고 피고인이 다투는 사건 등이 혼재되어 있고, 법원으로서는 이러한 사건을 미리 분류하여 절차를 진행함으로써 효율적인 재판진행을 도모할 필요가 있으나, 종래 이를 뒷받침할 제도적 장치가 마련되어 있지 않았다. 이에 개정법은 공소사실에 대한 피고인의 입장을 조기에 확인함으로써 심리계획의 수립을 용이하게 하고, 피고인으로서도 공소장에 대응하는 의사표시를 할 기회로 활용함으로써 방어에 도움이 되도록 하기 위하여 의견서 제출제도를 도입하였다. 법원은 피고인의 신병관계, 공소사실의 복잡성과 난이도, 제출된 의견서에 기재된 피고인 또는 변호인의 답변, 예상되는 증인의 수 등 여러 사항을 고려하여 사건을 분류하고, 분류한 사건의 유형에 따라 공판준비절차의 회부 여부 등 향후 심리계획을 정하여야 한다. 이러한 점에서 의견서 제출제도는 개정법에 따른 사건의 관리와 공판절차의 진행에 있어서 가장 중요한 단초를 제공하는 의미 있는 제도라고 할 것이다.

개정법은 피고인 또는 변호인의 의견서 제출을 의무화하고 있고, 다만 피고인이 진술을 거부하는 경우에는 그 취지를 기재한 의견서를 제출할 수 있도록 하고 있다. 피고인에게는 진술거부권이 있어 의견서를 제출하지 않는다고 하여 이를 강제하거나 불이익을 줄 수는 없다. 다만, 법원의 신속하고 효율적인 재판의 진행이나 피고인 본인의 이익을 위해서라도 의견서는 가능한 한 신속하게 제출되는 것이 바람직하다. 영미법과 같은 기소인부제도가 없는 이상 공판준비절차에 들어가기 이전에 피고인의 의사를 확인하는 방법으로서 의견서 제도가 유일하기 때문이다.

② 검사에의 송부

법원은 의견서가 제출된 때에는 이를 검사에게 송부하여야 한다(동조 3항).

3) 공소제기 후 검사가 보관하고 있는 서류 등의 열람·등사(법 제266조3)

공판의 준비가 신속하고 적절하게 이루어지기 위해서는 검사와 변호인이 쌍방이 지니고 있는 증거서류와 증거물을 사전에 열람할 필요가 있다. 다만, 개정법은 피고인 또는 변호인이 보관하고 있는 서류 등의 열람·등사에 관하여는 피고인 또는 변호인이 공판기일 또는 공판준비절차에서 현장부재·심신상실 또는 심신미약 등 법률상·사실상의 주장을 한 때에 비로소 열람·등사를 요구할 수 있도록 규정하고 있으므로(법 제266조의11 제1항) 사전준비 단계에서 문제되는 것은 결국 피고인·변호인의 수사기록 열람·등사에 관한 부분이다.

종래 변호인이 검사가 아직 법원에 증거로 제출하지 아니한 관계서류나 증거물에 대해서 열람·등사할 수 있는지에 관하여 이를 긍정하는 견해가 학계의 다수설이었음에도 불구하고 명문의 규정이 없어 실무상으로는 일부 혼선을 빚는 경우가 있었다. 개정법은 증거개시제도를 명시적으로 도입하여 검사가 피고인·변호인의 열람·등사 신청을 거부할 경우 피고인·변호인이 법원에 당해 서류나 물건의 열람·등사를 신청할 수 있도록 함으로써 이러한 문제를 입법적으로 해결하였다.

① 열람·등사의 대상

피고인 또는 변호인은 검사에게 공소제기된 사건에 관한 서류 또는 물건의 목록과 공소사실의 인정 또는 양형에 영향을 미칠 수 있는 다음 서류 등의 열람·등사 또는 서면의 교부를 신청할 수 있다. 다만, 피고인에게 변호인이 있는 경우에는 피고인은 열람만을 신청할 수 있다.

㉠ 검사가 증거로 신청할 서류 등

㉡ 검사가 증인으로 신청할 사람의 성명, 사건과의 관계 등을 기재한 서면 또는 그 사람이 공판기일 전에 행한 진술을 기재한 서류 등

㉢ 위 ㉠ 또는 ㉡의 서면 또는 서류 등의 증명력과 관련된 서류 등

㉣ 피고인 또는 변호인이 행한 법률상·사실상 주장과 관련된 서류 등(관련 형사재판확정기록, 불기소처분기록 등을 포함한다.)

위 서류 등은 도면·사진·녹음테이프·비디오테이프·컴퓨터용 디스크, 그 밖에 정보를 담기 위하여 만들어진 물건으로서 문서가 아닌 특수매체를 포함한다. 이 경우 특수매체에 대한 등사는 필요 최소한의 범위에 한한다.

② 신청방식

공소제기 후 검사가 보관하는 서류 등의 열람·등사의 신청은 다음 사항을 기재한 서면으로 하여야 한다(규 제123조의2).

㉠ 사건번호, 사건명, 피고인

㉡ 신청인 및 피고인과의 관계

㉢ 열람 또는 등사할 대상

③ 열람·등사 또는 서면의 교부의 제한

㉠ 검사는 국가안보, 증인보호의 필요성, 증거인멸의 염려, 관련 사건의 수사에 장애를 가져올 것으로 예상되는 구체적인 사유 등 열람·등사 또는 서면의 교부를 허용하지 아니할 상당한 이유가 있다고 인정하는 때에는 열람·등사 또는 서면의 교부를 거부하거나 그 범위를 제한할 수 있다.

㉡ 검사는 열람·등사 또는 서면의 교부를 거부하거나 그 범위를 제한하는 때에는 지체 없이 그 이유를 서면으로 통지하여야 한다.

㉢ 피고인 또는 변호인은 검사가 서류 등의 열람·등사 또는 서면의 교부의 신청을 받은 때부터 48시간 이내에 열람·등사 또는 서면의 교부를 거부하거나 그 범위를 제한하는 이유를 통지하지 아니하는 때에는 법원에 그 서류 등의 열람·

등사 또는 그 서면의 교부를 허용하도고 할 것을 신청할 수 있다.

㉣ 검사는 서류 등의 목록에 대하여는 열람 또는 등사를 거부할 수 없다.

④ 법원의 열람·등사에 관한 결정(법 제266조의4)

㉠ 피고인 또는 변호인은 검사가 서류 등의 열람·등사 또는 서면의 교부를 거부하거나 그 범위를 제한한 때에는 법원에 그 서류 등의 열람·등사 또는 서면의 교부를 허용하도록 할 것을 신청할 수 있다.

㉡ 법원은 위 ㉠의 신청이 있는 때에는 열람·등사 또는 서면의 교부를 허용하는 경우에 생길 폐해의 유형·정도, 피고인의 방어 또는 재판의 신속한 진행을 위한 필요성 및 해당 서류 등의 중요성 등을 고려하여 검사에게 열람·등사 또는 서면의 교부를 허용할 것을 명할 수 있다. 이 경우 열람 또는 등사의 시기·방법을 지정하거나 조건·의무를 부과할 수 있다.

㉢ 법원은 위 ㉡의 결정을 하는 때에는 검사에게 의견을 제시할 수 있는 기회를 부여하여야 한다.

㉣ 법원은 필요하다고 인정하는 때에는 검사에게 해당 서류 등의 제시를 요구할 수 있고, 피고인이나 그 밖의 이해관계인을 심문할 수 있다.

⑤ 열람·등사 또는 서면의 교부에 관한 법원의 결정 불이행시의 증거신청의 금지

검사는 열람·등사 또는 서면의 교부에 관한 법원의 결정을 지체 없이 이행하지 아니하는 때에는 해당 증인 및 서류 등에 대한 증거신청을 할 수 없다(법 제266조의4 제5항).

⑥ 열람·등사된 서류 등의 남용금지(법 제266조의16)

㉠ 피고인 또는 변호인(피고인 또는 변호인이었던 자를 포함한다.)은 검사가 열람 또는 등사하도록 한 제266조의3 제1항에 따른 서면 및 서류 등의 사본을 당해 사건 또는 관련 소송의 준비에 사용할 목적이 아닌 다른 목적으로 다른 사람에게 교부 또는 제시(전기통신설비를 이용하여 제공하는 것을 포함한다)하여서는 아니 된다.

㉡ 피고인 또는 변호인이 위 ㉠을 위반하는 때에는 1년 이하의 징역 또는 500만원 이하의 벌금에 처한다.

[서식] 공판조서 열람청구서

공 판 조 서 열 람 청 구

사　　건　20○○ 고단 ○○○호 ○○
피 고 인　○ ○ ○

위 사건에 관하여 피고인은(또는 피고인의 변호인은) 다음 번 공판의 변론 준비에 참고하고자 공판조서의 열람을 청구합니다.

20○○년　○월　○일
위 피고인　○ ○ ○ (인)

○ ○ 지 방 법 원 귀 중

[서식] 공판조서 등본 교부신청서

공 판 조 서 등 본 교 부 신 청

사　　건　20○○고합 ○○○호 ○○
피 고 인　○ ○ ○

위 사건에 관하여 피고인은 다음 번 공판에 참고하고자 아래 공판조서의 등본을 신청하오니 교부하여 주시기 바랍니다.

아　　　래

1. 제2회 공판조서(20○○. ○. ○.)

20○○년 ○월 ○일
위 피고인 ○ ○ ○ (인)

○ ○ 지 방 법 원 귀 중

[서식] 공판조서 녹취허가 청구서

공판조서녹취허가 청구

사 건 20○○고단 ○○○호 ○○
피 고 인 ○ ○ ○

위 사건에 관하여 증인 ○○○의 신문에 있어서 그 내용을 전부 속기자(또는 녹음장치의 사용)로 하여금 필기(녹취)하도록 허가하여 주시기 바랍니다.

20○○년 ○월 ○일
위 피고인 ○ ○ ○ (인)

○ ○ 지 방 법 원 귀 중

[서식] 공판조서 낭독청구서

공 판 조 서 낭 독 청 구

사　　건　20○○고단 ○○○호 ○○
피 고 인　○ ○ ○

위 사건에 관하여 피고인은 다음 번 공판의 변론준비를 하고자 하나 피고인은 무학자로서 문맹인 관계로 조서를 읽지 못하는바, 다음 조서를 낭독하여 주시기 바랍니다.

다　　　음

조　서 : 증인 ○ ○ ○의 신문조서(20○○. ○. ○. 신문)

20○○년　○월　○일
위 피고인　○ ○ ○ (인)

○ ○ 지 방 법 원 귀 중

4. 기일 외 공판준비절차

(1) 개 요

공판심리가 효율적이면서도 충실하게 이루어질 수 있기 위해서는 공판기일 이전에 충분한 사전 준비가 필요하다. 종래 제도적인 뒷받침이 이루어지지 않은 상황에서 법원은 이른바 문지기 재판부의 지정, 답변서 및 정상관계진술서의 도입 등 공판준비에 필요한 일정한 실무운영기법을 도입하고자 노력하여 왔다. 그러나 법과 규칙에 명시적인 규정이 없는 상황에서 이러한 실무운영을 통한 극복 노력은 한계가 있을 수밖에 없었다. 개정법은 이러한 문제점에 관한 인식 하여 공판준비절차제도를 도입하고 그에 관한 다양한 규정들을 마련하기에 이르렀다.

공판준비절차는 크게 당사자의 주장을 통한 쟁점의 정리와 그에 대한 일괄적인 증거신청을 통한 입증계획의 수립으로 구분할 수 있다. 쟁점의 정리와 증거의 정리는 개념적으로 준별되지만 검사가 제시하는 증거의 내용에 따라 반증의 범위가 달라지고 이와 양립할 수 없는 사실관계를 증명하기 위해 또 다른 주장과 증거가 제출될 수 있으므로 실제로는 한꺼번에 이루어질 수밖에 없다.

개정법 제266조의5는 공판준비절차는 주장 및 입증계획 등을 서면으로 준비하게 하거나 공판준비기일을 열어 진행한다고 규정하여 서면방식과 기일방식을 예정하고 있다. 이러한 개정법의 태도는 공판준비절차를 공판준비기일보다 광의의 개념으로 파악하면서 공판준비절차가 반드시 공판준비기일의 형태로 진행되어야 하는 것은 아니라는 점을 명확히 한다.

기일 외 공판준비절차를 광의의 개념으로 공판준비기일 외에서 하는 일체의 공판준비행위라고 파악한다면 이에는 석명권 행사, 공소장 변경, 당사자의 주장 촉구 등과 같은 쟁점정리와 관련된 행위와 증거의 신청, 이에 대한 의견 진술, 증거의 채부, 공판기일의 지정과 변경 등 입증계획과 관련된 행위를 모두 포함시킬 수 있다. 그러나 그 구체적인 형태는 검사·피고인·변호인의 공판준비를 위한 주장 제출 및 신청할 증거의 제시와 이를 위한 법원의 명령의 형태로 나타나게 될 것이다.

(2) 공판준비절차의 진행방법

① 재판장은 효율적이고 집중적인 심리를 위하여 사건을 공판준비절차에 부칠 수 있다(법 제266조의5 1항).

② 공판준비절차는 주장 및 입증계획 등을 서면으로 준비하게 하거나 공판준비기일을 열어 진행한다(법 제266조의5 제2항).

③ 검사, 피고인 또는 변호인은 증거를 미리 수집·정리하는 등 공판준비절차가 원활

하게 진행될 수 있도록 협력하여야 한다(동조 3항).

(3) 공판준비명령과 공판준비서면

가. 공판준비명령

재판장은 검사·피고인 또는 변호인에게 기한을 정하여 공소장 등 법원에 제출된 서면에 대한 설명을 요구하는 등 공판준비절차의 진행에 필요한 사항을 미리 준비하게 하거나 그 밖에 공판준비에 필요한 명령을 할 수 있다(법 제266조의6 제4항, 규 제123조의9 제1항). 개정법이 검사, 피고인 또는 변호인에게 증거를 미리 수집·정리하는 등 공판준비절차가 원활하게 진행될 수 있도록 협력의무를 부과하고 있으나(개정법 제266조의5 제3항) 이것만으로 자발적인 공판준비절차의 진행을 기대하기 어렵다. 법원은 당사자의 적극적인 준비활동을 촉구하고 이를 점검하는 방식으로 초기의 공판준비절차를 진행해 나가야 한다.

공판준비명령은 광의로는 공판준비서면의 제출명령을 포함하는 개념으로 파악하여야 한다. 그러나 경우에 따라서는 소송관계인들에게 공판준비서면의 제출을 강제하는 것이 바람직하지 아니한 경우가 있을 것이다.

공판준비명령은 공판준비에 관한 일반적인 사항에 대하여 할 수도 있고, 특정한 개별적 사항에 대하여도 발할 수 있다. 그러므로 공판준비명령은 공소사실의 불특정을 이유로 보정을 명하는 것에서부터 검사에게 피고인의 법률상·사실상의 주장에 대한 검사의 의견과 반대 증거의 신청을 촉구하는 것, 공소사실 중 쟁점이 되는 사실관계에 대한 증거방법과 증인의 소재를 확인하도록 하는 것에 이르기까지 다양한 형태가 있을 수 있다.

나. 공판준비를 위한 서면의 제출(법 제266조의6)

1) 제출대상 및 제출명령

검사, 피고인 또는 변호인은 법률상·사실상 주장의 요지 및 입증취지 등이 기재된 서면을 법원에 제출할 수 있다.

재판장은 검사, 피고인 또는 변호인에 대하여 따른 서면의 제출을 명할 수 있다.

종래 실무는 제1회 공판기일이 진행된 이후에야 비로소 공판심리의 방향이 정해지고 이를 기초로 당사자의 의견 제출이나 증거신청이 본격적으로 이루어지고 있다. 그러나 공판준비절차가 본격적으로 도입되었으므로 소송 초기 단계에서 당사자의 주장 및 이를 뒷받침하는 증거신청이 선행되어야 하고 소송 진행의 기본 방향에 대한 당사자의 의견이 재판부에 제시될 필요가 있다. 공판준비서면은 이러한 필요성에 따라 도입된 것으로 검사, 피고인 또는 변호인은 공소사실에 관한 주장이나 이를 뒷받침하는 증거신청, 공판준비명령에 대한 답변 등을 기재하여 제출할 수 있을 것이다. 그러나 경우에 따라서는 피고인이나 변호인이 방어전략의 노출을 꺼려 공판준비서면의 제출에 소극적인 태도를 나타낼 수 있고, 강제적 요소가 가미된다면 진술거부권에 대한 침해의 소지가 있을 뿐만 아니라 공판준비절차 제도 자체에 대한 회의론을 불러일으킬 수 있음을 유의하여야 한다.

2) 공판준비서면의 기재방법

공판준비서면에는 필요한 사항을 구체적이고 간결하게 기재하여야 하고, 증거로 할 수 없거나 증거로 신청할 의사가 없는 자료에 기초하여 법원에 사건에 대한 예단 또는 편견을 발생하게 할 염려가 있는 사항을 기재하여서는 아니 된다(규 제123조의9 제3항).

3) 첨부서류

피고인이 공판준비서면을 제출할 경우에는 검사에게 송부할 수 있도록 1통의 부본을, 검사가 공판준비서면을 제출할 경우에는 피고인의 수에 1을 더한 수에 해당하는 부본을 함께 제출하여야 한다(개정규칙 제123조의9 제4항 본문). 다만, 여러 명의 피고인에 대하여 동일한 변호인이 선임된 경우에는 검사는 변호인의 수에 1을 더한 수에 해당하는 부본만을 낼 수 있다(규 제123조의9 제4항 단서).

4) 제출된 서면 부본의 송달

법원은 서면이 제출된 때에는 그 부본을 상대방에게 송달하여야 한다.

5) 제출된 서면에 대한 설명 요구 등

재판장은 검사, 피고인 또는 변호인에게 공소장 등 법원에 제출된 서면에 대한 설명을 요구하거나 그 밖에 공판준비에 필요한 명령을 할 수 있다.

다. 재판의 고지 등에 관한 특례

종래 공판기일 외에서의 법원과 당사자 사이의 의사소통은 법원이 한 재판을 고지하는 수단으로 결정서의 송달 등 방법과 변호인이나 피고인이 의견서, 탄원서 등을 법원에 제출하는 방법 등 주로 서면에 의한 송달과 제출 방식에 의존하여 왔다. 그러나 공판준비절차가 본격적으로 실시되면 현재보다 훨씬 많은 의사소통이 필요할 것인데, 이를 전통적인 서면의 송달과 제출 방식에만 한정할 경우 신속하고 효율적인 공판준비라는 목적을 달성하기 어렵게 되는 문제가 있다.

따라서 공판준비절차의 적절한 활용을 위해서는 서면에 국한하지 않는 다양한 의사소통수단의 확보가 필요하다. 개정규칙은 법원은 서면 이외에 전화·모사전송·전자우편·휴대전화 문자전송 그 밖에 적당한 방법으로 검사·피고인 또는 변호인에게 공판준비와 관련된 의견을 요청하거나 결정을 고지할 수 있도록 규정하였다(규 제123조의6).

법원은 위와 같은 방식으로 기일 외에서 검사·피고인 또는 변호인과 공판준비를 위하여 필요한 사항을 협의할 수 있다. 예컨대 법원은 검사, 변호인과 개별적 또는 3자간 전화통화를 통하여 공판준비와 관련된 의견진술을 요청할 수 있는 것이다.

다만, 당사자가 일방적으로 위 수단을 선택할 경우 법원이 예측하지 못한 상태에서 그 제출 여부를 확인하기 곤란하게 되며 제출된 내용을 기록·보존하는 데에도 불편이 예상되므로, 위와 같은 다양한 수단 중 어떠한 수단을 활용할 것인지는 법원이 이를 선택하도록 하였다. 예컨대, 법원이 전자우편을 통한 문서제출을 허가하는 경우에는 당사자에게 재판부의 전자우편 주소를 알려주고 이를 통하여 문서제출이 가능함을 알려주는 방식이다.

5. 공판준비기일(법 제266조의7)

(1) 공판준비기일의 지정 절차

가. 공판준비기일의 지정

법원은 검사, 피고인 또는 변호인의 의견을 들어 공판준비기일을 지정할 수 있다. 검사, 피고인 또는 변호인은 법원에 대하여 공판준비기일의 지정을 신청할 수 있다. 이 경우 당해 신청에 관한 법원의 결정에 대하여는 불복할 수 없다(동조 1항·2항).

개정법은 법원이 검사, 피고인 또는 변호인의 의견을 들어 공판준비기일을 지정할 수 있도록 규정함으로써(법 제266조의7 제1항 참조), 기일외 공판준비절차를 거친 이후의 공판준비기일 지정 여부를 재판부의 재량에 맡기고 있다. 다만 당사자의 의견을 들어 기일 지정 여부에 반영하도록 하고 있을 뿐이다. 공판준비절차에 부치는 결정 자체가 제한적으로 이루어지는 경우에는 공판준비절차에 부쳐진 사건 중 상당한 비율의 사건에서 공판준비기일이 지정될 것이지만, 사건이 폭넓게 공판준비절차에 회부되는 경우에는 선별된 사건에서만 공판준비기일이 지정될 것이다.

공판준비기일의 지정이 있을 경우 쟁점의 정리가 용이하고 향후 집중적인 증거조사가 이루어질 수 있도록 하는 장치로 기능할 수 있으나, 자칫 공판준비기일의 운영으로 말미암아 불필요하게 공판기일의 진행이 지연되게 하거나 절차의 중복을 초래할 위험성도 있으므로, 미리 공판준비기일의 지정이 필요한 사건의 기준을 설정하여 두고 그 기준에 따라 일관되게 실무를 운영할 필요가 있다.

한편 국민의 형사재판참여에 관한 법률 제37조 제1항은 국민참여재판에서 법원은 주장과 증거를 정리하고 심리계획을 수립하기 위하여 공판준비기일을 지정하여야 한다고 규정하여, 공판준비절차 뿐만 아니라 공판준비기일도 필수적으로 시행하도록 하였다.

나. 공판준비기일의 지정 절차

개정법은 법원이 직권으로 또는 당사자의 신청에 따라 공판준비기일을 지정할 수 있도록 규정하고 있다(법 제266조의7 제1항·제2항). 공판준비기일은 재판장이 아닌 법원이 지정하도록 하고 있음에 유의할 필요가 있다. 개정법은 법원이 직권으로 공판준비기일을 지정하는 경우에는 반드시 당사자의 의견을 듣도록 하고 있는데 이는 개정법이 공판준비기일이 종료할 경우 실권효를 규정하고 있기 때문이다.

공판준비기일의 지정에 관한 검사의 의견은 전화 등 간편한 방법으로 신속하게 구할 수 있으나 변호인이 없는 피고인의 경우에는 그리 간단하지 않을 수 있다. 그러므로 공소장의 접수 단계에서부터 의견서의 제출 단계, 기일 외 공판준비절차의 진행단계에 이르기까지 사건이 진행되어가는 과정에서 공판준비기일이 지정될 가능성이 있는 사건이라고 판단될 경우에는 가능한 한 신속하게 국선변호인을 선정할 필요가 있다.

당사자의 신청에 의하여 공판준비기일을 지정하는 경우에도 미리 상대방의 의견을 들어야 하는지에 관하여 개정법과 개정규칙은 아무런 규정을 두고 있지 않다. 반드시 필수적인 것은 아니라고 하더라도 공판준비기일의 효율적이고 원활한 진행은 당사자의 협조를 필요로 하고, 이를 위해서는 상대방으로부터도 그에 관한 의견을 미리 청취하는 것이 바람직할 것이다.

다. 공판준비기일의 변경

검사·피고인 또는 변호인은 부득이한 사유로 공판준비기일을 변경할 필요가 있을 때에는 그 사유와 기간 등을 구체적으로 명시하여 공판준비기일의 변경을 신청할 수 있다(규 제123조의10). 공판준비기일이 빈번히 변경되지 않도록 부득이한 사유가 있는 경우에 한하여 공판준비기일의 변경을 신청할 수 있도록 한 것이다.

(2) 공판준비기일의 구체적 진행

공판준비기일은 출석한 피고인에 대한 진술거부권의 고지와 인정신문으로부터 시작하여 쟁점정리와 증거의 채부결정에 나아갈 것이다. 공판준비기일의 일반적인 진행 형태는 다음과 같은 모습을 띠게 될 것이다.

가. 진술거부권의 고지와 인정신문

개정법은 공판준비기일에서도 출석한 피고인에게 진술을 거부할 수 있음을 알려주도록 규정하고 있다(법 제266조의8 제6항). 원칙적으로 공판준비기일에서 피고인의 진술은 예정되어 있지 않으나 피고인이 실체에 관하여 진술하는 경우에 대비한 것이다. 아울러 피고인의 동일인 여부를 확인하기 위하여 인정신문을 하여야 할 것이다.

나. 쟁점의 정리

인정신문이 끝나면 법원은 공소장을 비롯하여 기왕에 제출된 의견서와 공판준비서면 등에 나타난 검사와 피고인·변호인의 주장을 토대로 쟁점을 정리하여야 한다. 구체적으로 법원은 먼저 공소사실과 각종 서면을 통하여 확인한 주장을 토대로 정리한 쟁점을 제시하고 그에 대한 쌍방의 의견을 진술하게 한다. 쌍방으로부터 특별한 의견 진술이 없는 경우에는 그 쟁점을 당해 사건의 쟁점으로 확정할 수 있을 것이나, 만약 법원이 제시한 쟁점에 이견이 있거나 또는 그 외에 다른 쟁점이 있다는 진술이 있는 경우에는 이를 토대로 다시 쟁점을 정리하고 이에 대한 의견을 묻는 방식으로 절차를 진행하도록 한다.

쟁점 정리 절차는 향후 집중적인 증거조사가 필요한 쟁점이 무엇인지만을 확정하는 절차로 운영되어야 하고, 그 과정에서 세세한 부분까지 피고인의 답변을 요구하는 등 실체관계에 관한 심리에까지 나아가 자칫 공판기일과 같이 운영되지 않도록 유의할 필요가 있다.

다. 증거의 정리

법원은 먼저 공판준비서면 등을 통하여 미리 증거의 신청이 있었거나 그에 관한 상대방의 의견 진술 등이 있었던 경우에는 그 결과를 정리하여 제시하고, 그에 관한 변경이나 이의의 유무를 물어야 한다. 변경할 사항이나 이의의 진술이 있다면 그에 따라 다시 신청할 증거와 그에 대한 상대방의 의견을 묻는 절차를 반복하여 증거신청과 의견진술을 마치도록 한다.

조기에 공판준비기일이 지정되어 사전에 증거의 신청이 이루어지지 않은 경우에는 공판준비기일에서 먼저 검사로 하여금 증명사실에 관한 증거를 일괄하여 신청하도록 하고, 다음 피고인·변호인에게 검사 신청 증거에 관한 의견을 진술하도록 한다.

검사와 피고인·변호인이 증거신청과 의견진술을 마친 후 법원은 증거의 채부에 관한 결정을 하여야 한다. 검사, 피고인 또는 변호인은 이에 대하여 이의신청을 할 수 있고 법원은 그 신청에 대하여 결정을 하여야 한다(법 제266조의9 제2항, 제296조).

라. 증거조사기일의 지정

법원은 조사할 증거가 확정되면 그 증거조사의 순서 및 방법을 정하여야 한다. 다수의 증거들 중 어떠한 증거를 먼저 조사할 것인지 여부는 사안의 성격과 증거의 성상에 따라 달라질 것이나 가능한 한 그 증거조사가 가장 집중적으로 이루어질 수 있도록 결정하여야 할 것이다.

다만, 개정규칙 제135조는 전문증거에 관한 개정법 제312조 및 제313조에 따라 증거로 할 수 있는 피고인 또는 피고인 아닌 자의 진술을 기재한 조서 또는 서류가 피고인의 자백 진술을 내용으로 하는 경우에는 범죄사실에 대한 다른 증거를 조사한 후에 이를 조사하여야 한다고 규정함으로써 피고인의 자백 진술을 내용으로 하는 증거는 다른 객관적인 증거에 관한 조사가 종료한 이후에 행하여야 함을 명백히 하고 있다. 개정규칙이 비록 조서 또는 서류에 관하여만 그 조사 시기를 규정하고 있으나 그 취지는 가능한 한 조서나 서류가 아닌 증인의 경우에도 그대로 유지되어야 할 것이다.

법원은 증거에 관한 정리결과에 터잡아 집중적으로 증거조사가 이루어질 수 있도록 공판기일을 지정하여야 한다. 집중적인 증거조사가 가능하기 위해서는 특히 증인신문이 집중적으로 이루어질 수 있어야 하고, 이를 위해서 공판준비기일을 지정하기 전에 법원은 증인을 신청한 자에게 증인의 소재, 연락처, 출석 가능성 및 출석이 가능할 일시 등 증인의 신문에 필요한 사항의 준비를 명할 수 있음은 앞서 본 바와 같다(규 제123조의8 제3항 참조).

(3) 공판준비기일의 공개

공판준비기일은 공개한다. 다만, 공개하면 절차의 진행이 방해될 우려가 있는 때에는 공개하지 아니할 수 있다.

공판준비기일은 공판준비를 위한 기일이므로 이를 공개하지 않더라도 헌법상 공개재판의 원칙에 반하지 않는다고 해석하는 것이 일반적이나, 개정법은 공판준비라고 하더라도 증거신청 등 사건의 실체와 관련되는 사항이 있으므로 비공개된 상태에서 이루어진 공판준비행위에 대한 사건관계인의 의심을 불식함으로써 공판준비기일제도의 안착을 도모하기 위하여 공개를 원칙적인 모습으로 규정한 것이다.

실무적으로 공판준비절차실이 마련되어 있는 법원의 경우에는 공판준비절차실을 활용하여 공판준비기일을 진행할 수 있을 것이다. 피고인의 가족이나 피해자 등이 방청을 희망하는 경우에도 비공개로 진행하지 않는 한 이를 허용하여야 한다.

(4) 공판준비기일의 통지(법 제266조의8 제3항)

법원은 검사, 피고인 및 변호인에게 공판준비기일을 통지하여야 한다.

(5) 검사 및 변호인 등의 출석(법 제266조의8)

가. 출석하여야 하는 자

공판준비기일에는 검사 및 변호인이 반드시 출석하여야 하고, 법원사무관 등도 반드시 참여하여야 한다.

나. 국선변호인의 선정

법원은 공판준비기일이 지정된 사건에 관하여 변호인이 없는 때에는 직권으로 변호인을 선정하여야 하고, 피고인 및 변호인에게 그 뜻을 고지하여야 한다(동조 4항, 규 제123조의11). 공판준비기일이 지정된 후에 변호인이 없게 된 때에도 같다(개정규칙 제123조의11 제2항). 전술한 바와 같이 법원은 공판준비절차의 모든 단계에 걸쳐 당해 사건에 관하여 공판준비기일을 지정할 가능성이 있다고 여겨지는 경우에는 가능한 한 조기에 국선변호인을 선정하는 등 공판준비기일의 지정에 대비할 필요가 있다. 공판준비기일의 효율적이고 원활한 운영을 위해서도 가급적 사건의 초기 단계에서 국선변호인이 절차진행에 관여하는 것이 바람직하다. 법원은 검사, 피고인 및 변호인에게 공판준비기일을 통지하여야 한다(법 제266조의8 제3항).

개정법과 개정규칙은 피고인에게도 공판준비기일을 통지하도록 하여 피고인이 참석할 기회를 부여하였으나 피고인이 출석하지 않더라도 공판준비기일을 개정할 수 있도록 하였다. 다만 법원은 필요하다고 인정하는 때에는 피고인을 소환할 수 있으며, 피고인은 법원의 소환이 없는 때에도 공판준비기일에 출석할 수 있다(법 제266조의8 제5항).

다. 피고인의 소환

법원은 필요하다고 인정하는 때에는 피고인을 소환할 수 있으며, 피고인은 법원의 소환이 없는 때에도 공판준비기일에 출석할 수 있다(법 제266조의8 제5항).

공판준비기일에서의 피고인의 출석은 긍정적인 측면과 부정적인 측면의 두 가지 측면을 아울러 가지고 있다. 먼저 피고인이 공판준비기일에 출석할 경우에는 피고인이 직접 재판부에 변소하게 되고 재판부도 피고인에게 질문하게 됨으로써 이 때 사실상 심증이 형성되는 문제가 생길 수 있다. 공판준비기일에서는 절차의 형성만이 가능할 뿐 실체의 형성이 이루어져서는 안 되고, 이 단계에서 피고인에 의하여 실체적 진술이 이루어질 경우 공판준비기일은 공판준비절차의 일환이 아니라 공판기일화하게 되는 문제가 발생하게 된다. 그런 반면 피고인의 출석이 없는 가운데 공판준비기일을 진행할 경우 사안에 따라서는 향후 재판에 대한 불신을 불러올 수 있는 여지가 있고, 변호인이 사안에 관하여 완전하게 파악하지 못하는 경우에는 공판준비기일이 형식적인 절차로 전락할 우려가 있다.

변호인이 전권을 행사하기 보다는 피고인의 의사를 존중하고 이에 따르려는 경향을 보이고 있는 우리 형사재판의 모습에 비추어 향후 공판준비기일의 진행도 대부분 피고인이 출석한 가운데 이루어질 가능성이 높다. 피고인이 출석할 경우 효율적이고 원활한 공판준비기일의 진행이 가능할 것으로 생각되나 그 경우에도 법원이 실체적 진실의 발견에 치우친 나머지 피고인에게 직접 변소를 하도록 하거나 피고인에게 직접 질문하는 등 실체 형성 작업이 이루어지도록 하여서는 안 된다는 점을 유념할 필요가 있다.

라. 진술거부권의 고지

재판장은 출석한 피고인에게 진술을 거부할 수 있음을 알려주어야 한다.

[서식] 불출석사유 신고서

불 출 석 사 유 신 고 서

사　　건　20○○고단 ○○○호 ○○
피 고 인　○ ○ ○

위 사건에 관하여 ○○○은 20○○. ○. ○. ○○:○○ 경에 출석하라는 소환장을 송달 받았으나 ○○○이 20○○. ○. ○. ○○:○○경 교통사고를 당하여 입원 치료 중에 있으므로 출석할 수 없기에 신고합니다.

첨 부 서 류

1. 교통사고사실확인원　1통
1. 진단서　1통
1. 입원사실확인서　1통

20○○. ○. ○.

위 피고인의 변호인
변 호 사　○ ○ ○ (인)

○ ○ 지 방 법 원 형사○단독 귀 중

(6) 공판준비절차에서 할 수 있는 행위(법 제266조의9)

가. 법원은 공판준비절차에서 다음 행위를 할 수 있다

① 공소사실 또는 적용법조를 명확하게 하는 행위

② 공소사실 또는 적용법조의 추가·철회 또는 변경을 허가하는 행위

③ 공소사실과 관련하여 주장할 내용을 명확히 하여 사건의 쟁점을 정리하는 행위

④ 계산이 어렵거나 그 밖에 복잡한 내용에 관하여 설명하도록 하는 행위

⑤ 증거신청을 하도록 하는 행위

⑥ 신청된 증거와 관련하여 입증 취지 및 내용 등을 명확하게 하는 행위

⑦ 증거신청에 관한 의견을 확인하는 행위

⑧ 증거 채부(採否)의 결정을 하는 행위

⑨ 증거조사의 순서 및 방법을 정하는 행위

⑩ 서류 등의 열람 또는 등사와 관련된 신청의 당부를 결정하는 행위

⑪ 공판기일을 지정 또는 변경하는 행위

⑫ 그 밖에 공판절차의 진행에 필요한 사항을 정하는 행위

쟁 점

<공판준비기일에서 증거조사를 할 수 있는지 여부>

공판준비기일에서는 증거신청과 그에 대한 의견진술, 증거채부까지만 하고 증거조사는 공판기일에 하는 것이 원칙이다. 법원이 증거채부를 결정하기 전에 당해증거의 증거능력 유무를 판단하여야 하는데 이 시점에서 증거능력에 대한 입증이 필요한 경우도 있다. 예컨대 피고인 측이 피의자신문조서의 임의성을 부인하는 경우, 검사가 제출한 참고인 진술조서의 원진술자의 행방불명이나 특신상황 등에 관하여 별도의 입증이 있어야 위 조서들의 증거능력 여부를 판단할 수 있다. 이와 같은 증거능력 판단에 필요한 증거조사를 공판준비기일에서 할 수 있는지가 문제가 된다.

증거채부를 판단하기 위한 증거조사는 실체에 관한 내용이 아니라 어떤 증거를 채택할 것인가 여부만을 조사하는 것이므로 공판준비기일에서도 할 수 있고, 오히려 공판기일에서 조사할 증거는 증거능력 있는 증거에 한정되어야 하며, 공판준비절차에서는 증거채부까지 결정하는 것이 원칙이므로 이를 위하여 필요한 증거조사는 공판준비절차에서도 당연히 할 수 있다고 보아야 한다. 그러므로 피고인에 대한 피의자신문조서의 실질적 진정성립이나 임의성이 문제될 때에는 공판준비기일에서 이에 관한 영상

녹화물의 조사를 통하여 실질적 진정성립 여부를 결정하거나, 조사 경찰관이나 조사에 참여한 검찰 수사관을 증인으로 신문하여 임의성 유무를 판단할 수 있고, 참고인 진술조서의 경우에도 원진술자의 행방불명 사실을 확인한 경찰관의 증언을 청취하거나 이를 입증할 각종 서류에 대하여 증거조사를 할 수 있다고 할 것이다.

나. 준용규정

법 제296조(증거조사에 대한 이의신청) 및 제304조(재판장의 처분에 대한 이의)는 공판준비절차에 관하여 준용한다.

(7) 공판준비기일 결과의 확인(법 제266조의10)

① 법원은 공판준비기일을 종료하는 때에는 검사, 피고인 또는 변호인에게 쟁점 및 증거에 관한 정리결과를 고지하고, 이에 대한 이의의 유무를 확인하여야 한다.

② 법원은 쟁점 및 증거에 관한 정리결과를 공판준비기일조서에 기재하여야 한다.

(8) 피고인 또는 변호인이 보관하고 있는 서류 등의 열람 · 등사(법 제266조의11)

가. 요건 및 열람·등사의 대상

검사는 피고인 또는 변호인이 공판기일 또는 공판준비절차에서 현장부재 · 심신상실 또는 심신미약 등 법률상 · 사실상의 주장을 한 때에는 피고인 또는 변호인에게 다음 서류 등의 열람 · 등사 또는 서면의 교부를 요구할 수 있다.

① 피고인 또는 변호인이 증거로 신청할 서류 등

② 피고인 또는 변호인이 증인으로 신청할 사람의 성명, 사건과의 관계 등을 기재한 서면

③ 제1호의 서류 등 또는 제2호의 서면의 증명력과 관련된 서류 등

④ 피고인 또는 변호인이 행한 법률상 · 사실상의 주장과 관련된 서류 등

나. 서류등의 열람·등사 또는 서면의 교부의 거부

① 피고인 또는 변호인은 검사가 법 제266조의3(공소제기 후 검사가 보관하고 있는 서류 등의 열람 · 등사) 제1항에 따른 서류등의 열람 · 등사 또는 서면의 교부를 거부한 때에는 제1항에 따른 서류등의 열람 · 등사 또는 서면의 교부를 거부할 수 있다. 다만, 법원이 제266조의4 제1항에 따른 신청을 기각하는 결정을 한 때에는 그러하지 아니하다.

② 검사는 피고인 또는 변호인이 제1항에 따른 요구를 거부한 때에는 법원에 그 서

류등의 열람·등사 또는 서면의 교부를 허용하도록 할 것을 신청할 수 있다.

③ 제266조의4 제2항부터 제5항까지의 규정은 제3항의 신청이 있는 경우에 준용한다.

④ 제1항에 따른 서류등에 관하여는 제266조의3 제6항을 준용한다.

(9) 공판준비절차의 종결사유(법 제266조의12)

법원은 다음 각 항의 어느 하나에 해당하는 사유가 있는 때에는 공판준비절차를 종결하여야 한다. 다만, 제2항 또는 제3항에 해당하는 경우로서 공판의 준비를 계속하여야 할 상당한 이유가 있는 때에는 그러하지 아니하다.

① 쟁점 및 증거의 정리가 완료된 때

② 사건을 공판준비절차에 부친 뒤 3개월이 지난 때

③ 검사·변호인 또는 소환받은 피고인이 출석하지 아니한 때

(10) 종판준비기일의 종결

가. 공판준비기일 종결의 효과(법 제266조의13 : 실권효)

공판준비기일에서 신청하지 못한 증거는 다음 각 호의 어느 하나에 해당하는 경우에 한하여 공판기일에 신청할 수 있다.

① 그 신청으로 인하여 소송을 현저히 지연시키지 아니하는 때

② 중대한 과실 없이 공판준비기일에 제출하지 못하는 등 부득이한 사유를 소명한 때

신속하고 집중적인 심리의 요청과 실체적 진실발견의 요구는 형사재판의 영역에서 추구하는 목표이지만, 두 가지 목표는 서로 상충될 여지가 있다. 개정법은 공판준비절차의 실효성을 도모하기 위해서 위와 같은 실권효 규정을 신설하고 있다. 다만 법원은 실체적 진실발견을 위하여 이에 구애받지 않은 채 직권으로 증거조사를 할 수 있다(법 제266조의13 제2항).

공판준비기일 종결의 효과로서 실권효를 인정하는 것이기 때문에 공판준비절차에 회부하였으나 공판준비기일을 열지 아니한 채 바로 공판준비절차를 종결하고 공판기일을 지정한 경우에는 위 규정에 의한 실권효를 적용할 수 없다.

실권효 규정을 법률의 규정에 따라 제대로 운용하지 않을 경우 공판준비절차의 실효성은 현저히 떨어질 것이다. 실권효 규정을 적정하게 적용하기 위해서는 그 전제로 공판준비기일에서 보다 적극적인 석명권을 행사하여 필요한 증거신청이 일괄하여 이루어질 수 있도록 노력함으로써 당사자가 불의타를 입는 일이 없도록 유의할 필요가 있고, 그럼에도 불구하고 고의나 중과실 그 밖의 사유로 증거신청이 이루어지지 않은 경우에

는 과감하게 실권효 규정을 적용할 필요가 있다. 제1심에서 실권효 규정이 적용되었더라도 항소심에서 다시 필요한 증거신청을 제한 없이 받아들일 경우에는 실권효 규정은 사문화 될 수 밖에 없다. 공판준비기일을 거친 사건에서 실권효 규정이 적용된 경우에는 항소심에서도 당해 증거가 개정법 제266조의13 제1항 각호의 예외 사유에 해당하는지를 살펴 그 증거의 채택 여부를 결정하여야 할 것이다. 실권효를 적용하는 경우에는 당사자에게 예외사유에 해당하는지 여부를 소명할 기회를 부여하여야 하고, 공판조서에 그와 같은 취지를 명확하게 기재하여야 한다.

나. 공판준비기일의 재개(법 제266조의14)

법 제305조(변론의 재개)는 공판준비기일의 재개에 관하여 준용한다.

(11) 공판준비기일 조서의 작성

공판준비기일을 종료하는 때에는 법원은 피고인, 증인, 감정인, 통역인 또는 번역인의 진술의 요지와 쟁점 및 증거에 관한 정리결과 그 밖에 필요한 사항을 공판준비기일 조서에 기재하여야 한다(규 제123조의12 제2항). 공판준비절차에서의 피고인에 의한 실체관계에 관한 진술이 바람직하지 않음은 진술한 바와 같으므로, 공판준비기일 조서에 기재할 피고인의 진술은 쟁점정리와 증거에 관한 정리결과 등 절차 진행에 관한 의견 진술만을 일컫는 것으로 보아야 한다.

공판준비기일에 진행된 내용을 조서에 지나치게 상세하게 기재할 경우 당사자가 공판준비기일에서 실체에 관한 변론을 하도록 만들어 공판중심주의를 저해하고 공판준비기일조서에 의하여 본안심리를 가속화할 우려가 있다는 지적이 있다. 따라서 가능한 한 공판준비절차에서는 쟁점 정리와 입증계획의 수립이라는 본래의 목적에 국한하여 필요한 심리와 조사를 하도록 실무를 운영하되, 불가피하게 실체에 관련된 사항이 있는 경우 당사자에게 향후 증거자료가 될 수 있음을 주지시키고 신중하게 진술하거나 반대논거를 개진할 기회를 충분히 부여할 필요가 있다. 또한 그 경우에도 조서에 기재하는 내용은 쟁점정리와 입증계획 수립이라는 공판준비절차의 본연의 목적을 달성할 수 있는 범위 내에서 명확하게 기재하는 것이 바람직하다.

공판준비기일에는 공판정 심리의 속기·녹음·영상녹화에 관한 개정법 제56조의2의 규정은 그 적용이 없다.

8. 기일간 공판준비절차(법 제266조의15)

(1) 개 요

공판준비절차는 제1회 공판기일을 개정하기 전에 진행되는 것이 일반적인 형태이지만 사안에 따라서는 제1회 공판기일 이후에도 공판준비의 필요성이 있는 경우가 있다. 따라서 개정법은 쟁점 및 증거의 정리를 위하여 필요한 경우에는 제1회 공판기일 후에도 사건을 공판준비절차에 부칠 수 있도록 하고 있다. 이 경우 기일전 공판준비절차에 관한 규정을 준용한다(법 제266조의15). 결국 공판준비절차와 기일간 공판준비절차는 그 회부 시기가 공판기일 전인가, 후인가에 차이가 있을 뿐 나머지는 동일하게 규율된다.

기일간 공판준비절차는 그 이전에 공판준비절차를 거치지 아니한 사건뿐만 아니라 이미 공판준비절차를 거친 경우에도 활용될 수 있다.

(2) 구체적 활용형태

가. 공판준비절차를 마친 사건

공판준비절차를 거쳐 이미 쟁점과 증거를 정리한 경우에도 제1회 공판기일 이후에 심리를 계속하는 과정에서 추가로 새로운 쟁점이 제기되거나 사건의 복잡성이 발견되어 쟁점정리나 집중심리를 위한 심리계획의 설정 필요성이 있는 경우에는 그 시점에서 다시 기일간 공판준비절차에 회부될 수 있다. 공판준비절차를 마친 사건에 관하여 다시 기일간 공판준비절차에 회부하거나 공판준비기일을 진행하는 사례로 상정할 수 있는 대표적인 사례는 조서의 진정성립 증명을 위하여 영상녹화물의 조서가 필요한 경우이다.

나. 공판준비절차를 거치지 아니한 사건

위에서 본 바와 같이 기일간 공판준비절차가 이미 공판준비절차를 거친 사건에 있어서도 가능하지만, 주로 공판준비절차를 거치지 아니한 사건에 관하여 활용될 것으로 생각된다. 비록 개정법이 피고인의 의견서 제출을 의무로 규정하고 있다고 하더라도 아직 국선변호인의 선정조차 제대로 이루어지지 아니한 단계에서 의견서의 제출률이 획기적으로 높아질 것이라고 기대하기는 어렵다. 결국 실제 다툼이 있는 사건에서도 의견서의 제출이 이루어지지 아니한 채 제1회 공판기일이 지정되고 제1회 공판기일이 진행된 이후에야 비로소 다투는 취지가 밝혀지게 되는 경우가 적지 않을 것이다.

이러한 사건에 관해서는 비록 제1회 공판기일이 진행된 이후라고 하더라도 다시 공판준비절차에 들어가 공판준비를 거친 다음 다시 공판기일을 진행하는 것이 공판절차의 효율적이고 원활한 진행을 위하여 바람직하다고 인정되는 경우에는 적극적으로 기일간 공판준비절차에 회부하여 절차를 진행하는 것이 바람직하다. 다만, 의견서가 제출되었다고 하여 기계적으로 기일간 공판준비절차에 회부하는 것은 지양되어야 함은 제1회 공판기일전 공판준비절차에 있어서와 같다.

【서식】 공판준비명령 양식(검사용)

○ ○ 지 방 법 원
제 ○ 형사부
공판준비명령

○○검찰청 검사 귀하

사 건 20○○고합
피 고 인 ○ ○ ○

1. 이 사건은 형사소송법 제266조의5에 따라 공판준비절차에 회부되었습니다.
2. 검사는 증명하고자 하는 사실과 함께 이를 증명하는데 필요한 증거의 표목과 입증취지 등을 서면으로 정리하여 아래 제출기한까지 제출하여 주시기 바랍니다.

제출기한 : 20 . . .

20 . . .

재판장 판 사 ○ ○ ○

유 의 사 항

※ 피고인의 의견서가 제출된 경우에는 제출하는 서면에 그에 대한 주장도 함께 기재되어야 합니다.

※ 문의사항 연락처 : ○○법원 제○○형사부 법원사무관 ○ ○ ○
직통전화 : (○○) ○○○-○○○○
팩 스 : (○○) ○○○-○○○○
e-mail : @lawb.co.kr

【서식】 공판준비명령 양식(피고인용)

○ ○ 지 방 법 원
제 ○ 형사부
공판준비명령

사　　건　20○○고합
피 고 인　○ ○ ○

1. 이 사건은 형사소송법 제266조의5에 따라 공판준비절차에 회부되었습니다.
2. 피고인 또는 변호인은 아래 제출기한까지 검사의 주장에 대한 의견을 밝히고, 검사가 신청할 증거에 대한 의견을 서면으로 정리하여 제출하여 주시기 바랍니다. 아울러 공소사실에 관한 사실상·법률상 주장이 있는 경우 그 증명을 위하여 신청할 증거의 표목과 입증취지를 정리하여 제출해 주시기 바랍니다.
   제출기한 : 20　.　.　.

20　.　.　.

재판장 판　사　○ ○ ○

유 의 사 항

1. 제출하는 서면에는 검사의 주장에 대하여 각 항목별로 인정하는지 여부를 밝히고, 인정할 수 없다면 그 사유를 구체적으로 적어야 합니다.

2. 증거의견에 관한 진술은 피고인의 진술이 적법한 절차와 방식에 따라 작성되었는지 여부, 진정 성립 여부, 특신상황, 내용인정 또는 동의여부에 관하여 간략하게 기재하여 주시기 바랍니다.
3. 신청할 증거는 아래 요청에 따라 정리하여 제출하여 주시기 바랍니다.
   ① 서증신청 : 서증사본 및 이에 대한 증거설명서 제출
   ② 증인신청 : 증인의 이름·주소 등을 적은「증인신청서」제출
   ③ 검증·감정·사실조회·문서송부촉탁 등 : 입증취지를 명확히 적은 신청서 제출

※ 문의사항 연락처 : ○○법원 제○○형사부 법원사무관 ○ ○ ○
직통전화 : (○○) ○○○-○○○○
팩 스 : (○○) ○○○-○○○○ e-mail : @scourt.go.kr

【서식】 공판준비명령 양식

○ ○ 지 방 법 원
제 ○ 형사부
공판준비명령

사　　건　20○○고합
피 고 인　○　○　○

동봉한 피고인(또는 검사)이(가) 제출한 서면 또는 증거 신청서에 기재된 주장이나 신청할 증거에 대하여 아래 제출기한까지 서면으로 의견을 제출하여 주시기 바랍니다. 아울러 추가로 신청할 증거가 있을 경우에는 그 표목과 입증취지를 정리하여 제출하여 주시기 바랍니다.

제출기한 : 20　.　.　.

20　.　.　.

재판장 판　사　○ ○ ○

유 의 사 항

1. 제출하는 서면에는 검사의 주장에 대하여 각 항목별로 인정하는지 여부를 밝히고, 인정할 수 없다면 그 사유를 구체적으로 적어야 합니다.

2. 증거의견에 관한 진술은 피고인의 진술이 적법한 절차와 방식에 따라 작성되었는지 여부, 진정 성립 여부, 특신상황, 내용인정 또는 동의여부에 관하여 간략하게 기재하여 주시기 바랍니다.
3. 신청할 증거는 아래 요청에 따라 정리하여 제출하여 주시기 바랍니다.
   ① 서증신청 : 서증사본 및 이에 대한 증거설명서 제출
   ② 증인신청 : 증인의 이름·주소 등을 적은「증인신청서」제출
   ③ 검증·감정·사실조회·문서송부촉탁 등 : 입증취지를 명확히 적은 신청서 제출

※ 문의사항 연락처 : ○○법원 제○○형사부 법원사무관 ○ ○ ○
직통전화 : (○○) ○○○-○○○○
팩 스 : (○○) ○○○-○○○○ e-mail : @scourt.go.kr

【서식】 공판준비기일 및 수명법관 지정 양식

○ ○ 법 원
제 ○ 형사부
결 정

사 건 20○○고합
피고인 ○ ○ ○

위 사건의 공판준비기일을 다음과 같이 지정한다.

일 시 : 20 . . . :
장 소 :

20 . . .

재판장 판 사 ㉐
판 사 ㉐
판 사 ㉐

위 공판준비절차의 수명법관으로 판사 (을)를 지정한다.

20 . . .

재판장 판 사 ㉐
판 사 ㉐
판 사 ㉐

9. 공판기일의 지정·변경

(1) 공판기일의 지정

가. 의 의

형사소송법상 공판기일이란 법원, 당사자 기타 소송관계인이 공판절차를 실시하는 일시를 말하고, 이 공판기일을 정하는 재판(명령)을 공판기일의 지정이라고 한다.

법원은 공소제기가 있으면 지체 없이, 늦어도 제1회 공판기일 전 5일까지 공소장부본을 피고인 또는 변호인에게 송달하여야 한다(법 제266조). 피고인에 대하여 공소장 부본이 송달되면 재판장은 공판기일을 지정하게 된다(법 제267조 제1항). 개정규칙상으로는 피고인에 대한 제1회 공판기일 소환장은 공소장부본의 송달 전에는 이를 하여서는 아니 된다고 규정하고 있으나(규 제123조), 실무상으로는 공소장부본 송달과 제1회 공판기일 지정이 동시에 이루어지는 경우가 많다. 특히 제1심 형사공판사건 중 기소당시 피고인이 구속된 상태인 사건의 경우 제1회 공판기일 또는 공판준비기일은 배당이 완료된 사건기록이 담당재판부에 배부된 후 지체 없이 지정하되, 기일을 지정하는 날로부터 14일 이내의 날로 정하는 것이 원칙이다. 참여관은 피고인에게 공소장부본과 기일소환장을 송달하고, 국선변호인 선정에 관한 고지를 하여야 한다. 사안의 복잡성, 난이도, 피고인이나 변호인이 제출한 의견서나 공판절차서면 등의 내용을 종합하여 공판준비절차를 거치는 경우에는 이로 인하여 공판기일의 지정이 필요 이상으로 지연되지 않도록 유의할 필요가 있다.

나. 공판준비기일의 지정

법원은 검사, 피고인 또는 변호인의 의견을 들어 공판준비기일을 지정할 수 있다(법 제266조의7 제1항). 특히 국민의 형사재판참여에 관한 법률에 따라 공판절차가 진행되는 사건의 경우에는 법원은 반드시 사건을 공판준비절차에 부치고, 주장과 증거를 정리하고 심리계획을 수립하기 위하여 공판준비기일을 지정하여야 한다.

재판장은 사건이 접수되면 공소장과 의견서를 검토하여 공판준비절차에 회부하고 공판준비기일을 열 필요가 있는 사건인지 여부를 판단하여야 한다. 재판장은 사건을 공판준비절차에 부칠 것인지, 그리고 공판준비기일을 지정할 것인지 여부를 판단하기 위해서는 공소가 제기되어 사건이 당해 재판부에 접수되고 이에 대하여 의견서가 접수되는 즉시 이를 검토할 필요가 있다.

다. 집중심리와 연일개정

공판기일의 심리는 집중되어야 한다는 원칙을 선언함과 동시에 심리에 2일 이상이 필요한 경우에는 부득이한 사정이 없는 한 매일 계속 개정하여야 한다는 규정이다(법 제267조의2 제1항, 제2항). 이와 함께 공판기일의 일괄지정제도도 도입하였다(법 제267조의2 제3항). 재판장은 여러 공판기일을 일괄하여 지정할 경우에는 검사, 피고인 또는 변호인의 의견을 들어야 한다(규칙 제124조의2).

현실적으로 연일개정을 하기 위해서는 충분한 법정이 확보되어야 하고, 증인이 정해진 기일에 출석하여야 하는 등 인적, 물적 여건의 뒷받침이 필요하다.

(2) 공판기일의 변경

가. 공판기일 변경의 의의

공판기일의 변경이란 먼저 지정한 공판기일을 취소하고, 새로운 기일을 지정하는 재판장의 명령을 말한다.

좁은 의미로는 기일이 도래하기 전에 그 기일에 갈음하여 새로운 기일을 지정하는 것을 가리키나, 넓은 의미로는 기일이 도래하여 개정하였으나 실질적 심리에 들어가지 않고 다음 기일을 지정하는 것, 즉 연기까지를 포함한다.

공판기일의 변경은 개정하여 실질적 심리를 한 후 심리를 계속하기 위하여 새로운 기일을 지정하는 것, 즉 '기일의 속행'과는 구별된다.

나. 직권 또는 신청에 의한 기일의 변경

재판장은 직권 또는 검사, 피고인이나 변호인의 신청에 의하여 공판기일을 변경할 수 있다(법 제270조 제1항). 공판기일변경신청에는 공판기일의 변경을 필요로 하는 사유와 그 사유가 계속되리라고 예상되는 기간을 명시하여야 하며 진단서 기타의 자료로써 이를 소명하여야 한다(규칙 제125조). 공판기일변경신청을 기각한 명령은 송달하지 아니한다(법 제270조 제2항).

(3) 공판기일의 통지와 소환

공판기일은 검사·변호인과 보조인에게 통지하여야 한다(제267조 제3항). 공판기일에는 피고인·대표자 또는 대리인을 소환하여야 한다(동조 2항). 다만 법원의 구내에 있는 피고인에 대하여 공판기일을 통지한 때에는 소환장 송달의 효력이 있다(법 제268조).

소환이란 피고인·증인 등 특정인에 대하여 일정한 일시에 일정한 장소로 출석할 것을 명하는 법원의 재판을 말한다.

제1회 공판기일은 소환장의 송달 후 5일 이상의 유예기간을 두어야 한다. 그러나 피고인이 이의 없는 때에는 유예기간을 두지 아니할 수 있다(법 제269조). 다만 이의는 검사가 기소요지를 진술한 후에 지체 없이 하여야 한다. 공판기일에 소환 또는 통지서를 받은 자가 질병 기타의 사유로 출석하지 못할 때에는 의사의 진단서 기타의 자료를 제출하여야 한다(법 제271조).

10. 공판기일 전의 증거조사

법원 또는 소송관계인은 공판기일 전에 증거를 수집·정리하여 공판기일에 신속한 심리가 이루어지도록 할 필요가 있다.

(1) 공무소 등에 대한 조회

법원은 직권 또는 검사·피고인이나 변호인의 신청에 의하여 공무소 또는 공사단체에 조회하여 필요한 사항의 보고 또는 그 보관서류의 송부를 요구할 수 있다. 이 신청을 기각함에는 결정으로 하여야 한다(법 제272조). 공무소 등에 조회할 수 있는 것에는 전과사실, 출소일자, 형기종료일자, 병상 등이 있다.

(2) 공판기일 전의 증거조사

법원은 검사·피고인 또는 변호인의 신청에 의하여 공판준비에 필요하다고 인정한 때에는 공판기일 전에 피고인 또는 증인을 신문할 수 있고 검증·감정 또는 번역을 명할 수 있다(제273조 제1항). 즉 증거조사는 당사자의 신청이 있는 때에만 할 수 있다. 재판장은 수명법관으로 하여금 증거조사를 하게 할 수 있고(동조 2항), 신청을 기각할 때에는 결정으로 하여야 한다(동조 3항).

(3) 당사자의 공판기일 전의 증거제출

검사·피고인 또는 변호인은 공판기일 전에 서류나 물건을 증거로 법원에 제출할 수 있다(법 제274조).

【서식】 공판기일 연기신청서

공판기일 연기신청서

사　　건 : 20○○노 ○○○호　특정범죄가중처벌등에관한법률위반(절도)
피 고 인 :○ ○ ○

위 사건에 관하여 아래와 같은 사유로 공판기일을 연기해 주실 것을 신청합니다.

아　　래

연기신청사유 :

신청인 : ○ ○ ○ ㊞
관 계 :

○○지방법원 형사 제 ○부 귀중

【서식】 공판기일변경신청서

공판기일변경신청서

사 건 20○○고단 ○○○호 ○○사건
피고인 ○ ○ ○ ㊞

위 사람에 대한 20○○고단 ○○○호 ○○사건에 관하여 20○○년 ○월 ○일 ○○:00로 공판기일이 지정되었는바, 피고인은 변호인을 선임하고자 준비중이오니 위 기일을 변경하여 주시기 바랍니다.

20○○년 월 일

피고인 ○ ○ ○ ㊞

○○지방법원 귀중

【서식】 공판시간변경신청서

공판시간변경신청서

20○○고단1234 폭력행위등처벌에관한법률위반 피고사건
피고인 ○ ○ ○ ㉒

피고인에 대한 위 사건에 관하여 20○○. ○. ○. ○○:00로 공판기일이 지정되었는바, 피고인의 변호인은 오전재판이 타 법원과 겹치어 부득이 시간을 오후로 변경하여 주시기 바랍니다.

20○○년 월 일

위 피고인의 변호인
변호인 ○ ○ ○ ㉒

○○지방법원 귀중

【서식】 공판기일변경신청기각명령

서 울 중 앙 지 방 법 원
명 령

20○○고합 132호 특수절도 피고사건
피고인 ○ ○ ○ ㉮

위 사건에 관하여 20○○년 ○월 ○일 ○○:00로 지정된 공판기일을 변경하여 달라는 피고인의 신청은 이유 없으므로 주문과 같이 명령한다.

주 문 피고인의 공판기일 변경신청은 이를 기각한다.

20○○년 월 일

판 사 ○ ○ ○ ㉮

【서식】 공판기일변경명령

서 울 중 앙 지 방 법 원
공판기일변경명령

20○○고합 1235호 특수절도 피고사건
피고인 ○ ○ ○

위 사건에 관하여 지정한 20○○년 ○월 ○일 10:00로 공판기일을 직권으로 20○○년 ○월 ○일 10:00로 변경한다.

20○○년 월 일

판 사 ○ ○ ○ ㉮

【서식】 피고인소환장

○○법원
피고인소환장

사 건 20 고
피고인 ○ ○ ○
주 거

위 사건에 관하여 20 . . . : 를 공판기일로 지정하였으니 피고인은 위 일시에 이 법원 제 호 법정(관 층)에 출석하여야 합니다.

정당한 이유 없이 출석하지 아니한 때에는 도망할 염려가 있다고 인정하여 구속영장을 발부하는 수가 있습니다.

20 . . .

재판장 판 사 ○ ○ ○

주의 : 1. 출석한 때에는 주민등록증을 가져오기 바랍니다.
2. 질병 기타의 사유로 출석하지 못한 때에는 의사의 진단서, 기타의 자료를 제출하여야 합니다.
3. 공판기일의 변경신청을 할 때에는 공판기일변경이 필요한 사유와 그 사유가 계속되리라고 예상되는 기간을 명시하고 이를 소명할 수 있는 자료를 제출하여야 합니다.
4. 법원에 제출할 서류에는 사건번호를 기재하기 바랍니다.

법원소재지		담당	제 부	전화	대표전화 구내( )

【서식】 공판기일통지서

○ ○ 법 원

공판기일통지서

아래와 같이 공판기일이 지정되었음을 통지합니다.

20 . . . 법원사무관

번 호	사건번호	사 건 명	피고인	공판일시	개정장소	영수인	비 고

비고: 1. 이 통지서는 판결선고일을 알리는 뜻으로 보내는 것이므로 선고일에 반드시 출석하지 아니하여도 무방합니다.

2. 사건진행 ARS는 지역번호 없이 1588-9100 입니다.
바로 청취하기 위해서는 안내음성에 관계없이
'1'+'9'+[열람번호 000100 1234 123 1234]+'*'를 누르세요.

○ ○ 법 원
공판기일통지서

귀하

사　　건　20 고
피 고 인　○　○　○ ㉿

위 사건에 관하여 다음과 같이 공판기일이 지정되었음을 통지합니다.
공판기일　20　.　.　.　:
개정장소　이 법원 제　　호 법정(　　관　　층)

20　.　.　.

법 원 사 무 관

비고: 1. 이 통지서는 판결선고일을 알리는 뜻으로 보내는 것이므로 선고일에 반드시 출석하지 아니하여도 무방합니다.
2. 사건진행 ARS는 지역번호없이 1588-9100 입니다.
바로 청취하기 위해서는 안내음성에 관계없이
'1'+'9'+[열람번호 000100 1234 123 1234]+'*'를 누르세요.

【서식】 답 변 서

답 변 서

사 건 : 20 고 호
피고인 :

이 답변서는 피고인의 진술권 보장과 공판절차의 원활한 진행을 위하여 제출하도록 하는 것입니다. 피고인은 다음 사항을 기재하여 이 양식을 송부 받은 날로부터 2주일 이내에(이 양식과 함께 공판기일통지서를 받은 경우에는 그 공판기일 3일전까지) 법원에 제출하시기 바랍니다.

1. 공소사실에 대한 인정 여부(해당란에 "○"표 하시기 바랍니다)
   가. 공소사실을 인정함 (　　)
   나. 공소사실은 대체로 맞지만, 세부적으로 약간 다른 부분이 있음 (　　)
   다. 여러 개의 공소사실 중 일부만 인정함 (　　)
   라. 공소사실을 전부 인정할 수 없음 (　　)

2. 공소사실을 인정하지 않은 경우(1의 나. 다. 라. 중 어느 하나를 선택한 경우)
   그 내용과 이유를 구체적이고 간략하게 기재하시기 바랍니다.

3. 현재 재판진행 중이거나 수사 중인 관련사건 유무

4. 기타 특별한 사정이나 재판에서 참작해 주기를 바라는 사항

20　 .　 .　 .

피고인　　　　　(날인 또는 무인)

○○지방법원 ○○부 귀중

- 답변서의 제출은 의무적인 것은 아니며, 답변서를 제출하지 않더라도 아무런 불이익이 없습니다.
- 변호인이나 가족의 도움을 받아 작성할 수 있습니다.
- 지면이 부족하면 별도의 종이에 적어 첨부할 수 있으며, 참고할 만한 자료가 있으면 함께 제출하시기 바랍니다.

【서식】 정상관계진술서

정 상 관 계 진 술 서

사 건 : 20 고 호
피고인 :

이 진술서는 피고인의 구체적인 사정과 생활환경 등을 이해하기 위하여 제출하도록 하는 것입니다. 피고인은 다음 사항을 기재하여 이 양식을 송달받은 날로부터 2주일 이내에(이 양식과 함께 공판기일 통지서를 받은 경우에는 그 공판기일 3일 전까지) 법원에 제출하시기 바랍니다.

1. 가족관계

가. 가족사항(사실상의 부부나 자녀도 기재하며, 중한 질병 또는 장애가 있는 등 특별한 사정은 비고란에 기재)

관 계	성 명	나 이	학 력	직 업	동거여부	비 고

나. 주거사항
자기소유(시가: 원) 전세(보증금: 원), 월세(보증금: 원, 월세: 원), 기타(여인숙, 노숙 등) 다. 가족의 수입

2. 피고인의 직업 및 경력
가. 과거의 직업, 경력
나. 현재의 직업 및 월수입(무직인 경우에는 생계유지 방법을 기재)
다. 향후 취직을 하거나 직업을 바꿀 계획 및 그 내용, 자격증 등 소지 여부

3. 성장과정 및 생활환경(부모나 형제와의 관계, 본인의 결혼생활, 학교생활, 교우관계, 성장환경, 취미, 특기, 과거의 선행 등을 기재)

(뒷면)

4. 피고인 자신이 생각하는 자기의 성격과 장·단점

5. 이 사건 범행에 관한 사항(공소사실을 인정하지 않는 경우에는 기재하지 않아도 됨)

가. 범행을 한 이유

나. 피해자와의 관계

다. 합의여부(미합의인 경우 합의 전망, 합의를 위한 노력 및 진행상황)

라. 범행 후 피고인의 생활

6. 기타사항

가. 현재 질병이나 신체장애 여부

나. 애로사항 또는 억울하다고 생각되는 사항

다. 기타 재판에서 특히 참작해 주기를 바라는 사항

20 . . .

피고인 (날인 또는 무인)

○○지방법원 ○○부 귀중

- 각 사항은 사실대로 구체적으로 기재하여야 하며, 기억이 확실하지 않은 사항은 '불확실' 또는 '모름'으로 기재하거나 빈칸으로 두어도 됩니다.
- 변호인이나 가족의 도움을 받아 작성할 수 있습니다.
- 진술서의 제출은 의무적인 것은 아니지만, 제출된 진술서는 양형을 위한 기초자료로 사용될 수 있습니다.
- 지면이 부족하면 별도의 종이에 적어 첨부할 수 있으며, 참고할 만한 자료가 있으면 함께 제출하시기 바랍니다.

【서식】 재산관계진술서

재판부	제 형사부(단독)

재 산 관 계 진 술 서

<table>
<tr><td rowspan="4">피 고 인</td><td>성 명</td><td>(한자 :)</td></tr>
<tr><td>직 업</td><td></td></tr>
<tr><td>주민등록번호</td><td></td></tr>
<tr><td>주 소</td><td></td></tr>
<tr><td rowspan="3">동 산
기 타</td><td>현 금</td><td></td></tr>
<tr><td>예 금</td><td></td></tr>
<tr><td>기 타</td><td></td></tr>
<tr><td rowspan="3">부 동 산</td><td rowspan="2">부동산 소유권</td><td>소재지 및 종류</td></tr>
<tr><td>시가 총액 :</td></tr>
<tr><td>전세금,보증금</td><td></td></tr>
<tr><td>재 산 총 액</td><td colspan="2"></td></tr>
<tr><td rowspan="2">월 수 입</td><td>금 액</td><td></td></tr>
<tr><td>내 역</td><td></td></tr>
</table>

본인은 양심에 따라 사실대로 이 진술서를 작성하여 제출합니다.

20 . . .

피고인 (날인 또는 무인)

○○지방법원 ○○부 귀중

Ⅳ. 공판정의 심리

1. 공판정의 구성

(1) 판사 · 검사 및 변호인의 출석

공판기일에는 공판정에서 심리한다(법 제275조 제1항). 공판정이란 공개된 법정을 의미한다. 공판정은 판사와 검사, 법원사무관 등이 출석하여 개정한다(동조 2항).

가. 검사의 출석

검사의 출석은 공판개정의 요건이다. 따라서 검사의 출석이 없을 때에는 개정하지 못하며, 검사의 출석 없이 개정한 때에는 소송절차에 관한 법령에 위반한 경우에 해당한다. 다만 검사가 공판기일의 통지를 2회 이상 받고도 출석하지 아니하거나 판결만을 선고하는 때에는 검사의 출석 없이 개정할 수 있다(법 제278조). 여기의 2회 이상이란 검사가 2회에 걸쳐 출석하지 아니한 때에는 그 기일에 바로 개정할 수 있다는 뜻(대판 1967. 2. 21, 66도1710)이고, 반드시 계속하여 2회 이상 불출석할 것을 요하는 것은 아니다.

나. 변호인·보조인의 출석

① 국선변호인의 선정이 필요한 사건(법 제33조, 제282조)의 경우에는 변호인 없이 개정하지 못하므로 변호인이 없거나 출석하지 아니한 때에는 직권으로 변호인을 선정하여야 하는바(법 제283조), 위에 해당하는 사건의 공판기일에 이미 선임된 변호인(사선) 또는 선정된 국선변호인이 출석하지 아니하거나 퇴정한 경우에 부득이한 때에는 피고인의 의견을 들어 재정중인 변호사, 공익법무관 또는 사법연수생을 국선변호인으로 선정할 수 있으며(규 제19조 제1항), 이 경우에는 이미 선정되었던 국선변호인에 대하여 그 선정을 취소할 수 있다(규 제19조 제2항).

② 그 밖의 사건에 있어서는 사선변호인이 선임되어 있더라도 변호인의 출석이 개정의 요건이 아니며, 보조인의 출석도 개정의 요건이 아니다.

핵심판례

필요적 변호사건에서 피고인이 재판장의 허가 없이 퇴정하고 변호인마저 이에 동조하여 퇴정해 버린 경우, 피고인이나 변호인의 재정 없이도 심리판결을 할 수 있는지의 여부(적극) 및 이 경우 증거동의가 간주되는지의 여부(적극)

1. 필요적 변호사건이라 하여도 피고인이 재판거부의 의사를 표시하고 재판장의 허가 없이 퇴정하고 변호인마저 이에 동조하여 퇴정해 버린 것은 모두 피고인측의 방어권의 남용 내지 변호권의 포기로 볼 수밖에 없는 것이므로

수소법원으로서는 형사소송법 제330조에 의하여 피고인이나 변호인의 재정 없이도 심리판결을 할 수 있다.
2. 위와 같이 피고인과 변호인들이 출석하지 않은 상태에서 증거조사를 할 수 밖에 없는 경우에는 형사소송법 제318조 제2항의 규정상 피고인의 진의와는 관계없이 형사소송법 제318조 제1항의 동의가 있는 것으로 간주하게 되어 있다(대판 1991. 6. 28, 91도865).

(2) 좌석의 배치

검사의 좌석과 피고인 및 변호인의 좌석은 대등하며, 법대의 좌우측에 마주보고 위치하고, 증인의 좌석은 법대의 정면에 위치한다. 다만 피고인신문을 하는 때에는 피고인은 증인석에 좌석한다(법 제275조 3항).

공판정에서는 피고인의 신체를 구속하지 못한다. 다만 재판장은 피고인의 폭행 또는 도망을 방지하기 위하여 간수자를 붙일 수 있다(법 제280조).

(3) 피고인의 출석

가. 피고인의 출석권 및 출석의무

피고인이 공판기일에 출석하지 아니한 때에는 특별한 규정이 없으면 개정하지 못한다(제276조). 즉 피고인은 출석권을 가지고 있으므로 피고인의 출석은 공판개정의 요건이다. 피고인의 공판정출석은 피고인의 권리인 동시에 의무가 되기도 한다. 피고인에게는 출석의 의무가 있을 뿐만 아니라 재정의무까지 있다. 따라서 출석한 피고인은 재판장의 허가 없이 퇴정하지 못한다(제281조 1항).

나. 신뢰관계자의 동석(법 제276조의2)

1) 적용대상

재판장 또는 법관은 피고인을 신문하는 경우 다음 각 호의 어느 하나에 해당하는 때에는 직권 또는 피고인·법정대리인·검사의 신청에 따라 피고인에 신뢰관계에 있는 자를 동석하게 할 수 있다.

① 피고인이 신체적 또는 정신적 장애로 사물을 변별하거나 의사를 결정·전달할 능력이 미약한 경우

② 피고인의 연령·성별·국적 등의 사정을 고려하여 그 심리적 안정의 도모와 원활한 의사소통을 위하여 필요한 경우

2) 동석할 수 있는 신뢰관계에 있는 자의 범위 및 동석의 절차 등(규 제126조의2)

① 피고인과 동석할 수 있는 신뢰관계에 있는 자는 피고인의 배우자, 직계친족, 형제자매, 가족, 동거인, 고용주 그 밖에 피고인의 심리적 안정과 원활한 의사소통에 도움을 줄 수 있는 자를 말한다(동조 1항).

② 동석 신청에는 동석하고자 하는 자와 피고인 사이의 관계, 동석이 필요한 사유 등을 밝혀야 한다(동조 2항).

3) 동석한 신뢰관계에 있는 자의 의무

피고인과 동석한 신뢰관계에 있는 자는 재판의 진행을 방해하여서는 아니 되며, 재판장은 동석한 신뢰관계 있는 자가 재판의 진행을 방해한 때에는 동석을 중지시킬 수 있다(동조 3항).

다. 피고인의 출석 없이 심판할 수 있는 경우

1) 피고인이 의사무능력자인 경우

형법의 책임능력에 관한 규정이 적용되지 않는 범죄사건의 피고인이 의사무능력자인 경우에 법정대리인 또는 특별대리인이 출석한 때에는 피고인의 출석을 요하지 않는다(법 제26조, 제28조). 다만 이때에는 법정대리인 또는 특별대리인의 출석이 공판개정의 요건이 된다. 통상의 사건에서 피고인에게 의사능력이 없다면 공판절차의 정지사유가 된다.

2) 피고인이 법인인 경우

피고인이 법인인 때에는 법인이 소송행위를 할 수 없으므로 대표자가 출석하면 족하다(법 제27조 1항). 이 경우에 대표자가 반드시 출석할 것을 요하지 않고, 대리인을 출석하게 할 수 있다(법 제276조 단서).

3) 경미사건 등의 경우(법 제277조)

① 피고인의 출석을 요하지 아니하는 경미사건

다음 각 호의 어느 하나에 해당하는 사건에 관하여는 피고인의 출석을 요하지 아니한다.

㉠ 다액 500만원 이하의 벌금 또는 과료에 해당하는 사건

㉡ 공소기각 또는 면소의 재판을 할 것이 명백한 사건

㉢ 장기 3년 이하의 징역 또는 금고, 다액 500만원을 초과하는 벌금 또는 구류에 해당하는 사건에서 피고인의 불출석허가신청이 있고 법원이 피고인의 불출석이 그의 권리를 보호함에 지장이 없다고 인정하여 이를 허가한 사건, 다만 법 제284조에 따른 절차를 진행하거나 판결을 선고하는 공판기일에는 출석하여야 한다.

㉣ 법 제453조 제1항에 따라 피고인만이 정식재판의 청구를 하여 판결을 선고하는 사건

② 대리인의 출석 : 위 ①의 경미사건의 경우 피고인은 대리인을 출석하게 할 수 있다. 피고인의 출석을 요하지 않을 뿐이지 출석할 권리까지 상실하는 것은 아니기 때문이다. 공판기일에 대리인을 출석하게 할 때에는 그 대리인에게 대리권을 수여한 사실을 증명하는 서면을 법원에 제출하여야 한다(규 제126조).

4) 즉결심판사건

즉결심판에 의하여 피고인에게 벌금 또는 과료를 선고하는 경우에도 피고인의 출석을 요하지 않는다.

5) 의사무능력자인 피고인에게 무죄 등을 선고할 경우

피고인에게 사물의 변별능력 또는 의사결정능력이 없거나, 피고인이 질병으로 출정할 수 없는 때에는 공판절차를 정지하여야 한다(법 제306조 1항·2항). 그러나 피고사건에 대하여 무죄·면소·형의 면제 또는 공소기각의 재판을 할 것이 명백한 때에는 피고인의 출정 없이 재판할 수 있다(동조 4항).

6) 피고인이 퇴정하거나 퇴정명령을 받은 경우

① 퇴정명령의 경우 : 피고인이 재판장의 허가 없이 퇴정하거나, 재판장의 질서유지를 위한 퇴정명령을 받은 때에는 피고인의 진술 없이 판결할 수 있다(법 제330조). 피고인의 책임 있는 사유로 당사자로서의 출석권을 포기 또는 상실한 것이기 때문이다. 판결할 수 있다고 되어 있으나 판결뿐만 아니라 심리도 할 수 있다고 해석해야 하므로 피고인의 출석 없이 개정할 수 있는 경우에 해당한다.

② 일시퇴정의 경우 : 재판장은 증인 또는 감정인이 피고인 또는 어떤 재정인의 면전에서 충분한 진술을 할 수 없다고 인정한 때에는 그를 퇴정하게 하고 진술하게 할 수 있다. 피고인이 다른 피고인의 면전에서 충분한 진술을 할 수 없다고 인정한 때에도 같다(법 제297조 1항). 이는 증인 등의 진술의 자유를 보장하기 위한 것이다. 그러나 이로 인하여 피고인의 증인신문권을 침해할 우려가 있으므로 증인·감정인 또는 공동피고인의 진술이 종료한 때에는 피고인을 입정하게 한 후 진술의 요지를 고지하여야 한다(동조 2항).

7) 피고인이 출석거부하는 경우

① 피고인이 출석하지 아니하면 개정하지 못하는 경우에 구속된 피고인이 정당한 사유 없이 출석을 거부하고, 교도관에 의한 인치가 불가능하거나 현저히 곤란하다고 인정되는 때에는 피고인의 출석 없이 공판절차를 진행할 수 있다(법 제277조의2 제1항). 이 경우에는 출석한 검사 및 변호인의 의견을 들어야 한다(동조 제2항).

② 구속피고인이 출석을 거부하는 때에는 교도소장은 즉시 법원에 그 사유를 통지해야 하며(규 제126조의4), 법원은 피고인의 출석 없이 공판절차를 진행하고자 하는 경우에는 미리 그 사유가 존재하는가를 조사하여야 하고(규칙 제126조의5), 피고인의 출석 없이 공판절차를 진행하는 경우에 재판장은 공판정에서 소송관계인에게 그 취지를 고지하여야 한다(규 제126조의6).

8) 피고인의 소재불명의 경우

제1심 공판절차에서 피고인에 대한 송달불능보고서가 접수된 때로부터 6월이 경과하도록 피고인의 소재를 확인할 수 없는 때에는 피고인의 진술 없이 재판할 수 있다. 다만 사형·무기 또는 장기 10년이 넘는 징역이나 금고에 해당하는 사건의 경우에는 그러하지 아니하다(소송촉진법 제23조).

9) 치료감호법 제9조(피치료감호청구인이 심신장애로 출석이 불가능한 경우)에 의한 경우

10) 항소심에서의 특칙

항소심에서 피고인이 공판기일에 출정하지 아니한 때에는 다시 기일을 정하여야 하며, 피고인이 다시 정한 기일에 출석하지 아니한 때에는 피고인의 진술 없이 판결할 수 있다(법 제365조). 이 경우에도 판결뿐만 아니라 심리도 할 수 있다.

11) 약식명령에 대한 정식재판청구에 의한 공판절차의 경우

약식명령에 대하여 정식재판을 청구한 피고인이 정식재판절차의 공판기일에 2회 출석하지 아니한 경우에는 피고인의 출석 없이 심판할 수 있다(법 제458조 2항).

12) 상고심의 경우

상고심의 공판기일에는 피고인의 소환을 요하지 않는다(법 제389조의2). 상고심은 법률심이므로 변호인이 아니면 변론할 수 없기 때문이다.

2. 소송지휘권

(1) 의 의

소송지휘권이란 소송의 진행을 질서 있게 하고 심리를 원활하게 하기 위한 법원의 합목적적 활동을 말한다. 형사소송법은 「공판기일의 소송지휘는 재판장이 한다」고 하여 재판장의 소송지휘권을 규정하고 있다(법 제279조).

소송지휘권은 본래 법원(재판부)의 권한에 속하는 것이지만 공판기일의 소송지휘는 공판진행의 신속성・기동성을 위하여 그 행사를 재판장에게 위임하고 있는 것이다.

소송지휘권은 법률의 규정이나 소송의 기본구조에 반하지 않는 한 명문의 근거가 없는 경우에도 행사할 수 있는 사법권의 고유권이며, 소송지휘권의 행사기준도 합목적성・합리성에 있는 것이므로 실체면에 대한 사법판단과는 성질을 달리한다고 하지 않을 수 없다. 직권주의에 있어서뿐만 아니라 당사자주의에서도 소송지휘권이 요구되며, 당사자주의에서 특히 그 중요성이 강조되는 이유도 여기에 있다.

(2) 내 용

가. 법원의 소송지휘권

공판기일에서의 소송지휘라 할지라도 중요한 사항은 법률에 의하여 법원에 유보되어 있다. 예컨대 국선변호인의 선임(법 제283조), 특별대리인의 선임(법 제28조), 증거조사에 대한 이의신청의 결정(법 제296조), 재판장의 처분에 대한 이의신청의 결정(법 제304조), 공소장변경의 허가(법 제298조), 공판절차의 정지(법 제306조), 변론의 분리・병합・재개(법 제300조, 제305조)가 여기에 해당한다.

나. 재판장의 소송지휘권

신속하고 적절한 소송지휘를 위하여 법원의 소송지휘권은 포괄적으로 재판장에게 맡기고 있다. 재판장의 소송지휘권의 중요한 내용은 형사소송법과 형사소송규칙에 규정되어 있다. 공판기일의 지정과 변경(법 제267조, 제270조), 인정신문(법 제284조), 피고인에 대한 진술기회의 부여(법 제286조), 증인신문순서의 변경(법 제161조의2 제3항), 불필요한 변론의 제한(법 제299조), 석명권(규 제141조 1항) 등이 그 대표적인 예에 속한다.

1) 변론의 제한

재판장은 소송관계인의 진술 또는 신문이 중복된 사항이거나 그 소송에 관계 없는 사항인 때에는 소송관계인의 본질적 권리를 해하지 않는 한도에서 이를 제한할 수 있다(법 제299조).

2) 석명권

석명이란 소송관계를 명확하게 하기 위하여 당사자에 대하여 사실상 및 법률상의 사항에 관하여 질문을 하고 그 진술 내지 주장을 보충 또는 정정할 기회를 부여하는 것을 말한다.

재판장은 소송관계를 명료하게 하기 위하여 검사・피고인 또는 변호인에게 사실상과 법률상의 사항에 관하여 석명을 구하거나 입증을 촉구할 수 있고, 합의부원은 재판장에게 고하고 석명을 구하거나 입증을 촉구할 수 있다. 검사・피고인 또는 변호인은 재판장에 대하여 석명을 위한 발문을 요구할 수 있다(규 제141조).

석명권은 재판장뿐만 아니라 합의부원에 대하여도 인정된다는 점에 특색이 있다.

(3) 소송지휘권의 행사방법

재판장의 소송지휘권은 법률에 명문의 규정이 있는 때에는 이에 따라 행사하여야 하며, 이에 반한 소송지휘는 허용되지 않는다. 뿐만 아니라 소송지휘권의 행사는 법원(합의부)의 의사에 반하지 않는 범위에서 행사할 것을 요한다. 소송지휘권은 원래 법원의 권한이기 때문이다.

법원의 소송지휘권은 결정의 형식을 취하며, 재판장의 소송지휘권은 명령의 형식에 의하는 것이 일반적이다. 그러나 재판장이 결정에 의하여 소송지휘권을 행사하는 것이 금지되는 것은 아니다.

(4) 소송지휘권에 대한 불복

당사자 등 소송관계인은 재판장 또는 법원의 소송지휘권에 대하여 복종할 의무가 있다. 재판장의 소송지휘권에 대하여는 이의신청을 할 수 있다(법 제304조). 다만 이의신청은 법령의 위반이 있는 경우에만 허용된다(규 제136조). 이에 반하여 법원의 소송지휘권의 행사에 대한 불복방법은 없다(법 제403조).

3. 공판정의 질서유지(법정경찰권)

(1) 의 의

법정경찰권이란 법정의 질서를 유지하고 심판의 방해를 제지・배제하기 위하여 법원이 행하는 권력작용을 말한다. 소송지휘권이 사건의 실체와 관련됨에 반하여 법정경찰권은 사건의 실체와 관련이 없다.

법정경찰권도 원래 법원의 권한에 속하는 것이지만 질서유지의 신속성과 기동성을 고려하여 재판장의 권한으로 하고 있다. 즉 법정의 질서유지는 재판장이 행한다(법원조직법 제58조 1항).

(2) 질서유지를 위한 재판장의 처분

가. 입정의 금지 또는 퇴정명령

재판장은 법정의 존엄과 질서를 해할 우려가 있는 자의 입정의 금지 또는 퇴정을 명하며, 기타 법정의 질서유지에 필요한 명령을 발할 수 있다(법원조직법 제58조 2항). 방청권의 발행과 소지품검사(방청·촬영 등에 관한 규칙 제2조), 피고인에 대한 간수명령(법 제280조)등이 여기에 해당한다.

공판정에서는 피고인의 신체를 구속하지 못하므로 구속 피고인의 포승과 수갑을 풀고 재판을 진행하여야 함이 원칙이지만 피고인이 폭력을 행사하거나 도망할 염려가 있다고 인정하는 때에는 피고인의 신체구속을 명하거나 기타 간수자를 두는 등의 필요한 조치를 할 수 있다(법 280조).

나. 경찰관의 파견 요구

법정질서의 유지상 필요한 때에는 개정 전후를 불문하고 관할경찰서장에게 경찰관의 파견을 요구할 수 있고, 파견된 경찰관은 질서유지에 관하여 재판장의 지휘를 받는다(법원조직법 제60조).

다. 감치 또는 과태료의 제재

1) 의 의

법원 및 재판장은 법정 내외에서 법정의 질서를 유지하기 위하여 법원이 발한 명령에 위배되는 행위를 하거나 또는 폭언·소란 등의 행위로 법원의 심리를 방해하거나 재판의 위신을 현저히 훼손한 자에 대하여 20일 이내의 감치 또는 100만원 이하의 과태료에 처하거나 이를 병과할 수 있다. 감치는 경찰서유치장, 교도소 또는 구치소에 유치함으로써 집행한다(법원조직법 제61조 1항·3항). 법원은 감치를 위하여 법원직원·교도관 또는 경찰관으로 하여금 즉시 행위자를 구속하게 할 수 있으며, 구속한 때로부터 24시간 이내에 감치에 처하는 재판을 하지 않으면 즉시 석방하여야 한다(동조 2항).

감치 또는 과태료의 재판은 질서위반행위를 직접 알게 된 법원이 검사의 기소를 기다리지 않고 즉석에서 할 수 있으며, 특히 감치의 재판이나 그 집행을 위해 즉석에서 위반자의 구속을 명할 수 있다는 데 특색이 있다.

2) 재판관할

구속 및 재판에 관한 권한은 질서위반행위를 직접 알게 된 법원(재판부)가 행사한다(법원조직법 제61조 1항).

3) 구 속

① 법원은 법원직원, 교도관 또는 경찰관에게 구두로 행위자(질서위반자)의 구속을 명할 수 있고(법원조직법 제61조 2항), 명을 받은 법원직원 등은 즉시 그 자를 법원이나 재판장이 지시하는 장소에 유치하여야 한다(법정등의질서유지를위한재판에관한규칙 제5조 1항).

② 구속영장을 발부할 필요는 없다. 다만 구속 다음날(24시간 경과 전)에 재판을 하기로 한 경우처럼 피구속자를 법원 외의 관서(경찰서유치장 등)에 하룻밤 동안 유치할 필요가 생긴 때에는 재판장이 구금명령서를 작성하여 그 관서의 장에게 송부한다.

③ 구속을 한 때에는 그 때부터 24시간 이내에 재판을 마쳐야 하고, 재판 없이 그 기간을 경과한 때에는 즉시 석방하여야 한다(동법 제61조 2항). 24시간 전이라도 법원이 감치의 재판을 하지 아니하기로 한 때에는 즉시 석방하여야 할 것이다.

④ 구속을 한 때로부터 24시간 이내에 재판을 한 때에는 그 재판의 집행을 개시하기까지 24시간을 초과하더라도 구속을 할 수 있다(동규칙 제5조 2항).

4) 재 판

구속의 경우에는 그 때부터 24시간 내에 재판을 마쳐야 하고, 불구속의 경우에는 위반행위가 종료된 날부터 20일 내에 재판을 하여야 한다(동규칙 제4조 2항).

필요하다고 인정하는 때에는 직권으로 위반자 또는 참고인을 심문하거나 기타의 방법으로 사실조사를 할 수 있으며(동규칙 제6조 3항), 법원은 사실조사 결과 위반행위가 인정되더라도 감치·과태료에 처함이 상당하다고 인정되지 아니하는 때에는 불처벌의 결정을 할 수 있다(동규칙 제9조).

5) 불 복

① 재판을 받은 위반자는 감치 또는 과태료의 양정(量定)이 부당하다거나 재판에 영향을 미친 위법이 있는 경우에는 재판에 불복하여 항고 또는 특별항고할 수 있다(동법 제61조 5항). 항고법원은 통상의 경우와 같다(동규칙 제12조 2항).

② 항고와 특별항고에는 집행정지의 효력이 없으나 재판법원 또는 항고법원은 항고에 대한 결정이 있을 때까지 결정으로 주거제한 기타 적당한 조건을 붙여 재판의 집행을 정지할 수 있다(동규칙 제14조).

③ 감치나 과태료나 일종의 질서벌인 제재인 이상 불이익변경 금지의 원칙도 적용된다(동규칙 제15조의2).

④ 항고법원의 재판이나 고등법원·특허법원 또는 항소법원의 재판에 대하여 불복이 있으면 대법원에 특별항고할 수 있으나, 그 사유는 헌법위배, 판례상반으로 제한되어 있다(동규칙 제20조).

【서식】 구금명령장

○○법 원
제 ○ 형사부
구 금 명 령

경찰서장
교도소장 귀하
구치소장

사 건 20 정고 법원조직법 제61조 제1항 위반
위 반 자 ○ ○ ○
610101-xxxxxxx
주 거
등록기준지
구속일시 20 . . . :

위와 같이 위반자를 구속하였는바, 재판기일을 20 . . . : 로 지정하였으니 위 재판기일까지 위반자를 귀 경찰서 유치장·교도소·구치소에 구금하고, 위 재판기일에 위 법인 제 호 법정에 출석시키기 바랍니다.

20 . . .

재판장 판사 ○ ○ ○

【서식】 석방명령장

○ ○ 법 원

제 ○ 형사부

석 방 명 령

경찰서장
교도소장 귀하
구치소장

사 건 20 정고 법원조직법 제61조 제1항 위반
위 반 자 ○ ○ ○
610101-1234567
주 거
등록기준지
구속일시 20 . . . :

위 위반자의 석방을 명한다.

20 . . .

재판장 판사 ○ ○ ○

V. 공판기일의 절차

절차	내용
진술거부권 고지	• 일체의 진술을 하지 아니하거나, 개개의 질문에 대한 답변 거부 • 이익 사실 진술권의 고지
인 정 신 문	• 피고인의 성명, 연령, 등록기준지, 주거와 직업을 물어서 피고인 본인임을 확인
주소변동 사실 신고의무 고지 등	• 주소변동사실 신고의무 고지 및 피고인 소재 확인 불가시 진술 없이 재판할 수 있음을 경고
모 두 절 차	
검사의 모두 진술	• 공소장에 의한 공소사실, 죄명 및 적용법조의 낭독 또는 공소의 요지 진술
피고인, 변호인의 모두 진술	• 공소사실의 인정여부 진술 • 자신에게 이익되는 사실의 진술
쟁 점 정 리 증거관계 진술	• 효율적인 심리를 위한 쟁점의 정리 • 검사 및 변호인이 공소사실의 증명과 관련된 주장 및 입증계획 등 진술
증거조사절차	
당사자의 증거신청	• 서류나 물건의 제출 • 입증취지의 구체적 명시 • 서류나 물건의 일부는 특정하여 증거신청 • 자백 보강증거, 정상증거는 그 취지 명시
증 거 결 정	• 증거서류나 물건의 제시 • 상대방의 의견 진술 • 증거채부에 관한 결정
증 거 조 사	• 증거신청인의 개별적 지시, 설명 • 증거서류의 낭독 또는 증거물 제시 • 그 밖의 증거에 대한 증거조사
증거조사결과에 대한 의견청취, 이의신청	• 증거조사 결과에 대한 의견청취 • 증거조사 결과에 대한 이의신청
피고인 신문	• 증거조사 종료 후 순차로 공사사실 및 정상에 관하여 필요한 사항 신문 • 예외적으로 증거조사 완료 전 허가
최 종 변 론	
검사의 의견 진술	• 사건 전반에 대한 의견을 밝히고 적정한 형의 선고를 요구
변호인, 피고인의 의견진술	• 검사의 의견에 대한 반박과 사건에 관한 최종적 의견의 개진
판 결 선 고	• 즉일 선고시 5일 이내 판결서 작성

1. 진술거부권의 고지

피고인은 진술하지 아니하거나 개개의 질문에 대하여 진술을 거부할 수 있다. 재판장은 피고인에게 이와 같이 진술을 거부할 수 있음을 고지하여야 한다(법 제283조의2).

피고인은 재판장의 인정신문에 대하여도 진술거부권을 행사할 수 있는지에 관해서는 종래 학설상 논란이 있었다. 개정법은 재판장의 피고인에 대한 인정신문에 관한 규정(법 제284조) 앞에 피고인의 진술거부권에 관한 조항(법 제283조의2)을 둠으로써 이러한 논란을 입법적으로 해결하였다. 따라서 재판장은 피고인에 대한 인정신문을 하기 전에 진술거부권을 고지하여야 하게 되었음을 유의할 필요가 있다. 진술거부권은 일체의 진술을 하지 아니하는 '침묵'과 개개의 질문에 대하여 답변을 거부하는 '진술거부'를 모두 포괄하는 개념이므로, 개정규칙에서도 "재판장은 법 제284조에 따른 인정신문을 하기 전에 피고인에게 진술을 하지 아니하거나 개개의 질문에 대하여 진술을 거부할 수 있고, 이익 되는 사실을 진술할 수 있음을 알려 주어야 한다."고 규정하였다(규 제127조).

재판장은 피고인이 진술을 거부할 권리를 포기하고 진술을 할 수 있다는 취지와 그 진술의 유죄의 증거로 사용될 수 있다는 취지를 고지하여야 한다. 재판장은 필요한 경우 피고인에 대하여 진술거부권을 고지하는 이외에 피고인의 보호를 위하여 필요한 설명을 해주는 것이 바람직하다.

2. 인정신문

재판장은 피고인의 성명・연령・등록기준지・주거와 직업을 물어서 피고인임에 틀림없음을 확인하여야 한다(법 제284조). 이와 같이 공판기일에 실질적인 심리에 들어가기 전에 피고인으로 출석한 자가 공소장에 기재된 피고인과 동일인인가를 확인하는 절차를 인정신문이라고 한다.

피고인이 법인인 때에는 출석한 대표자, 특별대리인 또는 대리인을 상대로 법인의 명칭, 사무소, 대표자의 성명・주소, 대리인과 법인과의 관계 등을 물어서 확인해야 한다.

재판장은 인정신문을 마친 뒤 피고인에 대하여 그 주소의 변동이 있을 때에는 이를 법원에 보고할 것을 명하고, 피고인의 소재가 확인되지 않는 때에는 그 진술 없이 재판할 경우가 있음을 경고하여야 한다(「소송촉진 등에 관한 특례규칙」 제18조 제1항). 실무상 재판장은 이러한 경고를 당일의 첫 재판에서 일괄하여 하기도 하고, 매 사건마다 하기도 한다. 하지만 당일 재판을 받는 모든 사건의 피고인들이 첫 재판 당시에 공판정에 있다고는 볼 수 없으므로, 특별한 사정이 없는 한 개개 사건의 심리시마다 하는 것이 바람직하다.

3. 모두진술

(1) 검사의 모두진술(법 제285조)

가. 의 의

검사는 공소장에 의하여 공소사실·죄명 및 적용법조를 낭독하여야 한다. 다만, 재판장은 필요하다고 인정하는 때에는 검사에게 공소의 요지를 진술하게 할 수 있다(법 제285조).

이를 검사의 모두진술이라고 한다. 개정법은 종래 임의적인 절차로 되어 있던 검사의 모두진술 절차를 필수적인 절차로 규정하였다. 검사의 모두진술은 사건의 심리에 들어가기 전에 사건개요와 입증의 방침을 명백히 하여 법원의 소송지휘를 가능하게 할 뿐만 아니라, 피고인에 대하여는 충분한 방어를 준비할 기회를 보장하기 위한 것이다. 따라서 항소심 또는 상고심에서는 검사의 모두진술을 요하지 않는다.

나. 모두진술의 방식

검사가 하는 모두진술의 원칙적인 모습은 공소장에 의한 공소사실·죄명 및 적용법조의 낭독이다. 피고인은 이미 공소장부본을 받아보아 공소의 내용을 알고 있기는 하지만, 검사가 공판정에서 이를 낭독함으로써 피고인으로 하여금 공소의 내용을 분명하게 확인하고 적절한 방어 준비를 할 수 있도록 하기 위함이다. 검사의 공소장 낭독은 특히 국민의 형사재판 참여에 관한 법률에 따른 국민참여재판에서 배심원들로 하여금 사건의 내용을 알 수 있도록 해 준다는 데에 큰 의의가 있다. 검사의 모두진술은 공판중심주의적 법정심리의 출발점이라고 할 수 있으므로, 가급적 이러한 입법취지를 최대한 살리는 실무운영이 필요하다고 하겠다. 시안이 복잡한 경우에는 검사가 모두진술에서 공소장을 단순하게 낭독하는 것 이외에 공소제기의 배경, 사안의 중요성과 법률적 쟁점 등을 알기 쉽게 설명하는 것이 바람직하다고 하겠다.

하지만 사안에 따라서는 검사가 공소장을 그대로 낭독하는 것이 오히려 효율적인 공판 진행에 장애요소로 작용할 수 있다. 사안에 따라 굳이 검사가 공소사실과 죄명 및 적용법조를 낭독할 필요가 없다고 인정되는 경우에는 검사로 하여금 '공소의 요지'를 진술하게 함으로써 효율적인 공판진행을 도모할 필요가 있다. 사안이 단순하고 쟁점이 복잡하지는 않으면서도 유사한 동종범행이 여러 차례 반복되어 범죄일람표로 정리되어 있는 사건을 예로 들 수 있다. 이러한 유형의 사건에서 검사로 하여금 공소장을 그대로 낭독하게 하는 것은 오히려 심리절차의 지연을 초래할 뿐만 아니라, 특히 국민참여재판에서 배심원들의 집중력만 떨어뜨리는 결과를 초래할 우려가 있다. 재판장은 이러한 사안에서 검사로 하여금 공소장을 기초로 그 요지만을 간략하게 진술하도록 소송지휘를 함이 바람직하다.

종래에는 공소장에 의한 '기소의 요지'라고 규정하였고, '기소의 요지'는 일반적으로 죄명, 적용법조, 공소사실의 세 가지를 의미한다고 해석되어 왔다. 개정법은 제285조 단서에서 '기소의 요지'라는 표현 대신에 '공소의 요지'라고 규정하고 있지만, 이는 종래와 마찬가지로 '공소사실 · 죄명 및 적용법조'를 의미한다고 보아야 할 것이다. 예를 들어 검사로 하여금 공소의 요지를 진술하도록 하는 경우 공소사실 중 범행동기나 수단, 구체적 결과 등은 제외하고 범죄의 구성요건에 해당하는 범행의 일시, 장소, 피해자의 성명, 범죄사실의 개요만을 요약하면 진술하도록 하면 충분할 것이다.

(2) 피고인 · 변호인의 모두진술(법 제286조)

가. 의 의

피고인은 검사의 모두진술이 끝난 뒤에 공소사실의 인정 여부를 진술하여야 한다. 다만, 피고인이 진술거부권을 행사하는 경우에는 그러하지 아니하다(동조 1항).

이는 피고인 또는 변호인의 의견서 제출제도(법 제266조의2)의 도입과 더불어 신속하게 사건의 쟁점과 피고인이 공소사실을 다투는지 여부를 확인함으로써 심리의 효율을 도모하기 위한 규정이다. 이를 위해 재판장은 법 제285조에 따른 검사의 모두진술 절차를 마친 뒤에 피고인에게 공소사실을 인정하는지 여부에 관하여 물어야 한다(규 제127조의2 제1항).

피고인의 모두진술은 피고인에 대하여 공소사실에 관한 임의적인 인부, 주장과 신청 등 사건에 관한 총괄적인 진술을 할 기회를 제공하기 위한 것이다. 피고인의 진술은 의무적인 것이 아니라는 점에서 검사의 모두진술과 구별된다. 따라서 피고인에 대하여 진술의 기회를 주면 족하며 반드시 피고인에게 진술하게 해야 하는 것은 아니다.

종래 실무상 재판장은 진술거부권을 고지하면서 피고인에게 이익이 되는 사실을 진술할 수 있음을 함께 알려 주는 경우가 많았다. 개정법은 여기서 한 발짝 더 나아가 피고인은 검사의 모두진술 직후 공소사실을 인정하는지 여부를 진술하도록 의무화하였다. 물론 피고인에게는 진술거부권이 있으므로, 피고인은 공소사실의 인정 여부에 관해서도 진술을 거부할 수 있다. 그러나 일반적으로 피고인이 공소사실을 다투는 경우에는 진술을 거부하기보다는 적극적으로 자신의 주장을 개진하는 경우가 많으므로, 개정법 시행 이후에는 피고인의 모두진술절차가 필수적인 절차로 되었다고 볼 수 있다.

나. 이익되는 사실의 진술

피고인 및 변호인은 모두절차에서 공소사실의 인정 여부뿐만 아니라 자신에게 이익이 되는 사실 등을 진술할 수 있다(법 제286조 제2항). 피고인 및 변호인에게 이익이 되는 사실에 관한 진술권은 비단 이 절차에서만 인정되는 권리가 아니라 소송절차의 모든 단계에서 인정되는 권리이다. 실무상으로는 사건의 실치에 관한 내용 이외에도 법률상의 감경사유나 정상에 관한 사정 등 그 대상에 제한이 없다. 토지관할위반의 신청, 국선변호인의 선정청구나 기일연기신청 등 절차상의 청구도 할 수 있다. 그 밖에 소송에 임하는 피고인의 입장이나 심경 등도 진술할 수 있지만, 그 진술이 중복되거나 소송에 관계없는 사항인 때에는 재판장은 피고인의 본질적인 권리를 해하지 아니하는 한도에서 이를 제한할 수 있다(법 제299조).

피고인의 모두진술 절차는 일반적인 공판절차에서뿐만 아니라 특히 국민참여재판에서 중요한 의의를 가진다.

4. 재판장의 쟁점정리 및 검사·변호인의 증거관계 등에 대한 진술(법 제287조)

① 재판장은 피고인의 모두진술이 끝난 다음에 피고인 또는 변호인에게 쟁점의 정리를 위하여 필요한 질문을 할 수 있다(동조 1항). 개정법은 피고인신문을 원칙적으로 증거조사가 끝난 다음 실시하도록 하고 있으므로, 재판장이 증거조사 이전에 사건의 쟁점을 정리함으로써 그 이후 이루어지는 증거조사절차에서 효율적인 심리를 할 수 있도록 하기 위한 것이다.

② 재판장은 증거조사를 하기에 앞서 검사 및 변호인으로 하여금 공소사실 등의 증명과 관련된 주장 및 입증계획 등을 진술하게 할 수 있다. 다만, 증거로 할 수 없거나 증거로 신청할 의사가 없는 자료에 기초하여 법원에 사건에 대한 예단 또는 편견을 발생하게 할 염려가 있는 사항은 진술할 수 없다(동조 2항).

개정법 제287조 제2항 단서의 규정은 증거조사에 들어가기 전에 법원이 증거능력이 없는 자료에 의하여 심증이 형성되는 것을 방지하기 위한 규정이다. 예를 들면 검사가 피고인이 부동의할 가능성이 있는 고소인이나 참고인의 진술내용을 구체적으로 거론하면서 공소사실에 관한 의견을 진술하는 경우에는 피고인이나 변호인은 이의를 제기할 수 있고, 법원은 필요한 경우 적절한 소송지휘권을 행사하여 사건에 대한 예단 또는 편견을 발생하게 할 염려가 있는 사항에 대하여 진술을 제한하여야 한다.

쟁점정리절차는 검사와 피고인·변호인의 모두진술 절차에서 드러난 주장 및 쟁점의 범위 안에서 향후 증거조사의 방향과 계획을 수립하는 것이 주된 목적이다. 재판장으로서는 이 절차에서 피고인·변호인 진술의 논리적 모순 등을 지나치게 지적하는 등 증거조사에 앞서 법원이 예단을 가지고 있다는 인상을 주지 않도록 유의할 필요가 있다.

5. 증거조사

(1) 의 의

증거조사란 법원이 피고사건에 관하여 사실인정을 위한 심증을 얻기 위하여 각종 증거방법(인증·물증·서증)을 조사하여 그 내용을 감지하는 소송행위를 말한다.

증거조사의 주체는 법원이다. 비록 검사와 피고인이 증인을 신문하는 경우에도 그 주체는 법원이 된다. 따라서 수사기관에 의한 증거수집이나 검증은 증거조사가 아니다. 증거조사는 공판기일에 공판정에서 법원이 직접 행하는 것이 원칙이나, 공판정 외에서의 증거조사도 허용된다. 증인의 법정 외의 신문(법 제165조)이 여기에 해당한다. 증거조사는 피고사건에 대한 법원의 심증을 얻기 위하여 행하는 것이지만, 당사자에 대하여는 증거의 내용을 알게 하여 공격·방어의 기회를 주게 하는 기능을 가진다. 증거조사의 방법을 법정하고 있는 이유는 여기에 있다.

(2) 증거조사절차 개관

공판중심주의는 법이 정한 절차에 따라 증거를 공개된 법정에서 조사한 후 이를 바탕으로 피고인의 유·무죄 및 양형에 관한 심증을 형성할 것을 요구하고 있으므로 적법하고 올바른 증거조사의 실시는 공판중심주의의 실현을 위하여 반드시 필요하다.

그런데 종전 형사재판실무를 살펴보면 한정된 시간에 많은 사건을 처리하여야 하는 과중한 업무 부담으로 인하여 공판중심주의의 핵심을 이루는 증거조사절차가 법에서 요구하는 엄격한 절차에 따라 이루어지지 못하였던 것이 사실이다. 특히 증인신문 이외의 증거조사절차의 경우 증거능력 유무에 관한 의견만을 듣는 정도로 진행하는 모습이 나타나기도 하였다.

법원은 이와 같은 증거조사절차의 문제점을 극복하기 위하여 증거분리제출제도를 시행하고 형사 사건을 담당하는 재판부를 증설하는 등 여러 가지 노력을 기울여 왔다. 증거분리제출은 단순히 '수사기록 중 증거자료의 일부 제출'에 그 목적이 있는 것이 아니고, 이를 주요한 수단으로 실제 법정에서 살아 있는 공방이 구현됨으로써 예단배제의 원칙·무죄추정의 원칙·실질적 증거조사 등 공판중심주의적 법정심리절차를 확립하고 불구속재판을 확대하기 위하여 마련한 제도로서 그 동안 상당한 성과를 가져온 것으로 평가된다. 이제 형사소송법이 개정되어 실제 재판에 보다 부합하도록 증거조사절차 관련 규정이 정비되었고, 개정규칙을 통하여 보다 구체적인 절차가 규정됨으로써 증거조사절차의 개선에 새로운 계기가 마련되었다.

가. 증거의 신청

당사자의 증거제출

나. 증거의 결정

① 증거신청인이 상대방에게 서류나 물건을 제시

② 상대방의 증거능력 유무에 관한 의견과 증거결정에 대한 의견 진술

③ 증거의 채부에 관한 결정

다. 증거의 조사

① 증거신청인의 서류나 물건에 대한 개별적 지시 설명

② 증거신청인이 원칙적으로 증거서류를 낭독하거나 증거물을 제시

③ 직권 조사의 경우 원칙적으로 소지인 또는 재판장이 증거서류를 낭독하거나 증거물을 제시

라. 증거조사 이후

① 증거조사결과에 대한 의견 청취 및 증거신청권의 고지

② 증거조사에 대한 이의신청

위에서 본 각 절차는 증거물과 증거서류를 기준으로 본 것이기는 하지만, 증인, 검증, 감정 등의 증거조사에 있어서도, 증거의 신청, 상대방의 의견진술, 증인신문 등 증거조사의 실시, 증거조사결과에 대한 의견 등의 절차는 그대로 적용된다.

(3) 증거조사의 시기(법 제290조)

증거조사는 재판장의 쟁점정리 및 검사·변호인의 증거관계 등에 대한 진술(법 제287조) 절차가 끝난 후에 실시한다고 규정하고, 피고인신문은 원칙적으로 증거조사가 종료된 후에 실시하되, 다만 재판장이 필요하다고 인정하는 때에는 증거조사가 완료되기 전에도 실시할 수 있도록 하였다(법 제296조2 제1항).

(4) 증거조사의 순서(법 제291조의2)

가. 증거조사 순서에 대한 법원의 재량

① 법원은 검사가 신청한 증거를 조사한 후 피고인 또는 변호인이 신청한 증거를 조사한다.

② 법원은 제1항에 따른 조사가 끝난 후 직권으로 결정한 증거를 조사한다.

③ 법원은 직권 또는 검사, 피고인·변호인의 신청에 따라 제1항 및 제2항의 순서를 변경할 수 있다.

위와 같은 개정법상 증거조사 순서는 종전의 실무관행을 충분히 반영하였을 뿐 아니라 증거조사 순서에 대한 법원의 재량권을 명시적으로 인정하고 있다.

나. 피고인 등의 진술을 기재한 조서 등의 증거조사 순서

법 제312조 및 제313조에 따라 증거로 할 수 있는 피고인 또는 피고인 아닌 자의 진술을 기재한 조서 또는 서류가 피고인의 자백 진술을 내용으로 하는 경우에는 범죄사실에 관한 다른 증거를 조사한 후에 이를 조사하여야 한다(규 제135조).

형사소송규칙 제135조는 피고인의 자백 진술을 내용으로 하는 증거에 대한 조사가 다른 증거보다 먼저 이루어지게 되는 경우 및 자칫 유죄에 대한 예단이 생길 수 있고, 피고인이 충분한 방어권을 행사하는 데 사실상의 제약이 생길 수 있음을 고려하여 신설된 규정으로서 피고인이 수사기관에서는 자백하였다가 법정에서는 부인하는 사건에서 그 의미를 가지게 될 것이다. 특히 개정법 제316조에 따라 새로 도입되는 조사자 증언은 대부분 피고인의 자백 진술을 그 증언 대상으로 할 것으로 예상된다. 비록 개정규칙 제135조는 '조서 또는 서류'에 대하여만 규정하고 있으나 조사자 증언의 경우에도 개정규칙 제135조의 취지를 살려 그 조사시기가 증거조사 중 가장 마지막이 될 수 있도록 실무를 운영하는 것이 바람직할 것이다.

(5) 증거의 신청

가. 의 의

증거의 신청은 검사, 피고인, 변호인, 피해자 또는 피해자의 법정대리인이 법원에 대하여 당해 사건의 사실인정과 형의 양정에 관한 심증을 얻도록 하기 위하여 인증·서증·물증 등 각종 증거를 조사하여 줄 것을 신청하는 소송행위를 말한다. 검사, 피고인 또는 변호인은 서류나 물건을 증거로 제출할 수 있고, 증인, 감정인, 검사·피고인 또는 변호인은 서류나 물건을 증거로 제출할 수 있고, 증인・감정인・통역인 또는 번역인의 신문을 신청할 수 있다(법 제294조 1항). 또한 범죄로 인한 피해자 또는 그 법정대리인(다음부터 “피해자등”이라고 한다)은 피해자 등에 대한 증인신문을 신청할 수 있다(법 제294조의2 제1항 본문).

나. 증거신청시기의 제한

법원은 검사, 피고인 또는 변호인이 고의로 증거를 뒤늦게 신청함으로써 공판의 완결을 지연하는 것으로 인정할 때에는 직권 또는 상대방의 신청에 따라 결정으로 이를 각하할 수 있다(동조 2항).

구법에서는 검사, 피고인 또는 변호인의 증거신청에 관하여 그 시기를 제한하는 규정을 두지 아니하였다. 그러나 당사자가 증거의 신청・제출을 지체함으로 인하여 공판기일의 진행이 지연되고 집중심리가 이루어지지 못하는 폐단을 방지하기 위해서는 당사자의 증거신청 기한을 일정 시점으로 제한할 필요성이 제기되었다. 여러 가지 논의 끝에 민사소송법 제149조의 실기한 공격・방어방법의 각하에 관한 규정을 유추하여 법원은 검사・피고인 또는 변호인이 고의로 증거를 뒤늦게 신청함으로써 공판의 완결을 지연하는 것으로 인정할 때에는 직권 또는 상대방의 신청에 따라 결정으로 증거신청을 각하할 수 있다는 규정이 신설되었다(법 제294조 제2항). 어떠한 증거신청이 개정법 제294조 제2항에 해당할 것인지에 대하여는 향후 실무운영을 통하여 보다 명확하게 될 것으로 기대되는데, 위 조항이 민사소송법 제149조를 유추하여 마련되었으므로 형사소송의 특성에 반하지 않는 범위 내에서는 민사소송법 제149조에 대한 판례 및 실무 운영 사례를 참고할 수 있을 것이다.

다. 신청의 순서

증거신청은 검사가 먼저 한 후에 피고인 또는 변호인이 한다(규 제133조). 검사에게 거증책임이 있기 때문이다.

라. 일괄신청

검사・피고인 또는 변호인은 특별한 사정이 없는 한 필요한 증거를 일괄하여야 한다(규 제132조).

효율적이고 집중적인 심리를 진행하고, 나아가 당사자 사이에 공격방어의 대상을 명확히 하는 한편, 법원의 입장에서 쟁점을 증명하는 데에 가장 적합한 증거만을 채택할 수 있도록 하기 위해서는 증거의 일괄신청이 필요하다. 증거분리제출이 허용된다고 하여 일부 증거만을 분할하여 매 기일마다 제출하는 것을 용인한다면, 집중심리주의 나아가 공판중심주의의 실현에도 커다란 장애가 될 수밖에 없다. 이에 따라 공판준비절차에서와 마찬가지로 공판기일에서도 일괄신청에 관한 명문의 규정을 두게 되었다.

마. 증거신청의 방식

1) 서류나 물건의 현실적인 제출

종래 수사기록이 법원에 이미 제출되어 있음을 전제로 증거목록만을 법정에서 제출하거나, 증거목록이 제1회 공판기일 전에 미리 제출되어 있는 상태에서 검사가 구두로 '증거 신청한다.'라고 간략하게 진술함으로써 증거신청행위가 이루어진 것으로 간주하는 경우가 많았다. 그러나 형사소송법은 법정에서 현실적으로 서류나 물건을 증거로 제출함으로써 증거신청을 하도록 요구하고 있다. 이는 재판부가 증거방법의 형상과 그 형식적인 사항을 확인하고, 상대방이 증거방법 일부의 증거능력을 인정하지 않는 경우 수월하게 증거결정을 할 수 있도록 하기 위한 것이다.

한편 증거신청을 할 때 검사로 하여금 제출되는 증거를 특정하여 신청하도록 하면서도 검사로부터 증거서류 자체를 제출받지는 아니하고 일단 증거목록만을 제출받았다가 증거결정을 한 후에 법정에서 증거능력 있는 증거서류만을 제출받는 실무례도 나타나고 있다. 이러한 실무례는 증거신청 단계에서 증거서류를 현실적으로 제출받을 경우 증거능력이 부여되지 않은 증거서류가 포함될 수 있고, 한편 상대방에 대한 제시를 위해서는 재판부가 신청인에게 증거서류를 반환하여야 하는 번잡함이 있음을 고려한 것이다.

2) 입증취지의 구체적 명시

증거신청인의 증거신청을 함에 있어서 그 증거와 증명하고자 하는 사실과의 관계, 즉 입증취지를 구체적으로 명시하여야 한다(규 제132조의2 제1항). 그런데 수사검사가 아닌 공판검사가 주로 공소유지를 담당하는 현재의 시스템에서는, 공판검사는 수사검사가 작성하여 준 증거목록에 기재된 입증취지에만 의존할 수밖에 없을 것이다. 그런데 현재 대부분 사건에서 제출되는 증거목록에는 '공소사실', '정상관계' 등 매우 포괄적인 입증취지가 기재되어 있을 뿐이고, 이에 따라 공판검사의 입증취지의 명시도 충실하게 이루어지지 않고 있다.

증거신청 단계에서 당사자 사이에 공격·방어의 쟁점을 명확히 하여 상대방에게는 방어권의 행사에 도움이 되고, 법원에는 증거결정을 위한 자료로 삼기 위해서는 공판정에서 입증취지가 구체적으로 상세하게 명시될 것이 요구된다. 법원이 제한된 심리시간 내에 쟁점을 분명하게 파악하여 알기 쉽고, 신속하고, 정확하게 심리를 진행하기 위해서는 쟁점을 증명하는 데에 가장 적합한 증거방법만을 조사할 필요가 있다.

증거신청인이 입증취지를 구체적으로 명시하지 아니한 경우에는 재판장이 소송관계를 명료하게 하기 위하여 입증취지에 관한 석명권을 행사할 수 있고(규 제141조 제1항), 법원은 증거신청인에게 입증취지를 기재한 서면을 제출하도록 명할 수 있다(규 제132조의2 제4항). 나아가 입증취지를 명시하지 아니하였음을 이유로 증거신청을 기각할 수도 있다(규 제132조의2 제5항). 입증취지의 명시가 충분히 이루어지지 않는 경우 적극적으로 소송지휘권을 행사하는 실무관행을 형성해 나갈 필요가 있다. 한편, 증거신청은 증거능력의 유무 판단이나 증거채부의 결정을 위해 증거를 소개하는 역할도 겸하는 것이므로, 증거의 제출과 입증취지의 명시 이외에도 필요한 경우에는 보충적으로 그 서류의 작성자나 작성기관, 작성시기와 장소 등도 설명하도록 요구할 수 있을 것이다.

3) 서류나 물건의 일부에 대한 증거신청

서류나 물건의 일부에 대한 증거신청을 함에 있어서는 증거로 할 부분을 특정하여 명시하여야 하고(규 제132조의2 제3항), 특히 개정법 제311조부터 제315조까지 또는 제318조에 따라 증거로 할 수 있는 서류나 물건이 수사기록의 일부인 때에는 검사는 이를 특정하여 개별적으로 제출함으로써 그 조사를 신청하여야 한다(규 제132조의3 제1항 전문). 이러한 방식에 위반한 증거신청은 이를 기각할 수 있다(규 제132조의2 제5항, 제132조의3 제2항).

형사재판에서 증거로 제출하고자 하는 서류나 물건만을 개별적으로 특정하여 제출하여야 한다는 증거분리제출제도는 증거능력이 있는 증거만을 사실인정에 관한 자료로서 조사할 것을 요구하고 있는 우리 형사소송법의 태도에 비추어 당연한 규정이기도 하지만, 개정규칙에도 이와 같은 명시적인 규정이 존재하고 있다. 현실적으로 증거신청 후 상대방의 증거능력의 유무에 관한 의견진술이 있기 이전에는 위 법률 규정에 의하여 증거로 할 수 있는 부분이 당해 수사기록의 일부인지 여부를 알 수는 없을 것이기는 하나, 증거결정 후 증거가 현실로 재판장에게 현출되는 단계에서는 반드시 그와 같은 조치를 취하여야 할 것이다.

종래 실무는 서류나 물건의 일부에 대한 증거신청이 있는 경우에도 그 서류나 물건 전부를 제출받아 기록에 편철하여 왔다. 그러나 이러한 과거의 실무례는 증거능력 없는 증거가 법정에 현출되어서는 안 된다는 기본 원칙 하에서는 더 이상 유지될 수 없음이 명백하다고 하겠다.

4) 자백 보강증거나 정상증거에 대한 신청

피고인의 자백을 보강하는 증거나 정상에 관한 증거는 보강증거 또는 정상에 관한 증거라는 취지를 특히 명시하여 그 조사를 신청하여야 한다(규 제132조의2 제2항).

특히 수사기록의 일부인 서류나 물건을 자백에 대한 보강증거나 피고인의 정상에 관한 증거로 낼 경우에는 검사는 이를 특정하여 개별적으로 제출함으로써 그 조사를 신청하여야 한다(규 제132조의3 제1항 후문). 이러한 방식에 위반한 증거신청 역시 이를 기각할 수 있다(규 제132조의2 제5항, 제132조의3 제2항).

(6) 증거결정

가. 증거결정의 절차

법원은 증거신청에 대하여 결정을 하여야 한다(법 제295조).

1) 증거서류나 물건의 제시

법원은 서류 또는 물건이 증거로 제출된 경우에 이에 관한 증거결정을 함에 있어서는 제출한 자로 하여금 그 서류 또는 물건을 상대방에게 제시하게 하여야 하는데(규 제134조 제2항 본문), 이는 상대방이 증거능력의 유무에 관한 의견을 진술하기 전에 이를 열람할 수 있는 기회를 보장해 주기 위한 것이다.

그런데 증거신청인은 증거신청 단계에서 이미 법원에 현실적으로 서류나 물건을 제출하였으므로, 법원은 증거신청인으로 하여금 서류 도는 물건을 상대방에게 제시하도록 하기 위해서는 그 서류나 물건을 다시 증거신청인에게 교부하여야 한다.

2) 상대방의 의견 진술

① 증거능력의 유무에 관한 의견진술

간이 공판절차에 의하는 경우가 아닌 한 당사자가 제출한 서류 또는 물건에 대한 증거결정을 함에 있어서 증거신청인의 상대방으로 하여금 그 서류 도는 물건에 대한 증거능력의 유무에 관한 의견을 진술하도록 하여야 한다(규 제134조 제2항).

증거능력 유무에 관한 의견 청취는 간이공판절차에 회부하지 않는 한 필수적인 절차로서 가능한 한 개개의 증거에 대하여 구체적으로 그 의견을 진술하도록 하여야 한다.

② 피고인 등이 검사 작성의 피고인에 대한 피의자 신문조서의 실질적 진정성립을 부인하는 경우

피고인 또는 변호인이 검사 작성의 피고인에 대한 피의자신문조사의 실질적 진정성립을 부인하는 경우 어느 정도 구체적인 의견을 진술하도록 할 것인지 문제된다. 현재의 실무에서는 실제의 진술과 조서의 기재 내용이 다른 부분을 구체적으로 특정하지 않고 있는 사례가 많으나, 증거조사절차가 효율적으로 진행되기 위해서는 실질적 진정성립을 부인하는 부분이 구체적으로 특정될 필요가 있다.

개정규칙에서는 피고인 또는 변호인이 검사 작성의 피고인에 대한 피의자신문조서에 기재된 내용이 피고인이 진술한 내용과 다르다고 진술할 경우, 피고인 또는 변

호인은 당해 조서 중 피고인이 진술한 부분과 같게 기재되어 있는 부분과 다르게 기재되어 있는 부분을 구체적으로 특정하도록 하였다(규 제134조 제3항).

핵심판례

피의자의 진술을 기재한 조서 중 일부에 관해서만 원진술자가 공판기일에서 실질적으로 진정성립을 인정하는 경우 당해 조서의 증거능력의 인정 여부

피의자나 피의자 아닌 자의 진술을 기재한 조서 중 일부에 관하여만 원질술자가 공판준비 또는 공판기일에서 실질적 진정성립을 인정하는 경우에는 법원은 당해 조서 중 어느 부분이 원진술자가 진술한 대로 기재되어 있고 어느 부분이 달리 기재되어 있는지 여부를 구체적으로 심리한 다음 진술한 대로 기재되어 있다고 하는 부분에 한아여 증거능력을 인정하여야 하고, 그 밖에 실질적 진정성립이 부정되는 부분에 대해서는 증거능력을 부정하여야 한다고 판시하였다(대판 2005. 6. 10. 선고 2005도1849).

3) 증거의 채부에 관한 결정

증거의 제시와 의견진술이 끝난 후에 법원은 당해 증거신처에 대하여 채부의 결정을 하여야 한다. 법원은 증거결정을 함에 있어 필요하다고 인정할 때에는 그 증거에 대한 검사, 피고인 또는 변호인의 의견을 들을 수 있다(규 제134조 제1항). 증거결정에 대한 의견은 증거신청의 적법성 여부에 대한 의견을 듣는 경우도 있겠지만 증거신청이 적법한 경우에도 법원이 그 증거신청을 반드시 받아들여야 하는 것은 아니므로, 법원은 당해 증거와 증명 대상이 되는 사실과의 관련성, 증거조사의 필요성 등 증거조사의 요부에 관한 의견을 듣는 경우도 많을 것으로 보인다. 증거결정 단계에 이르기까지 재판장은 당해 증거의 내용을 알지 못하고 있으므로, 증거신청인이 명시한 입증취지와 상대방의 의견을 종합적으로 고려하여 당해 사건의 쟁점을 증명하는 데에 가장 적합한 증거만을 채택하여야 할 것이다.

판례도 증거신청의 채택 여부는 법원의 재량으로서 법원이 필요하지 아니하다고 인정할 때에는 이를 조사하지 아니할 수 있다로 한다(대판 2003. 10. 10. 선고 2003도3282). 따라서 법원은 당사자가 신청한 증거에 대하여 필요 없다고 인정한 때에는 당해 증거신청을 기각할 수 있다.

나. 기각결정의 사유

불필요하게 중복되는 증거, 쟁점사항과 아무런 관련이 없는 증거, 사실인정에 아무런 관련이 없는 증거, 증명이 완료되었거나 명백한 사실에 대한 증거, 신빙성을 부여하기 어려움이 명백한 증거, 조사가 불가능한 증거 등에 대한 증거신청은 이를 기각할 수 있는 것은 물론이다. 또 법원이 요증사실에 관하여 충분히 증명되었다고 인정하는 경우에 같은 사실을 증명하기 위하여 중복하여 증거조사를 할 필요는 없다. 그러나 이 경우의 법원의 심증은 쌍방의 증거를 충분히 조사한 결과일 것을 요한다. 따라서 일방의 증거만을 믿고 예단을 가지거나, 증명력이 박약하다는 예단만으로 증거신청을 기각해서는 안 된다.

다. 증거결정에 대한 항고 여부

증거결정은 판결 전의 소송절차에 관한 결정이고 즉시항고를 허용하는 규정이 없으므로 항고가 허용되지 않고(법 제403조), 다만 그 증거결정이 법령에 위반한 경우에 한하여 이의신청이 허용된다(규 제135조의2 단서). 또한, 그로 말미암아 사실을 오인하여 판결에 영향을 미치게 된 경우에는 이를 상소이유로 삼을 수 있을 것이다.

라. 증거신청을 기각·각하하는 경우 증거서류 등의 제출금지

개정규칙에서는 증거능력이 없는 증거가 증거기록에 함께 또는 별책으로 편철되어 있는 일부 실무례를 개선하기 위해서 법원이 증거신청을 기각·각하하거나, 증거신청에 대한 결정을 보류하는 경우에는 증거신청인으로부터 당해 증거서류 또는 증거물을 제출받아서는 안 된다고 명시하였다(규 제134조 제4항).

핵심판례

증거신청에 대한 채택여부가 법원의 재량인지의 여부(적극)

㉠ 증거신청의 채택여부는 법원의 재량으로서 법원이 필요하지 아니하다고 인정할 때에는 이를 조사하지 아니할 수 있다.

㉡ 법원은 피고인이 신청한 증거에 대하여 불필요하다고 인정한 때에는 조사하지 않을 수 있는 것이므로, 원심이 피고인이 신청한 증인들에 관하여 증거조사를 한 바 없다 하여 위법하다 할 수 없다.

증거신청에 대한 법원의 결정에 독립하여 불복할 수 있는지의 여부(소극)

당사자의 증거신청에 대한 법원의 채택여부의 결정은 판결 전의 소송절차에 관한 결정으로서 이의신청을 하는 외에는 달리 불복할 수 있는 방법이 없고, 다만 그로 말미암아 사실을 오인하여 판결에 영향을 미치기에 이른 경우에만 이를 상소의 이유로 삼을 수 있을 뿐이다.

적법한 증거조사를 거치지 아니한 증거를 사실인정의 자료로 삼을 수 있는지의 여부(소극)

㉠ 적법한 증거조사를 거치지 아니한 피의자 신문조서는 사실인정의 자료로 삼을 수 없다.

㉡ 소송관계인의 참여 없이 법정 외에서 시행한 증인신문조서에 대하여 공판기일에서 증거조사 그 자체를 시행하지 아니하였다면 그 증인신문조서는 증거능력이 있을 수 없다.

(7) 증거의 조사

가. 개 요

증거신청에 대한 채택결정 또는 직권에 의한 증거조사의 결정이 내려지면 법원은 증거를 조사하게 된다. 재판장은 증거조사를 하기에 앞서 검사 및 변호인으로 하여금 공소사실 등의 증명과 관련된 주장 및 입증계획 등을 진술하게 할 수 있다. 이 절차가 끝난 후에 증거조사를 실시한다(법 제290조).

증거분리제출제도의 목적은 단순한 수사기록의 분리제출에 있는 것이 아니라, 이를 수단으로 실질적 증거조사를 활성화함으로써 공판중심주의적 법정심리절차를 확립하고자 하는 데에 있다. 증거신청인의 개별적 지시·설명, 증거물 제시 또는 증거서류 내용의 현출은 공판정에서의 실질적 증거조사를 가능하게 하는 요체이므로 개정법과 개정규칙에 부합하는 실무 운영이 반드시 정착되어야 한다. 다만 피고인이 공판정에서 공소사실에 대하여 자백하여 간이공판절차에 의하여 심판하는 경우에는 법원이 상당하다고 인정하는 방법으로 증거조사를 할 수 있다(법 제297조의2).

나. 직권에 의한 증거조사

법원은 직권으로 증거조사를 할 수 있다(제295조 후단). 법원의 직권에 의한 증거조사를 인정하는 이유는 법원에게는 진실을 밝혀야 한다는 일반적 의무가 있을 뿐만 아니라, 피고인의 입증활동이 충분하지 못한 경우에 이를 보충할 필요가 있다는 점에 있다.

법원의 직권에 의한 증거조사는 당사자의 신청에 의한 증거조사에 대하여 보충적·이차적인 것이라는 점을 고려하면 법원이 당사자의 증거신청을 미루어 두고 처음부터 직권에 의하여 증거조사를 하는 것은 허용되지 않는다.

다. 증거조사의 방식

1) 증거신청인의 개별적 지시·설명

증거신청인이 제출한 서류나 물건, 공무소 등에 대한 조회, 공판기일 전의 증거조사에 의하여 작성 또는 송부된 서류는 증거신청인이 공판정에서 개별적으로 지시·설명하여 조사하여야 한다(법 제291조 제1항). 또 재판장은 직권으로 위와 같은 서류나 물건을 공판정에서 조사할 수 있다(법 제291조 제2항).

위 규정은 첫째로 공판중심주의·직접심리주의 요청에 따라, 공판기일에 증거로 제출된 서류 또는 물건뿐만 아니라 공판기일 전에 제출된 서류 또는 물건과 공판준비절차에서 작성 또는 수집된 서류도 공판기일에 공판정에서 증거조사되어야 한다는 점, 둘째로 당사자주의의 요청에서 원칙적으로 검사, 변호인 또는 피고인이 지시·설명하여야 한다는 점, 셋째로 적정한 증거조사를 위하여 개별적으로 지시·설명하여야 하고 개괄적 내지는 일괄적인 증거조사는 허용되지 않는다는 점 등 증거조사에 있어서의 세 가지 원칙을 규정한 것으로 이해되었다.

특히 위 두 번째 원칙과 관련하여 증거신청인은 자신이 제출한 개개의 증거를 특정하여 그 서류나 물건의 내용을 설명하고, 필요한 경우에는 그 서류나 물건과 당해 사건의 쟁점사항과의 관련성, 입증취지 등에 관하여 구체적이고 상세한 설명을 하여야 한다고 해석하였다. 그런데 개정법 제292조와 제292조의2에서는 재판장이 아닌 증거신청인이 증거물을 제시하고 원칙적으로 증거서류를 낭독하도록 규정하고 있는데도 제291조 제1항이 그대로 유지됨에 따라 증거신청인의 '개별적 지시·설명'은 어떻게 해야 하는지가 문제로 남게 되었다.

개정법 하에서 '개별적 지시·설명'은 증거조사 절차의 일부로서 증거신청인이 자신이 제출한 개개의 증거를 특정하면서 증거서류나 물건과 당해 사건의 쟁점사항과의 관련성, 입증취지 등을 진술하는 절차로 이해하는 것이 타당하다고 할 것이다.

2) 증거서류에 대한 조사방식(법 제292조) : 낭독 또는 내용의 고지

① 검사·피고인 또는 변호인의 신청에 따라 증거서류를 조사하는 때 : 신청인이 이를 낭독하여야 한다.

② 법원이 직권으로 증거서류를 조사하는 때 : 소지인 또는 재판장이 이를 낭독하여야 한다.

③ 재판장은 필요하다고 인정하는 때에는 위 ①·②에도 불구하고 내용을 고지하는 방법으로 조사할 수 있다.

3) 증거물에 대한 조사방식(법 제292조의2) : 제시

① 검사·피고인 또는 변호인의 신청에 따라 증거물을 조사하는 때 : 신청인이 이를

제시하여야 한다.

② 법원이 직권으로 증거물을 조사하는 때 : 소지인 또는 재판장이 이를 제시하여야 한다.

4) 증거물과 증거서류의 성격을 모두 갖는 증거물인 서면에 대한 조사방법

증거물과 증거서류의 성격을 모두 갖는 증거물인 서면에 대해서는 제시와 동시에 서면을 낭독하여야 한다. 다만 증거서류에 대한 조사에 있어서 재판장은 필요하다고 인정하는 때에는 증거서류를 낭독하지 아니하고 그 내용을 고지하는 방법으로 조사할 수 있는데(법 제292조 제3항), 이 경우 내용의 고지는 그 요지를 고지하는 방법으로 한다(규 제134조의6). 이러한 요지의 고지는 증거서류의 내용 중 입증취지와 관련되어 있는 본질적인 내용을 고지하는 것을 의미한다.

예컨대 피고인이 피해자를 폭행하는 것을 목격한 목격자의 진술조서에 대해서는 목격자의 목격진술 중 폭행의 범죄사실과 직접 관련되는 본질적인 부분을 고지하는 것이다. 그러나 증거서류 전체의 내용이 공소사실과 관련되어 있거나 증거서류의 내용 자체를 법정에서 현출시킬 필요가 있는 경우에는 관련된 부분 전부의 요지를 고지할 필요가 있다. 결국, 요지 고지의 정도는 개개의 사건마다 사안의 성격에 따라 결정될 것이다.

5) 낭독 또는 내용의 고지 및 증거물 제시의 주체

증거서류의 낭독 또는 내용의 고지 및 증거물 제시의 주체는 증거신청에 의한 증거조사의 경우에는 증거신청인이고, 직권조사의 경우에는 소지인 또는 재판장이다. 다만 재판장은 증거신청인, 소지인 또는 재판장을 대신하여 법원사무관등으로 하여금 증거서류를 낭독하거나 내용을 고지하고, 증거물을 제시하도록 할 수 있다(법 제292조 제4항 및 제292조의2 제3항).

한편 재판장은 증거서류에 대한 조사에 있어서 낭독이나 내용의 고지보다 열람이 더 적절한 증거조사의 방법이 된다고 인정하는 때에는 증거서류를 제시하여 열람하게 하는 방법으로 조사할 수 있다(법 제292조 제5항).

6) 그 밖의 증거에 대한 조사방식

형사소송법은 도면·사진·녹음테이프·비디오테이프·컴퓨터용디스크, 그 밖에 정보를 담기 위하여 만들어진 물건으로서 문서가 아닌 증거의 조사에 관하여 필요한 사항은 대법원규칙으로 정하도록 정하였고(법 제292조의3), 민사소송규칙 제120조 및 제121조를 참조하여 아래와 같은 증거조사 방식을 규정하였다.

① 컴퓨터용디스크 등에 기억된 문자정보(규 제134조의7)

컴퓨터용디스크 그 밖에 이와 비슷한 정보저장매체(다음부터 이 조문 안에서 이 모두를 "컴퓨터디스크 등"이라 한다)에 기억된 문자정보를 증거자료로 하는 경우에는 읽을 수 있도록 출력하여 인증한 등본을 낼 수 있다. 컴퓨터디스크 등에 기억된 문자정보를 증거로 하는 경우에 증거조사를 신청한 당사자는 법원이 명하거나 상대방이 요구한 때에는 컴퓨터디스크 등에 입력한 사람과 입력한 일시, 출력한 사람과 출력한 일시를 밝혀야 한다. 컴퓨터 디스크 등에 기억된 정보가 도면·사진 등에 관한 것인 때에도 마찬가지이다.

② 음성·영상자료 등(규 제134조의8)

녹음·녹화테이프, 컴퓨터용디스크, 그 밖에 이와 비슷한 방법으로 음성이나 영상을 녹음 또는 녹화(다음부터 이 조문 안에서 "녹음·녹화 등"이라 한다)하여 재생할 수 있는 매체(다음부터 이 조문 안에서 "녹음·녹화매체 등"이라 한다)에 대한 증거조사를 신청하는 때에는 음성이나 영상이 녹음·녹화 등이 된 사람, 녹음·녹화 등을 한 사람 및 녹음·녹화 등을 한 일시 · 장소를 밝혀야 한다. 녹음·녹화매체 등에 대한 증거조사를 신청한 당사자는 법원이 명하거나 상대방이 요구한 때에는 녹음·녹음매체 등의 녹취서, 그 밖에 그 내용을 설명하는 서면을 제출하여야 한다. 녹음·녹화매체 등에 대한 증거조사는 녹음·녹화매체 등을 재생하여 청취 또는 시청하는 방법으로 한다.

한편 도면·사진 그 밖에 정보를 담기 위하여 만들어진 물건으로서 문서가 아닌 증거의 조사에 관하여는 특별한 규정이 없으면 법 제292조 및 제292조의2의 규정이 준용된다(규 제134조의9).

(8) 증거조사결과에 대한 의견

가. 증거조사결과에 대한 의견 청취

재판장은 피고인에게 각 증거조사의 결과에 대한 의견을 물어야 한다(법 제293조 전단). 증거조사의 결과 법원이 피고인에게 불리한 심증을 형성할 수 있는 경우, 피고인으로 하여금 그 심증형성을 움직일 수 있도록 변론의 기회를 보장하기 위한 것이다. 반면 피고인이 신청한 증거조사의 결과에 대하여 재판장이 검사에게 의견을 물을 의무는 없다. 다만 실무운영상 재판장이 필요하다고 인정하는 경우 검사의 의견을 묻는 사례도 나타나고 있다.

'각 증거조사'의 결과에 대한 의견을 묻도록 규정되어 있으므로 가능한 한 개개의 증거조사가 끝날 때마다 피고인의 의견을 묻는 것이 바람직할 것이다. 다만 증거조사절차가 모두 종료한 후 피고인에게 일괄하여 그 의견을 묻는다고 하여 위법하다고 말할 수는 없을 것이다. 증거조사결과에 대한 의견은 피고인이 증거서류의 신빙성에 대한 구체적 진술을 하는 형태로 이루어진다. 예를 들어 피고인이 '진술자 갑은 피해자와 이해관계를 같이하고 사실상 피고인과 대립적인 관계에 있다.'라든가, '그 사람은 그 시간에 다른 장소에 있었기 때문에 실제로는 목격하지 못하고 전해들은 이야기를 하는 것인데 목격한 것처럼 거짓말하고 있다.' 라는 등의 진술을 하는 것이다. 나아가 증거서류의 낭독을 마친 후 증거조사 결과에 대한 피고인의 의견을 묻는 것도 중요하지만, 부인하는 사건의 실질적인 심리를 위해서는 피고인의 진술이 기재된 증거서류를 낭독하는 중간에 실제 문답의 경과, 즉 수사기관에서 실제로 그와 같은 질문이 있었고, 그 취지를 정확히 이해하고 증거서류에 기재된 것과 같은 진술을 하였는지, 그와 같은 진술을 하게 된 이유는 무엇인지 등을 확인하는 것이 필요한 경우도 있을 것이다.

증거조사결과에 대한 의견은 증거결정에 대한 의견과는 전혀 성격이 다른 절차이고, 증거의 신빙성을 판단하기 위한 자료를 수집할 수 있는 기회임에도 불구하고 실무상 활성화되지 못하였다. 그러나 증거조사결과에 대한 의견 진술이 활발하게 이루어지면 그 법정은 매우 활기를 띠어「살아 있는 공판」의 모습을 구현할 것이고, 그 과정에서 더욱 정확한 증명력 판단이 가능해질 것이다.

한편, 재판장은 피고인에게 권리를 보호함에 필요한 증거조사를 신청할 수 있음을 고지하여야 한다(법 제293조 후단). 이는 피고인의 증거조사 신청권을 절차적으로 보장하기 위한 것이므로 생략하여서는 안 될 것이다.

(9) 증거조사에 대한 이의신청

검사·피고인 또는 변호인은 증거조사에 관하여 이의신청을 할 수 있다. 법원은 이의신청에 대하여 결정을 하여야 한다(법 제296조). 증거조사에 관하여란 증거조사의 절차뿐만 아니라 증거조사단계에서 행하여지는 모든 처분을 포함한다. 그러므로 증거신청, 증거결정, 증거조사의 실시, 증거능력의 유무 등이 모두 이의 신청의 대상이 된다.

가. 이의신청사유

이의신청은 법령의 위반이 있는 경우뿐만 아니라 상당하지 아니함을 이유로 하는 경우에도 허용된다. 다만 재판장의 증거신청의 결정에 대한 이의신청은 법령의 위반이 있음을 이유로 한 때에만 할 수 있다(규 제135조2).

나. 이의신청의 방식과 시기

증거조사에 대한 이의신청은 개개의 행위·처분 또는 결정시마다 그 이유를 간결하게 명시하여 즉시 하여야 하며(규 제137조), 법원은 이의신청이 있은 후 즉시 결정하여야 한다(규 제138조).

다. 이의신청에 대한 결정

시기에 늦은 이의신청, 소송지연만을 목적으로 하는 것임이 명백한 이의신청 및 이의

신청이 이유 없다고 인정되는 때에는 이를 결정으로 기각하여야 한다. 다만, 시기에 늦은 이의신청이 중요한 사항을 대상으로 하고 있는 경우에는 시기에 늦은 것만을 이유로 하여 기각하여서는 아니 된다(규 제139조 제1항). 이의신청이 이유 있다고 인정되는 경우에는 결정으로 이의신청의 대상이 된 행위·처분 또는 결정을 중지·취소·철회·변경하는 등 그 이외신청에 상응하는 조치를 취하여야 한다(규 제139조).

라. 중복된 이의신청의 금지

이의신청에 대한 결정에 의하여 판단이 된 사항에 대하여는 다시 이의신청을 할 수 없다(규 제140조).

마. 이의신청의 결정에 대한 항고의 가부

이의신청에 대한 기각결정도 판결 전 소송절차에 관한 결정이므로 그 결정에 대하여 항고가 허용되지 않는다. 만약 항고할 수 없는 결정에 대하여 부적법한 항고가 제기된다면 법원은 결정으로 항고를 기각하여야 한다. 이에 대하여는 즉시항고가 허용되나(법 제407조), 이 경우 즉시항고로 인하여 집행이 정지되는 것은 항고기각결정일 뿐 이의신청에 대한 기각결정이 아니다.

6. 피고인신문

(1) 피고인신문의 의의

피고인신문이란 피고인에 대하여 공소사실과 그 정상에 관한 필요한 사항을 신문하는 절차이다. 피고인은 당사자의 지위를 가질 뿐만 아니라 증거방법으로서의 지위를 가지고 있음을 명백히 한 것이라고 볼 수 있다.

(2) 피고인신문의 시기

검사 또는 변호인은 증거조사 종료 후에 순차로 피고인에게 공소사실 및 정상에 관하여 필요한 사항을 신문할 수 있다. 다만 재판장은 필요하다고 인정하는 때에는 증거조사가 완료되기 전이라도 이를 허가할 수 있다. 또 재판장은 필요하다고 인정하는 때에는 피고인을 신문할 수 있다(법 제296조의2 제1항·2항).

(3) 피고인의 진술거부권

피고인의 증거방법으로서의 지위로 인하여 당사자의 지위가 침해되어서는 안된다. 여기서 형사소송법은 피고인신문제도를 인정하면서도 피고인에게 진술거부권을 인정하고 있다. 즉 법 제283조의2는 피고인은 진술하지 아니하거나 개개의 질문에 대하여 진술을 거부할 수 있고 재판장은 피고인에게 이와 같이 진술을 거부할 수 있음을 고지하여야 한다고 규정하고 있다.

피고인이 공판정에서 공소사실에 대하여 자백한 때에는 법원은 간이공판절차에 의하여 심판할 것을 결정할 수 있다(법 제286조의2).

(4) 피고인신문의 순서

검사 또는 변호인은 순차로 피고인에 대하여 공소사실과 정상에 관한 필요사항을 직접 신문할 수 있다(법 제296조의2 제1항). 재판장은 필요하다고 인정하는 때에는 피고인을 신문할 수 있다(동조 2항). 법 제161조의2(증인신문의 방식) 제1항~3항 및 제5항은 피고인신문에 관하여 준용한다(법 제296조의2 제3항).

따라서 피고인신문은 신청한 검사, 변호인이 먼저 이를 신문하고, 다음에 다른 검사, 변호인이 신문한다.

핵심판례

피고인이 철회한 증인을 법원이 신문할 수 있는지의 여부(적극)
증인은 법원이 직권에 의하여 신문할 수도 있고 증거의 채부는 법원의 직권에 속하는 것이므로 피고인이 철회한 증인을 법원이 직권신문하고 이를 채증하더라도 위법이 아니다(대판 1983. 7. 12. 82도3216).

7. 최종변론

(1) 변론의 의의

변론이라 함은 공판기일에 당사자를 관여시키거나 관여의 기회를 주어서 행하는 심리절차를 의미하나(광의의 변론) 또 심리절차의 최종단계에서 소송관계인이 행하는 의견진술(법 302조, 303조)을 가리키는 경우도 있다(협의의 변론).

증거조사가 끝나면 당사자의 의견진술이 행하여진다. 다만 재판장은 필요하다고 인정하는 경우 검사·피고인 또는 변호인의 본질적인 권리를 해치지 아니하는 범위 내에서 의견진술의 시간을 제한할 수 있다(규 제145조). 의견진술은 검사의 의견진술과 피고인과 변호인의 최후진술의 순서로 진행된다.

(2) 검사의 의견진술(논고)

피고인신문과 증거조사가 종료된 때에는 검사는 사실과 법률적용에 관하여 의견을 진술하여야 한다. 단 검사의 출석 없이 개정한 경우에는 공소장의 기재사항에 의하여 의견진술이 있는 것으로 간주한다(법 제302조). 이를 검사의 논고라고 하며, 특히 검사의 양형에 대한 의견을 구형이라고 한다.

의견 진술의 내용은 위와 같이 사실과 법률적용에 관한 것이어야 하나, 실무에서는 오히려 특별한 사정이 없는 한 이른바 구형으로 일컬어지는 과형에 관한 의견 진술만이 간략하게 이루어졌을 뿐 구형에 이르게 된 과정

에 관한 적극적인 의견 진술은 하지 않는 것이 관례로 굳어져 있다. 그러나 검사는 공판을 마무리하는 단계에서 당해 사건의 쟁점에 관한 주장 정리와 그에 관한 증거의 신빙성, 적용될 법령, 주된 양형요소와 엄정한 형선고의 필요성 등 사건전반에 대한 의견을 밝히고 적정한 형의 선고를 요구하는 방식으로 사건에 관한 결론적 주장을 실질적으로 피력하는 것이 필요하다. 이러한 구체적 의견 진술은 법원에 대하여는 사건의 쟁점과 양형에 관한 검사의 주장을 다시 한 번 명확하게 정리함으로써 적정한 판단을 내려 줄 것을 촉구하고, 피고인에 대하여는 피고인의 범죄사실과 적용될 법령을 명확히 하는 한편 피고인에게 해당되는 양형 요소를 분명하게 확인시켜 줌으로써 피고인과 피해자를 설득하는 기능을 담당할 수 있을 것이다. 국민참여재판이 시행된 이후에는 검사의 실질적인 의견진술이 더욱 활성화될 것으로 기대된다.

검사의 구형은 양형에 관한 의견진술에 불과하고 법원이 그 의견에 구속되는 것은 아니므로 피고인에 대한 형을 정함에 있어 검사의 구형에 포함되지 아니한 벌금형을 병과하였다 하여 위법이 될 수 없다(대판 1984. 4. 24, 83도1789).

핵심판례

검사의 구형에 법원이 구속되는지의 여부(소극)
검사가 양형에 관한 의견진술을 하지 않았다 하더라도 이로써 판결에 영향을 미친 법률위반이 있는 경우에 해당한다고 할 수 없고, 검사의 구형은 양형에 관한 의견진술에 불과하여 법원이 그 의견에 구속된다고 할 수 없다(대판 2001. 11. 30, 2001도5225).

(3) 피고인과 변호인의 진술

재판장은 검사의 의견을 들은 후 피고인과 변호인에게 최종의견을 진술할 기회를 주어야 한다(법 제303조).

최종의견 진술의 기회는 피고인과 변호인에게 모두 주어져야 한다. 따라서 피고인과 변호인에게 최종의견 진술의 기회를 주지 않은 채 심리를 마치고 판결을 선고하는 것은 위법하다고 해야 한다.

종래 변호인의 의견 진술은 한정된 시간의 제약으로 변론요지서로 대체된 채 간략하게 이루어지거나, 그렇지 않은 경우에는 피고인신문 때부터 진술되어 왔던 내용을 장황하게 반복하는 형태로 이루어짐으로써 실질적인 의견 진술로 기능하지 못한 것이 일반적인 실무의 모습이었다. 피고인의 의견 진술 역시 반성하고 있다거나 억울하다고만 간략하게 표현하는 형태로 이루어져 왔을 뿐이었다. 이러한 실무관행이 형성된 것은 법정심리시간의 제한으로 법원이 충분한 시간을 부여하지 못한 데에 커다란 원인이 있었지만 한편으로는 변호인도 장시간의 변론으로 인하여 재판부에 심리적인 부담을 주는 것을 원하지 않았고, 피고인도 상세한 변소를 하는 것이 정상에 불리하다고 생각하는 경향을 띠고 있었던 것이 사실이다.

피고인과 변호인의 의견 진술은 검사의 의견에 대한 반박과 아울러 사건에 관한 최종적 의견의 개진으로서 피고인과 변호인의 중요한 권리이므로 함부로 제한되어서는 안된다. 피고인의 최후 진술이 다소 반복적이고 지엽적인 사항을 장황하게 늘어놓는 경우에도 피고인의 입장에서는 자신의 심정과 고충을 토로할 수 있는 절호의 기회이고 이를 통하여 하고 싶은 말을 충분히 하였다는 절차적 만족감을 가질 수 있으므로 재판장은 인내심을 가지고 경청하는 자세를 보여줄 필요가 있다.

핵심판례

피고인에게 최종의견 진술의 기회를 주지 않는 것이 위법한지 여부(적극)

필요적 변호를 요하는 사건에 있어서 변호인의 변호를 듣지 않았을 뿐더러 피고인의 최후진술을 들은 바 없이 판결을 선고하였음을 명백한 법령위반이 있어 판결에 영향을 미치는 사유가 있다고 인정된다(대판 1963. 1. 10, 62도225).

변호인이 공판기일에 출석하지 아니하여 변호인 없이 변론종결한 경우 변론기회를 주지 않았다고 볼 수 있는지 여부

피고인의 변호인이 공판기일통지서를 받고도 공판기일에 출석하지 아니하여 변호인 없이 변론을 종결한 경우에는 변호인에게 변론의 기회를 주지 아니하였다고 볼 수 없다(대판 1977. 2. 22, 76도4376).

(4) 변론종결

피고인의 최종진술을 끝으로 변론을 종결(結審)하면 판결만을 기다리는 상태에 있게 된다. 그러나 법원은 필요하다고 인정하는 때에는 직권 또는 검사·피고인이나 변호인의 신청에 의하여 결정으로 종결한 변론을 재개할 수 있다(법 제305조).

8. 판결의 선고

공판절차의 최종단계는 판결선고절차이다. 판결은 공판정에서 재판서에 의하여 선고한다(법 제42조 본문). 판결의 선고는 재판장이 하며, 주문을 낭독하고 이유의 요지를 설명하여야 한다(법 제43조). 형을 선고하는 경우에는 재판장은 피고인에게 상소할 기간과 상소할 법원을 고지하여야 한다(법 제324조). 판결을 선고하는 공판기일에도 피고인이 출석하여야 한다. 다만 피고인이 진술하지 아니하거나, 재판장의 허가 없이 퇴정하거나, 재판장의 질서유지를 위한 퇴정명령을 받은 때에는 피고인의 출석 없이 판결할 수 있다(법 제330조). 피고인의 출석 없이 개정할 수 있는 경우에도 같다.

판결의 선고에 의하여 당해 심급의 공판절차는 종결되고, 상소기간이 진행된다. 판결의 선고한 사실은 공판조서에 기재하여야 한다(법 제51조).

【서식】 증거조사신청서

증 거 조 사 신 청 서

20○○형제 123호
고 소 인 ○ ○ ○
피고소인 ○ ○ ○

피고소인은 이 사건 영수증과 이행각서를 ○○시장 상가 내 지하식당에서 고소인에게 현금을 주고받은 것이라고 주장하고 있는바, 피고소인에게 토지대금을 현금으로 지급하고 영수증을 받은 ○○상가 내 지하식당이 어디였는지 확인조사하여 줄 것과 아울러 고소인과 피고소인이 ○○시장 상가 내 지하식당에서 만나 백지서류에 날인해 준 것을 목격한 점포주인 ○○○을 참고인으로 환문하여 주실 것을 신청합니다.

첨 부 서 류

1. 진술서(목격자 ○○○)

20○○년 월 일

위 고소인의 변호인
변호사 ○ ○ ○ ㊞

○○지방법원 귀중

【서식】 증거조사에 관한 이의신청서

증거조사에 대한 이의신청서

사　　건　20○○고단 123호 사기피고사건
피 고 인　○ ○ ○

위 사람에 대한 20○○고단 123호 사기피고사건에 관하여 법원은 20○○년 ○월 ○일 ○○:00의 공판기일에 검사가 제출한 증거를 조사함에 있어 다음과 같이 위법이 있음을 이의신청합니다.

신 청 이 유

1. 법령의 위반 사실 : (생략)
2. 불상당한 이유 : (생략)

20○○년　월　일

피고인　○ ○ ○ ㊞

○ ○ 지 방 법 원 ○○지원 형사○단독 귀중

Ⅵ. 증인신문·감정·검증

1. 증인신문

(1) 일반론

증인신문은 증인의 증언내용뿐만 아니라 진술할 때의 표정, 태도, 목소리까지 법원의 심증형성에 영향을 미칠 수 있는 가장 중요한 증거방법이다. 그럼에도, 실제 형사재판에서 검사가 신청하는 증거방법은 증인신문이 아니라 수사기관이 사건관계인의 진술을 청취하고 그 내용을 기재한 진술조서와 같은 증거서류가 주종을 이루고 있었다. 대부분의 경우 증인신문은 피고인이 증거서류를 부동의하는 경우에만 사건관계인을 증인으로 신문하였고, 그 내용도 주로 문제된 증거서류의 진정성립 여부에 초점이 맞추어져 있었다. 이러한 실무관행으로 말미암아 형사공판절차의 기본원칙인 구두변론주의, 직접심리주의는 유명무실해지고, 실무가 서면심리주의 방식으로 운영되어 왔다는 비판을 받아 왔다.

공판중심주의 하에서 다툼이 있는 부분의 입증은 증거서류에 중점을 둘 것이 아니라 원진술자를 증인으로 신문하고, 신문내용도 증거서류의 진정성립 여부가 아니라 증인이 알고 있는 사실을 구체적으로 진술하게 하는 방식으로 개선해 나가야 한다.

(2) 의 의

가. 증인의 의의

1) 증인의 개념

증인이란 법원 또는 법관에 대하여 자기가 과거에 실제로 체험한 사실을 진술하는 제3자를 말한다. 법원 또는 법관에 대하여 진술하는 자임을 요하므로 수사기관에 대하여 진술하는 참고인은 증인이 아니다.

체험한 사실을 진술하는 자뿐만 아니라 체험한 사실로부터 추측한 사실을 진술하는 자도 체험사실에 비대체성을 가진다는 점에서 증인이라고 해야 한다. 그러나 체험한 사실이 아니거나, 체험한 사실과는 관계없는 단순한 의견을 진술하는 자는 증인이 아니다.

2) 증인과 감정인의 차이점

증인은 자기가 과거에 체험한 사실을 진술하는 자라는 점에서 특별한 지식・경험에 속하는 법칙이나 이를 구체적 사실에 적용하여 얻은 판단을 보고하는 감정인과 구별된다. 따라서 증인과 감정인은 증인이 비대체적임에 반하여, 감정인은 대체적이라는 점에 차이가 있다. 증인이 사실을 체험한 동기는 묻지 않는다. 그러므로 특별한 지식·경험에 의하여 지득하게 된 과거의 사실을 진술하는 자, 즉 감정증인(법 제179조)도 증인에 속한다.

나. 증인신문의 의의

증인신문이란 증인에 대한 증거조사, 즉 증인이 체험한 사실을 내용으로 하는 증거조사를 말한다.

증인신문에 있어서는 증언과 함께 증인의 표정과 진술태도까지 법관의 면전에 현출되어 심증형성에 중대한 영향을 미치므로 증거방법으로서 가장 중요한 의미를 가지기 때문이다. 증인신문은 증거방법인 증인에 대한 증거조사이므로 피고인에 대한 신문이 끝난 후에 증거조사의 절차에 따라 행하여진다. 따라서 증인신문도 검사·피고인 또는 변호인의 신청에 대하여 법원이 증거조사결정을 하거나 법원이 직권으로 증인을 신문하는 때에 비로소 행하여지는 절차이다(법 제294조, 제295조). 다만 범죄로 인한 피해자 또는 법정대리인 등의 신청이 있을 때에는 그 피해자 등을 증인으로 신문하여야 한다(법 제294조의2).

(3) 증인적격

가. 증인적격의 의의

증인적격이란 법원이 누구를 증인으로 신문할 수 있는가의 문제, 즉 누가 증인이 될 자격이 있는가의 문제를 말한다.

형사소송법 제146조는"법원은 법률에 다른 규정이 없으면 누구든지 증인으로 신문할 수 있다"고 규정하고 있으므로 원칙적으로 누구든지 증인적격이 있다고 할 수 있다.

다만 다음과 같이 증인적격이 있는지의 여부가 문제되는 경우가 있다.

나. 증인적격의 존재 여부가 문제되는 경우

1) 법관의 증인적격

당해 사건을 심판하는 법관이 그 사건의 증인으로 될 수 없다는 점에는 이론이 없다. 물론 법관도 그 직무에서 떠났을 때에는 증인이 될 수 있으나, 증인으로 된 후에는 그 사건에 관하여 제척사유가 된다(법 제17조 4호).

2) 검사의 증인적격

검사에게 증인적격이 인정되는가에 관해서는 긍정설과 부정설이 대립되는데, ① 당해 사건의 공판에 관여하고 있는 검사는 그 소송에서 제3자가 될 수 없으며, ② 검사는 공판관여검사의 지위에서 물러나게 할 강제적 방법이 없다는 이유로 검사의 증인적격을 부정하는 부정설이 통설이다.

쟁 점

<당해 사건을 수사한 수사경찰관이 증인이 될 수 있는지 여부>

형사소송법 제146조는 '법원은 법률에 다른 규정이 없으면 누구든지 증인으로 신문할 수 있다.'라고 규정하고 있으므로, 원심이 당해 사건의 수사경찰관을 증인으로 신문한 것이 증거재판주의나 증인의 자격에 관한 법리를 오해하였다거나 헌법위반의 위법이 있다고 할 수 없다(대판 2001. 5. 29, 2000도2933).

형사소송에 있어서 경찰공무원은 당해 피고인에 대한 수사를 담당하였는지의 여부에 관계없이 그 피고인에 대한 공판과정에서는 제3자라고 할 수 있어 수사담당 경찰공무원이라 하더라도 증인의 지위에 있을 수 있음을 부정할 수 없다(헌재 2001. 11. 29, 2001헌바61).

3) 변호인의 증인적격

변호인에게 증인적격이 인정되는가에 관하여 긍정설과 부정설이 대립되고 있다. 변호인은 피고인의 보호자이므로 당해 소송에서 제3자가 아니고 변호인과 증인의 지위를 겸하는 것은 역할의 혼동이므로 증인적격을 부정해야 한다고 하는 부정설이 통설의 입장이다.

4) 피고인의 증인적격

① 피고인은 당사자로서의 지위를 가지고 있으므로 제3자임을 요하는 증인이 될 수는 없으며, ② 피고인을 증인으로 하여 증언의무를 과하는 것은 피고인에게 보장된 진술거부권을 무의미하게 한다는 점에 비추어 피고인의 증인적격을 부정하는 것이 통설이다. 헌법재판소도 형사절차상 피고인의 증인적격은 부정된다고 하였다(헌재 2001. 11. 29, 2001헌바41)

핵심판례

피고인과 별개의 범죄사실로 기소되어 병합심리 중인 공동피고인의 증인적격 유무(적극)

㉠ 피고인과 별개의 범죄사실로 기소되어 병합심리되고 있던 공동피고인은 피고인에 대한 관계에서는 증인의 지위에 있음에 불과하므로, 선서없이 한 그 공동피고인의 법정 및 검찰진술은 피고인에 대한 공소범죄사실을 인정하는 증거로 쓸 수 없다(대판 1982. 6. 22, 82도898).

㉡ 각각 다른 범죄사실로 기소된 공동피고인의 공판정에서의 선서없이 한 진술은 다른 피고인의 범죄사실에 대한 증거능력이 없다(대판 1979. 3. 27, 78도1031).

(4) 증언능력

가. 증언능력의 의의

증인의 증언능력은 증인 자신이 과거에 경험한 사실을 그 기억에 따라 공술할 수 있는 정신적인 능력을 말한다. 증언능력 유무의 판단은 공술자의 연령에 의해서만 할 것이 아니라 그 지적 수준, 공술의 태도 및 내용에 따라 개별적이고 구체적으로 결정되어야 한다. 유아의 증언능력에 관해서도 그 유무는 단지 공술자의 연령만에 의할 것이 아니라 그의 지적수준에 따라 개별적이고 구체적으로 결정되어야 함은 물론 공술의 태도 및 내용 등을 구체적으로 검토하고, 경험한 과거의 사실이 공술자의 이해력, 판단력 등에 의하여 변식될 수 있는 범위 내에 속하는가의 여부도 충분히 고려하여 판단하여야 한다(대판 2001. 7. 27, 2001도2891).

핵심판례

유아의 증언능력 판단기준

증인의 증언능력은 증인 자신이 과거에 경험한 사실을 그 기억에 따라 공술할 수 있는 정신적인 능력이라 할 것이므로, 유아의 증언능력에 관해서도 그 유무는 단지 공술자의 연령만에 의할 것이 아니라 그의 지적수준에 따라 개별적이고 구체적으로 결정되어야 함은 물론 공술의 태도 및 내용 등을 구체적으로 검토하고, 경험한 과거의 사실이 공술자의 이해력, 판단력 등에 의하여 변식될 수 있는 범위 내에 속하는가의 여부도 충분히 고려하여 판단하여야 한다(대판 2004. 9. 13, 2004도3161).

사건 당시 만 4년 6개월, 만 3년 7개월 남짓된 피해자인 유아들의 증언능력 및 그 진술의 신빙성을 인정한 사례

이 사건 및 비디오테이프 촬영 당시 피해자 1은 만 4년 6개월 남짓, 피해자 2는 만 3년 7개월 남짓된 여아들이나 피해자들이 경험한 사실이 '피고인이 피해자들의 팬티를 내리고 손으로 음부를 만졌다.'는 비교적 단순한 것으로서 피해자들 연령 정도의 유아라고 하더라도 별다른 사정이 없는 한 이를 알고 그 내용을 표현할 수 있는 범위 내의 것이라고 보여지고, 피해자 1은 상담자인 B가 '할아버지가 서서 했어, 앉아서 했어?'라는 유도성 질문을 하였음에도 스스로 '누워서요.'라고 하거나 '바닥에'라고 하는 등 질문에서 주어지지 않은 제3의 답변을 자발적으로 끄집어내고 있으며, 피해자 2는 반복하여 '원장 할아버지가 (성기 부분을) 때렸다.'고 진술하고 있는데 이는 그 연령의 유아 수준의 표현이라고 보여지며, 그 외 피해자들의 진술내용과 진술태도, 표현방식 등을 종합해 보면, 피해자들의 증언능력이나 그 진술의 신빙성이 인정된다고 할 것이다(대판 2004. 9. 13, 2004도3161).

나. 유아의 증언능력을 인정한 사례

① 사고 당시 만 4세 6개월 남짓된 여아 진술의 증언능력 및 신빙성을 인정한 사례(대판 2001. 7. 27, 2001도2891)

② 사건 당시 만 4세 6개월, 제1심 증언 당시 만 6세 11개월 된 피해자인 유아의 증언능력을 인정한 사례(대판 1999. 11. 26, 99도3786)

③ 사고 당시는 만 3년 3월 남짓, 증언 당시는 만 3년 6월 남짓된 강간치상죄의 피해자인 여아의 피해상황에 관한 증언능력을 인정한 사례(대판 1991. 5. 10, 91도579).

④ 사고 당시 10세 남짓한 초등학교 5학년생의 증언능력을 인정한 사례(대판 1984. 9. 25, 84도619)

⑤ 13세인 연소자의 증언능력을 인정한 사례(대판 1966. 12. 27, 66도1535)

문 **갑은 11세의 아동으로서 성폭력범죄 피해를 입었습니다. 수사기관의 조사 과정이나 법원의 증인신문 과정에서 갑이 진술을 하는 데에 다른 사람으로부터 도움을 받을 수 있는 방법이 있는지요?**

답 검사 또는 사법경찰관, 법원은 성폭력범죄의 피해자가 13세 미만의 아동이거나 신체적인 또는 정신적인 장애로 의사소통이나 의사표현에 어려움이 있는 경우 원활한 조사 또는 증인 신문을 위해 직권이나 검사, 피해자, 그 법정대리인 또는 변호사의 신청에 따라 진술조력인으로 하여금 조사과정 또는 증인 신문에 참여해 의사소통을 중개하거나 보조하게 할 수 있습니다(성폭력범죄의 처벌 등에 관한 특례법 제36조 제1항, 제37조 제1항). 따라서 갑의 법정대리인은 갑이 진술조력인의 도움을 받기를 원한다면 검사 또는 사법경찰관, 법원에 법률조력인 선정 신청을 하면 될 것입니다.(자료제공 : 법률구조공단)

(5) 증인의 권리

가. 증언거부권

1) 의 의

증언거부권은 증언의무의 존재를 전제로 하여 증언의무의 이행을 거절할 수 있는 권리를 말한다. 따라서 증언거부권은 증인거부권과 구별해야 한다. 증인거부권이 인정되는 때에는 증인신문 자체를 거부할 수 있으나, 증언거부권에 의하여 증인이 출석을 거부할 수는 없다. 형사소송법은 공무원 또는 공무원이었던 자가 직무상 알게 된 공무상 비밀에 대하여 증인거부권을 인정하고 있다(제147조).

2) 내 용

① 자기 또는 근친자가 형사소추 등을 당할 염려가 있는 증언의 거부

누구든지 자기나 ㉠ 친족 또는 이러한 관계가 있던 자, ㉡ 법정대리인·후견감독인의 어느 하나에 해당하는 관계있는 자가 형사소추 또는 공소제기를 당하거나 유죄판결을 받을 사실이 발로될 염려 있는 증언을 거부할 수 있다(법 제148조).

이 경우의 증언거부권은 헌법 제12조 2항의 불이익한 진술의 강요금지에 당연히 포함된다고 할 수 있다.

형사소추 또는 공소제기를 당할 염려 있는 증언이란 공소제기 전에 타인의 사건에 증인으로 증언하게 되면 자기나 근친자에 대하여 공소를 제기할 자료를 제공하는 경우를 말한다.

유죄의 판결을 받을 사실이 발로될 염려 있는 증언이라 함은 기소는 되었어도 판결의 선고가 없는 사이에 타인의 사건에서 증언함으로 인하여 자기 또는 근친자에게 유죄의 자료를 제공하게 되는 경우를 의미한다.

쟁 점

<반드시 형사소추나 유죄판결의 가능성을 발생시켜야 증언을 거부할 수 있는지 여부>

거부할 수 있는 증언은 형사책임의 존부와 경중에 관하여 불이익을 초래할 수 있는 모든 사실에 미친다. 따라서 구성요건적 사실뿐만 아니라 누범가중의 사유가 될 사실, 상습성 인정의 기초가 될 사실 등 형의 가중사유인 사실에 대하여도 증언을 거부할 수 있다. 반드시 형사소추나 유죄판결의 가능성을 발생시킬 것을 요하는 것이 아니라 그 가능성을 높이는 경우이면 족하다. 다만 이러한 가능성에는 합리성과 객관성이 인정되어야 하며, 단순히 위증죄로 소추될 위험성이 있다는 염려만으로는 증언을 거부할 수 없다. 이미 유죄나 무죄 또는 면소의 판결이 확정된 사실에 대하여도 증언을 거부할 수 없다.

② 업무상 비밀에 대한 증언거부

변호사·변리사·공증인·공인회계사·세무사·대서업자·의사·한의사·치과의사·약사·약종상·조산사·간호사·종교의 직에 있는 자 또는 이러한 직에 있던 자가 그 업무상 위탁을 받은 관계로 알게 된 사실로서 타인의 비밀에 관한 것은 증언을 거부할 수 있다. 단 본인의 승낙이 있거나 중대한 공익상 필요 있는 때에는 예외로 한다(법 제149조). 일정한 업무에 종사하는 자의 비밀을 보호함에 의하여 업무뿐만 아니라 상대방인 위탁자를 보호하는 데 그 취지가 있다. 본조의 증언거부권자는 제한적 열거라고 해석된다.

3) 증언거부권의 고지

증인이 증언거부권자(법 제148조, 제149조)에 해당하는 경우에는 재판장은 신문 전에 증언을 거부할 수 있음을 설명하여야 한다(법 제160조).

핵심판례

증언거부권을 설명하지 않은 경우의 증언의 효력(유효)

증인신문에 당하여 증언거부권 있음을 설명하지 아니한 경우라 할지라도 증인이 선서하고 증언한 이상 그 증언의 효력에 관하여는 역시 영향이 없고 유효하다고 해석함이 타당하다.

4) 증언거부권의 포기

증언거부권은 증인의 권리이지 의무는 아니다. 따라서 증언거부권자도 증언거부권을 포기하고 증언을 할 수 있다. 증인이 주신문에 대하여 증언을 한 후에는 반대신문에 대하여 증언을 거부할 수 없다.

증언을 거부하는 자는 거부사유를 소명하여야 한다(법 제150조).

나. 비용청구권

소환 받은 증인은 법률의 규정한 바에 의하여 여비·일당과 숙박료를 청구할 수 있다. 단 정당한 사유 없이 선서 또는 증언을 거부한 자는 예외로 한다(법 제168조). 소환받은 증인에게만 비용청구권이 인정되므로 재정증인에게는 비용청구권이 없다. 그러나 구인된 증인이나 재감중인 증인이 출석한 때에도 비용청구권이 인정된다. 증언을 거부한 자에는 증언의 일부를 거부한 자도 포함한다. 여비 등의 액수에 관하여는 형사소송비용법에 규정되어 있다.

(6) 증인의 의무

가. 출석의무

1) 출석의무의 대상

증인에게는 출석의 의무가 있다. 출석의 의무는 공판기일의 증인신문에 소환 받은 증인뿐만 아니라 공판준비절차(법 제273조)·증거보전절차(법 제184조)의 증인신문에 소환 받은 증인에게도 인정된다. 증언거부권자에게는 출석의무가 없다.

2) 증인의 출석 확보 수단

집중적이고 효율적인 심리가 이루어지기 위해서는 증인의 출석 확보가 전제되어야 한다. 개정법은 증인의 출석 확보를 위해서, ① 소환방법을 다양화하고, ② 증거신청인에 대하여 증인 출석 확보를 위한 노력의무를 부과하였으며, ③ 불출석 증인에 대한 제재를 강화하였다. 한편 개정규칙에서는 증인이 출석요구를 받고 기일에 출석할 수 없을 경우에는 법원에 바로 그 사유를 밝혀 신고하도록 규정하였다(규 제68조의2). 이는 법원이 공판기일의 공전을 방지하고 사전에 공판기일을 변경하는 등 적절한 조치를 취할 수 있도록 도움을 줄 것으로 기대된다.

3) 증인의 소환(법 제150조의2)

① 법원은 소환장의 송달, 전화, 전자우편, 그 밖의 상당한 방법으로 증인을 소환한다(법 제150조의2 제1항). 형사소송규칙은 모사전송, 휴대전화 문자전송 그 밖에 적당한 방법으로도 증인을 소환할 수 있다고 규정하고 있다(규 제67조의2조 1항).

② 증인을 신청한 자는 증인이 출석하도록 합리적인 노력을 할 의무가 있다(법 제150조의2 제2항). 개정 형사소송법은 당사자가 증인신문의 신청에만 그칠 뿐 증인 출석을 위하여 사실상 별다른 노력을 기울이고 있지 아니하여 증인 출석이 담보되지 않고 있다는 지적을 반영하여 증인을 신청하는 자로 하여금 증인이 출석하도록 합리적인 노력을 할 의무가 있다고 규정하였고, 형사소송규칙에서는 개정법의 노력의무를 보다 구체화하여 증인을 신청하는 자에게 증인의 소재, 연락처와 출석 가능성 및 출석 가능 일시 그밖에 증인의 소환에 필요한 사항을 미리 확인하는 등 증인 출석을 위한 합리적인 노력을 다할 것을 요구하였다(규 제67조의2 제2항).

4) 소환장의 기재사항·송달시기 등

증인에 대한 소환장에는 그 성명, 피고인의 성명, 죄명, 출석일시 및 장소, 정당한 이유 없이 출석하지 아니할 경우에는 과태료에 처하거나 출석하지 아니함으로써 생긴 비용의 배상을 명할 수 있고 또 구인할 수 있음을 기재하고 재판장이 기명날인하여야 한다(규 제68조 1항).

소환장은 급속을 요하는 경우를 제외하고 늦어도 출석일시 24시간 이전에 송달하도록 하여야 한다(규 제70조). 증인의 출석의무는 소환이 적법한 경우에 한하여 인정된다고 해야 한다. 따라서 소환의 방법이 위법하거나 무효인 때에는 증인에게 출석의무가 없다. 다만 재정증인(구내증인)은 소환하지 않고 신문할 수 있다(법 제154조). 증인에 대한 소환장이 송달불능된 경우 증인을 신청한 자는 재판장의 명에 의하여 증인의 주소를 서면으로 보정하여야 하고, 이 때 증인의 소재, 연락처와 출석가능성 등을 충분히 조사하여 성실하게 기재하여야 한다(규 제70조의2).

5) 증인의 동일성 확인

재판장은 증인으로부터 주민등록증 등 신분증을 제시받거나 그 밖의 적당한 방법으로 증인임이 틀림없음을 확인하여야 한다(규 제71조).

6) 증인이 출석하지 아니한 경우 제재(법 제151조)

형사소송법은 민사소송법과 마찬가지로 형사재판에서도 증인이 정당한 사유 없이 불출석한 경우 결정으로 당해 불출석으로 인한 소송비용을 증인이 부담하도록 명하고, 500만원 이하의 과태료를 부과할 수 있도록 하였으며, 나아가 증인이 불출석으로 인한 과태료의 재판을 받고도 정당한 사유 없이 다시 출석하지 아니한 때에는 결정으로 7일 이내의 감치에 처하도록 규정하였다(법 제151조 제1항, 제2항).

① 불출석으로 인한 비용의 부담 및 과태료 부과

㉠ 과태료의 액수 등 : 법원은 소환장을 송달받은 증인이 정당한 사유 없이 출석하지 아니한 때에는 결정으로 당해 불출석으로 인한 소송비용을 증인이 부담하도록 명하고, 500만원 이하의 과태료를 부과할 수 있다. 제153조에 따라 준용되는 법 제76조(소환장의 송달) 제2항·제5항에 따라 소환장의 송달과 동일한 효력이 있는 경우에도 또한 같다(법 제151조 1항).

㉡ 부과절차 : 과태료와 소송비용 부담의 재판절차에 관하여는 비송사건절차법 제248조, 제250조(다만, 제248조제3항 후문과 검사에 관한 부분 제외)를 준용한다(규 제68조의3). 이에 따라 법원은 원칙적으로 과태료와 소송비용의 부담에 관한 재판을 하기 전에 증인의 진술을 들어야 한다. 재판은 이유를 붙인 결정으로써 하는데 증인은 이 결정에 대하여 즉시항고를 할 수 있다(즉시항고를 하더라도 집행정지의 효력은 없다). 다만 법원이 상당하다고 인정할 때에는 증인의 진술을 듣지 아니하고 과태료와 소송비용 부담의 재판을 할 수 있는데, 이 경우

증인은 재판의 고지를 받은 날부터 1주일 이내에 이의의 신청을 할 수 있고 이러한 이의신청으로 인하여 재판은 그 효력을 잃는다. 이의신청이 있는 때에는 법원은 증인의 진술을 듣고 다시 재판하여야 한다.

② 감치처분

㉠ 법원은 증인이 과태료 재판을 받고도 정당한 사유 없이 다시 출석하지 아니한 때에는 결정으로 증인을 7일 이내의 감치에 처한다(법 제151조 2항).

㉡ 법원은 감치재판기일에 증인을 소환하여 정당한 사유가 있는지의 여부를 심리하여야 한다(동조 3항).

㉢ 감치는 그 재판을 한 법원의 재판장의 명령에 따라 사법경찰관리・교도관・법원경위 또는 법원사무관등이 교도소・구치소 또는 경찰서유치장에 유치하여 집행한다(동조 4항).

㉣ 감치에 처하는 재판을 받은 증인이 감치시설에 유치된 경우 당해 감치시설의 장은 즉시 그 사실을 법원에 통보하여야 한다(동조 5항).

㉤ 법원은 통보를 받은 때에는 지체 없이 증인신문기일을 열어야 한다(동조 6항).

㉥ 법원은 감치의 재판을 받은 증인이 감치의 집행 중에 증언을 한 때에는 즉시 감치결정을 취소하고 그 증인을 석방하도록 명하여야 한다(동조 7항). 이 경우 재판장은 바로 감치시설의 장에게 그 취지를 서면으로 통보하여야 한다(규 제68조의4 제4항). 이와 같이 증인이 감치의 집행 중에 증언을 하는 경우 감치결정의 취소사유가 되므로 재판장은 법 제151조 제5항에 의하여 증인이 감치시설에 유치된 사실을 통보받은 경우에는 신속하게 증인신문기일을 지정함으로써 증인에게 증언을 할 수 있는 기회를 부여하는 것이 바람직하다.

㉦ 감치결정에 대하여는 즉시항고를 할 수 있다. 이 경우 법 제410조(즉시항고와 집행정의 효력)는 적용하지 아니한다(동조 8항). 따라서 이 즉시항고에는 집행정지의 효력이 없어, 재판(과태료 등의 부과결정 및 감치결정)의 집행이 정지되지 않는다.

③ 감치재판절차(규 제68조의4)

㉠ 감치재판개시결정 : 위 ②의 ㉠~㉦의 감시재판절차는 법원의 감시재판개시결정에 따라 개시되는데 이 경우 감치사유가 발생한 날부터 20일이 지난 때에는 감치재판개시결정을 할 수 없다(규 제68조의4 제1항).

㉡ 불처벌결정 : 감치재판절차를 개시한 후 감치결정 전에 그 증인이 증언을 하거나 그 밖에 감치에 처하는 것이 상당하지 아니하다고 인정되는 때에는 법원은 불처벌결정을 하여야 한다(동조 제2항).

㉢ 불복금지 : 감치재판개시결정과 불처벌 결정에 대하여는 불복할 수 없다(동조 3항).

㉣ 감치결정에 대하여는 즉시항고를 할 수 있으나, 이 경우 집행정지의 효력은 인정되지 않는다(법 제151조 제8항).

㉤ 준용규정 : 감치절차에 관하여는 「법정 등의 질서유지를 위한 재판에 관한 규칙」 제3조, 제6조부터 제8조까지, 제10조, 제11조, 제13조, 제15조부터 제19조까지, 제21조부터 제23조까지 및 제25조 제1항(다만, 제23조 제8항 중 "감치의 집행을 한 날"은 "법 제151조 제5항의 규정에 따른 통보를 받은 날"로 고쳐 적용)이 준용되는데(규 제68조의4 제5항), 감치재판개시결정이 이루어진 이후 절차를 요약하면 아래와 같다.

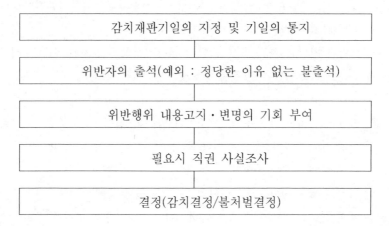

감치재판기일의 지정 및 기일의 통지
위반자의 출석(예외 : 정당한 이유 없는 불출석)
위반행위 내용고지 · 변명의 기회 부여
필요시 직권 사실조사
결정(감치결정/불처벌결정)

나. 선서의무

1) 선서의 의의

출석한 증인은 신문 전에 선서를 하여야 한다. 선서란 증인 또는 감정인이 법원에 대하여 진실을 말할 것을 맹세하는 것을 말한다. 선서한 후에 거짓말을 하면 위증죄로 처벌받게 된다. 따라서 선서는 위증의 죄에 의한 심리적 강제에 의하여 증언의 진실성과 확실성을 담보하기 위한 것이라 할 수 있다. 따라서 선서능력 있는 증인이 선서 없이 증언한 때에는 그 증언은 증거능력이 없다(대판 1979. 3. 27, 78도1031).

2) 선서무능력자

선서무능력자, 즉 16세 미만의 자와 선서의 취지를 이해하지 못하는 자는 선서의무가 없다. 16세 미만의 자와 선서의 취지를 이해하지 못하는 자에 대해서는 선서를 하게 하지 아니하고 신문하여야 한다(법 제159조). 선서의 취지를 이해하지 못하는 자란 정신능력의 결함으로 선서의 뜻을 알지 못하는 자를 말한다.

핵심판례

선서무능력자가 선서하고 증언한 경우 선서와 증언의 효력
선서무능력자에 대하여 선서케하고 신문한 경우라 할지라도 그 선서만이 무효가 되고 그 증언의 효력에 관하여는 영향이 없고 유효하다(대판 1957. 3. 8, 4290형상23).

3) 선서취지의 설명

증인이 선서의 취지를 이해할 수 있는가에 대하여 의문이 있는 때에는 선서 전에 그 점에 대하여 신문하고, 필요하다고 인정할 때에는 선서의 취지를 설명하여야 한다(규 제72조).

4) 선서의 방식

선서는 신문 전에 하여야 하며(법 제156조), 재판장은 선서할 증인에 대하여 선서 전에 위증의 벌을 경고하여야 한다.

① 선서는 선서서에 의하여 하여야 한다(법 제157조 1항).
② 선서서에는「양심에 따라 숨김과 보탬이 없이 사실 그대로 말하고 만일 거짓말이 있으면 위증의 벌을 받기로 맹세합니다」라고 기재해야 한다(동조 2항).
③ 재판장은 증인으로 하여금 선서서를 낭독하고 기명날인 또는 서명하게 하여야 한다. 다만 증인이 선서서를 낭독하지 못하거나 서명하지 못하는 때에는 법원사무관 등이 대행한다(동조 3항).
④ 선서는 기립하여 엄숙히 해야 한다(동조 4항).

5) 선서의무 위반시의 제재

증인이 정당한 이유 없이 선서를 거부한 때에는 결정으로 50만원 이하의 과태료에 처할 수 있다. 이 결정에 대하여는 즉시항고를 할 수 있다(법 제161조).

다. 증언의무

1) 의 의

증인은 신문받은 사항에 대하여 증언할 의무가 있다. 법원 또는 법관의 신문뿐만 아니라 검사와 변호인·피고인의 신문에 대하여도 증언하여야 하고, 주신문뿐만 아니라 반대신문에 대하여도 같다.

자기의 경험을 진술·표현할 수 있는 정신적 능력을 증언능력이라고 하는데, 증인이 증인적격이 있는 자라 할지라도 증언능력(증인능력)이 없는 때에는 그 증언을 증거로 할 수 없다.

2) 증언의무 위반시의 제재

증인이 정당한 이유 없이 증언을 거부한 경우에는 50만원 이하의 과태료에 처할 수 있다(법 제161조). 증인에게 증인거부권(법 제147조)이나 증언거부권이 있는 경우는 법률상 증언을 거부할 수 있는 정당한 사유에 해당된다.

(7) 증인신청과 증거결정

증인신문도 증거서류와 같이 검사, 피고인, 변호인의 신청이나 법원의 직권에 의해 행해지는 절차이고, 피해자가 신청할 경우 피해자를 증인으로 신문하는 것도 가능하다. 종래 검사가 제출한 증거서류에 대하여 피고인이 부동의할 경우에 비로소 검사로 하여금 증인신청을 하게 하였고, 피고인이 동의하였거나 수사기관에서 조사되지 않은 제3자를 증인으로 신청할 경우 증거신청이 있더라도 입증취지 등을 엄격하게 물어 그 채부를 결정하여 왔다. 그러나 공소사실을 입증하기 위한 증거방법은 원칙적으로 입증대상과 가장 직접적인 관련이 있는 원본증거에 의하는 것이 바람직하다. 특히 피고인이 다투는 경우에는 전문증거인 증거서류가 아니라 원본증거인 증인신문이 원칙적인 입증방법이라 할 것이고, 중요 참고인의 법정에서의 증언 내용이 유·무죄를 가리는 핵심 증거가 되는 것이므로 사안에 따라서는 최초의 증거신청단계에서부터 진술조서가 아닌 증인신문을 신청하도록 실무를 운영할 수도 있을 것이다. 더욱이 개정법에 의하면 증거서류에 대한 원칙적인 조사 방법이 낭독이어서 증거조사에 상당한 시간이 소요될 수밖에 없고, 때로는 원활한 재판진행에 어려움이 발생하는 경우도 예상된다. 따라서 원진술자에 대한 증인신문이 이루어지는 경우에는 반드시 필요한 경우에만 진술조서의 증거신청을 채택하고, 불필요한 경우에는 증거신청을 철회하도록 유도하는 등 적절한 소송지휘권을 행사하는 것이 바람직할 것이다.

또한, 집중심리의 취지를 구현하고 증인 상호 간 대질신문 등을 통한 실체적 진실발견을 도모하기 위해서는 증인 전원을 일괄·집중 신문할 필요가 있다. 따라서 다수의 증인을 분산하여 심리하던 종래의 관행을 지양하고, 가능한 한 검사 측 증인과 피고인 측 증인을 구분하지 않고 모든 증인을 한 기일에 불러 신문하는 실무관행을 정착시킬 필요가 있다. 증인이 한 기일에 신문할 수 없을 정도로 다수인 경우에는 단기간 내에 증인신문을 위한 속행기일을 지정하여 일괄신문을 유도하는 것도 하나의 방법이 될 것이다.

(8) 증인신문에 대한 당사자의 참여권

가. 참여권자

검사·피고인 또는 변호인은 증인신문에 참여할 권리를 가진다. 따라서 증인신문의 시일과 장소는 검사·피고인 또는 변호인에게 미리 통지하여야 한다. 다만 참여하지 않는다는 의사를 명시한 때에는 예외로 한다(법 제163조).

증인신문의 시일과 장소를 당사자에게 통지하지 아니한 때에는 증인신문이 위법하므로 그 증언은 증거능력이 없다(대판 1967. 7. 4, 67도613).

검사·피고인·변호인이 증인신문에 참여하지 아니할 경우에는 법원에 대하여 필요한 사항의 신문을 청구할 수 있고, 법원은 피고인에게 불이익한 증언이 진술된 때에 그 내용을 피고인 또는 변호인에게 알려 주어야 한다(법 제164조).

핵심판례

피고인이 증인신문에의 참여를 신청한 경우 변호인이 참여하겠다고 하면 피고인 참여 없이 증인신문을 실시할 수 있는지 여부(소극)

피고인 본인 또는 그 변호인이 미리 증인신문에 참여케 하여 달라고 신청한 경우에는 변호인이 참여하겠다고 하여도 피고인의 참여 없이 실시한 증인신문은 위법이다(대판 1969. 7. 25, 68도1481).

다음 공판기일에 증인신문을 하기로 피고인에게 고지하였으나 피고인이 정당한 이유 없이 출석하지 아니한 경우 공판기일 외의 신문으로서 증인신문을 한 것의 적법 여부

법원이 공판기일에 증인을 채택하여 다음 공판기일에 증인신문을 하기로 피고인에게 고지하였는데 그 다음 공판기일에 증인은 출석하였으나 피고인이 정당한 사유 없이 출석하지 아니한 경우, (중략) 이미 출석하여 있는 증인에 대하여 공판기일 외의 신문으로서 증인신문을 하고 다음 공판기일에 그 증인 신문조서에 대한 서증조사를 하는 것은 증거조사절차로서 적법하다(대판 2000. 10. 13, 2003도3265).

나. 피고인의 참여 없이 행해진 증인신문의 하자의 치유 여부

피고인의 참여 없이 증인신문이 행하여진 경우뿐만 아니라 당사자에게 통지하지 아니한 때에도 공판정에서의 증거조사를 거쳐 당사자가 이의를 하지 아니한 때에는 책문권의 포기로서 하자가 치유된다고 해야 한다(대판 1974. 1. 15, 73도2967).

(9) 증인 신문의 방법

가. 증인신문사항을 기재한 서면의 제출

형사소송규칙은 성폭력범죄 등 사건의 피해자나 신원이 보장되어야 할 신고자의 인적사항이 법정에서 공개되는 등의 사태를 예방하기 위해서는 사전에 증인신문사항의 제출을 요구하고 이를 심사할 필요성이 있다는 점을 고려하여 재판장이 피해자·증인의 인적사항의 공개 또는 누설을 방지하거나 그 밖에 피해자·증인의 안전을 위하여 필요하다고 인정할 때에는 증인의 신문을 청구한 자에 대하여 사전에 신문사항을 기재한 서면의 제출을 명할 수 있도록 하였다(규 제66조). 법원의 증인신문사항 제출명령을 받은 자가 신속히 그 서면을 제출하지 아니한 경우에는 증거결정을 취소할 수 있다(규 제67조).

나. 증인신문의 방식

증인신문을 함에 있어서 형사소송법은 이른바 교호신문제도를 채택하고 있고, 신청인, 상대방, 재판장의 순으로 신문하도록 하고 있다. 종래 검사나 변호인이 증인으로 하여금 장문단답식의 답변이나 유도신문에 의한 답변을 하도록 하는 사례가 적지 않았다. 그러나 이러한 증인신문방식으로는 실체적 진실의 발견을 기대하기 어려운 것이 사실이다. 법원은 검사나 피고인 및 변호인에게 증인신문 초반에 증인으로 하여금 경험한 사실을 구체적으로 상세하게 진술하도록 하고, 그 후 개별적인 신문을 진행하는 방식으로 증인신문이 이루어질 수 있도록 적절하게 소송지휘권을 행사하는 실무관행을 형성해 나갈 필요가 있다.

또한 과거 피고인이나 변호인이 부동의한 진술조서의 원진술자를 증인으로 신문하는 경우 수사기관에서 한 진술의 내용을 구체적으로 확인하지 않은 채 단순히 조서의 진정성립 여부만을 확인하는 사례가 있었다. 이와 같은 형식적 증인신문은 공판중심주의나 직접심리주의 원칙에 반하는 측면이 있을 뿐만 아니라, 법원이 심리를 소홀히 한다는 인상을 줄 수 있으므로, 증인신문에 있어서는 증인이 경험하여 알고 있는 사실을 구체적이고 상세하게 신문하여야 할 것이다.

한편, 불구속사건에 있어서는 증인신문이 예정된 공판기일에 증인은 출석하였으나 피고인이 소환을 받고도 공판기일에 출석하지 아니하여 개정하지 못하는 경우가 흔히 있다. 위와 같은 경우 '공판기일 외 증인신문'을 하게 될 것인데, 그 경우에도 재판부로서는 피고인의 반대신문에 준하여 충분한 보충신문을 할 필요가 있다.

1) 개별신문

증인신문은 개별신문을 원칙으로 한다. 즉 증인신문은 각 증인에 대하여 신문하여야 하며, 신문하지 아니한 증인이 재정한 때에는 퇴정을 명하여야 한다.

다른 증인을 퇴정시키느냐 않느냐는 법원의 자유재량에 속한다. 따라서 다른 증인의 면전에서 증인을 신문하게 하였다고 하여 증인신문이 위법인 것은 아니다(대판 1962. 5. 20, 4294형상127).

2) 대질신문

필요한 때에는 다른 증인 또는 피고인과 대질하게 할 수 있다(법 제162조).

3) 구두신문 또는 서면신문

증인에 대한 신문은 원칙적으로 구두로 해야 한다. 증인에 대한 반대신문을 가능하게 하기 위해서이다. 그러나 증인이 들을 수 없는 때에는 서면으로 묻고, 말할 수 없는 때에는 서면으로 답하게 할 수 있다(규 제73조).

다. 증인신문의 방법

1) 일문일답식 신문

재판장은 증인신문을 행함에 있어서 증명할 사항에 관하여 가능한 한 증인으로 하여금 개별적이고 구체적인 내용을 진술하게 하여야 한다(규 제74조 1항). 2개 이상의 사항을 하나의 질문으로 묻는 복합질문이나 포괄적이고 막연한 질문은 허용하지 않는다. 즉 증인신문은 일문일답식이어야 한다.

2) 금지되는 신문

다음에 규정한 신문을 하여서는 아니된다. 다만 ②~④에 관하여는 정당한 이유가 있는 경우에는 그러하지 아니하다(규 제74조 2항).

① 위협적이거나 모욕적인 신문
② 전의 신문과 중복되는 신문
③ 의견을 묻거나 의논에 해당하는 신문
④ 증인이 직접 경험하지 아니한 사항에 해당하는 신문

[서식] 증인신문사항

증 인 신 문 사 항

1. 증인은 ○○동에서 뚝배기 집을 운영하고 있지요?

2. 증인은 20○○. ○. ○. 00:00경 피고인이 증인의 가게에 들러 술을 마시다가 증인에게 증인이 피고인의 돈을 가져갔다고 따지면서 소란을 일으켜 함께 경찰서에 간 사실이 있지요?

3. 증인은 경찰서에서 피고인이 조사를 받으면서 담당경찰관을 폭행한 사실을 목격한 사실이 있지요?

4. 피고인이 경찰관의 어느 부위를, 어떻게, 몇 회 때렸는지 기억합니까?

5. 증인은 경찰관들이 피고인을 조사실에서 다른 곳으로 데리고 가는 것을 보았나요?

6. 당시 경찰관들이 피고인에게 수갑을 채우지는 않았나요?

7. 경찰관들이 피고인을 얼마나 오래 격리하였나요?

8. 증인은 경찰관들 중 한 사람이 피고인에게 맞았다며 피를 흘리는 것을 보았나요?

9. 증인은 경찰관들이 CC-TV를 끄라고 소리치는 것을 들었나요?

10. 기타 신문사항.

라. 교호(상호)신문제도

1) 의 의

증인신문도 인정신문과 사실에 대한 신문으로 나눌 수 있다.

인정신문은 재판장이 행한다. 그러나 사실에 대한 신문은 증인을 신청한 검사·변호인 또는 피고인이 먼저 신문하고 다음에 다른 당사자가 신문한다. 법원은 당사자의 신문이 끝난 뒤에 신문할 수 있다(법 제161조의2 제1항·2항). 이와 같이 증인신문을 주신문-반대신문-재주신문-재반대신문의 순서로 행하는 제도를 교호신문제도라고 한다.

당사자 쌍방이 서로 자기의 주장의 정당성을 주장하고 상대방이 직접 그 주장의 결함과 맹점을 지적·폭로하여 실체진실을 발견하여 나가는 것을 이념으로 하는 증인신문방식이다. 형사소송법은 증인신문에 관하여 교호신문제도를 원칙으로 하고 있다.

2) 교호신문의 방법

교호신문제도에 있어서의 증인신문은 주신문-반대신문-재주신문-재반대신문의 순서로 행하여진다.

① 주신문(직접신문)

㉠ 의 의 : 주신문이란 증인을 신청한 당사자가 하는 신문을 말한다. 주신문의 목적은 증인신문을 신청한 당사자가 유리한 증언을 얻으려는 데 있다.

㉡ 신문사항 : 주신문은 증명할 사항과 이와 관련된 사항에 관하여 한다(규 제75조 1항). 증명할 사항이란 증인신문을 신청한 입증취지를 의미하며, 이와 관련된 사항은 증언의 증명력을 보강하거나 다투기 위한 사항을 말한다. 진술조서나 진술서 등이 있는 경우에는 주신문은 이를 기초로 행하여지는 것이 일반적이다.

㉢ 유도신문의 금지 : 주신문에 있어서는 유도신문을 하여서는 아니된다(규 제75조 2항 본문). 유도신문이란 증인에 대하여 자기가 바라는 답을 암시하는 질문을 말한다. 재판장은 유도신문이 허용되는 경우를 제외하고는 유도신문을 제지하여야 하고, 유도신문의 방법이 상당하지 아니하다고 인정할 때에는 이를 제한할 수 있다(규 제75조 3항).

※ 다음의 경우에는 유도신문이 허용된다(규 제75조 2항 단서).

i) 증인과 피고인과의 관계, 증인의 경력, 교우관계 등 실질적인 신문에 앞서 미리 밝혀둘 필요가 있는 준비적인 사항에 관한 신문의 경우

ii) 검사, 피고인 및 변호인 사이에 다툼이 없는 명백한 사항에 관한 신문의 경우

iii) 증인이 주신문을 하는 자에 대하여 적의 또는 반감을 보일 경우

ⅳ) 증인이 종전의 진술과 상반되는 진술을 하는 때에 그 종전진술에 관한 신문의 경우
ⅴ) 기타 유도신문을 필요로 하는 특별한 사정이 있는 경우

② 반대신문

㉠ 의 의 : 반대신문이란 주신문 후에 반대당사자가 하는 신문을 말한다. 반대신문의 목적은 주신문의 모순된 점을 지적하고 반대당사자에게 유리한 누락된 사항을 이끌어낼 뿐만 아니라, 증인의 신용성을 다투어 증언의 증명력을 감쇄하려는 데 있다.

㉡ 신문사항 : 반대신문은 주신문에서 나타난 사항과 이와 관련된 사항 및 증언의 증명력을 다투기 위한 사항에 대하여 할 수 있다(규 제76조 1항, 제77조). 따라서 반대신문의 기회에 주신문에 나타나지 않은 새로운 사항을 신문하는 것은 재판장의 허가가 있는 경우가 아니면 허용되지 않는다(동조 4항). 재판장의 허가가 있는 때에는 주신문이 된다(동조 5항). 증언의 증명력을 다투기 위한 신문은 증인의 경험, 기억 또는 표현의 정확성 등 증언의 신빙성에 관한 사항 및 증인의 이해관계, 편견 또는 예단 등 증인의 신용성에 관한 사항에 관하여 한다. 다만, 증인의 명예를 해치는 내용의 신문을 하여서는 아니 된다(규 제77조 2항).

㉢ 유도신문의 허용 : 반대신문에 있어서 필요한 때에는 유도신문을 할 수 있다(규 제76조 2항). 반대신문에 있어서는 증인과 신문자 사이에 우호관계가 있다고 보기 어렵고, 주신문에서의 왜곡된 증언을 바로잡고 부분적·편면적인 것을 보충하여 전체적인 진상을 밝히는 역할을 하는 것이 반대신문이기 때문이다.

재판장은 유도신문의 방법이 상당하지 아니하다고 인정할 때에는 이를 제한할 수 있다(동조 3항).

핵심판례

증인이 반대신문에 대하여 묵비함으로써 진술내용의 모순이나 불합리를 드러내는 것이 사실상 불가능한 경우, 그 증인의 진술증거의 증명력

검사 작성의 진술조서에 대하여 원진술자가 공판기일에서 그 성립의 진정을 인정하면서도 그 진술조서상의 진술내용을 탄핵하려는 변호인의 반대신문에 대하여 묵비한 것이 피고인 또는 변호인의 책임있는 사유에 기인한 것이라고 인정할 수 없는 경우, 그 진술기재는 반대신문에 의한 증명력의 탄핵이 제대로 이루어지지 아니한 것이므로 그 신빙성을 선뜻 인정하기 어렵다(대판 2001. 9. 14, 2001도1550).

③ 재주신문 · 재반대신문

㉠ 재주신문 : 주신문을 한 검사, 피고인 또는 변호인은 반대신문이 끝난 후 반대신문에 나타난 사항과 이와 관련된 사항에 관하여 다시 신문을 할 수 있다.

재주신문은 주신문의 예에 의하여 행하며, 주신문에서 빠뜨린 사항에 대한 신문은 재판장의 허가가 있을 것을 요한다(규 제78조).

㉡ 재반대신문 : 재주신문 후에 반대당사자는 재반대신문을 할 수 있다. 다만 이 경우에는 재판장의 허가가 있어야 한다(규 제79조). 재판장의 허가가 있는 때에는 재재주신문과 재재반대신문도 허용된다.

④ 재판장에 의한 신문순서의 변경

㉠ 재판장이 법 제161조의2 제3항 전단의 규정에 의하여 검사, 피고인 및 변호인에 앞서 신문을 한 경우에 있어서 그 후에 하는 검사, 피고인 및 변호인의 신문에 관하여는 이를 신청한 자와 상대방의 구별에 따라 규칙 제75조 내지 제79조의 규정을 각 준용한다(규 제80조 1항).

㉡ 재판장이 법 제161조의2 제3항 후단의 규정에 의하여 신문순서를 변경한 경우의 신문방법은 재판장이 정하는 바에 의한다(동조 2항).

핵심판례

피고인이 신청한 증인을 재판장이 먼저 신문한 것이 위법한지의 여부(소극)

증인신문의 방식에 있어서 피고인이 신청한 증인에 대하여 재판장이 먼저 신문하였다 하여 잘못이라 할 수 없다(대판 1971. 9. 28, 71도1496).

(10) 증인신문에 대한 의견

증거서류를 조사한 경우뿐만 아니라 증인신문을 한 경우에도 증거조사결과에 관하여 피고인에게 의견을 묻는 절차를 반드시 실시하여야 한다. 증거조사결과에 대하여 의견을 묻는 절차는 증거서류에서보다 증언의 신빙성에 대한 당사자의 의견공방에 더 큰 비중이 놓인다. 증인신문을 종료한 후에는 반드시 피고인에게 결과에 대한 의견을 묻고 나아가 활발한 의견진술을 유도하는 방향으로 소송지휘를 할 필요가 있다.

(11) 범죄피해자 등의 진술권

가. 의 의

법원은 범죄로 인한 피해자 또는 그 법정대리인(피해자가 사망한 경우에는 배우자·직계친족·형제자매를 포함한다)의 신청이 있는 때에는 그 피해자등을 증인으로 신문하여야 한다(법 제294조의2 제1항 본문). 이를 피해자 등의 진술권이라고 한다.

헌법 제27조 5항은 형사피해자의 진술권을 재판청구권의 내용으로 보장하고 있다. 따라서 법원은 범죄로 인한 피해자를 신문하는 경우에 당해 사건에 관한 의견을 진술할 기회를 주어야 한다(동조 2항).

핵심판례

범죄피해자의 재판절차진술권의 의의

형사피해자의 재판절차진술권은 피해자 등에 의한 사인소추를 전면 배제하고 형사소추권을 검사에게 독점시키고 있는 현행 기소독점주의의 형사소송체계 아래에서 형사피해자로 하여금 당해 사건의 형사재판절차에 참여하여 증언하는 이외에 형사사건에 관한 의견진술을 할 수 있는 청문의 기회를 부여함으로써 형사사법의 절차적 적정성을 확보하기 위하여 이를 기본권으로 보장하는 것이다. 헌법 제27조 제5항의 재판절차진술권을 보장하는 방법은 반드시 피해자가 공판정에 출석하여 법관의 면전에서 직접 진술하는 형태에 한정되는 것이 아니다. 즉, 공판절차뿐 아니라 그 이외의 모든 재판절차에서 직접 진술하거나 진술조서 등에 기재된 간접진술이거나를 가리지 않는다(헌재 1999. 12. 23, 98헌마345).

나. 피해자 등의 진술권의 주체

진술권의 주체는 범죄로 인한 피해자 또는 그 법정대리인(피해자가 사망한 경우에는 배우자·직계존속·형제자매 포함)이다(법 제294조의2 제1항). 개정 형사소송법은 피해자 법정진술권의 신청 주체를 피해자 이외에 법정대리인, 피해자가 사망한 경우에는 배우자·직계친족·형제자매를 포함하도록 확대하였다.

1) 범죄피해자 재판절차진술권의 형사피해자로 인정된 사례

① 교통사고로 사망한 자의 부모(헌재 1993. 3. 11, 92헌마48)
② 범죄로 인하여 사망한 피해자의 처(헌재 1996. 10. 31, 95헌마74)
③ 의료사고로 인한 뇌성마비의 상태에 있는 3세의 어머니(헌재 1990. 11. 19, 89헌마116)
④ 증인을 위증죄로 고발한 사건당사자(헌재 1992. 2. 25, 90헌마91)
⑤ 주식회사 임원의 업무상 횡령을 고발한 주주(헌재 1994. 4. 28, 93헌마47)
⑥ 공무원의 직권남용죄로 의무 없는 일을 행사하도록 요구받은 사람(헌재 1993. 7. 29, 92헌마262)

2) 범죄피해자 재판절차진술권의 형사피해자임이 부인된 사례

① 민사소송사건의 원고의 동생(헌재 1997. 5. 29, 95헌마341)
② 의료사고로 하반신이 마비된 피해자의 아버지(헌재 1993. 11. 25, 93헌마81)
③ 학교법인 이사장의 횡령행위를 고발한 교수와 교수협의회(헌재 1997. 2. 20, 95헌마295)
④ 허위공문서작성 및 동행사죄의 고소인(헌재 2000. 9. 6, 2000헌마550)

다. 절 차

1) 신 청

① 피해자의 진술도 증인신문의 절차에 의하여 행하여진다. 따라서 피해자의 신청이 있을 때에는 법원의 결정이 있을 것을 요한다(제295조). 그러나 법원은 피해자의 신청이 없더라도 피해자가 탄원서, 진정서 등을 제출하여 기록에 나타나지 않는 새로운 사정을 호소하는 경우, 교통사고 사건 등에 있어 피해자의 현재의 건강상태를 직접 확인할 필요가 있는 경우 등 피해자의 진술을 들을 필요가 있다고 판단되는 경우에는 직권으로 피해자를 소환하여 증인으로 신문하고 의견을 진술하게 하는 것이 바람직하다. 형사피해자는 당해 사건의 가장 큰 이해관계자이기 때문이다.
② 법원은 동일한 범죄사실에서 신청인의 수가 여러 명인 경우에는 진술할 자의 수를 제한할 수 있다(법 제294조의2 제3항).
③ 신청인이 출석통지를 받고도 정당한 이유 없이 출석하지 아니한 때에는 그 신청을 철회한 것으로 본다(동조 4항).

2) 진술할 내용

법원은 피해자 등을 신문하는 경우 피해의 정도 및 결과, 피고인의 처벌에 관한 의견,

그 밖에 당해 사건에 관한 의견을 진술할 기회를 주어야 한다(법 제294조의2 제2항).

3) 피해자 진술의 비공개(법 제294조의3)

① 법원은 범죄로 인한 피해자를 증인으로 신문하는 경우 당해 피해자·법정대리인 또는 검사의 신청에 따라 피해자의 사생활의 비밀이나 신변보호를 위하여 필요하다고 인정하는 때에는 결정으로 심리를 공개하지 아니할 수 있다. 이 규정은 피해자의 법정진술권을 질적으로 보장한다는 취지에서 신설된 것이다.

② 제1항의 결정은 이유를 붙여 고지한다.

③ 법원은 제1항의 결정을 한 경우에도 적당하다고 인정되는 자의 재정(在廷)을 허가할 수 있다.

라. 피해자 등의 진술의 제한

다음의 경우에는 피해자 등을 증인으로 신문할 것을 요하지 않는다(법 제294조의2 제1항 단서).

① 피해자 등이 이미 당해 사건에 관하여 공판절차에서 충분히 진술하여 다시 진술할 필요가 없다고 인정되는 경우 개정 형사소송법은 피해자 진술권의 배제사유에서 '수사절차'에서 충분히 진술하여 다시 진술할 필요가 없다고 인정되는 경우를 제외함으로써 구법보다 피해자 진술권을 폭넓게 인정하였다.

② 피해자 등의 진술로 인하여 공판절차가 현저하게 지연될 우려가 있는 경우

마. 피해자 등의 공판기록 열람·등사(법 제294조의4)

① 소송계속 중인 사건의 피해자(피해자가 사망하거나 그 심신에 중대한 장애가 있는 경우에는 그 배우자·직계친족 및 형제자매를 포함한다), 피해자 본인의 법정대리인 또는 이들로부터 위임을 받은 피해자 본인의 배우자·직계친족·형제자매·변호사는 소송기록의 열람 또는 등사를 재판장에게 신청할 수 있다

② 재판장은 제1항의 신청이 있는 때에는 지체 없이 검사, 피고인 또는 변호인에게 그 취지를 통지하여야 한다.

③ 재판장은 피해자 등의 권리구제를 위하여 필요하다고 인정하거나 그 밖의 정당한 사유가 있는 경우 범죄의 성질, 심리의 상황, 그 밖의 사정을 고려하여 상당하다고 인정하는 때에는 열람 또는 등사를 허가할 수 있다.

④ 재판장은 제3항에 따라 등사를 허가하는 경우에는 등사한 소송기록의 사용목적을 제한하거나 적당하다고 인정하는 조건을 붙일 수 있다.

⑤ 제1항에 따라 소송기록을 열람 또는 등사한 자는 열람 또는 등사에 의하여 알게

된 사항을 사용함에 있어서 부당히 관계인의 명예나 생활의 평온을 해하거나 수사와 재판에 지장을 주지 아니하도록 하여야 한다.

⑥ 제3항 및 제4항에 관한 재판에 대하여는 불복할 수 없다.

핵심판례

피고인의 공판조서에 대한 열람 또는 등사청구권이 침해된 경우, 공판조서에 기재된 당해 피고인이나 증인의 진술 자체를 증거로 할 수 있는지 여부(소극)

형사소송법 제55조 제1항이 피고인에게 공판조서의 열람 또는 등사청구권을 부여한 이유는 공판조서의 열람 또는 등사를 통하여 피고인으로 하여금 진술자의 진술내용과 그 기재된 조서의 기재내용의 일치 여부를 확인할 수 있도록 기회를 줌으로써 그 조서의 정확성을 담보함과 아울러 피고인의 방어권을 충실하게 보장하려는 데 있으므로 피고인의 공판조서에 대한 열람 또는 등사청구에 법원이 불응하여 피고인의 열람 또는 등사청구권이 침해된 경우에는 그 공판조서를 유죄의 증거로 할 수 없을 뿐만 아니라, 공판조서에 기재된 당해 피고인이나 증인의 진술도 증거로 할 수 없다(대판 2003. 10. 10, 2003도3282).

【서식】 증인신청서

증 인 신 청 서

1. 20○○고단 4321호 사기피고사건
   피 고 인 ○ ○ ○

위 피고인에 대한 사기피고사건에 관하여 피고인의 이익을 위하여 아래와 같이 증인을 신청하오니 채택하여 주십시오.

2. 증인의 표시

이 름						
생년월일						
주 소						
전화번호	자택		사무실		휴대폰	

3. 증명할 사실 및 신문사항, 신청사유
(생략)

20○○년 월 일

위 피고인의 변호인
변호사 ○ ○ ○ ㊞

○○지방법원 귀중

[서식] 증인지원절차 신청서

증인지원절차 신청서

○○법원 제 형사부 귀중

사 건 : 20 고합(고단)

아래와 같은 절차로 증인신문절차 등을 진행하여 줄 것을 신청합니다.

20 년 월 일

신청인 ○ ○ ○ (서명 또는 날인)

○ ○ 법 원 귀중

- 아 래 -

증인신문 전후의 동행 및 보호	···················· ( )
비공개 심리(방청객 퇴정)	···················· ( )
증언 도중 피고인과의 접촉 차단	···················· ( )
신뢰관계 있는 사람의 동석	···················· ( )

※ 동석할 신뢰관계 있는 사람의 인적사항

① 이름 :

② 증인과의 관계 : □배우자, □직계친족, □형제자매, □가족, □동거인

□고용주, □변호사, □기타(   )

③ 주소 :

④ 연락처 :

재판결과 통지

※ 아래 두 가지 항목에 대하여 **중복 신청**이 가능합니다.

1. 유무죄 여부 및 유죄 선고시 형량에 대한 간략한 통지 …………… ( )

□ 휴대전화 문자메시지 사용 (전화번호 :   )

□ 이메일 사용 (이메일 :   )

2. 판결문 사본의 송부 ………………………………………………… ( )

(송달받을 주소 :   )

다만, 판결등본의 송부를 신청하고자 하는 피해자 등은 피해자 등 판결등본 송부신청서와 민원우편회송용 봉투를 제출하고 재판기록 열람·복사 규칙에 따른 수수료를 납부하여야 합니다.

【서식】 증언거부사유서

증언거부사유서

20○○고단 123호 피고사건
피 고 인 ○ ○ ○
증인의 표시 ○ ○ ○(주민등록번호 : 111111-1111111
검사측이 신청한 증인)
○○시 ○○구 ○○길 ○○

증 언 거 부 사 유

위 사건에 관하여 위 증인이 20○○. ○. ○. 제○차 공판기일에 증인으로 채택되어 있으나 다음과 같은 사유가 있어 위 기일에 증언을 할 수 없습니다. 즉, 위 증인이 위 사건에 관하여 증언을 할 경우 유죄판결을 받을 염려가 있는 사항에 관한 증언이 되어, 형사소송법 제148조에 의거하여 증언을 거부합니다.

20○○년 월 일

위 증인 ○ ○ ○ ㉐

○○지방법원 귀중

[서식] 직무상 비밀사실신고서

직무상비밀사실신고

사　　건　　20○○고단 ○○○호　위증
피 고 인　○ ○ ○

위 사건에 관하여 본인은 20○○. ○. ○○. ○○:○○ 증인으로 출석하라는 소환장을 받았으나 본인이 증언하여야 할 사항은 직무상 알게된 비밀에 속하는 내용인바 형사소송법 제147조 제1항에 의하여 이를 신고합니다.

20○○년　○월　○일
위 신고인(증인)　○ ○ ○ (인)

○ ○ 지 방 법 원　귀 중

【서식】 증인주소신고서

증 인 주 소 신 고 서

20○○고단 123호 폭력행위등처벌에관한법률위반등 피고사건
피 고 인 ○ ○ ○

증 언 거 부 사 유

피고인에 대한 폭력행위등처벌에관한법률위반등 피고사건에 관하여 피고인의 변호인은 다음과 같이 증인의 주소를 신고합니다.

다 음

증인의 표시
증인(피보호자) ○ ○ ○
○○시 ○○구 ○○길 123

20○○년 월 일

위 피고인의 변호인
변호사 ○ ○ ○ ㊞

○○지방법원 귀중

【서식】 증거자료제출

증 거 자 료 제 출

20○○고단 123호 유가증권위조등 피고사건
피 고 인 ○ ○ ○

위 피고사건에 대하여 피고인의 변호인은 다음과 같이 증거자료를 제출합니다.

다 음

1. 증제 1호증	주민등록표
2. 증제 2호증 1내지 3	각 민사판결문
3. 증제 3호증	통 고 서

20○○년 월 일

위 피고인의 변호인
변호사 ○ ○ ○ ㊞

○○지방법원 귀중

[서식] 피해자 재판기록 열람·복사 신청서

<table>
<tr><td colspan="4" rowspan="2">피해자 재판기록 열람·복사 신청서</td><td>허</td><td>부</td></tr>
<tr><td></td><td></td></tr>
<tr><td rowspan="3">신 청 인</td><td>성 명</td><td></td><td>전화번호
(휴대전화)</td><td colspan="2"></td></tr>
<tr><td>전자우편</td><td></td><td>팩스</td><td colspan="2"></td></tr>
<tr><td>피해자와의 관계</td><td>ㅇ ㅇ ㅇ 의 법률조력인</td><td>소명자료</td><td colspan="2">법률 조력인 지정서</td></tr>
<tr><td>신 청 구 분</td><td colspan="5">□ 열람 ■ 복사</td></tr>
<tr><td rowspan="2">대 상 기 록</td><td>사 건 번 호</td><td colspan="2">사 건 명</td><td colspan="2">재 판 부</td></tr>
<tr><td></td><td colspan="2">이동청소년성보호에관한법률위반</td><td colspan="2"></td></tr>
<tr><td>복사할 부분</td><td colspan="5">□ 복사대상
(□ 복사매수 매)</td></tr>
<tr><td>사 용 용 도</td><td colspan="5"></td></tr>
<tr><td>복 사 방 법</td><td colspan="5">□ 필사 ■변호사단체복사기 □ 신청인 복사설비 □법원 복사기</td></tr>
<tr><td colspan="6">이와 같이 신청하고 신청인은 열람·복사에 관련된 준수사항을 준수하고 열람·복사의 결과물을 법령상 정당한 용도 이외로 사용하는 경우 민사상, 형사상 모든 책임을 지겠습니다.
20 년 월 일
신청인 ㅇ ㅇ ㅇ (서명 또는 날인)</td></tr>
<tr><td>신청수수료</td><td>500원</td><td colspan="4" rowspan="2">(수 입 인 지 첨 부 란)</td></tr>
<tr><td>복 사 비 용</td><td>원
(매×50)</td></tr>
<tr><td>사용목적의
제한 또는
조건의 부과</td><td colspan="5">20 . . . 재판장 판 사 ㊞</td></tr>
<tr><td>영 수 일 시</td><td colspan="2">20 13. . . :</td><td>영 수 인</td><td colspan="2"></td></tr>
</table>

※ 작성요령

1. 영수인란은 서명 또는 기명날인하여야 합니다.
2. 법원복사기로 복사하는 경우에는 1장당 50원의 복사비용을 수입인지로 납부하여야 합니다.
3. 재판장의 열람·등사 허가 · 불허가, 사용목적 제한이나 조건 부과에 대하여는 불복할 수 없습니다.

2. 감 정

(1) 의 의

감정이란 감정에 필요한 특수한 지식·경험을 가진 제3자가 그 지식·경험에 의하여 알 수 있는 법칙 또는 그 법칙을 적용하여 얻은 판단을 법원에 보고하는 것을 말한다. 법원 또는 법관으로부터 감정의 명을 받은 자를 감정인이라고 한다. 수사기관으로부터 감정을 위촉받은 감정수탁자는 여기서 말하는 감정인이 아니다. 또한 특별한 지식에 의하여 알게 된 과거의 사실을 법원에 보고하는 감정증인은 감정인이 아니고, 증인이므로, 증인에 관한 규정의 적용을 받는다(법 제179조).

감정인은 일종의 증거방법이고, 감정인의 진술은 증거로 되는 점에서 증인과 유사하다. 따라서 감정인의 신문은 증거조사의 성질을 가지게 되므로, 증인신문에 관한 규정은 구인에 관한 규정을 제한 외에는 감정에 대하여 준용된다(법 제177조).

(2) 감정의 방법

가. 감정명령

법원은 학식·경험 있는 자에게 감정을 명할 수 있다(법 제169조).

핵심판례

감정인의 자격
감정인은 그 감정에 필요한 학식과 경험이 있는 사람이면 되고, 그 감정인이 공무소 등에 소속되지 않고 직업이 없거나 또는 임의단체 등 사법인에 속한다고 하여 그 감정에 특별히 신빙성이 희박하다고 할 이유가 없다(대판 1983. 12. 13, 83도2266).

나. 선 서

감정인에게는 감정 전에 선서하게 하여야 한다. 선서는 선서서에 의하여야 한다(법 제170조). 감정인은 반드시 선서하여야 한다. 감정인에 대하여는 증인신문의 경우와 같은 예외가 인정되지 않는다. 선서의 취지를 이해할 수 없는 감정인이란 있을 수 없기 때문이다. 선서하지 않고 한 감정은 증거능력이 없다.

법원은 필요한 때에는 감정인으로 하여금 법원외에서 감정하게 할 수 있다. 이 경우에는 감정을 요하는 물건을 감정인에게 교부할 수 있다(법 제172조 1항·2항).

(3) 감정유치

가. 의 의

피고인의 정신 또는 신체의 감정이 필요한 때에는 법원은 기간을 정하여 병원 기타 적당한 장소에 피고인을 유치하게 할 수 있고, 감정이 완료되면 즉시 유치를 해제하여야 한다(법 제172조 3항). 이를 감정유치라고 한다.

나. 구속에 관한 규정의 준용

감정유치를 함에는 감정유치장을 발부하여야 한다(법 제172조 4항). 구속에 관한 규정은 특별한 규정이 없는 경우에는 유치에 관하여 준용한다. 단 보석에 관한 규정은 그러하지 아니하다(동조 7항).

유치는 미결구금일수의 산입에 있어서는 구속으로 간주한다(동조 8항). 구속중인 피고인에 대하여 감정유치장이 집행되었을 때에는 피고인이 유치되어 있는 기간 구속은 그 집행이 정지된 것으로 간주하고(법 제172조의2 제1항), 유치처분이 취소되거나 유치기간이 만료된 때에는 구속의 집행정지가 취소된 것으로 간주한다(동조 2항).

(4) 감정에 필요한 처분

가. 감정유치장의 발부

감정인은 감정에 관하여 필요한 때에는 법원의 허가를 얻어 타인의 주거·간수자 있는 가옥·건조물·항공기·선차 내에 들어갈 수 있고, 신체의 검사, 사체의 해부, 분묘의 발굴, 물건의 파괴를 할 수 있다. 이러한 처분의 허가에는 허가장을 발부하여야 한다. 감정인은 위 처분을 받는 자에게 허가장을 제시하여야 한다(법 제173조 1항 내지 3항). 법원은 수명법관으로 하여금 감정에 관하여 필요한 처분을 하게 할 수 있다(법 제175조).

나. 감정유치장의 기재사항

① 감정유치장에는 피고인의 성명, 주민등록번호 등 직업, 주거, 죄명, 범죄사실의 요지, 유치할 장소, 유치기간, 감정의 목적 및 유효기간과 그 기간 경과 후에는 집행에 착수하지 못하고 반환하여야 한다는 취지를 기재하고 재판장 또는 수명법관이 서명날인하여야 한다(규 제85조 1항).

② 감정유치기간의 연장이나 단축 또는 유치할 장소의 변경 등은 결정으로 한다(동조 2항).

(5) 감정인의 참여권 · 신문권

감정인은 감정에 관하여 필요한 경우에는 재판장의 허가를 얻어 서류와 증거물을 열람 또는 등사하고 피고인 또는 증인의 신문에 참여할 수 있다. 감정인은 피고인 또는 증인의 신문을 구하거나 재판장의 허가를 얻어 직접 발문할 수 있다(법 제174조).

(6) 당사자의 참여권

검사 · 피고인 또는 변호인은 감정에 참여할 수 있다(법 제176조 1항).

(7) 감정의 보고

감정의 경과와 결과는 감정인으로 하여금 서면으로 제출하게 하여야 한다. 감정인이 수인인 때에는 각각 또는 공동으로 제출하게 할 수 있다. 감정의 결과에는 그 판단의 이유를 명시하여야 하며, 필요한 때에는 감정인에게 설명하게 할 수 있다(법 제171조).

(8) 여비 · 숙박료 등의 청구

감정인은 법률이 정하는 바에 의하여 여비 · 일당 · 숙박료 외에 감정료와 체당금의 변상을 청구할 수 있다(법 제178조).

(9) 감정의 촉탁

법원은 필요하다고 인정하는 때에는 공무소 · 학교 · 병원 기타 상당한 설비가 있는 단체 또는 기관에 대하여 감정을 촉탁할 수 있고, 이 경우 선서에 관한 규정은 적용하지 아니한다(법 제179조의2 제1항). 법원은 당해 공무소 · 학교 · 병원 · 단체 또는 기관이 지정한 자로 하여금 감정서의 설명을 하게 할 수 있다(동조 2항).

3. 통역과 번역

(1) 감정에 관한 규정의 준용

통역과 번역은 특별한 지식에 의하여 행한 보고이므로 감정에 유사한 성질을 가진다. 감정에 관한 규정은 통역과 번역에 준용한다(법 제183조).

(2) 통 역

국어에 통하지 아니한 자의 진술에는 통역인으로 하여금 통역하게 하여야 한다(법 제180조). 국어에 통하지 아니한 자란 외국인을 의미하는 것은 아니다. 따라서 외국인이라 할지라도 국어에 통할 때에는 통역을 요하지 않는다. 농자(聾者) 또는 아자(啞者)

의 진술에는 통역인으로 하여금 통역하게 할 수 있다(법 제181조).

(3) 번 역

국어 아닌 문자 또는 부호는 번역하게 하여야 한다(법 제182조). 국어 아닌 문자 또는 부호란 우리나라에서 일반적으로 통용되고 있는 문자 또는 부호 아닌 것을 말한다.

핵심판례

외국어로 작성된 문서를 다른 언어 또는 국어로 번역하는 경우 그 번역본이 증거능력을 갖기 위한 요건

외국어로 작성된 문서를 다른 언어 또는 국어로 번역하는 경우 그 번역본은 원본과 일체로 되어서만 증거로서의 성격을 갖게 되고 원본이 제출될 수 없는 부득이한 사유가 있는 경우라도 원본의 존재와 그 번역의 정확성이 인정되어야 증거로 쓸 수 있다(대판 1985. 9. 10, 85도1364).

4. 검 증

(1) 의 의

검증이란 법관이 오관의 작용에 의하여 사물의 존재와 상태를 직접 실험·인식하는 증거조사를 말한다. 특히 범죄현장 또는 법원 이외의 일정한 장소에서 행하는 검증을 임검 또는 현장검증이라고 한다.

(2) 검증의 대상

검증의 목적물에는 제한이 없다. 오관의 작용에 의하여 실험·인식할 수 있는 것이면 유체물이건 무체물이건, 동산이건 부동산이건, 생물이건 무생이건 묻지 않는다. 사체는 물론 살아 있는 사람의 신체도 검증의 대상이 된다.

(3) 검증의 방법

법원은 사실을 발견함에 필요한 때에는 검증을 할 수 있다(법 제139조).

수사기관의 검증에는 영장을 요하지만 법원의 검증에는 영장을 요하지 않는다. 법원은 검증을 수명법관에게 명하거나 수탁판사에게 촉탁할 수 있고(법 제145조, 제136조), 필요한 때에는 사법경찰관리에게 보조를 명할 수 있다(법 제144조). 군사상 비밀을 요하는 장소는 책임자의 승낙을 요하고(법 제145조, 제110조), 검사·피고인·변호인의 참여권(법 제145조, 제121조, 제122조)과 책임자의 참여권(법 제145조, 제123조)이 인정된다.

(4) 검증에 필요한 처분

검증을 함에는 신체의 검사, 사체의 해부, 분묘의 발굴, 물건의 파괴 기타 필요한 처분을 할 수 있다(법 제140조).

가. 신체검사시 주의사항

① 법원은 피고인의 신체를 검사하기 위하여 소환할 수 있으며(법 제68조), 경우에 따라 구속할 수도 있다. 피고인 아닌 자도 법원 기타 지정한 장소에 소환할 수 있다(법 제142조).

② 신체의 검사에 관하여는 검사를 당하는 자의 성별·연령·건강상태 기타 사정을 고려하여 그 사람의 건강과 명예를 해하지 않도록 주의하여야 한다.

③ 피고인 아닌 자의 신체의 검사는 증적의 존재를 확인할 수 있는 현저한 사유가 있는 경우에 한하여 할 수 있다.

④ 여자의 신체를 검사하는 경우에는 의사나 성년의 여자를 참여하게 하여야 한다.

나. 사체의 해부 또는 분묘의 발굴시 주의사항

사체의 해부 또는 분묘의 발굴을 하는 때에는 예를 잃지 않도록 주의하고 미리 유족에게 통지하여야 한다(법 제141조).

(5) 검증시각의 제한

검증에는 시각의 제한이 있다. 즉 일출 전·일몰 후에는 가주·간수자 또는 이에 준하는 자의 승낙이 없으면 검증을 하기 위하여 타인의 주거, 간수자 있는 가옥·건조물·항공기·선차 내에 들어가지 못한다. 단 일출 후에는 검증의 목적을 달성할 수 없을 염려가 있는 경우에는 예외로 한다. 일몰 전에 검증에 착수한 때에는 일몰 후라도 검증을 계속할 수 있다(법 제143조 1항·2항). 그러나 야간의 압수·수색이 허용되는 장소에 관하여는 그러하지 않는다(동조 3항).

(6) 검증조서의 작성

검증에 관하여는 검증의 결과를 기재한 검증조서를 작성하여야 한다(법 제49조 1항). 특히 검증조서에는 검증목적물의 현상을 명확하게 하기 위하여 도서나 사진을 첨부할 수 있다(동조 2항). 법원 또는 법관의 검증의 결과를 기재한 검증조서는 무조건 증거능력이 있다(법 제311조).

Ⅶ. 증거조사절차에서의 영상녹화물의 사용

1. 수사기관 영상녹화제의 도입

(1) 수사기관 영상녹화제도 도입의 의의

형사소송법은 제244조의2에서 피의자 진술의 영상녹화에 관하여, 제221조에서 참고인 진술의 영상녹화에 관하여 각 규정함으로써 영상녹화물제도를 도입하였다. 종래 수사는 밀행성의 요청으로 말미암아 밀폐된 조사실에서 이루어져 왔음에도 그 과정에서 작성된 조서에 기재된 자백은 이후의 공판과정에서 피고인의 유·무죄를 사실상 좌우하기에 족한 정도의 위력을 발휘하여 왔다. 그러나 폐쇄된 조사실에서 이루어진 조사와 그 조사 과정에서 획득된 것으로 조서에 기재된 자백은 필연적으로 임의성과 신용성에 의문을 불러일으킬 수밖에 없다.

영상녹화제도는 이 과정에서 일어날 수 있는 허위자백의 강요와 같은 피의자의 인권침해를 방지함과 동시에 수사과정의 공정성과 투명성을 제고하도록 함으로써 피고인이 법정에서 문제 삼는 자백의 임의성, 신용성 여부를 판단하기 위한 자료로 삼을 수 있도록 하는 장치로 고안된 것이다. 그런데, 수사과정의 영상녹화제도는 한편으로는 수사과정에서 수사기관과 피의자 등 진술자의 진술의 모습을 전자적 매체를 이용하여 그대로 기록함으로써 수사과정을 투명하게 하고 밀실에서 이루어지는 수사기관의 신문 과정의 적법성 여부를 사후에 평가할 수 있는 장치로 기능할 수 있다는 장점으로 말미암아 수사과정의 위법을 제어할 수 있는 장치로 받아들여지고 있다.

반면, 다른 한편으로는 전자적으로 기록되기 이전의 수사 단계에서 행하여질 수 있는 자백 진술의 강요나 회유에 대하여는 아무런 해결책이 될 수 없고, 당해 조사 과정에서의 진술을 영상녹화하여 공판정에서 재생할 경우 공판정에서의 구두주의와 직접주의를 침해할 수 있다는 문제점을 안고 있다. 개정법에 따른 영상녹화제도의 운용에 있어서 영상녹화제도가 안고 있는 위와 같은 이중적 성격에 유의할 필요가 있다.

(2) 수사기관 영상녹화의 유형

가. 피의자 진술의 영상녹화

형사소송법은 피의자의 진술을 영상녹화할 수 있는 근거규정을 마련하였다. 즉 개정법 제244조의2는 피의자 진술의 영상녹화라는 제목 아래 피의자의 진술을 영상녹화할 수 있도록 규정하는 한편, 영상녹화를 위해서는 미리 피의자에게 영상녹화사실을 알려주어야 하고, 조사의 개시부터 종료까지의 전 과정 및 객관적 정황을 영상녹화하도록 하였다(동조 제1항). 영상녹화가 완료된 때에는 피의자 또는 변호인 앞에서 지체 없이 그 원본을 봉인하고 피의자로 하여금 기명날인 또는 서명하게 하여야 한다(동조 제2항). 다만, 이 때 피의자 또는 변호인의 요구가 있는 때에는 영상녹화물을 재생하여 시청하게 하여야 하고, 피의자 또는 변호인이 이의를 진술하는 때에는 그 취지를 기재한 서면을 첨부하여야 한다(동조 제3항).

나. 참고인 진술의 영상녹화

개정법은 제221조에서 참고인 진술의 영상녹화제도를 도입하여, "검사 또는 사법경찰관은 수사에 필요한 때에는 피의자가 아닌 자의 출석을 요구하여 진술을 들을 수 있다. 이 경우 그의 동의를 얻어 영상녹화할 수 있다"고 규정하고 있다.

당초 개정안에서는 참고인에 대한 영상녹화에 관한 규정은 마련되어 있지 않았으나 국회법사위 논의 과정에서 참고인 진술조서의 진정성립을 인정하는 근거로 원진술자의 진술 이외에 영상녹화물 기타 객관적인 방법을 추가하고, 이와 더불어 참고인에 대해서도 영상녹화를 할 수 있도록 근거 규정을 두자는 의견이 제시되었고, 논란 끝에 참고인의 동의를 요건으로 영상녹화를 할 수 있는 근거 규정을 두는 것으로 의결되었다.

참고인 진술의 영상녹화제도에 관한 개정법 제221조에는 피의자 진술에 대한 영상녹화와 같은 엄격한 제한에 관한 규정이 직접 명시되어 있지는 않다. 그러나 후술하는 바와 같이 개정규칙은 참고인 진술의 영상녹화 역시 조사의 개시부터 종료까지의 전 과정과 객관적 정황을 모두 영상녹화하여야 하고, 원본의 봉인 절차 및 이의 진술이 있을 경우의 조치 등 피의자 진술 영상녹화에 관한 개정법의 규정이 그대로 적용된다는 점을 명백히 하고 있다.

다. 개정법상 영상녹화 방식의 문제

개정법은 피의자 진술의 영상녹화에 대해 당초 개정안이 요구하고 있었던 피의자 또는 변호인 동의 요건을 삭제하여 미리 영상녹화 사실을 고지만 하고서 영상녹화할 수 있도록 규정하였다.

영상녹화에 있어 피의자 등의 동의를 요건으로 하지 않고 단순히 고지만으로 영상녹화를 가능하게 할 경우 피의자의 진술거부권 및 초상권을 침해할 우려가 있고, 수사기관의 편의에 따라 선별적으로 영상녹화가 이루어지도록 하는 등 문제가 있다는 비판이 가능하다. 또한 영상녹화의 개시 시점을 수사기관이 임의로 선택할 수 있도록 함으로써 피의자가 자백을 개시하는 순간의 조사시부터 영상녹화할 수 있도록 하는 것은 영상녹화제도가 피의자에 대한 인권보장을 확인하는 수단이 아니라 수사기관의 무기로만 사용할 수 있도록 하는 것으로 부당하다는 비판이 있다.

다만, 영상녹화물이 실제 재판에 사용되는 과정에서 과연 얼마만큼의 신빙성을 부여받을 수 있을지는 결국 영상녹화물제도의 운용 상황, 즉 얼마나 필요한 사건에서 얼마나 적절하게 이루어지는가 여부에 달려 있다고 하겠다.

(3) 영상녹화물의 사용

가. 조서의 실질적 진정성립 증명을 위한 사용

형사소송법은 검사 작성의 피의자신문조서가 증거능력을 부여받기 위해서는 ㉠ 조서가 적법한 절차와 방식에 따라 작성된 것으로, ㉡ 실질적 진정성립, 즉 조서에 기재된 내용과 피고인이 진술한 내용이 동일한 것임이 인정되어야 하고, ㉢ 조서에 기재된 피의자 진술이 특신상태 하에서 이루졌음이 증명되어야 한다고 규정하고 있다(제312조 1항). 그런데 개정법은 원진술자의 진술 외에 달리 진정성립의 증명 방법을 인정하지 않고 있는 현행법과 달리 원진술자의 진술 외에 '영상녹화물 기타 객관적인 방법'으로도 실질적 진정성립을 인정할 수 있도록 하였다(동조 2항).

또한 개정법은 참고인 진술조서의 실질적 진정성립 증명방법으로 검사 작성의 피의자 신문조서와 마찬가지로 '원진술자의 공판준비 또는 공판기일에서의 진술' 이외에 '영상녹화물 기타 객관적 방법'을 추가하였다. 여기에서 기타 객관적인 방법은 그 실질에 있어서 영상녹화물에 준하는 수준으로 엄격하게 제한하는 것이 타당하다. 기타 객관적인 방법으로 조사자 증언이나 녹음, 자필 감정결과 등을 생각해 볼 수 있으나, 수사기관에서 별다른 제한 없이 생성할 수 있는 위자료들을 객관적인 방법으로 볼 수 있을지에 관하여는 의문이 있다.

이와 같이 개정법 하에서 영상녹화물은 검사 작성 피의자신문조서와 검사와 사법경찰관이 작성한 참고인 진술조서의 실질적 진정성립을 증명하기 위한 보조자료로 사용될 수 있다.

나. 기억 환기를 위한 사용

개정법은 영상녹화물을 기억 환기를 위하여 사용할 수 있도록 하였다. 즉 피고인 또는 피고인이 아닌 자의 진술을 내용으로 하는 영상녹화물은 공판준비 또는 공판기일에 피고인 또는 피고인이 아닌 자가 진술함에 있어서 기억이 명백하지 아니한 사항에 관하여 기억을 환기시켜야 할 필요가 있다고 인정되는 때에 한하여 피고인 또는 피고인이 아닌 자에게만 재생하여 시청하게 할 수 있다(법 제318조의2 제2항).

기억환기를 위하여 필요하다고 인정되는 경우에 한하여 조사할 수 있으므로, 피고인 또는 참고인이 법정에서 수사기관에서의 진술을 번복한 경우에는 그 적용이 없음에 유의할 필요가 있다. 또한 기억의 환기를 위한 영상녹화물은 법원이 아니라 피고인 또는 피고인 아닌 자에게 재생하여 시청하게 하여야 한다. 이는 법관이 증거능력 없는 영상녹화물에 의하여 심증 형성에 영향을 받지 않도록 하기 위한 것이다.

2. 영상녹화물의 적법 요건

(1) 개 요

각종 조서가 증거능력을 인정받기 위해서는 그 조서가 적법한 절차와 방식에 따라 작성된 것이어야 한다. 비록 영상녹화물이 독립된 본증으로 공판정에서 조사될 수 있는 증거가 아니라고 하더라도, 조서의 증거능력 부여의 전제가 되는 진정성립의 증명을 위하여 사용되거나 기억환기를 위한 보조자료로 사용되는 것인 이상 영상녹화물도 그 자체로서 적법한 절차와 방식에 따라 제작되어야 한다.

영상녹화물이 갖추어야 할 적법한 절차와 방식이 무엇을 의미하는 것인지가 문제되나, 크게는 일반적인 조서가 준수하여야 할 절차와 방식 및 영상녹화물이 갖추어야 할 특유한 절차와 방식으로 나눌 수 있을 것이다.

조서의 증거능력 요건으로서의 적법한 절차와 방식의 준수는 현행법이 요구하는 형식적 진정성립보다는 폭넓은 개념으로 이해하여야 한다. 즉 단순히 피의자 등 진술인이 당해 조서에 서명날인한 것이 사실이라는 형식적 진정성립에 그치는 것이 아니라, 피의자나 참고인의 신문과정에서 요구되는 적법절차가 모두 준수되었고, 조서 작성의 방식에 있어서도 법률이 요구하는 요건이 모두 갖추어져야 한다는 것이다. 구체적으로는 피의자 신문의 주체와 참여자(법 제243조), 변호인의 참여 등(법 제243조의2), 피의자신문조서의 작성방법(법 제244조), 수사기관의 피의자에 대한 진술거부권의 고지(법 제244조의3), 수사과정의 기록(법 제244조의4) 등 개정법이 정한 절차와 방식을 준수하여야 한다는 것이다.

더 나아가 영상녹화물은 개정법이 영상녹화물에 대하여 요구하고 있는 엄격한 절차와 방식을 따라야 한다. 법 제244조의2는 피의자의 진술을 영상녹화할 경우에 준수하여야 할 구체적 절차와 방식에 관하여 규정하고 있다.

(2) 피의자에 대한 고지와 참고인의 동의

피의자 진술은 영상녹화할 수 있고 이 경우 미리 영상녹화사실을 알려주어야 한다(법 제244조의2 제1항). 또한 참고인의 진술을 영상녹화할 경우 그 동의를 받아야 한다(법 제221조 제1항).

형사소송규칙은 검사가 피의자에게 위 고지를 하였는지 여부를 확인할 수 있도록 하기 위하여, 조사를 신청한 영상녹화물에는 검사가 피의자에게 당해 신문이 영상녹화되고 있다는 취지로 고지하는 내용이 포함되어 있을 것을 요구하고 있다(규 제134조의2 제3항 제2호). 따라서 영상녹화가 개시되는 경우 그 첫머리에서 검사는 피의자에게 피의자의 신문이 영상녹화되고 있다는 취지의 고지를 하여야 한다.

한편 형사소송규칙은 참고인의 진술을 영상녹화하기 이전에 미리 그 동의를 얻었다는 점을 확인할 수 있도록 하기 위하여, 영상녹화물의 조사를 신청할 경우 그 조사 이전에 참고인이 영상녹화에 동의하였다는 취지로 기재하고 기명날인 또는 서명한 서면을 첨부하도록 하였다(규 제134조의3 제2항). 다만, 공판준비 또는 공판절차에서 참고인이 동의 여부나 동의 시점을 다툴 수 있으므로 영상녹화의 시작 단계에서 그 동의 여부를 다시 한 번 확인하고, 그 과정이 영상녹화될 수 있도록 함이 바람직할 것이다.

(3) 조사의 전 과정

가. 조사의 전 과정 요건의 의미

법 제244조의2 제1항은 명문으로 피의자의 진술을 영상녹화함에 있어 조사의 개시부터 종료까지의 전 과정 및 객관적 정황을 모두 영상녹화할 것을 요구하고 있다. 따라서 피의자의 진술을 영상녹화하는 사건에 있어서, 검사는 영상녹화하지 아니한 상태에서 피의자에게 사건의 실체에 관한 질문을 하거나 피의자로부터 사건에 관한 진술을 들을 수 없게 된다.

일단 영상녹화하기 시작한 사건에 대하여는 조사가 종료되어 공소가 제기될 때까지 피의자의 조사과정을 모두 녹화하여야 하는지 여부에 관하여 논란이 있으나, 당해 조사의 영상녹화로 충분하다고 해석하여야 할 것이다. 다만, 어느 시점부터 어느 시점까지 영상녹화되어야 조사의 전과정 요건을 충족하였다고 할 것인지에 관해서는 일률적으로 말하기는 어렵고, 향후 실무의 운영과 그에 대한 판례의 움직임을 주목할 필요가 있다.

나. 조사의 전 과정 요건의 의의

수사과정의 투명성 제고라는 영상녹화물제도의 본래의 도입 취지와 영상녹화물에서의 피의자의 자백 진술의 신뢰성 제고를 위해서는 피의자의 자백 진술 장면뿐만이 아니라 피의자가 자백에 이르게 되는 전 과정이 적법절차에 따라 이루어졌는지 여부가 특히 중요하고, 이러한 요구는 참고인 진술의 영상녹화물에 관해서도 동일하게 적용된다.

영상녹화물은 그 특성상 실질적 진정성립을 부인할 수 있는 증거가 아니므로 임의성 심사가 특히 문제될 수밖에 없다. 영상녹화물에 관한 '조사의 전 과정' 요건은 결국 피의자나 참고인의 진술의 임의성을 담보하기 위한 장치로 고안된 것으로, 영상녹화의 개시 이전의 조사 과정에서 피의자나 참고인에 대한 회유나 강압이 이루어지지 않도록 하기 위하여 요구되는 것이다. 영상녹화물이 진정성립 인정을 위하여 사용되는 것에 불과하다고 하더라도 그것이 공판준비기일 또는 공판기일에 재생되어 법원의 심증에 실질적인 영향력을 미칠 가능성을 가지는 이상 영상녹화물 자체의 임의성 요건도 충족되어야 한다. 다만, 전술한 바와 같이 수사기관이 영상녹화의 대상 사건을 선택할 수 있는 개정법 하에서 이러한 의미는 반감되었다고 할 수밖에 없다.

구체적으로, 피고인이 재판과정에서 영상녹화를 하기에 앞서 피의자를 회유 또는 강박의 상태에서 자유롭게 진술할 수 없는 상황을 만들어 둔 후 정식으로 검사가 조사를 하면서 그 과정을 녹화한 것이라고 주장하면서 그 임의성을 다투고, 검찰청사 등에 도착한 시각과 조사실에 도착한 시각 또는 조사시작 시각 사이에 통상의 대기시간 또는 대기장소에서 조사실로의 이동에 필요한 시간보다 많은 시간의 간격이 있다면 그 진술의 임의성을 부인할 수 있는 하나의 판단자료가 될 수 있을 것이다. 검사는 그 영상녹화물이 피고인 진술의 전 과정을 녹화한 것이라는 점, 즉 녹화된 부분 이외에는 조사자와 피의자간에 사건의 실체에 관하여 이야기한 바가 없다는 점 등을 증명하여야 한다.

다. 조사의 전 과정 요건 확인을 위한 구체적 장치

형사소송법이 조사의 전 과정을 영상녹화하여야 한다고 규정하고 있으나 과연 어느 시점에서 조사가 개시되고 종료되었다고 볼 것인지에 관하여 논란의 여지가 있다. 형사소송규칙 제134조의2는 검사 또는 사법경찰관리는 조사가 개시되는 시점에서 조사가 종료되어 피의자가 조서에 기명날인 또는 서명을 마치는 시점까지 전 과정을 영상녹화하여야 함을 명확히 하는 한편(동조 제3항 참조), 검사가 조사를 신청한 영상녹화물이 조사의 전 과정을 영상녹화한 것인지 확인할 수 있도록 여러 장치를 두고 있다.

1) 영상녹화를 시작하고 마친 시각 및 장소의 고지(제1호)

검사 또는 사법경찰관리는 영상녹화를 시작하면서 피의자에게 영상녹화 사실을 고지하고, 피의자 및 참고인에게 영상녹화를 시작한 시각 및 장소를 고지하여야 하며, 조사를 마친 경우에는 그 시각을 고지하여야 한다. 영상녹화의 시각 및 장소를 고지하도록 함으로써 그 시각 및 장소와 수사기록에 편철된 수사과정 기록지(개정법 제244조의4 참조)에 기재된 조사 장소에 도착한 시각, 조사를 시작하고 마친 시각 등 조사과정의 진행경과를 비교하여 당해 조사의 전 과정이 영상녹화되었는지 여부를 확인할 수 있을 것이다.

2) 조사를 중단·재개하는 경우 중단 이유와 중단 시각, 중단 후 재개하는 시각(제5호)

휴식 등을 이유로 조사가 중단되거나 재개될 경우, 중단 이유와 시각, 재개 시각 등을 명백히 할 필요가 있다. 조사가 중단되어 영상녹화되지 않는 시점에서 어떠한 조사가 이루어져서는 아니 되고, 만약 피의자나 참고인이 자발적으로 어떠한 진술을 하였다면 그 내용과 취지는 재개된 이후의 영상녹화 과정에서 현출되어야 한다.

3) 조사를 종료하는 시각(제6호)

검사가 조사를 종료하는 시점에서 그 시각을 고지하도록 할 필요가 있다. 조사의 종료 이후 피의자 또는 참고인은 영상녹화가 이루어진 조사 과정에서 작성된 조서를 확인하고 조서에 간인한 후 기명날인 또는 서명하여야 한다. 영상녹화는 그 시점에서 종료될 것이다.

4) 영상녹화 일시의 실시간 표시(규 제134조의2 제5항)

검사가 조사를 신청한 영상녹화물의 재생 화면에는 녹화 당시의 날짜와 시간이 실시간으로 표시되어야 한다. 법원은 재생 화면에 표시되는 날짜·시각과 고지되거나 기록된 시각을 비교함으로써 조사의 전 과정이 영상녹화되었는지 여부를 확인할 수 있을 것이다.

형사소송규칙은 여러 외국의 입법례가 요구하고 있는 바와는 달리 만약 영상녹화 이전에 피의자나 참고인으로부터 일정한 진술을 청취한 사실이 있는지 여부, 있다면 그 내용은 무엇인지 등을 고지하도록 하는 규정은 두고 있지 않다. 그러나 만약 영상녹화가 개시되기 이전에 위와 같은 내용의 조사가 이루어졌고 그에 따라 피의자 또는 참고인의 진술이 이루어진 것이라면 당해 영상녹화물은 조사의 전 과정 요건을 갖추지 못한 것으로 볼 여지가 있다. 또한 피의자 또는 참고인이 자발적으로 진술한 경우라고 하더라도 공판준비 또는 공판절차에서 이를 다툴 가능성을 배제할 수 없으므로, 가능한 한 영상녹화 과정에서 이 점을 명확히 하여 둘 필요가 있다고 할 것이다.

(4) 그 밖의 적법 요건

가. 신문하는 검사와 참여한 자의 성명과 직급의 고지

신문하는 검사는 자신의 성명과 직급 및 참여한 자의 성명과 직급을 피의자 또는 참고인에게 고지하여야 한다(규 제134조의2 제3항 제3호).

나. 진술거부권·변호인의 참여권 등 고지

검사 또는 사법경찰관으로 하여금 피의자를 신문하기 전에 일체의 진술을 하지 아니하거나 개개의 질문에 대하여 진술을 하지 아니할 수 있다는 것(제1호), 진술을 하지 아니하더라도 불이익을 받지 아니한다는 것(제2호), 진술을 거부할 권리를 포기하고 행한 진술은 법정에서 유죄의 증거로 사용될 수 있다는 것(제3호), 신문을 받을 때에는 변호인을 참여하게 하는 등 변호인의 조력을 받을 수 있다는 것(제4호)을 알려주어야 한다고 규정하고 있다(법 제244조의3 제1항). 또한 검사 또는 사법경찰관은 위와 같은 진술거부권 등의 고지에 대한 피의자의 답변을 조서에 기재하여야 한다(동조 제2항 전문). 개정 형사소송법이 공판절차에서의 피고인에 대한 진술거부권의 고지가 인정신문에 앞서 행하여지도록 규정한 것과의 균형상 수사과정에서의 진술거부권의 고지도 피의자에 대한 인정신문에 앞서 이루어져야 할 것이다.

형사소송규칙 제134조의2 제3항 제4호는 이러한 고지 과정이 영상녹화되어야 한다는 점을 명백히 하고 있다. 진술거부권 등의 고지는 생략되거나 개괄적으로 이루어져서는 아니 되고, 법문에 규정되어 있는 표현 그대로 구체적으로 행하여져야 한다(대판 1992. 6. 23. 92도682 판결 참조).

다. 조사실 전체의 영상녹화

영상녹화물은 조사가 행하여지는 동안 조사실 전체를 확인할 수 있도록 녹화된 것이어야 한다(규 제134조의2 제4항). 조사가 행해지는 조사실 내에서 실제 조사가 이루어지는 공간 이외의 나머지 공간의 형상과 배치가 모두 영상녹화되어야 한다는 취지의 규정으로, 피의자 또는 참고인의 진술이 임의로 이루어졌음을 확인하기 위하여 필요하다.

라. 진술자의 얼굴의 식별

영상녹화물은 조사가 진행되는 동안 진술자의 얼굴을 식별할 수 있도록 제작되어야 한다(규 제134조의2 제4항). 진술자가 피의자 또는 참고인 본인인지 여부를 확인하고, 진술의 정확한 취지를 파악하기 위해서는 피의자의 얼굴 표정 등을 관찰할 필요가 있으므로 위와 같은 요건을 규정하였다.

(5) 영상녹화물의 진정성 확보

가. 영상녹화물 원본의 봉인

피의자 진술을 영상녹화하는 경우, 영상녹화가 완료된 때에는 피의자 또는 변호인 앞에서 지체 없이 그 원본을 봉인하고 피의자로 하여금 기명날인 또는 서명하게 하여야 한다(법 제244조의2 제2항). 참고인의 경우도 같다(규 제134조의4 참조). 이 경우 피의자·변호인 또는 참고인의 요구가 있는 때에는 영상녹화물을 재생하여 시청하게 하여야 한다. 이 경우 그 내용에 대하여 이의를 진술하는 때에는 그 취지를 기재한 서면을 첨부하여야 한다. 녹화 이후에 의도적인 화면의 편집, 음성변조 등이 있어서는 아니 되고, 그에 관한 논란을 피할 필요가 있다는 점에서 마련된 절차이다. 이와 같은 영상녹화물 원본에 대한 봉인은 후술하는 바와 같이 영상녹화물의 조사 시점까지 유지되어야 한다.

나. 디지털 방식 영상녹화와 영상녹화물의 원본성

전술한 바와 같이 개정 형사소송법과 형사소송규칙은 영상녹화 장치에서 직접 영상녹화물이 저장된 매체가 생성되는 것을 전제로 하고 있다. 좀 더 직접적으로 말한다면 녹화테이프를 사용하는 캠코더 형태의 장비를 이용하여 녹화 과정을 실시간으로 녹화테이프에 저장하고, 영상녹화를 종료하는 즉시 조사과정이 영상녹화된 테이프가 생성되는 형태를 상정하고 있는 것이다. 이와 같이 생성된 영상녹화 테이프가 원본이 되고, 그에 대하여 봉인 등 조치를 취하여야 한다.

그런데 기술의 진보는 위와 같이 영상녹화테이프를 생성하는 방식에서 나아가 디지털 파일의 형태로 영상녹화물을 생성하도록 하는 것을 가능하게 하였다. 즉 영상녹화물은 개개의 매체가 아니라 서버 컴퓨터에 디지털 파일의 형식으로 저장되는 것이다.

현재 검찰의 실무도 디지털 파일을 생성하는 형태로 영상녹화를 하고 있고, 조사를 종료한 후 컴퓨터용 디스크에 영상녹화 파일을 저장하는 방식을 취하고 있다. 이 경우 원칙적으로는 디지털 파일만이 원본으로 인정되어야 하고, 그것이 컴퓨터용디스크(CD나 DVD 등) 등 정보저장매체에 기록된다고 하더라도 그것을 원본이라고 할 수는 없다. 그러나 이와 같은 해석론을 고집할 경우 현재 검찰이 생성하는 영상녹화물은 법 제244조의2 제2항이 요구하는 봉인 및 기명날인 또는 서명 요건을 갖출 수 없어 이를 사용할 수 없게 되는 문제가 있다.

이러한 문제를 해결하기 위해서는 결국 수사기관이 디지털 파일 생성 방식이 아니라 직접 저장매체를 생성할 수 있는 방식으로 영상녹화물을 생성하도록 하거나(녹화테이프에의 녹화 등), 디지털 파일 생성 방식으로 영상녹화물을 생성한 경우에도 그것이 최초로 저장된 매체를 원본으로 취급할 수밖에 없을 것이다. 그러나 영상녹화물의 원본성 여부는 그 진정성 확보를 위하여 요청되는 것으로 그 생성 후 피의자·변호인이나 참고인이 다시 재생을 요구할 수 있고 봉인한 후 기명날인 또는 서명을 받도록 하는 등 영상녹화물이 저장된 매체 자체에 대한 진정성 확보 방안을 규정하고 있으므로, 결국 영상녹화물이 저장된 매체 자체를 원본으로 인정하는 경우에도 그 진정성 확보에는 특별한 문제가 없는 점, 검찰의 실무는 법률 개정 당시 이미 현재와 같은 방식을 취하고 있어 영상녹화 파일이 아닌 영상녹화 파일이 저장된 매체를 원본으로 보는 것을 전제로 하고 있다고 볼 수 있는 점, '영상녹화물'이라는 표현 자체로 개정법이 규정한 영상녹화물은 영상녹화된 결과물이 저장된 매체라고 해석할 수 있는 점 등에 비추어 보면 서버컴퓨터에 저장된 디지털 파일 형태가 아니라 컴퓨터용디스크 등 영상녹화 파일

이 저장된 매체 자체를 원본으로 보아야 한다.

결론적으로 디지털 파일 생성 방식으로 영상녹화가 이루어지는 경우 봉인되어야 할 영상녹화물의 원본은 생성된 영상녹화물이 최초로 저장된 매체가 되는 것이다.

다. 영상녹화물 부본의 생성과 활용

수사기관의 피의자 또는 참고인 진술의 영상녹화물에 대하여 증거개시가 이루어질 경우 그 열람·등사는 원본과 함께 작성된 부본에 의하여 이를 행할 수 있다(규 제123조의3 참조).

전술한 바와 같이 영상녹화물의 원본은 생성 직후 봉인되어 보관되어야 한다. 그러나 검사는 당해 사건에서 피의자나 참고인의 조사 후 기소 여부를 결정하기 위하여 영상녹화물을 재생하여 볼 필요가 있고, 또한 기소 후 영상녹화물 조사 신청을 위하여 조사가 필요한 부분의 시각을 특정하기 위해서도 영상녹화물을 재생하여 볼 필요가 있다. 이와 같은 이유로 실무상으로는 영상녹화물의 원본 CD를 제작하는 과정에서 1개의 CD를 추가로 제작하여 부본으로 활용하고 있다. 개정 형사소송규칙은 영상녹화물의 부본 CD 제작과 그를 이용한 열람·등사가 가능함을 명확히 하였다. 영상녹화물 원본의 진정성을 최대한 유지하기 위해서는 부본에 의한 열람·등사를 원칙적인 모습으로 할 필요가 있다. 만약 피고인이 원본에 의한 열람·등사를 구할 경우에는 어떻게 대응할 것인가? 허용할 수밖에 없을 것으로 생각되나, 그 경우 원본성 유지를 위한 봉인 방법 등과 관련한 복잡한 문제가 발생할 것이다. 향후 실무와 판례의 움직임을 지켜 볼 필요가 있다.

(6) 기억 환기를 위한 영상녹화물의 조사와 적법 요건

기억 환기를 위한 영상녹화물의 경우에도 위에서 본 적법 요건이 구비되어야 하는지 여부, 진정성이 확보되어야 하는지 여부가 문제가 될 것이나, 형사소송규칙은 조사 신청이 서면에 의하여 이루어져야 함을 규정한 형사소송규칙 제134조의2 제2항을 제외하고는 조서의 실질적 진정성립 증명을 위한 영상녹화물의 조사에 관한 나머지 규정들을 모두 준용함으로써 기억 환기를 위하여 재생할 영상녹화물도 적법한 절차와 방식에 의하여 작성되어야 함을 명백히 하였다(규 제134조의5 제2항 참조).

영상녹화물이 그 조사 단계에서 여러 가지 용도로 사용된다고 하더라도 그 제작 단계에서는 단일한 절차와 방식에 의하여 제작될 필요가 있다는 점, 만약 기억 환기를 위한 경우 적법 요건을 필요로 하지 않는다면 영상녹화제도가 수사과정의 투명성 제고라는 당초의 목적과는 달리 진술인의 진술 번복을 방지하기 위한 압박용으로만 이용될 우려를 배제할 수 없는 점, 특히 참고인의 경우 수사기관에 의하여 편의상 제작된 영상녹화물을 통하여 진술인에게 위증의 위험성을 경고하고 진술 번복을 방지하기 위한 장치로 기능하게 될 우려가 있다는 점 등을 고려하면 기억 환기를 위한 영상녹화물 또한 적법한 절차와 방식에 따라 제작된 것만을 사용하도록 할 필요가 있다.

적법한 절차에 따르지 아니하고 수집된 증거방법은 증거조사의 어느 단계에서라도 배제되어야 하는 것이 당연하고, 기억 환기를 위한 영상녹화물도 진정성립 인정을 위한 조서 제시 전(前) 단계에서 재생됨으로써 실질적으로 성립의 진정을 이끌어내기 위하여 사용될 수 있는 것인 점 등에 비추어 기억 환기를 위한 영상녹화물도 진정성립의 증명을 위한 영상녹화물과 달리 볼 아무런 이유가 없기 때문이다.

3. 영상녹화물의 조사 절차

(1) 영상녹화물의 조사 신청

가. 실질적 진정성립 증명을 위한 조사신청

검사는 피고인이 된 피의자의 진술을 영상녹화한 사건에서 피고인이 그 조서에 기재된 내용이 피고인이 진술한 내용과 동일하게 기재되어 있음을 인정하지 아니하는 경우 그 부분의 성립의 진정을 증명하기 위하여 영상녹화물의 조사를 신청할 수 있다(규 제134조의2 제1항). 다른 피의자 또는 참고인의 진술을 영상녹화한 경우에도 같다(규 제134조의2 제6항, 제134조의3 제1항).

이와 같이 실질적 진정성립의 증명을 위한 영상녹화물의 조사는 피고인 또는 피고인 아닌 자의 진술이 기재된 조서가 증거로 신청되고, 피고인 또는 피고인 아닌 자가 당해 조서의 실질적 진정성립을 인정하지 않을 것을 그 전제로 한다.

1) 신청방식

실질적 진정성립의 증명을 위한 영상녹화물의 조사신청은 서면에 의하여야 하고, 그 서면에는 영상녹화를 시작하고 마친 시각과 조사 장소, 피고인 또는 변호인이 진술과 조서 기재 내용의 동일성을 다투는 부분의 영상을 구체적으로 특정할 수 있는 시각을 기재하여야 한다(규 제134조의2 제2항).

2) 신청서의 기재방식

피고인 등이 조서 중 일부에 관하여만 실질적 진정성립을 인정하지 않는 경우에는 법원은 당해 조서 중 어느 부분이 원진술자가 진술한 대로 기재되어 있고 어느 부분이 달리 기재되어 있는지 여부를 구체적으로 심리한 다음 진술한 대로 기재되어 있다고 하는 부분에 한하여 증거능력을 인정하여야 한다(대판 2005. 6. 10. 선고

2005도1849 참조). 따라서 진정성립의 증명을 위한 영상녹화물의 조사에 있어서도 검사는 영상녹화물 조사 신청서에 피고인 또는 변호인이 진술과 조서 기재 내용의 동일성을 다투는 부분의 영상을 구체적으로 특정할 수 있는 시각을 기재하여야 한다. 형사소송규칙은 이를 위해 피고인 또는 변호인이 검사 작성의 피고인에 대한 피의자신문조서에 기재된 내용이 피고인이 진술한 내용과 다르다고 진술할 경우, 피고인 또는 변호인은 당해 조서 중 피고인이 진술한 부분과 같게 기재되어 있는 부분과 다르게 기재되어 있는 부분을 구체적으로 특정하도록 하고 있다(규 제134조 제3항). 이는 진정성립의 증명을 위한 영상녹화물의 조사가 조서의 진정성립을 위한 증명의 정도를 벗어나 법원의 심증 형성에 부당한 영향을 미치지 않도록 영상녹화물의 조사 범위를 최소화하기 위한 조치이다.

3) 신청을 기각하는 경우

검사가 위 서면의 제출 없이 진정성립의 증명을 위한 영상녹화물의 조사를 신청하는 경우, 제출한 서면에 필요한 기재가 누락되어 있고 법원의 보정 명령에도 응하지 않는 경우에는 그 조사신청을 기각할 수 있다. 법원이 증거신청을 채택할 것인지 여부는 법원의 재량사항이고(대판 2003. 10. 10. 2003도3282), 이는 독립된 증거가 아니라고 하더라도 영상녹화물의 조사신청에도 그대로 적용된다.

4) 영상녹화물 원본의 제출 금지

영상녹화물은 독립된 증거로 사용될 수 있는 것이 아니고, 조사 후에는 즉시 반환하여야 하는 점에 비추어 조사 신청 단계에서 영상녹화물 원본이 법원에 제출되어서는 아니 된다.

나. 기억 환기를 위한 영상녹화물의 조사신청

조서의 진정성립 증명을 위한 영상녹화물의 조사 신청과 달리 기억 환기를 위한 영상녹화물의 조사 신청은 서면에 의할 것을 요구하지 않는다. 기억 환기를 위한 영상녹화물의 조사는 피고인 또는 피고인 아닌 자가 공판준비 또는 공판기일에서 진술함에 있어 기억이 명백하지 않은 사항이 있을 경우 그 기억을 환기시키기 위하여 사용하는 것이므로 미리 서면을 준비하도록 하는 것이 물리적으로 곤란하다는 점을 고려한 것이다.

(2) 영상녹화물 조사 여부의 결정

가. 피고인 또는 변호인, 제3자의 의견 진술

법원은 피고인 또는 변호인으로 하여금 그 영상녹화물이 적법한 절차와 방식에 따라 작성되어 봉인된 것인지 여부 및 영상녹화물의 봉인의 진정성이 그대로 유지되고 있는지 여부에 관한 의견을 진술하도록 하여야 한다(규 제134조의4 제1항). 검사가 조사를 신청한 영상녹화물이 피고인 아닌 자의 진술에 관한 영상녹화물인 경우에는 당해 진술인도 위와 같은 의견을 진술하여야 한다(규 제134조의4 제2항). 조서의 실질적 진정성립 증명을 위한 경우이든, 기억환기를 위한 조사의 경우이든 차이가 없다.

나. 영상녹화물의 적법 요건에 관한 심사

개정 형사소송규칙은 피고인·변호인 또는 원진술자인 제3자가 적법 요건에 관하여 문제를 제기한 경우, 예컨대 영상녹화물이 조사의 전 과정을 영상녹화한 것이 아니라거나 영상녹화물 원본의 봉인이 훼손되었다는 등의 진술이 있는 경우의 처리에 관하여 아무런 규정을 두고 있지 않다. 따라서 증거조사에서의 일반적인 절차에 따라야 할 것인바, 법원은 우선 검사에게 당해 적법 요건의 충족 여부에 관하여 의견을 진술하도록 하여야 하고, 검사가 당해 적법 요건의 불비를 인정하는 경우에는 그 하자의 경중에 따라 영상녹화물의 조사 여부를 결정할 수 있을 것이다. 문제는 검사가 피고인 등의 의견과 달리 당해 적법 요건이 갖추어졌음을 주장하는 경우이다.

이 점에 관해서는 검사가 적법 요건을 충족하였음을 입증하여야 하고 그 후 비로소 영상녹화물을 조사할 수 있도록 하여야 한다는 견해, 증명을 허용하지 않고 조사 신청을 기각하여야 한다는 견해 등이 있을 수 있으나, 전자는 영상녹화물의 재생을 위한 요건과 절차가 지나치게 까다로워 오히려 절차의 지연을 초래할 우려가 있다는 점 때문에, 후자는 결국 원진술자의 진술 외에 조서의 진정성립을 증명할 수 있는 아무런 수단이 없게 되어 영상녹화물 제도의 도입 취지에 반한다는 점 때문에 받아들이기 어렵다.

살피건대, 피고인 등으로부터 영상녹화물의 적법 요건에 관하여 문제 제기가 있음에도 검사가 이를 인정하지 않는 경우, 우선 봉인의 훼손 여부, 기명날인 또는 서명의 진정성립 여부 등 영상녹화물 그 자체와 무관한 사정에 관한 이의에 관한 사항은 검사로 하여금 이를 입증하게 할 수밖에 없을 것이다. 조사의 전 과정이 영상녹화되었는지 여부에 관해 문제 제기가 있는 경우에는 조사과정 기록지 등을 우선적으로 검토하여 확인할 수 있을 것이다. 그러나 나아가 영상녹화물을 통하여 확인할 수밖에 없는 사항, 예컨대 일정한 사항의 고지 의무 위반 등의 점에 관해서는 결국 영상녹화물을 재생하여 그 적법 요건의 구비 여부를 확인할 수밖에 없고, 만약 재생 도중 적법 요건을 구비하지 못한 것으로 판단될 경우 즉시 재생을 중지하고 조사신청을 기각하여야 한다는 입장을 취하는 것이 일견 타당해 보인다. 다만 이러한 결론에 대해서도 적법 요건을 갖추지 못한 영상녹화물은 재생되어서는 아니 됨에도 불구하고 제한 없이 재생됨으로써 법원의 심증에 부당한 영향을 줄 수 있는 여지가 있다는 비판이 있으므로, 그 경우에도 영상녹화물의 재생은 실제 진술 내용의 확인이 아닌 적법 요건의 충족 여부에 관한 심사에 한정할 필요가 있다. 이를 위해서는 피고인 등으로 하여금 적법 요건 심사를 위하여 필요한 재생 부분을 명확하게 특정하도록 할 필요가 있음은 물론이다.

다. 영상녹화물 조사 여부에 관한 결정

영상녹화물의 조사 신청이 있더라도 그 필요성이 없는 경우에는 그 조사 신청을 기각할 수 있음은 일반적인 증거의 채부에 있어서와 같다. 따라서 검사가 조서의 실질적 진정성립의 증명을 위해서 또는 기억환기를 위하여 영상녹화물의 조사를 신청하더라도 법원이 불필요하다고 인정하는 경우에는 그 조사신청을 기각할 수 있다. 영상녹화물의 조사 신청이 법률이 허용하고 있지 아니한 목적을 위한 경우, 즉 검사가 피고인 또는 피고인 아닌 자의 진술 번복을 탄핵하기 위하여 영상녹화물의 조사를 신청하거나 영상녹화물을 독립된 증거로 조사하여 줄 것을 신청하는 경우 등에도 후술하는 바와 같이 법원은 그 조사신청을 기각하여야 한다.

쟁 점

<영상녹화물이 그 적법 요건을 흠결한 경우의 처리>

이에 관해서는 영상녹화물의 적법 요건은 엄격하게 심사하여야 하고 적법 요건의 어느 하나라도 흠결한 경우에는 예외 없이 조사신청을 기각하여야 한다는 견해도 있으나, 경미한 형식적 하자를 이유로 일률적으로 그 증거신청을 기각하는 것은 바람직하지 않고, 문제된 하자의 유형이나 위반 정도에 따라 탄력적으로 대응함이 타당하다고 본다.

㉠ 신청을 기각하는 것이 적절치 않은 경우

형사소송규칙이 요구하고 있는 각종 적법 요건 중 영상녹화를 시작하고 마친 시각이나 조사를 종료하는 시각의 고지 중 일부 요건이 흠결된 경우에도 영상녹화물의 재생 화면에 표시된 녹화 시각의 표시 등에 비추어 조사의 전 과정이 영상녹화되었다고 인정되는 경우에는 이를 들어 그 조사신청을 기각하는 것은 적절치 않을 것이다.

㉡ 하자가 중대하여 기각해야 하는 경우

피의자의 신문이 영상녹화되고 있다는 취지의 고지가 이루어지지 않은 경우나 참고인의 동의 없이 영상녹화를 개시한 경우, 진술거부권이나 변호인의 참여권 등 고지를 누락한 경우 등에 있어서는 그 하자가 중대하다고 보아야 할 것이다. 법원은 어느 경우이든 조사 신청을 인용하는지, 기각하는지 여부를 명백히 밝혀야 한다.

영상녹화물이 그 적법 요건을 구비하지 않아 조사신청을 기각하는 경우라고 하더라도 영상녹화의 기회에 작성된 조서가 그 적법 요건을 결하고 있다고 일률적으로 말할 수는 없다. 영상녹화물이 진술거부권의 고지를 누락하고 있는 경우 등 그 하자가 신문절차 자체에 관한 것인 때에는 영상녹화물과 함께 조서 자체의 증거신청도 받아들여서는 아니될 것이나 단순히 영상녹화물에 특유한 적법요건을 결한 경우에는 조서에까지 그 영향을 미치는 것은 아니라고 보아야 할 것이다.

(3) 영상녹화물의 조사

가. 조서의 실질적 진정성립 증명을 위한 조사

1) 조사의 절차

법원이 조서의 실질적 진정성립의 증명을 위한 영상녹화물의 조사신청을 받아들이게 되면 검사로부터 당해 영상녹화물을 제출받게 된다. 물론 영상녹화물의 적법 요건 심사를 위하여 미리 영상녹화물을 재생한 경우에는 그 단계에서 영상녹화물이 제출된다. 법원은 제출된 영상녹화물의 봉인을 해체하고 영상녹화물의 전부 또는 일부를 재생하는 방법으로 영상녹화물을 조사한다. 실무상 법원사무관 등으로 하여금 영상녹화물의 봉인을 해체하도록 할 수 있을 것이다. 형사소송규칙은 영상녹화물 원본에 의하여 그 조사가 이루어져야 함을 명백히 하고 있으므로(규 제134조의4 제3항 참조), 조사 과정에서 영상녹화물 원본이 훼손되지 않도록 각별히 주의할 필요가 있다.

영상녹화물의 조사가 조서의 실질적 진정성립 증명을 위한 것일 때에는 그 영상녹화물은 법원에 대하여 재생되어야 한다. 조사할 영상녹화물이 제3자 진술의 영상녹화물인 경우 영상녹화물의 재생은 법원이 조서의 기재와 영상녹화된 참고인의 진술내용이 동일한 것인지를 확인하기 위하여 행하여지는 것이므로 제3자로 하여금 재생되는 영상녹화물을 반드시 시청하도록 할 필요는 없다.

2) 공판준비기일의 활용

제1회 공판기일 전의 공판준비절차에서 조서의 실질적 진정성립이 문제되는 경우 조서의 실질적 진정성립을 위한 영상녹화물의 조사는 원칙적으로 공판준비기일에서 이루어져야 할 것이다. 특히 국민참여재판에서는 배심원 또는 예비배심원은 법원의 증거능력에 관한 심리에 관여할 수 없으므로 영상녹화물의 증거조사에 관해서는 이 점을 특히 유의하여야 한다(국민의 형사재판 참여에 관한 법률 제44조 참조).

제1회 공판기일이 진행된 후에야 비로소 공소사실을 다투면서 조서의 실질적 진정성립을 부인하는 경우가 문제이나, 이 경우도 기일간 공판준비기일에서 영상녹화물을 조사하는 것을 원칙적인 모습으로 운영함이 바람직하다. 영상녹화물의 조사를 위하여 소요되는 시간을 미리 예측하기 어려워 공판기일의 효율적인 운영에 어려움을 초래할 수 있고, 모든 형사법정에 영상녹화물의 재생을 위한 전자적 설비를 갖출 수 없어 별도의 전자적 설비를 갖춘 공판준비절차실에서 이를 조사할 필요가 있기 때문이다. 형사규칙도 영상녹화물은 그 재생과 조사에 필요한 전자적 설비를 갖춘 법정 외의 장소에서 이를 재생할 수 있도록 규정하고 있다(규 제134조의4 제3항 후문).

합의부의 경우 공판준비기일에서 영상녹화물을 재생함에 있어 수명법관으로 하여금 이를 행하게 할 수 있음은 물론이다.

3) 최소한의 범위 내에서 조사

영상녹화물의 조사는 조서의 실질적 진정성립을 증명함에 필요한 범위 내에서만 이루어져야 하고, 불필요한 부분에 이르기까지 만연히 그 조사가 이루어지는 형태로 실무가 운영되어서는 아니 된다(규 제134조의2 제1항, 제2항). 영상녹화물이 법원의 심증에 부당한 영향을 미치지 않도록 하기 위해서는 실질적 진정성립의 증명을 위한 한도 내에서 최소한으로 이루어질 필요가 있음을 유념하여야 한다. 효율적인 조사를 위하여 필요한 경우에는 검사로 하여금 필요한 경우 녹취록을 작성하여 제출하도록 명할 수 있을 것이다.

나. 기억 환기를 위한 영상녹화물의 조사

기억 환기를 위한 영상녹화물의 조사에 있어서도 그 조사 신청이 인용되면 영상녹화물을 제출받아 봉인을 해체하고 재생하여 조사하는 것은 조서의 진정성립을 위한 영상녹화물의 조사에 있어서와 같다. 다만 기억 환기를 위한 영상녹화물의 조사는 오로지 피고인 또는 피고인 아닌 자가 공판준비 또는 공판기일에서 진술함에 있어 그 기억이 명백하지 아니한 사항에 관하여 기억 환기를 위하여 인정되는 것이므로, 그 재생의 대상은 오로지 원진술자인 피고인 또는 피고인 아닌 자에 국한하여야 한다(법 제318조의2 제2항, 규 제134조의5 제1항 참조).

(4) 영상녹화물 조사 이후의 조치

가. 영상녹화물의 재봉인 등

법원이 영상녹화물의 조사를 마친 후에는 재판장은 지체 없이 법원사무관 등으로 하여금 다시 원본을 봉인하도록 하고, 영상녹화물이 피고인의 진술을 대상으로 하는 것일 때에는 피고인에게, 영상녹화물이 피고인 아닌 제3자의 진술에 관한 것일 때에는 원진술자인 제3자와 함께 피고인 또는 변호인에게 각 기명날인 또는 서명하여야 한다. 다만 피고인의 출석 없이 개정하는 사건에서 변호인이 없는 때에는 피고인 또는 변호인의 기명날인 또는 서명을 필요로 하지 않는다(규 제134조의4 제4항). 명문의 규정은 없으나, 제3자가 출석하지 않은 가운데 영상녹화물을 조사하는 경우에도 원진술자인 제3자의 기명날인 또는 서명을 하도록 하는 것은 불가능하므로 마찬가지로 보아야 할 것이다.

나. 영상녹화물의 반환

형사소송규칙 제134조의4 제4항은 영상녹화물의 조사가 종료한 후 법원은 영상녹화물을 검사에게 반환하도록 하고 있다. 영상녹화물은 독립적 증거로 사용될 수 없고, 이와 같이 증거로 사용될 수 없는 자료가 법원에 제출되어 소송기록에 편철되어서는 아니 되는 점 등을 고려하여 일단 조사를 마친 영상녹화물을 검사에게 반환하도록 한 것이다.

사본을 제출하도록 하는 것은 조사를 마친 영상녹화물 원본을 반환하도록 함으로써 증거능력 없는 자료가 기록에 편철되는 것을 금지하고자 하는 개정규칙의 취지에 반하고, 기록에 편철된 영상녹화물 사본이 그 후 법원에 의하여 재생된다면 증거로 사용될 수 없는 영상녹화물이 실질적으로 사실인정을 좌우하게 될 우려가 있는 점 등에 비추어 보면, 영상녹화물의 조사를 마친 이후라도 사본이 제출되어 소송기록에 편철되어서는 아니 된다.

항소심에 있어서는 원칙적으로 영상녹화물 조사 신청에 대한 원심 판단의 당부에 관하여 소송관계인의 주장이나 소송기록을 통하여 사후적으로 심사하여야 하고, 필요한 경우에는 또 다시 영상녹화물의 조사 절차를 거칠 수밖에 없다. 한편 상고심의 경우에도 영상녹화물의 적법 요건 등에 관해서는 확정된 사실관계에 기하여 사후적으로 심사할 수 있으나, 법률심의 성질상 실질적 진정성립 인정에 관한 원심 판단의 당부에 관하여 심사하기 위하여 스스로 영상녹화물을 조사할 수는 없다고 보아야 한다. 상급심이 법률과 규칙에 규정된 절차 외의 방법으로 영상녹화물을 조사할 수 없다고 보는 이상 그 사본을 소송기록에 편철할 이유도 없다.

다. 공판조서의 기재

통상의 증거결정에 관한 기재 이외에 영상녹화물의 조사 결과에 관하여 별도로 공판조서에 기재할 필요는 없다. 다만 영상녹화물의 조사 신청이 있는 경우에는 증거목록에 그 표목과 채부의 결정, 조사 일시 등을 기재하여야 하고, 적법요건의 흠결 여부에 관하여 다툼이 있는 경우 상급심의 판단 자료로 제공한다는 의미에서 공판조서에 그 판단 이유를 간략하게 기재할 수도 있을 것이다.

4. 관련문제

(1) 영상녹화물과 탄핵증거

피고인 또는 피고인 아닌 자의 진술을 내용으로 하는 영상녹화물은 현행법 제318조의2 제1항 소정의 탄핵증거로는 사용할 수 없도록 하되, 피고인 또는 피고인 아닌 자의 기억환기를 위하여 필요하다고 인정되는 경우에 한하여 피고인 또는 피고인 아닌 자에게 재생하여 시청하게 할 수 있도록 하였다.

영상녹화물을 탄핵증거로 사용할 수 있도록 할 경우 수사기관 임의로 피의자나 참고인의 동의 없이 조사 또는 신문의 일부분을 발췌하여 녹화한 영상녹화물이 아무런 제한 없이 법정에서 재생되고, 그 결과가 법원의 심증형성에 직접적으로 영향을 미치도록 방치하는 결과를 초래할 수 있다. 물론 증거능력 없는 증거서류인 경우에도 증거능력 없는 증거가 탄핵증거라는 명목으로 법정에 현출되는 것을 방지할 수는 없지만 서류증거가 갖는 증명력과 영상녹화물이 갖는 증명력의 차이를 감안하면 영상녹화물의 일반적인 탄핵증거로서의 사용은 비록 영상녹화물이 본증으로 사용되지 않는다 하더라도 전체적인 심증 형성을 좌우함으로써 사실상 본증으로 이용될 우려가 크다.

개정 형사소송법은 이러한 우려를 반영하여 피의자 등의 진술 내용을 담은 영상녹화물은 기억환기용으로 당해 진술자에게만 보여주는 방식으로 사용될 수 있을 뿐 탄핵증거로 사용될 수 없음을 명백히 하였다.

(2) 영상녹화물과 조서

피의자의 진술은 조서에 기재하여야 한다는 현행법 제244조 제1항을 그대로 존속시킴으로써 수사기관이 피의자의 진술을 들은 때에는 반드시 조서를 작성해야 한다는 현행법의 입장을 그대로 유지하였다. 그러므로 검사가 조사를 신청하는 영상녹화물은 반드시 조서의 존재를 그 전제로 하여야 하고, 비록 명문의 규정이 없다고 하더라도 참고인의 경우에도 마찬가지로 보아야 한다. 형사소송규칙도 영상녹화물의 적법 요건의 하나로 영상녹화물은 조사의 개시 시점부터 조사를 마친 후 진술자가 조사의 결과 생성된 조서에 기명날인 또는 서명하는 시점까지 영상녹화하도록 규정함으로써 이 점을 명백히 하고 있다(규 제134조의2 제3항, 제6항, 제134조의3 제3항, 제134조의5 제2항 참조). 형사소송법과 형사소송규칙 아래에서 조서의 작성을 전제하지 않고 수사과정에서 피의자나 참고인의 진술을 담은 영상녹화물이 활용될 수 있는 영역은 없다.

(3) 피고인·변호인에 의한 영상녹화물 조사 신청

일부 사건에서는 오히려 검사가 아닌 피고인 또는 변호인이 수사기관의 조사 과정에서 피고인 또는 참고인이 진술한 것으로 피고인에게 유리한 사항이 피의자신문조서 또는 진술조서에 기재되어 있지 않다고 주장하거나 검찰 측 증인으로 출석한 증인의 신빙성을 탄핵하기 위하여 영상녹화물에 대한 조사를 신청하는 경우가 있고, 나아가 피고인 또는 변호인이 피고인 또는 참고인 진술의 임의성·특신상황 등을 다투며 적극적으로 영상녹화물의 조사를 신청하는 경우도 예상된다. 이와 같은 경우 피고인·변호인의 영상녹화물 조사 신청을 허용할 것인지 여부, 허용한다면 어떠한 요건 아래에서 허용할 것인지, 어떠한 방법 및 절차를 거쳐 조사할 것인지가 문제가 된다.

이에 대하여는 이론적으로 긍정과 부정의 두 가지 입장이 모두 가능하다. 먼저 부정설은 피고인이나 변호인이 유리한 사실의 기재가 누락되었다고 주장하는 것은 결국 조서의 실질적 진정성립을 부인하는 것과 다를 바 없어 검사로 하여금 실질적 진정성립을 증명하도록 함으로써 족하고, 임의성 및 특신상황 역시 피고인이나 변호인이 문제를 제기할 경우 검사가 이를 입증하여야 하는 것이므로 검사에게 입증을 촉구함으로써 충분할 뿐 아니라 개정법이 영상녹화물의 사용 요건을 엄격하게 한정하고 있으므로 이와 같은 우회적 사용은 제한할 필요가 있다는 것을 논거로 하고 있다. 이에 대하여 긍정하는 견해는 개정법이 영상녹화물의 사용을 제한하고 있는 것은 그것이 검사에 의하여 공소사실을 인정하기 위한 증거로 제출되는 경우의 위험성에 대비하기 위한 것일 뿐 피고인이나 변호인이 피고인의 이익을 위하여 이를 사용하는 것까지 막고자 하는 것은 아니고, 판례도 반대증거서류에 대해서는 그것이 유죄사실을 인정하는 증거가 되는 것이 아닌 이상 반드시 그 진정성립이 증명되어야 한다거나 상대방의 동의가 있어야 하는 것은 아니라고 하고 있으며(대판 1974. 8. 30. 74도1687 참조), 피고인에게 유리한 자료가 있음에도 불구하고 검사가 그 조사를 회피할 경우 피고인이나 변호인의 신청을 받아들여 영상녹화물을 조사할 필요성을 부정할 수 없다는 점을 그 논거로 들고 있다.

이 점에 관한 향후의 실무와 판례가 주목된다. 다만, 실무에서는 피고인 또는 변호인이 위와 같은 주장과 함께 영상녹화물의 조사를 신청할 경우 우선 검사에게 그에 대한 답변을 제출하도록 하고 그에 의해서 확정된 사실관계에 터잡아 우선적으로 가능한 결론을 도출하도록 노력하여야 할 것이다.

Ⅷ. 양형을 위한 증거조사

1. 서론

형사사건에서 유·무죄 판단의 중요성은 누구나 공감하고 있다. 하지만, 자백사건이 형사사건의 대부분을 차지하고 무죄 비율이 그다지 높지 않은 현실에서 피고인과 피해자, 그 가족으로서는 유·무죄 판단보다 오히려 양형에 대한 관심이 더 높을 수밖에 없다. 그럼에도, 그동안 우리 형사재판에서는 양형심리의 중요성이 충분히 강조되지 않았을 뿐 아니라, 실제 양형심리도 법정에서보다는 집무실에서의 기록 검토를 통하여 이루어졌다. 이는 양형과정의 투명화를 해치고 판결에 대하여 불필요한 오해와 불신을 야기하는 한 원인이 되기도 하였다.

보다 자세히 본다면, 그동안 형사 법정에서의 증거자료는 유·무죄 인정을 위한 자료와 양형심리를 위한 자료로 구별되지 아니한 채, 증거능력 유무와도 관계없이 수사기록 일체가 법원에 제출되어 왔다. 그리고 법원에서도 양형심리를 위한 별도의 조사를 하기보다는 수사기관이 작성한 피의자신문조서나 범죄경력조회서 등 수사기록에 나타난 자료 또는 피고인·변호인이 제출하는 합의서, 탄원서 등에 기재된 사항을 토대로 양형인 자를 파악하였을 뿐, 양형인자에 대하여 검사와 피고인·변호인이 적극적으로 공방하는 방식에 따라 심리하는 경우는 드물었다.

그러나 증거능력을 갖는 증거만이 유·무죄 판단의 근거로 법정에 제출되어야 하므로, 수사기록 일체를 제출받지 않는 현 상황에서는 양형을 위한 보다 적극적인 증거조사와 심리가 절실하게 되었다. 더욱이 2007년 4월경 양형위원회가 설립되어 양형기준 설정을 위한 연구와 심의가 진행되고 있고, 2009년 4월경에는 제1차 양형기준이 공포될 것으로 예상되는데, 비록 양형위원회의 양형기준이 권고적 효력을 갖는다고 하더라도 판사로서는 양형기준을 이탈한 경우에는 그 이유를 판결에 기재하여야 하므로 양형기준 적용의 전제가 되는 양형심리의 개선은 이제 더 이상 미루어서는 아니 될 중요한 과제라고 할 수 있다.

그동안 양형심리를 개선하기 위하여 양형조사관 제도를 도입하여야 한다는 주장, 공판절차를 유무죄 심리 절차와 양형심리 절차로 이분하여야 한다는 주장 등이 제기되었으나 아직까지 입법이 이루어지지는 아니하였다. 그러나 현행 법 테두리 안에서도 아래와 같은 방법으로 양형심리의 개선은 상당한 정도로 달성할 수 있다고 할 것이다.

2. 양형심리

(1) 양형심리의 의의

형사재판이 공판중심으로 이루어져야 한다는 형사소송의 이념에도 불구하고 수사기록은 형사사건의 유·무죄 판단은 물론 양형을 함에 있어서도 중요한 자료를 제공하여 왔다. 그러나 실제 수사기록에 기재된 내용은 대체로 피고인이나 피해자의 일방적인 진술에 의존한 것이거나 수사기관의 의견에 불과한 것일 뿐 아니라, 양형자료라는 측면에서도 피고인의 나이나 학력 등 형식적인 부분들을 담고 있는 것이 대부분이었다. 한편, 변호인을 통해 제출되는 정상에 관한 자료 역시 피고인에게 유리한 쪽에 편향된 자료가 적지 않았고, 그와 같은 자료의 신빙성이나 진실성에 대한 공방이 벌어지는 경우도 드물었다.

양형은 구체적인 사안에서 형벌의 목적에 따른 양형인자를 추출하고, 그 양형인자를 형벌가중적 또는 형벌감경적으로 비교평가를 하여 최종적으로 선고형의 결정에 이르는 과정을 거친다. 따라서 법정에서 이루어지는 양형심리는 양형인자, 즉, 양형에 영향을 미치는 사실관계의 확인과 양형인자의 평가에 관한 의견진술로 구성된다. 전자는 양형사실을 증명하기 위한 사실심리과정이고, 후자는 증명된 양형사실이 피고인의 책임과 관련하여 형벌가중적 또는 형벌감경적인 방향 어느 쪽으로 평가되어야 하는지에 관한 소송관계인의 변론 및 공방과정이다.

양형심리를 충실화·활성화하려면 먼저, 법정에서 양형에 영향을 미칠 수 있는 사실관계에 관한 주장이 있고 이에 관한 사실확인 절차가 진행된 다음, 확정된 사실관계의 평가에 관한 소송관계인의 변론과 공방이 진행될 필요가 있다. 종래의 실무에서는 피해회복 여부나 전과, 특히 동종 범죄전력 및 그 범행내용 등 기본적인 양형인자를 심리하는 것으로 법정에서의 양형심리를 마쳤고, 검사는 별다른 논거를 제시하지 않은 채 구형량을 진술하는 것으로 의견진술에 갈음하였으며, 변호인 역시 법원의 선처를 구하는 내용의 추상적 변론을 하는 것에 그치는 경우가 많았다. 그 결과 실제의 양형심리는 변론종결 이후 판결 선고일까지 판사의 집무실에서 기록을 검토하는 과정에서 이루어져 어떠한 양형인자를 어떻게 평가할 것인지에 관한 합리적 논증이 충분히 이루어지지 못하였고, 적정하고 균형잡힌 양형, 합리적이고 투명한 양형을 하지 못한다는 비판을 받기도 하였다. 이러한 비판으로부터 자유롭기 위해서 양형기준의 도입이나 양형 데이터베이스의 구축 및 활용도 필요하겠으나, 여기에 그칠 것이 아니라 이러한 여건을 기반으로 양형심리의 충실화와 활성화를 위한 실무의 노력이 절실하다.

(2) 양형인자

양형심리에서 사실인정의 대상은 양형인자이다. 구체적인 사건에서 양형의 판단에 영향을 미칠 인자들을 양형인자라고 한다. 이러한 양형인자는 모든 사건에 해당되는 공통 양형인자와 일정한 범죄유형에 해당하는 개별 양형인자로 구분할 수도 있고, 피고인의 행위자적 양형인자와 구성요건적 행위관련 양형인자로도 구분할 수 있다.

형법에 나타난 공통 양형인자로는 '범인의 연령, 성행, 지능과 환경, 피해자에 대한 관계, 범행의 동기, 수단과 결과, 범행 후의 정황' (형법 제51조), '개전의 정상이 현저함' (형법 제59조)과, ' 그 정상에 참작할 만한 사유' (형법 제62조)를 들 수 있다. 「의견서 제출에 관한 예규(재형 2002-1)」의 별지인 '의견서' 양식에 의하면 가족관계(가족사항, 주거사항, 가족의 수입), 피고인의 학력, 직업 및 경력, 성장과정 및 생활환경, 피고인 성격의 장·단점, 범행 이유, 피해자와의 관계, 합의 여부, 범행 후 피고인의 생활, 질병이나 신체장애 여부, 억울하다고 생각하는 사정이나 애로사항 등을 기재하게 되어 있는데, 피해자와의 관계, 합의 여부를 제외한 나머지 사항들 역시 공통 양형인자라고 볼 수 있을 것이다.

현재 사법부 내부전산망인 코트넷 초기화면 좌측의 재판업무 프로그램 중 '재판양식' B 3600번부터 B 3615번까지는 폭력·상해, 사기, 교통사고, 성폭력, 살인·폭행치사, 절도·장물, 횡령·배임, 뇌물, 강도, 특가도주, 부정수표, 마약, 위증·무고, 명예훼손·모욕, 기타 유형의 '양형자료조사표'가 실려 있고, 법원행정처에서 배포한 '양형사례집'에도 대표적인 몇 가지 범죄 유형의 사례들을 소개하면서 사례별 양형인자를 정리해 두었다. 또한 양형정보시스템에서도 살인, 사기, 뇌물, 교통사고처리특례법위반, 도로교통법위반 등 사건에 있어서 개별 양형인자를 정리하고 그 개별 양형인자와 양형 사이의 상관관계에 대한 기본적 통계자료를 제공하고 있다. 위와 같은 자료에 기초하여 양형심리를 진행하면 보다 적정한 심리가 가능하게 될 것으로 기대된다.

몇 가지 기본 범죄유형에 있어서 고려될 수 있는 주요한 개별 양형인자를 하나의 표로 정리해 보면 다음과 같다.

범죄유형	주요한 개별 양형인자
살인.치사범죄	범행의 계획성, 범행의 잔혹성, 피해자와의 관계, 유족의 의사 등
성 범 죄	범행의 계획성, 범행의 잔혹성, 피해자와의 관계, 피해자의 연령, 합의 여부 등
뇌물범죄	피고인 담당직무, 뇌물액, 범행의 반복성, 증뢰자와의 관계, 청탁 내용, 뇌물 반환 여부 등
공무집행 방해범죄	범행의 계획성, 피해자의 담당 직무, 피해의 정도, 합의 여부 등
위증범죄	범행의 계획성, 허위의 정도, 재판에 미친 영향, 위증으로 인한 피해의 정도 등
무고범죄	범행의 계획성, 범행의 반복성, 무고의 정도, 피무고자의 피해 정도, 피무고자의 의사 등
방화범죄	범행의 계획성, 방화의 객체, 피해 정도, 피해 회복 여부 등
문서범죄	범행의 계획성, 범행의 반복성, 사문서 명의인과의 관계 등

간 통 죄	범행 전 가정의 평온 여부, 간통 기간 및 횟수, 범행 전 간통 및 상간자의 관계, 고소의 주목적 등
도박범죄	범행의 계획성, 도박의 종류, 도금의 액수, 도박 횟수, 도박의 전문성 여부 등
상해.폭행범죄	범행의 계획성, 흉기 사용 유무, 상해 부위 및 정도, 피해 회복 위한 노력, 합의 여부 등
절도범죄	범행의 계획성, 범행 장소, 피해액, 피해 회복 여부, 절취품 사용 용도 등
강도범죄	범행의 계획성, 범행 시간, 범행 장소, 피해액, 피해 회복 여부, 강취품 사용 용도 등
사기범죄	범행의 계획성, 피해자의 재산 상실 정도, 피해액, 피해 회복 여부, 편취품 사용 용도 등
공갈범죄	범행의 계획성, 피해액, 피해 회복 여부, 강취품 사용 용도 등
횡령.배임범죄	범행의 계획성, 피해액, 피해 회복 여부, 범행이익 사용 용도 등
마약류범죄	범행의 계획성, 범행의 반복성, 마약류의 종류, 거래량, 투약 횟수, 범죄 조직 관여 여부 등
교통사고범죄	과실의 정도, 상해의 부위 및 정도, 피해액, 사고 유형, 피해자 과실 여부, 피해 회복 여부 등

(3) 양형인자의 증명

양형을 위한 사실인정 역시 형사소송에 적용되는 증명의 원칙에 따라야 할 것이다. 일반적으로 유·무죄 판단의 전제가 되는 구성요건 해당사실, 위법성과 책임의 기초사실 등에 대하여는 적법한 증거조사를 거친 법률상 증거능력 있는 증거에 의한 엄격한 증명을 거쳐야 한다.

반면, 양형에 관한 사실은 법원의 재량적 판단이 요구되는 영역에 있기 때문에 자유로운 증명으로 족하며, 양형에 관한 사실오인은 상고이유가 되지 않는다고 해석되고 있다.

그러나 양형에 관한 사실이기만 하면 모두 자유로운 증명으로 족하다고 할 것은 아니다. 양형의 기초가 되는 사유 중에는 범죄사실 그 자체의 내용에 속하는 것이나 양형에 결정적인 영향을 미치는 것도 적지 않아, 이를 양형에 관한 사실이라는 이유만으로 일률적으로 자유로운 증명으로 충분하다고 한다면 범죄사실에 대하여 엄격한 증명을 요한다는 원칙이 무의미해지게 될 것이다.

가령, 양형인자 중에는 죄책에 관한 심리 과정 중에서 확인되어야 하는 것들이 있다. 책임의 범위를 결정하는 양형인자들 중에 법익 침해의 종류와 정도, 법적 의무위반의 정도, 범죄행위의 수행방식(범행의 일시·장소·반복횟수·지속성, 범행의 수단, 범죄의 실행방법, 피고인과 피해자의 인적 관계, 다수인이 관여한 범행에서의 기여도 등), 피해자나 제3자와의 관계에서 결과불법을 완화하는 사항이 있는지 유무(예컨대, 피해자나 제3자가 결과 발생에 공동으로 책임이 있는지, 그 책임의 정도가 피고인의 불법을 훨씬 초과하는지, 결과적으로 피해가 발생하지 않았거나 회복되었는지 여부 등), 범행의 동기와 목적 등이 그것이다. 만약 이러한 양형인자의 존부가 다투어진다면 이는 죄책에 관한 다툼이 있는 것으로 엄격한 증거조사절차를 통해 증명되어야 할 것이지 양형심리단계에서 자유로운 증명에 의하여 증명될 것은 아니다. 물론 그러한 다툼이 없는 자백사건이나 간이공판사건의 경우에는 죄책에 관한 심리과정에서 위와 같은 양형인자들이 충분히 확인되지 않을 수 있으므로 양형심리과정에서 확인될 필요가 있다.

일반적으로 죄책에 관한 심리과정에서 확인되지 않기 때문에 양형심리과정에서 추가로 확인하여야 할 양형인자로는, 전과 유무, 과거 범죄 전력과의 관련성, 범행 후 사회의 안정화, 형사소송절차에서의 태도(후회·반성·자백 여부, 사건 해명에 대한 협조 여부, 피고인의 법질서에 대한 적대적 태도, 악의적인 거짓말 등), 피해회복을 위한 노력, 피해자와 공동체의 손해의 심화, 새로운 범행 시도 등과 같은 행위불법의 정도를 결정하는 양형조건과 피고인의 개선, 교육 및 치료 가능성, 범행이 일반인의 규범의식에 미친 영향의 정도, 잠재적 범죄행위자에 대한 위하의 필요성 유무 등과 같은 범죄의 예방을 위한 양형조건이다.

한편, 피고인에게 불리한 영향을 미치는 양형인자의 경우에만 엄격한 증명이 요구된다고 해석하는 견해도 있으나, 피고인에게 불리한 양형인자의 현출만을 유독 어렵게 하는 것은 피고인 일방만을 유리하게 하는 결과를 낳게 되어 타당하다고 보기 어렵다.

다만, 위에서 본 것과 같이 범죄의 수단·방법·피해 정도 등과 같은 양형인자가 동시에 범죄사실의 내용이 되는 경우와 결정적인 영향을 미치는 양형인자는 엄격한 증명의 대상이 되고, 그 밖에 피고인에게 불이익하게 작용할 양형인자에 대하여는 가급적 피고인으로 하여금 의견이나 변명을 진술할 기회를 주는 것이 바람직하다고 하겠다.

그러나 엄격한 증명과 자유로운 증명은 증거조사의 방법과 그 결과인 증거능력의 유무에 차이가 있을 뿐, 어느 경우에나 자유심증주의가 적용된다는 측면에서는 동일하다. 예컨대, 자유로운 증명으로 족한 양형인자의 경우 전문증거의 방법으로 현출되었고 그에 대해 형사소송법이 정한 전문증거에 증거능력을 부여할 수 있는 방식에 의해 조사되지 않았다 하더라도, 법관의 자유판단에 의하여 증명력이 있다고 판단된 자료라면 양형심리의 증거로 쓸 수 있다. 다만, 그 입증의 정도에 대하여 다수설은 엄격한 증명을 요하는 경우와 자유로운 증명을 요하는 경우 모두 심증의 정도는 유죄를 인정하기 위하여 요구되는 정도인 '합리적인 의심의 여지가 없는 증명'의 정도에 이르러야 한다고 하고 있다.

위에서 본 양형인자들 중 엄격한 증명을 요하는 것과 자유로운 증명으로 족한 것으로 일응 구분할 수 있는 것을 나누어 표로 정리해 보면, 아래와 같다.

구 분	양 형 인 자	엄격한 증명
구성요건 해당인자	행위 주체(신분, 목적, 상습성), 객체(존속, 미성년자), 시간(야간), 장소(현주건조물), 방법(흉기휴대), 결과발생(치사), 피해금액(특가법상 수뢰 등)	○
형벌권 범위	가중사유(누범), 감경사유(심신미약), 면제사유(자수), 중지범 등	판례는 × 다수설은 ○
기 타	선고유예(개전의 정상).집행유예(정상에 참작할 만한 사유).작량감경의 조건인 사실, 상습범 또는 누범에 해당하지 않는 과거 전력	×

(4) 판결 전 조사의 활용 문제

소년법 제56조는 법원은 소년에 대한 형사사건에 관하여 그 필요한 사항의 조사를 조사관에게 위촉할 수 있다고 규정하고 있고, 보호관찰등에관한법률 제19조제1항은 법원은 소년에 대하여 형법 제59조의2 및 제62조의2의 규정에 의한 보호관찰, 사회봉사 또는 수강을 명하기 위하여 필요하다고 인정하는 때에는 보호관찰소의 장에게 범행의 동기, 직업·생활환경·교우관계·가족상황·피해회복여부 등 피고인에 관하여 필요한 사항의 조사를 요구할 수 있다고 규정하여 소년범에 대하여는 판결 전 조사의 근거가 마련되어 있다. 그러나 성인범에 대하여는 판결 전 조사에 관한 근거규정이 없다. 그런데 판사가 직접 양형자료를 수집하는 것은 어렵고, 검사, 피고인 또는 변호인이 적극적으로 양형자료를 제출하지 않고 있는 실정을 고려하여 보호관찰관을 통하여 성인범에 대한 판결 전 조사를 실시하는 사례가 나타나고 있다.

현행법에 근거 규정이 마련되지 않은 상태에서 성인범에 대한 판결 전 조사를 실시하는 것이 타당한가 하는 문제를 일단 논외로 한다면 위와 같은 일부 실무운영은 피고인에 대하여 보다 다양한 양형자료를 수집하여 적정한 양형에 이르기 위한 노력이라는 점에서 평가할 수 있다. 그런데 일부 실무에서는 보호관찰관이 작성한 판결 전 조사보고서에 기초하여 양형을 하면서도 그 보고서 내용에 대하여 검사, 피고인 또는 변호인에게 이의를 제기할 수 있는 기회를 제공하지 않고 있는데, 이는 바람직하지 않다고 하겠다. 미국연방법원의 경우를 살펴보면, 보호관찰관이 작성하는 양형자료 조사보고서에 대하여 검 사, 피고인 또는 변호인이 이의를 제기할 수 있는 절차가 마련되어 있으며, 보호관찰관은 이러한 이의 절차를 거쳐 적어도 양형심리가 개시되기 7일 이전까지 해결되지 않은 이의 사항, 이의 사유, 그에 대한 보호관찰관의 의견 등을 포함한 양형자료 조사보고서를 법원에 제출하고 당사자에게 교부해야 한다. 법원은 해결되지 않은 이의 사항을 중심으로 양형심리를 진행하며, 필요한 경우 보호관찰관을 증인으로 출석하도록 하여 양형자료 조사보고서에 기재된 사실에 대하여 증언하도록 하고 있다.

만약 재판부에서 제출된 증거를 통하여 나타나는 양형인자보다 더 다양한 양형인자를 확인함으로써 적정한 양형에 이르기 위해서 보호관찰관으로 하여금 판결 전 조사보고서를 작성하도록 하였다면, 검사, 피고인 또는 변호인에게도 판결 전 조사보고서를 교부하여 충분한 이의를 제기할 수 있는 기회를 부여하고, 이러한 이의에 기초하여 양형심리를 진행하는 것이 바람직할 것이다.

3. 양형심리기일의 운영방식

(1) 개 요

종래 자백사건의 경우, 제1회 공판기일에 변론을 종결하여 그 다음 기일에 판결을 선고하는 것이 보통이었다. 그 중 양형심리가 이루어지는 부분에 초점을 맞춰 보면, 제1회 공판기일에 검사가 먼저 범죄사실에 대해 자백하는지 여부를 피고인에게 확인하는 신문을 하고, 변호인이 있는 경우 주로 피고인에게 유리한 양형에 관한 신문을 한 후, 재판장이 전과 유무나 합의 여부 등 일반적인 몇 가지 사항에 관한 신문을 하는 정도로 피고인 신문절차를 마치고, 변론종결 후 집무실에서 기록 일체를 검토하여 양형에 대한 심증을 형성하였다고 볼 수 있을 것이다.

그러나 공판중심주의를 제대로 구현하려면 유·무죄의 판단을 위한 심증뿐 아니라 양형 판단을 위한 심증도 법정에서 형성하는 것이 마땅하다. 더욱이 개정법은 판결 선고를 원칙적으로 변론을 종결한 기일에 하도록 규정하고 있으므로(개정법 제318조의4 제1항) 종래 실무는 당연히 변화되어야 한다.

다만, 양형심리를 위한 구체적인 기일 진행 방식은 피고인의 자백 여부 및 사안의 경중, 그리고 유·무죄 판단을 위한 자료 중 양형자료가 포함되어 이미 상당부분 제출되어 있는지, 당사자가 주도적으로 진행하는지 또는 법원이 주도하는지 여부 등에 따라 달라질 수 있을 것이다.

'법정에서 양형자료를 누가 어떻게 제출할 것인지'라는 측면에서 보면, 최종적인 양형판단을 하는 주체는 법원이지만 양형판단의 자료가 될 수 있는 구체적인 양형사실을 법정에 제출하고 양형인자의 평가에 관하여 변론을 할 책임은 검사와 피고인, 변호인에게 있다고 할 것이다. 특히, 검사가 적극적으로 적정한 양형을 위한 사실관계를 주장·입증하는 것이 바람직하고, 공익의 대표자인 검사의 지위에 비추어 보면 피고인에게 불이익한 형벌가중적 양형인자뿐만 아니라 형벌감경적 양형인자도 법정에 제출할 책무가 있다. 이에 대응하여 피고인, 변호인은 검사가 제출하는 양형인자를 반박하거나 양립할 수 있는 형벌감경적 양형인자를 주장·입증함으로써 양형심리의 충실화를 꾀할 수 있다. 이러한 양형심리방식을 당사자 주도형이라고 부를 수 있을 것이다.

하지만, 죄책에 관한 심리절차와 비교하여 양형심리절차에서는 적정한 양형에 이르기 위한 법원의 역할이 상대적으로 더 강조될 수 있고, 현실의 양형심리에 있어서 소송관계인의 적극적인 역할만을 강조하게 되면 양형심리를 충실화·활성화하는 것이 어려울 수 있다. 이 점에서 당사자 주도형의 심리방식을 보완하거나 대체할 수 있는 심리방식으로 법원 주도형의 심리방식을 생각할 수 있다. 법원 주도형은 당사자의 양형자료 제출을 기다릴 것 없이 재판장이 먼저 양형인자에 관한 자료를 소송관계인에게 확인하여 양형심리를 개시하고, 이에 대한 당사자의 증명과 변론을 유도하는 방식이다.

당사자주의 원칙에 따른 본래의 양형자료 제출방식은 판단이 필요한 양형인자에 관한 자료를 당사자가 각기 알아서 제출하는 것이겠으나, 현실적으로 당사자에게만 맡겨

두어서는 필요한 양형자료가 제출되지 않을 여지가 있다. 검사의 경우 소추기관이라는 특성상 유・무죄에 관한 증거자료 이외에 피고인에 대한 정상자료의 조사와 수집에 대하여 자칫 소홀해질 우려가 있으므로 이 점에 유의할 필요가 있다.

따라서 재판장으로서는 당해 사건에서 심리가 필요한 양형인자를 미리 파악해 두었다가 적절한 소송지휘 내지 석명권의 행사를 통해 필요한 양형인자에 대한 자료제출이 누락되지 않도록 할 필요가 있다. 반대로 기록 일체를 양형자료 또는 참고자료라며 제출할 경우에는 필요한 것만 제출하게 하는 것이 필요하다. 다만, 제3자적인 객관적 입장에서 재판한다는 재판업무의 본질이 훼손될 정도로 지나치게 전면에 나서 양형자료를 조사, 수집하는 것은 신중을 기할 필요가 있다.

(2) 구체적인 양형심리방식

가. 자백사건

피고인이 공소사실에 대하여 모두 자백하는 사건에 대하여는, 양형심리에 초점을 맞추어 재판을 진행할 수 있을 것이다. 피고인의 자백이 객관적으로 확인되었다면, 재판장은 증거조사절차로 넘어가면서 "피고인이 자백하였으므로 이후 절차는 양형심리에 집중하겠다."라고 선언하는 것도 좋다. 그럼으로써 당사자에게 양형심리절차를 진행한다는 인식을 심어 주는 등 사실상 공판절차가 이분된 것과 같은 효과를 거둘 수 있을 것이다.

증거조사절차에서 당사자가 제출한 양형자료에 대하여는 상대방이 의견이나 반대자료를 제출할 수 있는 기회를 줌으로써 양형인자에 관한 공방이 이루어지도록 할 필요가 있다. 예를 들어 합의서는 제출되었지만 피해의 일부만이 회복되었거나 피해변상을 전제로 합의서면을 먼저 작성하였을 수도 있고, 제3자의 회유나 협박에 의해 작성되었을 가능성도 배제할 수 없으므로, 사안에 따라서는 일방 당사자가 제출한 양형자료의 신빙성이나 작성 경위 등을 확인할 수 있도록 재판장의 적절한 보충 신문이 필요한 경우도 있을 것이다. 나아가 필요하다고 인정하는 때에는 직권으로 또는 당사자의 신청을 유도하여 피해자에 대한 증인신문을 실시하여 합의서 작성 경위, 피해 회복 여부 등을 확인하는 것도 바람직할 것이다.

범죄사실과 법률적용에 관하여 의견을 진술하여야 하는 검사로서는 자신이 구하는 의견이 합당함을 인정할 만한 양형자료를 제출하여야 하고, 이에 맞서는 피고인과 변호인으로서는 소극적으로 대응하지 말고 보다 적극적으로 적절한 형이 선고될 수 있도록 필요한 양형자료를 제출하여야 할 것이다. 그러나 전술한 것처럼 현실적으로는 양형자료의 제출을 전적으로 당사자의 책임으로 맡겨 두었다가는 필요한 양형인자에 대한 심리를 누락할 여지도 있고, 변호인이 선임되어 있지 않은 불구속 피고인과 같은 경우 피고인이 실질적으로 충실한 양형자료를 제출하지 못할 가능성도 있다. 따라서 경우에 따라서는 재판장이 주요한 양형인자에 대하여 질문함으로써 그에 대한 답변이나 자료의 제출을 이끌어 내는 방식으로 법원 주도적인 양형심리를 할 필요도 있다.

대부분의 자백사건은 제1회 공판기일의 진행으로써 심리를 종결하게 되는데, 양형심리를 한다는 명목으로 기일을 속행하게 되면 그만큼 미결구금일수가 늘어나는 등 피고인에게 사실상 불리한 결과를 초래할 수 있다. 따라서 중한 형의 선고가 예상되는 사안이거나 피고인 측의 요청으로 기일이 속행되는 경우를 제외하고는 가능한 한 제1회 공판기일에 양형심리가 마쳐지도록 진행할 필요가 있다. 부득이하게 누락된 양형자료를 제출받아야 할 경우라면 짧은 기일로 속행기일을 지정하고 그 속행기일에 추가로 제출된 양형자료에 대한 심리를 진행한 후 판결을 선고함으로써, 양형심리 때문에 기일이 지연된다는 비판을 사지 않도록 주의할 필요가 있다.

마지막으로 의견진술 단계에서도, 검사는 개정법 제302조 본문에 따라 '사실과 법률적용에 관하여 의견을 진술'하여야 하는 이상 단순히 어떠한 형의 선고를 구한다는 식으로 그치는 관행을 벗어나, 법률에 규정된 그대로 사실(범죄사실 및 양형사실을 포함한다)에 관한 의견과 그에 적용할 법률조항에 관한 의견을 진술함으로써 구하는 형에 이르는 근거를 밝히는 것이 바람직하다. 이렇게 함으로써 피고인도 자신의 최후진술 내용의 초점을 맞출 수 있을 것이다.

나. 부인사건

공판절차가 이분되어 있지 않은 현재의 제도 아래에서는 부인하는 사건의 경우 자백하는 사건과 마찬가지로 양형심리를 진행한다고 명시적으로 선언하는 것은 적절하지 않다. 재판장이 유죄의 예단을 가지고 있다는 불필요한 의심이나 오해를 불러일으킬 수 있기 때문이다. 예컨대, 차용사기로 기소된 사안에서 피고인이 차용사실 자체를 전면 부인하고 있음에도 재판장이 피고인에게 합의할 의사나 계획을 묻는 것은 바람직하지 않다. 그러나 부인하는 사건이라 하더라도 사안에 따라서는 구성요건적 사실 이외에 중요한 양형인자에 관하여 확인할 필요가 있을 수 있으므로, 그와 같은 경우에는 피고인이나 변호인의 의사를 물어 만일 피고인이나 변호인이 그 부분에 관한 양형심리를 원한다면 그에 관한 심리를 할 수 있을 것이다. 또한, 부인하는 사건에서도 검사는 양형자료라는 명목으로 증거능력이 미처 갖춰지지 않은 증거방법을 제출할 수 있는데, 그와 같은 절차는 되도록 유·무죄에 관한 심증이 형성된 이후에 진행하여야 할 것이고, 이때에도 법원이 유죄의 심증을 갖고 있다는 인상을 주지 않도록 주의할 필요가 있다.

이와 같이 부인하는 사건의 경우 재판장의 양형에 관한 보충신문의 범위와 내용은 아무래도 자백하는 사건보다는 내재적 한계가 있을 수밖에 없다. 그러나 실제로는 유·무죄를 판단하기 위한 공방을 펼치는 과정에서 자백하는 사건보다 더 많은 양형인자가 드러날 수도 있다.

증거조사 단계에서는 피고인이 부인하고 있는 이상 유죄인정에 필요한 사실들은 모두 엄격한 증명을 요하는 사항이라 할 것이므로 적법한 증거조사 방식에 따라 심리하여야 할 것이다. 한편, 부인하는 사건은 대개 증거조사를 위한 단계에서 속행될 가능성이 크므로, 이 단계에서 참여관 등으로 하여금 앞서 본 '양형자료조사표' 를 작성하게 하거나 기본적인 양형인자에 관하여 정리하게 하는 방식을 활용하는 것도 바람직하다.

앞서 언급한「의견서 제출에 관한 예규(재형 2002-1)」의 별지인 '의견서' 양식에 기재되어 있는 양형인자 중 유·무죄 판단과 무관한 피고인의 신상관계와 피해자와의 관계 정도는 부인하는 사건에서도 최소한 조사되어야 할 기본적인 양형인자로 볼 수 있을 것이다.

Ⅸ. 조사자 증언

형사소송법은 구법 제316조 제1항에 규정된 "피고인이 아닌 자"에 "공소제기 전에 피고인을 피의자로 조사하였거나 그 조사에 참여하였던 자를 포함한다."는 규정을 신설하여 명시적으로 조사자 증언제도를 도입하였다(법 제316조 제1항). 조사자 증언제도의 도입은 실체적 진실발견과 피고인의 방어권 보장 사이에 조화를 도모하는 것을 그 목적으로 하고 있다. 형사소송규칙 제135조에서는 법 제312조 및 제313조에 따라 증거로 할 수 있는 피고인 또는 피고인 아닌 자의 진술을 기재한 조서 또는 서류가 피고인의 자백 진술을 내용으로 하는 경우에는 범죄사실에 관한 다른 증거를 조사한 후에 이를 조사하도록 규정하고 있다. 조사자 증언제도가 피고인의 방어권 행사를 제약하는 방향으로 운영되지 않도록 하기 위해서 규칙 제135조의 취지를 살려 조사자 증언은 객관적 증거에 대한 조사를 마친 후 진행되도록 하는 등 적절한 실무 운영이 요청된다.

Ⅹ. 특수한 공판절차

1. 간이공판절차

(1) 의 의

간이공판절차는 피고인이 법정에서 공소사실에 대하여 자백하는 사건에 관하여 공판절차, 특히 증거조사절차를 간이화함으로써 소송경제와 재판의 신속을 기하고자 하는 제도이다. 형사소송법 제286조의2는 "피고인이 공판정에서 공소사실에 대하여 자백한 때에는 법원은 그 공소사실에 한하여 간이공판절차에 의하여 심판할 것을 결정할 수 있다"고 하여 간이공판절차를 규정하고 있다.

현행법은 모든 형사사건에 관하여 피고인이 공판정에서 자백하는 경우에 간이공판절차에 의하여 심판할 수 있도록 하여 자백사건의 신속한 재판진행을 도모하고 있다. 다만 자백한다고 하여 반드시 간이공판절차에 의하여야 하는 것은 아니다.

공판중심주의를 철저하게 구현하기 위해서 사건을 가급적 간이공판절차에 회부하는 것을 꺼리는 경향도 없지 않다. 그러나 법원의 사건 부담과 '선택과 집중의 원리'에 비추어 보면 피고인이 공소사실을 자백하는 사건에 대해서는 과감하게 간이공판절차에 회부하여 간이하게 증거조사를 하고, 피고인이 공소사실을 다투는 사건에 집중하여 증거조사를 할 필요가 있다. 이러한 의미에서 본다면 오히려 과감하게 간이공판절차를 활용하는 것이야말로 실제 다툼이 있는 사건에 대하여 공판중심주의 원칙을 보다 완전하게 구현할 수 있는 촉매로서의 기능을 다할 수 있을 것이다.

(2) 절차개시의 요건

가. 제1심 관할사건일 것

간이공판절차는 지방법원 또는 지방법원지원의 제1심 관할사건에 대하여만 인정된다. 따라서 상고심의 공판절차에서는 물론 항소심의 공판절차에서도 간이공판절차는 인정될 여지가 없다. 제1심 관할사건인 때에는 단독사건은 물론 합의부 관할사건, 즉 사형·무기 또는 단기 1년 이상의 징역이나 금고에 해당하는 사건과 이와 동시에 심판할 공범사건 또는 합의부에서 심판할 것을 스스로 결정한 사건에 대하여도 간이공판절차를 할 수 있다.

나. 피고인이 공판정에서 공소사실을 자백하였을 것

피고인이 공판정에서 공소사실에 대하여 자백할 것을 요한다(제286조의2).

1) 자백의 주체

자백은 피고인이 하여야 한다. 수인의 피고인 중 일부는 자백하고 나머지는 부인하는 경우에는 자백한 피고인에 대하여 간이공판절차로 심리할 수 있다.

피고인이 법인인 경우에 법인의 대표자가 자백을 할 수 있다. 의사무능력자인 피고인의 법정대리인(법 제26조)이나 특별대리인(법 제28조)도 자백의 주체가 될 수 있다. 자백의 주체는 피고인에 한하므로 변호인이 자백하거나 피고인의 출석 없이 개정할 수 있는 사건에 대하여는 간이공판절차를 개시할 수 없다.

2) 공소사실에 대한 자백

간이공판절차는 공소사실에 대하여 자백한 때에 한하여 허용된다. 공소사실에 대한 자백이란 공소장에 기재된 사실에 대하여 유죄임을 인정한다는 취지로 해석되므로, 피고인이 자신의 죄책까지 인정하여야 한다. 그러므로 구성요건적 사실은 인정하나 위법성이나 책임조각 사유를 주장한다면 자백이 아니다. 피고인이 범의를 부인하는 경우에도 간이공판절차에 의하여 심판할 수는 없다.

공소사실을 인정하고 죄명이나 적용법조만을 다투는 경우는 물론, 정상관계 사유나 형면제의 원인되는 사실을 주장하는 경우도 자백이라 할 수 있다. 경합범의 경우와 같이 수개의 공소사실 가운데 일부에 대하여만 자백한 경우에도 자백한 공소사실에 대하여 간이공판절차가 가능하다.

핵심판례

피고인이 법정에서 "공소사실은 모두 사실과 다름없다."고 하면서 술에 만취되어 기억이 없다는 취지로 진술한 경우, 간이공판절차에 의하여 심판할 대상에 해당하지 아니한다고 한 사례

피고인이 법정에서 "공소사실은 모두 사실과 다름없다."고 하면서 술에 만취되어 기억이 없다는 취지로 진술한 경우에, 피고인이 음주상태로 운전하다가 교통사고를 내었고, 또한, 사고 후에 도주까지 하였다고 하더라도 피고인이 술에 만취되어 사고 사실을 몰랐다고 범의를 부인함과 동시에 그 범행 당시 심신상실 또는 심신미약의 상태에 있었다는 주장으로서 형사소송법 제323조 제2항에 정하여진 법률상 범죄의 성립을 조각하거나 형의 감면의 이유가 되는 사실의 진술에 해당하므로 피고인은 적어도 공소사실을 부인하거나 심신상실의 책임조각사유를 주장하고 있는 것으로 볼 여지가 충분하므로 간이공판절차에 의하여 심판할 대상에 해당하지 아니한다고 한 사례(대판 2004.7.9., 선고, 2004도2116)

3) 공판절차에서의 자백

자백은 공판정, 즉 공판절차(검사와 피고인 · 변호인의 모두진술절차)에서 할 것을 요한다. 따라서 수사절차나 공판준비절차에서의 자백을 이유로 간이공판절차를 개시할 수는 없다.

4) 신빙성 있는 자백

자백에 신빙성이 없는 때에는 간이공판절차의 취소사유에 해당하므로(법 제286조의3), 자백은 신빙성이 있어야 하며, 신빙성이 없는 자백을 이유로 간이공판절차를 개시해서는 안 된다.

(3) 간이공판절차의 개시결정

가. 결정 여부에 대한 법원의 재량

간이공판절차개시의 요건이 구비된 때에는 법원은 '그 공소사실에 한하여' 간이공판절차에 의하여 심판할 것을 결정할 수 있다(법 제286조의2). 자백한다고 하여 반드시 간이공판절차에 의하여야 하는 것은 아니다. 따라서 피고인이 자백한 제1심 관할사건에 대하여도 법원은 간이공판절차에 의하여 심판하지 않을 수 있다.

나. 간이공판절차 결정 전의 조치

법원이 간이공판절차의 결정을 하고자 할 때에는 재판장은 미리 피고인에게 간이공판절차의 취지를 설명해야 한다(규 제131조). 즉, 재판장은 간이공판절차에 회부되는 사건의 경우 피고인에게 증거조사를 간략하게 하고 증거조사의 결과에 대한 의견도 달리 묻지 않는다는 취지 등을 설명해 주어야 한다. 결정은 공판정에서 구술로 고지하면 족하다. 이 경우에 결정의 취지를 공판조서에 기재하여야 한다.

다. 간이공판절차 회부 결정에 대한 불복방법

간이공판절차의 개시결정은 판결 전 소송절차에 대한 결정이므로 그 결정에 대하여 독립하여 항고할 수 없다(법 제403조 1항). 그러나 간이공판절차에 의할 수 없는 경우인데도 이에 의하여 심리한 경우에는 소송절차의 법령위반에 해당하여 항소이유가 된다(법 제361조의5 제1호).

(4) 간이공판절차의 내용

간이공판절차는 피고인이 자백한 사건에 대하여 증거능력의 제한을 완화하고 증거조사절차를 간이화하는데 그 특색이 있다.

가. 증거능력제한의 완화

간이공판절차에 있어서는 통상절차에서 적용되는 전문법칙이 적용되지 않는다. 따라서 전문증거에 대하여는 법 318조 소정의 동의가 있는 것으로 간주되어 제한 없이 증거능력이 있게 된다. 다만 검사, 피고인 또는 변호인이 증거로 함에 이의를 한 때에는 그러하지 아니한다(법 제318조의3). 따라서 위의 각 전문증거에 관한 증거신청이 있는 경우에 상대방이 이의를 진술하지 아니하면(답변하지 아니한 경우 포함) 동의로 간주되므로 바로 증거채택결정을 하고 증거조사를 할 수 있다.

그러나 그 밖의 점에 있어서는 통상절차와 증거법칙이 동일하다. 예컨대 임의성 없는 자백(법 제309조), 보강증거 없는 자백(법 제310조), 임의성 없는 진술(법 제317조) 등은 간이공판절차에서도 증거능력이 없다.

나. 증거조사방식의 간략화

간이공판절차에서도 증거조사를 생략할 수는 없다. 다만, 간이공판절차에 있어서는 통상절차에서 요구되는 엄격한 증거조사 방식이 대폭 간략화 되고 상당하다고 인정되는 방법으로 증거조사 할 수 있다(법 297조의2).

상당하다고 인정하는 방법이란 공개주의의 원칙상 당사자 및 방청인에게 증거내용을 알게 할 수 있을 정도로 행할 것을 요한다는 의미이다.

간이공판절차에 따른 증거조사는 재판장의 쟁점정리 및 검사·변호인의 증거관계 등에 대한 진술 이전이라도 시행할 수 있다(법 제290조의 적용배제). 뿐만 아니라 소송관계인이 공판정에서 개별적으로 지시설명하거나 증거신청인이 증거서류를 낭독할 필요도 없다(법 제291조 및 제292조의 적용배제). 증거조사 이후에도 재판장은 피고인에게 증거조사의 결과에 대한 의견을 물을 필요가 없고 법원이 '상당하다고 인정하는 방법'으로 증거조사를 할 수 있다(법 제297조의2).

간이공판절차에 회부된 사건의 증거조사 방법인 '상당하다고 인정하는 방법'이 어느 정도까지 하는 것을 의미하는지 일률적으로 정의하기는 어렵다. 이는 결국 간이공판절차에서의 증거조사를 어느 정도까지 간이화할 수 있는지에 관한 간이화의 한계 문제에 귀착된다. 이에 관해서는 여러 견해가 있을 수 있으나, 제출된 증거 중 피고인의 자백에 대한 보강증거의 핵심적인 부분의 요지를 신청인으로 하여금 진술하도록 하는 방안이 가장 현실적이다.

그리고 일단 제1심에서 적법하게 간이공판절차에 의하여 상당하다고 인정하는 방법으로 증거조사를 한 이상, 항소심에 이르러 범행을 부인하였다고 하더라도 제1심 법원에서 이미 증거능력이 있었던 증거는 항소심에서도 증거능력이 그대로 유지되고 다시 증거조사 할 필요는 없다(대판 97도3421).

증인의 선서(법 제156조), 당사자의 증거조사참여권(법 제163조), 당사자의 증거신청권(법 제294조), 증거조사에 대한 이의신청권(법 제296조)은 간이공판절차에서도 인정된다.

핵심판례

간이공판절차에서의 증거조사 방법

피고인이 자백함으로써 간이공판절차에 의하여 증거조사를 하는 경우에는 통상적 절차에 의하지 않고 법원이 상당하다고 인정하는 방법으로 증거조사를 할 수 있다(대판 1980. 4. 22, 80도333).

다. 공판절차의 일반규정의 적용

간이공판절차에서는 증거능력과 증거조사에 대한 특칙이 인정되는 이외에는 공판절차에 대한 일반규정이 그대로 적용된다. 따라서 간이공판절차에서도 공소장변경이 가능하며, 재판서의 작성에 있어서도 간이한 방식은 인정되지 않는다. 간이공판절차에 의하여 유죄판결 이외에 공소기각이나 관할위반의 재판은 물론, 무죄판결도 선고할 수 있다.

핵심판례

간이공판절차에 의하여 심판할 것을 결정한 사건의 공판조서 기재방법

법원이 간이공판절차에 의하여 심판할 것을 결정한 사건의 공판조서에 대법원 예규에 따라 그 공소사실에 대한 피고인 신문의 내용이 검사 '공소사실에 의하여 피고인을 신문', 피고인 '공소사실은 모두 사실과 다름없다고 진술'이라고 간략하게 기재되었다고 해서 공소사실에 대한 피고인의 구체적인 진술이 없었다고 할 수 없다(대판 1990. 10. 12, 90도1755).

라. 항소심에서의 효력

피고인이 공소사실을 자백하여 제1심법원에서 간이공판절차에 따라 심판되었다면, 항소심에서 이르러 범행이 부인되었다 하더라도 제1심법원에서 증거로 할 수 있었던 증거는 항소법원에서도 증거로 할 수 있다. 또한 그러한 증거는 증거능력이 그대로 유지되어 다시 증거조사를 할 필요도 없다.

핵심판례

제1심법원에서 간이공판절차에 의하여 심판하기로 하여 형사소송법 제318조의3 규정에 따라 증거능력이 있는 증거를 항소심에서 범행을 부인하는 경우, 항소심에서도 계속 증거로 할 수 있는지 여부(적극)

피고인이 제1심법원에서 공소사실에 대하여 자백하여 제1심법원이 이에 대하여 간이공판절차에 의하여 심판할 것을 결정하고, 이에 따라 제1심법원이 제1심판결 명시의 증거들을 증거로 함에 피고인 또는 변호인의 이의가 없어 형사소송법 제318조의3의 규정에 따라 증거능력이 있다고 보고, 상당하다고 인정하는 방법으로 증거조사를 한 이상, 가사 항소심에 이르러 범행을 부인하였다고 하더라도 제1심법원에서 증거로 할 수 있었던 증거는 항소법원에서도 증거로 할 수 있는 것이므로 제1심법원에서 이미 증거능력이 있었던 증거는 항소심에서도 증거능력이 그대로 유지되어 심판의 기초가 될 수 있고 다시 증거조사를 할 필요가 없다(대판 1998.2.27., 선고, 97도3421)

(5) 간이공판절차 결정의 취소

가. 취소의 사유

간이공판절차의 결정을 한 사건에 관하여 피고인의 자백이 신빙할 수 없다고 인정되거나 간이공판절차로 심판하는 것이 현저히 부당하다고 인정되는 경우에는 그 결정을 취소하여야 한다(법 제286조의3).

① 피고인의 자백이 신빙할 수 없다고 인정될 때란 피고인이 진의에 의하여 자백한 것이 아니라고 의심되는 때를 말한다. 임의성 없는 자백으로 인정되는 경우도 여기에 해당한다.

② 간이공판절차로 심판하는 것이 현저히 부당하다고 인정된 때란 간이공판절차의 요건이 구비되지 않은 경우뿐만 아니라 법정요건이 구비되었어도 간이공판절차에 의하여 심판하는 것이 제도의 취지에 비추어 부당한 경우를 포함한다. 간이공판절차의 요건이 구비되지 않은 경우에는 처음부터 요건이 구비되지 않은 경우 이외에도 사정변경에 의하여 요건이 구비되지 않게 된 경우, 즉 공소장변경에 의하여 변경된 공소사실에 대하여 피고인이 부인하거나 피고인이 자백을 철회한 경우가 포함된다. 간이공판절차에 의하여 심판하는 것이 제도의 취지상 부당한 경우란 공범의 일부가 자백하거나 과형상의 1죄의 일부에 대하여 자백을 하였으나 같이 심판하는 것이 효율적인 경우를 들 수 있다.

나. 취소의 절차

법원의 직권에 의한 결정으로써 하되 사전에 검사의 의견을 들어야 한다(법 제286조의3). 검사의 의견을 들으면 족하며 여기에 구속되는 것은 아니다. 취소사유가 있는 때에는 법원은 반드시 취소해야 한다. 또한 법원의 취소결정은 그 성질상 공판정에서 함이 원칙이나 공판기일 외에서 결정서를 작성하여 할 수 있다.

다 취소의 효과

간이공판절차의 결정이 취소된 때에는 공판절차를 갱신해야 한다. 그러나 검사·피고인 또는 변호인이 이의가 없는 때에는 갱신을 필요로 하지 않는다(법 제301조의2). 여기서의 갱신은 직접주의·구술주의의 요청에 따라 행하는 판사의 경질에 의한 갱신의 경우와는 다르고, 간이공판절차 결정의 취소에 의하여 위법하게 된 종전절차를 제거하는 데 목적이 있다. 공판절차를 갱신하면 통상의 절차에 의하여 다시 심판해야 하므로 원칙적으로 증거조사절차를 다시 하지 않으면 안 된다. 공판절차를 갱신하지 않는 경우에는 간이공판절차에 의하여 행한 증거조사가 그대로 효력을 유지하고 이미 조사된 전문증거도 증거능력이 인정된다.

갱신절차에 관해서는 형사소송규칙 제144조에서 상세하게 규정하고 있는데, 이는 판사가 경질된 경우에 관한 규정이므로 간이공판절차의 취소의 경우와 부합하지 않는 부분(규 제144조 제1항 제1호, 제2호, 제4호)을 제외하고 갱신절차를 진행하면 족하다고 할 것이다. 즉, 재판장은 피고인에게 공소사실의 인정 여부 및 정상에 관하여 진술할 기회를 주고(같은 항 제3호), 갱신 전의 공판기일에서 증거 조사된 서류 또는 물건에 관하여 다시 증거조사를 하여야 한다(같은 항 제5호). 다만 증거능력이 없다고 인정되는 서류 또는 물건과 증거로 함이 상당하지 아니하다고 인정되고 검사, 피고인 및 변호인이 이의를 하지 아니하는 서류 또는 물건에 대해서는 다시 증거조사를 할 필요가 없다(같은 항 제5호 단서).

2. 공판절차의 정지

(1) 의 의

공판절차의 정지란 일정한 사유가 발생한 경우에 결정으로 공판절차의 진행을 중지하는 것을 말한다. 법원이 사실상 심리를 행하지 않는 것과 다름은 물론이고, 법원이 결정으로 정지의 의사를 명시한다는 점에서 결정 없이 특정 사유의 발생만으로 정지의무를 지는 데 불과한 경우(기피신청이 있는 때 법 제22조에 의한 소송진행의 정지 또는 관할변경신청이 있을 때 규칙 제7조에 의한 소송절차의 정지)와도 구별된다.

공판절차의 정지는 주로 피고인의 방어권을 보호하기 위한 것으로, 피고인이 방어능력이 없거나 출석할 수 없거나 공소장변경이 있는 경우에 피고인의 방어권행사에 지장이 없도록 하기 위하여 공판절차의 진행을 일시 정지하게 하여 피고인의 방어권을 보호하고자 하는 것이 공판절차의 정지이다. 동시에 공판절차가 지연된 것이 아니라는 사실을 증명하는 효과도 가진다.

(2) 공판절차 정지사유

가. 피고인이 심신상실 상태에 있거나 질병인 때

① 피고인이 사물의 변별 또는 의사의 결정을 할 능력이 없는 상태에 있는 때에는 법원은 검사와 변호인의 의견을 들어서 결정으로 그 상태가 계속되는 기간 공판절차를 정지하여야 한다(법 제306조 1항).

② 피고인이 질병으로 인하여 출정할 수 없는 때에도 법원은 검사와 변호인의 의견을 들어서 결정으로 출정할 수 있을 때까지 공판절차를 정지하여야 한다(동조 2항).

③ 그러나 피고사건에 대하여 무죄·면소·형의 면제 또는 공소기각의 재판을 할 것이 명백한 때에는 피고인의 출정 없이 재판할 수 있다(동조 4항).

④ 경미사건에 대하여 대리인이 출정할 수 있는 경우에는 공판절차를 정지하지 아니한다(동조 5항).

나. 공소장 변경이 있는 때

법원은 공소사실 또는 적용법조의 추가·철회 또는 변경이 피고인의 불이익을 증가할 염려가 있다고 인정할 때에는 직권 또는 피고인이나 변호인의 청구에 의하여 피고인으로 하여금 필요한 방어를 준비를 하도록 하기 위하여 결정으로 필요한 기간 공판절차를 정지할 수 있다(법 제298조 4항).

다. 소송절차 정지의 사유가 있는 때

1) 기피신청

기피신청이 있는 때에는 기피신청이 부적법하여 기각하는 경우 이외에는 소송진행을 정지하여야 한다. 단 급속을 요하는 경우에는 예외로 한다(법 제22조).

2) 병합심리신청 등이 있는 경우

법원은 계속중인 사건에 관하여 토지관할의 병합심리신청, 관할지정신청 또는 관할이전신청이 제기된 경우에는 그 신청에 대한 결정이 있기까지 소송절차를 정지하여야 한다. 다만 급속을 요하는 경우에는 그러하지 아니하다(규 제7조).

3) 재심청구의 경합(규 제169조)

① 항소기각의 확정판결과 제1심 또는 제2심의 판결에 대하여 각각 재심청구가 있는 경우에 항소법원은 제1심 법원의 소송절차가 종료할 때까지 소송절차를 정지하여야 한다.

② 상고기각의 판결과 그 판결에 의하여 확정된 제1심 또는 제2심의 판결에 대하여 각각 재심의 청구가 있는 때에는 상고법원은 결정으로 제1심법원 또는 항소법원의 소송절차가 종료할 때까지 소송절차를 정지하여야 한다.

(3) 공판절차정지의 절차

가. 피고인의 심신상실 또는 질병으로 인한 경우

심신상실 또는 질병을 정지사유로 하는 경우 공판절차를 정지할 것인지 여부는 법원의 직권사항이고 소송관계인의 신청권은 인정되지 아니한다. 법원은 의사(주로 치료를 담당하는 의사)의 의견을 듣고(법 제306조 3항), 검사와 변호인의 의견을 들어야 한다(같은 조 1항, 2항). 결정의 고지는 통상의 경우와 같이 결정서등본을 소송관계인에게 송달한다(법 제42조).

나. 공소장변경에 의한 경우

공소장변경에 따른 방어준비기간 부여의 필요를 정지사유로 하는 경우의 정지결정은 직권 또는 피고인이나 변호인의 청구에 의하여 할 수 있다(법 제298조 4항). 이 정지결정에 있어서는 검사의 의견을 들을 필요가 없다.

다. 정지기간

공판절차를 정지하는 기간에는 제한이 없다. 법원은 일정한 기간을 정하여 정지할 수도 있다.

라. 정지의 종료

정지결정의 효력은, 주문에 기간이 명시된 경우에는 그 기간 만료시까지, 기간이 명시되지 않은 경우에는 정지결정이 취소될 때까지 존속된다. 후자의 경우에 정지사유가 소멸되면 법원은 정지결정의 경우와 마찬가지로 검사와 변호인의 의견을 듣고 정지결정을 취소하는 결정을 하고 그 결정등본을 송달한다.

한편 공판절차 정지기간은 피고인의 구속기간에 산입하지 아니한다(법 제92조 3항).

(4) 공판절차 정지의 효과

가. 공판기일의 절차의 정지

공판절차의 정지결정이 있으면 취소될 때까지 공판절차를 진행할 수 없다. 다만 정지기간이 정하여진 때에는 기간의 경과로 인하여 공판절차의 정지는 당연히 효력을 잃는다. 정지되는 것은 협의의 공판절차, 즉 공판기일의 절차에 한한다. 따라서 구속 또는 보석에 관한 재판이나 공판준비는 정지기간 동안에도 할 수 있다.

나. 공판절차 갱신의 요부

공판절차정지의 결정을 취소하거나 정지기간이 경과한 경우에는 법원은 공판절차를 다시 진행해야 한다. 이 경우에 공판절차의 갱신을 요하는 것은 아니다. 다만 피고인의 심신상실을 이유로 공판절차가 정지된 경우에는 그 정지사유가 소멸된 후의 공판기일에 공판절차를 갱신하여야 한다(규 제143조).

다. 정지사유가 있음에도 공판절차를 진행한 경우의 효과

공판절차상의 정지사유가 있음에도 불구하고 공판절차를 진행하는 것은 위법하므로 상소이유가 된다.

【서식】 공판절차의 정지 결정

서 울 중 앙 지 방 법 원
결 정

20○○고합 135 폭행 피고사건
피 고 인 ○ ○ ○
(○○세 무직)
○○시 ○○구 ○○길 ○○

위 사건에 관하여 피고인이 질병으로 인하여 출정할 수 없으므로 검사와 의사의 의견을 듣고 주문과 같이 결정한다.

주 문

본건 피고인에 대한 공판절차를 20○○년 ○월 ○일까지 정지한다.

적 용 법 조

형사소송법 제306조 제1항·제2항·제3항

20○○년 월 일

판 사 ○ ○ ○ ㊞

3. 공판절차의 갱신

(1) 의 의

공판절차의 갱신이란 일정한 사유가 발생하는 때에 공판절차를 진행한 법원이 공판정에서 이미 진행된 절차를 일단 무시하고 다시 그 절차를 행하는 것을 말한다. 따라서 파기환송 또는 이송판결에 의하여 하급법원이 공판절차를 진행하거나 사건을 이송받은 법원이 공판절차를 다시 진행하는 것은 공판절차의 갱신이 아니다.

(2) 공판절차 갱신사유

가. 공판 개정 후에 판사의 경질이 있는 때

공판개정 후 판사의 경질이 있는 때에는 공판절차를 갱신하여야 한다(법 제301조 본문). 직접주의와 구두변론주의의 표현이라고 할 수 있다. 따라서 재판이 내부적으로 성립하고 판결의 선고만을 하는 때에는 갱신을 요하지 않는다(동조 단서). 사건이 이송되어 담당재판부가 변경된 때에도 판사의 경질이 있는 경우에 준하여 공판절차를 갱신함이 타당하고(합의부 사건이 단독판사로 이송된 경우에 종전 합의부 구성원이었던 판사가 심리하는 때에는 공판절차를 갱신할 필요가 없다), 상고심으로부터 파기환송된 사건도 파기환송 전의 재판부와 인원 구성이 달라졌을 경우에 공판절차를 갱신하여야 한다. 아직 실체 심리에 들어가지 아니한 경우에는 판사의 경질이 있어도 공판절차의 갱신을 요하지 않는다.

판사 경질의 이유는 묻지 않는다. 전보·퇴임·질환을 불문한다. 판사의 경질이 있음에도 불구하고 갱신하지 않은 때에는 절대적 항소이유가 된다(법 제361조의5 제8호).

나. 간이공판절차결정이 취소된 때

간이공판절차의 결정이 취소된 때에는 공판절차를 갱신하여야 한다. 다만 검사·피고인 또는 변호인의 이의가 없는 때에는 그러하지 아니하다(법 제301조의2). 이의가 없는 때란 당사자 쌍방에 이의가 없는 경우를 말한다. 간이공판절차에서의 심리가 부적법하거나 상당하지 않다는 것을 이유로 한다. 공판절차를 갱신하지 않고 판결을 선고한 때에는 상대적 항소이유가 된다(법 제361조의5 제1호).

다. 공판개정 후에 피고인의 심신상실로 공판절차가 정지되었다가 다시 속행되는 경우

피고인의 심신상실로 인하여 공판절차가 정지된 경우에는 그 정지사유가 소멸한 후의 공판기일에 공판절차를 갱신하여야 한다(규 제143조).

다만 검사·피고인 또는 변호인이 이의가 없는 때에는 갱신을 필요로 하지 않는다(제301조의2 단서).

(3) 갱신절차(규 제144조)

가. 새로운 인정신문

재판장은 피고인에게 진술거부권 등을 고지한 후 인정신문을 하여 피고인이 틀림없는지 여부를 확인하여야 한다(규 제144조 1항 1호).

나. 공소사실·죄명 등의 진술

공소장 또는 공소장변경허가신청서에 의하여 공소사실, 죄명 및 적용법조를 낭독하게 하거나 그 요지를 진술하게 하여야 한다(동항 2호).

다. 피고인의 진술 기회 부여

재판장은 피고인에게 공소사실의 인정여부 및 정상에 관하여 진술할 기회를 주어야 한다(동항 3호).

라. 새로운 증거조사

① 재판장은 갱신전의 공판기일에서의 피고인이나 피고인이 아닌 자의 진술 또는 법원의 검증결과를 기재한 조서에 관하여 증거조사를 하여야 한다(동항 4호).

② 재판장은 갱신전의 공판기일에 증거조사된 서류 또는 물건에 관하여 다시 증거조사를 하여야 한다. 다만, 증거능력 없다고 인정되는 서류 또는 물건과 증거로 함이 상당하지 아니하다고 인정되고 검사, 피고인 및 변호인이 이의를 하지 아니하는 서류 또는 물건에 대하여는 그러하지 아니한다(동항 5호).

③ 재판장은 위 ① 및 ②의 서류 또는 물건에 관하여 증거조사를 함에 있어서 검사, 피고인 및 변호인의 동의가 있는 때에는 그 전부 또는 일부에 관하여 법 제292조·제292조의2·제292조의3에 규정한 방법에 갈음하여 상당하다고 인정하는 방법으로 이를 할 수 있다(동조 제2항).

4. 변론의 병합·분리·재개

(1) 변론의 분리와 병합

가. 의 의

법원은 필요하다고 인정한 때에는 직권 또는 검사·피고인이나 변호인의 신청에 의하여 결정으로 변론을 분리하거나 병합할 수 있다(법 제300조).

1) 변론의 병합

변론의 병합이란 수개의 관련사건이 사물관할을 같이 하는 동일 법원(조직법상의 의미)에 계속되어 있는 경우에 이들 사건을 하나의 공판절차에서 한 사건으로서 심리하는 것을 말한다.

수개의 관련사건이 여러 법원(조직법상의 의미)에 계속되어 있다든가 사물관할을 달리하여 합의부와 단독판사에게 각각 계속되어 있는 경우에 하게 되는 관할의 병합심리와는 구별된다.

2) 변론의 분리

변론의 분리란 병합되어 있던 수개의 관련사건을 각각 별도의 공판절차에서 따로 심리하는 것을 말한다.

수개의 관련사건이 하나의 공소장으로써 기소된 경우에는 따로 병합결정을 하지 않는 것이 실무의 관례이다. 그러나 그 중 일부를 따로 심리하고자 할 때에는 분리결정을 요한다.

나. 절 차

변론의 병합과 분리는 법원이 직권 또는 검사·피고인이나 변호인의 신청에 의하여 결정으로 한다. 변론을 분리 또는 병합할 것인가는 법원의 재량에 속한다(대판 1987. 6. 23, 87도706). 따라서 동일한 피고인에 대하여 여러 개의 사건이 별도로 공소제기되었다고 하여 반드시 병합심리해야 하는 것은 아니다.

다만 경합범에 대하여는 특별한 사정이 없는 한 피고인의 이익을 위하여 변론을 병합할 것이 요구된다고 할 수 있다.

핵심판례

동일한 피고인에 대하여 각각 별도로 2개 이상의 사건이 공소제기 되었을 경우 반드시 병합심리하여 동시에 판결을 선고해야 하는지의 여부(소극)
동일한 피고인에 대하여 각각 별도로 2개 이상의 사건이 공소제기 되었을 경우 반드시 병합심리하여 동시에 판결을 선고하여야만 되는 것은 아니다(대판 1994. 11. 4, 94도2354).

공범관계에 있는 피고인들을 분리기소한 경우에 법원이 변론을 병합하지 아니한 것이 위법한지의 여부(소극)
검사가 다수인의 집합에 의하여 구성되는 집합범이나 2인 이상이 공동하여 죄를 범한 공범의 관계에 있는 피고인들에 대하여 여러 개의 사건으로 나누어 공소를 제기한 경우에, 법원이 변론을 병합하지 아니하였다고 하여 형사소송절차에서의 구두변론주의와 직접심리주의에 위반한 것이라고 볼 수 없다(대판 1990. 6. 22, 90도764).

(2) 변론의 재개

가. 의 의

변론의 재개란 일단 종결한 변론을 다시 행하는 것을 말한다. 변론이 재개되면 변론은 종결 이전의 상태로 되돌아가서 앞의 변론과 일체를 이루게 된다. 따라서 증거조사가 끝난 때에는 다시 최종변론이 행하여져야 하며, 피고인과 변호인은 최후진술권을 가지게 된다.

나. 절 차

법원은 필요하다고 인정한 때에는 직권 또는 검사·피고인이나 변호인의 신청에 의하여 결정으로 종결한 변론을 재개할 수 있다(법 제305조).

결정이 공판 외에서 재판서로써 이루어진 때에는 그 결정등본을 당사자에게 송달함과 동시에 다음 공판기일의 소환 또는 통지를 하여야 한다.

종결된 변론을 재개하느냐의 여부도 법원의 전권에 속한다(대판 1982. 12. 13, 83도2279). 따라서 변론종결 후 선임된 변호인의 변론재개신청을 들어주지 않았다고 하여 위법이 있는 것은 아니다.

핵심판례

변론의 재개 여부가 법원의 재량에 속하는지 여부

종결한 변론을 재개하느냐의 여부는 법원의 재량에 속하는 사항으로서 원심이 변론종결 후 선임된 변호인의 변론재개신청을 들어주지 아니하였다 하여 심리미진의 위법이 있는 것은 아니다(대판 1986. 6. 10, 86도769).

판결 선고기일에 변론을 재개하고 변경된 공소사실에 대하여 심리한 후 다시 변론을 종결하여 같은 날 판결을 선고한 경우 재판을 받을 권리를 침해하였는지의 여부(소극)

판결 선고기일에 변론을 재개하고 바로 검사의 공소장 변경허가 신청을 허가하여 변경된 공소사실에 대하여 심리를 하고 이에 출석한 피고인과 피고인의 변호인이 별다른 이의를 제기하지 아니한 채 달리 신청할 증거가 없다고 진술함에 따라 피고인 및 피고인의 변호인에게 최종 의견진술의 기회를 부여한 다음 다시 변론을 종결하고, 같은 날 판결을 선고하였다고 하여, 피고인의 방어권을 제약하여 법률에 의한 재판을 받을 권리를 침해하였다고 할 수는 없다(대판 1996. 4. 9, 96도173).

【서식】 변론병합신청서

변 론 병 합 신 청 서

사　　건　20○○고합 4321호 절도피고사건
피 고 인　○ ○ ○

다　　음

위 피고인에 대한 20○○고합 4321호 절도피고사건(귀원 제3단독)과 20○○고합 123호 사기피고사건(귀원 제5단독)은 모두 귀원에 계속중에 있는 바, 위 사건은 서로 관련이 있는 사건으로 피고인의 편의를 위하여 각 사건을 병합하여 주시기 바랍니다.

20○○년　월　일

위 피고인의 변호인
변호사　○ ○ ○ ㊞

○○지방법원　귀중

【서식】 변론분리신청서

변 론 분 리 신 청 서

사　　건　20○○고단○○○호 ○○

피 고 인　1) ○ ○ ○ (구　속)
　　　　　2) □ □ □ (불구속)

위 ○○사건에 관하여 피고인 □□□은 불구속으로 소환장이 송달 불능되어 소재를 파악하기까지는 상당한 시일이 소요될 것이므로, 구속중의 피고인을 위하여 변론을 분리하여 주시기 바랍니다.

20○○.　○.　○.

위 피고인의 변호인
변호사　○ ○ ○ ㊞

○ ○ 지 방 법 원 형사○단독 귀중

【서식】 변론분리 결정

서 울 중 앙 지 방 법 원
결 정

사 건 20○○고단 4321호 사기, 절도 피고사건
피고인 ○ ○ ○

위 피고인에 대한 피고인의 변호인 변호사 ○○○의 변론의 분리신청은 이유 있으므로 주문과 같이 결정한다.

적용법규 형사소송법 제300호

20○○년 월 일

판 사 ○ ○ ○ ㊞

【서식】 변론재개신청서

변 론 재 개 신 청 서

사 건 20○○고단○○○호 절도

피고인 ○ ○ ○

위 피고인에 대한 절도사건에 관하여 피고인은 무죄를 입증할 수 있는 유력한 증거를 확보하였는바, 종결된 변론을 재개하여 주시기 바랍니다.

20○○년 월 일

위 피고인 ○ ○ ○ ㊞

○○지방법원 귀중

【서식】 변론재개 결정

○ ○ 지 방 법 원 결　　정 20○○고합 357호 상해 피고사건 피고인 ○ ○ ○ 위 사건에 관하여 20○○년 ○월 ○일 종결된 변론을 재개하여 피고인에 대한 변론은 이를 분리하여 심리하되 다음 기일은 20○○년 ○월 ○일 ○○:00로 지정한다. 20○○년 월 일 판 사 ○ ○ ○ ㊞

【서식】 변론재개 및 병합심리신청서

변론재개 및 병합심리신청서

20○○고단123호 도로교통법위반 피고사건
피고인 ○ ○ ○

위 사건에 관하여 귀원은 20○○. ○. ○. ○○:00 변론을 종결하고 판결선고 기일을 동년 ○. ○. ○:00로 지정하였으나, 피고인의 변호인은 위 피고인에 대한 별개의 도로교통법위반 사건(○○지청 20○○형제4321호)이 20○○. ○. ○. 추가 기소되어 변론의 재개 및 병합심리를 신청하오니 허가하여 주시기 바랍니다.

20○○년 월 일

위 피고인의 변호인
변호사 ○ ○ ○ ㉧

○○지방법원 형사 제○단독 귀중

【서식】 변론재개 및 공판기일지정신청

변론재개 및 공판기일지정신청

사 건 20○○고단123호 민사소송법위반 피고사건
피고인 ○ ○ ○

위 피고사건에 관하여 변론이 종결되어 선고공판기일이 20○○. ○. ○. ○○:00으로 지정되었는바, 본 변호인은 금일 이 사건을 수임하여 변론코자 하오니 공판을 재개하여 주시고 기록복사 등 변론준비를 위하여 2~3주 후로 변론기일을 지정하여 주시기 바랍니다.

20○○년 월 일

위 피고인의 변호인
변호사 ○ ○ ○ ㊞

○○지방법원 형사 제○단독 귀중

제2장 증 거

Ⅰ. 증거법 일반

1. 증거의 의의

증거란 사실인정의 근거가 되는 자료를 말한다. 증거는 증거방법과 증거자료의 두 가지 의미를 포함하는 개념이다. 증거방법이란 사실인정의 자료가 되는 유형물 자체를 말한다. 증인·증거서류 또는 증거물이 여기에 속한다. 이에 대하여 증거자료란 증거방법을 조사함에 의하여 알게 된 내용을 말한다. 예컨대 증인신문에 의하여 얻게 된 증언, 증거물의 조사에 의하여 알게 된 증거물의 성질이 그것이다.

2. 증거의 종류

(1) 직접증거와 간접증거(증거자료와 요증사실과의 관계에 따른 분류)

직접증거란 직접 요증사실의 증명에 이용되는 증거를 말한다. 예컨대 범행현장을 직접 목격한 증인의 증언이 여기에 해당한다. 이에 대하여 요증사실을 간접적으로 추인할 수 있는 사실, 즉 간접사실을 증명함에 의하여 요증사실의 증명에 이용되는 증거를 간접증거라고 한다. 정황증거라고도 한다. 예컨대 범행현장에 남아 있는 지문은 간접증거이다. 과학적 채증의 발달에 따라 간접증거의 중요성이 더욱 강조되고 있다.

핵심판례

피해자를 진찰한 '의사와 진술'과 '상해진단서'가 폭행 또는 상해사실에 대한 직접증거가 되는지의 여부(소극)

㉠ 상해사건 발생 직후 피해자를 진찰한 바 있는 의사의 진술 및 상해진단서를 발행한 의사의 진술이나 진단서는 가해자의 상해사실 자체에 대한 직접적인 증거가 되는 것은 아니고, 다른 증거에 의하여 상해의 가해행위가 인정되는 경우에 그에 대한 상해의 부위나 정도의 점에 대한 증거가 된다.

㉡ 피해자에 대한 상해진단서의 기재내용은 위 피해자의 상해부위와 정도에 대한 증거가 될 뿐 피고인의 폭행으로 인한 공소사실 자체에 대한 직접증거라 할 수 없다.

(2) 인적증거 · 물적증거 · 증거서류

가. 인적증거

인적 증거란 사람의 진술내용이 증거로 되는 것을 말하며, 인증이라고도 한다. 예컨대 증인의 증언, 감정인의 감정이 그것이다. 피고인의 진술도 인적 증거에 속한다.

나. 물적증거

물적 증거란 물건의 존재 또는 상태가 증거로 되는 것을 말한다. 물증이라도 하며, 범행에 사용된 흉기 또는 절도의 장물이 여기에 해당한다.

다. 증거서류

증거서류란 서면의 의미내용이 증거로 되는 것을 말한다. 공판조서 또는 검증조서가 이에 해당된다. 증거서류는 증거물인 서면과 구별하여야 한다.

증거서류와 증거물인 서면은 공판기일에서의 증거조사의 방식에 차이가 있다. 증거서류는 낭독 또는 내용의 고지의 방식에 의하지만, 증거물인 서면에 대하여는 제시와 낭독 또는 내용의 고지에 의할 것을 요한다. 전자에 대하여 제시를 요하지 않는 것은 문서의 성립의 진정이 명백하므로 물리적 존재가 문제되지 않기 때문이다.

증거서류와 증거물인 서면을 합하여 서증이라고 한다.

핵심판례

'증거물인 서면'의 증거조사 방식

형사소송법 제292조, 제292조의2 제1항, 형사소송규칙 제134조의6의 취지에 비추어 보면, 본래 증거물이지만 증거서류의 성질도 가지고 있는 이른바 '증거물인 서면'을 조사하기 위해서는 증거서류의 조사방식인 낭독·내용고지 또는 열람의 절차와 증거물의 조사방식인 제시의 절차가 함께 이루어져야 하므로, 원칙적으로 증거신청인으로 하여금 그 서면을 제시하면서 낭독하게 하거나 이에 갈음하여 그 내용을 고지 또는 열람하도록 하여야 한다(대판 2013.7.26. 선고, 2013도2511).

피고인 또는 변호인이 검사가 작성한 피의자 신문조서에 대하여 임의성을 인정하였다가 증거조사 완료 후 이를 다투는 경우, 임의성의 증명책임 부담자(=검사) 및 법원이 취해야 할 조치

검사 작성의 당해 피고인에 대한 피의자신문조서에 기재된 진술의 임의성에 다툼이 있을 때에는 그 임의성을 의심할 만한 합리적이고 구체적인 사실을 피고인이 증명할 것이 아니라 검사가 그 임의성의 의문점을 없애는 증명을 하여야 하고, 검사가 그 임의성의 의문점을 없애는 증명을 하지 못한 경우에는 그 조서는 유죄 인정의 증거로 사용할 수 없는데, 이러한 법리는 피고인이나 그 변호인이 검사 작성의 당해 피고인에 대한 피의자신문조서의 임의성을 인정하는 진술을 하였다가 이를 번복하는 경우에도 마찬가지로 적용되어야 한다. 따라서 증거조사를 마친 조서의 임의성을 다투는 주장이 받아들여지게 되면, 그 조서는 구 형사소송규칙(2007. 10. 29. 대법원규칙 제2106호로 개정되기 전의 것) 제139조 제4항의 증거배제결정을 통하여 유죄 인정의 자료에서 제외하여야 한다(대판 2008.7.10. 선고, 2007도7760).

(3) 진술증거와 비진술증거

진술증거란 사람의 진술을 증거로 하는 것을 말한다. 진술증거에는 진술과 진술을 기재한 서면이 포함되며, 그 이외의 서증과 물적 증거가 비진술증거이다.

진술증거는 다시 원본증거와 전문증거로 나누어진다. 증인이 직접 실험한 사실을 진술하는 경우의 증거를 원본증거 또는 본래증거라고 하며, 타인으로부터 전문한 사실을 진술하는 것을 전문증거라고 한다. 진술증거와 비진술증거를 구별하는 것은 전문법칙이 진술증거에 대하여만 적용되기 때문이다.

(4) 본증과 반증

거증책임을 지는 당사자가 제출하는 증거를 본증이라 하며, 본증에 의하여 증명하려고 하는 사실의 존재를 부인하기 위하여 제출하는 증거를 반증이라고 한다. 형사소송법상 거증책임은 원칙적으로 검사에게 있다는 의미에서 검사가 제출하는 증거를 본증, 피고인이 제출하는 증거를 반증이라고 할 수도 있다. 그러나 피고인에게 거증책임 있는 경우에는 피고인이 제출하는 증거도 본증에 해당한다.

(5) 실질증거와 보조증거

실질증거란 주요사실의 존부를 직접·간접으로 증명하기 위하여 사용되는 증거를 말하며, 실질증거의 증명력을 다투기 위하여 사용되는 증거를 보조증거라고 한다. 보조증거에는 증강증거와 탄핵증거가 있다. 전자는 증명력을 증강하기 위한 증거를 말하며, 후자는 증명력을 감쇄하기 위한 증거를 말한다.

3. 2016. 5. 29. 개정 형사소송법의 증거규정의 주요 내용

(1) 진술서 증거능력

피고인 또는 피고인이 아닌 자가 작성한 진술서나 그 진술을 기재한 서류로서 그 작성자 또는 진술자의 자필이거나 그 서명 또는 날인이 있는 것(피고인 또는 피고인 아닌 자가 작성하였거나 진술한 내용이 포함된 문자·사진·영상 등의 정보로서 컴퓨터용디스크, 그 밖에 이와 비슷한 정보저장매체에 저장된 것을 포함한다. 이하 이 조에서 같다)은 공판준비나 공판기일에서의 그 작성자 또는 진술자의 진술에 의하여 그 성립의 진정함이 증명된 때에는 증거로 할 수 있다. 단, 피고인의 진술을 기재한 서류는 공판준비 또는 공판기일에서의 그 작성자의 진술에 의하여 그 성립의 진정함이 증명되고 그 진술이 특히 신빙할 수 있는 상태하에서 행하여 진 때에 한하여 피고인의 공판준비 또는 공판기일에서의 진술에 불구하고 증거로 할 수 있다(법 제313조 1항).

제1항 본문에도 불구하고 진술서의 작성자가 공판준비나 공판기일에서 그 성립의 진정을 부인하는 경우에는 과학적 분석결과에 기초한 디지털포렌식 자료, 감정 등 객관적 방법으로 성립의 진정함이 증명되는 때에는 증거로 할 수 있다. 다만, 피고인 아닌 자가 작성한 진술서는 피고인 또는 변호인이 공판준비 또는 공판기일에 그 기재 내용에 관하여 작성자를 신문할 수 있었을 것을 요한다(법 제313조 2항).

(2) 증거능력에 대한 예외

제312조 또는 제313조의 경우에 공판준비 또는 공판기일에 진술을 요하는 자가 사망·질병·외국거주·소재불명 그 밖에 이에 준하는 사유로 인하여 진술할 수 없는 때에는 그 조서 및 그 밖의 서류(피고인 또는 피고인 아닌 자가 작성하였거나 진술한 내용이 포함된 문자·사진·영상 등의 정보로서 컴퓨터용디스크, 그 밖에 이와 비슷한 정보저장매체에 저장된 것을 포함한다)를 증거로 할 수 있다. 다만, 그 진술 또는 작성이 특히 신빙할 수 있는 상태하에서 행하여졌음이 증명된 때에 한한다(법 제314조)

4. 증거능력과 증명력

(1) 증거능력

증거능력이란 증거가 엄격한 증명의 자료로 사용될 수 있는 법률상의 자격을 말한다. 따라서 자유로운 증명의 자료가 되기 위하여는 증거능력을 요하지 않는다. 증거능력은 미리 법률에 의하여 형식적으로 결정되어 있고, 아무리 증거로서의 가치가 있는 증거라 할지라도 증거능력 없는 증거는 사실인정의 자료가 될 수 없을 뿐만 아니라,

공판정에 증거로 제출하여 증거조사를 하는 것도 허용되지 않는다. 증거능력의 제한에는 절대적인 것과 상대적인 것이 있다. 자백의 증거능력제한이 전자에 해당함에 반하여, 전문증거라 할지라도 당사자의 동의가 있는 때에는 증거로 할 수 있으므로 전문법칙은 후자에 속한다. 자백배제법칙, 위법수집증거의 배제법칙 및 전문법칙은 증거능력에 관한 문제이다.

(2) 증명력

증명력이란 증거의 실질적 가치를 말한다. 증거능력이 미리 법률에 의하여 형식적으로 결정되어 있음에 반하여, 증명력은 법관의 자유심증에 맡겨져 있다. 자백의 보강법칙과 공판조서의 증명력은 증명력과 관계된다.

문 **소송사기의 피해자가 제3자로부터 대가를 지급하고 취득한, 절취된 업무일지를 사기죄에 대한 증거로 사용할 수 있는가요?**

답 동 업무일지가 피고인의 사생활 영역과 관계된 자유로운 인격권의 발현물이라고 볼 수 없는 경우에, 사문서위조·위조사문서행사 및 소송사기로 이어지는 일련의 범행에 대하여 피고인을 형사소추하기 위해서는 이 사건 업무일지가 반드시 필요한 증거일 수 있고, 설령 그것이 제3자에 의하여 절취도니 것으로서 위 소송사기 등의 피해자측이 이를 수사기관에 증거자료로 제출하기 위하여 대가를 지급하였다 하더라도, 공익의 실현을 위하여는 이 사건 업무일지를 범죄의 증거로 제출하는 것이 허용되어야 하고, 이로 말미암아 피고인의 사생활 영역을 침해하는 결과가 초래된다 하더라도 이는 피고인이 수인하여야 할 기본권의 제한에 해당합니다.(자료제공 : 법률구조공단)

Ⅱ. 범죄사실 증명의 기본원칙

1. 증거재판주의

(1) 의 의

가. 증거재판주의의 개념

증거재판주의란 실체진실의 발견을 이념으로 하는 형사소송에 있어서 법관의 자의에 의한 사실인정이 허용될 수 없고 반드시 증거에 의하여야 한다는 원칙을 말한다. 형사소송법 제307조는 ① 사실의 인정은 증거에 의하여야 한다(제1항). 범죄사실의 인정은 합리적인 의심이 없는 정도의 증명에 이르러야 한다(동조 2항)고 규정하여 증거재판주의를 선언하고 있다.

개정 형사소송법은 유죄 인정을 위한 증거의 증명력의 정도에 관하여 '합리적인 의심이 없는 정도의(beyond reasonable doubt) 증명'이 있어야 함을 명문화하였다.

증거재판주의는 실체진실을 발견하기 위한 증거법의 기본원칙이라 할 수 있다. 민사소송에 있어서는 당사자가 자백한 사실(다툼이 없는 사실)에 대하여는 증명을 요하지 않는다(민소법 제261조). 그러나 실체진실주의가 적용되는 형사소송에 있어서는 자백한 사실일지라도 그 사실은 증거에 의하지 아니하면 인정할 수 없게 된다. 이와 같이 사실의 인정은 모두 증거에 의하여야 한다는 점에 제307조의 고유한 의미가 있다.

핵심판례

고의의 존재에 대한 증명책임의 소재(=검찰관) 및 유죄 인정을 위한 증거의 증명력 정도 / 범행 결과가 매우 중대하고 범행 동기나 방법 및 범행 정황에 비난 가능성이 큰 사정이 있는 경우, 살인의 고의를 인정하는 방법

공소가 제기된 범죄사실의 주관적 요소인 고의의 존재에 대한 증명책임 역시 검찰관에게 있고, 유죄의 인정은 법관으로 하여금 합리적인 의심을 할 여지가 없을 정도로 공소사실이 진실한 것이라는 확신을 가지게 하는 증명력을 가진 증거에 의하여야 하므로, 그러한 증거가 없다면 피고인들에게 유죄의 의심이 간다고 하더라도 피고인들의 이익으로 판단하여야 한다. 나아가 형벌법규의 해석과 적용은 엄격하여야 하므로, 범행 결과가 매우 중대하고 범행 동기나 방법 및 범행 정황에 비난 가능성이 크다는 사정이 있더라도, 이를 양형에 불리한 요소로 고려하여 형을 무겁게 정하는 것은 별론, 그러한 사정을 이유로 살인의 고의를 쉽게 인정할 것은 아니고 이를 인정할 때에는 신중을 기하여야 한다(대판 2015.10.29. 선고, 2015도5355).

수표를 발행한 후 예금부족 등으로 지급되지 아니하게 하였다는 부정수표단속법위반 공소사실을 증명하기 위하여 제출되는 수표에 대하여 형사소송법 제310조의2의 전문법칙이 적용되는지 여부(소극) / 이때 수표 원본이 아닌 전자복사기를 사용하여 복사한 사본이 증거로 제출되고 피고인이 이를 증거로 하는 데 부동의한 경우, 위 수표 사본의 증거능력을 인정하기 위한 요건

피고인이 수표를 발행하였으나 예금부족 또는 거래정지처분으로 지급되지 아니하게 하였다는 부정수표단속법위반의 공소사실을 증명하기 위하여 제출되는 수표는 그 서류의 존재 또는 상태 자체가 증거가 되는 것이어서 증거물인 서면에 해당하고 어떠한 사실을 직접 경험한 사람의 진술에 갈음하는 대체물이 아니므로, 증거능력은 증거물의 예에 의하여 판단하여야 하고, 이에 대하여는 형사소송법 제310조의2에서 정한 전문법칙이 적용될 여지가 없다. 이때 수표 원본이 아니라 전자복사기를 사용하여 복사한 사본이 증거로 제출되었고 피고인이 이를 증거로 하는 데 부동의한 경우 위 수표 사본을 증거로 사용하기 위해서는 수표 원본을 법정에 제출할 수 없거나 제출이 곤란한 사정이 있고 수표 원본이 존재하거나 존재하였으며 증거로 제출된 수표 사본이 이를 정확하게 전사한 것이라는 사실이 증명되어야 한다(대판 2015.4.23. 선고, 2015도2275).

나. 범죄사실 인정을 위한 증명의 정도 : 엄격한 증명과 자유로운 증명

엄격한 증명이란 법률상 증거능력 있고 적법한 증거조사를 거친 증거에 의한 증명을 말하고, 이를 요하지 않는 증거에 의한 증명을 자유로운 증명이라 한다.

엄격한 증명과 자유로운 증명은 증거능력의 유무와 증거조사의 방법에 차이가 있을 뿐이고, 심증의 정도에 차이가 있는 것은 아니다. 엄격한 증명과 자유로운 증명은 모두 합리적 의심 없는 증명 또는 확신을 요하는 점에서 같다.

형사소송법 제307조 2항도 '범죄사실의 인정은 합리적인 의심이 없는 정도의 증명에 이르러야 한다'고 규정하고 있다.

(2) 엄격한 증명의 대상

가. 공소범죄사실

공소장에 기재된 범죄사실은 주요사실로서 엄격한 증명의 대상이 된다. 여기서 공소범죄사실이란 범죄의 특별구성요건을 충족하는 구체적 사실로서 위법성과 책임을 구비한 것을 말한다.

1) 구성요건해당사실

구성요건에 해당하는 사실은 객관적 구성요건요소인가 또는 주관적 구성요건요소인가를 불문하고 엄격한 증명의 대상이 된다. 따라서 행위의 주체와 객체·행위·결과의 발생 및 인과관계와 같은 객관적 구성요건에 해당하는 사실뿐만 아니라, 고의·과실·목적과 같은 주관적 사실도 엄격한 증명을 요한다.

2) 위법성과 책임의 기초사실

구성요건에 해당하는 사실 이외의 위법성과 책임을 기초지우는 사실도 엄격한 증명의 대상이 된다. 위법성조각사유와 책임조각사유의 부존재도 형벌권의 존부에 중요한 사실이므로 엄격한 증명의 대상이 된다고 보는 것이 통설이다.

3) 처벌조건

처벌조건은 공소범죄사실 자체는 아니다. 그러나 이는 형벌권의 발생에 직접 관련되는 사실이므로 엄격한 증명을 요한다고 해야 한다. 따라서 파산범죄에 있어서의 파산선고의 확정은 엄격한 증명의 대상이 된다.

나. 형의 가중·감면의 사유가 되는 사실

법률상 형의 가중의 이유되는 누범전과, 형의 감경 또는 감면의 이유되는 심신미약 또는 중지미수, 형의 면제의 이유되는 자수·자복의 사실은 범죄될 사실 그 자체는 아니지만 범죄사실에 준하여 엄격한 증명의 대상이 된다는 것이 통설의 입장이다. 그러나 판례는 심신장애의 유무 및 정도의 판단은 법원이 독자적으로 판단할 수 있다고 한다.

다. 기 타

1) 간접사실

주요사실의 존부를 간접적으로 추인하는 사실, 예컨대 알리바이의 증명은 주요사실에 대한 간접적인 반대증거가 될 수 있다.

요증사실이 주요사실인 때에는 간접사실도 엄격한 증명의 대상이 되어야 한다.

2) 법 규

법규의 존부와 그 내용은 법원의 직권조사사항에 속하므로 원래 증명의 대상이 되지 않는다. 그러나 외국법·관습법·자치법규와 같이 법규의 내용이 명백하지 아니한 때에는 법규에 대하여도 증명을 요한다. 법규가 인정된 사실에 대한 벌칙에 지나지 않을 때에는 엄격한 증명을 요하지 않지만, 그것이 엄격한 증명을 요하는 사실을 인정하는 자료가 되는 때에는 엄격한 증명의 대상이 된다고 해야 한다.

(3) 자유로운 증명의 대상

가. 정상관계사실

피고인의 경력(전과)·성격·환경·범죄 후의 정황 등 형의 선고유예·집행유예 또는 작량감경 및 양형의 조건이 되는 사실은 자유로운 증명으로 족하다.

양형의 기초가 되는 정상관계사실은 복잡하고 비유형적이므로 엄격한 증명의 대상으로 하기에 적합하지 않을 뿐만 아니라, 양형은 그 성질상 법원의 재량에 해당되므로 자유로운 증명으로 족하다(통설).

나. 소송법적사실

친고죄에 있어서 고소의 유무, 피고인의 구속기간, 공소제기, 공판개시 및 적법한 피고인신문이 행해졌는가의 문제는 자유로운 증명으로 족하고, 엄격한 증명을 요하지 않는다.

(4) 증명을 요하지 않는 사실

가. 공지의 사실

공지의 사실이란 일반적으로 알려져 있는 사실, 즉 보통의 지식·경험이 있는 사람이면 의심하지 않는 사실을 말한다. 역사상 명백한 사실이나 자연계의 현저한 사실이 여기에 해당한다. 반드시 모든 사람에게 알려져 있는 사실임을 요하지 않고 일정한 범위의 사람에게 알려져 있으면 족하다.

공지의 사실은 증거에 의하여 인정하지 않아도 공정한 사실의 인정에 아무지장이 없으므로 증명을 요하지 않는다.

나. 거증금지사실

증명으로 인하여 얻은 소송법적 이익보다 큰 초소송법적 이익 때문에 증명이 금지된 사실을 거증금지사실이라 한다. 예컨대 공무원 또는 공무원이었던 자의 직무상의 비밀에 속하는 사실이 여기에 해당한다(법 제147조). 거증금지사실도 증명을 요하지 않는다.

다. 법원에 현저한 사실

법원에 현저한 사실이란 법원이 그 직무상 명백히 알고 있는 사실, 즉 법관이 법관이기 때문에 알고 있는 사실을 말한다.

2. 거증책임

(1) 의 의

법원은 사실의 존부를 확인하기 위하여 당사자가 제출한 증거와 직권으로 조사한 증거에 의하여 재판에 필요한 심증을 형성한다. 그러나 이러한 증거에 의하여도 법원이 확신을 갖지 못할 때에는 일방의 당사자에게 불이익을 받을 위험부담을 주지 않을 수 없다. 이 위험부담을 바로 거증책임이라고 한다.

즉, 거증책임이란 요증사실의 존부에 대하여 증명이 불충분한 경우에 불이익을 받을 당사자의 법적 지위를 말한다.

쟁 점

<거증책임은 소송의 진행에 따라 일방에서 타방으로 이전하는지 여부>

거증책임은 소송의 종결시, 즉 종국판결시에 존재하는 위험부담을 말한다. 따라서 거증책임은 소송의 개시로부터 종결시까지 고정되어 있으며 소송의 진행에 따라 일방에서 타방으로 이전되는 것이 아니다. 이와 같이 거증책임은 자기에게 불이익한 종국적 사실인정을 받을 부담을 의미하므로 거증책임을 지는 자는 반대사실이 증명된 경우뿐만 아니라 그 진위가 불명인 경우에도 불이익한 판단을 받지 않을 수 없다.

(2) 거증책임 분배의 원칙(거증책임의 소재)

거증책임분배의 원칙이란 거증책임을 어느 당사자에게 부담하게 하는가를 정하는 것을 말한다. 형사소송법에는 법치국가의 원리로서 '의심스러운 때에는 피고인의 이익으로'라는 원칙이 적용되고 있는데, 이 원칙이 거증책임을 정하는 기준이 된다. 형사소송에서 원칙적으로 검사가 거증책임을 부담하는 이유도 여기에 있다. 결국 거증책임분배의 원칙은 'in dubio pro reo 원칙'의 적용범위의 문제라고도 할 수 있다.

가. 공소범죄사실

공소범죄사실에 대한 거증책임은 검사에게 있다. 검사는 구성요건해당사실뿐만 아니라 위법성과 책임의 존재에 대하여도 거증책임을 가진다. 공소범죄사실에는 범죄성립요소인 사실의 존재뿐만 아니라 범죄조각사유의 부존재도 포함된다. 따라서 피고인이 위법성조각사유나 책임조각사유를 주장하는 때에는 검사가 그 부존재에 대하여 거증책임을 진다고 해야 한다.

핵심판례

공소사실에 대한 거증책임의 소재

형사재판에서 공소제기된 범죄사실에 대한 입증책임은 검사에게 있는 것이고, 유죄의 인정은 법관으로 하여금 합리적인 의심을 할 여지가 없을 정도로 공소사실이 진실한 것이라는 확신을 가지게 하는 증명력을 가진 증거에 의하여야 하므로, 그와 같은 증거가 없다면 설령 피고인에게 유죄의 의심이 간다 하더라도 피고인의 이익으로 판단할 수 밖에 없다(대판 2003. 2. 11, 2002도6110).

나. 처벌조건인 사실

처벌조건인 사실은 형벌권 발생의 요건이 되는 사실이므로 검사에게 거증책임이 있다. 따라서 인적 처벌조각사유(예 : 친족상도례), 객관적 처벌조건(예 : 사전수뢰죄에 있어서 '공무원 또는 중재인이 된 사실') 불문하고 검사가 입증하여야 한다.

다. 형의 가중·감면의 사유가 되는 사실

예컨대 누범 전과사실 등과 같은 형의 가중사유가 되는 사실은 물론, 자수와 같은 형의 감면사유가 되는 사실의 부존재에 대하여는 검사에게 거증책임이 있다.

라. 소송법적 사실

1) 소송조건의 존재

소송조건의 존부가 불명확한 경우에도 이론상 또는 실무상 거증책임의 문제가 일어나고, 소송조건은 공소제기의 적법·유효요건이 되므로 소송조건의 존재에 대하여도 거증책임이 문제된다.

친고죄에 있어서 고소·고발과 같은 소송수행을 위한 적극적 요건은 물론 공소시효의 완성·사면 또는 공소의 적법 등의 소송조건에 대한 거증책임도 검사에게 있다고 해야 한다.

2) 증거능력의 전제가 되는 사실

증거능력의 전제되는 사실에 대한 거증책임은 그 증거를 제출한 당사자에게 있다고 해야 한다. 증거를 자기의 이익으로 이용하려는 당사자가 이에 대한 거증책임을 부담하는 것이 공평의 이념에 합치하기 때문이다. 따라서 서증의 증거능력을 부여하기 위한 입증책임은 그 서증을 증거로 제출한 검사에게 있다(대판 1970. 11. 24, 70도2019).

핵심판례

피고인 작성의 진술서가 '특히 신빙할 수 있는 상태'에서 작성되었다는 사실의 입증책임의 소재

피고인의 자필로 작성된 진술서의 경우에는 서류의 작성자가 동시에 진술자이므로 진정하게 성립된 것으로 인정되어 형사소송법 제313조 단서에 의하여 그 진술이 특히 신빙할 수 있는 상태하에서 행하여진 때에는 증거능력이 있고, 이러한 특신상태는 증거능력의 요건에 해당하므로 검사가 그 존재에 대하여 구체적으로 주장.입증하여야 한다(대판 2001. 9. 4, 2000도1743).

(3) 거증책임의 전환

거증책임의 전환이란 명문규정에 의하여 일방이 지던 거증책임이 상대방에게 이전하는 것을 말한다.

거증책임의 전환에 관한 규정으로는 형법 제263조와 제310조를 들 수 있다.

가. 형법 제263조의 상해죄의 동시범의 특례

형법 제263조는 '독립행위가 경합하여 상해의 결과를 발생하게 한 경우에 있어서 원인된 행위가 판명되지 아니한 때에는 공동정범의 예에 의한다'고 규정하고 있다. 이 규정에 관하여 거증책임의 전환으로 해석하는 것이 통설이다. 즉 피고인이 상해의 결과에 대한 인과관계가 없음을 증명할 거증책임을 지며, 이를 증명하지 못할 때에는 공동정범의 예에 의하여 처벌된다는 것이다. 형법 제263조는 "원인된 행위가 판명되지 아니한 때에는 공동정범의 예에 의한다"고 규정하여 명문으로 거증책임의 전환을 규정하고 있으며, 2인 이상이 동일인에게 폭행한 때에는 검사가 인과관계를 입증하는 것이 곤란하고 폭행에 의하여 상해의 결과가 발생하였다고 인정하는 것이 합리적이라는 점에서 거증책임의 예외를 인정할 합리적 근거도 있다고 해석하는 것이다.

나. 형법 제310조의 위법성조각사유에 대한 거증책임

형법 제310조는 명예에 관한 죄에 대하여 "형법 제307조 1항의 행위가 진실한 사실로서 오로지 공공의 이익에 관한 때에는 처벌하지 아니한다"고 규정하고 있다. 본조도 적시한 사실이 진실이고 공공의 이익에 관한 것임에 대하여 피고인에게 거증책임을 지운 거증책임의 전환에 관한 규정이라고 해석하는 것이 통설의 입장이다.

핵심판례

명예훼손죄의 위법성 조각사유(제310조)에 대한 거증책임의 소재

공연히 사실을 적시하여 사람의 명예를 훼손한 행위가 형법 제310조의 규정에 따라서 위법성이 조각되어 처벌대상이 되지 않기 위하여는, 그것이 진실한 사실로서 오로지 공공의 이익에 관한 때에 해당된다는 점을 행위자가 증명하여야 하는 것이나, 그 증명은 유죄의 인정에 있어 요구되는 것과 같이 법관으로 하여금 의심할 여지가 없을 정도의 확신을 가지게 하는 증명력을 가진 엄격한 증거에 의하여야 하는 것은 아니므로, 이 때에는 전문증거에 대한 증거능력의 제한을 규정한 형사소송법 제310조의2는 적용될 여지가 없다(대판 1996. 10. 25. 95도1473).

핵심판례

언론·출판을 통해 사실을 적시함으로써 타인의 명예를 훼손하는 경우, 위법성이 조각되기 위한 요건 및 여기서 적시된 사실이 공공의 이익에 관한 것인지 판단하는 기준

언론·출판을 통해 사실을 적시함으로써 타인의 명예를 훼손하는 경우에도 그것이 진실한 사실로서 오로지 공공의 이익에 관한 때에는 행위에 위법성이 없다. 여기서 적시된 사실이 공공의 이익에 관한 것인지는 적시된 사실의 구체적 내용, 사실의 공표가 이루어진 상대방의 범위, 표현의 방법 등 표현 자체에 관한 제반 사정을 고려함과 동시에 표현에 의하여 훼손되거나 훼손될 수 있는 명예의 침해 정도 등을 비교·고려하여 결정하여야 하고, 나아가 명예훼손을 당한 피해자가 공적 인물인지 일반 사인인지, 공적 인물 중에서도 공직자나 정치인 등과 같이 광범위하게 국민의 관심과 감시의 대상이 되는 인물인지, 단지 특정 시기에 한정된 범위에서 관심을 끌게 된 데 지나지 않는 인물인지, 적시된 사실이 피해자의 공적 활동 분야와 관련된 것이거나 공공성·사회성이 있어 공적 관심사에 해당하고 그와 관련한 공론의 필요성이 있는지, 그리고 공적 관심을 불러일으키게 된 데에 피해자 스스로 어떤 관여가 된 바 있는지 등을 종합적으로 살펴서 결정하여야 한다(대판 2016.5.27. 선고, 2015다33489).

3. 자유심증주의

(1) 의 의

자유심증주의란 증거의 증명력을 적극적 또는 소극적으로 법정하지 아니하고 법관의 자유로운 판단에 맡기는 주의를 말하며, 증거평가자유의 원칙이라고도 한다.

형사소송법 제308조는 “증거의 증명력은 법관의 자유판단에 의한다”고 하여 자유심증주의를 규정하고 있다.

자유심증주의는 법정증거주의에 대립되는 개념인데, 법정증거주의란 일정한 증거가 있으면 반드시 유죄로 인정하여야 하고(적극적 법정증거주의), 일정한 증거가 없으면 유죄로 할 수 없도록 하여(소극적 법정증거주의) 증거에 대한 증명력의 평가에 법률적 제약을 가하는 것을 말한다.

(2) 내 용

가. 자유판단의 대상

자유심증주의에 의하여 법관이 자유롭게 판단할 수 있는 것은 증거의 증명력, 즉 사실인정을 위한 증거의 실질적 가치, 즉 증거가치이다.

증거의 증명력에는 신용력과 협의의 증명력이 포함된다. 전자는 증거 그 자체가 진실일 가능성을 말함에 대하여, 후자는 증거가 진정할 것을 전제로 그것이 요증사실을 추인하는 힘이라고 할 수 있다. 양자는 모두 법관의 자유판단의 대상이 된다.

쟁 점

<증거능력도 자유심증의 대상이 될 수 있는지 여부>

증거의 증명력은 증거능력과 구별해야 한다. 증거능력은 증거로 될 수 있는 법률적·형식적 자격을 말한다. 따라서 증거능력은 형식적으로 법정되어 있어 법관의 자유판단이 허용되지 않는다. 증거의 증명력에 관한 한 그 증거가 엄격한 증명인가 자유로운 증명인가를 불문하고 자유심증주의가 적용된다. 다만 엄격한 증명을 요하는 경우에는 증거능력 있고 적법한 증거조사를 거친 증거에 의하여만 법관의 자유판단이 가능하며, 자유로운 증명으로 족한 때에는 반드시 그러하지 아니하다.

나. 자유판단의 의미

증거의 증명력을 법관의 자유판단에 의하도록 하는 것이 자유심증주의이다. 여기서 자유판단이란 증거의 증명력판단에 있어서 법관이 법률적 제한을 받지 않는다는 것을 의미한다. 즉 어떤 증거가 있어야 사실이 증명되고, 어느 증거에 어떤 가치가 있는가를 결정하는 기준이나 법칙은 있을 수 없고, 증거의 취사선택은 법관의 자유판단에 맡겨지며, 모순되는 증거가 있는 경우에 어느 증거를 믿는가도 법관의 자유에 속한다.

핵심판례

감정의견의 판단과 그 채부방법

㉠ 감정의견의 판단과 그 채부여부는 법원의 자유심증에 따르며 법원이 감정결과를 전문적으로 비판할 능력을 가지지 못하는 경우에는 그 결과가 사실상 존중되는 수가 많게 된다 해도 감정의견은 법원이 가지고 있지 못한 경험칙 등을 보태준다는 이유로 항상 따라야 하는 것도 아니고 감정의견이 상충된 경우 다수 의견을 안 따르고 소수 의견을 채용해도 되고 여러 의견

중에서 그 일부씩을 채용하여도 무방하며 여러 개의 감정의견이 일치되어 있어도 이를 배척하려면 특별한 이유를 밝히거나 또는 반대감정의견을 구하여야 된다는 법리도 없다(대판 1976.3.23, 75도2068).

㉡ 호흡측정기에 의한 음주측정치와 혈액검사에 의한 음주측정치가 다른 경우에 어느 음주측정치를 신뢰할 것인지는 법관의 자유심증에 의한 증거취사선택의 문제라고 할 것이나, 호흡측정기에 의한 측정의 경우 그 측정기의 상태, 측정방법, 상대방의 협조 정도 등에 의하여 그 측정결과의 정확성과 신뢰성에 문제가 있을 수 있다는 사정을 고려하면, 혈액의 채취 또는 검사과정에서 인위적인 조작이나 관계자의 잘못이 개입되는 등 혈액채취에 의한 검사결과를 믿지 못할 특별한 사정이 없는 한, 혈액검사에 의한 음주측정치가 호흡측정기에 의한 음주측정치보다 측정 당시의 혈중 알코올농도에 더 근접한 음주측정치라고 보는 것이 경험칙에 부합한다(대판 2004.2.13, 2003도6905).

증거보전절차에서의 진술의 증명력

증거보전절차에서의 진술이 법원의 관여하에 행하여지는 것으로서 수사기관에서의 진술보다 임의성이 더 보장되는 것이기는 하나 보전된 증거가 항상 진실이라고 단정지울 수는 없는 것이므로 법원이 그것을 믿지 않을 만한 사유가 있어서 믿지 않는 것에 자유심증주의의 남용이 있다고 볼 수 없다(대판 1980. 4. 8, 79도125)

자백의 신빙성(증명력) 유무의 판단기준

검찰에서의 자백 등이 법정 진술과 다르다는 사유만으로는 그 자백의 신빙성이 의심스럽다고 할 사유로 삼아야 한다고 볼 수 없고, 자백의 신빙성 유무를 판단함에 있어서는 자백의 진술내용 자체가 객관적으로 합리성을 띠고 있는지, 자백의 동기나 이유가 무엇이며, 자백에 이르게 된 경위는 어떠한지 그리고 자백 이외의 정황증거 중 자백과 저촉되거나 모순되는 것이 없는지 하는 점을 고려하여피고인의 자백에 형사소송법 제309조 소정의 사유 또는 자백의 동기나 과정에 합리적인 의심을 갖게 할 상황이 있었는지를 판단하여야 한다(대판 2002.3.12, 2001도2064).

공동피고인 중 1인이 한 자백의 증명력

공동피고인 중의 1인이 다른 공동피고인들과 공동하여 범행을 하였다고 자백한 경우, 반드시 그 자백을 전부 믿어 공동피고인들 전부에 대하여 유죄를 인정하거나 그 전부를 배척하여야 하는 것은 아니고, 자유심증주의의 원칙상 법원으로서는 자백한 피고인 자신의 범행에 관한 부분만을 취신하고, 다른 공동피고인들이 범행에 관여하였다는 부분을 배척할 수 있다(대판 1995.12.8, 95도2043).

형사소송에 있어 간접증거의 증명력

㉠ 형사재판에서 유죄의 인정은 법관으로 하여금 합리적인 의심을 할 여지가 없을 정도로 공소사실이 진실한 것이라는 확신을 가지게 하는 증명력을 가진 증거에 의하여야 하고, 이러한 정도의 심증을 형성하는 증거가 없다면 설령 피고인에게 유죄의 의심이 간다 하더라도 피고인의 이익으로 판단할 수 밖에 없으나, 다만 그와 같은 심증이 반드시 직접증거에 의하여 형성되어야만 하는 것은 아니고, 경험칙과 논리법칙에 위반되지 아니하는 한 간접증거에 의하여 형성되어도 되는 것이며, 간접증거가 개별적으로는 범죄사실에 대한 완전한 증명력을 가지지 못하더라도, 전체 증거를 상호 관련하여 종합적으로 고찰할 경우 그 단독으로는 가지지 못하는 종합적 증명력이 있을 수 있고, 이러한 경우에는 그에 의하여도 범죄사실을 인정할 수 있다(대판 2000.11.10. 2000도2524).

㉡ 목격자의 진술 등 직접증거가 전혀 없는 사건에 있어서는 적법한 증거들에 의하여 인정되는 간접사실들에 논리법칙과 경험칙을 적용하여 공소사실이 합리적인 의심이 없을 정도로 추단될 수 있을 경우에만 이를 유죄로 인정할 수 있다(대판 2000.11.7, 2000도3507).

형사재판에 있어서 자유심증주의의 한계

형사재판에 있어서도 증거의 증명력은 법관의 자유판단에 맡겨져 있으나 그 판단은 논리와 경험칙에 합치하여야 하고, 형사재판에 있어서 유죄로 인정하기 위한 심증형성의 정도는 합리적인 의심을 할 여지가 없을 정도이어야 하나 합리성이 없는 모든 가능한 의심을 배제할 정도에 이를 것까지 요구하는 것은 아니며, 증명력이 있는 것으로 인정되는 증거를 합리적인 근거가 없이 의심하여 이를 배척하는 것은 자유심증주의의 한계를 벗어나는 것으로 허용되지 아니한다(대판 1998.11.13, 96도1783).

(3) 자유심증주의의 예외

가. 공판조서의 증명력(법 제56조)

형사소송법 제56조는 "공판기일의 소송절차로서 공판조서에 기재된 것은 그 조서만으로써 증명한다"고 규정하고 있다. 즉 공판기일의 소송절차로서 공판조서에 기재되지 않은 것에 대하여는 자유심증주의가 적용되지만, 공판조서에 기재된 것은 법관의 심증 여하를 불문하고 그 기재된 대로 인정해야 된다는 점에서 자유심증주의에 대한 예외로 인정하는 것이 통설의 입장이다.

핵심판례

기재내용이 서로 다른 공판조서의 증명력

동일한 사항에 관하여 두 개의 서로 다른 내용이 기재된 공판조서가 병존하는 경우 양자는 동일한 증명력을 가지는 것으로서 그 증명력에 우열이 있을 수 없다고 보아야 할 것이므로 그 중 어느 쪽이 진실한 것으로 볼 것인지는 공판조서의 증명력을 판단하는 문제로서 법관의 자유로운 심증에 따를 수 밖에 없다(대판 1988.11.8, 86도1646).

나. 자백의 증명력 제한(법 제310조)

형사소송법 제310조는 “피고인의 자백이 그 피고인에게 불이익한 유일의 증거일 때에는 이를 유죄의 증거로 하지 못한다”고 하여 자백의 보강법칙을 규정하고 있다. 자백에 대한 보강증거가 없을 때에는 자백에 의하여 유죄의 심증을 얻는 경우에도 유죄를 선고할 수 없다는 점에서 자백의 증명력제한은 자유심증주의의 예외가 된다고 할 수 있다.

Ⅲ. 위법수집증거 배제법칙

1. 의 의

위법수집증거 배제법칙이란 위법한 절차에 의하여 수집된 증거의 증거능력을 부정하는 원칙을 말한다. 형사소송법은 '적법한 절차에 따르지 아니하고 수집한 증거는 증거로 할 수 없다'고 하여 위법수집증거 배제법칙을 명문화하였다(제308조의 2). '헌법과 형사소송법이 정한 절차에 따르지 아니하고 수집한 증거는 의뢰인정의 증거로 삼을 수 없다고'고 판시함으로써 위법수집증거배제 법칙을 인정하였다(대판 2007. 11. 15. 2007도3061).

2. 근 거

(1) 적정절차의 보장

위법수집증거배제법칙의 이론적 근거는 위법하게 수집된 증거는 적정절차의 보장이라는 관점에서 그 증거능력이 부정되어야 한다고 한다.

즉 진실의 발견은 적정한 절차에서 행하여질 것을 요하므로 헌법상 허용될 수 없는 절차에 의하여 수집된 증거에 대하여는 진실발견을 위한 자격을 박탈하는 것이 당연하며, 법을 지켜야 할 수사기관이 국민의 기본적 인권을 침해하고 위법하게 수집한 증거를 허용하는 것은 법원이 위법행위에 가담하는 것과 같은 결과가 되어 사법의 염결성을 해하게 된다는 것이다.

(2) 위법수사의 억제

위법수집증거의 배제는 위법수사를 방지 · 억제하기 위한 가장 유효한 방법이라는 것이다. 위법수사를 행한 자에 대한 형사상의 제재나 민사책임이 위법수사를 억제하기 위한 충분한 수단이 될 수 없는 이상 위법수집증거배제법칙이야말로 이를 위한 가장 효과적인 방법이라고 보아야 한다고 한다.

3. 위법수집증거의 유형

(1) 영장주의 위반

영장주의에 위반하여 수집한 증거물의 증거능력은 부정된다. 따라서 영장없이 압수 · 수색 · 검증한 증거물뿐만 아니라, 영장 자체에 하자가 있는 경우, 영장기재의 압수물건에 포함되지 않은 다른 증거물의 압수 · 수색, 체포현장의 요건을 결한 압수 · 수색, 직무질문에 수반하여 한 동의 없는 소지품검사 등에 의하여 수집한 증거의 증거능력은 부정되어야 한다. 그러나 영장의 방식 또는 집행방식의 단순한 위법은 증거능력에 영향이 없다.

핵심판례

범행 중 또는 범행 직후 긴급을 요하여 영장 없이 촬영을 한 경우 그 비디오 테이프의 증거능력 유무(적극)

1. 누구든지 자기의 얼굴 기타 모습을 함부로 촬영당하지 않을 자유를 가지나 이러한 자유도 국가권력의 행사로부터 무제한으로 보호되는 것은 아니고 국가의 안전보장.질서유지.공공복리를 위하여 필요한 경우에는 상당한 제한이 따르는 것이고, ㉠ 수사기관이 범죄를 수사함에 있어 현재 범행이 행하여지고 있거나 행하여진 직후이고, ㉡ 증거보전의 필요성 및 긴급성이 있으며, ㉢ 일반적으로 허용되는 상당한 방법에 의하여 촬영을 한 경우라면 위 촬영이 영장 없이 이루어졌다 하여 이를 위법하다고 단정할 수 없다.
2. 이 사건 비디오촬영은 피고인들에 대한 범죄의 혐의가 상당히 포착된 상태에서 그 회합의 증거를 보전하기 위한 필요에서 이루어진 것이고 갑의 주거지 외부에서 담장 밖 및 2층 계단을 통하여 갑의 집에 출입하는 피고인들의 모습을 촬영한 것으로 그 촬영방법 또한 반드시 상당성이 결여된 것이라고는 할 수 없다 할 것인바, 원심이 이 사건 비디오 촬영행위가 위법하지 않다고 판단하고 그로 인하여 취득한 비디오테이프의 증거능력을 인정한 것은 정당하고 거기에 영장없이 촬영한 비디오 테이프의 증거능력에 관한 해석을 그르친 잘못이 있다고 할 수 없다(대판 1999. 9. 3, 99도2317).

무인장비에 의하여 촬영한 사진이 위법하게 수집된 증거인지의 여부(소극)

무인장비에 의한 제한속도 위반차량 단속은 수사활동의 일환으로서 도로에서의 위험을 방지하고 교통의 안전과 원활한 소통을 확보하기 위하여 도로교통법령에 따라 정해진 제한속도를 위반하여 차량을 주행하는 범죄가 현재 행하여지고 있고, 그 범죄의 성질.태양으로 보아 긴급하게 증거보전을 할 필요가 있는 상태에서 일반적으로 허용되는 한도를 넘지 않는 상당한 방법에 의한 것이라고 판단되므로, 이를 통하여 운전차량의 차량번호 등을 촬영한 사진을 두고 위법하게 수집된 증거로서 증거능력이 없다고 말할 수 없다(대판 1999. 12. 7, 98도3329).

제3자가 공갈목적을 숨기고 피고인의 동의하에 나체사진을 찍은 경우, 피고인에 대한 간통죄에 있어 위법수집증거로서 증거능력이 부정되는지의 여부(소극)

모든 국민의 인간으로서의 존엄과 가치를 보장하는 것은 국가기관의 기본적인 의무에 속하는 것이고, 이는 형사절차에서도 당연히 구현되어야 하는 것이기는 하나 그렇다고 하여 국민의 사생활 영역에 관계된 모든 증거의 제출이 곧바로 금지되는 것으로 볼 수는 없고, 법원으로서는 효과적인 형사소추 및 형사소송에서의 진실발견이라는 공익과 개인의 사생활의 보호이익을 비교형량하여 그 허용 여부를 결정하고, 적절한 증거조사의 방법을 선택함으로써 국민의 인간으로서의 존엄성에 대한 침해를 피할 수 있다고 보아야 할 것이므로, 피고인의 동의하에 촬영된 나체사진의 존재만으로 피고인의 인격권과 초상권을 침해하는 것으로 볼 수 없고, 가사 사진을 촬영한 제3자가 그 사진을 이용하여 피고인을 공갈할 의도였다고 하더라도 사진의 촬영이 임의성이 배제된 상태에서 이루어진 것이라고 할 수는 없으며, 그 사진은 범죄현장의 사진으로서 피고인에 대한 형사소추를 위하여 반드시 필요한 증거로 보이므로, 공익의 실현을 위하여는 그 사진을 범죄의 증거로 제출하는 것이 허용되어야 하고, 이로 말미암아 피고인의 사생활의 비밀을 침해하는 결과를 초래한다 하더라도 이는 피고인이 수인하여야 할 기본권의 제한에 해당된다(대판 1997. 9. 30, 97도1230).

(2) 적정절차의 위반

당사자의 참여권과 신문권을 침해한 증인신문(법 제163조, 제161조의2), 야간 압수·수색금지규정(법 제125조, 제219조)에 위반한 압수·수색, 당사자의 참여권을 보장하지 않은 검증(법 제121조, 제145조)과 감정(법 제146조, 제183조), 의사나 성년의 여자를 참여시키지 않은 여자의 신체검사(제141조 3항)의 결과도 증거로 할 수 없다.

4. 관련문제

(1) 위법수집증거가 증거동의에 의하여 증거능력을 갖게 되는지 여부

위법하게 수집된 증거가 동의에 의하여 증거능력이 인정될 수 있는가가 문제되는데, 증거수집절차의 중대한 위법으로 인하여 허용되지 않는 증거가 동의에 의하여 증거능력이 인정된다는 것은 타당하다고 할 수 없다.

(2) 위법수집증거를 탄핵증거로 사용할 수 있는지 여부

위법수집증거를 탄핵증거로 사용하는 것을 허용할 때에는 사실상 증거배제의 효과를 피하는 것을 허용하는 결과가 되므로 증거능력 없는 위법수집증거를 탄핵증거로 사용하는 것도 허용되지 않는다.

(3) 독수(毒樹)의 과실(果實)이론

가. 의 의

독수의 과실이란 위법하게 수집된 증거(毒樹)에 의하여 발견된 제2차 증거(果實)의 증거능력을 배제하는 이론을 말한다. 위법수집증거배제법칙을 인정하면서도 과실의 증거능력을 인정할 것인가에 대하여는 위법수집증거가 배제되더라도 과실의 증거능력이 인정되면 배제법칙은 무의미하게 되므로 증거로 허용해서는 안 된다는 견해가 다수설이다.

나. 예 외

위법하게 수집된 증거에 의하여 수집된 증거라고 할지라도 수사기관이 독립된 자료에 의하여 과실의 존재를 파악하고 있었거나, 위법수집증거와 과실 사이에 인과관계가 인정되지 않을 때에는 이 원칙이 적용되지 않는다.

Ⅳ. 자백배제법칙

1. 자백의 의의

자백이란 피고인 또는 피의자가 범죄사실의 전부 또는 일부를 인정하는 진술을 말한다.

① 진술을 하는 자의 법률상의 지위는 문제되지 않는다. 법 제309조는 피고인의 자백이라고 규정하고 있으나, 피고인의 진술뿐만 아니라 피의자나 증인·참고인의 진술도 모두 자백에 해당한다.

② 진술의 형식도 묻지 아니한다. 구두에 의한 진술뿐만 아니라 서면에 의한 진술도 자백에 해당하고, 재판상의 자백과 재판외의 자백도 포함한다.

③ 진술의 상대방도 묻지 않는다. 따라서 일기장에 자기의 범죄사실을 기재하는 경우도 자백에 해당된다.

④ 자백은 자기의 범죄사실을 승인하는 진술이며 형사책임을 긍정하는 진술임을 요하지 않는다.

다만 자백은 당해 피고인 또는 피의자의 진술을 당해 사건에 이용하는 경우에 제한되므로 이를 타인에 대하여 이용하는 경우에는 자백이라고 할 수 없다.

핵심판례

피고인이 공판기일에서 진술한 항소이유서에 범죄사실을 인정하는 취지의 추상적인 문구가 기재된 사실만으로는 범죄사실을 자백한 것으로 볼 수 있는지 여부(소극)

피고인이 제출한 항소이유서에 "피고인은 돈이 급해 지어서는 안될 죄를 지었습니다.", "진심으로 뉘우치고 있습니다."라고 기재되어 있고 피고인은 항소심 제2회 공판기일에 위 항소이유서를 진술하였으나, 곧이어서 있은 검사와 재판장 및 변호인의 각 심문에 대하여 피고인은 범죄사실을 부인하였고, 수사단계에서도 일관되게 그와 같이 범죄사실을 부인하여 온 점에 비추어 볼 때, 위와 같이 추상적인 항소이유서의 기재만을 가지고 범죄사실을 자백한 것으로 볼 수 없다.

2. 자백배제법칙의 근거

(1) 허위배제설

허위배제설은 임의성 없는 자백은 허위진술을 유발 또는 강요할 위험성이 있는 상태에서 행해지고, 그 자체가 실체적 진실의 발견을 저해하기 때문에 증거능력이 부정된다고 한다. 영미의 common law에 있어서 임의성 없는 자백의 증거능력을 부정한 전통적인 근거라고 할 수 있다. 이에 의하면 임의성 없는 자백이란 허위의 진술을 할 염려가 있는 상황하에서 행하여진 자백을 의미하며, 유도·사술에 의한 자백일지라도 허위의 자백이 아니면 임의성을 긍정하게 되고 그 결과 임의성의 문제는 자백의 진실성 내지 신뢰성의 문제가 된다.

(2) 인권옹호설

인권옹호설은 피고인의 인권보장(특히 묵비권)을 담보하기 위하여 임의성 없는 자백이 배제된다고 한다.

이에 의하면 임의성 없는 자백이란 범죄사실의 인부에 대한 의사결정의 자유, 즉 진술의 자유를 침해한 위법·부당한 압박하에서 행하여진 자백을 의미하게 된다.

(3) 절충설

임의성 없는 자백은 허위일 위험성이 많을 뿐만 아니라 자백강요의 방지라는 인권보장을 위하여도 증거능력이 배제된다는 것이다. 이에 의하면 임의성 없는 자백이란 허위의 진술을 할 염려 있는 상황에서 행하여진 자백 또는 위법·부당한 압박하에서 행하여진 자백을 의미하는 것이 된다. 우리나라의 판례와 다수설의 견해이다.

핵심판례

임의성 없는 자백의 증거능력을 부정하는 취지(=절충설)
임의성 없는 진술의 증거능력을 부정하는 취지는, 허위진술을 유발 또는 강요할 위험성이 있는 상태하에서 행하여진 진술은 그 자체가 실체적 진실에 부합하지 아니하여 오판을 일으킬 소지가 있을 뿐만 아니라, 그 진위 여부를 떠나서 진술자의 기본적 인권을 침해하는 위법.부당한 압박이 가하여지는 것을 사전에 막기 위한 것이다(대판 2002. 10. 8, 2001도3931).

(4) 위법배제설

위법배제설에 의하면 자백법칙은 자백취득과정의 위법성으로 인하여 위법수집증거배제법칙에 의하여 증거능력이 부정된다는 것이다.

3. 자백배제법칙의 적용범위

피고인의 자백이 고문 · 폭행 · 협박 · 신체구속의 부당한 장기화 또는 기망 기타의 방법으로 임의로 진술한 것이 아니라고 의심할 만한 이유가 있는 때에는 이를 유죄의 증거로 하지 못한다(법 제309조).

(1) 고문 · 폭행 · 협박 · 신체구속의 부당한 장기화로 인한 자백

가. 고문·폭행·협박에 의한 자백

고문이란 신체에 대하여 위해를 가하는 것을 말하며, 폭행은 이에 대한 유형력의 행사를 의미하고, 협박은 해악을 고지하여 공포심을 일으키는 것을 말한다.

핵심판례

피고인의 자백을 폭언과 강요 등에 의해 받아낸 경우 증거능력의 유무
피고인의 검찰에서의 자백이 잠을 재우지 아니한 채 폭언과 강요, 회유한 끝에 받아낸 것으로 임의로 진술한 것이 아니라고 의심할 만한 상당한 이유가 있는 때에 해당한다면 형사소송법 제309조의 규정에 의하여 그 피의자 신문조서는 증거능력이 없다. 검사 이전의 수사기관에서 고문 등으로 인한 임의성 없는 심리상태가 검사의 조사단계까지 계속되어 자백을 한 경우 그 자백의 증거능력의 유무
피고인이 검사 이전의 수사기관에서 고문 등 가혹행위로 인하여 임의성 없는

자백을 하고 그 후 검사의 조사단계에서도 임의성 없는 심리상태가 계속되어 동일한 내용의 자백을 하였다면 검사의 조사단계에서 고문 등 자백의 강요행위가 없었다고 하여도 검사 앞에서의 자백도 임의성 없는 자백이라고 볼 수밖에 없다.

30시간 동안의 철야신문과 회유에 의한 자백의 증거능력 유무(소극)
피고인의 검찰에서의 자백은 피고인이 검찰에 연행된 때로부터 약 30시간 동안 잠을 재우지 아니한 채 검사 2명이 교대로 신문을 하면서 회유한 끝에 받아낸 것으로 임의로 진술한 것이 아니라고 의심할 만한 이유가 있을 때에 해당한다고 보아, 형사소송법 제309조의 규정에 의하여 그 피의자 신문조서는 증거능력이 없다.

제1회 피의자신문조서가 사건의 송치를 받은 다음날 작성된 경우 그 조서에 기재된 피고인의 자백진술이 임의성이 없다고 볼 수 있는지 여부(소극)
제1회 피의자 신문조서가 사건의 송치를 받은 당일에 작성된 것이었다 하여 그와 같은 조서의 작성 시기만으로 그 조서에 기재된 피고인의 자백진술이 임의성이 없거나 특히 신빙할 수 없는 상태에서 된 것이라 의심하여 증거능력을 부정할 수 없다.

나. 신체구속의 부당한 장기화로 인한 자백

신체구속의 부당한 장기화로 인한 자백이란 부당하게 장기간에 걸친 구속 후의 자백을 의미한다. 부당한 구속에 의한 자백은 자백의 임의성을 문제삼고 않고 구속의 위법성 때문에 자백의 증거능력이 배제되는 경우이다.

핵심판례

별건으로 구속된 상태에서 수십여 일 동안 밤늦게 까지 조사를 받은 경우 그 진술의 임의성 여부
알선수재사건의 공여자 등이 별건으로 구속된 상태에서 10여 일 내지 수십여 일 동안 거의 매일 검사실로 소환되어 밤늦게까지 조사를 받았다면 이들은 과도한 육체적 피로, 수면부족, 심리적 압박감 속에서 진술을 한 것으로 보여지므로 이들에 대한 진술조서는 그 임의성을 의심할 만한 사정이 있고, 검사가 그 임의성의 의문점을 해소하는 입증을 하지 못하면 위 진술조서는 증거능력이 없다(대판 2002. 10. 8, 2001도3931).

13여일간 불법 구속되어 있으면서 한 자백의 증거능력의 유무

피고인이 1981. 8. 4.부터 적법한 절차에 따른 법관의 구속영장이 발부 집행된 1981. 8. 17.까지 불법적으로 신체구속이 장기화된 사실을 인정하기에 충분하므로 1심 판결에서 언급한 이건 수사경찰관의 피고인에 대한 고문이나 잠을 재우지 않는 등 경합된 진술의 자유를 침해하는 위법사유를 아울러 고려한다면 피고인의 경찰에서의 이건 공소사실에 부합하는 자백진술은 피고인이 증거로 함에 동의 유무를 불구하고 유죄의 증거로 할 수 없다(대판 1985. 5. 26, 82도2413).

(2) 기망 기타 방법에 의한 임의성에 의심이 있는 자백

가. 기망에 의한 자백

기망 또는 위계에 의하여 자백을 획득하는 경우를 말하며, 위계에 의한 자백이라고도 한다. 기망의 대상에는 사실뿐만 아니라 법률문제도 포함된다. 다만 기망이라고 하기 위하여는 적극적인 사술이 있을 것을 요하고 단순히 착오를 이용하는 것으로는 족하지 않다.

핵심판례

자백이 기망에 의한 것이어서 증거능력을 부정한 사례

피고인의 자백이 심문에 참여한 검찰주사가 피의사실을 자백하면 피의사실 부분은 가볍게 처리하고 보호감호의 청구를 하지 않겠다는 각서를 작성하여 주면서 자백을 유도한 것에 기인한 것이라면 위 자백은 기망에 의하여 임의로 진술한 것이 아니라고 의심할 만한 이유가 있는 때에 해당하여 형사소송법 제309조 및 제312조 제1항의 규정에 따라 증거로 할 수 없다(대판 1985.12.10, 85도2182, 85감도313).

나. 약속에 의한 자백

이익과 결부된 자백 또는 권유에 의한 자백이라고도 한다. 기타 방법에 의한 자백의 대표적인 예가 바로 이익의 약속에 의한 자백이다.

이익의 약속은 자백에 영향을 미치는 데 적합한 것이어야 한다. 따라서 담배나 커피를 주겠다는 약속은 원칙적으로 여기에 해당하지 않는다. 그러나 약속의 내용이 반드시 형사처벌과 관계있는 것임을 요하지 않고 일반적·세속적 이익도 포함된다. 다만 약속은 구체적이고 특수한 것임을 요하며, 단순히 진실을 말하는 것이 유리하다는 일반적인 약속으로는 족하지 않다.

약속에 의한 자백에 해당하는 경우로는 특정범죄가중처벌 등에 관한 법률을 적용하지 않고 가벼운 수뢰죄로 처벌받게 해 주겠다고 약속하거나, 보호감호를 청구하지 않겠다는 약속에 의하여 자백한 경우를 들 수 있다. 이에 반하여 증거가 발견되면 자백하겠다는 약속만으로는 이익과 교환된 것이 아니므로 임의성에 의심 있는 자백이라고 할 수 없다.

핵심판례

가벼운 형으로 처벌해 주겠다는 약속에 의해 얻은 자백의 증거능력(소극)
피고인이 처음 검찰조사시에 범행을 부인하다가 뒤에 자백을 하는 과정에서 금 200만원을 뇌물로 받은 것으로 하면 특정범죄가중처벌등에관한법률 위반으로 중형을 받게 되니 금 200만원 중 금 30만원을 술값을 갚은 것으로 조서를 허위작성한 것이라면 이는 단순 수뢰죄의 가벼운 형으로 처벌되도록 하겠다고 약속하고 자백을 유도한 것으로 위와 같은 상황하에서 한 자백은 그 임의성에 의심이 가고 따라서 진실성이 없다는 취지에서 이를 배척하였다 하여 자유심증주의의 한계를 벗어난 위법이 있다고는 할 수 없다(대판 1984.5.9, 83도2782).

일정한 증거가 발견되면 자백하기로 한 약속에 따라 한 피고인 자백의 증거능력 유무(적극)
자백의 약속이 검사의 강요나 위계에 의하여 이루어졌다던가 또는 불기소나 경한 죄의 소추 등 이익과 교환조건으로 된 것이라고 인정되지 아니하므로 위와 같이 일정한 증거가 발견되면 자백하겠다는 약속하에 된 자백을 곧 임의성이 없는 자백이라고 단정할 수는 없다(대판 1983.9.13, 83도712).

다. 기타 임의성에 의심이 있는 자백

임의로 진술한 것이 아니라고 의심할 만한 이유가 있는 때란 임의성 없다는 것을 입증하는 것이 곤란하다는 점을 고려하여 임의성에 의심이 있는 자백은 증거로 할 수 없다는 취지이며, 따라서 이는 고문·폭행·협박·신체구속의 부당한 장기화에 의한 자백과 기망 기타의 방법에 의한 자백에 대하여 모두 적용되는 것이라고 해석하는 것이 다수설의 입장이다.

4. 자백의 임의성의 입증책임

자백의 임의성에 대한 거증책임이 검사에게 있다는 점에 대하여는 이론이 없다. 제309조가 임의로 진술한 것이 아니라고 의심할 만한 이유가 있는 때에는 유죄의 증거로 하지 못한다고 규정하고 있는 것도 이러한 의미라고 할 수 있다.

핵심판례

진술(자백)의 임의성에 대한 입증책임의 소재(=검사)

1. 진술의 임의성에 다툼이 있을 때에는 그 임의성을 의심할 만한 합리적이고 구체적인 사실을 피고인이 입증할 것이 아니고 검사가 그 임의성의 의문점을 해소하는 입증을 하여야 한다(대판 2002. 10. 8, 2001도3931).
2. 법관이 자백의 임의성의 존부를 관하여 상당한 이유가 있다고 의심할 만한 고문.폭행.협박.신체구속의 부당한 장기화.기망.기타의 방법 등 구체적 사실을 들어 그에 의하여 자백의 임의성에 합리적이고 상당한 정도의 의심이 있을 때에 비로소 검사에게 그에 대한 입증책임이 돌아간다(대판 1984. 8. 14, 84도1139).

자백의 임의성에 대한 증명은 엄격한 증명을 요하는지 여부(소극)

피고인이 된 피의자에 대한 검사 작성의 피의자신문조서는 그 피고인의 공판정에서의 진술 등에 의하여 성립의 진정함이 인정되면 그 조서에 기재된 피고인의 진술이 임의로 한 것이 아니라고 특히 의심할 만한 사유가 없는 한 증거능력이 있는 것이고, 피고인이 그 진술을 임의로 한 것이 아니라고 다투는 경우에는 법원은 구체적인 사건에 따라 당해 조서의 형식과 내용, 피고인의 학력.경력.직업.사회적 지위, 지능정도 등 제반사정을 참작하여 자유로운 심증으로 그 진술을 임의로 한 것인지의 여부를 판단하면 될 것이다(대판 1994. 12. 22, 94도2316).

5. 인과관계의 요부

고문·폭행·협박·신체구속의 부당한 장기화와 임의성 없는 자백 사이에 인과관계를 요하는가에 대하여는 견해가 대립되고 있다. 적극설은 증거능력이 부정되는 임의성 없는 자백은 고문·폭행 등에 의한 것이므로 양자 사이에는 당연히 인과관계가 있어야 하며, 다만 신체구속의 부당한 장기화와 임의성 없는 자백 사이의 인과관계는 추정된다고 한다. 이에 대하여 소극설은 폭행·협박 등의 위법행위는 절대로 방지되어야 하며 인과관계의 입증이 곤란하다는 점에 비추어 이를 요하지 않는다고 하는 것이 타당하다고 한다.

핵심판례

임의성이 없다고 의심할 만한 사유가 있으나 그 사유와 자백 간에 인과관계가 없는 경우, 자백의 증거능력이 부정되는지의 여부(소극)
피고인의 자백이 임의성이 없다고 의심할 만한 사유가 있는 때에 해당한다 할지라도 그 임의성이 없다고 의심하게 된 사유들과 피고인의 자백과의 사이에 인과관계가 존재하지 않은 것이 명백한 때에는 그 자백은 임의성이 있는 것으로 인정된다(대판 1984. 11. 27, 84도2252).

V. 전문법칙

1. 전문증거의 의의

전문증거(hearsay evidence)란 사실인정의 기초가 되는 경험적 사실을 경험자 자신이 직접 법원에 진술하지 않고 다른 형태에 의하여 간접적으로 보고하는 것을 말한다. 다시 말하면 전문증거란 공판기일에서의 진술에 대응하는 서면 또는 공판기일 외에서의 타인의 진술을 내용으로 하는 진술로서 원진술내용인 사실의 진실성을 증명하기 위한 증거를 말한다고 할 수 있다. 따라서 전문증거에는 다음과 같은 것이 포함된다.

① 전문진술(증언) : 경험사실을 들은 타인이 전문한 사실을 법원에 진술하는 경우
② 진술서 : 경험자 자신이 경험사실을 서면에 기재하는 경우
③ 진술녹취서 : 경험사실을 들은 타인이 서면에 기재하는 경우

전문증거는 전문진술과 진술서 및 진술녹취서를 기본형태로 하며, 진술서와 진술녹취서를 합하여 진술을 기재한 서류를 전문서류 또는 진술대용서면이라고 한다.

2. 전문법칙의 의의와 근거

(1) 전문법칙의 의의

전문법칙은 영미의 증거법에서 유래하는 것이다.

전문법칙이란 전문증거는 증거가 아니며(hearsay is no evidence), 따라서 증거능력이 인정될 수 없다는 원칙을 말한다.

(2) 전문법칙의 근거

가. 반대신문의 결여

영미의 통설은 전문법칙의 이론적 근거를 반대신문의 결여에 있다고 해석하고 있다. 즉 진술증거에는 기억·표현 또는 서술의 과정에 잘못이 개입될 위험이 크므로, 이러한 위험을 제거하기 위한 가장 효과적인 방법이 바로 당사자의 반대신문이다. 따라서 진술증거에 의하여 불이익을 받게 될 당사자에게는 반대신문에 의하여 잘못을 시정할 수 있는 권리가 보장되어야 하기 때문에 전문증거의 증거능력을 인정할 수 없다고 한다.

즉, 원진술자에 대한 반대신문의 기회가 없는 증거는 사실인정의 기초가 될 수 없도록 증거에서 배제한 것이 바로 전문법칙이라고 해석하는 것이다.

나. 신용성의 결여

전문법칙은 전문증거가 신용성의 결여라는 본질적 약점 때문에 증거가 될 수 없다고 한다. 이 견해도 반대신문의 결여가 전문법칙의 가장 중요한 근거가 된다는 사실은 인정한다.

다. 우리 형사소송법 해석상 전문법칙의 이론적 근거

우리 형사소송법이 전문법칙을 규정하고 있는 주된 근거에 대해서 반대신문권의 보장이라고 보는 견해와 신용성의 결여에 있다고 해석하는 견해로 나누어진다.

헌법재판소는 전문법칙의 이론적 근거에 관해서 형사소송법 제310조의2에서 법관의 면전에서 진술되지 아니하고 피고인에 대한 반대신문의 기회가 부여되지 아니한 진술에 대하여는 원칙적으로 증거능력을 부여하지 아니하는 내용을 규정하여, 모든 증거는 법관의 면전에서 진술·심리되어야 하는 직접주의와 피고인에게 불리한 증거에 대하여는 반대신문할 수 있는 권리를 원칙적으로 보장하였다고 하였다(헌재 1998. 9. 30, 97헌바51).

(3) 전문법칙에 관한 형사소송법의 규정

형사소송법 제310조의2는 "제311조 내지 제316조에 규정한 것 이외에는 공판준비 또는 공판기일에서의 진술에 대신하여 진술을 기재한 서류나 공판준비 또는 공판기일 외에서의 타인의 진술을 내용으로 하는 진술은 이를 증거로 할 수 없다"고 규정하고 있다. 본조가 전문법칙을 선언하고 있다는 점에 관해서는 대부분의 견해가 일치하고 있다.

3. 전문법칙의 적용 요건

(1) 진술증거일 것

전문증거는 요증사실을 직접 지각한 자의 진술을 내용으로 하는 진술증거를 의미한다. 따라서 전문법칙은 진술증거에 대하여만 적용되며, 증거물과 같은 비진술증거에는 전문법칙의 적용이 없다. 비진술증거에 대하여는 반대신문이 불가능하며 전문증거의 신용성이 문제될 여지가 없기 때문이다. 진술증거인가 비진술증거인가는 증거의 객관적 성질에 따라 결정된다. 그러나 진술증거인 이상 전문진술인가 진술을 기재한 서류인가는 불문한다.

(2) 원진술 내용에 의해 요증사실을 증명하는 경우일 것

전문법칙이 적용되는 전문증거는 원진술 내용에 의하여 요증사실을 증명하는 경우, 즉 타인의 진술 또는 서류에 포함된 원진술자의 진술내용의 진실성이 요증사실로 된 경우에 제한된다. 이러한 의미에서 전문증거는 요증사실과의 관계에 의하여 결정되는 상대적 개념이라고 할 수 있다.

4. 전문법칙이 적용되지 않는 경우

(1) 요증사실의 일부를 이루는 진술

진술내용이 요증사실의 구성요소를 이루는 경우의 진술에는 전문법칙이 적용되지 않는다. 이 경우의 진술은 원본증거이고 전문증거가 아니기 때문이다. 예컨대 을로부터 A가 B를 살해하는 것을 보았다는 말을 듣고 갑이 그 사실을 증언한 경우에 갑의 증언은 A에 대한 살인사건에 관하여는 전문증거가 되지만, 을에 대한 명예훼손사건에 관하여는 전문증거가 되지 않는다.

(2) 정황증거에 사용된 진술

전문진술을 원진술자의 심리적・정신적 상황을 증명하기 위한 정황증거로 사용한 경우에도 전문법칙은 적용되지 않는다. 이 경우에는 원진술 내용의 진실성이 요증사실로 되는 것이 아니라 전문사실이 원진술자의 정신상태를 추인하기 위해 간접사실로 사용된 것에 불과한 경우이기 때문이다.

핵심판례

어떤 진술이 간접사실에 대한 정황증거로 사용되는 경우 전문증거가 되는지 여부(소극)

어떤 진술이 범죄사실에 대한 직접증거로 사용함에 있어서는 전문증거가 된다고 하더라도 그와 같은 진술을 하였다는 것 자체 또는 그 진술의 진실성과 관계없는 간접사실에 대한 정황증거로 사용함에 있어서는 반드시 전문증거가 되는 것은 아니다(대판 2000. 2. 25, 99도152).

(3) 탄핵증거(증명력을 다투기 위한 증거)로 사용된 진술

증인의 신용성을 탄핵하기 위하여 공판정 외에서의 자기모순의 진술을 증거로 제출하는 경우(법 제318조의2)에는 적극적으로 원진술의 진실성을 증명하기 위한 경우가 아니므로 전문법칙이 적용되지 아니한다. 전문증거로서 증거능력이 부정되는 증거라 할지라도 당사자가 증거로 함에 동의한 때에는 증거능력이 인정되므로(법 제318조) 이 경우에도 전문법칙은 적용되지 아니한다.

(4) 언어적 행동

원진술자의 말을 비진술증거로 사용하는 경우에는 전문법칙이 적용되지 않는다. 따라서 행동을 설명하기 위하여 제출된 말, 즉 의미내용이 애매한 행위에 부수하여 그 행위의 의미를 설명하기 위하여 제출되는 진술에 대하여는 전문법칙이 적용되지 아니한다. 예컨대 갑이 을을 민 행동이 폭행을 위한 것인지 또는 을의 머리 위로 어떤 물건이 떨어지는 것을 보고 위험을 피하게 하기 위한 것인지를 설명하기 위하여 그 당시에 갑이 한 진술을 증거로 제출하는 경우가 여기에 해당한다.

5. 전문법칙의 예외 인정 및 그 기준

(1) 예외인정의 필요성

전문증거는 당사자의 반대신문권이 보장되어 있지 않고 신용성이 결여되어 있다는 이유로 증거능력이 부정된다. 그러므로 전문증거에 신용성이 보장되어 있으면 전문법칙을 적용하지 않는 것이 재판의 지연을 방지하고, 재판에 필요한 증거를 잃어버림으로써 실체적 진실발견을 저해할 염려를 방지할 수 있다. 우리 형사소송법이 제311조에서 제316조에 걸쳐 전문법칙의 예외를 규정하고 있는 이유도 여기에 있다.

(2) 전문법칙의 예외사유

1) 형사소송법 제314조

법 제312조 또는 제313조의 경우에 공판준비 또는 공판기일에 진술을 요하는 자가 사망·질병·외국거주·소재불명, 그 밖에 이에 준하는 사유로 인하여 진술할 수 없는 때에는 그 조서 및 그 밖의 서류를 증거로 할 수 있다. 다만, 그 진술 또는 작성이 특히 신빙할 수 있는 상태하에서 행하여졌음이 증명된 때에 한한다(법 제314조).

2) 취 지

구법 제314조는 증인이 사망, 질병, 외국거주 기타 사유로 인하여 진술할 수 없는 때에는 그 조서 작성 등이 특히 신빙할 수 있는 상태 하에서 행하여진 때에 한하여 증거능력이 있다고 규정하고 있다. 종래 전문법칙의 예외사유로 규정된 '사망, 질병, 외국거주 기타 사유' 중 '기타 사유'는 폭 넓게 해석되어 왔다. 특히 증인소환장이 송달 불능되고 법원이 검사에게 주소보정명령을 하는 이외에 경찰에 대하여 소재탐지촉탁을 하거나 구인장을 발부하는 등의 방법으로 증인의 소재를 확인하였는데도 증인의 소재를 알 수 없는 경우에는 그 증인의 진술조서에 대하여 증거능력을 부여하여 온 것이 일반적인 실무례였다.

그런데 증거분리제출제도하에서 법원은 증인신청서에 기재된 인적사항 외에 증인에 대한 어떠한 정보도 갖지 못하게 되고, 특히 수사기록의 경우 검사가 제출한 증인의 주소지 정보 등만으로 증인을 소환하여야 한다. 그러한 상황임에도 현재 경찰의 증인에 대한 소재탐지가 형식적으로 이루어지거나 증인에 대한 구인이 제대로 이루어지지 않는 사례가 적지 않고, 소재탐지결과보고서의 제출이 늦어져서 심리지연의 요인이 되기도 한다. 특히 증인에 대한 소재탐지불능의 회보가 왔다고 하여 곧바로 조서의 증거능력을 부여함으로 인하여, 피고인이 부동의한 증인이 법정에 출석하여 증언할 경우에는 반대신문을 통하여 증인의 진술이 배척될 가능성이 있음에도 증인이 법정에 출석하지 않으면 수사기관의 조서가 그대로 증거로 사용될 수 있는 결과에 이르게 된다. 이와 같은 상황에서는 검사가 증인의 출석을 위해 노력하려 하지 않을 우려가 있는 것이다. 최근의 대법원 판례에서는 이러한 우려를 충분히 고려하여 전문법칙의 예외를 엄격하게 해석하는 태도를 취하였다(대판 2007. 1. 11, 2006도7228 참조). 개정 형사소송법 제314조는 실무례를 반영하여 '소재불명'을 전문법칙의 예외사유로 추가하면서도 전문법칙의 예외를 엄격하게 해석하여야 한다는 논의를 염두에 두고 '기타 사유로 인하여 진술할 수 없는 때'를 '그 밖에 이에 준하는 사유로 인하여 진술할 수 없는 때'로 보다 엄격하게 규정하였다.

쟁 점

<형사소송법 제314조의 '기타 사유로 진술할 수 없는 때'의 의미>

대법원은 "직접주의와 전문법칙의 예외를 정한 형사소송법 제314조의 요건 충족 여부는 엄격히 심사하여야 하고 전문증거의 증거능력을 갖추기 위한 요건에 관한 입증책임은 검사에게 있는 것이므로, 법원이 증인에 대한 구인장 집행불능 상황을 형사소송법 제314조의 '기타 사유로 인하여 진술할 수 없는 때'에 해당한다고 인정할 수 있으려면, 형식적으로 구인장 집행이 불가능하다는 취지의 서면이 제출되었다는 것만으로는 부족하고, 증인에 대한 구인장의 강제력에 기하여 증인의 법정 출석을 위한 가능하고도 충분한 노력을 다하였음에도 불구하고, 부득이 증인의 법정 출석이 불가능하게 되었다는 사정을 검사가 입증한 경우여야 한다."고 판시하였다(대판 2007. 1. 11. 2006도7228).

(3) 예외인정의 기준

가. 신용성의 정황적 보장의 증명

신용성의 정황적 보장이란 공판정 외에서의 진술의 진실성이 제반의 정황에 의하여 보장되어 있는 경우를 말한다. 전문법칙의 근거를 반대신문권의 보장에 있다고 보는 입장에서는 반대신문에 대신할 만한 외부적 정황 아래서 진술이 행하여졌을 것을 요한다고 해석한다. 형사소송법은 진술 또는 서류 작성이 특히 신빙할 수 있는 상태에서 행하여졌음이 '증명된 때'에 한하여 증거능력이 인정되는 것으로 요건을 강화하였다.

핵심판례

형사소송법 제316조 제2항의 소정의 '특히 신빙할 수 있는 상태하에서 행하여진 때'의 의미

전문진술이나 재전문진술을 기재한 조서는 형사소송법 제310조의2의 규정에 의하여 원칙적으로 증거능력이 없는 것인데, 다만 전문진술은 형사소송법 제316조 제2항의 규정에 따라 원진술자가 사망, 질병, 외국거주 기타 사유로 인하여 진술할 수 없고 그 진술이 특히 신빙할 수 있는 상태하에서 행하여진 때에 한하여 예외적으로 증거능력이 있다고 할 것이고, 전문진술이 기재된 조서는 형사소송법 제312조 또는 제314조의 규정에 의하여 각 그 증거능력이 인정될 수 있는 경우에 해당하여야 함을 물론 나아가 형사소송법 제316조 제2항의 규정에 따른 위와 같은 요건을 갖추어야 예외적으로 증거능력이 있다고 할 것인바, 여기서 '그 진술이 특히 신빙할 수 있는 상태하에서 행하여진 때'라 함은 그 진술을 하였다는 것에 허위개입의 여지가 거의 없고, 그 진술내용의 신빙성이나 임의성을 담보할 구체적이고 외부적인 정황이 있는 경우를 가리킨다 (대판 2000.3.10., 선고, 2000도159).

나. 필요성

필요성이란 같은 가치의 증거를 얻는 것이 불가능하기 때문에 전문증거라도 사용할 필요가 있는 것을 말한다. 법 제314조는 원진술자의 사망·질병·외국거주·소재불명 그 밖에 이에 준하는 사유가 있어 원진술자를 공판정에 출석케 하여 다시 진술하게 하는 것이 불가능하거나 현저히 곤란한 경우에 전문증거에 증거능력을 부여하고 있는데(제314조), 이 경우가 여기에 해당한다.

(4) 관련 사례

가. 형사소송법 제314조에 의하여 증거능력을 인정한 사례

① 증인에 대한 소환장이 송달불능되어 수회에 걸쳐 그 소재탐지촉탁을 하였으나 그 소재를 알지 못하게 된 경우(대판 1999. 4. 23, 98도1923)

② 피해자에 대한 증인소환장의 송달이 불능되고 무단전출 또는 주민등록 미등재 등의 사유로 그 소재를 확인할 방도가 없는 경우(대판 1983. 6. 28, 83도931)

③ 진술을 요할 자가 일정한 주거를 가지고 있더라도 법원의 소환에 계속 불응하고 구인하여도 구인장이 집행되지 않는 경우(대판 1995. 6. 13, 95도523)

④ 법정에 출석한 증인이 증인거부권을 행사하여 증언을 거절하는 경우(대판 1992. 8. 18, 92도1244)

⑤ 원진술자인 피해자가 제1심에서 증인으로 소환당할 당시부터 노인성 치매로 인한 기억력 장애, 분별력 상실 등으로 인하여 진술할 수 없는 경우(대판 1992. 3. 13, 91도2281)

⑥ 원진술자가 공판정에서 진술을 한 경우라도 증인신문 당시 일정한 사항에 관하여 기억이 나지 않는다는 취지로 진술하여 그 진술의 일부가 재현 불가능하게 된 경우(대판 1999. 11. 26, 99도915)

나. 형사소송법 제314조에 해당하지 않아 증거능력을 인정하지 않은 사례

① 공판기일에 증인으로 소환받고도 출산을 앞두고 있다는 이유로 출석하지 아니한 경우(대판 1999. 4. 23, 99도915)

② (소재탐지촉탁 등으로 소재수사를 하지 않고) 단순히 소환장이 주소불명으로 송달불능된 경우(대판 1985. 2. 26, 84도1697)

③ 단지 소환장이 주소불명 등으로 송달불능되었다거나 소재탐지촉탁을 하였으나 그 회보가 오지 않은 경우(대판 1996. 5. 14, 96도575)
④ 증인의 주소지가 아닌 곳으로 소환장을 보내 송달불능이 되자 그곳을 중심으로 한 소재탐지 끝에 소재불능회보를 받은 경우(대판 1979. 12. 11, 79도1002)
⑤ 1심에서 송달불능이 된 증인을 항소심에서 다시 증인으로 채택하여 소환함에 있어서 1심에서 송달불능된 주소로만 소환하고 기록상 용이하게 알 수 있는 다른 주소로 소환하지 아니하는 경우(대판 1973. 10. 31, 73도2124)

6. 형사소송법상 전문법칙의 예외

형사소송법은 제311조에서 제316조에 이르기까지 전문법칙의 예외를 규정하고 있다. 전문법칙의 예외규정은 진술을 대신하는 서면, 즉 전문서류(법 제311조 내지 제315조)의 증거능력을 인정하는 것과 전문진술에 관한 것(법 제316조)으로 나눌 수 있다.

(1) 법원 또는 법관의 면전조서(법 제311조)

법 제311조는 "공판준비 또는 공판기일에 피고인이나 피고인 아닌 자의 진술을 기재한 조서는 증거로 할 수 있다. 제184조(증거보전절차) 및 제221조의2(증인신문의 청구)의 규정에 의하여 작성한 조서도 또한 같다"고 규정하고 있다. 이러한 조서는 법원 또는 법관의 면전에서의 진술을 기재한 조서이므로 그 성립이 진정하고 신용성의 정황적 보장이 높기 때문에 무조건 증거능력을 인정하고 있는 것이다.

가. 피고인의 진술을 기재한 조서

1) 공판준비에 있어서 피고인의 진술을 기재한 조서

공판준비에 있어서 피고이의 진술을 기재한 조서란 공판준비절차에서 공판기일 전에 피고인을 신문한 조서(법 제273조 1항), 공판기일 전의 법원의 검증조서 중 피고인의 진술을 기재한 부분을 말한다.

2) 공판기일에 피고인의 진술은 기재한 조서

공판기일에 피고인의 진술을 기재한 조서란 공판조서를 의미한다. 공판정에서의 피고인의 진술은 진술 그 자체가 증거로 되며 특별한 증거조사를 요하지 않는다.

핵심판례

공판조서의 증거능력
공판에 참여한 서기관 또는 서기는 공판기일에서의 피고인의 진술과 증인의 진술을 공판조서에 기재하여야 하고, 피고인이나 피고인 아닌 자의 진술을 기재한 당해 사건의 공판조서는 법 제311조 전문의 규정 당연히 증거능력이 있다에 의하여(대판 2003. 10. 10, 2003도3282).

3) 피고인의 진술을 기재한 조서의 범위

피고인의 진술을 기재한 조서는 공판조서가 증거로 되는 경우이므로 공판절차갱신 전의 공판조서나 파기환송·이송전의 공판조서 등을 의미한다고 보아야 한다.

통설은 피고인의 진술을 기재한 공판조서도 당해 사건에 제한된다고 해석하고 있다.

나. 피고인 아닌 자의 진술을 기재한 조서

1) 공판준비 또는 공판기일에서의 피고인 아닌 자의 진술을 기재한 조서

여기서 피고인 아닌 자란 피고인을 제외한 제3자, 즉 증인·감정인뿐만 아니라 공범자와 공동피고인을 포함한다.

공판준비에서의 진술을 기재한 조서란 당해 사건의 공판준비절차에서 증인·감정인·통역인·번역인 등을 신문한 조서를 말한다. 공판기일에서의 진술을 기재한 조서는 공판조서를 의미한다. 공판기일에서의 증인의 증언은 인증이므로 본조에 해당할 여지가 없다. 따라서 공판기일에서의 피고인 아닌 자의 진술을 기재한 조서란 공판절차갱신 전의 공판조서, 상소심에 의한 파기환송 전의 공판조서, 이송된 사건의 이송 전의 공판조서, 관할위반의 재판이 확정된 후에 재기소된 경우의 공판조서 등을 말한다고 보아야 한다.

2) 공동피고인의 진술을 기재한 조서

공동피고인도 피고인 아닌 자에 속한다. 따라서 공판정에서 공동피고인의 진술을 기재한 조서는 피고인의 동의를 기다릴 필요도 없이 증거능력이 인정된다(대판 1966. 7. 12, 66도617). 그러나 피고인과는 별개의 범죄사실로 기소되고 다만 병합심리된 것일 뿐인 공동피고인은 피고인에 대한 관계에서 증인의 지위에 있음에 불과하므로 선서 없이 한 공동피고인의 피고인으로서 한 공판정에서의 진술을 피고인에 대한 공소사실을 인정하는 증거로 쓸 수는 없다(대판 1968. 4. 16, 68도231).

3) 증거보전절차 · 증인신문절차에서 작성한 조서

증거보전절차(법 제184조)에서 작성한 조서와 수사 중의 증인신문(법 제221조의 2)에 의하여 작성한 조서도 선서와 법관의 직권신문에 의한 강한 신용성이 인정되므로 공판조서와 같이 취급된다. 따라서 공동피고인이 증거보전절차에서 증언한 증인신문조서는 당연히 증거능력이 인정된다.

다만 증인신문조서가 증거보전절차에서 피고인이 증인으로 증언한 것을 기재한 것이 아니라 피고인이 당사자로 참여하여 반대신문한 것에 지나지 않는다면 피고인의 진술부분에 대하여는 본조에 의하여 증거능력을 인정할 수 없다.

핵심판례

검사의 증인신문청구에 의해 작성된 증인신문조서가 증거능력이 있는지 여부(적극)

검사가 형사소송법 제221조의2 제1항과 제2항에 의하여 증인신문청구를 하고 판사가 그 청구를 이유 있다고 인정하여 동조에 따라 제1회 공판기일 이전에 증인신문을 한 이상 그 증인신문조서는 증거능력이 있다(대판 1976. 9. 28, 76도2143).

(2) 피의자신문조서

가. 피의자신문조서의 의의

피의자신문조서란 수사기관, 즉 검사 또는 사법경찰관이 피의자를 신문하여 그 진술을 기재한 조서를 말한다.

피의자신문조서도 공판기일의 진술에 대신하는 신용성이 보장되지 않은 증거라는 점에서 전문증거라 할 것이며, 법 제312조는 신용성과 필요성을 조건으로 증거능력을 인정하는 전문법칙의 예외에 관한 규정이라고 해석된다.

핵심판례

수사기관에 의한 조사과정에서 피의자였던 피고인이 작성한 자술서, 진술서 등의 성질

㉠ 수사기관에서의 조사과정에서 피의자였던 피고인이 작성한 진술서는 그것이 진술서, 자술서 기타 여하한 형식을 취하고 있든간에 당해 수사기관이 작성한 피의자신문조서와 달리 볼 수 없다(대판 1987. 2. 24, 86도1152).

㉡ 피의자의 진술을 녹취 내지 기재한 서류 내지 문서가 수사기관의 수사과정에서 작성된 것이라면 그것이 진술조서, 진술서, 자술서라는 형식을 취하였더라도 피

의자 신문조서와 달리 볼 이유가 없다고 할 것이다(대판 1983. 7. 26, 82도385).

공범으로서 별도로 공소제기된 다른 사건의 피고인 갑에 대한 수사과정에서 검사가 피의자인 갑과 대화하는 내용과 장면을 녹화한 비디오테이프에 대한 법원의 검증조서의 성질

공범으로서 별도로 공소제기된 다른 사건의 피고인 갑에 대한 수사과정에서 담당 검사가 피의자인 갑과 그 사건에 관하여 대화하는 내용과 장면을 녹화한 비디오테이프에 대한 법원의 검증조서는 이러한 비디오테이프의 녹화내용이 피의자의 진술을 기재한 피의자신문조서와 실질적으로 같다고 볼 것이므로 피의자신문조서에 준하여 그 증거능력을 가려야 한다(대판 1992. 6. 26, 92도682).

검찰송치 전 구속피의자로부터 받은 검사 작성 피의자 신문조서의 증거능력

검찰에 송치되기 전에 구속피의자로부터 받은 검사 작성의 피의자 신문조서는 극히 이례에 속하는 것으로, 그와 같은 상태에서 작성된 피의자 신문조서는 내용만 부인하면 증거능력을 상실하게 되는 사법경찰관 작성의 피의자 신문조서상의 자백 등을 부당하게 유지하려는 수단으로 악용될 가능성이 있어, 그렇게 했어야 할 특별한 사정이 보이지 않는 한 송치 후에 작성된 피의자 신문조서와 마찬가지로 취급하기는 어렵다(대판 1994. 8. 9, 94도1228).

나. 피의자신문조서의 증거능력을 인정하기 위한 전제 조건

1) 진술의 임의성이 인정될 것

피의자신문조서의 증거능력을 인정하기 위하여는 조서에 기재된 진술의 임의성이 인정되어야 한다. 즉 진술내용이 자백인 때에는 법 제309조에 의하여, 자백 이외의 진술인 때에는 제317조에 의하여 임의성이 인정될 것을 요한다. 임의성의 유무는 구체적인 사건에 따라 당해 조서의 형식과 내용, 진술자의 학력·경력·지능 정도 등 제반사정을 참작하여 자유로운 심증으로 판단해야 한다.

2) 피의자 신문절차가 적법할 것

신문절차가 적법해야 한다. 위법한 절차에 의하여 피의자를 신문한 때에는 위법수집증거배제법칙에 의해 증거능력이 부정되기 때문이다.

핵심판례

피고인 자백의 임의성

1. 피고인이 공판정에서 공소사실을 부인한다고 하여 검찰이나 경찰에서의 자백은 그 진술의 임의성이나 신빙성이 부정되어야 한다는 도식은 성립될 수 없는 것이고, 공판중심주의.직접주의라 하여 공판정에서의 진술만이 증거법상의 믿을 수 있는 것이고 수사기관에서의 진술은 임의성이나 신빙성이 없어 배척되어야 한다는 논리 역시 근거가 없다.
2. 형사소송법 제309조의 임의로 진술한 것이 아니라고 의심할 만한 이유라는 것은 단지 임의성이 없다는 주장만으로는 불충분하고 법관이 자백의 임의성 존부에 관하여 상당한 이유가 있다고 의심할 만한 고문, 폭행, 협박, 신체구속의 부당한 장기화, 기망 기타의 방법 등 구체적 사실을 들어야 하고 그에 의하여 자백의 임의성에 합리적이고 상당한 정도의 의심이 있을 때 비로소 소추관에게 그에 대한 임증책임이 돌아간다고 할 것이다.
3. 공범자가 작성한 진술서 등은 다른 공범자에 대한 관계에 있어서는 전문증거에 해당하므로 이 경우 형사소송법 제309조의 문제는 제기될 수 없고 형사소송법 제310조의2 내지 제316조에 따라 증거로 할 수 있다(대판 1984. 8. 14, 84도1139).

피고인에 대한 피의자신문조서상의 진술의 임의성 여부의 판단방법

검사 작성의 피고인에 대한 피의자신문조서는 그 피고인이 공판정에서 진정성립을 인정하면 그 조서에 기재된 피고인의 진술이 특히 임의로 되지 아니한 것이라고 의심할 만한 사유가 없는 한 증거능력이 있는 것이고 그 임의성 유무가 다투어지는 경우에는 법원은 구체적인 사건에 따라 당해 조서의 형식과 내용, 진술자의 학력, 경력, 지능정도 등 제반사정을 참작하여 자유로운 심증으로 이를 판단하면 되는 것이다(대판 1989. 11. 14, 88도1251).

피의자신문조서에 기재된 진술의 임의성이 부정되어 증거능력을 인정하지 아니한 사례

피고인들이 영장없이 호텔에 연행되어 외부와의 연결이 차단된 채 감금되어 수사경찰관에 의하여 갖은 고문을 당하여 자술서를 쓰고, 경찰관 입회하에 검사의 피의자 신문이 행하여졌으며, 기소 후 교도소 수감중에도 야간에 부소장실에 불려가 경찰관이 폭행하는 자리에서 검사가 공판과정에서 진술을 번복하면 좋지 않을 것이라고 위협하였고, 피고인들 중 일부는 위와 같은 검사의 위협에 의하여 공판정에서 허위자백을 한 것임을 수긍할 수 있으니, 피고인들에 대한 검사 작성의 각 피의자 신문조서와 동인들이 작성한 진술서나 자술서는 임의로 된 것이라 할 수 없어 증거능력이 없다고 할 것이고, 피고인들 중 일부의 1심 공판정에서의 자백은 허위로 된 것으로 믿을 것이 못된다고 할 것이다(대판 1981. 7. 28, 80도2688).

피고인이 자신에 대한 검사 작성의 피의자 신문조서의 성립의 진정과 임의성을 인정하였다가 이를 번복한 경우, 그 피의자 신문조서의 증거능력 유무

피고인이 검사 작성의 피고인에 대한 피의자 신문조서의 성립의 진정과 임의성을 인정하였다가 그 뒤 임의성을 부인하는 진술을 하거나 서면을 제출한 경우에도 법원이 그 조서의 기재내용, 조서를 작성하게 된 경위, 피고인의 법정에서의 범행에 관련된 진술 등 제반사정에 비추어 진술의 임의성을 인정한 최초의 진술이 신빙성이 있다고 보아 그 임의성에 관하여 심증을 얻은 때에는 그 피의자 신문조서는 여전히 증거능력이 인정된다(대판 2001. 4. 27, 99도484).

다. 검사 작성의 피의자신문조서가 증거능력을 갖기 위한 요건

형사소송법은 검사 작성의 피의자신문조서의 증거능력의 인정요건으로 적법한 절차와 방식에 따라 조서가 작성되었을 것과 조서의 진정성립 요건으로 법정진술 외에 영상녹화물 등 객관적 방법으로 증명하도록 하였다.

1) 적법절차, 진정성립, 특신상태

① 검사가 피고인이 된 피의자의 진술을 기재한 조서는 적법한 절차와 방식에 따라 작성된 것으로서 피고인이 진술한 내용과 동일하게 기재되어 있음이 공판준비 또는 공판기일에서의 피고인의 진술에 의하여 인정되고, 그 조서에 기재된 진술이 특히 신빙할 수 있는 상태하에서 행하여졌음이 증명된 때에 한하여 증거로 할 수 있다(법 제312조 1항 : 2007. 6. 1. 개정)

② 성립의 진정이란 간인·서명·날인 등 조서의 형식적인 진정 성립뿐만 아니라 그 조서가 진술자의 진술내용대로 기재된 것이라는 실질적인 진정성립까지 포함하는 뜻으로 풀이하여야 한다(대판 1984. 6. 26, 84도748).

2) 피고인이 조서의 성립의 진정을 부인하는 경우

① 법 제312조 제1항에도 불구하고 피고인이 그 조서의 성립의 진정을 부인하는 경우에는 그 조서에 기재된 진술이 피고인이 진술한 내용과 동일하게 기재되어 있음이 영상녹화물이나 그 밖의 객관적인 방법에 의하여 증명되고, 그 조서에 기재된 진술이 특히 신빙할 수 있는 상태하에서 행하여졌음이 증명된 때에 한하여 증거로 할 수 있다(법 제312조 2항).

② 개정 형사소송법은 조서의 실질적 진정성립의 인정방법을 '피고인의 공판정에서의 진술' 이외에 '영상녹화물 기타 객관적인 방법'에 의해서도 증명될 수 있도록 하되, 종래의 학설과 판례에 의해 인정되어 온 가중요건설을 명시하여, 조서의 진정성립과 특신상황은 별개의 요건임을 명시하였다.

③ 조서의 실질적 진정성립을 인정하기 위한 '영상녹화물'은 개정 형소법 제244조의2에 신설된 피의자진술의 영상녹화의 요건을 갖추어야 할 것이다.

핵심판례

범죄인지절차를 거치지 않고 작성된 피의자 신문조서의 증거능력

검찰사건사무규칙 제2조 내지 제4조에 의하면, 검사가 범죄를 인지하는 경우에는 범죄인지서를 작성하여 사건을 수리하는 절차를 거치도록 되어 있으므로, 특별한 사정이 없는 한 수사기관이 그와 같은 절차를 거친 때에 범죄인지가 된 것으로 볼 것이나, 범죄의 인지는 실질적인 개념이고, 이 규칙의 규정은 검찰행정의 편의를 위한 사무처리절차 규정이므로, 검사가 그와 같은 절차를 거치기 전에 범죄의 혐의가 있다고 보아 수사를 개시하는 행위를 한 때에는 이 때에 범죄를 인지한 것으로 보아야 하고, 그 뒤 범죄인지서를 작성하여 사건수리절차를 밟은 때에 비로소 범죄를 인지하였다고 볼 것이 아니며, 이러한 인지절차를 밟기 전에 수사를 하였다고 하더라도, 그 수사가 장차 인지의 가능성이 전혀 없는 상태하에서 행해졌다는 등의 특별한 사정이 없는 한, 인지절차가 이루어지기 전에 수사를 하였다는 이유만으로 그 수사가 위법하다고 볼 수는 없고, 따라서 그 수사과정에서 작성된 피의자 신문조서나 진술조서 등의 증거능력도 이를 부인할 수 없다(대판 2001. 10. 26, 2000도2968).

외관상 검사가 작성한 것으로 보이지만 실제로는 검찰주사가 검사가 임석하지 아니한 상태에서 작성한 경우 이 조서를 검사 작성의 피의자신문조서로 볼 수 있는지 여부(소극)

㉠ 외관상 검사가 작성한 것으로 되어 있는 피고인에 대한 피의자 신문조서는 검찰주사가 이 사건을 담당한 검사가 임석하지 아니한 상태에서 피의자를 신문한 끝에 작성한 것으로서, 위 검사는 피고인에 대한 조사가 끝나고 자백하는 취지의 진술을 기재한 피의자 신문조서가 작성되자 이를 살펴본 후 비로소 피고인이 조사를 받고 있던 방으로 와서 위 피의자 신문조서를 손에 든 채 그에게 "이것이 모두 사실이냐"는 취지로 개괄적으로 질문한 사실이 있을 뿐, 피의사실에 관하여 피고인을 직접.개별적으로 신문한 것이 아니므로, 위 피의자 신문조서를 형사소송법 제312조 제1항 소정의 '검사

가 피의자나 피의자 아닌 자의 진술을 기재한 조서'로 볼 수 없고, ㉡ 피고인이 작성한 자술서 역시 피고인을 피의자로서 조사하는 과정에서 형사소송법 제244조에 의하여 피의자 신문조서에 기재됨이 마땅한 피의자의 진술내용을 진술서의 형식으로 피의자로 하여금 작성하여 제출케 한 서류이므로 그 증거능력 유무 역시 검사 이외의 수사기관이 작성한 피의자신문조서와 마찬가지 기준에 의하여 결정되어야 할 것이어서, ㉢ 결국 위 피의자 신문조서 및 자술서는 피고인이 각 그 내용을 부인하는 이상 모두 유죄의 증거로 삼을 수 없다(대판 2003. 10. 9, 2002도4372).

검사가 피의사실에 관하여 핵심적인 질문을 하고 이를 토대로 검찰주사보가 직접 문답하여 피의자신문조서를 작성한 경우 이를 검사 작성의 피의자신문조서로 볼 수 있는지 여부(적극)

1. 검사가 피의사실에 관하여 전반적 핵심적 사항을 질문하고 이를 토대로 그 신문에 참여한 검찰주사보가 직접 문답하여 피의자 신문조서를 작성함에 있어 검사가 신문한 사항 중에 다소 불분명한 사항이나 또는 보조적 사항(행위일시, 장소 등)에 관하여 피의자에게 직접 질문하여 이를 조서에 기재하였다 하여도 참여주사보가 문답할 때 검사가 동석하여 이를 지켜보면서 문제점이 있을 때에는 재차 직접 묻고 참여주사보가 조서에 기재하고, 조서작성 후에는 검사가 이를 검토하여 검사의 신문결과와 일치한다고 인정하여 서명.날인하였다면 참여주사보가 불분명 또는 보조적 사항을 직접 질문하여 기재하였다 하여 이를 검사작성의 피의자 신문조서가 아니라고는 볼 수 없다.
2. 검사가 피의자를 신문함에 있어 범행을 부인하려는 피의자에게 그 진술과 상반되는 여러 증거를 제시하고 범행에 관하여 신문하는 과정에서 피의자가 애매 또는 상호 모순되는 진술을 하는 경우도 쉽게 예상할 수 있는 것이므로, 검사 작성의 피의자 신문조서에 애매한 내용의 진술이나 모순되는 진술 또는 동일한 내용에 관하여 그 내용이 완전히 일치하지 않는 진술이 기재되어 있다 하더라도 그러한 사실만으로 그 신문조서 전부가 바로 신빙성이 없다고 할 수는 없다.
3. 검사의 접견금지 결정으로 피고인들의 접견이 제한된 상황하에서 피의자 신문조서가 작성되었다는 사실만으로 바로 그 조서가 임의성이 없는 것이라고는 볼 수 없다(대판 1984. 7. 10, 84도846) 검사가 피의자나 피의자 아닌 자의 진술을 기재한 조서의 '진정성립'의 의미

형사소송법 제312조 제1항 본문은 "검사가 피의자나 피의자 아닌 자의 진술을 기재한 조서와 검사 또는 사법경찰관이 검증의 결과를 기재한 조서는 공

판준비 또는 공판기일에서의 원진술자의 진술에 의하여 그 성립의 진정함이 인정된 때에 증거로 할 수 있다."고 규정하고 있는데(2007. 6. 1. 형소법 개정 전의 내용임 : 저자 주), 여기서 성립의 진정이라 함은 간인.서명.날인 등 조서의 형식적인 진정성립과 그 조서의 내용이 원진술자가 진술한 대로 기재된 것이라는 실질적인 진정성립을 모두 의미하는 것이고, 위 법문의 문언상 성립의 진정은 '원진술자가 진술에 의하여' 인정되는 방법 외에 다른 방법을 규정하고 있지 아니하므로, 실질적 진정성립도 원진술자의 진술에 의하여서만 인정될 수 있는 것이라고 보아야 하며, 이는 검사 작성의 피고인이 된 피의자 신문조서의 경우에도 다르지 않다고 할 것인바, 검사가 피의자나 피의자 아닌 자의 진술을 기재한 조서는 공판준비 또는 공판기일에서 원진술자의 진술에 의하여 형식적 진정성립뿐만 아니라 실질적 진정성립까지 인정된 때에 한하여 비로소 그 성립의 진정함이 인정되어 증거로 사용할 수 있다고 보아야 한다(대판 2004. 12. 6, 2002도537).

형식적 진정성립이 인정되지 않는 검사 작성의 피고인에 대한 피의자 신문조서의 증거능력 유무(소극)

조서 말미에 피고인의 서명만이 있고, 그 날인(무인 포함)이나 간인이 없는 검사 작성의 피고인에 대한 피의자 신문조서는 증거능력이 없다고 할 것이고, 그 날인이나 간인이 없는 것이 피고인이 그 날인이나 간인을 거부하였기 때문이어서 그러한 취지가 조서 말미에 기재되었다거나, 피고인이 법정에서 그 피의자 신문조서의 임의성을 인정하였다고 하여 달리 볼 것은 아니다(대판 1999. 4. 13, 99도237).

성립 및 임의성이 인정되는 검사 작성의 공동피고인에 대한 피의자 신문조서를 다른 공동피고인이 증거로 함에 부동의한 경우, 그 다른 공동피고인 범죄사실에 대한 증거능력 유무(적극)

검사 작성의 공동피고인에 대한 피의자 신문조서는 그 공동피고인이 법정에서 진정성립을 인정하고 그 임의성이 인정되는 경우에는 다른 공동피고인이 이를 증거로 함에 부동의 하였다고 하더라도 그 다른 공동피고인의 범죄사실에 대한 유죄의 증거로 삼을 수 있다(대판 1998. 12. 22, 98도2890).

피고인에 대한 검사 작성의 피의자 신문조서가 그 내용 중 일부를 가린 채 복사를 한 다음 원본과 상위없다는 인증을 하여 초본의 형식으로 제출된 경우의 증거능력 인정요건

피고인에 대한 검사 작성의 피의자 신문조서가 그 내용 중 일부를 가린 채 복사를 한 다음 원본과 상위 없다는 인증을 하여 초본의 형식으로 제출된 경우에 ㉠ 위와 같은 피의자 신문조서 초본은 피의자 신문조서 원본 중 가려진 부분의 내용이 가려지지 않은 부분과 분리 가능하고 ㉡ 당해 공소사실과 관련성이 없는 경우에만 ㉢ 그 피의자 신문조서의 원본이 존재하거나 존재하였을 것, 피의자 신문조서의 원본 제출이 불능 또는 곤란한 사정이 있을 것, 원본을 정확하게 전사하였을 것 등 3가지 요건을 전제로 피고인에 대한 검사 작성의 피의자 신문조서 원본과 동일하게 취급할 수 있다(대판 2002. 10. 22, 2000도5461).

검사 작성의 피의자 신문조서에 작성자인 검사의 서명날인이 누락된 경우, 그 피의자 신문조서의 증거능력 유무(소극)

검사 작성의 피의자 신문조서에 작성자인 검사의 서명.날인이 되어 있지 아니한 경우 그 피의자 신문조서는 공무원이 작성하는 서류로서의 요건을 갖추지 못한 것으로서 위 법규정(형사소송법 제57조 제1항)에 위반되어 무효이고 따라서 이에 대하여 증거능력을 인정할 수 없다고 보아야 한다(대판 2001. 9. 28, 2001도4901).

특신상태에 진술이 행해졌다고 볼 수 없다고 한 사례

검사 및 사법경찰관 작성의 증인에 대한 진술조서의 진술내용이 상치되어 어느 진술이 진실인지 알 수 없을 뿐 아니라 동인이 제1심 법정에서 증인으로 채택되어 소환장을 두 번이나 받고도 소환에 불응하고 주소지를 떠나 행방을 감춘 경우라면 동인의 위 진술이 특히 신빙할 수 있는 상태에서 행하여진 것으로 볼 수 없다(대판 1986. 2. 25, 85도2788).

3) 법 제314조의 적용 여부

법 제314조는 "제312조 또는 제313조의 경우에 공판준비 또는 공판기일에 진술을 요하는 자가 사망·질병·외국거주, 소재불명, 그 밖에 이에 준하는 사유로 인하여 진술할 수 없는 때에는 그 조서 그 밖의 서류를 증거로 할 수 있다. 다만 그 진술 또는 작성이 특히 신빙할 수 있는 상태하에서 행하여졌음이 증명된 때에 한한다." 고 규정하여 필요성과 신용성의 정황적 보장을 이유로 증거능력을 인정하고 있다. 이는 전문법칙의 예외의 전형적인 경우를 규정한 것이며, 서증의 증거능력을 지나치게 제한하여 사실인정의 자료로 하지 못하게 되면 확실한 범죄인을 처벌하지 못할 우려가 있다는 점을 고려한 것이다.

형사소송법은 전문증거의 증거능력의 부여의 예외사유에 '소재불명'을 추가하고, '진술 또는 조서의 작성이 특히 신빙할 수 있는 상태하에서 행하여졌음이 증명된 때에 한한다.'고 하여 요건을 강화하였다.

① 적용여부 : 검사작성의 피의자신문조서에 대하여도 제314조가 적용된다. 그것은 제314조는 피고인 또는 피의자로서 신문받은 자가 출석할 수 없는 경우이므로 필요성이 인정되고, 제314조에 의한 조서도 증거능력이 없는 조서는 아니므로 이에 의하여 피고인을 유죄로 인정하여도 무방하기 때문이다.

② 필요성 : 원진술자인 피의자가 사망·질병, 외국거주, 소재불명 그 밖에 이에 준하는 사유로 진술할 수 없을 것을 요한다. 여기서 질병, 외국거주 기타 사유로 진술할 수 없을 때라 함은 정신적·신체적 고장 또는 소재가 불명하거나 국외에 있기 때문에 임상신문이 불가능한 경우를 말한다. 소재불명이라고 하기 위하여는 소환장이 송달불능된 것으로는 족하지 않고, 송달불능이 되어 소재수사를 하였어도 소재를 확인할 수 없을 것을 요한다.

③ 특신상태의 증명 : 그 진술 또는 작성이 특히 신빙할 수 있는 상태에서 행하여졌음이 증명된 때에 한한다. 개정 전 형사소송법은 '특히 신빙할 수 있는 상태에서 행하여진 때'에 증거로 할 수 있다고 하였으나, 형사소송법은 '특신상태에서 행하여졌음이 증명되어야 한다'고 하여 그 요건을 강화하고 있다.

한편 이른바 특신상태와 관련하여 판례는 그 진술내용이나 조서 또는 서류의 작성에 허위개입의 여지가 거의 없고, 그 진술내용의 신빙성이나 임의성을 담보할 구체적이고 외부적인 정황이 있는 경우를 가리킨다고 해석하고 있다. 단순히 수사기관에서 작성된 것이라는 점만으로 특히 신빙할 수 있는 상태에서 작성된 것이라고 인정하여서는 아니 되고, 조서의 내용, 진술의 경위, 진술시기 등을 종합하여 특히 신빙할 수 있는 상태에서 작성된 것인지 여부를 엄격히 심사하는 등 증거능력 부여에 신중을 기하여야 한다.

그러한 과정을 거쳐 증거능력이 인정되는 경우에도 피고인의 방어권 행사를 위하여 가장 중요하다고 할 수 있는 반대신문을 거치지 아니하였으므로 그 증명력은 원진술자가 출석하여 증언한 경우와 비교하여 상대적으로 낮게 평가할 수밖에 없을 것이다.

핵심판례

특신상태의 의미

진술 또는 작성이 특히 신빙할 수 있는 상태하에서 행하여진 때라 함은 그 진술내용이나 조서 또는 서류의 작성에 허위개입의 여지가 거의 없고 그 진술내용의 신용성이나 임의성을 담보할 구체적이고 외부적인 정황이 있는 경우를 말한다(대판 1987. 9. 8, 87도1446).

수사기관이 원진술자의 진술을 기재한 조서의 증명력의 정도
수사기관이 원진술자의 진술을 기재한 조서는 원본 증거인 원진술자의 진술에 비하여 본질적으로 낮은 정도의 증명력을 가질 수밖에 없다는 한계를 지니는 것이고, 특히 원진술자의 법정 출석 및 반대신문이 이루어지지 못한 경우에는 그 진술이 기재된 조서는 법관의 올바른 심증 형성의 기초가 될 만한 진정한 증거를 가진 것으로 인정받을 수 없는 것이 원칙이다(대판 2006. 12. 8, 2005도9730).

라. 사법경찰관이 작성한 피의자신문조서

검사 이외의 수사기관이 작성한 피의자신문조서는 적법한 절차와 방식에 따라 작성된 것으로서 공판준비 또는 공판기일에 그 피의자 였던 피고인 또는 변호인이 그 내용을 인정할 때에 한하여 증거로 할 수 있다(법 제312조 3항).

1) 적법한 절차와 방식에 따라 작성

검사 이외의 수사기관이 작성한 피의자신문조서는 적법한 절차와 방식에 따라 작성되어야 증거능력이 인정된다.

2) 내용의 인정

① 내용의 인정의 의의 : 사법경찰관이 작성한 피의자 신문조서는 공판준비 또는 공판기일에 그 피의자였던 피고인 등이 그 내용을 인정할 때에 한하여 증거로 할 수 있다. 내용의 인정이란 조서의 진정성립뿐만 아니라 조서의 기재내용이 객관적 진실에 부합한다는 조서내용의 진실성을 의미한다.

핵심판례

형사소송법 제312조 제2항 소정의 피고인이나 변호인이 '내용을 인정할 때'의 의미
형사소송법 제312조 제2항(현행법상 제3항 : 저자 주)에 의하면 검사 이외의 수사기관 작성의 피의자 신문조서는 공판준비 또는 공판기일에 그 피의자였던 피고인이나 변호인이 그 내용을 인정할 때 한하여 증거로 할 수 있다고 규정하고 있는바, 위 규정에서 그 내용을 인정할 때라 함은 위 피의자 신문조서의 기재내용이 진술내용대로 기재되어 있다는 의미가 아니고(그것은 문서의 진정성립에 속하는 사항임), 그와 같이 진술한 내용이 실제사실과 부합한다는 것을 의미한다(대판 2001. 9. 28, 2001도3997).

② 내용인정의 방법 : 내용의 인정은 피의자였던 피고인이나 변호인의 진술에 의하여야 한다. 따라서 사법경찰관이 작성한 피의자신문조서는 피고인이 내용을 부인하면 증거로 할 수 없게 된다(대판 1979. 10. 30, 78도2216). 조서의 기재내용을 들었다는 다른 증인이나 조사한 경찰관의 증언에 의하여 증거능력을 인정할 수는 없다(대판 1995. 3. 24, 94도2287). 이 경우의 경찰관의 증언은 전문증거로서 증거능력이 인정되지 않는다(대판 1985. 10. 8, 85도1590).

핵심판례

사법경찰관 작성 피의자 신문조서를 증거로 함에 동의하지 않는 것이 내용을 인정하지 않는 것인지의 여부(적극)

사법경찰리 작성의 갑에 대한 피의자 신문조서 등본은 피고인이나 그 변호인이 증거로 함에 동의하지 아니한 서류인 것이 분명한 바, 이는 그 내용을 인정하지 않는다는 취지와 같은 것이다(대판 1996. 7. 12, 96도667).

피고인이 사법경찰리 작성 피의자 신문조서의 내용을 부인한 경우, 그 피의자 신문조서의 증거능력 유무(소극)

피고인이 당해 공소사실에 대하여 법정에서 부인한 경우에는 사법경찰리 작성의 피의자 신문조서의 내용을 인정하지 아니한 것이므로 그 피의자 신문조서의 기재는 증거능력이 없다(대판 1997. 10. 28, 97도2211).

사법경찰관에 의한 신문과정에서 피의자에 의하여 작성.제출된 진술서의 증거능력

사법경찰관이 피의자를 조사하는 과정에서 형사소송법 제244조에 의하여 피의자 신문조서에 기재됨이 마땅한 피의자의 진술내용을 진술서의 형식으로 피의자로 하여금 기하여 제출케 한 경우에는 그 진술서의 증거능력 유무는 검사 이외의 수사기관이 작성한 피의자 신문조서와 마찬가지로 형사소송법 제312조 제2항에 따라 결정되어야 할 것이고 동법 제313조 제1항 본문에 따라 결정할 것이 아니다(대판 1982. 9. 14, 84도1479).

핵심판례

사법경찰관 작성 피의자 신문조서를 증거로 함에 동의하지 않는 것이 내용을 인정하지 않는 것인지의 여부(적극)

사법경찰리 작성의 갑에 대한 피의자 신문조서 등본은 피고인이나 그 변호인이 증거로 함에 동의하지 아니한 서류인 것이 분명한 바, 이는 그 내용을 인정하지 않는다는 취지와 같은 것이다(대판 1996. 7. 12, 96도667).

피고인이 사법경찰리 작성 피의자 신문조서의 내용을 부인한 경우, 그 피의자 신문조서의 증거능력 유무(소극)

피고인이 당해 공소사실에 대하여 법정에서 부인한 경우에는 사법경찰리 작성의 피의자 신문조서의 내용을 인정하지 아니한 것이므로 그 피의자 신문조서의 기재는 증거능력이 없다(대판 1997. 10. 28, 97도2211).

사법경찰관에 의한 신문과정에서 피의자에 의하여 작성.제출된 진술서의 증거능력

사법경찰관이 피의자를 조사하는 과정에서 형사소송법 제244조에 의하여 피의자 신문조서에 기재됨이 마땅한 피의자의 진술내용을 진술서의 형식으로 피의자로 하여금 기하여 제출케 한 경우에는 그 진술서의 증거능력 유무는 검사 이외의 수사기관이 작성한 피의자 신문조서와 마찬가지로 형사소송법 제312조 제2항에 따라 결정되어야 할 것이고 동법 제313조 제1항 본문에 따라 결정할 것이 아니다(대판 1982. 9. 14, 84도1479).

형사소송법 제312조 제2항이 전혀 별개의 사건에서 피의자였던 피고인에 대한 검사 이외의 수사기관 작성의 피의자 신문조서에도 적용되는지의 여부(적극)

1. 형사소송법 제312조 제2항은 검사 이외의 수사기관의 피의자 신문은 이른바 신용성의 정황적 보장이 박약하다고 보아 피의자 신문에 있어서 진정성립 및 임의성이 인정되더라도 공판 또는 그 준비절차에 있어 원진술자인 피고인이나 변호인이 그 내용을 인정하지 않는 한 그 증거능력을 부정하는 취지로 입법된 것으로, 그 입법취지와 법조의 문언에 비추어 볼 때 당해 사건(A)에서 피의자였던 피고인(甲)에 대한 검사 이외의 수사기관 작성의 피의자 신문조서에만 적용되는 것은 아니고 전혀 별개의 사건(B)에서 피의자였던 피고인(甲)에 대한 검사 이외의 수사기관 작성의 피의자 신문조서도 그 적용대상으로 하고 있는 것이라고 보아야 한다.
2. 피고인이 사법경찰관 앞에서의 진술의 내용을 부인하고 있는 이상 피고인을 수사한 경찰관이 증인으로 나와서 수사과정에서 피고인이 범행을 자백하게 된 경위를 진술한 증언은 형사소송법 제312조 제2항의 규정과 그 취지에 비추어 볼 때 역시 증거능력이 없고, 이러한 결론은 당해 피고사건과 전혀 별개의 사건에서 피의자로 조사받은 경우에 이 피의자 신문조서에 형사소송법 제312조 제2항을 적용하고 있는 이상 전혀 별개의 사건에서 피고인이 범행을 자백하게 된 경위를 수사경찰관이 진술한 경우에도 동일하게 적용되

어야 한다(대판 1995. 3. 14, 94도2287).

전문자의 진술이 사법경찰관 앞에서의 피고인 진술을 그 내용으로 하고 있는데 피고인이 그 진술의 내용을 부인하는 경우, 그 진술의 증거능력 유무(소극)

형사소송법 제312조 제2항은 (중략) 그 입법취지와 법조의 문언에 비추어 볼 때 피의자였던 피고인에 대한 검사 이외의 수사기관 작성의 피의자 신문조서에만 적용되는 것이 아니고, 피의자였던 피고인의 검사 이외의 수사기관 앞에서의 진술 자체를 그 적용대상으로 하고 있는 것이라고 보아야 할 것이어서 전문자의 진술이 검사 이외의 수사기관 앞에서의 피고인의 진술을 내용으로 하고 있는 경우에 피고인이 그 진술의 내용을 부인하고 있는 이상 그 진술의 내용이 피의자 신문조서에 기재된 것인지 또는 전문자가 수사경찰관이 아닌 피해자 등 제3자에 해당하는지 여부 등에 관계없이 증거능력이 없다(대판 2001. 3. 27, 2000도4383).

피고인이 경찰조사에서 범행사실을 자백하였다는 경찰관의 증언이 증거능력이 있는지 여부

피고인을 검거하고 경찰에서 피고인에 대하여 피의자 신문을 한 경찰관의 피고인이 경찰조사에서 범행사실을 순순히 자백하였다는 증언은 피고인이 경찰에서의 진술을 부인하는 이상 형사소송법 제312조 제2항의 취지에 비추어 증거능력이 없다(대판 2002. 8. 23, 2002도2112).

피해자가 피고인으로부터 자신의 범행을 자백하는 진술을 들었다는 취지의 진술하고, 피고인이 법정에서 그 내용을 부인하는 경우 증거능력의 유무

수사경찰관이 피해자와의 대질신문을 위하여 피해자와 동석시킨 자리에서 피해자가 피고인으로부터 자신의 범행을 자백하는 진술을 들었다는 취지의 진술의 경우, 피고인이 법정에서 그 진술의 내용을 부인하고 있는 이상 형사소송법 제312조 제2항의 규정과 그 취지에 비추어 볼 때 그 증거능력을 인정할 수 없다(대판 2001. 3. 27, 2000도4383).

피고인이 경찰에서 조사받을 때의 진술을 그 내용으로 하는 증인들의 증언 등을 피고인이 법정에서 부인하는 경우 그 증언 등의 증거능력이 있는지 여부(소극)

피고인이 경찰에서 조사받는 도중에 범행을 시인하였고 피해자측에게도 용서를 구하는 것을 직접 보고 들었다는 취지의 증인들의 각 증언 및 그들에 대한 사법경찰리, 검사 작성의 각 진술조서 기재는 모두 피고인이 경찰에서 조사받을 때의 진술을 그 내용으로 하는 것에 다름이 아니어서, 피고인이 공판정에서 경찰에서의 위와 같은 진술내용을 부인하고 있는 이상, 위 증거들은 증거능력이 없다고 보아야 한다(대판 1994. 9. 27, 94도1905).

법 제312조 3항에 의하여 실황조사서 등의 증거능력을 부정한 사례

㉠ 피의자이던 피고인이 사법경찰리의 면전에서 자백한 진술에 따라 사고 당시의 상황을 재연한 사진과 그 진술내용으로 된 사법경찰리 작성의 실황조사서는 피고인이 공판정에서 그 범행재현의 상황을 모두 부인하고 있는 이상 이를 범죄사실의 인정자료로 할 수 없다(대판 1989. 12. 26, 89도1557).

㉡ 사법경찰관이 작성한 실황조사서에 피의자이던 피고인이 사법경찰관의 면전에서 자백한 범행내용을 현장에 따라 진술, 재연하고 사법경찰관이 그 진술, 재연의 상황을 기재하거나 이를 사진으로 촬영한 것 외에 별다른 기재가 없는 경우에 있어서 피고인이 공판정에서 실황조사서에 기재된 진술내용 및 범행재연의 상황을 모두 부인하고 있다면 그 실황조사서는 증거능력이 없다 할 것이다(대판 1984. 5. 29, 84도378).

마. 진술조서

1) 진술조서의 의의

진술조서란 검사 또는 사법경찰관이 피의자 아닌 자(참고인)의 진술을 기재한 조서를 말한다. 수사기관이 피고인의 진술을 기재한 조서도 진술조서에 해당한다. 피고인은 피의자가 아니기 때문이다.

2) 진술조서의 증거능력 인정을 위한 요건

검사 또는 사법경찰관이 피고인이 아닌 자의 진술을 기재한 조서는 적법한 절차와 방식에 따라 작성된 것으로서 그 조서가 검사 또는 사법경찰관 앞에서 진술한 내용과 동일하게 기재되어 있음이 원진술자의 공판준비 또는 공판기일에서의 진술이나 영상녹화물 또는 그 밖의 객관적인 방법에 의하여 증명되고, 피고인 또는 변호인이 공판준비 또는 공판기일에 그 기재 내용에 관하여 원진술자를 신문할 수 있었던 때에는 증거로 할 수 있다. 다만, 그 조서에 기재된 진술이 특히 신빙할 수 있는 상태하에서 행하여졌음이 증명된 때에 한한다(법 제312조 4항 : 2007. 6. 1. 신설). 개정 형사소송법은 참고인 진술조서의 실질적 진정성립을 인정하는 요건으로서 '원진술자의 공판준비 또는 공판기일에서의 진술' 이외에 검사 작성 피의자 신문조서와 마찬가지로 '영상녹화물 기타 객관적 방법'에 의하여 증명할 수 있도록 하였다.

핵심판례

성립의 진정이 인정되지 않아 진술조서의 증거능력이 부정되는 사례

㉠ 조서 말미에 서명 또는 기명날인이 되어 있지 아니한 피고인에 대한 진술조서는 증거능력을 인정할 수 없다(대판 1993. 4. 23, 92도2908).

㉡ 사법경찰리 작성의 피해자에 대한 진술조서가 피해자의 화상으로 인한 서명불능을 이유로 입회하고 있던 피해자의 동생에게 대신 읽어 주고 그 동생으로 하여금 서명.날인하게 하는 방법으로 작성된 경우, 이는 형사소송법 제313조 제1항 소정의 형식적 요건을 결여한 서류로서 증거로 사용할 수 없다(대판 1997. 4. 11, 96도2865).

㉢ 사법경찰리 작성의 피의자 아닌 자에 대한 진술조서를 피고인이 증거로 할 수 있음을 동의하지 아니하였고, 원진술자가 공판기일에서 위 진술조서에 서명.무인한 것은 맞으나 그 진술조서의 기재내용과 같이 진술하지는 아니하였다고 진술함으로써 그 진술조서의 실질적인 성립의 진정을 부인한 경우, 그 진술조서에는 증거능력을 부여할 수 없다(대판 2002.8.23, 2002도2112).

3) 법 제314조에 의한 증거능력의 인정

검사 또는 사법경찰관이 작성한 진술조서도 공판준비 또는 공판기일에서 진술을 요하는 자가 사망 · 질병, 외국거주, 소재불명 그 밖에 이에 준하는 사유로 인하여 진술할 수 없고 신용성의 정황적 보장이 증명되는 때에는 원진술자에 의하여 성립의 진정이 인정되지 않아도 증거로 할 수 있다(법 제314조).

바. 진술서

1) 진술서의 의의

진술서란 피고인 · 피의자 또는 참고인이 스스로 자기의 의사 · 사상 · 관념 및 사실관계 등을 기재한 서면을 말한다. 피고인 · 피의자 · 참고인이 작성의 주체라는 점에서 법원 또는 수사기관이 작성하는 진술기재조서와 구별된다. 진술서, 자술서, 시말서 등 명칭의 여하는 불문한다. 작성의 장소도 묻지 않는다. 따라서 반드시 당해 사건의 공판과 수사절차에서 작성될 것을 요하지 않고, 사건과 관계없이 작성된 메모나 일기 등도 여기에 포함된다.

2) 진술서의 증거능력

① 수사기관에서 작성한 진술서 : 법 제312조(검사 또는 사법경찰관의 조서 등) 제1항부터 제4항까지의 규정은 피고인 또는 피고인이 아닌 자가 수사과정에서 작성한

진술서에 관하여 준용한다(법 제312조 5항). 즉, 개정 형사소송법은 피고인 또는 피고인이 아닌 자가 수사과정에서 작성한 진술서에 대해서는 수사기관이 작성한 조서와 동일하게 취급하였다.

② 그 외의 진술서 : 수사기관 이외의 장소에서 피고인 또는 피고인이 아닌 자가 작성한 진술서로서 그 작성자의 자필이거나 서명 또는 날인이 있는 것은 공판준비나 공판기일에서의 그 작성자의 진술에 의하여 성립의 진정함이 증명된 때에는 증거로 할 수 있다. 단 피고인의 진술을 기재한 서류는 그 진술이 특히 신빙할 수 있는 상태하에서 행하여진 때에 한하여 피고인의 공판준비 또는 공판기일에서의 진술에도 불구하고 증거로 할 수 있다(법 제313조).

진술서에 관하여는 참고인의 진술서뿐만 아니라 피의자의 진술서에 대하여도 내용의 인정이나 신빙성을 요건으로 하지 아니한 것은 작성자의 자필이거나 서명 또는 날인이 있는 진술서는 내용이 작성자가 진술한 것이라는 점이 보장되고, 피고인의 자백이나 불이익한 사실의 승인은 재현불가능하고 진실성이 강하다는 점에 그 취지가 있다.

핵심판례

작성자의 서명이나 날인이 없고 단지 기명 다음에 사인이 되어 있는 진술서의 증거능력(적극)

진술서에 작성자의 서명이나 날인이 없고 단지 기명 다음에 사인이 되어 있을 뿐이어도 위 진술서가 진정한 것으로 인정되는 경우에는 당사자가 증거로 함에 동의하고 있는 위 진술서를 판시사실에 대한 증거로 한 조치는 정당하다(대판 1979.8.31, 79도1431).

피고인의 자필 진술서의 증거능력 인정요건

피고인의 자필로 작성된 진술서의 경우에는 서류의 작성자가 동시에 진술자이므로 진정하게 성립된 것으로 인정되어 형사소송법 제313조 단서에 의하여 그 진술이 특히 신빙할 수 있는 상태하에서 행하여진 때에는 증거능력이 있고, 이러한 특신상태는 증거능력의 요건에 해당하므로 검사가 그 존재에 대하여 구체적으로 주장.입증하여야 하는 것이지만, 이는 소송상의 사실에 관한 것이므로, 엄격한 증명을 요하지 아니하고 자유로운 증명으로 족하다(대판 2001.9.4, 2000도1743).

컴퓨터 디스켓에 담긴 문건의 증거능력

컴퓨터 디스켓에 담긴 문건이 증거로 사용되는 경우 그 기재내용의 진실성에 관하여는 전문법칙이 적용된다 할 것이고, 따라서 피고인 또는 피고인 아닌 자가 작성하거나 또는 그 진술을 기재한 문건의 경우 원칙적으로 형사소송법 제313조 제1항 본문에 의하여 그 작성자 또는 진술자의 진술에 의하여 그 성립의 진정함이 인정된 때에 이를 증거로 사용할 수 있다(대판 2001. 3. 23, 2000도486).

3) 법 제314조의 적용

진술서의 작성자가 사망·질병, 외국거주, 행방불명 그 밖의 사유로 인하여 진술할 수 없는 때에는 그 작성이 특히 신빙할 수 있는 상태에서 하여졌음이 증명된 때에 한하여 증거로 할 수 있다(법 제314조).

사. 검증조서

1) 의 의

검증조서란 법원 또는 수사기관이 검증의 결과를 기재한 서면, 즉 검증을 한 자가 오관의 작용에 의하여 물(物)의 존재와 상태에 대하여 인식한 것을 기재한 서면을 말한다. 검증조서는 검증 당시에 인식한 바를 직접 기재한 서면이므로 진술에 의하는 경우보다 정확성을 기할 수 있고, 검증 그 자체가 가치판단을 포함하지 않는 기술적인 성격을 가지기 때문에 허위가 개입될 여지가 없다는 점에서 전문법칙에 대한 예외를 인정하고 있다.

2) 법원 또는 법관의 검증조서

① 검증조서의 증거능력 : 공판준비 또는 공판기일에서 법원 또는 법관의 검증의 결과를 기재한 조서는 증거능력이 인정된다(법 제311조), 증거보전절차에서의 검증의 결과를 기재한 조서도 같다.

② 검증조서에 첨부된 사진·도화의 증거능력 : 검증조서에는 검증목적물의 현상을 명확하게 하기 위하여 사진이나 도화를 첨부할 수 있다(법 제49조 2항). 이 경우의 사진이나 도화는 검증결과의 이해를 쉽게 하기 위한 표시방법에 불과하다고 할 것이므로 검증조서와 일체를 이룬다고 해야 한다.

3) 검사 또는 사법경찰관의 검증조서

① 의 의 : 검사 또는 사법경찰관이 작성한 검증조서란 수사기관이 영장에 의하거나 (법 제215조) 영장에 의하지 아니한 강제처분(법 제216조) 또는 피검자의 승낙에 의하여 검증한 결과를 기재한 조서를 말한다.

② 검증조서의 증거능력 : 검사 또는 사법경찰관이 검증의 결과를 기재한 조서는 적법한 절차와 방식에 따라 작성된 것으로서 공판준비 또는 공판기일에서의 작성자의 진술에 따라 그 성립의 진정함이 증명된 때에는 증거로 할 수 있다(법 제312조 6항).

핵심판례

검증조서에 기재된 진술의 증거능력

㉠ 사법경찰관 작성의 검증조서 중 피고인의 진술기재 부분과 범행재연의 사진영상에 관한 부분에 대하여 원진술자이며 행위자인 피고인에 의하여 진술 및 범행재연의 진정함이 인정되지 아니할 뿐만 아니라 검증현장에서의 피고인의 진술(범행재연)이 특히 신빙할 수 있는 상태하에서 행하여진 것이라고 볼 수 없으면 증거능력이 없다(대판 1988. 3. 8, 87도2692)

㉡ '사법경찰관이 작성한 검증조서'에는 이 사건 범행에 부합되는 피의자이었던 피고인의 진술기재 부분이 포함되어 있고 또한 범행을 재연하는 사진이 첨부되어 있으나, 기록에 의하면 피고인이 위 검증조서에 대하여 증거로 함에 동의만 하였을 뿐 공판정에서 검증조서에 기재된 진술내용 및 범행을 재연한 부분에 대하여 그 성립의 진정 및 내용을 인정한 흔적을 찾아볼 수 없고 오히려 이를 부인하고 있으므로 그 증거능력을 인정할 수 없는바, 원심으로서는 위 검증조서 중 이 사건 범행에 부합되는 피고인의 진술을 기재한 부분과 범행을 재연한 부분을 제외한 나머지 부분만을 증거로 채용하여야 함에도 이를 구분하지 아니한 채 그 전부를 유죄의 증거로 인용한 조치는 위법하다(대판 1998. 3. 13, 98도159).

아. 감정서

1) 의의 및 증거능력

감정의 경과와 결과를 기재한 서류를 감정서라고 한다. 감정내용은 복잡하고 전문지식을 요하는 사항이므로 서면에 의하여 보고하는 것이 정확할 뿐만 아니라, 특히 법원 또는 법관의 감정명령에 의하는 경우에는 선서(법 제170조)와 형법상의 제재에 의하여 공정이 담보된다는 점에 비추어 감정서는 진술서에 준하여 증거능력이 인정된다(법 제313조 2항).

2) 적용대상

법원의 명령에 의한 감정보고서(법 제171조), 감정수탁자, 즉 수사기관에 의하여 감정을 촉탁받은 자가 작성한 감정서도 여기에 포함된다.

그러나 사인인 의사가 만든 진단서는 당연히 증거능력 있는 서류가 아니므로 법 제313조에 의하여 증거능력이 인정되어야 한다(대판 1969. 3. 31, 69도179).

7. 당연히 증거능력이 인정되는 서류(법 제315조)

(1) 직무상 증명할 수 있는 사항에 관한 공무원 작성 문서

가족관계 사항별 증명서, 공정증서등본 기타 공무원 또는 외국공무원의 직무상 증명할 수 있는 사항에 관하여 작성한 문서는 당연히 증거능력이 있다(동조 1호). 이는 공권적 증명문서의 증거능력을 인정한 것이다. 공권적 증명문서는 고도의 신용성이 보장되며, 원본을 제출하거나 공무원을 증인으로 신문하는 것이 곤란하므로 필요성이 인정되기 때문이다. 가족관계 사항별 증명서, 공정증서등본은 그 예시에 지나지 않는다.

가. 판례가 당연히 증거능력이 있다고 인정한 서류

① 구속적부 심문조서

② 시가감정 업무에 4~5년 종사해 온 세무공무원이 세관에 비치된 기준과 수입신고서에 기재된 가격을 참작하여 작성한 '감정서'

③ 국립과학수사연구소장 작성의 '감정의뢰 회보서'

④ 일본 하관(下關)세관서 통괄심리관 작성의 범칙물건감정서 등본과 분석의뢰서 및 분석회답서 등본

외국공무원이 직무상 증명할 수 있는 사항에 관하여 작성한 문서는 이를 증거로 할 수 있으므로 원심이 이 사건 일본 하관 세관서 통괄심리관 작성의 범칙물건감정서등본과 분석의뢰서 및 분석회답서 등본을 증거로 하였음은 적법하다.

⑤ 군의관이 작성한 진단서

⑥ 다른 피고사건의 공판조서

⑦ 다른 형사피고사건의 기록인 공판조서 중 다른 피고인의 공술기재

⑧ 서울형사지방법원의 (중략) 공판조서 등본

⑨ 군법회의 판결 사본

⑩ 사법경찰관 작성의 '새세대 16호'에 대한 수사보고서('새세대 16호'라는 유인물의 내용을 분석하고 이를 기계적으로 복사하여 그 말미에 그대로 첨부한 문서)

나. 판례가 당연히 증거능력이 있는 서류에 해당하지 않는다고 한 서류

① 검사의 공소장

② 외국 수사기관이 수사결과 얻은 정보를 회답하여 온 문서들

(2) 업무의 통상과정에서 작성된 문서

상업장부・항해일지 기타 업무상 필요로 작성한 통상문서를 말한다(동조 2호). 일상업

무의 과정에서 작성되는 문서는 업무상의 신용 때문에 정확한 기재를 기대할 수 있고 기계적 기재로 인하여 허위기재의 우려가 없을 뿐 아니라, 작성자를 일일이 소환하는 것이 부적당하다는 점에 그 근거가 있다. 출납부 · 전표 · 통계표 등이 여기에 속한다.

핵심판례

의사가 작성한 진단서가 당연히 증거능력이 있는 서류에 해당하는지의 여부(소극)
사인(私人)인 의사가 작성한 진단서는 증거법칙상 당연히 증거능력이 있는 서류로는 볼 수 없다(대판 1969. 3. 31, 69도179).

(3) 기타 특히 신용할 만한 정황 아래 작성된 문서

위의 (1), (2)에 준할 정도의 고도의 신용성이 문서 자체에 의하여 보장되는 서면을 말한다(동조 3호). 공공기록 · 보고서 · 역서 · 정기간행물의 시장가격표 · 스포츠기록 · 공무소작성의 각종 통계와 연감 등이 여기에 속한다. 영미법상의 임종시의 진술, 자연적인 발언 또는 고문서 등도 여기에 포함될 수 있다.

핵심판례

주민들의 진정서사본에 증거능력이 인정되는지 여부(소극)
주민들의 진정서 사본은 피고인이 증거로 함에 동의하지 않고 기록상 원본의 존재나 그 진정성립을 인정할 아무런 자료도 없을 뿐 아니라 형사소송법 제315조 제3호의 규정 사유도 없으므로 이를 증거로 할 수 없다(대판 1983.12.13, 83도2613).

8. 전문진술

(1) 전문증거와 증거능력의 제한

공판준비 또는 공판기일 외에서의 타인의 진술을 내용으로 하는 진술은 이를 증거로 할 수 없다(법 제310조의 2). 전문진술에 대한 전문법칙은 전문서류의 증거능력을 부정하기 전에 확립된 것으로 전문법칙의 핵심을 이룬다고 할 수 있다.

(2) 전문진술에 대한 전문법칙의 예외(법 제316조)

가. 법 제316조 1항의 예외

피고인 아닌 자(공소제기 전에 피고인을 피의자로 조사하였거나 그 조사에 참여했던 자를 포함)의 공판준비 또는 공판기일에서의 진술이 피고인의 진술을 그 내용으로 하는 것인 때에는 그 진술이 특히 신빙할 수 있는 상태하에서 행하여졌음이 증명된 때에 한하여 이를 증거로 할 수 있다(법 제316조 1항). 원진술자인 피고인이 출석하여 진술할 수 있으므로 신용성의 보장을 조건으로 증거능력을 인정한 것이다.

피고인의 진술이란 피고인의 지위에서 행하여진 것임을 요하지 않는다. 따라서 사건 직후 피고인의 자백을 청취한 자가 그 내용을 증언하는 경우는 물론, 피고인을 신문한 사법경찰관이나 제3자가 경찰에서 조사받을 때 범행을 자백한 피고인의 진술내용을 증언하는 경우에도 여기에 해당한다.

나. 조사자 증언제도

개정형사소송법은 조사경찰관 등이 증인으로 나와 위증죄의 부담을 안고 피고인측의 반대신문을 받으면서 한 증언에 증거능력을 부여함으로써 실체적 진실발견과 피고인의 방어권 보장 사이에 조화를 도모할 목적으로, 제316조 제1항에서 피고인이 아닌 자에 "공소제기 전에 피고인을 피의자로 조사하였거나 그 조사에 참여하였던 자를 포함한다."는 규정을 신설하였다.

핵심판례

형사소송법 제314조에서 참고인의 진술 또는 작성이 '특히 신빙할 수 있는 상태하에서 행하여졌음'에 대한 증명의 정도(=합리적인 의심의 여지를 배제할 정도)

형사소송법 제314조가 참고인의 소재불명 등의 경우에 그 참고인이 진술하거나 작성한 진술조서나 진술서에 대하여 증거능력을 인정하는 것은, 형사소송법이 제312조 또는 제313조에서 참고인 진술조서 등 서면증거에 대하여 피고인 또는 변호인의 반대신문권이 보장되는 등 엄격한 요건이 충족될 경우에 한하여 증거능력을 인정할 수 있도록 함으로써 직접심리주의 등 기본원칙에 대한 예외를 인정한 데 대하여 다시 중대한 예외를 인정하여 원진술자 등에 대한 반대신문의 기회조차 없이 증거능력을 부여할 수 있도록 한 것이므로, 그 경우 참고인의 진술 또는 작성이 '특히 신빙할 수 있는 상태하에서 행하여졌음에 대한 증명'은 단지 그러할 개연성이 있다는 정도로는 부족하고 합리적인 의심의 여지를 배제할 정도에 이르러야 한다(대판 2014.4.30. 선고, 2012도725).

형사소송법 제314조의 '특신상태'와 관련된 법리가 형사소송법 제316조 제2항의 '특신상태'에 관한 해석에 그대로 적용되는지 여부(적극)

형사소송법 제314조의 '특신상태'와 관련된 법리는 마찬가지로 원진술자의 소재불명 등을 전제로 하고 있는 형사소송법 제316조 제2항의 '특신상태'에 관한 해석에도 그대로 적용된다(대판 2014.4.30. 선고, 2012도725).

다. 제316조 2항의 예외

피고인 아닌 자의 공판준비 또는 공판기일에서의 진술이 피고인 아닌 타인의 진술을 그 내용으로 하는 것인 때에는 원진술자가 사망·질병, 외국거주, 행방불명 그 밖에 이에 준하는 사유로 인하여 진술할 수 없고, 그 진술이 특히 신빙할 수 있는 상태하에서 행하여졌음이 증명된 때에 한하여 이를 증거로 할 수 있다(동조 2항). 전문법칙의 예외에 대한 전형적인 경우를 규정한 것으로서 필요성과 신용성의 정황적 보장의 증명을 요건으로 한다.

핵심판례

형사소송법 제316조 제2항 소정의 '피고인 아닌 타인'의 의미(=공동피고인이나 공범자를 모두 포함한 제3자)

형사소송법 제316조 제2항에 의하면 피고인 아닌 자의 공판준비 또는 공판기일에서의 진술이 피고인 아닌 타인의 진술을 그 내용으로 하는 것인 때에는 원진술자가 사망, 질병 기타 사유로 인하여 진술할 수 없고 그 진술이 특히 신빙할 수 있는 상태하에서 행하여진 때에 한하여 이를 증거로 할 수 있다고 규정하고 있는데 여기서 말하는 피고인 아닌 자라고 함은 제3자는 말할 것도 없고 공동피고인이나 공범자를 모두 포함한다고 해석된다(대판 2000. 12. 27, 99도5679).

피고인 아닌 자의 공판준비 또는 공판기일에서의 진술 또는 그 진술을 기재한 조서가 피고인 아닌 타인의 진술을 그 내용으로 하는 경우, 증거능력을 인정하기 위한 요건

전문진술이나 전문진술을 기재한 조서는 형사소송법 제310조의2의 규정에 따라 원칙적으로 증거능력이 없고, 다만 전문진술은 형사소송법 제316조 제2항의 규정에 따라 원진술자가 사망, 질병, 외국거주 기타 사유로 인하여 진술할 수 없고 그 진술이 특히 신빙할 수 있는 상태하에서 행하여진 때에 한하여 예외적으로 증거능력이 있으며, 전문진술이 기재된 조서는 형사소송법 제312조 또는 제314조의 규정에 따라 증거능력이 인정될 수 있는 경우에 해당하여야 함은 물론 형사소송법 제316조 제2항의 규정에 따른 요건을 갖추어야 예외적으로 증거능력이 있다(대판 2001. 9. 4, 2001도3081).

재전문진술이나 재전문진술을 기재한 조서의 증거능력 유무

형사소송법은 전문진술에 대하여 제316조에서 실질상 단순한 전문의 형태를 취하는 경우에 한하여 예외적으로 그 증거능력을 인정하는 규정을 두고 있을 뿐, 재전문진술이나 재전문진술을 기재한 조서에 대하여는 달리 그 증거능력을 인정하는 규정을 두고 있지 아니하고 있으므로, 피고인이 증거로 하는 데 동의하지 아니하는 한 형사소송법 제310조의2의 규정에 의하여 이를 증거로 할 수 없다(대판 2000. 3. 10, 2000도159).

피고인 아닌 자의 공판준비 또는 공판기일에서의 진술 또는 그 진술을 기재한 조서가 피고인의 진술을 그 내용으로 하는 경우, 증거능력을 인정하기 위한 요건
피고인 아닌 자의 공판준비 또는 공판기일에서의 진술이 피고인의 진술을 그 내용으로 하는 것인 때에는 형사소송법 제316조 제1항의 규정에 따라 그 진술이 특히 신빙할 수 있는 상태하에서 행하여진 때에 한하여 이를 증거로 할 수 있고, 그 전문진술이 기재된 조서는 형사소송법 제312조 내지 제314조의 규정에 의하여 그 증거능력이 인정될 수 있는 경우에 해당하여야 함은 물론 나아가 형사소송법 제316조 제1항의 규정에 따른 위와 같은 조건을 갖춘 때에 예외적으로 증거능력을 인정하여야 한다(대판 2002. 5. 10, 2002도1187).

9. 진술의 임의성

법 제317조는 "① 피고인 또는 피고인 아닌 자의 진술이 임의로 된 것이 아닌 것은 증거로 할 수 없다. ② 전항의 서류는 그 작성 또는 그 내용인 진술이 임의로 되었다는 것이 증명된 것이 아니면 증거로 할 수 없다. ③ 검증조서의 일부가 피고인 또는 피고인 아닌 자의 진술을 기재한 것인 때에는 그 부분에 한하여 전 2항의 예에 의한다"고 규정하고 있다. 통설은 본조가 진술의 임의성에 대한 법원의 조사의무를 규정한 것이라고 해석한다.

10. 사진의 증거능력

(1) 사진의 성격

사진은 과거에 발생한 역사적 사실을 렌즈에 비친대로 필름 또는 인화지에 기계적으로 재생시킨 증거방법이므로 그 과정에 허위가 개입할 여지가 없다는 점에서 신용성과 증거가치가 높다는 것을 부정할 수 없다. 그러나 사진에 있어서도 피사체의 선정이나 촬영조건은 물론 현상과 인화과정에 인위적인 조작의 가능성이 있기 때문에 오류의 위험성이 있다. 여기서 사진을 비진술증거로 취급할 것인가 또는 진술증거로서 전문법칙이 적용된다고 할 것인가의 문제가 제기되지 않을 수 없다.

(2) 사진의 증거능력

가. 사본으로서의 사진

사진이 본래 증거로 제출되어야 할 자료의 대용물로 제출되는 경우를 말한다. 예컨대 문서의 사본이나 범행에 사용된 흉기의 사진이 여기에 해당한다. 이 경우에는 최량증거의 법칙에 의하여 원본증거를 공판정에 제출할 수 없음이 인정되고, 사진에 사건과의 관련성이 증명된 때에 한하여 증거능력이 인정된다고 할 것이다.

나. 진술의 일부인 사진

사진이 진술증거의 일부로 사용되는 경우, 즉 검증조서나 감정서에 사진이 첨부되는 경우를 말한다. 이 경우에 사진은 진술증거의 일부를 이루는 보조수단에 불과하므로 사진의 증거능력도 진술증거인 검증조서나 감정서와 일체적으로 판단된다. 판례도 사법경찰관이 작성한 검증조사 중 피고인의 범행재연의 영상부분은 피고인에 의하여 재연의 진정함이 인정되고 범행재연이 특히 신빙할 수 있는 상태에서 행하여진 때에는 증거능력이 인정된다고 판시하고 있다(대판 1988. 3. 8, 87도2692).

다. 현장사진

1) 의 의

현장사진이란 범인의 행동에 중점을 두어 범행상황과 그 전후 상황을 촬영한 사진으로서 독립증거로 이용되는 경우를 말한다. 현장녹화인 CCTV에 의한 녹화도 여기에 해당한다고 할 수 있다.

2) 현장사진의 증거능력

현장사진의 증거능력에 관하여는 비진술증거설과 진술증거설이 대립되고 있다.

① 비진술증거설 : 사진의 과학적 특성에 중점을 두어 사진은 렌즈의 체험에 의하여 필름이나 인화지에 남아 있는 과거의 역사적 사실에 대한 흔적이지 사람의 지각에 의한 진술이 아니므로 현장사진은 독립된 비진술증거라고 해석하는 견해이다. 이에 의하면 사진에 대하여는 전문법칙의 적용이 없는 것으로 해석된다.

② 진술증거설(검증조서유추설) : 진술증거가 사람의 관찰·기억·표현을 통하여 사실을 보고하는 것이라면 사진은 기계의 힘에 의하여 사실을 재현하는 것이라는 점에서 양자는 사실의 보고라는 증거의 기능이 동일하므로 사진은 기록된 전문(recorded hearsay)으로 작성과정에 인위적인 수정의 위험이 있으므로 진술증거로

서 전문법칙이 적용된다고 해석하는 견해이다. 이 견해는 사진의 증거능력을 검증조서에 준하여 인정하고 있다(검증조서유추설).

핵심판례

공범으로서 별도로 공소제기된 다른 사건의 피고인 갑에 대한 수사과정에서 검사가 피의자인 갑과 대화하는 내용과 장면을 녹화한 비디오테이프에 대한 법원의 검증조서의 성질(=검사 작성 피의자 신문조서)

공범으로서 별도로 공소제기된 다른 사건의 피고인 갑에 대한 수사과정에서 담당 검사가 피의자인 갑과 그 사건에 관하여 대화하는 내용과 장면을 녹화한 비디오테이프에 대한 법원의 검증조서는 이러한 비디오테이프의 녹화내용이 피의자의 진술을 기재한 피의자 신문조서와 실질적으로 같다고 볼 것이므로 피의자 신문조서에 준하여 그 증거능력을 가려야 한다(대판 1992. 6. 26, 92도682).

사인이 피고인 아닌 사람과의 대화내용을 촬영한 비디오테이프의 증거능력

수사기관이 아닌 사인(私人)이 피고인 아닌 사람과의 대화내용을 촬영한 비디오테이프는 형사소송법 제311조, 제312조의 규정 이외에 피고인 아닌 자의 진술을 기재한 서류와 다를 바 없으므로, 피고인이 그 비디오테이프를 증거로 함에 동의하지 아니하는 이상 그 진술 부분에 대하여 증거능력을 부여하기 위하여는, 첫째 비디오테이프가 원본이거나 원본으로부터 복사한 사본일 경우에는 복사과정에서 편집되는 등 인위적 개작 없이 원본의 내용 그대로 복사된 사본일 것, 둘째 형사소송법 제313조 제1항에 따라 공판준비나 공판기일에서 원진술자의 진술에 의하여 그 비디오테이프에 녹음된 각자의 진술내용이 자신이 진술한 대로 녹음된 것이라는 점이 인정되어야 할 것인 바, 비디오테이프는 촬영대상의 상황과 피촬영자의 동태 및 대화가 녹화된 것으로서, 녹음테이프와는 달리 피촬영자의 동태를 그대로 재현할 수 있기 때문에 비디오테이프의 내용에 인위적인 조작이 가해지지 않은 것이 전제된다면, 비디오테이프에 촬용, 녹음된 내용을 재생기에 의해 시청을 마친 원진술자가 비디오테이프의 피촬영자의 모습과 음성을 확인하고 자신과 동일인이라고 진술한 것은 비디오테이프에 녹음된 진술내용이 자신이 진술한 대로 녹음된 것이라는 취지의 진술을 한 것으로 보아야 한다(대판 2004. 9. 13, 2004도3161).

유아인 피해자들과 상담내용을 촬영한 비디오테이프의 증거능력을 인정한 사례

제1심 법원의 검증조서는 이 사건 비디오테이프에 대하여 실시한 검증의 내용이 피해자들이 진술한 내용과 녹취서에 기재된 내용이 같다는 것이어서 증거자료가 되는 것은 비디오테이프에 녹음된 진술내용이라고 할 것이므로, 피해자들의 진술내용을 증거로 삼기 위해서는 위에서 본 법리에 따른 요건을 충족하여야 할 것인바, ㉠ 제1심 법원에 제출된 이 사건 비디오테이프는 원본을 복사한 사본이지만, 비디오테이프를 촬영한 A가 검증기일에 출석하여 '피해자 한 사람당 1시간 정도씩 촬영한 분량 중 출연자들이 상담하는 놀이방을 드나는 과정과 그 사이 일부를 편집한 것일 뿐 피해자들과 상담자 B 사이의 대화내용에는 상이점이 없다.'고 진술하였고, 이에 피고인의 변호인도 비디오테이프의 제작과정에 대하여 이의가 없다고 진술하고 있으므로, 복사과정에서 편집되는 등의 인위적인 개작 없이 원본의 내용 그대로 복사된 사본이라는 점은 인정된다고 할 것이고, ㉡ 나아가 같은 검증기일에 피해자들과 상담한 B는 비디오테이프를 재생한 내용이 피해자들과 상담한 내용과 동일하고 상이점이 없다고 진술하고, 피해자들도 이 사건 비디오테이프를 모두 시청한 뒤 제1심 재판장으로부터 '화면에 나오는 어린이가 맞느냐.', '그 곳에서 상담 선생님과 이야기를 한 것이 맞느냐.'는 질문에 각자 '예'라고 답하였으므로, 공판준비기일에서 원진술자의 진술에 의하여 그 비디오테이프에 녹음된 각자의 진술내용이 자신들이 진술한 대로 녹음된 것이라는 점이 인정되었다고 할 것이어서, 이 사건 비디오테이프는 그 증거능력이 인정된다고 할 것이다(대판 2004. 9. 13, 2004도3161).

11. 녹음테이프의 증거능력

(1) 녹음테이프의 성격

녹음테이프는 사람의 음성과 기타 음향을 기계적 장치를 통하여 기록하여 재생할 수 있도록 한 것으로서, 기록과 재생능력의 기계적·과학적 정확성이 인간의 지각과 기억능력을 초월할 뿐 아니라 수록된 음성은 살아 있는 음성으로서 법정에 제공된다는 점에서 사진과 함께 높은 증거가치를 가진 과학적 증거방법이라 할 수 있다. 그러나 녹음테이프에 있어서도 녹음자와 편집자의 주관적 의도에 의하여 녹음과 편집이 조작될 위험성이 있다.

(2) 진술녹음의 증거능력의 요건

가. 전문법칙의 적용

녹음테이프에 사람의 진술이 녹음되어 있고 그 진술내용의 진실성이 증명의 대상이 된 때에는 녹음테이프가 진술증거로 사용되는 것이며, 녹음테이프의 재생에 의하여 지각된 사람의 진술내용에 대하여 반대신문이 보장되어 있지 않으므로 전문법칙이 적용된다.

나. 진술녹취서에 준하여 제311조 내지 제315조 적용

진술녹음의 증거능력에 관하여 대법원은 녹음테이프도 진술녹취서에 준하여 증거능력이 인정된다고 판시하고 있다.

즉, 법원이 녹음테이프에 대하여 실시한 검증의 내용이 녹음테이프에 녹음된 전화대화 내용이 녹취서에 기재된 것과 같다는 것에 불과한 경우 증거자료가 되는 것은 여전히 녹음테이프에 녹음된 대화내용임에는 변함이 없으므로, 그와 같은 녹음테이프의 녹음내용이나 검증조서의 기재는 실질적으로 공판준비 또는 공판기일에서의 진술에 대신하여 진술을 기재한 서류와 다를 바 없어서 형사소송법 제311조 내지 제315조에 규정한 것이 아니면 이를 유죄의 증거로 할 수 없다(대판 1996. 10. 15, 96도1669)고 판시하였다.

핵심판례

진술 녹음테이프의 증거능력 인정요건

수사기관이 아닌 사인(私人)이 피고인 아닌 사람과의 대화내용을 녹음한 녹음테이프는 형사소송법 제311조, 제312조 규정 이외의 피고인 아닌 자의 진술을 기재한 서류와 다를 바 없으므로, 피고인이 그 녹음테이프를 증거로 할 수 있음에 동의하지 아니하는 이상 그 증거능력을 부여하기 위하여는 첫째, 녹음테이프가 원본이거나 원본으로부터 복사한 사본일 경우(녹음디스크에 복사할 경우에도 동일하다)에는 복사과정에서 편집되는 등의 인위적 개작 없이 원본의 내용 그대로 복사된 사본일 것, 둘째 형사소송법 제313조 제1항에 따라 공판준비나 공판기일에서 원진술자의 진술에 의하여 그 녹음테이프에 녹음된 각자의 진술내용이 자신이 진술한 대로 녹음된 것이라는 점이 인정되어야 할 것이다(대판 1999. 3. 9, 98도169).

다. 비밀녹음의 증거능력

수사기관이 법령에 의하지 않고 타인의 대화를 감청 내지 비밀녹음한 경우엔 녹음 자체가 위법하므로 증거능력이 없다. 사인이 행한 비밀녹음의 경우에도 증거능력을 인정할 것인가에 관하여는 불법감청된 전기통신 내용의 증거사용을 금지하고 있는 통신비밀보호법 제4조의 규정에 비추어 증거능력을 부정하지 않을 수 없다.

핵심판례

피고인과 공소외인간의 대화를 녹음한 테이프의 증거능력이 있는지 여부(소극)

녹음테이프 검증조서의 기재 중 피고인과 공소외인 간의 대화를 녹음한 부분은 공개되지 아니한 타인간의 대화를 녹음한 것이므로 통신비밀보호법 제14조

제2항 및 제4조의 규정에 의하여 그 증거능력이 없고, 피고인들 간의 전화통화를 녹음한 부분은 피고인의 동의없이 불법감청한 것이므로 위법 제4조에 의하여 그 증거능력이 없다(대판 2001. 10. 9, 2001도3106).

전화 통화 당사자 일방이 상대방 모르게 통화내용을 녹음하는 것이 감청인지 여부(소극)

전기통신에 해당하는 전화통화 당사자의 일방이 상대방 모르게 통화내용을 녹음(채록)하는 것은 여기의 감청에 해당하지 아니한다(대판 2002. 10. 8, 2002도123). 따라서 전화통화 당사자의 일방이 상대방 몰래 통화내용을 녹음하더라도, 대화 당사자 일방이 상대방 모르게 그 대화내용을 녹음한 경우와 마찬가지로 통신비밀보호법 제3조 제1항 위반이 되지 아니한다.

제3자가 전화 통화 당사자 일방의 동의를 받고 그 통화내용을 녹음한 경우 위법인지 여부(적극)

제3자의 경우는 설령 전화통화 당사자 일방의 동의를 받고 그 통화내용을 녹음하였다 하더라도 그 상대방의 동의가 없었던 이상 (중략) 통신비밀보호법 제3조 제1항 위반이 된다고 해석하여야 할 것이다(대판 2002. 10. 8, 2002도123).

사인(私人)이 피고인 아닌 자의 대화내용을 비밀녹음한 녹음테이프 또는 비디오테이프 중 진술부분의 증거능력

㉠ 피고인이 범행 후 피해자에게 전화를 걸어오자 피해자가 증거를 수집하려고 그 전화내용을 녹음한 경우, 그 녹음테이프가 피고인 모르게 녹음된 것이라 하여 이를 위법하게 수집된 증거라고 할 수 없다(대판 1997. 3. 28, 97도240)

㉡ 사인이 피고인 아닌 사람과의 대화내용을 대화 상대방 몰래 녹음하였다고 하더라도 (중략) 그 녹음테이프가 위법하게 수집된 증거로서 증거능력이 없다고 할 수 없으며, 사인이 피고인 아닌 사람과의 대화내용을 상대방 몰래 비디오로 촬영.녹음한 경우에도 그 비디오테이프의 진술부분에 대하여도 위와 마찬가지로 취급하여야 할 것이다(대판 1999. 3. 9, 98도3169).

㉢ 피고인의 동료 교사가 학생들과의 사적인 대화 중에 피고인이 수업시간에 학생들에게 북한을 찬양.고무하는 발언을 하였다는 사실에 대한 학생들의 대화내용을 학생들 모르게 녹음한 녹음테이프에 대하여 실시한 검증의 내용은 녹음테이프에 녹음된 대화의 내용이 검증조서에 첨부된 녹취서에 기재된 내용과 같다는 것에 불과하여 증거자료가 되는 것은 여전히 녹음테이프에 녹음된 대화의 내용이라고 할 것인 바, (중략) 검증조서의 기재 중 학생들의 진술내용을 공소사실을 인정하기 위한 증거자료로 사용하기 위하여서는 형사소송법

제313조 제1항에 따라 공판준비나 공판기일에서 원진술자인 학생들의 진술에 의하여 이 사건 녹음테이프에 녹음된 각자의 진술내용이 자신이 진술한 대로 녹음된 것이라는 점이 인정되어야 한다(대판 1997. 3. 28, 96도2417)

12. 거짓말탐지기 검사결과의 증거능력

(1) 거짓말탐지기의 의의

사람이 거짓말을 할 때에는 정신적·감정적 동요를 일으키게 되고 이에 따라 안색이 변하거나 호흡이나 맥박이 빨라지고 손에 땀이 나거나 입이 마르는 등 생리적 변화와 신체적 반응을 야기하는 것이 보통이다. 거짓말탐지기의 검사결과란 피의자 등의 피검자에 대하여 피의사실과 관계있는 질문을 하여 진술하게 하고 그 때 피검자의 호흡·혈압·맥박·피부전기반사 등에 나타난 생리적 반응을 특별한 과학적 기기인 거짓말탐지기(polygraph)의 검사지에 기록한 후, 이를 관찰·분석하여 피검자의 피의사실에 대한 진술의 허위나 피의사실에 관한 인식의 유무를 판단하는 것을 말한다.

(2) 증거능력의 인정 여부

거짓말탐지기 검사결과의 증거능력을 인정할 것인가에 대하여는 견해가 대립되고 있다.

인격침해 또는 신용성의 결여로 증거능력을 부정하는 부정설과 피검자의 동의 또는 적극적인 요구가 있을 것을 요건으로 증거능력을 인정하는 긍정설이 대립되고 있다.

판례는 "거짓말탐지기의 검사결과에 대하여 증거능력을 인정할 수 있으려면 ① 거짓말을 하면 반드시 일정한 심리상태의 변동이 일어나고, ② 그 심리상태의 변동은 반드시 일정한 생리적 반응을 일으키며, ③ 그 생리적 반응에 의하여 피검사자의 말이 거짓인지의 여부가 정확히 판정될 수 있다는 전제요건이 충족되어야 하며, ④ 특히 생리적 반응에 대한 거짓 여부의 판정은 거짓말탐지기가 위 생리적 반응을 정확히 측정할 수 있는 장치이어야 하고, ⑤ 검사자가 탐지기의 측정내용을 객관성 있고 정확하게 판독할 능력을 갖춘 경우라야 그 정확성을 담보할 수 있어 증거능력을 부여할 것이다"라고 판시하였다(대판 1983. 9. 13, 83도712). 이러한 이유에서 검사결과의 증거능력을 부정하는 것은 대법원의 일관된 판례의 태도라고 할 수 있다.

핵심판례

거짓말탐지기 검사결과의 증거능력 유무(소극)

거짓말탐지기의 검사결과에 대하여 사실적 관련성을 가진 증거로서 증거능력을 인정할 수 있으려면 첫째로, 거짓말을 하면 반드시 일정한 심리상태의 변동이 일어나고 둘째로, 그 심리상태의 변동은 반드시 일정한 생리적 반응을 일으키며 셋째로, 그 생리적 반응에 의하여 피검사자의 말이 거짓인지 아닌지가 정확히 판정될 수 있다는 세 가지 전제요건이 충족되어야 할 것이며, 특히 마지막 생리적 반응에 대한 거짓여부 판정은 거짓말탐지기가 검사에 동의한 피검사자의 생리적 반응을 정확히 측정할 수 있는 장치이어야 하고, 질문사항의 작성과 검사의 기술 및 방법이 합리적이어야 하며, 검사자가 탐지기의 측정내용을 객관성 있고 정확하게 판독할 능력을 갖춘 경우라야만 그 정확성을 확보할 수 있는 것이므로 이상과 같은 여러 가지 요건이 충족되지 않는 한 거짓말탐지기 검사결과에 대하여 형사소송법상 증거능력을 부여할 수는 없다(대판 1986. 11. 25, 85도2208).

거짓말탐지기 검사결과의 증명력

거짓말탐지기의 검사는 그 기구의 성능, 조작기술 등에 있어 신뢰도가 극히 높다고 인정되고 그 검사자가 적격자이며, 검사를 받는 사람이 검사를 받음에 동의하였으며 검사서가 검사자 자신이 실시한 검사의 방법, 경과 및 그 결과를 충실하게 기재하였다는 등의 전제조건이 증거에 의하여 확인되었을 경우에만 형사소송법 제313조 제2항에 의하여 이를 증거로 할 수 있는 것이고, 위와 같은 조건이 모두 충족되어 증거능력이 있는 경우에도 그 검사결과는 검사를 받는 사람의 진술의 신빙성을 가늠하는 정황증거로서의 기능을 하는 데 그치는 것이다(대판 1987. 7. 21, 87도968).

Ⅵ. 당사자의 동의와 증거능력

1. 동의의 의의 및 본질

(1) 동의의 의의

검사와 피고인이 증거로 할 수 있음을 동의한 서류 또는 물건은 진정한 것으로 인정한 때에는 증거로 할 수 있다(법 제318조 1항). 전문법칙에 의하여 증거능력이 없는 서류 또는 물건일지라도 당사자가 동의한 때에는 증거로 할 수 있도록 하여 불필요한 증인신문을 회피하여 재판의 신속과 소송경제에 부합하려는 취지이다.

그러나 형사소송법은 당사자의 타협에 의한 당사자처분권주의를 인정하지 않으므로 당사자의 동의가 있다고 하여 바로 증거능력이 인정되는 것이 아니라 법원이 진정하다고 인정한 때에 한하여 증거로 할 수 있도록 하고 있다. 즉 동의는 증거능력발생의 전제조건에 불과하고 법원의 진정성의 인정에 의하여 비로소 증거능력이 인정된다.

(2) 동의의 본질 및 전문법칙과의 관계

증거로 함에 대한 당사자의 동의는 형식적으로는 증거능력 없는 증거에 대하여 증거능력을 부여하기 위한 당사자의 소송행위라고 할 수 있다. 동의의 본질이 무엇인가에 대하여는 반대신문권의 포기라고 보는 것이 통설·판례의 태도이다.

즉, 형사소송법 제318조 제1항은 전문증거금지의 원칙에 대한 예외로서 반대신문권을 포기하겠다는 피고인의 의사표시에 의하여 서류 또는 물건의 증거능력을 부여하려는 규정이므로 피고인의 의사표시가 위와 같은 내용을 적극적으로 표시하는 것이라고 인정되면 증거동의로서의 효력이 있다 할 것이다.

2. 동의의 주체와 상대방

(1) 동의의 주체 : 검사와 피고인

동의의 주체는 당사자, 즉 검사와 피고인이다. 그러나 일방당사자가 신청한 증거에 대하여는 타방당사자의 동의가 있으면 족하다. 이에 반하여 법원에서 직권으로 수집한 증거에 대하여는 양 당사자의 동의가 있어야 한다.

피고인의 동의가 있는 경우에는 별도로 변호인의 동의를 요하지 않는다. 그러나 변호인에게는 포괄대리인이 인정되고 있으므로 변호인도 동의할 수 있다.

핵심판례

변호인이 증거동의를 할 수 있는지의 여부(=피고인의 명시한 의사에 반하지 않는 한 가능

증거로 함에 대한 동의의 주체는 소송주체인 당사자라 할 것이지만 변호인은 피고인의 명시한 의사에 반하지 아니하는 한 피고인을 대리하여 이를 할 수 있음은 물론이므로 피고인이 증거로 함에 동의하지 아니한다고 명시적인 의사표시를 한 경우 이외에는 변호인은 서류나 물건에 대하여 증거로 함에 동의할 수 있다(대판 1999. 8. 20, 99도2029).

증거동의의 방법

형사재판에 있어서는 유죄의 자료로 쓸 수 있는 서류는 그 진정성립이 인정되거나 피고인과 검사가 증거로 함에 동의해야만 하게 되어 있으며, 이 동의는 법원이 직권으로 증거조사를 할 때에는 양 당사자의 동의가 필요함은 물론이라 하겠으나 당해 서류를 제출한 당사자는 그것을 증거로 함에 동의하고 있음은 명백한 것이므로 상대방이 동의만 얻으면 충분하다(대판 1989. 10. 10, 87도966).

(2) 동의의 상대방 : 법원

동의의 상대방은 법원이다. 동의의 본질은 반대신문권의 포기이며 증거능력 없는 증거에 대하여 증거능력을 부여하는 의사표시이기 때문이다. 따라서 반대당사자, 특히 검사에 대한 증거의 동의는 동의로서의 효력이 없다.

3. 동의의 대상

(1) 서류 또는 물건

가. 의 의

형사소송법은 동의의 대상으로 서류 또는 물건을 규정하고 있다. 그러나 동의가 반대신문권의 포기를 의미하므로 서류 이외에 전문증거가 되는 진술도 동의의 대상에 포함되어야 한다는 점에는 견해가 일치하고 있다.

물건, 즉 증거물이 동의의 대상이 되는가에 대하여는 견해가 대립되고 있으나 증거물은 반대신문과 관계 없는 증거이고 물적 증거의 증거능력에는 전문법칙의 제한이 없으므로 동의의 대상이 되지 않는다고 해석하는 것이 일반적이다.

나. 동의의 대상이 되는 증거

① 사법경찰리가 작성한 진술조서, 압수조서, 검증조서 및 감정서 등
② 사법경찰리가 작성한 피해자에 대한 진술조서나 압수조서
③ 사법경찰관 사무취급이 작성한 피의자 신문조서
④ 사법경찰관 및 검사 작성의 공동피고인에 대한 피의자 신문조서
⑤ 문서(영수증, 영수필통지서, 등기신청서 등)의 사본
⑥ 미군수사관 작성의 진술조서
⑦ 사진

(2) 증거능력이 없는 증거

동의의 대상이 되는 것은 증거능력 없는 증거에 한한다. 이미 증거능력이 인정된 증거, 예컨대 피고인이 성립의 진정을 인정한 검사작성의 피의자신문조서는 동의 여부에 불구하고 증거로 삼을 수 있으므로 동의의 대상이 되지 않는다.

핵심판례

유죄증거에 대한 반대증거도 동의의 대상이 되는지의 여부(소극)
유죄의 자료가 되는 것으로 제출된 증거의 반대증거 서류에 대하여는 그것이 유죄사실을 인정하는 증거가 되는 것이 아닌 이상 반드시 그 진정성립이 증명되지 아니하거나 이를 증거로 함에 있어서의 상대방의 동의가 없다고 하더라도 증거판단의 자료로 할 수 있다(대판 1981. 12. 22, 80도1547).

4. 동의의 시기

동의는 원칙적으로 증거조사 전에 하여야 한다. 동의가 증거능력의 요건이고 증거능력 없는 증거에 대한 증거조사는 허용되지 않기 때문이다. 그러나 증거조사 후에 동의가 있는 때에도 그 하자가 치유되어 증거능력이 소급적으로 인정되고, 이 경우의 사후동의는 변론종결시까지 가능하다고 해야 한다. 동의는 반드시 공판기일에서 할 것을 요하지 않고 공판준비기일에서 하더라도 무방하다.

5. 동의의 방식

동의는 명시적인 것을 요하지 않고 묵시의 동의로 족하다. 즉 동의는 동의임을 명시할 것을 요하지 않고 피고인의 발언태도에 비추어 반대신문권을 포기하였다고 해석할 수 있는 정도이면 족하다.

핵심판례

묵시적 증거동의도 가능한지의 여부(적극)

㉠ 피고인이 신청한 증인의 증언이 피고인 아닌 타인의 진술을 그 내용으로 하는 전문진술이라고 하더라도 피고인이 그 증언에 대하여 '별 이견이 없다'고 진술하였다면 그 증언을 증거로 함에 동의한 것으로 볼 수 있으므로 이는 증거능력이 있다(대판 1983. 9. 27, 83도516).

㉡ 피고인 이외의 자의 진술조서에 대하여 피고인이 '이견이 없다'고 진술하고 있고 또 공판정에서 진술조서의 기재내용과 부합되는 진술을 하였다면 위 증거를 증거로 채용하는 데 동의한 것으로 볼 수 있다(대판 1972. 6. 13, 72도922).

포괄적 증거동의도 가능한지의 여부(적극)

동의의 의사표시의 절차와 방법에 관하여 형사소송법상 어떠한 제한이 있는 것은 아니므로 피고인들의 의사표시가 하나하나의 증거에 대하여 형사소송법상의 증거조사방식을 거쳐 이루어진 것이 아니라 '검사가 제시한 모든 증거에 대하여 증거로 함에 동의한다'는 방식으로 이루어진 것이라 하여 그 효력을 부정할 이유가 되지 못한다 할 것이다(대판 1983. 3. 8, 82도2873).

6. 동의의 의제

(1) 피고인의 불출석

피고인의 출정 없이 증거조사를 할 수 있는 경우에 피고인이 출정하지 아니한 때에는 피고인의 대리인 또는 변호인이 출정한 때를 제외하고 피고인이 증거로 함에 동의한 것으로 간주한다(법 제318조 2항). 피고인이 불출정한 경우에 전문증거의 증거능력을 결정하지 못하여 소송이 지연되는 것을 방지하기 위하여 경미사건에 한하여 동의를 의제하는 것이다.

피고인이 법인인 경우에 대리인이 출석하지 아니한 때(법 제276조 단서)와 경미사건과 공소기각 또는 면소의 재판을 할 것이 명백한 사건에 피고인이 출석하지 아니한 때(법 제277조)가 여기에 해당한다.

핵심판례

필요적 변호사건에서 피고인이 재판장의 허가 없이 퇴정하고 변호인마저 이에 동조하여 퇴정해 버린 경우, 피고인이나 변호인의 재정 없이도 심리판결을 할 수 있는지의 여부(적극) 및 이 경우 증거동의가 간주되는지의 여부(적극)

필요적 변호사건이라 하여도 피고인이 재판거부의 의사를 표시하고 재판장의 허가 없이 퇴정하고 변호인마저 이에 동조하여 퇴정해 버린 것은 모두 피고인 측의 방어권의 남용 내지 변호권의 포기로 볼 수 밖에 없는 것이므로 수소법원으로서는 형사소송법 제330조에 의하여 피고인이나 변호인의 재정 없이도 심리판결 할 수 있다. 이와 같이 피고인과 변호인들이 출석하지 않은 상태에서 증거조사를 할 수 밖에 없는 경우에는 형사소송법 제318조 제2항의 규정상 피고인의 진의와는 관계없이 형사소송법 제318조 제1항의 동의가 있는 것으로 간주하게 되어 있다(대판 1991. 6. 28. 91도865).

(2) 간이공판절차에서의 특칙

간이공판절차의 결정(법 제286조의 2)이 있는 사건의 증거에 관하여는 전문증거에 대하여도 동의가 있는 것으로 간주한다. 다만 검사·피고인 또는 변호인이 증거로 함에 이의가 있는 때에는 그러하지 아니하다(법 제318조의 3).

7. 동의의 효과

(1) 전문증거에 증거능력 부여

당사자가 동의한 서류 또는 물건은 법 제311조 내지 제316조의 요건을 갖추지 않은 때에도 진정성이 인정되면 증거능력이 부여된다.

(2) 동의의 효력이 미치는 범위

가. 물적 범위

동의의 효력은 원칙적으로 동의의 대상으로 특정된 서류 또는 물건의 전체에 미치며, 일부에 대한 동의는 허용되지 않는다. 다만 동의한 서류 또는 물건의 내용이 가분인 때에는 그 일부에 대하여도 동의할 수 있다.

핵심판례

검증조서 중 증거로 함에 동의한 범행상황 부분만을 증거로 채용한 것이 위법한지의 여부(소극)

피고인들이 제1심 법정에서 경찰의 검증조서 가운데 범행부분만 부동의하고 현장상황 부분에 대해서는 모두 증거로 함에 동의하였다면, 위 검증조서 중 범행상황 부분만을 증거로 채용한 제1심 판결에 잘못이 없다(대판 1990. 7. 24. 90도1303).

동의한 서류가 가분일 때 그 일부에 대하여도 동의할 수 있는지 여부(적극)

검사 작성의 피고인 아닌 자에 대한 진술조서에 관하여 피고인이 공판정진술과 배치되는 부분은 부동의한다고 진술한 것은 조서내용의 특정부분에 대하여 증거로 함에 동의한다는 특별한 사정이 있는 때와는 달리 그 조서를 증거로 함에 동의하지 아니한다는 취지로 해석하여야 한다(대판 1984. 10. 10, 84도1552).

나. 인적 범위

피고인이 수인인 경우에 피고인은 각자가 독립하여 반대신문권을 가지므로 동의의 효력은 동의한 피고인에게만 미치고 다른 피고인에게는 미치지 않는다. 따라서 공동피고인 중의 1인이 동의한 경우에도 다른 공동피고인에 대하여는 동의의 효력이 미치지 않는다.

다. 시간적 범위

동의의 효력은 공소절차의 갱신이 있거나 심급을 달리한다고 하여 소멸되지 않는다.

(3) 진정성의 조사

당사자가 증거로 함에 동의한 경우에도 법원이 진정한 것으로 인정한 때에 한하여 증거로 할 수 있다. 여기서 진정성이란 진술서에 서명·날인이 없거나 진술서의 기재내용이 진술과 상이한 경우 또는 진술내용이 진실과 다른 경우와 같이 신용성을 의심스럽게 하는 유형적 상황을 의미한다고 할 수 있다.

8. 동의의 철회

동의는 절차형성행위이므로 절차의 안정성을 해하지 않는 범위에서는 철회가 허용된다.

핵심판례

증거동의의 철회 허용시기(=증거조사 완료 전)

형사소송법 제318조에 규정된 증거동의의 의사표시는 증거조사가 완료되기 전까지 취소 또는 철회할 수 있으나, 일단 증거조사가 완료된 뒤에는 취소 또는 철회가 인정되지 아니하므로 제1심에서 한 증거동의를 제2심에서 취소할 수 없고, 일단 증거조사가 종료된 후에 증거동의의 의사표시를 취소 또는 철회하더라도 취소 또는 철회 이전에 이미 취득한 증거능력이 상실되지 않는다(대판 1999. 8. 20, 99도2029).

Ⅶ. 탄핵증거(증명력을 다투기 위한 증거)

1. 탄핵증거의 의의 및 성질

(1) 탄핵증거의 의의

탄핵증거란 진술의 증명력을 다투기 위한 증거를 말한다. 즉, 전문법칙에 의하여 증거능력이 부정되지만 진술의 증명력을 다투기 위하여 사용되는 증거를 탄핵증거하고 한다. 법 제318조의2 제1항은 "제312조부터 제316조까지의 규정에 따라 증거로 할 수 없는 서류나 진술이라도 공판준비 또는 공판기일에서의 피고인 또는 피고인이 아닌 자(공소제기 전에 피고인을 피의자로 조사하였거나 그 조사에 참여하였던 자를 포함한다.)의 진술의 증명력을 다투기 위하여 증거로 할 수 있다."고 규정하고 있다(2007. 6. 1. 개정)

탄핵증거는 범죄사실을 인정하는 증거가 아니므로 소송법상의 엄격한 증거능력을 요하지 아니하며, 전문법칙에 의하여 증거능력이 없는 전문증거라 하더라도 증거를 사용될 수 있는 것이다.

탄핵증거는 반증과 구별되는데, 반증은 범죄사실 또는 간접사실을 부정하는 사실(반대사실)의 증명에 사용되는 것이므로 증거능력이 있고 적법한 증거조사를 거친 증거임을 요함에 대하여, 탄핵증거에 있어서는 전문법칙이 적용되지 않는다.

핵심판례

탄핵증거도 엄격한 증거능력을 요하는지의 여부(소극)
형사소송법 제318조의2에 규정된 이른바 탄핵증거는 범죄사실을 인정하는 증거가 아니어서 엄격한 증거능력을 요하지 아니하는 것이므로, 이를 유죄증거의 증명력을 다투기 위한 반대증거로 채택함에는 아무런 잘못이 없다(대판 1996. 1. 26, 95도1333).

(2) 탄핵증거의 성질

탄핵증거가 전문법칙의 예외인가 또는 전문법칙의 적용이 없는 경우인가가 문제되는데, 전문법칙의 적용이 없는 경우라고 보는 데 견해가 일치하고 있다.

전문법칙은 원진술자의 진술내용이 주요사실의 증거로 되는 경우에만 적용되는 것임에 반하여 탄핵증거는 증인의 자기모순의 진술을 증거로 하여 증인의 신빙성을 다투는 경우이고, 또 전문법칙의 예외가 되기 위하여는 신용성의 정황적 보장과 필요성이라고 요건이 있어야 하는데 탄핵증거는 그러한 요건을 요하지 않는 경우이므로 전문법칙의 적용이 없는 경우라고 해야 한다.

탄핵증거는 적극적으로 범죄사실의 존부를 증명하기 위한 증거가 아니므로 엄격한 증명이 적용되지 않고, 따라서 전문법칙의 적용이 없는 경우로 보는 것이 통설이다. 그러나 탄핵증거는 증명력을 탄핵하는 증거이지만 실제 재판에 있어서는 범죄사실의 존부에 관한 심증형성에 영향을 줄 수 있다. 그 결과 법관의 심증형성이, 증거능력 있는 증거에 대한 직접조사에 의하여 이루어지지 않고 증거능력 없는 탄핵증거에 의하여 영향을 받게 될 우려도 있는 것이다.

(3) 피고인 또는 피고인 아닌 자의 진술을 내용으로 하는 영상녹화물의 시청

법 제318조의2 제1항에도 불구하고 피고인 또는 피고인이 아닌 자의 진술을 내용으로 하는 영상녹화물은 공판준비 또는 공판기일에 피고인 또는 피고인이 아닌 자가 진술함에 있어서 기억이 명백하지 아니한 사항에 관하여 기억을 환기시켜야 할 필요가 있다고 인정되는 때에 한하여 피고인 또는 피고인이 아닌 자에게 재생하여 신청하게 할 수 있다.

이로써 영상녹화물은 탄핵증거로도 사용할 수 없고, 오로지 법 제312조 제2항 및 제4항에 따라 조서의 실질적 진정성립을 인정하기 위한 자료 또는 법 제318조 제2항에 따라 피고인이나 참고인의 기억환기용으로만 사용할 수 있게 되었다.

2. 탄핵증거의 허용범위

탄핵증거로 할 수 있는 증거의 범위에 대해서는 진술자의 자기모순의 진술, 즉 공판정에서 한 진술과 상이한 공판정 외에서의 진술 또는 진술을 기재한 서류 자체에 한정하는 한정설, 자기모순의 진술에 한하지 않고 증거의 증명력을 다투기 위한 증거로 전문증거가 제한 없이 사용될 수 있다는 비한정설, 자기모순의 진술 이외에 증인의 신빙성에 대한 보조사실을 입증하기 위한 증거도 포함한다는 절충설, 우월한 권한과 조직력을 가진 검사와 피고인을 구별하여 검사는 자기모순의 진술만을, 피고인은 제한 없이 모든 전문증거를 탄핵증거로 제출할 수 있다는 이원설 등으로 나뉘고 있다. 판례가 이원설을 따르고 있다고 해석하는 견해가 있으나, 그 태도가 분명하지는 않은 것으로 보인다.

(1) 한정설

탄핵증거로 제출될 수 있는 증거를 자기모순의 진술, 즉 동일인의 법정에서의 진술과 상이한 법정 외의 진술에 제한하는 견해이다.

한정설은 자기모순의 진술로 증명력을 감쇄하는 경우와 타인의 진술에 의하여 증명력을 다투는 경우에는 질적 차이가 있다는 점을 근거로 한다. 이에 의하면 제318조의 2는 당연히 전문법칙의 적용이 없는 경우를 주의적으로 규정한 것에 불과하다고 한다.

(2) 비한정설

자기모순의 진술에 한하지 않고 또 범죄사실에 관한 것인가 아닌가를 불문하고 증명력을 다투기 위한 증거에는 널리 전문증거를 사용할 수 있다는 견해이다. 이에 의하면 제3자의 진술이 기재된 서면도 탄핵증거로 허용되며, 제318조의 2는 전문법칙의 예외를 규정한 것이라고 이해한다.

(3) 이원설

피고인은 증명력을 다투기 위하여 모든 전문증거를 제출할 수 있으나 검사는 자기모순의 진술만을 제출할 수 있다는 견해이다. 검사는 범죄수사를 위한 막대한 조직과 강제수사권을 가지고 피고인에 비하여 우월한 지위에 있기 때문에 탄핵증거의 범위도 피고인의 이익을 위한 방향으로 해석하여야 한다는 것이다.

(4) 절충설

탄핵증거는 자기모순의 진술일 것을 요하지는 않지만 증인의 신빙성에 대한 순수한 보조사실의 입증을 위한 증거에 제한되어야 한다는 견해이다. 탄핵증거라 함은 증거의 증명력을 감쇄하는 사실을 입증취지로 하는 증거를 말하며 증명력을 감쇄하는 사실은 증인의 신빙성에 관한 순수한 보조사실을 의미하므로 순수한 보조사실(증인의 교양·성격·편견·이해관계)을 입증하기 위한 탄핵증거에는 전문법칙이 적용되지 않지만, 범죄사실에 대한 증거를 탄핵증거로 제출할 수 있다고 하면 주요사실 또는 간접사실이 전문증거에 의하여 입증되는 것과 같은 결과를 초래한다는 점을 이유로 한다.

3. 탄핵의 대상

(1) 피고인의 진술

탄핵의 대상과 관련하여 문제가 되는 것은 우선 피고인의 진술이 탄핵대상이 되는가에 관한 점이다. 이 점에 관하여는 개정법 제318조의2 제1항이 명문으로 피고인의 진술을 탄핵대상으로 규정하고 있으므로 이를 긍정하여야 한다는 적극설과 이를 부정하는 소극설이 대립하고 있다. 소극설은 피고인이 공판정에서 행한 부인진술의 증명력을 증거능력 없는 공판정 외의 자백으로 탄핵하는 것은 자백 편중의 수사관행을 부추길 우려가 있다는 것을 논거로 한다.

(2) 피고인 또는 피고인 아닌 자 등의 진술의 증명력

탄핵의 대상은 공판준비 또는 공판기일에서의 피고인 또는 피고인 아닌 자의 진술의 증명력이다.

여기의 진술에 진술이 기재된 서면도 포함된다. 따라서 공판준비 또는 공판기일에서의 진술뿐만 아니라 공판정 외의 진술도 서면의 형식으로 증거가 된 경우에는 탄핵의 대상이 된다고 해야 한다.

(3) 공소제기전에 피고인을 피의자로 조사한 자 등의 진술의 증명력

공소제기 전에 피고인을 피의자로 조사하였거나 조사에 참여하였던 자의 진술의 증명력도 탄핵의 대상이다(법 제318조의2 제1항).

쟁 점

<수사기관에서의 자백진술을 피고인의 진술을 탄핵하는 증거로 사용할 수 있는지 여부>

피고인이 내용을 부인하여 증거능력이 없는 경찰 피의자신문 조서 등 수사기관에서의 자백진술을 피고인의 진술을 탄핵하는 증거로 사용할 수 있는 가가 문제된다. 이를 긍정하는 견해가 있으나, 피고인의 공판정에서의 진술을 증거능력 없는 공판정 외의 자백으로 탄핵하는 것은 자백편중의 수사관행을 부추길 우려가 있고, 피고인의 진술을 탄핵하더라도 공소사실이 유죄로 되는 것은 아니므로 별 실익이 없다는 이유를 들어 이를 허용하여서는 아니 된다는 부정설도 유력하다.

그런데 개정 형사소송법 제318조의2 제1항은 탄핵증거로 다툴 수 있는 것은 "피고인 또는 피고인이 아닌 자의 진술의 증명력"이라고 규정하고 있고, 증명력이라 함은 어떤 사실을 입증할 수 있는 증거의 실질적 가치를 말한다. 피고인의 단순한 부인 진술이나 묵비의 경우에는 가사 피고인의 수사기관에서의 자백진술이 있었다고 하더라도 그 진술로 탄핵할 대상이 없기 때문에 이를 탄핵증거로 제출할 수는 없다. 따라서 설령 긍정설을 따른다고 하더라도 알리바이의 진술 등 새로운 사실을 적극적으로 주장하는 경우에 한하여 그 증명력을 다투기 위한 탄핵증거가 허용된다고 보아야 할 것이다.

종래 법원은 증거능력의 유무에도 불구하고 모든 수사기록을 제한 없이 제출받아 보관하였고, 이러한 상황에서는 증거능력이 없는 수사기록 역시 가감 없이 법원에 제출될 수밖에 없었다. 그 과정에서 제1회 공판기일 이전에 이미 법원은 증거능력이 없는 서류에 관한 검토를 마친 상태에서 공판을 진행하여 왔고, 증거조사절차는 형식적으로 이루어지거나 축약되어 이루어지는 경우가 적지 않았다. 수사기록의 증거능력 문제 역시 형식적인 자백의 배제나 보강증거의 배제의 의미가 있는 정도에 불과하였다. 대부분의 사건에서 증거능력이 없는 증거도 이미 기록에 편철되어 있었고, 실제로 공판정에서 탄핵증거로 제출되었는지 여부는 별다른 의미를 가지지 못하였다. 따라서 피고인 또는 변호인이 경찰에서의 피의자신문조서에 대하여 별다른 생각 없이 임의성은 인정한 후 내용 만을 부인하는 형태로 의견을 진술하는 관행이 있어 왔다.

그러나 증거분리제출제도 하에서 증거능력이 없는 증거는 법원에 현출될 수 없으므로, 탄핵증거로 제출될 수 있는 증거의 범위를 확정함에 있어서는 좀 더 엄격한 기준을 적용할 필요가 있다. 따라서 피고인의 수사기관에서의 자백진술을 탄핵증거로 받아들일 수 있다는 견해를 취하더라도 종전과 같은 의견 진술의 관행에서 벗어나 그 조서가 탄핵증거로 제출될 수 있다는 사정을 알려 주고, 임의성 여부에 관하여 적극적으로 석명하는 한편, 임의성에 다툼이 있는 경우 검사로 하여금 임의성에 관하여 입증을 하도록 하여야 할 것이다(대판 2005. 8. 19, 2005도2617 참조).

또한, 증거분리제출제도 하에서는 증거능력이 있는 증거만을 채택하고 증거조사를 실시하여야 하므로, 탄핵증거로 명시하지 않는다면 그 증거를 제출받아서는 안된다. 탄핵 증거를 신청함에 있어서도 상대방에게 이에 대한 공격방어의 수단을 강구할 기회를 사전에 부여하여야 하는 것이므로 당해 증거와 증명하고자 하는 사실과의 관계 및 입증취지를 명백히 하여 증거조사를 신청하여야 하고, 증명력을 다투고자 하는 증거의 어느 부분에 의하여 진술의 어느 부분을 다투려고 한다는 것을 사전에 상대방에게 알려야 한다(대판 2005. 8. 19, 2005도2617 참조).

4. 증거로 할 수 있는 범위

(1) 입증취지와의 관계

형사소송법 제318조의 2에 의하여 증거로 할 수 있는 것은 진술의 증명력을 다투기 위하여 인정되는 것이고, 그 증거를 범죄사실 또는 간접사실의 인정증거로 허용할 수는 없다.

핵심판례

탄핵증거를 범죄사실 또는 간접사실을 인정하기 위한 증거로 사용할 수 있는지의 여부(소극)

탄핵증거는 진술의 증명력을 감쇄하기 위하여 인정되는 것이고 범죄사실 또는 그 간접사실의 인정의 증거로서는 허용되지 않는다(대판 1996. 9. 16, 95도2945).

(2) 성립의 진정의 요부

탄핵증거로 제출된 진술기재서류는 성립의 진정이 인정될 것을 요하는가가 서명 또는 날인이 없는 서류를 탄핵증거로 제출할 수 있는가와 관련하여 문제된다. 대법원은 일관하여 탄핵증거에 관하여는 성립의 진정이 인정될 것을 요하지 않는다고 하고 있다.

핵심판례

탄핵증거도 성립의 진정을 요하는지의 여부(소극)

유죄의 자료가 되는 것으로 제출된 증거의 반대증거인 서류 및 진술에 대하여는 그것이 유죄사실을 인정하는 증거가 아니므로 그 진정성립이 증명되지 아니하거나 전문증거로서 상대방이 증거로 함에 동의를 한 바 없었다고 하여도 증명력을 다투기 위한 자료로 삼을 수 있다(1981. 12. 8, 81도370).

피고인이 내용을 부인하여 증거능력이 없는 사법경찰리 작성의 피의자 신문조서 등을 탄핵증거로 사용할 수 있는지의 여부(적극)

사법경찰리 작성의 피고인에 대한 피의자 신문조서와 피고인이 작성한 자술서들은 모두 검사가 유죄의 자료로 제출한 증거들로서 피고인이 각 내용을 부인하는 이상 증거능력이 없으나, 그러한 증거라 하더라도 그것이 임의로 작성된 것이 아니라고 의심할 만한 사정이 없는 한 피고인의 법정에서의 진술을 탄핵하기 위한 반대증거로 사용할 수 있다(대판 1998. 2. 27, 97도1770).

(3) 임의성 없는 자백을 탄핵증거로 사용할 수 있는지 여부

임의성 없는 자백이나 진술을 탄핵증거로 사용할 수 있는가가 문제된다. 자백배제법칙에 위반한 임의성 없는 자백이나 진술은 탄핵증거로도 허용되지 않는다. 자백배제법칙은 헌법상의 원칙으로서 절대적 효력을 유지해야 하기 때문이다. 또한, 진술의 임의성이 인정되지 아니하여 증거능력이 없는 진술이나 서류도 탄핵증거로 사용할 수 없다. 법 제318조의2 제1항도 서류 및 진술의 임의성을 규정한 개정 형사소송법 제317조를 그 대상으로 규정하고 있지 않다.

5. 탄핵증거의 조사방법

증거능력 없는 전문증거도 탄핵증거로 사용된다는 점을 고려하면 공판정에서의 조사는 필요하여도 정규의 증거조사의 절차와 방식을 요하는 것은 아니라고 해석하는 것이 통설이다.

탄핵증거는 범죄사실을 인정하는 증거가 아니므로 엄격한 증거조사를 거쳐야 할 필요가 없음은 법 제318조의2 제1항의 규정에 따라 명백하지만, 법정에서 이에 대한 탄핵증거로서의 증거조사는 필요하다. 따라서 법원은 당사자로 하여금 제출하는 서류가 탄핵증거인지 여부를 명백히 하도록 한 다음, 탄핵증거로 제출하는 경우에는 그것이 반드시 필요한 증거인지를 심사한 후 필요하다고 인정할 경우에는 이를 탄핵증거로 채택할 수 있다. 증거조사의 필요가 없다고 판단될 경우에는 당해 탄핵증거의 신청을 기각할 수 있음은 물론이다. 탄핵증거로 채택하여 증거조사를 실시할 경우, 상당하다고 인정되는 방법으로 증거조사를 실시할 수 있다. 구체적으로는 증거신청인으로 하여금 상대방에게 탄핵증거로 제출하고자 하는 부분을 특정하여 지시·설명한 후 이를 제시하고 그 내용을 낭독하거나 내용을 고지하는 등의 방법으로 이루어질 수 있을 것이다.

핵심판례

탄핵증거도 엄격한 증거조사를 거쳐야 하는지의 여부(소극)

탄핵증거는 범죄사실을 인정하는 증거가 아니므로 엄격한 증거조사를 거쳐야 할 필요가 없음은 형사소송법 제318조의2의 규정에 따라 명백하다고 할 것이나, 법정에서 이에 대한 탄핵증거로서의 증거조사는 필요하다(대판 1998. 2. 27, 97도1770).

Ⅷ. 자백의 보강법칙

1. 자백의 보강법칙의 의의 및 적용범위

(1) 의 의

형사소송법 제310조는 "피고인의 자백이 그 피고인에게 불이익한 유일의 증거인 때에는 이를 유죄의 증거로 하지 못한다"고 규정하여 자백의 보강법칙을 선언하고 있다. 헌법 또한 자백의 보강법칙을 헌법상의 원칙으로 삼아 제12조 7항에서 "정식재판에 있어서 피고인의 자백이 그에게 불리한 유일한 증거인 때에는 이를 유죄의 증거로 삼거나 이를 이유로 처벌할 수 없다"고 규정하고 있다.

자백의 보강법칙이란 피고인이 임의로 한 증거능력과 신용성이 있는 자백에 의하여 법관이 유죄의 심증을 얻었다 할지라도 보강증거가 없으면 유죄로 인정할 수 없다는 원칙을 말한다. 여기서 보강증거는 피고인의 자백의 진실성을 확인하는 독립된 증거를 뜻한다고 할 수 있다.

(2) 적용범위

자백의 보강법칙은 일반 형사소송절차에서 적용된다. 형사사건인 이상 간이공판절차는 물론 약식명령절차에 있어서도 자백의 보강법칙이 적용된다.

헌법 제12조 7항의 정식재판이란 이런 의미에서의 형사사건을 의미한다고 볼 수 있다. 따라서 즉결심판에 관한 절차법의 적용을 받는 즉결심판과 소년법의 적용을 받는 소년보호사건에는 보강법칙이 적용되지 않으므로, 자백만으로 사실을 인정하여도 위법이 아니다.

핵심판례

소년보호사건에 있어서 자백만으로 유죄를 인정할 수 있는지의 여부(적극)
형사소송절차가 아닌 소년보호사건에 있어서는 비행사실의 일부에 관하여 자백 이외의 다른 증거가 없다 하더라도 법령적용의 착오나 소송절차의 법령위반이 있다고 할 수 없다(대결 1982. 10. 15, 82모36).

2. 보강을 요하는 자백

(1) 피고인의 자백

보강법칙은 피고인의 자백에 대하여 적용된다. 증인의 증언이나 참고인의 진술에는 보강증거를 필요로 하지 않는다. 피고인의 자백이란 반드시 피고인이 피고인의 지위에서 한 자백에 한하지 않는다. 피의자의 지위에서 수사기관에 대하여 한 자백이나 참고인 또는 증인으로서 한 자백도 그가 후에 피고인이 되었을 때에는 피고인의 자백이 된다. 수사기관 이외의 사인에 대하여 한 자백도 포함된다. 구두에 의한 자백뿐만 아니라 서면에 기재된 진술서나 일기장·수첩·비망록 등도 포함한다.

쟁 점

<보강증거가 있으면 임의성 없는 자백도 유죄의 증거로 할 수 있는지 여부>

자백의 보강법칙은 증거능력 있는 자백을 전제로 한다. 따라서 임의성 없는 자백은 보강증거가 있다고 하여도 유죄의 증거가 될 수 없다. 보강법칙이 적용되기 위하여는 자백에 증거능력이 있어야 할 뿐만 아니라 자백의 신용성(증명력)도 긍정되어야 한다. 자백의 신용성은 특히 피고인이 수사기관에서 자백하였으나 공판정에서 부인하거나, 원심에서 자백하였으나 상소심에서 부인하는 경우 또는 자백과 부인을 반복하는 경우에 문제된다. 자백의 신용성 판단은 법관의 자유심증에 맡겨지지만 그 판단은 객관적 합리성을 가지지 않으면 안 된다. 자백의 신용성을 판단함에 있어서는 ㉠ 자백의 내용이 객관적으로 합리성을 띠고 있는가, ㉡ 자백의 동기나 이유 및 자백에 이르게 된 경위는 무엇인가, ㉢ 자백 이외의 정황증거 중 자백과 저촉되거나 모순되는 것이 없는가 등이 기준된다(대판 1985. 2. 26, 82도2413).

핵심판례

간접증거를 모두 종합하더라도 공소사실을 인정하기 부족하다는 이유로 무죄를 선고한 원심의 판단을 수긍한 사례

공소사실을 인정할 수 있는 직접증거가 없고, 공소사실을 뒷받침할 수 있는 가장 중요한 간접증거의 증명력이 환송 뒤 원심에서 새로 현출된 증거에 의하여 크게 줄어들었으며, 그 밖에 나머지 간접증거를 모두 종합하여 보더라도 공소사실을 뒷받침할 수 있는 증명력이 부족한 경우, 피고인의 진술에 신빙성이 부족하다는 점을 더하여 보아도 제출된 증거만으로는 합리적인 의심의 여지없이 공소사실을 유죄로 판단할 수 없다 하여 무죄를 선고한 원심의 판단을 수긍한 사례(대판원 2003.2.26., 선고, 2001도1314).

(2) 공판정의 자백

공판정에서의 피고인의 자백에도 보강법칙이 적용되는가가 문제된다. 판례는 형사소송법 제310조의 자백은 공판정의 자백과 공판정 외의 자백을 불문한다고 판시하고 있다.

(3) 공범자의 자백

피고인의 자백에 공범자의 자백이 포함되어 공범자의 자백이 있는 때에도 보강증거가 있어야 유죄로 인정할 수 있는가에 대하여는 견해가 대립되고 있다.

이에 관해서는 ① 공범자의 자백을 피고인의 자백에 포함시켜 공범자의 자백에도 보강증거가 있어야 한다고 해석하는 긍정설, ② 공범자의 자백을 피고인의 자백이라고 할 수 없으므로 공범자의 자백에 대하여는 보강증거를 요하지 않는다고 해석하는 부정설, ③ 공동피고인인 공범자의 자백에는 보강증거가 필요하지 아니하나 공동피고인이 아닌 공범자의 자백에는 보강증거가 필요하다고 해석하는 절충설이 대립한다. 판례는 일관하여 공범자의 자백에는 보강증거를 요하지 않는다고 한다.

핵심판례

형사소송법 제310조 소정의 '피고인의 자백'에 공범인 공동피고인의 자백이 포함되는지의 여부(소극)

형사소송법 제310조의 피고인의 자백에는 공범인 공동피고인의 진술이 포함되지 아니하므로 공범인 공동피고인의 진술은 다른 공동피고인에 대한 범죄사실을 인정하는 데 있어서 증거로 쓸 수 있고 그에 대한 보강증거의 여부는 법관의 자유심증에 맡긴다(대판 1985. 3. 9, 85도951).

공범인 공동피고인의 진술의 증거능력

형사소송법 제310조의 피고인의 자백에는 공범인 공동피고인의 진술은 포함되지 않으며, 이러한 공동피고인의 진술에 대하여는 피고인의 반대신문권이 보장되어 있어 독립한 증거능력이 있다(대판 1992.7.28., 선고, 92도917).

3. 보강증거의 능력(성질)

어떤 증거가 자백에 대한 보강증거로 될 수 있는가를 보강증거의 능력 또는 보강증거의 성질에 관한 문제라고 할 수 있다. 보강증거도 증거능력 있는 증거일 것을 요하므로 증거능력에 대한 제한이 보강증거에 대하여 적용된다는 점에는 의문이 없다. 따라서 전문증거는 전문법칙의 예외가 되는 경우를 제외하고는 보강증거로 될 수 없다.

(1) 독립증거

자백을 보강하는 증거는 자백과는 독립된 증거여야 한다. 따라서 피고인의 자백은 보강증거가 될 수 없다. 피고인의 자백이 분리된 독립의 것이든 또 언제 이루어진 것이든 불문한다. 따라서 피고인의 공판정에서의 자백을 공판정 외의 자백, 즉 수사기관에서의 자백에 의하여 보강하는 것은 허용되지 않으며, 자백은 아무리 반복되더라도 피고인의 자백만 있는 경우에 해당한다. 자백 이외의 증거능력이 있는 증거인 이상 인증이든 물증이든 증거서류이든 묻지 않고 보강증거가 될 수 있다.

보강증거는 증거가치에 있어서 자백과 독립된 증거어야 하므로 자백의 내용이 서면화되었거나(조사·진술서) 소송서류화된 경우(공판조서)는 물론, 피고인의 자백을 내용으로 하는 피고인이 아닌 자의 진술도 보강증거가 될 수 없다.

핵심판례

자백을 자백으로 보강할 수 있는지의 여부(소극)

㉠ 피고인의 자백이 그에게 불리한 유일한 증거인 때에는 그 자백이 공판정에서의 자백이든 피의자로서의 조사관에 대한 진술이든 그 자백의 증거능력이 제한되어 있고 그 어느 것이나 독립하여 유죄의 증거가 될 수 없으므로 위 자백을 아무리 합쳐 보더라도 그것만으로는 유죄의 판결을 할 수 없다(대판 1966. 7. 26, 10. 31, 66도634)

㉡ 제1심 공판정에서의 자백을 기재한 조서가 항소심 공판정에서의 피고인의 자백에 대한 보강증거로 될 수는 없다(대판 1960. 10. 31, 4293형상376).

㉢ 피고인이 범행을 자인하는 것을 들었다는 피고인 아닌 자의 진술내용은 형사소송법 제310조의 피고인의 자백에는 포함되지 아니하고, 피고인의 자백의 보강증거도 될 수 없다(대판 1981. 7. 7, 81도1314).

피고인의 자백을 내용으로 하는, 피고인 아닌 자의 진술이 보강증거가 될 수 있는지 여부(소극)

피고인이 범행을 자인하는 것을 들었다는 피고인 아닌 자의 진술내용은 형사소송법 제310조의 피고인의 자백에는 포함되지 아니하나 이는 피고인의 자백의 보강증거로 될 수 없다(대판 2008.2.14., 선고, 2007도10937).

(2) 정황증거

자백에 대한 보강증거는 반드시 직접 범죄사실을 증명하는 직접증거에 한하지 않고 간접증거 내지 정황증거로도 족하다.

따라서 ① 피고인이 위조신분증을 제시·행사하였다고 자백하고 있는 때에 그 신분증의 현존은 자백을 보강하는 간접증거가 되며(대판 1983. 2. 22, 82도3107), ② 피고인이 간통사실을 자백하는 경우에 그 범행일시경에 피고인의 가출과 외박이 잦아 의심을 하게 되었다는 취지의 피고인의 남편에 대한 진술조서기재는 자백에 대한 보강증거가 되는 정황증거이다(대판 1983. 5. 10, 83도686).

핵심판례

정황증거를 자백의 보강증거로 삼을 수 없다고 한 사례

㉠ 소변검사 결과는 1995. 1. 17. 투약행위로 인한 것일 뿐 그 이전의 4회에 걸친 투약행위와는 무관하고, 압수된 약물도 이전의 투약행위에 사용되고 남은 것이 아니므로, 위 소변검사 결과와 압수된 약물은 결국 피고인이 투약습성이 있다는 점에 관한 정황증거에 불과하다 할 것인바, (중략) 이러한 정황증거만으로 향정신성의약품관리법 위반죄의 객관적 구성요건인 각 투약행위가 있었다는 점에 관한 보강증거로 삼을 수는 없다(대판 1996. 2. 13, 95도1794).

㉡ 검사가 보강증거로서 제출한 증거의 내용이 피고인과 공소외 갑이 현대자동차 춘천영업소를 점거했다가 갑이 처벌받았다는 것이고, 피고인의 자백내용은 현대자동차 점거로 갑이 처벌받은 것은 학교측의 제보 때문이라 하여 피고인이 그 보복으로 학교총장실을 침입, 점거했다는 것이라면, 위 증거는 공소사실의 객관적 부분인 주거침입, 점거 사실과는 관련이 없는 범행의 침입동기에 관한 정황증거에 지나지 않으므로 (중략) 위 증거는 자백에 대한 보강증거가 될 수 없다(대판 1990. 12. 7, 90도2010).

(3) 공범자의 자백

공범자의 자백이 보강증거가 될 수 있느냐의 문제는 보강을 요하는 자백에 공범자의 자백이 포함되느냐와 관련되는 문제이다. 피고인의 자백에는 공범자의 자백이 포함되지 않는다는 부정설에 의하면 공범자의 자백은 독립된 증거가 되므로 당연히 보강증거로 될 수 있다. 이에 반하여 공범자의 자백을 피고인의 자백이라고 해석하는 견해에 의하면 공범자의 자백은 보강증거가 될 수 없다.

판례는 일관하여 공범자의 자백이나 공범자인 공동피고인의 자백은 보강증거가 될 수 있다고 판시하고 있다. 즉 판례는 "형사소송법 제310조의 피고인의 자백에는 공범인 공동피고인의 진술이 포함되지 아니하므로 공범인 공동피고인의 진술은 다른 공동피고인에 대한 범죄사실을 인정하는 데 있어서 증거로 쓸 수 있다"고 하였다(대판 1986. 10. 28, 86도173).

핵심판례

공동피고인의 자백이 보강증거가 될 수 있는지의 여부(적극)

㉠ 공범인 공동피고인의 진술은 다른 공동피고인에 대한 범죄사실을 인정하는 증거로 할 수 있는 것일 뿐만 아니라 공범인 공동피고인들의 각 진술은 상호간에 서로 보강증거가 될 수 있다(대판 1990. 10. 30, 90도1939).

㉡ 공동피고인 중의 한 사람이 자백하였고 피고인 역시 자백했다면 다른 공동피고인 중의 한 사람이 부인한다 하여도 위 공동피고인 중 한 사람의 자백은 피고인의 자백에 대한 보강증거가 된다(대판 1968. 3. 19, 68도43).

(4) 보강증거가 될 수 있는 구체적 사례

가. 메스암페타민 성분이 검출된 소변검사 결과

2000. 10. 19. 채취한 소변에 대한 검사결과 메스암페타민 성분이 검출된 경우, 위 소변검사결과는 2000. 10. 17. 메스암페타민을 투약하였다는 자백에 대한 보강증거가 될 수 있음은 물론 같은 달 13. 메스암페타민을 투약하였다는 자백에 대한 보강증거도 될 수 있다(대판 2002. 1. 8, 2001도1897).

나. 압수된 피해품의 현존사실

압수된 피해품의 현존사실은 자백의 보강증거가 될 수 있다(대판 1985. 6. 25, 85도848).

다. 피고인이 간통사실을 자인하는 것을 들었다는 등의 피고인의 남편에 대한 진술조서의 기재

피고인이 간통사실을 자인하는 것을 들었고 공소사실 기재의 간통범행 일시경에 피고인의 가출과 외박이 잦아 의심을 하게 되었다는 취지의 피고인의 남편에 대한 진술조서 기재는 피고인의 간통사실 자백에 대한 보강증거가 될 수 있다(대판 1983. 5. 10, 83도686).

라. 차량등록증에 차량의 소유자가 피고인으로 등록·기재된 것

자동차등록증에 차량의 소유자가 피고인으로 등록 · 기재된 것이 피고인이 그 차량을 운전하였다는 사실의 자백 부분에 대한 보강증거가 될 수 있고, 결과적으로 피고인의 무면허운전이라는 전체 범죄사실의 보강증거로 충분하다(대판 2000. 9. 26, 2000도2365).

마. 상대방으로부터 받은 명함의 현존

국가보안법상 회합죄를 피고인이 자백하는 경우 회합 당시 상대방으로부터 받았다는 명함의 현존은 보강증거로 될 수 있다(대판 1985. 6. 25, 85도848).

바. 건축공사를 하도급 받도록 알선하는 행위 등

뇌물수수자가 무자격자인 뇌물공여자로 하여금 건축공사를 하도급받도록 알선하고 그 하도급계약을 승인 받을 수 있도록 하였으며 공사와 관련된 각종의 편의를 제공한 사실을 인정할 수 있는 증거들이 뇌물공여자의 자백에 대한 보강증거가 될 수 있다(대판 1998. 12. 22, 90도741).

사. 제시행사한 위조신분증의 현존

피고인이 위조신분증을 제시행사한 사실을 자백하고 있고, 위 제시행사한 신분증이 현존한다면 그 자백이 임의성이 없는 것이 아닌 한 위 신분증은 피고인의 위 자백사실의 진실성을 인정할 간접증거가 된다고 보아야 한다(대판 1983. 2. 22, 82도3107).

핵심판례

보강증거가 될 수 없다고 한 사례

㉠ 성남시 태평동 자기집 앞에 세워둔 봉고화물차 1대를 도난당하였다는 공소외인의 진술은 피고인이 위 차를 타고 그 무렵 충주까지 가서 소매치기 범행을 하였다고 자백하고 있는 경우, 위 피고인의 자백이 그 차량을 범행의 수단, 방법으로 사용하였다는 취지가 아니고 피고인이 범행장소인 충주까지 가기 위한 교통수단으로 이용하였다는 취지에 불과하여 위 소매치기 범행과는 직접적으로나 간접적으로 아무런 관계가 없어 이는 위 피고인의 자백에 대한 보강증거가 될 수 없다(대판 1986. 7. 25, 85도2656).

㉡ 피고인이 1968. 11.경 군청직원에게 20,000원을 뇌물로 교부한 사실을 자백하였다 하더라도 피고인에게 같은 해 9.경 20,000원을 장사자금으로 대여한 바 있다는 증인의 증언은 위 자백에 대한 보강증거가 될 수 없다(대판 1970. 1. 27, 69도2200).

4. 자백에 대하여 보강증거를 필요로 하는 범위

보강증거가 어느 범위까지 자백을 보강해야 하는가가 문제된다.

(1) 학 설

가. 죄체설

죄체에 대하여 보강증거가 필요하다는 견해이다. 여기서 죄체란 객관적 범죄구성사실을 의미하고, 죄체의 전부 또는 중요부분에 대하여 보강증거가 필요하다고 한다.

나. 진실성 담보설

죄체에 대하여 보강증거가 있음을 요하지 않고 자백에 대한 보강증거는 자백의 진실성을 담보하는 정도면 족하다는 견해이다. 실질설이라고도 하며, 우리나라의 다수설·판례의 태도이다.

핵심판례

자백에 대한 보강증거의 정도(='진실성 담보성실')

㉠ 자백에 대한 보강증거는 범죄사실의 전부 또는 중요부분을 인정할 수 있는 정도가 되지 아니하더라도 피고인의 자백이 가공적인 것이 아닌 진실한 것임을 인정할 수 있는 정도만 되면 족할 뿐만 아니라 직접증거가 아닌 간접증거나 정황증거도 보강증거가 될 수 있으며, 또한 자백과 보강증거가 서로 어울려서 전체로서 범죄사실을 인정할 수 있으면 유죄의 증거로 충분하다(대판 2003. 1. 8, 2001도1897).

㉡ 보강증거는 그 증거만으로써 객관적 구성요건에 해당하는 사실을 인정할 수 있는 정도의 것임을 요하지 않는다(대판 1969. 8. 19, 69도945).

(2) 보강증거의 요부가 문제되는 경우

다음과 같은 경우에 보강증거가 있어야 하는가가 문제된다.

가. 범죄의 주관적 요소

고의나 목적과 같은 범죄의 주관적 요소에 대하여는 보강증거를 요하지 않는다는 점에 견해가 일치하고 있다. 판례도 "범의는 피고인의 자백만으로 인정할 수 있다"고 판시하고 있다(대판 1961. 8. 16, 4294형상171).

나. 범죄구성요건사실 이외의 사실

처벌조건인 사실 또는 전과에 관한 사실은 엄격한 의미에서의 범죄사실과는 구별되는 것이므로 피고인의 자백에 의하여 인정하면 족하며, 보강증거를 필요로 하지 않는다.

판례도 전과에 관한 사실은 피고인의 자백만으로도 인정할 수 있다고 판시하였다.(대판 1981. 6. 9, 81도1353).

핵심판례

확정판결의 존부를 피고인의 자백만으로 인정할 수 있는지 여부(적극)
확정판결은 엄격한 의미의 범죄사실과는 구별되는 것이어서 피고인의 자백만으로써도 그 존부를 인정할 수 있다(대판 1983. 8. 23, 83도820).

다. 포괄일죄

포괄일죄란 수개의 행위가 1개의 구성요건에 해당하여 1죄를 구성하는 경우 또는 수개의 행위·결과가 포괄되어 1죄로 평가되는 경우를 말한다. 예컨대 공무원이 직무사항의 알선에 관하여 교제비 명목으로 3개월여 동안 3회 걸쳐 합계 4백 5십만원을 받은 경우는 뇌물수수죄의 포괄일죄에 해당한다(대판 1990. 6. 26, 90도466).

포괄일죄의 경우에는 포괄성 내지 집합성을 인정할 수 있는 범위에서 보강증거가 있으면 족하다는 견해와 각 범죄에 대하여 보강증거를 요한다는 견해가 대립된다. 판례는 후자의 견해를 취하여 피고인의 습벽을 범죄구성요건으로 하며 포괄일죄인 상습범에 있어서도 이를 구성하는 각 행위에 관하여 개별적으로 보강증거가 필요하다(대판 1996. 2. 13, 95도1794)고 하였다.

핵심판례

포괄일죄의 경우 각 행위에 대하여 보강증거를 요하는지의 여부(적극)
원심판결이 유지한 제1심 판결은 피고인에 대한 상습절도의 일부로서 피고인이 공소외 갑과 합동하여 피해자 A 및 B 손수레 각 1대와 피해자 C의 마늘 90접을 절취한 사실을 인정하였다. (중략) 위 사실에 대한 증거로서는 피고인의 자백이 유일한 것이라고 할 것인데 보강증거 없이 피고인의 자백만에 의하여는 유죄로 단정할 수 없음은 또한 형사소송법 제310조에 명정된 바이니, 위 사실에 대한 유죄의 단정은 법령에 위배된 처사라 아니할 수 없고 이의 위법은 본 피고사건을 다른 절도범행과 상습일죄로 단죄한 제1심 판결 결과에 영향을 미쳤음이 분명한 바, 이를 간과하여 제1심 판결을 유지하고 피고인의 항소를 기각한 원심판결은 또한 위법하다고 할 것이므로 이 점에서 논지이유 있어 원심판결은(감호사건 포함) 파기를 면할 수 없다(대판 1983. 7. 26, 83도1448, 83감도266).

Ⅸ. 공판조서의 증명력

1. 공판조서의 절대적 증명력

(1) 의 의

공판조서란 공판기일의 소송절차를 기재한 조서를 말한다.

공판기일의 소송절차로서 공판조서에 기재된 것은 그 조서만으로써 증명한다(법 제56조). 공판조서만으로써 증명한다는 것은 공판조서 이외의 자료에 의한 반증을 허용하지 않고 공판조서에 기재된 대로 인정한다는 것을 의미한다. 이와 같이 공판조서에 대하여 절대적 증명력을 인정한 것은 자유심증주의에 대한 예외가 된다.

핵심판례

공판조서의 증명력(=명백한 오기인 경우를 제외하고는 절대적 증명력을 가짐)
공판조서의 기재가 명백한 오기인 경우를 제외하고는 공판기일의 소송절차로서 공판조서에 기재된 것은 조서만으로써 증명하여야 하고, 그 증명력은 공판조서 이외의 자료에 의한 반증이 허용되지 않는 절대적인 것이다(대판 2003.10.10, 2003도3282).

(2) 공판조서의 절대적 증명력의 전제조건

공판조서의 배타적 증명력은 공판조서의 기재의 정확성이 보장될 것을 전제로 한다. 형사소송법은 공판조서의 정확성을 담보하기 위하여 공판조서는 공판에 참여한 법원사무관 등이 작성하고 법원사무관 등의 기명날인 또는 서명 이외에 재판장이 기명날인 또는 서명하여 정확성을 인증하도록 하고 있다(법 제53조). 변호인과 피고인 또는 피고인의 법정대리인·배우자·직계존속·직계친족·형제자매 등에게 공판조서를 열람·등사할 수 있게 하고(법 제35조), 공판기일에 있어서는 전회의 공판심리에 관한 주요사항의 요지를 조서에 의하여 고지하게 하고, 검사·피고인·변호인에게 공판조서에 대한 이의신청을 인정하고 있는 것은(법 제54조) 모두 공판조서의 정확성을 보장하기 위한 것이다.

핵심판례

당해 공판기일에 열석하지 아니한 판사가 재판장으로서 서명.날인한 공판조서의 효력(무효)
공판조서에 서명.날인할 재판장은 당해 공판기일에 열석한 재판장이어야 하므로 당해 공판기일에 열석하지 아니한 판사가 재판장으로서 서명.날인한 공판조서는 적식의 공판조서라고 할 수 없어 이와 같은 공판조서는 소송법상 무효라 할 것이므로 공판기일에 있어서의 소송절차를 증명할 공판조서로서의 증명력이 없다(대판 1983. 2. 8, 82도2940).

2. 증명력이 인정되는 범위

(1) 공판기일의 소송절차

공판조서의 배타적 증명력은 공판기일의 소송절차로서 공판조서에 기재된 것에 한하여 미친다.

가. 공판기일의 절차

공판조서만에 의하여 증명할 수 있는 것은 공판기일의 절차에 한한다. 따라서 소송절차라 할지라도 공판기일에서의 소송절차가 아닌 것, 예컨대 공판기일 외에서의 증인신문 또는 검증에 대하여는 공판조서의 배타적 증명력이 인정되지 않는다.

나 소송절차

공판기일의 절차라 할지라도 소송절차에 대하여만 배타적 증명력이 인정된다. 예컨대 판결선고일이 언제인가 또는 판결선고가 있었는가, 피고인에게 증거조사결과에 대한 의견을 묻고 증거조사를 신청할 수 있음을 고지하고 최종의견진술의 기회를 주었는가와 같은 소송절차에 관한 사실은 공판조서에 의하여 증명되지만, 출석한 변호인에게 변호사의 자격이 있는가는 증명력의 대상이 아니다.

진술내용과 같은 실체면에 관한 사항에 관해서는 공판조서에 기재되어 있다 하더라도 다른 증거에 의하여 다툴 수 있다. 진술 자체는 소송절차가 아니기 때문이다.

소송절차에 관한 것인 이상 소송절차의 적법성뿐만 아니라 그 존부도 배타적 증명력의 대상이 된다.

(2) 공판조서에 기재된 소송절차

공판조서의 배타적 증명력은 공판조서에 기재된 소송절차에 대하여만 인정된다. 따라서 공판기일의 중요한 소송절차에 관한 것이라 할지라도 공판조서에 기재되지 않은 사항에 대하여는 다른 자료에 의하여 증명할 수 있다.

공판조서에 기재된 사항이라 할지라도 기재가 불명확하거나 모순이 있는 경우에는 공판조서의 배타적 증명력이 인정되지 않는다. 공판조서의 기재에 명백한 오기가 있는 경우에도 올바른 내용에 따라 판단할 수 있다. 판례는 검사 제출의 증거에 관하여 동의 또는 진정성립 여부 등에 관한 피고인의 의견이 증거목록이 기재된 경우에는 그 증거목록에 기재는 공판조서의 일부로서 명백한 오기가 아닌 이상 절대적인 증명력을 가지게 된다고 하였다(대판 1998. 12. 22, 98도2890).

핵심판례

소송절차에 관한 사실의 증명방법

피고인에게 증거조사 결과에 대한 의견을 묻고 증거조사를 신청할 수 있음을 고지하였을 뿐만 아니라 최종의견진술의 기회를 주었는지 여부와 같은 소송절차에 관한 사실은 공판조서에 기재된 대로 공판절차가 진행된 것으로 증명되고 다른 자료에 의한 반증은 허용되지 않는다(대판 1990. 2. 27, 89도2304).

공판조서의 기재에 명백한 오기가 있는 경우 그 공판조서의 증명력 여부

형사소송법 제56조는 공판기일의 소송절차로서 공판조서에 기재된 것은 그 조서만으로써 증명한다고 규정하고 있으므로 소송절차에 관한 사실은 공판조서에 기재된 대로 공판절차가 진행된 것으로 증명되고 다른 자료에 의한 반증은 허용되지 아니하나, 공판조서의 기재가 소송기록상 명백한 오기인 경우에는 공판조서는 그 올바른 내용에 따라 증명력을 가진다(대판 1995. 4. 14, 95도110).

공판조서에 누락된 경우 그 소송절차의 부존재가 추정되는지의 여부(소극)

공판조서에 피고인에 대하여 인정신문을 한 기재가 없다 하여도 같은 조서에 피고인이 공판기일에 출석하여 공소사실신문에 대하여 이를 시정하고 있는 기재가 있으니 인정신문이 있었던 사실이 추정된다 할 것이고 다만 조서의 기재에 이 점에 관한 누락이 있었을 따름인 것이 인정된다(대판 1972. 12. 26, 72도2421).

기재내용이 다른 공판조서에 대한 증명력

동일한 사항에 관하여 두 개의 서로 다른 내용이 기재된 공판조서가 병존하는 경우 양자는 동일한 증명력을 가지는 것으로서 그 증명력에 우열이 있을 수 없다고 보아야 할 것이므로 그 중 어느 쪽이 진실한 것으로 볼 것인지는 공판조서의 증명력을 판단하는 문제로서 법관의 자유로운 심증에 따를 수 밖에 없다(대판 1988. 11. 8, 86도1646).

제3장 재 판

Ⅰ. 기본개념

1. 재판의 의의

(1) 협의의 재판

협의로는 피고사건의 실체에 대한 법원의 공권적 판단, 즉 유죄와 무죄에 대한 실체적 종국재판을 의미한다.

(2) 광의의 재판

소송법적 의미에 있어서 재판이란 널리 법원 또는 법관의 법률행위적 소송행위를 총칭하는 것이다. 법원 또는 법관의 소송행위라는 점에서 검사 또는 사법경찰관의 소송행위와 구별되고, 법률행위적 소송행위라는 점에서 증거조사나 재판의 선고와 같은 사실행위적 소송행위와 구별된다.

2. 재판의 종류

(1) 판결 · 결정 · 명령 : 재판의 형식에 의한 분류

가. 판 결

1) 의 의

판결은 종국재판의 원칙적 형식이며, 가장 중요하다.

판결은 원칙적으로 구두변론에 의하여야 하고(제37조 1항), 이유를 명시하여야 하며(법 제39조), 판결에 대한 상소방법은 항소 또는 상고이다. 재심과 비상상고는 판결에 대하여만 할 수 있다.

2) 판결의 종류

① 실체재판 : 유죄·무죄의 판결

② 형식재판 : 관할위반·공소기각 및 면소의 판결

실체재판은 모두 판결이나 형식재판에는 판결 이외에 결정인 경우(공소기각의 결정)도 있다

나. 결 정

결정은 종국 전의 재판의 원칙적 형식이며, 절차에 관한 재판은 원칙적으로 결정에 의한다. 보석허가결정(법 제96조), 증거신청에 대한 결정(법 제295조) 또는 공소장변경의 허가(법 제298조)가 여기에 해당한다. 다만 종국재판도 결정에 의할 수 있다(공소기각의 결정). 결정은 구두변론을 요하지 않으나(법 제37조 2항) 필요한 경우에는 사실을 조사할 수 있고(동조 3항), 상소를 불허하는 결정을 제외하고는 결정에도 이유를 명시하여야 한다(법 제39조). 결정에 대한 상소는 항고에 의한다.

다. 명 령

명령은 법원이 아니라 법관이 하는 재판을 말한다. 즉, 재판장·수명법관·수탁판사로서 법관이 하는 재판을 말한다. 명령은 모두 종국 전의 재판이다. 명령도 결정의 경우처럼 구두변론을 요하지 않고 사실조사를 할 수 있다. 명령에 대한 일반적인 상소방법은 없다. 다만 특수한 경우에 이의신청(예컨대 법 제304조) 또는 준항고(법 제416조)가 허용된다. 형사소송법에 명령이라고 규정하지 않은 경우에도 재판장 또는 법관 1인이 하는 재판은 모두 명령에 해당한다. 그러나 약식명령은 명령이 아니라 독립된 형식의 재판이다.

(2) 종국재판과 종국 전의 재판 : 재판의 기능에 의한 분류

가. 종국재판

종국재판이란 소송을 그 심급에서 종결시키는 재판을 말한다. 유죄·무죄의 재판과 관할위반·공소기각·면소의 재판이 여기에 해당한다. 상소심에서의 파기자판·상소기각의 재판과 파기환송과 파기이송의 판결도 종국재판에 속한다. 종국재판에는 법적 안정성의 원리가 적용되므로 재판을 한 법원이 취소 또는 변경할 수 없다. 종국재판에는 원칙적으로 상소가 허용된다.

나. 종국 전의 재판

종국재판에 이르기까지의 절차에 관한 재판을 종국 전의 재판 또는 중간재판이라고 한다. 종국재판 이외의 결정과 명령이 여기에 해당한다. 종국 전의 재판에는 합목적성의 원리가 지배되므로 그 재판을 한 법원이 취소·변경할 수 있다. 종국 전의 재판에는 원칙적으로 상소가 허용되지 않는다.

(3) 실체재판과 형식재판

가. 실체재판

실체재판이란 본안재판이라고도 하는데, 사건의 실체, 즉 실체적 법률관계를 판단하는 재판을 말한다. 유죄판결과 무죄판결이 여기에 해당한다. 실체재판은 모두 종국재판이며 판결의 형식에 의한다.

나. 형식재판

형식재판이란 사건의 실체에 관하여 심리하지 않고 절차적·형식적 법률관계를 판단하는 재판을 말한다. 종국 전의 판결은 모두 형식재판이며 종국재판 가운데 관할위반·공소기각 및 면소의 재판은 형식재판에 해당한다.

3. 재판의 성립

(1) 내부적 성립

가. 의 의

재판의 내부적 성립이란 당해 사건의 심리에 관여한 재판기관 내부에서 재판의 의사표시적 내용이 결정되는 것을 말한다. 재판의 내부적 성립이 있으면 그 후 법관이 경질되어도 공판절차를 갱신할 필요가 없다. 심리에 관여하지 않은 법관이 재판의 내부적 성립에 관여하는 것은 허용되지 않고, 심리에 관여하지 않은 판사가 내부적 성립에 관여한 때에는 절대적 항소이유가 된다(법 제361조의5 제8호).

핵심판례

심리에 참여하지 않은 법관이 재판에 관여하는 것이 위법인지 여부(적극)
심리에 관여하지 아니한 재판관이 재판에 관여함은 형사소송에 있어서의 기본 원칙인 직접심리주의에 위배될 뿐만 아니라 판결법원의 구성이 법률에 위반한 것이라 할 것이다(대판 1963. 7. 25, 63도73).

나. 재판의 내부적 성립시기

1) 합의부의 재판

합의부의 재판은 그 구성원인 법관의 합의에 의하여 내부적으로 성립한다. 재판의 합의는 과반수로 결정하며(법원조직법 제66조 1항), 합의에 관하여 의견이 3개 이상의 설(說)로 나뉘어 각각 과반수에 이르지 못할 때에는 과반수에 달하기까지 피고인에게 가장 불리한 의견의 수에 순차 유리한 의견을 가하여 그 중 가장 유리한 의견에 의한다(동조 2항 2호). 재판의 합의는 공개하지 아니한다(동법 제65조). 다만 대법원의 재판서에는 합의에 관여한 대법관의 의견을 표시하여야 한다(동법 제15조).

2) 단독판사의 재판

단독판사가 하는 재판에는 합의의 단계가 없으므로 재판서의 작성시에 내부적으로 성립한다고 해야 한다. 다만 재판서의 작성이 없는 재판에 있어서는 재판의 고지 내지 선고에 의하여 내부적·외부적 성립이 동시에 있다고 해야 한다.

(2) 재판의 외부적 성립

가. 의 의

재판의 의사표시적 내용이 재판을 받는 자에게 인식될 수 있는 상태에 이른 것을 재판의 외부적 성립이라고 한다. 따라서 재판은 선고 또는 고지에 의하여 외부적으로 성립하여 공표된다.

선고란 공판정에서 재판의 내용을 구술로 선언하는 행위이고, 고지란 선고 외의 적당한 방법으로 재판내용을 관계인에게 알려주는 행위이다.

나. 선고와 고지의 방식

1) 판결 선고기일(법 제318조의4)

① 판결의 선고는 변론을 종결한 기일에 하여야 한다. 다만 특별한 사정이 있는 때에는 따로 선고기일을 지정할 수 있고, 이 경우 선고기일은 변론종결 후 14일 이내로 지정되어야 한다(법 제318조의2 제1항 · 제3항).

② 변론을 종결한 기일에 판결을 선고하는 경우에는 판결의 선고 후에 판결서를 작성할 수 있다(동조 제2항). 형사소송규칙은 변론을 종결한 기일에 판결을 선고하는 경우에는 선고 후 5일 내에 판결서를 작성하여야 한다고 규정하고 있다(규 제146조).

2) 선고의 방식

재판의 선고 또는 고지는 공판정에서는 재판서에 의하여야 하고 기타의 경우에는 재판서의 등본의 송달 또는 다른 적당한 방법으로 하여야 한다. 다만 법률에 다른 규정이 있는 때에는 예외로 한다(법 제42조).

재판의 선고 또는 고지는 재판장이 한다. 판결을 선고함에는 주문을 낭독하고 이유의 요지를 설명하여야 한다(법 제43조). 재판장은 판결을 선고함에 있어서 피고인에게 적절한 훈계를 할 수 있다(규 제147조). 유죄판결을 선고할 때에는 상소기간, 상소방법 및 상소장을 제출할 법원을 알려준다(법 제324조).

재판의 선고와 고지는 이미 내부적으로 성립한 재판을 대외적으로 공표하는 행위에 불과하다. 따라서 이는 반드시 재판의 내부적 성립에 관여한 법관에 의하여 행하여질 것을 요하지 않는다. 재판이 내부적으로 성립한 이상 내부적 성립에 관여하지 않은 판사가 재판을 선고하여도 재판의 외부적 성립에는 영향이 없다.

다. 재판의 구속력

종국재판이 외부적으로 성립한 때에는 법적 안정성의 요청에 의하여 그 재판을 한 재판기관도 여기에 구속되어 철회하거나 변경할 수 없다. 이를 재판의 구속력이라고 한다. 그러나 종국 전의 재판에 있어서는 합목적성의 원리에 의하여 철회와 변경이 널리 인정된다.

핵심판례

재판서등본을 모사전송의 방법으로 송부하는 것이 재판의 '고지'에 해당하는지 여부 및 그 재판고지의 효력발생 시점

재판서 등본을 모사전송의 방법으로 송부하는 것은 형사소송법 제42조에서 정한 재판을 고지하는 '다른 적당한 방법'에 해당한다 할 것이며, 한편 재판을 받는 자가 그 재판의 내용을 알 수 있는 상태에 이른 경우라면 현실적으로 재판의 내용을 알았는지 여부에 관계없이 그 재판이 고지되었다고 보아야 할 것이므로, (중략) 재판서 등본이 모사전송의 방법으로 구치소장에게 송부된 때 그 재판이 고지되었다고 보아야 한다(대결 2004. 8. 12, 2004모208).

구속된 피고인이 형사소송규칙 제148조에 따른 판결서등본 송부를 받지 못한 경우 판결에 영향을 미친 절차위반 사유인지 여부(소극)

형사소송규칙 제148조에서 법원은 구속된 피고인에 대하여 판결을 선고한 때에는 선고일로부터 14일 이내에 피고인에게 그 판결서 등본을 송부하여야 한다고 규정하고 있으나, 이는 구속된 피고인에 대하여 권리보호의 편의를 제공하기 위한 취지에 지나지 아니하는 것이므로, 피고인이 제1심의 판결서 등본을 송부받지 못하였다는 논지는 판결에 영향을 미친 절차 위반의 사유가 될 수 없다(대판 1996. 2. 9, 95도2832).

4. 재판의 구성

재판은 주문과 이유로 구성된다.

(1) 주 문

주문은 재판의 대상이 된 사실에 대한 최종적 결론을 말한다. 형의 선고를 하는 판결의 경우에는 구체적인 선고형이 주문의 내용을 이룬다. 형의 집행유예, 미결구금일수의 산입, 노역장유치기간, 재산형의 가납명령 및 소송비용의 부담도 주문에 기재된다. 형을 선고하는 판결의 주문은 판결의 집행과 전과기록의 기초가 된다.

(2) 이 유

재판에는 이유를 명시하여야 한다. 다만 상소를 불허하는 결정 또는 명령은 예외로 한다(법 제39조). 재판에 이유를 명시하도록 한 것은 재판의 공정성을 담보하고, 상소권자에게 상소제기의 여부에 대한 정당한 판단을 할 수 있게 하고, 상소심이 판결의 당부를 심사할 기초를 마련하며, 기판력의 범위를 명백히 하고, 집행기관에 수형자의 처우에 대한 기준을 제공한다는 점에 그 이유가 있다.

5. 재판의 방식

(1) 재판서의 작성 및 기재사항

가. 재판서의 작성

재판을 할 때에는 재판서를 작성하여야 한다. 다만 결정 또는 명령을 고지하는 경우에는 재판서를 작성하지 아니하고 조서에만 기재하여 할 수 있다(법 제38조).

나. 재판서의 기재사항

재판서에는 법률에 다른 규정이 없으면 재판을 받는 자의 성명·연령·직업과 주거를 기재하여야 하고, 재판을 받는 자가 법인인 때에는 그 명칭과 사무소를 기재하여야 하며, 판결서에는 공판에 관여한 검사의 관직·성명과 변호인의 성명을 기재하여야 한다(법 제40조). 재판서에는 재판한 법관이 서명·날인하여야 한다. 재판장이 서명·날인할 수 없는 때에는 다른 법관이 그 사유를 부기하고 서명·날인하여야 하며, 다른 법관이 서명·날인할 수 없는 때에는 재판장이 그 사유를 부기하고 서명·날인하여야 한다(법 제41조).

(2) 재판서 등의 교부청구

피고인 기타 소송관계인은 비용을 납입하고 재판서 또는 재판을 기재한 조서의 등본 또는 초본의 교부를 청구할 수 있다(법 제45조). 재판서 또는 재판을 기재한 조서의 등본 또는 초본은 원본에 의하여 작성하여야 한다. 다만 부득이한 경우에는 등본에 의하여 작성할 수 있다(법 제46조).

Ⅱ. 종국재판

1. 종국재판의 의의

종국재판이란 피고사건에 대한 당해 소송을 그 심급에서 종결시키는 재판을 말한다. 종국재판은 원칙적으로 공판기일에서 심리와 변론을 거쳐 행하여진다. 다만 공소기각의 결정은 결정이므로 구두변론에 의할 필요가 없다.

종국재판 ┌ 실체재판 : 유죄판결 · 무죄판결
　　　　 └ 형식재판 : 관할위반의 판결, 공소기각의 판결 · 결정, 면소판결

2. 유죄판결

(1) 의 의

유죄판결이란 피고사건의 실체에 관하여 범죄의 증명이 있는 때에 선고하는 실체재판을 말한다. 여기에는 형의 선고의 판결과 형의 면제와 선고유예의 판결이 포함된다. 피고사건에 대하여 형의 면제 또는 선고유예를 하는 때에도 판결로써 선고하여야 한다(법 제322조).

여기서 피고사건이란 공소범죄사실과 이에 대응하는 적용법조를 말하고, 범죄의 증명이 있는 때란 공판정에서 조사한 적법한 증거에 의하여 법관이 범죄사실의 존재에 대하여 확신을 얻는 것을 말한다.

형의 집행유예, 판결 전 구금의 산입일수, 노역장유치기간 및 가납명령도 형의 선고와 동시에 판결로써 선고하여야 한다(법 제321조 2항, 제334조).

(2) 유죄판결에 명시할 이유

형의 선고를 하는 때에는 판결이유에 범죄될 사실, 증거의 요지와 법령의 적용을 명시하여야 한다. 법률상 범죄의 성립을 조각하는 이유 또는 형의 가중 · 감면의 이유되는 사실의 진술이 있은 때에는 이에 대한 판단을 명시하여야 한다(법 제323조 제1항). 이에 위반하면 이유에 모순이 있는 때에 해당하여 절대적 항소이유가 된다.

가. 범죄될 사실

범죄될 사실이란 특정한 구성요건에 해당하는 위법하고 유책한 구체적 사실을 말한다. 범죄될 사실은 공소사실과 동일성이 인정되고 실체법의 적용을 수긍함에 족할 정도로 구성요건에 해당하는 구체적 사실을 기재할 것을 요한다.

1) 구성요건해당사실

구성요건에 해당하는 구체적 사실은 범죄될 사실이다. 그러므로 구성요건의 요소가 되는 행위의 주체와 객체, 행위의 결과 및 인과관계는 범죄될 사실에 해당한다.

고의와 과실도 범죄사실에 해당한다. 다만 고의는 객관적 구성요건요소의 존재에 의하여 인정되는 것이므로 특히 이를 명시할 것을 요하지 않는다. 그러나 구성요건에 해당하는 사실만으로 고의가 인정되지 않을 때에는 고의도 명시하여야 한다. 과실범에 있어서는 주의의무 발생의 전제인 구체적 상황, 주의의무의 내용, 주의의무 위반의 구체적 행위 등을 명시하지 않으면 안 된다.

구성요건의 수정형식인 미수·예비·공범 등에 해당하는 경우는 물론 실행의 착수에 해당하는 사실, 장애미수와 중지미수의 구별도 명시하여야 한다. 공범에 관하여는 공동정범과 교사범 및 방조범을 명확히 하여야 한다.

핵심판례

유죄판결을 선고하면서 판결이유에 명시하여야 할 내용 중 하나를 전부 누락한 경우 파기사유인지 여부(적극)

형사소송법 제323조 제1항에 따르면 유죄판결의 판결이유에는 범죄사실, 증거의 요지와 법령의 적용을 명시하여야 하므로, 유죄판결을 선고하면서 판결이유에 이 중 어느 하나를 전부 누락한 경우에는 형사소송법 제383조 제1호에 정한 판결에 영향을 미친 법률위반으로서 파기사유가 된다(대판 2009.6.25. 선고, 2009도3505).

핵심판례

피고인이 법정에서 "공소사실은 모두 사실과 다름없다."고 하면서 술에 만취되어 기억이 없다는 취지로 진술한 경우

피고인이 법정에서 "공소사실은 모두 사실과 다름없다."고 하면서 술에 만취되어 기억이 없다는 취지로 진술한 경우에, 피고인이 음주상태로 운전하다가 교통사고를 내었고, 또한, 사고 후에 도주까지 하였다고 하더라도 피고인이 술에 만취되어 사고 사실을 몰랐다고 범의를 부인함과 동시에 그 범행 당시 심신상실 또는 심신미약의 상태에 있었다는 주장으로서 형사소송법 제323조 제2항에 정하여진 법률상 범죄의 성립을 조각하거나 형의 감면의 이유가 되는 사실의 진술에 해당하므로 피고인은 적어도 공소사실을 부인하거나 심신상실의 책임조각사유를 주장하고 있는 것으로 볼 여지가 충분하므로 간이공판절차에 의하여 심판할 대상에 해당하지 아니한다고 한 사례(대판 2004.7.9. 선고, 2004도2116).

2) 위법성과 책임

구성요건해당성은 위법성과 책임을 징표하므로 구성요건에 해당하는 때에는 위법성과 책임은 사실상 추정되어 특별한 판단을 요하지 않는다.

3) 처벌조건

처벌조건인 사실은 구성요건해당사실은 아니나 형벌권의 존부를 좌우하는 범죄될 사실이므로 이를 명시하여야 한다.

4) 형의 가중・감면사유

결과적 가중범과 같이 중한 결과가 이미 구성요건요소로 되어 있는 때에는 그것이 범죄사실에 포함된다. 누범의 전과와 같은 법률상 형의 가중사유나 법률상 형의 감면사유도 판결이유에 명시하여야 한다. 단순한 양형사유인 정상에 관한 사실은 명시할 필요가 없다(대판 1969. 11. 18, 69도1782).

5) 유죄판결 이유 중 범죄될 사실의 적시 정도

유죄판결의 이유에 기재하는 범죄될 사실은 범죄사실이 특정되고 사건의 동일성을 인식할 수 있을 정도로만 기재하면 된다.

나. 증거의 요지

1) 의 의

증거의 요지란 범죄될 사실을 인정하는 자료가 된 증거의 요지를 말한다. 판결이유에 증거의 요지를 기재할 것을 요구하는 것은 법관의 사실인정(자유심증)의 합리성을 담보하고, 당사자를 설득케 하며 상소심의 심사에 대한 편의를 제공하는 데 있다.

2) 증거설시를 요하는 범위

증거의 요지를 적시할 것을 요하는 것은 범죄사실의 내용을 이루는 사실에 제한된다. 따라서 유죄판결의 증거는 범죄사실을 증명할 적극적 증거를 적시하면 족하고, 범죄사실 인정에 배치되는 소극적 증거까지 거시하여 판단할 필요는 없다.

피고인이 알리바이를 내세우는 증거에 대하여도 증거판단을 요하지 않는다(대판 1982. 6. 8, 81도1519).

3) 증거설시의 정도

일정한 범죄사실의 내용과 적시된 증거의 요지를 대조하여 어떤 증거에 의하여 어떤 범죄사실을 인정하였는가를 알아볼 수 있을 정도로 기재하면 족하다고 할 것이다.

판례도 판결에 범죄사실에 대한 증거를 설시함에 있어 어느 증거의 어느 부분에 의하여 어느 범죄사실을 인정한다고 구체적으로 설시하지 아니하였다 하더라도 그 적시한 증거들에 의하여 판시 범죄사실을 인정할 수 있으면 이를 위법한 증거설시라 고 할 수 없다고 하였다.

적시한 증거는 적법한 증거조사를 거친 증거능력 있는 증거에 한한다. 그러나 이러한 증거를 적시하면 족하며, 증거가 적법한 이유를 설명할 것은 요하지 않는다. 증거에 의하여 사실을 인정한 이유나 증거를 취사한 이유도 설명할 필요는 없다. 공소사실에 부합하는 증거를 배척하는 경우에도 그 이유를 설명해야 하는 것도 아니다 (대판 1986. 10. 14, 86도1606).

핵심판례

유죄판결 이유에 명시할 증거설시의 정도

'증거의 요지'는 어느 증거의 어느 부분에 의하여 범죄사실을 인정하였냐 하는 이유 설명까지 할 필요는 없지만 적어도 어떤 증거에 의하여 어떤 범죄사실을 인정하였는가를 알아볼 정도로 증거의 중요부분을 표시하여야 한다(대판 2000. 3. 10, 99도5312).

다. 법령의 적용

법령의 적용이란 인정된 범죄사실에 대하여 실체형벌법규를 적용하는 것을 말한다. 법령의 적용도 어떤 범죄사실에 대하여 어떤 법령을 적용하였는가를 객관적으로 알 수 있도록 분명하게 기재할 것을 요한다. 형법각칙의 각 본조와 처벌에 관한 규정을 명시해야 하지만, 각 본조의 항을 기재하지 않았다고 하여 그것만으로 위법하다고 할 수 없다(대판 1971. 8. 21, 71도1334). 형법총칙의 규정도 형사책임의 기초를 명백히 하기 위하여 중요한 의미를 가진 규정인 누범·심신장애 등의 형의 가중·감면사유와 경합범·상상적 경합에 관한 규정, 중지미수·불능미수와 공범에 관한 규정도 원칙적으로 표시할 것을 요한다.

라. 당사자의 주장에 대한 판단

법률상 범죄의 성립을 조각하는 이유 또는 형의 가중·감면의 이유되는 사실의 진술이 있은 때에는 이에 대한 판단을 명시하여야 한다(법 제323조 2항).

당사의 주장에 대한 판단을 명시할 것을 요구하는 이유는 법원이 당사자의 주장을 무시하지 않고 명백히 판단하였음을 표시하는 당사자주의의 표현일 뿐 아니라, 이에 의하여 재판의 객관적 공정성을 담보하는데 그 취지가 있다.

1) 법률상 범죄의 성립을 조각하는 이유되는 사실의 주장

① 의 의

법률상 범죄의 성립을 조각하는 이유되는 사실이란 범죄구성요건 이외의 사실로서 법률상 범죄의 성립을 조각하는 이유되는 사실을 말한다. 위법성조각사유와 책임조각사유가 여기에 해당된다. 범죄사실의 부인은 형사소송법 제323조 제2항에서 말하는 범죄의 성립을 조각하는 사실의 주장에 해당되지 아니한다(대판 1987. 12. 8, 87도2068).

② 당사자 주장에 대한 판단을 판결이유에 명시해야 하는 사례

㉠ 정당방위로서 취해진 행위였다는 사실상의 주장이 있음에도 이에 대한 판단을 명시하지 아니함은 위법이다(대판 1970. 9. 17, 70도1431).

㉡ 범행 당시 술에 만취하였기 때문에 전혀 기억이 없다는 취지의 진술은 범행 당시 심신상실 또는 심신미약의 상태에 있었다는 주장으로서 형사소송법 제323조 제2항 소정의 법률상 범죄의 성립을 조각하거나 형의 감면의 이유가 되는 사실의 진술에 해당한다(대판 1990. 2. 13, 89도2364).

㉢ 취중에 밀은 기억밖에 없다는 진술도 형의 감면의 이유되는 사실을 진술한 것으로 풀이하여야 한다(대판 1977. 9. 28, 77도2450).

㉣ 피고인이 남편의 추궁과 폭행을 모면하기 위하여 발설하였다가 남편의 강요에 의하여 무고행위로까지 발전된 것이라고 주장하고 있음에도 이에 대한 판단을 하지 아니한 원심판결에는 판단유탈의 위법이 있다(대판 1994. 9. 9, 94도1436).

핵심판례

자수감경 주장에 대한 판단을 하지 않은 것이 위법인지 여부(소극)

피고인이 자수하였다 하더라도 자수한 자에 대하여는 법원이 임의로 형을 감경할 수 있음에 불과한 것으로서 원심이 자수감을 하지 아니하였다거나 자수감경 주장에 대하여 판단을 하지 아니하였다 하여 위법하다고 할 수 없다(대판 2001. 4. 24, 2001도872).

범죄의 성립을 조각하는 이유나 형의 감면이유의 주장에 해당하지 않는 사례

㉠ 피고인들의 행위는 뇌물수수죄가 아니라 공갈죄를 구성하는 것이라거나 뇌물공여죄는 성립되지 않고 공갈죄의 피해자에 불과하다는 주장은, (중략) 법률상 범죄의 성립을 조각하는 이유나 형의 감면이유에 해당하는 사실의 주장이 아니다(대판 1994. 12. 22, 94도2528).

㉡ 법률의 착오를 주장하는 경우에도 그 착오가 사실의 착오를 가져오게 하지 아니한 이상 범죄의 성립을 조각할 바 아니므로, 위와 같은 주장은 범죄의 성립을 조각하는 사실의 진술에 해당하지 않는다(대판 1965. 11. 23, 65도876).

피고인의 범죄행위가 강요된 행위라고 주장한 경우 이에 대한 판단을 명시해야 하는지 여부

피고인과 변호인이 피고인의 범죄행위가 강요된 행위이거나 심신장애자의 행위라고 주장하였다면 법률상 범죄의 성립을 조각하는 이유 또는 형의 감면의 이유되는 사실을 진술한 것으로 보아 이에 대한 판단을 명시하여야 한다(대판 1991. 2. 12, 90도2720).

2) **주장과 판단의 방법**

법률상 범죄의 성립을 조각하는 이유 또는 형의가중·감면의 이유되는 사실의 주장에 대한 판단은 소송관계인의 진술이 있을 요건으로 한다. 진술이 심리의 어느 단계에서 있었는가는 문제되지 않으나 공판정에서 하여야 한다. 진술은 단순한 법적 평가만으로는 족하지 않고 사실을 주장하였을 것을 요한다. 반드시 증거를 들어서 주장할 것을 요하는 것은 아니다. 주장에 대한 판단이 명시적이어야 한다.

2. 무죄판결

피고사건이 범죄로 되지 않거나 범죄사실의 증명이 없는 때에는 판결로써 무죄의 선고를 하여야 한다(법 제325조).

(1) '피고사건이 범죄로 되지 않는 때'의 의미

피고사건이 범죄로 되지 않는 때라 함은 공소사실이 범죄를 구성하지 않는 경우를 말한다. 구성요건에 해당하지 않는 경우, 구성요건에 해당하지만 위법성조각사유나 책임조각사유가 존재하는 경우가 여기에 해당한다. 다만 피고사건이 범죄로 되지 않는 때란 실체심리를 거친 후에 그것이 밝혀진 경우를 말하고, 범죄가 되지 않는 것이 공소장의 기재에 의하여 처음부터 명백한 때에는 '공소장에 기재된 사실이 진실하다 하더라도 범죄가 될 만한 사실이 포함되지 아니한 때'에 해당하므로 결정으로 공소를 기각해야 한다(법 제328조 1항 4호).

핵심판례

기소된 사건의 적용법령이 헌법재판소의 위헌결정으로 소급적으로 상실된 경우,위 사건에 대하여 행할 재판의 종류(=무죄판결)

1. 헌법재판소의 위헌결정으로 인하여 형벌에 관한 법률 또는 법률조항이 소급하여 그 효력을 상실한 경우에는 당해 법조를 적용하여 기소한 피고사건은 범죄로 되지 아니하는 때에 해당하므로, 결국 이 부분 공소사실은 무죄라 할 것이다(대판 1999. 12. 24, 99도3003).
2. 위헌결정으로 인하여 형벌에 관한 법률 또는 법률조항이 소급하여 그 효력을 상실한 경우에는 당해 법조를 적용하여 기소한 피고사건이 범죄로 되지 아니한 때에 해당한다고 할 것이고, 범죄 후의 법령의 개폐로 형이 폐지되었을 때에 해당한다거나 혹은 공소장에 기재된 사실이 진실하다 하더라도 범죄가 될 만한 사실이 포함되지 아니하는 때에 해당한다고는 할 수 없다(대판 1992. 5. 8, 91도2825).

(2) '범죄사실의 증명이 없는 때'의 의미

범죄사실의 증명이 없는 때란 공소사실의 부존재가 적극적으로 증명된 경우뿐만 아니라 그 사실의 존부에 관하여 증거가 불충분하여 법관이 충분한 심증을 얻을 수 없었을 때를 포함한다. 피고인이 자백하여 법관이 유죄의 심증을 갖게 되더라도 보강증거가 없는 때에는 범죄사실의 증명이 없는 때에 해당한다.

【서식】 무죄 판결문(공문서변조)

○○지방법원

판 결

사 건 20○○노123 공문서변조
피고인 ○○○(투자상담사), 공문서변조
19○○년 ○월 ○일생 (-)
주 거 ○○시 ○○구 ○○길 123
등록기준지 ○○시 ○○구 ○○길 234

항 소 인 피고인
검 사 ○ ○ ○
변 호 인 변호사 ○ ○ ○

원심판결 ○○형사지방법원 20○○. ○. ○ 선고, 20○○고합456 판결
주 문 원심판결을 파기한다. 피고인은 무죄

이 유

피고인의 변호인의 항소이유 제1점의 요지는, 이 사건 공문 서 변조 범행은 피고인의 사용인이던 공소외 양회성에 의하여 저질러졌고 피고인은 이에 관여한 바 없음에도 불구하고 원심이 뚜렷한 증거도 없이 피고인을 유죄로 인정하였으니 원심판결에는 채증법칙 위배로 인한 사실오인으로 판결에 영향을 미친 위법이 있다는 것이고, 그 제2점의 요지는 가사, 그렇지 않다고 하더라도, 원심이 피고인에 대하여 선고한 형량이 너무 무거워서 부당하다는 것이다.

그러므로 먼저 위 사실오인의 항소이유에 관하여 살피건대, 원심판결에 의하면, 원심은 “피고인은 서울 ○○구 ○○길 ○○ 소재 ○○증권 ○○지점의 투자상담사로 종사하던 자인 바, ○○신용금고에서 피고인 명의로 주식을 담보로 하여 금 3억원을 대출받을 때 제출하여 행사할 목적 20○○. ○. 일자불상경 위 ○○증권

○○지점 사무실에서 ○○ ○○세무서장 작성 명의의 공문서인 공소외 이호수의 사업장등록증(등록번호 : 12345-67890호, 상호명 : ○○전기)사본을 입수한 것을 기화로 동 사업자등록증사본의 성명(대표자명)란의 '○○○'를 지우고 피고인의 성명 '○○○'을 기재하고, 주민등록번호란의 '620111-1111111'을 지우고 피고인의 주민등록번호인 '611111-1111111'을 기재하는 방법으로 공문서인 위 ○○세무서장 작성 명의의 사업자등록증사본 1매를 변조한 것이다"라는 공소사실을 유죄로 인정하면서 그 증거로 (1) 원심 제1회 공판조서중 피고인의 일부 진술기재, (2) 증인 ○○○, ○○○, ○○○의 원심법정에서의 각 진술, (3) 검사작성의 피고인에 대한 피의자신문조서 및 ○○○ ○○○, ○○○에 대한 각 진술조서등본의 각 일부 진술기재, (4) 수사기록에 편철된 사업자등록증사본의 기재, (5) 국립과학수사연구소 감정인 ○○○작성의 필적감정서의 기재를 들고 있다.

그러나 피고인은 검찰이래 원심법정에 이르기까지 일관하여 피고인은 공소외 ○○○이 ○○금고로부터 피고인 명의로 대출을 받는데 필요하다며 피고인의 인감증명서를 요구하기에 사실상 위 ○○○에게 고용되어 있는 입장에서 차마 이를 거절하지 못하고 위 ○○○의 요구에 응한 사실이 있고, 그 후 위 ○○○이 대출관계 서류작성에 필요하니 피고인의 주민등록번호와 이름을 써달라고 하여 기억하기 어려워서 그러는 것으로 가볍게 생각하고 백지에 피고인의 주민등록번호와 이름을 써 준 사실이 있을 뿐, 위 ○○○이 이를 이용하여 원심판시와 같이 사업자등록증을 변호하리라는 것은 전혀 예상하지 못하였고, 또한 위 ○○○의 범행에 가담한 바도 없다는 취지로 범행을 극구 부인하고 있으므로, 피고인의 검찰 및 원심법정에서의 진술에는 유죄의 증거로 쓸 수 있는 내용이 들어있지 않음이 분명하고, 증인 ○○○, ○○○, ○○○의 검찰 및 원심법정에서의 각 진술도 요컨대, 그들이 원심판시 ○○금고의 대출업무담당자로서 공소외 ○○○에게 주식을 담보로 하여 8호에 걸쳐 대출을 해준 사실이 있는데, 그중 1회는 위 ○○○의 요구에 따라 피고인을 차용인으로 하여 금 3억원을 대출하면서 원심판시와 같이 변조된 피고인이 사업자등록증사본을 받아두었으며, 위와 같은 8회의 대출시 위 금고를 찾아와 대출상담을 하고 금고측에서 요구하는 담보와 관련서류를 제출하거나 대출금을 찾아가고 그 후 약정이자를 불입하는 등의 제반업무는 위 ○○○이 직접 처리하였고, 그 동안 피고인의 동생인 ○○○가 대출관련서류를 가지고 위 금고에 1회 온적은 있었으나 피고인이 위 금고에 출입한 기억은 없다는 취지이어서, 위 ○○○, ○○○, ○○○의 검찰 및 원심법정에서의 각 진술도 피고인이 이 사건 사업자등록증사본을 변조하였다는 공소사실을 인정할 증거로는 극히 미흡한 것으로 보인다.

다만 원심이 들고 있는 다른 증거들, 즉 변조된 사업자등록증사본(수사기록 44정)과 국립과학수사연구소 감정인 ○○○ 작성의 필적감정서의 각 기재에 의하면, 위 사업자등록증사본의 성명 및 주민등록번호란에 기재된 필적이 피고인의 필적과 일치하는 사실이 인정되고, 여기에 피고인이 검찰 및 원심법정에서 위 ○○○이 피고인을 차용인으로 하여 위 금고에서 금 3억원을 대출받을 것을 승낙하였고 피고인의 인감증명서까지 발급받아 위 ○○○에게 교부한 사실을 자인하고 있는 점 등을 보태어 보면, 피고인이 위 ○○○과 공무하여 위 사업자등록증사본을 변조하였거나 위 ○○○의 범행에 어떤 형태로든 가공하였을 것이라고 의심되는 것은 사실이나, 검사의 전거증에 의하더라도 피고인이나 위 ○○○이 구체적으로 언제 어디서 어떤 방법으로 위 사업자등록증사본의 각 해당란에 원래 기재되어 있던 공소외 ○○○의 성명과 주민등록번호를 지우고 피고인의 성명과 주민등록번호를 기재해 넣었는지 알아 볼 만한 증거가 없고, 따라서 위 사업자등록증사본의 성명 및 주민등록번호란에 기재된 필적이 피고인의 필적과 일치한다는 사실은 앞서 본 피고인이 변소하는 바와 같은 방법에 의하더라도 가능한 것이어서(예컨대, 위 ○○○이 피고인으로부터 성명과 주민등록번호를 기재한 용지를 건네 받아 미리 입수하고 있던 ○○○의 사업자등록증사본의 각 해당란에 맞도록 위 용지를 오려 붙인 다음 이를 다시 복사하는 방법으로 변조하는 경우를 예상할 수 있다.) 이 사건에서 위와 같은 점만으로 피고인이 이를 변조하였다거나 또는 변조하는 데 가담하였다고 인정하기 어려우니 결국 원심거시 증거들만으로는 피고인이 변소를 배척하고 이 사건 공문서변조죄에 관하여 합리적인 의심을 할 여지가 없을 정도로 유죄의 확신을 갖게 하기에 족한 증거가 된다고는 볼 수 없고, 달리 이를 인정할 만한 뚜렷한 증거가 없다.

그렇다면 원심이 단지 위에서 본 바와 같은 정황증거 내지 간접사실들만으로 이 사건 공소사실을 유죄로 인정한 것은 채증법칙을 위배하여 판결결과에 영향을 미친 사실오인의 위법을 범하였다 할 것이므로, 이 점을 지적하는 논지는 이유 있다.

따라서 피고인의 항소는 이유 있다 할 것이므로 양형부당의 항소이유에 관하여 판단할 필요도 없이 형사소송법 제364조 제6항에 의하여 원심판결을 파기하고 변론을 거쳐 다시 다음과 같이 판결한다.

피고인에 대한 이 사건 공소사실은 앞에 적혀진 바와 같은 바, 이는 위 원심판결 파기이유에서 설시한 바와 같이 범죄사실의 증명이 없는 때에 해당하므로 형사소송법 제325조 후단에 따라 피고인에 대하여 무죄의 선고를 하는 것이다.

이상의 이유로 주문과 같이 판결한다.

3. 관할위반의 판결

(1) 의 의

피고사건이 법원의 관할에 속하지 아니한 때에는 판결로써 관할위반의 선고를 하여야 한다(법 제319조). 이를 관할위반의 판결이라고도 한다.

(2) 사 유

가. 관할권의 부존재

피고사건이 법원의 관할에 속하지 아니한 때에는 관할위반의 판결을 하여야 한다. 즉, 관할권의 부존재가 관할위반판결의 사유이다. 관할에는 토지관할과 사물관할을 포함하고, 다만 사물관할은 공소제기시뿐만 아니라 재판시에도 존재할 것을 요함에 반하여, 토지관할은 공소제기시에 존재하면 족하다. 관할권의 유무는 공소장에 기재된 공소사실을 표준으로 결정하여야 한다. 공소장변경의 경우에는 변경된 공소사실이 기준이 된다.

나. 관할권 부존재시에도 관할위반판결을 할 수 없는 경우

법원은 피고인의 신청이 없으면 토지관할에 관하여 관할위반의 선고를 하지 못한다(법 제320조 1항). 토지관할은 주로 피고인의 편의를 위하여 인정된 것이기 때문이다. 관할위반의 신청은 피고사건에 대한 진술 전에 의하여야 한다(동조 2항).

다. 관할위반 판결의 효력

관할위반의 판결은 형식적 종국재판이다. 따라서 관할위반의 판결은 형식적 확정력과 내용적 구속력을 가지지만 일사부재리의 효력을 가질 수는 없다.

4. 공소기각의 재판

(1) 의 의

공소기각의 재판은 피고사건에 대하여 관할권 이외의 형식적 소송조건이 결여된 경우에 절차상의 하자를 이유로 공소를 부적법하다고 인정하여 사건의 실체에 대한 심리를 하지 않고 소송을 종결시키는 형식재판이다. 공소기각의 재판에는 공소기각의 결정(법 제328조)과 공소기각의 판결(법 제327조)이 있다.

(2) 공소기각의 결정

가. 공소기각결정의 사유(법 제328조 1항)

공소기각결정을 하여야 하는 사유는 절차상의 하자가 중대하고 명백한 경우이다.

1) 공소가 취소되었을 때(제1호)

2) 피고인이 사망하거나 피고인인 법인이 존속하지 아니하게 되었을 때(제2호)

3) 동일사건과 수개의 소송계속 또는 관할의 경합의 규정에 의하여 재판할 수 없을 때(제3호)

4) 공소장에 기재된 사실이 진실하다고 하더라도 범죄가 될 만한 사실이 포함되지 아니한 때(제4호)

여기서 공소장에 기재된 사실에 범죄가 될 만한 사실이 포함되지 아니한 때란 공소장기재사실 자체에 대한 판단으로 그 사실 자체가 죄가 되지 아니함이 명백하여 형식적 소송조건이 흠결되었다고 볼 수 있는 경우를 말한다. 범죄를 구성하는가에 대하여 의문이 있는 경우에는 실체에 대한 심리를 거쳐 유죄·무죄의 실체판결을 선고하여야 한다.

핵심판례

형사소송법 제328조 제1항 제4호의 법리

형사소송법 제328조 1항 4호에 '공소장에 기재된 사실이 진실하다 하더라도 범죄가 될 만한 사실이 포함되지 아니한 때'라고 함은 공소장 기재사실 자체가 일견하여 법률상 범죄를 구성하지 아니함이 명백하여 공소장의 변경 등 절차에 의하더라도 그 공소가 유지될 여지가 없는 형식적 소송요건의 흠결이라고 볼 수 있는 경우를 뜻한다고 할 것이다.

부정수표단속법 위반사건의 공소사실 중 수표가 그 제시기일에 제시되지 아니한 사실이 그 자체로 명백한 경우, 공소기각 결정을 할 수 있는지의 여부(적극)

부정수표단속법 위반사건에 있어서 수표가 그 제시기일에 제시되지 아니한 사실이 공소사실 자체에 의하여 명백하다면 이 공소사실에는 범죄가 될 만한 사실이 포함되지 아니하는 때에 해당하므로 형사소송법 제328조 제1항 제4호에 의하여 공소기각의 재판을 하여야 한다.

나. 공소기각결정의 효력

공소취소에 의한 공소기각의 결정이 확정된 때에는 공소취소 후 그 범죄사실에 대한 다른 중요한 증거를 발견한 경우에 한하여 다시 공소를 제기할 수 있다(법 제329조).

다. 공소기각결정에 대한 불복

공소기각의 결정에 대하여는 즉시항고를 할 수 있다(법 제328조 2항).

(3) 공소기각의 판결

가. 공소기각판결의 사유

1) 피고인에 대하여 재판권이 없는 때

2) 공소제기의 절차가 법률의 규정에 위반하여 무효인 때

공소제기의 절차가 법률의 규정에 위반하여 무효인 때라 함은 공소제기가 권한 없는 자에 의하여 행하여졌거나, 공소제기의 방식에 중대한 하자가 있는 경우 또는 공소제기 당시 소송조건이 결여되어 있는 경우 등을 말한다. 공소사실이 특정되지 않거나(대판 1987. 6. 9, 87도941), 성명 모용에 의하여 피고인이 특정되지 않은 경우(대판 1985. 6. 11, 85도756)가 여기에 해당된다.

핵심판례

일단 무혐의결정을 하였던 사건을 고소에 의하여 재기수사하여 공소제기를 한 경우 '공소제기의 절차가 법률의 규정에 위반하여 무효인 때'에 해당하는지 여부(소극)

공소제기된 피고인의 범죄사실 중 일부에 대하여 검사의 무혐의결정이 있었고, 이에 대하여 고소인이 항고 등 아무런 이의를 제기하지 않고 있다가 그로부터 약 3년이 지난 뒤에야 뒤늦게 다시 피고인을 동일한 혐의로 고소함에 따라 검사가 새로이 수사를 제기한 것이라 하더라도 검사가 그 수사결과에 터잡아 재량권을 행사하여 공소를 제기한 것은 적법하다 아니할 수 없으며, 이를 가리켜 공소권을 남용한 경우로서 그 공소제기의 절차가 무효인 때에 해당한다고 볼 수는 없다(대판 1995. 3. 10, 94도2598).

3) 공소가 제기된 사건에 대하여 다시 공소가 제기되었을 때

① 이중기소와 공소기각 판결

동일법원에 동일사건이 다시 공소된 때에 뒤에 공소된 사건에 대하여 판결선고가 있었다고 하더라도 확정되기 전에는 먼저 공소된 사건을 심판하여야 되고, 뒤에 공소된 사건은 공소기각 판결을 하여야 한다.

② 소년법상 보호처분을 받은 사건에 대하여 다시 공소가 제기된 경우, 법원이 취해야 할 조치

㉠ 소년법 제32조의 보호처분을 받은 사건과 동일(상습죄 등 포괄일죄 포함)한 사건에 관하여 다시 공소제기가 되었다면, 이는 공소제기 절차가 법률의 규정에 위배하여 무효인 때에 해당한 경우이므로 형사소송법 제327조 제2호의 규정에 의하여 공소기각의 판결을 하여야 한다.

㉡ 소년법 제30조의 보호처분을 받은 사건과 동일한 사건에 대하여 다시 공소제기가 되었다면 동조의 보호처분은 확정판결이 아니고 따라서 기판력도 없으므로 이에 대하여 면소판결을 할 것이 아니라 공소제기절차가 동법 제47조의 규정에 위배하여 무효인 때에 해당한 경우이므로 공소기각의 판결을 하여야 한다.

4) 공소취소 후 다른 중요한 증거를 발견하지 않았음에도 불구하고 공소가 제기되었을 때

5) 친고죄에 대하여 고소의 취소가 있은 때

6) 반의사불벌죄에 대하여 처벌을 희망하지 아니하는 의사표시가 있거나 처벌을 희망하는 의사표시가 철회되었을 때

나. 공소기각판결의 효력

공소기각판결의 효력은 관할위반의 판결의 경우와 같다.

다. 공소기각판결에 대한 불복

공소기각의 판결에 대하여는 상소할 수 있다. 그러나 피고인이 무죄를 주장하여 상소하는 것은 허용되지 않는다.

5. 면소판결

(1) 면소판결의 본질

면소판결은 형식재판이면서도 형식재판에는 인정되지 않는 일사부재리의 효력이 인정된다. 여기서 면소판결은 실체재판인가 형식재판인가, 또는 그 어느 것에도 해당하지 않는 독자적 유형의 재판인가라는 문제가 면소판결의 본질론으로 다루어지게 되어 견해가 대립되고 있다.

가. 실체재판설

면소판결은 일단 발생한 형벌권이 후에 소멸한 경우에 형벌권의 소멸을 확인하는 실체재판, 즉 범죄의 성립은 있으나 형벌권이 소멸한 경우에 선고하는 재판이라고 해석하는 견해이다. 따라서 공소사실에 대하여 실체심리를 하여 그 존재가 인정되어 형벌권의 발생이 확인될 것을 전제로 면소사유에 의하여 형벌권이 소멸한 때에 선고하는 것이 면소판결이고, 범죄사실이 존재하지 않는 경우에는 무죄판결을 선고해야 한다는 것이다. 실체재판설에 의하면 면소판결을 위하여는 실체에 대한 심리를 필요로 하고, 면소판결에 기판력과 일사부재리의 효력을 인정할 뿐 아니라, 면소판결에 대하여 무죄를 주장하여 상소할 피고인의 이익도 인정할 수 있게 된다.

나. 형식재판설

무죄의 판결은 실체적 공소권이 없다는 이유로서 하는 실체적 재판임에 반하여 면소의 판결은 공소권의 소멸을 이유로 하여 소송을 종결시키는 형식적 재판으로서, 공소사실의 유무에 관하여 실체적 심리를 하여 그 사실이 인정되는 경우에 한하여 면소판결을 하는 것이 아니고 공소장에 기재되어 있는 범죄사실에 관하여 같은 법 제326조 각호의 사유가 있으면 실체적 심리를 할 필요 없이 면소판결을 하여야 한다고 한다.

판례가 취하고 있는 입장이다. 형식재판설은 면소사유가 밝혀진 때에는 실체심리를 허용하지 않고, 면소판결에 대하여 피고인은 무죄를 주장하여 상소할 수 없다고 한다.

핵심판례

방문판매등에관한법률위반의 공소사실 중 일부는 이미 약식명령이 확정된 것으로서 확정판결이 있는 경우

방문판매등에관한법률위반의 공소사실 중 일부는 이미 약식명령이 확정된 것으로서 확정판결이 있는 때에 해당하므로 그 부분에 대하여 면소판결을 선고하여야 한다고 본 사례(대판 2001.12.24., 선고, 2001도205).

피고인이 '공인중개사의 업무 및 부동산 거래신고에 관한 법률 위반' 공소사실로 약식명령이 확정된 후 다시 '횡령' 공소사실로 기소된 사안에서, 확정된 약식명령의 공소사실과 공소가 제기된 횡령 공소사실은 행위 태양이나 피해법익 등을 서로 달리하지만 규범적으로는 공소사실의 동일성이 인정된다는 이유로, 같은 취지에서 면소를 선고한 원심의 조치가 정당하다고 한 사례

피고인에 대하여 '공인중개사 자격이 없고 중개사무소 개설등록을 하지 않았는데도 甲, 乙과 공모하여 부동산 매매계약을 중개한 대가로 丙에게서 甲, 乙 및 피고인의 수고비 합계 2천만 원을 교부받아 중개행위를 하였다'는 공인중개사의 업무 및 부동산 거래신고에 관한 법률 위반 공소사실로 벌금 500만 원의 약식명령이 발령되어 확정되었는데, 그 후 피고인이 '피해자 丙에게서 甲, 乙에 대한 소개비 조로 2천만 원을 교부받아 丙을 위하여 보관하던 중 임의로 사용하여 횡령하였다'는 공소사실로 기소된 사안에서, 확정된 약식명령의 공소사실에 의하면 중개수수료로 취득한 2천만 원은 피고인 등의 소유로 확정적으로 귀속되고, 그 이후 이를 소비하는 것은 불가벌적 사후행위에 해당하는데, 공소가 제기된 횡령의 공소사실은 피고인이 2천만 원을 교부받은 이후에도 이것이 여전히 丙의 소유로 남아 있어 피고인은 이를 보관하는 자임을 전제로 하고 있어 확정된 약식명령의 공소사실과 양립할 수 없는 관계에 있고, 양자의 행위 객체인 금품이 丙이 교부한 2천만 원으로 동일한 점에 비추어 양자는 행위 태양이나 피해법익 등을 서로 달리하지만 규범적으로는 공소사실의 동일성이 인정된다는 이유로, 확정된 약식명령의 기판력이 횡령의 공소사실에 미친다고 보아 면소를 선고한 원심의 조치가 정당하다고 한 사례(대판 2012.5.24. 선고, 2010도3950).

다. 이분설

확정판결을 이유로 하는 면소판결은 형식재판이고, 사면·공소시효의 완성·형의 폐지를 이유로 하는 면소판결은 실체재판이라고 하는 견해이다. 즉 전자는 형벌권의 유무를 불문하고 실체재판이 확정되었으므로 그 기판력의 불가쟁적 효력에 위반하여 공소를 제기한 부적법을 이유로 하는 형식재판이지만, 후자는 범죄사실의 유무를 불문하고 형벌권을 발생할 수 없도록 하는 특수사정의 존재를 이유로 형벌권이 없다고 하는 실체재판이라고 한다.

라. 실체관계적 형식재판설

면소판결은 실체적 소송조건이 구비되지 아니한 경우에 선고되는 실체관계적 형식재판이라고 하는 견해이다. 즉 이에 의하면 면소판결은 실체관계의 심리를 중간에서 종결시키는 점에서는 형식재판이지만, 실체적 소송조건은 실체면에 관한 사유를 소송조건으로 하는 것이므로 면소판결을 하는 경우에도 어느 정도 실체심리를 들어갈 필요가 있고, 형식재판이면서도 기판력이 인정되며, 면소판결에 대하여 피고인은 무죄를 주장하여 상소할 수 있다고 한다.

쟁 점

<면소판결의 본질과 관련된 문제>

ㄱ) 면소판결에 실체심리를 요하는지 여부

어느 정도 실체심리를 하지 않으면 면소사유의 유무를 판단할 수 없는 경우, 즉 면소사유의 존재가 명백하지 않은 경우에는 실체심리가 허용된다고 보아야 한다. 다만 공소사실 자체에서 이미 면소사유가 인정되는 때에는 판례의 입장인 형식재판설은 면소판결에 의하여 절차를 종결해야 하며 실체심리는 허용되지 않는다고 한다.

ㄴ) 면소판결에 대해 피고인이 상소할 수 있는지 여부

면소판결에 대하여 피고인이 무죄를 주장하여 상소할 수 있는가 또 법원은 면소사유가 있는 경우에도 무죄판결을 선고할 수 있는가가 문제된다. 실체관계적 형식재판설은 이를 인정하는 반면에, 형식재판설에 의하면 면소사유가 있는 이상 실체법상의 유죄·무죄를 불문하고 면소판결에 의하여 피고인을 빨리 절차에서 해방시켜야 하므로 피고인이 무죄를 주장하여 상소할 수 없다고 한다. 판례도 피고인에게는 실체판결 청구권이 없으므로 면소판결에 대하여 무죄의 실체판결을 구하여 상소할 수 없고(대판 1984. 11. 27, 84도2106), 면소판결의 사유가 있는 경우에 무죄판결을 하는 것은 위법이라고 하였다(대판 1969. 12. 30, 69도2018).

(2) 면소판결의 사유

면소판결은 확정판결이 있은 때, 사면이 있은 때, 공소시효가 완성되었을 때, 범죄 후의 법령개폐로 형이 폐지되었을 때에 선고하여야 한다(법 제326조).

가. 확정판결이 있은 때

여기의 확정판결에는 유죄와 무죄의 실체판결 뿐만 아니라 면소판결도 포함된다. 유죄와 무죄의 확정판결은 반드시 정식재판에서 선고된 것임을 요하지 않고, 약식명령 또는 즉결심판에서 선고된 것과 소년에 대한 보호처분이 있는 경우도 여기에 포함된다. 다만 행정벌에 지나지 않는 과태료의 부과처분은 확정판결에 속하지 않는다. 외국판결이 확정된 경우도 같다. 확정판결이 있은 이상 그것이 실효되었는가도 문제되지 않는다. 공소기각과 관할위반의 형식재판은 여기에 포함되지 않는다.

나. 사면이 있은 때

사면에 의하여 형벌권이 소멸한 경우에는 실체심판의 이익이 없기 때문에 이를 면소사유로 규정한 것이다. 여기서 사면이 있을 때란 일반사면이 있을 때를 말한다(대판 2000. 2. 11, 99도2983). 일반사면의 경우에는 형의 언도를 받지 않은 자에 대한 공소권이 상실되며, 특별사면의 경우에는 형의 언도를 받은 자에 대한 형의 집행이 면제되는 데 불과하기 때문이다(사면법 제5조 1항 2호). 형의 언도의 효력을 상실케 하는 특별사면(같은 호 단서)도 여기에 해당하지 않는다.

다. 공소시효가 완성되었을 때

공소가 제기되면 시효의 진행이 정지되므로 면소판결을 하는 것은 원칙적으로 공소제기시에 공소시효가 완성된 경우를 말한다. 그러나 공소가 제기된 범죄도 판결의 확정 없이 공소를 제기한 때로부터 15년을 경과하면 공소시효가 완성된 것으로 간주되므로(법 제249조 2항), 이 경우에도 면소판결을 선고하여야 한다.

라. 범죄 후의 범령개폐로 형이 폐지되었을 때

형의 폐지란 명문으로 벌칙을 폐지한 경우뿐만 아니라 법령에 정해진 유효기간의 경과, 전법과 후법의 저촉에 의하여 실질상 벌칙의 효력이 상실된 경우를 포함한다.

핵심판례

형사소송법 제326조 제4호 소정의 '법령개폐로 형이 폐지되었을 때'의 의미

형사소송법 제326조 제4호의 규정은 형벌법령 제정의 이유가 된 법률이념의 변경에 따라 종래의 처벌 자체가 부당하였다거나 또는 과형이 과중하였다는 반성적 고려에서 법령을 개폐하였을 경우에 적용된다고 해석하여야 할 것이다(대판 1987. 3. 10, 86도42).

6. 종국재판의 부수효과

(1) 구속영장의 실효

무죄, 면소, 형의 사면, 형의 선고유예·집행유예, 공소기각 또는 벌금이나 과료를 과하는 판결이 선고된 때에는 구속영장은 그 효력을 잃는다(법 제331조). 선고와 동시에 구속영장은 효력을 잃는 것이므로 그 확정을 기다릴 필요가 없이 검사는 즉석에서 석방을 지휘하여야 한다.

(2) 가납의 재판

법원은 벌금·과료 또는 추징의 선고를 하는 경우에 판결의 확정 후에는 집행할 수 없거나 집행하기 곤란할 염려가 있다고 인정한 때에는 직권 또는 검사의 청구에 의하여 피고인에게 벌금·과료 또는 추징에 상당한 금액의 가납을 명할 수 있다. 가납의 재판은 형의 선고와 동시에 판결로써 선고하여야 한다. 이 판결은 즉시로 집행할 수 있다(법 제334조). 가납의 재판은 상소에 의하여 정지되지 아니한다. 약식명령에 대하여도 가납명령을 할 수 있다(법 제451조). 벌금 또는 과료를 선고하는 즉결심판에도 가납명령을 할 수 있다(즉결심판법 제17조 3항).

핵심판례

가납판결이 위헌인지의 여부(소극)
가납판결은 벌금.과료 또는 추징 그 자체의 확정 전의 집행을 명하는 것이 아니고 그 상당한 금액의 납부를 명하여 재판이 확정된 때에 가납한 금액의 한도에서 형의 집행이 된 것으로 간주되는 것이므로 헌법상 재산권에 관한 규정 또는 죄형법정주의에 관한 규정에 위배되지 않는다(대판 1977. 9. 28, 77도2288).

(3) 압수물의 처리문제

① 압수한 서류 또는 물품에 대하여 몰수의 선고가 없는 때에는 압수를 해제한 것으로 간주한다(법 제332조).

② 압수한 장물로서 피해자에게 환부할 이유가 명백한 것은 판결로써 피해자에게 환부하는 선고를 하여야 한다. 이 경우에 장물을 처분하였을 때에는 판결로써 그 대가로 취득한 것을 피해자에게 교부하는 선고를 하여야 한다.

③ 가환부한 장물에 대하여 별단의 선고가 없는 때에는 가부의 선고가 있는 것으로 간주한다. 이러한 경우에 이해관계인이 민사소송절차에 의하여 그 권리를 주장함에 영향을 미치지 않는다(제333조).

【서식】 면소 판결문(문화재보호법 위반)

○○지방법원

판 결

사 건 20○○고단 415호 문화재보호법 위반
피고인 ○ ○ ○ ( ), 상업
19○○년 ○월 ○일생(-)
주 거 ○○시 ○○구 ○○길 ○○
등록기준지 위 같은 곳
검 사 ○ ○ ○

주 문

피고인은 면소한다.

이 유

본건 공소 사실의 요지는,

피고인은 20○○년 ○월 ○일부터 동년 ○월 ○일경까지 사이에 ○○시 ○○구 ○○길 ○○ 소재 ○○아케이트 ○○○호에서 문화공보부에 등록함이 없이 ○○○라는 옥호로 동산 문화재인 이조백자 140점 등을 판매의 목적으로 진열하는 등 영업 행위를 한 것이다라고 하는 것이다.

그런데, 남대문 경찰서장이 송부한 즉결 심판서 등본 기재와 피고인의 당 법정에서의 진술에 의하면 피고인은 20○○년 ○월 ○일 ○○지방법원에서 피고인이 20○○년 ○월 ○일부터 ○○시 ○○구 ○○동 ○○번지 ○○아케이트 ○○○호에서 허가 없이 고물 영업(골동품상)을 하 였다는 죄로 벌금 ○○원에 처한다는 즉결심판을 받아 확정된 사실을 인정할 수 있고, 본건 공소 사실과 위 즉결 심판을 받은 죄가 비록 죄명은 다르다 하더라도 그 내용에 있어서는 동일성 범위 내에 속하는 것이 분명하다고 할 것이다.

그렇다면, 본건 공소 사실에 대하여는 이에 확정 판결이 있었다고 할 것이므로 형사소송법 제326조 제1호에 따라 피고인에게 면소의 선고를 하기로 하여 주문과 같이 판결한다.

20○○년 월 일

판 사 ○ ○ ○ ㊞

주의요소 다음 경우에는 판결로써 면소의 선고를 하여야 한다. (법 제326조)
1. 확정판결이 있은 때
2. 사면이 있은 때
3. 공소의 시효가 완성되었을 때
4. 범죄 후의 법령개폐로 형이 폐지되었을 때

Ⅲ. 재판의 확정과 효력

1. 재판의 확정

(1) 의 의

재판의 확정이란 재판이 통상의 불복방법에 의하여는 다툴 수 없게 되어 그 내용을 변경할 수 없게 된 상태를 말하며, 이러한 상태에 있는 재판을 확정재판이라 한다. 재판은 확정에 의하여 그 본래의 효력이 발생한다. 확정재판의 본래의 효력이 바로 재판의 확정력이다.

(2) 재판확정의 시기

가. 불복신청이 허용되는 재판

불복신청이 허용되는 재판은 상소기간(법 제343조, 제358조, 제374조)·기타 불복신청기간(법 제405조, 제453조)의 도과, 상소 기타 불복신청의 포기 또는 취하(법 제349조, 제454조), 불복신청을 기각하는 재판의 확정(법 제364조, 제399조) 등에 의하여 확정된다. 즉시항고를 할 수 있는 결정 또는 명령에 대하여도 같다. 이에 반하여 보통항고에는 항고기간의 제한이 없으므로 원심판결을 취소하여도 실익이 없게 된 때에 확정된다(법 제404조).

나. 불복신청이 허용되지 않는 재판

불복신청이 허용되지 않는 재판은 선고 또는 고지와 동시에 확정된다. 법원의 관할 또는 판결 전의 소송절차에 관한 결정(법 제403조)과 항고법원 또는 고등법원의 결정(법 제415조)에 대하여는 원칙적으로 불복신청이 허용되지 않으며, 대법원의 결정에 대하여도 항고할 수 없다. 대법원 판결은 선고와 동시에 확정된다(대결 1967. 6. 2, 67초22).

[서식] 재판서 경정신청서

재 판 서 경 정 신 청

신청인(피고인) ○ ○ ○
19○○년 ○월 ○일생
○○시 ○○구 ○○길 ○○번지

20○○고단 ○○○호 피고인 ○○○에 대한 사기 사건에 관하여 ○○지방법원이 20○○. ○. ○. 선고한 판결은 명백한 오류가 있어 판결경정을 신청하오니 신청취지와 같은 결정을 바랍니다.

신 청 취 지

○○지방법원이 20○○. ○. ○. 선고한 판결 중 피고인 "○○○"을 "◎◎◎"로(으로) 경정한다.
라는 결정을 구합니다.

신 청 이 유

신청인은 20○○고단 ○○○호 사기 사건으로 귀원에서 20○○. ○. ○. 징역8월에 2년간 집행유예의 선고를 받았는바, 동 판결서에는 피고인의 성명이 "○○○"으로 기재되어 있습니다. 그러나 관계기록에 첨부된 주민등록표등본 등 기록에 의하면 피고인의 성명이 "○○○"이 아닌 "◎◎◎"임이 명백하므로 신청취지와 같은 결정을 구합니다.

첨 부 서 류

1. 판결문등본 1통
1. 공소장부본사본 1통
1. 주민등록표등본 1통

20○○년 ○월 ○일
위 신청인 피고인 ○ ○ ○ (인)

○ ○ 지 방 법 원 귀 중

[서식] 판결등본 교부신청서

판 결 등 본 교 부 신 청

사　　건　20○○고단 ○○○호 ○○
피 고 인　○ ○ ○

위 사건에 관하여 20○○. ○. ○. 선고한 판결문의 등본 1통을 교부하여 주시기 바랍니다.

20○○년　○월　○일
위 피고인　○ ○ ○ (인)

○○지방법원 귀중

2. 확정재판의 효력(재판의 확정력)

(1) 형식적 확정력

가. 의 의

재판의 형식적 확정이란 재판이 통상의 불복방법에 의하여 다툴 수 없는 상태를 말한다. 특히 종국재판에 있어서는 형식적 확정에 의하여 소송계속이 종결된다.

형식적 확정력이란 재판의 형식적 확정에 의한 불가쟁적 효력을 말한다. 형식적 확정력은 내용적 확정력을 인정하기 위한 요건이 될 뿐만 아니라 전과기록을 위한 전제가 되기도 한다.

나. 형식적 확정력이 있는 재판

형식적 확정력은 소송절차가 확정적으로 종결되는 소송의 절차면에서의 효력이다. 따라서 형식적 확정력은 종국재판이건 종국 전의 재판이건, 실체적 재판이건 형식적 재판이건 불문하고 모든 재판에 대하여 발생한다.

(2) 내용적(실질적) 확정력

재판이 형식적으로 확정되면 이에 따라 그 의사표시적 내용도 확정되는데, 이를 재판의 내용적 확정이라고 한다. 재판의 내용적 확정에 의하여 그 판단내용인 법률관계를 확정하게 하는 효력을 재판의 내용적 확정력 또는 실질적 확정력이라고 한다. 유죄·무죄의 실체재판이 확정되면 이에 따라 형벌권의 존부와 범위가 확정된다. 이러한 실체재판의 내용적 확정력을 실체적 확정력이라고 한다. 실체적 확정력을 사건의 측면에서 볼 때 이를 광의의 기판력이라고도 한다.

가. 내용적 확정력의 내용

재판의 내용적 확정력에 의하여 내용적 불가변력 또는 내용적 구속력이 발생하며 이러한 효력은 실체재판뿐만 아니라 형식재판에도 인정된다.

나. 실체적 확정력의 내용

실체재판에 대한 내용적 확정력이 실체적 확정력이다 실체적 확정력에는 다음과 같은 효력이 있다.

1) 형벌권의 존부 및 범위의 확정과 집행력

내부적 효력으로서 당해 사건에 대한 구체적 형벌권의 존부와 범위가 확정되고 특히 형을 선고하는 판결에 있어서는 집행력을 가진다.

2) 일사부재리의 효력

외부적 효력으로 동일사건의 실체에 관하여 재차 심리·판결하는 것을 허용하지 않는 일사부재리의 효력이 발생하는데, 이를 고유한 의미의 기판력이라고 한다. 이는 통설의 입장인데, 일사부재리의 효력과 기판력을 같은 것으로 보는 입장이다.

이 통설에 의하면 내용적 확정력은 실체재판과 형식재판 모두에 인정되나, 실체재판의 외부적 효력인 일사부재리의 효력, 즉 기판력은 실체재판에만 인정된다고 한다.

3. 내용적 구속력(기판력의 내용)

(1) 의 의

내용적 구속력은 종국재판의 후소에 대한 불가변적 효력을 의미한다. 즉 내용적 구속력이란 재판이 확정되면 다른 법원에서도 동일한 사정에서 동일사항에 대하여는 다른 판단을 할 수 없는 효력을 말한다.

유죄·무죄의 실체재판뿐만 아니라 공소기각·관할위반 및 면소의 재판과 같은 형식재판에도 내용적 구속력이 인정된다.

(2) 범 위

재판의 내용적 구속력은 법원이 현실적으로 심판한 사실의 범위에서만 발생한다는 점은 실체재판과 형식재판에 있어서 차이가 없다. 형식재판에 있어서도 내용적 구속력은 판단된 사항에 대하여만 미치며, 사정의 변경이 있는 경우까지 기판력이 미치는 것은 아니다.

쟁 점

<형식재판의 내용적 구속력과 관련된 문제>

ㄱ) 고소가 무효임을 이유로 공소기각의 판결이 확정된 후 고소가 유효하다는 재소가 허용되는지 여부

형식재판에도 내용적 구속력, 즉 재판이 확정되면 다른 법원에서도 동일한 사정에서 동일한 사항에 대하여는 다른 판단은 할 수 없는 효력이 발생한다. 따라서 친고죄에 있어서 고소가 없거나 고소가 무효임을 이유로 한 공소기각의 판결이 확정된 경우에 고소가 있다거나 유효하다는 주장을 하는 재소는 허용되지 않는다. 그러나 후에 유효한 고소가 있는 경우는 물론, 강간죄의 고소가 없다는 이유로 공소기각한 판결에 대하여 강간치상으로 공소를 제기하는 것은 허용된다.

ㄴ) 관할위반의 판결이 확정되면 재소가 불가능한지 여부

관할위반의 판결이 확정된 때에도 동일법원에 동일사건을 재소하는 것은 허용되지 않지만, 관할권 있는 다른 법원에 공소를 제기하는 것은 관계없다.

4. 일사부재리의 효력

(1) 의 의

일사부재리의 효력이란 유죄·무죄의 실체판결이나 면소판결이 확정된 때에 동일사건에 대하여 다시 심리·판단하는 것이 허용되지 않는다는 효력을 말한다.

통설은 일사부재리의 효력을 실체적 확정력의 외부적 효력으로 이해하여 이를 고유한 의미의 기판력이라고 한다.

(2) 일사부재리의 효력이 인정되는 재판

가. 실체재판

1) 유·무죄의 실체재판

유죄·무죄의 실체재판에 일사부재리의 효력이 인정된다는 점에서 이론이 없다. 약식명령과 즉결심판도 확정되면 유죄판결과 동일한 효력을 가지므로 일사부재리의 효력이 발생한다.

핵심판례

확정된 외국판결 일사부재리 효력이 발생하는지의 여부(소극)

피고인이 동일한 행위에 관하여 외국에서 형사처벌을 과하는 확정판결을 받았다 하더라도 이런 외국판결은 우리나라에서는 기판력이 없으므로 여기에 일사부재리의 원칙이 적용될 수 없다(대판 1983. 10. 25, 83도2366).

도로교통법 및 경범죄처벌법상 '범칙금 납부'에 일사부재리 효력이 발생하는지의 여부(적극)

㉠ 도로교통법 제119조 제3항은 그 법 제118조에 의하여 범칙금 납부통고서를 받은 사람이 그 범칙금을 납부한 경우 그 범칙행위에 대하여 다시 벌받지 아니한다고 규정하고 있는바, 이는 범칙금의 납부에 확정재판의 효력에 준하는 효력을 인정하는 취지로 해석하여야 한다(대판 2002. 11. 22, 2001도849).

㉡ 경범죄처벌법 제7조 제2항에 범칙자가 통고처분을 받고 범칙금을 납부한

경우에는 그 범칙행위에 대하여 다시 벌받지 아니한다고 규정하고 있음은 위 범칙금의 납부에 확정재판의 효력에 준하는 효력을 인정하는 취지로 해석할 것이므로 이에 위반하여 공소가 제기된 경우에는 면소의 판결을 하여야 한다(대판 1986. 2. 25, 85도2664).

소년법상 보호처분을 받은 사건에 대하여 다시 공소가 제기된 경우, 법원이 취해야 할 조치(=공소기각 판결)

소년법 제30조의 보호처분을 받은 사건과 동일한 사건에 대하여 다시 공소제기가 되었다면 동조의 보호처분은 확정판결이 아니고 따라서 기판력도 없으므로 이에 대하여 면소판결을 할 것이 아니라 공소제기절차가 동법 제47조의 규정에 위배하여 무효인 때에 해당한 경우이므로 공소기각의 판결을 하여야 한다(대판 1985. 5. 28, 85도21).

2) 행정상 징계처분 등에 일사부재리의 효력이 인정되는지 여부

일사부재리의 효력은 형사재판에 대하여만 인정되는 것이므로, 행정법상의 징계처분이나 관세법상의 통고처분에는 인정될 여지가 없다.

핵심판례

과태료에 일사부재리 효력이 발생하는지의 여부(소극)

형사소송법 제326조 제1호의 확정판결에는 정식재판에서 선고된 유죄판결과 무죄의 판결 및 면소의 판결뿐만 아니라, 확정판결과 동일한 효력이 있는 약식명령이나 즉결심판 등이 모두 포함되는 것이지만, 행정벌에 지나지 않는 과태료의 부과처분은 위 '확정판결'의 범주에 속하지 않는다고 할 것이다(대판 1992. 2. 11, 91도2536).

행형법상 징벌(懲罰)에 일사부재리 효력이 발생하는지의 여부(소극)

피고인이 행형법에 의한 징벌을 받아 그 집행을 종료하였다고 하더라도 행형법상의 징벌은 수형자의 교도소 내의 준수사항 위반에 대하여 과하는 행정상의 질서벌의 일종으로서 형법 법령에 위반한 행위에 대한 형사책임과는 그 목적, 성격을 달리하는 것이므로 징벌을 받은 뒤에 형사처벌을 한다고 하여 일사부재리의 원칙에 반하는 것은 아니다(대판 2000. 10. 27, 2000도3874).

나. 형식재판

공소기각과 관할위반의 형식재판에 대하여는 일사부재리의 효력을 인정할 여지가 없다. 면소판결에 대하여 일사부재리의 효력이 인정되는가에 관해서는 면소판결이 실체관계적 형식재판이므로 일사부재리의 효력이 인정된다는 견해와 면소판결은 실체심리를 하지 않고 소송을 종결시키는 재판이라는 점에서 형식재판이며, 면소판결은 형식재판이면서도 단순한 절차의 흠을 이유로 하는 것이 아니라 소송추행의 이익이 없기 때문에 다시 소추하는 것을 금지하는 점에 그 본질이 있으므로 이러한 면소판결의 본질에 의하여 면소판결은 형식재판이지만 일사부재리의 효력이 인정된다는 견해 등이 대립한다.

핵심판례

검사의 불기소처분에 일사부재리 효력이 발생하는지의 여부(소극)

㉠ 일사부재리의 효력은 확정판결이 있을 때에 발생하는 것이므로 검사가 일차 무혐의 결정을 하였다가 다시 공소를 제기하였다 하여도 이를 일사부재리의 원칙에 위배된 것이라고는 할 수 없다(대판 1984. 11. 27, 84도1545).

㉡ 검사가 절도죄에 관하여 일단 기소유예의 처분을 한 것을 그 후 다시 제기하여 기소하였다 하여도 기소의 효력에 아무런 영향이 없는 것이고, 법원이 그 기소사실에 대하여 유죄판결을 선고하였다 하여 그것이 일사부재리의 원칙에 반하는 것이라 할 수 없다(대판 1983. 12. 27, 83도2686).

(3) 일사부재리의 효력이 미치는 범위

가. 객관적 범위

1) 공소사실 및 그 공소사실과 단일성·동일성이 인정되는 사실

일사부재리의 효력이 미치는 객관적 범위는 법원의 현실적 심판의 대상인 당해 공소사실은 물론 그 공소사실과 단일하고 동일한 관계에 있는 사실의 전부에 미친다고 하는 것이 다수설의 입장이다.

공소사실이나 범죄사실의 동일성 여부는 사실의 동일성이 갖는 법률적 기능을 염두에 두고 피고인의 행위와 그 사회적인 사실관계를 기본으로 하되 그 규범적 요소도 고려에 넣어 판단하여야 한다(대판 1996. 6. 28, 95도1270).

2) 기판력이 확정판결에 인정된 범죄사실과 공소사실의 동일성이 인정되는 범죄사실에 까지 미치는 근거

확정판결의 기판력이 확정판결에서 인정된 범죄사실과 공소사실의 동일성이 인정되는 범죄사실에까지 미치게 된다고 보는 것은 공소가 제기된 범죄사실과 공소사실의 동일성이 인정되는 범죄사실은 언제든지 공소장 변경을 통하여 법원의 심판의 대상이 되어 유죄판결을 받을 위험성이 있다는 점을 근거로 한 것이다(대판 2002. 11. 22, 2001도849).

핵심판례

즉결심판이 확정된 경범죄처벌법 위반의 범죄사실과 강간의 공소사실 사이에 동일성이 인정되어 면소판결을 선고한 사례

본건 공소사실은 '피고인이 1982. 3. 19. 19:30경 경남 밀양읍 내이동 소재 내이양수장 옆 제방에서 피해자(14세)의 멱살을 잡아 부근 비닐하우스 안으로 끌고 들어가 옷을 전부 벗고 눕게 하고는 강간을 하였다'는 것이고, 피고인이 본건 직후인 1982. 3. 20 부산지방법원 밀양지원에서 경범죄처벌법 위반으로 즉결심판을 받고 확정된 범죄사실의 내용은 '피고인이 위 일시 장소에서 지나가는 위 피해자를 따라가면서 손목을 잡고 욕설을 하며 진로를 방해하는 등 공포심과 혐오감을 주게 하였다'는 것이라면 위 두 개의 범죄사실의 기초되는 사회적 사실관계는 그 기본적인 점에서 동일한 것이라고 보는 것이 상당하다(대판 1984. 10. 10, 83도1790).

확정판결을 받은 절도범행과 포괄하여 상습절도죄를 구성한다는 이유로 면소판결을 선고한 사례

피고인이 1987. 5. 1. 야간주거침입절도죄로 소년부송치결정을 받은 바 있고 1988. 10. 5. 절도 등 죄로 징역 10개월에 2년간 집행유예의 확정판결을 받은 절도범행이 그 해 7. 12.에 한 것이며 이 사건 범행은 그 이전인 그 해 5월과 6월 사이에 7차례에 걸쳐 단기간 내에 저질러진 것으로서 그 범행장소가 같고 절취한 돈도 그 때마다 유흥비로 탕진한 것이라면 위 확정판결의 절도범행과 이 사건 절도범행은 다같이 절도의 습벽이 발현된 것이어서 포괄하여 상습절도죄의 일죄를 구성한다고 할 것이므로 확정판결의 기판력이 이 사건 범행에도 미친다는 이유로 면소의 판결을 한 것은 정당하다(대판 1990. 2. 13, 89도2377).

상습범으로서 포괄적 일죄의 관계에 있는 여러 개의 범죄사실 중 일부에 대하여 유죄판결이 확정된 경우, 그 확정판결의 사실심 판결선고 전에 저질러진 나머지 범죄에 대하여 면소판결을 선고하기 위한 조건

1. 상습범으로서 포괄적 일죄의 관계에 있는 여러 개의 범죄사실 중 일부에 대하여 유죄판결이 확정된 경우에, 그 확정판결의 사실심 판결선고 전에 저질러진 나머지 범죄에 대하여 새로이 공소가 제기되었다면 그 새로운 공소는 확정판결이 있었던 사건과 동일한 사건에 대하여 다시 제기된 데 해당하므

로 이에 대하여는 판결로써 면소의 선고를 하여야 하는 것인바(형사소송법 제326호 제1호), 다만 이러한 법리가 적용되기 위해서는 전의 확정판결에서 당해 피고인이 상습범으로 기소되어 처단되었을 것을 필요로 하는 것이고, 상습범 아닌 기본 구성요건의 범죄로 처단되는 데 그친 경우에는, 가사 뒤에 기소된 사건에서 비로소 드러났거나 새로 저질러진 범죄사실과 전의 판결에서 이미 유죄로 확정된 범죄사실 등을 종합하여 비로소 그 모두가 상습범으로서의 포괄적 일죄에 해당하는 것으로 판단된다 하더라도 뒤늦게 앞서의 확정판결을 상습범의 일부에 대한 확정판결이라고 보아 그 기판력이 그 사실심 판결선고 전의 나머지 범죄에 미친다고 보아서는 아니된다.

2. 확정판결의 기판력이 미치는 범위를 정함에 있어서는 그 확정된 사건 자체의 범죄사실과 죄명을 기준으로 하는 것이 원칙이고 비상습범으로 기소되어 판결이 확정된 이상, 그 사건의 범죄사실이 상습범 아닌 기본 구성요건의 범죄라는 점에 관하여 이미 기판력이 발생하였다고 보아야 할 것이며, 뒤에 드러난 다른 범죄사실이나 그 밖의 사정을 부가하여 전의 확정판결의 효력을 검사의 기소내용보다 무거운 범죄유형인 상습범에 대한 판결로 바꾸어 적용하는 것은 형사소송의 기본원칙에 비추어 적절하지 않기 때문이다.
3. 그러므로 과거에 이에 다르게, 상습범으로서 포괄일죄 관계에 있는 죄 중 일부에 대하여 유죄의 확정판결이 있고, 그 나머지 부분 즉 확정판결의 사실심 선고 전에 저질러진 범행이 나중에 기소된 경우에, 그 확정판결의 죄명이 상습범이었는지 여부를 고려하지 아니하고, 단지 확정판결이 있었던 죄와 새로 기소된 죄 사이에 상습범인 관계가 인정된다는 이유만으로 확정판결의 기판력이 새로 기소된 죄에 미친다고 판시하였던 대법원의 판결들(대법원 1978. 2. 14, 77도3564 전원합의체판결, 2002. 10. 25, 선고2000도1736 판결 등 다수)은 이 판결의 견해와 어긋나는 범위 내에서 이를 모두 변경하기로 한다(대판 2004. 9. 16, 2001도3206 전원합의체판결).

나. 주관적 범위

일사부재리의 효력은 공소가 제기된 피고인에 대하여만 발생한다. 공동피고인의 경우에도 1피고인에 대한 판결의 효력은 다른 피고인에게 미치지 않는다. 다만 공범자인 공동피고인의 1인에 대한 무죄판결은 다른 공범자에게 유리한 증거자료로 사용될 수 있다. 그러나 이는 일사부재리의 효력과는 관계가 없다. 피고인이 성명을 모용한 경우에 판결의 효력은 피모용자에게 미치지 않는다. 그러나 위장출석한 피고인에 대하여는 판결의 효력이 미친다.

다. 시간적 범위

계속범·상습범 등이 확정판결 전후에 결쳐서 행하여진 경우에 어느 시점까지 일사부재리의 효력이 미치는가가 문제된다. 이에 대해서는 변론종결시설·판결선고시설·판결확정시설 등이 대립된다. 일사부재리의 효력의 시적 한계는 사실심리가 가능한 최종의 시를 표준으로 하여야 할 것이나 변론의 재개를 허용하고 있는 형사소송법의 해석에 있어서는 사실심판결선고시를 표준으로 해야 한다는 것이 통설과 판례의 태도이다. 따라서 판결선고에 의하여 판결선고 전후의 포괄일죄는 2개의 범죄로 나누어지는 결과가 된다.

핵심판례

약식명령의 기판력의 시간적 범위

유죄의 확정판결의 기판력의 시적 범위, 즉 어느 때가지의 범죄사실에 관하여 기판력이 미치느나의 기준시점은 사실심리의 가능성이 있는 최후의 시점인 판결선고시를 기준으로 하여 가리게 되고, 판결절차 아닌 약식명령은 그 고지를 검사와 피고인에 대한 재판서 송달로써 하고 따로 선고하지 않으므로 약식명령에 관하여는 그 기판력의 시적 범위를 약식명령의 송달시를 기준으로 할 것인가 또는 그 발령시를 기준으로 할 것인지 이론의 여지가 있으나 그 기판력의 시적 범위를 판결절차와 달리하여야 할 이유가 없으므로 그 발령시를 기준으로 하여야 한다(대판 1984. 7. 24, 84도1129).

항소이유서 미제출로 항소기각 결정된 경우 제1심 판결 기판력의 시간적 효력범위(=항소기각 결정시)

판결의 확정력은 사실심리의 가능성이 있는 최후의 시점인 판결선고시를 기준으로 하여 그때까지 행하여진 행위에 대하여만 미치는 것으로서, 제1심 판결에 대하여 항소가 된 경우 판결의 확정력이 미치는 시간적 한계는 현행 형사항소심의 구조와 운용실태에 비추어 볼 때 항소심 판결선고시라고 보는 것이 상당한데, 항소이유서를 제출하지 아니하여 결정으로 항소가 기각된 경우에도 형사소송법 제361조의4 제1항에 의하면 피고인이 항소한 때에는 법정기간 내에 항소이유서를 제출하지 아니하였다 하더라도 판결에 영향을 미친 사실요인이 있는 등 직권조사사유가 있으면 항소법원이 직권으로 심판하여 제1심 판결을 파기하고 다시 판결할 수도 있으므로 사실심리의 가능성이 있는 최후 시점은 항소기각 결정시라고 보는 것이 옳다(대판 1993. 5. 25, 93도836).

제4편
상 소

제 4 편 상 소

제 1 장 상소제도 개설

I. 상소의 의의 및 종류

1. 상소의 의의

상소란 미확정의 재판에 대하여 상급법원에 구제 내지 시정을 구하는 불복신청제도를 말한다. 따라서 확정판결에 대한 구제절차인 재심의 청구나 비상상고는 상소가 아니다. 또한 상소는 상급법원에 대한 구제신청이라는 점에서 당해 법원에 대한 이의신청이나 약식명령 또는 즉결심판에 대한 정식재판의 청구도 상소가 아니다.

상소는 재판에 대한 불복신청이라는 점에서 불기소처분에 대한 항고나 재정신청과 같은 검사의 처분에 대한 불복신청과 구별된다. 상소제도는 오판(誤判)을 시정하고 법령의 해석·적용의 통일을 목적으로 마련한 제도이다(헌재 1998. 10. 29. 97헌마17). 즉 원판결의 잘못을 시정하여 이에 의하여 불이익을 받는 당사자를 구제하고, 법령해석의 통일을 기하기 위하여 인정된 제도가 바로 상소이다.

2. 상소의 종류

현행법상 상소에는 항소·상고·항고의 3종류가 있다.

(1) 항 소

항소는 제1심 판결에 대한 상소이다. 상소심은 심리하는 범위에 따라 사실심과 법률심으로 나누어진다. 전자가 법률문제와 사실문제를 모두 심리함에 반하여, 후자는 법률문제만 심리한다. 항소심은 전자에 속한다.

(2) 상 고

상고는 제2심 판결에 대한 상소이다. 다만 제1심 판결에 대하여 직접 대법원에 상고할 수도 있는데, 이를 비약적 상고라 한다.

상고법원은 법률문제만 심리한다. 상고법원은 상고장, 상고이유서 기타의 소송기록에 의하여 변론 없이 판결할 수 있다(법 제390조 1항). 다만 상고법원은 필요한 경우에는 특정한 사항에 관하여 변론을 열어 참고인의 진술을 들을 수 있다(동조 2항).

(3) 항 고

법원의 결정에 대한 상소를 항고라 한다. 항고에는 일반항고와 특별항고(재항고)가 있으며, 일반항고에는 보통항고와 즉시항고가 있다. 특히 대법원에 제기하는 즉시항고를 재항고라 한다.

3. 상소권자

(1) 의 의

상소권이란 재판에 대하여 상소할 수 있는 소송법상의 권리를 말한다. 상소권자란 상소권을 가지는 것으로 법률상 규정된 자로서 상소권자가 이외의 자가 상소를 제기하더라도 상소의 효력이 생기지 않는다.

(2) 고유의 상소권자

고유의 상소권자는 재판을 받은 자이다.

가. 피고인

피고인은 당사자로서 당연히 상소권을 가진다. 피고인을 자기에게 불리한 재판에 대해서만 상소할 수 있다(법 제338조 1항). 따라서 무죄나 면소, 공소기각의 판결 및 결정에 대하여는 상소할 이익이 없다.

나. 검 사

검사도 당사자로서 당연히 상소권을 가진다. 검사는 피고인의 이익을 위하여든 불이익을 위하여든 상소할 수 있다. 예컨대 판결이 검사의 구형과 동일한 내용대로 선고되었더라도 피고인의 이익을 위한 검사의 상소에는 영향이 없다.

다. 피고인 이외의 자로서 결정을 받은 자

검사 또는 피고인 아닌 자가 결정을 받은 때에는 항고를 할 수 있다(법339조). 과태료의 결정 비용배상의 재판을 받은 증인·감정인 등이 이에 속한다.

(3) 당사자 이외의 상소권자

가. 변호인

원심의 변호인과 원심의 대리인(법 제276조 단서, 제277조 단서)은 피고인의 의뢰나 수권이 없더라도 그 명시한 의사에 반하지 않는 한 상소할 수 있다(법 제341조). 원심의 변호인이 아니었던 자는 상소권이 없으나, 변호인선임서의 제출과 동시에 상소장을 제출하면 그 변호인의 상소는 유효한 것으로 인정된다. 피고인의 상소권이 소멸한 후에는 변호인은 상소할 수 없다(대결 1986. 7. 12. 86모24).

나. 피고인의 배우자·친족 등

피고인의 배우자, 직계친족, 형제자매는 피고인의 명시한 의사에 반하지 않는 한 상소할 수 있다(법 제341조).

다. 법정대리인

피고인이 미성년자, 피성년후견인, 피한정후견인 경우에 그 법정대리인(친권자 또는 후견인)은 상소할 수 있다(법 제341조). 이 경우에는 피고인의 의사에 구애받지 않는다.

Ⅱ. 상소권의 발생·소멸·회복

1. 상소권의 발생

상소권은 재판의 선고 또는 고지에 의하여 발생한다. 그러나 상소가 허용되지 아니하는 재판(결정)은 고지되더라도 상소권이 발생하지 않는다.

2. 상소권의 소멸

상소권은 상소기간의 경과, 상소의 포기 또는 취하에 의하여 소멸한다.

(1) 상소기간

상소기간은 상소의 종류에 따라 다르다. 즉 항소와 상고는 7일(법 제358조, 제374조), 즉시항고는 3일이다(법 제405조). 보통항고의 시기는 즉시항고 외에는 언제든지 할 수 있다. 단, 원심결정을 취소하여도 실익이 없게 된 때에는 예외로 한다(법 제404조). 상소기간은 재판이 선고 또는 고지된 날로부터 진행한다(법 제343조 2항).

핵심판례

상소기간의 기산일(=재판이 선고 또는 고지된 날)
형사소송법 제343조 제2항에서는 '상소의 제기기간은 재판을 선고 또는 고지한 날로부터 진행한다.'고 규정하고 있으므로, 형사소송에 있어서는 판결 등본이 당사자에게 송달되는 여부에 관계없이 공판정에서 판결이 선고된 날로부터 상소기간이 기산되며, 이는 피고인이 불출석한 상태에서 재판을 하는 경우에도 마찬가지이다(대결 2002. 9. 27, 2002모6).

(2) 상소의 포기·취하

상소권은 상소기간 내에 상소권을 포기하거나 일단 제기한 상소를 취하함에 의하여 소멸된다. 즉 상소를 포기·취하한 자는 그 사건에 관하여 다시 상소하지 못한다(법 제354조).

3. 상소권의 회복

(1) 의 의

상소권의 회복이란 상소기간이 경과한 후에 법원의 결정에 의하여 소멸한 상소권을 회복시키는 제도를 말한다. 상소권자의 책임 없는 사유로 인하여 상소기간이 경과한 경우에 구체적 타당성을 고려하여 상소권자에게 상소의 기회를 주는 제도이다.

(2) 사 유

상소권자 또는 대리인이 책임질 수 없는 사유로 인하여 상소제기기간 내에 상소하지 못한 상소 회복의 청구를 할 수 있다(법 제345조).

'책임질 수 없는 사유'란 상소를 하지 못한 사유가 상소권자 본인 또는 대리인의 고의 또는 과실에 기하지 아니함을 말한다(대결 1986. 9. 17, 86모46).

가. 상소권 회복의 사유가 될 수 없는 사례

① 징역형의 실형이 선고되었으나 피고인이 형의 집행유예를 선고받은 것으로 잘못 전해 듣고 또한 판결주문을 제대로 알아들을 수가 없어서 항소제기기간 내에 항소하지 못한 경우(대결 2000. 6. 15, 2000모85)

② 교도소 담당직원이 재항고인에게 상소권회복청구를 할 수 없다고 하면서 형사소송규칙 제177조에 따른 편의를 제공해 주지 아니한 경우(대결 1986. 9. 27, 86모47)

③ 상소권자 또는 대리인이 단순히 질병으로 입원하였다거나 기거 불능하였었기 때문에 상소를 하지 못한 경우(대결 1986. 9. 17, 86모46).

핵심판례

징역형의 집행유예 판결의 선고일을 잘못 안 나머지 상고포기서를 제출한 경우 상소권 회복청구의 사유가 될 수 있는지 여부(소극)

피고인이 이미 확정되어 있던 징역형의 집행유예 판결의 선고일을 잘못 안 나머지 상고포기서를 제출한 것이라 하더라도, 그와 같은 사정은 상고포기로 이미 확정된 상소권회복 대상판결에 대하여 적법한 상소권 회복청구의 사유가 될 수 없다(대결 1996. 7. 16, 96모44).

법원의 판결의 확정 등의 통지를 받지 못하였다는 사유로 상소권회복청구를 할 수 있는지 여부(소극)

법원이나 검찰은 판결의 확정이나 또는 그로 인한 집행 등을 사전에 피고인이었던 사람에게 통지하여야 할 아무런 책임도 없는 것이므로 이와 같은 통지를 받지 못하였다는 사유가 상소의 제기기간 내에 상소를 하지 못한 상소권자 또는 대리인의 책임질 수 없는 사유에 해당한다고 할 수 없다(대결 1985. 12. 30, 85모43).

나. 상소권회복의 사유가 될 수 있는 사례

① 소송촉진등에관한특례법 제23조, 동법시행규칙 제19조 소정에 절차에 따라 공시송달의 방법으로 공소장부본 등이 송달되고 피고인의 출석 및 진술 없이 판결을 선고한 후 그 판결 등본을 같은 방법으로 송달하여 피고인이 공소제기 사실이나 판결선고 사실을 전혀 몰라 피고인이 법정기간 내에 항소하지 못한 경우(대결 1986. 2. 12, 86모3)

② 공시송달의 요건이 갖추어지지 않았음에도 1심 법원이 피고인의 소환을 공시송달의 방법으로 하고 피고인의 진술없이 공판절차를 진행하여 판결이 선고되고 동 판결 등본이 공시송달되어 피고인이 항소제기기간 내에 항소하지 못한 경우(대결 1984. 9. 28, 83모55)

핵심판례

교도소장이 결정 정본을 송달받고 1주일이 지난 뒤에 그 사실을 알렸기 때문에 항소하지 못한 경우 상소회복청구를 할 수 있는지 여부(적극)

상소권회복신청의 요건을 규정한 형사소송법 제 345조의 '대리인'이란 피고인을 대신하여 상소에 필요한 행위를 할 수 있는 지위에 있는 자를 말하는 것이고, 교도소장은 피고인을 대리하여 결정정본을 수령 할 수 있을 뿐이고 상소권 행사를 돕거나 대신 할 수 있는 자가 아니어서 이에 포함되지 아니하므로, 만일 교도소장이 결정 정본을 송달받고 1주일이 지난 뒤에 그 사실을 피고인에게 알렸기 때문에 피고인이나 그 배우자가 소정기간 내에 항고장을 제출할 수 없게 된 것이라면 상소권회복신청은 인용할 여지가 있을 것이다(대결 1996. 5. 6, 91모32)

요건이 미비되었음에도 공시송달의 방법에 의하여 약식명령서가 송달된 경우 정식재판청구권 회복청구의 가부

공소장에 기재된 피고인의 주거지로 약식명령서를 송달하였다가 수취인불명 등으로 송달이 불능되었다 하더라도 수사기록에 편철된 피고인에 대한 피의자 신문조서 등에 피고인의 사무소가 나타나 있다면 법원으로서는 그 사무소에 다시 소송서류를 송달해 보아야 할 것임에도 바로 공시송달의 방법을 취한 것은 공시송달의 요건을 흠결한 것이며 그로 인하여 피고인이 정식재판 청구기간을 도과하게 되었다면 이는 피고인이 책임질 수 없는 사유에 해당된다.

요건이 미비되었음에도 공시송달로 약식명령서가 송달되어 그 정식재판 청구기간이 도과한 경우의 불복방법

공시송달의 요건에 흠결이 있는 경우에도 법원이 명하여 그 절차가 취하여진 이상 송달로서는 유효하다 할 것이므로 약식명령을 공시송달을 한 경우 공시송달을 한 날로부터 2주일을 경과하면 송달에 효력이 생기고 그때부터 정식재판 청구기간을 기산하여야 할 것이며 그러한 기간계산방법에 따라 정식재판 청구기간이 도과한 경우에는 형사소송법 제458조, 제345조, 제346조에 의하여 정식재판청구권 회복청구와 동시에 정식재판청구를 함은 별론으로 하고 따로 정식재판청구만을 할 수는 없다(대결 1986. 2. 27, 85모6).

(3) 상소권 회복절차

가. 청구권자

상소권자는 상소권회복을 청구할 수 있다. 고유의 상소권자뿐만 아니라 상소권의 대리행사자도 포함된다(법 제345조).

나. 청구방법

상소권회복의 청구는 사유가 종지한 날로부터 상소제기기간에 상당한 기간(항소·상고는 7일, 즉시항고, 준항고는 3일) 내에 서면으로 원심법원에 제출하여야 한다. 상소권회복의 청구를 할 때에는 원인된 사유를 소명하여야 한다. 상소권에 회복을 청구하는 자는 청구와 동시에 상소를 제기하여야 한다(법 제346조). 상소권회복의 청구가 있는 때에는 법원은 지체 없이 그 사유를 상대방에게 통지하여야 한다(법 제356조).

핵심판례

상소권을 포기한 자가 상소제기기간이 도과한 후에 상소포기의 효력을 다투는 경우, 상소제기와 함께 상소권 회복청구를 할 수 있는지 여부(적극)

상소권회복은 자기 또는 대리인이 책임질 수 없는 사유로 인하여 상소제기기간 내에 상소를 하지 못한 사람이 이를 청구하는 것이므로, ㉠ 상소권을 포기한 후 상소제기기간이 도과하기 전에 상소포기의 효력을 다투면서 상소를 제기한 자는 원심 또는 상소심에서 그 상소의 적법여부에 대한 판단을 받으면 되고, 별도로 상소권회복청구를 할 여지는 없다고 할 것이나, ㉡ 상소권을 포기한 후 상소제기기간이 도과한 다음에 상소포기의 효력을 다투는 한편, 자기 또는 대리인이 책임질 수 없는 사유로 인하여 상소제기기간 내에 상소를 하지 못하였다고 주장하는 사람은 상소를 제기함과 동시에 상소권 회복청구를 할 수 있고, ㉢ 그 경우 상소포기가 부존재 또는 무효라고 인정되지 아니하거나 자기 또는 대리인이 책임질 수 없는 사유로 인하여 상소제기기간을 준수하지 못하였다고 인정되지 아니한다면 상소권회복청구를 받은 원심으로서는 상소권회복청구를 기각함과 동시에 상소기각 결정을 하여야 한다(대결 2004. 1. 13, 2003모451).

다. 법원의 결정

① 상소권 회복청구에 대한 결정과 즉시항고 : 상소권회복의 청구를 받은 법원은 청구의 허부에 관한 결정을 하여야 한다. 이 결정에 대하여는 즉시항고를 할 수 있다(법 제347조).

② 임의적 집행정지결정 : 법원은 결정을 할 때까지 재판의 집행을 정지하는 결정을 할 수 있다(법 제348조 1항). 집행정지결정의 여부는 법원의 재량으로 할 수 있다. 집행정지의 결정을 한 경우에 피고인의 구금을 요하는 때에는 구금영장을 발부하여야 한다. 다만 구속사유(법 제70조)가 구비될 것을 요한다(법 제348조 2항).

【서식】 상소권(항소, 상고)회복청구서

상 소 권 회 복 청 구 서

사　건 20○○고합 4321 사기피고사건
피고인 ○ ○ ○

청 구 취 지

피고인에 대한 귀원 20○○고합 4321 사기피고사건에 관하여 피고인의 상소권을 회복한다.
라는 재판을 구합니다.

청 구 이 유

1. 피고인은 위 사기피고사건에 대하여 20○○년 ○월 ○일 ○○지방법원에서 징역 ○년에 집행유예 ○년의 유죄판결을 받고, 20○○년 ○월 ○일 항소기간 경과로 그 형이 확정된바 있습니다.
2. 피고인은 20○○년 ○월 ○일 ○○지방법원에서 위 선고를 받고 그만 충격을 받은 나머지 기절, 병고에 시달리다 상소제기기간을 경과하였습니다.
3. 본 피고인은 부모 형제와 일가친척이 없는 고아로서 위와 같은 사실은 형사소송법 제345조에 해당된다고 사료되므로 본 청구에 이르렀습니다.

첨 부 서 류

1. 가족관계증명서 1통
1. 진 단 서 1통

20○○년 월 일

위 피고인의 변호인 ○ ○ ○ ㊞

○○지방법원 귀중

제출기관	원심법원{※아래(1)참조} (형사소송법 346조1항)	제출기간	사유가 종지한 날로부터 상소기간에 상당한 기간내에
청구권자	※ 아래(2)참조	관 할	원심법원
제출부수	신청서 1부	관련법규	형사소송법 345~347조
회복청구 사 유	자기 또는 대리인이 책임질 수 없는 사유로 인하여 상소의 제기기간내에 상소를 하지 못한 때		
회복청구 방 식	1. 서면으로 원인된 사유를 소명 2. 상소회복청구와 동시에 상소를 제기해야 함		
불복절차 및 기간	· 기각결정에 대하여 즉시항고(형사소송법 347조2항) · 재판의 고지가 있은 날로부터 3일(형사소송법 405조)		

【서식】 상소권회복청구에 따른 재판집행정지 결정

서 울 중 앙 지 방 법 원

결 정

20○○초 47 상소권회복 청구사건
청구인(피고인) ○ ○ ○
주 거 ○○시 ○○구 ○○길 ○○

○○지방법원 20○○고합 432호 특수강도 피고사건에 관하여 선고한 판결은 피고인에 대한 상소권회복청구에 관한 허부의 결정이 있을 때까지 그 집행을 정지한다.

이 유

20○○년 ○월 ○일자로 상소권회복청구가 당원에 접수되었음에 인함.
적용법조 형사소송법 제348조

20○○년 월 일

판 사 ○ ○ ○ ㊞

【서식】 상소권회복허가결정

서 울 중 앙 지 방 법 원
결 정

사 건 20○○초 43호 상소권회복
피고인 ○ ○ ○
신청인 피고인(또는 피고인의 형 ○ ○ ○)

주 문

피고인에 대한 이 법원 20○○고합 1234강도사건의 판결에 관하여 신청인의 항소권을 회복한다.

이 유

20○○년 ○월 ○ 일
(재판부 표시 생략)

주의요소 ① 상소권 회복의 청구가 부적법하거나 이유가 없는 경우에는 청구 기간 결정과 함께 상소기각의 결정도 해야 한다

② 상소권회복의 청구가 이유 있다고 인정하는 경우에는 그러한 취지의 결정을 해야 하며, 그 결정이 확정되는 경우에는 상소의 제기는 유효하게 되고, 일단 발생한 확정능력은 배제된다. 청구기각의 결정에 대해서 뿐 아니라 청구인용의 결정에 대해서도 즉시항고가 허용된다.

【서식】 상소권회복기각결정

서 울 중 앙 지 방 법 원

결 정

20○○초 43호 상소권회복청구사건
피고인 ○ ○ ○(○○세, 상업)
주거 ○○시 ○○구 ○○길 ○○
본적 위와 같음

위 피고인에 대한 ○○고합 ○○ 특수강도 피고사건에 관하여 당원이 선고한 유죄판결에 대하여 피고인으로부터 상소권회복청구가 있으므로 검토하여 본 바 피고인의 주장사실은 사실과 다르며 오히려 상소 기간을 도과하였음은 피고인의 귀책사유임이 명백하므로 주문과 같이 결정한다.

주 문

본건 상소권회복청구는 이를 기각한다.

20○○년 ○월 ○ 일

판 사 ○ ○ ○ ㊞

Ⅲ. 상소의 이익

1. 의 의

상소의 이익은 상소가 상소권자에게 이익이 되는가의 문제를 말한다. 형사소송법은 상소에 관하여 상소권자와 상소이유를 규정하고 있다. 따라서 상소이유에 해당하는 사유가 있을 때에 상소권자는 상소를 할 수 있다. 그러나 이 경우에 상소권자가 상소를 하기 위하여는 상소의 이익이 있어야 한다. 재판에 대한 불복은 재판에 의하여 권리와 이익이 침해되었음을 전제로 하므로 그 불복신청은 상소의 필요성 즉 상소가 자기에게 이익이 될 때에만 허용되는 것이다. 이러한 의미에서 "이익이 없으면 소송 없다."는 민사소송의 원칙은 상소의 이익에 관하여도 적용된다고 할 수 있다. 상소의 이익은 원판결에 잘못이 있는가를 뜻하는 상소의 이유와는 구별되는 개념이다. 다만 상소의 이익도 상소이유를 고려하여 판단해야 한다는 점에서 양자는 밀접한 관계를 가진다고 할 수 있다.

2. 검사의 상소의 이익

상소권자에는 검사와 피고인이 있다. 상소의 이익이란 일반적으로 피고인의 상소의 이익을 말한다. 그러나 검사가 상소하는 경우에도 상소의 이익이 있어야 한다는 점은 피고인의 상소의 경우와 동일하다고 해야 한다. 다만 검사가 상소하는 경우의 상소의 이익의 개념은 피고인 상소의 경우와 동일하지 않다. 검사의 상소에는 피고인에게 불이익한 상소와 피고인의 이익을 위한 상소가 있다.

(1) 피고인에게 불이익한 상소

검사는 피고인과 대립되는 당사자이므로 검사가 피고인에게 불이익한 상소를 할 수 있다는 점에는 의문이 없다. 검사에게 상소권을 인정한 이상 무죄판결에 대한 상소는 물론 유죄판결에 대하여도 중한 죄나 중한 형을 구하는 상소가 당연히 허용된다. 검사는 공익의 대표자로서 법령의 정당한 적용을 청구할 임무를 가지기 때문이다.

핵심판례

검사가 재판의 이유만을 다투어 상소하는 경우, 상소의 이익이 있는지의 여부(소극)
검사는 공익의 대표자로서 법령의 정당한 적용을 청구할 임무를 가지이므로 이의신청을 기각하는 등 반대 당사자에게 불이익한 재판에 대하여도 그것이 위법일 때에는 위법을 시정하기 위하여 상소로써 불복할 수 있지만 불복은 재판의 주문에 관한 것이어야 하고 재판의 이유만을 다투기 위하여 상소하는 것은 허용되지 않는다(대판 1993.3.4., 자, 92모21)

(2) 피고인의 이익을 위한 상소

검사는 공익의 대표자로서 법령의 정당한 적용을 청구할 임무를 가진다. 따라서 검사가 피고인의 불이익을 위한 상소뿐만 아니라 피고인의 이익을 위한 상소도 할 수 있다는 것이 통설과 판례의 태도이다. 그러나 이는 검사가 공익의 대표자로서 원판결의 잘못을 시정하고 피고인의 정당한 이익을 보호하기 위한 상소이지 오로지 피고인의 이익만을 위한 상소를 허용하는 취지로 볼 수는 없다.

3. 상소이익의 내용

(1) 유죄판결에 대한 상소

가. 의 의

유죄판결은 피고인에게 가장 불이익한 재판이다. 따라서 유죄판결에 대하여 무죄를 주장하거나 경한 형을 선고할 것을 주장하여 상소하는 경우에는 당연히 상소의 이익이 있다. 그러나 유죄판결에 대한 상소취지가 피고인에게 이익이 되지 않거나 불이익한 경우에는 상소의 이익이 없으므로 부적법한 상소가 된다.

핵심판례

도로교통법 제148조의2 제1항 제1호를 적용하고 다시 형법 제35조에 의한 누범가중을 허용하는 것이 헌법상 일사부재리나 이중처벌금지에 반하는지 여부(소극)

도로교통법 제148조의2 제1항 제1호(이하 '이 사건 법률조항'이라고 한다)는 입법취지가 반복적 음주운전행위에 대한 법정형을 강화하기 위한 데 있다고 보이고, 조문의 체계가 일정한 구성요건을 규정하는 형식으로 되어 있으며, 적용요건이나 효과도 형법 제35조와 달리 규정되어 있는 점, 누범을 가중 처벌하는 이유는 전범에 대한 형벌에 의하여 주어진 기왕의 경고를 무시하고 다시 범죄를 저질렀다는 점에서 비난가능성 및 책임이 높기 때문이지 전범에 대하여 처벌을 받았음에도 다시 범행을 하는 경우에 전범도 후범과 일괄하여 다시 처벌한다는 것은 아닌 점 등에 비추어 보면, 이 사건 법률조항을 적용하고 다시 형법 제35조에 의한 누범가중을 허용한다고 하더라도 헌법상의 일사부재리나 이중처벌금지에 반한다고 볼 수 없다. 그렇다면 원심이 유지한 제1심판결이 피고인의 이 사건 범죄행위에 대하여 이 사건 법률조항을 적용한 후 다시 형법 제35조에 의하여 누범가중을 한 조치는 정당하고, 거기에 피고인이 주장하는 바와 같은 일사부재리 원칙을 위반한 잘못이 없다(대판 2014.7.10. 선고, 2014도5868).

나. 형면제판결에 대한 상소

형의 면제의 판결도 유죄판결의 일종이고 피고인에게 불이익한 재판이므로 피고인이 형의 면제판결에 대하여 무죄를 주장하여 상소할 수 있다.

(2) 무죄판결에 대한 상소

무죄판결은 피고인에게 가장 유리한 재판이다. 따라서 원심의 무죄판결에 대하여 피고인은 상소할 수 없다. 무죄판결에 대하여 유죄판결을 구하는 상소는 물론, 면소·공소기각 또는 관할위반의 재판을 구하는 상소도 허용되지 않는다.

핵심판례

무죄판결에 대한 피고인이 상소하는 경우, 상소의 이익이 있는지의 여부(소극)
피고인의 상소는 불이익한 원재판을 시정하여 이익된 재판을 청구함을 그 본질로 하는 것이어서 재판이 자기에게 불이익하지 아니하면 이에 대한 상소권을 가질 수 없다고 할 것이므로 피고인에게 가장 유리한 판결인 무죄판결에 대한 피고인의 상고는 부적법하다(대판 1994. 7. 29. 93도1091).

쟁 점

<심신상실을 이유로 한 무죄판결에 대하여 피고인이 사건의 실체에 관한 이유로 무죄판결을 구하는 상소가 가능한지 여부>

이것은 무죄판결의 이유를 다투는 상소가 허용될 수 있는가가 문제이다. 이에 관해서는 견해가 대립된다.

ㄱ) 적극설

심신상실을 이유로 무죄판결을 받은 경우에는 무죄판결인 경우에도 피고인이 사회적으로 치명적인 타격을 받는 것을 부정할 수 없으므로 상소의 이익을 인정해야 한다고 한다.

ㄴ) 소극설

무죄판결의 경우에는 그 이유가 무엇인가를 불문하고 재판에 의한 피고인의 법익 박탈은 없다고 해야 하고, 이로 인한 피고인의 타격은 재판의 불법효과로서의 법익 박탈이라고 할 수 있으며, 상소는 판결의 주문에 대하여 허용되고 판결이유만을 대상으로 하는 상소는 허용될 수 없다고 할 것이므로 상소의 이익이 없다고 한다.

ㄷ) 판 례

판례도 재판에 대한 불복은 재판의 주문에 대한 것이어야 하고 재판의 이유만을 다투기 위하여 상소하는 것은 허용되지 않는다고 판시하였다.(대결 1993. 3. 4. 92모21)

(3) 공소기각 · 관할위반 및 면소판결에 대한 상소

공소기각 · 관할위반 및 면소판결에 대하여 피고인이 무죄를 주장하여 상소할 수 있는가가 문제된다. 형식재판에 대하여 무죄를 주장하여 상소하는 경우에 상소의 이익을 인정할 수 있는가의 문제이다. 이에 관해서는 견해가 대립된다.

가. 적극설

적극설은 유죄도 무죄도 아닌 재판보다는 무죄판결이 객관적으로 피고인에게 유리하고, 무죄판결이 확정되면 기판력이 발생하며 또 형사보상을 받을 수 있는 법률상의 이익도 있을 수 있으므로 형식재판에 대하여 무죄를 주장하여 상소할 수 있다고 한다.

나. 소극설

소극설은 피고인이 형식재판에 대하여 무죄를 주장하여 상소할 수는 없다고 한다. 다만 상소를 허용하지 않는 이유에 대하여는 상소의 이익이 없기 때문이라는 견해와 실체판결청구권이 없기 때문이라는 견해(판례의 태도)가 대립되고 있다.

(4) 항소기각 판결에 대한 상고

항소기각판결에 대하여 항소인에게는 상고의 이익이 있다.

핵심판례

항소를 포기한 피고인이 검사의 항소기각 판결에 대하여 상고할 경우, 상소의 이익이 있는지의 여부(소극)

피고인을 위한 상소는 하급심 법원의 재판에 대한 불복으로서 피고인에게 불이익한 재판을 시정하여 이익된 재판을 청구함을 그 본질로 하는 것이므로 하급심 법원의 재판이 피고인에게 불이익하지 아니하면 이에 대하여 피고인은 상소권을 가질 수 없으니 피고인이 제1심 판결에 대하여 항소권을 포기하였고 검사가 양형이 과경하다는 이유로 항소하였으나 제2심 판결이 이를 기각하였다면 피고인은 이 판결에 대하여는 상고권이 없다 할 것이다(대판 1987. 8. 31, 87도1702).

(5) 상소의 이익이 없는 경우의 재판

상소의 이익은 상소의 적법요건이므로 상소의 이익이 없는 상소가 있는 때에는 상소를 기각하지 않으면 안된다. 다만 무죄·면소·공소기각·관할위반의 재판에 대한 상소와 같이 상소의 이유 없음이 상소장의 기재에 의하여 명백한 경우에는 결정으로 상소를 기각해야 한다.

Ⅳ. 상소의 제기

1. 서면제출의 원칙

상소는 상소제기기간 내에 상소장을 원심법원에 제출함에 의하여 한다(법 제343조1항, 제359조, 제375조, 제406조). 구술에 의한 제소는 허용되지 않는다. 상소장은 원심법원에 제출하여야 하며, 상소장이 원심법원에 제출된 때에 상소제기의 효력이 발생한다. 구금중인 피고인이 문맹 등의 사유로 상소장을 작성할 수 없을 때에는 교도소·구치소의 장은 공무원으로 하여금 대서케 하여야 한다(법 제344조). 상소, 상소의 포기나 취하 또는 상소권회복의 청구가 있는 때에는 법원은 지체 없이 상대방에게 그 사유를 통지하여야 한다(법 제356조).

2. 상소제기기간

가. 기간 및 기산점

항소 및 상고의 기간은 판결 선고일부터 7일이고, 즉시항고 및 준항고의 기간은 재판고지일부터 3일이다. 통상항고의 기간제한은 없다.

나. 도달주의의 원칙

상소는 상소장이 상소제기기간 내에 제출법원인 원심법원에 도달하여야만 효력이 있다. 상소기간 경과 후에 도달하게 되면 상소권 소멸 후의 상소가 되어 원심에서 상소기각결정을 하게 된다(법 제360조, 제376조, 제407조).

다. 재소자에 대한 특칙

교도소 또는 구치소에 있는 피고인이 상소제기기간 내에 상소장을 교도소장 또는 구치소장에게 제출한 때에는 상소의 제기기간 내에 상소한 것으로 간주한다(법 제344조).

3. 상소제기의 효과

(1) 정지의 효력

상소의 제기에 의하여 재판의 확정과 집행이 정지된다. 이를 정지의 효력이라고 한다. 확정정지의 효력은 상소에 의하여 언제나 발생한다. 그러나 집행정지의 효력에 대하여는 예외가 인정된다. 즉 ① 항고는 즉시항고를 제외하고는 집행정지의 효력이 없고(제409조), ② 가납판결은 즉시로 집행할 수 있다(법 제334조 3항).

(2) 이심의 효력

상소의 제기에 의하여 소송계속은 원심은 떠나 상소심으로 옮겨진다. 그러나 이심의 효력이 상소제기와 동시에 발생하는 것이 아니라, 상소장과 증거물 및 소송기록을 원심법원으로부터 상소법원에 송부한 때에 발생한다. 따라서 항소와 상고에 있어서는 상소가 법률상의 방식에 위반하거나 상소권의 소멸 후인 것이 명백한 때에는 원심법원이 결정으로 상소를 기각하며(법 제360조, 제376조), 항고가 법률상의 방식에 위반하거나 항고권 소멸 후인 것이 명백한 때에는 원심법원이 이를 기각하고(법 제407조 1항), 원심법원이 항고의 이유가 있는 것으로 인정한 때에는 원심법원이 결정을 경정하여야 한다(법 제408조 1항).

Ⅴ. 상소의 포기·취하

1. 상소의 포기

(1) 의 의

상소의 포기란 상소권자가 상소기간 내에 상소권을 스스로 소멸시키는 소송행위를 말한다.

상소권을 포기한다는 적극적 의사표시를 의미한다는 점에서 단순한 상소권의 불행사와 구별된다. 따라서 상소권의 불행사의 경우에는 상소기간의 경과에 의하여 상소권이 소멸하지만, 상소포기의 경우에는 상소기간 내에 상소권이 소멸한다.

재판의 선고나 고지 전에 미리 상소의 포기를 할 수 없으며 상소기간 만료 후에는 상소권이 소멸되므로 그 포기란 아무 의미가 없다.

핵심판례

변호인의 상소취하에 피고인의 동의가 없는 경우, 상소취하의 효력이 발생하는지 여부(소극) / 변호인의 상소취하에 대한 피고인의 동의 방법 및 이때 피고인의 공판정에서의 구술동의는 명시적으로 이루어져야 하는지 여부(적극)

변호인은 피고인의 동의를 얻어 상소를 취하할 수 있으므로(형사소송법 제351조, 제341조), 변호인의 상소취하에 피고인의 동의가 없다면 상소취하의 효력은 발생하지 아니한다. 한편 변호인이 상소취하를 할 때 원칙적으로 피고인은 이에 동의하는 취지의 서면을 제출하여야 하나(형사소송규칙 제153조 제2항), 피고인은 공판정에서 구술로써 상소취하를 할 수 있으므로(형사소송법 제352조 제1항 단서), 변호인의 상소취하에 대한 피고인의 동의도 공판정에서 구술로써 할 수 있다. 다만 상소를 취하하거나 상소의 취하에 동의한 자는 다시 상소를 하지 못하는 제한을 받게 되므로(형사소송법 제354조), 상소취하에 대한 피고인의 구술 동의는 명시적으로 이루어져야만 한다(대결 2015.9.10. 선고, 2015도7821).

(2) 상소포기권자

상소의 포기를 할 수 있는 자는 앞서 본 상소권자 중에서 검사, 피고인 및 직접 결정을 받은 자이다. 다시 말하면 재판의 직접 당사자가 된 상소권자만이 상소포기를 할 수 있을 뿐이고 그 밖에 변호인이나 친족 등 다른 상소권자는 상소포기를 할 수 없다. 법정대리인이 있는 피고인, 즉 미성년자, 피성년후견인, 피한정후견인이 상소의 포기를 함에는 법정대리인의 동의가 필요하다(법 제350조). 법정대리인이 있는 피고인이 상소의 포기 또는 취하를 함에는 법정대리인의 동의를 얻어야 한다. 다만 법정대리인의 사망 기타 사유로 인하여 그 동의를 얻을 수 없는 때에는 예외로 한다(제350조). 따라서 미성년자인 피고인이 법정대리인의 동의를 얻지 않고 한 상소의 포기 또는 취하는 효력이 없다.

(3) 상소포기의 방식

상소의 포기는 서면으로 하여야 한다. 단 공판정에서는 구술(口述)로써 할 수 있다(법 제352조 1항). 공판정에서 구술로 상소를 포기한다는 것은 판결선고 직후에만 가능할 것인데, 이때에는 판결선고조서에 기재하여야 한다(동조 2항). 상소의 포기는 원심법원에 하여야 한다.

(4) 제출서면

법정대리인이 있는 피고인이 법정대리인의 동의를 얻어 상소를 포기하는 때에는 법정대리인이 이에 동의하는 취지의 서면을 제출하여야 한다(법 제350조, 규 제153조 1항). 피고인의 법정대리인등이 상소를 취하할 때에는 피고인이 이에 동의하는 취지의 서면을 제출하여야 한다(규 제153조 2항).

(5) 상소포기의 효력

상소의 포기가 있는 때에는 법원은 지체 없이 그 사유를 상대방에게 통지하여야 한다(법 제356조). 상소를 포기한 자는 그 사건에 대하여 다시 상소하지 못한다(법 제354조).

핵심판례

상소의 포기나 취하 후의 재상소를 금지하는 형사소송법 제354조의 규정이 헌법상 재판청구권을 침해하는 것으로서 위헌인지 여부(소극)

원래 상고를 포기하거나 취하한 경우에는 상고권이 소멸하는 것이므로 다시 상고를 제기할 수는 없는 것이고, 형사소송절차에 있어서는 기본적으로는 법적 안정성과 형식적 확실성이 요구되는 것이므로, 절차유지의 원칙상 민법상의 취소와 같이 소송행위의 효력을 소급적으로 소멸시키는 취소는 인정되지 않는 것이나, 이러한 특성을 지나치게 강조하는 경우에는 피고인 등이 예상치 못한 불이익을 입게 되거나 정의가 훼손될 우려가 있으므로 형사소송법은 상소를 취하하거나 포기한 자는 그 사건에 대하여 다시 상소하지 못한다는 규정을 두고 있으면서도(제354조), 다른 한편 형사소송규칙은 상소의 포기나 취하가 부존재 또는 무효인 경우 법원에 절차속행의 신청을 할 수 있는 길을 열어두고 있으므로(제154조), 위와 같은 상고의 포기나 취하 및 절차형성적 소송행위의 성질과 그 부존재나 무효인 경우 구제의 방법이 마련되어 있는 점 등을 감안하면 상소의 포기나 취하의 경우 그 사건에 관하여 다시 상소를 하지 못한다는 형사소송법 제354조의 규정이 헌법상 보장된 재판청구권을 침해하는 것으로서 헌법에 위반된다고 할 수는 없다(대결 2001.10.16. 자,2001초428).

상소권 회복이 상소포기로 인하여 소멸한 상소권까지 회복하는 것으로 볼 수 있는지의 여부(소극)

원심은 피고인이 2002. 3. 5. 제1심 법원에서 도로교통법 위반(음주운전)죄로 징역 6월의 형을 선고받고 같은 날 상소를 포기하였다가, 항소제기기간 도과 후인 2002. 3. 14. 제1심 법원에 항소장을 제출한 사실, 이에 제1심 법원은 2002. 3. 20. 피고인에 대하여 상소권회복결정을 한 사실을 각 인정한 다음, 형사소송법 제345조에 의한 상소권회복은 피고인 등이 책임질 수 없는 사유로 상소제기기간을 준수하지 못하여 소멸한 상소권을 회복하기 위한 것일 뿐, 상소의 포기로 인하여 소멸한 상소권까지 회복하는 것이라고 볼 수는 없는 것이고, 피고인의 상소포기에 부존재 또는 무효사유가 있다고 볼 사정이 없으므로, 피고인의 이 사건 항소는 상소권 소멸 후에 제기된 것임이 명백하다고 판단하여 형사소송법 제362조 제1항에 의하여 결정으로 피고인의 항소를 기각하였는바, 기록에 비추어 살펴보면, 원심의 위와 같은 조치는 수긍이 되고, 원심결정에 상고이유로 주장하는 바와 같은 상소권회복결정에 관한 법리오해 등의 위법이 있다고 할 수 없다(대결 2002. 7. 23, 2002모180).

피고인이 상소권을 포기한 후, 변호인이 상소를 제기한 경우 그 상소의 효력(무효)

형사소송법 제341조 제1항에 원심의 변호인은 피고인을 위하여 상소할 수 있다 함은 변호인에게 고유의 상소권을 인정한 것이 아니고 피고인의 상소권을 대리하여 행사하게 한 것에 불과하므로, 변호인은 피고인의 상소권이 소멸된 후에는 상소를 제기할 수 없는 것이고, 상소를 포기한 자는 형사소송법 제354조에 의하여 그 사건에 대하여 다시 상소를 할 수 없다(대결 1998. 3. 27, 98도253).

가. 절차형성적 소송행위가 착오로 인하여 행하여진 경우, 그 행위가 무효로 되기 위한 요건 / 나. 교도관이 내어 주는 상소권포기서를 항소장으로 잘못 믿은 나머지 이를 확인하여 보지도 않고 서명 무인한 경우, 항소포기가 유효하다고 한 사례

가. 항소포기와 같은 절차형성적 소송행위가 착오로 인하여 행하여진 경우 그 행위가 무효로 되기 위하여는 그 착오가 행위자 또는 대리인이 책임질 수 없는 사유로 발생하였을 것이 요구된다.

나. 교도관이 내어 주는 상소권포기서를 항소장으로 잘못 믿은 나머지 이를 확인하여 보지도 않고 서명 무인한 경우, 항소포기가 유효하다고 본 원심결정을 수긍한 사례(대결 1995.8.17. 자, 95모49).

[서식] 무효인 상소권포기를 다투는 절차속행신청서

절 차 속 행 신 청 서

20○○ 고합 435호 특수절도 피고사건
피고인 ○ ○ ○

위 사건에 관하여 ○○지방법원이 ○○년 ○월 ○일에 선고한 징역 ○월에 ○년간 집행유예의 판결에 대하여 피고인이 ○○년 ○월 ○일 상소권을 포기하였으나, 위 피고인은 미성년자로서 동 포기에 법정대리인의 동의가 요구되는 바, 법정대리인은 동 포기에 동의한 사실이 없어 동 포기는 무효의 포기이므로 피고인의 법정대리인 친권자 부 ○○○은 위 사건의 절차를 진행해 줄 것을 신청합니다.

20○○년 월 일

피고인의 법정대리인
친권자 부 ○ ○ ○ ㊞

○○○지방법원 귀중

2. 상소의 취하

(1) 의 의

상소의 취하란 상소를 한 자가 이미 제기한 상소를 철회하는 소송행위를 말한다. 상소의 대상인 원재판이 일부상소를 할 수 있는 것이었다면 일부 취하도 가능하다.

상소를 취하했거나 상소취하에 동의한 자는 다시 상소를 하지 못한다.(법 제354조) 또 피고인이 상소취하를 한 경우에는 아직 상소기간이 만료되지 않았을지라도 상소를 제기할 수 없다.

(2) 상소취하권자

상소취하권자는 상소포기권자보다 그 범위가 넓다. 즉 검사, 피고인 또는 결정을 받은 자는 물론이고(법 제349조), 법정대리인 또는 법 제341조에 규정한 변호인, 친족 등도 피고인의 동의를 얻는 한 상소취하를 할 수 있다(법 제351조).

법정대리인이 있는 피고인이 상소취하를 함에는 법정대리인의 동의를 얻어야 하는 점도 상소포기의 경우와 같다(법 제350조, 규칙 제153조 1항).

(3) 방 식

상소포기의 경우와 같다. 다만 기록이 있는 원심법원 또는 상소법원에 대하여 하는 점이 다를 뿐이다(법 제353조). 기록이 이미 원심법원을 떠나 송부중에 있는 때에는 상소법원에 하여야 할 것이다. 이 경우 취하서가 원심법원에 제출된 때에는 원심법원은 즉시 상소법원으로 송부하여야 한다.

【서식】 상소(항소, 상고)포기서

상 소 포 기 서

사 건 20○○고합 987호 사기피고사건
피고인 ○ ○ ○

위 피고사건에 대하여 ○○지방법원이 20○○. ○. ○. 선고한 징역 ○년의 판결에 대하여 상소권을 포기합니다

20○○년 월 일

위 피고인 ○ ○ ○ ㊞

주의요소 ① 상소의 포기는 상소제기 이전에 한하여 할 수 있는 것이므로 피고인이 적법한 상소제기한 후에 그 상소를 포기한다 해도 상소포기의 효력은 발생할 수 없고 이미 한 상소제기의 효력은 존속되는 것이라 할 것이다.

② 상소의 포기 또는 취하가 있을 때에는 고유의 상소권자의 상소권자체가 소멸하며 그 효과는 당연히 대리행사권자 전원에 미치어 상소를 할 수 없다 할 것이다.

【서식】 법정대리인의 동의서

동 의 서

사 건 20○○고합 456호 절도피고사건
피고인 ○ ○ ○

위 사건에 대하여 피고인이 상소권을 포기하는 데 대하여 피고인의 법정대리인 친권자 부 ○○○, 모 □□□는 위 포기에 동의합니다.

20○○. ○. ○.

피고인 법정대리인 부 ○ ○ ○ ㊞
모 □ □ □ ㊞

○○지방법원 귀중

Ⅵ. 일부 상소

1. 의 의

상소는 재판의 일부에 대하여 할 수 있다(법 제342조 1항). 재판의 일부에 대한 상소를 일부상소라고 한다. 공소불가분의 원칙에 의하여 단일사건은 한 개의 소송의 객체가 된다. 따라서 제 1심의 심판의 대상은 한 개의 사건이며 한 개의 사건에 대하여는 한 개의 재판이 있고, 이 재판은 상소에 있어서도 법률적으로 그 내용을 분할하는 것이 허용되지 않는다. 이러한 의미에서 한 개의 사건의 일부를 상소하는 것은 공소불가분의 원칙에 반하여 허용되지 않는다고 해야 한다. 그러므로 일부상소에 있어서 재판의 일부라 함은 한 개의 사건의 일부를 말하는 것이 아니라 수개의 사건이 병합심판된 경우의 재판의 일부를 의미한다고 보지 않을 수 없다.

2. 일부상소의 허용범위

일부상소가 허용되기 위하여는 재판의 내용이 가분이고 독립된 판결이 가능할 것을 요한다. 따라서 상소부분이 다른 부분과 논리적으로 관련되어 있거나, 양형에 상호작용을 하기 때문에 그 판결의 영향을 받는 때에는 일부상소가 허용되지 않는다. 일부상소가 허용되는 범위에서는 일부에 대한 상소의 포기와 취하도 인정된다. 일부상소가 허용되지 않는 경우임에도 불구하고 일부상소가 있는 때에는 전부상소가 있는 것으로 해석해야 한다. 즉 일부에 대한 상소는 그 일부와 불가분의 관계에 있는 부분에 대하여도 효력이 미친다(법 제342조 2항).

(1) 일부상소가 허용되는 경우

1) 전부 무죄판결에 대하여 그 중 특정 공소사실의 상소

전부 무죄판결에 대하여는 그 중 일부 공소사실만을 특정하여 상소할 수 있으므로 항소대상이 되지 아니한 부분은 심판할 수 없다.

2) 경합범 관계에 있는 수개의 공소사실의 일부에 대하여 유죄, 다른 부분에 대하여 무죄 등이 선고된 경우

경합범으로 동시에 기소된 사건에 대하여 일부 유죄, 일부 무죄의 선고를 하거나 일부의 죄에 대하여 징역형을, 다른 죄에 대하여 벌금형을 선고하는 등 판결주문이 수개일 때에는 그 1개의 주문에 포함된 부분을 다른 부분과 분리하여 일부상소를 할 수 있다.(대판 2000. 2. 11, 99도4840)

핵심판례

형법 제37조 전단 경합범 관계 공소사실 중 일부 유죄, 일부 무죄를 선고한 제1심판결에 대하여 검사만이 항소하면서 무죄 부분에 관하여만 항소이유를 기재하고 항소 범위는 '전부'로 표시한 경우, 항소심이 무죄 부분을 유죄로 인정하는 때에는 공소사실 전부에 대하여 하나의 형을 선고하여야 하는지 여부(적극)

형법 제37조 전단 경합범 관계에 있는 공소사실 중 일부에 대하여 유죄, 나머지 부분에 대하여 무죄를 선고한 제1심판결에 대하여 검사만이 항소하면서 무죄 부분에 관하여는 항소이유를 기재하고 유죄 부분에 관하여는 이를 기재하지 않았으나 항소 범위는 '전부'로 표시하였다면, 이러한 경우 제1심판결 전부가 이심되어 원심의 심판대상이 되므로, 원심이 제1심판결 무죄 부분을 유죄로 인정하는 때에는 제1심판결 전부를 파기하고 경합범 관계에 있는 공소사실 전부에 대하여 하나의 형을 선고하여야 한다(대판 2014.3.27. 선고, 2014도342).

불가분의 관계에 있는 재판의 일부만을 상소한 경우의 효력

형사소송법 제342조는 제1항에서 일부 상소를 원칙적으로 허용하면서, 제2항에서 이른바 상소불가분의 원칙을 선언하고 있다. 따라서 불가분의 관계에 있는 재판의 일부만을 불복대상으로 삼은 경우 그 상소의 효력은 상소불가분의 원칙상 피고사건 전부에 미쳐 그 전부가 상소심에 이심되고, 이러한 경우로는 일부 상소가 피고사건의 주위적 주문과 불가분적 관계에 있는 주문에 대한 것, 일죄의 일부에 대한 것, 경합범에 대하여 1개의 형이 선고된 경우 경합범의 일부 죄에 대한 것 등에 해당하는 경우를 들 수 있다(대판 2008.11.20. 선고, 2008도5596).

(2) 일부 상소가 허용되지 않는 경우

1) 단순일죄의 관계에 있는 공소사실의 일부에 대하여만 유죄로 인정한 경우에 피고인만이 항소하여도 그 항소는 그 일죄에 전부에 미쳐서 항소심은 무죄 부분에 대하여도 심판 할 수 있다(대판 2001. 2. 9, 2000도5000).

2) 압수물을 피해자에게 환부한다는 선고는 본안 종국판결에 부수되는 처분에 불과한 만큼 그 선고 부분에 한하여 독립상소는 할 수 없는 것이다(대판 1959. 10. 16, 4292형상209).

3) 주문이 단일한 경합범의 일부에 대한 상소가 있을 때에는 경합범의 전부에 대한 상소가 있는 것으로 보아야 한다(대판 1961. 10. 5, 60도403).

4) 추징의 선고는 본안종국 판결에 부수되는 처분에 불과한 것이니 만큼 종국판결

에 대한 상고없이 위 선고 부분에 한하여 독립상고는 할 수 없다(대판 1984. 12. 11, 84도1502).

3. 일부상소의 제한

재판의 내용이 불가분인 때에는 일부상소가 허용되지 않는다.

(1) 일죄의 일부

일죄의 일부에 대한 상소는 허용되지 않는다. 따라서 일죄의 일부만 유죄로 인정된 경우에 피고인만 항소하였다 하여도 그 항소는 일죄의 전부에 미친다. 단순일죄인가 포괄일죄인가를 불문한다. 과형상의 일죄도 소송법상 일죄이므로 일부상소가 인정되지 않는다고 해야 한다.

핵심판례

포괄1죄의 일부에 대해서만 상고할 수 있는지 여부(소극)

포괄적 1죄의 관계에 있는 공소사실의 일부에 대하여만 유죄로 인정하고 나머지는 무죄과 선고되어 검사는 위 무죄 부분에 대하여 불복상고하고 피고인은 유죄 부분에 대하여 상고하지 않은 경우, 공소불가분의 원칙상 경합범의 경우와는 달리 포괄적 1죄의 일부만에 대하여 상고할 수는 없으므로 검사의 무죄 부분에 대한 상고에 의해 상고되지 않은 원심에서 유죄로 인정된 부분도 상고심에 이심되어 심판의 대상이 된다고 볼 것이다(대판 1985. 11. 12, 85도1998).

(2) 경합범의 전부에 대하여 1개의 형이 선고된 경우

경합범의 전부에 대하여 한 개의 형이 선고된 때에도 일부상소는 허용되지 않는다. 상소관계에 있어서는 유죄판결이 상소의 단위가 될 뿐 아니라, 한 개의 형이 선고된 경우에 일부에 대한 상소는 전부의 형에 영향을 미치는 결과 판결내용이 분할될 수 없기 때문이다.

(3) 주형과 일체가 된 부가형 등

주형과 일체가 되어 있는 부가형·환형처분·집행유예 등도 주형과 분리하여 상소할 수 없다. 대법원은 압수물의 환부나 추징에 대한 독립상소는 허용되지 않는다고 판시하고 있다. 다만 배상명령에 대하여는 독립하여 즉시항고가 허용된다(소송촉진법 제33조 5항). 소송비용부담의 재판은 본안의 재판에 관하여 상소하는 때에 한하여 불복할 수 있다(법 제191조 2항).

4. 일부상소의 방식

일부상소를 함에는 일부상소를 한다는 취지를 명시하고 불복부분을 특정하여야 한다. 불복부분을 특정하지 아니한 상소는 전부상소로 보아야 한다.

핵심판례

일부상소의 방식

㉠ 검사가 제출한 항소장의 불복의 범위란에 재판의 일부에 대하여서만 상소한다는 기재가 없는 한 검사의 청구대로 되지 아니한 판결 전부에 대하여 상소한 것이라고 보아야 할 것이고, 검사가 항소장에 판결주문을 기재함에 있어 재판의 일부를 기재하지 아니하였다 하여 무죄 부분에 대하여는 항소하지 아니한 것이라고 단정한 것은 성급한 조치이다(대판 1991. 11. 26, 91도1937).

㉡ 검사가 제출한 항소이유서에는 1심 판결 중 무죄 부분에 대한 기재가 전혀 없고 유죄 부분에 대하여만 불복한다는 취지로 기재되어 있다면 무죄 부분에 대하여 아무런 심리판단을 아니하였음은 정당하다(대판 1970. 12. 22, 70도2211).

5. 상소심의 심판범위

상소심의 심판범위는 상소인이 주장하는 상소이유에 제한되는 것이 원칙이다. 따라서 상소심의 심판범위는 원칙적으로 상소제기에 의하여 한정된다.

일부상소의 경우에 상소심의 심판범위는 상소를 제기한 범위에만 미치므로 상소가 없는 부분의 재판을 확정된다. 따라서 상소법원은 일부상소된 부분에 한하여 심판하여야 하며, 상고심의 파기환송에 의하여 사건을 환송받은 법원도 일부상소된 사건에 대하여만 심판해야 하고 확정된 사건을 심판할 수는 없다.

핵심판례

주위적 청구를 기각하면서 예비적 청구를 일부 인용한 항소심판결에 대하여 피고만이 상고한 경우, 상고심의 심판 범위

원고의 주위적 청구를 기각하면서 예비적 청구를 일부 인용한 환송 전 항소심판결에 대하여 피고만이 상고하고 원고는 상고도 부대상고도 하지 않은 경우에, 주위적 청구에 대한 항소심판단의 적부는 상고심의 조사대상으로 되지 아니하고 환송 전 항소심판결의 예비적 청구 중 피고 패소 부분만이 상고심의 심판대상이 되는 것이므로, 피고의 상고에 이유가 있는 때에는 상고심은 환송 전 항소심판결 중 예비적 청구에 관한 피고 패소 부분만 파기하여야 하고, 파기환송의 대상이 되지 아니한 주위적 청구부분은 예비적 청구에 관한 파기환송판결의 선고와 동시에 확정되며 그 결과 환송 후 원심에서의 심판범위는 예비적 청구 중 피고 패소 부분에 한정된다(대판 2001.12.24. 선고, 2001다62213).

포괄일죄의 일부만이 유죄로 된 경우 그 유죄부분에 대해 피고인만 상고한 경우 상고심의 심판범위

포괄일죄의 일부만이 유죄로 인정된 경우 그 유죄 부분에 대하여 피고인만이 상고하였을 뿐 무죄나 공소기각으로 판단된 부분에 대하여 검사가 상고를 하지 않았다면, 상소불가분의 원칙에 의하여 유죄 이외의 부분도 상고심에 이심되기는 하나 그 부분에 이미 당사자간의 공격.방어의 대상으로부터 벗어나 사실상 심판대상에서부터도 이탈하게 되므로, 상고심으로서도 그 부분에까지 나아가 판단할 수 없다(대판 2004. 10. 28, 2004도5014).

경합범 중 일부에 대하여 무죄, 일부에 대하여 유죄를 선고한 항소심판결에 대하여 검사만이 무죄 부분에 대하여 상고를 한 경우 상고심에서 이를 파기할 때 그 파기범위(무죄부분)

형법 제37조 전단의 경합범으로 같은 법 제38조 제1항 제2호에 해당하는 경우 하나의 형으로 처벌하여야 함은 물론이지만 위 규정은 이를 동시에 심판하는 경우에 관한 규정인 것이고 경합범으로 동시에 기소된 사건에 관하여 일부유죄, 일부무죄의 선고를 하거나 일부의 죄에 대하여 징역형을, 다른 죄에 대하여 벌금형을 선고하는 등 판결주문이 수개일 때에는 그 1개의 주문에 포함된 부분을 다른 부분과 분리하여 일부상소를 할 수 있는 것이고 당사자 쌍방이 상소하지 아니한 부분은 분리 확정된다고 볼 것인바, 경합범 중 일부에 대하여 무죄, 일부에 대하여 유죄를 선고한 항소심판결에 대하여 검사만이 무죄부분에 대하여 상고를 한 경우 피고인과 검사가 상고하지 아니한 유죄판결 부분은 상고기간이 지남으로써 확정되어 상고심에 계속된 사건은 무죄판결 부분에 대한 공소뿐이라 할 것이므로 상고심에 이를 파기할 때에는 무죄부분만을 파기할 수밖에 없다(대판 1992. 1. 21, 91도1402).

형법 제37조 전단의 경합범 중 일부 유죄, 일부 무죄를 선고한 항소심 판결에 대하여 쌍방이 상고를 제기하였으나, 검사의 상고만 이유 있는 때의 파기범위 (=전부 파기)

수개의 범죄사실에 대하여 항소심이 일부는 유죄, 일부는 무죄의 판결을 하고, 그 판결에 대하여 피고인 및 검사 쌍방이 상고를 제기하였으나, 유죄 부분에 대한 피고인의 상고는 이유 없고, 무죄 부분에 대한 검사의 상고만 이유 있는 경우, 항소심이 유죄로 인정한 죄와 무죄로 인정한 죄가 형법 제37조 전단의 경합범 관계에 있다면 항소심 판결의 유죄 부분도 무죄 부분과 함께 파기되어야 한다(대판 2002. 7. 26, 2001도4947).

항소심에서 상상적 경합의 관계에 있는 수죄 전부를 유죄로 인정하였으나 그 중 일부가 무죄인 경우, 상고심은 항소심 판결 전부를 파기하여야 하는지 여부(적극)

상상적 경합범의 관계에 있는 수죄 중 일부만이 유죄로 인정된 경우와 그 전부가 유죄로 인정된 경우와는 형법 제51조에 규정된 양형의 조건이 달라 선고형을 정함에 있어서 차이가 있을 수 있으므로 항소심에서 상상적 경합의 관계에 있는 수죄 전부를 유죄로 인정하였으나 그 중 일부가 무죄인 경우로 판단되는 경우에는 원심판결의 위법은 판결의 결과에 영향을 미친 것이라고 할 것이어서 항소심 판결 전부를 파기하여야 할 것이다(대판 2004. 6. 25, 2004도1751).

경합범 관계에 있는 죄에 대하여 일부는 유죄, 일부는 무죄를 선고한 원심판결에 대하여 검사만이 전체에 대하여 상소한 경우의 파기범위

형법 제37조 전단의 경합범 관계에 있는 죄에 대하여 일부는 유죄, 일부는 무죄를 선고한 원심판결에 대하여 피고인은 상소하지 아니하고, 검사만이 무죄 부분에 한정하지 아니하고 전체에 대하여 상소한 경우에 무죄 부분에 대한 검사의 상소만 이유 있는 때에도 원심판결의 유죄 부분은 무죄 부분과 함께 파기되어야 하므로 상소심으로서는 원심판결 전부를 파기하여야 한다(대판 2004. 10. 15, 2004도5035).

Ⅶ. 불이익변경금지의 원칙

1. 의 의

불이익변경금지의 원칙이란 피고인이 항소 또는 상고한 사건과 피고인을 위하여 항소 또는 상고한 사건에 관하여 상소심은 원심판결의 형보다 중한 형을 선고하지 못한다는 원칙을 말한다(법 제368조, 제396조). 불이익변경금지의 원칙이라 하여 일체의 불이익한 변경을 금지하는 일반적인 불이익금지의 원칙이 아니라 원심판결의 형보다 중한 형으로의 변경을 금지하는 것을 말한다. 불이익변경금지의 원칙은 항소에 관한 규정이지만 상고에도 준용되며(법 제399조) 나아가 상소제도 일반에 적용되는 원칙이다.

핵심판례

불이익변경금지 원칙의 취지(=피고인의 상소권 보장)
불이익변경금지의 원칙은 피고인측의 상소권을 보호함을 입법취지로 하는 것으로, 선고되는 형에 있어서의 불이익이 금지되는 이른바 중형(重刑)금지의 원칙임이 법문상 분명하다(대판 1999. 11. 26. 99도3776).

2. 적용범위

쟁 점

ㄱ) 불이익 변경금지원칙이 적용되는 경우
· 피고인이 상소한 사건
· 검사와 피고인 쌍방이 상소하였으나 검사의 상소가 기각 또는 취소된 사건
· 피고인을 위하여 상소한 사건
· 파기환송·이송사건
· 재 심
· 약식명령·즉결심판에 대한 정식재판청구

ㄴ) 불이익변경금지원칙이 적용되지 않는 경우
· 검사가 상소한 사건
· 검사와 피고인이 상소한 사건
· 항고 사건 : 항고심에 형을 선고하는 경우가 없으므로
· 병합 사건 : 항소심에서 상소사건이 아닌 다른 사건이 병합된 때

(1) 피고인이 상소한 사건

피고인이 법 제388조 1항에 의하여 상소한 사건을 말한다. 여기서 피고인이 상소한 사건이란 피고인만 상소한 사건을 뜻한다. 따라서 검사만 상소한 사건이나, 검사와 피고인 쌍방이 상소한 사건에 대하여는 불이익변경금지의 원칙이 적용되지 않는다. 다만 한미행협사건에 있어서는 검사가 상소한 사건이나, 검사와 피고인이 상소한 사건에 대하여도 불이익변경금지의 원칙이 적용된다(합의의사록 제22조).

피고인만 항소한 제2심판결에 대하여 검사가 상고한 때에 이 원칙이 적용되는가가 문제된다 항소심의 잘못 때문에 항소한 피고인이 불이익을 받는다는 것은 피고인의 상소권을 보장한다는 이 원칙의 취지에 반하므로 상고심에서는 1심판결의 형보다 중한 형을 선고할 수 없다고 해야 한다(대판 1957. 10. 4, 4290형비상1).

핵심판례

피고인 및 검사가 항소한 사건에 있어서 불이익변경금지 원칙이 적용되는지의 여부(소극)

피고인 및 검사가 항소한 사건에 있어서 검사가 명예훼손죄를 그보다 법정형이 가벼운 모욕죄로 공소장 변경을 하였다 하더라도 제1심 판결의 형에 구애됨이 없이 변경된 법조의 법정형의 범위 내에서 양형하여 선고할 수 있는 것이며 불이익변경금지의 원칙이 적용될 여지가 없다고 할 것이다(대판 1970. 3. 10, 70도75).

피고인 및 검사 쌍방이 항소하였으나 검사가 항소이유서를 제출하지 아니한 경우, 불이익변경금지 원칙이 적용되는지의 여부(적극)

㉠ 피고인과 검사 쌍방이 항소하였으나 검사가 항소 부분에 대한 항소이유서를 제출하지 아니하여 결정으로 항소를 기각하여야 하는 경우에는 실질적으로 피고인만이 항소한 경우와 같게 되므로 항소심은 불이익변경금지의 원칙에 따라 제1심 판결의 형보다 중한 형을 선고하지 못한다(대판 1998. 9. 25, 98도2111).

㉡ 쌍방 상고사건에 있어서 상고심이 검사의 상고를 기각하고 피고인 상고에 의하여 항소심 판결을 파기환송한 경우에 환송 후의 항소심은 환송 전 항소심이 선고한 형보다 중한 형을 선고할 수 없다(대판 1969. 3. 31, 68도1870).

대한민국 당국에 의하여 소추된 합중국 군대의 구성원 등에 대하여, 상소가 제기된 경우 불이익변경금지 원칙이 적용되는지의 여부(적극)

대한민국 당국에 의하여 소추된 합중국 군대의 구성원, 군속 또는 가족은 1심법원의 원판결 선고시에 적용되는 형보다도 중한 형은 받지 아니하는 권리를 가지며 이는 결국 1심 판결이 선고한 형보다 무거운 형을 항소심이 선고할수 없다는 불이익변경금지 원칙을 규정한 것으로서, 피고인이나 검사가 항소한 어떠한 경우에도 적용된다(대판 1973. 1. 30, 72도1684).

피고인만의 상고에 의하여 원심판결이 파기되어 항소심에 환송된 경우, 환송 전 원심판결과의 관계에서 불이익변경금지 원칙이 적용되는지의 여부(적극)

㉠ 피고인만의 상고에 의하여 상고심에서 원심판결을 파기하고 사건을 항소심에 환송한 경우에는 환송 전 원심판결과의 관계에서도 불이익변경금지의 원칙이 적용되어 그 파기된 항소심 판결보다 중한 형을 선고할 수 없다(대판 1992. 12. 8, 92도2020).

㉡ 피고인의 상고에 의하여 상고심에서 원심판결을 파기하고 사건을 항소심에 환송한 경우에 환송 후의 원심에서 적법한 공소장 변경이 있어 이에 따라 그 항소심이 새로운 범죄사실을 유죄로 인정하는 때에도 그 파기된 항소심 판결의 형보다 중한 형을 선고할 수 없다(대판 1980. 3. 25, 79도2105).

(2) 피고인을 위하여 상소한 사건

피고인을 위하여 상소한 사건이란 형사소송법 제340조와 제341조가 규정하는 당사자 이외의 상소권자가 상소한 사건을 말한다.

핵심판례

검사가 '피고인의 이익을 위하여' 상소한 경우 불이익변경금지 원칙이 적용되는지의 여부(적극)

검사의 항소가 특히 피고인의 이익을 위하여 한 취지라고 볼 수 없다면 항소심에서 제1심 판결의 형보다 중한 형을 선고할 수 있다(대판 1971. 5. 24, 71도574).

(3) 상소한 사건

가. 의 의

불이익변경금지의 원칙은 피고인이 또는 피고인을 위하여 상소한 사건에 적용된다. 따라서 이는 항소심의 경우뿐만 아니라 상고심에서도 적용된다. 이 원칙은 상소사건에 대하여만 적용되므로 항소심에서 다른 사건이 병합되어 경합범으로 처단되는 때에는 불이익변경금지의 원칙이 적용되지 않는다.

나. 상소사건의 범위와 관련된 문제

1) 항고사건

불이익변경금지의 원칙은 항소 또는 상고의 경우에 제한되어 있으므로 항고사건에는 적용되지 않는다고 해야 한다.

2) 파기환송 또는 이송사건

상소심이 피고인의 상소를 이유 있다고 하여 원심 판결을 파기하고 환송 또는 이송한 경우(법 제397조)에 환송 또는 이송받은 법원에 있어서도 종전의 원판결과의 사이에 이 원칙이 적용되는가가 문제된다. 환송 또는 이송받은 법원은 다시 원판결을 계속하는 것이므로 상소심이라고 할 수는 없다. 그러나 ① 상소심에서 자판하는가 또는 파기환송·이송의 판결을 하는가는 우연에 의하여 좌우되는 것이며, ② 피고인의 상소에 의하여 원심판결이 파기된 경우에 원심법원이 원판결보다 중한 형을 선고할 수 있다고 하는 것은 피고인의 상소권을 보장한다는 이 원칙의 취지에 반하므로 불이익변경금지의 원칙은 상소심이 자판하는 경우뿐만 아니라 환송 또는 이송하는 경우에도 적용되어야 한다(대판 1992. 12. 8, 92도2020).

3) 정식재판의 청구

약식명령에 대한 정식재판의 청구는 상소가 아니라 그 명령을 한 법원에 대하여 통상의 공판절차에 따른 심판을 구하는 것이므로 정식재판청구사건에 대하여 불이익변경금지의0 원칙이 적용되지 않는 것은 당연하다. 다만 형사소송법은 "피고인이 정식재판을 청구한 사건에 대하여는 약식명령의 형보다 중한 형을 선고하지 못한다"고 규정하여(법 제457조의 2)이 경우에도 불이익변경금지의 원칙을 적용하고 있다.

핵심판례

즉결심판에 대하여 피고인만이 정식재판을 청구한 경우, 불이익변경금지 원칙이 적용되는지의 여부(적극)

피고인이 정식재판을 청구한 사건에 대하여는 약식명령의 형보다 무거운 형을 선고하지 못하도록 하고 있는바, 약식명령에 대한 정식재판청구권이나 즉결심판에 대한 정식재판청구권 모두 벌금형 이하의 형벌에 처할 범죄에 대한 약식의 처벌절차에 의한 재판에 불복하는 경우에 소송당사자에게 인정되는 권리로서의 성질을 갖는다는 점에서 동일하고 그 절차나 효력도 유사한 점 등에 비추어, 즉결심판에 대하여 피고인만이 정식재판을 청구한 사건에 대하여도 즉결심판에관한절차법 제19조의 규정에 따라 형사소송법 제457조의 2 규정을 준용하여, 즉결심판의 형보다 무거운 형을 선고하지 못한다(대판 1999. 1. 15, 98도2550).

소년보호처분에 대한 항고사건에도 불이익변경금지 원칙이 적용되는지의 여부(적극)
성년자에 대하여 보호처분을 하였음은 위법한 것으로서 그 결정은 취소되어야 할 것이나 범죄에 대한 처우에 있어서 소년법 해당자에 대한 보호처분은 성년자에 대한 것보다 관대한 것이므로 성년자를 소년으로 간주하여 보호처분결정을 하였다 하더라도 그 결정에 대하여 위 소년의 보호자만이 항고한 경우에 있어서는 위 처분결정을 그 자에게 불이익하게 변경할 수는 없는 것이다(대판 1971. 4. 30, 71모13).

3. 불이익변경금지의 내용

(1) 불이익변경금지의 대상

불이익변경금지의 원칙에 의하여 금지되는 것은 원심판결의 형보다 중한 형을 선고하는 것이다. 따라서 선고한 형이 중하게 변경되지 않는 한 원심이 인정한 죄보다 중한 죄를 인정하거나, 원심에서 일죄로 인정한 것을 경합범으로 변경하는 등 법령적용을 불이익하게 변경하는 것은 이 원칙에 반하지 않는다.

여기서 형이란 형법 제41조가 규정하고 있는 형의 종류에 엄격히 제한되는 것이 아니다. 실질적으로 피고인에게 형벌과 같은 불이익을 주는 처분은 모두 불이익변경금지의 대상이 된다. 따라서 추징이나 미결구금일수의 산입 또는 벌금형에 대한 노역장유치기간은 형법 제41조의 형은 아니지만 실질적으로 형과 같은 성질을 가지므로 여기의 형에 해당한다.

핵심판례

불이익변경금지의 내용(='중형변경금지)

불이익변경금지의 원칙은 피고인 또는 피고인을 위한 상소사건에 있어서 원심의 형, 즉 판결주문의 형보다 중한 형을 선고할 수 없다는 것에 불과하므로 그 내용에 있어서 제1심보다 불이익하게 변경되었더라도 결과적으로 선고한 형이 제1심보다 정한 경우에는 불이익변경금지의 원칙에 위배되었다고 할 수 없다(대판 1989. 6. 13, 88도1983).

소송비용을 부담시키는 것이 불이익변경인지 여부(소극)

소송비용의 부담은 형이 아니고 실질적인 의미에서 형에 준하여 평가되어야 할 것도 아니므로 제1심 법원이 소송비용 부담을 명하는 재판을 하지 않았음에도 항소심 법원이 제1심의 소송비용에 관하여 피고인에게 부담하도록 재판을 한 경우, 불이익변경금지 원칙에 위배되지 않는다(대판 2001. 4. 24, 2001도872).

병합심리 후에 불복 전의 각 형량보다 중한 형을 선고하는 것이 불이익변경금지 원칙에 위반되는지의 여부(소극)

㉠ 항소심이 제1심에서 별개의 사건으로 따로 두 개의 형을 선고받고 항소한 피고인에 대하여 사건을 병합심리한 후 경합범으로 처단하면서 제1심의 각 형량보다 중한 형을 선고한 것은 불이익변경금지의 원칙에 어긋나지 아니한다(대판 2001. 9. 18, 2001도3448)

㉡ 피고인이 약식명령에 대하여 정식재판을 청구한 사건과 공소가 제기된 다른 사건을 병합하여 심리한 결과 형법 제37조 전단의 경합범 관계에 있어 하나의 벌금형으로 처단하는 경우에는 약식명령에서 정한 벌금형보다 중한 벌금형을 선고하더라도 형사소송법 제457조의 2에 정하여진 불이익변경금지의 원칙에 어긋나는 것이 아니다(대판 2004. 8. 20, 2003도4732).

(2) 불이익변경 여부의 판단 기준

불이익변경의 여부를 판단하는 데는 법정형의 경중을 규정하고 있는 형법 제50조가 기준이 된다. 원심과 상소심에서 선고한 구체적인 형의 경중을 정하는 규정은 없기 때문이다. 그러나 형법 제50조는 추상적인 법정형 상호간의 경중을 규정한 데 지나지 아니하므로 구체적인 선고형의 경중을 정하는 경우에 충분한 기준이 될 수 없다. 그러므로 불이익변경을 판단함에 있어서는 형법 제50조를 기준으로 하면서, 전체적 판단방법에 의하여 피고인에게 과하여지는 자유구속과 법익박탈의 정도를 전체적·실질적으로 비교하여 결정해야 한다.

핵심판례

불이익변경의 판단기준

불이익변경금지의 원칙은 피고인측의 상소권을 보호함을 입법취지로 하는 것으로 선고되는 형에 있어서의 불이익이 금지되는 이른바 중형(重型)금지의 원칙임이 법문상 분명하고, 따라서 불이익한가의 여부는 형에 관하여 비교판단하여야 하고 그 형이 선고됨으로 인하여 다른 법규에 의해 초래될 수 있는 모든 법적.경제적 불이익을 비교 판단하여야 하는 것은 아니며, 그 원칙의 적용상 변경 전후의 형의 비교에 있어서는 불이익 여부를 개별적.형식적으로 고찰할 것이 아니라 전체적.실질적으로 고찰하여 결정하여야 한다(대판 1999. 11. 23, 99도3776).

(3) 형의 경중의 비교

① 형의 경중은 형법 제41조에 기재된 순서에 의한다. 징역은 금고보다 중한 형이지만 무기금고와 유기징역은 금고를 중한 것으로 하고, 유기금고의 장기가 유기징역의 장기를 초과하는 때에는 금고를 중한 것으로 한다.(형법 제50조 1항) 즉 징역 1년과 금고 1년은 징역형이 중하지만, 징역 1년과 금고 1년 6월은 금고형이 중한 형이다.

② 동종의 형은 장기가 긴 것과 다액이 많은 것을 중한 형으로 한다.(동조 2항)

가. 형의 추가와 종류의 변경

피고인만 상소한 사건에 대하여 원심판결과 동종의 형을 과하면서 무거운 형을 선고하거나 원심판결이 선고한 형 이외의 다른 형을 추가하는 것이 불이익변경에 해당한다.

1) 징역형과 금고형

징역형과 금고형의 관계는 형법 제50조에 따라 해결하면 된다. 따라서 징역형을 금고형으로 변경하면서 형기를 인상하는 것은 허용되지 않지만, 금고형을 징역형으로 변경하면서 형기를 단축하는 것은 가능하다.

2) 자유형과 벌금형

벌금형을 자유형으로 변경하는 것은 불이익변경이 된다.

쟁 점

<자유형을 벌금형으로 변경하는 경우에 벌금형에 대한 노역장유치기간이 자유형을 초과하는 때에 불이익변경이 되는지 여부>

이에 관해서는 견해가 대립된다. 노역장유치는 피고인에게 자유형과 동일한 불이익

을 준다는 이유로 이 경우도 불이익변경이 된다는 견해도 있으나, 이는 벌금형의 특수한 집행방법에 불과하므로 전체적으로 볼 때에는 불이익변경이 아니라고 해석하는 것이 판례의 태도이다(대판 1980. 5. 13. 80도765).

3) 정기형과 부정기형

부정기형을 정기형으로 변경하는 경우에 부정기형의 무엇을 기준으로 하여 형의 경중을 정할 것인가에 대하여는 장기표준설과 단기표준설 및 중간위설이 대립되고 있다.

핵심판례

부정기형을 정기형으로 변경함에 있어 불이익변경금지 원칙의 기준이 되는 형

불이익변경금지 규정을 적용함에 있어 정기형과 부정기형 간에 그 경중을 교량할 경우에는 부정기형 중 최단기형과 정기형 자체와를 비교하여야 한다(대판 1969. 3. 18, 69도114).

나. 집행유예와 선고유예

① 집행유예를 붙인 자유형판결에 대하여 집행유예만 없애거나 유예기간만을 연장한 경우에는 불이익변경에 해당함이 명백하다. 징역형 또는 금고형을 줄이면서 집행유예를 박탈한 경우에도 불이익변경이 된다.

② 징역형을 늘리면서 집행유예를 붙인 경우에도 불이익변경이 된다.

③ 형의 집행면제의 판결을 집행유예로 변경하는 것은 불이익변경에 해당하지 않는다(대판 1985. 9. 24, 84도2792). 집행유예는 유예기간이 경과한 때에 형의 선고의 효력이 상실되나, 전자의 경우에는 그 형의 집행만을 면제하는 것이기 때문이다.

다. 몰수·추징

원심의 징역형을 그대로 두면서 새로 몰수 또는 추징을 추가하거나 원심보다 무거운 추징을 병과하는 것은 불이익변경이 된다.

라. 미결구금일수의 산입

1) 불이익변경이 되는 경우

미결구금일수의 산입을 박탈하거나 감소하면 불이익변경이 된다. 다만 본형이 경하게 변경되거나 본형의 집행을 유예한 때에는 불이익변경이 되지 아니하며, 미결구금일수의 축소로 원심보다 형의 집행기간이 길어진 때에는 불이익변경이 된다.

2) 구속피고인에 대한 미결구금일수 산입의 특례

① 판결선고 후 판결확정 전 구금일수(판결선고 당일의 구금일수를 포함한다)는 전부를 본형에 산입한다(법 제482조 1항).

② 상소기각 결정 시에 송달기간이나 즉시항고기간 중의 미결구금일수는 전부를 본형에 산입한다(동조 2항).

③ 제1항 및 제2항의 경우에는 구금일수의 1일을 형기의 1일 또는 벌금이나 과료에 관한 유치기간의 1일로 계산한다(동조 3항).

마. 형과 치료감호

제1심판결에서 치료감호만 선고되고 피고인만 항소한 경우에 항소심에서 징역형을 선고하는 것은 불이익변경이 된다(대판 1983. 6. 14, 83도765).

핵심판례

중형(重刑) 변경이 아니어서, 불이익변경금지 원칙에 위반되지 않는 사례

㉠ 살인죄에 대하여 원심이 유기징역형을 선택한 1심보다 중하게 무기징역형을 선택하였다 하더라도 결과적으로 선고한 형이 중하게 변경되지 아니한 이상 위 조문에서 말하는 중한 형을 선고하였다고 할 수 없다(대판 1999. 2. 5, 98도4534).

㉡ 원심(항소심)이 주류 판매량을 1심보다 많이 인정하였다고 하여 불이익변경금지의 원칙에 위반되는 것은 아니다(대판 1996. 3. 8, 95도1738).

㉢ 피고인만이 항소한 사건에서 항소심이 피고인에 대하여 제 1심이 인정한 범죄사실의 일부를 무죄로 인정하면서도 제1심과 동일한 형을 선고하였다 하여 그것이 형사소송법 제368조 소정의 불이익변경금지 원칙에 위배된다고 볼 수 없다(대판 2003. 2. 11, 2002도5679).

㉣ 제1심이 피고인에게 판시 각 범죄사실을 일괄하여 실체적 경합범으로 보고 징역 4년을 선고한 것을 원심이 위 각 범죄사실이 형법 제37조 후단의 경합범이라는 이유로 제1심 판결을 파기하고 3개의 주문(징역 1년, 징역 1년, 징역 6월)으로 처단하고 있다고 하더라도, 원심판결이 주형에서 그 형기를 감축하고 있다면 주문이 3개로 나누어 선고되었다는 사실만으로 제1심 판결보다 피고인에게 불이익하게 변경되었다고 할 수는 없다(대판 1988. 7. 26, 88도930).

Ⅷ. 파기판결의 구속력

1. 의 의

법원조직법은 "상급법원의 재판에 있어서의 판단은 당해 사건에 관하여 하급심(下級審)을 기속(羈束)한다"고 규정하고 있다(법원조직법 제8조).

이와 같이 상소심에서 원판결을 파기하여 환송 또는 이송한 경우에 상급심의 판단이 환송 또는 이송 받은 하급심을 구속하는 효력을 파기판결의 구속력 또는 기속력이라고 한다.

2. 구속력이 미치는 법원

(1) 하급법원

파기판결은 하급법원을 구속한다. 상고심에서 제2심판결을 파기하고 제1심에 환송하여 제1심재판에 대하여 다시 항소된 경우 제2심법원도 당해 사건의 하급심이므로 상고심의 판단에 구속된다.

(2) 파기판결을 선고한 상급심

파기판결의 구속력은 환송 또는 이송 받은 하급법원뿐만 아니라 파기판결을 한 상급심 자신도 구속되지 않을 수 없다.

핵심판례

파기판결을 선고한 상급심에도 기속력이 미치는지의 여부(적극)
파기환송을 받은 법원은 그 파기이유로 한 사실상 및 법률상의 판단에 기속되는 것이고 그에 따라 판단한 판결에 대하여 다시 상고를 한 경우에 그 상고사건을 재판하는 상고법원도 앞서의 파기이유로 한 판단에 기속되므로 이를 변경하지 못한다(대판 1987. 4. 28, 87도294).

(3) 상급법원

항소심의 파기판결의 구속력이 상급법원인 상고심에도 미치는가가 문제되는데, 항소심의 파기판결에 상고심이 구속된다는 것은 법령해석의 통일을 위한 상고심의 기능에 반하고 사법의 경직을 초래한다는 이유로 이를 부정하는 것이 통설이다.

3. 구속력이 미치는 판단의 범위

(1) 사실상 판단 및 법률상 판단

파기판결의 구속력은 상고법원이 파기이유로 한 법률판단뿐만 아니라 사실판단에 대하여도 미친다.

핵심판례

구속력이 미치는 판단의 범위(=사실상 및 법률상 판단)

1. 상고심으로부터 사건을 환송받은 법원은 그 사건을 재판함에 있어서 상고법원이 파기이유로 한 사실상 및 법률상의 판단에 대하여 환송 후의 심리과정에서 새로운 증거가 제시되어 기속적 판단의 기초가 된 증거 관계에 변동이 생기지 않는 한 이에 기속된다.
2. 그러나 환송 전 원심판결에 대하여 피고인이 상고하자 본 법원(대법원)은 환송 전 원심이 제1심 판결 중 몰수형에 관한 부분을 그대로 유지한 조치가 위법하다는 점만을 이유로 하여 피고인에 대한 환송 전 원심판결을 전부 파기하고 사건을 원심법원에 환송하였음이 기록상 분명하므로, 환송 전 원심이 피고인의 항소를 기각하여 피고인에게 징역형의 집행유예를 선고한 제1심 판결을 그대로 유지한 것과는 달리, 환송 후 원심이피고인의 양형부당의 항소이유를 받아들여 제1심 판결을 그대로 유지한 것과는 달리, 환송 후 원심이 피고인의 양형부당의 항소이유를 받아들여 제1심 판결을 파기하고 피고인에게 벌금형을 선고하였다고 하여, 환송 후 원심의 이 부분 조치가 환송판결의 기속력에 저촉된다고 볼 수는 없다(대판 2004. 9. 24, 2003도4781).

(2) 원판결의 사실상 및 법률상 판단이 정당하지 않다는 소극적 판단

구속력이 파기판결의 직접적인 이유인 소극적·부정적 판단에만 미치는가 또는 그 이면에 있는 적극적·긍정적 판단에 대하여도 미치는가에 대하여는 부정설과 긍정설이 대립되고 있다.

판례는 환송판결의 하급심에 대한 구속력은 파기의 이유가 된 원판결의 사실상 및 법률상의 판단이 정당하지 않다는 소극적인 면에서만 발생하는 것이라고 판시하였다.

핵심판례

환송 후의 심리과정에서 새로운 사실과 증거가 제시되어 기속적 판단의 기초가 된 사실관계에 변동이 있은 경우 파기판결의 구속력이 미치는지 여부(소극)

㉠ 환송판결의 하급심에 대한 구속력은 파기의 이유가 된 원판결의 사실상 및 법률상의 판단이 정당하지 않다는 소극적인 면에서만 발생하는 것이므로 환송 후의 심리과정에서 새로운 사실과 증거가 제시되어 기속적 판단의 기초가 된 사실관계에 변동이 있었다면 그 구속력은 이에 미치지 아니하고 따라서 파기이유가 된 잘못된 판단을 피하면 새로운 사실과 증거에 따라 가능한 견해에 의하여 환송 전의 판결과 동일한 결론을 낸다고 하여도 환송판결의 하급심 기속에 관한 법원조직법 제7조의 2에 위반한 위법이 있다고 할 수 없다(대판 1984. 11. 27, 84도2252).

㉡ 상고심으로부터 사건을 환송받은 법원은 그 사건을 재판함에 있어서 상고법원의 파기이유로 한 사실상 및 법률상의 판단에 기속되는 것이지만, 환송뒤 심리과정에서 새로운 증거가 제출되어 기속적 판단의 기초가 된 증거관계에 변동이 생기는 경우에는 그러하지 아니하다(대판 2003. 2. 26, 2001도1314).

출판물에 의한 명예훼손의 공소사실을 유죄로 인정한 환송 전 원심판결에 위법이 있다고 한 파기환송 판결의 사실판단의 기속력이 환송 후 원심에서 위 공소사실이 변경된 경우에도 미치는지 여부(소극)

출판물에 의한 명예훼손의 공소사실을 유죄로 인정한 환송 전 원심판결에 위법이 있다고 한 파기환송 판결의 사실판단의 기속력은 파기의 직접 이유가 된 환송 전 원심에 이르기까지 조사한 증거들만에 의하여서는 출판물에 의한 명예훼손의 공소사실이 인정되지 아니한다는 소극적인 부정 판단에만 미치는 것이므로, 환송 후 원심에서 이 부분 공소사실이 형법 제307조 제2항의 명예훼손죄의 공소사실로 변경되었다면 환송 후 원심은 이에 대하여 새롭게 사실인정을 할 재량권을 가지게 되는 것이고 더 이상 파기환송 판결이 한 사실판단에 기속될 필요는 없다(대판 2004. 4. 9, 2004도340).

제2장 항소, 상고, 항고

Ⅰ. 항 소

1. 항소의 의의

항소란 제1심판결에 대한 제2심법원에의 상소를 말한다. 항소는 제1심판결에 대한 상소이므로 결정이나 명령에 대하여는 항소할 수 없다. 판결인 이상 내용은 묻지 않는다. 제1심판결에 대한 제2심법원에의 상소만을 항소라고 하므로 제 1심판결에 대하여 대법원에 상소하는 것(비약적 상고)은 항소가 아니다. 항소는 오판으로 인하여 불이익을 받는 당사자를 구제하는 것을 주된 목적으로 한다.

2. 항소심의 구조

(1) 입법주의

항소심의 구조에 관하여는 다음과 같은 3가지 입법주의가 있다.

가. 복 심

1) 의 의

항소심이 원심의 심리와 판결이 없었던 것처럼 피고사건에 대하여 전반적으로 다시 심리하는 제도를 말한다. 제2의 제1심이라고 할 수 있다.

2) 특 징

① 항소심의 심판대상 : 피고사건 자체

② 항소이유의 제출 여부 등 : 항소인은 원판결에 불복한다는 취지로 항소하면 족하고 항소이유서를 제출할 필요나 항소이유에 제한이 없다.

③ 항소심의 심리 : 공소장에 의한 기소요지의 진술부터 다시 시작하고 심판의 범위도 항소이유에 제한되지 않고 사실심리와 증거조사에도 제한이 없다.

④ 항소심판결의 주문 : 직접 피고사건을 판결하는 것

⑤ 기판력의 시적 범위 : 항소심판결 선고시

3) 장 · 단점

복심은 항소심의 심리를 철저히 한다는 장점을 가지나, 소송경제에 반하고 제 1심을 경시하게 될 뿐만 아니라 남상소로 인한 소송지연을 초래할 위험이 있다는 단점이 있다.

나. 속 심

1) 의 의

제1심의 심리를 토대로 항소심의 심리를 속행하는 제도를 말한다. 즉 제1심의 변론이 재개된 것처럼 항소심에서 원심의 심리절차를 인계하고 새로운 심리와 증거를 보충하여 심판하는 것을 말한다. 민사소송법이 취하고 있는 항소심의 구조이다.

2) 특 징

① 항소심의 심판 대상 : 피고사건의 실체

② 항소이유의 제한 여부 : 항소이유에 제한이 없다.

③ 항소심은 제1심의 변론이 재개된 것과 같이 사실심리와 증거조사를 행하며 제 1심판결 후에 발생한 사실도 판결의 자료가 된다.

④ 공소장 변경 : 항소심에서도 공소장변경이 허용된다.

⑤ 판결의 주문 : 항소가 이유 없을 때에는 항소기각이지만 이유 있을 때에는 원심판결을 파기하고 원칙으로 자판하여야 한다.

⑥ 기판력의 시적 범위 : 항소심판결 선고시

3) 장 · 단점

속심은 원판결의 심리를 필요한 범위에서 속행한다는 점에서는 복심에 비하여 장점이 있으나, 전심의 소송자료에 대한 심증을 이어받는 것은 구두변론주의와 직접주의에 반할 뿐 아니라 소송지연과 남상소의 위험은 여전히 남아 있다는 단점이 있다.

다. 사후심

1) 의 의

원심에 나타난 자료에 따라 원심판결시를 기준으로 하여 원판결의 당부를 사후적으로 심사하는 제도를 말한다.

2) 특 징

① 항소심의 심판대상 : 피고사건의 실체가 아니라 원판결의 당부. 항소심은 원심에 나타난 증거에 의하여 원판결시를 기준으로 원판결의 당부를 판단할 뿐 원판결 후에 발생한 자료를 증거로 할 수 없다.

② 항소이유가 제한되고 항소인은 항소이유를 제출해야 한다.
③ 항소심의 심판범위 : 항소이유서에 기재된 것에 제한된다.
④ 공소장변경 : 항소심에서는 공소장변경이 허용될 수 없다.
⑤ 판결주문 : 항소가 이유 없을 때에는 항소기각, 이유 있으면 파기환송 해야 한다.
⑥ 기판력의 시적 범위 : 원심판결 선고시

3) 장 · 단점

사후심은 소송경제와 신속한 재판의 이념에 부합하는 장점이 있다. 그러나 이는 제1심의 공판절차에서 심리가 철저히 행하여질 것을 전제로 하는 제도이며, 이러한 전제가 충족되지 않을 때에는 실체진실의 발견과 피고인의 구제에 충분하지 못하다는 단점을 가진다.

(2) 현행 형사소송법상 항소심의 구조

현행 형사소송법의 항소심의 구조에 대해서는 견해가 대립되고 있는데, 원칙적으로 속심이라고 해석하는 것이 통설의 입장이다. 판례는 항소심은 원칙적으로 속심이고 사후심적 요소를 가진 조문들은 남상소의 폐해를 억제하고, 소송경제상의 필요에서 항소심의 속심적 성격에 제한을 가한 것에 불과하다고 판시하였다.

핵심판례

항소심(=원칙적으로 속심)과 상고심의 구조(=사후심)

㉠ 현행 형사소송법상 항소심은 기본적으로 실체적 진실을 추구하는 면에서 속심적 기능이 강조되고 있고,다만 사후심적 요소를 도입한 형사소송법의 조문들이 남상소의 폐단을 억제하고 항소법원의 부담을 감소 시킨다는 소송경제상의 필요에서 항소심의 속심적 성격에 제한을 가하고 있음에 불과하다(대판 1983. 4. 26, 82도2829).

㉡ 상고심의 심판대상은 항소심 판결 당시를 기준으로 하여 그 당부를 심사하는데 있다(대판 1986. 11. 25, 86도2064).

원판결에 대한 판단시점(=항소심 판결선고시)

항소심에서 제1심 판결을 직권으로 파기하는 경우에는 항소심 판결시를 표준으로 피고사건에 대하여 사실인정 및 법령 해석적용 등이 심리판단되는 것이고 항소이유에 대한 판단도 위 과정에서 이루어지는 이상 따로이 할 필요가 없다(대판 1978. 4. 25, 78도563).

(3) 항소심의 구조와 관련된 문제

가. 항소심에서의 공소장 변경 여부

이에 관해서는 항소심의 구조를 어떻게 보느냐에 따라 결론이 달라지는데 항소심의 구조를 속심으로 보는 이상 항소심에서도 당연히 공소장변경이 허용된다고 해야 한다(대판 1981. 8. 20, 81도698).

나. 기판력의 시적 범위

공소의 효력과 판결의 기판력의 기준시점은 사실심리의 가능성이 있는 최후의 시점인 판결선고시라고 할 것이나 항소된 경우 그 시점은 현행 항소심의 구조에 비추어 항소심 판결선고시라고 함이 타당하고 그것은 파기자판한 경우이든 항소기각된 경우든 다를 바가 없다(대판 1983. 4. 26, 82도2829)

3. 항소이유

(1) 의 의

항소이유란 항소권자가 적법하게 항소를 제기할 수 있는 법률상의 이유를 말한다. 항소이유는 형사소송법 제361조의5에 제한적으로 열거되어 있다. 항소이유는 그 내용에 따라 법령위반을 이유로 하는 것(동조 1호, 3호, 내지 11호)과 법령위반 이외의 사유를 이유로 하는 것(동조 2호, 13호, 내지 15호)으로 나눌 수 있다. 또 일정한 객관적 사유가 있으면 항소이유가 되는 것을 절대적 항소이유(동조 2호, 내지 13호, 15호)라고 하며, 일정한 객관적 사유의 존재가 판결에 영향을 미친 경우에 한하여 항소이유로 되는 법령위반과 사실오인(동조 1호, 14호)을 상대적 항소이유라고 한다. 여기서 판결에 영향을 미친 때라고 함은 판결내용에 영향을 미친 때를 말한다.

(2) 법령위반을 이유로 하는 항소이유

가. 상대적 항소이유

판결에 영향을 미친 헌법·법률·명령 또는 규칙의 위반이 있는 때이다(법 제361조의 5 제1호).

1) 헌법위반

헌법위반에는 판결의 내용이 헌법에 위반한 경우, 판결절차가 헌법에 위반한 경우, 헌법해석의 착오가 있는 경우 등이 이에 해당된다. 판결의 내용이 헌법에 위반한 경우란 형벌법령을 소급하여 적용하거나 무죄판결이 확정된 사실에 관하여 다시 유죄의 판결을 한 경우를 말하며, 판결절차가 헌법에 위반한 경우로는 고문 또는 불이익한 진술을 강요한 경우를 들 수 있다.

2) 법령위반

법령위반에는 법령적용의 착오와 소송법규의 위반이 포함된다. 법령적용의 착오는 인정사실에 대한 형법 기타 실체법의 해석과 적용에 잘못이 있는 것을 말하고, 소송법규의 위반은 판결 전 소송절차 뿐만 아니라 판결을 함에 있어서의 절차위반을 의미한다.

나. 절대적 항소이유(동조 3호)

1) 관할 또는 관할위반의 인정이 법률에 위반한 때

여기서의 관할은 토지관할과 사물관할을 포함한다.

관할의 인정이 법률에 위반한 때라 함은 관할위반의 판결을 해야 할 것임에도 불구하고 실체에 대하여 재판한 경우를 말하고, 관할위반의 인정이 법률에 위반한 때라 함은 관할권이 있거나 관할위반의 선고를 할 것이 아님에도 불구하고 관할위반의 판결을 한 때를 의미한다.

2) 법원구성의 위법

① 판결법원의 구성이 법률에 위반한 때(동조 4호) : 판결법원이란 판결과 그 기초가 되는 심리를 행한 법원을 말한다. 합의법원이 구성원을 충족하지 못한 경우 또는 결격사유 있는 법관이 구성원이 된 경우가 여기에 해당한다.

② 법률상 그 재판에 관여하지 못할 판사가 그 사건의 심판에 관여한 때(동조 7호) : 재판에 관여하지 못할 판사란 제척원인 있는 판사, 기피신청이 이유 있다고 인정된 판사를 말한다. 심판에 관여한 때는 재판의 내부적 성립에 관여한 것을 의미한다.

③ 사건의 심리에 관여하지 아니한 판사가 그 사건의 판결에 관여한 때(동조 8호) : 공판심리 도중에 판사의 경질이 있음에도 불구하고 공판절차를 갱신하지 않고 판결을 한 경우가 여기에 해당한다. 판결에 관여한 때도 판결의 내부적 성립에 관여한 때를 말한다. 따라서 판결의 선고에만 관여한 때는 여기에 속하지 않는다.

3) 공판의 공개에 관한 규정에 위반한 때(동조 9호)

재판의 공개에 관한 헌법 제109조와 법원조직법 제57조에 위반한 경우를 말한다.

4) 판결에 이유를 붙이지 아니하거나 이유에 모순이 있는 때(동조 11호)

이유를 붙이지 아니한 때란 이유를 붙이지 않았거나 불충분한 경우를 말하며, 이유에 모순이 있는 때는 주문과 이유, 또는 이유와 이유 사이에 모순이 있는 때를 말한다.

(3) 법령위반 이외의 항소이유

가. 사실의 오인이 있어 판결에 영향을 미친 때 (동조 14호) : 상대적 항소이유

사실오인이란 인정된 사실과 객관적 사실 사이에 차이가 있는 것을 말한다. 사실오인이라 할지라도 증거에 의하지 않거나 증거능력 없는 증거에 의한 사실인정은 사실오인이 아니라 소송절차의 법령위반에 해당한다.

나. 절대적 항소이유

1) 판결 후 형의 폐지나 변경 또는 사면이 있는 때(동조 2호)

2) 재심청구의 사유가 있는 때(동조 13호)

3) 형의 양정이 부당하다고 인정할 사유가 있는 때(동조 15호)

처단형의 범위에서 선고한 형이 지나치게 무겁거나 가벼운 경우를 말한다. 여기의 형에는 주형뿐만 아니라 부가형·환형유치 또는 집행유예의 여부까지 포함된다. 다만 법정형을 넘는 형을 선고하는 것은 양형부당이 아니라 법령위반에 해당한다.

4. 항소심의 절차

(1) 항소의 제기

가. 항소제기의 방식

1) 항소장을 원심법원에 제출

① 항소제기기간 : 항소를 제기하려면 판결선고일로부터 7일 이내에 항소장을 원심법원에 제출하여야 한다(법 제358조, 제359조). 다만 항소장에는 상소법원을 제출처로 기재하여야 한다. 항소법원은 제1심법원이 지방법원 단독판사인 때에는 지방법원본원 합의부, 지방법원 합의부인 때에는 고등법원이지만(법 제357조), 항소장은 원심법원에 제출하여야 한다.

② 항소장의 기재사항 : 항소장에는 항소를 한다는 취지와 항소의 대상인 판결을 기재하면 족하다. 항소이유를 기재할 것은 요하지 않는다. 다만 이를 기재하는 것이 허용되지 않는 것은 아니다.

나. 원심법원과 항소법원의 조치

1) 원심법원의 조치

원심법원은 항소장을 심사하여 항소의 제기가 법률상의 방식에 위반하거나 항소권이 소멸된 후인 것이 명백한 때에는 결정으로 항소를 기각하여야 한다. 이 결정에 대하여는 즉시항고를 할 수 있다(법 제360조). 항소가 부적법하여 원심법원에서 기각결정을 하여야 함에도 이를 간과하여 기각결정을 하지 않은 경우에는 기록송부 후 항소법원에서 기각결정을 하게 된다.

항소기각의 결정을 하는 경우 이외에는 원심법원은 항소장을 받은 날로부터 14일 이내에 소송기록과 증거물을 항소법원에 송부하여야 한다(법 제361조).

2) 항소법원의 조치

항소법원이 기록의 송부를 받은 때에는 즉시 항소인과 상대방에게 그 사유를 통지하여야 한다. 기록접수통지 전에 변호인의 선임이 있는 때에는 변호인에게도 통지하여야 한다(법 제361조의 2, 제1항·2항). 피고인이 교도소 또는 구치소에 있는 경우에는 원심법원에 대응한 검찰청 검사는 소송기록 접수의 통지를 받은 날로부터 14일 이내에 피고인을 항소법원 소재지의 교도소 또는 구치소에 이송하여야 한다(동조 3항).

다. 항소이유서와 답변서의 제출

1) 항소이유서의 제출

① 항소인 또는 변호인은 항소법원의 소송기록의 접수통지를 받은 날로부터 20일 이내에 항소이유서를 항소법원에 제출하여야 한다(법 제361조의3 제1항). 항소이유서에 대하여는 재소자에 관한 특칙이 인정되지 않으므로 20일 이내에 항소이유서가 항소법원에 도달할 것을 요한다. 항소이유서를 제출하지 않은 때에는 그 제출기간 전에 심리하는 것이 허용되지 않는다.

② 항소이유서의 제출을 받은 항소법원은 지체 없이 그 부본 또는 등본을 상대방에게 송달하여야 한다(동조 2항). 송달을 하지 않은 하자는 상대방의 진술 또는 항소이유서의 제출에 의하여 치유될 수 있다.

③ 재소자의 항소이유서제출에 관하여 명문의 규정은 없으나 대법원은 2006. 3. 16, 2005도9729 전원합의체 판결로 특칙을 인정하여 기간 내에 구금시설의 장에게 제출하였으면 항소법원에 기간 후에 제출되었더라도 기간도과의 불이익을 당하지 아니한다.

④ 항소이유서에는 항소이유를 구체적으로 간결하게 명시하여야 하고(규 제155조), 상대방의 수에 2를 더한 수의 부본을 첨부하여야 한다(규 제156조).

핵심판례

피고인의 항소이유서 제출기간이 경과되기 이전에 변호인이 제출한 항소이유에 대한 심리만을 마친 채 판결을 선고한 것이 위법한지 여부(적극)

1. 형사소송법 제361조의3, 제364조 등의 규정에 의하면 항소심의 구조는 피고인 또는 변호인이 법정기간 내에 제출한 항소이유서에 의하여 심판되는 것이므로 항소이유서 제출기간의 경과를 기다리지 않고는 항소사건을 심판할 수 없다.
2. 피고인의 항소이유서 제출기간이 경과되기 이전에 변호인이 제출한 항소이유에 대한 심리만을 마친 채 판결을 선고한 원심의 조치는 위법하다(대판 2004. 6. 25, 2004도2611).

2) 답변서의 제출

상대방은 항소이유서의 부본 또는 등본의 송달을 받은 날로부터 10일 이내에 답변서를 항소법원에 제출하여야 한다(법 제361조의3 제3항). 답변서란 항소이유에 대한 상대방의 반론을 기재한 서면을 말한다. 항소이유서 또는 답변서에는 항소이유 또는 답변내용을 구체적으로 간결하게 명시하여야 하며(규 제155조), 상대방의 수에 2를 더한 수의 부본을 첨부하여야 한다(규 제156조). 답변서의 제출을 받은 항소법원은 지체 없이 그 부본 또는 등본을 항소인 또는 변호인에게 송달하여야 한다(법 제361조의 3 제4항).

법 제361조의3 제3항은 마치 항소이유서의 경우처럼 상대방의 답변을 의무처럼 규정하고 있으나, 사실 답변서는 항소이유서와 달리 심판의 범위를 정하는 효력이 없고 그 부제출에 대한 제재도 없으므로 상대방의 답변서 제출이 의무라고 해석할 수 없다.

(2) 항소심의 심리

가. 심판범위

항소법원은 항소이유에 포함된 사유에 관하여 심판하여야 한다(법 제364조 1항). 그러나 판결에 영향을 미친 사유에 관하여는 항소이유서에 포함되지 아니한 경우에도 직권으로 심판할 수 있다(동조 2항).

항소법원은 직권조사사유에 관하여는 항소제기가 적법하다면 항소이유서가 제출되었는지 여부나 항소이유서에 포함되었는지 여부를 가릴 필요 없이 반드시 심판하여야 할 것이지만, 직권조사사유가 아닌 것에 관하여는 그것이 항소장에 기재되었거나 그렇지 아니하면 소정기간 내에 제출된 항소이유서에 포함된 경우에 한하여 심판의 대상으로 할 수 있다(대판 1998. 9. 22, 98도1234).

핵심판례

항소법원의 심판범위
검사와 피고인이 각 항소를 제기하고 항소이유서를 제출한 경우에 피고인의 항소에 관하여는 판단하지 아니하고 검사의 항소이유만을 판단하여 검사의 항소를 기각한 판결은 피고인의 항소이유를 심판하지 아니한 것이어서 위법하다 (대판 1971. 2. 23, 70도2110).

나. 공판절차

1) 항소이유 및 답변서 진술(규 제156조의3)

① 항소인은 그 항소이유를 구체적으로 진술하여야 한다.

② 상대방은 항소인의 항소이유 진술이 끝난 뒤에 항소이유에 대한 답변을 구체적으로 진술하여야 한다.

③ 피고인 및 변호인은 이익이 되는 사실 등을 진술할 수 있다.

2) 쟁점의 정리(규 제156조의4)

법원은 항소이유와 답변에 터잡아 해당 사건의 사실상·법률상 쟁점을 정리하여 밝히고 그 증명되어야 하는 사실을 명확히 하여야 한다.

3) 항소심과 증거조사(규 제156조의5)

① 재판장은 증거조사절차에 들어가기에 앞서 제1심의 증거관계와 증거조사 결과의 요지를 고지하여야 한다.

② 항소심 법원은 다음 각호의 어느 하나에 해당하는 경우에 한하여 증인을 신문할 수 있다.

㉠ 제1심에서 조사되지 아니한 데에 대하여 고의나 중대한 과실이 없고, 그 신청으로 인하여 소송을 현저하게 지연시키지 아니하는 경우

㉡ 제1심에서 증인으로 신문하였으나 새로운 중요한 증거의 발견 등으로 항소심에서 다시 신문하는 것이 부득이하다고 인정하는 경우

㉢ 그 밖에 항소의 당부에 관한 판단을 위하여 반드시 필요하다고 인정하는 경우

4) 피고인 신문(규 제156조의6)

① 검사 또는 변호인은 항소심의 증거조사가 종료한 후 항소이유의 당부를 판단함에 필요한 사항에 한하여 피고인을 신문할 수 있다.

② 재판장은 제1항에 따라 피고인 신문을 실시하는 경우에도 제1심의 피고인 신문과 중복되거나 항소이유의 당부를 판단하는 데 필요 없다고 인정하는 때에는 그 신문의 전부 또는 일부를 제한할 수 있다.

③ 재판장은 필요하다고 인정하는 때에는 피고인을 신문할 수 있다.

5) 의견진술(규 제156조의7)

① 항소심의 증거조사와 피고인 신문절차가 종료한 때에는 검사는 원심판결의 당부와 항소이유에 대한 의견을 구체적으로 진술하여야 한다.

② 재판장은 검사의 의견을 들은 후 피고인과 변호인에게도 제1항의 의견을 진술할 기회를 주어야 한다.

다. 공판절차상 특칙

항소심의 심판에 대하여도 특별한 규정이 없는 한 제1심의 공판절차에 관한 규정이 원칙적으로 준용된다(법 제370조). 다만 항소심의 심리에 관하여는 다음과 같은 특칙이 인정되고 있다.

1) 피고인 출석요건의 완화

피고인이 공판기일에 출석하지 아니한 때에는 다시 공판기일을 정하여야 한다. 피고인이 정당한 사유 없이 다시 정한 공판기일에도 출석하지 아니한 때에는 피고인의 진술 없이 재판할 수 있다(법 제365조).

2) 증거에 대한 특칙

제 1심법원에서 증거로 할 수 있었던 증거는 항소심에서도 증거로 할 수 있다(법 제364조 3항). 즉 제1심법원에서 증거능력이 있었던 증거는 항소심에서도 증거능력이 그대로 유지되어 심판의 기초가 될 수 있고 다시 증거조사를 할 필요는 없다. 항소심에서 새로운 증거조사도 가능하다. 즉 새로운 증거신청과 증거결정을 하여 조사할 수 있다. 항소심의 증거조사절차는 제1심의 경우와 동일하다.

(3) 항소심의 재판

가. 공소기각의 결정

공소기각의 결정(법 제328조)에 해당하는 사유가 있는 때에 항소법원은 결정으로 공소를 기각하여야 한다. 이 결정에 대하여는 즉시항고를 할 수 있다(법 제363조).

나. 항소기각의 결정

① 항소의 제기가 법률상의 방식에 위반하거나 항소권 소멸 후인 것이 명백한 때에 원심법원이 항소기각의 결정(법 제360조)을 하지 아니한 때에는 항소법원은 결정으로 항소를 기각하여야 한다. 이 결정에 대하여는 즉시항고를 할 수 있다(법 제362조).

② 항소인이나 변호인이 항소이유서제출기간 내에 항소이유서를 제출하지 아니한 때에는 결정으로 항소를 기각하여야 한다. 단 직권조사사유가 있거나 항소장에 항소

이유의 기재가 있는 때에는 예외로 한다. 이 결정에 대하여도 즉시항고를 할 수 있다(법 제361조의 4).

다. 항소기각판결

1) 사 유

변론을 열어 심리하였으나 항소가 이유없다고 인정될 때에는 판결로 항소를 기각하여야 한다(법 제364조 4항).

이유 없다고 함은 항소이유에 포함된 사항에 관하여 이유가 없을 뿐만 아니라 직권조사의 결과에 의하여도 이유가 없다는 것을 의미한다.

2) 무변론 항소기각판결의 선고

항소이유가 없음이 명백한 때에는 항소장, 항소이유서 기타의 소송기록에 의하여 변론 없이 항소기각의 판결을 선고할 수 있다(법 제364조 5항).

무변론 항소기각판결도 반드시 공판정에서 선고할 것을 요하며, 개정 자체를 생략할 수 있는 것은 아니므로, 피고인이 공판기일에 출석하였거나 2회이상 계속 출석한 때에 한하여 선고할 수 있다.

라. 원심판결파기의 판결

1) 의 의

변론을 열어 심리한 결과 항소이유가 있다고 인정될 때에는 원심판결을 파기하고 다시 판결을 하여야 한다(법 제364조 6항). 항소이유가 있다는 것은 항소이유로서 주장한 사항이 정당하다고 인정되는 경우와 직권조사의 결과 판결에 영향을 미친 사유가 있다고 인정되는 경우이다. 한편 피고인을 위하여 원심판결을 파기하는 경우에 파기의 이유가 항소한 공동피고인에게 공통되는 때에는 그 공동피고인에 대하여도 원심판결을 파기하여야 한다(법 제364조의2).

핵심판례

공소기각 판결을 한 제1심 판결이 법률에 위반되는 경우, 항소심이 하여야 할 조치(=파기환송)

형사소송법 제366조는 '공소기각 또는 관할위반의 재판이 법률에 위반됨을 이유로 원심판결을 파기하는 때에는 판결로써 사건을 원심법원에 환송하여야 한다.'고 규정하고 있으므로, 원심으로서는 제1심의 공소기각 판결이 법률에 위반된다고 판단한 이상 본안에 들어가 심리할 것이 아니라 제1심 판결을 파기하고 사건을 제1심 법원에 환송하여야 한다(대판 1998. 5. 8. 98도 631).

2) 파기 후의 조치

① 파기자판

원심판결을 파기하고 다시 판결함에 있어서는 원심판결은 무효로 되어 없었던 것으로 하고 원심 및 항소심 변론결과를 총 결산하여 새로운 판결을 하게 된다. 이를 실무상 파기자판(破棄自判)이라고 한다. 구속 피고인에 대하여 파기자판을 하고 형을 선고하는 경우에는 원심판결 선고 전의 구금일수 중 전부 또는 일부를 위 형에 산입하는 선고를 하여야한다.

② 파기환송

공소기각의 사유가 없음에도 불구하고 공소기각의 판결이 선고된 경우 또는 관할이 있음에도 불구하고 관할위반의 판결이 선고된 경우에 이를 이유로 원심을 파기하는 때에는 판결로써 사건을 원심법원으로 환송하여야 한다(법 제366조). 이는 심급의 이익을 회복하기 위한 조치이며, 실무상 파기환송(破棄還送)이라 부르고 있다.

③ 파기이송

원심법원에 관할이 없음에도 불구하고 관할을 그릇 인정하여 재판을 한 경우에 이를 이유로 원심판결을 파기한 때에는 판결로써 사건을 관할법원에 이송하여야 한다(법 제367조). 이를 실무상 파기이송이라고 부른다.

(4) 재판서의 기재

항소법원의 재판서에는 항소이유에 대한 판단을 기재하여야 하며, 원심판결에 기재한 사실과 증거를 인용할 수 있다(법 제369조). 검사와 피고인 쌍방이 항소한 경우에 쌍방의 항소가 이유 없는 경우에는 이를 모두 판단하여야 한다. 그러나 여러 개의 항소이유 중에서 1개의 이유로 원심판결을 파기하는 경우에는 나머지 항소이유를 판단하지 아니하여도 된다.

핵심판례

항소기각 판결을 하는 경우 범죄사실 및 증거의 요지를 기재해야 하는지의 여부(소극)

항소법원이 항소한 피고인이 주장하는 항소이유를 받아들일 수 없는 것으로 인정한 때에는 재판서에 항소이유에 대한 판단을 기재하면 족하고, 판결로써 항소를 기각하는 경우에도 반드시 형사소송법 제369조 후단이나 제323조에 따라 원심판결에 기재한 사실과 증거를 인용하거나 판결이유에 범죄사실 및 증거요지와 법령적용을 명시하여야 하는 것은 아니다(대판 1994. 2. 8, 93도 3524).

【서식】 항소장(지방법원)

항 소 장

사 건 20○○고단 ○○○호 ○○
피 고 인 ○ ○ ○

위 사건에 관하여 귀 법원(○○지방법원)은 20○○. ○. ○. 피고인에 대하여 징역 ○년에 처하고, 다만, 그 형의 집행을 ○년간 유예하는 판결을 선고한 바 있으나, 피고인은 위 판결에 모두 불복하므로 항소를 제기합니다.

20○○. ○. ○.

위 피고인 ○ ○ ○ (인)

○ ○ 지 방 법 원(항 소 부) 귀 중

【서식】 항소장(고등법원)

항 소 장

사 건 20○○고합 ○○○○호 사기
피 고 인 ○ ○ ○

위 사건에 관하여 귀 법원(○○지방법원)은 20○○. ○. ○. 피고인에 대하여 징역 ○년에 처하고, 다만, 그 형의 집행을 ○년간 유예하는 판결을 선고한 바 있으나, 피고인은 위 판결에 모두 불복하므로 항소를 제기합니다.

20○○. ○. ○.

위 피고인 ○ ○ ○ (인)

○○고등법원 귀중

제출기관	원심법원{아래(1)참조} (형사소송법 359조)	제출기간	7일 (형사소송법 358조)
상소권자	※ 아래(2)참조	관 할	※ 아래(3)참조
제출부수	항소장 1부	관련법규	형사소송법 357~370조
항소이유서 및 답변서제출	· 기록송부접수 사실을 통지받은 날로부터 20일이내(형사소송법 361조의3 1항) · 항소이유서의 부본 또는 등본을 송달받은 날부터 10일이내(동조 3항)		
항소사유	1. 판결에 영향을 미친 헌법,법률,명령 또는 규칙의 위반이 있는 때 2. 판결후 형의 폐지나 변경 또는 사면이 있는 때 3. 관할 또는 관할 위반의 인정이 법률에 위반한 때 4. 판결법원의 구성이 법률에 위반한 때 7. 법률상 그 재판에 관여하지 못할 판사가 그 사건의 심판에 관여한 때 8. 사건의 심리에 관여하지 아니한 판사가 그 사건의 판결에 관여한 때 9. 공판의 공개에 관한 규정에 위반한 때 11. 판결에 이유를 붙이지 아니하거나 이유에 모순이 있는 때 13. 재심청구의 사유가 있는 때 14. 사실의 오인이 있어 판결에 영향을 미칠 때 15. 형의 양정이 부당하다고 인정할 사유가 있는 때 (형사소송법 361조의 5) ※ 5, 6, 10, 12호 삭제		
불복절차 및 기간	(항소기각 결정) · 즉시항고(형사소송법 360, 362조) · 3일(형사소송법 405조) (항소기각의 판결) · 상고(형사소송법 371조) · 7일(형사소송법 374조)		

※ (1) 제출기관(형사소송법 344조)

1. 교도소 또는 구치소에 있는 피고인이 상소의 제기 기간내에 상소장을 교도소장 또는 구치소장 또는 그 직무를 대리하는 자에게 제출한 때에 상소의 제기 기간내에 상소한 것으로 간주

2. 피고인이 상소장을 작성할 수 없는 때에는 교도소장 또는 구치소장은 소속 공무원으로 하여금 대서하게 하여야 함

※ (2) 상소권자(형사소송법 338, 340, 341조)

1. 검사

2. 피고인, 피고인의 법정대리인

3. 피고인의 배우자, 직계친족, 형제자매 또는 원심의 대리인이나 변호인
 단, 피고인의 명시한 의사에 반하여 상소하지 못함

※ (3) 관할(형사소송법 357조)

1. 지방법원 단독판사가 선고한 사건 : 지방법원본원합의부

2. 지방법원 합의부가 선고한 사건 : 고등법원

【서식】 항소이유서(상해)

항 소 이 유 서

사　　건　20○○노○○○호 상해

피 고 인　○ ○ ○

위 사건에 관하여 피고인의 변호인은 다음과 같이 항소이유서를 제출합니다.

다　음

1. 피고인은 이 사건 공소사실을 모두 인정하며 자신의 잘못을 깊이 반성하고 있습니다.
2. 피고인의 이 사건 범행은 젊은 혈기에 취중에 우발적으로 저질러진 범행입니다. 피고인은 오랜만에 만난 친구인 공소외 ☆☆☆가 피해자와 시비가 붙어 피해자 일행으로부터 폭행을 당하는 것을 보고 순간적으로 격분하여 이 건 범행에 이르게 된 것으로 그 동기에 참작할 만한 점이 있습니다. 당시 피고인은 상당량의 술을 마셔 만취된 상태여서 경솔하게도 이 건 범행에 이르게 된 것입니다.
3. 피고인의 범행 정도에 비추어 제1심에서 선고된 형이 결코 중하다고는 할 수 없을 것입니다. 그러나 피고인은 이 건 범행 전에 아무런 범법행위를 저지른 바 없는 초범이고 자신의 잘못을 깊이 뉘우치고 있으며 또한 대학교에 재학 중인 학생입니다. 또한 이 건으로 피고인도 상해를 입었습니다. 피고인은 어려운 가정형편 속에서도 나름대로 성실히 살아오던 학생이었습니다. 이러한 점을 참작하시어 법이 허용하는 한 최대한의 관용을 베풀어주시기를 바랍니다.

20○○. ○. ○.

위 피고인의 변호인
공익법무관 ○ ○ ○ (인)

○○지방법원 형사항소○부 귀중

【서식】 피고인 항소이유서

항 소 이 유 서

사 건 20○○노 1234

피 고 인 ○ ○ ○

위 피고인은 20○○. ○. ○. 야간주거침입절도죄로 ○○지방법원에서 징역 ○년 집행유예 ○년의 형을 선고받고 이에 불복 항소하였는바, 아래와 같이 항소이유서를 제출합니다.

항 소 이 유

원심의 형량이 너무 무거워서 부당합니다.

설 명

1. 피고인은 집안사정상 초등학교 4년을 중퇴하고 편모슬하에서 생활하던 중 약 6년 전에 4촌형의 집에 상경하여 기거하면서 공장에 취직하여 월급 ○○만원을 받고 착실히 생활하여 취직 5개월 동안에 매월 ○○만원씩을 시골에 계신 어머님께 부쳐드렸습니다.
2. 이 사건 당일 피고인은 구정을 맞이하여 고향에 내려가려고 그동안 모아 놓은 돈 ○○만원과 고향에 갈 차표를 가지고 서울역으로 기차를 타러 가는 도중에 소매치기에게 위 돈과 차표마저 쓰리당하고 서울역 근방을 헤매며 위 소매치기를 잡으려 하였으나 잡지 못하고, 홧김에 평소에 마시지 않던 막걸리를 먹은 후 정신없이 걸어가다가 누구의 집인지도 알지도 못하는 피해자의 빈집에 들어가 잠을 자다가 이 사건 당일 밤늦게(밤12시) 귀가한 피해자의 가족에 의해서 잠자는 도중에 붙잡히게 된 것입니다.

   그런데 공교롭게도 피해자의 장남이 그의 책상위에 놓아두었던 손목시계가 없어져 피고인은 이 시계를 절취한 누명을 쓰게 된 것입니다.

피고인은 수사기관에서부터 제1심에 이르기까지 위 절취사실을 부인하여 왔던 것이나, 제1심은 피해자측의 말만을 일방적으로 받아들여 피고인을 징역 ○월에 집행유예 ○년의 판결선고를 하였던 것입니다. 그러나 피고인은 피해자의 집에 무단으로 들어가 잠을 잔 것은 사실이지만 위 시계만은 절대로 훔친 적이 없습니다. 뿐만 아니라 피고인은 ○○세 밖에 안 된 소년이고 이 사건 외에는 아무런 전과도 없는 사람이며, 그 잘못을 깊이 뉘우치고 있습니다.

그러므로 피고인에 대한 여러 가지 정상을 참작하여 관용하시는 판결을 바랍니다.

20○○년 월 일

위 항소인(피고인) ○ ○ ○ (인)

○○지방법원 항소부 귀중

【서식】 변호인 항소이유서

항 소 이 유 서

사　　건　20○○노 1234
피 고 인　○ ○ ○
변 호 인　○ ○ ○

위 피고인은 20○○. ○. ○. 절도죄로 ○○지방법원에서 징역○년의 형을 선고받고 이에 불복 항소하였는바, 아래와 같이 항소이유서를 제출합니다.

항 소 이 유

원심의 형량이 너무 무거워서 부당합니다.

설　　명

1. 이 건 범행경위와 목적

피고인은 고향에서 중학교 3년을 중퇴하고 군복무를 필한 후 제대하였으나, 특별한 기술이 없어 나이 25세가 되도록 직장을 구하지 못하여 늘 비관하고 있던 중 서울에 계신 외삼촌의 도움으로 약 3개월 전에 상경하여 자동차운전 기술을 습득하여 1급 운전 기사자격증을 획득하였습니다.

그리하여, 택시회사에 취직하려 하였으나 시내운전 및 시내 주행경력이 없다하여 취직자리를 구하지 못하였습니다.

피고인은 외삼촌의 집에서 더 이상 공짜로 밥을 먹을 수가 없어 눈치를 느끼던 중 하루는 외숙모가 시내라도 나가보라고 금 ○○,000원을 주므로 피고인은 이 돈을 가지고 시내에 나와 운전교습소를 찾아가서 시내주행연습을 하게 되었던 것입니다.

시내주행연습이 다 끝나갈 무렵 운전교습을 해주는 보조선생이 잠시 다방에 갔다 오겠다고 하며 차를 세워두고 다방에 올라갔으나, 10분이 되어도 나오지 않자 피고인도 이 다방에 올라가 위 보조선생에게 갔더니 10분만 더 기다리라고 하여서, 피고인은 처음에는 기다리려고 마음먹었으나, 기다리는 시간에 가까운 곳을 주행하고 곧 돌아오면 되겠지 하는 마음으로 혼자서 차를 운전하였으나 당시 피고인은 시계도 없는데다가 시내 교통사정에 어두워 거의 3시간동안을 헤매게 되었던 것입니다. 그리하여, 위 교습선생이 나와서 차가 없는 것을 알고 곧바로 시경교통과로 차량도난 신고를 하였고, 피고인은 교통경찰에게 그 다방이 있는 장소로 가는 방향을 묻다가 마침 순찰 중인 교통순찰차에 의하여 입건되었던 것입니다.

위와 같이 이 건 범행은 피고인 자신의 어떤 목적이나 이익을 위해서가 아니고 단순히 시내 운전주행연습을 해 보려는 목적에서였고, 어떤 다른 범행의 목적이 없었으며 이 건 자동차에서 어떤 물건을 가져오거나 파손시킨 바 없으며, 제자리에 가져다 놓으려고 길을 찾던 중 검거된 것입니다.

따라서, 이 건 범행 경위와 목적에 비추어 이 건 자동차의 무단운행은 절도죄의 불법영득 의사는 없고 소위 사용절도에 해당된다 할 것입니다.

2. 정상에 참작되어야 할 점

가사 사용절도가 아니라 하더라도 위 범행 경위와 목적이 단순하고 피고인이운전보조 선생의 승낙 없이 운전을 하였지만 피고인은 이 사건 범행외에 무단운전으로 인한 다른 교통사고를 내지 않았고, 전과도 없을 뿐 아니라 이 건 범행사실을 순순히 자백하고 있으며, 차후 자동차 운전사로 취직하여 시골에 계신 노부모를 봉양해야 할 처지에 있는 자입니다.

이러한 제반정상을 참작하건데 피고인이 일순간의 과오는 그동안 ○개월간의 구금으로 충분히 죄값을 치루었고, 형벌의 효과도 달성되었다고 사료됩니다. 뿐만 아니라 피고인의 딱한 사정을 알게 된 위 운전교습소에서는 피고인의 운전 취직을 알선하려고 하고 있습니다. 참고로 피고인의 운전취업을 도와주겠다고 하는 위 운전교습소장의 확인서를 첨부하오니, 피고인에게 벌금형이나 집행유예의 은전을 베풀어 주시기 바랍니다.

20○○년　월　일

항소인(피고인)　○ ○ ○ ㊞
변 호 사　○ ○ ○ ㊞

○○지방법원 항소부　귀중

【서식】 항소이유서(강간치상)

항 소 이 유 서

사　　건 20○○노 1234
피 고 인 ○ ○ ○
변 호 인 ○ ○ ○

위 피고인은 20○○. ○. ○. 강간치상죄로 ○○지방법원에서 징역○년의 형을 선고받고 이에 불복 항소하였는바, 아래와 같이 항소이유서를 제출합니다.

항 소 이 유

원심의 형량이 너무 무거워서 부당합니다.

설　　명

원심판결이 피고인에게 선고한 형은 너무 무거워서 부당합니다.

피고인은 학교는 중학교밖에 다니지 못했고 20○○년에 군복무를 마친 다음 ○○(주)의 원양어선을 타고 스페인에서 1년간 근무하다가 폐병에 걸려 귀국하여 폐를 한쪽 절제하는 수술을 받았고, 20○○년부터 택시운전사로 일해 왔습니다.

○○○는 피고인보다 17살이 위인데, 20○○년경에 우연히 알게 되어 20○○년부터 동거생활을 해오던 사이로서 ○○○의 딸인 피해자는 이 사건 있기 석 달 전에 집에 와서 같이 지내게 되었는데, 사건당일 전화를 쓰기 위하여 피해자 ○○○의 방에 갔다가 피해자가 잠옷바람으로 있는 것을 보고 갑자기 나쁜 마음이 생겨 피고인이 피해자의 손목을 잡고 성관계를 가지려고 하자 피해자가 피고인의 손을 입으로 물기 때문에 손을 뒤로 돌려 전화 줄로 묶었더니 요구를 들어 줄 테니까 편히 하자고 하여 풀어주고 관계를 가지게 되었습니다.

피해자와 성관계를 가질 때는 별다른 반항이 없었기 때문에 굳이 강간을 한 것은 아니지 않느냐는 생각이 들어 수사기관에서 조사받을 때 다소 부인을 하였으나 결국 피고인이 피해자를 억지로 관계하였던 것은 사실이고, 깊이 잘못을 뉘우치고 있습니다.

피해자는 성경험이 있던 여자였고, 어머니와 피고인의 관계를 생각해서 고소를 취소해주었습니다.

이상과 같은 정상을 참작하여 원심보다 관대한 판결을 해 주실 것을 바라 항소에 이르렀습니다.

20○○년 월 일

항소인(피고인) ○ ○ ○ ㉠
변 호 사 ○ ○ ○ ㉠

○○지방법원 항소부 귀중

【서식】 항소이유서(강도상해)

항 소 이 유 서

사 건 20○○노 1234
피 고 인 ○ ○ ○
변 호 인 ○ ○ ○

위 피고인은 20○○. ○. ○. 강도상해죄로 ○○지방법원에서 징역○년의 형을 선고받고 이에 불복 항소하였는바, 아래와 같이 항소이유서를 제출합니다.

항 소 이 유

피고인의 이 사건 범행은 심신상실 또는 심신미약의 상태(술에 만취되었거나 정신이상의 상태)에서 저지른 것입니다.

설 명

원심판결은 채증법칙을 위반하여 사실을 오인하고 피고인의 음주로 인한 심신장애의 항변을 배척함으로써 피고인에게 지나치게 무거운 형을 선고한 위법이 있습니다.

1. 사건의 경위

피고인은 20○○. ○. 고등학교를 졸업하고 군에 입대하였다가 20○○. ○. 제대하고 나서 주식회사 ○○의 영업부사원으로 취직하였다가 퇴직하고 20○○. ○.부터 ○○시 ○○구 ○○길 ○○에서 누이가 경영하는 당구장에서 일하고 있던 중, 사건 전날저녁때 고등학교 동창생인 ☆☆☆, □□□등과 만나 ○○길 ○○ 근처의 술집에서 밤 2:30경까지 칵테일, 맥주, 소주 등을 정확한 양을 기억할 수 없게 많이 마시고 나서 ☆☆☆은 먼저 들어가고 □□□이 자신의 집이 있는 ○○시에 가서 술을 더 마시자고 하는 것을 피고인은 싫다고 하고 집에 돌아가

기 위해서 먼저 택시의 앞자리에 탔는데 □□□이 택시 뒷자리로 따라 타며 계속하여 ○○시에 가서 술을 더 마시자고 하면서 택시운전사에게 ○○시로 가자고 할 때 피해자가 그 택시에 합승을 하게 되었던 것입니다.

이어 택시가 출발하자 피고인은 술에 취해 깜박 졸다가 □□□이 합승한 손님에게 쓸데없는 이야기를 걸며 시비를 합승한 손님이 택시를 세워 내리고 다시 택시가 출발하자 □□□이 택시를 세우며 내리자고 하여 피고인은 뒤따라 내린 다음 □□□이 앞서 합승했던 손님을 따라가 주유소 앞에서 둘이 몸싸움을 하는 것을 보고 피고인이 말리려고 하였는데 전후 사정을 잘 알지 못한 피해자가 피고인도 한패인 것으로 알고 피고인을 때리므로 피고인은 술에 취한 나머지 화가 나서 피해자를 몇차례 구타했던 것이고 그 과정에서 □□□이 피해자의 금품을 가지고 달아나고 피고인은 주유소 맨홀에 발이 빠져 젖은 신발을 벗어 물을 털고 있다가 출동한 경찰관과 피해자에게 붙잡혀 ○○지구대로 와서 2시간정도 자다가 경찰서로 인계된 다음 강도상해 사건의 피의자로 조사받게 된 것이 이 사건의 진상입니다.

2. 수사의 경과

이 사건 범죄인지보고서의 인지경위를 보더라도 주민으로부터 행인이 싸운다는 신고를 하여 ○○지구대에 근무하던 경찰관 2명이 출동하여 피해자와 합세 피고인을 체포하였다는 것인바 주민이 보는 노상에서 피고인이 강도범행을 하고 있었다는 점이나 피해자가 강도를 당하는 것을 본 주민이 싸운다고 지구대에 신고했다는 점이나 2명의 강도범인을 체포하기 위하여 지구대 근무경찰관 2명이 출동했다는 점이나 모두 피고인의 이 사건 범행을 강도사건으로 보기에 어색한 면이 있습니다.

피해자의 진술서에 보면 택시에서 내린 피해자를 피고인과 □□□이 서로 이름을 부르며 구타하기 시작했다고 되어 있는데 이 점은 □□□이 먼저 피해자를 따라가서 몸싸움을 하므로 피고인이 이를 말리러 가면서 □□□의 이름을 불렀던 것으로 보이고 그렇지 않고 두 사람이 공모하여 강도범행을 했다면 행인이 다니는 길가에서 서로 이름을 불러가며 떠들었을 이유도 없습니다.

또한 피해자의 진술에도 피의자가 약간 취한 것 같다는 기재부분이 있습니다만 피고인이 경찰인지 보고서의 범죄사실 기재와 같이 ○○길 ○○ 소재 레스토랑에서 □□□과 같이 강도할 것을 모의하고 대상을 물색하다가 이 사건 범행에 이르게 되었다던 술에 취해가지고 범행을 한다는 것이 선뜻 납득이 가지 않는데다 경찰이 강도사건 피해자를 조사하면서 가해자의 술 취한 사정을 물어보고 약간 취한 것 같다는 진술을 조서에 기재해 놓은 것을 보더라도 어떻게 하던지 피의자를 불리하게 조사하려는 경찰의 수사관행에 비추어 피고인이 당시 상당히 술이 많이 취해 있었던 사정을 알 수 있습니다.

이 사건 수사기록을 통하여 보면 피해자가 피고인과 □□□에게 얻어맞은 점과 □□□이 피해자의 금품을 뺏어간 점은 움직일 수 없는 사실이므로 수사기관에서는 이와 같은 사건을 강도사건으로 의율하지 아니할 수 없었고 그 과정에서 피고인의 앞서 본 사건의 경위에 관한 변소는 묵살한 채 사건의 결과에 맞추어서 범행을 자백하는 조서를 받아버리고만 것입니다.

피고인의 원심법정에서의 변소에 비추어 볼 때 경찰, 검찰의 피의자신문조서에 기재된 피고인의 범행자백은 진술거부권이 고지되고 임의로운 상태하에서 이루어진 것이라고는 도저히 볼 수 없습니다.

경찰 피의자신문조서에 보면 피고인의 변소에 일부 부합하는 진술기재가 여기저기 엿보이다가(피고인이 □□□을 보고하지 말라고 말리며 그냥 집에 가자고 했다는 진술이나, 피해자와 ○○○이 골목으로 들어갈 당시까지는 돈을 빼앗으려고 생각하지 않았는데 결과적으로 □□□이 피해자의 돈을 빼앗았다는 진술 등) 검찰 피의자신문조서에서는 좀 더 강도상해죄에 바로 들어맞게 피고인이 자백한 것으로 되어있습니다.

3. 법률적용에 대한 의문

사안의 진상이 위에서 본 바와 같을진대 이 사건을 강도상해 사건으로 입건 수사하여 공소를 제기한 수사기관이나 피고인의 변소를 무시한 채 강도상해죄를 적용하여 징역 3년 6월의 형을 선고한 원심법원이나 대단히 안일한 법률적용을 해 버렸다는 비난을 면할 수 없습니다.

피고인은 특수강도 전과자라고 공소장에 기재되어 있습니다만 그 처리결과를 보면 기소유예처분을 받은 것으로 되어 있는바 과연 검찰에서 특수강도사건을 기소유예에 하는 일이 있는지를 생각해보면 피고인에게 특수강도의 전력이 있어 이 사건도 강도를 하려고 했던 것이라고 인정할 자료로 삼기에 부족합니다.

피고인은 체포당시 아무런 압수품도 없었고 당시 술값을 치루고 난 돈 ○○,000원 정도가 주머니에 있었다고 합니다.

별다른 전과도 없고 고등학교를 마치고 군복무를 필한 젊은 청년이 술에 취해서 앞뒤가 분명치 않은 잘못을 저지른 이 사건을 달아난 □□□이 체포되지 아니하여 두 사람 사이의 관계도 규명되지 아니한 상태에서 수사기관은 손쉽게 피고인으로부터 강도상해 범행자백 조서를 받아가지고 공소제기하여 징역 3년 6월에 처한다는 유죄판결을 받아냈으나 수사기관이나 법원이 이런 식으로 억울한 시민을 3년 6개월씩 징역 보내서 국가와 사회에 무슨 득이 있을 것인지 다시 한 번 생각해 볼 필요가 있다고 하겠습니다.

4. 음주로 인한 심신장애의 항변

이 사건은 앞서 본 바와 같이 사건자체가 애매한데다가 더욱이 피고인은 범행당시 술에 만취하여 심신이 미약한 상태하에 있었습니다.

음주로 인한 심신장애의 정도에 대한 판단기준이 여러 가지로 정확을 기할 수 없는 사정이 있기는 합니다만 적어도 사건이 애매하고 법정형이 무리하게 높아 그 구제수단이 없을 때는 다소 너그럽게 심신장애의 항변을 받아들여 구체적으로 알맞은 양형을 하는데 쓰여져야 할 것입니다.

이상의 사정이 있어 항소에 이르렀사오니 심리하시어 피고인에 대한 억울함을 구제하여 주시기 바랍니다.

20○○년 월 일

항소인(피고인) ○ ○ ○ ㉞
변 호 사 ○ ○ ○ ㉞

○○지방법원 항소부 귀중

【서식】 항소이유서(공무집행방해)

항 소 이 유 서

사 건 20○○노 1234
피 고 인 ○ ○ ○
변 호 인 ○ ○ ○

위 피고인은 20○○. ○. ○. 공무집행방해죄로 ○○지방법원에서 징역○년 집행유예 ○년의 형을 선고받고 이에 불복 항소하였는바, 아래와 같이 항소이유서를 제출합니다.

항소이유의 요지(항소이유로 주장하는 항목옆의 괄호에 ○표를 합니다).
1. (○) 원심의 형량이 너무 무거워서 부당하다.
2. (   ) 피고인은 원심이 유죄로 인정한 범죄를 저지른 바가 없다.
3. (   ) 원심의 판단에는 헌법, 법률, 명령, 규칙을 위반하였거나, 법리를 오해하여 판결에 영향을 미친 위법이 있다.
4. (   ) 피고인의 이 사건 범행은 심신상실 또는 심신미약의 상태(술에 만취되었거나 정신이상의 상태)에서 저지른 것이다.
5. 기타사항 : (항소이유에 대한 설명)

설 명

원심은 채증법칙을 위배하여 사실을 오인하고 공무집행방해죄의 법리를 오해한 피고인에 대한 공무집행방해 공소사실을 유죄로 인정한 위법이 있고, 나아가 원심이 피고인에게 선고한 형은 너무 무거워서 부당합니다.

1. 원심판결의 요지

원심은 거시한 증거들을 종합하여 피고인이 20○○. ○. ○. 16:30경 서울 ○○구 ○○동 789 앞길에서 ○○구청 도시정비과 소속 공무원인 피해자 ○○○9여, 24세), 동 ○○○(여, 22세)이 불법주차중인 피고인 소유 서울 11가1111호

스타렉스 승합차 전면 유리창에 과태료부과차량스티커를 부착하고 위반현장을 입증키 위해 사진기로 촬영을 하는 것을 보고 위 차에 부착된 스티커를 떼어 피해자 ○○○의 입에 붙이고 사진기를 뺏으려 하며 동인의 손을 비틀고, 이어 이를 촬영하는 ○○○의 사진기를 뺏기 위해 손목을 비틀고 줄을 세게 잡아당기는 등 하여 주차단속중인 위 공무원들의 정당한 직무집행을 방해하고 그로 인하여 피해자 ○○○에게 전치 2주간의 우수 제3, 4지찰과상등을 동 ○○○에게 전치 1주간의 좌측전박부좌상등을 각 가한 것이라는 공소사실을 모두 유죄로 인정하고 공무집행방해죄와 상해죄를 적용하고 처단하였습니다.

2. 사실관계

이 사건의 사실관계는 다음과 같습니다.

이 사건 당시 피고인은 서울시 ○○구의회 의원으로서 ○○당 공천으로 서울시의회 의원에 입후보한 ○○○후보의 선거대책본부장으로 일하고 있었고, 이 사건 장소인 ○○동 789번지는 ○○○후보의 선거사무실이 설치된 곳으로서 불법주차 문제는 그 선거사무실 앞길에서 생겼던 일입니다.

이 사건 당시 선거관리위원회에서는 각급 구청에다 선거운동용으로 등록된 차량에 대해서는 주차단속과 관련하여 편의를 도모해 주라는 지시가 있었던 것인데 ○○○후보가 야당공천 후보라서 그랬는지 ○○○후보 선거사무실 앞에서 자주 불법주차단속이 시행되어 사건전날과 사건 당일 오전에도 위 ○○○후보선거 사무실 앞에서 불법주차단속이 시행된 바 있어 피고인이 ○○구청에 가서 부청장에게 항의를 하자 부청장이 단속계장을 불러 협조를 해주라는 지시를 한 사실이 있습니다.

사건당일 오전 그와 같은 일이 있고 나서 오후에 피고인이 선거업무 연락차 선거운동용으로 등록된 피고인의 승합차를 ○○○후보선거 사무실 앞에 잠시 세워두고 2층 사무실에 올라갔는데 그 사이 또 다시 주차단속원이 와서 불법주차스티커를 부착하자 선거사무실 직원들과의 사이에 시비가 생기게 되었습니다.

사무실 2층에서 주차단속원과 선거사무실 직원들과 그와 같은 시비가 생긴 것을 보고 ○○구청에 연락을 했더니 도시정비국장이 현장에 나오겠다고 해서 피고인이 사무실에서 나와 사건현장으로 가자, 주차단속원들이 불법주차단속 업무를 끝내고 주차단속차량에 승차하여 구청으로 돌아가려 하므로 피고인이 신분을 밝히며 도시정비국장이 나오니 조금 기다리라고 하자 나이어린 주차단속원들이 구의원이면 다야 똑같은 놈들이다 라고 욕설을 해대며 차에서 내려 사진을 찍어 신문에 내야 된다고 하며 카메라를 들이대는 바람에 피고인이 화가나서 선거사무실 직원이 떼어서 들고 있던 스티커를 빼아 ○○○의 얼굴에 붙이고 ○○○이 사진기를 뺏으려고 하다가 그 과정에서위 피해자들에게 다소간의 피해를 가하였던 것입니다.

공소장에는 피고인이 차에 부착된 스티커를 떼서 피해자 ○○○의 입에 붙였다고 되어있고 또한 주차단속원이 불법주차 스티커를 붙이고 현장사진을 찍을 당시에 피고인이 시비를 벌인 것으로 되어 있지만 피고인과 주차단속공무원 사이에 시비가 생긴 것은 앞서 본 바와 같이 주차단속업무가 종료된 뒤였고, 또한 주차단속원과 시비를 벌인 것은 나이어린 주차단속공무원이 선거사무실직원들과 싸우다가 화가 난 나머지 뒤에 내려온 피고인에게 입에 담지 못할 욕설을 하며 신문에 낸다고 떠드는 바람에 흥분하였기 때문이지 주차단속공무원의 업무집행을 방해할 목적이나 그러한 점에 대한 인식은 없었던 것입니다.

3.증거관계

이 사건 피해자인 주차단속원 ○○○, ○○○과 주차단속차량 운전사인 ○○○의 원심법정에서의 증언에 의하면 모두 일치하여 그들이 사건현장에서의 주차단속업무를 종료하고 구청으로 돌아가기 위해서 주차단속차량에 승차하고 나서 피고인과의 시비가 생기게 되었던 것이라고 하고 있는데도 원심판결이 그들의 증언을 합리적인 이유없이 배척하고 그와 달리 주차단속원이 불법주차차량에 스티커를 부착하고 위반현장을 입증하기 위해 사진기로 촬영할 당시에 피고인이 주차단속원들과 시비를 벌여 그들의 주차단속업무를 방해하였다는 공소사실을 그대로 인정한 것은 채증법칙을 위배하여 사실을 오인함으로써 판결에 영향을 미친 위법을 저질렀다는 비난을 면할 수 없을 것입니다.

4.공무집행방해죄의 법리

형법 제136조 제1항의 공무집행방해죄는 직무를 집행하는 공무원에 대하여 폭행, 협박하는 것을 구성요건으로 하고 있습니다.

따라서 공무원이 직무집행을 종료한 후 그 직무집행결과에 불만을 가지고 공무원에게 폭행 협박을 하더라도 이는 공무집행방해죄를 구성한다고 할 수 없습니다.

앞에서 본 사실관계에 의하면 이 사건에 있어서 피고인은 주차단속원의 주차단속이 종료된 다음 그들의 지나친 주차단속에 항의하였을 뿐인데도 원심이 피고인에 대하여 공무집행방해죄를 적용한 것은 공무집행방해죄의 법리를 오해하여 판결에 영향을 미쳤다고 할 것입니다.

5. 피고인의 정상

피고인은 구의회 의원의 신분으로서 이 사건을 이성적으로 처리하지 못한 점에 대해 크게 잘못을 뉘우치고 사건 후 10여일 되어 피해자들에게 사과하고 돈 2,000,000원을 지급하고 원만히 합의하였습니다.

이 사건 당시 피고인이나 선거사무실의 직원들은 ○○○ 후보의 선거사무용 차량에 대한 단속이 집중되자 야당추천 후보의 선거운동을 탄압하는 것이라고 생각되어 감정이 격앙된 상태였는데다 22,3세의 나이어린 주차단속원들이 46세의 피고인에게 구의원이면 다냐고 욕설을 하며 사진을 찍어 신문에 내겠다고 하며 카메라를 들이대자 순간적으로 화가 나서 시비를 벌이게 되었던 것인데 이만한 일을 가지고 굳이 피고인을 공무집행방해죄로 처벌함으로써 피고인을 구의원으로 선출한 다수 시민들의 의사를 헛되게 하는 것이 사법적 정의를 실현하는 것인지 의문이 아닐 수 없습니다.

피고인이 이 사건 범행에 이르게 된 경위라든가 그 밖에 피고인이 과거 8년 10개월간 경찰공무원으로 재직한 경력에다 현재 그가 지방의회의원으로 재직중인 점등 기록에 나타난 여러 가지 정상에 비추어 볼 때 원심이 피고인에 대하여 선고한 형은 너무 무거워서 부당하다고 생각되므로 항소부 법원에서는 피고인에 대하여 원심보다 가벼운 형을 선고하여 주시기 바랍니다.

20○○년 월 일

항소인(피고인) ○ ○ ○ ㊞
변 호 사 ○ ○ ○ ㊞

○○지방법원 항소부 귀중

【서식】 공문서변조 항소이유서

항 소 이 유 서

20○○노 1234
피 고 인 ○ ○ ○
변 호 인 ○ ○ ○

위 피고인은 20○○. ○. ○. 공문서변조죄로 ○○지방법원에서 징역○년 집행유예 ○년의 형을 선고받고 이에 불복 항소하였는바, 아래와 같이 항소이유서를 제출합니다.

항 소 이 유

원심의 형량이 너무 무거워서 부당합니다.

설　　명

원심판결이 피고인에게 선고한 형은 너무 무거워서 부당합니다.

피고인은 20○○. ○. ○. ○○대학교를 졸업하고, 20○○. ○. 부터 20○○. ○. 까지 ○○시청에 근무를 하였고, 그 뒤 20○○. ○. ○.부터 ○○요식업중앙회 ○○구지회에 근무해왔습니다.

피고인은 ○○요식업중앙회 ○○구지회 대리로서 관내 식품접객업자들에 대하여 식품위생법에 대한 지도계몽과 영업시설 개선 촉구 및 회비징수업무를 하는 외 관내식품접객업자들의 부가세 납부업무를 대행하여 처리하면서 영업허가미필로 사업자등록증을 발급받지 못하여 고객들이 요구하는 세금계산서를 발급해주지 못하거나 신용카드가맹점 지정을 받지 못하고 또한 세금계산서를 끊어줄 수가 없어 주류 판매 대리점으로부터 주류를 구입할 수도 없는 등 어려움을 겪는 관내 식품접객업소로부터 사업자등록증을 발급받게 해달라는 부탁을 받고 식품접객업자를 대신하여 세무서에 사업자등록증 신청을 하면서, 거기에 첨부하는 영업허가증 사본을 복사하는 방법으로 위조하여 행사하므로 이 사건 범행에 이르게 되었습니다.

피고인이 영업허가증을 위조해 사업자등록증을 받아 준 사람들은 원래 영업허가가 있는 업소인데, 그 업소를 인수하고도 양도한 사람이 영업허가명의를 바꾸어 주지 않은 채 그 행방을 알 수가 없어 영업허가명의를 바꾸지 못한 업주이거나, 허가업소를 경영하다가 업소를 이전해 놓고 허가를 받지 못한 채 영업을 하는 업주들이었습니다.

세무서에서는 사업자등록신청을 하면 세원을 발굴한다는 차원에서 별다른 조사 없이 즉석에서 처리해주기 때문에 이런 일이 쉽게 가능했던 것인데, 피고인이 사업자등록증을 내 준 사람들은 관내 업주로서 알던 사람이라 인정에 이끌려 그 부탁을 들어주었던 사람들도 있고, 일부 사람들한테서는 돈 3만원 정도를 수고비로 주어 협회 운영비등으로 사용했던 것으로 굳이 돈을 바라고 한 일은 아니었습니다.

피고인은 이번 사건을 계기로 그 소행이 잘못된 일임을 깊이 깨달았고, 다시는 이런 일이 없을 것을 다짐하고 있습니다.

이상과 같은 정상을 참작하시어 피고인에게 원심보다 가벼운 형의 선고를 구하기 위하여 이 사건 항소이유에 이르렀습니다.

20○○년 월 일

항소인(피고인) ○ ○ ○ ㉐
변 호 사 ○ ○ ○ ㉐

○○지방법원 항소부 귀중

【서식】 항소보충이유서(상해)

항 소 보 충 이 유 서

사 건 20○○노 ○○○○ 상해
피 고 인 ○ ○ ○

위 피고인에 대한 상해 사건에 관하여 위 피고인의 변호인은 다음과 같이 항소이유를 보충합니다.

다 음

1. 원심 판시 범죄사실의 인부
피고인은 원심 판시 범죄사실은 모두 시인합니다.

2. 양형부당의 점
가. 피고인은 정신분열증 진단을 받아 병원에서 입원치료를 받은 적이 있고 지금도 약을 복용하고 있으며 장애인복지법에 따른 정신지체 3급의 장애인입니다. 피고인은 고등학교 1학년 때부터 갑자기 학교를 나가지 않는 등 정상인과 같은 정도의 사회적응력을 갖추지 못하고 있습니다. 이 사건 범행도 특별한 동기 없이 범행 당시의 기분에 따라 우발적으로 행한 것입니다.
나. 이 사건 피해자는 피고인의 아버지가 운영하는 정육점에 자주 들러 피고인 부모님과 알고 지내는 사이입니다. 피고인의 어머니는 피해자에게 치료비 조로 금 100만원을 주려하였으나 피해자가 금 500만원을 요구하여 합의에는 이르지 못하였습니다.
다. 피고인에게는 폭력행위로 인하여 벌금 100만원을 선고받은 외에는 다른 범죄전력이 없으며 5개월이 넘는 미결구금기간을 통해 본 건 범행을 깊이 반성하고 있습니다.

3. 결 론

이상의 정상과 기타 기록상 드러나는 자료를 참작하시어 피고인에게 원심보다 관대한 형을 선고하여 주시기를 바라며, 항소보충이유서를 제출합니다.

20○○. ○. ○.

위 피고인의 변호인

공익법무관 ○ ○ ○ (인)

○○지방법원 형사항소제○부 귀중

【서식】 항소보충이유서(폭력행위등처벌에관한법률위반등)

항 소 보 충 이 유 서

사 건 20○○노 ○○○○ 폭력행위등처벌에관한법률위반등
피 고 인 ○ ○ ○

위 피고인에 대한 폭력행위등처벌에관한법률위반 등 사건에 관하여 위 피고인의 변호인은 다음과 같이 항소이유를 보충합니다.

다 음

1. 원심 판시 범죄사실에 대한 인부 및 항소이유의 요지

피고인은 원심 판시 범죄사실 중 제1항 및 제2의 가.항 범죄사실은 이를 시인하나, 제2의 나.항 범죄사실은 부인합니다. 나아가 가사 제2의 나.항 범죄사실이 유죄로 인정된다고 하여도 원심이 선고한 ○년 ○월의 징역형은 제반정상에 비추어 과하다 할 것이므로 그 감형을 구합니다.

2. 사실오인의 점

피고인은 수사기관에서부터 일관하여 피해자 △△△ 경장에 대한 상해사실을 부인하고 있습니다. 원심판결은 이 부분 유죄의 증거로서 증인 △△△의 법정진술과 동인에 대한 경찰진술조서, 정□□, 강☆☆에 대한 각 검찰진술조서를 거시하고 있으나 이하에서와 같은 이유에서 과연 이들 증거만으로 피고인을 유죄로 인정할 수 있는지 의심이 갑니다.

가. △△△ 경장의 진술

△△△ 경장이 주장하는 피해부위와 진단서상의 기재가 일치하지 않습니다. △△△ 경장에 대한 경찰진술조서를 보면, △△△ 경장은 피고인이 "발로 저의 왼쪽 허

벅지를 1회 차고 저의 낭심을 1회 찼으며", "무전실에서 저의 왼쪽 얼굴을 세게 1회 때린 후", "저의 입술을 주먹으로 1회 때리고 저를 밀쳐서 옷장에 팔이 부딪히게 하여 오른쪽 팔꿈치에 피부가 벗겨지는 상처가 난 것이고"라고 진술하고 있습니다. 또한 △△△ 경장은 원심 법정에서 "피고인이 주먹으로 증인의 입술을 때려 아래 입술 속이 찢어져 붓고 피가 났습니다"라고 증언하였습니다. 그러나 의사 □□□ 작성의 △△△ 경장에 대한 진단서를 보면, 상해부위는 안면부 및 우주관절부만이 있을 뿐이고 외관으로도 쉽게 확인할 수 있을 것으로 보이는 입술부위 상해에 관하여는 기재가 없습니다. 피고인은 자신이 △△△ 경장을 폭행하고 상해를 가하였다면 파출소 CC-TV에 그 범행 장면이 녹화되어 있을 것이므로 이를 확인하여 자신의 변소가 진실임을 밝혀달라고 주장하고 있습니다. △△△ 경장은 원심 법정에서 자신이 동료 경찰관에게 CC-TV를 끄라고 소리친 사실이 있다고 실토하면서 그 이유는 피고인을 무전실로 데리고 갔기 때문에 피고인이 소 내에 없어서 끄라고 하였던 것이라고 변명하고 있으나, 피고인을 무전실로 데리고 들어가기 전에 이미 CC-TV를 끄라고 이야기하였다고 진술하고 있고 CC-TV는 특별한 사정이 없는 한 상시 켜놓는다고 진술하였으며, 이□□ 순경이 기계를 잘못 조작하여 녹화가 되지 않았다고 진술하는 등 앞뒤가 맞지 않거나 설득력이 없는 설명을 하고 있습니다. 또한 경찰 작성 피의자신문조서 중 △△△ 경장과의 대질부분을 보면, △△△ 경장은 피고인이 "계속 사무실에 있는 동안에 강☆☆에게 욕하고 저의 경찰관에게 욕을 하여 업무를 할 수가 없어서 CC-TV를 끄고 무전실로 격리시켰는데"라고 진술하고 있습니다. 피고인이 공무집행을 방해하고 있다면 오히려 CC-TV가 켜있는지를 확인하여 증거를 확보할 수 있는 조치를 취하고 수갑 등을 채워 범행을 저지해야 할 터인데, 반대로 CC-TV를 끄고 피고인을 엉뚱한 곳으로 데리고 갔다는 것이 석연치 않습니다.

그리고 무전실은 아마도 일반인들의 출입이 통제되어 그 이목으로부터 차단되는 장소인 것으로 보이는데, 피고인을 무전실에 격리한다는 것이 피고인을 홀로 무전실에 가두어 둔다는 뜻인지, 무전실 내에서는 피고인을 어떻게 개호하였는지, 결국 피고인을 어떻게 제압하였는지 등의 의문이 제기되고 피고인이 소란을 피워 업무에 차질을 빚게 되므로 격리하였다는 경찰진술조서상의 기재나 원심에서의 증언만으로는 이러한 의문에 답할 수 없습니다.

이 부분은 오히려 자신이 △△△ 경장 등으로부터 구타를 당하였다는 피고인의 주장이 사실일 수도 있다는 의심을 불러일으키는 대목으로서, 이에 관한 △△△ 경장의 진술은 CC-TV 녹화테이프가 존재하지 않는 상황에서 피고인 변소를 입증할 수 있는 거의 유일한 자료에 해당합니다.

나. 정□□, 강☆☆의 진술

경찰 피의자신문조서 중 정□□에 대한 대질부분을 보면, 정□□은 피고인이 "경찰관의 다리를 2-3회 가량 차고, 주먹으로 △△△ 경장의 얼굴을 때린 것이고, △△△ 경장의 얼굴에 침을 뱉은 것입니다"라고 진술하고 있어 피고인이 △△△ 경장의 얼굴을 때리는 것을 보았다는 취지입니다. 그런데 △△△ 경장에 대한 경찰 진술조서를 보면, △△△ 경장은 피고인이 "무전실에서 저의 왼쪽 얼굴을 세게 1회 때린 후", 계속하여 "저의 입술을 주먹으로 1회 때리고"라고 진술하였고 원심 법정에서도 "증인이 피고인을 탈의실 안으로 데리고 들어가서 앉히려고 하자 피고인이 주먹으로 증인의 입술을 때려 아래 입술 속이 찢어져 붓고 피가 났습니다."라고 진술하고 있어 피고인이 자신의 얼굴을 때린 것은 무전실 내에서라는 취지입니다. 그렇다면 정□□은 어떻게 피고인이 △△△호 경장의 얼굴을 때리는 것을 목격하였는지 의문입니다.

검찰 피의자신문조서 중 강☆☆ 및 정□□에 대한 대질부분을 보면, 강☆☆는 피고인이 "주먹으로 얼굴을 툭 때렸다"고 진술하고 있고 정□□도 피고인이 "주먹으로 경찰관의 볼을 툭 쳤습니다"라고 진술하고 있기는 하나, "툭 쳤다"는 표현이 반복되고 있는 것으로 보아 원심 판시 범죄사실상 "주먹으로 동인의 얼굴을 때리고"라는 부분과 무전실에서 얼굴을 폭행당하였다는 △△△ 경장의 진술에서와는 별개의 다른 행위를 지목한 것으로 보입니다.

나아가 검찰 피의자신문조서 중 강☆☆에 대한 대질부분을 보면, 강☆☆은 "경찰관도 싫은 소리를 하여", 경찰관이 "최□□의 머리를 손으로 밀쳐 소파에 앉히자"라는 등 일부 피고인의 변소에 부합하는 듯 한 진술을 하고 있고 정□□도 마찬가지입니다. 강☆☆은 또한 같은 곳에서 피고인의 주장에 따라 파출소에서 자신의 소지품을 검사하였으나 피고인이 이야기하는 돈을 찾을 수 없었다는 취지로 진술하고 있으나, 강☆☆는 어디까지나 폭행사건의 피해자로서 참고인진술을 위하여 파출소에 임의 동행한 것이므로 피고인으로부터 빼앗은 돈을 다른 곳에 두고 올 수 있는 충분한 시간적 여유가 있었을 것입니다.

3. 양형부당의 점

피해자 강☆☆은 이미 경찰에서 피고인에 대한 처벌을 원하지 않는다고 진술한 바 있습니다. 피고인은 △△△ 경장에 대한 상해사실을 완강히 부인하면서도 다수의 전과가 있음에도 불구하고 다시 처신을 그르쳐 술을 마시고 물의를 빚은 점에 대하여 깊이 반성하고 있음을 밝히고 있습니다. 피고인은 나아가 다시는 이와 같은 실수를 되풀이하지 않기 위해 어머니가 계신 ○○으로 내려가 농사를 지으면서 살겠다고 합니다. 또한 피고인은 원심 법정에서 △△△ 경장이 사실과 다르게 진술하는 것을 참지 못하여 소란을 피워 감치명령을 받았던 점에 관하여도 뉘우치고 있습니다.

4. 결 론

지금까지 피고인의 성행이 바르지 못하였고 파출소에서도 차분하게 조사에 응하지 않고 다소 소란을 야기한 점은 사실입니다. 그러나 피고인은 절대로 원심 판시와 같이 △△△ 경장에게 상해를 가한 사실이 없다고 부인하고 있고 원심이 거시한 유죄의 증거들에도 그 신빙성에 의심이 가는 부분이 존재합니다. 이러한 점을 살펴 △△△ 경장에 대한 폭력행위등처벌에관한법률위반의 점 및 공무집행방해의 점에 대하여 형사소송법 제325조 후단을 적용하여 무죄를 선고하여 주시고, 가사 피고인을 유죄로 인정하시더라도 원심보다 경한 형을 선고하여 주시기를 바랍니다.

20○○. ○. ○.

위 피고인의 변호인
공익법무관 ○ ○ ○ (인)

○○지방법원 형사항소○부 귀중

[서식] 항소포기서

항 소 포 기 서

사 건 20○○ 고단 ○○○호 ○○
피 고 인 ○ ○ ○

위 사건에 관하여 ○○지방법원의 20○○. ○. ○.에 선고한 징역 ○년에 집행유예 ○년의 판결에 대하여 피고인은 항소(상고)권을 전부 포기합니다.

20○○. ○. ○.

위 피고인 ○ ○ ○ (인)

○ ○ 지 방 법 원 귀 중

■ 참 고 ■

제출기관 및 관할	원심법원	제출부수	포기서 1부
포기권자	1. 검사 2. 피고인 3. 항고권자(형사소송법 349, 339조) 단, 피고인 또는 항고권자는 사형 또는 무기징역이나 무기금고가 선고된 판결에 대하여는 포기할 수 없음		
법정대리인의 동의	법정대리인이 있는 피고인은 법정대리인의 동의를 얻어야함. 다만, 법정대리인의 사망 기타 사유로 인하여 동의를 얻을 수 없는 때에는 예외		
상소포기방식	서면으로 포기해야함. 단, 공판정에서는 구술로도 가능		
상소포기효과	재상소의 금지(형사소송법 354조)		

[서식] 항소취하서

<table><tr><td>

항 소 취 하 서

사　　건　20○○고합 ○○○호 ○○
피 고 인(항소인)　○ ○ ○

위 사건에 관하여 원심판결에 불복하고 항소를 제기한 바 있으나 이 항소를 전부 취하합니다.

20○○.　○.　○.
위 피고인(항소인)　○ ○ ○ (인)

○ ○ 고 등 법 원(형사항소○부)　귀 중

</td></tr></table>

【서식】 답변서

답 변 서

사 건 20○○노 123호
피 고 인 ○ ○ ○

위 피고인에 대한 향토예비군설치법 위반 피고사건에 관한, 검사의 항소이유에 대하여 피고인은 다음과 같이 답변서를 제출합니다.

다 음

검사의 항소이유는 제1심판결에 대한 양형이 심히 부당하다고 주장하고 있으나

1. 피고인이 근무소집에 출석하지 못한 것만이 사실입니다. 피고인이 당시 정신분열 증세를 일으키고 있어 그의 부모가 충남 대천에 있는 정신요양소에 입원시켰고, 위 입양소의 원장은 주민등록표만 하나 가져오면 전출입에 대한 모든 수속을 위 요양소에서 대리하여 주겠다고 하였기 때문에 피고인은 그의 부를 통하여 주민등록표를 위 요양소의 원장에게 가져다가 주었던 것입니다.

2. 그 후 피고인의 부모는 농사철이라서 하향하여 농사일에 바빠서 주소지에 상경치 못하고 있던 중, 피고인에 대한 향토예비군 교육소집 통지서가 나오게 되었던 것입니다.
   그런데 그 교육 통지서가 피고인의 부모나, 동거자가 아닌 동주소지에 세들어 살던 사람에게 전달되었고, 이 셋방살이 사는 사람은 피고인이나 그 부모의 행방을 알 수 없어 이 교육소집 통보서를 전하지 못하고 그 기간을 넘기게 되었던 것입니다.

3. 피고인은 아직도 위 병세로 인하여 정신병원에 통원치료 중이고 정신이 불

안한 상태에 있어 상당한 기간 치료를 요하고 있습니다.
그런데, 검사가 피고인에게 단기의 실형을 구형하였고, 피고인은 이 구형을 실제 구금되어 실형을 살아야하는 취지로 잘못 알아듣고 심히 낙담하여, 심한 우울증세를 보이고 있어 병원에 입원을 시켜야 할 상태에 있습니다. 현 상태에서 피고인에게 실형을 부과하여 사회복귀가 불능한 사람으로 만든다는 것은 형의 목적을 달성하기는 고사하고 형사정책상 타당성을 결하는 것이라고 아니할 수 없을 것입니다.
이상과 같이 피고인에 대한 제반정상을 참작하여 볼 때 검사의 항소는 그 이유 없으므로 기각되어야 할 것입니다.

20○○년 월 일

항소인(피고인) ○ ○ ○ ㊞

○○지방법원 항소부 귀중

주의요소
① 항소인 또는 변호인은 전조의 통지를 받은 날로부터 20일 이내에 항소이유서를 항소법원에 제출하여야 한다. 이 경우 제344조를 준용한다.
② 항소이유서의 제출을 받은 항소법원은 지체없이 부본 또는 등본을 상대방에게 송달하여야 한다.
③ 상대방은 전항의 송달을 받은 날로부터 10일 이내에 답변서를 항소법원에 제출하여야 한다.
④ 답변서의 제출을 받은 항소법원은 지체없이 그 부본 또는 등본을 항소인 또는 변호인에게 송달하여야 한다.

Ⅱ. 상 고

1. 상고의 의의

상고란 판결에 대한 대법원에의 상소를 말한다. 상고는 원칙적으로 제2심판결에 대하여 허용된다(법 제371조). 그러나 예외적으로 제1심판결에 대하여 상고가 인정되는 경우도 있다(법 제372조). 이를 비약적 상고라고 한다.

상고심의 기능은 ① 오판을 시정함으로써 원판결에 의해 침해된 당사자의 권리를 구제하고, ② 법령해석의 통일을 기하는 데(주된 기능)에 있다.

2. 상고심의 구조

(1) 법률심

상고심은 일반적으로 법률문제를 심리·판단하는 법률심이라고 할 수 있다. 그러나 극히 예외적으로 다음과 같은 사실심적 성격도 가지고 있다.

① 사실오인과 양형부당을 상고이유로 하고 있는 점(법 제383조 4호)

② 필요한 경우에는 특정한 사항에 관하여 변론을 열어 참고인의 진술을 들을 수 있는 점(법 제390조 2항)

③ 상고심에서도 파기자판을 할 수 있는 점

(2) 사후심

상고심의 구조는 사후심이다. 그 근거로는 ① 상고이유가 원칙적으로 법령위반에 엄격히 제한되어 있을 뿐만 아니라(법 제383조), 상고법원은 변론 없이 서면심리에 의하여 판결할 수 있고(법 제390조 1항), 원심판결을 파기하는 때에는 파기환송 또는 이송하여야 하고 예외적으로 재판의 신속을 위하여 필요한 때에만 자판을 할 수 있도록 하고 있기 때문이다(법 제397조).

3. 상고이유

상고이유는 다음의 4가지 사유이다(법 제383조)

(1) 판결에 영향을 미친 헌법, 법률, 명령 또는 규칙의 위반이 있는 때(제1호)

핵심판례

수사기관에서의 구금 등에 관한 처분의 위법이 상고이유가 될 수 있는지의 여부(소극)
수사기관에서의 구금, 압수 등에 관한 처분의 위법이 판결에 영향을 미친 것이 아닌 한 이는 독립한 상고이유가 되지 아니한다(대판 1993. 11. 26, 93도2505).

(2) 판결 후 형의 폐지나 변경 또는 사면이 있는 때(제2호)

(3) 재심청구의 사유가 있는 때(제3호)

(4) 사형, 무기 또는 10년 이상의 징역이나 금고가 선고된 사건에 있어서 중대한 사실의 오인이 있어 판결에 영향을 미친 때 또는 형의 양정이 심히 부당하다고 인정한 현저한 사유가 있는 때(제4호)

이는 특히 중한 형이 선고된 사건에 있어서 중대한 사실오인과 심히 부당한 형의 양정이 있는 경우의 피고인의 구제를 상고심에 맡긴 것이라고 할 수 있다. 따라서 이는 특히 중한 형을 선고받은 피고인의 이익을 위하여 피고인이 상고하는 경우에만 적용되는 상고이유라고 해야 한다. 검사는 사실오인 또는 양형부당을 이유로 상고할 수 없다.

핵심판례

양형과경(量刑過輕)을 이유로 한 검사의 상고가 허용되는지의 여부(소극)
피고인의 대하여 사형, 무기 또는 10년 이상의 징역이나 금고의 형이 선고된 경우에 있어서도 형사소송법 제383조 제4호의 해석상 검사는 그 형이 심히 가볍게다는 이유로는 상고할 수 없다(대판 1994. 8. 12, 94도1705).

양형부당을 상고이유로 할 수 없는 사건에서 '정상에 관한 심리미진'을 상고이유로 할 수 있는지의 여부(소극)
사실심 법원이 양형의 조건이 되는 정상에 관하여 심리를 제대로 하지 아니하였다는 사유 또한 양형의 부당을 탓하는 취지에 지니지 아니하여 적법한 상고이유가 될 수 없다(대판 1998. 5. 21, 95도2002).

피고인이 제1심 판결에 대하여 양형부당만을 항소이유로 내세운 경우, 항소심 판결에 대하여 사실오인을 상고이유로 삼을 수 있는지의 여부(소극)
피고인은 제1심 판결에 대하여 양형부당만을 항소이유로 내세워 항소하였는바, 이러한 경우 피고인은 원심판결에 대하여 사실오인의 위법이 있다는 것을 상고이유로 삼을 수는 없다(대판 2001. 4. 27, 99도484).

4. 상고의 제기

(1) 상고제기의 방식

상고의 제기기간은 7일이다(법 제374조). 상고를 할 때에는 상고기간 내에 상고장을 원심법원에 제출하여야 한다(법 제375조). 상고법원은 대법원이다(법 제371조).

(2) 원심법원과 상고법원의 조치

가. 원심법원의 조치

상고의 제기가 법률상의 방식에 위반하거나 상고권소멸 후인 것이 명백한 때에는 원심법원은 결정으로 상고를 기각하여야 한다. 이 결정에 대하여는 즉시항고를 할 수 있다(법 제376조). 상고기각의 결정을 하는 경우 외에는 원심법원은 상고장을 받은 날로부터 14일 이내에 소송기록과 증거물을 상고법원에 송부하여야 한다(법 제377조).

나. 상고법원의 조치

상고법원이 소송기록의 송부를 받은 때에는 즉시 상고인과 상대방에 대하여 그 사유를 통지를 통지하여야 한다. 통지 전에 변호인의 선임이 있는 때에는 변호인에 대하여도 이를 통지하여야 한다(법 제378조).

(3) 상고이유서와 답변서의 제출

가. 상고이유서의 제출

① 상고인 또는 변호인은 소송기록 접수의 통지를 받은 날로부터 20일 이내에 상고이유서를 상고법원에 제출하여야 한다. 상고이유서에는 소송기록과 원심법원의 증거조사에 표현된 사실을 인용하여 그 이유를 명시하여야 한다(법 제379조 1항).
② 상소이유서의 제출을 받은 상고법원은 지체없이 그 부본 또는 등본을 상대방에게 송달하여야 한다(동조 3항).

③ 상대방은 이 송달을 받은 날로부터 10일 이내에 답변서를 상고법원에 제출 할 수 있다(동조 4항).
④ 답변서의 제출을 받은 상고법원은 지체없이 그 부본 또는 등본을 상고인 또는 변호인에게 송달하여야 한다(동조 5항).

나. 상소이유서·답변서 부본의 제출

상고이유서 또는 답변서에는 상대방의 수에 4를 더한 수의 부본을 첨부하여야 한다(규 제160조).

5. 상고심의 공판절차

(1) 변호사 강제주의

상고심에는 변호사 아닌 자를 변호인으로 선임하지 못한다(법 제386조). 또 변호인이 아니면 피고인을 위하여 변론하지 못한다(법 제387조).

(2) 피고인 출석 불요

피고인 자신은 변론을 할 수 없다. 따라서 상고심의 공판기일에는 피고인을 소환할 필요는 없으며(법 제389조의2), 공판기일을 지정하는 경우에도 피고인의 이감을 필요로 하지 않는다. 다만 법원사무관 등은 피고인에게 공판기일통지서를 송달하여야 한다(규 제161조 1항 · 2항).

(3) 변 론

검사와 변호인은 상고이유서에 의하여 변론하여야 한다(법 제388조). 변호인의 선임이 없거나 변호인이 공판기일에 출정하지 아니한 때에는 직권으로 변호인을 선정해야 하는 경우를 제외하고는 검사의 진술을 듣고 판결을 할 수 있다. 이 경우에 적법한 상고이유서의 제출이 있는 때에는 그 진술이 있는 것으로 간주한다(법 제389조).

(4) 상고심의 심판범위

상고심은 상고이유서에 포함된 사유에 관하여 심판하여야 한다. 그러나 법 제383조 1호 내지 3호의 경우에는 상고이유서에 포함되지 아니한 때에도 직권으로 심판할 수 있다(법 제384조). 상고심에서 새로운 증거를 제출하거나 증거조사를 하는 것은 허용되지 않으며, 원판결시를 기준으로 그 당부를 판단하지 않을 수 없다.

(5) 상고심의 심리방법

가. 서면심리

상고법원은 상고장. 상고이유서 기타의 소송기록에 의하여 변론 없이 판결할 수 있다(법 제390조 1항). 상고심은 사후심이기 때문이다. 서면심리주의는 상고기각의 경우뿐만 아니라 원심판결을 파기하는 경우에도 적용된다.

나. 참고인 진술의 청취

상고법원은 필요한 경우에는 특정한 사항에 관하여 변론을 열어 참고인의 진술을 들을 수 있다(법 제390조 2항).

(6) 상고심의 재판

가. 공소기각의 결정

공소가 취소되었을 때 또는 피고인이 사망하거나 피고인인 법인이 존속하지 아니하게 되었을 때에는 결정으로 공소를 기각하여야 한다(법 제382조).

나. 상고기각의 결정

① 상고인이나 변호인이 상고이유서 제출기간 내에 상고이유서를 제출하지 아니한 때에는 결정으로 상고를 기각하여야 한다. 단 상고장에 이유의 기재가 있는 때에는 예외로 한다(법 제380조).

② 상고의 제기가 법률상의 방식에 위반하거나 상고권소멸 후인 것이 명백함에도 불구하고 원심법원이 상고기각의 결정을 하지 아니한 때에는 상고법원은 결정으로 상고를 기각하여야 한다(법 제381조).

다. 상고기각의 판결

상고이유가 없다고 인정한 때에는 판결로써 상고를 기각하여야 한다(법 제399조, 제364조 4항).

라. 원심판결파기의 판결

상고이유가 있는 때에는 판결로써 원심판결을 파기하여야 한다(법 제391조). 피고인의 이익을 위하여 원심판결을 파기하는 경우에 파기의 이유가 상고한 공동피고인에 공통되는 때에는 그 공동피고인에 대하여도 원심판결을 파기하여야 한다(법 제392조). 이 규정은 상고가 법률상 방식에 위반하거나 상고권 소멸 후인 것이 명백한 피고인에게는 적용할 수 없다(대판 2004. 7. 22, 2003도6412).

핵심판례

상소한 공동피고인을 위하여 원판결을 파기하는 경우
피고인의 이익을 위하여 원심판결을 파기하는 경우에 그 파기이유가 상고이유서를 제출하지 아니한 공동피고인에게도 공통되는 경우에는 그 피고인에 대하여도 원판결을 파기할 것이다(대판 1962. 9. 20, 61도518).

상고가 법률상 방식에 위반하거나 상고권 소멸 후인 것이 명백한 공동피고인에게 형사소송법 제392조를 적용할 수 있는지 여부(소극)
1. 형사소송법 제392조는 "피고인의 이익을 위하여 원심판결을 파기하는 경우에 파기의 이유가 상고한 공동피고인에 공통되는 때에는 그 피고인에 대하여도 원심판결을 파기하여야 한다"고 규정하고 있는바, 이 규정은 상고가 법률상 방식에 위반하거나 상고권 소멸 후인 것이 명백한 공동피고인에게는 이를 적용할 수 없다.
2. 그러나 항소이유서 미제출로 항소기각 결정을 받은 피고인 갑이 제1심 공동피고인 을의 항소와 검사의 피고인들에 대한 항소를 모두 기각한 항소심 판결에 대하여 사실오인 내지 법리오해를 이유로 상고한 경우, 갑이 상고이유서에서 주장하는 상고이유는 적법한 상고이유가 될 수는 없다고 할 것이나, 갑의 상고 자체가 법률상 방식에 위반하거나 상고권 소멸 후인 것이 명백한 때에 해당하는 부적법한 상고는 아니므로, 갑은 을과 파기의 이유가 공통되는 공동피고인으로서 형사소송법 제392조의 적용을 받는다. 그렇다면 공동피고인 을의 상고이유를 받아들여 원심판결을 파기하는 이상, 그 파기의 이유가 갑에게도 공통되므로 형사소송법 제392조에 따라 갑에 대한 사기죄 부분을 파기하여야 할 것이다(대판 2004. 7. 22, 2003도6412).

1) 파기환송

① 적법한 공소를 기각하였다는 이유로 원심판결 또는 제1심 판결을 파기하는 경우에는 판결로써 사건을 원심법원 또는 제1심법원에 환송하여야 한다(법 제393조).

② 관할위반의 인정이 법률에 위반됨을 이유로 원심판결 또는 제1심판결을 파기하는 경우에는 판결로써 사건을 원심법원 또는 제1심법원에 환송하여야 한다(법 제395조).

③ 위 ①과 ②외의 이유로 원심판결을 파기하는 때에도 자판하는 경우 이외에는 환송 또는 이송하여야 한다(법 제397조).

2) 파기이송

관할의 인정이 법률에 위반됨을 이유로 원심판결 또는 제1심판결을 파기하는 경우에는 판결로써 사건을 관할권 있는 법원에 이송하여야 한다(법 제394조).

핵심판례

형사소송법 제394조에 의하여 원심판결을 파기하고 관할법원에 이송한 사례
지방법원본원 합의부에서 재판하여야 할 항소사건에 대하여 고등법원이 관할권이 없음을 간과하고 그 실체에 들어가 재판한 경우, 이는 소송절차의 법령을 위반한 잘못을 저지른 것으로서, 관할제도의 입법취지(관할획일의 원칙)와 그 위법의 중대성 등에 비추어 판결에 영향을 미쳤음이 명백하다는 이유로, 직권으로 원심판결을 파기하고 형사소송법 제394조에 의하여 사건을 관할권이 있는 지방법원본원 합의부에 이송한 사례(대판 1997. 4. 8. 96도2789).

3) 파기자판

상고법원은 원심판결을 파기한 경우에 그 소송기록과 원심법원과 제1심법원이 조사한 증거에 의하여 판결하기 충분하다고 인정한 때에는 피고사건에 대하여 직접 판결할 수 있다. 이 경우에는 불이익변경금지의 원칙이 적용된다(법 제396조).

(7) 재판서의 기재

상고심의 재판서에는 재판서의 일반적 기재사항 이외에 상고의 이유에 관할 판단을 기재하여야 한다(법 제398조).

6. 비약적 상고

(1) 의 의

비약적 상고란 법령해석에 관한 중요한 사항을 포함한다고 인정되는 사건에 관하여 제1심판결에 대하여 직접 상고하게 하는 것을 말한다. 법령해석의 통일을 위하여 제2심을 생략한 제도라고 할 수 있다.

핵심판례

'결정'에 대하여 비약적 상고를 할 수 있는지의 여부(소극)
비약적 상고는 제1심 판결에 대하여만 할 수 있는 것이고 판결이 아닌 제1심 법원의 결정에 대하여는 할 수 없다(대결 1984. 4. 16. 84모18).

(2) 비약적 상고의 사유

다음 경우에는 제1심판결에 대하여 상고할 수 있다(법 제372조).

가. 원심판결이 인정한 사실에 대하여 법령을 적용하지 아니하였거나 법령의 적용에 착오가 있는 때(동조 1호)

원심판결이 인정한 사실에 대하여 실체법을 적용하지 않았거나 잘못 적용한 경우를 말한다. 형벌에 관한 규정을 잘못 적용한 경우도 포함한다. 법령적용에 착오가 있는 때란 인정한 사실을 전제로 법령의 적용을 잘못한 경우를 말한다.

핵심판례

'법령적용의 착오가 있는 때'의 의미
형사소송법 제372조 제1호 소정의 '법령적용의 착오가 있는 때'라 함은 제1심판결이 인정한 사실을 일응 전제로 하여 놓고 그에 대한 법령의 적용을 잘못한 경우를 뜻한다(대판 1994. 5. 13, 94도458).

사실오인과 양형과중을 이유로 한 비약적 상고의 적부(소극)
제1심 판결에 사실오인이나 양형과중이 있다는 것은 형사소송법 제372조의 규정에 비추어 적법한 상고이유로 볼 수 없다(대판 1984. 2. 14, 83도3236, 83감도543).

나. 원심판결이 있은 후 형의 폐지나 변경 또는 사면이 있는 때

항소이유의 경우와 동일하다.

(3) 항소와 비약적 상고

비약적 상고가 있으면 이로 인하여 상대방은 심급의 이익을 잃게 될 우려가 있다. 따라서 형사소송법은 그 사건에 대하여 항소가 제기된 때에는 비약적 상고는 효력을 잃도록 하고 있다(법 제373조). 항소가 제기된 때에는 효력을 잃게 되므로 상고로서의 효력은 물론 항소로서의 효력도 인정되지 않는다. 다만 항소의 취하 또는 항소기각의 결정이 있는 때에는 예외로 한다(동조 단서).

핵심판례

비약적 상고의 효력상실
피고인의 항소제기가 있으면 검사의 비약적 상고는 상고로서의 효력뿐 아니라 항소로서의 효력도 유지되지 않는다(대판 1971. 2. 9, 71도28).

7. 판결의 정정

(1) 의 의

상고법원은 그 판결의 내용에 오류가 있음을 발견한 때에는 직권 또는 신청에 의하여 판결로써 이를 정정할 수 있다(법 제400조). 원래 상고심 판결은 최종심의 판결로서 상소에 의하여 그 오류를 시정할 방법이 없으므로 내용에 오류가 있음이 분명한 때에는 이를 자체적으로 시정할 수 있는 길을 열어 놓은 것이다. 그러나 오류의 정정에 한정되므로 결론이 부당하다고 인정된다 하여 시정할 수는 없으며, 단순한 오자의 정정은 판결서의 경정에 의하여야 하며 정정판결에 의할 것은 아니다.

(2) 사 유

정정사유는 판결내용에 오류가 있음을 발견한 것이다(법 제400조 1항). 여기서 오류라 함은 위산(違算)·오기(誤記) 기타 이와 유사한 명백한 잘못이 있는 경우를 말한다. 여컨대 미결구금일수를 산입하지 아니한 위법이 있는 경우가 여기에 해당한다. 판결내용의 오류란 명백한 것에 한하므로 채증법칙위배에 대한 판단을 잘못하였으니 무죄판결로 정정하여 달라는 사유는 여기에 해당되지 않는다(대결 1987. 7. 31, 87초40).

핵심판례

유죄확정 판결을 무죄판결로 정정하여 달라는 판결정정 신청의 가부(소극)
형사소송법 제400조 소정의 상고심 판결의 정정사유인 '오류'라 함은 판결의 내용에 위산, 오기 기타 이에 유사한 것이 있는 경우를 의미하므로 유죄확정 판결(상고기각 판결)을 무죄판결로 정정하여 달라는 판결정정 신청은 그 이유가 없다(대판 1981. 10. 5, 81초60).

항소심 판결의 정정을 신청할 수 있는지의 여부(소극)
형사소송법 제400조에 규정된 판결정정제도는 상고법원의 판결은 최종적 재판으로 선고와 동시에 확정되고 법률이 허용하는 재심, 비상상고의 방법에 의하지 아니하고는 일반적으로 불복을 할 수 없기 때문에 상고법원의 판결내용에 오류가 있는 것을 발견한 때에 직권 또는 신청에 의하여 정정할 수 있도록 한 취지이므로 상고법원의 판결이 아닌 항소심인 원심판결의 정정을 구함은 부적법하여 각하를 면할 수 없다(대판 1979. 9. 11, 79초54).

(3) 판결정정의 절차

상고법원은 직권 또는 검사 . 상고인이나 변호인의 신청에 의하여 판결을 정정할 수 있다(법 제400조 1항). 신청은 판결의 선고가 있은 날로부터 10일 이내에 신청의 이유를 기재한 서면으로 하여야 한다(동조 2항 . 3항). 정정은 판결에 의하여 한다. 정정의 판결은 변론 없이 할 수 없다. 정정할 필요가 없다고 인정할 때에는 지체 없이 결정으로 신청을 기각하여야 한다(법 제401조).

핵심판례

직권에 의한 판결정정의 경우에도 신청기간의 제한을 받는지의 여부(소극)
직권에 의하여 판결정정을 하는 경우에는 10일간의 신청기간의 제한을 받지 아니한다(대판 1979. 11. 30, 79도952).

형사소송법 제400조 제1항의 오류의 의미
형사소송법 제400조 제1항에서 말하는 오류라 함은 명백한 것에 한한다고 할 것이어서 채증법칙위배에 대한 판단을 잘못하였으니 무죄판결로 정정하여 달라는 사유는 이에 해당되지 아니한다(대판 1987.7.31. 자, 87초40).

【서식】 상고장

상　　고　　장

20○○노 43호 사기 피고사건
피고인 ○ ○ ○

위 피고사건에 대하여 피고인은 상고를 제기합니다.

20○○년　월　일

제출(피고)인　　○ ○ ○ ㊞
주민등록번호　111111 - 2222222
전화 : (000) 0000 - 0000
주소 : ○○시 ○○구 ○○길 ○○

위 본인임을 확인함.

법원주사　○ ○ ○

대 법 원 귀중

[서식] 상고장(법령위반)

상 고 장

사 건 20○○노 ○○○○ 교통사고처리특례법위반등
피 고 인 ○ ○ ○

위 사건에 관하여 ○○법원에서 20○○. ○. ○. 피고인에게 징역 ○년 ○월에 처한다는 판결을 선고 하였으나 이에 모두 불복하므로 상고를 제기 합니다.

상 고 이 유

1. 원심판결의 법령위반의 점에 관하여, 원심판결에서는 증거능력없는 증거를 유죄의 증거로 채택한 위법을 범하여 판결에 영향을 미치고 있습니다.

(가) 원심법원에서 피고인에 대한 공소사실을 인정하는 증거로서 증인 □□□의 피고인이 범행을 자백하더라는 취지의 증언을 인용하고 있으나, 증인 □□□의 증언은 형사소송법 제316조 제1항의 전문진술에 해당하고, 전문진술의 경우에는 그 진술이 특히 신빙할 수 있는 상태하에서 이루어졌을 때에 한하여 증거로 할 수 있는 것이고 그 특신상태의 인정 여부는 진술당시의 피고인의 상태 등이 참작되어야 하는 것입니다.

(나) 그런데 증인 □□□은 20○○. ○. ○. 밤에 피고인이 사람을 죽였고 그때 사용한 것이라면서 칼을 꺼내 보였다는 취지의 증언을 하고 있고, 그 진술 중 사람을 칼로 죽였다는 진술부분은 원진술자가 피고인이고 증인 □□□은 피고인의 진술을 법정에서 진술한 것이어서 전문진술에 해당하는바, 피고인은 그와 같은 말을 한 사실이 없다고 부인하고 있는 데다가 그 당시 피고인이 몹시 술에 취해있었다는 점은 증인 □□□의 진술에 의해서도 인정되고 있는 바이며, 피고인이 설사 사람을 죽였더라도 그 사실을 처음 본 사람에게 함부로 말한다는 것은 우리의 경험칙상 이례에 속하는 일이라는 점 등을 종합해 보면 위 전문진술은 특신상태를 인정하기 어렵고 달

리 특신상태를 인정할 만한 자료가 없는 본 사건에서 피고인이 범행을 부인하고 있는 상태에서 위 전문진술만을 근거로 범죄사실을 인정한 것은 전문진술의 증거능력에 관한 법리를 오해한 위법을 범하고 있는 것입니다.

(다) 그리고 원심에서 인용한 다른 증거를 보면, 압수조서, 압수물 등을 들고 있으나, 압수조서나 압수물은 범죄사실에 대한 직접적인 증거는 아니고 모두 간접증거일 뿐이어서 증인 □□□의 전문진술 외에는 직접증거가 전혀 없는 것이고, 위 전문진술은 유죄의 증거로 할 수 없는 것이므로, 피고인에 대한 공소사실은 전혀 증거가 없는 것임에도 불구하고 원심은 증거 없이 사실을 인정한 위법을 범하고 있는 것입니다. 이상과 같은 이유로 원심판결은 파기를 면치 못할 것입니다.

20○○. ○. ○.

피 고 인 ○ ○ ○ (인)

○○법원 귀중

【서식】 상고이유서

상 고 이 유 서

사 건 20○○도 1234 일반교통방해, 재물손괴, 폭력행위등처벌에관한법률 위반 피고사건
피고인(상고인) ○ ○ ○

위 사건에 관하여 피고인 ○○○은 다음과 같이 상고이유를 제출합니다.

형법 제185조 일반교통방해죄의 육로라 함은 일반공중의 왕래에 공용되는 육상의 통로를 말하는 것으로 일반공중이란 불특정 다수인을 지칭하는 것인데 위에서 본 바와 같이 원심법원은 통행인의 다과는 묻지 않는 것이라고 설시하고 있어 육로에 대한 법리를 오해하고 있으며 본건 문제가 된 토지부분은 피고인 ○○○이 거주하는 ○○시 ○○구 ○○동 ○○번지의 택지 중 건물이 점하는 부분을 제한 나머지 마당의 일부로서 통로가 아닌 마당이며, 원심판결이 설시하고 있는 ○○시 ○○구 ○○동 ○○번지에 거주하는 10세대 주민들이란 고소인 박○○ 소유의 위 ○○동 ○○번지 지상주택 2동 거주하고 있는 주민들로서 질지 10세대가 아닌 4세대에 불과한 불특정인들인 등촌동 403의 3 지상주택 거주의 주민들이 본건문제의 마당부분을 통행하였다고 하여 본건문제의 토지부분을 육로라 볼 수 없는 것입니다.

그리고 원심판결은 본건 문제의 토지부분을 피고인 ○○○이 배타적으로 관리하였다고 설시하면서 피고인이 이 사건 문제의 토지부분과 대도를 잇는 입구 부위에 대문을 설치하여 통행을 차단한 소위로 형법 제185조 일반교통방해죄가 성립한다고 판시하고 있는데, 피고인 홍길동이 이 사건 문제의 토지부분을 배타적으로 관리한다는 것은 합법적으로 타인의 통행을 차단할 정당한 권리에 기한 적법행위라는 뜻인데 그렇다면서 대문을 설치하여 통행을 차단하였으니 위법이라는 논리는 자가당착에 빠진 어불성설인

것입니다. 원심판결은 피고인 ○○○이 언제 대문을 설치하여 통행을 차단하였다는 행위 일시를 밝힘이 없이 막연히 통행을 차단하였다고만 판시하고 있어 또한 심리미진의 위법을 저지르고 있는 것입니다.

이상의 이유로 원판결로 마땅히 파기되어야 할 것으로 사료되어 이 건 상고에 이른 것입니다.

20○○년 월 일

위 피고인 ○ ○ ○ ㊞

○○법원 ○○부 귀중

【서식】 피고인 상고이유서

상 고 이 유 서

사 건 20○○도 345호 배임 피고사건
피고인(상고인) ○ ○ ○

위 사건에 관하여 피고인 ○○○은 다음과 같이 상고이유를 밝힙니다.

제1점. 원심판결은 배임죄의 법리를 잘못 해석한 것입니다.

배임죄는 타인의 사무를 처리하는 자가 그 임무에 위배하여 재산상의 이득을 취하거나 제3자에게 이득을 취하게 하여 본인에게 손해를 가한 경우를 말하는 바, 피고인은 이 건 피해자와의 사이에 성립한 화해 조항에 의하여 ○○년 ○월 ○일 까지 채무이행을 않을 시는 본등기절차를 담보목적으로 이행하고 그 부동산을 인도 및 명도한다고 하였으므로 20○○년 ○월 ○일이 경과하여 ○○년 ○월 ○일 화해조서에 집행문을 붙여 20○○년 ○월 ○일 피고인 명의로 소유권이전등기를 하였으므로 피고인은 자기 사무를 처리하는 자로서 타인의 사무처리 하는 자가 아니며 다만 담보 목적물에 관한 잉여금이 있다면 동 금원의 채무이행 문제만 남고 형사처분을 받을 성질의 것이 아닙니다.

제2점. 배임사실이 없습니다.

피고인은 가옥 매도 대금 3,500만원을 받고도 피고인의 채무 1,700만원과 등기이전비 및 명도비용을 공제한 나머지 돈을 소비하였다 함에 있으나,

(가) 피고인이 피고인의 채권의 실행방법으로 20○○년 ○월 ○일 이 건 부동산에 대한 경매 당시 금 1,870만원의 채권이 있었으며 위 부동산이 20○○년 ○월 ○일 공소외 박○○에게 금 2,270만원에 경락되었고 피고인은 20○○년 ○월 ○일에 경락대금 수령통지를 받아 피고인의 채권을 받으면 끝이 날 것이나 공소외 임○○으로부터 위 돈을 받기 위하여 상당한 손해가 발생되었으므로 위 채권 금 1,870만원에 그 손해금으로 금 1,500만원을 가산 지급하겠다고 하여 피고인은 이를 믿고 6개월간을 연장하고 위 임○○의 아버지

공소외 임○○ 소유 부동산의 가등기 및 화해조서를 작성하였던 것으로 이건 형사건에 있어서 피고인의 위 임○○이가 인정한 피고인의 채권 금 3,370만원을 인정받지 못하였고

(나) 공소외 유○○이가 피고인에게 금 3,500만원을 지불하였다고 하나 그 영수증 중 재발행된 650만원은 그 중 사용된 것이며 실제로 피고는 1,050만원을 수령하지 못 하였는바, 피고인은 공소외 유○○과 유○○를 상대로 사문서 위조, 사기, 위증죄로 ○○지방검찰청 ○○지청에 형사고소장을 제출하여 접수번호 85형 ○○호로 접수되어 현재 사건 계류중에 있음.

(다) 위와 같이 피고인은 부동산에 관계된 능한 사람에게 휘말려 피고인의 채권은 그대로 계산되지 못하고 돈을 다 받지 못한 채 돈을 받은 것과 같이 인정되어 양면으로부터 지능적 공격을 받아 억울하게 유죄 처분을 받아야 하는지 너무 억울하여 이에 상고 이유를 제출합니다.

20○○년 월 일

위 피고인 ○ ○ ○ ㊞

○○법원 ○○부 귀중

【서식】 변호인 상고이유서

상 고 이 유 서

사 건 20○○도 456호 강간미수, 주거침입 피고사건
피고인(상고인) ○ ○ ○

위 사건에 관하여 피고인 ○○○의 변호인은 다음과 같이 상고이유를 밝힙니다.

1. 원심은 20○○년 ○월 ○일 검사의 공소사실을 그대로 인정하여 피고인에게 징역 2년의 실형을 선고하였습니다.

2. 피고인에 대한 적용 죄명은 형법 제319조 제1항의 주거침입죄 및 같은 법 제300조·제297조의 강간미수죄로서 원심은 위 두 죄를 형법 제37조 전단의 경합범으로서 같은죄 제38조에 따라 그 형이 중한 강간미수죄에 정한 형에 경합범 가중을 하여 피고인에게 징역 2년의 실형을 선고한 원심판결의 법률적용은 지극히 타당한 판결이라 할 것입니다.

3. 연이나 피고인에 대한 피의사실의 중점은 상기한 강간미수죄에 있다고 봄이 타당하며 동 죄는 같은 법 제306조에 의하여 피해자의 고소가 있어 논할 수 있는 친고죄이며 형사소송법 제232조 제1항에 의하여 고소는 제1심판결 선고까지는 이를 취소할 수 있고 고소의 취소가 있는 경우에는 같은 법 제327조 제5호에 의하여 법원은 판결로써 공소를 기각하도록 규정되어 있는바, 피고인의 가족 등은 법률의 무지로 인하여 원심(항소심) 판결이 있은 후인 20○○년 ○월 ○일에 이르러 피해자 오○○과 합의를 하고 동 피해자는 피고인의 관대한 처분을 호소하는 내용의 합의서를 작성, 교부하였습니다(별첨 합의서 참조).

4. 과연 그렇다면 피고인에게는 형사소송법 제420조 제5호에 의하여 「형의 선고를 받은 자에 대하여 형의 면제 또는 원판결이 인정한 죄보다 강한 죄를 인정할 명백한 증거가 새로 발견된 때」의 재심청구의 사유가 있는 것으로 볼 수 있다 할 것이고 이는 같은 법 제383조 제3호에 의한 상고이유가 된다고 못볼 바 아니므로 위 사유에 의하여 원심은 파기됨이 타당할 것으로 사료되어 본 상고이유서를 제출하는 것입니다.

20○○년 월 일

위 피고인 변호인 변호사 ○ ○ ○ ㊞

○○법원 ○○부 귀중

[별 첨] 합의서 생략

【서식】 강간치상등 상고이유서

상 고 이 유 서

사 건 20○○노123 강간치상 등
피고인(상고인) ○ ○ ○

위 사건에 대한 강간치상 등 피고사건에 관하여 피고인의 국선변호인은 다음과 같이 상고이유를 개진합니다.

다 음

원심판결은 이 사건 공소실증 제3, 4, 5항(강간치상 및 감금부분)에 대하여 사실을 오인하고 채증법칙을 위배하여 이를 유죄로 인정한 위법이 있습니다.

1. 강간치상의 점에 대하여

가. 원심은 제1심 판시 범죄사실의 기재와 같이 피고인이 이건 택시를 운전하여 영업을 해오다가 20○○. ○. ○. 00:45경 피해자 ○○○를 보고 태운 뒤 ○○○가 가자는 방향과 다른 쪽으로 계속 달리다가 검문소의 검문에도 불응하고 도주하여 인적이 드문 야산까지 데려간 후 위 피해자의 반항을 억압하고 성행위를 하여 피해자를 강간하고 그로 인하여 동인에게 두부다발성좌상의 상해를 입게 하고 이어 뒤 피해자를 ○○여관 301호실에 데리고 들어가 감금한 사실을 인정하기에 충분하다고 판단하였습니다.

나. 그러나 이건 강간치상에 대한 유죄의 증거는 피해자 ○○○의 진술밖에는 없는데, 위 ○○○의 진술은 다음과 같은 점에서 신빙성이 없습니다.

(1) 이건 증인 ○○○, ○○○의 증언에 의하면, 이건 여관에서 피해자가 "살려달라"고 하거나 "납치당해 이곳에 왔으니 경찰에 신고해달라"는 말을 하거나 도움을 요청한 바가 전혀 없고, 피해자가 여관에 들어왔을 때 아랫도리를 벗은 상태를 보지 못했고, 피해자의 팬티와 청바지를 이건 택시에서 가져다 준 사실도 없다고 증언하였습니다.

(2) 특히 증인 ○○○의 증언에 의하면, 피고인과 피해자가 서로 매달려서 싸우는 와중에 증인이 이를 제지하였고, 피해자를 숨겨준 것이 아니라 영업상 안 좋을 것 같아서 내보내야 되겠다고 생각되어 방을 비워달라고 요구하며 피고인과 피해자를 분리시켰다고 증언하였습니다.

(3) 그리고 증인 ○○○의 증언에 의하면, 피고인과 피해자가 모두 술을 마신 상태라고 하였습니다.

다. 피해자의 진술은 위와 같은 증인들의 증언에 비추어 볼 때, 상반되고 오히려 피해자는 피고인으로부터의 강박이나 감금의 상태에 있지 않았던 것이 명백합니다.

라. 그리고 피고인의 처인 증인 ○○○의 증언에 의하면, 피고인은 20○○년도에 교도소에서 복역하면서 성기확대시술을 받아 위 증인과의 부부관계가 불가능할 정도였다고 하는데, 위와 같은 피고인이 좁은 택시 안에서 항거하는 피해자의 성기에 아무런 상처도 입히지 않고 강간하였다는 피해자의 진술은 믿기 어렵고, 또한 피고인이 택시에서 피해자를 강간하였다면 무엇 때문에 피해자를 데리고 이건 여관 301호실까지 왔으며, 여관방에서 피고인과 피해자가 서로 다투는 것을 여관 종업원들이 제지하고 분리시켜 따로 귀가시켰고 하는 것도 의문이 아닐 수 없습니다.

2. 감금의 점에 대하여

피해자 ○○○는 이건 택시 및 여관에서 피고인에게 감금을 당했다고 진술하고 있으나, 피해자의 진술과 여관종업원들인 증인 ○○○, ○○○의 증언을 종합하여 그 당시 상황을 비추어보면 피해자는 피고인에게 감금당했던 것이 아님을 충분히 짐작할 수가 있습니다.

3. 이건 피해자 ○○○는 계획적으로 피고인을 유혹하여 여관까지 스스로 따라왔으나, 피고인이 여관비조차도 없자 피고인과 동침을 하지 않고 여관을 나서려는 과정에서 취중인 피고인과 다소 실랑이를 벌였을 뿐 피고인이 피해자를 강간하고 감금하였을 개연성은 위와 같은 정황에 비추어 볼 때 희박하다고 할 것입니다.

4. 따라서 원심은 이건 공소사실 중 제3항 내지 제5항(강간치상 및 감금부분)에 대하여 채증법칙을 위배하고 사실을 오인하여 피고인의 범행임이 불확실하고 의심스러움에도 불구하고 이를 피고인의 이익으로 하지 않고 이를 유죄로 인정하여 판결한 위법을 저질렀으므로 마땅히 파기되어야 할 것입니다.

20○○년 월 일

위 피고인의 변호인
변호사 ○ ○ ○ ㊞

○○법원 ○○부 귀중

[서식] 상고이유서(강제추행)

상 고 이 유 서

사 건 20○○도 ○○○○ 강제추행
피 고 인 ○ ○ ○

위 사건에 관하여 피고인(상고인)의 변호인은 다음과 같이 상고이유서를 제출합니다.

다 음

1. 원심판단

원심은 피고인(상고인, 이하 피고인이라고만 합니다)이 피해자를 추행한 사실이 없음에도 불구하고 심리미진 또는 채증법칙위반으로 사실을 오인하여 판결결과에 영향을 미친 위법이 있습니다.

2. 피고인의 변소요지

가. 피고인은 사건 당일인 20○○. ○. ○. ○○:○○경부터 ○○:○○경까지 피고인이 운영하고 있는 '○○○ 레스토랑'에서 술을 마신 후, 숙취 해소를 위해 같은 날 ○○:○○경 ○○시 ○○구 ○○길 ○○ 소재 ○○○찜질방에 갔습니다.

나. 피고인은 위 찜질방에서 샤워 등을 한 후 불가마 맥반석 사우나 실에서 수면을 취하다가 같은 날 ○○:○○경 위 찜질방 내 남녀대나무방 휴게실로 자리를 이동하여 수면을 취하려 하였습니다. 이는 당시 피고인이 수면을 취하고 있던 위 맥반석 사우나 실이 실내환기를 위해 출입문을 열게 되었는데 이 때문에 수면에 장애가 될 듯하여 조용한 방으로 이동한 것이었습니다.

다. 당시 위 남녀대나무 방 휴게실은 사물을 겨우 분별할 수 있을 정도로 어두웠고 이에 피고인은 잠자리를 살피기 위해 두리번거리게 되었습니다

(휴면을 취하는 곳이라 휴게실 안은 소등된 상태였고 밖에서 들어오는 희미한 빛으로 사물을 겨우 분별할 수 있을 정도였습니다). 휴게실 방안을 살피던 피고인은 휴게실 양 쪽 끝에 여자 두 명이 누워 수면을 취하고 있는 것을 발견하였고 이에 피고인은 위 두 명의 여자 사이의 빈 공간에 눕게 되었습니다. 그리고 얼마 후 기지개를 펴게 되었는데 이 때 피고인의 양팔이 피해자의 신체에 접촉하였고 그 얼마 후 공소외 김□□의 고함소리를 듣게 된 것입니다.

3. 사실오인 및 채증법칙 위반의 점

가. 원심은 피해자 및 피해자의 언니인 공소외 김□□의 진술만으로 피고인을 강제추행죄로 의율하였습니다.

나. 경찰조사당시 피해자의 진술은 '피의자 ○○○이 제 옆에 누워서 저의 신체를 만지는 느낌이 들어 눈을 떠보니....'(수사기록 11쪽) 등으로 피해자가 피고인의 추행에 대하여 인식하고 있는 듯 기술되어 있으나, '저는 잠이 들어서 구체적으로 어떠한 방법으로 강제추행을 당하였는지는 모르지만 언니가 목격하였다고 하는데......'(수사기록 38쪽)라고 진술한 검찰조사당시 피해자의 진술 등을 종합하여 볼 때 피해자는 당시 피고인과의 신체접촉 사실에 대한 인식이 없었고 다만, 추행현장을 목격하였다는 피해자의 언니인 위 공소외인의 말과 행동으로 그렇게 추정하는 듯 합니다.

다. 즉, 피고인에게 이 건 강제추행 혐의를 인정할 수 있는 증거로는 위 공소외인의 진술뿐입니다. 그러나 첫째, 당시 위 휴게실 방안은 소등된 상태로 어두웠는데 위 공소외인이 피고인의 행동을 정확하게 식별할 수 있다는 것은 의문이며 둘째, 위 공소외인은 피고인이 1-2 분에 걸쳐 피해자를 3번에 걸쳐 겨드랑이부터 엉덩이까지 쓰다듬는 것을 보았다고 진술하였는데(수사기록 6쪽, 40쪽), 피고인이 위와 같이 피해자를 추행하였다면 피해자가 이를 전혀 인식하지 못했다는 것도 의문입니다. 만약 피고인이 위와 같은 추행을 하였다면 피해자가 먼저 위 행동을 인식했어야 할 것으로 보입니다.

라. 또한 피고인이 처와 두 자녀를 두고 레스토랑을 운영하며 사는 평범한 시민으로 숙취해소를 위해 찜질방에 갔다가 이 건과 같은 추행을 한다는 것은 납득할 수 없으며 또한 당시 위 휴게실 안에는 피해자 혼자만이 있었던 것이 아니고 위 공소외인도 함께 있었는데 피고인이 위와 같

은 행동을 감행할 수 있었느냐도 의문입니다.

4. 법리오해의 점

가. 가사 피고인이 잠을 자고 있는 피해자의 옆에 누워 손으로 피해자의 옆구리와 엉덩이를 수차 쓰다듬는 행동을 하였다고 하더라도 이러한 피고인의 행동은 강제추행의 정도에 이르지는 않았던 것으로 보입니다. 강제추행죄에 있어 폭행이란 반드시 상대방의 의사를 억압할 정도의 것임을 요하지 않지만 최소한 상대방의 의사에 반하는 유형력의 행사가 있어야 하는데 피고인의 위 행동이 어떠한 유형력의 행사로 볼 수 있을지 의문입니다.

나. 이 건 기록을 살펴볼 때 피해자는 위와 같이 이 건 당시 피고인의 신체접촉을 전혀 의식하지 못하고 있었던 것으로 보이는데 이는 피고인의 위 행동이 강제력을 동반한 유형력의 행사가 아니었음을 나타내는 것으로 보입니다. 따라서 피고인을 강제추행죄로 의율할 수는 없다고 판단됩니다.

5. 결 론

이상의 이유로 상고이유를 개진하오니 피고인(상고인)에게 강제추행죄를 인정한 원심판결을 파기하고 피고인에게 무죄를 선고하여 주시기 바랍니다.

20○○. ○. ○.

피고인(상고인)의 변호인

공익법무관 ○ ○ ○ (인)

대 법 원 형 사 제 ○ 부(○) 귀 중

【서식】 강도상해 상고이유서

상 고 이 유 서

사 건 20○○노123 강도상해
피고인(상고인) ○ ○ ○

위 사건에 관하여 피고인 ○○○의 변호인은 다음과 같이 상고이유를 밝힙니다.

다 음

1. 상습죄에 관한 처벌의 효력에 관한 법리오해의 점

원심판결에 의하면, 피고인은 20○○. ○. ○. ○○고등법원에서 특수강도죄의 상습범에 대한 가중죄로서 특정범죄가중처벌등에관한법률위반죄로 징역 7년의 형의 선고를 받았다는 것인바 이 사건 범죄는 20○○. ○. ○.에 저지른 것이므로 의당히 위 상습강도죄와 실질적으로 경합범 관계에 있으나 상습죄로서 처단되었어야 할 성질의 범죄이니만큼 피고인이 20○○. ○. ○. ○○고등법원에서 선고받았던 상습강도죄에 포함되어 일괄하여 처벌받았어야 마땅한 것입니다.

원심판결은 전번의 판결의 기판력이 이번 사건에는 미칠 수 없다는 이유로 피고인의 항소이유를 기각하였으나 이는 판결의 기판력의 문제가 아니라 상습범에 관한 포괄일죄로서의 처분결과의 효력에 관한 것이라고 할 것입니다.

그러므로 원심은 피고인이 전에 ○○고등법원에서 받은 판결의 상습범으로서의 처분결과에 관한 효력을 오인한 탓으로 피고인은 다시 처벌하는 과오를 범한 것이라 할 것입니다(만약에 피고인의 이 범죄사실이 전번의 재판에서 함께 물의되었다 하더라도 피고인은 포괄일죄로 처분되어 징역 7년의 형으로서 다스려졌을 것입니다).

2. 양형부당의 점

피고인에 대한 원심판결의 형은 위와 같은 사정을 고려하지 않더라도 범죄정상에 비추어 피고인에 대한 형은 너무 과중하다고 아니할 수 없습니다. 이상의 이유로서 상고하기에 이른 것입니다.

20○○년 월 일

위 피고인의 변호인

변호사 ○ ○ ○ ㊞

대 법 원 귀중

[서식] 보충상고이유서(강도상해)

보 충 상 고 이 유 서

사 건 20○○도○○○○호 강도상해
피 고 인 ○ ○ ○

위 사건에 관하여 피고인의 변호인은 다음과 같이 보충 상고이유서를 제출합니다.

다 음

1. 원심은 피고인이 공소외 강□□과 이 사건 강도범행을 공모하여 원심 판시 강도상해 범행을 하였다고 판단하고 있습니다. 그러나 피고인은 단지 공소외 강□□과 피해자 △△△이 서로 뒤엉켜 싸우는 것을 발견하고는 이를 말린 사실밖에는 없습니다.
2. 원심은 피해자 △△△의 진술만으로 피고인에게 원심 판시 강도상해 범행을 하였다고 판단하였으나, 이 사건 강도상해 범행의 주도적 역할을 한 공소외 김□□에 대한 증거조사가 이루어지지 않았습니다.
3. 현재, 위 공소외 김□□은 이 사건과 같은 범죄사실로 기소되어 ○○지방법원 형사합의○부에서 제1심 재판을 받고 있습니다. 피고인은 이 사건 항소심 판결 선고 후인 20○○. ○. ○. 위 공소외인의 재판과정에 증인으로 출석하여 증언한 바 있습니다. 위 재판과정에서 위 공소외인은 범행 당시 술에 매우 취해 있어 범행상황을 기억하지 못하며 피고인이 함께 있었는지도 기억하지 못한다고 진술하고 있습니다. 또한 피고인 역시 위 재판과정에서 위 공소외인의 변호인의 물음에 따라 위 공소외인이 이 사건 범행 당시 상당히 취해 있었다는 취지의 증언을 한 바 있습니다. 따라서, 피고인에 대한 유무죄 판단 및 양형사유 판단을 위해서는 위 공소외인에 대한 증거조사가 불가피한 바, 위 공소외인에 대한 증거조사 없이 피고인에게 원심판시 강도상해 범행을 인정한

것은 심리미진에 기한 사실오인으로 원심판결 결과에 영향을 미친 중대한 위법이라고 판단됩니다.

4. 또한 원심 거시 증거만으로는 피고인에 대하여 원심판시 강도상해 범행을 인정할 만한 증거가 부족하여 형사소송법 제325조의 '범죄사실의 증명이 없는 때'에 해당한다고 판단됩니다.
5. 이상의 이유로 보충 상고이유를 개진하오니 피고인을 강도상해죄로 의율한 원심판결을 파기하고 환송판결 또는 무죄판결을 선고하여 주시기를 바랍니다.

20○○. ○. ○.

상고인의 변호인

공익법무관 ○ ○ ○ (인)

대 법 원 형 사 제 ○ 부(○) 귀 중

【서식】 교통사고처리특례법위반 상고이유서

상 고 이 유 서

사 건 20○○노123 교통사고처리특례법위반등
피고인(상고인) ○ ○ ○

위 피고인에 대한 교통사고처리특례법위반등 피고사건에 관하여 피고인의 변호인은 다음과 같이 상고이유를 개진합니다.

다 음

원심판결은 이건 공소사실에 관하여 채증법칙을 위배하여 사실을 오인함으로써 이를 유죄로 인정한 위법이 있습니다.

1. 이건 사고발생 당시의 상황

가. 피고인은 이건 교차로 통과시 20㎞의 저속으로 운행하였고 파란신호등을 보고 정지선을 출발하였으나 교차로 중간에서 황색신호로 신호가 바뀌면서 교차로를 통과하는 순간 황색신호에 미리 급출발하던 이건 ○○ 피해차량에 부딪치게 된 것입니다.

나. 피해자의 차량은 좌회전 신호가 켜지기도 전에 2차선 바깥의 갓길 쪽에 대기하고 있다가 먼저 출발한 것인지 2차선의 뒤쪽에서 먼저 신호를 받아 진행하기 위해 우측 갓길로 진입을 하여 그대로 앞쪽으로 진행하여 나왔던 것인지 알 수 없으나, 1차선상의 승용차, 2차선상의 ○○차량은 아직 출발도 하지 않고 있는 상황에서 유독 갓길 쪽에 있던 피해차량이 먼저 순간적으로 튀어나와 직진중인 피고인 오토바이의 우측면을 위 차량의 전면으로 들이받았던 것입니다(위 피해차량은 1, 2차 선상에 승용차 및 ○○차량이 신호대기로 정차하여 있어 시야가 가려 있었기 때문에 좌측에서 진행하여 오는 피고인의 오토바이를 보지 못했을 것으로 사료됩니다).

2. 목격자 등의 진술

가. 목격자 ○○○, ○○○의 진술

위 목격자들은 피고인의 오토바이 진행방향의 신호를 본 것은 아니고 사고 직후의 상황을 목격했을 뿐으로 단지 오토바이 진행방향의 신호가 적신호였을 것이라고 추측하여 진술하였던 것입니다(경험칙상 사고순간 직후는 피고인의 오토바이 진행방향의 신호가 적신호로 바뀌었을 것이기 때문에 사고 직후의 순간을 목격한 사람은 위 신호를 적신호로 기억하는 것이 상례일 것입니다).

나. 참고인 ○○○의 진술

위 참고인은 이건 피해차량의 뒤쪽인 2차선상에서 좌회선 신호를 대기하고 있었는데, 사고순간을 직접 목격하지는 못하고 사고 직후를 목격하였고 신호를 대기하면서 한눈을 팔고 있었다고 진술한 것을 보면 아직 좌회전 신호가 들어오지 않아 출발직전이었던 것을 알 수가 있습니다.

다. 피해자 ○○○의 진술

이건 오토바이 뒷자리에 탑승했던 위 피해자는 이건 교차료를 통과하기 직전에 전방의 진행신호가 파란신호였던 것을 분명히 보았고 교차로 중간쯤에 이르러 오토바이가 한번 멈칫한 적이 있다고 진술한 것으로 보아, 파란신호등에 교차로를 출발하였으나 사고지점 바로 직전에 황색신호등으로 신호등이 바뀌고 있었음을 충분히 짐작할 수가 있습니다.

3. 결 어

따라서 위 목격자 ○○○, ○○○등의 진술은 신빙성이 없고 참고인 ○○○ 및 피해자 ○○○의 진술에 비추어 볼 때, 오히려 이건 피해자 ○○○이 좌회전 신호가 들어오기 전 신호를 무시한 채 급출발한 과실로 이건 사고가 발생하였던 것으로 충분히 짐작할 수가 있고 피고인의 이건 공소사실에 대해 이를 입증할 만한 증거가 없는 바, 원심은 이건 공소사실에 관하여 채증법칙을 위배하여 사실을 오인함으로써 판결에 영향을 미친 위법을 저질렀으므로 마땅히 파기되어야 할 것입니다.

20○○년 월 일

위 피고인의 변호인
변호사 ○ ○ ○ ㊞

○○법원 ○○부 귀중

[서식] 상고이유서(부정수표단속법위반)

상 고 이 유 서

사 건 20○○도○○○○호 부정수표단속법위반
피 고 인 ○ ○ ○

위 사건에 관하여 피고인의 변호인은 다음과 같이 상고이유서를 제출합니다.

다 음

원심판결은 피고인이 별지 범죄일람표 순번 2 수표를 발행한 사실이 없음에도 불구하고 채증법칙에 위반하였거나 심리미진으로 사실을 오인하여 판결 결과에 영향을 미친 위법이 있습니다.

1. 수표의 액면금과 발행일자 기재의 위임에 대하여

가. 원심은, 별지 범죄일람표 순번2 수표(이하 이 사건 수표라고만 합니다)는 공소외 조□□가 피고인의 위임을 받아 액면금과 발행일자를 작성한 후 이를 피고인에게 건네주고 피고인이 이에 인장을 날인하는 방법으로 발행하였다고 인정하고 있습니다.

나. 그러나 피고인이 스스로 발행하였다고 인정하는 별지 범죄일람표 순번 1, 3 각 수표들은 모두 피고인이 자필로 액면금과 발행일자를 작성하고 인장을 날인하였는데, 유독 이 사건 수표만은 수취인인 공소외 조□□에게 그 액면금과 발행일자의 기재를 위임하고 피고인은 인장만을 날인하였다는 것은 쉽게 납득할 수 없습니다. 일반적으로 수표발행인이 수취인에게 발행할 수표의 액면금과 발행일자를 기재하도록 위임하는 경우는 극히 예외적인 경우로서 이에는 그렇게 할 만한 특별한 사정이 존재하여야 할 것인데, 이 사건 수표의 발행당시는 위와 같은 특별한 사정이 존재하였다고 볼 수 없고 더욱이 부도 직전의 피고인에게 가장 중요한 이해관계가 있는 수표의 액면금과 발행일자의 기재만을 수취인인 공소외 조□□에게 위임하고, 피고인이 그 자리에서 수표를 건네 받고 인장을 날인하였다는 것은 상식적으로 납득할 수 없는 상황입니다. 더욱이 공소외 조□□는 수사기관에서의 진술 및 공판절차에서의 증언 등에서 일관하여 평소 수표발행업무는 피고인 혼자서 전담하였다는 취지로 진술하고 있습니다. 그러나 유독 이 사건 수표만은 피고인이 공소외 조□□에게 그 액면금과 발행일자 기재를 위임하였다는 것은 위 진술과 서로 상반되어 공소외 조□□ 등의 진술은 그 신빙성이 의심스러운 상황입니다.

2. 수표상의 발행일자에 대하여

가. 원심은, 이 사건 수표는 피고인이 20○○. ○. ○. 수표상의 발행일자를 같은 달 30.로 정하여 발행하였다고 인정하고 있습니다.

나. 그러나 피고인이 이 사건 수표를 발행하였다는 20○○. ○. ○.은 피고인이 IMF 등의 여파로 14년 동안이나 운영해 왔던 대리점을 직원들에게 넘겨주어야 할 정도로 피고인의 재산상태가 악화되어 있는 상황이었습니다. 단돈 몇 백만원도 변제할 수 없을 정도로 재산상태가 악화되어 있는 피고인이 불과 10여일 후 ○○○원을 변제하기로 하고 수표를 발행하였다는 것은 납득할 수 없는 일입니다. 피고인은 오랫동안의 사업체 운영 경험으로 수표발행 및 그 부도가 가져올 법적 책임에 대해 누구보다 잘 알고 있었습니다. 그런 피고인이 특별한 대책없이 위와 같이 발행일자를 기재하도록 위임하였다는 것은 비정상적인 상황입니다.

3. 증거판단에 대하여

가. 원심의 위와 같은 사실인정은 증인 조□□와 증인 최□□의 증언 및 진술에 의한 것인데 위 증인들이 모두 피고인의 사업체 부도, 대리점 인수인계 과정 등에서 피고인과 이해관계가 얽혀있는 대립당사자라는 점에서 그 증언의 신빙성이 의심 간다고 하겠습니다.

나. 더욱이 피고인과 공소외 조□□, 같은 최□□은 당사자들간의 채권채무관계, 대리점 인수인계 과정에서의 대리점 가치에 대한 판단 등에서 서로 다른 진술을 하고 있습니다. 이런 상황에서 이 부분에 대한 합리적 의심을 배제할 만한 증거조사 없이 위 조□□, 최□□의 증언 등만을 근거로 피고인에게 유죄를 선고하는 것은 채증법칙에 위배된 것입니다.

4. 결 론

이상의 이유로 상고이유를 개진하오니 제반사정을 참작하시어 적정한 판결을 선고하여 주시기 바랍니다.

20○○. ○. ○.

상고인의 변호인

공익법무관 ○ ○ ○ (인)

대법원 형사제○부(○) 귀중

[서식] 상고이유서(마약류관리에관한법률위반 등)

상 고 이 유 서

사 건 20○○도○○○호(20○○감도○○○○) 마약류관리에관한법률위반 등

피 고 인 ○ ○ ○

위 사건에 관하여 피고인의 변호인은 다음과 같이 상고이유서를 제출합니다.

다 음

원심판결은 피고인에게 재범의 위험성과 특수한 교육개선 및 치료가 필요하지 않음에도 불구하고 채증법칙에 위반하였거나 심리미진으로 사실을 오인하여 판결결과에 영향을 미친 위법이 있습니다.

1. 원심판단

원심은 피고인 겸 피치료감호청구인(이하 피고인이라고만 합니다)이 원심판시 범행을 저질렀고, 범행의 동기와 경위 등을 종합하면 피고인에게 재범의 위험성이 있고 특수한 교육개선 및 치료가 필요하다고 인정하고 있습니다. 그러나 다음의 사정을 참작할 때 피고인에게는 재범의 위험성이 없고 특수한 교육개선 및 치료가 필요하지 않은 것으로 판단됩니다.

2. 재범의 위험성 등

가. 피고인의 이 사건 범행은 그 범행 회수나 범행방법을 볼 때 어느 정도 메스암페타민에 대한 습벽이 발현된 것으로 판단되나, 치료감호법 제2조에 규정된 치료감호 요건인 '재범의 위험성'이라 함은 피감호청구인이 장차 그 물질 등의 주입 등 습벽 또는 중독증세의 발현에 따라 다시 범죄를 저지를 것이라는 상당한 개연성이 있는 경우를 말한다 할 것인데, 그 위험성 유무는 ① 판결선고 당시의 피감호청구인의 습벽 또는 중독증세의

정도, 치료의 난이도, 향후 치료를 계속 받을 수 있는 환경의 구비여부, 피감호청구인 자신의 치료에 관한 의지의 유무와 그 정도, ② 피감호청구인의 연령, 성격, 가족관계, 직업, 재산정도, 전과사실, 개전의 정 등 사정, ③ 피감호청구인에 대한 위 습벽 또는 중독증세의 발현에 관한 하나의 징표가 되는 당해 감호청구원인이 된 범행의 동기, 수법 및 내용, ④ 전에 범한 범죄의 내용 및 종전 범죄와 이 사건 범행 사이의 시간적 간격 등 제반 사정을 종합적으로 평가하여 객관적으로 판단하여야 할 것이고, 단순히 범행이 상습의 습벽에 의한 것이라는 것만으로는 부족합니다.

나. 국립○○병원장 및 서울○○병원장 작성의 각 정신감정서의 기재 등에 의하면 피고인은 각 정신감정 당시 메스암페타민 남용이라고 하는 물질사용장애의 진단범주에 포함되는 정신과적 질환에 빠져 있다고 되어 있으나, 피고인이 이 사건 약물을 근절하기 위해 정기적으로 전문의와 상담을 해 왔고, 동 종류의 전 범죄와의 시간적인 간격이 상당한 점들로 보아 이 사건 약물을 근절하려는 피고인의 의지가 강하고, 피고인에게는 가족으로 처와 자식이 있는 점, 치료감호시설 외에서도 지속적인 치료를 받을 수 있는 점 등을 고려한다면 피고인에게는 치료감호법에 의한 재범의 위험성이 없고 특수한 교육개선 등이 필요하지 않다고 판단됩니다.

3. 이상의 이유로 상고이유를 개진하오니 피고인에게 치료감호처분을 내린 원심판결을 파기하여 주시기를 바랍니다.

20○○. ○. ○.

상고인의 변호인

변호사 ○ ○ ○ (인)

대법원 형사제○부(○) 귀중

【서식】 배임 상고이유서

상 고 이 유 서

사 건 20○○노123 배임
피고인(상고인) ○ ○ ○

위 사건에 관하여 피고인 ○○○은 다음과 같이 상고이유를 밝힙니다.

다 음

1. 원심판결은 배임죄의 법리를 잘못 해석한 것입니다.
   배임죄는 타인의 사무를 처리하는 자가 그 임무에 위배하여 재산상의 이득을 취하거나 제3자에게 이득을 취하게 하여 본인에게 손해를 가한 경우를 말하는바 피고인은 이건 피해자와의 사이에 성립한 화해 조항에 의하여 20○○. ○. ○.까지 채무이행을 않을시 본등기절차를 담보목적으로 이행하고 그 부동산을 인도 및 명도한다고 하였으므로 20○○. ○. ○.이 경과하여 20○○. ○. ○. 화해조서에 집행문을 붙여 20○○. ○. ○. 피고인 명의로 소유권 이전등기를 하였으므로 피고인은 자기 사무를 처리하는 자로서 타인의 사무처리를 하는 자가 아니며 다만 담보목적물에 관한 잉여금이 있다면 동 금원의 채무이행 문제만 남고 형사처분을 받을 성질의 것이 아닙니다.

2. 배임사실이 없습니다.
   피고인은 가옥 매도 대금 3,500만원을 받고도 피고인의 채무 1,700만원과 등기이전비 및 명도비용을 공제한 나머지 돈을 소비하였다 함에 있으나,

가. 피고인이 피고인의 채권의 실행방법으로 20○○. ○. ○. 이건 부동산에 대한 경매 당시 금 1,870만원의 채권이 있었으며 위 부동

산이 20○○. ○. ○. 공소외 ○○○에게 금 2,270만원에 경락되었고 피고인은 20○○. ○. ○.에 경락대금 수령통지를 받아 피고인의 채권을 받으면 끝이 날것이나 공소외 ○○○으로부터 위 돈을 받기 위하여 상당한 손해가 발생되었으므로 위 채권 금 1,870만원에 그 손해금으로 금 1,500만원을 가산 지급하겠다고 하여 피고인은 이를 믿고 6개월간을 연장하고 위 ○○○의 아버지 공소외 ○○○ 소유 부동산의 가등기 및 화해조서를 작성하였던 것으로 이건 형 사건에 있어서 피고인은 ○○○가 인정한 피고인의 채권 금 3,370만원을 인정받지 못하였고, 차량은 1, 2차 선상에 승용차 및 ○○차량이 신호대기로 (생략)..

나. 공소외 ○○○이가 피고인에게 금 3,500만원을 지불하였다고 하나 그 영수증 중 재 발행된 650만원은 그 중 사용된 것이며 실제로 피고는 1,050만원을 수령하지 못하였는바 피고인은 공소외 ○○○과 ○○○를 상대로 사문서위조, 사기, 위증죄로 ○○지방 검찰청, ○○지청에 형사고소장을 제출하여 접수번호 20○○형789호로 접수되어 현재 사건 계류중에 있습니다.

다. 위와 같이 피고인은 부동산에 관계된 능한 사람에게 휘말려 피고인의 채권은 그대로 계산되지 못하고 받을 돈을 받지 못한 채 돈을 받은 것과 같이 인정되어 양면으로부터 지능적 공격을 받아 억울하게 유죄처분을 받아야 하는지 너무 억울하여 이에 상고이유를 제출합니다.

20○○년 월 일

위 피고인의 변호인

변호사 ○ ○ ○ ㊞

○○법원 ○○부 귀중

【서식】 검사의 상고이유에 대한 답변서

답 변 서

피고인(상고인) ○ ○ ○

위 피고인에 대한 귀원 20○○노 1234 음반및비디오물에관한법률 위한 피고사건에 관하여 검사의 상고이유서를 20○○년○월○일에 받았는바, 다음과 같이 답변합니다.

다 음

1. 영상 문화의 꽃으로 시작된 VTR기기의 삼성, LG, 대우 등의 자국생산이 대량화 되면서 판매 및 보급이 국내·외로 높아져 개인기록 보존을 위한 비디오 촬영은 점차로 확대되어 정착단계에 다달았으며 때를 맞추어 촬영기술의 전문성을 보다 높이기 위하여 서울 및 전국 각 지방에서는 학원 및 교습소가 문을 열고 있는 실정이며, 수개의 전문 월간잡지 및 각종 전문서적들이 만들어지고 있는 실정입니다. 즈음하여 아직까지 현대문명에 뒤떨어진 듯한 고루한 사고방식 및 인식도가 차라리 선진국의 대열에서 뒤떨어지는 처사가 아닌가 사료됩니다.
   상고이유서 내용 중에서는 현행 음반및비디오물에관한법률로 보아서는 분명히 불법이라는 내용으로 가득하였지만 법은 곧 국민들을 위해 존재하는 것이며 법을 위해서 인간이 존재하는 것이라 생각되지 않습니다.

2. 상고이유서 중에 불특정 다수인에게 배포에 해당된다고 했지만 불특정 다수인이 아닌 결혼이면 그 당사자 한 사람이며 배포가 아닌 한 개를 주는 것입니다. 배포라는 말은 엄격히 얘기하면 5개 이상의 같은

내용의 물건을 많이 만들어 여러 사람에게 파급시키는 것이라 생각이 되며 결혼 또는 개인기록들은 여러 개의 테이프는 필요가 없다고 생각이 됩니다. 비디오 상륙 초기에는 실로 질서가 혼란의 극에 달했다 해도 과언이 아니었습니다.

누구든지 비디오 하면 먼저 나쁜 인식부터 갖게 되었지만 지금은 여러 가지 편리성과 필요성을 일반 국민들이 느끼고 있으며 이러한 이미지 개선은 저희 업체들이 어려운 여건속에서도 모이고 뭉쳐서 토론과 토의 끝에 정화되고 홍보도 되었습니다. 저희 작은 업소에서 활용하는 것은 개인기록 외의 타용도로는 쓰일 수가 없으며 저희 자신들도 그렇게 해서는 안 된다고 생각합니다. 우선 CM 또는 교육 및 홍보용으로는 1/2 카메라로 촬영해서 편집 제작을 하게 되면 우선 화면 자체의 질이 많이 떨어지기 때문에 불가능이라는 걸 말씀드립니다. 법은 강한 자의 편에도, 약한 자의 편에도 아닌 정확한 판단에 의해서 결정이 된다고 저희 작은 업소들은 생각이 미치며 '악법도 법이다'라는 좋은 명언도 잘 알고 있습니다. 하지만 법도 시대의 흐름에 따라 달라져야 한다고 느끼며 훌륭한 법관님들이 계시는 것은 법의 모호성 또는 불합리성에 대한 올바른 판단에 의하여 억울한 사람이 한 사람이라도 있어서는 안 된다는 명분에서일 것입니다. 그것은 법질서를 해치는 것이 아닌 새로이 정진해 나가는 하나의 불꽃이며 새싹이라 일컫는 수 있을 것입니다.

3. 촬영 내용도 문제라지만 결혼식, 회갑연, 얘기들의 돌잔치 등의 가족기록들이야 내용이 어떠하겠습니까! 이러한 소소한 것들까지도 문화관광부의 등록을 필요로 한다면 이것은 특정업체에 대한 이들만의 생각이며 이들 특정업체(프로덕션)에서는 높은 가격이 고이득을 취해서 소비자들만 골탕을 먹을 것입니다. 그리고 토, 일요일 및 공휴일에만 집중되어 있는 많은

행사(결혼 등)를 그들의 인력으로만 가능하다고 여겨지지 않습니다.
위와 같은 이유로 검사의 상고이유는 법리를 오해하지 않았다고 아니할 수 없습니다. 고로 원심판결에 대한 검사의 상고는 부당한 것이라고 아니할 수 없는 것입니다.

20○○년 월 일

위 피고인(피상고인) ○ ○ ○

○○법원 귀중

【서식】 검사의 상고이유에 대한 답변서(피고인)

답 변 서

피고인(상고인) ○ ○ ○

위 피고인에 대한 귀원 ○○도 ○○ 사문서위조 등 피고사건에 관하여 검사의 상고이유를 20○○년 ○월 ○일에 받았는바, 다음과 같이 답변합니다.

다 음

검사의 상고이유는 농지매매 사실확인원의 신청인란에 매도인란과 매수인란이 함께 마련되어 있고 농지매매 사실에 대한 확인신청행위의 성질상 이는 매도인과 매수인의 공동신청을 필요로 한다고 할 것이므로 고소인 ○○○의 승낙 없이 위 확인원이 매도인란에 ○○○의 이름만을 기재하여 날인을 하지 않은 채 이를 행사한 소위는 사문서위조 및 동행사죄에 해당한다고 지적하였는 바,

1. 피고인은 농지매매 사실 확인원을 작성하여 관계기관에 제출, 이를 발급받아 행사한 것은 사실이나 동 확인원을 발급받아 행사하게 된 경위는 당시 ○○가단 ○○호 소유권이전등기 청구사건을 집행함에 있어 입증자료를 제출하자 하기에 원고인 피고인은 재판장 ○○○ 판사에게 위 민사 피고인이며 형사 고소인인 ○○○이 본 계쟁물건의 매매 사실을 부인하는데 어떻게 동확인원을 제출할 수가 있겠느냐고 답변한 바, 재판장은 농지매매 사실을 확인하는 증명이 아니라 경쟁물건을 소유할 자격을 갖추었는지를 확인하는 것이므로 나가서 알아보고 제출하라고 하여 피고인은 면사무소 군청 등에 가서 문의하였으니 모두 매수인 단독으로 신청하는 농지매매 증명을

발급해 준 전례가 없다면서 거부하므로 피고인은 할 수 없이 전전긍긍한 끝에 농수산부에 찾아가 이 사실을 말하였더니 ○○년에 예하기관에 하달한 농지 행정실무요람의 농지매매 사실 확인원 발급요령에 대한 규정을 복사하여 주면서 이를 보이든가 아니면 이 책자가 전국 각 읍·면 단위 사무소에 비치되었을 터이니 이를 근거로 매수사실을 소명하고 신청하면 해 주게 되어 있다고 하여 피고인은 이를 근거로 당시 작성된 매매계약서를 첨부하여 소명한 다음 동확인원을 발급받아 행사하였던 것입니다.

2. 검사는 위 확인원의 제목에 농지매매사실 확인원으로 되어 있음이 마치 매매사실을 확인하는 처분문서인 양 오해하여 피고인에게 유죄를 구하고 있으나 동문서는 농지법에 의해 가사 위와 같은 증명을 받음에 있어 매도인이 거절을 한다면 민사소송 절차도 불가하다는 것이며 그러한 사정을 이해하고 농림수산부에서 행정실무요람을 각 일선행정기관에 지시하여 매도인 표시만을 한 것이며 매도인 표시를 한 문서가 매도인만의 전권문서라고는 할 수 없을 것이며 위와 같은 상황을 비추어 볼 때 법리를 오해하지 아니하였다고 아니할 수 없습니다.

이상과 같은 이유로 원판결로 타당하므로 검사의 상고는 기각하여 주시기 바랍니다.

20○○년 월 일

위 피고인(피상고인) ○ ○ ○ ㊞

○○법원 귀중

【서식】 검사의 상고이유에 대한 답변서(변호인)

답 변 서

20○○도 1234호 피고인 ○ ○

위 피고인에 대한 소방법, 건축법 위반 피고사건에 관하여 검사의 상고이유서를 20○○년 ○월 ○일 송달받았는 바, 다음과 같이 답변합니다.

다 음

1. 검사는 피고인 임○○에 대한 본건 소방법 위반과 건축법 위반 공소 사실에 대하여 그 증거가 충분하다는 취지로 상고이유서에서 지적하고 있으나(검사 자신도 피고인 임○○에게 위와 같은 명령이 직접 피고인에게 시달된 사실에 관하여는 명확한 주장을 하지 못하고 있음) 그 상고이유 자체에 의하더라도 그러한 명령이 직접 피고인에게 시달된 사실은 없음을 묵시적으로 시인하면서, 다만 동사 전무이사 공소외 길○○으로부터 보고를 받았다고 봄이 경험칙상 명백하다고 주장하고 있습니다.
2. 그러나 피고인의 검찰이래 1심공판에서의 진술에 의하면 피고인은 동 회장에 취임하였다 하나 15일 정도 나갔을 뿐이라고 하면서 일관하여 위 공소사실 기재와 같은 명령이 있었음을 전혀 알지 못하였다고 하면서 위 공소 사실을 부인하고 있고, 기록에 연결된 모든 증거를 살펴보아도 직접 위 피고인에 대하여 위 공소사실 기재와 같이 명령이 있었다거나 위 피고인이 위 공소사실 기재의 명령이 있었음을 알고도 이를 이행하지 아니하였음을 인정할만한 아무런 증거가 없으며, 오히려 위 피고인은 위 호텔의 운영을 공소외 길○○에게 일임한 채 그 경영에는 실제로 관여하지 아니하여 위와 같은 명령이 있었음을 전혀 알지 못하고 있었음을 엿볼 수 있을 뿐 아니라 검사가 주장하는 어느 점을

보더라도 원심판결에 형사소송법 제383조 소정의 상고 이유를 찾아 볼 수 없는 이 사건에 있어서 소방법 위반 및 도시계획법 위반의 공소 사실에 관한 원심의 무죄 선고는 지극히 타당하고 검사의 상고는 이유 없으므로 의당 기각되어야 할 것입니다.

20○○년 월 일

위 피고인의 변호인 변호사 ○ ○ ○ ㊞

○○법원 귀중

【서식】 검사의 상고이유에 대한 답변서2

답 변 서

20○○도 1234호　　　　　　　　　　피고인 ○ ○

위 피고인에 대한 대외무역법 위반 위반 피고사건에 관하여 검사의 상고이유서를 20○○년 ○월 ○일 접수한 바, 다음과 같이 답변합니다.

다 음

1. 검사 상고이유서 제1점부터 제5점에 이르기까지 원심 사실심에서 충분히 심리한 내용을 재론하고 있는 바, 원심판결은 사실을 밝히기 위하여 허다한 증인과 차례의 공판을 통하여 실제적 진실 발견을 위하여 세밀하고도 소상한 증거조사와 직권조사를 했음에도 불구하고 채증법칙을 위반하고, 인정된 사실에 대하여 법령을 적용하지 아니한 위법이 있다……운운의 이유는 도시 성립할 수가 없는 것입니다.

2. 또한 상고이유서 전체를 보아 진술조서를 인용하여 본건 원자재의 수입경위와 처분과정에 위법이 있는 양으로 주장하나, 수입시의 허위신고도 있을 수 없고 어디까지나 정부(상공부)의 허가에 따라 엘씨(L/C)를 개설하였고 합법적인 검사를 거쳐 수입한 점은,
   첫째 : 서울기계는 무역업자가 아니고, 피고인 ○○○는 무역대행업자였다는 사실을 인정하기에 충분한 상피고인 등의 부합된 진술을 보더라도 명백히 본건 위법성은 없다는 점.
   둘째 : 원자재 소유권을 ○○기계로부터 양도받은 사실이 전혀 없다는 점.

셋째 : ○○기계나 ○○상사는 수출 불이행한 사실로써 문제가 될 수 없고, 가령 그것이 사실이라고 가정하더라도, 피고인 ○○○는 도저히 그 사실을 알 수 없는 부지의 사실이기 때문에 논지의 여지가 없다는 점.

넷째 : 피고인 ○○○이 마음대로 월 4푼5리로 빌려 주었다고 해서 본건과 아무런 인과관계가 없다는 점.

다섯째 : 대외무역법은 어디까지나 그 입법취지가 업자의 보호 내지 외화획득이 목적이라 할 것인 바, 본건 수입재료의 원자재를 가공하여 재수출을 못한 점은 수입 이후에 엘씨(L/C)의 기간이 만료되어 자동으로 동 엘씨(L/C)의 효과가 소멸되었으므로 가령 가공이 되어도 수출할 수도 없는 여건 아래 있었던 점.

위 제 사실로 미루어 보아 본건은 원심판결이 타당하고 검사의 상고이유는 전혀 없으므로 본건 상고는 기각하심이 마땅할 것입니다.

20○○년 월 일

위 피고인의 변호인 변호사

○ ○ ○ ㊞

○○법원 ○○부 귀중

【서식】 비약상고장

비 약 상 고 장

피고인 ○ ○ ○

위 피고인에 대한 20○○고단 123호 폭력행위등처벌에관한법률 위반 피고사건에 관하여 20○○년 ○월 ○일 ○○지방법원에서 폭력행위등처벌에관한법률 위반죄로 벌금 300,000원에 처한다는 유죄의 고를 받았는바, 위 판결에서 유죄인 근거로써 ○○법을 적용하였음은 법령적용에 착오가 있는 때에 해당하므로 형사소송법 제372조에 의하여 본 상고를 제기하는 바입니다.

20○○년 월 일

위 고소인의 변호인
변호사 ○ ○ ○ ㊞

○○법원 귀중

[서식] 비약상고장(법률폐지)

비 약 상 고 장

피고인 ○ ○ ○

위 피고인에 대한 20○○고단 123호 절도 피고사건에 관하여 20○○년 ○월 ○일 ○○지방법원에서 절도죄로 징역 10월의 유죄판결을 선고받았는바, 그 판결의 선고후 ○○○의 법률에 의하여 그 형의 폐지가 있었으므로 형사소송법 제372조에 따라 비약상고를 제기하는 바입니다.

20○○년 월 일

위 피고인의 변호인
변호사 ○ ○ ○ ㊞

○○법원 귀중

Ⅲ. 항 고

1. 항고의 의의

항고란 결정에 대한 불복방법(상소)이다. 결정에 대한 상소인 점에서 판결에 대한 상소인 항소 또는 상고와 구별된다.

법원의 결정이 아닌 법관(재판장 또는 수명법관)의 특정한 결정 또는 명령이나 검사·사법경찰관의 처분에 대한 불복방법인 준항고는 본래 의미에 있어서의 항고와 구별되나 항고에 관한 규정이 대부분 준용되므로 항고와 유사한 구조를 가지고 있다.

판결은 가장 중요한 종국재판임에 반하여, 결정은 원칙적으로 판결에 이르는 과정에 있어서의 절차상의 사항에 관한 종국 전의 재판이므로 판결에 대한 상소는 모두 허용할 필요가 있으나 결정에 대한 상소는 법이 특히 필요하다고 인정하는 일정한 경우에 한하여 허용하고, 그 절차도 간이화되어 있다.

2. 항고의 종류

(1) 일반항고

가. 보통항고

1) 의 의

즉시항고 또는 재항고에 해당하지 않는 일반적인 항고를 말한다. 보통항고는 원결정을 취소할 실익이 존재하는 한 기간의 제한없이 언제든지 할 수 있다. 다만 보통항고의 대상에는 제한이 있다.

2) 보통항고가 허용되지 않는 경우

① 판결 전 소송절차에 대한 결정 : 법원의 관할 또는 판결 전의 소송절차에 관한 결정에 대하여는 특히 즉시항고를 할 수 있는 경우 이외에는 항고를 하지 못한다(법 제403조 1항). 이러한 결정은 원래 판결을 목표로 하는 절차의 일부이기 때문에 종국판결에 대하여 상소를 허용하면 충분하고 개개의 결정에 대하여 독립한 상소를 인정할 필요가 없기 때문이다.

쟁 점

<판결 전 소송절차 중 보통항고를 할 수 있는 경우>

판결 전의 소송절차에 관한 결정에 대하여는 특히 즉시항고를 할 수 있다고 규정된 경우가 아니면 항고를 하지 못하지만, 구금(법원의 구속, 접견금지, 구속갱신 등), 보석(보석취소, 보증금몰수 등), 압수물환부(압수물환부결정, 압수물환부청구기각 등), 감정유치(법원의 감정유치, 기간의 연장 등)에 관한 결정에 대하여는 보통항고를 할 수 있다.

② 대법원의 결정 : 대법원의 결정에 대하여는 성질상 항고가 허용되지 않는다. 항고법원 또는 고등법원의 결정에 대하여도 보통항고를 할 수 없다(법 제415조).

3) 집행부정지

보통항고가 있더라도 원재판의 집행은 정지되지 아니한다. 다만 원심법원 또는 항고법원은 보통항고에 대한 결정이 있을 때까지 원재판의 집행을 정지하는 결정을 할 수 있다.

나. 즉시항고

즉시항고란 법령이 특히 즉시항고를 제기할 수 있다는 뜻의 규정을 두고 있는 경우에 인정되는 항고를 말한다.

즉시항고는 그 제기기간이 3일로 제한되고 있고, 그 3일의 기간 및 즉시항고에 대한 재판이 있기까지는 원재판의 집행이 정지된다는 점에 그 특색이 있다. 즉시항고는 즉시항고를 할 수 있다는 명문의 규정이 있는 때에만 허용된다. 예컨대 공소기각의 결정(법 제328조 2항), 상소기각결정(법 제360조 2항, 제362조 2항, 제376조)과 같은 종국재판인 결정이나 기피신청기각결정(법 제23조), 구속의 취소와 집행정지결정(법 제97조 3항, 제101조 3항), 또는 소송비용부담결정(법 제192조)과 같이 신속한 구제를 요하는 결정에 대하여 즉시항고가 인정되고 있다.

(2) 재항고

항고법원의 항고에 대한 결정 및 고등법원(항소심인 다른 지방법원 본원합의부를 포함)의 제1심 결정에 대하여는 재항고로써만 불복할 수 있는바, 재항고란 위의 각 결정이 위법(헌법, 법률, 명령, 규칙에 위반)임을 이유로 하여 대법원에 제기하는 즉시항고를 말한다.

핵심판례

항소법원의 결정에 대한 불복방법(=대법원에 재항고)

형사소송법 제415조에서는 "항고법원 또는 고등법원의 결정에 대하여는 재판에 영향을 미친 헌법·법률·명령 또는 규칙의 위반이 있음을 이유로 하는 때에 한하여 대법원에 즉시항고를 할 수 있다"고 규정하고 있는바, 항소법원의 결정에 대하여도 대법원에 재항고하는 방법으로 다투어야 한다(대결 2008.4.14. 2007모726).

'항소법원'의 결정에 대한 항고가 재항고인지의 여부(적극)

형사소송법 제415조에서는 '항고법원 또는 고등법원의 결정에 대하여는 재판에 영향을 미친 헌법.법률.명령 또는 규칙의 위반이 있음을 이유로 하는 때에 한하여 대법원에 즉시항고를 할 수 있다'고 규정하고 있는바, 항소법원의 결정에 대하여도 대법원에 재항고하는 방법으로 다투어야만 한다(대결 2002. 9. 27. 2002모6).

재정신청에 관한 법원의 공소제기결정에 대하여 재항고가 허용되는지 여부(소극)

형사소송법(이하 '법'이라고 한다) 제262조 제2항, 제4항은 검사의 불기소처분에 따른 재정신청에 대한 법원의 재정신청기각 또는 공소제기의 결정에 불복할 수 없다고 규정하고 있는데, 법 제262조 제2항 제2호의 공소제기결정에 잘못이 있는 경우에는 그 공소제기에 따른 본안사건의 절차가 개시되어 본안사건 자체의 재판을 통하여 대법원의 최종적인 판단을 받는 길이 열려 있으므로, 이와 같은 공소제기의 결정에 대한 재항고를 허용하지 않는다고 하여 재판에 대하여 최종적으로 대법원의 심사를 받을 수 있는 권리가 침해되는 것은 아니고, 따라서 법 제262조 제2항 제2호의 공소제기결정에 대하여는 법 제415조의 재항고가 허용되지 않는다고 보아야 한다(대결 2012.10.29. 자, 2012모1090).

3. 항고심의 절차

(1) 항고의 제기

가. 항고장의 제출

항고를 함에는 항고장을 원심법원에 제출하여야 한다(법 제406조). 항고에 있어서는 항소, 상고의 경우와 달리 항고이유서를 제출할 수 있는 절차가 따로 마련되어 있지 않으므로 항고장 자체에 항고이유를 기재할 것이 요구되고, 항고장에 기재하지 않는 경우라도 즉시 항고이유서를 제출하는 것이 요망된다.

나. 항고의 제기기간

즉시항고의 제기기간은 3일이다(법 제405조), 보통항고에는 기간의 제한이 없으므로 언제든지 할 수 있다. 단 원심결정을 취소하여도 실익이 없게 된 때에는 예외로 한다(법 제404조).

다. 원심법원의 조치

1) 항고기각 결정

항고의 제기가 법률상의 방식에 위반하거나 항고권 소멸 후인 것이 명백한 때에는 원심법원은 결정으로 항고를 기각하여야 한다. 항고기각 결정에 대하여는 즉시항고를 할 수 있다(법 제407조).

2) 경정결정

원심법원은 항고가 이유 있다고 인정한 때에는 결정을 경정하여야 한다(법 제408조 1항). 그러나 항고의 전부 또는 일부가 이유 없다고 인정한 때에는 항고장을 받은 날로부터 3일 이내에 의견서를 첨부하여 항고법원에 송부하여야 한다(동조 2항).

3) 소송기록의 송부

원심법원이 필요하다고 인정한 때에는 소송기록과 증거물을 항고법원에 송부하여야 한다. 항고법원은 소송기록과 증거물의 송부를 요구할 수 있다. 항고법원은 소송기록과 증거물을 송부받은 날로부터 5일 이내에 당사자에게 그 사유를 통지하여야 한다(법 제411조).

라. 항고제기의 효과

즉시항고의 제기기간 내에 그 제기가 있는 때에는 재판의 집행은 정지된다(법 제410조). 그러나 보통항고에는 재판의 집행을 정지하는 효력이 없다. 단 원심법원 또는 항고

법원은 결정으로 항고에 대한 결정이 있을 때까지 집행을 정지할 수 있다(법 제409조).

(2) 항고법원의 재판

항고법원은 항고에 대한 결정을 한다. 항고심은 사실과 법률을 모두 심사할 수 있으며, 심사범위도 항고이유에 한정되지 않는다. 검사는 항고사건에 대하여 의견을 진술할 수 있다(법 제412조).

가. 항고기각결정

항고의 제기가 법률상의 방식에 위반하였거나 항고권 소멸 후인 것이 명백한 경우에 원심법원이 항고기각의 결정을 하지 아니한 때에는 항고법원은 결정으로 항고를 기각하여야 한다(법 제413조). 항고를 이유 없다고 인정한 때에는 결정으로 항고를 기각하여야 한다(법 제414조 1항).

나. 원심결정의 취소결정

항고를 이유 있다고 인정한 때에는 결정으로 원심결정을 취소하고 필요한 경우에는 항고사건에 대하여 직접 재판을 하여야 한다(법 제414조 2항).

(3) 항고법원의 재판에 대한 불복

항고법원의 결정에 대하여는 제415조에 의하여 대법원에 재항고할 수 있다.

4. 준항고

(1) 의 의

준항고는 수소법원이 아닌 법관, 즉 재판장 또는 수명법관의 재판과 검사 또는 사법경찰관의 처분에 대하여 그 소속법원 또는 관할법원에 그 취소 또는 변경을 구하는 불복신청방법이다. 준항고는 상급법원에 대한 불복신청이 아니므로 엄격한 의미에서 상소에 해당하지 않으나 실질적으로 항고에 준하는 성질을 가지고 있으므로(재판 등의 취소와 변경을 청구하는 점에서), 현행법은 준항고를 항고의 장에 규정하고 항고에 관한 규정의 일부를 준용하도록 하고 있다.

(2) 준항고의 대상

가. 재판장 또는 수명법관의 재판

다음의 재판에 대하여는 준항고를 할 수 있다(법 제416조 1항).

① 기피신청을 기각한 재판(법 제20조 1항에 의한 간이기각결정에 한함)
② 구금, 보석, 압수 또는 압수물환부에 관한 재판(법 제80조, 제136조에 따라 재판장 또는 수명법관이 합의부의 일원으로서 구속 또는 압수를 담당하는 때에 한함. 보석이나 압수물환부에 관한 재판을 합의부원이 담당하는 경우는 없음)
③ 감정유치의 재판(법 제175조 또는 제172조 7항에 의하여 재판장 또는 수명법관이 하는 경우에 한함)
④ 증인, 감정인에 대하여 과태료 또는 비용배상을 명하는 재판(법 제167조, 177조에 의하여 수명법관이 증인신문 또는 감정인 신문을 행하는 경우에 한함)

핵심판례

검사의 영장청구에 대한 지방법원판사의 재판이 항고 또는 준항고의 대상이 되는지 여부(소극)

검사의 체포영장 또는 구속영장 청구에 대한 지방법원판사의 재판은 형사소송법 제402조의 규정에 의하여 항고의 대상이 되는 '법원의 결정'에 해당되지 아니하고, 제416조 제1항의 규정에 의하여 준항고의 대상이 되는 '재판장 또는 수명법관의 구금 등에 관한 재판'에도 해당되지 아니함이 분명하다고 할 것이다(대결 2006. 12. 8, 2006모646).

나. 수사기관의 처분

검사 또는 사법경찰관의 구금, 압수, 압수물의 환부에 관한 처분에 대하여 불복이 있으면 그 직무집행지의 관할법원 또는 검사의 소속 검찰청에 대응한 법원에 그 처분의 취소 또는 변경을 청구할 수 있다(법 제417조).

구금된 피의자에 대한 신문에 변호인의 참여(입회)를 불허하는 처분은 형사소송법 제417조에 정하여진 '구금에 관한 처분'으로 준항고의 대상에 해당한다(대결 2005. 5. 9, 2004모24).

핵심판례

구금된 피의자에 대한 피의자신문에 변호인의 입회를 불허하는 수사기관의 처분을 다투는 방법(=준항고)

형사소송법 제417조는 검사 또는 사법경찰관의 구금에 관한 처분에 불복이 있으면 법원에 그 처분의 취소 또는 변경을 청구할 수 있다고 규정하고 있는바, 이는 피의자의 구금 또는 구금 중에 행하여지는 검사 또는 사법경찰관의 처분에 대한 유일한 불복방법인 점에 비추어 볼 때, 영장에 의하지 아니한 구금이나 변호인 또는 변호인이 되려는 자와의 접견교통권을 제한하는 처분뿐만 아니라 구금된 피의자에 대한 신문에 변호인의 참여(입회)를 불허하는 처분 역시 구금에 관한 처분에 해당하는 것으로 보아야 한다(대결 2003.11.11. 2003모402).

(3) 준항고의 절차

가. 관할법원

법원의 재판에 대한 준항고는 그 법관이 소속된 합의부에서 관할한다.

수사기관의 처분에 대한 준항고는 그 직무집행지의 법원 또는 검사의 소속 검찰청에 대응한 법원에서 관할하는데, 명문의 규정이 없으므로 법 제416조의 2항의 반대해석상 단독판사가 관할한다.

나. 방 식

서면(준항고장)을 관할법원에 제출하여야 한다(원 재판을 한 법관이나 수사기관에 제출하는 것이 아니다). 법관의 재판에 대한 준항고는 3일 내에 하여야 한다. 수사기관의 처분에 대한 준항고는 기간제한이 없다. 준항고는 증인, 감정인에 대한 과태료·비용배상의 재판에 대한 경우 외에는 집행정지의 효력이 없다.

다. 재 판

원심법원의 항고기각결정에 대한 규정(법 제407조)은 준용되지 않으나 항고법원의 결정에 관한 규정(법 제413조, 제414조)은 모두 준용된다.

라. 불 복

준항고에 대한 결정에 대하여는 재항고를 할 수 있다. 따라서 법관의 재판에 대한 소속 합의부의 결정 또는 수사기관의 처분에 대한 법원(단독판사)의 결정은 그 결정에 대한 별도의 항고를 거쳐 재항고를 할 수 있는 것이 아니고, 그 자체가 바로 재항고의 대상이 된다.

핵심판례

검사의 체포영장 또는 구속영장 청구에 대한 지방법원판사의 재판이 항고나 준항고의 대상이 되는지 여부(소극)

검사의 체포영장 또는 구속영장 청구에 대한 지방법원판사의 재판은 형사소송법 제402조의 규정에 의하여 항고의 대상이 되는 '법원의 결정'에 해당하지 아니하고, 제416조 제1항의 규정에 의하여 준항고의 대상이 되는 '재판장 또는 수명법관의 구금 등에 관한 재판'에도 해당하지 아니한다(대결 2006.12.18. 자, 2006모646).

【서식】 항고장(보석허가청구 기각결정에 대한)

항 고 장

사　　건 : 20○○고단 123호 상해
피 고 인 : ○ ○ ○

피고인 ○○○에 대한 ○○지방법원 20○○고단 123호 상해 피고사건에 관하여 위 법원이 20○○년 ○월 ○일에 항고인이 신청한 보석허가 청구를 기각하였는바, 동 결정에 불복, 다음과 같은 이유로 항고를 제기하오니 항고취지와 같은 결정을 하여 주시기 바랍니다.

항 고 취 지

20○○년 ○월 ○일 원심법원의 보석청구 기각결정을 취소하고 피고인 ○○○의 보석을 허가한다라는 취지의 결정을 구합니다.

항 고 이 유

1. 항고인은 ○○지방법원 제4단독에 20○○고합 457호 상해 피고사건으로 계속중인바 20○○년 ○월 ○일 법원에 보석허가청구를 하고 동월 ○일에 기각을 당하였습니다.

2. 본피고사건은 거의 심리가 종결상태에 있고 본 피고인은 주거가 일정하여 도주의 우려가 없거니와 증거인멸의 염려도 없으므로 법률상 당연히 보석을 허가하여야 함에도 불구하고 이를 기각한 원결정은 명백히 부당하다고 판단되어 이 항고를 제기하는 바입니다.

20○○년 월 일

위 피고인의 변호인 ○ ○ ○ ㉼

○○지방법원 ○○부 귀중

주의 요소 검사는 항고사건에 대하여 의견을 진술할 수 있다.

【서식】 항고이유서(신용훼손 등)

항 고 이 유 서

사 건 20○○불항 123 신용훼손등(○○지검 20○○형제 4321)
항고인 ○ ○ ○

위 사건에 관하여 항고인은 다음과 같이 항고이유서를 제출합니다.

다 음

1. 이 사건에 대한 검사의 불기소처분은 피의자의 신용훼손 및 명예훼손죄가 명백함에도 불구하고 사실관계를 오인하고 형식적인 수사를 한 결과 피의자에게 무혐의 판단을 한 잘못이 있습니다.

2. 무혐의 처분의 요지
   이건 수사검사는 고소외 ○○○이 20○○. ○. ○. 고소인 ○○○으로부터 금 40억원을 차용하면서 이에 대한 담보로 이건 (주) ○○컨트리클럽의 주식 51%를 제공하고 채무불이행시에는 고소인에게 동 주식이 귀속되도록 약정하였는바, 위 ○○○이 변제기일에 위 금원을 변제하지 못하여 고소인이 동 주식을 취득하고 20○○. ○. ○. 주주총회를 개최하여 위 ○○○을 대표이사에서 해임하고 고소인이 대표이사 사장에 취임하여 골프장 건설을 마무리하고 개장단계에 이르자, ○○○은 이를 방해 하려고 변호사인 이건 피의자에게 소송대리를 위임하고 이건 피의자는 변호사라는 신분과 사회적인 신뢰성을 이용하여 ○○은행 ○○지점장, ○○신문사장, (주)○○상호신용금고, (주)○○상호 신용금고, (주)○○상호신용금고, (주)○○상호신용금고, (주)○○상호신용금고, (주)○○상호신용금고, (주)○○상호신용금고, (주)○○상호신용금고 등의 금융기관에 고소인의 신용과 명예를 훼손하는 내용 증명서를 발송하고, ○○경제신문에 광고를 게재하여 허위의 사실을 유포함으로써 고소인의 신용과 명예를 훼손하였음에도 불구하고 피의자가 고소인의 명예와 신용을 훼손하기 위하여 위와 같은 행위를 하였다고 단정하기 어렵고 달리 증거가 없다고 무혐의 처분을 하였습니다.

3. 이 사건의 전모.

가. 고소외 ○○○은 고소인 ○○○에게 골프장 건설자금 40억원을 차용하면서 채무불이행시에는 이건 회사 주식의 51%와 회원권 300매를 양도하는 등의 계약을 체결하였으므로 위 차용금의 변제를 이행하지 못함에 따라 고소인에게 당연히 위 주식 및 회원권의 양도의무를 이행하여야 함에도 불구하고 이행을 거절하고 동인이 작성하여 준 "신규회원 회원증 확인요청에 관한 건"에 관한 문서를 고소인이 위조하였다고 형사고소를 하여 ○○○은 무고죄로 실형을 선고받았으나, 고소인 ○○○은 상당한 재산적, 정신적 피해를 입었던 것입니다.

나. 그리고 위 계약에 따라 고소인이 주식의 51%를 소유하게 됨으로써 대표이사에 취임하여 골프장 건설을 마무리하고 개장단계에 이르자, ○○○은 고소인이 이건 회사의 대표이사로 취임한 것이 절차상 하자가 있다고 변호사인 이건 피의자에게 주주총회결의취소 청구소송을 의뢰한 다음 이건 피의자를 통하여 여러 금융기관 및 신문사의 고소인의 명예와 신용을 훼손하는 내용의 내용증명서의 발송 및 광고를 게재하였던 것입니다.

4. 이 사건 처분의 문제점

가. 이 사건과 관련하여 ○○지방법원 ○○지원 20○○가합789호 주

주총회 결의취소 청구사건의 판결은 단순히 주주총회소집 절차상의 하자로 인한 것으로 당시 고소인은 이건 회사의 주식 51%를 취득한 상태로 정당한 권리가 있었으므로, 위 절차상 하자로 인한 주주총회결의취소 판결로써 피의자의 이건 피의사실이 정당화되거나 치유된다고 볼 수는 없는 것입니다.

나. 그리고 피의자가 이건 의뢰인인 ○○○과 사전에 협의하지도 않고 위 금융기관 등에 내용증명서를 발송하고, 막대한 신문광고료까지 부담하면서 광고를 게재했다는 것은 상식적으로 관례적으로도 있을 수 없는 것인바, 피의자와 ○○○은 공모하여 고소인이 막대한 자금을 출연하여 골프장 공사를 하여 마무리 단계에 있자 고소인의 명예와 신용을 훼손시킴으로써 고소인에게 타격을 주어 고소인으로 하여금 골프장공사를 마무리하지 못하게 하고 회원권 분양을 못하도록 하여 ○○○이 다시 이건 골프장을 되찾고자 계획적인 범행을 하기에 이른 것입니다.

다. 따라서 피의자의 이건 범행은 고소외 ○○○과 계획적으로 고소인의 명예 및 신용을 훼손하고자 자행한 범행임이 명백하므로 철저히 조사하시어 엄중 문책하여 주시기 바랍니다.

첨 부 서 류

1. 입원사실증명서 1통

20○○년 월 일

위 피고인의 변호인

변호사 ○ ○ ○ ㊞

○○ 고등검찰청 귀중

【서식】 상소권 회복청구 기각에 대한 즉시항고장

즉 시 항 고 장

사 건 20○○고단 1234호 사기
항고인(피고인) ○ ○ ○

피고인 ○○○에 대한 사기 피고사건에 관하여 ○○년 ○월 ○일 ○○지방법원 합의제○부에서 행한 항고인 신청의 상소권 회복청구 기각의 결정에 대하여 불복이므로 다음과 같은 이유로 즉시항고를 제기하는 바입니다.

항고의 이유

원 결정은 상고권 불행사의 책임은 모두 피고인측에 있다고 하여 그 신청인의 주장을 배척하고 있으나, 그 결정에는 다음과 같은 위법이 있으므로 당연히 취소되어야 할 것이라고 사료합니다.

기각 결정을 한 원법원은 그 결정을 함에 있어서 신청인이 열거한 참고인 전부를 조사하지도 아니하고 그 중 ○○○ 및 ○○○에 대해서만 극히 간단하게 사정을 물어 보았을 정도에 그쳤는바, 이것으로는 가장 중요한 문제에 대한 판단을 하기 어려우므로 위 항고인이 신청한 참고인 전원에 대하여 당시의 사정을 청취하여 종합적인 판단을 하여 주시기를 바랍니다.

따라서 위 결정은 심리미진으로 사실을 오인하고 있는 것이라 아니할 수 없습니다.

20○○년 월 일

위 항고인 ○ ○ ○ ㊞

○○고등법원 귀중

주의 요소 즉시항고의 제기기간은 3일로 한다.

【서식】 항고기각 결정에 대한 재항고장

재 항 고 장

사 건 20○○노4321호 살인
재항고인 ○ ○ ○

위 항고인에 대한 살인 피고사건에 대하여 20○○년 ○월 ○일 ○○고등법원이 한 항고기각 결정에 헌법 제20조에 위반하는 것이라고 생각되어 불복이므로 다음과 같이 재항고를 제기합니다.

재항고의 이유

1. 원판시의 사실에 대하여는 전혀 다툼이 없으나 법의 해석을 잘못하고 있음으로써 이것이 재판권을 침해하는 결과가 되며, 바로 헌법 제20조에 위반하는 것이라고 생각된다.

2.

....

....

....

이상과 같은 이유로 헌법위반인 원심결정을 속히 파기하여 주시기를 바랍니다.

20○○년 월 일

위 항고인의 변호인
변호사 ○ ○ ○ ㊞

○○고등법원 귀중

【서식】 검사 또는 사법경찰관의 압수물 환부 처분에 대한 준항고장

준 항 고 장

사 건 ○○형○○ 사기
항 고 인 ○ ○ ○

위 항고인은 현재 ○○지방검찰청에서 ○○형 ○○호 사기 피의 사건으로 동청 검사 ○○○의 조사를 받고 있는 사람인바, 20○○년 ○월 ○일 동 검사로부터 동 사건의 증거품으로 예금통장, 수표(액면 15만원) 2매를 압수당한 바 있습니다.

그리하여 검사는 20○○년 ○월 ○일 수사도 완결되기 전에 위 압수한 증거물을 명백한 이유 없이 고소인에게 가환부 처분을 한바, 그 처분에 불복이 있으므로 항고인은 다음과 같은 이유로 그 처분의 취소를 청구합니다.

청 구 이 유

위 가환부 처분한 압수물은 항고인이 본건 고소인으로부터 물품대금조로 받은 것으로 엄연히 항고인 소유임이 명백함에도 불구하고 수사 도중 고소인에게 위 압수물품을 가환부한다는 것은 부당한 처사라고 할 수 없다고 사료되는 바입니다.

20○○년 월 일

위 항고인 ○ ○ ○ ㊞

○○지방법원 귀중

Ⅳ. 소송비용

1. 소송비용의 의의

소송비용이란 소송절차를 진행함으로 인하여 발생한 비용으로서 형사소송비용법에 의하여 특히 소송비용으로 규정된 것을 말한다.

형사소송비용법은 '증인・통역인・감정인의 일당・여비・숙박료와 보수, 감정인・통역인・번역인의 특별요금, 법원이 선임한 변호인의 일당・여비・숙박료, 관보와 신문지에 공고한 비용'을 소송비용으로 규정하고 있다(제1조).

2. 소송비용의 부담자

소송비용은 지출원인에 대하여 책임 있는 자에게 부담시키는 것이 원칙이다. 그러나 검사에게 책임 있는 경우에는 국가가 부담하여야 할 것이므로 형사소송법은 피고인 기타 고소인・고발인 등이 부담하는 경우에 관한 규정만을 두고 있다.

(1) 피고인

형의 선고를 하는 때에는 피고인에게 소송비용의 전부 또는 일부를 부담하게 하여야 한다. 다만 피고인의 경제적 사정으로 소송비용을 납부할 수 없는 때에는 그러하지 아니하다(법 제186조 1항).

가. 형의 선고를 하는 때

형의 선고를 하는 때에 피고인에게 소송비용을 부담하게 할 수 있다. 형의 선고를 하는 때에는 형의 집행유예의 경우를 포함한다. 그러나 형의 면제나 선고유예는 여기에 해당하지 않는다. 형의 선고를 하는 때에 소송비용을 부담하게 하여야 하므로 형을 선고하지 않으면서 피고인에게 소송비용을 부담하게 할 수 없다. 다만 피고인에게 책임지울 사유로 발생된 비용은 형의 선고를 하지 아니하는 경우에도 피고인에게 부담하게 할 수 있다(법 제186조 2항). 예컨대 피고인이 정당한 사유 없이 출석하지 아니하여 증인을 소환한 공판기일에 신문할 수 없게 되어 발생한 비용이 그것이다.

나. 공범과 연대 부담

공범의 소송비용은 공범인에게 연대하여 부담하게 할 수 있다(법 제187조). 여기에 공범에는 임의적 공범뿐만 아니라 필요적 공범도 포함한다. 연대부담을 시키는 것은 공범자가 공동심리를 받은 경우에 한하여야 한다.

다. 피고인에게 소송비용을 부담시킬 수 없는 경우

검사만이 상소 또는 재심의 청구를 한 경우에 상소 또는 재심의 청구가 기각되거나 취하된 때에는 그 소송비용을 피고인에게 부담하게 하지 못한다(법 제189조).

(2) 고소인 · 고발인

고소 또는 고발에 의하여 공소를 제기한 사건에 관하여 피고인이 무죄 또는 면소의 판결을 받은 경우에 고소인 또는 고발인에게 고의 또는 중대한 과실이 있는 때에는 그 자에게 소송비용의 전부 또는 일부를 부담하게 할 수 있다(법 제188조). 무죄 또는 면소의 판결에 한하므로 형의 면제, 선고유예 도는 공소기각의 심판을 받은 때에는 고소인 · 고발인에게 소송비용을 부담하게 할 수 없다.

(3) 재정신청인

가. 국가에 대한 비용부담

1) 요 건(법 제262조의3 제1항)

법원은 재정신청의 기각결정 또는 재정신청의 취소가 있는 경우에는 결정으로 재정신청인에게 신청절차에 의하여 생긴 비용의 전부 또는 일부를 부담하게 할 수 있다.

2) 비용부담의 범위(규 제122조의2)

① 증인 · 감정인 · 통역인 · 번역인에게 지급되는 일당 · 여비 · 숙박료 · 감정료 · 통역료 · 번역료

② 현장검증 등을 위한 법관, 법원사무관 등의 출장경비

③ 그 밖에 재정신청 사건의 심리를 위하여 법원이 지출한 송달료 등 절차진행에 필요한 비용

3) 비용부담의 절차(규 제122조의3)

비용부담을 명하는 재판의 집행에 관하여는 재산형 등의 집행에 관한 법 제477조의 규정을 준용한다(동조 1항). 비용부담을 명하는 재판에 그 금액을 표시하지 아니한 때에는 집행을 지휘하는 검사가 산정한다.

나. 피의자에 대한 비용 지급

1) 요 건(법 제262조의3 제2항)

법원은 직권 또는 피의자의 신청에 따라 재정신청인에게 피의자가 재정신청절차에서 부담하였거나 부담할 변호인선임료 등 비용의 전부 또는 일부의 지급을 명할 수 있다.

2) 비용지급의 범위(규 제122조의4)

① 법 제262조의3 제2항과 관련한 비용은 다음 각 호에 해당하는 것으로 한다.

㉠ 피의자 또는 변호인이 출석함에 필요한 일당·여비·숙박료

㉡ 피의자가 변호인에게 부담하였거나 부담하여야 할 선임료

㉢ 기타 재정신청 사건의 절차에서 피의자가 지출한 비용으로 법원이 피의자의 방어권행사에 필요하다고 인정한 비용

② 제1항 제2호의 비용을 계산함에 있어 선임료를 부담하였거나 부담할 변호인이 여러 명이 있는 경우에는 그 중 가장 고액의 선임료를 상한으로 한다.

③ 제1항 제2호의 변호사 선임료는 사안의 성격·난이도, 조사에 소요된 기간 그 밖에 변호인의 변론활동에 소요된 노력의 정도 등을 종합적으로 고려하여 상당하다고 인정되는 금액으로 정한다.

3) 비용지급의 절차(규 제122조의5)

① 피의자가 법 제262조의3 제2항에 따른 신청을 할 때에는 다음 각 호의 사항을 기재한 서면을 재정신청사건의 관할 법원에 제출하여야 한다.

㉠ 재정신청 사건번호

㉡ 피의자 및 재정신청인

㉢ 피의자가 재정신청절차에서 실제 지출하였거나 지출하여야 할 금액 및 그 용도

㉣ 재정신청인에게 지급을 구하는 금액 및 그 이유

② 피의자는 제1항의 서면을 제출함에 있어 비용명세서 그 밖에 비용액을 소명하는데 필요한 서면과 고소인 수에 상응하는 부본을 함께 제출하여야 한다.

③ 법원은 제1항 및 제2항의 서면의 부본을 재정신청인에게 송달하여야 하고, 재정신청인은 위 서면을 송달받은 날로부터 10일 이내에 이에 대한 의견을 서면으로 법원에 낼 수 있다.

④ 법원은 필요하다고 인정하는 경우에는 피의자 또는 변호인에게 비용액의 심리를 위하여 필요한 자료의 제출 등을 요구할 수 있고, 재정신청인, 피의자 또는 변호인을 심문할 수 있다.

⑤ 비용지급명령에는 피의자 및 재정신청인, 지급을 명하는 금액을 표시하여야 한다. 비용지급명령의 이유는 특히 필요하다고 인정되는 경우가 아니면 이를 기재하지 아니한다.

⑥ 비용지급명령은 피의자 및 재정신청인에게 송달하여야 하고, 법 제262조의3 제3항에 따른 즉시항고기간은 피의자 또는 재정신청인이 비용지급명령서를 송달받은 날부터 진행한다.

⑦ 확정된 비용지급명령정본은「민사집행법」에 따른 강제집행에 관하여는 민사절차에서의 집행력 있는 판결정본과 동일한 효력이 있다.

(4) 상소 또는 재심청구자

검사 아닌 자가 상소 또는 재심의 청구를 한 경우에 상소 또는 재심의 청구가 기각되거나 취하된 때에는 그 자에게 소송비용을 부담하게 할 수 있다(법 제190조 1항). 여기의 검사 아닌 자에게 피고인도 포함한다. 피고인 아닌 자가 피고인이 제기한 상소 또는 재심의 청구를 취하한 경우에도 같다(동조 2항). 그러나 변호인이 피고인을 대리하여 상소 또는 재심의 청구를 취하한 때에는 피고인을 대리하여 한 것이므로 변호인에게 소송비용을 부담하게 할 수 없다.

3. 소송비용의 부담절차

(1) 재판으로 소송절차가 종료되는 경우

재판으로 소송절차가 종료되는 경우에 피고인에게 소송비용을 부담하게 하는 때에는 직권으로 재판하여야 한다. 이 재판에 대하여는 본안의 재판에 관하여 상소하는 경우에 한하여 불복할 수 있다(법 제191조). 따라서 본안의 재판에 대한 상소가 기각된 경우에는 소송비용부담의 재판에 관한 상소도 기각된 것으로 보아야 한다. 여기서 본안의 재판이란 피고사건에 관한 종국재판을 말한다. 실체재판인가 또는 형식재판인가는 불문한다. 피고인 아닌 자에게 소송비용을 부담하게 하는 때에는 직권으로 결정하여야 한다. 그 결정에 대하여는 즉시항고를 할 수 있다(법 제192조).

(2) 재판에 의하지 않고 소송절차가 종료되는 경우

재판에 의하지 않고 소송절차가 종료되는 경우에 피고인 아닌 자에게 소송비용을 부담하게 하는 때에는 사건의 최종 계속법원이 직권으로 결정을 하여야 한다. 이 결정에 대하여는 즉시항고를 할 수 있다(법 제193조). 재판에 의하지 아니하고 소송절차가 종료되는 경우란 상소·재심 또는 정식재판의 청구를 취하하는 때를 말한다.

(3) 소송비용부담액의 산정

소송비용의 부담액을 재판에 의하여 구체적으로 명시할 것을 요하지 않는다. 소송비용의 부담을 명하는 재판에 그 금액을 표시하지 아니한 때에는 집행을 지휘하는 검사가 산정한다(법 제194조). 산정에 이의가 있는 때에는 법원에 이의신청을 할 수 있다(법 제489조).

(4) 소송비용부담재판의 집행

소송비용부담의 재판도 검사의 지휘에 의하여 집행한다(법 제460조 1항). 재판집행비용은 집행을 받는 자가 부담한다(법 제493조).

4. 소송비용집행면제 신청

(1) 의 의

소송비용부담의 재판을 받은 자가 빈곤하여 이를 완납할 수 없는 때에는 그 소송비용부담 재판을 선고한 법원에 그 비용의 전부 또는 일부에 대한 집행면제를 신청할 수 있다(법 제487조).

(2) 신 청

신청권자는 소송비용부담의 재판을 받은 자 본인이다. 이는 피고인뿐 아니라 고소인 등도 포함된다. 신청기간은 재판의 확정 후 10일 내이다.

신청서가 접수되면 즉시 검사에게 그 취지를 통지하여야 한다. 이 신청은 소송비용부담의 재판의 집행을 정지시키는 효력이 있기 때문이다.

(3) 재 판

위 신청이 이유 있으면 당해 재판을 표시하고 그 집행을 어느 범위에서 면제할 것인지를 명시하여 면제결정을 한다.

제5편
확정재판에 대한 비상구제절차, 특수절차 등

제 5 편 확정재판에 대한 비상구제절차, 특별절차 등

제 1 장 확정재판에 대한 비상구제절차

I. 재 심

1. 재심의 의의

재심은 유죄의 확정판결에 대하여 중대한 사실오인이나 그 오인의 의심이 있는 경우에 판결을 받은 자의 이익을 위하여 판결의 부당함을 시정하는 비상구제절차이다. 판결을 받은 자의 이익을 위한 제도이므로 무죄의 선고를 받은 자가 유죄의 선고를 받기 위한 재심은 허용되지 않는다. 확정판결에 대한 비상구제절차라는 점에서 미확정재판에 대한 불복신청제도인 상소와 구별된다. 사실오인을 시정하기 위한 비상구제절차인 점에서 판결의 법령위반을 시정하기 위한 구제절차로서, 청구권자가 검찰총장에 제한되고 판결의 효력도 원칙적으로 피고인에게는 미치지 않는 비상상고와 구별된다.

재심절차는 재심을 개시할 것인지의 여부를 결정하는 절차와 사건 자체에 대하여 다시 심판하는 2단계로 구분되는데, 후자는 통상의 공판절차와 동일하다.

2. 재심의 대상 판결

(1) 유죄의 확정판결

① 제1심 법원이 선고한 유죄의 확정판결

② 항소심·상고심이 파기자판하여 선고한 유죄의 확정판결

③ 확정판결과 동일한 효력이 있는 약식명령·즉결심판

(2) 항소 또는 상고의 기각판결

항소 또는 상고기각의 판결이 확정된 때에는 원심의 유죄판결이 확정되므로 재심의

대상이 된다.

(3) 재심의 대상이 되지 않는 판결

가. 무죄·면소·공소기각의 판결

이들 판결은 판결에 중대한 하자가 있는 경우에도 재심의 대상이 되지 않는다.

나. 결 정

형사소송법상 재심청구는 유죄의 확정판결에 대하여서만 할 수 있고 결정에 대하여는 재심청구가 허용되지 않는다(대결 1986. 10. 29, 86모38).

핵심판례

유죄의 확정판결이 특별사면에 의하여 선고의 효력이 상실된 경우, 재심청구를 할 수 있는지의 여부(소극)

형사소송법 제420조는 '유죄의 확정판결'에 대하여 일정한 사유가 있는 경우에 재심을 청구할 수 있다고 규정하고 있는바, 특별사면에 의하여 유죄의 판결의 선고가 그 효력을 상실하게 되었다면 이미 재심청구의 대상이 존재하지 아니하여 그러한 판결이 여전히 유효하게 존재함을 전제로 하는 재심청구는 부적법함을 면치 못한다(대판 1997. 7. 22, 96도2153).

상고심에 계속 중인 미확정 판결에 대한 재심청구의 적부(소극)

상고심에 계속 중인 미확정 판결에 대한 재심청구는 법률상의 방식에 위배된 부적법한 것이다. 상고심에 계속 중인 미확정의 재심대상 판결이 이 사건 재심법원에 의한 재심청구 기각결정 후에 상고취하로 확정되었다 하여도 위 재심청구가 적법하게 치유되는 것은 아니다(대결 1983. 6. 8, 82모28).

무죄선고를 받은 자의 재심청구의 적부(소극)

형사소송법 제420조, 제421조, 제424조가 규정하는 바와 같이 재심은 유죄의 확정판결에 대하여 그 선고를 받은 자의 이익을 위하여 청구할 수 있는 것이고 무죄의 선고를 받은 자가 유죄의 선고를 받기 위하여는 허용되지 아니한다(대결 1983. 3. 24, 84모5).

3. 재심사유

(1) 유죄의 확정판결에 대한 재심사유(법 제420조)

가. 허위증거로 인한 재심사유

1) 원판결의 증거된 서류 또는 증거물이 확정판결에 의하여 위조 또는 변조인 것이 증명된 때(동조 1호)

2) 원판결의 증거된 증언, 감정, 통역 또는 번역이 확정판결에 의하여 허위인 것이 증명된 때(동조 2호)

원판결의 증거된 증언, 감정, 통역 또는 번역이 확정판결에 의하여 허위인 것이 증명된 때라 함은 그 증인, 감정인, 통역인 또는 번역인이 위증 또는 허위의 감정, 통역 또는 번역을 하여 그 죄에 의하여 처벌되어 그 판결이 확정된 경우를 말하는 것이다(대판 1971. 12. 30, 70소3).

원판결의 증거된 증언이란 원판결의 이유 중에서 증거로 채택되어 죄로 되는 사실을 인정하는 데 인용된 증거를 말하며(대결 1987. 4. 23, 87모11), 증언이란 법률에 의하여 선서한 증인의 증언을 말하고, 공동피고인의 공판정에서의 진술은 여기에 해당하지 않는다(대결 1985. 6. 1, 85모10).

핵심판례

재심이 개시된 사안에서, 재심사유가 없지만 재심의 심판대상에 포함된 보호감호 청구사건에 관한 법령이 재심대상판결 후 개정·폐지된 경우, 보호감호 청구사건에 적용되어야 할 법령(=재심판결 당시의 법령)

재심이 개시된 피고인에 대한 재심대상판결의 범죄사실 중 보호감호 청구원인 사실인 상습사기죄에는 재심사유가 없으나, 그 근거 법률인 구 사회보호법(2005. 8. 4. 법률 제7656호로 폐지)이 재심대상판결 후 폐지된 사안에서, 구 사회보호법 폐지법률(2005. 8. 4. 법률 제7656호) 시행 당시 재판 계속 중에 있는 보호감호 청구사건에 관하여는 청구기각 판결을 하도록 규정한 위 폐지법률 부칙 제3조에 따라 위 보호감호 청구가 기각되어야 한다고 본 원심판단을 수긍한 사례(대판 2011.6.9. 선고, 2010도13590).

핵심판례

특별사면으로 형 선고의 효력이 상실된 유죄의 확정판결이 형사소송법 제420조의 '유죄의 확정판결'에 해당하여 재심청구의 대상이 될 수 있는지 여부(적극)

유죄판결 확정 후에 형 선고의 효력을 상실케 하는 특별사면이 있었다고 하더라도, 형 선고의 법률적 효과만 장래를 향하여 소멸될 뿐이고 확정된 유죄판결에서 이루어진 사실인정과 그에 따른 유죄 판단까지 없어지는 것은 아니므로, 유죄판결은 형 선고의 효력만 상실된 채로 여전히 존재하는 것으로 보아야 하고, 한편 형사소송법 제420조 각 호의 재심사유가 있는 피고인으로서는 재심을 통하여 특별사면에도 불구하고 여전히 남아 있는 불이익, 즉 유죄의 선고는 물론 형 선고가 있었다는 기왕의 경력 자체 등을 제거할 필요가 있다. 그리고 형사소송법 제420조가 유죄의 확정판결에 대하여 선고를 받은 자의 이익을 위하여 재심을 청구할 수 있다고 규정하고 있는 것은 유죄의 확정판결에 중대한 사실인정의 오류가 있는 경우 이를 바로잡아 무고하고 죄 없는 피고인의 인권침해를 구제하기 위한 것인데, 만일 특별사면으로 형 선고의 효력이 상실된 유죄판결이 재심청구의 대상이 될 수 없다고 한다면, 이는 특별사면이 있었다는 사정만으로 재심청구권을 박탈하여 명예를 회복하고 형사보상을 받을 기회 등을 원천적으로 봉쇄하는 것과 다를 바 없어서 재심제도의 취지에 반하게 된다. 따라서 특별사면으로 형 선고의 효력이 상실된 유죄의 확정판결도 형사소송법 제420조의 '유죄의 확정판결'에 해당하여 재심청구의 대상이 될 수 있다(대판 2015.5.21. 선고, 2011도1932).

3) 무고로 인하여 유죄의 선고를 받은 경우에 그 무고의 죄가 확정판결에 의하여 증명된 때(동조 3호)

고소장 또는 고소조서의 기재가 원판결의 증거가 된 경우는 물론, 무고의 진술이 증거가 된 때를 포함한다. 그러나 단순히 무고에 의하여 수사가 개시되었다는 것만으로는 족하지 않다.

4) 원판결의 증거된 재판이 확정재판에 의하여 변경된 때(동조 4호)

원판결의 증거된 재판은 원판결의 이유 중에서 증거로 채택되어 죄로 되는 사실을 인정하는 데 인용된 다른 재판을 말한다(대결 1986. 8. 28, 86모15). 재판에는 형사재판뿐만 아니라 민사재판을 포함한다.

5) 저작권, 특허권, 실용신안권, 의장권 또는 상표권을 침해한 죄로 유죄의 선고를 받은 사건에 관하여 그 권리에 대한 무효의 심결 또는 무효의 판결이 확정된 때(동조 6호)

권리무효의 심결 또는 판결이 확정되면 그 권리는 처음부터 존재하지 아니한 것으로 인정되기 때문이다.

6) 원판결, 전심판결 또는 그 판결의 기초된 조사에 관여한 법관, 공소의 제기 또는 그 공소의 기초된 수사에 관여한 검사나 사법경찰관이 그 직무에 관한 죄를 범한 것이 확정판결에 의하여 증명된 때(동조 7호)

단, 원판결의 선고 전에 법관, 검사 또는 사법경찰관에 대하여 공소의 제기가 있는 경우에는 원판결의 법원이 그 사유를 알지 못한 때에 한한다(동조단서).

(2) 새로운 증거 발견으로 인한 재심사유

가. 의 의

법 제420조 5호는 '유죄의 선고를 받은 자에 대하여 무죄 또는 면소를, 형의 선고를 받은 자에 대하여 형의 면제 또는 원판결이 인정한 죄보다 경한 죄를 인정할 명백한 증거가 새로 발견된 때'를 재심사유로 규정하고 있다.

1) '형의 면제'의 의미

형사소송법 제420조 제5호는 형의 선고를 받은 자에 대하여 형의 면제를 인정할 명백한 증거가 새로 발견된 때를 재심사유로 들고 있는바, 여기서 형의 면제라 함은 형의 필요적 면제의 경우만을 말하고 임의적 면제는 해당하지 않는다(대결 1984. 5. 30, 84모32).

2) '원판결이 인정한 죄보다 경한 죄'의 의미

'원판결이 인정한 죄보다 경한 죄를 인정할' 경우라 함은 원판결에서 인정한 죄와는 별개의 죄로서 그보다 경한 죄를 말한다 할 것이고 원판결에서 인정한 죄 자체에는 변함이 없고 다만 양형상의 자료에 변동을 가져올 사유에 불과한 것은 여기에 해당하지 아니한다.

핵심판례

형의 감경사유를 주장하는 경우가 형사소송법 제420조 제5호에 정한 '원판결이 인정한 죄보다 경한 죄'에 해당하는지 여부(소극)

형사소송법 제383조 제3호에 의하여 "재심청구의 사유가 있을 때"는 상고이유로 할 수 있고, 같은 법 제420조 제5호는 재심사유의 하나로 "유죄의 선고를 받은 자에 대하여 무죄 또는 면소를, 형의 선고를 받은 자에 대하여 형의 면제 또는 원판결이 인정한 죄보다 경한 죄를 인정할 명백한 증거가 새로 발견된 때"를 규정하고 있는바, 여기서 '원판결이 인정한 죄보다 경한 죄'라 함은 원판결이 인정한 죄와는 별개의 죄로서 그 법정형이 가벼운 죄를 말하므로, 필요적이건 임의적이건 형의 감경사유를 주장하는 것은 포함하지 않는다(대결 2007.7.12. 선고, 2007도3496).

나. 요 건

1) 증거의 신규성

① 의 의 : 증거의 신규성이란 증거가 새로 발견되었을 것을 요한다는 의미이다. 증거가 새로 발견된 때라 함은 확정된 원판결의 소송절차에서 발견되지 못하였거나

또는 발견되었다 하더라도 이를 제출할 수 없었던 증거를 제출 또는 조사가 가능하게 된 경우를 말한다(대결 1972. 3. 28, 71소1).

② 증거의 신규성의 판단기준 : 증거의 신규성을 누구를 기준으로 판단할 것인가가 문제된다. 증거가 법원에 대하여 신규일 것을 요한다는 점에는 의문이 없다. 따라서 원판결에서 실질적 판단을 거친 증거와 동질의 증거는 새로운 증거라고 할 수 없다. 법원 이외에 당사자에 대하여도 신규일 것을 요하는가에 대하여는 견해가 대립되고 있다. ㉠ 필요설, ㉡ 불요설, ㉢ 당사자에 대한 신규성을 요건으로 하지는 않지만 고의 또는 과실에 의하여 제출하지 않은 증거에 대하여는 신규성을 인정할 수 없다는 절충설 등이 주장되고 있는데, 판례는 절충설을 취하고 있다.

핵심판례

형사소송법 제420조 제5호 소정의 '명백한 증거가 새로 발견된 때'의 의미

형사소송법 제420조 제5호에 규정된 '명백한 증거가 새로 발견된 때'라 함은 확정된 원판결의 소송절차에서 발견되지 못하였거나 또는 발견되었다 하여도 이를 제출할 수 없었던 증거로서 그 증거가치가 확정판결이 그 사실인정의 자료로 한 증거보다 경험칙이나 논리칙상 객관적으로 우위에 있다고 보여지는 증거를 의미한다 할 것이고, 법관의 자유심증에 의하여 그 증거가치가 좌우되는 증거를 말하는 것이 아니다(대결 1999.8.11. 자, 99모93).

2) **증거의 명백성**

증거의 명백성, 즉 명백한 증거라 함은 새로운 증거가 확정판결을 파기할 고도의 가능성 내지 개연성이 인정되는 것을 말한다. 즉 새로운 증거의 증거가치가 확정판결이 그 사실인정의 자료로 한 증거보다 경험칙이나 논리칙상 객관적으로 우위에 있다고 인정될 것을 요한다. 새로운 증거의 증거가치가 객관적으로 우위일 것을 요하므로 법관의 자유심증에 의한 증거가치판단의 대상에 지나지 않는 것은 명백한 증거에 해당한다고 할 수 없다.

핵심판례

동일한 죄에 대하여 공소기각을 선고받을 수 있는 경우가 형사소송법 제420조 제5호 소정의 '원판결이 인정한 죄보다 경한 죄'에 해당하는지 여부(소극)

형사소송법 제420조 제5호는 유죄의 선고를 받은 자에 대하여 무죄 또는 면소를, 형의 선고를 받은 자에 대하여 형의 면제 또는 원판결이 인정한 죄보다 경한 죄를 인정할 명백한 증거가 발견된 때에는 재심을 청구할 수 있다고 규정하고 있고, 위 법조 소정의 '원판결이 인정한 죄보다 경한 죄'라 함은 원판결이 인정한 죄와는 별개의 죄로서 그 법정형이 가벼운 죄를 말하는 것이므로, 동일한 죄에 대하여 공소기각을 선고받을 수 있는 경우는 여기에서의 경한 죄에 해당하지 않는다(1997. 1. 13. 96모51).

명백성의 판단기준(=단독평가설)

무죄를 인정할 명백한 증거인지 여부가 문제로 된 증거를 따로 제쳐두고 그 증거가치와는 무관하게 확정판결이 채용한 증거들의 증거가치와 그에 의한 사실인정의 당부를 전면적으로 재심사하여 재심의 개시 여부를 결정한 것과 다름이 없어 무죄를 인정할 명백한 증거가 새로 발견된 경우에만 예외적으로 재심을 허용하는 형사소송법 제420조 제5호의 규정 내용이나 취지에 반하는 판단방법이므로 옳다고 할 수 없다(대결 1995. 11. 8. 95모67).

(3) 상소기각의 확정판결에 대한 재심사유(법 제421조)

가. 재심사유

상소법원이 원심의 유죄판결을 유지하여 상소를 기각한 판결에 대하여도 재심의 청구를 할 수 있으나 다만 재심사유는 법 제420조 1호·2호·7호의 사유가 있는 경우에 한하고, 그 선고를 받은 자의 이익을 위하여 재심을 청구할 수 있다. 또 재심사유가 인정되어 재심개시결정이 확정되더라도 상소심의 심리절차가 진행될 뿐이며 그 효과가 바로 원심의 유죄판결에 미치지 않는다.

핵심판례

형사소송법 제421조 제1항 소정의 '항소 또는 상고의 기각판결'의 의미

형사소송법 제421조 제1항에서 항소 또는 상고의 기각판결이라 함은 위 상고기각 판결에 의하여 확정된 1심 또는 항소판결을 의미하는 것이 아니고, 항소기각 또는 상고기각 판결 자체를 의미한다(대결 1984. 7. 27. 84모48).

상고를 기각한 확정판결에 대한 재심사유

형사소송법 제421조 제1항의 규정에 의하여 상고기각 판결에 대하여는 그 판결에 동법 제420조에 정한 사유 중 제1호, 제2호, 제7호의 사유가 있는 경우에 한하여 재심을 청구할 수 있게 되어 있으므로 상고기각의 판결에 대하여 이와 같은 사유가 있음을 이유로 하는 것이 아닌 재심청구는 법률상의 방식에 위배된다(대결 1987. 5. 27. 87재도4).

나. 재심청구의 경합

제1심 확정판결에 대한 재심청구사건의 판결이 있은 후에는 항소기각판결에 대하여 다시 재심을 청구하지 못하며(법 제421조 2항), 제1심 또는 제2심의 확정판결에 대한 재심청구사건의 판결이 있은 후에는 상고기각판결에 대하여 다시 재심을 청구하지 못한다(동조 3항). 여기서의 판결이란 재심개시결정이 확정된 후 행한 판결을 뜻하므로 재심청구기각결정이 확정된 때에는 다시 상고기각판결에 대하여 재심청구를 할 수 있다.

(4) 확정판결에 대신하는 증명

확정판결로써 범죄가 증명됨을 재심청구의 이유로 할 경우에 그 확정판결을 얻을 수 없는 때에는 그 사실을 증명하여 재심의 청구를 할 수 있다. 다만 증거가 없다는 이유로 확정판결을 얻을 수 없는 때에는 예외로 한다(법 제422조). 확정판결을 얻을 수 없다는 것은 유죄판결의 선고를 할 수 없는 사실상 또는 법률상의 장애가 있는 경우를 말한다.

핵심판례

불법감금죄로 고소된 사법경찰관에 대한 무혐의 결정에 관한 재정신청사건에서 법원이 불법감금 사실은 인정하면서 재정신청 기각결정을 하여 확정된 경우, 형사소송법 제422조의 재심사유에 해당하는지의 여부(적극)

공소의 기초가 된 수사에 관여한 사법경찰관이 불법감금죄 등으로 고소되었으나 검사에 의하여 무혐의 불기소결정이 되어 그 당부에 관한 재정신청이 있자, 재정신청을 받은 고등법원이 29시간 동안의 불법감금 사실은 인정하면서 여러 사정을 참작하여 검사로서는 기소유예의 불기소처분을 할 수 있었다는 이유로 재정신청 기각결정을 하여 그대로 확정된 경우, 이는 형사소송법 제422조에서 정한 '확정판결로써 범죄가 증명됨을 재심청구의 이유로 할 경우에 그 확정판결을 얻을 수 없는 때로서 그 사실을 증명한 경우'에 해당하므로, 형사소송법 제420조 제7호의 재심사유인 '공소의 기초된 수사에 관여한 사법경찰관이 그 직무에 관한 죄를 범한 것이 확정판결에 대신하는 증명으로써 증명된 때'에 해당한다(대결 1997. 2. 26, 96모123).

(5) 헌법재판소의 결정

형사법률에 관하여 헌법재판소의 위헌결정이 있는 경우에 그 법률을 적용받아 유죄의 확정판결을 받은 자는 재심을 청구할 수 있고, 또 헌법재판소법 제68조 2항의 규정에 의한 헌법소원에 관하여 헌법재판소가 법률에 대한 위헌무효의 결정을 한 경우에도 같다.

4. 재심개시절차

(1) 재심의 관할법원

재심의 청구는 원판결의 법원이 관할한다(법 제423조). 여기서 원판결이란 재심청구인이 재심이유가 있다고 하여 재심청구의 대상으로 하고 있는 그 판결을 말한다. 따라서 재심청구인이 제1심판결을 재심청구의 대상으로 하는 경우에는 제1심 법원이, 상소기각판결을 대상으로 하는 경우에는 상소법원이 재심청구사건을 관할한다.

핵심판례

대법원이 제2심판결을 파기하고 자판한 판결에 대한 재심청구의 관할법원
상고법원이 제2심 판결을 파기하고 자판한 판결에 대한 재심청구는 원판결을 선고한 상고법원에 하여야 할 것이고 파기된 판결의 선고법원인 고등법원에 할 수 없다(대결 1961. 12. 4, 4294형항20).

군법회의 판결이 확정된 후 군에서 제적된 경우 재심사건 관할법원
관할은 재판권을 전제로 하는 것이므로 군법회의 판결이 확정된 후 군에서 제적되어 군법회의에 재판권이 없는 경우에는 재심사건이라 할지라도 그 관할은 원판결을 한 군법회의가 아니라 같은 심급의 일반법원에 있다(대판 1985. 9. 24, 84도2972).

재심청구의 관할법원인 원판결 법원에서 '원판결'의 의미
형사소송법 제423조에 의하면 재심의 청구는 원판결의 법원이 관할하도록 되어 있고 여기서 원판결이라고 하는 것은 재심청구인이 재심사유가 있다고 하여 재심청구의 대상으로 하고 있는 그 판결을 가리킨다(대결 1986. 6. 12, 86모17).

---

(2) 재심의 청구

가. 청구권자

① 검사(공익의 대표자로서 피고인의 이익을 위하여 재심청구를 할 수 있다)
② 유죄의 선고를 받은 자(피고인이었던 자)
③ 유죄의 선고를 받은 자의 법정대리인(친권자, 후견인)
④ 유죄의 선고를 받은 자가 사망하거나 심신장애가 있는 경우에는 그 배우자, 직계친족 또는 형제자매. 다만 법 제420조 제7호의 사유(법관의 직무범죄를 사유로 하는 경우)에 의한 재심의 청구는 유죄의 선고를 받은 자가 그 죄를 범하게 한 경우에는 검사가 아니면 하지 못한다.

나. 청구기간

재심청구의 시기에는 제한이 없다. 즉 재심의 청구는 형의 집행을 종료하거나 형의 집행을 받지 아니하게 된 때에도 할 수 있다(법 제427조). 따라서 유죄의 선고를 받은 자가 사망한 때에도 재심청구를 할 수 있다. 이 경우에도 명예회복의 이익이 있고 무죄판결을 받은 경우의 판결의 공시(법 제440조), 형사보상 및 집행된 벌금, 몰수 된 물건 또는 추징금액의 환부와 같은 법률적 이익이 있기 때문이다. 형의 선고가 효력을 잃은 경우에도 재심청구가 가능하다.

다. 청구의 방식

1) 서면주의

재심의 청구를 함에는 재심청구서에 재심청구의 취지와 이유를 구체적으로 기재하고, 여기에 원판결의 등본 및 증거자료를 첨부하여 관할법원(원판결을 한 법원)에 제출하여야 한다(규 제166조). 따라서 구술신청은 허용되지 않는다.

첨부할 원판결등본이란 재심의 대상이 되는 판결등본을 말함은 물론인데, 유죄의 확정판결 자체에 대한 재심청구일 때는 문제가 없으나, 상소기각판결에 대한 재심청구일 때는 상소기각판결등본뿐 아니라 그 원심까지 필요가 있는 경우도 있을 것이다.

2) 재소자에 대한 특칙

재소자는 재심청구서를 교도소장에게 제출하면 재심을 청구한 것으로 간주한다(법 제430조).

라. 재심청구의 효과

재심의 청구에는 형의 집행을 정지하는 효력이 없다. 다만 관할법원에 대응한 검찰청 검사는 재심청구에 대한 재판이 있을 때까지 형의 집행을 정지할 수 있다(법 제428조).

마. 재심청구의 취하

재심의 청구는 취하할 수 있다(법 제429조 1항). 재심청구의 취하는 서면으로 하여야 한다. 다만 공판정에서는 구술로 할 수 있고, 구술로 재심청구를 취하한 때에는 그 사유를 조서에 기재하여야 한다(규 제167조). 재소자가 교도소장에게 취하서를 제출한 때에 재심청구를 취하한 것으로 간주한다(법 제430조 : 규 제168조). 재심의 청구를 취하한 자는 동일한 이유로써 다시 재심을 청구하지 못한다(법 제429조 2항).

(3) 재심청구에 대한 심리절차

가. 사실의 조사

재심청구에 대한 심리절차는 성격상 공판절차와 판이하므로 공판절차의 기본원칙인 구두변론주의, 공개주의 등에 의거할 필요는 없으나, 법원은 재심청구 이유의 유무를 판단함에 필요하다고 인정한 때에는 사실조사를 할 수 있으며, 이를 합의부원에게 명하거나 다른 법원의 판사에게 촉탁할 수 있다. 이 경우에 수명법관 또는 수탁판사는 법원 또는 재판장과 동일한 권한이 있다(법 제431조).

사실조사를 하기 위하여 증인신문, 감정, 검증 등의 처분을 할 수 있으나 엄격한 증거조사의 방식에 따르지 않아도 좋다. 따라서 이들 처분을 함에 있어서는 피고인이었던 자 또는 재심청구인을 참여시키지 않아도 된다.

나. 당사자의 의견청취

재심청구에 대한 결정을 함에는 청구한 자와 상대방의 의견을 들어야 하며, 유죄선고를 받은 법정대리인이 청구한 경우에는 그 외에 유죄선고를 받은 자의 의견도 들어야 한다. 청구한 자와 상대방의 의견을 들으면 족하며 변호인의 의견을 들을 것은 요하지 않는다(대결 1959. 6. 12, 4291형항28). 이 경우 의견을 듣는 방법이나 시기는 원칙적으로 법원의 재량으로서 서면에 의하건 구두에 의하건 상관이 없다.

위 의견을 듣지 아니하였거나, 의견진술의 기회를 주지 아니하고 재심청구에 대한 기각결정을 한 경우에는 즉시항고의 이유가 된다(대결 1977. 7. 4, 77모28). 당사자의 의견진술은 서면에 의하든 구술에 의하든 상관이 없다.

핵심판례

재심청구서에 재심청구 이유가 기재되어 있는 경우에도 재심청구에 대한 결정을 하기 위하여 별도로 재심청구인에게 형사소송법 제432조에 따른 의견진술의 기회를 주어야 하는지 여부(적극)

형사소송법 제432조에 의하면 재심청구에 대하여 결정을 함에는 청구한 자와 상대방의 의견을 듣도록 규정하고 있으므로 최소한 재심을 청구한 자와 상대방에게 의견을 진술할 기회를 주어야 하는 것이며, 이는 재심청구서와 별도로 요구되는 절차라고 할 것이므로 재심청구서에 재심청구의 이유가 기재되어 있다고 하여 위와 같은 절차를 생략할 수 는 없다. 따라서 재심청구인에게 의견을 진술할 기회를 주지 아니한 채 재심청구에 대한 결정을 한 원심의 조치는 위법하다(대결 2004. 7. 14, 2004모86).

재심청구인에게 의견진술의 기회를 주었음에도 의견을 진술하지 않은 경우 재심결정절차에 위법이 있다고 볼 수 있는지 여부(소극)

형사소송법 제432조의 재심청구에 대하여 결정을 함에 있어서는 청구한 자와 상대방의 의견을 들어야 한다는 규정은 그 의견을 진술할 기회를 부여하여야 한다는 취지이므로, 재심청구인에게 의견진술의 기회를 주었음에도 불구하고 재심청구인이 그 기회에 의견을 진술하지 아니한 이상 재심청구에 대한 결정절차에 위법이 있다고 할 수 없다(대결 1997. 1. 16, 95모38).

1개의 형이 확정된 경합범 중 일부 범죄사실에 대하여만 재심사유가 있는 경우, 재심법원의 심리범위

경합범관계에 있는 수개의 범죄사실을 유죄로 인정하여 한 개의 형을 선고한 불가분의 확정판결에서 그 중 일부의 범죄사실에 대하여만 재심청구의 이유가 있는 것으로 인정된 경우에는 형식적으로는 1개의 형이 선고된 판결에 대한 것이어서 그 판결 전부에 대하여 재심개시의 결정을 할 수 밖에 없지만, 비상구제수단인 재심제도의 본질상 재심사유가 없는 범죄사실에 대하여는 재심개시 결정의 효력이 그 부분을 형식적으로 심판의 대상에 포함시키는 데 그치므로 재심법원은 그 부분에 대하여는 이를 다시 심리하여 유죄인정을 파기할 수 없고, 다만 그 부분에 관하여 새로이 양형을 하여야 하므로 양형을 위하여 필요한 범위에 한하여만 심리를 할 수 있을 뿐이다(대판 2001. 7. 13, 2001도1239).

다. 재심청구에 대한 재판

1) 재심청구기각결정

동일한 사건에 대한 상소기각판결(항소기각 또는 상고기각판결)과 그 판결에 의하여 확정된 하급심판결에 대한 재심청구가 경합하는 경우, 하급심판결에 대한 재심의 판결이 있는 때에는 상소법원이 결정으로 재심청구를 기각하여야 한다.

재심의 청구가 법률상의 방식에 위반하거나 청구권의 소멸후인 것이 명백한 때에는 결정으로 기각하여야 한다.

재심의 청구가 이유없다고 인정한 때에는 결정으로 기각하여야 하며, 이 결정이 있는 때에는 누구든지 동일한 이유로써 다시 재심을 청구하지 못한다.

2) 재심개시결정과 형집행의 임의적 정지

재심의 청구가 이유 있다고 인정한 때에는 재심개시의 결정을 하여야 한다(법 제435조 1항). 재심개시의 결정을 할 때에는 결정으로 형의 집행을 정지할 수 있다(동조 2항). 법원이 재심청구의 이유를 판단함에 있어서는 청구한 자의 법률적 견해에 구속받지 않는다.

핵심판례

경합범의 일부에 대해서만 재심청구의 이유가 있는 경우 재심개시결정의 범위

1. 경합범의 관계에 있는 수개의 범죄사실을 유죄로 인정하여 한 개의 형을 선고한 확정판결에서 그 중 일부의 범죄사실에 대하여만 재심청구의 이유가 있는 것으로 인정된 경우에는 형식적으로 1개의 형이 선고된 판결에 대한 것이어서 그 판결 전부에 대하여 재심개시의 결정을 할 수 밖에 없지만, 비상구제수단인 재심제도의 본질상 재심사유가 없는 범죄사실에 대하여는 재심개시결정의 효력이 그 부분을 형식적으로 심판의 대상에 포함시키는 데 그치므로 재심법원은 그 부분에 대하여는 이를 다시 심리하여 유죄인정을 파기할 수 없고, 다만 그 부분에 관하여 새로이 양형을 하여야 하므로 양형을 위하여 필요한 범위에 한하여만 심리를 할 수 있을 뿐이다.
2. 재심사유가 없는 범죄사실에 관한 법령이 재심대상 판결 후 개정.폐지된 경우에는 그 범죄사실에 관하여도 재심판결 당시의 법률을 적용하여야 하고 양형조건에 관하여도 재심대상 판결 후 재심판결까지의 새로운 정상도 참작하여야 하며, 재심사유 있는 사실에 관하여 심리결과 만일 다시 유죄로 인정되는 경우에는 재심사유 없는 범죄사실과 경합범으로 처리하여 한 개의 형을 선고하여야 한다(대판 1996. 6. 14, 96도477).

3) 재심개시결정의 확정과 그 효력

재심개시결정은 즉시항고기간이 경과하거나 즉시항고가 기각됨에 의하여 확정되는데, 확정되면 법원은 그 심급에 따라 다시 심판하여야 한다.

라. 법원의 결정에 대한 불복

재심의 청구를 기각하는 결정과 재심개시결정에 대하여는 즉시항고를 할 수 있다(법 제437조). 따라서 재심청구의 재판은 즉시항고에 의하지 않고는 취소할 수 없다. 다만 대법원의 결정에 대하여는 즉시항고를 할 수 없다.

5. 재심심판절차(사건의 재심리)

(1) 재심의 공판절차

가. 심판방법

재심개시의 결정이 확정된 사건에 대하여는 법원은 그 심급에 따라 다시 심판하여야 한다(법 제438조 1항). 재심개시결정이 확정된 이상 개시결정이 부당한 경우에도 법원은 심판하지 않으면 안된다. '심급에 따라'란 제1심의 확정판결에 대한 재심의 경우에는 제1심의 공판절차에 따라, 항소기각 또는 상고기각의 확정판결에 대하여는 항소심 또는 상고심의 절차에 따라 심판한다는 것을 의미한다. 따라서 재심의 판결에 대하여는 일반원칙에 따라 상소가 허용된다.

나. 재심의 심판대상

재심의 심판은 사건 자체를 대상으로 하는 것이며 원판결의 당부를 심사하는 것은 아니다. 따라서 심리결과 원판결과 동일한 결론에 도달한 경우에도 사건에 대하여 판결하여야 한다.

(2) 재심공판절차의 특칙

재심의 심판에 관하여는 그 심급에 따라 통상의 공판절차에 관한 규정이 적용된다. 다만 다음의 특칙이 있다.

가. 공판절차정지 규정의 배제

심신장애자를 위하여 재심의 청구를 한 때 또는 유죄의 선고를 받은 자가 재심의 판결 전에 회복할 수 없는 심신장애자로 된 때에도 공판절차의 정지에 관한 규정은 적용되지 않는다.

나. 공소기각 결정의 예외

피고인이 사망한 경우에 법원은 공소기각의 결정을 해야 하지만 재심의 경우에는 예외이다. 즉 사망자를 위하여 재심청구를 하였거나 재심피고인이 재심의 판결 전에 사망한 경우에는 공소기각결정을 하지 않고 무죄 등의 실체재판을 하여야 한다.

다. 피고인의 재정원칙에 대한 예외

피고인의 공판정 출석은 원칙적으로 개정의 요건이나 재심의 공판 절차에서는 특칙이 있다. 즉 재심피고인이 사망하거나 심신장애자인 경우에는 피고인이 출정하지 아니하여도 심판할 수 있다. 단, 변호인이 출정하지 아니하면 개정하지 못한다. 이 경우에 재심을 청구한 자가 변호인을 선임하지 아니한 때에는 재판장은 직권으로 변호인을 선임하여야 한다.

라. 공소취소

제1심 선고 후에는 공소취소를 할 수 없으므로, 재심절차에서는 공소취소가 불가능하다(대결 1976. 12. 28, 76도3203).

(3) 재심의 재판

가. 불이익변경금지

재심에는 원판결의 형보다 중한 형을 선고하지 못한다(법 제439조). 검사가 재심을 청구한 경우에도 불이익변경이 금지된다. 유죄의 선고를 받은 자의 이익을 위해서만 인정되는 재심제도의 본질상 당연한 것이다.

나. 무죄판결의 필요적 공고

재심에서 무죄의 선고를 한 때에는 그 판결을 관보와 그 법원소재지의 신문지에 기재하여 공고하여야 한다(법 제440조). 유죄의 선고를 받은 자의 명예회복을 위한 조치이다. 무죄의 선고란 무죄판결의 확정을 의미한다.

다. 재심판결과 원판결의 효력

재심판결이 확정된 때에는 원판결은 당연히 그 효력을 잃는다. 재심개시결정에 의하여 원판결이 효력을 잃는 것은 아니다. 재심판결이 확정되었다 하여 원판결에 의한 형의 집행이 무효로 되는 것은 아니다. 따라서 원판결에 의한 자유형의 집행은 재심판결의 자유형에 통산된다.

핵심판례

확정된 재심개시결정이 부당하다는 이유로 본안심리를 하지 아니한 채 재심대상 판결을 그대로 인용한 경우의 위법 여부

재심대상 사건의 기록이 보존기간의 만료로 이미 폐기되었다 하더라도 가능한 노력을 다하여 그 기록을 복구하여야 하며, 부득이 기록의 완전한 복구가 불가능한 경우에는 판결서 등 수집한 잔존자료에 의하여 알 수 있는 원판결의 증거들과 재심공판절차에서 새롭게 제출된 증거들의 증거가치를 종합적으로 평가하여 원판결의 원심인 제1심 판결의 당부를 새로이 판단하여야 한다. 따라서 확정된 재심개시결정이 부당하다는 이유로 본안심리를 하지 아니한 채 재심대상 판결을 그대로 인용하여 판결을 선고한 원심의 판단은 위법하다(대판 2004. 9. 24, 2004도2154).

【서식】 재심청구서

재 심 청 구 서

재심청구인 : ○ ○ ○
주민등록번호 :
주 거 : ○○시 ○○구 ○○길 ○번지
등록기준지 : ○○시 ○○구 ○○길 ○번지

원판결의 표시 및 청구취지

피고인은 20○○. ○. ○.경부터 같은 해 ○. ○.경까지 3회에 걸쳐 피해자 △△△에게 원단을 공급하여 주겠다고 거짓말하여 계약금 명목으로 금 350만원을 편취하였다는 이유로 ○○지방법원 ○○지원에서 20○○. ○. ○. 벌금 100만원을 선고받고, 청구인이 항소하였으나 20○○. ○. ○. ○○지방법원 항소부에서 항소기각되었고, 다시 청구인이 상고하였으나 20○○. ○. ○.경 대법원에서 상고기각되어 동 판결은 확정되었지만 원판결에는 아래 이유와 같은 형사소송법 제420조 제2호 소정의 재심사유가 있어 재심청구하오니 재심개시결정하여 주시길 바랍니다.

재심청구 이유

1. 피고인에 대한 범죄사실은 공소장기재와 같은 바, 피고인이 고소인을 기망, 오신케 하여 재산상의 이익을 편취한 것으로 되어 있고 이에 대하여 대법원까지 피고인에게 불리한 판결이 선고되어 확정되었습니다.
2. 피고인은 피해자로부터 금 350만원을 교부받은 것은 사실이지만 원단공급계약 후 계약금조로 교부받은 것이 아니고 종전에 차용하여 준 차용

금에 대한 변제조로 교부받은 것이라고 주장하였으나 피해자의 사주를 받은 피해자의 종업원 증인 □□□이 이건 금전은 원단공급계약을 체결 후 계약금으로 교부한 것이라는 허위의 증언을 하자 이를 믿은 나머지 피고인의 주장을 배척하고 피고인에게 유죄선고를 하였던 것입니다.

3. 그러나 당시 위 □□□은 금전 수수현장에 있지도 아니하고, 사실도 모르면서 허위의 증언을 한 것이 명백하여 피고인은 동인을 상대로 위증죄로 고소를 하였던 바, 동 증언이 허위임이 확정되어 위 □□□은 유죄의 처벌을 받았습니다.
4. 그러므로 이 사건 피고인의 유죄판결의 중요한 증거인 위 □□□의 증언이 허위임이 확정된 이상 이 건에 대한 재심의 사유가 충분하다고 사료되어 이 건 청구에 이른 것입니다.

첨 부 서 류

1. 판결등본
2. 위 □□□에 대한 위증죄 확정판결문등본

20○○년 월 일

피고인 ○ ○ ○ ㊞

○○지방법원 ○ ○ 지 원 귀 중

[서식] 재심청구 취하서

재 심 청 구 취 하

사 건 20○○ 재고합 ○○○호 ○○
재심청구인 ○ ○ ○

위 재심청구 사건에 관하여 재심청구인은 사정에 의하여 이 건 청구를 취하합니다.

20○○. ○. ○.
위 청구인 ○ ○ ○ (인)

○ ○ 지 방 법 원 ○ ○ 지 원 귀 중

■ 참 고 ■

※ 취하권자(형사소송법 424조)

1. 검사
2. 유죄의 선고를 받은 자
3. 유죄의 선고를 받은 자의 법정대리인
4. 유죄의 선고를 받은 자가 사망하거나 심신장애가 있는 경우에는 그 배우자, 직계친족 또는 형제자매

Ⅱ. 비상상고

1. 의 의

비상상고는 확정판결에 대하여 그 심리 또는 재판에 법령위반이 있음을 이유로 하여 인정되는 비상구제절차이다.

비상상고는 법령의 해석·적용의 통일을 주된 목적으로 하여 비상상고에 의하여 원판결이 파기되고 유죄의 선고를 받은 자에게 유리하게 변경되는 것은 그 반사적 효과에 불과한 점에서 구체적 사실인정의 착오를 시정하여 유죄의 선고를 받은 자의 구제를 주된 목적으로 하는 재심과 구별된다.

2. 비상상고의 대상

비상상고의 대상은 모든 확정판결이다. 재심의 경우와는 달리 유죄의 확정판결에 제한되지 않는다. 따라서 다음과 같은 것이 비상상고의 대상이 된다.

① 공소기각·관할위반·면소의 형식재판
② 확정된 약식명령과 즉결심판
③ 상고기각 결정 : 상고기각의 결정은 판결은 아니지만 그 사건에 대한 종국적인 재판이기 때문이다.
④ 당연무효의 판결 : 당연무효의 판결일지라도 판결은 확정되어 존재하므로 비상상고에 의하여 당연무효를 확인할 필요가 있기 때문이다.

핵심판례

'상고기각 결정'도 비상상고의 대상이 되는지의 여부(적극)
본조는 판결이 확정한 후 그 사건의 심판이 법령에 위반한 것을 발견한 때에는 비상상고를 할 수 있다고 규정하였는바 본법 제380조에 의한 상고기각의 결정은 항소심 판결을 확정시키는 효력이 있는 해당사건에 관한 종국적인 재판이므로 그 결정에 대하여 법령위반이 있음을 발견한 때에는 비상상고를 할 수 있다고 해석함이 타당하다(대결 1963. 1. 10. 62오4).

3. 비상상고의 이유

비상상고의 이유는 사건의 심판(소송절차 및 재판내용)이 법령에 위반한 것이다. 심판은 심리와 판결을 포함한다. 따라서 비상상고의 이유에는 판결의 법령위반과 소송절차의 법령위반이 포함된다. 여기서 판결의 법령위반과 소송절차의 법령위반의 구별과 사실오인으로 인하여 법령을 위반한 때에도 비상상고의 이유가 되는가가 문제된다.

(1) 판결의 법령위반과 소송절차의 법령위반

판결의 법령위반과 소송절차의 법령위반을 구별하는 실익은 전자의 경우에는 원판결을 파기하고 자판할 수 있지만, 후자에 있어서는 위반된 절차를 파기함에 그친다는 점에 있다(법 제446조). 법령적용의 위법이 판결의 법령위반이며 판결 전 소송절차의 법령위반이 소송절차의 법령위반이다. 비상상고의 사유가 될 수 있는 사례는 다음과 같다.

① 도로교통법위반 사건에서 법령에 형 면제의 근거도 없는데 법원이 형을 면제한 경우
② 법률개정으로 삭제된 징역형을 선택하고 피고인에게 징역형을 선고한 경우
③ 명예훼손죄에 있어 제1심 판결선고 후의 처벌희망을 철회하는 의사표시의 효력을 인정하여 공소기각 판결을 선고한 경우
④ 적법한 증거조사 절차를 거치지 않고 증거능력이 있다고 볼 수 없는 증거를 판결 이유에 거시한 경우
⑤ 판결선고 당시 20세 미만인 소년에 대하여 정기형을 선고한 경우
⑥ 군복무 중인 피고인에 대하여 일반법원이 재판권을 행사한 경우
⑦ 재판권이 있는 피고인을 일반법원이 군형법 피적용자로 오인하여 재판권이 없음을 이유로 공소기각 판결을 선고한 경우
⑧ 몰수할 수 없는 장물을 몰수한 경우
⑨ 사면된 범죄에 대하여 사면된 것을 간과하고 상고기각의 결정을 한 경우
⑩ 친고죄에 있어서 고소취소가 있는데도 유죄판결을 한 경우
⑪ 판결선고 당시 20세 미만인 소년에 대하여 정기형을 선고한 것은 법령에 위반한 것으로서 비상상고의 대상이 된다.

(2) 사실오인과 비상상고

비상상고는 심판의 법령위반을 이유로 하므로 단순한 사실오인에 대하여는 비상상고를 할 수 없다. 다만, 사실오인의 결과로 발생한 법령위반이 비상상고의 이유가 될 수 있는가에 관해서는 견해가 대립된다.

① 소극설은 실체법적 사실인가 소송법적 사실인가를 불문하고 법령위반이 사실오인으로 인한 때에는 비상상고를 인정할 수 없다는 견해이다.
② 적극설은 법령위반의 전제가 된 사실오인이 소송법적 사실인 경우뿐만 아니라 실체법적 사실인 때에도 기록의 조사에 의하여 용이하게 인정할 수 있는 사항이면 비상상고의 대상이 된다고 하는 견해이다.

③ 절충설은 소송법적 사실과 실체법적 사실로 구별하여 법령위반이 소송법적 사실에 대한 오인으로 인한 때에는 비상상고의 이유가 되지만, 실체법적 사실의 요인으로 인한 때에는 비상상고를 할 수 없다는 견해이다. 판례는 소극설을 취하고 있다.

핵심판례

법령적용의 전제사실을 오인함에 따라 법령위반의 결과를 초래한 경우에 '그 사건의 심판이 법령에 위반한 것'에 해당하는지 여부(소극)

1. 형사소송법 제441조는 "검찰총장은 판결이 확정한 후 그 사건에 심판의 법령에 위반한 것을 발견한 때에는 대법원에 비상상고를 할 수 있다."고 규정하고 있는바, 이러한 비상상고제도는 법령 적용의 오류를 시정함으로써 법령의 해석.적용의 통일을 도모하려는 데에 주된 목적이 있는 것이므로, '그 사건의 심판이 법령에 위반한 것'이라고 함은 확정판결에서 인정한 사실을 변경 하지 아니하고 이를 전제로 한 실체법의 적용에 관한 위법 또는 그 사건에 있어서의 절차법상의 위배가 있음을 뜻하는 것이므로, 단순히 그 법령 적용의 전제사실을 오인함에 따라 법령위반의 결과를 초래한 것과 같은 경우는 법령의 해석적용을 통일한다는 목적에 유용하지 않으므로 '그 사건의 심판이 법령에 위반한 것'에 해당하지 않는다고 해석함이 상당하다.
2. 법원이 원판결의 선고 전에 피고인이 이미 사망한 사실을 알지 못하여 공소기각의 결정을 하지 않고 실체판결에 나아감으로써 법령위반의 결과를 초래하였다고 하더라도, 이는 형사소송법 제441조에 정한 '그 심판이 법령에 위반한 것'에 해당한다고 볼 수 없다(대결 2005. 3. 11, 2004오2).

사실오인이 비상상고의 이유가 될 수 있는지 여부

형사소송법 제441조에 이른바 사건의 심판이 법령에 위반하였다고 함은 확정판결에 있어서 인정한 사실을 변경하지 아니하고 이를 전제로 한 실체법의 적용에 관한 부당 및 그 사건에 있어서의 절차법상의 위배있음을 말하는 것이므로 본건 확정판결이 전과의 사실이 없음에도 불구하고 누범의 원유(原由)가 되는 전과사실이 있는 것으로 인정한 결과 이에 대하여 형법 제35조를 적용처단하였다고 할지라도 이에는 앞서 말한 법령의 위반이 있는 것이 아니고 따라서 위와 같은 사실오인은 비상상고의 이유가 될 수 없다(대결 1962. 9. 27, 62오1).

4. 비상상고의 절차

(1) 신 청

가. 신청권자 및 관할법원

검찰총장만이 신청권자이며 검찰총장은 판결이 확정한 후 그 사건의 심판이 법령에 위반한 것을 발견한 때에는 대법원에 비상상고를 할 수 있다(법 제441조).

나. 신청방식

비상상고를 함에는 그 이유를 기재한 신청서를 대법원에 제출하여야 한다. 상고의 경우와 달리 그 신청서에 반드시 그 이유를 기재할 것이 요구된다.

신청에는 기간의 제한이 없다. 형의 시효가 완성되었거나 형이 소멸하였거나 판결을 받은 자가 사망한 경우에도 허용된다.

(2) 심 리

가. 공판의 개정

비상상고사건을 심리하기 위해서는 반드시 공판기일을 열어야 한다. 공판기일에는 검사는 신청서에 의하여 진술하여야 한다.

나. 사실조사

대법원은 신청서에 포함된 이유에 한하여 조사하여야 한다(법 제444조 1항). 비상상고에는 법원의 직권조사사항이란 없으므로 그 이외의 사항에 관하여는 조사할 권한도 의무도 없다. 다만, 법원의 관할, 공소의 수리와 소송절차에 관하여는 사실조사를 할 수 있다(동조 2항). 법원은 필요하다고 인정할 때에는 수명법관 또는 수탁판사로 하여금 사실조사를 하게 할 수 있고, 이 경우에 수명법관 또는 수탁판사는 법원 또는 재판장과 같은 권한이 있다(동조 3항, 제431조).

(3) 판 결

가. 기각판결

비상상고가 이유 없다고 인정한 때에는 판결로써 이를 기각하여야 한다(법 제445조).

나. 파기판결

비상상고가 이유 있다고 인정한 때에는 다음의 구별에 따라 판결을 하여야 한다(법 제446조).

1) 원판결의 파기

원판결이 법령에 위반한 때에는 그 위반된 부분을 파기하여야 한다. 다만 원판결이 피고인에게 불이익한 때에는 원판결을 파기하고 그 피고사건에 대하여 다시 판결을 한다(동조 1호). 원판결이 피고인에게 불이익한 때란 원판결의 잘못을 시정하여 다시 선고할 판결이 원판결보다 피고인에게 이익이 될 것이 명백한 경우를 말한다.

2) 소송절차의 파기

원심소송절차가 법령을 위반한 때에는 그 위반된 절차를 파기한다(동조 2호). 이 경우에는 원판결은 파기하지 않는다. 절차의 법령위반이 판결에 영향을 미쳤는가는 문제되지 않는다.

다. 비상상고판결의 효력

비상상고의 판결은 파기자판의 경우 이외에는 그 효력이 피고인에게 미치지 아니한다(법 제447조). 즉 판결의 위법부분을 파기하고 자판하지 않은 경우나 소송절차만이 파기된 경우에는 판결의 주문은 그대로 효력을 가진다. 비상상고의 판결은 원칙적으로 이론적 효력만 있을 뿐이다.

핵심판례

비상상고 판결 후에 재심을 청구할 수 있는지의 여부(적극)

비상상고에 의하여 법령에 위반한 소송절차가 파기된 경우에도 그 판결의 확정력에는 아무런 영향이 없다 할 것이므로 그 판결은 재심청구의 대상이 된다 (대결 1955. 12. 23, 4288형항3).

【서식】 비상상고신청서

비 상 상 고 신 청 서

20○○고단 15호 피고인 ○ ○ ○

위 피고인에 대한 도로교통법위반 피고사건에 관하여 20○○년 ○월 ○일 ○○지방법원에서 발한 약식명령은 동년 ○. ○.일 확정되었는바, 위 약식명령에는 다음과 같은 법령위반이 있기에 이에 비상상고를 제기합니다.

신 청 이 유

피고인은 20○○년 ○월 ○일 10:30분경 서울 ○○구 ○○2가 ○○서적 앞에서 도로를 무단횡단함으로써 ○○지방법원에 약식기소되어, 동법원에서 위 사실에 대하여 도로교통법 제10조 제5항, 형법 제47조를 적용하여 과료 50,000원에 처한다는 약식명령이 발부되어 피고인에게 송달되었으나 피고인은 정식재판을 청구하지 아니하여 동년 ○월 ○일 확정된 사실은 별지서류에 의하여 알 수 있다.

그러나 형법 제47조의 규정에 불구하고 2,000원 이상 50,000원 미만으로 한다고 되어 있으므로 위 도로교통법 위반사실에 대하여 과료 50,000원에 처할 수 없음에도 불구하고, 검사가 법령을 오해하여 과료 50,000원에 구형한 그대로 과료 50,000원에 처했음은 명백한 법령위반이라 하겠습니다.

따라서 이와 같이 위법한 약식명령을 파기하고 상당한 재판을 구하고자 비상상고를 신청합니다.

20○○년 월 일

검찰총장 ○ ○ ○ ㊞

○○법원 귀중

【서식】 비약상고장

비 약 상 고 장

피고인 ○ ○ ○

위 피고인에 대한 20○○고단 123호 폭력행위등처벌에관한법률 위반 피고사건에 관하여 20○○년 ○월 ○일 ○○지방법원에서 폭력행위등처벌에관한법률 위반죄로 벌금 300,000원에 처한다는 유죄의 선고를 받았는 바, 위 판결에서 유죄인 근거로써 ○○법을 적용하였음은 법령적용에 착오가 있는 때에 해당하므로 형사소송법 제372조에 의하여 본 상고를 제기하는 바입니다.

20○○년 월 일

위 피고인의 변호인
변호사 ○ ○ ○ ㉾

○○법원 귀중

제 2 장 특별절차

Ⅰ. 약식절차

1. 의 의

약식절차란 지방법원의 관할사건에 대하여 검사의 청구가 있는 때에 공판절차를 거치지 않고 원칙적으로 서면심리만으로 피고인에게 벌금·과료 또는 몰수의 형을 과하는 간이한 재판절차를 말한다. 약식절차에 의하여 형을 선고하는 재판을 약식명령이라고 한다.

약식절차는 형사재판의 신속을 기하는 동시에 공개재판에 대한 피고인의 심리적·사회적 부담을 덜어준다는 점에 그 존재의의가 있다. 약식절차는 서면심리를 원칙으로 하는 절차라는 점에서 간이공판절차와 구별되고, 검사의 청구에 의하여 진행되는 점에서 경찰서장의 청구에 의해서 진행되는 즉결심판과 구별된다.

핵심판례

약식명령절차의 기능

약식명령절차는 벌금이나 과료에 처할 경미한 사건으로서 범증이 명백한 경우 공판절차를 거치지 않고 원칙적으로 서면심리만을 거치는 간이한 형사절차를 말한다. 약식명령절차는 형사재판의 신속을 기하며 공개재판에 따르는 피고인의 심리적.시간적.경제적 부담을 덜어준다는 점에 제도의 존재이유가 있다(헌재 1999. 12. 23. 98헌마345).

2. 약식명령의 청구

(1) 약식명령을 청구할 수 있는 사건

약식명령을 청구할 수 있는 사건은 지방법원의 관할에 속하는 사건으로서 벌금·과료 또는 몰수에 처할 수 있는 사건에 한한다(법 제448조 1항). 벌금·과료 또는 몰수의 형이 법정형에 선택적으로 규정되어 있으면 족하다. 벌금 또는 과료에 처할 사건인 이상 지방법원 합의부의 사물관할에 속하는 사건도 포함된다. 피고인이 공소사실에 대하여 자백할 것을 요하지 않는다.

다만, 법정형에 징역이나 금고가 필요적 병과형으로 규정된 경우에는 약식명령을 청구할 수 없다.

(2) 청구의 방식

약식명령은 검사의 청구가 있을 것을 요건으로 한다. 약식명령의 청구는 공소제기와 동시에 서면으로 하여야 한다(법 제449조). 실무에서는 공소제기와 함께 1개의 서면에 의하고 있다. 약식명령의 청구는 공소의 제기가 아니라 약식절차에 의할 것을 청구하는 데 지나지 않는 공소제기와는 별개의 소송행위라고 해야 한다.

약식명령청구서(약식 공소장)의 부본은 제출할 필요가 없다. 서면심리에 의한 약식절차에서는 이를 피고인에게 송달할 필요가 없기 때문이다.

또 약식명령 청구와 동시에 약식명령을 하는 데 필요한 증거서류와 증거물을 함께 법원에 제출하여야 한다(규 제170조). 즉 공소장일본주의가 적용되지 않는다.

3. 약식절차의 심판

(1) 법원의 사건심사

약식명령의 청구가 있으면 법원은 검사가 제출한 서류 및 증거물에 대한 서면심사를 하게 된다. 그러나 서면심사에 의하여 약식명령의 당부를 판단하기 어려운 경우에 법원이 사실조사와 증거조사를 할 수 있다. 다만 약식절차는 심판을 간이·신속·비공개로 하므로 약식절차에서의 사실조사는 조사에 시일을 요하지 않고 약식절차의 본질을 해하지 않는 범위에서만 허용된다고 해야 한다.

(2) 공판절차로의 이행

가. 이행의 사유

검사의 약식명령의 청구가 있더라도 법원은 반드시 이에 기속되는 것은 아니다. 그 사건이 약식명령으로 할 수 없거나 약식명령을 하는 것이 부적당하다고 인정된 때에는 공판절차에 의하여 심판하여야 한다(법 제450조).

약식명령으로 할 수 없는 경우란 법정형으로 벌금 또는 과료가 규정되어 있지 않은 죄에 대하여 약식명령의 청구가 있거나 그 사건에 대하여 무죄·면소·공소기각 또는 관할위반의 재판을 선고해야 할 경우를 말하며, 약식명령을 하는 것이 적당하지 않은 경우는 법률상 약식명령을 하는 것이 불가하다.

나. 이행 후의 절차

약식명령을 청구할 때에는 공소장부본이 피고인에게 송달되지 않는다. 그러나 공판절차에의 이행에 의하여 보통의 심판을 하는 경우에는 공소장부본을 피고인에게 송달할 필요가 있다. 따라서 법원사무관 등은 약식명령의 청구가 있는 사건을 공판절차에 의하여 심판하기로 한 때에는 즉시 그 취지를 검사에게 통지하여야 하며, 통지를 받은 검사는 5일 이내에 피고인수에 상응한 공소장부본을 법원에 제출하여야 하고, 법원은 이 공소장부본을 지체 없이 피고인 또는 변호인에게 송달하여야 한다(규 제172조).

(3) 약식명령

법원은 심사의 결과 공판절차에 이행할 경우가 아니면 약식명령을 하여야 한다. 약식명령은 그 청구가 있은 날로부터 14일 이내에 하여야 한다(소촉법 제22조, 규 제171조).

가. 약식명령의 방식

약식명령에는 범죄사실·적용법령·주형·부수처분과 약식명령의 고지를 받은 날로부터 7일 이내에 정식재판을 청구할 수 있음을 명시하여야 한다(법 제451조). 범죄사실이란 법 제323조의 범죄될 사실을 의미한다. 따라서 단순히 고발장에 기재된 범죄사실을 인용한 것으로는 범죄사실을 기재하였다고 할 수 없다. 부수처분에는 압수물의 환부, 추징 이외에 벌금·과료 또는 추징에 대한 가납명령을 포함한다.

나. 약식명령의 고지

약식명령이 발령된 때에는 검사와 피고인에게 약식명령등본을 송달하여야 한다(법 제452조). 송달불능이 되면 공시송달을 행한다.

다. 약식명령의 확정과 그 효력

약식명령은 정식재판의 청구기간이 경과하거나 그 청구의 취하 또는 청구기각의 결정이 확정한 때에는 확정판결과 동일한 효력이 있다(법 제457조). 유죄의 확정판결과 동일한 효력이 있으므로 기판력과 집행력을 발생하며, 재심 또는 비상상고의 대상이 될 수 있다. 약식명령에 대한 기판력의 시적 범위는 약식명령의 발령시를 기준으로 해야 한다. 따라서 포괄일죄의 일부에 대하여 약식명령이 확정된 때에는 그 명령의 발령시까지 행하여진 행위에 대하여는 기판력이 미치므로 그 행위에 대하여 공소의 제기가 있으면 면소의 판결을 해야 한다.

4. 정식재판의 청구

(1) 의 의

정식재판청구란 약식명령이 있는 경우 그 재판에 불복이 있는 자가 통상의 공판절차에 의한 심판을 청구하는 소송행위를 말한다.

정식재판청구는 재판에 대한 불복인 점에서 상소제도와 유사하나(법 제458조), 상급법원 아닌 원재판법원에 청구하는 점에서 차이가 있다.

(2) 청구절차

가. 청구방법

① 정식재판의 청구는 약식명령의 고지를 받은 날로부터 7일 이내에 약식명령을 한 법원에 서면으로 제출하여야 한다. 정식재판의 청구가 있는 때에는 법원은 지체없이 검사 또는 피고인에게 그 사유를 통지하여야 한다(법 제453조).

② 검사, 피고인(법 제453조 1항) 또는 피고인의 상소권 대리행사자(법 제340조, 제341조)는 정식재판을 청구할 수 있다(법 제458조). 단 피고인은 정식재판의 청구를 포기할 수 없다(법 제453조 1항 단서).

③ 7일의 기간 내에 정식재판을 청구하지 못한 때에는 상소권회복의 규정이 준용된다(법 제458조, 제345조). 따라서 요건이 미비하였음에도 불구하고 공시송달에 의하여 약식명령서가 송달된 때에는 정식재판청구권이 회복된다고 할 것이다. 다만 정식재판청구권의 회복청구를 하는 경우에는 약식명령이 고지된 사실을 안 날로부터 7일 이내에 정식재판청구권 회복청구를 함과 동시에 정식재판청구를 하여야 하며, 단순히 정식재판청구권 회복청구만을 하여서 안 된다. 정식재판의 청구는 약식명령의 일부에 대하여도 할 수 있다(법 제458조, 제342조).

핵심판례

사기죄의 약식명령에 대한 피고인의 정식재판청구 후 그 사기죄의 수단인 사문서 위조, 동 행사죄에 대하여 추가로 제기한 공소의 효력(적극)

검사가 사기죄에 대하여 약식명령의 청구를 한 다음, 피고인이 약식명령의 고지를 받고 정식재판의 청구를 하여 그 사건이 제1심 법원에 계속 중일 때, 사기죄의 수단의 일부로 범한 사문서 위조 및 동 행사죄에 대하여 추가로 공소를 제기하였더라도 일사부재리의 원칙에 위반되거나, 공소권을 남용한 것으로서 공소제기의 절차가 법률의 규정에 위반하여 무효인 때에 해당한다고 볼 수 없다(대판 1990. 2. 23, 89도2102).

나. 청구의 취하

정식재판의 청구는 제1심판결 선고 전까지 취하할 수 있다(법 제454조). 정식재판 청구를 취하한 자는 다시 정식재판을 청구하지 못한다(법 제458조, 제354조). 이 경우에 취하의 방법에 관하여는 상소의 취하에 관한 규정이 준용된다(법 제458조, 제352조).

(3) 정식재판청구에 대한 재판

가. 기각결정

정식재판의 청구가 법령상의 방식에 위반하거나 청구권의 소멸 후인 것이 명백한 때에는 결정으로 기각하여야 한다(법 제455조 1항). 이 결정에 대하여는 즉시항고를 할 수 있다(동조 2항).

나. 공판절차에 의한 심판

정식재판의 청구가 적법한 때에는 공판절차에 의하여 심판해야 한다(법 제455조 3항). 이 경우에는 약식명령에 구속되지 않고 사실인정·법령적용과 양형에 관하여 법원은 자유롭게 판단할 수 있다. 즉 판결의 대상은 공소사실이며 약식명령의 당부를 판단하는 것이 아니다.

정식재판을 청구한 피고인이 정식재판절차의 공판기일에 출석하지 않은 경우에는 다시 기일을 정하여야 하고, 피고인이 정당한 사유 없이 다시 정한 기일에 출정하지 않으면 피고인의 진술 없이 판결할 수 있다(법 제458조 2항).

약식절차와 정식재판절차는 동일심급의 소송절차이므로 약식절차에서의 변호인은 당연히 정식재판절차에서도 변호인의 지위를 가진다. 정식재판절차에서도 불이익변경금지의 원칙(개정 형종 상향의 금지 등)이 적용된다. 즉 피고인이 정식재판을 청구한 사건에 대하여는 약식명령의 형보다 중한 형을 선고하지 못한다(법 제457조의2).

다. 약식명령의 실효

약식명령은 정식재판의 청구에 의한 판결이 있는 때에는 효력을 잃는다(법 제456조). 판결에는 공소기각의 결정도 포함되며, 판결이 있는 때란 판결이 확정된 때를 의미한다.

정식재판의 청구가 부적합할지라도 그 청구에 의하여 확정판결이 있는 때에는 약식명령은 실효된다.

【서식】 정식재판청구서

정 식 재 판 청 구

사 건 20○○고약 ○○○ 상해

피 고 인 ○ ○ ○

위 피고인에 대한 상해 피고사건에 관하여 20○○. ○. ○. 벌금 ○○○원에 처한다는 약식명령을 송달받았는바, 피고인은 동 명령에 불복하므로 정식재판을 청구합니다.

20○○. ○. ○.

위 피고인 ○ ○ ○ (인)

○ ○ 지 방 법 원 귀 중

제출기관	약식명령을 한 법원 (형사소송법 453조2항)	제출기간	약식명령의 고지를 받은 날로부터 7일이내(형사소송법 453조1항)
상소권자	※ 아래(1)참조	관 할	약식명령을 한 법원 (형사소송법 453조2항)
제출부수	청구서 1부	관련법규	형사소송법 448~458조
불복절차 및 기간	(기각 결정) · 즉시항고(형사소송법 360, 362조) · 3일(형사소송법 405조) (제1심법원의 판결) · 항소(형사소송법 357조) · 7일(형사소송법 358조)		

※ (1) 상소권자(형사소송법 338, 340, 341조)
1. 검사
2. 피고인, 피고인의 법정대리인
3. 피고인의 배우자, 직계친족, 형제자매 또는 원심의 대리인이나 변호인
단, 피고인의 명시한 의사에 반하여 상소하지는 못함

【서식】 정식재판청구취하서

정 식 재 판 청 구 취 하 서

사 건 20○○고약 ○○○ 실화
피 고 인 ○ ○ ○
○○시 ○○구 ○○길 ○○

위 피고인에 대한 귀원 20○○고약 ○○○호 약식명령사건에 관하여 피고인은 20○○. ○. ○. 정식재판을 청구하였는바, 위 정식재판의 청구를 취하합니다.

20○○. ○. ○.

위 피고인 ○ ○ ○ (인)

○ ○ 지 방 법 원 귀 중

【서식】 정식재판청구 기각결정

○○지방법원
결 정

20○○고단37 절도
피 고 인 ○ ○ ○
주 거 서울시 ○○구 ○○길 ○○
본 적 상 동

주 문

본건 정식재판청구는 이를 기각한다.

이 유

본건 기록에 의하면 피고인은 20○○년 ○월 ○일에 ○○지방법원 ○○고약 ○○절도 피고사건으로 벌금 500,000만원에 처한다는 약식명령의 등본을 통지받고, 동년 ○월 ○일에 동 명령에 대한 정식재판청구를 한 사실을 알 수 있다. 그러나 본건 피고인의 정식재판청구는 동 청구권의 소멸 후인 것이 명백하므로 형사소송법 제455조 제1항에 의하여 주문과 같이 결정한다.

적용법규 형사소송법 제455조 제1항

20○○년 월 일

판 사 ○ ○ ○ ㊞

○○지방법원 귀중

【서식】 정식재판청구권 회복청구서

정 식 재 판 청 구 권 회 복 청 구

사 건 20○○고약 ○○○ 상해

피 고 인 ○ ○ ○

청 구 취 지

피고인에 대한 귀원 20○○고약 ○○○호 상해사건에 관하여 피고인의 정식재판청구권을 회복한다.

라는 재판을 구합니다.

청 구 이 유

1. 본 건 피고인에 대한 약식명령은 송달불능을 이유로 하여 공시송달로 종결되었습니다.
2. 피고인은 20○○. ○. ○. 검찰청으로부터 벌금을 내라는 통보를 받고 비로소 약식명령이 있었던 사실을 알았으며 곧 기록을 조사하여 본즉 위 공시송달은 법원의 착오에 의한 것임을 발견하였습니다. 즉, 피고인의 주거는 ○○시 ○○구 ○○길 ○○번지임에도 불구하고 이를 ○○번지로 송달함으로써 송달불능이 되자 이를 간과하고 그대로 공시송달을 하여 사건을 종결한 것입니다.
3. 따라서 피고인은 피고인이 책임질 수 없는 사유로 인하여 위 약식명령에 대한 정식재판을 소정기간 내에 청구하지 못하였으므로 이 건 청구를 하는 바입니다.

첨부서류 : 주민등록등본 1통

20○○. ○. ○.

위 피고인 ○ ○ ○ (인)

○ ○ 지 방 법 원 귀 중

제출기관	약식명령을 한 법원 (형사소송법 453조)	제출기간	사유가 종지한 날로부터 상소기간에 상당한 기간 내에
청구권자	※아래(1)참조	관 할	원심법원
제출부수	신청서 1부	관련법규	형사소송법 458, 345~347조
회복청구 사 유	자기 또는 대리인이 책임질 수 없는 사유로 인하여 정식재판청구의 제기기간 내에 정식재판청구를 하지 못한 때		
회복청구 방 식	1. 서면으로 원인된 사유를 소명 2. 정식재판회복청구와 동시에 정식재판청구를 제기해야 함		
불복절차 및 기간	· 기각결정에 대하여 즉시항고(형사소송법 347조2항) · 재판의 고지가 있은 날로부터 3일(형사소송법 405조)		

※ (1) 정식재판회복청구권자(형사소송법 458, 345조)

1. 검사
2. 피고인
3. 피고인의 법정대리인
4. 피고인의 배우자, 직계친족, 형제자매 또는 원심의 대리인이나 변호인
   단, 피고인의 명시한 의사에 반하여 상소하지는 못함
5. 항고권자(형사소송법 345, 339조)

【서식】 정식재판청구 회복청구서2

정식재판청구회복청구서

피고인 ○ ○ ○

위 피고인에 대한 폭력행위등처벌에관한법률 위반 사건에 관하여 20○○년 ○월 ○일에 ○○지방법원 ○○지원 ○○고약 ○○으로 벌금 1,000,000원에 처한다는 약식명령이 있었으나, 피고인이 소정기간 내에 재판청구를 하지 못하였으므로, 다음과 같은 이유로 청구권의 회복신청을 하는 바입니다.

이 유

1. 본건 피고인에 대한 약식명령의 송달문을 수령한 것은 정식재판 신청기간이 경과한 후에 수령하였으므로 실기되었습니다.
2. 피고인은 본건에 대한 약식명령문은 가정사정으로 인하여 지방에 장기출타 중에 집에서 받아놓았다가 주므로 인하여 정식재판 청구기간이 경과된 후 수령한 것이 사실이오나, 범죄사실 내용도 피고인과도 하등의 관련이 없는 것입니다.
3. 20○○년 ○월 ○일 18:00 ○○시 ○○구 ○○길 ○○ 소재 ○○사 복덕방에서 본건 피해자 ○○시 ○○구 ○○길 ○○ 거주 상업 김○○(만41세)가 담배를 피우며 화투하는 것을 구경하고 있는데, 불구속 입건중인 상피의자 이○○(당51세)가 복덕방에 들어와 피해자가 들고 있던 담배불에 바지가 약간 탔다는 이유로 피해자의 안면 등을 주먹으로 폭행하고, 피고인은 옆에서 말리는 척 하면서 상 피의자 정○○와 합세하여

발로 옆구리를 차는 등 합동으로 폭력을 행사하여 피해자로 하여금 정부 및 흉부 등에 약 14일간의 치료를 요하는 상해를 가한 것이다. 라고 하였으나, 그 내용이 사실과 다르며 위 약식명령에 대한 정식재판을 소정기간 내에 청구하

지 못하였으므로 형사소송법 제345조, 동 제458조에 의하여 이건 청구를 하는 바입니다.

소 명 서 류

1. 주민등록(사본)　　　　　1통

20○○년　월　일

위 피고인　○ ○ ○ ㊞

○○지방법원 ○○지원 귀중

【서식】 정식재판 회복청구서

정식재판회복청구서

사건번호 20○○고약 801호
죄 명 위 증
피 고 인 ○ ○ ○
주 소 ○○시 ○○구 ○○길 ○○

위 사건에 대하여 ○○지방법원에서 20○○년 ○월 ○일 벌금 100만원에 처한다라는 약식명령 재판이 있었는바, 동 명령에 불복하여 정식재판을 다음과 같은 연유로 기간 내에 하지 못한 바 있어 정식재판 회복청구와 정식재판을 청구합니다.

다 음

피고인은 ○○지방법원 ○○고약 ○○ 호 위증사건으로 20○○년 ○월 ○일에 벌금 100만원에 처하는 약식명령 재판을 한 사실을 20○○년 ○월 ○일에서야 알게 되었습니다.

피고인은 주거지인 ○○시 ○○동 326번지에 계속 거주하고 있었음에도 불구하고, 위 약식명령 등본이 뜻 밖에도 송달되지 아니하고 공시송달로 진행이 되어 확정된 사실(송달일자 20○○년 ○월 ○일자, 확정일자 20○○년 ○월 ○일자)을 뒤늦게 안 것입니다.

따라서 피고인은 자기나 대리인이 책임질 수 없는 사유에 해당되고 형사소송법458조에서 상소권회복규정을 준용하고 있어 이건 청구를 하는 것입니다.

피고인이 주거지에 살고 있음은 별첨 주민등록증 사본과 같고 형사기록(○○형 제○○호, ○○징 제○○호)을 송부 촉탁하여 보면 모든 것이 밝혀집니다.

첨 부 서 류

1. 주민등록증 1통

20○○년 월 일

피고인 ○ ○ ○ ㊞

○○지방법원 귀중

Ⅱ. 즉결심판절차

1. 의 의

즉결심판절차란 지방법원, 지방법원지원 또는 시·군법원의 판사가 20만원 이하의 벌금·구류 또는 과료에 처할 경미한 범죄에 대하여 통상의 공판절차에 의하지 아니하고 간단하고 신속한 절차에 의하여 형을 선고하는 절차를 말한다. 즉결심판절차는 즉결심판에 관한 절차법에 의한다.

즉결심판이 간이성은 심판의 청구, 심리의 절차, 증거조사 등 여러 면에서 나타나는데, 다만 부당한 심판에 대한 구제를 위하여 피고인에게 정식재판청구권이 보장된다.

2. 즉결심판의 대상

① 즉결심판이 허용되는 형사사건은 20만원 이하 벌금, 구류, 과료에 처할 범죄사건이다(즉심 법 제2조). 위 형은 법정형이 아니라 선고형 내지 처단형을 의미한다고 해석되므로, 벌금, 구류, 과료가 징역형 등에 대한 선택형으로 규정되어 있다고 하더라도 즉결심판의 대상이 된다.

② 사건의 종류에는 제한이 없으므로 경범죄처벌법위반사건 또는 도로교통법위반사건 이외의 형법상 범죄사건 및 행정범도 즉결심판의 대상이 된다.

3. 즉결심판의 청구

(1) 관할법원

즉결심판의 관할법원은 경찰서장을 관할하는 지방법원, 지방법원지원 또는 시·군법원의 판사이다.

형사소송법상 토지관할의 규정이 준용되므로 즉결심판이 청구된 사건에 관하여 토지관할이 없고 피고인의 관할위반신청이 있으면 관할위반의 선고를 하여야 한다(법 제319조, 제320조). 다만 지방법원 또는 지원의 판사는 소속 지방법원장의 명령을 받아 소속법원의 관할사무와 관계없이 즉결심판 청구사건을 심판할 수 있다(법 제3조의2).

(2) 청구권자

즉결심판의 청구권자는 관할경찰서장 또는 관할해양경비안전서장(이하 경찰서장"이라 한다)이다(즉결심판법 제3조).

(3) 청구의 방식

즉결심판의 청구는 서면으로 하여야 한다. 즉결심판청구서에는 피고인의 성명 기타 피고인을 특정할 수 있는 사항, 죄명, 범죄사실과 적용법조를 기재하여야 한다(즉결심판법 제3조). 기재사항은 공소장의 필요적 기재사항과 동일하다. 경찰서장은 즉결심판을 함에 필요한 서류 또는 증거물을 판사에게 제출하여야 한다(즉결심판법 제4조).

4. 즉결심판의 심리

(1) 판사의 심사와 경찰서장의 송치

즉결심판의 청구가 있는 경우에 판사는 먼저 사건이 즉결심판을 함에 적당한지 여부를 심사하여야 한다. 심사결과 사건이 즉결심판을 함에 부적당하다고 인정될 때에는 결정으로 즉결심판의 청구를 기각하여야 한다. 이 결정이 있을 때에는 경찰서장은 지체 없이 사건을 검사에게 송치하여야 한다(즉결심판법 제5조).

(2) 심리의 절차

가. 심리의 시기와 장소

1) 심리의 시기

즉결심판의 청구가 있는 때에는 위의 청구기각 결정을 한 경우 이외에는즉시 심판을 하여야 한다(즉결심판법 제6조, 제5조 1항). 이때의 '즉시심판'의 의미는 즉일심판을 뜻하는 것으로 즉결심판의 청구가 있으면 즉시 기일을 열어 심리하여야 한다는 의미이고, 심리 후 심판의 선고까지를 즉시 하여야 한다는 의미는 아닌 것으로 해석해야 한다. 따라서 필요에 따라(예를 들어 최초의 기일에 유·무죄의 심증이 형성되지 아니한 경우) 기일을 속행 또는 변경할 수 있다고 보아야 한다.

2) 심리의 장소

심리와 재판의 선고는 공개된 법정에서 행하되, 그 법정은 경찰관서(해양경비안전관서를 포함한다)외의 장소에 설치되어야 한다(즉결심판법 제7조 1항).

나. 서면심리(불개정심판)

심리는 판사와 법원서기관, 법원사무관, 법원주사 또는 법원주사보가 열석하여 개정한다(즉결심판법 제7조 2항). 그러나 상당한 이유가 있는 경우에 판사는 피고인의 진술서와 경찰서장이 송부한 서류 또는 증거물에 의하여 개정 없이 심판할 수 있다(동조 3항).

다. 피고인의 출석

즉결심판에 있어서도 피고인의 출석은 개정의 요건이다. 다만 벌금 또는 과료를 선고하는 경우에 피고인이 출석하지 아니한 때에는 피고인의 진술을 듣지 아니하고 형을 선고할 수 있다(즉결심판법 제8조의2 제1항). 피고인 또는 즉결심판출석통지서를 받은 자는 법원에 불출석심판을 청구할 수 있고, 법원이 이를 허가한 때에는 피고인이 출석하지 아니하더라도 심판할 수 있다(동조 2항). 경찰서장의 출석은 요하지 않는다.

라. 심리의 방법

판사는 피고인에게 피고사건의 내용을 고하고 변명할 기회를 주어야 하며, 필요하다고 인정할 때에는 적당한 방법에 의하여 재정하는 증거에 한하여 조사할 수 있다. 변호인은 의견을 진술할 수 있다(즉결심판법 제9조). 즉 증거조사의 대상이 제한될 뿐 아니라 증거조사의 방식도 완화된다. 변호인의 출석은 임의적이며 요건은 아니라고 해야 한다.

마. 증거에 대한 특칙

즉결심판절차에 있어서는 형사소송법 제310조와 제312조 제3항 및 제313조의 규정은 적용하지 않는다(즉결심판법 제10조). 즉결심판절차에서는 자백의 보강법칙이 적용되지 않으므로 보강증거가 없는 경우에도 피고인의 자백에 의하여 유죄를 선고할 수 있다.

또 전문법칙도 적용되지 않는다. 따라서 즉결심판절차에서 사법경찰관이 작성한 피의자신문조서는 본인이 내용을 인정하지 않는 경우에도 증거로 할 수 있고, 피고인 또는 피고인 아닌 자가 작성한 진술서는 성립의 진정이 인정되지 않아도 증거로 할 수 있다. 자백배제법칙과 위법수집증거배제법칙은 즉결심판절차에서도 적용된다.

(3) 형사소송법의 준용

즉결심판절차에 있어서는 즉결심판에 관한 절차법에 특별한 규정이 없는 한 그 성질에 반하지 아니한 것은 형사소송법의 규정을 준용한다(즉결심판법 제19조).

5. 즉결심판의 선고

(1) 선고의 방식

즉결심판에서 유죄를 법정에서 선고할 때에는 구두로, 형, 범죄사실과 적용법령을 명시하고 피고인은 7일 이내에 정식재판을 청구할 수 있음을 고지하여야 한다(즉결심판법 제11조 1항). 한편 서면심리하거나(법 제7조 3항에 의한 불개정심판) 불출석심판을 한 경우(즉결심판법 제8조의2 제1항, 2항)와 같이 피고인 없이 심판하는 때에는 즉결심판서의 등본을 피고인에 송달하여 고지한다.

(2) 선고할 수 있는 형

즉결심판에 의하여 선고할 수 있는 형은 20만원 이하의 벌금·구류 또는 과료에 한한다. 즉결심판에서 사건이 무죄, 면소 또는 공소기각을 함이 명백하다고 인정할 때에는 판사는 이를 선고·고지할 수 있다(즉결심판법 제11조 5항).

(3) 부수처분

가. 유치명령

판사는 구류의 선고를 받은 피고인이 일정한 주소가 없거나 또는 도망할 염려가 있을 때에는 5일을 초과하지 않는 기간(선고된 구류기간을 초과할 수 없다) 경찰서유치장에 유치할 것을 명령할 수 있다. 다만 그 기간이 선고기간을 초과할 수는 없고, 집행된 유치기간은 본형의 집행에 산입한다(즉결심판법 제17조 1항·2항). 유치명령은 선고와 동시에 집행력이 발생한다. 원래 선고된 구류형은 재판이 확정된 후에만 집행할 수 있지만, 구류형의 집행을 확보하려는 목적에서 유치명령 제도를 두고 있는 것이다.

나. 가납명령

벌금, 과료의 선고를 할 경우 즉결심판의 확정 후에는 집행할 수 없거나 집행이 곤란한 경우에는 형사소송법 제334조에 의한 가납명령을 할 수 있다(즉결심판법 제17조 3항). 가납명령에 의하여 즉결심판의 확정 전에 재산형의 집행을 할 수 있다.

(4) 즉결심판의 효력

즉심심판이 확정된 때에는 확정판결과 동일한 효력이 있다(즉결심판법 제16조). 따라서 집행력과 기판력이 발생하게 된다. 즉결심판은 정식재판의 청구기간의 경과, 정식재판청구권의 포기 또는 그 청구의 취하에 의하여 확정된다. 정식재판청구를 기각하는 재판이 확정될 때에도 같다.

(5) 형의 집행

즉결심판에 의한 형의 집행은 경찰서장이 하고 그 집행 결과를 지체없이 검사에게 보고하여야 한다(즉결심판법 제18조 1항). 구류는 경찰서유치장·구치소 또는 교도소에서 집행한다. 단 구치소 또는 교도소에서 집행할 경우에는 검사가 이를 지휘한다(동조 2항). 벌금·과료와 몰수는 그 집행을 종료하면 지체없이 검사에게 인계하여야 한다(동조 3항). 경찰서장이 형의 집행을 정지하고자 할 때에는 사전에 검사의 허가를 얻어야 한다(동조 4항).

6. 정식재판의 청구

(1) 청구절차

즉결심판을 받은 피고인은 정식재판을 청구할 수 있다. 정식재판을 청구하고자 하는 피고인은 즉결심판이 선고 또는 고지된 날로부터 7일 이내에 정식재판청구서를 경찰서장에게 제출하여야 한다(즉결심판법 제14조 1항). 다만, 선고 직후 법정에서 구술로 판사에게 직접 정식재판청구를 할 수 있다(즉결심판법 제11조 3항). 즉결심판에서 무죄, 면소 또는 공소기각의 선고가 있는 때에는 경찰서장은 선고 또는 고지를 한 날로부터 7일 이내에 정식재판을 청구할 수 있다. 이 경우 경찰서장은 관할지방검찰청 또는 지청의 검사의 승인을 얻어 정식재판청구서를 판사에게 제출해야 한다(동조 2항). 즉결심판의 청구기간은 개정을 한 경우에는 선고일로부터, 개정하지 않은 경우 또는 개정하였으나 피고인의 출석 없이 심판한 경우에는 심판서 등본이 피고인에게 송달된 날로부터 각각 기산된다. 검사에게는 정식재판청구권이 없다. 정식재판의 청구는 제1심판결 선고 전까지 취하할 수 있다.

(2) 경찰서장과 법원 및 검사의 처리

정식재판청구서를 받은 경찰서장은 지체없이 판사에게 이를 송부하여야 한다(즉결심판법 제14조 1항). 판사는 정식재판청구서를 받은 날로부터 7일 이내에 경찰서장에게 정식재판청구서를 첨부한 사건기록과 증거물을 송부하고, 경찰서장은 지체없이 관할지방검찰청 또는 지청의 장에게 이를 송부하여야 하며, 그 검찰청 또는 지청의 장은 지체없이 관할법원에 이를 송부하여야 한다(동조 3항).

(3) 청구의 효과

정식재판청구의 효과에 관하여는 형사소송법의 약식절차에 관한 규정이 준용된다(즉결심판법 제19조). 따라서 청구가 법령상의 방식에 위배하거나 청구권의 소멸 후인 것이 명백한 때에는 청구를 기각하여야 하며, 청구가 적법한 때에는 공판절차에 의하여 심판하여야 한다(법 제455조). 즉결심판과 정식재판 사이에도 불이익변경금지의 원칙(개정 형종 상향의 금지 등)이 적용된다고 해야 한다(법 제457조의2). 따라서 피고인이 정식재판을 청구한 사건에 대하여는 즉결심판의 형보다 중한 형을 선고하지 못한다. 피고인의 정식재판청구권을 보장할 필요가 있기 때문이다. 정식재판의 청구에 의한 판결이 있는 때에는 즉결심판은 그 효력을 잃는다(즉결심판법 제15조).

【서식】 불출석심판청구서

불출석심판청구서

통고서번호 :

청 구 인 : ○ ○ ○

생년월일 :

주거 :

전화 :

통고받은 범칙금액 : 금 원

예납일자 및 금액 : 20 . . . 금 원

즉결심판에 관한 절차법 제8조의2 제2항의 규정에 의하여 불출석으로 심판하여 줄 것을 청구합니다.

즉결심판서등본의 송달을 요하지 아니합니다.

200○. ○. ○.

○ ○ ○ (인)

위와 같이 예납금을 영수하였음을 확인합니다.

200○. ○. ○.

소속 : 직위 : ○ ○ ○ (인)

○○지방법원 귀중

【서식】 즉결심판서

○○지방법원
즉 결 심 판 서

사 건 20○○조 139호 경범죄처벌법, 폭행죄 사건
피 고 인 ○ ○ ○
20○○년 ○월 ○일
주 거
등록기준지 별거 즉결 청구서 기재와 같음

주 문

구 류 일 유치명령 일
벌 금 원
과 료 원
환형유치 1일 원
이 벌금을 완납할 때까지 노역장에 유치한다.
이 벌금·과료의 가납을 명한다.

범죄사실
적용법조 별지 즉결 청구서와 같음.

20○○년 월 일

판 사 ○ ○ ○ ㊞

【서식】 즉결의 경우 정식재판청구

정 식 재 판 청 구 서

20○○조 35호

피고인 ○ ○ ○

위 사람에 대한 경범죄처벌법 위반 등 피고사건에 관하여 ○○년 ○월 ○일 ○○지방법원으로부터 구류 10일에 처한다는 즉결심판의 선고를 받았는바, 피고인은 이 심판에 불복이므로 정식재판을 청구합니다.

첨 부 서 류

1. ○ ○ ○
2. ○ ○ ○

20○○년 월 일

위 피고인 ○ ○ ○ ㊞

○○지방법원 귀중

[서식] 정식재판청구취하서

정식재판청구취하서

사 건 : 고단
(고약)

피 고 인 : ○ ○ ○

위 피고인은 사정에 의하여 정식재판청구를 취하합니다.

피 고 인 : ○ ○ ○ ㊞
주민등록번호 : 111111-1234567
주 소 : ○○시 ○○구
○○길 ○○번지
전 화 : (010) 1111—2222

제출자 :
관 계 :
주민등록번호 :
제출자의신분확인 : ㊞

○○○○법원 ○○지원 형사 제 (단독,부)귀중

[서식] 정식재판청구권 회복 청구서

정식재판청구권 회복 청구서

<table>
<tr><td>사건</td><td colspan="2">20 고약 (죄명)</td></tr>
<tr><td>피고인</td><td colspan="2">성명 : ○ ○ ○
송달가능한 주소 : ○○시 ○○구 ○○길 ○○번지
전화번호 : 02-1111-1111 휴대전화: (010) 1111—2222
이메일 주소 : kkkkkk@bbbbb.com</td></tr>
<tr><td rowspan="3">약식명령</td><td>벌금액</td><td>금 ○○○○○ 원</td></tr>
<tr><td>약식명령일자</td><td>20 . . .</td></tr>
<tr><td>약식명령 등본</td><td>□ 수령하지 못함 (약식명령이 있음을 20 . . . 에 알았음)
□ 수령하였음 (일자 : 20 . . .)</td></tr>
<tr><td>신청이유</td><td colspan="2">위 약식명령에 대하여 아래와 같은 이유로 기간 내에 정식재판청구를 하지 못하였으므로 정식재판청구권의 회복을 청구합니다.
[피고인이 정식재판청구기간(약식명령 송달일로부터 7일 이내)을 준수하지 못한 정당한 사유를 기재]</td></tr>
<tr><td>첨부서류</td><td colspan="2">□ 정식재판청구서
□ 기타소명자료( )</td></tr>
<tr><td>접수인</td><td colspan="2">20 . . .

청구인 ○ ○ ○ 날인 또는 서명 (피고인과의 관계:)</td></tr>
</table>

주의요소
① 정식재판청구권회복신청시에는 정식재판청구서를 함께 제출하여야 합니다.
② 피고인이 정식재판청구기간(약식명령 송달일로부터 7일 이내)을 준수하지 못한 정당한 사유를 소명할 수 있는 자료를 첨부할 수 있습니다. (참조 : 형소 458, 345, 346)

【서식】 유치명령에 대한 준항고장

20○○조 42호

준 항 고 장

피고인 ○ ○ ○

위 피고인에 대한 경범죄처벌법 위반 피고사건에 관하여 20○○년 ○월 ○일 ○○지방법원으로부터 구류 10일에 처한다는 즉결심판의 선고를 받았는바, 항고인은 다음과 같은 이유로 준항고를 제기합니다.

준항고 이유

1. 위 피고인에 대한 원 심판은 범의에 대한 적정한 조사를 결함으로써 부당한 선고를 하였습니다.
   그 이유는 피고인은 20○○년 ○월에 불의의 사고로 정신분열증이 발병되어 약 4개월가량 ○○병원에서 입원가료를 받다가 20○○년 ○월 ○일자로 퇴원하여 현재도 계속 가료중에 있으며 본건, 심판에 부하여진 범죄사실인 노상방뇨도 바로 상기한 정신분열증으로 사물에 대한 판단을 하지 못하는 가운데 범하여진 것이며 피고인의 병증은 외모 등으로 쉽사리 알 수 있음에도 불구하고 이를 간과한 채 선고를 하였으며,
2. 노상방뇨를 하였다고 하여 구류 10일과 유치명령 10일을 선고하였음은 심히 중한 양형이라 하겠습니다. 그러므로 유치명령 10일을 선고한 원 심판은 마땅히 취소되어야 할 것입니다.

첨 부 서 류

1. 진 단 서 1통
1. 정식재판청구접수증명원 1통
1. 즉결심판서등본 1통

20○○년 월 일

피고인 ○ ○ ○ (무인)

위 본인은 무인임을 증명함.

○○경찰서 순경 ○ ○ ○ ㊞

○○지방법원 귀중

Ⅲ. 배상명령절차

1. 의 의

배상명령절차란 피고인에게 피고인의 범죄행위로 피해자가 입은 직접적인 재산상의 손해의 배상을 명하는 절차를 말한다.

배상명령절차의 주된 취지는 피해자의 신속한 구제에 있다. 즉 범죄행위로 인하여 손해배상청구권이 발생한 경우에 형사절차에서 손해배상까지 판단하게 함으로써 피해자가 신속히 피해를 변상 받게 하는 것이 피해자에게 이익이 되고, 소송경제를 도모하며 판결의 모순을 피할 수 있게 되는 것이다.

핵심판례

배상명령제도의 취지 및 요건

소송촉진등에관한특례법 제25조 제1항의 규정에 의한 배상명령은 피고인의 범죄행위로 피해자가 입은 직접적인 재산상 손해에 대하여 그 피해금액이 특정되고, 피고인의 배상책임의 범위가 명백한 경우에 한하여 피고인에게 그 배상을 명함으로써 간편하고 신속하게 피해자의 피해회복을 도모하고자 하는 제도로서, 같은 조 제3항 제3호의 규정에 의하면 피고인의 배상책임의 유무 또는 그 범위가 명백하지 아니한 때에는 배상명령을 하여서는 아니되고, 그와 같은 경우에는 같은 법 제32조 제1항이 정하는 바에 따라 법원은 결정으로 배상명령 신청을 각하하여야 한다(대판 1996. 6. 11, 96도945).

2. 배상명령의 요건

(1) 배상명령을 할 수 있는 피고사건

배상명령을 할 수 있는 피고사건은 ① 상해죄 · 중상해죄 · 상해치사와 폭행치사상 및 과실치사상의 죄(형법 제26장), ② 절도와 강도의 죄(형법 제38장), ③ 사기와 공갈의 죄(형법 제39장), ④ 횡령과 배임의 죄(형법 제40장), ⑤ 손괴의 죄(형법 제42장)에 한한다(소촉법 제25조 1항).

피해의 범위와 존부를 판단하기 용이한 범죄에 대하여만 배상명령을 할 수 있도록 한 것이다. 따라서 피고인과 피해자 사이에 손해배상액에 대하여 합의가 이루어진 때에는 그 이외의 범죄에 대하여도 배상명령을 할 수 있다(소촉법 제25조 2항).

배상명령은 위의 범죄에 의하여 유죄판결을 선고한 경우에 한하여 할 수 있다. 따라서 피고사건에 대하여 무죄·면소 또는 공소기각의 재판을 할 때에는 배상명령을 할 수 없다.

(2) 배상명령의 범위

배상명령의 대상인 손해는 피고사건의 범죄행위로 인하여 발생한 직접적인 물적 피해와 치료비의 배상에 제한된다(소촉법 제25조 1항). 따라서 정신적 손해에 대한 위자료의 배상은 물론 간접적인 손해의 배상을 배상명령에 의하여 명할 수는 없다.

(3) 배상명령을 할 수 없는 경우

법원은 ① 피해자의 성명·주소가 분명하지 아니한 경우, ② 피해 금액이 특정되지 아니한 경우, ③ 피고인의 배상책임의 유무 또는 그 범위가 명백하지 아니한 경우, ④ 배상명령으로 인하여 공판절차가 현저히 지연될 우려가 있거나 형사소송 절차에서 배상명령을 하는 것이 타당하지 아니하다고 인정되는 경우에는 배상명령을 하여서는 안 된다(소촉법 제25조 3항).

3. 배상명령의 신청

배상명령은 법원의 직권 또는 피해자의 신청에 의하여 한다.

(1) 신청권자

배상명령의 신청은 피해자 또는 그 상속인이 할 수 있다(소촉법 제25조 1항). 피해자는 법원의 허가를 받아 그 배우자, 직계혈족(直系血族) 또는 형제자매에게 배상신청에 관하여 소송행위를 대리하게 할 수 있다(소촉법 제27조 1항).

그리고 피고인과 손해배상액에 관하여 합의한 피해자나 그 상속인이 배상신청을 할 수 있다. 그러나 손해배상 청구권의 특정승계인이나 법률상 대위권자는 이를 신청할 수 없다.

배상신청인이 미성년자 등의 무능력자인 경우에는 배상신청이 민사소송의 제기에 준하므로, 법정대리인이 소송대리를 하도록 할 것이지만, 상대방인 피고인의 경우에는 민사소송의 피고는 아니므로, 법정대리인의 관여는 허용되지 아니한다.

(2) 신청의 상대방

신청의 상대방은 형사공판절차의 피고인이므로, 기소되지 아니한 다른 공범자나 약식명령이 청구된 피고인을 상대방으로 하여 배상신청을 할 수 없다.

(3) 관할법원

배상신청은 제1심 또는 제2심 공판의 변론이 종결될 때까지 사건이 계속(係屬)된 법원에 제25조(배상명령)에 따른 피해배상을 신청할 수 있다. 이 경우 인지(印紙)를 붙이지 아니한다(법 제26조 1항). 제1심뿐만 아니라 제2심에서도 할 수 있으나, 상고심에서는 허용되지 않는다. 배상명령은 형사사건이 계속된 법원의 전속관할에 속한다. 배상청구액이 합의부의 사물관할에 속하는가는 문제되지 않는다.

(4) 신청의 방식

피해자는 배상신청을 할 때에는 신청서와 상대방 피고인 수만큼의 신청서 부본(副本)을 제출하여야 한다(소촉법 제26조 2항). 법원은 서면에 의한 배상신청이 있을 때에는 지체 없이 그 신청서 부본을 피고인에게 송달하여야 한다(동법 제28조). 신청서에는 ① 피고사건의 번호, 사건명 및 사건이 계속된 법원, ② 신청인의 성명과 주소, ③ 대리인이 신청할 때에는 그 대리인의 성명과 주소, ④ 상대방 피고인의 성명과 주소, ⑤ 배상의 대상과 그 내용, ⑥ 배상 청구 금액을 기재하고 신청인 또는 그 대리인이 서명·날인하여야 하며(소촉법 제26조 3항), 필요한 증거서류를 첨부할 수 있다(동조 4항). 다만 피해자가 증인으로 법정에 출석한 경우에는 말로써 배상을 신청할 수 있다. 이때에는 공판조서(公判調書)에 신청의 취지를 적어야 한다(동조 5항).

(5) 신청의 취하

신청인은 배상명령이 확정되기 전까지는 언제든지 배상신청을 취하(取下)할 수 있다(소촉법 제26조 6항).

(6) 신청의 효과

배상신청은 민사소송에 있어서의 소의 제기와 동일한 효력이 있다(소촉법 제26조 8항). 따라서 피해자는 피고사건의 범죄행위로 인하여 발생한 피해에 관하여 다른 절차에 의한 손해배상청구가 법원에 계속중인 때에는 배상신청을 할 수 없다(동조 7항).

배상신청은 민사소송에서의 소의 제기와 동일한 효력이 있으므로 시효중단의 효과도 발생한다.

4. 심리 및 재판

(1) 심 리

배상신청이 있는 때에는 신청인에게 공판기일을 통지하여야 한다. 그러나 신청인이 공판기일의 통지를 받고도 출석하지 아니한 때에는 그 진술 없이 재판할 수 있다(소촉법 제29조). 신청인 및 그 대리인은 공판절차를 현저히 지연시키지 않는 범위 안에서 재판장의 허가를 받아 소송기록을 열람할 수 있고 공판기일에 피고인 또는 증인을 신문할 수 있으며, 기타 필요한 증거를 제출할 수 있다(동법 제30조 1항). 재판장이 허가를 하지 아니하는 재판에 대하여는 불복을 신청하지 못한다(동조 2항). 피고인의 변호인은 배상신청에 관하여 피고인의 대리인으로서 소송행위를 할 수 있다(동법 제27조 1항).

(2) 재 판

가. 배상신청의 각하

배상신청이 부적법한 때 또는 그 신청이 이유 없거나 배상명령을 함이 상당하지 아니하다고 인정될 때에는 결정으로 이를 각하하여야 한다. 다만 유죄판결의 선고와 동시에 신청각하의 재판을 할 때에는 이를 유죄판결의 주문에 표시할 수 있다(소촉법 제32조 1항·2항). 신청이 부적법한 때뿐만 아니라 이유 없는 때에도 신청을 각하하여야 한다. 각하결정은 형사사건에 대한 판결과 동시에 또는 다른 시기에 할 수 있다.

신청을 각하하거나 그 일부를 인용한 재판에 대하여 신청인은 불복을 신청하지 못하며, 다시 동일한 배상신청을 할 수도 없다(동조 3항).

나. 배상명령의 선고

배상명령은 유죄판결의 선고와 동시에 하여야 한다(소촉법 제31조 1항). 배상명령은 일정액의 금전지급을 명함으로써 하고, 배상의 대상과 금액을 유죄판결의 주문에 표시하여야 한다. 배상명령의 이유는 특히 필요하다고 인정되는 경우가 아니면 이를 기재하지 아니한다(동조 2항). 배상명령은 가집행할 수 있음을 선고할 수 있다(동조 3항). 배상명령을 한 때에는 유죄판결서의 정본을 피고인과 피해자에게 지체없이 송달하여야 한다(동조 5항).

다. 절차비용의 부담

배상명령의 절차비용은 특히 그 부담할 자를 정한 경우를 제외하고는 국고의 부담으로 한다(소촉법 제35조).

(3) 배상명령에 대한 불복

가. 배상신청인의 불복금지

배상신청을 각하하거나 그 일부를 인용(認容)한 재판에 대하여 신청인은 불복을 신청하지 못하며, 다시 동일한 배상신청을 할 수 없다(소촉법 제32조 4항). 일반 민사소송을 제기할 수 있기 때문이다. 따라서 신청 각하결정은 즉시 확정된다.

나. 유죄판결에 대한 상소에 따른 이심

피고인 또는 검사의 유죄판결에 대한 상소가 제기된 경우에는 배상명령은 피고사건과 함께 상소심(上訴審)으로 이심(移審)된다(소촉법 제33조 1항).

배상명령은 유죄판결을 전제로 하는 것이기 때문이다. 상소심에서 원심(原審)의 유죄판결을 파기하고 피고사건에 대하여 무죄, 면소(免訴) 또는 공소기각(公訴棄却)의 재판을 할 때에는 원심의 배상명령을 취소하여야 한다. 이 경우 상소심에서 원심의 배상명령을 취소하지 아니한 경우에는 그 배상명령을 취소한 것으로 본다(동조 2항). 다만 원심에서 피고인과 피해자 사이에 합의된 배상액에 대하여 배상명령을 한 때에는 그러하지 아니하다(동조 3항). 상소심에서 원심판결을 유지하는 경우에도 배상명령에 대하여는 이를 취소·변경할 수 있다(동조 4항).

핵심판례

피고인이 제1심 유죄판결과 배상명령에 불복항소한 경우 항소법원의 배상신청부분에 관한 심리판단 유탈이 판결파기사유에 해당하는지의 여부(적극)

제1심 판결의 피고사건과 배상신청사건에 불복하여 항소함으로써 배상신청사건이 항소심에 이심되었는데도 항소심이 배상신청 사건에 관한 심리판단을 유탈한 것은 그 공판절차에 소송촉진등에관한특례법 및 동 시행규칙에 위배하여 판결에 영향을 미친 위법이 있는 경우에 해당하여 원심판결은 파기를 면할 수 없다(대판 1984. 6. 26, 83도2898).

(4) 배상명령의 효력

확정된 배상명령 또는 가집행선고가 있는 배상명령이 기재된 유죄판결서의 정본은 「민사집행법」에 따른 강제집행에 관하여는 집행력 있는 민사판결 정본과 동일한 효력이 있다(소촉법 제34조 1항).

【서식】 배상명령신청서

배 상 명 령 신 청 서

사 건 20○○ 고단 ○○○호 ○○
신 청 인 ○ ○ ○
○○시 ○○구 ○○길 ○○
피 고 인 △ △ △
○○시 ○○구 ○○길 ○○

신 청 취 지

1. 피고인 △△△은 배상신청인에게 금 ○○○원을 지급하라.
2. 이 명령은 가집행 할 수 있다. 라는 배상명령을 구합니다.

신 청 원 인

피고인은 20○○. ○. ○.경 소외 □□□에게 피고인 소유의 건물 150평을 임대기간 ○년으로 하여 임대하여 동인으로 하여금 사용수익하게 하고 있었으므로 위 건물을 재차 임대하여 줄 수 없다는 사정을 잘 알면서도, 그 사실을 모르는 배상신청인에게 이를 즉시 임대하여주겠다고 거짓말을 하여 이에 속은 배상신청인과 20○○. ○. ○.경 임대차계약을 체결하여 당일 계약금 ○○○원을 수령하여 이를 편취함으로써 배상신청인에게 동액 상당의 손해를 가하였으므로 그 피해를 보상받기 위하여 본 건 신청에 이르게 된 것입니다.

첨 부 서 류

1. 전세계약서 사본 / 2. 영수증 사본

20○○. ○. ○.

위 배상신청인 ○ ○ ○ (인)

○○지방법원 귀중

【서식】 배상명령신청서2

배 상 명 령 신 청 서

사　　건　20○○ 고단 ○○○호 ○○
피 고 인　△ △ △
배상신청인 ○ ○ ○
　　　　　○○시 ○○구 ○○길 ○○

신 청 취 지

피고인은 배상명령 신청인에게 10,000,000원 및 20○○. ○. ○일부터 다 갚는 날 까지 연 20%의 비율에 의한 금원을 지급하라 라는 배상명령을 구합니다.

신 청 원 인

1. 피고인은, 사실은 타인으로부터 돈을 차용하더라도 이를 변제할 의사나 능력이 없음에도 불구하고, 20○○. ○. ○. 배상신청인에게 '돈을 빌려주면 고율의 이자를 지급하겠다'는 취지의 거짓말을 하여 이에 속은 배상신청인으로부터 즉석에서 차용금 명목으로 금 10,000,000원을 교부받아 이를 편취하였습니다.
2. 따라서 배상신청인은 피고인의 사기 범행으로 인하여 신청취지 기재 상당의 피해를 입었으므로 피고인에 대한 형사사건의 판결과 동시에 위 피해금품 상당의 금원을 지급하도록 하는 내용의 배상명령을 발해주시도록 이 건 신청에 이른 것입니다.

첨 부 서 류

1. 차용증 사본 1부

20○○. ○. ○.

위 배상명령신청인 ○ ○ ○ (인)

○○지방법원 형사제부 귀중

제 3 장 재판의 집행, 형사보상

Ⅰ. 재판의 집행

1. 재판집행의 의의

재판의 집행이란 재판의 의사표시내용을 국가권력에 의하여 강제적으로 실현하는 것을 말한다. 형의 집행 이외에 추징·소송비용과 같은 부수처분, 과태료·보증금의 몰수, 비용배상 등 형 이외의 재판의 집행, 강제처분을 위한 영장의 집행도 재판의 집행에 포함된다.

2. 재판집행의 지휘

(1) 집행지휘

재판의 집행은 그 재판을 한 법원에 대응한 검찰청검사가 지휘한다. 단, 재판의 성질상 법원 또는 법관이 지휘할 경우에는 예외로 한다(법 제460조 1항). 상소의 재판 또는 상소의 취하로 인하여 하급법원의 재판을 집행할 경우에는 상소법원에 대응한 검찰청검사가 지휘한다. 단, 소송기록이 하급법원 또는 그 법원에 대응한 검찰청에 있는 때에는 그 검찰청검사가 지휘한다(동조 2항).

(2) 집행지휘의 방식

재판의 집행지휘는 재판서 또는 재판을 기재한 조서의 등본 또는 초본을 첨부한 서면으로 하여야 한다. 단, 형의 집행을 지휘하는 경우 외에는 재판서의 원본, 등본이나 초본 또는 조서의 등본이나 초본에 인정하는 날인으로 할 수 있다(법 제461조).

(3) 집행하기 위한 소환

사형, 징역, 금고 또는 구류의 선고를 받은 자가 구금되지 아니한 때에는 검사는 형을 집행하기 위하여 이를 소환하여야 한다(법 제473조 1항). 소환에 응하지 아니한 때에는 검사는 형집행장을 발부하여 구인하여야 한다(동조 2항).

형집행장에는 형의 선고를 받은 자의 성명, 주거, 연령, 형명, 형기 기타 필요한 사항을 기재하여야 하며, 형집행장은 구속영장과 동일한 효력이 있다(법 제474조). 형집행장의 집행에는 피고인의 구속에 관한 규정을 준용한다(법 제475조).

3. 형의 집행

(1) 형집행의 순서

형의 집행은 사형의 집행, 자유형의 집행, 자격형의 집행 및 재산형의 집행으로 나눌 수 있다. 몰수·소송비용·비용배상의 집행은 재산형의 집행과 같이 취급된다.

① 2이상의 형의 집행은 자격상실, 자격정지, 벌금, 과료와 몰수 외에는 그 중한 형을 먼저 집행한다. 단, 검사는 소속장관의 허가를 얻어 중한 형의 집행을 정지하고 다른 형의 집행을 할 수 있다(법 제462조). 형의 경중은 형법 제41조 기재의 순서에 의한다. 단, 무기금고와 유기징역은 금고를 중한 것으로 하고 유기금고의 장기가 유기징역의 장기를 초과하는 때에는 금고를 중한 것으로 하며, 동종의 형은 장기의 긴 것과 다액의 많은 것을 중한 것으로 하고 장기 또는 다액이 동일한 때에는 그 단기의 긴 것과 소액의 많은 것을 중한 것으로 한다(형법 제50조).

② 자유형과 벌금형은 동시에 집행할 수 있다. 그러나 자유형과 노역장유치가 병존하는 경우에 검사는 자유형의 집행을 정지하고 후자를 먼저 집행할 수도 있다.

핵심판례

선고된 형(刑)과 판결원본에 기재된 형이 다를 경우에 집행할 형(=선고된 형)
판결은 그 선고에 의하여 효력을 발생하고 판결원본의 기재에 의하여 효력을 발생하는 것이 아니므로 양자의 형이 다른 경우에는 검사는 선고된 형을 집행하여야 한다(대결 1981. 5. 14, 81모8).

(2) 사형의 집행

가. 집행절차

사형은 법무부장관의 명령에 의하여 집행한다(법 제463조). 사형집행명령은 판결이 확정된 날로부터 6월 이내에 하여야 한다. 그러나 상소권회복의 청구, 재심의 청구 또는 비상상고의 신청이 있는 때에는 그 절차가 종료할 때까지의 기간은 이 기간에 산입하지 아니한다(법 제465조).

나. 집행방법

사형은 교도소 또는 구치소 내에서 교수하여 집행한다(형법 제66조). 사형의 집행에는 검사·검찰서기관 또는 검찰사무관과 교도소장 또는 구치소장이나 그 대리자가 참여하여야 한다. 검사 또는 교도소장이나 구치소장의 허가가 없으면 누구든지 형의 집행장소에 들어가지 못한다(법 제467조). 사형의 집행에 참여한 검찰서기관은 집행조서를 작성하고 검사와 교도소장 또는 구치소장이나 그 대리자와 함께 기명날인 또는 서명하여야 한다(법 제468조).

다. 사형의 집행정지

사형의 선고를 받은 자가 심신의 장애로 의사능력이 없는 상태에 있거나 잉태 중에 있는 여자인 때에는 법무부장관의 명령으로 집행을 정지한다(법 제469조 1항). 사형집행정지 중인 자는 교도소 또는 구치소에 수용하지 않으면 안 된다. 사형의 집행을 정지한 경우에는 심신장애의 회복 또는 출산 후 법무부장관의 명령에 의하여 형을 집행한다(법 제469조 2항).

(3) 자유형의 집행

가. 집행방법

자유형, 즉 징역·금고와 구류의 집행은 검사가 형집행지휘서에 의하여 지휘한다(법 제460조). 자유형은 교도소에 구치하여 집행한다(형법 제67조, 제68조). 검사는 자유형의 집행을 위하여 형집행장을 발부할 수 있다(법 제473조).

나. 미결구금일수의 산입

미결구금일수란 구금당한 날로부터 판결확정 전일까지 실제로 구금된 일수를 말한다. 판결선고일은 미결구금일수에 들어가지 아니한다(대판 1966. 12. 23, 65도1500).

1) 법정통산

법정통산이란 미결구금일수가 집행시 당연히 본형에 산입되는 것을 말한다. 검사가 상소한 때와 검사가 아닌 자가 상소를 제기한 경우에 원판결이 파기된 때에는 상소제기 후의 판결선고 전 구금일수는 전부본형에 산입한다(법 제482조 1항). 상소기각 결정시에 송달기간이나 즉시항고 기간 중의 미결구금일수는 전부를 본형에 산입한다(동조 3항).

핵심판례

미결구금일수가 법정통산되는 경우 법정통산될 일수보다 적은 일수를 산입한 판결의 효력(무효)

형사소송법 제482조의 규정에 의하여 미결구금일수가 법정통산되는 경우에 항소심이 그 법정통산될 일수보다 적은 일수를 산입한다는 판단을 주문에서 선고하였다 하더라도 이는 법률상 의미없는 조치에 불과하고 이로 말미암아 법정통산이 배제되는 것은 아니므로 위와 같은 사유만으로 원심판결을 파기할 수는 없다(대판 1996. 1. 26, 95도2263).

법정통산의 사례

㉠ 피고인이 검사와 같이 상소한 경우에는 형사소송법 제482조 제1항 제1호에 의하여 상소 후의 미결구금 일수는 전부가 당연히 산입되고, 형법 제57조는 형사소송법 제482조에 의하여 법정통산이 되지 않는 경우에 한하여 비로소 적용된다(대판 1995. 2. 28, 94도2880).

㉡ 피고인들이 항소를 제기하여 원심에서 제1심 판결을 파기하고 자판한 이 사건에 있어서는 피고인들에 대한 원심 미결구금일수는 형사소송법 제482조 제1항에 의하여 전부가 법정통산되는 것이므로 원심이 원심의 미결구금일수를 산입하지 아니한 조치는 정당하다(대판 1988. 5. 24, 87도2690).

㉢ 검사의 항소가 있는 경우에는 판결주문에서 미결구금일수의 통산을 선고할 필요가 없다(대판 1969. 6. 24, 69도651).

판결선고 전 구금일수 전부를 본형에 산입하면서 판결에서 그 산입일수를 명시하지 않고 단지 '그 전부를 산입한다'고 표시하는 것이 위법한지의 여부(소극)

판결선고 전 구금일수의 전부를 본형에 산입하면서 판결에서 그 산입일수를 명시하지 않고 단지 그 전부를 산입한다고만 표시하더라도 구금일수의 일부를 산입하는 경우와는 달리 형의 집행단계에서 소송기록을 통하여 그 산입의 범위가 충분히 확정되므로, 이 때문에 판결주문의 내용이 명확하지 아니하다거나 또는 형사소송법 제321조 제2항에 위배되어 위법하다고 말할 수는 없다(대판 1999. 4. 15, 99도537).

2) 재정통산

① 의 의

법원의 재량에 따라 판결주문에 형의 선고와 동시에 미결구금일수의 전부 또는 일부를 본형에 산입하는 것을 말한다(형법 제57조). 피고인 또는 피고인 아닌 자의 상소를 기각할 경우에 상당한 이유 없이 상소를 제기한 것으로 인정되는 때에는 상소제기 후의 판결선고 전 구금일수 중 상소제기기간 만료일로부터 상소이유서제출기간 만료일까지의 일수는 이를 본형에 산입하지 아니한다(소촉법 제24조).

② 취 지

미결구금은 공소의 목적을 달성하기 위하여 어쩔 수 없이 피고인 또는 피의자를 구금하는 강제처분이어서 형의 집행은 아니지만, 자유를 박탈하는 점이 자유형과 유사하기 때문에 형법 제57조는 인권보호의 관점에서 미결구금일수의 전부 또는 일부를 본형에 산입한다고 규정하고 있다. 따라서 피고인이 범행 후 미국으로 도주하였다가 대한민국정부와미합중국정부간의범죄인인도조약에 따라 체포되어 인도절차를 밟기 위한 절차에 해당하는 기간은 본형에 산입될 미결구금일수에 해당한다고 볼 수 없다(대판 2004. 4. 27, 2004도482).

핵심판례

미결구금일수는 구속영장이 발부되지 아니한 다른 범죄사실에 관한 죄의 형에 산입할 수 있는지 여부(적극)

수개의 공소사실로 공소가 제기된 피고인이 그 중 일부의 범죄사실만으로 구속영장이 발부되어 구금되어 있었고, 법원이 이 수개의 범죄사실을 병합심리한 끝에 피고인에게 구속영장이 발부된 일부 범죄사실에 관한 죄의 형과 나머지 범죄사실에 관한 죄에 형으로 나누어 2개의 형을 선고할 경우에 일부 범죄사실에 의한 구금의 효과는 피고인의 신병에 관한 한 나머지 범죄사실에도 미친다고 보아 그 구금일수를 어느 죄에 관한 형에 산입할 것인가의 문제는 법원의 재량에 속하는 사항이라고 할 것이므로 법원이 판결선고 전의 구금일수를 구속영장이 발부되지 아니한 다른 범죄사실에 관한 죄의 형에 산입할 수도 있다(대판 1996. 5. 10, 96도800).

미결구금기간이 확정된 징역 또는 금고의 본형기간을 초과한 경우 위법한지 여부(소극)

재량에 의하여 판결선고 전 구금일수 중 일부만을 통산할 수 있도록 한 형법 제57조의 규정이 신속한 재판을 받을 권리를 규정한 헌법에 위반된다고 할 수 없으며, 미결구금기간이 확정된 징역 또는 금고의 본형기간을 초과한 결과가 생겼다 하여 위법하다고 할 수 없다(대판 1989. 10. 10, 89도1711).

법원이 법정횟수를 초과하여 구속기간을 갱신한 경우 구속영장이 실효되는지 여부(소극)

구 군법회의법(1987. 12. 4, 법률 제3993호로 전면개정 전) 제132조의 제한을 넘어 구속기간을 갱신한 경우에 있어서도 불법구속한 자에 대하여 형법상.민법상의 책임을 물을 수는 있어도 구속명령의 효력이 당연히 실효되는 것은 아니다(대판 1994. 11. 17, 94도428).

다. 자유형의 집행정지

1) 필요적 집행정지

징역, 금고 또는 구류의 선고를 받은 자가 심신의 장애로 의사능력이 없는 상태에 있는 때에는 형을 선고한 법원에 대응한 검찰청검사 또는 형의 선고를 받은 자의 현재지를 관할하는 검찰청검사의 지휘에 의하여 심신장애가 회복될 때까지 형의 집행을 정지한다(법 제470조 1항).

위와 같은 경우에 의하여 형의 집행을 정지한 경우에는 검사는 형의 선고를 받은 자를 감호의무자 또는 지방공공단체에 인도하여 병원 기타 적당한 장소에 수용하게 할 수 있다(동조 2항).

형의 집행이 정지된 자는 위의 처분이 있을 때까지 교도소 또는 구치소에 구치하고 그 기간을 형기에 산입한다(동조 3항).

2) 임의적 집행정지

징역, 금고 또는 구류의 선고를 받은 자에 대하여 ① 형의 집행으로 인하여 현저히 건강을 해하거나 생명을 보전할 수 없을 염려가 있는 때, ② 연령 70세 이상인 때, ③ 잉태 후 6월 이상인 때, ④ 출산 후 60일을 경과하지 아니한 때, ⑤ 직계존속이 연령 70세 이상 또는 중병이나 장애인으로 보호할 다른 친족이 없는 때, ⑥ 직계비속이 유년으로 보호할 다른 친족이 없는 때, ⑦ 기타 중대한 사유가 있는 때의 1에 해당한 사유가 있는 때에는 형을 선고한 법원에 대응한 검찰청검사 또는 형의 선고를 받은 자의 현재지를 관할하는 검찰청검사의 지휘에 의하여 형의 집행을 정지할 수 있다(법 제471조 1항). 검사가 형의 집행정지를 지휘함에는 소속 고등검찰청검사장 또는 지방검찰청검사장의 허가를 얻어야 한다(동조 2항).

(4) 자격형의 집행

자격상실 또는 자격정지의 선고를 받은 자에 대하여는 이를 수형자원부에 기재하고 지체없이 그 등본을 형의 선고를 받은 자의 등록기준지와 주거지의 시·구· 읍·면장에게 송부하여야 한다(법 제476조).

(5) 재산형의 집행

가. 집행명령

벌금, 과료, 몰수, 추징, 과태료, 소송비용, 비용배상 또는 가납의 재판은 검사의 명령에 의하여 집행한다(법 제477조 1항). 이 명령은 집행력 있는 채무명의와 동일한 효력이 있다(동조 2항). 이 재판의 집행에는 「민사집행법」의 집행에 관한 규정을 준용한다.

단 집행 전에 재판의 송달을 요하지 아니한다(동조 3항). 제3항에도 불구하고 제1항의 재판은 「국세징수법」에 따른 국세체납처분의 예에 따라 집행할 수 있다(동조 4항). 벌금, 과료, 추징, 과태료, 소송비용 또는 비용배상의 분할납부, 납부연기 및 납부대행기관을 통한 납부 등 납부방법에 필요한 사항은 법무부령으로 정한다(동조 6항). 집행비용은 집행을 받은 자의 부담으로 하고, 민사집행법의 규정에 준하여 집행과 동시에 징수하여야 한다(제493조).

나. 집행방법

1) 집행의 대상

재산형도 형인 이상 선고를 받은 본인, 즉 수형자의 재산에 대하여만 집행할 수 있다. 다만 이에 대하여는 다음과 같은 특칙이 인정된다.

① 상속재산에 대한 집행 : 몰수 또는 조세, 전매 기타 공과에 관한 법령에 의하여 재판한 벌금 또는 추징은 그 재판을 받은 자가 재판확정 후 사망한 경우에는 그 상속재산에 대하여 집행할 수 있다(법 제478조).

② 합병 후 법인에 대한 집행 : 법인에 대하여 벌금 ,과료, 몰수, 추징, 소송비용 또는 비용배상을 명한 경우에 법인이 그 재판확정 후 합병에 의하여 소멸한 때에는 합병 후 존속한 법인 또는 합병에 의하여 설립된 법인에 대하여 집행할 수 있다(법 제479조).

2) 집행에 필요한 조사

검사는 벌금, 과료, 몰수, 추징, 과태료, 소송비용, 비용배상 또는 가납의 재판을 집행하기 위하여 필요한 조사를 할 수 있다. 이 경우 제199조 (수사와 필요한 조사) 제2항을 준용한다(법 제477조 5항).

3) 노역장유치의 집행

벌금 또는 과료를 완납하지 못한 자에 대한 노역장유치의 집행에는 형의 집행에 관한 규정을 준용한다(법 제492조). 준용되는 규정은 집행의 일반원칙(법 제459조, 제460조)과 자유형의 집행에 관한 규정이다.

다. 몰수와 압수물의 처분

1) 몰수물의 처분・교부

몰수물은 검사가 처분하여야 한다(법 제483조). 몰수를 집행한 후 3월 이내에 그 몰수물에 대하여 정당한 권리 있는 자가 몰수물의 교부를 청구한 때에는 검사는 파괴 또는 폐기할 것이 아니면 이를 교부하여야 한다. 몰수물을 처분한 후 교부의 청구가 있는 경우에는 검사는 공매에 의하여 취득한 대가를 교부하여야 한다(법 제484조).

2) 압수물의 처분

위조 또는 변조한 물건을 환부하는 경우에는 그 물건의 전부 또는 일부에 위조나 변조인 것을 표시하여야 한다. 위조 또는 변조한 물건이 압수되지 아니한 경우에는 그 물건을 제출하게 하여 표시하여야 한다. 단 그 물건이 공무소에 속한 것인 때에는 위조나 변조의 사유를 공무소에 통지하여 적당한 처분을 하게 하여야 한다(법 제485조). 압수물의 환부를 받을 자의 소재가 불명하거나 기타 사유로 인하여 환부를 할 수 없는 경우에는 검사는 그 사유를 관보에 공고하여야 한다. 공고한 후 3월 이내에 환부의 청구가 없는 때에는 그 물건은 국고에 귀속한다. 이 기간 내에도 가치 없는 물건은 폐기할 수 있고, 보관하기 곤란한 물건은 공매하여 그 대가를 보관할 수 있다(법 제486조).

문 **갑은 얼마 전 음주운전으로 벌금 500만 원을 선고받고 7일이 경과하여 확정되었습니다. 그러나 갑은 기초생활수급자로 경제적 형편이 어려워 벌금을 한 번에 납부하기가 곤란한 상황입니다. 이 경우 갑은 벌금을 분할하여 납부할 수 있는지요?**

답 벌금은 판결확정일로부터 30일 내로 납부하여야 합니다. 그러나 경제적 사정 등으로 30일 내에 벌금 전액을 납부하기 어려울 수도 있습니다. 이러한 사정을 고려하여 「재산형 등에 관한 검찰집행사무규칙」에서는 납부의무자에게 분할납부 신청을 할 수 있음을 규정하고 있습니다. 다만 모든 경우에 납부의무자에게 신청권을 인정해 준 것이 아니라 일정한 요건을 갖춘 경우에 납부의무자는 분할납부를 신청하여 검사의 허가를 받을 것을 요구하고 있습니다. 이와 관련하여 위 규칙 제12조(분할납부 등) 제1항은 분할납부를 신청할 수 있는 자로 "1. 「국민기초생활 보장법」에 따른 수급권자, 2. 「국민기초생활 보장법」에 따른 차상위계층 중 다음 각 목의 대상자 : 가. 「의료급여법」에 따른 의료급여대상자, 나. 「한부모가족 지원법」에 따른 보호대상자, 다. 자활사업 참여자, 3. 장애인, 4.본인 외에는 가족을 부양할 수 없는 사람, 5. 불의의 재난으로 피해를 당한 사람, 6. 납부의무자 또는 그 동거 가족이 질병이나 중상해로 1개월 이상의 장기 치료를 받아야 하는 경우 그 납부의무자, 7. 「채무자 회생 및 파산에 관한 법률」에 따른 개인회생절차 개시결정자, 8. 「고용보험법」에 따른 실업급여수급자, 9. 그 밖의 부득이한 사유가 있는 사람"을 규정하고 있습니다. 또한 같은 조 제3항에서는 분할납부의 기한은 6개월 이내로 하되, 분할납부의 사유가 소멸되지 아니하는 경우 검사는 3개월의 범위에서 그 기한을 2회에 한하여 연장할 수 있다고 규정하고 있습니다.

그러나 납부의무자의 신청이 있다고 해서 검사가 무조건 허가를 해야 하는 것은 아니며, 검사가 대상자의 경제적 능력, 벌과금 등의 액수, 분할납부시 이행 가능성, 노역장 유치 집행의 타당성 등을 고려하여 분할납부의 필요성이 있다고 인정하는 경우에 분할 납부를 허가할 수 있다는 사실을 명심하시기 바랍니다. 따라서 갑의 경우 「재산형 등에 관한 검찰집행사무규칙」 제 12조 제1항 제1호 「국민기초생활 보장법」에 따른 수급권자 요건에 해당하여 분할납부 신청을 할 수 있고, 검사의 허가가 있을 경우 벌금을 분할하여 납부할 수 있습니다. (자료제공 : 법률구조공단)

【서식】 형의 집행지휘서

○○지방검찰청

서 지 검 집 제○○○호

수 신 ○○구치소장

제 목 형의 집행지휘

다음과 같이 재판이 확정되었으므로 판결등본 첨부 형의 집행을 지휘함

수 형 자 ○ ○ ○

형명형기 징역(금고) 20○○년 월

법 원 ○○지방법원

판결 선 고 20○○년 ○월 ○일

확 정 20○○년 ○월 ○일

형기 기산일 20○○년 ○월 ○일

통산 ┌판 결 일
　　 └법 정 일

비 고 상소권 포기, 재판확정

○○지방검찰청

검 사 ○ ○ ○ ㊞

【서식】 사면장

사 면 장

등록기준지 ○○시 ○○구 ○○길 ○○○
성명 및 연령 ○ ○ ○(○○세)
죄 명 과실치상
형 명, 형 기 금고 1년
수 용 교도소 ○○교도소

사면법 제5조 제1항 제2호 규정에 의하여 위의 사람에 대하여는 사면되었으므로 이에 사면장을 발부합니다.

20○○년 월 일

법무부장관 ○ ○ ○ ㊞

【서식】 감형장

감 형 장

등록기준지 ○○시 ○○구 ○○길 ○○○
성명 및 연령 ○ ○ ○(○○세)
죄 명 특정범죄가중처벌에관한법률 위반
형 명, 형 기 징역(금고)6년 월
수용교도소 ○○교도소

사면법 제5조 제1항 제4호 본문 규정에 의하여 위의 사람에 대한 형기가 2년 감형되었으므로 이에 감형장을 발부합니다.

20○○년 월 일

법무부장관 ○ ○ ○ ㊞

4. 재판집행에 대한 의의와 이의신청

(1) 재판해석에 대한 의의신청

형의 선고를 받은 자는 집행에 관하여 재판의 해석에 관한 의의(疑義)가 있는 때에는 재판을 선고한 법원에 의의신청을 할 수 있다(법 제488조).

의의신청이 있는 때에는 법원은 결정을 하여야 하며, 이 결정에 대하여는 즉시항고를 할 수 있다(법 제491조). 신청은 법원의 결정이 있을 때까지 취하할 수 있다(법 제490조).

핵심판례

재판에 대한 의의신청에 의하여 재판의 내용 자체의 부당성을 주장할 수 있는지 여부(소극)

㉠ 형사소송법 제488조의 의의신청은 판결의 취지가 명료하지 않아 그 해석에 대한 의의가 있는 경우에 적용되는 것이고, 같은 법 제489조의 이의신청은 재판의 집행에 관한 검사의 처분이 부당함을 이유로 하는 경우에 적용되는 것이므로 재판의 내용 자체를 부당하다고 주장하는 것은 이에 해당되지 아니한다(대판 1987. 8. 20, 87도1057).

㉡ 형사소송법 제488조의 규정은 판결주문의 취지가 불명확하여 주문의 해석에 의문이 있는 경우에 한하여 형을 선고받은 자가 집행에 관하여 재판의 해석에 대한 의의신청을 할 수 있다는 것이고 판결이유의 모순, 불명확 또는 부당을 주장하는 이의신청은 허용되지 않는다(대결 1985. 8. 20, 8모22).

상소기각 재판의 경우 의의신청의 관할법원(=원심법원)

형사소송법 제488조에서 말하는 의의신청의 관할법원이 재판을 선고한 법원이라 함은 상고기각의 경우에는 원심법원이라 할 것이고 원심법원 역시 항소기각의 경우에는 제1심 법원이다(대결 1968. 2. 28, 67초23).

(2) 재판의 집행에 대한 이의신청

재판의 집행을 받은 자 또는 그 법정대리인이나 배우자는 집행에 관한 검사의 처분이 부당함을 이유로 재판을 선고한 법원에 이의신청을 할 수 있다(법 제489조). 이의신청은 재판이 확정될 것을 요하지 않는다. 그러나 집행이 종료한 후에는 이의신청이 허용되지 않는다.

핵심판례

재판이 집행에 대한 이의신청에 의하여 재판의 내용 자체의 부당성을 주장할 수 있는지 여부(소극)

형사소송법 제489조 소정의 이의신청은 재판의 집행을 받은 자 등이 재판의 집행에 관한 검사의 처분이 부당함을 이유로 하는 경우에 신청할 수 있는 것이므로 재판의 집행에 관한 것이 아니고 검사의 공소제기 또는 이를 바탕으로 한 재판 그 자체가 부당함을 이유로 하는 경우에는 신청할 수 없다(대결 1986. 9. 8. 86모32).

확정되지 아니한 판결의 집행에 대하여 형사소송법 제489조에 의한 이의신청을 할 수 있는지의 여부(적극)

확정되지 아니한 판결의 집행에 대하여는 본조에 의한 이의신청을 할 수 있으며 판결의 집행에 대하여 이의신청이 있는 때에는 그 판결의 확정여부에 대하여 심리하여야 한다(대결 1964. 6. 23. 64모14).

'재판의 집행에 관한 검사의 처분에 대한 이의신청'이 재판의 집행종료 후에도 허용되는지의 여부(소극)

형사소송법 제489조에 의한 이의신청은 재판의 집행에 대한 검사의 처분을 시정하기 위한 것으로서 이미 재판의 집행이 종료된 후에는 이의신청의 실익이 없어 허용되지 아니한다(대결 2001. 8. 23. 2001모91).

형사소송법 제489조 소정의 재판을 선고한 법원의 의미

형사소송법 제489조의 규정에 의한 재판의 집행에 관한 이의신청의 관할법원은 재판을 선고한 법원이며, 여기서 재판을 선고한 법원이라 함은 피고인에게 형을 선고한 법원을 가리키는 것이고 이 형을 선고한 판결에 대한 상소를 기각한 법원을 가리키는 것이 아니다(대판 1996. 3. 28. 95도2958).

【서식】 재판의 해석에 관한 의의신청서

의 의 신 청 서

피고인 ○ ○ ○ ㊞

위 신청인 20○○고단 ○○ 수뢰 피고사건으로 20○○년 ○월 ○일 귀원에서 징역 2년에 3년간 집행유예, 추징금 1,000,000원의 선고를 받았는바, 추징금을 납부하지 못하는 경우 어떤 조처를 받게 되는지 의문으로 추징금의 성격에 대한 해석을 받고자 이 신청을 하는 바입니다.

20○○년 월 일

위 신청인 ○ ○ ○ ㊞

○○지방법원

주의요소 형의 선고를 받은 자는 집행에 관하여 재판의 해석에 대한 의의가 있는 때에는 재판을 선고한 법원에 의의신청을 할 수 있다.

【서식】 재판의 집행에 대한 이의신청서

재판의 집행에 대한 이의신청서

20○○고단 357호

피고인 ○ ○ ○ ㊞

위 신청인은 ○○○사건으로 20○○년 ○월 ○일 귀원에서 벌금과 몰수의 선고를 받았으나, 위 몰수를 집행함에 있어서 검사는 판결주문 기재의 20○○년 압 제○○호의 1 내지 3 및 6을 몰수처분하여야 할 것임에도 불구하고 1 내지 4 및 6을 몰수처분하였습니다.

위 압 제 5호의 4는 사건 전부터 신청인의 집에서 사용하고 있던 것으로 본 사건과는 아무런 관계가 없으며, 다만 경찰에서 수사 도중 참고품으로 제출하였던 것이 압수되었던 것이므로, 재판종료 후에는 신청인에게 환부되어야 마땅하며 판결주문에도 몰수의 선고가 없는 것입니다.

그럼에도 불구하고 위 압 제5호의 4에 대하여 검사가 몰수처분을 하였음은 부당하므로 이 사실의 시정을 구하고자 본 신청을 하게된 것입니다.

20○○년 월 일

위 신청인 ○ ○ ○ ㊞

○○지방법원 귀중

주의요소 재판의 집행을 받은 자 또는 그 법정대리인이나 배우자는 집행에 관한 검사의 처분이 부당함을 이유로 재판을 선고한 법원에 이의신청을 할 수 있다(형사소송법 제488조).

【서식】 재판의 집행에 대한 이의신청 기각결정

○○지방법원

결 정

사 건 20○○초 142호 재판의 집행에 관한 이의신청
신청인 ○ ○ ○
19○○년 ○월 ○일생 상업
주 거 ○○시 ○○구 ○○길 ○○○
등록기준지 ○○시 ○○구 ○○길 ○○○

주 문

본건 이의신청을 기각한다.

이 유

본건 신청이유의 요지는 미결구금일수 60일을 통산한 판결에 의하여 확정된 형의 집행을 지휘함에 있어서 미결구금일수를 47일로 한 것은 부당하다는데 있는 바,

살펴보건데, 일반적으로 재판의 집행에 관한 이의신청은 재판의 집행이 계속되고 있는 중에 할 수 있고, 재판의 집행이 종료된 후에는 설사 신청이 허가된다 하여도 실익이 없으므로 신청을 할 수 없다고 하겠다.

그런데 본건 이의신청은 신청 당시에 이미 재판의 집행이 종료된 사실을 일건 기록을 통하여 알 수 있으므로, 결국 이 건은 실익이 없는 신청으로 볼 수 밖에 없다 하겠으므로 주문과 같이 결정한다.

20○○년 월 일

판 사 ○ ○ ○ ㊞

【서식】 재판의 집행에 대한 이의신청 인용결정

○○지방법원

결 정

사 건 20○○초 457호 재판의 집행에 관한 이의신청
신청인 ○ ○ ○
19○○년 ○월 ○일생 상업
주 거 ○○시 ○○구 ○○길 ○○○
등록기준지 ○○시 ○○구 ○○길 ○○○
변호인 ○ ○ ○

주 문

○○지검 20○○년압 제○○호로 압수된 별지목록 기재물건에 대한 신청인의 환부신청에 대하여 ○○지방검찰청 검사가 20○○년 ○월 ○일에 한 불허가 결정을 취소한다.

이 유

신청인에 대한 대법원 ○○도 ○○ 관세법위반 피고사건의 기록에 의하면 별지목록 기재물건은 신청인에 대한 관세법 위반 피고사건의 증거물로서 ○○지방검찰청 ○○년압 제○○호로써 압수된 물건인 바, 신청인은 위 혐의로 공소제기 되어 ○○지방법원 ○○고단 ○○ 관세법 위반 피고사건으로 심리되어 무죄의 선고를 받고, 이어 검사가 불복 항소

하였으나 동법원 ○○노 ○○로 항소가 기각되어 검사가 다시 상고하였으나, 20○○년 ○월 ○일 대법원 ○○도 ○○로 상고가 기각되어 동 사건은 확정되었는바, 위 판결에는 별지목록 기재 압수물에 대한 몰수의 선고가 없는 사실을 인정할 수 있으므로 별지목록 기재 압수물은 형사소송법 제332조에 의하여 그 압수가 해제된 것으로, 위 무죄판결의 집행의 결과로서 피압수자인 신청인에게 환부하여야 될 것인즉, 형사소송법 제491조, 제489조에 의하여 신청인의 환부신청에 대하여 불허한 ○○지방검찰청 검사의 처분은 부당하다 하여 이를 취소하고, 신청인의 이 사건 신청은 이유 있다 하여 이를 인용하기로 하여 주문과 같이 결정한다.

20○○년 월 일

재판장 판사 ○ ○ ○ ㊞
판사 ○ ○ ○ ㊞
판사 ○ ○ ○ ㊞

Ⅱ. 형사보상

1. 의 의

형사보상이란 국가형사사법의 과오에 의하여 죄인의 누명을 쓰고 구속되었거나 형의 집행을 받은 자에 대하여 국가가 그 손해를 보상하여 주는 제도를 말한다. 헌법 제28조는 "형사피의자 또는 형사피고인으로서 구금되었던 자가 법률이 정하는 불기소처분을 받거나 무죄판결을 받은 때에는 법률이 정하는 바에 의하여 국가에 상당한 보상을 청구할 수 있다"고 규정하여 형사보상을 국민의 기본권으로 보장하고 있다.

형사보상의 요건과 절차 및 그 내용에 관해서는 형사보상법이 규정하고 있다. 군사법원에서 무죄판결을 받은 자에 대하여도 형사보상법이 준용된다(제28조 2항).

2. 보상의 요건

(1) 무죄판결로 인한 형사보상

가. 의 의

국가는 무죄판결이 확정된 경우에는 당해 사건의 피고인이었던 자에 대하여 그 재판에 소요된 비용을 보상하여야 한다(법 제194조의2 제1항).

나. 보상을 하지 아니할 수 있는 경우

다음 각 호의 어느 하나에 해당하는 경우에는 비용의 전부 또는 일부를 보상하지 아니할 수 있다(법 제194조의2 제2항).

① 피고인이었던 자가 수사 또는 재판을 그르칠 목적으로 거짓 자백을 하거나 다른 유죄의 증거를 만들어 기소된 것으로 인정된 경우

② 1개의 재판으로써 경합범의 일부에 대하여 무죄판결이 확정되고 다른 부분에 대하여 유죄판결이 확정된 경우

③ 형법 제9조 및 제10조 제1항의 사유에 따른 무죄판결이 확정된 경우

④ 그 비용이 피고인이었던 자에게 책임지울 사유로 발생한 경우

다. 비용보상의 범위(법 제194조의4)

① 법 제194조의 2에 따른 비용보상의 범위는 피고인이었던 자 또는 그 변호인이었던 자가 공판준비 및 공판기일에 출석하는 데 소요된 여비·일당·숙박료와 변호인이었던 자에 대한 보수에 한한다. 이 경우 보상금액에 관하여는 형사소송비용

등에 관한 법률을 준용하되, 피고인이었던 자에 대하여는 증인에 관한 규정을, 변호인이었던 자에 대하여는 국선변호인에 관한 규정을 준용한다.

② 법원은 공판준비 또는 공판기일에 출석한 변호인이 2인 이상이었던 경우에는 사건의 성질, 심리상황, 그 밖의 사정을 고려하여 변호인이었던 자의 여비·일당 및 숙박료를 대표변호인이나 그 밖의 일부 변호인의 비용만으로 한정할 수 있다.

라. 비용보상의 절차 등(법 제194조의3)

① 법 제194조의2 제1항에 따른 비용의 보상은 피고인이었던 자의 청구에 따라 무죄판결을 선고한 법원의 합의부에서 결정으로 한다.

② 제1항에 따른 청구는 무죄판결이 확정된 날부터 6개월 이내에 하여야 한다.

③ 제1항의 결정에 대하여는 즉시항고를 할 수 있다.

마. 준용규정(법 제194조의5)

비용보상청구, 비용보상절차, 비용보상과 다른 법률에 따른 손해배상과의 관계, 보상을 받을 권리의 양도·압류 또는 피고인이었던 자의 상속인에 대한 비용보상에 관하여 이 법에 규정한 것을 제외하고는 형사보상법에 따른 보상의 예에 따른다.

(2) 기소유예처분 이외의 불기소처분을 받은 경우

피의자로서 구금되었던 자 중 검사로부터 공소를 제기하지 아니하는 처분을 받은 자는 국가에 대하여 그 구금에 대한 보상(이하 "피의자보상"이라 한다)을 청구할 수 있다. 다만, 구금된 이후 공소를 제기하지 아니하는 처분을 할 사유가 있는 경우와 공소를 제기하지 아니하는 처분이 종국적(終局的)인 처분이 아니거나 「형사소송법」 제247조에 따른 것일 경우에는 그러하지 아니하다(형사보상법 제27조 1항). 이를 피의자에 대한 배상이라고 한다. 그러나 다음 각 호의 어느 하나에 해당하는 경우에는 피의자보상의 전부 또는 일부를 지급하지 아니할 수 있다(동법 제27조 2항).

① 본인이 수사 또는 재판을 그르칠 목적으로 거짓 자백을 하거나 다른 유죄의 증거를 만듦으로써 구금된 것으로 인정되는 경우

② 구금기간 중에 다른 사실에 대하여 수사가 이루어지고 그 사실에 관하여 범죄가 성립한 경우

③ 보상을 하는 것이 선량한 풍속이나 그 밖에 사회질서에 위배된다고 인정할 특별한 사정이 있는 경우

3. 보상의 내용

보상은 구금과 형의 집행에 관한 것이다. 확정판결에 의하여 형의 집행이 개시되므로 형의 집행이 문제되는 것은 상소권회복에 의한 상소, 재심 또는 비상상고의 절차에서 무죄재판을 받아 확정된 사건의 피고인이 원판결(原判決)에 의하여 구금되거나 형 집행을 받았을 때에는 구금 또는 형의 집행에 대한 보상을 청구할 수 있는 경우이다(형사보상법 제2조 2항). 무죄판결을 받을 당시에 구금되어 있을 것을 요하지 않는다. 자유형의 집행정지자에 대한 구치(법 제470조 3항)와 형집행장에 의한 구속(법 제473조 내지 제475조)도 구금 또는 형의 집행으로 본다(형사보상법 제2조 3항).

(1) 구금에 대한 보상

구금에 대한 보상을 할 때에는 그 구금일수(拘禁日數)에 따라 1일당 보상청구의 원인이 발생한 연도의 「최저임금법」에 따른 일급(日給) 최저임금액 이상 대통령령으로 정하는 금액 이하의 비율에 의한 보상금을 지급한다(형사보상법 제5조 1항). 노역장유치(勞役場留置)의 집행을 한 경우 그에 대한 보상에 관하여는 제1항을 준용한다(동조 5항). 법원이 보상금액을 산정할 때 다음 각 호의 사항을 고려하여야 한다. ①구금의 종류 및 기간의 장단(長短), ②구금기간 중에 입은 재산상의 손실과 얻을 수 있었던 이익의 상실 또는 정신적인 고통과 신체 손상, ③경찰·검찰·법원의 각 기관의 고의 또는 과실 유무, ④그 밖에 보상금액 산정과 관련되는 모든 사정을 고려하여야 한다(동조 2항).

(2) 형의 집행에 대한 보상

가. 사형집행에 대한 보상

사형 집행에 대한 보상을 할 때에는 집행 전 구금에 대한 보상금 외에 3천만원 이내에서 모든 사정을 고려하여 법원이 타당하다고 인정하는 금액을 더하여 보상한다. 이 경우 본인의 사망으로 인하여 발생한 재산상의 손실액이 증명되었을 때에는 그 손실액도 보상한다(형사보상법 제5조 3항).

나. 벌금, 과료의 집행에 관한 보상

벌금 또는 과료(科料)의 집행에 대한 보상을 할 때에는 이미 징수한 벌금 또는 과료의 금액에 징수일의 다음 날부터 보상 결정일까지의 일수에 대하여 「민법」 제379조의 법정이율을 적용하여 계산한 금액을 더한 금액을 보상한다(동조 4항).

다. 몰수, 추징의 집행에 관한 보상

몰수(沒收) 집행에 대한 보상을 할 때에는 그 몰수물을 반환하고, 그것이 이미 처분되었을 때에는 보상결정 시의 시가(時價)를 보상한다(동조 6항).

4. 보상의 청구

(1) 청구권자

피의자로서 구금되었던 자 중 검사로부터 공소를 제기하지 아니하는 처분을 받은 자는 국가에 대하여 그 구금에 대한 보상(이하 "피의자보상"이라 한다)을 청구할 수 있다. 다만, 구금된 이후 공소를 제기하지 아니하는 처분을 할 사유가 있는 경우와 공소를 제기하지 아니하는 처분이 종국적(終局的)인 처분이 아니거나 「형사소송법」 제247조에 따른 것일 경우에는 그러하지 아니하다(제27조 1항). 보상청구권은 양도하거나 압류할 수 없다. 보상금 지급청구권도 또한 같다(동법 제23조). 그러나 청구권은 상속의 대상이 된다. 따라서 본인이 보상청구를 하지 않고 사망하였을 때에는 상속인이 이를 청구할 수 있다(동법 제3조 1항). 또 사망한 자에 대하여 재심 또는 비상상고의 절차에서 무죄재판이 있었을 때에는 보상의 청구에 있어서는 사망한 때에 무죄재판이 있었던 것으로 본다(동조 2항).

(2) 청구의 절차

가. 관할법원

보상청구는 무죄재판을 한 법원에 하여야 한다(형사보상법 제7조). 다만 관할권 없는 법원에서 보상결정을 하였다고 하여 당연무효가 되는 것은 아니다. 피의자보상을 청구하려는 자는 공소를 제기하지 아니하는 처분을 한 검사가 소속된 지방검찰청(지방검찰청 지청의 검사가 그러한 처분을 한 경우에는 그 지청이 속하는 지방검찰청을 말한다)의 심의회에 보상을 청구하여야 한다(동법 제28조 1항).

나. 청구시기

보상의 청구는 무죄·면소 또는 공소기각의 재판이 확정되거나, 검사로부터 공소를 제기하지 아니하는 처분의 고지(告知) 또는 통지를 받은 날부터 3년 이내에 하여야 한다(형사보상법 제8조, 제28조 3항).

다. 청구의 방식

보상청구를 할 때에는 보상청구서에 재판서의 등본과 그 재판의 확정증명서를 첨부하여 법원에 제출하여야 한다. 보상청구서에는 ① 청구자의 등록기준지, 주소, 성명, 생년월일, ② 청구의 원인이 된 사실과 청구액을 기재하여야 한다(동법 제9조).

상속인이 보상을 청구할 때에는 본인과의 관계와 같은 순위의 상속인 유무를 소명(疏明)할 수 있는 자료를 제출하여야 한다(동법 제9조). 보상청구는 대리인을 통하여서도 할 수 있다(동법 제13조). 피의자보상을 청구하는 청구서에는 공소를 제기하지 아니하는 처분을 받은 사실을 증명하는 서류를 첨부하여 제출하여야 한다(동법 제28조 2항).

라. 상속인의 보상청구의 효과

보상청구를 할 수 있는 같은 순위의 상속인이 여러 명인 경우에 그 중 1명이 보상청구를 하였을 때에는 보상을 청구할 수 있는 모두를 위하여 그 전부에 대하여 보상청구를 한 것으로 본다. 이 경우에 청구를 한 상속인 외의 상속인은 공동청구인으로서 절차에 참가할 수 있다. 법원이 보상을 청구할 수 있는 같은 순위의 다른 상속인이 있다는 사실을 알았을 때에는 지체 없이 그 상속인에게 보상청구가 있었음을 통지하여야 한다(동법 제11조).

(3) 보상청구의 취소

보상청구는 법원의 보상청구에 대한 재판이 있을 때까지 취소할 수 있다. 다만 같은 순위의 상속인이 여러 명인 경우에 보상을 청구한 자는 나머지 모두의 동의 없이 청구를 취소할 수 없다(형사보상법 제12조 1항). 보상청구를 취소한 자는 다시 보상을 청구할 수 없다(동조 2항).

5. 보상청구에 대한 재판

(1) 보상청구사건의 심리

가. 관할법원

보상청구는 법원 합의부에서 재판한다(형사보상법 제14조 1항).

나. 심리의 방법

보상청구에 대하여는 법원은 검사와 청구인의 의견을 들은 후 결정을 하여야 한다(동법 제14조 2항). 법원은 보상청구의 원인이 된 사실인 구금일수 또는 형 집행의 내용에 관하여 직권으로 조사를 하여야 한다(동법 제15조).

다. 보상청구의 중단과 승계

보상을 청구한 자가 청구절차 중 사망하거나 상속인 자격을 상실한 경우에 다른 청구인이 없을 때에는 청구의 절차는 중단된다. 이 경우에 보상을 청구한 자의 상속인 또는 보상을 청구한 상속인과 같은 순위의 상속인은 2개월 이내에 청구의 절차를 승계할 수 있다. 법원은 절차를 승계할 수 있는 자로서 법원에 알려진 자에 대하여는 지체없이 위의 기간 내에 청구의 절차를 승계할 것을 통지하여야 한다(형사보상법 제19조 1항·2항·3항).

(2) 법원의 결정

가. 청구각하 결정

법원은 다음 각 호의 어느 하나에 해당하는 경우에는 보상청구를 각하(却下)하는 결정을 하여야 한다. ① 보상청구의 절차가 법령으로 정한 방식을 위반하여 보정(補正)할 수 없을 경우, ② 청구인이 법원의 보정명령에 따르지 아니할 경우, ③ 보상청구의 기간에 따른 보상청구의 기간이 지난 후에 보상을 청구하였을 경우이다(동법 제16조). 기간 내에 절차를 승계하는 신청이 없을 때에는 법원은 청구를 각하하는 결정을 하여야 한다(동법 제19조 4항).

핵심판례

형사보상 각하결정에 대하여 즉시항고 할 수 있는지의 여부(적극)
형사보상법 제19조 제2항이 보상의 청구를 기각한 법원에 대하여는 즉시항고할 수 있다고 규정하고 있으므로, 이에 준하여 보상청구를 각하한 결정에 대하여도 즉시항고로 불복할 수 있다(대결 1987. 9. 2. 85코3).

나. 보상결정과 청구기각결정

보상의 청구가 이유 있을 때에는 보상의 결정을 하여야 하며, 보상의 청구가 이유 없을 때에는 청구기각의 결정을 하여야 한다(형사보상법 제17조). 보상청구를 할 수 있는 같은 순위의 상속인이 여러 명인 경우에 그 중 1명에 대한 제17조의 보상결정이나 청구기각의 결정은 같은 순위자 모두에 대하여 한 것으로 본다(동법 제18조). 법원은 보상결정이 확정되었을 때에는 2주일 내에 보상결정의 요지를 관보에 게재하여 공시하여야 한다. 이 경우 보상결정을 받은 자의 신청이 있을 때에는 그 결정의 요지를 신청인이 선택하는 두 종류 이상의 일간신문에 각각 한 번씩 공시하여야 하며 그 공시는 신청일부터 30일 이내에 하여야 한다. 보상청구를 기각하는 결정이 확정되었을 때에는 위 내용을 준용한다(형사보상법 제25조).

다. 결정에 대한 불복

제17조(보상 또는 청구기각의 결정) 제1항에 따른 보상결정에 대하여는 1주일 이내에 즉시항고(卽時抗告)를 할 수 있다. 그러나 제17조제2항에 따른 청구기각 결정에 대하여는 즉시항고를 할 수 있다(동법 제20조).

핵심판례

보상결정에 대한 즉시항고의 가부

보상의 결정에 재판에 영향을 미친 헌법.법률의 위반이 있음을 이유로 하는 때에는 형사보상법 제19조 제1항의 규정에도 불구하고 즉시항고를 할 수 있고, 항고법원의 결정에 대하여서 형사소송법 제415조의 규정에 의하여 대법원에 즉시항고를 할 수 있다(대판 1965. 5. 18, 65다532).

(3) 피의자보상의 결정

피의자보상에 관한 사항을 심의·결정하기 위하여 지방검찰청에 피의자보상심의회(이하 "심의회"라 한다)에서 심사, 결정하며(동법 제27조 3항), 심의회는 법무부장관의 지휘 · 감독을 받는다(동조 4항). 심의회의 관할·구성·운영, 그 밖에 필요한 사항은 대통령령으로 정한다(동조 5항).

6. 보상금지급의 청구

(1) 지급청구의 방식

보상결정의 확정에 의하여 보상지급청구권이 발생한다.

가. 보상금지급청구서 제출

보상의 지급을 청구하고자 하는 자는 보상을 결정한 법원에 대응한 검찰청에 보상지급청구서를 제출하여야 한다. 청구서에는 법원의 보상결정서를 첨부하여야 한다.

나. 청구기간

보상결정이 송달된 후 1년 이내에 보상지급의 청구를 하지 아니할 때에는 권리를 상실한다. 그러나 보상금을 받을 수 있는 자가 여러 명인 경우에는 그 중 1명이 한 보상금 지급청구는 보상결정을 받은 모두를 위하여 그 전부에 대하여 보상금 지급청구를 한 것으로 본다(동법 제21조). 피의자보상에 대하여 이 장에 특별한 규정이 있는 경우를 제외하고는 그 성질에 반하지 아니하는 범위에서 무죄재판을 받아 확정된 사건의 피고인에 대한 보상에 관한 규정은 피의자보상에 대하여도 적용된다(동법 제29조 1항).

(2) 보상금지급의 효과

보상금을 받을 수 있는 자가 여러 명인 경우에는 그 중 1명에 대한 보상금 지급은 그 모두에 대하여 효력이 발생한다(동법 제22조).

【서식】 형사보상금청구서

형 사 보 상 금 청 구 서

사　　건 20○○고합 47 사기피고사건
청 구 인 ○ ○ ○(19○○년 ○월 ○일생)
주　　거 ○○시 ○○구 ○○길 ○○
등록기준지 ○○시 ○○구 ○○길 ○○

청 구 취 지

청구인에게 금 ○○○원을 지급하라.
라는 결정을 구합니다.

청 구 원 인

1. 청구인은 20○○년 ○월 ○일 위증 피의사건으로 구속되어 같은 달 ○일 ○○지방법원 ○○지원에 기소되어, 20○○년 ○월 ○일 동원에서 징역 ○월 처한다는 선고를 받고 불복하여 항소심 공판 도중 구속만기로 20○○년 ○월 ○일 석방되고, 20○○년 ○월 ○일 ○○지방법원에서 무죄의 판결을 선고받았으며, 이에 대한 검사의 상고가 있었으나 대법원에서 20○○년 ○월 ○일 동 상고가 기각됨으로써 위 무죄판결은 확정되었습니다.
2. 그러므로 청구인은 형사보상법에 의하여 청구인이 20○○년 ○월 ○

구속되어 20○○년 ○월 ○일 석방됨으로써 ○○일 동안 구금되어 그 구금에 관한 보상을 청구할 수 있다 할 것이므로, 위 보상 금원에 대하여 보건대 청구인이 구금되기 전 중견기업체의 사원으로서 정상적인 사회생활을 하고 있었으며, 이와 같이 구금당함으로 인한 막대한 재산상 손해는 물론 그 정신적 피해는 이루 말할 수 없다 할 것이므로, 동 법 소정의 보상금액의 범위내인 1일 금 50,000원의 비율에 따라 산정하면 금 ○○○(○○일×50,000원)이 되므로 청구취지와 같이 본 건 청구를 하는 바입니다.

첨 부 서 류

1. 판결등본 2통
2. 확정증명서 1통
3. 주민등록등본 1통

20○○. ○. ○.

청구인 ○ ○ ○ (인)

○○지방법원 귀중

【서식】 형사보상각하결정

서울중앙지방법원

결 정

20○○코 491호 형사보상청구사건

신청인 ○ ○ ○

20○○년 ○월 ○일생

주 거 ○○시 ○○구 ○○길 ○○

등록기준지 위와 같음

검 사 ○ ○ ○

주 문

본건 청구를 각하한다.

이 유

청구인의 본건 청구는 형사보상법 제7조에 정한 청구기간 경과후에 한 것임이 기록상 명백하므로 동법 제15조에 의하여 이를 각하하기로 하여 주문과 같이 결정한다.

20○○년 월 일

재판장 판사 ○ ○ ○ ㊞

판사 ○ ○ ○ ㊞

판사 ○ ○ ○ ㊞

【서식】 청구인 의견요청서

서울중앙지방법원
의견요청서

청구인 ○ ○ ○ 귀하
20○○코 ○○ 형사보상금 청구사건
청구인 ○ ○ ○
의견요청사항

형사보상금 청구에 대한 지급 결정여부
위와 같이(소송기록 증거물 첨부) 의견을 요청합니다.

20○○년 월 일

판 사 ○ ○ ○ ㊞

의 견 서

○○지방법원
판 사 이 ○ ○ ○ 귀하

의 견

청구서 기재 내용과 같이 보상금을 지급하여 주시기 바랍니다.

20○○년 월 일

청구인 ○ ○ ○ ㊞

주의요소
① 보상청구는 법원 합의부에서 재판한다.
② 보상청구에 대하여는 법원은 검사와 청구인의 의견을 들은 후 결정하여야 한다.
③ 제2항에 따른 결정의 정본(正本)은 검사와 청구인에게 송달하여야 한다.

【서식】 검사 의견요청서

○○지방법원
의견요청서

○○지방검찰청
검 사 ○ ○ ○ 귀하
20○○코 ○○ 형사보상금 청구사건
청구인 ○ ○ ○

요건요청사항

형사보상금 청구에 대한 지급결정 여부

위와 같이(소송기록 증거물 첨부) 의견을 요청합니다.

20○○년 월 일

재판장 판사 ○ ○ ○ ㉿

의 견 서

○○지방법원
판 사 ○ ○ ○ 귀하
의 견 적의 처리 바랍니다.

20○○년 월 일

검 사 ○ ○ ○ ㉿

【서식】 보상결정

○○지방법원
제 2 부
결 정

사 건 20○○코 ○○ 형사보상금 청구
청 구 인 ○ ○ ○, 상업
19○○년 ○월 ○일생
주 거 ○○시 ○○구 ○○길 ○○
등록기준지 ○○시 ○○구 ○○길 ○○
본 사 ○ ○ ○

무 죄 판 결

○○지방법원 ○○지원 ○○○○○○
20○○년 ○월 ○일 선고 ○○고단 ○○ 판결, ○○지방법원 ○○년 ○월 ○일 25 ○○노 ○○ 판결, 대법원 ○○년 ○월 ○일 ○○ 판결

주 문

청구인에게 금 ○○○,000원을 지급한다.

이 유

청구인이 제출한 소명자료와 위 형사사건 기록에 의하면 청구인은 20○○년 ○월 ○일 절도 피의사건으로 구속되어 동년 ○월 ○일 ○○지방

법원 ○○지원에서 징역 6월을 선고받고, 피고인이 항소하여 동년 ○○년 ○월 ○일 ○○지방법원에서 무죄판결을 선고받고, 20○○년 ○월 ○일 대법원에서 검사의 상고가 기각됨으로서 위 무죄판결이 확정되었으며 한편, 청구인은 20○○년 ○월 ○일 위 무죄판결의 선고로 구속영장의 효력이 상실되어 동일 석방된 사실을 인정할 수 있으므로 청구인은 형사보상법 제1조 제1항에 의하여 그 구금에 관한 보상을 청구할 수 있다 할 것이다. 그러므로 그 보상금액에 관하여 살피건대, 청구인은 ○○년 ○월 ○일 구속되어 동년 ○월 ○일 석방됨으로써 195일 동안 구금되었음이 산수상 분명하므로 그 구금일수에 대하여 동법 제4조 제1항 소정의 금액 범위내인 1인 금 5,000원이 비율에 따라 산정된 금 905,000을 청구인에게 지급할 것인 바, 청구인은 위 금액 범위내인 금 905,000원만을 구하고 있으므로 이를 이대로 인용하기로 하여 주문과 같이 결정한다.

20○○년 월 일

재판장 판사 ○ ○ ○ ㊞

판사 ○ ○ ○ ㊞

판사 ○ ○ ○ ㊞

부 록

형 사 소 송 법

[시행 2018.1.7.] [법률 제13720호, 2016.1.6., 일부개정]

제1편 총 칙

제1장 법원의 관할

제1조(관할의 직권조사) 법원은 직권으로 관할을 조사하여야 한다.

제2조(관할위반과 소송행위의 효력) 소송행위는 관할위반인 경우에도 그 효력에 영향이 없다.

제3조(관할구역 외에서의 집무) ①법원은 사실발견을 위하여 필요하거나 긴급을 요하는 때에는 관할구역 외에서 직무를 행하거나 사실조사에 필요한 처분을 할 수 있다.

②전항의 규정은 수명법관에게 준용한다.

제4조(토지관할) ①토지관할은 범죄지, 피고인의 주소, 거소 또는 현재지로 한다.

②국외에 있는 대한민국 선박 내에서 범한 죄에 관하여는 전항에 규정한 곳 외에 선적지 또는 범죄 후의 선착지로 한다.

③전항의 규정은 국외에 있는 대한민국 항공기 내에서 범한 죄에 관하여 준용한다.

제5조(토지관할의 병합) 토지관할을 달리하는 수개의 사건이 관련된 때에는 1개의 사건에 관하여 관할권 있는 법원은 다른 사건까지 관할할 수 있다.

제6조(토지관할의 병합심리) 토지관할을 달리하는 수개의 관련사건이 각각 다른 법원에 계속된 때에는 공통되는 직근 상급법원은 검사 또는 피고인의 신청에 의하여 결정으로 1개 법원으로 하여금 병합심리하게 할 수 있다.

제7조(토지관할의 심리분리) 토지관할을 달리하는 수개의 관련사건이 동일법원에 계속된 경우에 병합심리의 필요가 없는 때에는 법원은 결정으로 이를 분리하여 관할권 있는 다른 법원에 이송할 수 있다.

제8조(사건의 직권이송) ①법원은 피고인이 그 관할구역 내에 현재하지 아니하는 경우에 특별한 사정이 있으면 결정으로 사건을 피고인의 현재지를 관할하는 동급 법원에 이송할 수 있다.

②단독판사의 관할사건이 공소장변경에 의하여 합의부 관할사건으로 변경된 경

우에 법원은 결정으로 관할권이 있는 법원에 이송한다. <신설 1995.12.29.>

제9조(사물관할의 병합) 사물관할을 달리하는 수개의 사건이 관련된 때에는 법원합의부는 병합관할한다. 단, 결정으로 관할권 있는 법원단독판사에게 이송할 수 있다.

제10조(사물관할의 병합심리) 사물관할을 달리하는 수개의 관련사건이 각각 법원합의부와 단독판사에 계속된 때에는 합의부는 결정으로 단독판사에 속한 사건을 병합하여 심리할 수 있다.

제11조(관련사건의 정의) 관련사건은 다음과 같다.

1. 1인이 범한 수죄
2. 수인이 공동으로 범한 죄
3. 수인이 동시에 동일장소에서 범한 죄
4. 범인은닉죄, 증거인멸죄, 위증죄, 허위감정통역죄 또는 장물에 관한 죄와 그 본범의 죄

제12조(동일사건과 수개의 소송계속) 동일사건이 사물관할을 달리하는 수개의 법원에 계속된 때에는 법원합의부가 심판한다.

제13조(관할의 경합) 동일사건이 사물관할을 같이하는 수개의 법원에 계속된 때에는 먼저 공소를 받은 법원이 심판한다. 단, 각 법원에 공통되는 직근 상급법원은 검사 또는 피고인의 신청에 의하여 결정으로 뒤에 공소를 받은 법원으로 하여금 심판하게 할 수 있다.

제14조(관할지정의 청구) 검사는 다음 경우에는 관계있는 제1심법원에 공통되는 직근 상급법원에 관할지정을 신청하여야 한다.

1. 법원의 관할이 명확하지 아니한 때
2. 관할위반을 선고한 재판이 확정된 사건에 관하여 다른 관할법원이 없는 때

제15조(관할이전의 신청) 검사는 다음 경우에는 직근 상급법원에 관할이전을 신청하여야 한다. 피고인도 이 신청을 할 수 있다.

1. 관할법원이 법률상의 이유 또는 특별한 사정으로 재판권을 행할 수 없는 때
2. 범죄의 성질, 지방의 민심, 소송의 상황 기타 사정으로 재판의 공평을 유지하기 어려운 염려가 있는 때

제16조(관할의 지정 또는 이전신청의 방식) ①관할의 지정 또는 이전을 신청함에는 그 사유를 기재한 신청서를 직근 상급법원에 제출하여야 한다.

②공소를 제기한 후 관할의 지정 또는 이전을 신청하는 때에는 즉시 공소를 접수한 법원에 통지하여야 한다.

제16조의2(사건의 군사법원 이송) 법원은 공소가 제기된 사건에 대하여 군사법원이 재판권을 가지게 되었거나 재판권을 가졌음이 판명된 때에는 결정으로 사건을 재판권이 있는 같은 심급의 군사법원으로 이송한다. 이 경우에 이송전에 행한 소송행위는 이송후에도 그 효력에 영향이 없다. <개정 1987.11.28.>

[본조신설 1973.1.25.]

제2장 법원직원의 제척, 기피, 회피

제17조(제척의 원인) 법관은 다음 경우에는 직무집행에서 제척된다. <개정 2005.3.31.>

1. 법관이 피해자인 때
2. 법관이 피고인 또는 피해자의 친족 또는 친족관계가 있었던 자인 때
3. 법관이 피고인 또는 피해자의 법정대리인, 후견감독인인 때
4. 법관이 사건에 관하여 증인, 감정인, 피해자의 대리인으로 된 때
5. 법관이 사건에 관하여 피고인의 대리인, 변호인, 보조인으로 된 때
6. 법관이 사건에 관하여 검사 또는 사법경찰관의 직무를 행한 때
7. 법관이 사건에 관하여 전심재판 또는 그 기초되는 조사, 심리에 관여한 때

제18조(기피의 원인과 신청권자) ①검사 또는 피고인은 다음 경우에 법관의 기피를 신청할 수 있다.

1. 법관이 전조 각 호의 사유에 해당되는 때
2. 법관이 불공평한 재판을 할 염려가 있는 때

②변호인은 피고인의 명시한 의사에 반하지 아니하는 때에 한하여 법관에 대한 기피를 신청할 수 있다.

제19조(기피신청의 관할) ①합의법원의 법관에 대한 기피는 그 법관의 소속법원에 신청하고 수명법관, 수탁판사 또는 단독판사에 대한 기피는 당해 법관에게 신청하여야 한다.

②기피사유는 신청한 날로부터 3일 이내에 서면으로 소명하여야 한다.

제20조(기피신청기각과 처리) ①기피신청이 소송의 지연을 목적으로 함이 명백하거나 제19조의 규정에 위배된 때에는 신청을 받은 법원 또는 법관은 결정으로 이를 기각한다. <개정 1995.12.29.>

②기피당한 법관은 전항의 경우를 제한 외에는 지체없이 기피신청에 대한 의견서를 제출하여야 한다.

③전항의 경우에 기피당한 법관이 기피의 신청을 이유있다고 인정하는 때에는 그 결정이 있은 것으로 간주한다.

제21조(기피신청에 대한 재판) ①기피신청에 대한 재판은 기피당한 법관의 소속법원합의부에서 결정으로 하여야 한다.

②기피당한 법관은 전항의 결정에 관여하지 못한다.

③기피당한 판사의 소속법원이 합의부를 구성하지 못하는 때에는 직근 상급법원이 결정하여야 한다.

제22조(기피신청과 소송의 정지) 기피신청이 있는 때에는 제20조제1항의 경우를 제한 외에는 소송진행을 정지하여야 한다. 단, 급속을 요하는 경우에는 예외로 한다.

제23조(기피신청기각과 즉시항고) ①기피신청을 기각한 결정에 대하여는 즉시항고를 할 수 있다.

②제20조제1항의 기각결정에 대한 즉시항고는 재판의 집행을 정지하는 효력이 없다. <신설 1995.12.29.>

제24조(회피의 원인 등) ①법관이 제18조의 규정에 해당하는 사유가 있다고 사료한 때에는 회피하여야 한다.

②회피는 소속법원에 서면으로 신청하여야 한다.

③제21조의 규정은 회피에 준용한다.

제25조(법원사무관등에 대한 제척 · 기피 · 회피) ①본장의 규정은 제17조제7호의 규정을 제한 외에는 법원서기관 · 법원사무관 · 법원주사 또는 법원주사보(이하 "법원사무관등"이라 한다)와 통역인에 준용한다. <개정 2007.6.1.>

②전항의 법원사무관등과 통역인에 대한 기피재판은 그 소속법원이 결정으로 하여야 한다. 단, 제20조제1항의 결정은 기피당한 자의 소속법관이 한다.

<개정 2007.6.1.> [제목개정 2007.6.1.]

제3장 소송행위의 대리와 보조

제26조(의사무능력자와 소송행위의 대리) 「형법」 제9조 내지 제11조의 규정의 적용을 받지 아니하는 범죄사건에 관하여 피고인 또는 피의자가 의사능력이 없는 때에는 그 법정대리인이 소송행위를 대리한다. <개정 2007.6.1.>

제27조(법인과 소송행위의 대표) ①피고인 또는 피의자가 법인인 때에는 그 대표자가 소송행위를 대표한다.

②수인이 공동하여 법인을 대표하는 경우에도 소송행위에 관하여는 각자가 대표한다.

제28조(소송행위의 특별대리인) ①전2조의 규정에 의하여 피고인을 대리 또는 대표할 자가 없는 때에는 법원은 직권 또는 검사의 청구에 의하여 특별대리인을 선임하여야 하며 피의자를 대리 또는 대표할 자가 없는 때에는 법원은 검사 또는 이해관계인의 청구에 의하여 특별대리인을 선임하여야 한다.

②특별대리인은 피고인 또는 피의자를 대리 또는 대표하여 소송행위를 할 자가 있을 때까지 그 임무를 행한다.

제29조(보조인) ①피고인 또는 피의자의 법정대리인, 배우자, 직계친족과 형제자매는 보조인이 될 수 있다. <개정 2005.3.31.>

② 보조인이 될 수 있는 자가 없거나 장애 등의 사유로 보조인으로서 역할을 할 수 없는 경우에는 피고인 또는 피의자와 신뢰관계 있는 자가 보조인이 될 수 있다. <신설 2015.7.31.>

③보조인이 되고자 하는 자는 심급별로 그 취지를 신고하여야 한다. <개정 2007.6.1., 2015.7.31.>

④보조인은 독립하여 피고인 또는 피의자의 명시한 의사에 반하지 아니하는 소송행위를 할 수 있다. 단, 법률에 다른 규정이 있는 때에는 예외로 한다. <개정 2015.7.31.>

제4장 변호

제30조(변호인선임권자) ①피고인 또는 피의자는 변호인을 선임할 수 있다.

②피고인 또는 피의자의 법정대리인, 배우자, 직계친족과 형제자매는 독립하여 변호인을 선임할 수 있다. <개정 2005.3.31.>

제31조(변호인의 자격과 특별변호인) 변호인은 변호사 중에서 선임하여야 한다. 단, 대법원 이외의 법원은 특별한 사정이 있으면 변호사 아닌 자를 변호인으로 선임함을 허가할 수 있다.

제32조(변호인선임의 효력) ①변호인의 선임은 심급마다 변호인과 연명날인한 서면으로 제출하여야 한다.

②공소제기 전의 변호인 선임은 제1심에도 그 효력이 있다.

제32조의2(대표변호인) ①수인의 변호인이 있는 때에는 재판장은 피고인·피의자 또는 변호인의 신청에 의하여 대표변호인을 지정할 수 있고 그 지정을 철회 또는 변경할 수 있다.

②제1항의 신청이 없는 때에는 재판장은 직권으로 대표변호인을 지정할 수 있고

그 지정을 철회 또는 변경할 수 있다.

③대표변호인은 3인을 초과할 수 없다.

④대표변호인에 대한 통지 또는 서류의 송달은 변호인 전원에 대하여 효력이 있다.

⑤제1항 내지 제4항의 규정은 피의자에게 수인의 변호인이 있는 때에 검사가 대표변호인을 지정하는 경우에 이를 준용한다.

[본조신설 1995.12.29.]

제33조(국선변호인) ①다음 각 호의 어느 하나에 해당하는 경우에 변호인이 없는 때에는 법원은 직권으로 변호인을 선정하여야 한다.

1. 피고인이 구속된 때
2. 피고인이 미성년자인 때
3. 피고인이 70세 이상인 때
4. 피고인이 농아자인 때
5. 피고인이 심신장애의 의심이 있는 때
6. 피고인이 사형, 무기 또는 단기 3년 이상의 징역이나 금고에 해당하는 사건으로 기소된 때

②법원은 피고인이 빈곤 그 밖의 사유로 변호인을 선임할 수 없는 경우에 피고인의 청구가 있는 때에는 변호인을 선정하여야 한다.

③법원은 피고인의 연령·지능 및 교육 정도 등을 참작하여 권리보호를 위하여 필요하다고 인정하는 때에는 피고인의 명시적 의사에 반하지 아니하는 범위 안에서 변호인을 선정하여야 한다.

[전문개정 2006.7.19.]

제34조(피고인, 피의자와의 접견, 교통, 수진) 변호인 또는 변호인이 되려는 자는 신체구속을 당한 피고인 또는 피의자와 접견하고 서류 또는 물건을 수수할 수 있으며 의사로 하여금 진료하게 할 수 있다.

제35조(서류·증거물의 열람·복사) ①피고인과 변호인은 소송계속 중의 관계 서류 또는 증거물을 열람하거나 복사할 수 있다. <개정 2016.5.29.>

②피고인의 법정대리인, 제28조에 따른 특별대리인, 제29조에 따른 보조인 또는 피고인의 배우자·직계친족·형제자매로서 피고인의 위임장 및 신분관계를 증명하는 문서를 제출한 자도 제1항과 같다.

③ 재판장은 피해자, 증인 등 사건관계인의 생명 또는 신체의 안전을 현저히 해칠 우려가 있는 경우에는 제1항 및 제2항에 따른 열람·복사에 앞서 사건관계

인의 성명 등 개인정보가 공개되지 아니하도록 보호조치를 할 수 있다. <신설 2016.5.29.>

④ 제3항에 따른 개인정보 보호조치의 방법과 절차, 그 밖에 필요한 사항은 대법원규칙으로 정한다. <신설 2016.5.29.>

[전문개정 2007.6.1.]

[제목개정 2016.5.29.]

제36조(변호인의 독립소송행위권) 변호인은 독립하여 소송행위를 할 수 있다. 단, 법률에 다른 규정이 있는 때에는 예외로 한다.

제5장 재판

제37조(판결, 결정, 명령) ①판결은 법률에 다른 규정이 없으면 구두변론에 의거하여야 한다.

②결정 또는 명령은 구두변론에 의거하지 아니 할 수 있다.

③결정 또는 명령을 함에 필요한 경우에는 사실을 조사할 수 있다.

④전항의 조사는 부원에게 명할 수 있고 다른 지방법원의 판사에게 촉탁할 수 있다.

제38조(재판서의 방식) 재판은 법관이 작성한 재판서에 의하여야 한다. 단, 결정 또는 명령을 고지하는 경우에는 재판서를 작성하지 아니하고 조서에만 기재하여 할 수 있다.

제39조(재판의 이유) 재판에는 이유를 명시하여야 한다. 단, 상소를 불허하는 결정 또는 명령은 예외로 한다.

제40조(재판서의 기재요건) ①재판서에는 법률에 다른 규정이 없으면 재판을 받는 자의 성명, 연령, 직업과 주거를 기재하여야 한다.

②재판을 받는 자가 법인인 때에는 그 명칭과 사무소를 기재하여야 한다.

③ 판결서에는 기소한 검사와 공판에 관여한 검사의 관직, 성명과 변호인의 성명을 기재하여야 한다. <개정 2011.7.18.>

제41조(재판서의 서명 등) ①재판서에는 재판한 법관이 서명날인하여야 한다.

②재판장이 서명날인할 수 없는 때에는 다른 법관이 그 사유를 부기하고 서명날인하여야 하며 다른 법관이 서명날인할 수 없는 때에는 재판장이 그 사유를 부기하고 서명날인하여야 한다.

③판결서 기타 대법원규칙이 정하는 재판서를 제외한 재판서에 대하여는 제1항

및 제2항의 서명날인에 갈음하여 기명날인할 수 있다. <신설 1995.12.29.>

제42조(재판의 선고, 고지의 방식) 재판의 선고 또는 고지는 공판정에서는 재판서에 의하여야 하고 기타의 경우에는 재판서등본의 송달 또는 다른 적당한 방법으로 하여야 한다. 단, 법률에 다른 규정이 있는 때에는 예외로 한다.

제43조(동전) 재판의 선고 또는 고지는 재판장이 한다. 판결을 선고함에는 주문을 낭독하고 이유의 요지를 설명하여야 한다.

제44조(검사의 집행지휘를 요하는 사건) 검사의 집행지휘를 요하는 재판은 재판서 또는 재판을 기재한 조서의 등본 또는 초본을 재판의 선고 또는 고지한 때로부터 10일 이내에 검사에게 송부하여야 한다. 단, 법률에 다른 규정이 있는 때에는 예외로 한다. <개정 1961.9.1.>

제45조(재판서의 등본, 초본의 청구) 피고인 기타의 소송관계인은 비용을 납입하고 재판서 또는 재판을 기재한 조서의 등본 또는 초본의 교부를 청구할 수 있다.

제46조(재판서의 등, 초본의 작성) 재판서 또는 재판을 기재한 조서의 등본 또는 초본은 원본에 의하여 작성하여야 한다. 단, 부득이한 경우에는 등본에 의하여 작성할 수 있다.

제6장 서류

제47조(소송서류의 비공개) 소송에 관한 서류는 공판의 개정 전에는 공익상 필요 기타 상당한 이유가 없으면 공개하지 못한다.

제48조(조서의 작성방법) ①피고인, 피의자, 증인, 감정인, 통역인 또는 번역인을 신문하는 때에는 참여한 법원사무관등이 조서를 작성하여야 한다. <개정 2007.6.1.>

②조서에는 다음 사항을 기재하여야 한다.

1. 피고인, 피의자, 증인, 감정인, 통역인 또는 번역인의 진술
2. 증인, 감정인, 통역인 또는 번역인이 선서를 하지 아니한 때에는 그 사유

③조서는 진술자에게 읽어주거나 열람하게 하여 기재내용의 정확여부를 물어야 한다.

④진술자가 증감변경의 청구를 한 때에는 그 진술을 조서에 기재하여야 한다.

⑤신문에 참여한 검사, 피고인, 피의자 또는 변호인이 조서의 기재의 정확성에 대하여 이의를 진술한 때에는 그 진술의 요지를 조서에 기재하여야 한다.

⑥전항의 경우에는 재판장 또는 신문한 법관은 그 진술에 대한 의견을 기재하게

할 수 있다.

⑦조서에는 진술자로 하여금 간인한 후 서명날인하게 하여야 한다. 단, 진술자가 서명날인을 거부한 때에는 그 사유를 기재하여야 한다.

제49조(검증 등의 조서) ①검증, 압수 또는 수색에 관하여는 조서를 작성하여야 한다.

②검증조서에는 검증목적물의 현상을 명확하게 하기 위하여 도화나 사진을 첨부할 수 있다.

③압수조서에는 품종, 외형상의 특징과 수량을 기재하여야 한다.

제50조(각종 조서의 기재요건) 전2조의 조서에는 조사 또는 처분의 연월일시와 장소를 기재하고 그 조사 또는 처분을 행한 자와 참여한 법원사무관등이 기명날인 또는 서명하여야 한다. 단, 공판기일 외에 법원이 조사 또는 처분을 행한 때에는 재판장 또는 법관과 참여한 법원사무관등이 기명날인 또는 서명하여야 한다. <개정 2007.6.1.>

제51조(공판조서의 기재요건) ①공판기일의 소송절차에 관하여는 참여한 법원사무관등이 공판조서를 작성하여야 한다. <개정 2007.6.1.>

②공판조서에는 다음 사항 기타 모든 소송절차를 기재하여야 한다. <개정 2007.6.1.>

1. 공판을 행한 일시와 법원
2. 법관, 검사, 법원사무관등의 관직, 성명
3. 피고인, 대리인, 대표자, 변호인, 보조인과 통역인의 성명
4. 피고인의 출석여부
5. 공개의 여부와 공개를 금한 때에는 그 이유
6. 공소사실의 진술 또는 그를 변경하는 서면의 낭독
7. 피고인에게 그 권리를 보호함에 필요한 진술의 기회를 준 사실과 그 진술한 사실
8. 제48조제2항에 기재한 사항
9. 증거조사를 한 때에는 증거될 서류, 증거물과 증거조사의 방법
10. 공판정에서 행한 검증 또는 압수
11. 변론의 요지
12. 재판장이 기재를 명한 사항 또는 소송관계인의 청구에 의하여 기재를 허가한 사항

13. 피고인 또는 변호인에게 최종 진술할 기회를 준 사실과 그 진술한 사실
14. 판결 기타의 재판을 선고 또는 고지한 사실

제52조(공판조서작성상의 특례) 공판조서 및 공판기일외의 증인신문조서에는 제48조제3항 내지 제7항의 규정에 의하지 아니한다. 단, 진술자의 청구가 있는 때에는 그 진술에 관한 부분을 읽어주고 증감변경의 청구가 있는 때에는 그 진술을 기재하여야 한다. <개정 1995.12.29.>

제53조(공판조서의 서명 등) ①공판조서에는 재판장과 참여한 법원사무관등이 기명날인 또는 서명하여야 한다. <개정 2007.6.1.>

②재판장이 기명날인 또는 서명할 수 없는 때에는 다른 법관이 그 사유를 부기하고 기명날인 또는 서명하여야 하며 법관전원이 기명날인 또는 서명할 수 없는 때에는 참여한 법원사무관등이 그 사유를 부기하고 기명날인 또는 서명하여야 한다. <개정 2007.6.1.>

③법원사무관등이 기명날인 또는 서명할 수 없는 때에는 재판장 또는 다른 법관이 그 사유를 부기하고 기명날인 또는 서명하여야 한다. <개정 2007.6.1.>

제54조(공판조서의 정리 등) ①공판조서는 각 공판기일 후 신속히 정리하여야 한다. <개정 2007.6.1.>

②다음 회의 공판기일에 있어서는 전회의 공판심리에 관한 주요사항의 요지를 조서에 의하여 고지하여야 한다. 다만, 다음 회의 공판기일까지 전회의 공판조서가 정리되지 아니한 때에는 조서에 의하지 아니하고 고지할 수 있다. <개정 2007.6.1.>

③검사, 피고인 또는 변호인은 공판조서의 기재에 대하여 변경을 청구하거나 이의를 제기할 수 있다. <개정 2007.6.1.>

④제3항에 따른 청구나 이의가 있는 때에는 그 취지와 이에 대한 재판장의 의견을 기재한 조서를 당해 공판조서에 첨부하여야 한다. <신설 2007.6.1.>

제55조(피고인의 공판조서열람권등) ①피고인은 공판조서의 열람 또는 등사를 청구할 수 있다. <개정 1995.12.29.>

②피고인이 공판조서를 읽지 못하는 때에는 공판조서의 낭독을 청구할 수 있다. <개정 1995.12.29.>

③전2항의 청구에 응하지 아니한 때에는 그 공판조서를 유죄의 증거로 할 수 없다.

제56조(공판조서의 증명력) 공판기일의 소송절차로서 공판조서에 기재된 것은 그 조서만으로써 증명한다.

제56조의2(공판정에서의 속기·녹음 및 영상녹화) ①법원은 검사, 피고인 또는 변호인의 신청이 있는 때에는 특별한 사정이 없는 한 공판정에서의 심리의 전부 또는 일부를 속기사로 하여금 속기하게 하거나 녹음장치 또는 영상녹화장치를 사용하여 녹음 또는 영상녹화(녹음이 포함된 것을 말한다. 이하 같다)하여야 하며, 필요하다고 인정하는 때에는 직권으로 이를 명할 수 있다.

②법원은 속기록·녹음물 또는 영상녹화물을 공판조서와 별도로 보관하여야 한다.

③검사, 피고인 또는 변호인은 비용을 부담하고 제2항에 따른 속기록·녹음물 또는 영상녹화물의 사본을 청구할 수 있다.

[전문개정 2007.6.1.]

제57조(공무원의 서류) ①공무원이 작성하는 서류에는 법률에 다른 규정이 없는 때에는 작성 연월일과 소속공무소를 기재하고 기명날인 또는 서명하여야 한다. <개정 2007.6.1.>

②서류에는 간인하거나 이에 준하는 조치를 하여야 한다. <개정 1995.12.29.>

③ 삭제 <2007.6.1.>

제58조(공무원의 서류) ①공무원이 서류를 작성함에는 문자를 변개하지 못한다.

②삽입, 삭제 또는 난외기재를 할 때에는 이 기재한 곳에 날인하고 그 자수를 기재하여야 한다. 단, 삭제한 부분은 해득할 수 있도록 자체를 존치하여야 한다.

제59조(비공무원의 서류) 공무원 아닌 자가 작성하는 서류에는 연월일을 기재하고 기명날인 또는 서명하여야 한다. 인장이 없으면 지장으로 한다.

제59조의2(재판확정기록의 열람·등사) ①누구든지 권리구제·학술연구 또는 공익적 목적으로 재판이 확정된 사건의 소송기록을 보관하고 있는 검찰청에 그 소송기록의 열람 또는 등사를 신청할 수 있다.

②검사는 다음 각 호의 어느 하나에 해당하는 경우에는 소송기록의 전부 또는 일부의 열람 또는 등사를 제한할 수 있다. 다만, 소송관계인이나 이해관계 있는 제3자가 열람 또는 등사에 관하여 정당한 사유가 있다고 인정되는 경우에는 그러하지 아니하다.

1. 심리가 비공개로 진행된 경우
2. 소송기록의 공개로 인하여 국가의 안전보장, 선량한 풍속, 공공의 질서유지 또는 공공복리를 현저히 해할 우려가 있는 경우
3. 소송기록의 공개로 인하여 사건관계인의 명예나 사생활의 비밀 또는 생명·신체의 안전이나 생활의 평온을 현저히 해할 우려가 있는 경우

4. 소송기록의 공개로 인하여 공범관계에 있는 자 등의 증거인멸 또는 도주를 용이하게 하거나 관련 사건의 재판에 중대한 영향을 초래할 우려가 있는 경우
5. 소송기록의 공개로 인하여 피고인의 개선이나 갱생에 현저한 지장을 초래할 우려가 있는 경우
6. 소송기록의 공개로 인하여 사건관계인의 영업비밀(「부정경쟁방지 및 영업비밀보호에 관한 법률」 제2조제2호의 영업비밀을 말한다)이 현저하게 침해될 우려가 있는 경우
7. 소송기록의 공개에 대하여 당해 소송관계인이 동의하지 아니하는 경우

③검사는 제2항에 따라 소송기록의 열람 또는 등사를 제한하는 경우에는 신청인에게 그 사유를 명시하여 통지하여야 한다.

④검사는 소송기록의 보존을 위하여 필요하다고 인정하는 경우에는 그 소송기록의 등본을 열람 또는 등사하게 할 수 있다. 다만, 원본의 열람 또는 등사가 필요한 경우에는 그러하지 아니하다.

⑤소송기록을 열람 또는 등사한 자는 열람 또는 등사에 의하여 알게 된 사항을 이용하여 공공의 질서 또는 선량한 풍속을 해하거나 피고인의 개선 및 갱생을 방해하거나 사건관계인의 명예 또는 생활의 평온을 해하는 행위를 하여서는 아니 된다.

⑥제1항에 따라 소송기록의 열람 또는 등사를 신청한 자는 열람 또는 등사에 관한 검사의 처분에 불복하는 경우에는 당해 기록을 보관하고 있는 검찰청에 대응한 법원에 그 처분의 취소 또는 변경을 신청할 수 있다.

⑦제418조 및 제419조는 제6항의 불복신청에 관하여 준용한다.

[본조신설 2007.6.1.]

第59조의3(확정 판결서등의 열람·복사) ① 누구든지 판결이 확정된 사건의 판결서 또는 그 등본, 증거목록 또는 그 등본, 그 밖에 검사나 피고인 또는 변호인이 법원에 제출한 서류·물건의 명칭·목록 또는 이에 해당하는 정보(이하 "판결서등"이라 한다)를 보관하는 법원에서 해당 판결서등을 열람 및 복사(인터넷, 그 밖의 전산정보처리시스템을 통한 전자적 방법을 포함한다. 이하 이 조에서 같다) 할 수 있다. 다만, 다음 각 호의 어느 하나에 해당하는 경우에는 판결서등의 열람 및 복사를 제한할 수 있다.
1. 심리가 비공개로 진행된 경우
2. 「소년법」 제2조에 따른 소년에 관한 사건인 경우

3. 공범관계에 있는 자 등의 증거인멸 또는 도주를 용이하게 하거나 관련 사건의 재판에 중대한 영향을 초래할 우려가 있는 경우
4. 국가의 안전보장을 현저히 해할 우려가 명백하게 있는 경우
5. 제59조의2제2항제3호 또는 제6호의 사유가 있는 경우. 다만, 소송관계인의 신청이 있는 경우에 한정한다.

② 법원사무관등이나 그 밖의 법원공무원은 제1항에 따른 열람 및 복사에 앞서 판결서등에 기재된 성명 등 개인정보가 공개되지 아니하도록 대법원규칙으로 정하는 보호조치를 하여야 한다.

③ 제2항에 따른 개인정보 보호조치를 한 법원사무관등이나 그 밖의 법원공무원은 고의 또는 중대한 과실로 인한 것이 아니면 제1항에 따른 열람 및 복사와 관련하여 민사상·형사상 책임을 지지 아니한다.

④ 열람 및 복사에 관하여 정당한 사유가 있는 소송관계인이나 이해관계 있는 제3자는 제1항 단서에도 불구하고 제1항 본문에 따른 법원의 법원사무관등이나 그 밖의 법원공무원에게 판결서등의 열람 및 복사를 신청할 수 있다. 이 경우 법원사무관등이나 그 밖의 법원공무원의 열람 및 복사에 관한 처분에 불복하는 경우에는 제1항 본문에 따른 법원에 처분의 취소 또는 변경을 신청할 수 있다.

⑤ 제4항의 불복신청에 대하여는 제417조 및 제418조를 준용한다.

⑥ 판결서등의 열람 및 복사의 방법과 절차, 개인정보 보호조치의 방법과 절차, 그 밖에 필요한 사항은 대법원규칙으로 정한다.

[본조신설 2011.7.18.]

[시행일 : 2014.1.1.] 제59조의3 개정규정 중 증거목록이나 그 등본, 그 밖에 검사나 피고인 또는 변호인이 법원에 제출한 서류·물건의 명칭·목록 또는 이에 해당하는 정보의 전자적 방법에 따른 열람 및 복사에 관한 사항, 단독판사가 심판하는 사건 및 그에 대한 상소심 사건에서 증거목록이나 그 등본, 그 밖에 검사나 피고인 또는 변호인이 법원에 제출한 서류·물건의 명칭·목록 또는 이에 해당하는 정보의 열람 및 복사에 관한 사항(전자적 방법에 따른 열람 및 복사를 포함한다)

제7장 송달

제60조(송달받기 위한 신고) ①피고인, 대리인, 대표자, 변호인 또는 보조인이 법원 소재지에 서류의 송달을 받을 수 있는 주거 또는 사무소를 두지 아니한 때에

는 법원 소재지에 주거 또는 사무소 있는 자를 송달영수인으로 선임하여 연명한 서면으로 신고하여야 한다.

②송달영수인은 송달에 관하여 본인으로 간주하고 그 주거 또는 사무소는 본인의 주거 또는 사무소로 간주한다.

③송달영수인의 선임은 같은 지역에 있는 각 심급법원에 대하여 효력이 있다.

④전3항의 규정은 신체구속을 당한 자에게 적용하지 아니한다.

제61조(우체에 부치는 송달) ①주거, 사무소 또는 송달영수인의 선임을 신고하여야 할 자가 그 신고를 하지 아니하는 때에는 법원사무관등은 서류를 우체에 부치거나 기타 적당한 방법에 의하여 송달할 수 있다. <개정 2007.6.1.>

②서류를 우체에 부친 경우에는 도달된 때에 송달된 것으로 간주한다.

제62조(검사에 대한 송달) 검사에 대한 송달은 서류를 소속검찰청에 송부하여야 한다.

제63조(공시송달의 원인) ①피고인의 주거, 사무소와 현재지를 알 수 없는 때에는 공시송달을 할 수 있다.

②피고인이 재판권이 미치지 아니하는 장소에 있는 경우에 다른 방법으로 송달할 수 없는 때에도 전항과 같다.

제64조(공시송달의 방식) ①공시송달은 대법원규칙의 정하는 바에 의하여 법원이 명한 때에 한하여 할 수 있다.

②공시송달은 법원사무관등이 송달할 서류를 보관하고 그 사유를 법원게시장에 공시하여야 한다. <개정 1961.9.1., 2007.6.1.>

③법원은 전항의 사유를 관보나 신문지상에 공고할 것을 명할 수 있다. <개정 1961.9.1.>

④최초의 공시송달은 제2항의 공시를 한 날로부터 2주일을 경과하면 그 효력이 생긴다. 단, 제2회이후의 공시송달은 5일을 경과하면 그 효력이 생긴다. <개정 1961.9.1.>

제65조(「민사소송법」의 준용) 서류의 송달에 관하여 법률에 다른 규정이 없는 때에는 「민사소송법」을 준용한다. <개정 2007.6.1.> [제목개정 2007.6.1.]

제8장 기간

제66조(기간의 계산) ①기간의 계산에 관하여는 시로써 계산하는 것은 즉시부터 기산하고 일, 월 또는 연으로써 계산하는 것은 초일을 산입하지 아니한다. 단, 시

효와 구속기간의 초일은 시간을 계산함이 없이 1일로 산정한다.

②연 또는 월로써 정한 기간은 역서에 따라 계산한다.

③기간의 말일이 공휴일 또는 토요일에 해당하는 날은 기간에 산입하지 아니한다. 단, 시효와 구속의 기간에 관하여서는 예외로 한다. <개정 2007.12.21.>

제67조(법정기간의 연장) 법정기간은 소송행위를 할 자의 주거 또는 사무소의 소재지와 법원 또는 검찰청 소재지와의 거리 및 교통통신의 불편정도에 따라 대법원규칙으로 이를 연장할 수 있다.

[전문개정 1995.12.29.]

제9장 피고인의 소환, 구속

제68조(소환) 법원은 피고인을 소환할 수 있다.

제69조(구속의 정의) 본법에서 구속이라 함은 구인과 구금을 포함한다.

제70조(구속의 사유) ①법원은 피고인이 죄를 범하였다고 의심할 만한 상당한 이유가 있고 다음 각 호의 1에 해당하는 사유가 있는 경우에는 피고인을 구속할 수 있다. <개정 1995.12.29.>

1. 피고인이 일정한 주거가 없는 때
2. 피고인이 증거를 인멸할 염려가 있는 때
3. 피고인이 도망하거나 도망할 염려가 있는 때

②법원은 제1항의 구속사유를 심사함에 있어서 범죄의 중대성, 재범의 위험성, 피해자 및 중요 참고인 등에 대한 위해우려 등을 고려하여야 한다. <신설 2007.6.1.>

③다액 50만원이하의 벌금, 구류 또는 과료에 해당하는 사건에 관하여는 제1항 제1호의 경우를 제한 외에는 구속할 수 없다. <개정 1973.1.25., 1995.12.29., 2007.6.1.>

제71조(구인의 효력) 구인한 피고인을 법원에 인치한 경우에 구금할 필요가 없다고 인정한 때에는 그 인치한 때로부터 24시간 내에 석방하여야 한다.

제71조의2(구인 후의 유치) 법원은 인치받은 피고인을 유치할 필요가 있는 때에는 교도소·구치소 또는 경찰서 유치장에 유치할 수 있다. 이 경우 유치기간은 인치한 때부터 24시간을 초과할 수 없다. [본조신설 2007.6.1.]

제72조(구속과 이유의 고지) 피고인에 대하여 범죄사실의 요지, 구속의 이유와 변호인을 선임할 수 있음을 말하고 변명할 기회를 준 후가 아니면 구속할 수 없다

다만, 피고인이 도망한 경우에는 그러하지 아니하다. <개정 1987.11.28., 2007.6.1.>

第72조의2(수명법관) 법원은 합의부원으로 하여금 제72조의 절차를 이행하게 할 수 있다. [본조신설 2014.10.15.]

第73조(영장의 발부) 피고인을 소환함에는 소환장을, 구인 또는 구금함에는 구속영장을 발부하여야 한다.

第74조(소환장의 방식) 소환장에는 피고인의 성명, 주거, 죄명, 출석일시, 장소와 정당한 이유없이 출석하지 아니하는 때에는 도망할 염려가 있다고 인정하여 구속영장을 발부할 수 있음을 기재하고 재판장 또는 수명법관이 기명날인 또는 서명하여야 한다. <개정 1995.12.29.>

第75조(구속영장의 방식) ①구속영장에는 피고인의 성명, 주거, 죄명, 공소사실의 요지, 인치 구금할 장소, 발부년월일, 그 유효기간과 그 기간을 경과하면 집행에 착수하지 못하며 영장을 반환하여야 할 취지를 기재하고 재판장 또는 수명법관이 서명날인하여야 한다.

②피고인의 성명이 분명하지 아니한 때에는 인상, 체격, 기타 피고인을 특정할 수 있는 사항으로 피고인을 표시할 수 있다.

③피고인의 주거가 분명하지 아니한 때에는 그 주거의 기재를 생략할 수 있다.

第76조(소환장의 송달) ①소환장은 송달하여야 한다.

②피고인이 기일에 출석한다는 서면을 제출하거나 출석한 피고인에 대하여 차회기일을 정하여 출석을 명한 때에는 소환장의 송달과 동일한 효력이 있다.

③전항의 출석을 명한 때에는 그 요지를 조서에 기재하여야 한다.

④구금된 피고인에 대하여는 교도관에게 통지하여 소환한다.

<개정 1963.12.13., 2007.6.1.>

⑤피고인이 교도관으로부터 소환통지를 받은 때에는 소환장의 송달과 동일한 효력이 있다. <개정 1963.12.13., 2007.6.1.>

第77조(구속의 촉탁) ①법원은 피고인의 현재지의 지방법원판사에게 피고인의 구속을 촉탁할 수 있다.

②수탁판사는 피고인이 관할구역 내에 현재하지 아니한 때에는 그 현재지의 지방법원판사에게 전촉할 수 있다.

③수탁판사는 구속영장을 발부하여야 한다.

④제75조의 규정은 전항의 구속영장에 준용한다.

第78조(촉탁에 의한 구속의 절차) ①전조의 경우에 촉탁에 의하여 구속영장을 발부한 판사는 피고인을 인치한 때로부터 24시간 이내에 그 피고인임에 틀림없는가를 조사하여야 한다.

②피고인임에 틀림없는 때에는 신속히 지정된 장소에 송치하여야 한다.

第79조(출석, 동행명령) 법원은 필요한 때에는 지정한 장소에 피고인의 출석 또는 동행을 명할 수 있다.

第80조(요급처분) 재판장은 급속을 요하는 경우에는 제68조부터 제71조까지, 제71조의2, 제73조, 제76조, 제77조와 전조에 규정한 처분을 할 수 있고 또는 합의부원으로 하여금 처분을 하게 할 수 있다. <개정 2014.10.15.>

第81조(구속영장의 집행) ①구속영장은 검사의 지휘에 의하여 사법경찰관리가 집행한다. 단, 급속을 요하는 경우에는 재판장, 수명법관 또는 수탁판사가 그 집행을 지휘할 수 있다.

②제1항 단서의 경우에는 법원사무관등에게 그 집행을 명할 수 있다. 이 경우에 법원사무관등은 그 집행에 관하여 필요한 때에는 사법경찰관리·교도관 또는 법원경위에게 보조를 요구할 수 있으며 관할구역 외에서도 집행할 수 있다. <개정 2007.6.1.>

③교도소 또는 구치소에 있는 피고인에 대하여 발부된 구속영장은 검사의 지휘에 의하여 교도관이 집행한다. <개정 1963.12.13., 2007.6.1.>

第82조(수통의 구속영장의 작성) ①구속영장은 수통을 작성하여 사법경찰관리 수인에게 교부할 수 있다.

②전항의 경우에는 그 사유를 구속영장에 기재하여야 한다.

第83조(관할구역 외에서의 구속영장의 집행과 그 촉탁) ①검사는 필요에 의하여 관할구역 외에서 구속영장의 집행을 지휘할 수 있고 또는 당해 관할구역의 검사에게 집행지휘를 촉탁할 수 있다.

②사법경찰관리는 필요에 의하여 관할구역 외에서 구속영장을 집행할 수 있고 또는 당해 관할구역의 사법경찰관리에게 집행을 촉탁할 수 있다.

第84조(고등검찰청검사장 또는 지방검찰청검사장에 대한 수사촉탁) 피고인의 현재지가 분명하지 아니한 때에는 재판장은 고등검찰청검사장 또는 지방검찰청검사장에게 그 수사와 구속영장의 집행을 촉탁할 수 있다. <개정 2004.1.20.>

[제목개정 2004.1.20.]

第85조(구속영장집행의 절차) ①구속영장을 집행함에는 피고인에게 반드시 이를 제시하여야 하며 신속히 지정된 법원 기타 장소에 인치하여야 한다.

②제77조제3항의 구속영장에 관하여는 이를 발부한 판사에게 인치하여야 한다.

③구속영장을 소지하지 아니한 경우에 급속을 요하는 때에는 피고인에 대하여 공소사실의 요지와 영장이 발부되었음을 고하고 집행할 수 있다.

④전항의 집행을 완료한 후에는 신속히 구속영장을 제시하여야 한다.

제86조(호송 중의 가유치) 구속영장의 집행을 받은 피고인을 호송할 경우에 필요한 때에는 가장 접근한 교도소 또는 구치소에 임시로 유치할 수 있다. <개정 1963.12.13.>

제87조(구속의 통지) ①피고인을 구속한 때에는 변호인이 있는 경우에는 변호인에게, 변호인이 없는 경우에는 제30조제2항에 규정한 자 중 피고인이 지정한 자에게 피고사건명, 구속일시·장소, 범죄사실의 요지, 구속의 이유와 변호인을 선임할 수 있는 취지를 알려야 한다. <개정 1987.11.28., 1995.12.29.>

②제1항의 통지는 지체없이 서면으로 하여야 한다. <개정 1987.11.28.>

제88조(구속과 공소사실 등의 고지) 피고인을 구속한 때에는 즉시 공소사실의 요지와 변호인을 선임할 수 있음을 알려야 한다.

제89조(구속된 피고인과의 접견, 수진) 구속된 피고인은 법률의 범위 내에서 타인과 접견하고 서류 또는 물건을 수수하며 의사의 진료를 받을 수 있다.

제90조(변호인의 의뢰) ①구속된 피고인은 법원, 교도소장 또는 구치소장 또는 그 대리자에게 변호사를 지정하여 변호인의 선임을 의뢰할 수 있다.

②전항의 의뢰를 받은 법원, 교도소장 또는 구치소장 또는 그 대리자는 급속히 피고인이 지명한 변호사에게 그 취지를 통지하여야 한다. <개정 1963.12.13.>

제91조(비변호인과의 접견, 교통의 접견) 법원은 도망하거나 또는 죄증을 인멸할 염려가 있다고 인정할 만한 상당한 이유가 있는 때에는 직권 또는 검사의 청구에 의하여 결정으로 구속된 피고인과 제34조에 규정한 외의 타인과의 접견을 금하거나 수수할 서류 기타 물건의 검열, 수수의 금지 또는 압수를 할 수 있다. 단, 의류, 양식, 의료품의 수수를 금지 또는 압수할 수 없다.

제92조(구속기간과 갱신) ①구속기간은 2개월로 한다. <개정 2007.6.1.>

②제1항에도 불구하고 특히 구속을 계속할 필요가 있는 경우에는 심급마다 2개월 단위로 2차에 한하여 결정으로 갱신할 수 있다. 다만, 상소심은 피고인 또는 변호인이 신청한 증거의 조사, 상소이유를 보충하는 서면의 제출 등으로 추가 심리가 필요한 부득이한 경우에는 3차에 한하여 갱신할 수 있다. <개정 2007.6.1.>

③제22조, 제298조제4항, 제306조제1항 및 제2항의 규정에 의하여 공판절차가 정지된 기간 및 공소제기전의 체포·구인·구금 기간은 제1항 및 제2항의 기간에 산입하지 아니한다. <신설 1961.9.1., 1995.12.29., 2007.6.1.>

제93조(구속의 취소) 구속의 사유가 없거나 소멸된 때에는 법원은 직권 또는 검사, 피고인, 변호인과 제30조제2항에 규정한 자의 청구에 의하여 결정으로 구속을 취소하여야 한다.

제94조(보석의 청구) 피고인, 피고인의 변호인·법정대리인·배우자·직계친족·형제자매·가족·동거인 또는 고용주는 법원에 구속된 피고인의 보석을 청구할 수 있다. [전문개정 2007.6.1.]

제95조(필요적 보석) 보석의 청구가 있는 때에는 다음 이외의 경우에는 보석을 허가하여야 한다. <개정 1973.12.20., 1995.12.29.>

1. 피고인이 사형, 무기 또는 장기 10년이 넘는 징역이나 금고에 해당하는 죄를 범한 때
2. 피고인이 누범에 해당하거나 상습범인 죄를 범한 때
3. 피고인이 죄증을 인멸하거나 인멸할 염려가 있다고 믿을 만한 충분한 이유가 있는 때
4. 피고인이 도망하거나 도망할 염려가 있다고 믿을 만한 충분한 이유가 있는 때
5. 피고인의 주거가 분명하지 아니한 때
6. 피고인이 피해자, 당해 사건의 재판에 필요한 사실을 알고 있다고 인정되는 자 또는 그 친족의 생명·신체나 재산에 해를 가하거나 가할 염려가 있다고 믿을만한 충분한 이유가 있는 때

[전문개정 1973.1.25.]

제96조(임의적 보석) 법원은 제95조의 규정에 불구하고 상당한 이유가 있는 때에는 직권 또는 제94조에 규정한 자의 청구에 의하여 결정으로 보석을 허가할 수 있다. <개정 1995.12.29.>

제97조(보석, 구속의 취소와 검사의 의견) ①재판장은 보석에 관한 결정을 하기 전에 검사의 의견을 물어야 한다. <개정 2007.6.1.>

②구속의 취소에 관한 결정을 함에 있어서도 검사의 청구에 의하거나 급속을 요하는 경우외에는 제1항과 같다. <개정 1995.12.29.>

③검사는 제1항 및 제2항에 따른 의견요청에 대하여 지체 없이 의견을 표명하여야 한다. <신설 2007.6.1.>

④구속을 취소하는 결정에 대하여는 검사는 즉시항고를 할 수 있다. <개정 1995.12.29., 2007.6.1.>
[전문개정 1973.1.25.]
[93헌가2 1993.12.23.(1973.1.25. 法2450)]

第98條(보석의 조건) 법원은 보석을 허가하는 경우에는 필요하고 상당한 범위 안에서 다음 각 호의 조건 중 하나 이상의 조건을 정하여야 한다.

1. 법원이 지정하는 일시·장소에 출석하고 증거를 인멸하지 아니하겠다는 서약서를 제출할 것
2. 법원이 정하는 보증금 상당의 금액을 납입할 것을 약속하는 약정서를 제출할 것
3. 법원이 지정하는 장소로 주거를 제한하고 이를 변경할 필요가 있는 경우에는 법원의 허가를 받는 등 도주를 방지하기 위하여 행하는 조치를 수인할 것
4. 피해자, 당해 사건의 재판에 필요한 사실을 알고 있다고 인정되는 자 또는 그 친족의 생명·신체·재산에 해를 가하는 행위를 하지 아니하고 주거·직장 등 그 주변에 접근하지 아니할 것
5. 피고인 외의 자가 작성한 출석보증서를 제출할 것
6. 법원의 허가 없이 외국으로 출국하지 아니할 것을 서약할 것
7. 법원이 지정하는 방법으로 피해자의 권리회복에 필요한 금원을 공탁하거나 그에 상당한 담보를 제공할 것
8. 피고인 또는 법원이 지정하는 자가 보증금을 납입하거나 담보를 제공할 것
9. 그 밖에 피고인의 출석을 보증하기 위하여 법원이 정하는 적당한 조건을 이행할 것 [전문개정 2007.6.1.]

第99條(보석조건의 결정 시 고려사항) ①법원은 제98조의 조건을 정함에 있어서 다음 각 호의 사항을 고려하여야 한다.

1. 범죄의 성질 및 죄상(罪狀)
2. 증거의 증명력
3. 피고인의 전과·성격·환경 및 자산
4. 피해자에 대한 배상 등 범행 후의 정황에 관련된 사항

②법원은 피고인의 자력 또는 자산 정도로는 이행할 수 없는 조건을 정할 수 없다.
[전문개정 2007.6.1.]

第100條(보석집행의 절차) ①제98조제1호·제2호·제5호·제7호 및 제8호의 조건은 이를 이행한 후가 아니면 보석허가결정을 집행하지 못하며, 법원은 필요하

다고 인정하는 때에는 다른 조건에 관하여도 그 이행 이후 보석허가결정을 집행하도록 정할 수 있다. <개정 2007.6.1.>

②법원은 보석청구자 이외의 자에게 보증금의 납입을 허가할 수 있다.

③법원은 유가증권 또는 피고인 외의 자가 제출한 보증서로써 보증금에 갈음함을 허가할 수 있다. <개정 2007.6.1.>

④전항의 보증서에는 보증금액을 언제든지 납입할 것을 기재하여야 한다.

⑤법원은 보석허가결정에 따라 석방된 피고인이 보석조건을 준수하는데 필요한 범위 안에서 관공서나 그 밖의 공사단체에 대하여 적절한 조치를 취할 것을 요구할 수 있다. <신설 2007.6.1.>

[제목개정 2007.6.1.]

제100조의2(출석보증인에 대한 과태료) ①법원은 제98조제5호의 조건을 정한 보석허가결정에 따라 석방된 피고인이 정당한 사유 없이 기일에 불출석하는 경우에는 결정으로 그 출석보증인에 대하여 500만원 이하의 과태료를 부과할 수 있다.

②제1항의 결정에 대하여는 즉시항고를 할 수 있다.

[본조신설 2007.6.1.]

제101조(구속의 집행정지) ①법원은 상당한 이유가 있는 때에는 결정으로 구속된 피고인을 친족·보호단체 기타 적당한 자에게 부탁하거나 피고인의 주거를 제한하여 구속의 집행을 정지할 수 있다.

②전항의 결정을 함에는 검사의 의견을 물어야 한다. 단, 급속을 요하는 경우에는 그러하지 아니하다.

③ 삭제 <2015.7.31.>

④헌법 제44조에 의하여 구속된 국회의원에 대한 석방요구가 있으면 당연히 구속영장의 집행이 정지된다. <개정 1980.12.18., 1987.11.28.>

⑤전항의 석방요구의 통고를 받은 검찰총장은 즉시 석방을 지휘하고 그 사유를 수소법원에 통지하여야 한다.

[전문개정 1973.1.25.]

[2015.7.31. 법률 제13454호에 의하여 2012.6.27. 헌법재판소에서 위헌 결정된 이 조 제3항을 삭제함.]

제102조(보석조건의 변경과 취소 등) ①법원은 직권 또는 제94조에 규정된 자의 신청에 따라 결정으로 피고인의 보석조건을 변경하거나 일정기간 동안 당해 조건의 이행을 유예할 수 있다.

②법원은 피고인이 다음 각 호의 어느 하나에 해당하는 경우에는 직권 또는 검사의 청구에 따라 결정으로 보석 또는 구속의 집행정지를 취소할 수 있다. 다만, 제101조제4항에 따른 구속영장의 집행정지는 그 회기 중 취소하지 못한다.

1. 도망한 때
2. 도망하거나 죄증을 인멸할 염려가 있다고 믿을 만한 충분한 이유가 있는 때
3. 소환을 받고 정당한 사유 없이 출석하지 아니한 때
4. 피해자, 당해 사건의 재판에 필요한 사실을 알고 있다고 인정되는 자 또는 그 친족의 생명·신체·재산에 해를 가하거나 가할 염려가 있다고 믿을 만한 충분한 이유가 있는 때
5. 법원이 정한 조건을 위반한 때

③법원은 피고인이 정당한 사유 없이 보석조건을 위반한 경우에는 결정으로 피고인에 대하여 1천만원 이하의 과태료를 부과하거나 20일 이내의 감치에 처할 수 있다.

④제3항의 결정에 대하여는 즉시항고를 할 수 있다.

[전문개정 2007.6.1.]

第103조(보증금 등의 몰취) ①법원은 보석을 취소하는 때에는 직권 또는 검사의 청구에 따라 결정으로 보증금 또는 담보의 전부 또는 일부를 몰취할 수 있다.

②법원은 보증금의 납입 또는 담보제공을 조건으로 석방된 피고인이 동일한 범죄사실에 관하여 형의 선고를 받고 그 판결이 확정된 후 집행하기 위한 소환을 받고 정당한 사유 없이 출석하지 아니하거나 도망한 때에는 직권 또는 검사의 청구에 따라 결정으로 보증금 또는 담보의 전부 또는 일부를 몰취하여야 한다.

[전문개정 2007.6.1.]

第104조(보증금 등의 환부) 구속 또는 보석을 취소하거나 구속영장의 효력이 소멸된 때에는 몰취하지 아니한 보증금 또는 담보를 청구한 날로부터 7일 이내에 환부하여야 한다. <개정 2007.6.1.> [제목개정 2007.6.1.]

第104조의2(보석조건의 효력상실 등) ①구속영장의 효력이 소멸한 때에는 보석조건은 즉시 그 효력을 상실한다.

②보석이 취소된 경우에도 제1항과 같다. 다만, 제98조제8호의 조건은 예외로 한다. [본조신설 2007.6.1.]

第105조(상소와 구속에 관한 결정) 상소기간 중 또는 상소 중의 사건에 관하여 구속기간의 갱신, 구속의 취소, 보석, 구속의 집행정지와 그 정지의 취소에 대한 결

정은 소송기록이 원심법원에 있는 때에는 원심법원이 하여야 한다.

제10장 압수와 수색

제106조(압수) ①법원은 필요한 때에는 피고사건과 관계가 있다고 인정할 수 있는 것에 한정하여 증거물 또는 몰수할 것으로 사료하는 물건을 압수할 수 있다. 단, 법률에 다른 규정이 있는 때에는 예외로 한다. <개정 2011.7.18.>

②법원은 압수할 물건을 지정하여 소유자, 소지자 또는 보관자에게 제출을 명할 수 있다.

③ 법원은 압수의 목적물이 컴퓨터용디스크, 그 밖에 이와 비슷한 정보저장매체(이하 이 항에서 "정보저장매체등"이라 한다)인 경우에는 기억된 정보의 범위를 정하여 출력하거나 복제하여 제출받아야 한다. 다만, 범위를 정하여 출력 또는 복제하는 방법이 불가능하거나 압수의 목적을 달성하기에 현저히 곤란하다고 인정되는 때에는 정보저장매체등을 압수할 수 있다. <신설 2011.7.18.>

④ 법원은 제3항에 따라 정보를 제공받은 경우 「개인정보 보호법」 제2조제3호에 따른 정보주체에게 해당 사실을 지체 없이 알려야 한다. <신설 2011.7.18.>

제107조(우체물의 압수) ① 법원은 필요한 때에는 피고사건과 관계가 있다고 인정할 수 있는 것에 한정하여 우체물 또는 「통신비밀보호법」 제2조제3호에 따른 전기통신(이하 "전기통신"이라 한다)에 관한 것으로서 체신관서, 그 밖의 관련 기관 등이 소지 또는 보관하는 물건의 제출을 명하거나 압수를 할 수 있다. <개정 2011.7.18.>

② 삭제 <2011.7.18.>

③제1항에 따른 처분을 할 때에는 발신인이나 수신인에게 그 취지를 통지하여야 한다. 단, 심리에 방해될 염려가 있는 경우에는 예외로 한다. <개정 2011.7.18.>

제108조(임의 제출물 등의 압수) 소유자, 소지자 또는 보관자가 임의로 제출한 물건 또는 유류한 물건은 영장없이 압수할 수 있다.

제109조(수색) ① 법원은 필요한 때에는 피고사건과 관계가 있다고 인정할 수 있는 것에 한정하여 피고인의 신체, 물건 또는 주거, 그 밖의 장소를 수색할 수 있다. <개정 2011.7.18.>

②피고인 아닌 자의 신체, 물건, 주거 기타 장소에 관하여는 압수할 물건이 있음을 인정할 수 있는 경우에 한하여 수색할 수 있다.

제110조(군사상 비밀과 압수) ①군사상 비밀을 요하는 장소는 그 책임자의 승낙 없이는 압수 또는 수색할 수 없다.

②전항의 책임자는 국가의 중대한 이익을 해하는 경우를 제외하고는 승낙을 거부하지 못한다.

제111조(공무상 비밀과 압수) ①공무원 또는 공무원이었던 자가 소지 또는 보관하는 물건에 관하여는 본인 또는 그 해당 공무소가 직무상의 비밀에 관한 것임을 신고한 때에는 그 소속공무소 또는 당해 감독관공서의 승낙 없이는 압수하지 못한다.

②소속공무소 또는 당해 감독관공서는 국가의 중대한 이익을 해하는 경우를 제외하고는 승낙을 거부하지 못한다.

제112조(업무상비밀과 압수) 변호사, 변리사, 공증인, 공인회계사, 세무사, 대서업자, 의사, 한의사, 치과의사, 약사, 약종상, 조산사, 간호사, 종교의 직에 있는 자 또는 이러한 직에 있던 자가 그 업무상 위탁을 받아 소지 또는 보관하는 물건으로 타인의 비밀에 관한 것은 압수를 거부할 수 있다. 단, 그 타인의 승낙이 있거나 중대한 공익상 필요가 있는 때에는 예외로 한다. <개정 1980.12.18., 1997.12.13.>

제113조(압수·수색영장) 공판정 외에서 압수 또는 수색을 함에는 영장을 발부하여 시행하여야 한다.

제114조(영장의 방식) ①압수·수색영장에는 피고인의 성명, 죄명, 압수할 물건, 수색할 장소, 신체, 물건, 발부년월일, 유효기간과 그 기간을 경과하면 집행에 착수하지 못하며 영장을 반환하여야 한다는 취지 기타 대법원규칙으로 정한 사항을 기재하고 재판장 또는 수명법관이 서명날인하여야 한다. 다만, 압수·수색할 물건이 전기통신에 관한 것인 경우에는 작성기간을 기재하여야 한다. <개정 2011.7.18.>

②제75조제2항의 규정은 전항의 영장에 준용한다.

제115조(영장의 집행) ①압수·수색영장은 검사의 지휘에 의하여 사법경찰관리가 집행한다. 단, 필요한 경우에는 재판장은 법원사무관등에게 그 집행을 명할 수 있다. <개정 2007.6.1.>

②제83조의 규정은 압수·수색영장의 집행에 준용한다.

제116조(주의사항) 압수·수색영장의 집행에 있어서는 타인의 비밀을 보지하여야 하며 처분받은 자의 명예를 해하지 아니하도록 주의하여야 한다.

제117조(집행의 보조) 법원사무관등은 압수·수색영장의 집행에 관하여 필요한 때

에는 사법경찰관리에게 보조를 구할 수 있다. <개정 2007.6.1.>

제118조(영장의 제시) 압수·수색영장은 처분을 받는 자에게 반드시 제시하여야 한다.

제119조(집행 중의 출입금지) ①압수·수색영장의 집행 중에는 타인의 출입을 금지할 수 있다.

②전항의 규정에 위배한 자에게는 퇴거하게 하거나 집행종료시까지 간수자를 붙일 수 있다.

제120조(집행과 필요한 처분) ①압수·수색영장의 집행에 있어서는 건정을 열거나 개봉 기타 필요한 처분을 할 수 있다.

②전항의 처분은 압수물에 대하여도 할 수 있다.

제121조(영장집행과 당사자의 참여) 검사, 피고인 또는 변호인은 압수·수색영장의 집행에 참여할 수 있다.

제122조(영장집행과 참여권자에의 통지) 압수·수색영장을 집행함에는 미리 집행의 일시와 장소를 전조에 규정한 자에게 통지하여야 한다. 단, 전조에 규정한 자가 참여하지 아니한다는 의사를 명시한 때 또는 급속을 요하는 때에는 예외로 한다.

제123조(영장의 집행과 책임자의 참여) ①공무소, 군사용의 항공기 또는 선차 내에서 압수·수색영장을 집행함에는 그 책임자에게 참여할 것을 통지하여야 한다.

②전항에 규정한 이외의 타인의 주거, 간수자 있는 가옥, 건조물, 항공기 또는 선차 내에서 압수·수색영장을 집행함에는 주거주, 간수자 또는 이에 준하는 자를 참여하게 하여야 한다.

③전항의 자를 참여하게 하지 못할 때에는 인거인 또는 지방공공단체의 직원을 참여하게 하여야 한다.

제124조(여자의 수색과 참여) 여자의 신체에 대하여 수색할 때에는 성년의 여자를 참여하게 하여야 한다.

제125조(야간집행의 제한) 일출 전, 일몰 후에는 압수·수색영장에 야간집행을 할 수 있는 기재가 없으면 그 영장을 집행하기 위하여 타인의 주거, 간수자 있는 가옥, 건조물, 항공기 또는 선차 내에 들어가지 못한다.

제126조(야간집행제한의 예외) 다음 장소에서 압수·수색영장을 집행함에는 전조의 제한을 받지 아니한다.

1. 도박 기타 풍속을 해하는 행위에 상용된다고 인정하는 장소

2. 여관, 음식점 기타 야간에 공중이 출입할 수 있는 장소. 단, 공개한 시간 내에 한한다.

제127조(집행중지와 필요한 처분) 압수·수색영장의 집행을 중지한 경우에 필요한 때에는 집행이 종료될 때까지 그 장소를 폐쇄하거나 간수자를 둘 수 있다.

제128조(증명서의 교부) 수색한 경우에 증거물 또는 몰취할 물건이 없는 때에는 그 취지의 증명서를 교부하여야 한다.

제129조(압수목록의 교부) 압수한 경우에는 목록을 작성하여 소유자, 소지자, 보관자 기타 이에 준할 자에게 교부하여야 한다.

제130조(압수물의 보관과 폐기) ①운반 또는 보관에 불편한 압수물에 관하여는 간수자를 두거나 소유자 또는 적당한 자의 승낙을 얻어 보관하게 할 수 있다.

②위험발생의 염려가 있는 압수물은 폐기할 수 있다.

③법령상 생산·제조·소지·소유 또는 유통이 금지된 압수물로서 부패의 염려가 있거나 보관하기 어려운 압수물은 소유자 등 권한 있는 자의 동의를 받아 폐기할 수 있다. <신설 2007.6.1.>

제131조(주의사항) 압수물에 대하여는 그 상실 또는 파손등의 방지를 위하여 상당한 조치를 하여야 한다.

제132조(압수물의 대가보관) ①몰수하여야 할 압수물로서 멸실·파손·부패 또는 현저한 가치 감소의 염려가 있거나 보관하기 어려운 압수물은 매각하여 대가를 보관할 수 있다.

②환부하여야 할 압수물 중 환부를 받을 자가 누구인지 알 수 없거나 그 소재가 불명한 경우로서 그 압수물의 멸실·파손·부패 또는 현저한 가치 감소의 염려가 있거나 보관하기 어려운 압수물은 매각하여 대가를 보관할 수 있다.

[전문개정 2007.6.1.]

제133조(압수물의 환부, 가환부) ①압수를 계속할 필요가 없다고 인정되는 압수물은 피고사건 종결 전이라도 결정으로 환부하여야 하고 증거에 공할 압수물은 소유자, 소지자, 보관자 또는 제출인의 청구에 의하여 가환부할 수 있다.

②증거에만 공할 목적으로 압수한 물건으로서 그 소유자 또는 소지자가 계속 사용하여야 할 물건은 사진촬영 기타 원형보존의 조치를 취하고 신속히 가환부하여야 한다.

제134조(압수장물의 피해자환부) 압수한 장물은 피해자에게 환부할 이유가 명백한 때에는 피고사건의 종결 전이라도 결정으로 피해자에게 환부할 수 있다.

제135조(압수물처분과 당사자에의 통지) 전3조의 결정을 함에는 검사, 피해자, 피고인 또는 변호인에게 미리 통지하여야 한다.

제136조(수명법관, 수탁판사) ①법원은 압수 또는 수색을 합의부원에게 명할 수 있고 그 목적물의 소재지를 관할하는 지방법원 판사에게 촉탁할 수 있다.

②수탁판사는 압수 또는 수색의 목적물이 그 관할구역 내에 없는 때에는 그 목적물 소재지지방법원 판사에게 전촉할 수 있다.

③수명법관, 수탁판사가 행하는 압수 또는 수색에 관하여는 법원이 행하는 압수 또는 수색에 관한 규정을 준용한다.

제137조(구속영장집행과 수색) 검사, 사법경찰관리 또는 제81조제2항의 규정에 의한 법원사무관등이 구속영장을 집행할 경우에 필요한 때에는 타인의 주거, 간수자있는 가옥, 건조물, 항공기, 선차 내에 들어가 피고인을 수색할 수 있다. <개정 2007.6.1.>

제138조(준용규정) 제119조, 제120조, 제123조와 제127조의 규정은 전조의 규정에 의한 검사, 사법경찰관리, 법원사무관등의 수색에 준용한다. <개정 2007.6.1.>

제11장 검증

제139조(검증) 법원은 사실을 발견함에 필요한 때에는 검증을 할 수 있다.

제140조(검증과 필요한 처분) 검증을 함에는 신체의 검사, 사체의 해부, 분묘의 발굴, 물건의 파괴 기타 필요한 처분을 할 수 있다.

제141조(신체검사에 관한 주의) ①신체의 검사에 관하여는 검사를 당하는 자의 성별, 연령, 건강상태 기타 사정을 고려하여 그 사람의 건강과 명예를 해하지 아니하도록 주의하여야 한다.

②피고인 아닌 자의 신체검사는 증적의 존재를 확인할 수 있는 현저한 사유가 있는 경우에 한하여 할 수 있다.

③여자의 신체를 검사하는 경우에는 의사나 성년의 여자를 참여하게 하여야 한다.

④사체의 해부 또는 분묘의 발굴을 하는 때에는 예를 잊지 아니하도록 주의하고 미리 유족에게 통지하여야 한다.

제142조(신체검사와 소환) 법원은 신체를 검사하기 위하여 피고인 아닌 자를 법원 기타 지정한 장소에 소환할 수 있다.

제143조(시각의 제한) ①일출 전, 일몰 후에는 가주, 간수자 또는 이에 준하는 자

의 승낙이 없으면 검증을 하기 위하여 타인의 주거, 간수자 있는 가옥, 건조물, 항공기, 선차 내에 들어가지 못한다. 단, 일출 후에는 검증의 목적을 달성할 수 없을 염려가 있는 경우에는 예외로 한다.

②일몰 전에 검증에 착수한 때에는 일몰 후라도 검증을 계속할 수 있다.

③제126조에 규정한 장소에는 제1항의 제한을 받지 아니한다.

제144조(검증의 보조) 검증을 함에 필요한 때에는 사법경찰관리에게 보조를 명할 수 있다.

제145조(준용규정) 제110조, 제119조 내지 제123조, 제127조와 제136조의 규정은 검증에 관하여 준용한다.

제12장 증인신문

제146조(증인의자격) 법원은 법률에 다른 규정이 없으면 누구든지 증인으로 신문할 수 있다.

제147조(공무상 비밀과 증인자격) ①공무원 또는 공무원이었던 자가 그 직무에 관하여 알게 된 사실에 관하여 본인 또는 당해 공무소가 직무상 비밀에 속한 사항임을 신고한 때에는 그 소속공무소 또는 감독관공서의 승낙 없이는 증인으로 신문하지 못한다.

②그 소속공무소 또는 당해 감독관공서는 국가에 중대한 이익을 해하는 경우를 제외하고는 승낙을 거부하지 못한다.

제148조(근친자의 형사책임과 증언거부) 누구든지 자기나 다음 각 호의 1에 해당한 관계있는 자가 형사소추 또는 공소제기를 당하거나 유죄판결을 받을 사실이 발로될 염려있는 증언을 거부할 수 있다. <개정 2005.3.31.>

1. 친족 또는 친족관계가 있었던 자
2. 법정대리인, 후견감독인

제149조(업무상비밀과 증언거부) 변호사, 변리사, 공증인, 공인회계사, 세무사, 대서업자, 의사, 한의사, 치과의사, 약사, 약종상, 조산사, 간호사, 종교의 직에 있는 자 또는 이러한 직에 있던 자가 그 업무상 위탁을 받은 관계로 알게 된 사실로서 타인의 비밀에 관한 것은 증언을 거부할 수 있다. 단, 본인의 승낙이 있거나 중대한 공익상 필요있는 때에는 예외로 한다. <개정 1980.12.18., 1997.12.13.>

제150조(증언거부사유의 소명) 증언을 거부하는 자는 거부사유를 소명하여야 한다.

제150조의2(증인의 소환) ①법원은 소환장의 송달, 전화, 전자우편, 그 밖의 상당

한 방법으로 증인을 소환한다.

②증인을 신청한 자는 증인이 출석하도록 합리적인 노력을 할 의무가 있다.

[본조신설 2007.6.1.]

제151조(증인이 출석하지 아니한 경우의 과태료 등) ①법원은 소환장을 송달받은 증인이 정당한 사유 없이 출석하지 아니한 때에는 결정으로 당해 불출석으로 인한 소송비용을 증인이 부담하도록 명하고, 500만원 이하의 과태료를 부과할 수 있다. 제153조에 따라 준용되는 제76조제2항·제5항에 따라 소환장의 송달과 동일한 효력이 있는 경우에도 또한 같다.

②법원은 증인이 제1항에 따른 과태료 재판을 받고도 정당한 사유 없이 다시 출석하지 아니한 때에는 결정으로 증인을 7일 이내의 감치에 처한다.

③법원은 감치재판기일에 증인을 소환하여 제2항에 따른 정당한 사유가 있는지의 여부를 심리하여야 한다.

④감치는 그 재판을 한 법원의 재판장의 명령에 따라 사법경찰관리·교도관·법원경위 또는 법원사무관등이 교도소·구치소 또는 경찰서유치장에 유치하여 집행한다.

⑤감치에 처하는 재판을 받은 증인이 제4항에 규정된 감치시설에 유치된 경우 당해 감치시설의 장은 즉시 그 사실을 법원에 통보하여야 한다.

⑥법원은 제5항의 통보를 받은 때에는 지체 없이 증인신문기일을 열어야 한다.

⑦법원은 감치의 재판을 받은 증인이 감치의 집행 중에 증언을 한 때에는 즉시 감치결정을 취소하고 그 증인을 석방하도록 명하여야 한다.

⑧제1항과 제2항의 결정에 대하여는 즉시항고를 할 수 있다. 이 경우 제410조는 적용하지 아니한다.

[전문개정 2007.6.1.]

제152조(소환불응과 구인) 정당한 사유없이 소환에 응하지 아니하는 증인은 구인할 수 있다.

제153조(준용규정) 제73조, 제74조, 제76조의 규정은 증인의 소환에 준용한다.

제154조(구내증인의 소환) 증인이 법원의 구내에 있는 때에는 소환함이 없이 신문할 수 있다.

제155조(준용규정) 제73조, 제75조, 제77조, 제81조 내지 제83조, 제85조제1항, 제2항의 규정은 증인의 구인에 준용한다.

제156조(증인의 선서) 증인에게는 신문 전에 선서하게 하여야 한다. 단, 법률에 다

른 규정이 있는 경우에는 예외로 한다.

제157조(선서의 방식) ①선서는 선서서에 의하여야 한다.

②선서서에는 「양심에 따라 숨김과 보탬이 없이 사실 그대로 말하고 만일 거짓 말이 있으면 위증의 벌을 받기로 맹세합니다」 라고 기재하여야 한다.

③재판장은 증인으로 하여금 선서서를 낭독하고 기명날인 또는 서명하게 하여야 한다. 단, 증인이 선서서를 낭독하지 못하거나 서명을 하지 못하는 경우에는 참여한 법원사무관등이 이를 대행한다. <개정 2007.6.1.>

④선서는 기립하여 엄숙히 하여야 한다.

제158조(선서한 증인에 대한 경고) 재판장은 선서할 증인에 대하여 선서 전에 위증의 벌을 경고하여야 한다.

제159조(선서 무능력) 증인이 다음 각 호의 1에 해당한 때에는 선서하게 하지 아니하고 신문하여야 한다.

1. 16세미만의 자
2. 선서의 취지를 이해하지 못하는 자

제160조(증언거부권의 고지) 증인이 제148조, 제149조에 해당하는 경우에는 재판장은 신문 전에 증언을 거부할 수 있음을 설명하여야 한다.

제161조(선서, 증언의 거부와 과태료) ①증인이 정당한 이유없이 선서나 증언을 거부한 때에는 결정으로 50만원이하의 과태료에 처할 수 있다. <개정 1973.1.25., 1995.12.29.>

②제1항의 결정에 대하여는 즉시항고를 할 수 있다. <개정 1995.12.29.>

제161조의2(증인신문의 방식) ①증인은 신청한 검사, 변호인 또는 피고인이 먼저 이를 신문하고 다음에 다른 검사, 변호인 또는 피고인이 신문한다.

②재판장은 전항의 신문이 끝난 뒤에 신문할 수 있다.

③재판장은 필요하다고 인정하면 전2항의 규정에 불구하고 어느 때나 신문할 수 있으며 제1항의 신문순서를 변경할 수 있다.

④법원이 직권으로 신문할 증인이나 범죄로 인한 피해자의 신청에 의하여 신문할 증인의 신문방식은 재판장이 정하는 바에 의한다. <개정 1987.11.28.>

⑤합의부원은 재판장에게 고하고 신문할 수 있다.

[본조신설 1961.9.1.]

제162조(개별신문과 대질) ①증인신문은 각 증인에 대하여 신문하여야 한다. <개정 1961.9.1.>

②신문하지 아니한 증인이 재정한 때에는 퇴정을 명하여야 한다.

③필요한 때에는 증인과 다른 증인 또는 피고인과 대질하게 할 수 있다.

④ 삭제 <1961.9.1.>

제163조(당사자의 참여권, 신문권) ①검사, 피고인 또는 변호인은 증인신문에 참여할 수 있다.

②증인신문의 시일과 장소는 전항의 규정에 의하여 참여할 수 있는 자에게 미리 통지하여야 한다. 단, 참여하지 아니한다는 의사를 명시한 때에는 예외로 한다.

제163조의2(신뢰관계에 있는 자의 동석) ①법원은 범죄로 인한 피해자를 증인으로 신문하는 경우 증인의 연령, 심신의 상태, 그 밖의 사정을 고려하여 증인이 현저하게 불안 또는 긴장을 느낄 우려가 있다고 인정하는 때에는 직권 또는 피해자·법정대리인·검사의 신청에 따라 피해자와 신뢰관계에 있는 자를 동석하게 할 수 있다.

②법원은 범죄로 인한 피해자가 13세 미만이거나 신체적 또는 정신적 장애로 사물을 변별하거나 의사를 결정할 능력이 미약한 경우에 재판에 지장을 초래할 우려가 있는 등 부득이한 경우가 아닌 한 피해자와 신뢰관계에 있는 자를 동석하게 하여야 한다.

③제1항 또는 제2항에 따라 동석한 자는 법원·소송관계인의 신문 또는 증인의 진술을 방해하거나 그 진술의 내용에 부당한 영향을 미칠 수 있는 행위를 하여서는 아니 된다.

④제1항 또는 제2항에 따라 동석할 수 있는 신뢰관계에 있는 자의 범위, 동석의 절차 및 방법 등에 관하여 필요한 사항은 대법원규칙으로 정한다.

[본조신설 2007.6.1.]

제164조(신문의 청구) ①검사, 피고인 또는 변호인이 증인신문에 참여하지 아니할 경우에는 법원에 대하여 필요한 사항의 신문을 청구할 수 있다.

②피고인 또는 변호인의 참여없이 증인을 신문한 경우에 피고인에게 예기하지 아니한 불이익의 증언이 진술된 때에는 반드시 그 진술내용을 피고인 또는 변호인에게 알려주어야 한다.

③ 삭제 <1961.9.1.>

제165조(증인의 법정 외 신문) 법원은 증인의 연령, 직업, 건강상태 기타의 사정을 고려하여 검사, 피고인 또는 변호인의 의견을 묻고 법정 외에 소환하거나 현재지에서 신문할 수 있다.

第165조의2(비디오 등 중계장치 등에 의한 증인신문) 법원은 다음 각 호의 어느 하나에 해당하는 자를 증인으로 신문하는 경우 상당하다고 인정하는 때에는 검사와 피고인 또는 변호인의 의견을 들어 비디오 등 중계장치에 의한 중계시설을 통하여 신문하거나 차폐(遮蔽)시설 등을 설치하고 신문할 수 있다.

<개정 2009.6.9., 2011.8.4., 2012.12.18.>

1. 「아동복지법」 제71조제1항제1호부터 제3호까지에 해당하는 죄의 피해자
2. 「아동·청소년의 성보호에 관한 법률」 제7조, 제8조, 제11조부터 제15조까지 및 제17조제1항의 규정에 해당하는 죄의 대상이 되는 아동·청소년 또는 피해자
3. 범죄의 성질, 증인의 연령, 심신의 상태, 피고인과의 관계, 그 밖의 사정으로 인하여 피고인 등과 대면하여 진술하는 경우 심리적인 부담으로 정신의 평온을 현저하게 잃을 우려가 있다고 인정되는 자

[본조신설 2007.6.1.]

第166조(동행명령과 구인) ①법원은 필요한 때에는 결정으로 지정한 장소에 증인의 동행을 명할 수 있다.

②증인이 정당한 사유없이 동행을 거부하는 때에는 구인할 수 있다.

第167조(수명법관, 수탁판사) ①법원은 합의부원에게 법정 외의 증인신문을 명할 수 있고 또는 증인 현재지의 지방법원판사에게 그 신문을 촉탁할 수 있다.

②수탁판사는 증인이 관할구역 내에 현재하지 아니한 때에는 그 현재지의 지방법원판사에게 전촉할 수 있다.

③수명법관 또는 수탁판사는 증인의 신문에 관하여 법원 또는 재판장에 속한 처분을 할 수 있다.

第168조(증인의 여비, 일당, 숙박료) 소환받은 증인은 법률의 규정한 바에 의하여 여비, 일당과 숙박료를 청구할 수 있다. 단, 정당한 사유없이 선서 또는 증언을 거부한 자는 예외로 한다.

제13장 감정

第169조(감정) 법원은 학식 경험있는 자에게 감정을 명할 수 있다.

第170조(선서) ①감정인에게는 감정 전에 선서하게 하여야 한다.

②선서는 선서서에 의하여야 한다.

③선서서에는 「양심에 따라 성실히 감정하고 만일 거짓이 있으면 허위감정의

벌을 받기로 맹서합니다」 라고 기재하여야 한다.

④제157조제3항, 제4항과 제158조의 규정은 감정인의 선서에 준용한다.

제171조(감정보고) ①감정의 경과와 결과는 감정인으로 하여금 서면으로 제출하게 하여야 한다.

②감정인이 수인인 때에는 각각 또는 공동으로 제출하게 할 수 있다.

③감정의 결과에는 그 판단의 이유를 명시하여야 한다.

④필요한 때에는 감정인에게 설명하게 할 수 있다.

제172조(법원 외의 감정) ①법원은 필요한 때에는 감정인으로 하여금 법원 외에서 감정하게 할 수 있다.

②전항의 경우에는 감정을 요하는 물건을 감정인에게 교부할 수 있다.

③피고인의 정신 또는 신체에 관한 감정에 필요한 때에는 법원은 기간을 정하여 병원 기타 적당한 장소에 피고인을 유치하게 할 수 있고 감정이 완료되면 즉시 유치를 해제하여야 한다.

④전항의 유치를 함에는 감정유치장을 발부하여야 한다. <개정 1973.1.25.>

⑤제3항의 유치를 함에 있어서 필요한 때에는 법원은 직권 또는 피고인을 수용할 병원 기타 장소의 관리자의 신청에 의하여 사법경찰관리에게 피고인의 간수를 명할 수 있다. <신설 1973.1.25.>

⑥법원은 필요한 때에는 유치기간을 연장하거나 단축할 수 있다. <신설 1973.1.25.>

⑦구속에 관한 규정은 이 법률에 특별한 규정이 없는 경우에는 제3항의 유치에 관하여 이를 준용한다. 단, 보석에 관한 규정은 그러하지 아니하다. <신설 1973.1.25.>

⑧제3항의 유치는 미결구금일수의 산입에 있어서는 이를 구속으로 간주한다. <신설 1973.1.25.>

제172조의2(감정유치와 구속) ①구속 중인 피고인에 대하여 감정유치장이 집행되었을 때에는 피고인이 유치되어 있는 기간 구속은 그 집행이 정지된 것으로 간주한다.

②전항의 경우에 전조 제3항의 유치처분이 취소되거나 유치기간이 만료된 때에는 구속의 집행정지가 취소된 것으로 간주한다.

[본조신설 1973.1.25.]

제173조(감정에 필요한 처분) ①감정인은 감정에 관하여 필요한 때에는 법원의 허

가를 얻어 타인의 주거, 간수자 있는 가옥, 건조물, 항공기, 선차 내에 들어 갈 수 있고 신체의 검사, 사체의 해부, 분묘발굴, 물건의 파괴를 할 수 있다.

②전항의 허가에는 피고인의 성명, 죄명, 들어갈 장소, 검사할 신체, 해부할 사체, 발굴할 분묘, 파괴할 물건, 감정인의 성명과 유효기간을 기재한 허가장을 발부하여야 한다.

③감정인은 제1항의 처분을 받는 자에게 허가장을 제시하여야 한다.

④전2항의 규정은 감정인이 공판정에서 행하는 제1항의 처분에는 적용하지 아니한다.

⑤제141조, 제143조의 규정은 제1항의 경우에 준용한다.

제174조(감정인의 참여권, 신문권) ①감정인은 감정에 관하여 필요한 경우에는 재판장의 허가를 얻어 서류와 증거물을 열람 또는 등사하고 피고인 또는 증인의 신문에 참여할 수 있다.

②감정인은 피고인 또는 증인의 신문을 구하거나 재판장의 허가를 얻어 직접 발문할 수 있다.

제175조(수명법관) 법원은 합의부원으로 하여금 감정에 관하여 필요한 처분을 하게 할 수 있다.

제176조(당사자의 참여) ①검사, 피고인 또는 변호인은 감정에 참여할 수 있다.

②제122조의 규정은 전항의 경우에 준용한다.

제177조(준용규정) 전장의 규정은 구인에 관한 규정을 제한 외에는 감정에 관하여 준용한다.

제178조(여비, 감정료 등) 감정인은 법률의 정하는 바에 의하여 여비, 일당, 숙박료 외에 감정료와 체당금의 변상을 청구할 수 있다.

제179조(감정증인) 특별한 지식에 의하여 알게 된 과거의 사실을 신문하는 경우에는 본장의 규정에 의하지 아니하고 전장의 규정에 의한다.

제179조의2(감정의 촉탁) ①법원은 필요하다고 인정하는 때에는 공무소·학교·병원 기타 상당한 설비가 있는 단체 또는 기관에 대하여 감정을 촉탁할 수 있다. 이 경우 선서에 관한 규정은 이를 적용하지 아니한다.

②제1항의 경우 법원은 당해 공무소·학교·병원·단체 또는 기관이 지정한 자로 하여금 감정서의 설명을 하게 할 수 있다.

[본조신설 1995.12.29.]

제14장 통역과 번역

제180조(통역) 국어에 통하지 아니하는 자의 진술에는 통역인으로 하여금 통역하게 하여야 한다.

제181조(농아자의 통역) 농자 또는 아자의 진술에는 통역인으로 하여금 통역하게 할 수 있다.

제182조(번역) 국어 아닌 문자 또는 부호는 번역하게 하여야 한다.

제183조(준용규정) 전장의 규정은 통역과 번역에 준용한다.

제15장 증거보전

제184조(증거보전의 청구와 그 절차) ①검사, 피고인, 피의자 또는 변호인은 미리 증거를 보전하지 아니하면 그 증거를 사용하기 곤란한 사정이 있는 때에는 제1회 공판기일 전이라도 판사에게 압수, 수색, 검증, 증인신문 또는 감정을 청구할 수 있다.

②전항의 청구를 받은 판사는 그 처분에 관하여 법원 또는 재판장과 동일한 권한이 있다.

③제1항의 청구를 함에는 서면으로 그 사유를 소명하여야 한다.

④제1항의 청구를 기각하는 결정에 대하여는 3일 이내에 항고할 수 있다. <신설 2007.6.1.>

제185조(서류의 열람등) 검사, 피고인, 피의자 또는 변호인은 판사의 허가를 얻어 전조의 처분에 관한 서류와 증거물을 열람 또는 등사할 수 있다.

제16장 소송비용

제186조(피고인의 소송비용부담) ①형의 선고를 하는 때에는 피고인에게 소송비용의 전부 또는 일부를 부담하게 하여야 한다. 다만, 피고인의 경제적 사정으로 소송비용을 납부할 수 없는 때에는 그러하지 아니하다. <개정 1995.12.29.>

②피고인에게 책임지울 사유로 발생된 비용은 형의 선고를 하지 아니하는 경우에도 피고인에게 부담하게 할 수 있다.

제187조(공범의 소송비용) 공범의 소송비용은 공범인에게 연대부담하게 할 수 있다.

제188조(고소인등의 소송비용부담) 고소 또는 고발에 의하여 공소를 제기한 사건에 관하여 피고인이 무죄 또는 면소의 판결을 받은 경우에 고소인 또는 고발인

에게 고의 또는 중대한 과실이 있는 때에는 그 자에게 소송비용의 전부 또는 일부를 부담하게 할 수 있다.

제189조(검사의 상소취하와 소송비용부담) 검사만이 상소 또는 재심청구를 한 경우에 상소 또는 재심의 청구가 기각되거나 취하된 때에는 그 소송비용을 피고인에게 부담하게 하지 못한다.

제190조(제삼자의 소송비용부담) ①검사 아닌 자가 상소 또는 재심청구를 한 경우에 상소 또는 재심의 청구가 기각되거나 취하된 때에는 그 자에게 그 소송비용을 부담하게 할 수 있다.

②피고인 아닌 자가 피고인이 제기한 상소 또는 재심의 청구를 취하한 경우에도 전항과 같다.

제191조(소송비용부담의 재판) ①재판으로 소송절차가 종료되는 경우에 피고인에게 소송비용을 부담하게 하는 때에는 직권으로 재판하여야 한다.

②전항의 재판에 대하여는 본안의 재판에 관하여 상소하는 경우에 한하여 불복할 수 있다.

제192조(제삼자부담의 재판) ①재판으로 소송절차가 종료되는 경우에 피고인 아닌 자에게 소송비용을 부담하게 하는 때에는 직권으로 결정을 하여야 한다.

②전항의 결정에 대하여는 즉시항고를 할 수 있다.

제193조(재판에 의하지 아니한 절차종료) ①재판에 의하지 아니하고 소송절차가 종료되는 경우에 소송비용을 부담하게 하는 때에는 사건의 최종계속법원이 직권으로 결정을 하여야 한다.

②전항의 결정에 대하여는 즉시항고를 할 수 있다.

제194조(부담액의 산정) 소송비용의 부담을 명하는 재판에 그 금액을 표시하지 아니한 때에는 집행을 지휘하는 검사가 산정한다.

제194조의2(무죄판결과 비용보상) ①국가는 무죄판결이 확정된 경우에는 당해 사건의 피고인이었던 자에 대하여 그 재판에 소요된 비용을 보상하여야 한다.

②다음 각 호의 어느 하나에 해당하는 경우에는 제1항에 따른 비용의 전부 또는 일부를 보상하지 아니할 수 있다.

1. 피고인이었던 자가 수사 또는 재판을 그르칠 목적으로 거짓 자백을 하거나 다른 유죄의 증거를 만들어 기소된 것으로 인정된 경우
2. 1개의 재판으로써 경합범의 일부에 대하여 무죄판결이 확정되고 다른 부분에 대하여 유죄판결이 확정된 경우

3. 「형법」 제9조 및 제10조제1항의 사유에 따른 무죄판결이 확정된 경우
4. 그 비용이 피고인이었던 자에게 책임지울 사유로 발생한 경우

[본조신설 2007.6.1.]

제194조의3(비용보상의 절차 등) ①제194조의2제1항에 따른 비용의 보상은 피고인이었던 자의 청구에 따라 무죄판결을 선고한 법원의 합의부에서 결정으로 한다.

②제1항에 따른 청구는 무죄판결이 확정된 사실을 안 날부터 3년, 무죄판결이 확정된 때부터 5년 이내에 하여야 한다. <개정 2014.12.30.>

③제1항의 결정에 대하여는 즉시항고를 할 수 있다.

[본조신설 2007.6.1.]

제194조의4(비용보상의 범위) ①제194조의2에 따른 비용보상의 범위는 피고인이었던 자 또는 그 변호인이었던 자가 공판준비 및 공판기일에 출석하는데 소요된 여비·일당·숙박료와 변호인이었던 자에 대한 보수에 한한다. 이 경우 보상금액에 관하여는 「형사소송비용 등에 관한 법률」을 준용하되, 피고인이었던 자에 대하여는 증인에 관한 규정을, 변호인이었던 자에 대하여는 국선변호인에 관한 규정을 준용한다.

②법원은 공판준비 또는 공판기일에 출석한 변호인이 2인 이상이었던 경우에는 사건의 성질, 심리 상황, 그 밖의 사정을 고려하여 변호인이었던 자의 여비·일당 및 숙박료를 대표변호인이나 그 밖의 일부 변호인의 비용만으로 한정할 수 있다.

[본조신설 2007.6.1.]

제194조의5(준용규정) 비용보상청구, 비용보상절차, 비용보상과 다른 법률에 따른 손해배상과의 관계, 보상을 받을 권리의 양도·압류 또는 피고인이었던 자의 상속인에 대한 비용보상에 관하여 이 법에 규정한 것을 제외하고는 「형사보상법」에 따른 보상의 예에 따른다.

[본조신설 2007.6.1.]

제2편 제1심

제1장 수사

제195조(검사의 수사) 검사는 범죄의 혐의 있다고 사료하는 때에는 범인, 범죄사실과 증거를 수사하여야 한다.

제196조(사법경찰관리) ① 수사관, 경무관, 총경, 경정, 경감, 경위는 사법경찰관으로서 모든 수사에 관하여 검사의 지휘를 받는다.

② 사법경찰관은 범죄의 혐의가 있다고 인식하는 때에는 범인, 범죄사실과 증거에 관하여 수사를 개시·진행하여야 한다.

③ 사법경찰관리는 검사의 지휘가 있는 때에는 이에 따라야 한다. 검사의 지휘에 관한 구체적 사항은 대통령령으로 정한다.

④ 사법경찰관은 범죄를 수사한 때에는 관계 서류와 증거물을 지체 없이 검사에게 송부하여야 한다.

⑤ 경사, 경장, 순경은 사법경찰리로서 수사의 보조를 하여야 한다.

⑥ 제1항 또는 제5항에 규정한 자 이외에 법률로써 사법경찰관리를 정할 수 있다.

[전문개정 2011.7.18.]

제197조(특별사법경찰관리) 삼림, 해사, 전매, 세무, 군수사기관 기타 특별한 사항에 관하여 사법경찰관리의 직무를 행할 자와 그 직무의 범위는 법률로써 정한다.

제198조(준수사항) ①피의자에 대한 수사는 불구속 상태에서 함을 원칙으로 한다.

②검사·사법경찰관리와 그 밖에 직무상 수사에 관계있는 자는 피의자 또는 다른 사람의 인권을 존중하고 수사과정에서 취득한 비밀을 엄수하며 수사에 방해되는 일이 없도록 하여야 한다.

③ 검사·사법경찰관리와 그 밖에 직무상 수사에 관계있는 자는 수사과정에서 수사와 관련하여 작성하거나 취득한 서류 또는 물건에 대한 목록을 빠짐 없이 작성하여야 한다. <신설 2011.7.18.>

[전문개정 2007.6.1.]

제198조의2(검사의 체포·구속장소감찰) ①지방검찰청 검사장 또는 지청장은 불법체포·구속의 유무를 조사하기 위하여 검사로 하여금 매월 1회 이상 관하수사관서의 피의자의 체포·구속장소를 감찰하게 하여야 한다. 감찰하는 검사는 체포 또는 구속된 자를 심문하고 관련서류를 조사하여야 한다. <개정 1995.12.29.>

②검사는 적법한 절차에 의하지 아니하고 체포 또는 구속된 것이라고 의심할 만한 상당한 이유가 있는 경우에는 즉시 체포 또는 구속된 자를 석방하거나 사건을 검찰에 송치할 것을 명하여야 한다. <개정 1995.12.29.>

[본조신설 1961.9.1.] [제목개정 1995.12.29.]

제199조(수사와 필요한 조사) ①수사에 관하여는 그 목적을 달성하기 위하여 필요한 조사를 할 수 있다. 다만, 강제처분은 이 법률에 특별한 규정이 있는 경우에

한하며, 필요한 최소한도의 범위 안에서만 하여야 한다. <개정 1995.12.29.>

②수사에 관하여는 공무소 기타 공사단체에 조회하여 필요한 사항의 보고를 요구할 수 있다.

제200조(피의자의 출석요구) 검사 또는 사법경찰관은 수사에 필요한 때에는 피의자의 출석을 요구하여 진술을 들을 수 있다. [전문개정 2007.6.1.]

제200조의2(영장에 의한 체포) ①피의자가 죄를 범하였다고 의심할 만한 상당한 이유가 있고, 정당한 이유없이 제200조의 규정에 의한 출석요구에 응하지 아니하거나 응하지 아니할 우려가 있는 때에는 검사는 관할 지방법원판사에게 청구하여 체포영장을 발부받아 피의자를 체포할 수 있고, 사법경찰관은 검사에게 신청하여 검사의 청구로 관할지방법원판사의 체포영장을 발부받아 피의자를 체포할 수 있다. 다만, 다액 50만원이하의 벌금, 구류 또는 과료에 해당하는 사건에 관하여는 피의자가 일정한 주거가 없는 경우 또는 정당한 이유없이 제200조의 규정에 의한 출석요구에 응하지 아니한 경우에 한한다.

②제1항의 청구를 받은 지방법원판사는 상당하다고 인정할 때에는 체포영장을 발부한다. 다만, 명백히 체포의 필요가 인정되지 아니하는 경우에는 그러하지 아니하다.

③제1항의 청구를 받은 지방법원판사가 체포영장을 발부하지 아니할 때에는 청구서에 그 취지 및 이유를 기재하고 서명날인하여 청구한 검사에게 교부한다.

④검사가 제1항의 청구를 함에 있어서 동일한 범죄사실에 관하여 그 피의자에 대하여 전에 체포영장을 청구하였거나 발부받은 사실이 있는 때에는 다시 체포영장을 청구하는 취지 및 이유를 기재하여야 한다.

⑤체포한 피의자를 구속하고자 할 때에는 체포한 때부터 48시간이내에 제201조의 규정에 의하여 구속영장을 청구하여야 하고, 그 기간내에 구속영장을 청구하지 아니하는 때에는 피의자를 즉시 석방하여야 한다.

[본조신설 1995.12.29.] [제목개정 2007.6.1.]

제200조의3(긴급체포) ①검사 또는 사법경찰관은 피의자가 사형·무기 또는 장기 3년이상의 징역이나 금고에 해당하는 죄를 범하였다고 의심할 만한 상당한 이유가 있고, 다음 각 호의 어느 하나에 해당하는 사유가 있는 경우에 긴급을 요하여 지방법원판사의 체포영장을 받을 수 없는 때에는 그 사유를 알리고 영장없이 피의자를 체포할 수 있다. 이 경우 긴급을 요한다 함은 피의자를 우연히 발견한 경우등과 같이 체포영장을 받을 시간적 여유가 없는 때를 말한다. <개정 2007.6.1.>

1. 피의자가 증거를 인멸할 염려가 있는 때
2. 피의자가 도망하거나 도망할 우려가 있는 때

②사법경찰관이 제1항의 규정에 의하여 피의자를 체포한 경우에는 즉시 검사의 승인을 얻어야 한다.

③검사 또는 사법경찰관은 제1항의 규정에 의하여 피의자를 체포한 경우에는 즉시 긴급체포서를 작성하여야 한다.

④제3항의 규정에 의한 긴급체포서에는 범죄사실의 요지, 긴급체포의 사유등을 기재하여야 한다.

[본조신설 1995.12.29.]

제200조의4(긴급체포와 영장청구기간) ①검사 또는 사법경찰관이 제200조의3의 규정에 의하여 피의자를 체포한 경우 피의자를 구속하고자 할 때에는 지체 없이 검사는 관할지방법원판사에게 구속영장을 청구하여야 하고, 사법경찰관은 검사에게 신청하여 검사의 청구로 관할지방법원판사에게 구속영장을 청구하여야 한다. 이 경우 구속영장은 피의자를 체포한 때부터 48시간 이내에 청구하여야 하며, 제200조의3제3항에 따른 긴급체포서를 첨부하여야 한다. <개정 2007.6.1.>

②제1항의 규정에 의하여 구속영장을 청구하지 아니하거나 발부받지 못한 때에는 피의자를 즉시 석방하여야 한다.

③제2항의 규정에 의하여 석방된 자는 영장없이는 동일한 범죄사실에 관하여 체포하지 못한다.

④검사는 제1항에 따른 구속영장을 청구하지 아니하고 피의자를 석방한 경우에는 석방한 날부터 30일 이내에 서면으로 다음 각 호의 사항을 법원에 통지하여야 한다. 이 경우 긴급체포서의 사본을 첨부하여야 한다. <신설 2007.6.1.>

1. 긴급체포 후 석방된 자의 인적사항
2. 긴급체포의 일시·장소와 긴급체포하게 된 구체적 이유
3. 석방의 일시·장소 및 사유
4. 긴급체포 및 석방한 검사 또는 사법경찰관의 성명

⑤긴급체포 후 석방된 자 또는 그 변호인·법정대리인·배우자·직계친족·형제자매는 통지서 및 관련 서류를 열람하거나 등사할 수 있다. <신설 2007.6.1.>

⑥사법경찰관은 긴급체포한 피의자에 대하여 구속영장을 신청하지 아니하고 석방한 경우에는 즉시 검사에게 보고하여야 한다. <신설 2007.6.1.>

[본조신설 1995.12.29.]

제200조의5(체포와 피의사실 등의 고지) 검사 또는 사법경찰관은 피의자를 체포하는 경우에는 피의사실의 요지, 체포의 이유와 변호인을 선임할 수 있음을 말하고 변명할 기회를 주어야 한다.

[본조신설 2007.6.1.]

[종전 제200조의5는 제200조의6으로 이동 <2007.6.1.>]

제200조의6(준용규정) 제75조, 제81조제1항 본문 및 제3항, 제82조, 제83조, 제85조제1항·제3항 및 제4항, 제86조, 제87조, 제89조부터 제91조까지, 제93조, 제101조제4항 및 제102조제2항 단서의 규정은 검사 또는 사법경찰관이 피의자를 체포하는 경우에 이를 준용한다. 이 경우 "구속"은 이를 "체포"로, "구속영장"은 이를 "체포영장"으로 본다. <개정 2007.6.1.>

[본조신설 1995.12.29.]

[제200조의5에서 이동 <2007.6.1.>]

제201조(구속) ①피의자가 죄를 범하였다고 의심할 만한 상당한 이유가 있고 제70조제1항 각 호의 1에 해당하는 사유가 있을 때에는 검사는 관할지방법원판사에게 청구하여 구속영장을 받아 피의자를 구속할 수 있고 사법경찰관은 검사에게 신청하여 검사의 청구로 관할지방법원판사의 구속영장을 받아 피의자를 구속할 수 있다. 다만, 다액 50만원이하의 벌금, 구류 또는 과료에 해당하는 범죄에 관하여는 피의자가 일정한 주거가 없는 경우에 한한다. <개정 1980.12.18., 1995.12.29.>

②구속영장의 청구에는 구속의 필요를 인정할 수 있는 자료를 제출하여야 한다. <개정 1980.12.18.>

③제1항의 청구를 받은 지방법원판사는 신속히 구속영장의 발부여부를 결정하여야 한다. <신설 1995.12.29.>

④제1항의 청구를 받은 지방법원판사는 상당하다고 인정할 때에는 구속영장을 발부한다. 이를 발부하지 아니할 때에는 청구서에 그 취지 및 이유를 기재하고 서명날인하여 청구한 검사에게 교부한다. <개정 1980.12.18.>

⑤검사가 제1항의 청구를 함에 있어서 동일한 범죄사실에 관하여 그 피의자에 대하여 전에 구속영장을 청구하거나 발부받은 사실이 있을 때에는 다시 구속영장을 청구하는 취지 및 이유를 기재하여야 한다. <개정 1980.12.18.>

[전문개정 1973.1.25.]

제201조의2(구속영장 청구와 피의자 심문) ①제200조의2·제200조의3 또는 제

212조에 따라 체포된 피의자에 대하여 구속영장을 청구받은 판사는 지체 없이 피의자를 심문하여야 한다. 이 경우 특별한 사정이 없는 한 구속영장이 청구된 날의 다음날까지 심문하여야 한다.

②제1항 외의 피의자에 대하여 구속영장을 청구받은 판사는 피의자가 죄를 범하였다고 의심할 만한 이유가 있는 경우에 구인을 위한 구속영장을 발부하여 피의자를 구인한 후 심문하여야 한다. 다만, 피의자가 도망하는 등의 사유로 심문할 수 없는 경우에는 그러하지 아니하다.

③판사는 제1항의 경우에는 즉시, 제2항의 경우에는 피의자를 인치한 후 즉시 검사, 피의자 및 변호인에게 심문기일과 장소를 통지하여야 한다. 이 경우 검사는 피의자가 체포되어 있는 때에는 심문기일에 피의자를 출석시켜야 한다.

④검사와 변호인은 제3항에 따른 심문기일에 출석하여 의견을 진술할 수 있다.

⑤판사는 제1항 또는 제2항에 따라 심문하는 때에는 공범의 분리심문이나 그 밖에 수사상의 비밀보호를 위하여 필요한 조치를 하여야 한다.

⑥제1항 또는 제2항에 따라 피의자를 심문하는 경우 법원사무관등은 심문의 요지 등을 조서로 작성하여야 한다.

⑦피의자심문을 하는 경우 법원이 구속영장청구서·수사 관계 서류 및 증거물을 접수한 날부터 구속영장을 발부하여 검찰청에 반환한 날까지의 기간은 제202조 및 제203조의 적용에 있어서 그 구속기간에 이를 산입하지 아니한다.

⑧심문할 피의자에게 변호인이 없는 때에는 지방법원판사는 직권으로 변호인을 선정하여야 한다. 이 경우 변호인의 선정은 피의자에 대한 구속영장 청구가 기각되어 효력이 소멸한 경우를 제외하고는 제1심까지 효력이 있다.

⑨법원은 변호인의 사정이나 그 밖의 사유로 변호인 선정결정이 취소되어 변호인이 없게 된 때에는 직권으로 변호인을 다시 선정할 수 있다.

⑩제71조, 제71조의2, 제75조, 제81조부터 제83조까지, 제85조제1항·제3항·제4항, 제86조, 제87조제1항, 제89조부터 제91조까지 및 제200조의5는 제2항에 따라 구인을 하는 경우에 준용하고, 제48조, 제51조, 제53조, 제56조의2 및 제276조의2는 피의자에 대한 심문의 경우에 준용한다.

[전문개정 2007.6.1.]

제202조(사법경찰관의 구속기간) 사법경찰관이 피의자를 구속한 때에는 10일 이내에 피의자를 검사에게 인치하지 아니하면 석방하여야 한다.

제203조(검사의 구속기간) 검사가 피의자를 구속한 때 또는 사법경찰관으로부터

피의자의 인치를 받은 때에는 10일 이내에 공소를 제기하지 아니하면 석방하여야 한다.

제203조의2(구속기간에의 산입) 피의자가 제200조의2ㆍ제200조의3ㆍ제201조의2제2항 또는 제212조의 규정에 의하여 체포 또는 구인된 경우에는 제202조 또는 제203조의 구속기간은 피의자를 체포 또는 구인한 날부터 기산한다. <개정 1997.12.13., 2007.6.1.> [본조신설 1995.12.29.]

제204조(영장발부와 법원에 대한 통지) 체포영장 또는 구속영장의 발부를 받은 후 피의자를 체포 또는 구속하지 아니하거나 체포 또는 구속한 피의자를 석방한 때에는 지체없이 검사는 영장을 발부한 법원에 그 사유를 서면으로 통지하여야 한다. <개정 1995.12.29.>

제205조(구속기간의 연장) ①지방법원판사는 검사의 신청에 의하여 수사를 계속함에 상당한 이유가 있다고 인정한 때에는 10일을 초과하지 아니하는 한도에서 제203조의 구속기간의 연장을 1차에 한하여 허가할 수 있다.

②전항의 신청에는 구속기간의 연장의 필요를 인정할 수 있는 자료를 제출하여야 한다.

제206조 삭제 <1995.12.29.>

제207조 삭제 <1995.12.29.>

제208조(재구속의 제한) ①검사 또는 사법경찰관에 의하여 구속되었다가 석방된 자는 다른 중요한 증거를 발견한 경우를 제외하고는 동일한 범죄사실에 관하여 재차 구속하지 못한다.

②전항의 경우에는 1개의 목적을 위하여 동시 또는 수단결과의 관계에서 행하여진 행위는 동일한 범죄사실로 간주한다.

[전문개정 1973.1.25.]

제209조(준용규정) 제70조제2항, 제71조, 제75조, 제81조제1항 본문ㆍ제3항, 제82조, 제83조, 제85조부터 제87조까지, 제89조부터 제91조까지, 제93조, 제101조제1항, 제102조제2항 본문(보석의 취소에 관한 부분은 제외한다) 및 제200조의5는 검사 또는 사법경찰관의 피의자 구속에 관하여 준용한다. <개정 2007.12.21.> [전문개정 2007.6.1.]

제210조(사법경찰관리의 관할구역 외의 수사) 사법경찰관리가 관할구역 외에서 수사하거나 관할구역 외의 사법경찰관리의 촉탁을 받어 수사할 때에는 관할지방검찰청 검사장 또는 지청장에게 보고하여야 한다. 다만, 제200조의3, 제212조, 제

214조, 제216조와 제217조의 규정에 의한 수사를 하는 경우에 긴급을 요할 때에는 사후에 보고할 수 있다. <개정 1961.9.1., 1995.12.29.>

제211조(현행범인과 준현행범인) ①범죄의 실행 중이거나 실행의 즉후인 자를 현행범인이라 한다.

②다음 각 호의 1에 해당하는 자는 현행범인으로 간주한다.

1. 범인으로 호창되어 추적되고 있는 때
2. 장물이나 범죄에 사용되었다고 인정함에 충분한 흉기 기타의 물건을 소지하고 있는 때
3. 신체 또는 의복류에 현저한 증적이 있는 때
4. 누구임을 물음에 대하여 도망하려 하는 때

제212조(현행범인의 체포) 현행범인은 누구든지 영장없이 체포할 수 있다.

제212조의2 삭제 <1987.11.28.>

제213조(체포된 현행범인의 인도) ①검사 또는 사법경찰관리 아닌 자가 현행범인을 체포한 때에는 즉시 검사 또는 사법경찰관리에게 인도하여야 한다.

②사법경찰관리가 현행범인의 인도를 받은 때에는 체포자의 성명, 주거, 체포의 사유를 물어야 하고 필요한 때에는 체포자에 대하여 경찰관서에 동행함을 요구할 수 있다.

③ 삭제 <1987.11.28.>

제213조의2(준용규정) 제87조, 제89조, 제90조, 제200조의2제5항 및 제200조의5의 규정은 검사 또는 사법경찰관리가 현행범인을 체포하거나 현행범인을 인도받은 경우에 이를 준용한다. <개정 1995.12.29., 2007.6.1.>

[본조신설 1987.11.28.]

제214조(경미사건과 현행범인의 체포) 다액 50만원이하의 벌금, 구류 또는 과료에 해당하는 죄의 현행범인에 대하여는 범인의 주거가 분명하지 아니한 때에 한하여 제212조 내지 제213조의 규정을 적용한다. <개정 1973.1.25., 1980.12.18., 1995.12.29.>

제214조의2(체포와 구속의 적부심사) ①체포 또는 구속된 피의자 또는 그 변호인, 법정대리인, 배우자, 직계친족, 형제자매나 가족, 동거인 또는 고용주는 관할법원에 체포 또는 구속의 적부심사를 청구할 수 있다. <개정 1987.11.28., 1995.12.29., 2005.3.31., 2007.6.1.>

②피의자를 체포 또는 구속한 검사 또는 사법경찰관은 체포 또는 구속된 피의자

와 제1항에 규정된 자 중에서 피의자가 지정하는 자에게 제1항에 따른 적부심사를 청구할 수 있음을 알려야 한다. <신설 2007.6.1.>

③법원은 제1항에 따른 청구가 다음 각 호의 어느 하나에 해당하는 때에는 제4항에 따른 심문 없이 결정으로 청구를 기각할 수 있다. <개정 1987.11.28., 1995.12.29., 2007.6.1.>

1. 청구권자 아닌 자가 청구하거나 동일한 체포영장 또는 구속영장의 발부에 대하여 재청구한 때
2. 공범 또는 공동피의자의 순차청구가 수사방해의 목적임이 명백한 때

④제1항의 청구를 받은 법원은 청구서가 접수된 때부터 48시간 이내에 체포 또는 구속된 피의자를 심문하고 수사관계서류와 증거물을 조사하여 그 청구가 이유없다고 인정한 때에는 결정으로 이를 기각하고, 이유있다고 인정한 때에는 결정으로 체포 또는 구속된 피의자의 석방을 명하여야 한다. 심사청구후 피의자에 대하여 공소제기가 있는 경우에도 또한 같다. <개정 1995.12.29., 2004.10.16., 2007.6.1.>

⑤법원은 구속된 피의자(심사청구후 공소제기된 자를 포함한다)에 대하여 피의자의 출석을 보증할 만한 보증금의 납입을 조건으로 하여 결정으로 제4항의 석방을 명할 수 있다. 다만, 다음 각 호에 해당하는 경우에는 그러하지 아니하다. <신설 1995.12.29., 2004.10.16., 2007.6.1.>

1. 죄증을 인멸할 염려가 있다고 믿을만한 충분한 이유가 있는 때
2. 피해자, 당해 사건의 재판에 필요한 사실을 알고 있다고 인정되는 자 또는 그 친족의 생명·신체나 재산에 해를 가하거나 가할 염려가 있다고 믿을만한 충분한 이유가 있는 때

⑥제5항의 석방결정을 하는 경우에 주거의 제한, 법원 또는 검사가 지정하는 일시·장소에 출석할 의무 기타 적당한 조건을 부가할 수 있다. <신설 1995.12.29., 2007.6.1.>

⑦제99조 및 100조는 제5항에 따라 보증금의 납입을 조건으로 하는 석방을 하는 경우에 준용한다. <신설 1995.12.29., 2007.6.1.>

⑧제3항과 제4항의 결정에 대하여는 항고하지 못한다. <개정 2007.6.1.>

⑨검사·변호인·청구인은 제4항의 심문기일에 출석하여 의견을 진술할 수 있다. <개정 2007.6.1.>

⑩체포 또는 구속된 피의자에게 변호인이 없는 때에는 제33조의 규정을 준용한

다. <개정 1995.12.29., 2007.6.1.>

⑪법원은 제4항의 심문을 하는 경우 공범의 분리심문이나 그 밖에 수사상의 비밀보호를 위한 적절한 조치를 취하여야 한다. <개정 2007.6.1.>

⑫체포영장 또는 구속영장을 발부한 법관은 제4항부터 제6항까지의 심문·조사·결정에 관여하지 못한다. 다만, 체포영장 또는 구속영장을 발부한 법관외에는 심문·조사·결정을 할 판사가 없는 경우에는 그러하지 아니하다. <개정 1995.12.29., 2007.6.1.>

⑬법원이 수사 관계 서류와 증거물을 접수한 때부터 결정 후 검찰청에 반환된 때까지의 기간은 제200조의2제5항(제213조의2에 따라 준용되는 경우를 포함한다) 및 제200조의4제1항의 적용에 있어서는 그 제한기간에 산입하지 아니하고, 제202조·제203조 및 제205조의 적용에 있어서는 그 구속기간에 산입하지 아니한다. <개정 2007.6.1.>

⑭제201조의2제6항은 제4항에 따라 피의자를 심문하는 경우에 준용한다. <신설 2007.6.1.> [본조신설 1980.12.18.] [제목개정 1995.12.29.]

제214조의3(재체포 및 재구속의 제한) ①제214조의2제4항의 규정에 의한 체포 또는 구속적부심사결정에 의하여 석방된 피의자가 도망하거나 죄증을 인멸하는 경우를 제외하고는 동일한 범죄사실에 관하여 재차 체포 또는 구속하지 못한다. <개정 1995.12.29., 2007.6.1.>

②제214조의2제5항에 따라 석방된 피의자에 대하여 다음 각 호의 1에 해당하는 사유가 있는 경우를 제외하고는 동일한 범죄사실에 관하여 재차 체포 또는 구속하지 못한다. <신설 1995.12.29., 2007.6.1.>

1. 도망한 때
2. 도망하거나 죄증을 인멸할 염려가 있다고 믿을만한 충분한 이유가 있는 때
3. 출석요구를 받고 정당한 이유없이 출석하지 아니한 때
4. 주거의 제한 기타 법원이 정한 조건을 위반한 때

[본조신설 1980.12.18.] [제목개정 1995.12.29.]

제214조의4(보증금의 몰수) ①법원은 다음 각 호의 1의 경우에 직권 또는 검사의 청구에 의하여 결정으로 제214조의2제5항에 따라 납입된 보증금의 전부 또는 일부를 몰수할 수 있다. <개정 2007.6.1.>

1. 제214조의2제5항에 따라 석방된 자를 제214조의3제2항에 열거된 사유로 재차 구속할 때

2. 공소가 제기된 후 법원이 제214조의2제5항에 따라 석방된 자를 동일한 범죄사실에 관하여 재차 구속할 때

②법원은 제214조의2제5항에 따라 석방된 자가 동일한 범죄사실에 관하여 형의 선고를 받고 그 판결이 확정된 후, 집행하기 위한 소환을 받고 정당한 이유없이 출석하지 아니하거나 도망한 때에는 직권 또는 검사의 청구에 의하여 결정으로 보증금의 전부 또는 일부를 몰수하여야 한다. <개정 2007.6.1.>

[본조신설 1995.12.29.]

제215조(압수, 수색, 검증) ① 검사는 범죄수사에 필요한 때에는 피의자가 죄를 범하였다고 의심할 만한 정황이 있고 해당 사건과 관계가 있다고 인정할 수 있는 것에 한정하여 지방법원판사에게 청구하여 발부받은 영장에 의하여 압수, 수색 또는 검증을 할 수 있다.

② 사법경찰관이 범죄수사에 필요한 때에는 피의자가 죄를 범하였다고 의심할 만한 정황이 있고 해당 사건과 관계가 있다고 인정할 수 있는 것에 한정하여 검사에게 신청하여 검사의 청구로 지방법원판사가 발부한 영장에 의하여 압수, 수색 또는 검증을 할 수 있다.

[전문개정 2011.7.18.]

제216조(영장에 의하지 아니한 강제처분) ①검사 또는 사법경찰관은 제200조의2·제200조의3·제201조 또는 제212조의 규정에 의하여 피의자를 체포 또는 구속하는 경우에 필요한 때에는 영장없이 다음 처분을 할 수 있다. <개정 1995.12.29.>

1. 타인의 주거나 타인이 간수하는 가옥, 건조물, 항공기, 선차 내에서의 피의자 수사
2. 체포현장에서의 압수, 수색, 검증

②전항 제2호의 규정은 검사 또는 사법경찰관이 피고인에 대한 구속영장의 집행의 경우에 준용한다.

③범행 중 또는 범행직후의 범죄 장소에서 긴급을 요하여 법원판사의 영장을 받을 수 없는 때에는 영장없이 압수, 수색 또는 검증을 할 수 있다. 이 경우에는 사후에 지체없이 영장을 받아야 한다. <신설 1961.9.1.>

제217조(영장에 의하지 아니하는 강제처분) ①검사 또는 사법경찰관은 제200조의3에 따라 체포된 자가 소유·소지 또는 보관하는 물건에 대하여 긴급히 압수할 필요가 있는 경우에는 체포한 때부터 24시간 이내에 한하여 영장 없이 압수·수

색 또는 검증을 할 수 있다.

②검사 또는 사법경찰관은 제1항 또는 제216조제1항제2호에 따라 압수한 물건을 계속 압수할 필요가 있는 경우에는 지체 없이 압수수색영장을 청구하여야 한다. 이 경우 압수수색영장의 청구는 체포한 때부터 48시간 이내에 하여야 한다.

③검사 또는 사법경찰관은 제2항에 따라 청구한 압수수색영장을 발부받지 못한 때에는 압수한 물건을 즉시 반환하여야 한다.

[전문개정 2007.6.1.]

제218조(영장에 의하지 아니한 압수) 검사, 사법경찰관은 피의자 기타인의 유류한 물건이나 소유자, 소지자 또는 보관자가 임의로 제출한 물건을 영장없이 압수할 수 있다.

제218조의2(압수물의 환부, 가환부) ① 검사는 사본을 확보한 경우 등 압수를 계속할 필요가 없다고 인정되는 압수물 및 증거에 사용할 압수물에 대하여 공소제기 전이라도 소유자, 소지자, 보관자 또는 제출인의 청구가 있는 때에는 환부 또는 가환부하여야 한다.

② 제1항의 청구에 대하여 검사가 이를 거부하는 경우에는 신청인은 해당 검사의 소속 검찰청에 대응한 법원에 압수물의 환부 또는 가환부 결정을 청구할 수 있다.

③ 제2항의 청구에 대하여 법원이 환부 또는 가환부를 결정하면 검사는 신청인에게 압수물을 환부 또는 가환부하여야 한다.

④ 사법경찰관의 환부 또는 가환부 처분에 관하여는 제1항부터 제3항까지의 규정을 준용한다. 이 경우 사법경찰관은 검사의 지휘를 받아야 한다.

[본조신설 2011.7.18.]

제219조(준용규정) 제106조, 제107조, 제109조 내지 제112조, 제114조, 제115조제1항 본문, 제2항, 제118조부터 제132조까지, 제134조, 제135조, 제140조, 제141조, 제333조제2항, 제486조의 규정은 검사 또는 사법경찰관의 본장의 규정에 의한 압수, 수색 또는 검증에 준용한다. 단, 사법경찰관이 제130조, 제132조 및 제134조에 따른 처분을 함에는 검사의 지휘를 받아야 한다. <개정 1980.12.18., 2007.6.1., 2011.7.18.>

제220조(요급처분) 제216조의 규정에 의한 처분을 하는 경우에 급속을 요하는 때에는 제123조제2항, 제125조의 규정에 의함을 요하지 아니한다.

제221조(제3자의 출석요구 등) ①검사 또는 사법경찰관은 수사에 필요한 때에는

피의자가 아닌 자의 출석을 요구하여 진술을 들을 수 있다. 이 경우 그의 동의를 받아 영상녹화할 수 있다.

②검사 또는 사법경찰관은 수사에 필요한 때에는 감정·통역 또는 번역을 위촉할 수 있다.

③제163조의2제1항부터 제3항까지는 검사 또는 사법경찰관이 범죄로 인한 피해자를 조사하는 경우에 준용한다.

[전문개정 2007.6.1.]

제221조의2(증인신문의 청구) ①범죄의 수사에 없어서는 아니될 사실을 안다고 명백히 인정되는 자가 전조의 규정에 의한 출석 또는 진술을 거부한 경우에는 검사는 제1회 공판기일 전에 한하여 판사에게 그에 대한 증인신문을 청구할 수 있다.

② 삭제 <2007.6.1.>

③제1항의 청구를 함에는 서면으로 그 사유를 소명하여야 한다. <개정 2007.6.1.>

④제1항의 청구를 받은 판사는 증인신문에 관하여 법원 또는 재판장과 동일한 권한이 있다. <개정 2007.6.1.>

⑤판사는 제1항의 청구에 따라 증인신문기일을 정한 때에는 피고인·피의자 또는 변호인에게 이를 통지하여 증인신문에 참여할 수 있도록 하여야 한다. <개정 2007.6.1.>

⑥판사는 제1항의 청구에 의한 증인신문을 한 때에는 지체없이 이에 관한 서류를 검사에게 송부하여야 한다. <개정 2007.6.1.>

[본조신설 1973.1.25.]

[94헌바1 1996.12.26. 헌법재판소 위헌결정 이전인 1995.12.29. 법률 제5054호로 이 조 제5항이 개정되었으나 위 결정으로 이 조 제2항이 무효로 되었으므로 제5항 중 제2항에 관한 부분은 자동 효력 상실]

제221조의3(감정의 위촉과 감정유치의 청구) ①검사는 제221조의 규정에 의하여 감정을 위촉하는 경우에 제172조제3항의 유치처분이 필요할 때에는 판사에게 이를 청구하여야 한다. <개정 1980.12.18.>

②판사는 제1항의 청구가 상당하다고 인정할 때에는 유치처분을 하여야 한다. 제172조 및 제172조의2의 규정은 이 경우에 준용한다. <개정 1980.12.18.>

[본조신설 1973.1.25.]

제221조의4(감정에 필요한 처분, 허가장) ①제221조의 규정에 의하여 감정의 위촉을 받은 자는 판사의 허가를 얻어 제173조제1항에 규정된 처분을 할 수 있다.

②제1항의 허가의 청구는 검사가 하여야 한다. <개정 1980.12.18.>

③판사는 제2항의 청구가 상당하다고 인정할 때에는 허가장을 발부하여야 한다. <개정 1980.12.18.>

④제173조제2항, 제3항 및 제5항의 규정은 제3항의 허가장에 준용한다. <개정 1980.12.18.>

[본조신설 1973.1.25.]

제222조(변사자의 검시) ①변사자 또는 변사의 의심있는 사체가 있는 때에는 그 소재지를 관할하는 지방검찰청 검사가 검시하여야 한다.

②전항의 검시로 범죄의 혐의를 인정하고 긴급을 요할 때에는 영장없이 검증할 수 있다. <신설 1961.9.1.>

③검사는 사법경찰관에게 전2항의 처분을 명할 수 있다. <신설 1961.9.1.>

제223조(고소권자) 범죄로 인한 피해자는 고소할 수 있다.

제224조(고소의 제한) 자기 또는 배우자의 직계존속을 고소하지 못한다.

제225조(비피해자인 고소권자) ①피해자의 법정대리인은 독립하여 고소할 수 있다.

②피해자가 사망한 때에는 그 배우자, 직계친족 또는 형제자매는 고소할 수 있다. 단, 피해자의 명시한 의사에 반하지 못한다.

제226조(동전) 피해자의 법정대리인이 피의자이거나 법정대리인의 친족이 피의자인 때에는 피해자의 친족은 독립하여 고소할 수 있다.

제227조(동전) 사자의 명예를 훼손한 범죄에 대하여는 그 친족 또는 자손은 고소할 수 있다.

제228조(고소권자의 지정) 친고죄에 대하여 고소할 자가 없는 경우에 이해관계인의 신청이 있으면 검사는 10일 이내에 고소할 수 있는 자를 지정하여야 한다.

제229조(배우자의 고소) ①「형법」 제241조의 경우에는 혼인이 해소되거나 이혼소송을 제기한 후가 아니면 고소할 수 없다. <개정 2007.6.1.>

②전항의 경우에 다시 혼인을 하거나 이혼소송을 취하한 때에는 고소는 취소된 것으로 간주한다.

제230조(고소기간) ①친고죄에 대하여는 범인을 알게 된 날로부터 6월을 경과하면 고소하지 못한다. 단, 고소할 수 없는 불가항력의 사유가 있는 때에는 그 사유가 없어진 날로부터 기산한다.

② 삭제 <2013.4.5.>

제231조(수인의 고소권자) 고소할 수 있는 자가 수인인 경우에는 1인의 기간의 해태는 타인의 고소에 영향이 없다.

제232조(고소의 취소) ①고소는 제1심 판결선고 전까지 취소할 수 있다.

②고소를 취소한 자는 다시 고소하지 못한다.

③피해자의 명시한 의사에 반하여 죄를 논할 수 없는 사건에 있어서 처벌을 희망하는 의사표시의 철회에 관하여도 전2항의 규정을 준용한다.

제233조(고소의 불가분) 친고죄의 공범 중 그 1인 또는 수인에 대한 고소 또는 그 취소는 다른 공범자에 대하여도 효력이 있다.

제234조(고발) ①누구든지 범죄가 있다고 사료하는 때에는 고발할 수 있다.

②공무원은 그 직무를 행함에 있어 범죄가 있다고 사료하는 때에는 고발하여야 한다.

제235조(고발의 제한) 제224조의 규정은 고발에 준용한다.

제236조(대리고소) 고소 또는 그 취소는 대리인으로 하여금하게 할 수 있다.

제237조(고소, 고발의 방식) ①고소 또는 고발은 서면 또는 구술로써 검사 또는 사법경찰관에게 하여야 한다.

②검사 또는 사법경찰관이 구술에 의한 고소 또는 고발을 받은 때에는 조서를 작성하여야 한다.

제238조(고소, 고발과 사법경찰관의 조치) 사법경찰관이 고소 또는 고발을 받은 때에는 신속히 조사하여 관계서류와 증거물을 검사에게 송부하여야 한다.

제239조(준용규정) 전2조의 규정은 고소 또는 고발의 취소에 관하여 준용한다.

제240조(자수와 준용규정) 제237조와 제238조의 규정은 자수에 대하여 준용한다.

제241조(피의자신문) 검사 또는 사법경찰관이 피의자를 신문함에는 먼저 그 성명, 연령, 등록기준지, 주거와 직업을 물어 피의자임에 틀림없음을 확인하여야 한다. <개정 2007.5.17.>

제242조(피의자신문사항) 검사 또는 사법경찰관은 피의자에 대하여 범죄사실과 정상에 관한 필요사항을 신문하여야 하며 그 이익되는 사실을 진술할 기회를 주어야 한다.

제243조(피의자신문과 참여자) 검사가 피의자를 신문함에는 검찰청수사관 또는 서기관이나 서기를 참여하게 하여야 하고 사법경찰관이 피의자를 신문함에는 사법경찰관리를 참여하게 하여야 한다. <개정 2007.6.1., 2007.12.21.>

제243조의2(변호인의 참여 등) ①검사 또는 사법경찰관은 피의자 또는 그 변호인·법정대리인·배우자·직계친족·형제자매의 신청에 따라 변호인을 피의자와 접견하게 하거나 정당한 사유가 없는 한 피의자에 대한 신문에 참여하게 하여야 한다.

②신문에 참여하고자 하는 변호인이 2인 이상인 때에는 피의자가 신문에 참여할 변호인 1인을 지정한다. 지정이 없는 경우에는 검사 또는 사법경찰관이 이를 지정할 수 있다.

③신문에 참여한 변호인은 신문 후 의견을 진술할 수 있다. 다만, 신문 중이라도 부당한 신문방법에 대하여 이의를 제기할 수 있고, 검사 또는 사법경찰관의 승인을 얻어 의견을 진술할 수 있다.

④제3항에 따른 변호인의 의견이 기재된 피의자신문조서는 변호인에게 열람하게 한 후 변호인으로 하여금 그 조서에 기명날인 또는 서명하게 하여야 한다.

⑤검사 또는 사법경찰관은 변호인의 신문참여 및 그 제한에 관한 사항을 피의자신문조서에 기재하여야 한다.

[본조신설 2007.6.1.]

제244조(피의자신문조서의 작성) ①피의자의 진술은 조서에 기재하여야 한다.

②제1항의 조서는 피의자에게 열람하게 하거나 읽어 들려주어야 하며, 진술한 대로 기재되지 아니하였거나 사실과 다른 부분의 유무를 물어 피의자가 증감 또는 변경의 청구 등 이의를 제기하거나 의견을 진술한 때에는 이를 조서에 추가로 기재하여야 한다. 이 경우 피의자가 이의를 제기하였던 부분은 읽을 수 있도록 남겨두어야 한다. <개정 2007.6.1.>

③피의자가 조서에 대하여 이의나 의견이 없음을 진술한 때에는 피의자로 하여금 그 취지를 자필로 기재하게 하고 조서에 간인한 후 기명날인 또는 서명하게 한다. <개정 2007.6.1.>

제244조의2(피의자진술의 영상녹화) ①피의자의 진술은 영상녹화할 수 있다. 이 경우 미리 영상녹화사실을 알려주어야 하며, 조사의 개시부터 종료까지의 전 과정 및 객관적 정황을 영상녹화하여야 한다.

②제1항에 따른 영상녹화가 완료된 때에는 피의자 또는 변호인 앞에서 지체 없이 그 원본을 봉인하고 피의자로 하여금 기명날인 또는 서명하게 하여야 한다.

③제2항의 경우에 피의자 또는 변호인의 요구가 있는 때에는 영상녹화물을 재생하여 시청하게 하여야 한다. 이 경우 그 내용에 대하여 이의를 진술하는 때에는

그 취지를 기재한 서면을 첨부하여야 한다.

[본조신설 2007.6.1.]

제244조의3(진술거부권 등의 고지) ①검사 또는 사법경찰관은 피의자를 신문하기 전에 다음 각 호의 사항을 알려주어야 한다.

1. 일체의 진술을 하지 아니하거나 개개의 질문에 대하여 진술을 하지 아니할 수 있다는 것
2. 진술을 하지 아니하더라도 불이익을 받지 아니한다는 것
3. 진술을 거부할 권리를 포기하고 행한 진술은 법정에서 유죄의 증거로 사용될 수 있다는 것
4. 신문을 받을 때에는 변호인을 참여하게 하는 등 변호인의 조력을 받을 수 있다는 것

②검사 또는 사법경찰관은 제1항에 따라 알려 준 때에는 피의자가 진술을 거부할 권리와 변호인의 조력을 받을 권리를 행사할 것인지의 여부를 질문하고, 이에 대한 피의자의 답변을 조서에 기재하여야 한다. 이 경우 피의자의 답변은 피의자로 하여금 자필로 기재하게 하거나 검사 또는 사법경찰관이 피의자의 답변을 기재한 부분에 기명날인 또는 서명하게 하여야 한다.

[본조신설 2007.6.1.]

제244조의4(수사과정의 기록) ①검사 또는 사법경찰관은 피의자가 조사장소에 도착한 시각, 조사를 시작하고 마친 시각, 그 밖에 조사과정의 진행경과를 확인하기 위하여 필요한 사항을 피의자신문조서에 기록하거나 별도의 서면에 기록한 후 수사기록에 편철하여야 한다.

②제244조제2항 및 제3항은 제1항의 조서 또는 서면에 관하여 준용한다.

③제1항 및 제2항은 피의자가 아닌 자를 조사하는 경우에 준용한다.

[본조신설 2007.6.1.]

제244조의5(장애인 등 특별히 보호를 요하는 자에 대한 특칙) 검사 또는 사법경찰관은 피의자를 신문하는 경우 다음 각 호의 어느 하나에 해당하는 때에는 직권 또는 피의자·법정대리인의 신청에 따라 피의자와 신뢰관계에 있는 자를 동석하게 할 수 있다.

1. 피의자가 신체적 또는 정신적 장애로 사물을 변별하거나 의사를 결정·전달할 능력이 미약한 때
2. 피의자의 연령·성별·국적 등의 사정을 고려하여 그 심리적 안정의 도모와

원활한 의사소통을 위하여 필요한 경우

[본조신설 2007.6.1.]

제245조(참고인과의 대질) 검사 또는 사법경찰관이 사실을 발견함에 필요한 때에는 피의자와 다른 피의자 또는 피의자 아닌 자와 대질하게 할 수 있다.

제245조의2(전문수사자문위원의 참여) ① 검사는 공소제기 여부와 관련된 사실관계를 분명하게 하기 위하여 필요한 경우에는 직권이나 피의자 또는 변호인의 신청에 의하여 전문수사자문위원을 지정하여 수사절차에 참여하게 하고 자문을 들을 수 있다.

② 전문수사자문위원은 전문적인 지식에 의한 설명 또는 의견을 기재한 서면을 제출하거나 전문적인 지식에 의하여 설명이나 의견을 진술할 수 있다.

③ 검사는 제2항에 따라 전문수사자문위원이 제출한 서면이나 전문수사자문위원의 설명 또는 의견의 진술에 관하여 피의자 또는 변호인에게 구술 또는 서면에 의한 의견진술의 기회를 주어야 한다.

[본조신설 2007.12.21.]

제245조의3(전문수사자문위원 지정 등) ① 제245조의2제1항에 따라 전문수사자문위원을 수사절차에 참여시키는 경우 검사는 각 사건마다 1인 이상의 전문수사자문위원을 지정한다.

② 검사는 상당하다고 인정하는 때에는 전문수사자문위원의 지정을 취소할 수 있다.

③ 피의자 또는 변호인은 검사의 전문수사자문위원 지정에 대하여 관할 고등검찰청검사장에게 이의를 제기할 수 있다.

④ 전문수사자문위원에게는 수당을 지급하고, 필요한 경우에는 그 밖의 여비, 일당 및 숙박료를 지급할 수 있다.

⑤ 전문수사자문위원의 지정 및 지정취소, 이의제기 절차 및 방법, 수당지급, 그 밖에 필요한 사항은 법무부령으로 정한다.

[본조신설 2007.12.21.]

제245조의4(준용규정) 제279조의7 및 제279조의8은 검사의 전문수사자문위원에게 준용한다. [본조신설 2007.12.21.]

제2장 공소

제246조(국가소추주의) 공소는 검사가 제기하여 수행한다.

제247조(기소편의주의) 검사는 「형법」 제51조의 사항을 참작하여 공소를 제기하지 아니할 수 있다. [전문개정 2007.6.1.]

제248조(공소효력의 범위) ①공소는 검사가 피고인으로 지정한 사람 외의 다른 사람에게는 그 효력이 미치지 아니한다.

②범죄사실의 일부에 대한 공소는 그 효력이 전부에 미친다.

[전문개정 2007.6.1.]

제249조(공소시효의 기간) ①공소시효는 다음 기간의 경과로 완성한다. <개정 1973.1.25., 2007.12.21.>

1. 사형에 해당하는 범죄에는 25년
2. 무기징역 또는 무기금고에 해당하는 범죄에는 15년
3. 장기 10년 이상의 징역 또는 금고에 해당하는 범죄에는 10년
4. 장기 10년 미만의 징역 또는 금고에 해당하는 범죄에는 7년
5. 장기 5년 미만의 징역 또는 금고, 장기10년 이상의 자격정지 또는 벌금에 해당하는 범죄에는 5년
6. 장기 5년 이상의 자격정지에 해당하는 범죄에는 3년
7. 장기 5년 미만의 자격정지, 구류, 과료 또는 몰수에 해당하는 범죄에는 1년

②공소가 제기된 범죄는 판결의 확정이 없이 공소를 제기한 때로부터 25년을 경과하면 공소시효가 완성한 것으로 간주한다. <신설 1961.9.1., 2007.12.21.>

제250조(2개 이상의 형과 시효기간) 2개 이상의 형을 병과하거나 2개 이상의 형에서 그 1개를 과할 범죄에는 중한 형에 의하여 전조의 규정을 적용한다.

제251조(형의 가중, 감경과 시효기간) 「형법」에 의하여 형을 가중 또는 감경한 경우에는 가중 또는 감경하지 아니한 형에 의하여 제249조의 규정을 적용한다. <개정 2007.6.1.>

제252조(시효의 기산점) ①시효는 범죄행위의 종료한 때로부터 진행한다.

②공범에는 최종행위의 종료한 때로부터 전공범에 대한 시효기간을 기산한다.

제253조(시효의 정지와 효력) ①시효는 공소의 제기로 진행이 정지되고 공소기각 또는 관할위반의 재판이 확정된 때로부터 진행한다. <개정 1961.9.1.>

②공범의 1인에 대한 전항의 시효정지는 다른 공범자에게 대하여 효력이 미치고 당해 사건의 재판이 확정된 때로부터 진행한다. <개정 1961.9.1.>

③범인이 형사처분을 면할 목적으로 국외에 있는 경우 그 기간 동안 공소시효는 정지된다. <신설 1995.12.29.>

제253조의2(공소시효의 적용 배제) 사람을 살해한 범죄(종범은 제외한다)로 사형에 해당하는 범죄에 대하여는 제249조부터 제253조까지에 규정된 공소시효를 적용하지 아니한다. [본조신설 2015.7.31.]

제254조(공소제기의 방식과 공소장) ①공소를 제기함에는 공소장을 관할법원에 제출하여야 한다.

②공소장에는 피고인수에 상응한 부본을 첨부하여야 한다.

③공소장에는 다음 사항을 기재하여야 한다.

1. 피고인의 성명 기타 피고인을 특정할 수 있는 사항
2. 죄명
3. 공소사실
4. 적용법조

④공소사실의 기재는 범죄의 시일, 장소와 방법을 명시하여 사실을 특정할 수 있도록 하여야 한다.

⑤수개의 범죄사실과 적용법조를 예비적 또는 택일적으로 기재할 수 있다.

제255조(공소의 취소) ①공소는 제1심판결의 선고 전까지 취소할 수 있다.

②공소취소는 이유를 기재한 서면으로 하여야 한다. 단, 공판정에서는 구술로써 할 수 있다.

제256조(타관송치) 검사는 사건이 그 소속검찰청에 대응한 법원의 관할에 속하지 아니한 때에는 사건을 서류와 증거물과 함께 관할법원에 대응한 검찰청검사에게 송치하여야 한다.

제256조의2(군검사에의 사건송치) 검사는 사건이 군사법원의 재판권에 속하는 때에는 사건을 서류와 증거물과 함께 재판권을 가진 관할 군검찰부 군검사에게 송치하여야 한다. 이 경우에 송치전에 행한 소송행위는 송치후에도 그 효력에 영향이 없다. <개정 1987.11.28., 2016.1.6.>

[본조신설 1973.1.25.] [제목개정 2016.1.6.]

제257조(고소등에 의한 사건의 처리) 검사가 고소 또는 고발에 의하여 범죄를 수사할 때에는 고소 또는 고발을 수리한 날로부터 3월 이내에 수사를 완료하여 공소제기여부를 결정하여야 한다.

제258조(고소인등에의 처분고지) ①검사는 고소 또는 고발있는 사건에 관하여 공소를 제기하거나 제기하지 아니하는 처분, 공소의 취소 또는 제256조의 송치를 한 때에는 그 처분한 날로부터 7일 이내에 서면으로 고소인 또는 고발인에게 그

취지를 통지하여야 한다.

②검사는 불기소 또는 제256조의 처분을 한 때에는 피의자에게 즉시 그 취지를 통지하여야 한다.

제259조(고소인등에의 공소불제기이유고지) 검사는 고소 또는 고발있는 사건에 관하여 공소를 제기하지 아니하는 처분을 한 경우에 고소인 또는 고발인의 청구가 있는 때에는 7일 이내에 고소인 또는 고발인에게 그 이유를 서면으로 설명하여야 한다.

제259조의2(피해자 등에 대한 통지) 검사는 범죄로 인한 피해자 또는 그 법정대리인(피해자가 사망한 경우에는 그 배우자·직계친족·형제자매를 포함한다)의 신청이 있는 때에는 당해 사건의 공소제기여부, 공판의 일시·장소, 재판결과, 피의자·피고인의 구속·석방 등 구금에 관한 사실 등을 신속하게 통지하여야 한다. [본조신설 2007.6.1.]

제260조(재정신청) ①고소권자로서 고소를 한 자(「형법」 제123조부터 제126조까지의 죄에 대하여는 고발을 한 자를 포함한다. 이하 이 조에서 같다)는 검사로부터 공소를 제기하지 아니한다는 통지를 받은 때에는 그 검사 소속의 지방검찰청 소재지를 관할하는 고등법원(이하 "관할 고등법원"이라 한다)에 그 당부에 관한 재정을 신청할 수 있다. 다만, 「형법」 제126조의 죄에 대하여는 피공표자의 명시한 의사에 반하여 재정을 신청할 수 없다. <개정 2011.7.18.>

②제1항에 따른 재정신청을 하려면 「검찰청법」 제10조에 따른 항고를 거쳐야 한다. 다만, 다음 각 호의 어느 하나에 해당하는 경우에는 그러하지 아니하다.

1. 항고 이후 재기수사가 이루어진 다음에 다시 공소를 제기하지 아니한다는 통지를 받은 경우
2. 항고 신청 후 항고에 대한 처분이 행하여지지 아니하고 3개월이 경과한 경우
3. 검사가 공소시효 만료일 30일 전까지 공소를 제기하지 아니하는 경우

③제1항에 따른 재정신청을 하려는 자는 항고기각 결정을 통지받은 날 또는 제2항 각 호의 사유가 발생한 날부터 10일 이내에 지방검찰청검사장 또는 지청장에게 재정신청서를 제출하여야 한다. 다만, 제2항제3호의 경우에는 공소시효 만료일 전날까지 재정신청서를 제출할 수 있다.

④ 재정신청서에는 재정신청의 대상이 되는 사건의 범죄사실 및 증거 등 재정신청을 이유있게 하는 사유를 기재하여야 한다.

[전문개정 2007.6.1.]

제261조(지방검찰청검사장 등의 처리) 제260조제3항에 따라 재정신청서를 제출받은 지방검찰청검사장 또는 지청장은 재정신청서를 제출받은 날부터 7일 이내에 재정신청서·의견서·수사 관계 서류 및 증거물을 관할 고등검찰청을 경유하여 관할 고등법원에 송부하여야 한다. 다만, 제260조제2항 각 호의 어느 하나에 해당하는 경우에는 지방검찰청검사장 또는 지청장은 다음의 구분에 따른다.

1. 신청이 이유 있는 것으로 인정하는 때에는 즉시 공소를 제기하고 그 취지를 관할 고등법원과 재정신청인에게 통지한다.
2. 신청이 이유 없는 것으로 인정하는 때에는 30일 이내에 관할 고등법원에 송부한다.

[전문개정 2007.6.1.]

제262조(심리와 결정) ①법원은 재정신청서를 송부받은 때에는 송부받은 날부터 10일 이내에 피의자에게 그 사실을 통지하여야 한다.

②법원은 재정신청서를 송부받은 날부터 3개월 이내에 항고의 절차에 준하여 다음 각 호의 구분에 따라 결정한다. 이 경우 필요한 때에는 증거를 조사할 수 있다.

1. 신청이 법률상의 방식에 위배되거나 이유 없는 때에는 신청을 기각한다.
2. 신청이 이유 있는 때에는 사건에 대한 공소제기를 결정한다.

③재정신청사건의 심리는 특별한 사정이 없는 한 공개하지 아니한다.

④제2항제1호의 결정에 대하여는 제415조에 따른 즉시항고를 할 수 있고, 제2항제2호의 결정에 대하여는 불복할 수 없다. 제2항제1호의 결정이 확정된 사건에 대하여는 다른 중요한 증거를 발견한 경우를 제외하고는 소추할 수 없다. <개정 2016.1.6.>

⑤법원은 제2항의 결정을 한 때에는 즉시 그 정본을 재정신청인·피의자와 관할 지방검찰청검사장 또는 지청장에게 송부하여야 한다. 이 경우 제2항제2호의 결정을 한 때에는 관할 지방검찰청검사장 또는 지청장에게 사건기록을 함께 송부하여야 한다.

⑥제2항제2호의 결정에 따른 재정결정서를 송부받은 관할 지방검찰청 검사장 또는 지청장은 지체 없이 담당 검사를 지정하고 지정받은 검사는 공소를 제기하여야 한다.

[전문개정 2007.6.1.]

제262조의2(재정신청사건 기록의 열람·등사 제한) 재정신청사건의 심리 중에는 관련 서류 및 증거물을 열람 또는 등사할 수 없다. 다만, 법원은 제262조제2항

후단의 증거조사과정에서 작성된 서류의 전부 또는 일부의 열람 또는 등사를 허가할 수 있다. [본조신설 2007.6.1.]

[종전 제262조의2는 제262조의4로 이동 <2007.6.1.>]

제262조의3(비용부담 등) ①법원은 제262조제2항제1호의 결정 또는 제264조제2항의 취소가 있는 경우에는 결정으로 재정신청인에게 신청절차에 의하여 생긴 비용의 전부 또는 일부를 부담하게 할 수 있다.

②법원은 직권 또는 피의자의 신청에 따라 재정신청인에게 피의자가 재정신청절차에서 부담하였거나 부담할 변호인선임료 등 비용의 전부 또는 일부의 지급을 명할 수 있다.

③제1항 및 제2항의 결정에 대하여는 즉시항고를 할 수 있다.

④제1항 및 제2항에 따른 비용의 지급범위와 절차 등에 대하여는 대법원규칙으로 정한다.

[본조신설 2007.6.1.]

제262조의4(공소시효의 정지 등) ①제260조에 따른 재정신청이 있으면 제262조에 따른 재정결정이 확정될 때까지 공소시효의 진행이 정지된다. <개정 2007.12.21., 2016.1.6.>

②제262조제2항제2호의 결정이 있는 때에는 공소시효에 관하여 그 결정이 있는 날에 공소가 제기된 것으로 본다.

[전문개정 2007.6.1.] [제262조의2에서 이동 <2007.6.1.>]

제263조 삭제 <2007.6.1.>

제264조(대리인에 의한 신청과 1인의 신청의 효력, 취소) ①재정신청은 대리인에 의하여 할 수 있으며 공동신청권자 중 1인의 신청은 그 전원을 위하여 효력을 발생한다.

②재정신청은 제262조제2항의 결정이 있을 때까지 취소할 수 있다. 취소한 자는 다시 재정신청을 할 수 없다. <개정 2007.6.1.>

③전항의 취소는 다른 공동신청권자에게 효력을 미치지 아니한다.

제264조의2(공소취소의 제한) 검사는 제262조제2항제2호의 결정에 따라 공소를 제기한 때에는 이를 취소할 수 없다. [본조신설 2007.6.1.]

제265조 삭제 <2007.6.1.>

제3장 공판

제1절 공판준비와 공판절차

제266조(공소장부본의 송달) 법원은 공소의 제기가 있는 때에는 지체없이 공소장의 부본을 피고인 또는 변호인에게 송달하여야 한다. 단, 제1회 공판기일 전 5일까지 송달하여야 한다.

제266조의2(의견서의 제출) ①피고인 또는 변호인은 공소장 부본을 송달받은 날부터 7일 이내에 공소사실에 대한 인정 여부, 공판준비절차에 관한 의견 등을 기재한 의견서를 법원에 제출하여야 한다. 다만, 피고인이 진술을 거부하는 경우에는 그 취지를 기재한 의견서를 제출할 수 있다.

②법원은 제1항의 의견서가 제출된 때에는 이를 검사에게 송부하여야 한다.

[본조신설 2007.6.1.]

제266조의3(공소제기 후 검사가 보관하고 있는 서류 등의 열람·등사) ①피고인 또는 변호인은 검사에게 공소제기된 사건에 관한 서류 또는 물건(이하 "서류등"이라 한다)의 목록과 공소사실의 인정 또는 양형에 영향을 미칠 수 있는 다음 서류등의 열람·등사 또는 서면의 교부를 신청할 수 있다. 다만, 피고인에게 변호인이 있는 경우에는 피고인은 열람만을 신청할 수 있다.

1. 검사가 증거로 신청할 서류등
2. 검사가 증인으로 신청할 사람의 성명·사건과의 관계 등을 기재한 서면 또는 그 사람이 공판기일 전에 행한 진술을 기재한 서류등
3. 제1호 또는 제2호의 서면 또는 서류등의 증명력과 관련된 서류등
4. 피고인 또는 변호인이 행한 법률상·사실상 주장과 관련된 서류등(관련 형사재판확정기록, 불기소처분기록 등을 포함한다)

②검사는 국가안보, 증인보호의 필요성, 증거인멸의 염려, 관련 사건의 수사에 장애를 가져올 것으로 예상되는 구체적인 사유 등 열람·등사 또는 서면의 교부를 허용하지 아니할 상당한 이유가 있다고 인정하는 때에는 열람·등사 또는 서면의 교부를 거부하거나 그 범위를 제한할 수 있다.

③검사는 열람·등사 또는 서면의 교부를 거부하거나 그 범위를 제한하는 때에는 지체 없이 그 이유를 서면으로 통지하여야 한다.

④ 피고인 또는 변호인은 검사가 제1항의 신청을 받은 때부터 48시간 이내에 제3항의 통지를 하지 아니하는 때에는 제266조의4제1항의 신청을 할 수 있다.

⑤검사는 제2항에도 불구하고 서류등의 목록에 대하여는 열람 또는 등사를 거부

할 수 없다.

⑥제1항의 서류등은 도면·사진·녹음테이프·비디오테이프·컴퓨터용 디스크, 그 밖에 정보를 담기 위하여 만들어진 물건으로서 문서가 아닌 특수매체를 포함한다. 이 경우 특수매체에 대한 등사는 필요 최소한의 범위에 한한다.

[본조신설 2007.6.1.]

제266조의4(법원의 열람·등사에 관한 결정) ①피고인 또는 변호인은 검사가 서류등의 열람·등사 또는 서면의 교부를 거부하거나 그 범위를 제한한 때에는 법원에 그 서류등의 열람·등사 또는 서면의 교부를 허용하도록 할 것을 신청할 수 있다.

②법원은 제1항의 신청이 있는 때에는 열람·등사 또는 서면의 교부를 허용하는 경우에 생길 폐해의 유형·정도, 피고인의 방어 또는 재판의 신속한 진행을 위한 필요성 및 해당 서류등의 중요성 등을 고려하여 검사에게 열람·등사 또는 서면의 교부를 허용할 것을 명할 수 있다. 이 경우 열람 또는 등사의 시기·방법을 지정하거나 조건·의무를 부과할 수 있다.

③법원은 제2항의 결정을 하는 때에는 검사에게 의견을 제시할 수 있는 기회를 부여하여야 한다.

④법원은 필요하다고 인정하는 때에는 검사에게 해당 서류등의 제시를 요구할 수 있고, 피고인이나 그 밖의 이해관계인을 심문할 수 있다.

⑤검사는 제2항의 열람·등사 또는 서면의 교부에 관한 법원의 결정을 지체 없이 이행하지 아니하는 때에는 해당 증인 및 서류등에 대한 증거신청을 할 수 없다. [본조신설 2007.6.1.]

제266조의5(공판준비절차) ①재판장은 효율적이고 집중적인 심리를 위하여 사건을 공판준비절차에 부칠 수 있다.

②공판준비절차는 주장 및 입증계획 등을 서면으로 준비하게 하거나 공판준비기일을 열어 진행한다.

③검사, 피고인 또는 변호인은 증거를 미리 수집·정리하는 등 공판준비절차가 원활하게 진행될 수 있도록 협력하여야 한다. [본조신설 2007.6.1.]

제266조의6(공판준비를 위한 서면의 제출) ①검사, 피고인 또는 변호인은 법률상·사실상 주장의 요지 및 입증취지 등이 기재된 서면을 법원에 제출할 수 있다.

②재판장은 검사, 피고인 또는 변호인에 대하여 제1항에 따른 서면의 제출을 명할 수 있다.

③법원은 제1항 또는 제2항에 따라 서면이 제출된 때에는 그 부본을 상대방에게 송달하여야 한다.

④재판장은 검사, 피고인 또는 변호인에게 공소장 등 법원에 제출된 서면에 대한 설명을 요구하거나 그 밖에 공판준비에 필요한 명령을 할 수 있다.

[본조신설 2007.6.1.]

제266조의7(공판준비기일) ①법원은 검사, 피고인 또는 변호인의 의견을 들어 공판준비기일을 지정할 수 있다.

②검사, 피고인 또는 변호인은 법원에 대하여 공판준비기일의 지정을 신청할 수 있다. 이 경우 당해 신청에 관한 법원의 결정에 대하여는 불복할 수 없다.

③법원은 합의부원으로 하여금 공판준비기일을 진행하게 할 수 있다. 이 경우 수명법관은 공판준비기일에 관하여 법원 또는 재판장과 동일한 권한이 있다.

④공판준비기일은 공개한다. 다만, 공개하면 절차의 진행이 방해될 우려가 있는 때에는 공개하지 아니할 수 있다.

[본조신설 2007.6.1.]

제266조의8(검사 및 변호인 등의 출석) ①공판준비기일에는 검사 및 변호인이 출석하여야 한다.

②공판준비기일에는 법원사무관등이 참여한다.

③법원은 검사, 피고인 및 변호인에게 공판준비기일을 통지하여야 한다.

④법원은 공판준비기일이 지정된 사건에 관하여 변호인이 없는 때에는 직권으로 변호인을 선정하여야 한다.

⑤법원은 필요하다고 인정하는 때에는 피고인을 소환할 수 있으며, 피고인은 법원의 소환이 없는 때에도 공판준비기일에 출석할 수 있다.

⑥재판장은 출석한 피고인에게 진술을 거부할 수 있음을 알려주어야 한다.

[본조신설 2007.6.1.]

제266조의9(공판준비에 관한 사항) ①법원은 공판준비절차에서 다음 행위를 할 수 있다.

1. 공소사실 또는 적용법조를 명확하게 하는 행위
2. 공소사실 또는 적용법조의 추가·철회 또는 변경을 허가하는 행위
3. 공소사실과 관련하여 주장할 내용을 명확히 하여 사건의 쟁점을 정리하는 행위
4. 계산이 어렵거나 그 밖에 복잡한 내용에 관하여 설명하도록 하는 행위

5. 증거신청을 하도록 하는 행위
6. 신청된 증거와 관련하여 입증 취지 및 내용 등을 명확하게 하는 행위
7. 증거신청에 관한 의견을 확인하는 행위
8. 증거 채부(採否)의 결정을 하는 행위
9. 증거조사의 순서 및 방법을 정하는 행위
10. 서류등의 열람 또는 등사와 관련된 신청의 당부를 결정하는 행위
11. 공판기일을 지정 또는 변경하는 행위
12. 그 밖에 공판절차의 진행에 필요한 사항을 정하는 행위

②제296조 및 제304조는 공판준비절차에 관하여 준용한다.

[본조신설 2007.6.1.]

제266조의10(공판준비기일 결과의 확인) ①법원은 공판준비기일을 종료하는 때에는 검사, 피고인 또는 변호인에게 쟁점 및 증거에 관한 정리결과를 고지하고, 이에 대한 이의의 유무를 확인하여야 한다.

②법원은 쟁점 및 증거에 관한 정리결과를 공판준비기일조서에 기재하여야 한다.

[본조신설 2007.6.1.]

제266조의11(피고인 또는 변호인이 보관하고 있는 서류등의 열람·등사) ①검사는 피고인 또는 변호인이 공판기일 또는 공판준비절차에서 현장부재·심신상실 또는 심신미약 등 법률상·사실상의 주장을 한 때에는 피고인 또는 변호인에게 다음 서류등의 열람·등사 또는 서면의 교부를 요구할 수 있다.

1. 피고인 또는 변호인이 증거로 신청할 서류등
2. 피고인 또는 변호인이 증인으로 신청할 사람의 성명, 사건과의 관계 등을 기재한 서면
3. 제1호의 서류등 또는 제2호의 서면의 증명력과 관련된 서류등
4. 피고인 또는 변호인이 행한 법률상·사실상의 주장과 관련된 서류등

②피고인 또는 변호인은 검사가 제266조의3제1항에 따른 서류등의 열람·등사 또는 서면의 교부를 거부한 때에는 제1항에 따른 서류등의 열람·등사 또는 서면의 교부를 거부할 수 있다. 다만, 법원이 제266조의4제1항에 따른 신청을 기각하는 결정을 한 때에는 그러하지 아니하다.

③검사는 피고인 또는 변호인이 제1항에 따른 요구를 거부한 때에는 법원에 그 서류등의 열람· 등사 또는 서면의 교부를 허용하도록 할 것을 신청할 수 있다.

④제266조의4제2항부터 제5항까지의 규정은 제3항의 신청이 있는 경우에 준용

한다.

⑤제1항에 따른 서류등에 관하여는 제266조의3제6항을 준용한다.

[본조신설 2007.6.1.]

제266조의12(공판준비절차의 종결사유) 법원은 다음 각 호의 어느 하나에 해당하는 사유가 있는 때에는 공판준비절차를 종결하여야 한다. 다만, 제2호 또는 제3호에 해당하는 경우로서 공판의 준비를 계속하여야 할 상당한 이유가 있는 때에는 그러하지 아니하다.

1. 쟁점 및 증거의 정리가 완료된 때
2. 사건을 공판준비절차에 부친 뒤 3개월이 지난 때
3. 검사·변호인 또는 소환받은 피고인이 출석하지 아니한 때

[본조신설 2007.6.1.]

제266조의13(공판준비기일 종결의 효과) ①공판준비기일에서 신청하지 못한 증거는 다음 각 호의 어느 하나에 해당하는 경우에 한하여 공판기일에 신청할 수 있다.

1. 그 신청으로 인하여 소송을 현저히 지연시키지 아니하는 때
2. 중대한 과실 없이 공판준비기일에 제출하지 못하는 등 부득이한 사유를 소명한 때

②제1항에도 불구하고 법원은 직권으로 증거를 조사할 수 있다.

[본조신설 2007.6.1.]

제266조의14(준용규정) 제305조는 공판준비기일의 재개에 관하여 준용한다.

[본조신설 2007.6.1.]

제266조의15(기일간 공판준비절차) 법원은 쟁점 및 증거의 정리를 위하여 필요한 경우에는 제1회 공판기일 후에도 사건을 공판준비절차에 부칠 수 있다. 이 경우 기일전 공판준비절차에 관한 규정을 준용한다. [본조신설 2007.6.1.]

제266조의16(열람·등사된 서류등의 남용금지) ①피고인 또는 변호인(피고인 또는 변호인이었던 자를 포함한다. 이하 이 조에서 같다)은 검사가 열람 또는 등사하도록 한 제266조의3제1항에 따른 서면 및 서류등의 사본을 당해 사건 또는 관련 소송의 준비에 사용할 목적이 아닌 다른 목적으로 다른 사람에게 교부 또는 제시(전기통신설비를 이용하여 제공하는 것을 포함한다)하여서는 아니 된다.

②피고인 또는 변호인이 제1항을 위반하는 때에는 1년 이하의 징역 또는 500만원 이하의 벌금에 처한다. [본조신설 2007.6.1.]

제267조(공판기일의 지정) ①재판장은 공판기일을 정하여야 한다.

②공판기일에는 피고인, 대표자 또는 대리인을 소환하여야 한다.

③공판기일은 검사, 변호인과 보조인에게 통지하여야 한다.

제267조의2(집중심리) ①공판기일의 심리는 집중되어야 한다.

②심리에 2일 이상이 필요한 경우에는 부득이한 사정이 없는 한 매일 계속 개정하여야 한다.

③재판장은 여러 공판기일을 일괄하여 지정할 수 있다.

④재판장은 부득이한 사정으로 매일 계속 개정하지 못하는 경우에도 특별한 사정이 없는 한 전회의 공판기일부터 14일 이내로 다음 공판기일을 지정하여야 한다.

⑤소송관계인은 기일을 준수하고 심리에 지장을 초래하지 아니하도록 하여야 하며, 재판장은 이에 필요한 조치를 할 수 있다.

[본조신설 2007.6.1.]

제268조(소환장송달의 의제) 법원의 구내에 있는 피고인에 대하여 공판기일을 통지한 때에는 소환장송달의 효력이 있다.

제269조(제1회 공판기일의 유예기간) ①제1회 공판기일은 소환장의 송달 후 5일 이상의 유예기간을 두어야 한다.

②피고인이 이의없는 때에는 전항의 유예기간을 두지 아니할 수 있다.

제270조(공판기일의 변경) ①재판장은 직권 또는 검사, 피고인이나 변호인의 신청에 의하여 공판기일을 변경할 수 있다.

②공판기일 변경신청을 기각한 명령은 송달하지 아니한다.

제271조(불출석사유, 자료의 제출) 공판기일에 소환 또는 통지서를 받은 자가 질병 기타의 사유로 출석하지 못할 때에는 의사의 진단서 기타의 자료를 제출하여야 한다.

제272조(공무소등에 대한 조회) ①법원은 직권 또는 검사, 피고인이나 변호인의 신청에 의하여 공무소 또는 공사단체에 조회하여 필요한 사항의 보고 또는 그 보관서류의 송부를 요구할 수 있다.

②전항의 신청을 기각함에는 결정으로 하여야 한다.

제273조(공판기일 전의 증거조사) ①법원은 검사, 피고인 또는 변호인의 신청에 의하여 공판준비에 필요하다고 인정한 때에는 공판기일 전에 피고인 또는 증인을 신문할 수 있고 검증, 감정 또는 번역을 명할 수 있다.

②재판장은 부원으로 하여금 전항의 행위를 하게 할 수 있다.

③제1항의 신청을 기각함에는 결정으로 하여야 한다.

제274조(당사자의 공판기일 전의 증거제출) 검사, 피고인 또는 변호인은 공판기일 전에 서류나 물건을 증거로 법원에 제출할 수 있다. <개정 1961.9.1.>

제275조(공판정의 심리) ①공판기일에는 공판정에서 심리한다.

②공판정은 판사와 검사, 법원사무관등이 출석하여 개정한다. <개정 2007.6.1.>

③검사의 좌석과 피고인 및 변호인의 좌석은 대등하며, 법대의 좌우측에 마주 보고 위치하고, 증인의 좌석은 법대의 정면에 위치한다. 다만, 피고인신문을 하는 때에는 피고인은 증인석에 좌석한다. <개정 2007.6.1.>

제275조의2(피고인의 무죄추정) 피고인은 유죄의 판결이 확정될 때까지는 무죄로 추정된다. [본조신설 1980.12.18.]

제275조의3(구두변론주의) 공판정에서의 변론은 구두로 하여야 한다.

[본조신설 2007.6.1.]

제276조(피고인의 출석권) 피고인이 공판기일에 출석하지 아니한 때에는 특별한 규정이 없으면 개정하지 못한다. 단, 피고인이 법인인 경우에는 대리인을 출석하게 할 수 있다.

제276조의2(장애인 등 특별히 보호를 요하는 자에 대한 특칙) ①재판장 또는 법관은 피고인을 신문하는 경우 다음 각 호의 어느 하나에 해당하는 때에는 직권 또는 피고인·법정대리인·검사의 신청에 따라 피고인과 신뢰관계에 있는 자를 동석하게 할 수 있다.

1. 피고인이 신체적 또는 정신적 장애로 사물을 변별하거나 의사를 결정·전달할 능력이 미약한 경우
2. 피고인의 연령·성별·국적 등의 사정을 고려하여 그 심리적 안정의 도모와 원활한 의사소통을 위하여 필요한 경우

②제1항에 따라 동석할 수 있는 신뢰관계에 있는 자의 범위, 동석의 절차 및 방법 등에 관하여 필요한 사항은 대법원규칙으로 정한다.

[본조신설 2007.6.1.]

제277조(경미사건 등과 피고인의 불출석) 다음 각 호의 어느 하나에 해당하는 사건에 관하여는 피고인의 출석을 요하지 아니한다. 이 경우 피고인은 대리인을 출석하게 할 수 있다.

1. 다액 500만원 이하의 벌금 또는 과료에 해당하는 사건
2. 공소기각 또는 면소의 재판을 할 것이 명백한 사건

3. 장기 3년 이하의 징역 또는 금고, 다액 500만원을 초과하는 벌금 또는 구류에 해당하는 사건에서 피고인의 불출석허가신청이 있고 법원이 피고인의 불출석이 그의 권리를 보호함에 지장이 없다고 인정하여 이를 허가한 사건. 다만, 제284조에 따른 절차를 진행하거나 판결을 선고하는 공판기일에는 출석하여야 한다.
4. 제453조제1항에 따라 피고인만이 정식재판의 청구를 하여 판결을 선고하는 사건

[전문개정 2007.6.1.]

第277조의2(피고인의 출석거부와 공판절차) ①피고인이 출석하지 아니하면 개정하지 못하는 경우에 구속된 피고인이 정당한 사유없이 출석을 거부하고, 교도관에 의한 인치가 불가능하거나 현저히 곤란하다고 인정되는 때에는 피고인의 출석 없이 공판절차를 진행할 수 있다. <개정 2007.6.1.>

②제1항의 규정에 의하여 공판절차를 진행할 경우에는 출석한 검사 및 변호인의 의견을 들어야 한다.

[본조신설 1995.12.29.]

第278조(검사의 불출석) 검사가 공판기일의 통지를 2회 이상받고 출석하지 아니하거나 판결만을 선고하는 때에는 검사의 출석 없이 개정할 수 있다. <개정 1995.12.29.>

第279조(재판장의 소송지휘권) 공판기일의 소송지휘는 재판장이 한다.

第279조의2(전문심리위원의 참여) ① 법원은 소송관계를 분명하게 하거나 소송절차를 원활하게 진행하기 위하여 필요한 경우에는 직권으로 또는 검사, 피고인 또는 변호인의 신청에 의하여 결정으로 전문심리위원을 지정하여 공판준비 및 공판기일 등 소송절차에 참여하게 할 수 있다.

② 전문심리위원은 전문적인 지식에 의한 설명 또는 의견을 기재한 서면을 제출하거나 기일에 전문적인 지식에 의하여 설명이나 의견을 진술할 수 있다. 다만, 재판의 합의에는 참여할 수 없다.

③ 전문심리위원은 기일에 재판장의 허가를 받아 피고인 또는 변호인, 증인 또는 감정인 등 소송관계인에게 소송관계를 분명하게 하기 위하여 필요한 사항에 관하여 직접 질문할 수 있다.

④ 법원은 제2항에 따라 전문심리위원이 제출한 서면이나 전문심리위원의 설명 또는 의견의 진술에 관하여 검사, 피고인 또는 변호인에게 구술 또는 서면에 의

한 의견진술의 기회를 주어야 한다.
[본조신설 2007.12.21.]

제279조의3(전문심리위원 참여결정의 취소) ① 법원은 상당하다고 인정하는 때에는 검사, 피고인 또는 변호인의 신청이나 직권으로 제279조의2제1항에 따른 결정을 취소할 수 있다.
② 법원은 검사와 피고인 또는 변호인이 합의하여 제279조의2제1항의 결정을 취소할 것을 신청한 때에는 그 결정을 취소하여야 한다.
[본조신설 2007.12.21.]

제279조의4(전문심리위원의 지정 등) ① 제279조의2제1항에 따라 전문심리위원을 소송절차에 참여시키는 경우 법원은 검사, 피고인 또는 변호인의 의견을 들어 각 사건마다 1인 이상의 전문심리위원을 지정한다.
② 전문심리위원에게는 대법원규칙으로 정하는 바에 따라 수당을 지급하고, 필요한 경우에는 그 밖의 여비, 일당 및 숙박료를 지급할 수 있다.
③ 그 밖에 전문심리위원의 지정에 관하여 필요한 사항은 대법원규칙으로 정한다. [본조신설 2007.12.21.]

제279조의5(전문심리위원의 제척 및 기피) ① 제17조부터 제20조까지 및 제23조는 전문심리위원에게 준용한다.
② 제척 또는 기피 신청이 있는 전문심리위원은 그 신청에 관한 결정이 확정될 때까지 그 신청이 있는 사건의 소송절차에 참여할 수 없다. 이 경우 전문심리위원은 해당 제척 또는 기피 신청에 대하여 의견을 진술할 수 있다.
[본조신설 2007.12.21.]

제279조의6(수명법관 등의 권한) 수명법관 또는 수탁판사가 소송절차를 진행하는 경우에는 제279조의2제2항부터 제4항까지의 규정에 따른 법원 및 재판장의 직무는 그 수명법관이나 수탁판사가 행한다. [본조신설 2007.12.21.]

제279조의7(비밀누설죄) 전문심리위원 또는 전문심리위원이었던 자가 그 직무수행 중에 알게 된 다른 사람의 비밀을 누설한 때에는 2년 이하의 징역이나 금고 또는 1천만원 이하의 벌금에 처한다. [본조신설 2007.12.21.]

제279조의8(벌칙 적용에서의 공무원 의제) 전문심리위원은 「형법」 제129조부터 제132조까지의 규정에 따른 벌칙의 적용에서는 공무원으로 본다.
[본조신설 2007.12.21.]

제280조(공판정에서의 신체구속의 금지) 공판정에서는 피고인의 신체를 구속하지

못한다. 다만, 재판장은 피고인이 폭력을 행사하거나 도망할 염려가 있다고 인정하는 때에는 피고인의 신체의 구속을 명하거나 기타 필요한 조치를 할 수 있다. <개정 1995.12.29.>

제281조(피고인의 재정의무, 법정경찰권) ①피고인은 재판장의 허가없이 퇴정하지 못한다.

②재판장은 피고인의 퇴정을 제지하거나 법정의 질서를 유지하기 위하여 필요한 처분을 할 수 있다.

제282조(필요적 변호) 제33조제1항 각 호의 어느 하나에 해당하는 사건 및 같은 조 제2항·제3항의 규정에 따라 변호인이 선정된 사건에 관하여는 변호인 없이 개정하지 못한다. 단, 판결만을 선고할 경우에는 예외로 한다. <개정 2006.7.19.> [제목개정 2006.7.19.]

제283조(국선변호인) 제282조 본문의 경우 변호인이 출석하지 아니한 때에는 법원은 직권으로 변호인을 선정하여야 한다. <개정 2006.7.19.>

[제목개정 2006.7.19.]

제283조의2(피고인의 진술거부권) ①피고인은 진술하지 아니하거나 개개의 질문에 대하여 진술을 거부할 수 있다.

②재판장은 피고인에게 제1항과 같이 진술을 거부할 수 있음을 고지하여야 한다.

[본조신설 2007.6.1.]

제284조(인정신문) 재판장은 피고인의 성명, 연령, 등록기준지, 주거와 직업을 물어서 피고인임에 틀림없음을 확인하여야 한다. <개정 2007.5.17.>

제285조(검사의 모두진술) 검사는 공소장에 의하여 공소사실·죄명 및 적용법조를 낭독하여야 한다. 다만, 재판장은 필요하다고 인정하는 때에는 검사에게 공소의 요지를 진술하게 할 수 있다. [전문개정 2007.6.1.]

제286조(피고인의 모두진술) ①피고인은 검사의 모두진술이 끝난 뒤에 공소사실의 인정 여부를 진술하여야 한다. 다만, 피고인이 진술거부권을 행사하는 경우에는 그러하지 아니하다.

②피고인 및 변호인은 이익이 되는 사실 등을 진술할 수 있다.

[전문개정 2007.6.1.]

제286조의2(간이공판절차의 결정) 피고인이 공판정에서 공소사실에 대하여 자백한 때에는 법원은 그 공소사실에 한하여 간이공판절차에 의하여 심판할 것을 결정할 수 있다. <개정 1995.12.29.> [본조신설 1973.1.25.]

第286조의3(결정의 취소) 법원은 전조의 결정을 한 사건에 대하여 피고인의 자백이 신빙할 수 없다고 인정되거나 간이공판절차로 심판하는 것이 현저히 부당하다고 인정할 때에는 검사의 의견을 들어 그 결정을 취소하여야 한다.

[본조신설 1973.1.25.]

第287조(재판장의 쟁점정리 및 검사·변호인의 증거관계 등에 대한 진술) ①재판장은 피고인의 모두진술이 끝난 다음에 피고인 또는 변호인에게 쟁점의 정리를 위하여 필요한 질문을 할 수 있다.

②재판장은 증거조사를 하기에 앞서 검사 및 변호인으로 하여금 공소사실 등의 증명과 관련된 주장 및 입증계획 등을 진술하게 할 수 있다. 다만, 증거로 할 수 없거나 증거로 신청할 의사가 없는 자료에 기초하여 법원에 사건에 대한 예단 또는 편견을 발생하게 할 염려가 있는 사항은 진술할 수 없다.

[전문개정 2007.6.1.]

第288조 삭제 <1961.9.1.>

第289조 삭제 <2007.6.1.>

第290조(증거조사) 증거조사는 제287조에 따른 절차가 끝난 후에 실시한다.

[전문개정 2007.6.1.]

第291조(동전) ①소송관계인이 증거로 제출한 서류나 물건 또는 제272조, 제273조의 규정에 의하여 작성 또는 송부된 서류는 검사, 변호인 또는 피고인이 공판정에서 개별적으로 지시설명하여 조사하여야 한다.

②재판장은 직권으로 전항의 서류나 물건을 공판정에서 조사할 수 있다.

[전문개정 1961.9.1.]

第291조의2(증거조사의 순서) ①법원은 검사가 신청한 증거를 조사한 후 피고인 또는 변호인이 신청한 증거를 조사한다.

②법원은 제1항에 따른 조사가 끝난 후 직권으로 결정한 증거를 조사한다.

③법원은 직권 또는 검사, 피고인·변호인의 신청에 따라 제1항 및 제2항의 순서를 변경할 수 있다.

[본조신설 2007.6.1.]

第292조(증거서류에 대한 조사방식) ①검사, 피고인 또는 변호인의 신청에 따라 증거서류를 조사하는 때에는 신청인이 이를 낭독하여야 한다.

②법원이 직권으로 증거서류를 조사하는 때에는 소지인 또는 재판장이 이를 낭독하여야 한다.

③재판장은 필요하다고 인정하는 때에는 제1항 및 제2항에도 불구하고 내용을 고지하는 방법으로 조사할 수 있다.

④재판장은 법원사무관등으로 하여금 제1항부터 제3항까지의 규정에 따른 낭독이나 고지를 하게 할 수 있다.

⑤재판장은 열람이 다른 방법보다 적절하다고 인정하는 때에는 증거서류를 제시하여 열람하게 하는 방법으로 조사할 수 있다.

[전문개정 2007.6.1.]

제292조의2(증거물에 대한 조사방식) ①검사, 피고인 또는 변호인의 신청에 따라 증거물을 조사하는 때에는 신청인이 이를 제시하여야 한다.

②법원이 직권으로 증거물을 조사하는 때에는 소지인 또는 재판장이 이를 제시하여야 한다.

③재판장은 법원사무관등으로 하여금 제1항 및 제2항에 따른 제시를 하게 할 수 있다.

[본조신설 2007.6.1.]

제292조의3(그 밖의 증거에 대한 조사방식) 도면·사진·녹음테이프·비디오테이프·컴퓨터용디스크, 그 밖에 정보를 담기 위하여 만들어진 물건으로서 문서가 아닌 증거의 조사에 관하여 필요한 사항은 대법원규칙으로 정한다.

[본조신설 2007.6.1.]

제293조(증거조사 결과와 피고인의 의견) 재판장은 피고인에게 각 증거조사의결과에 대한 의견을 묻고 권리를 보호함에 필요한 증거조사를 신청할 수 있음을 고지하여야 한다.

제294조(당사자의 증거신청) ①검사, 피고인 또는 변호인은 서류나 물건을 증거로 제출할 수 있고, 증인·감정인·통역인 또는 번역인의 신문을 신청할 수 있다.

②법원은 검사, 피고인 또는 변호인이 고의로 증거를 뒤늦게 신청함으로써 공판의 완결을 지연하는 것으로 인정할 때에는 직권 또는 상대방의 신청에 따라 결정으로 이를 각하할 수 있다.

[전문개정 2007.6.1.]

제294조의2(피해자등의 진술권) ①법원은 범죄로 인한 피해자 또는 그 법정대리인(피해자가 사망한 경우에는 배우자·직계친족·형제자매를 포함한다. 이하 이 조에서 "피해자등"이라 한다)의 신청이 있는 때에는 그 피해자등을 증인으로 신문하여야 한다. 다만, 다음 각 호의 어느 하나에 해당하는 경우에는 그러하지 아

니하다. <개정 2007.6.1.>

1. 삭제 <2007.6.1.>
2. 피해자등 이미 당해 사건에 관하여 공판절차에서 충분히 진술하여 다시 진술할 필요가 없다고 인정되는 경우
3. 피해자등의 진술로 인하여 공판절차가 현저하게 지연될 우려가 있는 경우

②법원은 제1항에 따라 피해자등을 신문하는 경우 피해의 정도 및 결과, 피고인의 처벌에 관한 의견, 그 밖에 당해 사건에 관한 의견을 진술할 기회를 주어야 한다. <개정 2007.6.1.>

③법원은 동일한 범죄사실에서 제1항의 규정에 의한 신청인이 여러 명인 경우에는 진술할 자의 수를 제한할 수 있다. <개정 2007.6.1.>

④제1항의 규정에 의한 신청인이 출석통지를 받고도 정당한 이유없이 출석하지 아니한 때에는 그 신청을 철회한 것으로 본다. <개정 2007.6.1.>

[본조신설 1987.11.28.] [제목개정 2007.6.1.]

제294조의3(피해자 진술의 비공개) ①법원은 범죄로 인한 피해자를 증인으로 신문하는 경우 당해 피해자·법정대리인 또는 검사의 신청에 따라 피해자의 사생활의 비밀이나 신변보호를 위하여 필요하다고 인정하는 때에는 결정으로 심리를 공개하지 아니할 수 있다.

②제1항의 결정은 이유를 붙여 고지한다.

③법원은 제1항의 결정을 한 경우에도 적당하다고 인정되는 자의 재정(在廷)을 허가할 수 있다.

[본조신설 2007.6.1.]

제294조의4(피해자 등의 공판기록 열람·등사) ①소송계속 중인 사건의 피해자(피해자가 사망하거나 그 심신에 중대한 장애가 있는 경우에는 그 배우자·직계친족 및 형제자매를 포함한다), 피해자 본인의 법정대리인 또는 이들로부터 위임을 받은 피해자 본인의 배우자·직계친족·형제자매·변호사는 소송기록의 열람 또는 등사를 재판장에게 신청할 수 있다.

②재판장은 제1항의 신청이 있는 때에는 지체 없이 검사, 피고인 또는 변호인에게 그 취지를 통지하여야 한다.

③재판장은 피해자 등의 권리구제를 위하여 필요하다고 인정하거나 그 밖의 정당한 사유가 있는 경우 범죄의 성질, 심리의 상황, 그 밖의 사정을 고려하여 상당하다고 인정하는 때에는 열람 또는 등사를 허가할 수 있다.

④재판장이 제3항에 따라 등사를 허가하는 경우에는 등사한 소송기록의 사용목적을 제한하거나 적당하다고 인정하는 조건을 붙일 수 있다.

⑤제1항에 따라 소송기록을 열람 또는 등사한 자는 열람 또는 등사에 의하여 알게 된 사항을 사용함에 있어서 부당히 관계인의 명예나 생활의 평온을 해하거나 수사와 재판에 지장을 주지 아니하도록 하여야 한다.

⑥제3항 및 제4항에 관한 재판에 대하여는 불복할 수 없다.

[본조신설 2007.6.1.]

제295조(증거신청에 대한 결정) 법원은 제294조 및 제294조의2의 증거신청에 대하여 결정을 하여야 하며 직권으로 증거조사를 할 수 있다. <개정 1987.11.28.>

제296조(증거조사에 대한 이의신청) ①검사, 피고인 또는 변호인은 증거조사에 관하여 이의신청을 할 수 있다.

②법원은 전항의 신청에 대하여 결정을 하여야 한다.

제296조의2(피고인신문) ①검사 또는 변호인은 증거조사 종료 후에 순차로 피고인에게 공소사실 및 정상에 관하여 필요한 사항을 신문할 수 있다. 다만, 재판장은 필요하다고 인정하는 때에는 증거조사가 완료되기 전이라도 이를 허가할 수 있다.

②재판장은 필요하다고 인정하는 때에는 피고인을 신문할 수 있다.

③제161조의2제1항부터 제3항까지 및 제5항은 제1항의 신문에 관하여 준용한다. [본조신설 2007.6.1.]

제297조(피고인등의 퇴정) ①재판장은 증인 또는 감정인이 피고인 또는 어떤 재정인의 면전에서 충분한 진술을 할 수 없다고 인정한 때에는 그를 퇴정하게 하고 진술하게 할 수 있다. 피고인이 다른 피고인의 면전에서 충분한 진술을 할 수 없다고 인정한 때에도 같다.

②전항의 규정에 의하여 피고인을 퇴정하게 한 경우에 증인, 감정인 또는 공동피고인의 진술이 종료한 때에는 퇴정한 피고인을 입정하게 한 후 법원사무관등으로 하여금 진술의 요지를 고지하게 하여야 한다. <개정 1961.9.1., 2007.6.1.>

제297조의2(간이공판절차에서의 증거조사) 제286조의2의 결정이 있는 사건에 대하여는 제161조의2, 제290조 내지 제293조, 제297조의 규정을 적용하지 아니하며 법원이 상당하다고 인정하는 방법으로 증거조사를 할 수 있다.

[본조신설 1973.1.25.]

제298조(공소장의 변경) ①검사는 법원의 허가를 얻어 공소장에 기재한 공소사실

또는 적용법조의 추가, 철회 또는 변경을 할 수 있다. 이 경우에 법원은 공소사실의 동일성을 해하지 아니하는 한도에서 허가하여야 한다.

②법원은 심리의 경과에 비추어 상당하다고 인정할 때에는 공소사실 또는 적용법조의 추가 또는 변경을 요구하여야 한다.

③법원은 공소사실 또는 적용법조의 추가, 철회 또는 변경이 있을 때에는 그 사유를 신속히 피고인 또는 변호인에게 고지하여야 한다.

④법원은 전3항의 규정에 의한 공소사실 또는 적용법조의 추가, 철회 또는 변경이 피고인의 불이익을 증가할 염려가 있다고 인정한 때에는 직권 또는 피고인이나 변호인의 청구에 의하여 피고인으로 하여금 필요한 방어의 준비를 하게 하기 위하여 결정으로 필요한 기간 공판절차를 정지할 수 있다.

[전문개정 1973.1.25.]

第299條(불필요한 변론등의 제한) 재판장은 소송관계인의 진술 또는 신문이 중복된 사항이거나 그 소송에 관계없는 사항인 때에는 소송관계인의 본질적 권리를 해하지 아니하는 한도에서 이를 제한할 수 있다.

第300條(변론의 분리와 병합) 법원은 필요하다고 인정한 때에는 직권 또는 검사, 피고인이나 변호인의 신청에 의하여 결정으로 변론을 분리하거나 병합할 수 있다.

第301條(공판절차의 갱신) 공판개정 후 판사의 경질이 있는 때에는 공판절차를 갱신하여야 한다. 단, 판결의 선고만을 하는 경우에는 예외로 한다.

第301條의2(간이공판절차결정의 취소와 공판절차의 갱신) 第286條의2의 결정이 취소된 때에는 공판절차를 갱신하여야 한다. 단, 검사, 피고인 또는 변호인이 이의가 없는 때에는 그러하지 아니하다.

[본조신설 1973.1.25.]

第302條(증거조사 후의 검사의 의견진술) 피고인 신문과 증거조사가 종료한 때에는 검사는 사실과 법률적용에 관하여 의견을 진술하여야 한다. 단, 第278條의 경우에는 공소장의 기재사항에 의하여 검사의 의견진술이 있는 것으로 간주한다.

第303條(피고인의 최후진술) 재판장은 검사의 의견을 들은 후 피고인과 변호인에게 최종의 의견을 진술할 기회를 주어야 한다.

第304條(재판장의 처분에 대한 이의) ①검사, 피고인 또는 변호인은 재판장의 처분에 대하여 이의신청을 할 수 있다.

②전항의 이의신청이 있는 때에는 법원은 결정을 하여야 한다.

第305條(변론의 재개) 법원은 필요하다고 인정한 때에는 직권 또는 검사, 피고인

이나 변호인의 신청에 의하여 결정으로 종결한 변론을 재개할 수 있다.

제306조(공판절차의 정지) ①피고인이 사물의 변별 또는 의사의 결정을 할 능력이 없는 상태에 있는 때에는 법원은 검사와 변호인의 의견을 들어서 결정으로 그 상태가 계속하는 기간 공판절차를 정지하여야 한다.

②피고인이 질병으로 인하여 출정할 수 없는 때에는 법원은 검사와 변호인의 의견을 들어서 결정으로 출정할 수 있을 때까지 공판절차를 정지하여야 한다.

③전2항의 규정에 의하여 공판절차를 정지함에는 의사의 의견을 들어야 한다.

④피고사건에 대하여 무죄, 면소, 형의 면제 또는 공소기각의 재판을 할 것으로 명백한 때에는 제1항, 제2항의 사유있는 경우에도 피고인의 출정없이 재판할 수 있다.

⑤제277조의 규정에 의하여 대리인이 출정할 수 있는 경우에는 제1항 또는 제2항의 규정을 적용하지 아니한다.

제2절 증거

제307조(증거재판주의) ①사실의 인정은 증거에 의하여야 한다.

②범죄사실의 인정은 합리적인 의심이 없는 정도의 증명에 이르러야 한다.

[전문개정 2007.6.1.]

제308조(자유심증주의) 증거의 증명력은 법관의 자유판단에 의한다.

제308조의2(위법수집증거의 배제) 적법한 절차에 따르지 아니하고 수집한 증거는 증거로 할 수 없다. [본조신설 2007.6.1.]

제309조(강제등 자백의 증거능력) 피고인의 자백이 고문, 폭행, 협박, 신체구속의 부당한 장기화 또는 기망 기타의 방법으로 임의로 진술한 것이 아니라고 의심할 만한 이유가 있는 때에는 이를 유죄의 증거로 하지 못한다.

[제목개정 1963.12.13.]

제310조(불이익한 자백의 증거능력) 피고인의 자백이 그 피고인에게 불이익한 유일의 증거인 때에는 이를 유죄의 증거로 하지 못한다.

제310조의2(전문증거와 증거능력의 제한) 제311조 내지 제316조에 규정한 것 이외에는 공판준비 또는 공판기일에서의 진술에 대신하여 진술을 기재한 서류나 공판준비 또는 공판기일 외에서의 타인의 진술을 내용으로 하는 진술은 이를 증거로 할 수 없다. [본조신설 1961.9.1.]

제311조(법원 또는 법관의 조서) 공판준비 또는 공판기일에 피고인이나 피고인 아닌 자의 진술을 기재한 조서와 법원 또는 법관의 검증의 결과를 기재한 조서는

증거로 할 수 있다. 제184조 및 제221조의2의 규정에 의하여 작성한 조서도 또한 같다. <개정 1973.1.25., 1995.12.29.> [전문개정 1961.9.1.]

제312조(검사 또는 사법경찰관의 조서 등) ①검사가 피고인이 된 피의자의 진술을 기재한 조서는 적법한 절차와 방식에 따라 작성된 것으로서 피고인이 진술한 내용과 동일하게 기재되어 있음이 공판준비 또는 공판기일에서의 피고인의 진술에 의하여 인정되고, 그 조서에 기재된 진술이 특히 신빙할 수 있는 상태하에서 행하여졌음이 증명된 때에 한하여 증거로 할 수 있다.

②제1항에도 불구하고 피고인이 그 조서의 성립의 진정을 부인하는 경우에는 그 조서에 기재된 진술이 피고인이 진술한 내용과 동일하게 기재되어 있음이 영상녹화물이나 그 밖의 객관적인 방법에 의하여 증명되고, 그 조서에 기재된 진술이 특히 신빙할 수 있는 상태 하에서 행하여졌음이 증명된 때에 한하여 증거로 할 수 있다.

③검사 이외의 수사기관이 작성한 피의자신문조서는 적법한 절차와 방식에 따라 작성된 것으로서 공판준비 또는 공판기일에 그 피의자였던 피고인 또는 변호인이 그 내용을 인정할 때에 한하여 증거로 할 수 있다.

④검사 또는 사법경찰관이 피고인이 아닌 자의 진술을 기재한 조서는 적법한 절차와 방식에 따라 작성된 것으로서 그 조서가 검사 또는 사법경찰관 앞에서 진술한 내용과 동일하게 기재되어 있음이 원진술자의 공판준비 또는 공판기일에서의 진술이나 영상녹화물 또는 그 밖의 객관적인 방법에 의하여 증명되고, 피고인 또는 변호인이 공판준비 또는 공판기일에 그 기재 내용에 관하여 원진술자를 신문할 수 있었던 때에는 증거로 할 수 있다. 다만, 그 조서에 기재된 진술이 특히 신빙할 수 있는 상태하에서 행하여졌음이 증명된 때에 한한다.

⑤제1항부터 제4항까지의 규정은 피고인 또는 피고인이 아닌 자가 수사과정에서 작성한 진술서에 관하여 준용한다.

⑥검사 또는 사법경찰관이 검증의 결과를 기재한 조서는 적법한 절차와 방식에 따라 작성된 것으로서 공판준비 또는 공판기일에서의 작성자의 진술에 따라 그 성립의 진정함이 증명된 때에는 증거로 할 수 있다. [전문개정 2007.6.1.]

제313조(진술서등) ①전2조의 규정 이외에 피고인 또는 피고인이 아닌 자가 작성한 진술서나 그 진술을 기재한 서류로서 그 작성자 또는 진술자의 자필이거나 그 서명 또는 날인이 있는 것(피고인 또는 피고인 아닌 자가 작성하였거나 진술한 내용이 포함된 문자·사진·영상 등의 정보로서 컴퓨터용디스크, 그 밖에 이

와 비슷한 정보저장매체에 저장된 것을 포함한다. 이하 이 조에서 같다)은 공판준비나 공판기일에서의 그 작성자 또는 진술자의 진술에 의하여 그 성립의 진정함이 증명된 때에는 증거로 할 수 있다. 단, 피고인의 진술을 기재한 서류는 공판준비 또는 공판기일에서의 그 작성자의 진술에 의하여 그 성립의 진정함이 증명되고 그 진술이 특히 신빙할 수 있는 상태하에서 행하여 진 때에 한하여 피고인의 공판준비 또는 공판기일에서의 진술에 불구하고 증거로 할 수 있다. <개정 2016.5.29.>

② 제1항 본문에도 불구하고 진술서의 작성자가 공판준비나 공판기일에서 그 성립의 진정을 부인하는 경우에는 과학적 분석결과에 기초한 디지털포렌식 자료, 감정 등 객관적 방법으로 성립의 진정함이 증명되는 때에는 증거로 할 수 있다. 다만, 피고인 아닌 자가 작성한 진술서는 피고인 또는 변호인이 공판준비 또는 공판기일에 그 기재 내용에 관하여 작성자를 신문할 수 있었을 것을 요한다. <개정 2016.5.29.>

③ 감정의 경과와 결과를 기재한 서류도 제1항 및 제2항과 같다. <신설 2016.5.29.> [전문개정 1961.9.1.]

第314條(증거능력에 대한 예외) 제312조 또는 제313조의 경우에 공판준비 또는 공판기일에 진술을 요하는 자가 사망·질병·외국거주·소재불명 그 밖에 이에 준하는 사유로 인하여 진술할 수 없는 때에는 그 조서 및 그 밖의 서류(피고인 또는 피고인 아닌 자가 작성하였거나 진술한 내용이 포함된 문자·사진·영상 등의 정보로서 컴퓨터용디스크, 그 밖에 이와 비슷한 정보저장매체에 저장된 것을 포함한다)를 증거로 할 수 있다. 다만, 그 진술 또는 작성이 특히 신빙할 수 있는 상태하에서 행하여졌음이 증명된 때에 한한다. <개정 2016.5.29.>

[전문개정 2007.6.1.]

第315條(당연히 증거능력이 있는 서류) 다음에 게기한 서류는 증거로 할 수 있다. <개정 2007.5.17.>

1. 가족관계기록사항에 관한 증명서, 공정증서등본 기타 공무원 또는 외국공무원의 직무상 증명할 수 있는 사항에 관하여 작성한 문서
2. 상업장부, 항해일지 기타 업무상 필요로 작성한 통상문서
3. 기타 특히 신용할 만한 정황에 의하여 작성된 문서

第316條(전문의 진술) ①피고인이 아닌 자(공소제기 전에 피고인을 피의자로 조사하였거나 그 조사에 참여하였던 자를 포함한다. 이하 이 조에서 같다)의 공판준

비 또는 공판기일에서의 진술이 피고인의 진술을 그 내용으로 하는 것인 때에는 그 진술이 특히 신빙할 수 있는 상태하에서 행하여졌음이 증명된 때에 한하여 이를 증거로 할 수 있다. <개정 2007.6.1.>

②피고인 아닌 자의 공판준비 또는 공판기일에서의 진술이 피고인 아닌 타인의 진술을 그 내용으로 하는 것인 때에는 원진술자가 사망, 질병, 외국거주, 소재불명 그 밖에 이에 준하는 사유로 인하여 진술할 수 없고, 그 진술이 특히 신빙할 수 있는 상태하에서 행하여졌음이 증명된 때에 한하여 이를 증거로 할 수 있다. <개정 1995.12.29., 2007.6.1.> [전문개정 1961.9.1.]

제317조(진술의 임의성) ①피고인 또는 피고인 아닌 자의 진술이 임의로 된 것이 아닌 것은 증거로 할 수 없다.

②전항의 서류는 그 작성 또는 내용인 진술이 임의로 되었다는 것이 증명된 것이 아니면 증거로 할 수 없다.

③검증조서의 일부가 피고인 또는 피고인 아닌 자의 진술을 기재한 것인 때에는 그 부분에 한하여 전2항의 예에 의한다.

제318조(당사자의 동의와 증거능력) ①검사와 피고인이 증거로 할 수 있음을 동의한 서류 또는 물건은 진정한 것으로 인정한 때에는 증거로 할 수 있다.

②피고인의 출정없이 증거조사를 할 수 있는 경우에 피고인이 출정하지 아니한 때에는 전항의 동의가 있는 것으로 간주한다. 단, 대리인 또는 변호인이 출정한 때에는 예외로 한다.

제318조의2(증명력을 다투기 위한 증거) ①제312조부터 제316조까지의 규정에 따라 증거로 할 수 없는 서류나 진술이라도 공판준비 또는 공판기일에서의 피고인 또는 피고인이 아닌 자(공소제기 전에 피고인을 피의자로 조사하였거나 그 조사에 참여하였던 자를 포함한다. 이하 이 조에서 같다)의 진술의 증명력을 다투기 위하여 증거로 할 수 있다.

②제1항에도 불구하고 피고인 또는 피고인이 아닌 자의 진술을 내용으로 하는 영상녹화물은 공판준비 또는 공판기일에 피고인 또는 피고인이 아닌 자가 진술함에 있어서 기억이 명백하지 아니한 사항에 관하여 기억을 환기시켜야 할 필요가 있다고 인정되는 때에 한하여 피고인 또는 피고인이 아닌 자에게 재생하여 시청하게 할 수 있다. [전문개정 2007.6.1.]

제318조의3(간이공판절차에서의 증거능력에 관한 특례) 제286조의2의 결정이 있는 사건의 증거에 관하여는 제310조의2, 제312조 내지 제314조 및 제316조의

규정에 의한 증거에 대하여 제318조제1항의 동의가 있는 것으로 간주한다. 단, 검사, 피고인 또는 변호인이 증거로 함에 이의가 있는 때에는 그러하지 아니하다. [본조신설 1973.1.25.]

제3절 공판의 재판

제318조의4(판결선고기일) ①판결의 선고는 변론을 종결한 기일에 하여야 한다. 다만, 특별한 사정이 있는 때에는 따로 선고기일을 지정할 수 있다.

②변론을 종결한 기일에 판결을 선고하는 경우에는 판결의 선고 후에 판결서를 작성할 수 있다.

③제1항 단서의 선고기일은 변론종결 후 14일 이내로 지정되어야 한다.

[본조신설 2007.6.1.]

제319조(관할위반의 판결) 피고사건이 법원의 관할에 속하지 아니한 때에는 판결로써 관할위반의 선고를 하여야 한다. <개정 2007.12.21.>

제320조(토지관할 위반) ①법원은 피고인의 신청이 없으면 토지관할에 관하여 관할 위반의 선고를 하지 못한다.

②관할 위반의 신청은 피고사건에 대한 진술 전에 하여야 한다.

제321조(형선고와 동시에 선고될 사항) ①피고사건에 대하여 범죄의 증명이 있는 때에는 형의 면제 또는 선고유예의 경우 외에는 판결로써 형을 선고하여야 한다.

②형의 집행유예, 판결 전 구금의 산입일수, 노역장의 유치기간은 형의 선고와 동시에 판결로써 선고하여야 한다.

제322조(형면제 또는 형의 선고유예의 판결) 피고사건에 대하여 형의 면제 또는 선고유예를 하는 때에는 판결로써 선고하여야 한다.

제323조(유죄판결에 명시될 이유) ①형의 선고를 하는 때에는 판결이유에 범죄될 사실, 증거의 요지와 법령의 적용을 명시하여야 한다.

②법률상 범죄의 성립을 조각하는 이유 또는 형의 가중, 감면의 이유되는 사실의 진술이 있은 때에는 이에 대한 판단을 명시하여야 한다.

제324조(상소에 대한 고지) 형을 선고하는 경우에는 재판장은 피고인에게 상소할 기간과 상소할 법원을 고지하여야 한다.

제325조(무죄의 판결) 피고사건이 범죄로 되지 아니하거나 범죄사실의 증명이 없는 때에는 판결로써 무죄를 선고하여야 한다.

제326조(면소의 판결) 다음 경우에는 판결로써 면소의 선고를 하여야 한다.

1. 확정판결이 있은 때
2. 사면이 있은 때
3. 공소의 시효가 완성되었을 때
4. 범죄 후의 법령개폐로 형이 폐지되었을 때

第327條(공소기각의 판결) 다음 경우에는 판결로써 공소기각의 선고를 하여야 한다.

1. 피고인에 대하여 재판권이 없는 때
2. 공소제기의 절차가 법률의 규정에 위반하여 무효인 때
3. 공소가 제기된 사건에 대하여 다시 공소가 제기되었을 때
4. 제329조의 규정에 위반하여 공소가 제기되었을 때
5. 고소가 있어야 죄를 논할 사건에 대하여 고소의 취소가 있은 때
6. 피해자의 명시한 의사에 반하여 죄를 논할 수 없는 사건에 대하여 처벌을 희망하지 아니하는 의사표시가 있거나 처벌을 희망하는 의사표시가 철회되었을 때

第328條(공소기각의 결정) ①다음 경우에는 결정으로 공소를 기각하여야 한다.

1. 공소가 취소 되었을 때
2. 피고인이 사망하거나 피고인인 법인이 존속하지 아니하게 되었을 때
3. 제12조 또는 제13조의 규정에 의하여 재판할 수 없는 때
4. 공소장에 기재된 사실이 진실하다 하더라도 범죄가 될 만한 사실이 포함되지 아니하는 때

②전항의 결정에 대하여는 즉시항고를 할 수 있다.

第329條(공소취소와 재기소) 공소취소에 의한 공소기각의 결정이 확정된 때에는 공소취소 후 그 범죄사실에 대한 다른 중요한 증거를 발견한 경우에 한하여 다시 공소를 제기할 수 있다.

第330條(피고인의 진술없이 하는 판결) 피고인이 진술하지 아니하거나 재판장의 허가없이 퇴정하거나 재판장의 질서유지를 위한 퇴정명령을 받은 때에는 피고인의 진술없이 판결할 수 있다.

第331條(무죄등 선고와 구속영장의 효력) 무죄, 면소, 형의 면제, 형의 선고유예, 형의 집행유예, 공소기각 또는 벌금이나 과료를 과하는 판결이 선고된 때에는 구속영장은 효력을 잃는다. <개정 1995.12.29.>

[92헌가8 1992.12.24.(1995.12.29. 法5054)]

第332條(몰수의 선고와 압수물) 압수한 서류 또는 물품에 대하여 몰수의 선고가 없는 때에는 압수를 해제한 것으로 간주한다.

제333조(압수장물의 환부) ①압수한 장물로서 피해자에게 환부할 이유가 명백한 것은 판결로써 피해자에게 환부하는 선고를 하여야 한다.

②전항의 경우에 장물을 처분하였을 때에는 판결로써 그 대가로 취득한 것을 피해자에게 교부하는 선고를 하여야 한다.

③가환부한 장물에 대하여 별단의 선고가 없는 때에는 환부의 선고가 있는 것으로 간주한다.

④전3항의 규정은 이해관계인이 민사소송절차에 의하여 그 권리를 주장함에 영향을 미치지 아니한다.

제334조(재산형의 가납판결) ①법원은 벌금, 과료 또는 추징의 선고를 하는 경우에 판결의 확정 후에는 집행할 수 없거나 집행하기 곤란할 염려가 있다고 인정한 때에는 직권 또는 검사의 청구에 의하여 피고인에게 벌금, 과료 또는 추징에 상당한 금액의 가납을 명할 수 있다.

②전항의 재판은 형의 선고와 동시에 판결로써 선고하여야 한다.

③전항의 판결은 즉시로 집행할 수 있다.

제335조(형의 집행유예 취소의 절차) ①형의 집행유예를 취소할 경우에는 검사는 피고인의 현재지 또는 최후의 거주지를 관할하는 법원에 청구하여야 한다.

②전항의 청구를 받은 법원은 피고인 또는 그 대리인의 의견을 물은 후에 결정을 하여야 한다.

③전항의 결정에 대하여는 즉시항고를 할 수 있다.

④전2항의 규정은 유예한 형을 선고할 경우에 준용한다.

제336조(경합범 중 다시 형을 정하는 절차) ①「형법」 제36조, 동 제39조제4항 또는 동 제61조의규정에 의하여 형을 정할 경우에는 검사는 그 범죄사실에 대한 최종판결을 한 법원에 청구하여야 한다. 단, 「형법」 제61조의 규정에 의하여 유예한 형을 선고할 때에는 제323조에 의하여야 하고 선고유예를 해제하는 이유를 명시하여야 한다. <개정 2007.6.1.>

②전조 제2항의 규정은 전항의 경우에 준용한다.

제337조(형의 소멸의 재판) ①「형법」 제81조 또는 동 제82조의 규정에 의한 선고는 그 사건에 관한 기록이 보관되어 있는 검찰청에 대응하는 법원에 대하여 신청하여야 한다. <개정 2007.6.1.>

②전항의 신청에 의한 선고는 결정으로 한다.

③제1항의 신청을 각하하는 결정에 대하여는 즉시항고를 할 수 있다.

제3편 상소

제1장 통칙

제338조(상소권자) ①검사 또는 피고인은 상소를 할 수 있다.

② 삭제 <2007.12.21.>

제339조(항고권자) 검사 또는 피고인 아닌 자가 결정을 받은 때에는 항고할 수 있다.

제340조(당사자 이외의 상소권자) 피고인의 법정대리인은 피고인을 위하여 상소할 수 있다.

제341조(동전) ①피고인의 배우자, 직계친족, 형제자매 또는 원심의 대리인이나 변호인은 피고인을 위하여 상소할 수 있다. <개정 2005.3.31.>

②전항의 상소는 피고인의 명시한 의사에 반하여 하지 못한다.

제342조(일부상소) ①상소는 재판의 일부에 대하여 할 수 있다.

②일부에 대한 상소는 그 일부와 불가분의 관계에 있는 부분에 대하여도 효력이 미친다.

제343조(상소 제기기간) ①상소의 제기는 그 기간 내에 서면으로 한다.

②상소의 제기기간은 재판을 선고 또는 고지한 날로부터 진행된다.

제344조(재소자에 대한 특칙) ①교도소 또는 구치소에 있는 피고인이 상소의 제기기간 내에 상소장을 교도소장 또는 구치소장 또는 그 직무를 대리하는 자에게 제출한 때에는 상소의 제기기간 내에 상소한 것으로 간주한다. <개정 1963.12.13.>

②전항의 경우에 피고인이 상소장을 작성할 수 없는 때에는 교도소장 또는 구치소장은 소속공무원으로 하여금 대서하게 하여야 한다. <개정 1963.12.13.>

제345조(상소권회복청구권자) 제338조 내지 제341조의 규정에 의하여 상소할 수 있는 자는 자기 또는 대리인이 책임질 수 없는 사유로 인하여 상소의 제기기간 내에 상소를 하지 못한 때에는 상소권회복의 청구를 할 수 있다.

제346조(상소권회복청구의 방식) ①상소권회복의 청구는 사유가 종지한 날로부터 상소의 제기기간에 상당한 기간 내에 서면으로 원심법원에 제출하여야 한다.

②상소권회복의 청구를 할 때에는 원인된 사유를 소명하여야 한다.

③상소권의 회복을 청구한 자는 그 청구와 동시에 상소를 제기하여야 한다.

제347조(상소권회복에 대한 결정과 즉시항고) ①상소권회복의 청구를 받은 법원은 청구의 허부에 관한 결정을 하여야 한다.

②전항의 결정에 대하여는 즉시항고를 할 수 있다.

제348조(상소권회복청구와 집행정지) ①상소권회복의 청구가 있는 때에는 법원은 전조의 결정을 할 때까지 재판의 집행을 정지하는 결정을 할 수 있다. <개정 2007.6.1.>

②전항의 집행정지의 결정을 한 경우에 피고인의 구금을 요하는 때에는 구속영장을 발부하여야 한다. 단, 제70조의 요건이 구비된 때에 한한다.

제349조(상소의 포기, 취하) 검사나 피고인 또는 제339조에 규정한 자는 상소의 포기 또는 취하를 할 수 있다. 단, 피고인 또는 제341조에 규정한 자는 사형 또는 무기징역이나 무기금고가 선고된 판결에 대하여는 상소의 포기를 할 수 없다.

제350조(상소의 포기등과 법정대리인의 동의) 법정대리인이 있는 피고인이 상소의 포기 또는 취하를 함에는 법정대리인의 동의를 얻어야 한다. 단, 법정대리인의 사망 기타 사유로 인하여 그 동의를 얻을 수 없는 때에는 예외로 한다.

제351조(상소의 취하와 피고인의 동의) 피고인의 법정대리인 또는 제341조에 규정한 자는 피고인의 동의를 얻어 상소를 취하할 수 있다.

제352조(상소포기 등의 방식) ①상소의 포기 또는 취하는 서면으로 하여야 한다. 단, 공판정에서는 구술로써 할 수 있다.

②구술로써 상소의 포기 또는 취하를 한 경우에는 그 사유를 조서에 기재하여야 한다.

제353조(상소포기 등의 관할) 상소의 포기는 원심법원에, 상소의 취하는 상소법원에 하여야 한다. 단, 소송기록이 상소법원에 송부되지 아니한 때에는 상소의 취하를 원심법원에 제출할 수 있다.

제354조(상소포기 후의 재상소의 금지) 상소를 취하한 자 또는 상소의 포기나 취하에 동의한 자는 그 사건에 대하여 다시 상소를 하지 못한다.

제355조(재소자에 대한 특칙) 제344조의 규정은 교도소 또는 구치소에 있는 피고인이 상소권회복의 청구 또는 상소의 포기나 취하를 하는 경우에 준용한다. <개정 1963.12.13.>

제356조(상소포기등과 상대방의 통지) 상소, 상소의 포기나 취하 또는 상소권회복의 청구가 있는 때에는 법원은 지체없이 상대방에게 그 사유를 통지하여야 한다.

제2장 항소

제357조(항소할 수 있는 판결) 제1심법원의 판결에 대하여 불복이 있으면 지방법

원 단독판사가 선고한 것은 지방법원 본원합의부에 항소할 수 있으며 지방법원 합의부가 선고한 것은 고등법원에 항소할 수 있다.

[전문개정 1961.9.1.] [제목개정 1963.12.13.]

第358조(항소제기기간) 항소의 제기기간은 7일로 한다. <개정 1963.12.13.>

第359조(항소제기의 방식) 항소를 함에는 항소장을 원심법원에 제출하여야 한다. <개정 1963.12.13.>

第360조(원심법원의 항소기각 결정) ①항소의 제기가 법률상의 방식에 위반하거나 항소권소멸 후인 것이 명백한 때에는 원심법원은 결정으로 항소를 기각하여야 한다. <개정 1963.12.13.>

②전항의 결정에 대하여는 즉시항고를 할 수 있다.

第361조(소송기록과 증거물의 송부) 제360조의 경우를 제외하고는 원심법원은 항소장을 받은 날부터 14일이내에 소송기록과 증거물을 항소법원에 송부하여야 한다. [전문개정 1995.12.29.]

[92헌마44 1995.11.30.(1995.12.29. 法5054)]

第361조의2(소송기록접수와 통지) ①항소법원이 기록의 송부를 받은 때에는 즉시 항소인과 상대방에게 그 사유를 통지하여야 한다. <개정 1963.12.13.>

②전항의 통지 전에 변호인의 선임이 있는 때에는 변호인에게도 전항의 통지를 하여야 한다.

③피고인이 교도소 또는 구치소에 있는 경우에는 원심법원에 대응한 검찰청검사는 제1항의 통지를 받은 날부터 14일이내에 피고인을 항소법원소재지의 교도소 또는 구치소에 이송하여야 한다. <신설 1995.12.29.>

[본조신설 1961.9.1.]

第361조의3(항소이유서와 답변서) ①항소인 또는 변호인은 전조의 통지를 받은 날로부터 20일 이내에 항소이유서를 항소법원에 제출하여야 한다. 이 경우 제344조를 준용한다. <개정 1963.12.13., 2007.12.21.>

②항소이유서의 제출을 받은 항소법원은 지체없이 부본 또는 등본을 상대방에게 송달하여야 한다. <개정 1963.12.13.>

③상대방은 전항의 송달을 받은 날로부터 10일 이내에 답변서를 항소법원에 제출하여야 한다. <개정 1963.12.13.>

④답변서의 제출을 받은 항소법원은 지체없이 그 부본 또는 등본을 항소인 또는 변호인에게 송달하여야 한다. <개정 1963.12.13.>

[본조신설 1961.9.1.]

第361조의4(항소기각의 결정) ①항소인이나 변호인이 전조제1항의 기간 내에 항소이유서를 제출하지 아니한 때에는 결정으로 항소를 기각하여야 한다. 단, 직권조사사유가 있거나 항소장에 항소이유의 기재가 있는 때에는 예외로 한다.

②전항의 결정에 대하여는 즉시항고를 할 수 있다. <신설 1963.12.13.>

[본조신설 1961.9.1.]

第361조의5(항소이유) 다음 사유가 있을 경우에는 원심판결에 대한 항소이유로 할 수 있다. <개정 1963.12.13.>

1. 판결에 영향을 미친 헌법·법률·명령 또는 규칙의 위반이 있는 때
2. 판결 후 형의 폐지나 변경 또는 사면이 있는 때
3. 관할 또는 관할위반의 인정이 법률에 위반한 때
4. 판결법원의 구성이 법률에 위반한 때
5. 삭제 <1963.12.13.>
6. 삭제 <1963.12.13.>
7. 법률상 그 재판에 관여하지 못할 판사가 그 사건의 심판에 관여한 때
8. 사건의 심리에 관여하지 아니한 판사가 그 사건의 판결에 관여한 때
9. 공판의 공개에 관한 규정에 위반한 때
10. 삭제 <1963.12.13.>
11. 판결에 이유를 붙이지 아니하거나 이유에 모순이 있는 때
12. 삭제 <1963.12.13.>
13. 재심청구의 사유가 있는 때
14. 사실의 오인이 있어 판결에 영향을 미칠 때
15. 형의 양정이 부당하다고 인정할 사유가 있는 때

[본조신설 1961.9.1.]

第362조(항소기각의 결정) ①제360조의 규정에 해당한 경우에 원심법원이 항소기각의 결정을 하지 아니한 때에는 항소법원은 결정으로 항소를 기각하여야 한다. <개정 1963.12.13.>

②전항의 결정에 대하여는 즉시 항고를 할 수 있다.

第363조(공소기각의 결정) ①제328조제1항 각 호의 규정에 해당한 사유가 있는 때에는 항소법원은 결정으로 공소를 기각하여야 한다. <개정 1963.12.13., 1995.12.29.>

②전항의 결정에 대하여는 즉시 항고를 할 수 있다.

제364조(항소법원의 심판) ①항소법원은 항소이유에 포함된 사유에 관하여 심판하여야 한다. <개정 1963.12.13.>

②항소법원은 판결에 영향을 미친 사유에 관하여는 항소이유서에 포함되지 아니한 경우에도 직권으로 심판할 수 있다. <개정 1963.12.13.>

③제1심법원에서 증거로 할 수 있었던 증거는 항소법원에서도 증거로 할 수 있다. <신설 1963.12.13.>

④항소이유 없다고 인정한 때에는 판결로써 항소를 기각하여야 한다. <개정 1963.12.13.>

⑤항소이유 없음이 명백한 때에는 항소장, 항소이유서 기타의 소송기록에 의하여 변론없이 판결로써 항소를 기각할 수 있다. <개정 1963.12.13.>

⑥항소이유가 있다고 인정한 때에는 원심판결을 파기하고 다시 판결을 하여야 한다. <개정 1963.12.13.>

[전문개정 1961.9.1.]

제364조의2(공동피고인을 위한 파기) 피고인을 위하여 원심판결을 파기하는 경우에 파기의 이유가 항소한 공동피고인에게 공통되는 때에는 그 공동피고인에게 대하여도 원심판결을 파기하여야 한다. <개정 1963.12.13.>

[본조신설 1961.9.1.]

제365조(피고인의 출정) ①피고인이 공판기일에 출정하지 아니한 때에는 다시 기일을 정하여야 한다. <개정 1961.9.1.>

②피고인이 정당한 사유없이 다시 정한 기일에 출정하지 아니한 때에는 피고인의 진술없이 판결을 할 수 있다.

제366조(원심법원에의 환송) 공소기각 또는 관할위반의 재판이 법률에 위반됨을 이유로 원심판결을 파기하는 때에는 판결로써 사건을 원심법원에 환송하여야 한다.

제367조(관할법원에의 이송) 관할인정이 법률에 위반됨을 이유로 원심판결을 파기하는 때에는 판결로써 사건을 관할법원에 이송하여야 한다. 단, 항소법원이 그 사건의 제1심관할권이 있는 때에는 제1심으로 심판하여야 한다. <개정 1963.12.13.>

제368조(불이익변경의 금지) 피고인이 항소한 사건과 피고인을 위하여 항소한 사건에 대하여는 원심판결의 형보다 중한 형을 선고하지 못한다. <개정 1963.12.13.>

第369條(재판서의 기재방식) 항소법원의 재판서에는 항소이유에 대한 판단을 기재하여야 하며 원심판결에 기재한 사실과 증거를 인용할 수 있다. <개정 1963.12.13.>
[전문개정 1961.9.1.]

第370條(준용규정) 제2편 중 공판에 관한 규정은 본장에 특별한 규정이 없으면 항소의 심판에 준용한다. <개정 1963.12.13.>

제3장 상고

第371條(상고할 수 있는 판결) 제2심판결에 대하여 불복이 있으면 대법원에 상고할 수 있다. <개정 1963.12.13.>
[전문개정 1961.9.1.]

第372條(비약적 상고) 다음 경우에는 제1심판결에 대하여 항소를 제기하지 아니하고 상고를 할 수 있다. <개정 1961.9.1.>

1. 원심판결이 인정한 사실에 대하여 법령을 적용하지 아니하였거나 법령의 적용에 착오가 있는 때
2. 원심판결이 있은 후 형의 폐지나 변경 또는 사면이 있는 때

第373條(항소와 비약적 상고) 제1심판결에 대한 상고는 그 사건에 대한 항소가 제기된 때에는 그 효력을 잃는다. 단, 항소의 취하 또는 항소기각의 결정이 있는 때에는 예외로 한다.

第374條(상고기간) 상고의 제기기간은 7일로 한다.

第375條(상고제기의 방식) 상고를 함에는 상고장을 원심법원에 제출하여야 한다.

第376條(원심법원에서의 상고기각 결정) ①상고의 제기가 법률상의 방식에 위반하거나 상고권소멸 후인 것이 명백한 때에는 원심법원은 결정으로 상고를 기각하여야 한다.
②전항의 결정에 대하여는 즉시항고를 할 수 있다.

第377條(소송기록과 증거물의 송부) 제376조의 경우를 제외하고는 원심법원은 상고장을 받은 날부터 14일이내에 소송기록과 증거물을 상고법원에 송부하여야 한다. [전문개정 1995.12.29.]

第378條(소송기록접수와 통지) ①상고법원이 소송기록의 송부를 받은 때에는 즉시 상고인과 상대방에 대하여 그 사유를 통지하여야 한다. <개정 1961.9.1.>
②전항의 통지 전에 변호인의 선임이 있는 때에는 변호인에 대하여도 전항의 통

지를 하여야 한다.

제379조(상고이유서와 답변서) ①상고인 또는 변호인이 전조의 통지를 받은 날로부터 20일 이내에 상고이유서를 상고법원에 제출하여야 한다. 이 경우 제344조를 준용한다. <개정 1961.9.1., 2007.12.21.>

②상고이유서에는 소송기록과 원심법원의 증거조사에 표현된 사실을 인용하여 그 이유를 명시하여야 한다.

③상고이유서의 제출을 받은 상고법원은 지체없이 그 부본 또는 등본을 상대방에 송달하여야 한다. <개정 1961.9.1.>

④상대방은 전항의 송달을 받은 날로부터 10일 이내에 답변서를 상고법원에 제출할 수 있다. <개정 1961.9.1.>

⑤답변서의 제출을 받은 상고법원은 지체없이 그 부본 또는 등본을 상고인 또는 변호인에게 송달하여야 한다. <개정 1961.9.1.>

제380조(상고기각 결정) ①상고인이나 변호인이 전조제1항의 기간 내에 상고이유서를 제출하지 아니한 때에는 결정으로 상고를 기각하여야 한다. 단, 상고장에 이유의 기재가 있는 때에는 예외로 한다. <개정 1961.9.1., 2014.5.14.>

② 상고장 및 상고이유서에 기재된 상고이유의 주장이 제383조 각 호의 어느 하나의 사유에 해당하지 아니함이 명백한 때에는 결정으로 상고를 기각하여야 한다. <신설 2014.5.14.>

제381조(동전) 제376조의 규정에 해당한 경우에 원심법원이 상고기각의 결정을 하지 아니한 때에는 상고법원은 결정으로 상고를 기각하여야 한다. <개정 1961.9.1.>

제382조(공소기각의 결정) 제328조제1항 각 호의 규정에 해당하는 사유가 있는 때에는 상고법원은 결정으로 공소를 기각하여야 한다.

[전문개정 1995.12.29.]

제383조(상고이유) 다음 사유가 있을 경우에는 원심판결에 대한 상고이유로 할 수 있다. <개정 1961.9.1., 1963.12.13.>

1. 판결에 영향을 미친 헌법·법률·명령 또는 규칙의 위반이 있을 때
2. 판결후 형의 폐지나 변경 또는 사면이 있는 때
3. 재심청구의 사유가 있는 때
4. 사형, 무기 또는 10년 이상의 징역이나 금고가 선고된 사건에 있어서 중대한 사실의 오인이 있어 판결에 영향을 미친 때 또는 형의 양정이 심히 부당하다

고 인정할 현저한 사유가 있는 때

제384조(심판범위) 상고법원은 상고이유서에 포함된 사유에 관하여 심판하여야 한다. 그러나, 전조 제1호 내지 제3호의 경우에는 상고이유서에 포함되지 아니한 때에도 직권으로 심판할 수 있다. <개정 1961.9.1., 1963.12.13.>

제385조 삭제 <1961.9.1.>

제386조(변호인의 자격) 상고심에는 변호사 아닌 자를 변호인으로 선임하지 못한다.

제387조(변론능력) 상고심에는 변호인 아니면 피고인을 위하여 변론하지 못한다.

제388조(변론방식) 검사와 변호인은 상고이유서에 의하여 변론하여야 한다.

제389조(변호인의 불출석등) ①변호인의 선임이 없거나 변호인이 공판기일에 출정하지 아니한 때에는 검사의 진술을 듣고 판결을 할 수 있다. 단, 제283조의 규정에 해당한 경우에는 예외로 한다.

②전항의 경우에 적법한 이유서의 제출이 있는 때에는 그 진술이 있는 것으로 간주한다.

제389조의2(피고인의 소환 여부) 상고심의 공판기일에는 피고인의 소환을 요하지 아니한다.

[본조신설 1995.12.29.]

제390조(서면심리에 의한 판결) ①상고법원은 상고장, 상고이유서 기타의 소송기록에 의하여 변론 없이 판결할 수 있다. <개정 2007.6.1.>

②상고법원은 필요한 경우에는 특정한 사항에 관하여 변론을 열어 참고인의 진술을 들을 수 있다. <신설 2007.6.1.>

[전문개정 1961.9.1.]

제391조(원심판결의 파기) 상고이유가 있는 때에는 판결로써 원심판결을 파기하여야 한다.

제392조(공동피고인을 위한 파기) 피고인의 이익을 위하여 원심판결을 파기하는 경우에 파기의 이유가 상고한 공동피고인에 공통되는 때에는 그 공동피고인에 대하여도 원심판결을 파기하여야 한다.

제393조(공소기각과 환송의 판결) 적법한 공소를 기각하였다는 이유로 원심판결 또는 제1심판결을 파기하는 경우에는 판결로써 사건을 원심법원 또는 제1심법원에 환송하여야 한다.

제394조(관할인정과 이송의 판결) 관할의 인정이 법률에 위반됨을 이유로 원심판결 또는 제1심판결을 파기하는 경우에는 판결로써 사건을 관할있는 법원에 이송

하여야 한다.

제395조(관할위반과 환송의 판결) 관할위반의 인정이 법률에 위반됨을 이유로 원심판결 또는 제1심판결을 파기하는 경우에는 판결로써 사건을 원심법원 또는 제1심법원에 환송하여야 한다.

제396조(파기자판) ①상고법원은 원심판결을 파기한 경우에 그 소송기록과 원심법원과 제1심법원이 조사한 증거에 의하여 판결하기 충분하다고 인정한 때에는 피고사건에 대하여 직접판결을 할 수 있다. <개정 1961.9.1.>

②제368조의 규정은 전항의 판결에 준용한다.

제397조(환송 또는 이송) 전4조의 경우 외에 원심판결을 파기한 때에는 판결로써 사건을 원심법원에 환송하거나 그와 동등한 다른 법원에 이송하여야 한다.

제398조(재판서의 기재방식) 재판서에는 상고의 이유에 관한 판단을 기재하여야 한다. <개정 1961.9.1.>

제399조(준용규정) 전장의 규정은 본장에 특별한 규정이 없으면 상고의 심판에 준용한다.

제400조(판결정정의 신청) ①상고법원은 그 판결의 내용에 오류가 있음을 발견한 때에는 직권 또는 검사, 상고인이나 변호인의 신청에 의하여 판결로써 정정할 수 있다. <개정 1961.9.1.>

②전항의 신청은 판결의 선고가 있은 날로부터 10일 이내에 하여야 한다.

③제1항의 신청은 신청의 이유를 기재한 서면으로 하여야 한다.

제401조(정정의 판결) ①정정의 판결은 변론없이 할 수 있다

②정정할 필요가 없다고 인정한 때에는 지체없이 결정으로 신청을 기각하여야 한다.

제4장 항고

제402조(항고할 수 있는 재판) 법원의 결정에 대하여 불복이 있으면 항고를 할 수 있다. 단, 이 법률에 특별한 규정이 있는 경우에는 예외로 한다.

제403조(판결 전의 결정에 대한 항고) ①법원의 관할 또는 판결 전의 소송절차에 관한 결정에 대하여는 특히 즉시항고를 할 수 있는 경우 외에는 항고하지 못한다.

②전항의 규정은 구금, 보석, 압수나 압수물의 환부에 관한 결정 또는 감정하기 위한 피고인의 유치에 관한 결정에 적용하지 아니한다.

제404조(보통항고의 시기) 항고는 즉시항고 외에는 언제든지 할 수 있다. 단, 원심

결정을 취소하여도 실익이 없게 된 때에는 예외로 한다.

[제목개정 1963.12.13.]

제405조(즉시항고의 제기기간) 즉시항고의 제기기간은 3일로 한다.

제406조(항고의 절차) 항고를 함에는 항고장을 원심법원에 제출하여야 한다.

제407조(원심법원의 항고기각 결정) ①항고의 제기가 법률상의 방식에 위반하거나 항고권소멸 후인 것이 명백한 때에는 원심법원은 결정으로 항고를 기각하여야 한다.

②전항의 결정에 대하여는 즉시항고를 할 수 있다.

제408조(원심법원의 갱신결정) ①원심법원은 항고가 이유있다고 인정한 때에는 결정을 경정하여야 한다.

②항고의 전부 또는 일부가 이유없다고 인정한 때에는 항고장을 받은 날로부터 3일 이내에 의견서를 첨부하여 항고법원에 송부하여야 한다.

제409조(보통항고와 집행정지) 항고는 즉시항고 외에는 재판의 집행을 정지하는 효력이 없다. 단, 원심법원 또는 항고법원은 결정으로 항고에 대한 결정이 있을 때까지 집행을 정지할 수 있다.

제410조(즉시항고와 집행정지의 효력) 즉시항고의 제기기간 내와 그 제기가 있는 때에는 재판의 집행은 정지된다.

제411조(소송기록등의 송부) ①원심법원이 필요하다고 인정한 때에는 소송기록과 증거물을 항고법원에 송부하여야 한다.

②항고법원은 소송기록과 증거물의 송부를 요구할 수 있다.

③전2항의 경우에 항고법원이 소송기록과 증거물의 송부를 받은 날로부터 5일 이내에 당사자에게 그 사유를 통지하여야 한다.

제412조(검사의 의견진술) 검사는 항고사건에 대하여 의견을 진술할 수 있다.

제413조(항고기각의 결정) 제407조의 규정에 해당한 경우에 원심법원이 항고기각의 결정을 하지 아니한 때에는 항고법원은 결정으로 항고를 기각하여야 한다.

제414조(항고기각과 항고이유 인정) ①항고를 이유없다고 인정한 때에는 결정으로 항고를 기각하여야 한다.

②항고를 이유있다고 인정한 때에는 결정으로 원심결정을 취소하고 필요한 경우에는 항고사건에 대하여 직접 재판을 하여야 한다.

제415조(재항고) 항고법원 또는 고등법원의 결정에 대하여는 재판에 영향을 미친 헌법·법률·명령 또는 규칙의 위반이 있음을 이유로 하는 때에 한하여 대법원

에 즉시항고를 할 수 있다.

[전문개정 1963.12.13.]

제416조(준항고) ①재판장 또는 수명법관이 다음 각 호의 1에 해당한 재판을 고지한 경우에 불복이 있으면 그 법관소속의 법원에 재판의 취소 또는 변경을 청구할 수 있다.

1. 기피신청을 기각한 재판
2. 구금, 보석, 압수 또는 압수물환부에 관한 재판
3. 감정하기 위하여 피고인의 유치를 명한 재판
4. 증인, 감정인, 통역인 또는 번역인에 대하여 과태료 또는 비용의 배상을 명한 재판

②지방법원이 전항의 청구를 받은 때에는 합의부에서 결정을 하여야 한다.

③제1항의 청구는 재판의 고지있는 날로부터 3일 이내에 하여야 한다.

④제1항제4호의 재판은 전항의 청구기간 내와 청구가 있는 때에는 그 재판의 집행은 정지된다.

제417조(동전) 검사 또는 사법경찰관의 구금, 압수 또는 압수물의 환부에 관한 처분과 제243조의2에 따른 변호인의 참여 등에 관한 처분에 대하여 불복이 있으면 그 직무집행지의 관할법원 또는 검사의 소속검찰청에 대응한 법원에 그 처분의 취소 또는 변경을 청구할 수 있다. <개정 2007.6.1., 2007.12.21.>

제418조(준항고의 방식) 전2조의청구는 서면으로 관할법원에 제출하여야 한다.

제419조(준용규정) 제409조, 제413조, 제414조, 제415조의 규정은 제416조, 제417조의 청구있는 경우에 준용한다. <개정 1995.12.29.>

제4편 특별소송절차

제1장 재심

제420조(재심이유) 재심은 다음 각 호의 1에 해당하는 이유가 있는 경우에 유죄의 확정판결에 대하여 그 선고를 받은 자의 이익을 위하여 청구할 수 있다.

1. 원판결의 증거된 서류 또는 증거물이 확정판결에 의하여 위조 또는 변조인 것이 증명된 때
2. 원판결의 증거된 증언, 감정, 통역 또는 번역이 확정판결에 의하여 허위인 것이 증명된 때

3. 무고로 인하여 유죄의 선고를 받은 경우에 그 무고의 죄가 확정판결에 의하여 증명된 때
4. 원판결의 증거된 재판이 확정재판에 의하여 변경된 때
5. 유죄의 선고를 받은 자에 대하여 무죄 또는 면소를, 형의 선고를 받은 자에 대하여 형의 면제 또는 원판결이 인정한 죄보다 경한 죄를 인정할 명백한 증거가 새로 발견된 때
6. 저작권, 특허권, 실용신안권, 의장권 또는 상표권을 침해한 죄로 유죄의 선고를 받은 사건에 관하여 그 권리에 대한 무효의 심결 또는 무효의 판결이 확정된 때
7. 원판결, 전심판결 또는 그 판결의 기초 된 조사에 관여한 법관, 공소의 제기 또는 그 공소의 기초 된 수사에 관여한 검사나 사법경찰관이 그 직무에 관한 죄를 범한 것이 확정판결에 의하여 증명된 때 단, 원판결의 선고 전에 법관, 검사 또는 사법경찰관에 대하여 공소의 제기가 있는 경우에는 원판결의 법원이 그 사유를 알지 못한 때에 한한다.

제421조(동전) ①항소 또는 상고의 기각판결에 대하여는 전조제1호, 제2호, 제7호의 사유있는 경우에 한하여 그 선고를 받은 자의 이익을 위하여 재심을 청구할 수 있다. <개정 1963.12.13.>

②제1심확정판결에 대한 재심청구사건의 판결이 있은 후에는 항소기각 판결에 대하여 다시 재심을 청구하지 못한다. <개정 1963.12.13.>

③제1심 또는 제2심의 확정판결에 대한 재심청구사건의 판결이 있은 후에는 상고기각판결에 대하여 다시 재심을 청구하지 못한다.

제422조(확정판결에 대신하는 증명) 전2조의 규정에 의하여 확정판결로써 범죄가 증명됨을 재심청구의 이유로 할 경우에 그 확정판결을 얻을 수 없는 때에는 그 사실을 증명하여 재심의 청구를 할 수 있다. 단, 증거가 없다는 이유로 확정판결을 얻을 수 없는 때에는 예외로 한다.

제423조(재심의 관할) 재심의 청구는 원판결의 법원이 관할한다.

제424조(재심청구권자) 다음 각 호의 1에 해당하는 자는 재심의 청구를 할 수 있다.

1. 검사
2. 유죄의 선고를 받은 자
3. 유죄의 선고를 받은 자의 법정대리인
4. 유죄의 선고를 받은 자가 사망하거나 심신장애가 있는 경우에는 그 배우자,

직계친족 또는 형제자매

제425조(검사만이 청구할 수 있는 재심) 제420조제7호의 사유에 의한 재심의 청구는 유죄의 선고를 받은 자가 그 죄를 범하게 한 경우에는 검사가 아니면 하지 못한다.

제426조(변호인의 선임) ①검사 이외의 자가 재심의 청구를 하는 경우에는 변호인을 선임할 수 있다.

②전항의 규정에 의한 변호인의 선임은 재심의 판결이 있을 때까지 그 효력이 있다.

제427조(재심청구의 시기) 재심의 청구는 형의 집행을 종료하거나 형의 집행을 받지 아니하게 된 때에도 할 수 있다.

제428조(재심과 집행정지의 효력) 재심의 청구는 형의 집행을 정지하는 효력이 없다. 단 관할법원에 대응한 검찰청검사는 재심청구에 대한 재판이 있을 때까지 형의 집행을 정지할 수 있다.

제429조(재심청구의 취하) ①재심의 청구는 취하할 수 있다.

②재심의 청구를 취하한 자는 동일한 이유로써 다시 재심을 청구하지 못한다.

제430조(재소자에 대한 특칙) 제344조의 규정은 재심의 청구와 그 취하에 준용한다.

제431조(사실조사) ①재심의 청구를 받은 법원은 필요하다고 인정한 때에는 합의부원에게 재심청구의 이유에 대한 사실조사를 명하거나 다른 법원판사에게 이를 촉탁할 수 있다.

②전항의 경우에는 수명법관 또는 수탁판사는 법원 또는 재판장과 동일한 권한이 있다.

제432조(재심에 대한 결정과 당사자의 의견) 재심의 청구에 대하여 결정을 함에는 청구한 자와 상대방의 의견을 들어야 한다. 단, 유죄의 선고를 받은 자의 법정대리인이 청구한 경우에는 유죄의 선고를 받은 자의 의견을 들어야 한다.

제433조(청구기각 결정) 재심의 청구가 법률상의 방식에 위반하거나 청구권의 소멸 후인 것이 명백한 때에는 결정으로 기각하여야 한다.

제434조(동전) ①재심의 청구가 이유없다고 인정한 때에는 결정으로 기각하여야 한다.

②전항의 결정이 있는 때에는 누구든지 동일한 이유로써 다시 재심을 청구하지 못한다.

제435조(재심개시의 결정) ①재심의 청구가 이유있다고 인정한 때에는 재심개시의 결정을 하여야 한다.

②재심개시의 결정을 할 때에는 결정으로 형의 집행을 정지할 수 있다. <개정 1995.12.29.>

제436조(청구의 경합과 청구기각의 결정) ①항소기각의 확정판결과 그 판결에 의하여 확정된 제1심판결에 대하여 재심의 청구가 있는 경우에 제1심법원이 재심의 판결을 한 때에는 항소법원은 결정으로 재심의 청구를 기각하여야 한다.

②제1심 또는 제2심판결에 대한 상고기각의 판결과 그 판결에 의하여 확정된 제1심 또는 제2심의 판결에 대하여 재심의 청구가 있는 경우에 제1심법원 또는 항소법원이 재심의 판결을 한 때에는 상고법원은 결정으로 재심의 청구를 기각하여야 한다.

[전문개정 1963.12.13.]

제437조(즉시항고) 제433조, 제434조제1항, 제435조제1항과 전조제1항의 결정에 대하여는 즉시항고를 할 수 있다.

제438조(재심의 심판) ①재심개시의 결정이 확정한 사건에 대하여는 제436조의 경우 외에는 법원은 그 심급에 따라 다시 심판을 하여야 한다.

②다음 경우에는 제306조제1항, 제328조제1항제2호의 규정은 전항의 심판에 적용하지 아니한다. <개정 2014.12.30.>

1. 사망자 또는 회복할 수 없는 심신장애인을 위하여 재심의 청구가 있는 때
2. 유죄의 선고를 받은 자가 재심의 판결 전에 사망하거나 회복할 수 없는 심신장애인으로 된 때

③전항의 경우에는 피고인이 출정하지 아니하여도 심판을 할 수 있다. 단, 변호인이 출정하지 아니하면 개정하지 못한다.

④전2항의 경우에 재심을 청구한 자가 변호인을 선임하지 아니한 때에는 재판장은 직권으로 변호인을 선임하여야 한다.

제439조(불이익변경의 금지) 재심에는 원판결의 형보다 중한 형을 선고하지 못한다.

제440조(무죄판결의 공시) 재심에서 무죄의 선고를 한 때에는 그 판결을 관보와 그 법원소재지의 신문지에 기재하여 공고하여야 한다. 다만, 다음 각 호의 어느 하나에 해당하는 사람이 이를 원하지 아니하는 의사를 표시한 경우에는 그러하지 아니하다.

1. 제424조제1호부터 제3호까지의 어느 하나에 해당하는 사람이 재심을 청구한

때에는 재심에서 무죄의 선고를 받은 사람

2. 제424조제4호에 해당하는 사람이 재심을 청구한 때에는 재심을 청구한 그 사람

[전문개정 2016.5.29.]

제2장 비상상고

제441조(비상상고이유) 검찰총장은 판결이 확정한 후 그 사건의 심판이 법령에 위반한 것을 발견한 때에는 대법원에 비상상고를 할 수 있다.

제442조(비상상고의 방식) 비상상고를 함에는 그 이유를 기재한 신청서를 대법원에 제출하여야 한다.

제443조(공판기일) 공판기일에는 검사는 신청서에 의하여 진술하여야 한다.

제444조(조사의 범위, 사실의 조사) ①대법원은 신청서에 포함된 이유에 한하여 조사하여야 한다.

②법원의 관할, 공소의 수리와 소송절차에 관하여는 사실조사를 할 수 있다.

③전항의 경우에는 제431조의 규정을 준용한다.

제445조(기각의 판결) 비상상고가 이유 없다고 인정한 때에는 판결로써 이를 기각하여야 한다.

제446조(파기의 판결) 비상상고가 이유 있다고 인정한 때에는 다음의 구별에 따라 판결을 하여야 한다.

1. 원판결이 법령에 위반한 때에는 그 위반된 부분을 파기하여야 한다. 단, 원판결이 피고인에게 불이익한 때에는 원판결을 파기하고 피고사건에 대하여 다시 판결을 한다.
2. 원심소송절차가 법령에 위반한 때에는 그 위반된 절차를 파기한다.

제447조(판결의 효력) 비상상고의 판결은 전조제1호 단행의 규정에 의한 판결 외에는 그 효력이 피고인에게 미치지 아니한다.

제3장 약식절차

제448조(약식명령을 할 수 있는 사건) ①지방법원은 그 관할에 속한 사건에 대하여 검사의 청구가 있는 때에는 공판절차없이 약식명령으로 피고인을 벌금, 과료 또는 몰수에 처할 수 있다.

②전항의 경우에는 추징 기타 부수의 처분을 할 수 있다.

제449조(약식명령의 청구) 약식명령의 청구는 공소의 제기와 동시에 서면으로 하여야 한다.

제450조(보통의 심판) 약식명령의 청구가 있는 경우에 그 사건이 약식명령으로 할 수 없거나 약식명령으로 하는 것이 적당하지 아니하다고 인정한 때에는 공판절차에 의하여 심판하여야 한다.

제451조(약식명령의 방식) 약식명령에는 범죄사실, 적용법령, 주형, 부수처분과 약식명령의 고지를 받은 날로부터 7일 이내에 정식재판의 청구를 할 수 있음을 명시하여야 한다.

제452조(약식명령의 고지) 약식명령의 고지는 검사와 피고인에 대한 재판서의 송달에 의하여 한다.

제453조(정식재판의 청구) ①검사 또는 피고인은 약식명령의 고지를 받은 날로부터 7일 이내에 정식재판의 청구를 할 수 있다. 단, 피고인은 정식재판의 청구를 포기할 수 없다.

②정식재판의 청구는 약식명령을 한 법원에 서면으로 제출하여야 한다.

③정식재판의 청구가 있는 때에는 법원은 지체없이 검사 또는 피고인에게 그 사유를 통지하여야 한다.

제454조(정식재판청구의 취하) 정식재판의 청구는 제1심판결선고 전까지 취하할 수 있다.

제455조(기각의 결정) ①정식재판의 청구가 법령상의 방식에 위반하거나 청구권의 소멸 후인 것이 명백한 때에는 결정으로 기각하여야 한다.

②전항의 결정에 대하여는 즉시항고를 할 수 있다.

③정식재판의 청구가 적법한 때에는 공판절차에 의하여 심판하여야 한다.

제456조(약식명령의 실효) 약식명령은 정식재판의 청구에 의한 판결이 있는 때에는 그 효력을 잃는다.

제457조(약식명령의 효력) 약식명령은 정식재판의 청구기간이 경과하거나 그 청구의 취하 또는 청구기각의 결정이 확정한 때에는 확정판결과 동일한 효력이 있다.

제457조의2(형종 상향의 금지 등) ① 피고인이 정식재판을 청구한 사건에 대하여는 약식명령의 형보다 중한 종류의 형을 선고하지 못한다.

② 피고인이 정식재판을 청구한 사건에 대하여 약식명령의 형보다 중한 형을 선고하는 경우에는 판결서에 양형의 이유를 적어야 한다.

[전문개정 2017. 12. 19.]

제458조(준용규정) ①제340조 내지 제342조, 제345조 내지 제352조, 제354조의 규정은 정식재판의 청구 또는 그 취하에 준용한다.

②제365조의 규정은 정식재판절차의 공판기일에 정식재판을 청구한 피고인이 출석하지 아니한 경우에 이를 준용한다. <신설 1995.12.29.>

[제목개정 1995.12.29.]

제5편 재판의 집행

제459조(재판의 확정과 집행) 재판은 이 법률에 특별한 규정이 없으면 확정한 후에 집행한다.

제460조(집행지휘) ①재판의 집행은 그 재판을 한 법원에 대응한 검찰청검사가 지휘한다. 단, 재판의 성질상 법원 또는 법관이 지휘할 경우에는 예외로 한다.

②상소의 재판 또는 상소의 취하로 인하여 하급법원의 재판을 집행할 경우에는 상소법원에 대응한 검찰청검사가 지휘한다. 단, 소송기록이 하급법원 또는 그 법원에 대응한 검찰청에 있는 때에는 그 검찰청검사가 지휘한다.

제461조(집행지휘의 방식) 재판의 집행지휘는 재판서 또는 재판을 기재한 조서의 등본 또는 초본을 첨부한 서면으로 하여야 한다. 단, 형의 집행을 지휘하는 경우외에는 재판서의 원본, 등본이나 초본 또는 조서의 등본이나 초본에 인정하는 날인으로 할 수 있다.

제462조(형집행의 순서) 2이상의 형의 집행은 자격상실, 자격정지, 벌금, 과료와 몰수 외에는 그 중한 형을 먼저 집행한다. 단, 검사는 소속장관의 허가를 얻어 중한 형의 집행을 정지하고 다른 형의 집행을 할 수 있다.

제463조(사형의 집행) 사형은 법무부장관의 명령에 의하여 집행한다.

제464조(사형판결확정과 소송기록의 제출) 사형을 선고한 판결이 확정한 때에는 검사는 지체없이 소송기록을 법무부장관에게 제출하여야 한다.

제465조(사형집행명령의 시기) ①사형집행의 명령은 판결이 확정된 날로부터 6월 이내에 하여야 한다.

②상소권회복의 청구, 재심의 청구 또는 비상상고의 신청이 있는 때에는 그 절차가 종료할 때까지의 기간은 전항의 기간에 산입하지 아니한다.

제466조(사형집행의 기간) 법무부장관이 사형의 집행을 명한 때에는 5일 이내에 집행하여야 한다.

제467조(사형집행의 참여) ①사형의 집행에는 검사와 검찰청서기관과 교도소장 또

는 구치소장이나 그 대리자가 참여하여야 한다.

②검사 또는 교도소장 또는 구치소장의 허가가 없으면 누구든지 형의 집행장소에 들어가지 못한다.

제468조(사형집행조서) 사형의 집행에 참여한 검찰청서기관은 집행조서를 작성하고 검사와 교도소장 또는 구치소장이나 그 대리자와 함께 기명날인 또는 서명하여야 한다. <개정 1963.12.13., 2007.6.1.>

제469조(사형집행의 정지) ①사형의 선고를 받은 자가 심신의 장애로 의사능력이 없는 상태에 있거나 잉태 중에 있는 여자인 때에는 법무부장관의 명령으로 집행을 정지한다.

②전항의 규정에 의하여 형의 집행을 정지한 경우에는 심신장애의 회복 또는 출산 후 법무부장관의 명령에 의하여 형을 집행한다.

제470조(자유형집행의 정지) ①징역, 금고 또는 구류의 선고를 받은 자가 심신의 장애로 의사능력이 없는 상태에 있는 때에는 형을 선고한 법원에 대응한 검찰청검사 또는 형의 선고를 받은 자의 현재지를 관할하는 검찰청검사의 지휘에 의하여 심신장애가 회복될 때까지 형의 집행을 정지한다.

②전항의 규정에 의하여 형의 집행을 정지한 경우에는 검사는 형의 선고를 받은 자를 감호의무자 또는 지방공공단체에 인도하여 병원 기타 적당한 장소에 수용하게 할 수 있다.

③형의 집행이 정지된 자는 전항의 처분이 있을 때까지 교도소 또는 구치소에 구치하고 그 기간을 형기에 산입한다. <개정 1963.12.13.>

제471조(동전) ①징역, 금고 또는 구류의 선고를 받은 자에 대하여 다음 각 호의 1에 해당한 사유가 있는 때에는 형을 선고한 법원에 대응한 검찰청검사 또는 형의 선고를 받은 자의 현재지를 관할하는 검찰청검사의 지휘에 의하여 형의 집행을 정지할 수 있다. <개정 2007.12.21.>

1. 형의 집행으로 인하여 현저히 건강을 해하거나 생명을 보전할 수 없을 염려가 있는 때
2. 연령 70세 이상인 때
3. 잉태 후 6월 이상인 때
4. 출산 후 60일을 경과하지 아니한 때
5. 직계존속이 연령 70세 이상 또는 중병이나 장애인으로 보호할 다른 친족이 없는 때

6. 직계비속이 유년으로 보호할 다른 친족이 없는 때
7. 기타 중대한 사유가 있는 때

②검사가 전항의 지휘를 함에는 소속 고등검찰청검사장 또는 지방검찰청검사장의 허가를 얻어야 한다. <개정 2004.1.20., 2007.6.1.>

제471조의2(형집행정지 심의위원회) ① 제471조제1항제1호의 형집행정지 및 그 연장에 관한 사항을 심의하기 위하여 각 지방검찰청에 형집행정지 심의위원회(이하 이 조에서 "심의위원회"라 한다)를 둔다.

② 심의위원회는 위원장 1명을 포함한 10명 이내의 위원으로 구성하고, 위원은 학계, 법조계, 의료계, 시민단체 인사 등 학식과 경험이 있는 사람 중에서 각 지방검찰청 검사장이 임명 또는 위촉한다.

③ 심의위원회의 구성 및 운영 등 그 밖에 필요한 사항은 법무부령으로 정한다.

[본조신설 2015.7.31.]

제472조(소송비용의 집행정지) 제487조에 규정된 신청기간 내와 그 신청이 있는 때에는 소송비용부담의 재판의 집행은 그 신청에 대한 재판이 확정될 때까지 정지된다.

제473조(집행하기 위한 소환) ①사형, 징역, 금고 또는 구류의 선고를 받은 자가 구금되지 아니한 때에는 검사는 형을 집행하기 위하여 이를 소환하여야 한다.

②소환에 응하지 아니한 때에는 검사는 형집행장을 발부하여 구인하여야 한다. <개정 1973.1.25.>

③제1항의 경우에 형의 선고를 받은 자가 도망하거나 도망할 염려가 있는 때 또는 현재지를 알 수 없는 때에는 소환함이 없이 형집행장을 발부하여 구인할 수 있다. <개정 1973.1.25.>

제474조(형집행장의 방식과 효력) ①전조의 형집행장에는 형의 선고를 받은 자의 성명, 주거, 연령, 형명, 형기 기타 필요한 사항을 기재하여야 한다.

②형집행장은 구속영장과 동일한 효력이 있다.

[전문개정 1973.1.25.]

제475조(형집행장의 집행) 전2조의 규정에 의한 형집행장의 집행에는 제1편제9장 피고인의 구속에 관한 규정을 준용한다.

[전문개정 1973.1.25.]

제476조(자격형의 집행) 자격상실 또는 자격정지의 선고를 받은 자에 대하여는 이를 수형자원부에 기재하고 지체없이 그 등본을 형의 선고를 받은 자의 등록기준

지와 주거지의 시(區가 設置되지 아니한 市를 말한다. 이하 같다)·구·읍·면장(都農複合形態의 市에 있어서는 洞地域인 경우에는 市·區 의 長, 邑·面地域인 경우에는 邑·面의 長으로 한다)에게 송부하여야 한다. <개정 1994.12.22., 2007.5.17.>

제477조(재산형 등의 집행) ①벌금, 과료, 몰수, 추징, 과태료, 소송비용, 비용배상 또는 가납의 재판은 검사의 명령에 의하여 집행한다.

②전항의 명령은 집행력 있는 채무명의와 동일한 효력이 있다.

③제1항의 재판의 집행에는 「민사집행법」의 집행에 관한 규정을 준용한다. 단, 집행 전에 재판의 송달을 요하지 아니한다. <개정 2002.1.26., 2007.6.1.>

④제3항에도 불구하고 제1항의 재판은 「국세징수법」에 따른 국세체납처분의 예에 따라 집행할 수 있다. <신설 2007.6.1.>

⑤검사는 제1항의 재판을 집행하기 위하여 필요한 조사를 할 수 있다. 이 경우 제199조제2항을 준용한다. <신설 2007.6.1.>

⑥ 벌금, 과료, 추징, 과태료, 소송비용 또는 비용배상의 분할납부, 납부연기 및 납부대행기관을 통한 납부 등 납부방법에 필요한 사항은 법무부령으로 정한다. <신설 2016.1.6.>

제478조(상속재산에 대한 집행) 몰수 또는 조세, 전매 기타 공과에 관한 법령에 의하여 재판한 벌금 또는 추징은 그 재판을 받은 자가 재판확정 후 사망한 경우에는 그 상속재산에 대하여 집행할 수 있다.

제479조(합병 후 법인에 대한 집행) 법인에 대하여 벌금 ,과료, 몰수, 추징, 소송비용 또는 비용배상을 명한 경우에 법인이 그 재판확정 후 합병에 의하여 소멸한 때에는 합병 후 존속한 법인 또는 합병에 의하여 설립된 법인에 대하여 집행할 수 있다.

제480조(가납집행의 조정) 제1심가납의 재판을 집행한 후에 제2심가납의 재판이 있는 때에는 제1심재판의 집행은 제2심가납금액의 한도에서 제2심재판의 집행으로 간주한다.

제481조(가납집행과 본형의 집행) 가납의 재판을 집행한 후 벌금, 과료 또는 추징의 재판이 확정한 때에는 그 금액의 한도에서 형의 집행이 된 것으로 간주한다.

제482조(판결확정 전 구금일수 등의 산입) ① 판결선고 후 판결확정 전 구금일수(판결선고 당일의 구금일수를 포함한다)는 전부를 본형에 산입한다. <개정 2015.7.31.>

②상소기각 결정 시에 송달기간이나 즉시항고기간 중의 미결구금일수는 전부를 본형에 산입한다. <신설 2007.6.1., 2015.7.31.>

③ 제1항 및 제2항의 경우에는 구금일수의 1일을 형기의 1일 또는 벌금이나 과료에 관한 유치기간의 1일로 계산한다. <개정 2015.7.31.>

[제목개정 2015.7.31.]

[2015.7.31. 법률 제13454호에 의하여 2009.12.29. 헌법재판소에서 헌법불합치 결정된 이 조를 개정함.]

제483조(몰수물의 처분) 몰수물은 검사가 처분하여야 한다. <개정 1995.12.29.>

제484조(몰수물의 교부) ①몰수를 집행한 후 3월 이내에 그 몰수물에 대하여 정당한 권리있는 자가 몰수물의 교부를 청구한 때에는 검사는 파괴 또는 폐기할 것이 아니면 이를 교부하여야 한다.

②몰수물을 처분한 후 전항의 청구가 있는 경우에는 검사는 공매에 의하여 취득한 대가를 교부하여야 한다.

제485조(위조등의 표시) ①위조 또는 변조한 물건을 환부하는 경우에는 그 물건의 전부 또는 일부에 위조나 변조인 것을 표시하여야 한다.

②위조 또는 변조한 물건이 압수되지 아니한 경우에는 그 물건을 제출하게 하여 전항의 처분을 하여야 한다. 단, 그 물건이 공무소에 속한 것인 때에는 위조나 변조의 사유를 공무소에 통지하여 적당한 처분을 하게 하여야 한다.

제486조(환부불능과 공고) ①압수물의 환부를 받을 자의 소재가 불명하거나 기타 사유로 인하여 환부를 할 수 없는 경우에는 검사는 그 사유를 관보에 공고하여야 한다.

②공고한 후 3월 이내에 환부의 청구가 없는 때에는 그 물건은 국고에 귀속한다. <개정 1973.1.25.>

③전항의 기간 내에도 가치없는 물건은 폐기할 수 있고 보관하기 어려운 물건은 공매하여 그 대가를 보관할 수 있다. <개정 2007.6.1.>

제487조(소송비용의 집행면제의 신청) 소송비용부담의 재판을 받은 자가 빈곤으로 인하여 이를 완납할 수 없는 때에는 그 재판의 확정 후 10일 이내에 재판을 선고한 법원에 소송비용의 전부 또는 일부에 대한 재판의 집행면제를 신청할 수 있다.

제488조(의의신청) 형의 선고를 받은 자는 집행에 관하여 재판의 해석에 대한 의의가 있는 때에는 재판을 선고한 법원에 의의신청을 할 수 있다.

제489조(이의신청) 재판의 집행을 받은 자 또는 그 법정대리인이나 배우자는 집행

에 관한 검사의 처분이 부당함을 이유로 재판을 선고한 법원에 이의신청을 할 수 있다.

제490조(신청의 취하) ①전3조의 신청은 법원의 결정이 있을 때까지 취하할 수 있다.

②제344조의 규정은 전3조의 신청과 그 취하에 준용한다.

제491조(즉시항고) ①제487조 내지 제489조의 신청이 있는 때에는 법원은 결정을 하여야 한다.

②전항의 결정에 대하여는 즉시항고를 할 수 있다.

제492조(노역장유치의 집행) 벌금 또는 과료를 완납하지 못한 자에 대한 노역장유치의 집행에는 형의 집행에 관한 규정을 준용한다.

제493조(집행비용의 부담) 제477조제1항의 재판집행비용은 집행을 받은 자의 부담으로 하고 「민사집행법」의 규정에 준하여 집행과 동시에 징수하여야 한다. <개정 2002.1.26., 2007.6.1.>

부칙 <제15257호, 2017.12.19.>

제1조(시행일) 이 법은 공포한 날부터 시행한다.

제2조(정식재판 청구 사건의 불이익변경의 금지에 관한 경과조치) 이 법 시행 전에 제453조에 따라 정식재판을 청구한 사건에 대해서는 제457조의2의 개정규정에도 불구하고 종전의 규정에 따른다.

형 사 소 송 규 칙

[시행 2016.12.1.] [대법원규칙 제2696호, 2016.11.29., 타법개정]

제1편 총 칙

제1조(목적) 이 규칙은 「형사소송법」(다음부터 "법"이라 한다)이 대법원규칙에 위임한 사항, 그 밖에 형사소송절차에 관하여 필요한 사항을 규정함을 목적으로 한다.
[전문개정 2007.10.29.]

제1장 법원의 관할

제2조(토지관할의 병합심리 신청 등) ①법 제6조의 규정에 의한 신청을 함에는 그 사유를 기재한 신청서를 공통되는 직근 상급법원에 제출하여야 한다.
②검사의 신청서에는 피고인의 수에 상응한 부본을, 피고인의 신청서에는 부본 1통을 각 첨부하여야 한다.
③법 제6조의 신청을 받은 법원은 지체없이 각 사건계속법원에 그 취지를 통지하고 제2항의 신청서 부본을 신청인의 상대방에게 송달하여야 한다.
④사건계속법원과 신청인의 상대방은 제3항의 송달을 받은 날로부터 3일 이내에 의견서를 제1항의 법원에 제출할 수 있다. <개정 1991.8.3.>

제3조(토지관할의 병합심리절차) ①법 제6조의 신청을 받은 법원이 신청을 이유있다고 인정한 때에는 관련사건을 병합심리할 법원을 지정하여 그 법원으로 하여금 병합심리하게 하는 취지의 결정을, 이유없다고 인정한 때에는 신청을 기각하는 취지의 결정을 각하고, 그 결정등본을 신청인과 그 상대방에게 송달하고 사건계속법원에 송부하여야 한다.
②제1항의 결정에 의하여 병합심리하게 된 법원 이외의 법원은 그 결정등본을 송부받은 날로부터 7일 이내에 소송기록과 증거물을 병합심리하게 된 법원에 송부하여야 한다.

제4조(사물관할의 병합심리) ①법 제10조의 규정은 법원합의부와 단독판사에 계속된 각 사건이 토지관할을 달리하는 경우에도 이를 적용한다.

②단독판사는 그가 심리 중인 사건과 관련된 사건이 합의부에 계속된 사실을 알게 된 때에는 즉시 합의부의 재판장에게 그 사실을 통지하여야 한다.

③합의부가 법 제10조의 규정에 의한 병합심리 결정을 한 때에는 즉시 그 결정등본을 단독판사에게 송부하여야 하고, 단독판사는 그 결정등본을 송부받은 날로부터 5일 이내에 소송기록과 증거물을 합의부에 송부하여야 한다.

제4조의2(항소사건의 병합심리) ①사물관할을 달리하는 수개의 관련항소사건이 각각 고등법원과 지방법원본원합의부에 계속된 때에는 고등법원은 결정으로 지방법원본원합의부에 계속한 사건을 병합하여 심리할 수 있다. 수개의 관련항소사건이 토지관할을 달리하는 경우에도 같다.

②지방법원본원합의부의 재판장은 그 부에서 심리 중인 항소사건과 관련된 사건이 고등법원에 계속된 사실을 알게 된 때에는 즉시 고등법원의 재판장에게 그 사실을 통지하여야 한다.

③고등법원이 제1항의 규정에 의한 병합심리결정을 한 때에는 즉시 그 결정등본을 지방법원본원합의부에 송부하여야 하고, 지방법원본원합의부는 그 결정등본을 송부받은 날로부터 5일 이내에 소송기록과 증거물을 고등법원에 송부하여야 한다.

[본조신설 1991.8.3.]

제5조(관할지정 또는 관할이전의 신청 등) ①법 제16조제1항의 규정에 의하여, 검사가 관할지정 또는 관할이전의 신청서를 제출할 때에는 피고인 또는 피의자의 수에 상응한 부본을, 피고인이 관할이전의 신청서를 제출할 때에는 부본 1통을 각 첨부하여야 한다.

②제1항의 신청서를 제출받은 법원은 지체없이 검사의 신청서 부본을 피고인 또는 피의자에게 송달하여야 하고, 피고인의 신청서 부본을 검사에게 송달함과 함께 공소를 접수한 법원에 그 취지를 통지하여야 한다.

③검사, 피고인 또는 피의자는 제2항의 신청서 부본을 송부받은 날로부터 3일 이내에 의견서를 제2항의 법원에 제출할 수 있다.

제6조(관할지정 또는 관할이전의 결정에 의한 처리절차) ①공소 제기전의 사건에 관하여 관할지정 또는 관할이전의 결정을 한 경우 결정을 한 법원은 결정등본을 검사와 피의자에게 각 송부하여야 하며, 검사가 그 사건에 관하여 공소를 제기할 때에는 공소장에 그 결정등본을 첨부하여야 한다.

②공소가 제기된 사건에 관하여 관할지정 또는 관할이전의 결정을 한 경우 결정을 한 법원은 결정등본을 검사와 피고인 및 사건계속법원에 각 송부하여야 한다.

③제2항의 경우 사건계속법원은 지체없이 소송기록과 증거물을 제2항의 결정등본과 함께 그 지정 또는 이전된 법원에 송부하여야 한다. 다만, 사건계속법원이 관할법원으로 지정된 경우에는 그러하지 아니하다.

제7조(소송절차의 정지) 법원은 그 계속 중인 사건에 관하여 토지관할의 병합심리신청, 관할지정신청 또는 관할이전신청이 제기된 경우에는 그 신청에 대한 결정이 있기까지 소송절차를 정지하여야 한다. 다만, 급속을 요하는 경우에는 그러하지 아니하다.

제8조(소송기록 등의 송부방법 등) ①제3조제2항, 제4조제3항, 제4조의2제3항 또는 제6조제3항의 각 규정에 의하여 또는 법 제8조의 규정에 의한 이송결정에 의하여 소송기록과 증거물을 다른 법원으로 송부할 때에는 이를 송부받을 법원으로 직접 송부한다.

②제1항의 송부를 한 법원 및 송부를 받은 법원은 각각 그 법원에 대응하는 검찰청 검사에게 그 사실을 통지하여야 한다. [전문개정 1991.8.3.]

제2장 법원직원의 기피

제9조(기피신청의 방식 등) ①법 제18조의 규정에 의한 기피신청을 함에 있어서는 기피의 원인되는 사실을 구체적으로 명시하여야 한다.

②제1항에 위배된 기피신청의 처리는 법 제20조제1항의 규정에 의한다.

제3장 소송행위의 대리와 보조

제10조(피의자의 특별대리인 선임청구사건의 관할) 법 제28조제1항 후단의 규정에 의한 피의자의 특별대리인 선임청구는 그 피의사건을 수사 중인 검사 또는 사법경찰관이 소속된 관서의 소재지를 관할하는 지방법원에 이를 하여야 한다.

제11조(보조인의 신고) ①법 제29조제2항에 따른 보조인의 신고는 보조인이 되고자 하는 자와 피고인 또는 피의자 사이의 신분관계를 소명하는 서면을 첨부하여 이를 하여야 한다. <개정 2007.10.29.>

②공소제기전의 보조인 신고는 제1심에도 그 효력이 있다.

제4장 변호

제12조(법정대리인 등의 변호인 선임) 법 제30조제2항에 규정한 자가 변호인을 선임

하는 때에는 그 자와 피고인 또는 피의자와의 신분관계를 소명하는 서면을 법 제32조제1항의 서면에 첨부하여 제출하여야 한다.

제13조(사건이 병합되었을 경우의 변호인 선임의 효력) 하나의 사건에 관하여 한 변호인 선임은 동일법원의 동일피고인에 대하여 병합된 다른 사건에 관하여도 그 효력이 있다. 다만, 피고인 또는 변호인이 이와 다른 의사표시를 한 때에는 그러하지 아니하다. <개정 1996.12.3.> [제목개정 1996.12.3.]

제13조의2(대표변호인 지정등의 신청) 대표변호인의 지정, 지정의 철회 또는 변경의 신청은 그 사유를 기재한 서면으로 한다. 다만, 공판기일에서는 구술로 할 수 있다.
[전문개정 1996.12.3.]

제13조의3(대표변호인의 지정등의 통지) 대표변호인의 지정, 지정의 철회 또는 변경은 피고인 또는 피의자의 신청에 의한 때에는 검사 및 대표변호인에게, 변호인의 신청에 의하거나 직권에 의한 때에는 피고인 또는 피의자 및 검사에게 이를 통지하여야 한다. <개정 2007.10.29.> [전문개정 1996.12.3.]

제13조의4(기소전 대표변호인 지정의 효력) 법 제32조의2제5항에 의한 대표변호인의 지정은 기소후에도 그 효력이 있다. [전문개정 1996.12.3.]

제13조의5(준용규정) 제13조의 규정은 대표변호인의 경우에 이를 준용한다.
[본조신설 1996.12.3.]

제14조(국선변호인의 자격) ①국선변호인은 법원의 관할구역안에 사무소를 둔 변호사, 그 관할구역안에서 근무하는 공익법무관에관한법률에 의한 공익법무관(법무부와 그 소속기관 및 각급검찰청에서 근무하는 공익법무관을 제외한다. 이하 "공익법무관"이라 한다) 또는 그 관할구역안에서 수습 중인 사법연수생 중에서 이를 선정한다.
②제1항의 변호사, 공익법무관 또는 사법연수생이 없거나 기타 부득이한 때에는 인접한 법원의 관할구역안에 사무소를 둔 변호사, 그 관할구역안에서 근무하는 공익법무관 또는 그 관할구역안에서 수습 중인 사법연수생 중에서 이를 선정할 수 있다.
③제1항 및 제2항의 변호사, 공익법무관 또는 사법연수생이 없거나 기타 부득이한 때에는 법원의 관할 구역안에서 거주하는 변호사 아닌 자 중에서 이를 선정할 수 있다.
[전문개정 1995.7.10.]

제15조(변호인의 수) ①국선변호인은 피고인 또는 피의자마다 1인을 선정한다. 다만, 사건의 특수성에 비추어 필요하다고 인정할 때에는 1인의 피고인 또는 피의자에게 수인의 국선변호인을 선정할 수 있다.

②피고인 또는 피의자 수인간에 이해가 상반되지 아니할 때에는 그 수인의 피고인 또는 피의자를 위하여 동일한 국선변호인을 선정할 수 있다.

제15조의2(국선전담변호사) 법원은 기간을 정하여 법원의 관할구역 안에 사무소를 둔 변호사(그 관할구역 안에 사무소를 둘 예정인 변호사를 포함한다) 중에서 국선변호를 전담하는 변호사를 지정할 수 있다. [본조신설 2006.8.17.]

제16조(공소가 제기되기 전의 국선변호인 선정) ① 법 제201조의2에 따라 심문할 피의자에게 변호인이 없거나 법 제214조의2에 따라 체포 또는 구속의 적부심사가 청구된 피의자에게 변호인이 없는 때에는 법원 또는 지방법원 판사는 지체 없이 국선변호인을 선정하고, 피의자와 변호인에게 그 뜻을 고지하여야 한다.
<개정 2007.10.29.>

②제1항의 경우 국선변호인에게 피의사실의 요지 및 피의자의 연락처 등을 함께 고지할 수 있다. <개정 2007.10.29.>

③제1항의 고지는 서면 이외에 구술·전화·모사전송·전자우편·휴대전화 문자전송 그 밖에 적당한 방법으로 할 수 있다. <개정 2007.10.29.>

④구속영장이 청구된 후 또는 체포·구속의 적부심사를 청구한 후에 변호인이 없게 된 때에도 제1항 및 제2항의 규정을 준용한다.

[전문개정 2006.8.17.] [제목개정 2007.10.29.]

제16조의2(국선변호인 예정자명부의 작성) ①지방법원 또는 지원은 국선변호를 담당할 것으로 예정한 변호사, 공익법무관, 사법연수생 등을 일괄 등재한 국선변호인 예정자명부(이하 '명부' 라고 한다)를 작성할 수 있다. 이 경우 국선변호 업무의 내용 및 국선변호 예정일자를 미리 지정할 수 있다.

②지방법원 또는 지원의 장은 제1항의 명부 작성에 관하여 관할구역 또는 인접한 법원의 관할구역 안에 있는 지방변호사회장에게 협조를 요청할 수 있다.

③지방법원 또는 지원은 제1항의 명부를 작성한 후 지체없이 국선변호인 예정자에게 명부의 내용을 고지하여야 한다. 이 경우 제16조제3항의 규정을 적용한다.

④제1항의 명부에 기재된 국선변호인 예정자는 제3항의 고지를 받은 후 3일 이내에 명부의 변경을 요청할 수 있다.

⑤제1항의 명부가 작성된 경우 법원 또는 지방법원 판사는 특별한 사정이 없는 한 명부의 기재에 따라 국선변호인을 선정하여야 한다.

[본조신설 2006.8.17.]

제17조(공소제기의 경우 국선변호인의 선정등) ①재판장은 공소제기가 있는 때에는

변호인 없는 피고인에게 다음 각호의 취지를 고지한다.

1. 법 제33조제1항제1호 내지 제6호의 어느 하나에 해당하는 때에는 변호인 없이 개정할 수 없는 취지와 피고인 스스로 변호인을 선임하지 아니할 경우에는 법원이 국선변호인을 선정하게 된다는 취지
2. 법 제33조제2항에 해당하는 때에는 법원에 대하여 국선변호인의 선정을 청구할 수 있다는 취지
3. 법 제33조제3항에 해당하는 때에는 법원에 대하여 국선변호인의 선정을 희망하지 아니한다는 의사를 표시할 수 있다는 취지

②제1항의 고지는 서면으로 하여야 한다.

③법원은 제1항의 고지를 받은 피고인이 변호인을 선임하지 아니한 때 및 법 제33조제2항의 규정에 의하여 국선변호인 선정청구가 있거나 같은 조 제3항에 의하여 국선변호인을 선정하여야 할 때에는 지체없이 국선변호인을 선정하고, 피고인 및 변호인에게 그 뜻을 고지하여야 한다.

④공소제기가 있은 후 변호인이 없게 된 때에도 제1항 내지 제3항의 규정을 준용한다.

[전문개정 2006.8.17.]

제17조의2(국선변호인 선정청구 사유의 소명) 법 제33조제2항에 의하여 국선변호인 선정을 청구하는 경우 피고인은 소명자료를 제출하여야 한다. 다만, 기록에 의하여 그 사유가 소명되었다고 인정될 때에는 그러하지 아니하다.

[본조신설 2006.8.17.]

제18조(선정취소) ①법원 또는 지방법원 판사는 다음 각호의 어느 하나에 해당하는 때에는 국선변호인의 선정을 취소하여야 한다. <개정 2006.8.17.>

1. 피고인 또는 피의자에게 변호인이 선임된 때
2. 국선변호인이 제14조제1항 및 제2항에 규정한 자격을 상실한 때
3. 법원 또는 지방법원 판사가 제20조의 규정에 의하여 국선변호인의 사임을 허가한 때

②법원 또는 지방법원 판사는 다음 각호의 어느 하나에 해당하는 때에는 국선변호인의 선정을 취소할 수 있다. <개정 2006.8.17.>

1. 국선변호인이 그 직무를 성실하게 수행하지 아니하는 때
2. 피고인 또는 피의자의 국선변호인 변경 신청이 상당하다고 인정하는 때
3. 그 밖에 국선변호인의 선정결정을 취소할 상당한 이유가 있는 때

③법원이 국선변호인의 선정을 취소한 때에는 지체없이 그 뜻을 해당되는 국선변호

인과 피고인 또는 피의자에게 통지하여야 한다.

第19조(법정에서의 선정등) ①제16조제1항 또는 법 제283조의 규정에 의하여 국선변호인을 선정할 경우에 이미 선임된 변호인 또는 선정된 국선변호인이 출석하지 아니하거나 퇴정한 경우에 부득이한 때에는 피고인 또는 피의자의 의견을 들어 재정 중인 변호사 등 제14조에 규정된 사람을 국선변호인으로 선정할 수 있다. <개정 1995.7.10., 2006.8.17.>

②제1항의 경우에는 이미 선정되었던 국선변호인에 대하여 그 선정을 취소할 수 있다.

③국선변호인이 공판기일 또는 피의자 심문기일에 출석할 수 없는 사유가 발생한 때에는 지체없이 법원 또는 지방법원 판사에게 그 사유를 소명하여 통지하여야 한다. <개정 2006.8.17.>

第20조(사임) 국선변호인은 다음 각호의 어느 하나에 해당하는 경우에는 법원 또는 지방법원 판사의 허가를 얻어 사임할 수 있다. <개정 2006.8.17.>

1. 질병 또는 장기여행으로 인하여 국선변호인의 직무를 수행하기 곤란할 때
2. 피고인 또는 피의자로부터 폭행, 협박 또는 모욕을 당하여 신뢰관계를 지속할 수 없을 때
3. 피고인 또는 피의자로부터 부정한 행위를 할 것을 종용받았을 때
4. 그 밖에 국선변호인으로서의 직무를 수행하는 것이 어렵다고 인정할 만한 상당한 사유가 있을 때

第21조(감독) 법원은 국선변호인이 그 임무를 해태하여 국선변호인으로서의 불성실한 사적이 현저하다고 인정할 때에는 그 사유를 대한변호사협회장 또는 소속지방변호사회장에게 통고할 수 있다.

第22조 삭제 <1999.12.31.>

第23조 삭제 <2007.10.29.>

第5장 재판

第24조(결정, 명령을 위한 사실조사) ①결정 또는 명령을 함에 있어 법 제37조제3항의 규정에 의하여 사실을 조사하는 때 필요한 경우에는 법 및 이 규칙의 정하는 바에 따라 증인을 신문하거나 감정을 명할 수 있다.

②제1항의 경우에는 검사, 피고인, 피의자 또는 변호인을 참여하게 할 수 있다.

第25조(재판서의 경정) ① 재판서에 잘못된 계산이나 기재, 그 밖에 이와 비슷한 잘못이 있음이 분명한 때에는 법원은 직권으로 또는 당사자의 신청에 따라 경정결정

(更正決定)을 할 수 있다. <개정 2007.10.29.>

②경정결정은 재판서의 원본과 등본에 덧붙여 적어야 한다. 다만, 등본에 덧붙여 적을 수 없을 때에는 경정결정의 등본을 작성하여 재판서의 등본을 송달받은 자에게 송달하여야 한다. <개정 2007.10.29.>

③경정결정에 대하여는 즉시 항고를 할 수 있다. 다만, 재판에 대하여 적법한 상소가 있는 때에는 그러하지 아니하다.

제25조의2(기명날인할 수 없는 재판서) 법 제41조제3항에 따라 서명날인에 갈음하여 기명날인할 수 없는 재판서는 판결과 각종 영장(감정유치장 및 감정처분허가장을 포함한다)을 말한다. [본조신설 2007.10.29.]

제26조(재판서의 등, 초본 청구권자의 범위) ①법 제45조에 규정한 기타의 소송관계인이라 함은 검사, 변호인, 보조인, 법인인 피고인의 대표자, 법 제28조의 규정에 의한 특별대리인, 법 제340조 및 제341조제1항의 규정에 의한 상소권자를 말한다.

②고소인, 고발인 또는 피해자는 비용을 납입하고 재판서 또는 재판을 기재한 조서의 등본 또는 초본의 교부를 청구할 수 있다. 다만, 그 청구하는 사유를 소명하여야 한다.

제27조(소송에 관한 사항의 증명서의 청구) 피고인과 제26조제1항에 규정한 소송관계인 및 고소인, 고발인 또는 피해자는 소송에 관한 사항의 증명서의 교부를 청구할 수 있다. 다만, 고소인, 고발인 또는 피해자의 청구에 관하여는 제26조제2항 단서의 규정을 준용한다.

제28조(등, 초본 등의 작성방법) 법 제45조에 규정한 등본, 초본(제26조제2항에 규정한 등본, 초본을 포함한다) 또는 제27조에 규정한 증명서를 작성함에 있어서는 담당 법원서기관, 법원사무관, 법원주사, 법원주사보(이하 "법원사무관등"이라 한다)가 등본, 초본 또는 소송에 관한 사항의 증명서라는 취지를 기재하고 기명날인하여야 한다.

제6장 서류

제29조(조서에의 인용) ① 조서에는 서면, 사진, 속기록, 녹음물, 영상녹화물, 녹취서 등 법원이 적당하다고 인정한 것을 인용하고 소송기록에 첨부하거나 전자적 형태로 보관하여 조서의 일부로 할 수 있다. <개정 2014.12.30.>

② 제1항에 따라 속기록, 녹음물, 영상녹화물, 녹취서를 조서의 일부로 한 경우라도 재판장은 법원사무관 등으로 하여금 피고인, 증인, 그 밖의 소송관계인의 진술 중

중요한 사항을 요약하여 조서의 일부로 기재하게 할 수 있다. <신설 2014.12.30.>
[전문개정 2012.5.29.]

제29조의2(변경청구나 이의제기가 있는 경우의 처리) 공판조서의 기재에 대하여 법 제54조제3항에 따른 변경청구나 이의제기가 있는 경우, 법원사무관 등은 신청의 연월일 및 그 요지와 그에 대한 재판장의 의견을 기재하여 조서를 작성한 후 당해 공판조서 뒤에 이를 첨부하여야 한다. [본조신설 2007.10.29.]

제30조(공판조서의 낭독 등) 법 제55조제2항에 따른 피고인의 낭독청구가 있는 때에는 재판장의 명에 의하여 법원사무관 등이 낭독하거나 녹음물 또는 영상녹화물을 재생한다. [전문개정 2012.5.29.]

제30조의2(속기 등의 신청) ① 속기, 녹음 또는 영상녹화(녹음이 포함된 것을 말한다. 다음부터 같다)의 신청은 공판기일·공판준비기일을 열기 전까지 하여야 한다. <개정 2014.12.30.>

② 피고인, 변호인 또는 검사의 신청이 있음에도 불구하고 특별한 사정이 있는 때에는 속기, 녹음 또는 영상녹화를 하지 아니하거나 신청하는 것과 다른 방법으로 속기, 녹음 또는 영상녹화를 할 수 있다. 다만, 이 경우 재판장은 공판기일에 그 취지를 고지하여야 한다.

[전문개정 2007.10.29.]

제31조 삭제 <2007.10.29.>

제32조 삭제 <2007.10.29.>

제33조(속기록에 대한 조치) 속기를 하게 한 경우에 재판장은 법원사무관 등으로 하여금 속기록의 전부 또는 일부를 조서에 인용하고 소송기록에 첨부하여 조서의 일부로 하게 할 수 있다. [전문개정 2007.10.29.]

제34조(진술자에 대한 확인 등) 속기를 하게 한 경우 법 제48조제3항 또는 법 제52조 단서에 따른 절차의 이행은 법원사무관 등 또는 법원에 소속되어 있거나 법원이 선정한 속기능력소지자(다음부터 "속기사 등"이라고 한다)로 하여금 속기록의 내용을 읽어주게 하거나 진술자에게 속기록을 열람하도록 하는 방법에 의한다.

[전문개정 2007.10.29.]

제35조 삭제 <2007.10.29.>

제36조 삭제 <2007.10.29.>

제37조 삭제 <2007.10.29.>

제38조(녹취서의 작성등) ① 재판장은 필요하다고 인정하는 때에는 법원사무관 등 또

는 속기사 등에게 녹음 또는 영상녹화된 내용의 전부 또는 일부를 녹취할 것을 명할 수 있다. <개정 2007.10.29.>

② 재판장은 법원사무관 등으로 하여금 제1항에 따라 작성된 녹취서의 전부 또는 일부를 조서에 인용하고 소송기록에 첨부하여 조서의 일부로 하게 할 수 있다. <개정 2007.10.29.>

제38조의2(속기록, 녹음물 또는 영상녹화물의 사본 교부) ① 재판장은 법 제56조의2 제3항에도 불구하고 피해자 또는 그 밖의 소송관계인의 사생활에 관한 비밀 보호 또는 신변에 대한 위해 방지 등을 위하여 특히 필요하다고 인정하는 경우에는 속기록, 녹음물 또는 영상녹화물의 사본의 교부를 불허하거나 그 범위를 제한할 수 있다. <개정 2014.12.30.>

② 법 제56조의2제3항에 따라 속기록, 녹음물 또는 영상녹화물의 사본을 교부받은 사람은 그 사본을 당해 사건 또는 관련 소송의 수행과 관계 없는 용도로 사용하여서는 아니 된다.

[본조신설 2007.10.29.]

제39조(속기록 등의 보관과 폐기) 속기록, 녹음물, 영상녹화물 또는 녹취서는 전자적 형태로 이를 보관할 수 있으며, 재판이 확정되면 폐기한다. 다만, 속기록, 녹음물, 영상녹화물 또는 녹취서가 조서의 일부가 된 경우에는 그러하지 아니하다. <개정 2012.5.29.>

[전문개정 2007.10.29.]

제40조 삭제 <2007.10.29.>

제40조의2

[종전 제40조의2는 제40조로 이동<1996.12.3.>]

제41조(서명의 특칙) 공무원이 아닌 자가 서명날인을 하여야 할 경우에 서명을 할 수 없으면 타인이 대서한다. 이 경우에는 대서한 자가 그 사유를 기재하고 기명날인 또는 서명하여야 한다. <개정 2007.10.29.>

[제목개정 2007.10.29.]

제7장 송달

제42조(법 제60조에 의한 법원소재지의 범위) 법 제60조제1항에 규정한 법원소재지는 당해 법원이 위치한 특별시, 광역시, 시 또는 군(다만, 廣域市내의 郡은 除外)으로 한다. <개정 1996.12.3.>

제43조(공시송달을 명하는 재판) 법원은 공시송달의 사유가 있다고 인정한 때에는 직권으로 결정에 의하여 공시송달을 명한다.

제8장 기간

제44조(법정기간의 연장) ①소송행위를 할 자가 국내에 있는 경우 주거 또는 사무소의 소재지와 법원 또는 검찰청 소재지와의 거리에 따라 해로는 100킬로미터, 육로는 200킬로미터마다 각 1일을 부가한다. 그 거리의 전부 또는 잔여가 기준에 미달할지라도 50킬로미터이상이면 1일을 부가한다. 다만, 법원은 홍수, 천재지변등 불가피한 사정이 있거나 교통통신의 불편정도를 고려하여 법정기간을 연장함이 상당하다고 인정하는 때에는 이를 연장할 수 있다.

②소송행위를 할 자가 외국에 있는 경우의 법정기간에는 그 거주국의 위치에 따라 다음 각호의 기간을 부가한다.

1. 아시아주 및 오세아니아주:15일
2. 북아메리카주 및 유럽주:20일
3. 중남아메리카주 및 아프리카주:30일

[전문개정 1996.12.3.]

제9장 피고인의 소환, 구속

제45조(소환의 유예기간) 피고인에 대한 소환장은 법 제269조의 경우를 제외하고는 늦어도 출석할 일시 12시간 이전에 송달하여야 한다. 다만, 피고인이 이의를 하지 아니하는 때에는 그러하지 아니하다.

제46조(구속영장의 기재사항) 구속영장에는 법 제75조에 규정한 사항외에 피고인의 주민등록번호(외국인인 경우에는 외국인등록번호, 위 번호들이 없거나 이를 알 수 없는 경우에는 생년월일 및 성별, 다음부터 '주민등록번호 등'이라 한다) · 직업 및 법 제70조제1항 각호에 규정한 구속의 사유를 기재하여야 한다. <개정 1996.12.3., 2007.10.29.>

제47조(수탁판사 또는 재판장 등의 구속영장 등의 기재요건) 수탁판사가 법 제77조제3항의 규정에 의하여 구속영장을 발부하는 때나 재판장 또는 합의부원이 법 제80조의 규정에 의하여 소환장 또는 구속영장을 발부하는 때에는 그 취지를 소환장 또는 구속영장에 기재하여야 한다.

제48조(검사에 대한 구속영장의 송부) 검사의 지휘에 의하여 구속영장을 집행하는 경우에는 구속영장을 발부한 법원이 그 원본을 검사에게 송부하여야 한다.

제49조(구속영장집행후의 조치) ①구속영장집행사무를 담당한 자가 구속영장을 집행한 때에는 구속영장에 집행일시와 장소를, 집행할 수 없었을 때에는 그 사유를 각 기재하고 기명날인하여야 한다. <개정 1996.12.3.>

②구속영장의 집행에 관한 서류는 집행을 지휘한 검사 또는 수탁판사를 경유하여 구속영장을 발부한 법원에 이를 제출하여야 한다.

③ 삭제 <2007.10.29.>

제49조의2(구인을 위한 구속영장 집행후의 조치) 구인을 위한 구속영장의 집행에 관한 서류를 제출받은 법원의 재판장은 법원사무관 등에게 피고인이 인치된 일시를 구속영장에 기재하게 하여야 하고, 법 제71조의2에 따라 피고인을 유치할 경우에는 유치할 장소를 구속영장에 기재하고 서명날인하여야 한다.

[본조신설 2007.10.29.]

제50조(구속영장등본의 교부청구) ①피고인, 변호인, 피고인의 법정대리인, 법 제28조에 따른 피고인의 특별대리인, 배우자, 직계친족과 형제자매는 구속영장을 발부한 법원에 구속영장의 등본의 교부를 청구할 수 있다. <개정 1996.12.3., 2007.10.29.>

②제1항의 경우에 고소인, 고발인 또는 피해자에 대하여는 제26조제2항의 규정을 준용한다.

제51조(구속의 통지) ①피고인을 구속한 때에 그 변호인이나 법 제30조제2항에 규정한 자가 없는 경우에는 피고인이 지정하는 자 1인에게 법 제87조제1항에 규정한 사항을 통지하여야 한다. <개정 1996.12.3.>

②구속의 통지는 구속을 한 때로부터 늦어도 24시간이내에 서면으로 하여야 한다. 제1항에 규정한 자가 없어 통지를 하지 못한 경우에는 그 취지를 기재한 서면을 기록에 철하여야 한다. <개정 1996.12.3.>

③급속을 요하는 경우에는 구속되었다는 취지 및 구속의 일시·장소를 전화 또는 모사전송기 기타 상당한 방법에 의하여 통지할 수 있다. 다만, 이 경우에도 구속통지는 다시 서면으로 하여야 한다. <신설 1996.12.3.>

제52조(구속과 범죄사실등의 고지) 법원 또는 법관은 법 제72조 및 법 제88조의 규정에 의한 고지를 할 때에는 법원사무관등을 참여시켜 조서를 작성하게 하거나 피고인 또는 피의자로 하여금 확인서 기타 서면을 작성하게 하여야 한다. <개정 1996.12.3., 1997.12.31.> [제목개정 1996.12.3.]

제53조(보석 등의 청구) ① 보석청구서 또는 구속취소청구서에는 다음 사항을 기재하여야 한다.

1. 사건번호
2. 구속된 피고인의 성명, 주민등록번호 등, 주거
3. 청구의 취지 및 청구의 이유
4. 청구인의 성명 및 구속된 피고인과의 관계

② 보석의 청구를 하거나 검사 아닌 자가 구속취소의 청구를 할 때에는 그 청구서의 부본을 첨부하여야 한다.

③ 법원은 제1항의 보석 또는 구속취소에 관하여 검사의 의견을 물을 때에는 제2항의 부본을 첨부하여야 한다.

[전문개정 2007.10.29.]

제53조의2(진술서 등의 제출) ① 보석의 청구인은 적합한 보석조건에 관한 의견을 밝히고 이에 관한 소명자료를 낼 수 있다.

② 보석의 청구인은 보석조건을 결정함에 있어 법 제99조제2항에 따른 이행가능한 조건인지 여부를 판단하기 위하여 필요한 범위 내에서 피고인(피고인이 미성년자인 경우에는 그 법정대리인 등)의 자력 또는 자산 정도에 관한 서면을 제출하여야 한다. [전문개정 2007.10.29.]

제54조(기록 등의 제출) ①검사는 법원으로부터 보석, 구속취소 또는 구속집행정지에 관한 의견요청이 있을 때에는 의견서와 소송서류 및 증거물을 지체 없이 법원에 제출하여야 한다. 이 경우 특별한 사정이 없는 한 의견요청을 받은 날의 다음날까지 제출하여야 한다. <개정 2007.10.29.>

②보석에 대한 의견요청을 받은 검사는 보석허가가 상당하지 아니하다는 의견일 때에는 그 사유를 명시하여야 한다. <신설 1997.12.31.>

③제2항의 경우 보석허가가 상당하다는 의견일 때에는 보석조건에 대하여 의견을 나타낼 수 있다. <신설 1997.12.31., 2007.10.29.>

제54조의2(보석의 심리) ①보석의 청구를 받은 법원은 지체없이 심문기일을 정하여 구속된 피고인을 심문하여야 한다. 다만, 다음 각호의 어느 하나에 해당하는 때에는 그러하지 아니하다. <개정 2007.10.29.>

1. 법 제94조에 규정된 청구권자 이외의 사람이 보석을 청구한 때
2. 동일한 피고인에 대하여 중복하여 보석을 청구하거나 재청구한 때
3. 공판준비 또는 공판기일에 피고인에게 그 이익되는 사실을 진술할 기회를 준 때

4. 이미 제출한 자료만으로 보석을 허가하거나 불허가할 것이 명백한 때

②제1항의 규정에 의하여 심문기일을 정한 법원은 즉시 검사, 변호인, 보석청구인 및 피고인을 구금하고 있는 관서의 장에게 심문기일과 장소를 통지하여야 하고, 피고인을 구금하고 있는 관서의 장은 위 심문기일에 피고인을 출석시켜야 한다.

③제2항의 통지는 서면외에 전화·모사전송·전자우편·휴대전화 문자전송 그 밖에 적당한 방법으로 할 수 있다. 이 경우 통지의 증명은 그 취지를 심문조서에 기재함으로써 할 수 있다. <신설 1996.12.3., 2007.10.29.>

④피고인, 변호인, 보석청구인은 피고인에게 유리한 자료를 낼 수 있다. <개정 2007.10.29.>

⑤검사, 변호인, 보석청구인은 제1항의 심문기일에 출석하여 의견을 진술할 수 있다.

⑥ 법원은 피고인, 변호인 또는 보석청구인에게 보석조건을 결정함에 있어 필요한 자료의 제출을 요구할 수 있다. <신설 2007.10.29.>

⑦법원은 피고인의 심문을 합의부원에게 명할 수 있다. <신설 1996.12.3., 2007.10.29.> [본조신설 1989.6.7.]

第55조(보석 등의 결정기한) 법원은 특별한 사정이 없는 한 보석 또는 구속취소의 청구를 받은 날부터 7일 이내에 그에 관한 결정을 하여야 한다.

[전문개정 2007.10.29.]

第55조의2(불허가 결정의 이유) 보석을 허가하지 아니하는 결정을 하는 때에는 결정이유에 법 제95조 각호중 어느 사유에 해당하는지를 명시하여야 한다.

[본조신설 1989.6.7.]

第55조의3(보석석방 후의 조치) ① 법원은 법 제98조제3호의 보석조건으로 석방된 피고인이 보석조건을 이행함에 있어 피고인의 주거지를 관할하는 경찰서장에게 피고인이 주거제한을 준수하고 있는지 여부 등에 관하여 조사할 것을 요구하는 등 보석조건의 준수를 위하여 적절한 조치를 취할 것을 요구할 수 있다.

② 법원은 법 제98조제6호의 보석조건을 정한 경우 출입국사무를 관리하는 관서의 장에게 피고인에 대한 출국을 금지하는 조치를 취할 것을 요구할 수 있다.

③ 법 제100조제5항에 따라 보석조건 준수에 필요한 조치를 요구받은 관공서 그 밖의 공사단체의 장은 그 조치의 내용과 경과 등을 법원에 통지하여야 한다.

[본조신설 2007.10.29.]

[종전 제55조의3은 제55조의4로 이동 <2007.10.29.>]

第55조의4(보석조건 변경의 통지) 법원은 보석을 허가한 후에 보석의 조건을 변경하

거나 보석조건의 이행을 유예하는 결정을 한 경우에는 그 취지를 검사에게 지체없이 통지하여야 한다. <개정 2007.10.29.>

[본조신설 1997.12.31.]

[제55조의3에서 이동 <2007.10.29.>]

제55조의5(보석조건의 위반과 피고인에 대한 과태료 등) ① 법 제102조제3항・제4항에 따른 과태료 재판의 절차에 관하여는 비송사건절차법 제248조, 제250조(다만, 검사에 관한 부분을 제외한다)를 준용한다.

② 법 제102조제3항에 따른 감치재판절차는 법원의 감치재판개시결정에 따라 개시된다. 이 경우 감치사유가 있은 날부터 20일이 지난 때에는 감치재판개시결정을 할 수 없다.

③ 법원은 감치재판절차를 개시한 이후에도 감치에 처함이 상당하지 아니하다고 인정되는 때에는 불처벌의 결정을 할 수 있다.

④ 제2항의 감치재판개시결정과 제3항의 불처벌결정에 대하여는 불복할 수 없다.

⑤ 제2항부터 제4항까지 및 법 제102조제3항・제4항에 따른 감치절차에 관하여는 「법정 등의 질서유지를 위한 재판에 관한 규칙」 제3조, 제6조, 제7조의2, 제8조, 제10조, 제11조, 제13조, 제15조, 제16조, 제18조, 제19조, 제21조부터 제23조, 제25조제1항을 준용한다.

[본조신설 2007.10.29.]

제56조(보석 등의 취소에 의한 재구금절차) ①법 제102조제2항에 따른 보석취소 또는 구속집행정지취소의 결정이 있는 때 또는 기간을 정한 구속집행정지결정의 기간이 만료된 때에는 검사는 그 취소결정의 등본 또는 기간을 정한 구속집행정지결정의 등본에 의하여 피고인을 재구금하여야 한다. 다만, 급속을 요하는 경우에는 재판장, 수명법관 또는 수탁판사가 재구금을 지휘할 수 있다. <개정 1996.12.3., 2007.10.29.>

②제1항 단서의 경우에는 법원사무관등에게 그 집행을 명할 수 있다. 이 경우에 법원사무관등은 그 집행에 관하여 필요한 때에는 사법경찰관리 또는 교도관에게 보조를 요구할 수 있으며 관할구역외에서도 집행할 수 있다. <신설 1996.12.3.>

제57조(상소 등과 구속에 관한 결정) ①상소기간중 또는 상소 중의 사건에 관한 피고인의 구속, 구속기간갱신, 구속취소, 보석, 보석의 취소, 구속집행정지와 그 정지의 취소의 결정은 소송기록이 상소법원에 도달하기까지는 원심법원이 이를 하여야 한다. <개정 1997.12.31.>

②이송, 파기환송 또는 파기이송 중의 사건에 관한 제1항의 결정은 소송기록이 이송 또는 환송법원에 도달하기까지는 이송 또는 환송한 법원이 이를 하여야 한다.

제10장 압수와 수색

제58조(압수수색영장의 기재사항) 압수수색영장에는 압수수색의 사유를 기재하여야 한다. <개정 1996.12.3.>

제59조(준용규정) 제48조의 규정은 압수수색영장에 이를 준용한다.

제60조(압수와 수색의 참여) ①법원이 압수수색을 할 때에는 법원사무관등을 참여하게 하여야 한다.

②법원사무관등 또는 사법경찰관리가 압수수색영장에 의하여 압수수색을 할 때에는 다른 법원사무관등 또는 사법경찰관리를 참여하게 하여야 한다.

제61조(수색증명서, 압수품목록의 작성등) 법 제128조에 규정된 증명서 또는 법 제129조에 규정된 목록은 제60조제1항의 규정에 의한 압수수색을 한 때에는 참여한 법원사무관등이 제60조제2항의 규정에 의한 압수수색을 한 때에는 그 집행을 한 자가 각 작성 교부한다.

제62조(압수수색조서의 기재) 압수수색에 있어서 제61조의 규정에 의한 증명서 또는 목록을 교부하거나 법 제130조의 규정에 의한 처분을 한 경우에는 압수수색의 조서에 그 취지를 기재하여야 한다.

제63조(압수수색영장 집행후의 조치) 압수수색영장의 집행에 관한 서류와 압수한 물건은 압수수색영장을 발부한 법원에 이를 제출하여야 한다. 다만, 검사의 지휘에 의하여 집행된 경우에는 검사를 경유하여야 한다.

제11장 검증

제64조(피고인의 신체검사 소환장의 기재사항) 피고인에 대한 신체검사를 하기 위한 소환장에는 신체검사를 하기 위하여 소환한다는 취지를 기재하여야 한다.

제65조(피고인 아닌 자의 신체검사의 소환장의 기재사항) 피고인이 아닌 자에 대한 신체검사를 하기 위한 소환장에는 그 성명 및 주거, 피고인의 성명, 죄명, 출석일시 및 장소와 신체검사를 하기 위하여 소환한다는 취지를 기재하고 재판장 또는 수명법관이 기명날인하여야 한다. <개정 1996.12.3.>

제12장 증인신문

제66조(신문사항 등) 재판장은 피해자·증인의 인적사항의 공개 또는 누설을 방지하거나 그 밖에 피해자·증인의 안전을 위하여 필요하다고 인정할 때에는 증인의 신문을 청구한 자에 대하여 사전에 신문사항을 기재한 서면의 제출을 명할 수 있다.
[전문개정 2007.10.29.]

제67조(결정의 취소) 법원은 제66조의 명을 받은 자가 신속히 그 서면을 제출하지 아니한 경우에는 증거결정을 취소할 수 있다. <개정 2007.10.29.>

제67조의2(증인의 소환방법) ① 법 제150조의2제1항에 따른 증인의 소환은 소환장의 송달, 전화, 전자우편, 모사전송, 휴대전화 문자전송 그 밖에 적당한 방법으로 할 수 있다.
② 증인을 신청하는 자는 증인의 소재, 연락처와 출석 가능성 및 출석 가능 일시 그 밖에 증인의 소환에 필요한 사항을 미리 확인하는 등 증인 출석을 위한 합리적인 노력을 다하여야 한다.
[본조신설 2007.10.29.]

제68조(소환장·구속영장의 기재사항) ①증인에 대한 소환장에는 그 성명, 피고인의 성명, 죄명, 출석일시 및 장소, 정당한 이유없이 출석하지 아니할 경우에는 과태료에 처하거나 출석하지 아니함으로써 생긴 비용의 배상을 명할 수 있고 또 구인할 수 있음을 기재하고 재판장이 기명날인하여야 한다. <개정 1996.12.3.>
②증인에 대한 구속영장에는 그 성명, 주민등록번호(住民登錄番號가 없거나 이를 알 수 없는 경우에는 生年月日), 직업 및 주거, 피고인의 성명, 죄명, 인치할 일시 및 장소, 발부 연월일 및 유효기간과 그 기간이 경과한 후에는 집행에 착수하지 못하고 구속영장을 반환하여야 한다는 취지를 기재하고 재판장이 서명날인하여야 한다. <개정 1996.12.3.>

제68조의2(불출석의 신고) 증인이 출석요구를 받고 기일에 출석할 수 없을 경우에는 법원에 바로 그 사유를 밝혀 신고하여야 한다. [본조신설 2007.10.29.]

제68조의3(증인에 대한 과태료 등) 법 제151조제1항에 따른 과태료와 소송비용 부담의 재판절차에 관하여는 비송사건절차법 제248조, 제250조(다만, 제248조제3항 후문과 검사에 관한 부분을 제외한다)를 준용한다. [본조신설 2007.10.29.]

제68조의4(증인에 대한 감치) ① 법 제151조제2항부터 제8항까지의 감치재판절차는 법원의 감치재판개시결정에 따라 개시된다. 이 경우 감치사유가 발생한 날부터 20일이 지난 때에는 감치재판개시결정을 할 수 없다.

② 감치재판절차를 개시한 후 감치결정 전에 그 증인이 증언을 하거나 그 밖에 감치에 처하는 것이 상당하지 아니하다고 인정되는 때에는 법원은 불처벌결정을 하여야 한다.

③ 제1항의 감치재판개시결정과 제2항의 불처벌결정에 대하여는 불복할 수 없다.

④ 법 제151조제7항의 규정에 따라 증인을 석방한 때에는 재판장은 바로 감치시설의 장에게 그 취지를 서면으로 통보하여야 한다.

⑤ 제1항부터 제4항 및 법 제151조제2항부터 제8항까지에 따른 감치절차에 관하여는 「법정 등의 질서유지를 위한 재판에 관한 규칙」 제3조, 제6조부터 제8조까지, 제10조, 제11조, 제13조, 제15조부터 제19조까지, 제21조부터 제23조까지 및 제25조제1항(다만, 제23조제8항 중 "감치의 집행을 한 날"은 "법 제151조제5항의 규정에 따른 통보를 받은 날"로 고쳐 적용한다)을 준용한다.

[본조신설 2007.10.29.]

第69조(준용규정) 제48조, 제49조, 제49조의2 전단의 규정은 증인의 구인에 이를 준용한다. <개정 2007.10.29.>

第70조(소환의 유예기간) 증인에 대한 소환장은 늦어도 출석할 일시 24시간 이전에 송달하여야 한다. 다만, 급속을 요하는 경우에는 그러하지 아니하다.

第70조의2(소환장이 송달불능된 때의 조치) 제68조에 따른 증인에 대한 소환장이 송달불능된 경우 증인을 신청한 자는 재판장의 명에 의하여 증인의 주소를 서면으로 보정하여야 하고, 이 때 증인의 소재, 연락처와 출석가능성 등을 충분히 조사하여 성실하게 기재하여야 한다. [본조신설 2007.10.29.]

第71조(증인의 동일성 확인) 재판장은 증인으로부터 주민등록증 등 신분증을 제시받거나 그 밖의 적당한 방법으로 증인임이 틀림없음을 확인하여야 한다.

[전문개정 2006.3.23.]

第72조(선서취지의 설명) 증인이 선서의 취지를 이해할 수 있는가에 대하여 의문이 있는 때에는 선서전에 그 점에 대하여 신문하고, 필요하다고 인정할 때에는 선서의 취지를 설명하여야 한다.

第73조(서면에 의한 신문) 증인이 들을 수 없는 때에는 서면으로 묻고 말할 수 없는 때에는 서면으로 답하게 할 수 있다.

第74조(증인신문의 방법) ①재판장은 증인신문을 행함에 있어서 증명할 사항에 관하여 가능한 한 증인으로 하여금 개별적이고 구체적인 내용을 진술하게 하여야 한다. <개정 1996.12.3.>

②다음 각호의 1에 규정한 신문을 하여서는 아니된다. 다만, 제2호 내지 제4호의 신문에 관하여 정당한 이유가 있는 경우에는 그러하지 아니하다.

1. 위협적이거나 모욕적인 신문
2. 전의 신문과 중복되는 신문
3. 의견을 묻거나 의논에 해당하는 신문
4. 증인이 직접 경험하지 아니한 사항에 해당하는 신문

제75조(주신문) ①법 제161조의2제1항 전단의 규정에 의한 신문(이하 "주신문"이라 한다)은 증명할 사항과 이에 관련된 사항에 관하여 한다.

②주신문에 있어서는 유도신문을 하여서는 아니된다. 다만, 다음 각호의 1의 경우에는 그러하지 아니하다.

1. 증인과 피고인과의 관계, 증인의 경력, 교우관계등 실질적인 신문에 앞서 미리 밝혀둘 필요가 있는 준비적인 사항에 관한 신문의 경우
2. 검사, 피고인 및 변호인 사이에 다툼이 없는 명백한 사항에 관한 신문의 경우
3. 증인이 주신문을 하는 자에 대하여 적의 또는 반감을 보일 경우
4. 증인이 종전의 진술과 상반되는 진술을 하는 때에 그 종전진술에 관한 신문의 경우
5. 기타 유도신문을 필요로 하는 특별한 사정이 있는 경우

③재판장은 제2항 단서의 각호에 해당하지 아니하는 경우의 유도신문은 이를 제지하여야 하고, 유도신문의 방법이 상당하지 아니하다고 인정할 때에는 이를 제한할 수 있다.

제76조(반대신문) ①법 제161조의2제1항 후단의 규정에 의한 신문(이하 "반대신문"이라 한다)은 주신문에 나타난 사항과 이에 관련된 사항에 관하여 한다.

②반대신문에 있어서 필요할 때에는 유도신문을 할 수 있다.

③재판장은 유도신문의 방법이 상당하지 아니하다고 인정할 때에는 이를 제한할 수 있다.

④반대신문의 기회에 주신문에 나타나지 아니한 새로운 사항에 관하여 신문하고자 할 때에는 재판장의 허가를 받아야 한다.

⑤제4항의 신문은 그 사항에 관하여는 주신문으로 본다.

제77조(증언의 증명력을 다투기 위하여 필요한 사항의 신문) ①주신문 또는 반대신문의 경우에는 증언의 증명력을 다투기 위하여 필요한 사항에 관한 신문을 할 수 있다.

②제1항에 규정한 신문은 증인의 경험, 기억 또는 표현의 정확성등 증언의 신빙성

에 관한 사항 및 증인의 이해관계, 편견 또는 예단 등 증인의 신용성에 관한 사항에 관하여 한다. 다만, 증인의 명예를 해치는 내용의 신문을 하여서는 아니된다.

제78조(재 주신문) ①주신문을 한 검사, 피고인 또는 변호인은 반대신문이 끝난 후 반대신문에 나타난 사항과 이와 관련된 사항에 관하여 다시 신문(이하 "재 주신문"이라 한다)을 할 수 있다.

②재 주신문은 주신문의 예에 의한다.

③제76조제4항, 제5항의 규정은 재 주신문의 경우에 이를 준용한다.

제79조(재판장의 허가에 의한 재신문) 검사, 피고인 또는 변호인은 주신문, 반대신문 및 재 주신문이 끝난 후에도 재판장의 허가를 얻어 다시 신문을 할 수 있다.

제80조(재판장에 의한 신문순서 변경의 경우) ①재판장이 법 제161조의2제3항 전단의 규정에 의하여 검사, 피고인 및 변호인에 앞서 신문을 한 경우에 있어서 그 후에 하는 검사, 피고인 및 변호인의 신문에 관하여는 이를 신청한 자와 상대방의 구별에 따라 제75조 내지 제79조의 규정을 각 준용한다.

②재판장이 법 제161조의2제3항 후단의 규정에 의하여 신문순서를 변경한 경우의 신문방법은 재판장이 정하는 바에 의한다.

제81조(직권에 의한 증인의 신문) 법 제161조의2제4항에 규정한 증인에 대하여 재판장이 신문한 후 검사, 피고인 또는 변호인이 신문하는 때에는 반대신문의 예에 의한다.

제82조(서류 또는 물건에 관한 신문) ①증인에 대하여 서류 또는 물건의 성립, 동일성 기타 이에 준하는 사항에 관한 신문을 할 때에는 그 서류 또는 물건을 제시할 수 있다.

②제1항의 서류 또는 물건이 증거조사를 마치지 않은 것일 때에는 먼저 상대방에게 이를 열람할 기회를 주어야 한다. 다만, 상대방이 이의하지 아니할 때에는 그러하지 아니한다.

제83조(기억의 환기가 필요한 경우) ①증인의 기억이 명백치 아니한 사항에 관하여 기억을 환기시켜야 할 필요가 있을 때에는 재판장의 허가를 얻어 서류 또는 물건을 제시하면서 신문할 수 있다.

②제1항의 경우에는 제시하는 서류의 내용이 증인의 진술에 부당한 영향을 미치지 아니하도록 하여야 한다.

③제82조제2항의 규정은 제1항의 경우에 이를 준용한다.

제84조(증언을 명확히 할 필요가 있는 경우) ①증인의 진술을 명확히 할 필요가 있을 때에는 도면, 사진, 모형, 장치등을 이용하여 신문할 수 있다.

②제83조제2항의 규정은 제1항의 경우에 이를 준용한다.

제84조의2(증인의 증인신문조서 열람 등) 증인은 자신에 대한 증인신문조서 및 그 일부로 인용된 속기록, 녹음물, 영상녹화물 또는 녹취서의 열람, 등사 또는 사본을 청구할 수 있다. [전문개정 2012.5.29.]

제84조의3(신뢰관계에 있는 사람의 동석) ① 법 제163조의2에 따라 피해자와 동석할 수 있는 신뢰관계에 있는 사람은 피해자의 배우자, 직계친족, 형제자매, 가족, 동거인, 고용주, 변호사, 그 밖에 피해자의 심리적 안정과 원활한 의사소통에 도움을 줄 수 있는 사람을 말한다. <개정 2012.5.29.>

② 법 제163조의2제1항에 따른 동석 신청에는 동석하고자 하는 자와 피해자 사이의 관계, 동석이 필요한 사유 등을 명시하여야 한다.

③ 재판장은 법 제163조의2제1항 또는 제2항에 따라 동석한 자가 부당하게 재판의 진행을 방해하는 때에는 동석을 중지시킬 수 있다.

[본조신설 2007.10.29.] [제목개정 2012.5.29.]

제84조의4(비디오 등 중계장치 등에 의한 신문 여부의 결정) ① 법원은 신문할 증인이 법 제165조의2제1호부터 제3호까지에서 정한 자에 해당한다고 인정될 경우, 증인으로 신문하는 결정을 할 때 비디오 등 중계장치에 의한 중계시설 또는 차폐시설을 통한 신문 여부를 함께 결정하여야 한다. 이 때 증인의 연령, 증언할 당시의 정신적·심리적 상태, 범행의 수단과 결과 및 범행 후의 피고인이나 사건관계인의 태도 등을 고려하여 판단하여야 한다.

② 법원은 증인신문 전 또는 증인신문 중에도 비디오 등 중계장치에 의한 중계시설 또는 차폐시설을 통하여 신문할 것을 결정할 수 있다.

[본조신설 2007.10.29.]

제84조의5(중계방법 및 증언실의 위치) ① 법원은 제84조의4에 따라 비디오 등 중계장치에 의한 중계시설을 통하여 증인신문을 할 때 증인을 법정 외의 장소로서 비디오 등 중계장치가 설치된 증언실에 출석하게 하고, 영상과 음향의 송수신에 의하여 법정의 재판장, 검사, 피고인, 변호인과 증언실의 증인이 상대방을 인식할 수 있는 방법으로 증인신문을 한다. 다만, 중계장치를 통하여 증인이 피고인을 대면하거나 피고인이 증인을 대면하는 것이 증인의 보호를 위하여 상당하지 않다고 인정되는 경우 재판장은 검사, 변호인의 의견을 들어 증인 또는 피고인이 상대방을 영상으로 인식할 수 있는 장치의 작동을 중지시킬 수 있다.

② 제1항의 증언실은 법원 내에 설치하고, 필요한 경우 법원 외의 적당한 장소에

설치할 수 있다. [본조신설 2007.10.29.]

제84조의6(심리의 비공개) ① 법원은 비디오 등 중계장치에 의한 중계시설 또는 차폐시설을 통하여 증인을 신문하는 경우, 증인의 보호를 위하여 필요하다고 인정하는 경우에는 결정으로 이를 공개하지 아니할 수 있다.

② 증인으로 소환받은 증인과 그 가족은 증인보호 등의 사유로 증인신문의 비공개를 신청할 수 있다.

③ 재판장은 제2항의 신청이 있는 때에는 그 허가 여부 및 공개, 법정외의 장소에서의 신문 등 증인의 신문방식 및 장소에 관하여 결정하여야 한다.

④ 제1항의 결정을 한 경우에도 재판장은 적당하다고 인정되는 자의 재정을 허가할 수 있다.

[본조신설 2007.10.29.]

제84조의7(증언실의 동석 등) ① 법원은 비디오 등 중계장치에 의한 중계시설을 통하여 증인신문을 하는 경우, 법 제163조의2의 규정에 의하여 신뢰관계에 있는 자를 동석하게 할 때에는 제84조의5에 정한 증언실에 동석하게 한다.

② 법원은 법원 직원으로 하여금 증언실에서 중계장치의 조작과 증인신문 절차를 보조하게 하여야 한다.

[본조신설 2007.10.29.]

제84조의8(증인을 위한 배려) ① 법 제165조의2에 따라 증인신문을 하는 경우, 증인은 증언을 보조할 수 있는 인형, 그림 그 밖에 적절한 도구를 사용할 수 있다.

② 제1항의 증인은 증언을 하는 동안 담요, 장난감, 인형 등 증인이 선택하는 물품을 소지할 수 있다.

[본조신설 2007.10.29.]

제84조의9(차폐시설) 법원은 법 제165조의2에 따라 차폐시설을 설치함에 있어 피고인과 증인이 서로의 모습을 볼 수 없도록 필요한 조치를 취하여야 한다.

[본조신설 2007.10.29.]

제84조의10(증인지원시설의 설치 및 운영) ① 법원은 특별한 사정이 없는 한 예산의 범위 안에서 증인의 보호 및 지원에 필요한 시설을 설치한다.

② 법원은 제1항의 시설을 설치한 경우, 예산의 범위 안에서 그 시설을 관리·운영하고 증인의 보호 및 지원을 담당하는 직원을 둔다.

[본조신설 2012.5.29.]

제13장 감정

第85条(감정유치장의 기재사항 등) ①감정유치장에는 피고인의 성명, 주민등록번호 등, 직업, 주거, 죄명, 범죄사실의 요지, 유치할 장소, 유치기간, 감정의 목적 및 유효기간과 그 기간 경과후에는 집행에 착수하지 못하고 영장을 반환하여야 한다는 취지를 기재하고 재판장 또는 수명법관이 서명날인하여야 한다. <개정 1996.12.3., 2007.10.29.>

②감정유치기간의 연장이나 단축 또는 유치할 장소의 변경 등은 결정으로 한다.

第86条(간수의 신청방법) 법 제172조제5항의 규정에 의한 신청은 피고인의 간수를 필요로 하는 사유를 명시하여 서면으로 하여야 한다. <개정 1996.12.3.>

第87条(비용의 지급) ①법원은 감정하기 위하여 피고인을 병원 기타 장소에 유치한 때에는 그 관리자의 청구에 의하여 입원료 기타 수용에 필요한 비용을 지급하여야 한다.

②제1항의 비용은 법원이 결정으로 정한다.

第88条(준용규정) 구속에 관한 규정은 이 규칙에 특별한 규정이 없는 경우에는 감정하기 위한 피고인의 유치에 이를 준용한다. 다만, 보석에 관한 규정은 그러하지 아니하다.

第89条(감정허가장의 기재사항) ①감정에 필요한 처분의 허가장에는 법 제173조제2항에 규정한 사항외에 감정인의 직업, 유효기간을 경과하면 허가된 처분에 착수하지 못하며 허가장을 반환하여야 한다는 취지 및 발부연월일을 기재하고 재판장 또는 수명법관이 서명날인하여야 한다.

②법원이 감정에 필요한 처분의 허가에 관하여 조건을 붙인 경우에는 제1항의 허가장에 이를 기재하여야 한다.

第89条의2(감정자료의 제공) 재판장은 필요하다고 인정하는 때에는 감정인에게 소송기록에 있는 감정에 참고가 될 자료를 제공할 수 있다.

[본조신설 1996.12.3.]

第89条의3(감정서의 설명) ①법 제179조의2제2항의 규정에 의하여 감정서의 설명을 하게 할 때에는 검사, 피고인 또는 변호인을 참여하게 하여야 한다.

②제1항의 설명의 요지는 조서에 기재하여야 한다.

[본조신설 1996.12.3.]

第90条(준용규정) 제12장의 규정은 구인에 관한 규정을 제외하고는 감정에 이를 준용한다.

제14장 증거보전

第91조(증거보전처분을 하여야 할 법관) ①증거보전의 청구는 다음 지역을 관할하는 지방법원판사에게 하여야 한다.

1. 압수에 관하여는 압수할 물건의 소재지
2. 수색 또는 검증에 관하여는 수색 또는 검증할 장소, 신체 또는 물건의 소재지
3. 증인신문에 관하여는 증인의 주거지 또는 현재지
4. 감정에 관하여는 감정대상의 소재지 또는 현재지

②감정의 청구는 제1항제4호의 규정에 불구하고 감정함에 편리한 지방법원판사에게 할 수 있다.

第92조(청구의 방식) ①증거보전청구서에는 다음 사항을 기재하여야 한다.

1. 사건의 개요
2. 증명할 사실
3. 증거 및 보전의 방법
4. 증거보전을 필요로 하는 사유

② 삭제 <1996.12.3.>

제2편 제1심

제1장 수사

第93조(영장청구의 방식) ①영장의 청구는 서면으로 하여야 한다.

② 체포영장 및 구속영장의 청구서에는 범죄사실의 요지를 따로 기재한 서면 1통(수통의 영장을 청구하는 때에는 그에 상응하는 통수)을 첨부하여야 한다. <개정 2007.10.29.>

③ 압수·수색·검증영장의 청구서에는 범죄사실의 요지, 압수·수색·검증의 장소 및 대상을 따로 기재한 서면 1통(수통의 영장을 청구하는 때에는 그에 상응하는 통수)을 첨부하여야 한다. <신설 2007.10.29.>

第94조(영장의 방식) 검사의 청구에 의하여 발부하는 영장에는 그 영장을 청구한 검사의 성명과 그 검사의 청구에 의하여 발부한다는 취지를 기재하여야 한다. <개정 1996.12.3.>

第95조(체포영장청구서의 기재사항) 체포영장의 청구서에는 다음 각 호의 사항을 기

재하여야 한다.

1. 피의자의 성명(분명하지 아니한 때에는 인상, 체격, 그 밖에 피의자를 특정할 수 있는 사항), 주민등록번호 등, 직업, 주거
2. 피의자에게 변호인이 있는 때에는 그 성명
3. 죄명 및 범죄사실의 요지
4. 7일을 넘는 유효기간을 필요로 하는 때에는 그 취지 및 사유
5. 여러 통의 영장을 청구하는 때에는 그 취지 및 사유
6. 인치구금할 장소
7. 법 제200조의2제1항에 규정한 체포의 사유
8. 동일한 범죄사실에 관하여 그 피의자에 대하여 전에 체포영장을 청구하였거나 발부받은 사실이 있는 때에는 다시 체포영장을 청구하는 취지 및 이유
9. 현재 수사 중인 다른 범죄사실에 관하여 그 피의자에 대하여 발부된 유효한 체포영장이 있는 경우에는 그 취지 및 그 범죄사실

[전문개정 2007.10.29.]

제95조의2(구속영장청구서의 기재사항) 구속영장의 청구서에는 다음 각 호의 사항을 기재하여야 한다.

1. 제95조제1호부터 제6호까지 규정한 사항
2. 법 제70조제1항 각 호에 규정한 구속의 사유
3. 피의자의 체포여부 및 체포된 경우에는 그 형식
4. 법 제200조의6, 법 제87조에 의하여 피의자가 지정한 사람에게 체포이유 등을 알린 경우에는 그 사람의 성명과 연락처

[본조신설 2007.10.29.]

제96조(자료의 제출등) ①체포영장의 청구에는 체포의 사유 및 필요를 인정할 수 있는 자료를 제출하여야 한다.

②체포영장에 의하여 체포된 자 또는 현행범인으로 체포된 자에 대하여 구속영장을 청구하는 경우에는 법 제201조제2항에 규정한 자료외에 다음 각호의 자료를 제출하여야 한다.

1. 피의자가 체포영장에 의하여 체포된 자인 때에는 체포영장
2. 피의자가 현행범인으로 체포된 자인 때에는 그 취지와 체포의 일시 및 장소가 기재된 서류

③법 제214조의2제1항에 규정한 자는 체포영장 또는 구속영장의 청구를 받은 판사

에게 유리한 자료를 제출할 수 있다.

④판사는 영장 청구서의 기재사항에 흠결이 있는 경우에는 전화 기타 신속한 방법으로 영장을 청구한 검사에게 그 보정을 요구할 수 있다. <신설 1997.12.31.>

[전문개정 1996.12.3.]

[제목개정 1997.12.31.]

제96조의2(체포의 필요) 체포영장의 청구를 받은 판사는 체포의 사유가 있다고 인정되는 경우에도 피의자의 연령과 경력, 가족관계나 교우관계, 범죄의 경중 및 태양 기타 제반 사정에 비추어 피의자가 도망할 염려가 없고 증거를 인멸할 염려가 없는 등 명백히 체포의 필요가 없다고 인정되는 때에는 체포영장의 청구를 기각하여야 한다.

[본조신설 1996.12.3.]

제96조의3(인치·구금할 장소의 변경) 검사는 체포영장을 발부받은 후 피의자를 체포하기 이전에 체포영장을 첨부하여 판사에게 인치·구금할 장소의 변경을 청구할 수 있다.

[본조신설 1997.12.31.]

[종전 제96조의3은 제96조의5로 이동<1997.12.31.>]

제96조의4(체포영장의 갱신) 검사는 체포영장의 유효기간을 연장할 필요가 있다고 인정하는 때에는 그 사유를 소명하여 다시 체포영장을 청구하여야 한다.

[전문개정 1997.12.31.]

제96조의5(영장전담법관의 지정) 지방법원 또는 지원의 장은 구속영장청구에 대한 심사를 위한 전담법관을 지정할 수 있다.

[본조신설 1996.12.3.]

[제96조의3에서 이동, 종전 제96조의5는 제96조의12로 이동<1997.12.31.>]

제96조의6 삭제 <2007.10.29.>

제96조의7 삭제 <2007.10.29.>

제96조의8 삭제 <2007.10.29.>

제96조의9 삭제 <2007.10.29.>

제96조의10 삭제 <2007.10.29.>

제96조의11(구인 피의자의 유치등) ①구인을 위한 구속영장의 집행을 받아 인치된 피의자를 법원에 유치한 경우에 법원사무관등은 피의자의 도망을 방지하기 위한 적절한 조치를 취하여야 한다.

②제1항의 피의자를 법원외의 장소에 유치하는 경우에 판사는 구인을 위한 구속영장에 유치할 장소를 기재하고 서명날인하여 이를 교부하여야 한다.

[본조신설 1997.12.31.]

제96조의12(심문기일의 지정, 통지) ① 삭제 <2007.10.29.>

②체포된 피의자외의 피의자에 대한 심문기일은 관계인에 대한 심문기일의 통지 및 그 출석에 소요되는 시간 등을 고려하여 피의자가 법원에 인치된 때로부터 가능한 한 빠른 일시로 지정하여야 한다. <신설 1997.12.31.>

③심문기일의 통지는 서면 이외에 구술·전화·모사전송·전자우편·휴대전화 문자전송 그 밖에 적당한 방법으로 신속하게 하여야 한다. 이 경우 통지의 증명은 그 취지를 심문조서에 기재함으로써 할 수 있다. <개정 1997.12.31., 2007.10.29.>

[본조신설 1996.12.3.]

[제96조의5에서 이동 <1997.12.31.>]

제96조의13(피의자의 심문절차) ① 판사는 피의자가 심문기일에의 출석을 거부하거나 질병 그 밖의 사유로 출석이 현저하게 곤란하고, 피의자를 심문 법정에 인치할 수 없다고 인정되는 때에는 피의자의 출석 없이 심문절차를 진행할 수 있다.

② 검사는 피의자가 심문기일에의 출석을 거부하는 때에는 판사에게 그 취지 및 사유를 기재한 서면을 작성 제출하여야 한다.

③ 제1항의 규정에 의하여 심문절차를 진행할 경우에는 출석한 검사 및 변호인의 의견을 듣고, 수사기록 그 밖에 적당하다고 인정하는 방법으로 구속사유의 유무를 조사할 수 있다.

[전문개정 2007.10.29.]

제96조의14(심문의 비공개) 피의자에 대한 심문절차는 공개하지 아니한다. 다만, 판사는 상당하다고 인정하는 경우에는 피의자의 친족, 피해자 등 이해관계인의 방청을 허가할 수 있다.

[본조신설 1996.12.3.]

[제96조의7에서 이동<1997.12.31.>]

제96조의15(심문장소) 피의자의 심문은 법원청사내에서 하여야 한다. 다만, 피의자가 출석을 거부하거나 질병 기타 부득이한 사유로 법원에 출석할 수 없는 때에는 경찰서, 구치소 기타 적당한 장소에서 심문할 수 있다.

[본조신설 1996.12.3.]

[제96조의8에서 이동<1997.12.31.>]

제96조의16(심문기일의 절차) ① 판사는 피의자에게 구속영장청구서에 기재된 범죄사실의 요지를 고지하고, 피의자에게 일체의 진술을 하지 아니하거나 개개의 질문에 대하여 진술을 거부할 수 있으며, 이익 되는 사실을 진술할 수 있음을 알려주어야 한다.

② 판사는 구속 여부를 판단하기 위하여 필요한 사항에 관하여 신속하고 간결하게 심문하여야 한다. 증거인멸 또는 도망의 염려를 판단하기 위하여 필요한 때에는 피의자의 경력, 가족관계나 교우관계 등 개인적인 사항에 관하여 심문할 수 있다.

③ 검사와 변호인은 판사의 심문이 끝난 후에 의견을 진술할 수 있다. 다만, 필요한 경우에는 심문 도중에도 판사의 허가를 얻어 의견을 진술할 수 있다.

④ 피의자는 판사의 심문 도중에도 변호인에게 조력을 구할 수 있다.

⑤ 판사는 구속 여부의 판단을 위하여 필요하다고 인정하는 때에는 심문장소에 출석한 피해자 그 밖의 제3자를 심문할 수 있다.

⑥ 구속영장이 청구된 피의자의 법정대리인, 배우자, 직계친족, 형제자매나 가족, 동거인 또는 고용주는 판사의 허가를 얻어 사건에 관한 의견을 진술할 수 있다.

⑦ 판사는 심문을 위하여 필요하다고 인정하는 경우에는 호송경찰관 기타의 자를 퇴실하게 하고 심문을 진행할 수 있다.

[전문개정 2007.10.29.]

제96조의17 삭제 <2007.10.29.>

제96조의18(처리시각의 기재) 구속영장을 청구받은 판사가 피의자심문을 한 경우 법원사무관등은 구속영장에 구속영장청구서·수사관계서류 및 증거물을 접수한 시각과 이를 반환한 시각을 기재하여야 한다. 다만, 체포된 피의자 외의 피의자에 대하여는 그 반환 시각을 기재한다. [본조신설 1997.12.31.]

제96조의19(영장발부와 통지) ①법 제204조의 규정에 의한 통지는 다음 각호의 1에 해당하는 사유가 발생한 경우에 이를 하여야 한다.

1. 피의자를 체포 또는 구속하지 아니하거나 못한 경우
2. 체포후 구속영장 청구기간이 만료하거나 구속후 구속기간이 만료하여 피의자를 석방한 경우
3. 체포 또는 구속의 취소로 피의자를 석방한 경우
4. 체포된 국회의원에 대하여 헌법 제44조의 규정에 의한 석방요구가 있어 체포영장의 집행이 정지된 경우
5. 구속집행정지의 경우

②제1항의 통지서에는 다음 각호의 사항을 기재하여야 한다.

1. 피의자의 성명
2. 제1항 각호의 사유 및 제1항제2호 내지 제5호에 해당하는 경우에는 그 사유발생일
3. 영장 발부 연월일 및 영장번호

③제1항제1호에 해당하는 경우에는 체포영장 또는 구속영장의 원본을 첨부하여야 한다. [본조신설 1997.12.31.]

제96조의20(변호인의 접견 등) ①변호인은 구속영장이 청구된 피의자에 대한 심문 시작 전에 피의자와 접견할 수 있다.

②지방법원 판사는 심문할 피의자의 수, 사건의 성격 등을 고려하여 변호인과 피의자의 접견 시간을 정할 수 있다.

③지방법원 판사는 검사 또는 사법경찰관에게 제1항의 접견에 필요한 조치를 요구할 수 있다.

[본조신설 2006.8.17.]

제96조의21(구속영장청구서 및 소명자료의 열람) ①피의자 심문에 참여할 변호인은 지방법원 판사에게 제출된 구속영장청구서 및 그에 첨부된 고소·고발장, 피의자의 진술을 기재한 서류와 피의자가 제출한 서류를 열람할 수 있다.

②검사는 증거인멸 또는 피의자나 공범 관계에 있는 자가 도망할 염려가 있는 등 수사에 방해가 될 염려가 있는 때에는 지방법원 판사에게 제1항에 규정된 서류(구속영장청구서는 제외한다)의 열람 제한에 관한 의견을 제출할 수 있고, 지방법원 판사는 검사의 의견이 상당하다고 인정하는 때에는 그 전부 또는 일부의 열람을 제한할 수 있다. <개정 2011.12.30.>

③지방법원 판사는 제1항의 열람에 관하여 그 일시, 장소를 지정할 수 있다.

[본조신설 2006.8.17.]

제96조의22(심문기일의 변경) 판사는 지정된 심문기일에 피의자를 심문할 수 없는 특별한 사정이 있는 경우에는 그 심문기일을 변경할 수 있다.

[본조신설 2007.10.29.]

제97조(구속기간연장의 신청) ①구속기간연장의 신청은 서면으로 하여야 한다.

②제1항의 서면에는 수사를 계속하여야 할 상당한 이유와 연장을 구하는 기간을 기재하여야 한다.

제98조(구속기간연장기간의 계산) 구속기간연장허가결정이 있은 경우에 그 연장기간

은 법 제203조의 규정에 의한 구속기간만료 다음날로부터 기산한다.

제99조(재체포 · 재구속영장의 청구) ①재체포영장의 청구서에는 재체포영장의 청구라는 취지와 법 제200조의2제4항에 규정한 재체포의 이유 또는 법 제214조의3에 규정한 재체포의 사유를 기재하여야 한다. <개정 1996.12.3.>

②재구속영장의 청구서에는 재구속영장의 청구라는 취지와 법 제208조제1항 또는 법 제214조의3에 규정한 재구속의 사유를 기재하여야 한다. <개정 1996.12.3.>

③제95조, 제95조의2, 제96조, 제96조의2 및 제96조의4의 규정은 재체포 또는 재구속의 영장의 청구 및 그 심사에 이를 준용한다.

<신설 1996.12.3., 2007.10.29.> [제목개정 1996.12.3.]

제100조(준용규정) ①제46조, 제49조제1항 및 제51조의 규정은 검사 또는 사법경찰관의 피의자 체포 또는 구속에 이를 준용한다. 다만, 체포영장에는 법 제200조의2 제1항에서 규정한 체포의 사유를 기재하여야 한다. <개정 1996.12.3.>

②체포영장에 의하여 체포되었거나 현행범으로 체포된 피의자에 대하여 구속영장청구가 기각된 경우에는 법 제200조의4제2항의 규정을 준용한다. <신설 1996.12.3.>

제101조(체포 · 구속적부심청구권자의 체포 · 구속영장등본 교부청구등) 구속영장이 청구되거나 체포 또는 구속된 피의자, 그 변호인, 법정대리인, 배우자, 직계친족, 형제자매나 동거인 또는 고용주는 긴급체포서, 현행범인체포서, 체포영장, 구속영장 또는 그 청구서를 보관하고 있는 검사, 사법경찰관 또는 법원사무관등에게 그 등본의 교부를 청구할 수 있다. <개정 1989.6.7., 1996.12.3., 1997.12.31., 2007.10.29.> [제목개정 1996.12.3., 1997.12.31.]

제102조(체포 · 구속적부심사청구서의 기재사항) 체포 또는 구속의 적부심사청구서에는 다음 사항을 기재하여야 한다.

1. 체포 또는 구속된 피의자의 성명, 주민등록번호 등, 주거
2. 체포 또는 구속된 일자
3. 청구의 취지 및 청구의 이유
4. 청구인의 성명 및 체포 또는 구속된 피의자와의 관계

[제목개정 1996.12.3.]

제103조 삭제 <2007.10.29.>

제104조(심문기일의 통지 및 수사관계서류 등의 제출) ①체포 또는 구속의 적부심사의 청구를 받은 법원은 지체 없이 청구인, 변호인, 검사 및 피의자를 구금하고 있는

관서(경찰서, 교도소 또는 구치소 등)의 장에게 심문기일과 장소를 통지하여야 한다. <개정 2007.10.29.>

②사건을 수사 중인 검사 또는 사법경찰관은 제1항의 심문기일까지 수사관계서류와 증거물을 법원에 제출하여야 하고, 피의자를 구금하고 있는 관서의 장은 위 심문기일에 피의자를 출석시켜야 한다. 법원사무관 등은 체포적부심사청구사건의 기록표지에 수사관계서류와 증거물의 접수 및 반환의 시각을 기재하여야 한다. <개정 1996.12.3.>

③제54조의2제3항의 규정은 제1항에 따른 통지에 이를 준용한다. <개정 1996.12.3., 2007.10.29.>

제104조의2(준용규정) 제96조의21의 규정은 체포·구속의 적부심사를 청구한 피의자의 변호인에게 이를 준용한다.

[본조신설 2006.8.17.]

제105조(심문기일의 절차) ① 법 제214조의2제9항에 따라 심문기일에 출석한 검사·변호인·청구인은 법원의 심문이 끝난 후 의견을 진술할 수 있다. 다만, 필요한 경우에는 심문 도중에도 판사의 허가를 얻어 의견을 진술할 수 있다.

② 피의자는 판사의 심문 도중에도 변호인에게 조력을 구할 수 있다.

③ 체포 또는 구속된 피의자, 변호인, 청구인은 피의자에게 유리한 자료를 낼 수 있다.

④ 법원은 피의자의 심문을 합의부원에게 명할 수 있다.

[전문개정 2007.10.29.]

제106조(결정의 기한) 체포 또는 구속의 적부심사청구에 대한 결정은 체포 또는 구속된 피의자에 대한 심문이 종료된 때로부터 24시간 이내에 이를 하여야 한다. <개정 1996.12.3.>

제107조(압수, 수색, 검증 영장청구서의 기재사항) ①압수, 수색 또는 검증을 위한 영장의 청구서에는 다음 각호의 사항을 기재하여야 한다.

<개정 1996.12.3., 2007.10.29., 2011.12.30.>

1. 제95조제1호부터 제5호까지에 규정한 사항
2. 압수할 물건, 수색 또는 검증할 장소, 신체나 물건
3. 압수, 수색 또는 검증의 사유
4. 일출전 또는 일몰후에 압수, 수색 또는 검증을 할 필요가 있는 때에는 그 취지 및 사유
5. 법 제216조제3항에 따라 청구하는 경우에는 영장 없이 압수, 수색 또는 검증을

한 일시 및 장소

6. 법 제217조제2항에 따라 청구하는 경우에는 체포한 일시 및 장소와 영장 없이 압수, 수색 또는 검증을 한 일시 및 장소
7. 「통신비밀보호법」 제2조제3호에 따른 전기통신을 압수·수색하고자 할 경우 그 작성기간

②신체검사를 내용으로 하는 검증을 위한 영장의 청구서에는 제1항 각호의 사항외에 신체검사를 필요로 하는 이유와 신체검사를 받을 자의 성별, 건강상태를 기재하여야 한다.

第108조(자료의 제출) ①법 제215조의 규정에 의한 청구를 할 때에는 피의자에게 범죄의 혐의가 있다고 인정되는 자료와 압수, 수색 또는 검증의 필요 및 해당 사건과의 관련성을 인정할 수 있는 자료를 제출하여야 한다. <개정 2011.12.30.>

②피의자 아닌 자의 신체, 물건, 주거 기타 장소의 수색을 위한 영장의 청구를 할 때에는 압수하여야 할 물건이 있다고 인정될 만한 자료를 제출하여야 한다.

第109조(준용규정) 제58조, 제62조의 규정은 검사 또는 사법경찰관의 압수, 수색에 제64조, 제65조의 규정은 검사 또는 사법경찰관의 검증에 각 이를 준용한다.

第110조(압수, 수색, 검증의 참여) 검사 또는 사법경찰관이 압수, 수색, 검증을 함에는 법 제243조에 규정한 자를 각 참여하게 하여야 한다.

第111조(제1회 공판기일 전 증인신문청구서의 기재사항) 법 제221조의2에 따른 증인신문 청구서에는 다음 각 호의 사항을 기재하여야 한다.

1. 증인의 성명, 직업 및 주거
2. 피의자 또는 피고인의 성명
3. 죄명 및 범죄사실의 요지
4. 증명할 사실
5. 신문사항
6. 증인신문청구의 요건이 되는 사실
7. 피의자 또는 피고인에게 변호인이 있는 때에는 그 성명

[전문개정 2007.10.29.]

第112조(증인신문등의 통지) 판사가 법 제221조의2에 따른 증인신문을 실시할 경우에는 피고인, 피의자 또는 변호인에게 신문기일과 장소 및 증인신문에 참여할 수 있다는 취지를 통지하여야 한다. <개정 2007.10.29.>

[전문개정 1996.12.3.]

제113조(감정유치청구서의 기재사항) 법 제221조의3에 따른 감정유치청구서에는 다음 각호의 사항을 기재하여야 한다. <개정 2007.10.29.>

1. 제95조제1호부터 제5호까지에 규정한 사항
2. 유치할 장소 및 유치기간
3. 감정의 목적 및 이유
4. 감정인의 성명, 직업

[전문개정 1996.12.3.]

제114조(감정에 필요한 처분허가청구서의 기재사항) 법 제221조의4의 규정에 의한 처분허가청구서에는 다음 각호의 사항을 기재하여야 한다.

1. 법 제173조제2항에 규정한 사항. 다만, 피의자의 성명이 분명하지 아니한 때에는 인상, 체격 기타 피의자를 특정할 수 있는 사항을 기재하여야 한다.
2. 제95조제2호 내지 제5호에 규정한 사항
3. 감정에 필요한 처분의 이유

[전문개정 1996.12.3.]

제115조(준용규정) 제85조, 제86조 및 제88조의 규정은 법 제221조의3에 규정한 유치처분에, 제89조의 규정은 법 제221조의4에 규정한 허가장에 각 이를 준용한다.

제116조(고소인의 신분관계 자료제출) ①법 제225조 내지 제227조의 규정에 의하여 고소할 때에는 고소인과 피해자와의 신분관계를 소명하는 서면을, 법 제229조에 의하여 고소할 때에는 혼인의 해소 또는 이혼소송의 제기사실을 소명하는 서면을 각 제출하여야 한다.

②법 제228조의 규정에 의하여 검사의 지정을 받은 고소인이 고소할 때에는 그 지정받은 사실을 소명하는 서면을 제출하여야 한다.

제2장 공소

제117조(공소장의 기재요건) ①공소장에는 법 제254조제3항에 규정한 사항외에 다음 각호의 사항을 기재하여야 한다. <개정 1996.12.3., 2007.10.29.>

1. 피고인의 주민등록번호 등, 직업, 주거 및 등록기준지. 다만, 피고인이 법인인 때에는 사무소 및 대표자의 성명과 주소
2. 피고인이 구속되어 있는지 여부

②제1항제1호에 규정한 사항이 명백하지 아니할 때에는 그 취지를 기재하여야 한다.

제118조(공소장의 첨부서류) ① 공소장에는, 공소제기전에 변호인이 선임되거나 보조

인의 신고가 있는 경우 그 변호인선임서 또는 보조인신고서를, 공소제기전에 특별대리인의 선임이 있는 경우 그 특별대리인 선임결정등본을, 공소제기당시 피고인이 구속되어 있거나, 체포 또는 구속된 후 석방된 경우 체포영장, 긴급체포서, 구속영장 기타 구속에 관한 서류를 각 첨부하여야 한다. <개정 1996.12.3.>

②공소장에는 제1항에 규정한 서류외에 사건에 관하여 법원에 예단이 생기게 할 수 있는 서류 기타 물건을 첨부하거나 그 내용을 인용하여서는 아니된다. <개정 1996.12.3.>

제119조 삭제 <2007.10.29.>

제120조(재정신청인에 대한 통지) 법원은 재정신청서를 송부받은 때에는 송부받은 날로부터 10일 이내에 피의자 이외에 재정신청인에게도 그 사유를 통지하여야 한다.

[전문개정 2007.10.29.]

제121조(재정신청의 취소방식 및 취소의 통지) ①법 제264조제2항에 규정된 취소는 관할고등법원에 서면으로 하여야 한다. 다만, 기록이 관할고등법원에 송부되기 전에는 그 기록이 있는 검찰청 검사장 또는 지청장에게 하여야 한다.

②제1항의 취소서를 제출받은 고등법원의 법원사무관등은 즉시 관할 고등검찰청 검사장 및 피의자에게 그 사유를 통지하여야 한다. <개정 2007.10.29.>

제122조(재정신청에 대한 결정과 이유의 기재) 법 제262조제2항제2호에 따라 공소제기를 결정하는 때에는 죄명과 공소사실이 특정될 수 있도록 이유를 명시하여야 한다. [전문개정 2007.10.29.]

제122조의2(국가에 대한 비용부담의 범위) 법 제262조의3제1항에 따른 비용은 다음 각 호에 해당하는 것으로 한다.

1. 증인·감정인·통역인·번역인에게 지급되는 일당·여비·숙박료·감정료·통역료·번역료
2. 현장검증 등을 위한 법관, 법원사무관 등의 출장경비
3. 그 밖에 재정신청 사건의 심리를 위하여 법원이 지출한 송달료 등 절차진행에 필요한 비용

[본조신설 2007.10.29.]

제122조의3(국가에 대한 비용부담의 절차) ① 법 제262조의3제1항에 따른 재판의 집행에 관하여는 법 제477조의 규정을 준용한다.

② 제1항의 비용의 부담을 명하는 재판에 그 금액을 표시하지 아니한 때에는 집행을 지휘하는 검사가 산정한다. [본조신설 2007.10.29.]

제122조의4(피의자에 대한 비용지급의 범위) ① 법 제262조의3제2항과 관련한 비용은 다음 각 호에 해당하는 것으로 한다.

1. 피의자 또는 변호인이 출석함에 필요한 일당·여비·숙박료
2. 피의자가 변호인에게 부담하였거나 부담하여야 할 선임료
3. 기타 재정신청 사건의 절차에서 피의자가 지출한 비용으로 법원이 피의자의 방어권행사에 필요하다고 인정한 비용

② 제1항제2호의 비용을 계산함에 있어 선임료를 부담하였거나 부담할 변호인이 여러 명이 있은 경우에는 그 중 가장 고액의 선임료를 상한으로 한다.

③ 제1항제2호의 변호사 선임료는 사안의 성격·난이도, 조사에 소요된 기간 그 밖에 변호인의 변론활동에 소요된 노력의 정도 등을 종합적으로 고려하여 상당하다고 인정되는 금액으로 정한다.

[본조신설 2007.10.29.]

제122조의5(피의자에 대한 비용지급의 절차) ① 피의자가 법 제262조의3제2항에 따른 신청을 할 때에는 다음 각 호의 사항을 기재한 서면을 재정신청사건의 관할 법원에 제출하여야 한다.

1. 재정신청 사건번호
2. 피의자 및 재정신청인
3. 피의자가 재정신청절차에서 실제 지출하였거나 지출하여야 할 금액 및 그 용도
4. 재정신청인에게 지급을 구하는 금액 및 그 이유

② 피의자는 제1항의 서면을 제출함에 있어 비용명세서 그 밖에 비용액을 소명하는데 필요한 서면과 고소인 수에 상응하는 부본을 함께 제출하여야 한다.

③ 법원은 제1항 및 제2항의 서면의 부본을 재정신청인에게 송달하여야 하고, 재정신청인은 위 서면을 송달받은 날로부터 10일 이내에 이에 대한 의견을 서면으로 법원에 낼 수 있다.

④ 법원은 필요하다고 인정하는 경우에는 피의자 또는 변호인에게 비용액의 심리를 위하여 필요한 자료의 제출 등을 요구할 수 있고, 재정신청인, 피의자 또는 변호인을 심문할 수 있다.

⑤ 비용지급명령에는 피의자 및 재정신청인, 지급을 명하는 금액을 표시하여야 한다. 비용지급명령의 이유는 특히 필요하다고 인정되는 경우가 아니면 이를 기재하지 아니한다.

⑥ 비용지급명령은 피의자 및 재정신청인에게 송달하여야 하고, 법 제262조의3제3

항에 따른 즉시항고기간은 피의자 또는 재정신청인이 비용지급명령서를 송달받은 날부터 진행한다.

⑦ 확정된 비용지급명령정본은 「민사집행법」에 따른 강제집행에 관하여는 민사절차에서의 집행력 있는 판결정본과 동일한 효력이 있다.

[본조신설 2007.10.29.]

제3장 공판

제1절 공판준비와 공판절차

제123조(제1회공판기일소환장의 송달시기) 피고인에 대한 제1회 공판기일소환장은 법 제266조의 규정에 의한 공소장부본의 송달전에는 이를 송달하여서는 아니된다.

제123조의2(공소제기 후 검사가 보관하는 서류 등의 열람·등사 신청) 법 제266조의3제1항의 신청은 다음 사항을 기재한 서면으로 하여야 한다.

1. 사건번호, 사건명, 피고인
2. 신청인 및 피고인과의 관계
3. 열람 또는 등사할 대상

[본조신설 2007.10.29.]

제123조의3(영상녹화물과 열람·등사) 법 제221조·법 제244조의2에 따라 작성된 영상녹화물에 대한 법 제266조의3의 열람·등사는 원본과 함께 작성된 부본에 의하여 이를 행할 수 있다. [본조신설 2007.10.29.]

제123조의4(법원에 대한 열람·등사 신청) ① 법 제266조의4제1항의 신청은 다음 사항을 기재한 서면으로 하여야 한다.

1. 열람 또는 등사를 구하는 서류 등의 표목
2. 열람 또는 등사를 필요로 하는 사유

② 제1항의 신청서에는 다음 각 호의 서류를 첨부하여야 한다.

1. 제123조의2의 신청서 사본
2. 검사의 열람·등사 불허 또는 범위 제한 통지서. 다만 검사가 서면으로 통지하지 않은 경우에는 그 사유를 기재한 서면
3. 신청서 부본 1부

③ 법원은 제1항의 신청이 있는 경우, 즉시 신청서 부본을 검사에게 송부하여야 하고, 검사는 이에 대한 의견을 제시할 수 있다.

④ 제1항, 제2항제1호·제3호의 규정은 법 제266조의11제3항에 따른 검사의 신청에 이를 준용한다. 법원은 검사의 신청이 있는 경우 즉시 신청서 부본을 피고인 또는 변호인에게 송부하여야 하고, 피고인 또는 변호인은 이에 대한 의견을 제시할 수 있다.

[본조신설 2007.10.29.]

제123조의5(공판준비기일 또는 공판기일에서의 열람·등사) ① 검사, 피고인 또는 변호인은 공판준비 또는 공판기일에서 법원의 허가를 얻어 구두로 상대방에게 법 제266조의3·제266조의11에 따른 서류 등의 열람 또는 등사를 신청할 수 있다.

② 상대방이 공판준비 또는 공판기일에서 서류 등의 열람 또는 등사를 거부하거나 그 범위를 제한한 때에는 법원은 법 제266조의4제2항의 결정을 할 수 있다.

③ 제1항, 제2항에 따른 신청과 결정은 공판준비 또는 공판기일의 조서에 기재하여야 한다.

[본조신설 2007.10.29.]

제123조의6(재판의 고지 등에 관한 특례) 법원은 서면 이외에 전화·모사전송·전자우편·휴대전화 문자전송 그 밖에 적당한 방법으로 검사·피고인 또는 변호인에게 공판준비와 관련된 의견을 요청하거나 결정을 고지할 수 있다.

[본조신설 2007.10.29.]

제123조의7(쟁점의 정리) ① 사건이 공판준비절차에 부쳐진 때에는 검사는 증명하려는 사실을 밝히고 이를 증명하는 데 사용할 증거를 신청하여야 한다.

② 피고인 또는 변호인은 검사의 증명사실과 증거신청에 대한 의견을 밝히고, 공소사실에 관한 사실상·법률상 주장과 그에 대한 증거를 신청하여야 한다.

③ 검사·피고인 또는 변호인은 필요한 경우 상대방의 주장 및 증거신청에 대하여 필요한 의견을 밝히고, 그에 관한 증거를 신청할 수 있다.

[본조신설 2007.10.29.]

제123조의8(심리계획의 수립) ① 법원은 사건을 공판준비절차에 부친 때에는 집중심리를 하는 데 필요한 심리계획을 수립하여야 한다.

② 검사·피고인 또는 변호인은 특별한 사정이 없는 한 필요한 증거를 공판준비절차에서 일괄하여 신청하여야 한다.

③ 법원은 증인을 신청한 자에게 증인의 소재, 연락처, 출석 가능성 및 출석이 가능한 일시 등 증인의 신문에 필요한 사항의 준비를 명할 수 있다.

[본조신설 2007.10.29.]

제123조의9(기일외 공판준비) ① 재판장은 검사·피고인 또는 변호인에게 기한을 정하여 공판준비 절차의 진행에 필요한 사항을 미리 준비하게 하거나 그 밖에 공판준비에 필요한 명령을 할 수 있다.

② 재판장은 기한을 정하여 법 제266조의6제2항에 규정된 서면의 제출을 명할 수 있다.

③ 제2항에 따른 서면에는 필요한 사항을 구체적이고 간결하게 기재하여야 하고, 증거로 할 수 없거나 증거로 신청할 의사가 없는 자료에 기초하여 법원에 사건에 대한 예단 또는 편견을 발생하게 할 염려가 있는 사항을 기재하여서는 아니 된다.

④ 피고인이 제2항에 따른 서면을 낼 때에는 1통의 부본을, 검사가 제2항에 따른 서면을 낼 때에는 피고인의 수에 1을 더한 수에 해당하는 부본을 함께 제출하여야 한다. 다만, 여러 명의 피고인에 대하여 동일한 변호인이 선임된 경우에는 검사는 변호인의 수에 1을 더한 수에 해당하는 부본만을 낼 수 있다.

[본조신설 2007.10.29.]

제123조의10(공판준비기일의 변경) 검사·피고인 또는 변호인은 부득이한 사유로 공판준비기일을 변경할 필요가 있는 때에는 그 사유와 기간 등을 구체적으로 명시하여 공판준비기일의 변경을 신청할 수 있다.

[본조신설 2007.10.29.]

제123조의11(공판준비기일이 지정된 사건의 국선변호인 선정) ① 법 제266조의7에 따라 공판준비 기일이 지정된 사건에 관하여 피고인에게 변호인이 없는 때에는 법원은 지체 없이 국선변호인을 선정하고, 피고인 및 변호인에게 그 뜻을 고지하여야 한다.

② 공판준비기일이 지정된 후에 변호인이 없게 된 때에도 제1항을 준용한다.

[본조신설 2007.10.29.]

제123조의12(공판준비기일조서) ① 법원이 공판준비기일을 진행한 경우에는 참여한 법원사무관 등이 조서를 작성하여야 한다.

② 제1항의 조서에는 피고인, 증인, 감정인, 통역인 또는 번역인의 진술의 요지와 쟁점 및 증거에 관한 정리결과 그 밖에 필요한 사항을 기재하여야 한다.

③ 제1항, 제2항의 조서에는 재판장 또는 법관과 참여한 법원사무관 등이 기명날인 또는 서명하여야 한다.

[본조신설 2007.10.29.]

제124조(공판개정시간의 구분 지정) 재판장은 가능한 한 각 사건에 대한 공판개정시

간을 구분하여 지정하여야 한다.

제124조의2(일괄 기일 지정과 당사자의 의견 청취) 재판장은 법 제267조의2제3항의 규정에 의하여 여러 공판기일을 일괄하여 지정할 경우에는 검사, 피고인 또는 변호인의 의견을 들어야 한다. [본조신설 2007.10.29.]

제125조(공판기일 변경신청) 법 제270조제1항에 규정한 공판기일 변경신청에는 공판기일의 변경을 필요로 하는 사유와 그 사유가 계속되리라고 예상되는 기간을 명시하여야 하며 진단서 기타의 자료로써 이를 소명하여야 한다.

제125조의2(변론의 방식) 공판정에서의 변론은 구체적이고 명료하게 하여야 한다.
[본조신설 2007.10.29.]

제126조(피고인의 대리인의 대리권) 피고인이 법 제276조 단서 또는 법 제277조에 따라 공판기일에 대리인을 출석하게 할 때에는 그 대리인에게 대리권을 수여한 사실을 증명하는 서면을 법원에 제출하여야 한다. <개정 2007.10.29.>

제126조의2(신뢰관계 있는 자의 동석) ① 법 제276조의2제1항에 따라 피고인과 동석할 수 있는 신뢰관계에 있는 자는 피고인의 배우자, 직계친족, 형제자매, 가족, 동거인, 고용주 그 밖에 피고인의 심리적 안정과 원활한 의사소통에 도움을 줄 수 있는 자를 말한다.

② 법 제276조의2제1항에 따른 동석 신청에는 동석하고자 하는 자와 피고인 사이의 관계, 동석이 필요한 사유 등을 밝혀야 한다.

③ 피고인과 동석한 신뢰관계에 있는 자는 재판의 진행을 방해하여서는 아니 되며, 재판장은 동석한 신뢰관계 있는 자가 부당하게 재판의 진행을 방해하는 때에는 동석을 중지시킬 수 있다.

[본조신설 2007.10.29.]

[종전 제126조의2는 제126조의4로 이동 <2007.10.29.>]

제126조의3(불출석의 허가와 취소) ① 법 제277조 제3호에 규정한 불출석허가신청은 공판기일에 출석하여 구술로 하거나 공판기일 외에서 서면으로 할 수 있다.

② 법원은 피고인의 불출석허가신청에 대한 허가 여부를 결정하여야 한다.

③ 법원은 피고인의 불출석을 허가한 경우에도 피고인의 권리보호 등을 위하여 그 출석이 필요하다고 인정되는 때에는 불출석 허가를 취소할 수 있다.

[본조신설 2007.10.29.]

[종전 제126조의3은 제126조의5로 이동 <2007.10.29.>]

제126조의4(출석거부의 통지) 법 제277조의2의 사유가 발생하는 경우에는 교도소장

은 즉시 그 취지를 법원에 통지하여야 한다.

[본조신설 1996.12.3.]

[제126조의2에서 이동, 종전 제126조의4는 제126조의6으로 이동 <2007.10.29.>]

제126조의5(출석거부에 관한 조사) ① 법원이 법 제277조의2에 따라 피고인의 출석없이 공판절차를 진행하고자 하는 경우에는 미리 그 사유가 존재하는가의 여부를 조사하여야 한다. <개정 2007.10.29.>

② 법원이 제1항의 조사를 함에 있어서 필요하다고 인정하는 경우에는 교도관리 기타 관계자의 출석을 명하여 진술을 듣거나 그들로 하여금 보고서를 제출하도록 명할 수 있다. <개정 2007.10.29.>

③법원은 합의부원으로 하여금 제1항의 조사를 하게 할 수 있다.

[본조신설 1996.12.3.]

[제126조의3에서 이동 <2007.10.29.>]

[제목개정 2007.10.29.]

제126조의6(피고인 또는 검사의 출석없이 공판절차를 진행한다는 취지의 고지) 법 제277조의2의 규정에 의하여 피고인의 출석없이 공판절차를 진행하는 경우 또는 법 제278조의 규정에 의하여 검사의 2회 이상 불출석으로 공판절차를 진행하는 경우에는 재판장은 공판정에서 소송관계인에게 그 취지를 고지하여야 한다.

[본조신설 1996.12.3.]

[제126조의4에서 이동 <2007.10.29.>]

제126조의7(전문심리위원의 지정) 법원은 전문심리위원규칙에 따라 정해진 전문심리위원 후보자 중에서 전문심리위원을 지정하여야 한다. [본조신설 2007.12.31.]

제126조의8(기일 외의 전문심리위원에 대한 설명 등의 요구와 통지) 재판장이 기일외에서 전문심리위원에 대하여 설명 또는 의견을 요구한 사항이 소송관계를 분명하게 하는 데 중요한 사항일 때에는 법원사무관 등은 검사, 피고인 또는 변호인에게 그 사항을 통지하여야 한다. [본조신설 2007.12.31.]

제126조의9(서면의 사본 송부) 전문심리위원이 설명이나 의견을 기재 한 서면을 제출한 경우에는 법원사무관등은 검사, 피고인 또는 변호인에게 그 사본을 보내야 한다. [본조신설 2007.12.31.]

제126조의10(전문심리위원에 대한 준비지시) ① 재판장은 전문심리위원을 소송절차에 참여시키기 위하여 필요하다고 인정한 때에는 쟁점의 확인 등 적절한 준비를 지시할 수 있다.

② 재판장이 제1항의 준비를 지시한 때에는 법원사무관등은 검사, 피고인 또는 변호인에게 그 취지를 통지하여야 한다.

[본조신설 2007.12.31.]

제126조의11(증인신문기일에서의 재판장의 조치) 재판장은 전문심리위원의 말이 증인의 증언에 영향을 미치지 않게 하기 위하여 필요하다고 인정할 때에는 직권 또는 검사, 피고인 또는 변호인의 신청에 따라 증인의 퇴정 등 적절한 조치를 취할 수 있다. [본조신설 2007.12.31.]

제126조의12(조서의 기재) ① 전문심리위원이 공판준비기일 또는 공판기일에 참여한 때에는 조서에 그 성명을 기재하여야 한다.

② 전문심리위원이 재판장, 수명법관 또는 수탁판사의 허가를 받아 소송관계인에게 질문을 한 때에는 조서에 그 취지를 기재하여야 한다.

[본조신설 2007.12.31.]

제126조의13(전문심리위원 참여 결정의 취소 신청방식 등) ① 법 제279조의2 제1항에 따른 결정의 취소 신청은 기일에서 하는 경우를 제외하고는 서면으로 하여야 한다.

② 제1항의 신청을 할 때에는 신청 이유를 밝혀야 한다. 다만, 검사와 피고인 또는 변호인이 동시에 신청할 때에는 그러하지 아니하다.

[본조신설 2007.12.31.]

제126조의14(수명법관 등의 권한) 수명법관 또는 수탁판사가 소송절차를 진행하는 경우에는 제126조의10부터 제126조의12까지의 규정에 따른 재판장의 직무는 그 수명법관이나 수탁판사가 행한다. [본조신설 2007.12.31.]

제127조(피고인에 대한 진술거부권 등의 고지) 재판장은 법 제284조에 따른 인정신문을 하기 전에 피고인에게 진술을 하지 아니하거나 개개의 질문에 대하여 진술을 거부할 수 있고, 이익 되는 사실을 진술할 수 있음을 알려 주어야 한다.

[전문개정 2007.10.29.]

제127조의2(피고인의 모두진술) ① 재판장은 법 제285조에 따른 검사의 모두진술 절차를 마친 뒤에 피고인에게 공소사실을 인정하는지 여부에 관하여 물어야 한다.

② 피고인 및 변호인은 공소에 관한 의견 그 밖에 이익이 되는 사실 등을 진술할 수 있다. [본조신설 2007.10.29.]

제128조 삭제 <2007.10.29.>

제129조 삭제 <2007.10.29.>

제130조 삭제 <2007.10.29.>

제131조(간이공판절차의 결정전의 조치) 법원이 법 제286조의2의 규정에 의한 결정을 하고자 할 때에는 재판장은 이미 피고인에게 간이공판절차의 취지를 설명하여야 한다.

제132조(증거의 신청) 검사·피고인 또는 변호인은 특별한 사정이 없는 한 필요한 증거를 일괄하여 신청하여야 한다.

[본조신설 2007.10.29.]

[종전 제132조는 제132조의2로 이동 <2007.10.29.>]

제132조의2(증거신청의 방식) ①검사, 피고인 또는 변호인이 증거신청을 함에 있어서는 그 증거와 증명하고자 하는 사실과의 관계를 구체적으로 명시하여야 한다.

②피고인의 자백을 보강하는 증거나 정상에 관한 증거는 보강증거 또는 정상에 관한 증거라는 취지를 특히 명시하여 그 조사를 신청하여야 한다.

③서류나 물건의 일부에 대한 증거신청을 함에 있어서는 증거로 할 부분을 특정하여 명시하여야 한다.

④법원은 필요하다고 인정할 때에는 증거신청을 한 자에게, 신문할 증인, 감정인, 통역인 또는 번역인의 성명, 주소, 서류나 물건의 표목 및 제1항 내지 제3항에 규정된 사항을 기재한 서면의 제출을 명할 수 있다.

⑤제1항 내지 제4항의 규정에 위반한 증거신청은 이를 기각할 수 있다.

[전문개정 1989.6.7.]

[제132조에서 이동, 종전 제132조의2는 제132조의3으로 이동 <2007.10.29.>]

제132조의3(수사기록의 일부에 대한 증거신청방식) ① 법 제311조부터 법 제315조까지 또는 법 제318조에 따라 증거로 할 수 있는 서류나 물건이 수사기록의 일부인 때에는 검사는 이를 특정하여 개별적으로 제출함으로써 그 조사를 신청하여야 한다. 수사기록의 일부인 서류나 물건을 자백에 대한 보강증거나 피고인의 정상에 관한 증거로 낼 경우 또는 법 제274조에 따라 공판기일전에 서류나 물건을 낼 경우에도 이와 같다. <개정 2007.10.29.>

②제1항의 규정에 위반한 증거신청은 이를 기각할 수 있다.

[본조신설 1989.6.7.]

[제132조의2에서 이동, 종전 제132조의3은 제132조의4로 이동 <2007.10.29.>]

제132조의4(보관서류에 대한 송부요구) ①법 제272조에 따른 보관서류의 송부요구신청은 법원, 검찰청, 기타의 공무소 또는 공사단체(이하 "法院등"이라고 한다)가 보관하고 있는 서류의 일부에 대하여도 할 수 있다. <개정 2007.10.29.>

②제1항의 신청을 받은 법원이 송부요구신청을 채택하는 경우에는 서류를 보관하고 있는 법원등에 대하여 그 서류 중 신청인 또는 변호인이 지정하는 부분의 인증등본을 송부하여 줄 것을 요구할 수 있다.

③제2항의 규정에 의한 요구를 받은 법원등은 당해서류를 보관하고 있지 아니하거나 기타 송부요구에 응할 수 없는 사정이 있는 경우를 제외하고는 신청인 또는 변호인에게 당해서류를 열람하게 하여 필요한 부분을 지정할 수 있도록 하여야 하며 정당한 이유없이 이에 대한 협력을 거절하지 못한다.

④서류의 송부요구를 받은 법원등이 당해서류를 보관하고 있지 아니하거나 기타 송부요구에 응할 수 없는 사정이 있는 때에는 그 사유를 요구법원에 통지하여야 한다. [본조신설 1996.12.3.]

[제132조의3에서 이동 <2007.10.29.>]

[제목개정 2007.10.29.]

제132조의5(민감정보 등의 처리) ① 법원은 재판업무 및 그에 부수하는 업무의 수행을 위하여 필요한 경우 「개인정보 보호법」 제23조의 민감정보, 제24조의 고유식별정보, 제24조의2의 주민등록번호 및 그 밖의 개인정보를 처리할 수 있다. <개정 2014.8.6.>

② 법원은 필요하다고 인정하는 경우 법 제272조에 따라 법원등에 대하여 제1항의 민감정보, 고유식별정보, 주민등록번호 및 그 밖의 개인정보가 포함된 자료의 송부를 요구할 수 있다. <개정 2014.8.6.>

③ 제2항에 따른 송부에 관하여는 제132조의4제2항부터 제4항까지의 규정을 준용한다.

[본조신설 2012.5.29.]

제133조(증거신청의 순서) 증거신청은 검사가 먼저 이를 한 후 다음에 피고인 또는 변호인이 이를 한다.

제134조(증거결정의 절차) ①법원은 증거결정을 함에 있어서 필요하다고 인정할 때에는 그 증거에 대한 검사, 피고인 또는 변호인의 의견을 들을 수 있다.

②법원은 서류 또는 물건이 증거로 제출된 경우에 이에 관한 증거결정을 함에 있어서는 제출한 자로 하여금 그 서류 또는 물건을 상대방에게 제시하게 하여 상대방으로 하여금 그 서류 또는 물건의 증거능력 유무에 관한 의견을 진술하게 하여야 한다. 다만, 법 제318조의3의 규정에 의하여 동의가 있는 것으로 간주되는 경우에는 그러하지 아니하다.

③ 피고인 또는 변호인이 검사 작성의 피고인에 대한 피의자신문조서에 기재된 내용이 피고인이 진술한 내용과 다르다고 진술할 경우, 피고인 또는 변호인은 당해 조서 중 피고인이 진술한 부분과 같게 기재되어 있는 부분과 다르게 기재되어 있는 부분을 구체적으로 특정하여야 한다. <신설 2007.10.29.>

④ 법원은 증거신청을 기각·각하하거나, 증거신청에 대한 결정을 보류하는 경우, 증거신청인으로부터 당해 증거서류 또는 증거물을 제출받아서는 아니 된다. <신설 2007.10.29.>

제134조의2(영상녹화물의 조사 신청) ① 검사는 피고인이 된 피의자의 진술을 영상녹화한 사건에서 피고인이 그 조서에 기재된 내용이 피고인이 진술한 내용과 동일하게 기재되어 있음을 인정하지 아니하는 경우 그 부분의 성립의 진정을 증명하기 위하여 영상녹화물의 조사를 신청할 수 있다.

② 검사는 제1항에 따른 신청을 함에 있어 다음 각 호의 사항을 기재한 서면을 제출하여야 한다.

1. 영상녹화를 시작하고 마친 시각과 조사 장소
2. 피고인 또는 변호인이 진술과 조서 기재내용의 동일성을 다투는 부분의 영상을 구체적으로 특정할 수 있는 시각

③ 제1항의 영상녹화물은 조사가 개시된 시점부터 조사가 종료되어 피의자가 조서에 기명날인 또는 서명을 마치는 시점까지 전과정이 영상녹화된 것으로, 다음 각 호의 내용을 포함하는 것이어야 한다.

1. 피의자의 신문이 영상녹화되고 있다는 취지의 고지
2. 영상녹화를 시작하고 마친 시각 및 장소의 고지
3. 신문하는 검사와 참여한 자의 성명과 직급의 고지
4. 진술거부권·변호인의 참여를 요청할 수 있다는 점 등의 고지
5. 조사를 중단·재개하는 경우 중단 이유와 중단 시각, 중단 후 재개하는 시각
6. 조사를 종료하는 시각

④ 제1항의 영상녹화물은 조사가 행해지는 동안 조사실 전체를 확인할 수 있도록 녹화된 것으로 진술자의 얼굴을 식별할 수 있는 것이어야 한다.

⑤ 제1항의 영상녹화물의 재생 화면에는 녹화 당시의 날짜와 시간이 실시간으로 표시되어야 한다.

⑥ 제1항, 제3항부터 제5항은 검사가 피고인이 아닌 피의자 진술에 대한 영상녹화물의 조사를 신청하는 경우에 준용한다. [본조신설 2007.10.29.]

제134조의3(제3자의 진술과 영상녹화물) ① 검사는 피의자가 아닌 자가 공판준비 또는 공판기일에서 조서가 자신이 검사 또는 사법경찰관 앞에서 진술한 내용과 동일하게 기재되어 있음을 인정하지 아니하는 경우 그 부분의 성립의 진정을 증명하기 위하여 영상녹화물의 조사를 신청할 수 있다.

② 검사는 제1항에 따라 영상녹화물의 조사를 신청하는 때에는 피의자가 아닌 자가 영상녹화에 동의하였다는 취지로 기재하고 기명날인 또는 서명한 서면을 첨부하여야 한다.

③ 제134조의2제3항제1호부터 제3호, 제5호, 제6호, 제4항, 제5항은 검사가 피의자가 아닌 자에 대한 영상녹화물의 조사를 신청하는 경우에 준용한다.

[본조신설 2007.10.29.]

제134조의4(영상녹화물의 조사) ① 법원은 검사가 영상녹화물의 조사를 신청한 경우 이에 관한 결정을 함에 있어 피고인 또는 변호인으로 하여금 그 영상녹화물이 적법한 절차와 방식에 따라 작성되어 봉인된 것인지 여부에 관한 의견을 진술하게 하여야 한다.

② 제1항의 영상녹화물이 피고인 아닌 자의 진술에 관한 것인 때에는 원진술자인 피고인 아닌 자도 제1항과 같은 의견을 진술하여야 한다.

③ 법원은 공판준비 또는 공판기일에서 봉인을 해체하고 영상녹화물의 전부 또는 일부를 재생하는 방법으로 조사하여야 한다. 이 때 영상녹화물은 그 재생과 조사에 필요한 전자적 설비를 갖춘 법정 외의 장소에서 이를 재생할 수 있다.

④ 재판장은 조사를 마친 후 지체 없이 법원사무관 등으로 하여금 다시 원본을 봉인하도록 하고, 원진술자와 함께 피고인 또는 변호인에게 기명날인 또는 서명하도록 하여 검사에게 반환한다. 다만, 피고인의 출석 없이 개정하는 사건에서 변호인이 없는 때에는 피고인 또는 변호인의 기명날인 또는 서명을 요하지 아니한다.

[본조신설 2007.10.29.]

제134조의5(기억 환기를 위한 영상녹화물의 조사) ① 법 제318조의2제2항에 따른 영상녹화물의 재생은 검사의 신청이 있는 경우에 한하고, 기억의 환기가 필요한 피고인 또는 피고인 아닌 자에게만 이를 재생하여 시청하게 하여야 한다.

② 제134조의2제3항부터 제5항까지와 제134조의4는 검사가 법 제318조의2제2항에 의하여 영상녹화물의 재생을 신청하는 경우에 준용한다.

[본조신설 2007.10.29.]

제134조의6(증거서류에 대한 조사방법) ① 법 제292조제3항에 따른 증거서류 내용

의 고지는 그 요지를 고지하는 방법으로 한다.

② 재판장은 필요하다고 인정하는 때에는 법 제292조제1항·제2항·제4항의 낭독에 갈음하여 그 요지를 진술하게 할 수 있다.

[본조신설 2007.10.29.]

제134조의7(컴퓨터용디스크 등에 기억된 문자정보 등에 대한 증거조사) ① 컴퓨터용디스크 그 밖에 이와 비슷한 정보저장매체(다음부터 이 조문 안에서 이 모두를 "컴퓨터디스크 등"이라 한다)에 기억된 문자정보를 증거자료로 하는 경우에는 읽을 수 있도록 출력하여 인증한 등본을 낼 수 있다.

② 컴퓨터디스크 등에 기억된 문자정보를 증거로 하는 경우에 증거조사를 신청한 당사자는 법원이 명하거나 상대방이 요구한 때에는 컴퓨터디스크 등에 입력한 사람과 입력한 일시, 출력한 사람과 출력한 일시를 밝혀야 한다.

③ 컴퓨터디스크 등에 기억된 정보가 도면·사진 등에 관한 것인 때에는 제1항과 제2항의 규정을 준용한다.

[본조신설 2007.10.29.]

제134조의8(음성·영상자료 등에 대한 증거조사) ① 녹음·녹화테이프, 컴퓨터용디스크, 그 밖에 이와 비슷한 방법으로 음성이나 영상을 녹음 또는 녹화(다음부터 이 조문 안에서 "녹음·녹화 등"이라 한다)하여 재생할 수 있는 매체(다음부터 이 조문 안에서 "녹음·녹화매체 등"이라 한다)에 대한 증거조사를 신청하는 때에는 음성이나 영상이 녹음·녹화 등이 된 사람, 녹음·녹화 등을 한 사람 및 녹음·녹화 등을 한 일시 · 장소를 밝혀야 한다.

② 녹음·녹화매체 등에 대한 증거조사를 신청한 당사자는 법원이 명하거나 상대방이 요구한 때에는 녹음·녹음매체 등의 녹취서, 그 밖에 그 내용을 설명하는 서면을 제출하여야 한다.

③ 녹음·녹화매체 등에 대한 증거조사는 녹음·녹화매체 등을 재생하여 청취 또는 시청하는 방법으로 한다.

[본조신설 2007.10.29.]

제134조의9(준용규정) 도면·사진 그 밖에 정보를 담기 위하여 만들어진 물건으로서 문서가 아닌 증거의 조사에 관하여는 특별한 규정이 없으면 법 제292조, 법 제292조의2의 규정을 준용한다. [본조신설 2007.10.29.]

제134조의10(피해자등의 의견진술) ① 법원은 필요하다고 인정하는 경우에는 직권으로 또는 법 제294조의2제1항에 정한 피해자등(이하 이 조 및 제134조의11에서

'피해자등' 이라 한다)의 신청에 따라 피해자등을 공판기일에 출석하게 하여 법 제294조의2제2항에 정한 사항으로서 범죄사실의 인정에 해당하지 않는 사항에 관하여 증인신문에 의하지 아니하고 의견을 진술하게 할 수 있다.

② 재판장은 재판의 진행상황 등을 고려하여 피해자등의 의견진술에 관한 사항과 그 시간을 미리 정할 수 있다.

③ 재판장은 피해자등의 의견진술에 대하여 그 취지를 명확하게 하기 위하여 피해자등에게 질문할 수 있고, 설명을 촉구할 수 있다.

④ 합의부원은 재판장에게 알리고 제3항의 행위를 할 수 있다.

⑤ 검사, 피고인 또는 변호인은 피해자등이 의견을 진술한 후 그 취지를 명확하게 하기 위하여 재판장의 허가를 받아 피해자등에게 질문할 수 있다.

⑥ 재판장은 다음 각 호의 어느 하나에 해당하는 경우에는 피해자등의 의견진술이나 검사, 피고인 또는 변호인의 피해자등에 대한 질문을 제한할 수 있다.

1. 피해자등이나 피해자 변호사가 이미 해당 사건에 관하여 충분히 진술하여 다시 진술할 필요가 없다고 인정되는 경우
2. 의견진술 또는 질문으로 인하여 공판절차가 현저하게 지연될 우려가 있다고 인정되는 경우
3. 의견진술과 질문이 해당 사건과 관계없는 사항에 해당된다고 인정되는 경우
4. 범죄사실의 인정에 관한 것이거나, 그 밖의 사유로 피해자등의 의견진술로서 상당하지 아니하다고 인정되는 경우

⑦ 제1항의 경우 법 제163조의2제1항, 제3항 및 제84조의3을 준용한다.

[본조신설 2015.6.29.]

제134조의11(의견진술에 갈음한 서면의 제출) ① 재판장은 재판의 진행상황, 그 밖의 사정을 고려하여 피해자등에게 제134조의10제1항의 의견진술에 갈음하여 의견을 기재한 서면을 제출하게 할 수 있다.

② 피해자등의 의견진술에 갈음하는 서면이 법원에 제출된 때에는 검사 및 피고인 또는 변호인에게 그 취지를 통지하여야 한다.

③ 제1항에 따라 서면이 제출된 경우 재판장은 공판기일에서 의견진술에 갈음하는 서면의 취지를 명확하게 하여야 한다. 이 경우 재판장은 상당하다고 인정하는 때에는 그 서면을 낭독하거나 요지를 고지할 수 있다.

④ 제2항의 통지는 서면, 전화, 전자우편, 모사전송, 휴대전화 문자전송 그 밖에 적당한 방법으로 할 수 있다.

[본조신설 2015.6.29.]

第134조의12(의견진술·의견진술에 갈음한 서면) 제134조의10제1항에 따른 진술과 제134조의11제1항에 따른 서면은 범죄사실의 인정을 위한 증거로 할 수 없다.

[본조신설 2015.6.29.]

第135조(자백의 조사 시기) 법 제312조 및 법 제313조에 따라 증거로 할 수 있는 피고인 또는 피고인 아닌 자의 진술을 기재한 조서 또는 서류가 피고인의 자백 진술을 내용으로 하는 경우에는 범죄사실에 관한 다른 증거를 조사한 후에 이를 조사하여야 한다.

[본조신설 2007.10.29.]

[종전 제135조는 제135조의2로 이동 <2007.10.29.>]

第135조의2(증거조사에 관한 이의신청의 사유) 법 제296조제1항의 규정에 의한 이의신청은 법령의 위반이 있거나 상당하지 아니함을 이유로 하여 이를 할 수 있다. 다만, 법 제295조의 규정에 의한 결정에 대한 이의신청은 법령의 위반이 있음을 이유로 하여서만 이를 할 수 있다.

[제135조에서 이동 <2007.10.19.>]

第136조(재판장의 처분에 대한 이의신청의 사유) 법 제304조제1항의 규정에 의한 이의신청은 법령의 위반이 있음을 이유로 하여서만 이를 할 수 있다.

第137조(이의신청의 방식과 시기) 제135조 및 제136조에 규정한 이의신청(이하 이 절에서는 "이의신청"이라 한다)은 개개의 행위, 처분 또는 결정시마다 그 이유를 간결하게 명시하여 즉시 이를 하여야 한다.

第138조(이의신청에 대한 결정의 시기) 이의신청에 대한 법 제296조제2항 또는 법 제304조제2항의 결정은 이의신청이 있은 후 즉시 이를 하여야 한다.

第139조(이의신청에 대한 결정의 방식) ①시기에 늦은 이의신청, 소송지연만을 목적으로 하는 것임이 명백한 이의신청은 결정으로 이를 기각하여야 한다. 다만, 시기에 늦은 이의신청이 중요한 사항을 대상으로 하고 있는 경우에는 시기에 늦은 것만을 이유로 하여 기각하여서는 아니된다.

②이의신청이 이유없다고 인정되는 경우에는 결정으로 이를 기각하여야 한다.

③이의신청이 이유있다고 인정되는 경우에는 결정으로 이의신청의 대상이 된 행위, 처분 또는 결정을 중지, 철회, 취소, 변경하는 등 그 이의신청에 상응하는 조치를 취하여야 한다.

④증거조사를 마친 증거가 증거능력이 없음을 이유로 한 이의신청을 이유있다고 인정

할 경우에는 그 증거의 전부 또는 일부를 배제한다는 취지의 결정을 하여야 한다.

제140조(중복된 이의신청의 금지) 이의신청에 대한 결정에 의하여 판단이 된 사항에 대하여는 다시 이의신청을 할 수 없다.

제140조의2(피고인신문의 방법) 피고인을 신문함에 있어서 그 진술을 강요하거나 답변을 유도하거나 그 밖에 위압적·모욕적 신문을 하여서는 아니 된다.

[본조신설 2007.10.29.]

제140조의3(재정인의 퇴정) 재판장은 피고인이 어떤 재정인의 앞에서 충분한 진술을 할 수 없다고 인정한 때에는 그 재정인을 퇴정하게 하고 진술하게 할 수 있다.

[본조신설 2007.10.29.]

제141조(석명권등) ①재판장은 소송관계를 명료하게 하기 위하여 검사, 피고인 또는 변호인에게 사실상과 법률상의 사항에 관하여 석명을 구하거나 입증을 촉구할 수 있다.

②합의부원은 재판장에게 고하고 제1항의 조치를 할 수 있다.

③검사, 피고인 또는 변호인은 재판장에 대하여 제1항의 석명을 위한 발문을 요구할 수 있다.

제142조(공소장의 변경) ①검사가 법 제298조제1항에 따라 공소장에 기재한 공소사실 또는 적용법조의 추가, 철회 또는 변경(이하 "공소장의 변경"이라 한다)을 하고자 하는 때에는 그 취지를 기재한 공소장변경허가신청서를 법원에 제출하여야 한다. <개정 2007.10.29.>

②제1항의 공소장변경허가신청서에는 피고인의 수에 상응한 부본을 첨부하여야 한다.

③법원은 제2항의 부본을 피고인 또는 변호인에게 즉시 송달하여야 한다.

④ 공소장의 변경이 허가된 때에는 검사는 공판기일에 제1항의 공소장변경허가신청서에 의하여 변경된 공소사실·죄명 및 적용법조를 낭독하여야 한다. 다만, 재판장은 필요하다고 인정하는 때에는 공소장변경의 요지를 진술하게 할 수 있다. <개정 2007.10.29.>

⑤법원은 제1항의 규정에도 불구하고 피고인이 재정하는 공판정에서는 피고인에게 이익이 되거나 피고인이 동의하는 경우 구술에 의한 공소장변경을 허가할 수 있다. <신설 1996.12.3.>

제143조(공판절차정지후의 공판절차의 갱신) 공판개정후 법 제306조제1항의 규정에 의하여 공판절차가 정지된 경우에는 그 정지사유가 소멸한 후의 공판기일에 공판절차를 갱신하여야 한다.

제144조(공판절차의 갱신절차) ① 법 제301조, 법 제301조의2 또는 제143조에 따른 공판절차의 갱신은 다음 각 호의 규정에 의한다.

1. 재판장은 제127조의 규정에 따라 피고인에게 진술거부권 등을 고지한 후 법 제284조에 따른 인정신문을 하여 피고인임에 틀림없음을 확인하여야 한다.
2. 재판장은 검사로 하여금 공소장 또는 공소장변경허가신청서에 의하여 공소사실, 죄명 및 적용법조를 낭독하게 하거나 그 요지를 진술하게 하여야 한다.
3. 재판장은 피고인에게 공소사실의 인정 여부 및 정상에 관하여 진술할 기회를 주어야 한다.
4. 재판장은 갱신전의 공판기일에서의 피고인이나 피고인이 아닌 자의 진술 또는 법원의 검증결과를 기재한 조서에 관하여 증거조사를 하여야 한다.
5. 재판장은 갱신전의 공판기일에서 증거조사된 서류 또는 물건에 관하여 다시 증거조사를 하여야 한다. 다만, 증거능력 없다고 인정되는 서류 또는 물건과 증거로 함이 상당하지 아니하다고 인정되고 검사, 피고인 및 변호인이 이의를 하지 아니하는 서류 또는 물건에 대하여는 그러하지 아니하다.

② 재판장은 제1항제4호 및 제5호에 규정한 서류 또는 물건에 관하여 증거조사를 함에 있어서 검사, 피고인 및 변호인의 동의가 있는 때에는 그 전부 또는 일부에 관하여 법 제292조·제292조의2·제292조의3에 규정한 방법에 갈음하여 상당하다고 인정하는 방법으로 이를 할 수 있다.

[전문개정 2007.10.29.]

제145조(변론시간의 제한) 재판장은 필요하다고 인정하는 경우 검사, 피고인 또는 변호인의 본질적인 권리를 해치지 아니하는 범위내에서 법 제302조 및 법 제303조의 규정에 의한 의견진술의 시간을 제한할 수 있다.

제2절 공판의 재판

제146조(판결서의 작성) 변론을 종결한 기일에 판결을 선고하는 경우에는 선고 후 5일 내에 판결서를 작성하여야 한다.

[전문개정 2007.10.29.]

제147조(판결의 선고) ① 재판장은 판결을 선고할 때 피고인에게 이유의 요지를 말이나 판결서 등본 또는 판결서 초본의 교부 등 적절한 방법으로 설명한다.

② 재판장은 판결을 선고하면서 피고인에게 적절한 훈계를 할 수 있다.

[전문개정 2016.6.27.]

제147조의2(보호관찰의 취지등의 고지, 보호처분의 기간) ①재판장은 판결을 선고함에 있어서 피고인에게 형법 제59조의2, 형법 제62조의2의 규정에 의하여 보호관찰, 사회봉사 또는 수강(이하 "保護觀察등"이라고 한다)을 명하는 경우에는 그 취지 및 필요하다고 인정하는 사항이 적힌 서면을 교부하여야 한다. <개정 2016.2.19.>

②법원은 판결을 선고함에 있어 형법 제62조의2의 규정에 의하여 사회봉사 또는 수강을 명하는 경우에는 피고인이 이행하여야 할 총 사회봉사시간 또는 수강시간을 정하여야 한다. 이 경우 필요하다고 인정하는 때에는 사회봉사 또는 수강할 강의의 종류나 방법 및 그 시설 등을 지정할 수 있다.

③형법 제62조의2제2항의 사회봉사명령은 500시간, 수강명령은 200시간을 각 초과할 수 없으며, 보호관찰관이 그 명령을 집행함에는 본인의 정상적인 생활을 방해하지 아니하도록 한다. <개정 1998.6.20.>

④형법 제62조의2제1항의 보호관찰·사회봉사·수강명령은 둘 이상 병과할 수 있다. <신설 1998.6.20.>

⑤사회봉사·수강명령이 보호관찰과 병과하여 부과된 때에는 보호관찰기간내에 이를 집행하여야 한다. <신설 1998.6.20.>

[본조신설 1996.12.3.]

제147조의3(보호관찰의 판결등의 통지) ①보호관찰등을 조건으로 한 판결이 확정된 때에 당해 사건이 확정된 법원의 법원사무관등은 3일 이내에 판결문등본을 대상자의 주거지를 관할하는 보호관찰소의 장에게 송부하여야 한다. <개정 1998.6.20.>

②제1항의 서면에는 법원의 의견 기타 보호관찰등의 자료가 될 만한 사항을 기재한 서면을 첨부할 수 있다.

[본조신설 1996.12.3.]

제147조의4(보호관찰등의 성적보고) 보호관찰등을 명한 판결을 선고한 법원은 보호관찰등의 기간 중 보호관찰소장에게 보호관찰 등을 받고 있는 자의 성적에 관하여 보고를 하게 할 수 있다. [본조신설 1996.12.3.]

제148조(피고인에 대한 판결서 등본 등의 송달) ① 법원은 피고인에 대하여 판결을 선고한 때에는 선고일부터 7일 이내에 피고인에게 그 판결서 등본을 송달하여야 한다. 다만, 피고인이 동의하는 경우에는 그 판결서 초본을 송달할 수 있다.

② 제1항에 불구하고 불구속 피고인과 법 제331조의 규정에 의하여 구속영장의 효력이 상실된 구속 피고인에 대하여는 피고인이 송달을 신청하는 경우에 한하여 판결서 등본 또는 판결서 초본을 송달한다. [전문개정 2016.6.27.]

제149조(집행유예취소청구의 방식) 법 제335조제1항의 규정한 형의 집행유예취소청구는 취소의 사유를 구체적으로 기재한 서면으로 하여야 한다.

제149조의2(자료의 제출) 형의 집행유예취소청구를 한 때에는 취소의 사유가 있다는 것을 인정할 수 있는 자료를 제출하여야 한다. [본조신설 1996.12.3.]

제149조의3(청구서부본의 제출과 송달) ①형법 제64조제2항의 규정에 의한 집행유예취소청구를 한 때에는 검사는 청구와 동시에 청구서의 부본을 법원에 제출하여야 한다.

②법원은 제1항의 부본을 받은 때에는 지체없이 집행유예의 선고를 받은 자에게 송달하여야 한다.

[본조신설 1996.12.3.]

제150조(출석명령) 형의 집행유예취소청구를 받은 법원은 법 제335조제2항의 규정에 의한 의견을 묻기 위하여 필요하다고 인정할 경우에는 집행유예의 선고를 받은 자 또는 그 대리인의 출석을 명할 수 있다. <개정 1996.12.3.>

제150조의2(준용규정) 제149조 내지 제150조의 규정은 형법 제61조제2항의 규정에 의하여 유예한 형을 선고하는 경우에 준용한다. [본조신설 1996.12.3.]

제151조(경합범중 다시 형을 정하는 절차 등에의 준용) 제149조, 제149조의2 및 제150조의 규정은 법 제336조에 규정한 절차에 이를 준용한다. <개정 1996.12.3.>

제3편 상소

제1장 통칙

제152조(재소자의 상소장등의 처리) ①교도소장, 구치소장 또는 그 직무를 대리하는 자가 법 제344조제1항의 규정에 의하여 상소장을 제출받은 때에는 그 제출받은 연월일을 상소장에 부기하여 즉시 이를 원심법원에 송부하여야 한다.

② 제1항의 규정은 교도소장, 구치소장 또는 그 직무를 대리하는 자가 법 제355조에 따라 정식재판청구나 상소권회복청구 또는 상소의 포기나 취하의 서면 및 상소이유서를 제출받은 때 및 법 제487조부터 법 제489조까지의 신청과 그 취하에 이를 준용한다. <개정 2007.10.29.>

제153조(상소의 포기 또는 취하에 관한 동의서의 제출) ①법 제350조에 규정한 피고인이 상소의 포기 또는 취하를 할 때에는 법정대리인이 이에 동의하는 취지의 서면을 제출하여야 한다.

②피고인의 법정대리인 또는 법 제341조에 규정한 자가 상소의 취하를 할 때에는 피고인이 이에 동의하는 취지의 서면을 제출하여야 한다.

제154조(상소의 포기 또는 취하의 효력을 다투는 절차) ①상소의 포기 또는 취하가 부존재 또는 무효임을 주장하는 자는 그 포기 또는 취하당시 소송기록이 있었던 법원에 절차속행의 신청을 할 수 있다.

②제1항의 신청을 받은 법원은 신청이 이유있다고 인정하는 때에는 신청을 인용하는 결정을 하고 절차를 속행하여야 하며, 신청이 이유없다고 인정하는 때에는 결정으로 신청을 기각하여야 한다.

③제2항 후단의 신청기각결정에 대하여는 즉시 항고할 수 있다.

제2장 항소

제155조(항소이유서, 답변서의 기재) 항소이유서 또는 답변서에는 항소이유 또는 답변내용을 구체적으로 간결하게 명시하여야 한다.

제156조(항소이유서, 답변서의 부본제출) 항소이유서 또는 답변서에는 상대방의 수에 2를 더한 수의 부본을 첨부하여야 한다. <개정 1996.12.3.>

제156조의2(국선변호인의 선정 및 소송기록접수통지) ①기록의 송부를 받은 항소법원은 법 제33조제1항제1호부터 제6호까지의 필요적 변호사건에 있어서 변호인이 없는 경우에는 지체없이 변호인을 선정한 후 그 변호인에게 소송기록접수통지를 하여야 한다. 법 제33조제3항에 의하여 국선변호인을 선정한 경우에도 그러하다. <개정 2006.3.23., 2006.8.17., 2016.6.27.>

②항소법원은 항소이유서 제출기간이 도과하기 전에 피고인으로부터 법 제33조제2항의 규정에 따른 국선변호인 선정청구가 있는 경우에는 지체없이 그에 관한 결정을 하여야 하고, 이 때 변호인을 선정한 경우에는 그 변호인에게 소송기록접수통지를 하여야 한다. <신설 2006.3.23., 2006.8.17.>

③제1항, 제2항의 규정에 따라 국선변호인 선정결정을 한 후 항소이유서 제출기간 내에 피고인이 책임질 수 없는 사유로 그 선정결정을 취소하고 새로운 국선변호인을 선정한 경우에도 그 변호인에게 소송기록접수통지를 하여야 한다. <신설 2006.3.23.>

④항소법원이 제2항의 국선변호인 선정청구를 기각한 경우에는 피고인이 국선변호인 선정청구를 한 날로부터 선정청구기각결정등본을 송달받은 날까지의 기간을 법 제361조의3제1항이 정한 항소이유서 제출기간에 산입하지 아니한다. 다만, 피고인

이 최초의 국선변호인 선정청구기각결정을 받은 이후 같은 법원에 다시 선정청구를 한 경우에는 그 국선변호인 선정청구일로부터 선정청구기각결정등본 송달일까지의 기간에 대해서는 그러하지 아니하다. <신설 2006.3.23.>

[본조신설 1996.12.3.]

제156조의3(항소이유 및 답변의 진술) ① 항소인은 그 항소이유를 구체적으로 진술하여야 한다.

② 상대방은 항소인의 항소이유 진술이 끝난 뒤에 항소이유에 대한 답변을 구체적으로 진술하여야 한다.

③ 피고인 및 변호인은 이익이 되는 사실 등을 진술할 수 있다.

[본조신설 2007.10.29.]

제156조의4(쟁점의 정리) 법원은 항소이유와 답변에 터잡아 해당 사건의 사실상·법률상 쟁점을 정리하여 밝히고 그 증명되어야 하는 사실을 명확히 하여야 한다.

[본조신설 2007.10.29.]

제156조의5(항소심과 증거조사) ① 재판장은 증거조사절차에 들어가기에 앞서 제1심의 증거관계와 증거조사결과의 요지를 고지하여야 한다.

② 항소심 법원은 다음 각호의 어느 하나에 해당하는 경우에 한하여 증인을 신문할 수 있다.

1. 제1심에서 조사되지 아니한 데에 대하여 고의나 중대한 과실이 없고, 그 신청으로 인하여 소송을 현저하게 지연시키지 아니하는 경우
2. 제1심에서 증인으로 신문하였으나 새로운 중요한 증거의 발견 등으로 항소심에서 다시 신문하는 것이 부득이하다고 인정되는 경우
3. 그 밖에 항소의 당부에 관한 판단을 위하여 반드시 필요하다고 인정되는 경우

[본조신설 2007.10.29.]

제156조의6(항소심에서의 피고인 신문) ① 검사 또는 변호인은 항소심의 증거조사가 종료한 후 항소이유의 당부를 판단함에 필요한 사항에 한하여 피고인을 신문할 수 있다.

② 재판장은 제1항에 따라 피고인 신문을 실시하는 경우에도 제1심의 피고인 신문과 중복되거나 항소이유의 당부를 판단하는 데 필요 없다고 인정하는 때에는 그 신문의 전부 또는 일부를 제한할 수 있다.

③ 재판장은 필요하다고 인정하는 때에는 피고인을 신문할 수 있다.

[본조신설 2007.10.29.]

제156조의7(항소심에서의 의견진술) ① 항소심의 증거조사와 피고인 신문절차가 종료한 때에는 검사는 원심 판결의 당부와 항소이유에 대한 의견을 구체적으로 진술하여야 한다.

② 재판장은 검사의 의견을 들은 후 피고인과 변호인에게도 제1항의 의견을 진술할 기회를 주어야 한다.

[본조신설 2007.10.29.]

제157조(환송 또는 이송판결이 확정된 경우 소송기록 등의 송부) 법 제366조 또는 법 제367조 본문의 규정에 의한 환송 또는 이송판결이 확정된 경우에는 다음 각 호의 규정에 의하여 처리하여야 한다. <개정 1996.12.3.>

1. 항소법원은 판결확정일로부터 7일 이내에 소송기록과 증거물을 환송 또는 이송받을 법원에 송부하고, 항소법원에 대응하는 검찰청 검사에게 그 사실을 통지하여야 한다.
2. 제1호의 송부를 받은 법원은 지체없이 그 법원에 대응한 검찰청 검사에게 그 사실을 통지하여야 한다.
3. 피고인이 교도소 또는 구치소에 있는 경우에는 항소법원에 대응한 검찰청 검사는 제1호의 통지를 받은 날로부터 10일 이내에 피고인을 환송 또는 이송받을 법원소재지의 교도소나 구치소에 이감한다.

제158조(변호인 선임의 효력) 원심법원에서의 변호인 선임은 법 제366조 또는 법 제367조의 규정에 의한 환송 또는 이송이 있은 후에도 효력이 있다.

제159조(준용규정) 제2편중 공판에 관한 규정은 항소법원의 공판절차에 이를 준용한다.

제3장 상고

제160조(상고이유서, 답변서의 부본 제출) 상고이유서 또는 답변서에는 상대방의 수에 4를 더한 수의 부본을 첨부하여야 한다. <개정 1996.12.3.>

제161조(피고인에 대한 공판기일의 통지등) ①법원사무관 등은 피고인에게 공판기일통지서를 송달하여야 한다. <개정 1996.12.3.>

②상고심에서는 공판기일을 지정하는 경우에도 피고인의 이감을 요하지 아니한다. <개정 1996.12.3.>

③상고한 피고인에 대하여 이감이 있는 경우에는 검사는 지체없이 이를 대법원에 통지하여야 한다. <신설 1996.12.3.> [제목개정 1996.12.3.]

제161조의2(참고인 의견서 제출) ① 국가기관과 지방자치단체는 공익과 관련된 사항에 관하여 대법원에 재판에 관한 의견서를 제출할 수 있고, 대법원은 이들에게 의견서를 제출하게 할 수 있다.

② 대법원은 소송관계를 분명하게 하기 위하여 공공단체 등 그 밖의 참고인에게 의견서를 제출하게 할 수 있다.

[본조신설 2015.1.28.]

제162조(대법관전원합의체사건에 관하여 부에서 할 수 있는 재판) 대법관전원합의체에서 본안재판을 하는 사건에 관하여 구속, 구속기간의 갱신, 구속의 취소, 보석, 보석의 취소, 구속의 집행정지, 구속의 집행정지의 취소를 함에는 대법관 3인 이상으로써 구성된 부에서 재판할 수 있다. <개정 1998.3.23.>

[제목개정 1988.3.23.]

제163조(판결정정신청의 통지) 법 제400조제1항에 규정한 판결정정의 신청이 있는 때에는 즉시 그 취지를 상대방에게 통지하여야 한다.

제164조(준용규정) 제155조, 제156조의2, 제157조제1호, 제2호의 규정은 상고심의 절차에 이를 준용한다. <개정 1996.12.3.>

제4장 항고

제165조(항고법원의 결정등본의 송부) 항고법원이 법 제413조 또는 법 제414조에 규정한 결정을 한 때에는 즉시 그 결정의 등본을 원심법원에 송부하여야 한다.

제4편 특별소송절차

제1장 재심

제166조(재심청구의 방식) 재심의 청구를 함에는 재심청구의 취지 및 재심청구의 이유를 구체적으로 기재한 재심청구서에 원판결의 등본 및 증거자료를 첨부하여 관할법원에 제출하여야 한다.

제167조(재심청구 취하의 방식) ①재심청구의 취하는 서면으로 하여야 한다. 다만, 공판정에서는 구술로 할 수 있다.

②구술로 재심청구의 취하를 한 경우에는 그 사유를 조서에 기재하여야 한다.

제168조(준용규정) 제152조의 규정은 재심의 청구와 그 취하에 이를 준용한다.

제169조(청구의 경합과 공판절차의 정지) ①항소기각의 확정판결과 그 판결에 의하여 확정된 제1심판결에 대하여 각각 재심의 청구가 있는 경우에 항소법원은 결정으로 제1심법원의 소송절차가 종료할 때까지 소송절차를 정지하여야 한다.

②상고기각의 판결과 그 판결에 의하여 확정된 제1심 또는 제2심의 판결에 대하여 각각 재심의 청구가 있는 경우에 상고법원은 결정으로 제1심법원 또는 항소법원의 소송절차가 종료할 때까지 소송절차를 정지하여야 한다.

제2장 약식절차

제170조(서류 등의 제출) 검사는 약식명령의 청구와 동시에 약식명령을 하는데 필요한 증거서류 및 증거물을 법원에 제출하여야 한다.

제171조(약식명령의 시기) 약식명령은 그 청구가 있은 날로부터 14일내에 이를 하여야 한다.

제172조(보통의 심판) ①법원사무관등은 약식명령의 청구가 있는 사건을 법 제450조의 규정에 따라 공판절차에 의하여 심판하기로 한 때에는 즉시 그 취지를 검사에게 통지하여야 한다. <개정 1996.12.3.>

②제1항의 통지를 받은 검사는 5일이내에 피고인수에 상응한 공소장 부본을 법원에 제출하여야 한다. <개정 1996.12.3.>

③법원은 제2항의 공소장 부본에 관하여 법 제266조에 규정한 조치를 취하여야 한다.

제173조(준용규정) 제153조의 규정은 정식재판청구의 취하에 이를 준용한다.

제5편 재판의 집행

제174조(소송비용의 집행면제 등의 신청 등) ①법 제487조 내지 법 제489조의 규정에 의한 신청 및 그 취하는 서면으로 하여야 한다.

②제152조의 규정은 제1항의 신청과 그 취하에 이를 준용한다.

제175조(소송비용의 집행면제 등의 신청 등의 통지) 법원은 제174조제1항에 규정한 신청 또는 그 취하의 서면을 제출받은 경우에는 즉시 그 취지를 검사에게 통지하여야 한다.

제6편 보칙

제176조(신청 기타 진술의 방식) ①법원 또는 판사에 대한 신청 기타 진술은 법 및 이 규칙에 다른 규정이 없으면 서면 또는 구술로 할 수 있다.

②구술에 의하여 신청 기타의 진술을 할 때에는 법원사무관등의 면전에서 하여야 한다.

③제2항의 경우에 법원사무관등은 조서를 작성하고 기명날인하여야 한다. <개정 1996.12.3.>

제177조(재소자의 신청 기타 진술) 교도소장, 구치소장 또는 그 직무를 대리하는 자는 교도소 또는 구치소에 있는 피고인이나 피의자가 법원 또는 판사에 대한 신청 기타 진술에 관한 서면을 작성하고자 할 때에는 그 편의를 도모하여야 하고, 특히 피고인이나 피의자가 그 서면을 작성할 수 없을 때에는 법 제344조제2항의 규정에 준하는 조치를 취하여야 한다.

제177조의2(기일 외 주장 등의 금지) ① 소송관계인은 기일 외에서 구술, 전화, 휴대전화 문자전송, 그 밖에 이와 유사한 방법으로 신체구속, 공소사실 또는 양형에 관하여 법률상·사실상 주장을 하는 등 법령이나 재판장의 지휘에 어긋나는 절차와 방식으로 소송행위를 하여서는 아니 된다.

② 재판장은 제1항을 어긴 소송관계인에게 주의를 촉구하고 기일에서 그 위반사실을 알릴 수 있다.

[본조신설 2016.9.6.]

제178조(영장의 유효기간) 영장의 유효기간은 7일로 한다. 다만, 법원 또는 법관이 상당하다고 인정하는 때에는 7일을 넘는 기간을 정할 수 있다.

[본조신설 1996.12.3.]

제179조 삭제 <2016. 11. 29.>

부칙 <제2696호, 2016.11.29.>

제1조(시행일) 이 규칙은 2016년 12월 1일부터 시행한다.

제2조 생략

제3조(다른 규칙의 개정) ① 형사소송규칙 일부를 다음과 같이 개정한다.

제179조를 삭제한다.

② 생략

형사보상 및 명예회복에 관한 법률

[시행 2018.3.20.] [법률 제15496호, 2018.3.20., 일부개정]

제1장 총칙

제1조(목적) 이 법은 형사소송 절차에서 무죄재판 등을 받은 자에 대한 형사보상 및 명예회복을 위한 방법과 절차 등을 규정함으로써 무죄재판 등을 받은 자에 대한 정당한 보상과 실질적 명예회복에 이바지함을 목적으로 한다.

제2장 형사보상

제2조(보상 요건) ① 「형사소송법」에 따른 일반 절차 또는 재심(再審)이나 비상상고(非常上告) 절차에서 무죄재판을 받아 확정된 사건의 피고인이 미결구금(未決拘禁)을 당하였을 때에는 이 법에 따라 국가에 대하여 그 구금에 대한 보상을 청구할 수 있다.

② 상소권회복에 의한 상소, 재심 또는 비상상고의 절차에서 무죄재판을 받아 확정된 사건의 피고인이 원판결(原判決)에 의하여 구금되거나 형 집행을 받았을 때에는 구금 또는 형의 집행에 대한 보상을 청구할 수 있다.

③ 「형사소송법」 제470조제3항에 따른 구치(拘置)와 같은 법 제473조부터 제475조까지의 규정에 따른 구속은 제2항을 적용할 때에는 구금 또는 형의 집행으로 본다.

제3조(상속인에 의한 보상청구) ① 제2조에 따라 보상을 청구할 수 있는 자가 그 청구를 하지 아니하고 사망하였을 때에는 그 상속인이 이를 청구할 수 있다.

② 사망한 자에 대하여 재심 또는 비상상고의 절차에서 무죄재판이 있었을 때에는 보상의 청구에 관하여는 사망한 때에 무죄재판이 있었던 것으로 본다.

제4조(보상하지 아니할 수 있는 경우) 다음 각 호의 어느 하나에 해당하는 경우에는 법원은 재량(裁量)으로 보상청구의 전부 또는 일부를 기각(棄却)할 수 있다.

1. 「형법」 제9조 및 제10조제1항의 사유로 무죄재판을 받은 경우
2. 본인이 수사 또는 심판을 그르칠 목적으로 거짓 자백을 하거나 다른 유죄의 증거를 만듦으로써 기소(起訴), 미결구금 또는 유죄재판을 받게 된 것으로 인정된 경우

3. 1개의 재판으로 경합범(競合犯)의 일부에 대하여 무죄재판을 받고 다른 부분에 대하여 유죄재판을 받았을 경우

제5조(보상의 내용) ① 구금에 대한 보상을 할 때에는 그 구금일수(拘禁日數)에 따라 1일당 보상청구의 원인이 발생한 연도의 「최저임금법」에 따른 일급(日給) 최저임금액 이상 대통령령으로 정하는 금액 이하의 비율에 의한 보상금을 지급한다.

② 법원은 제1항의 보상금액을 산정할 때 다음 각 호의 사항을 고려하여야 한다. <개정 2018.3.20.>

1. 구금의 종류 및 기간의 장단(長短)
2. 구금기간 중에 입은 재산상의 손실과 얻을 수 있었던 이익의 상실 또는 정신적인 고통과 신체 손상
3. 경찰·검찰·법원의 각 기관의 고의 또는 과실 유무
4. 무죄재판의 실질적 이유가 된 사정
5. 그 밖에 보상금액 산정과 관련되는 모든 사정

③ 사형 집행에 대한 보상을 할 때에는 집행 전 구금에 대한 보상금 외에 3천만원 이내에서 모든 사정을 고려하여 법원이 타당하다고 인정하는 금액을 더하여 보상한다. 이 경우 본인의 사망으로 인하여 발생한 재산상의 손실액이 증명되었을 때에는 그 손실액도 보상한다.

④ 벌금 또는 과료(科料)의 집행에 대한 보상을 할 때에는 이미 징수한 벌금 또는 과료의 금액에 징수일의 다음 날부터 보상 결정일까지의 일수에 대하여 「민법」 제379조의 법정이율을 적용하여 계산한 금액을 더한 금액을 보상한다.

⑤ 노역장유치(勞役場留置)의 집행을 한 경우 그에 대한 보상에 관하여는 제1항을 준용한다.

⑥ 몰수(沒收) 집행에 대한 보상을 할 때에는 그 몰수물을 반환하고, 그것이 이미 처분되었을 때에는 보상결정 시의 시가(時價)를 보상한다.

⑦ 추징금(追徵金)에 대한 보상을 할 때에는 그 액수에 징수일의 다음 날부터 보상 결정일까지의 일수에 대하여 「민법」 제379조의 법정이율을 적용하여 계산한 금액을 더한 금액을 보상한다.

제6조(손해배상과의 관계) ① 이 법은 보상을 받을 자가 다른 법률에 따라 손해배상을 청구하는 것을 금지하지 아니한다.

② 이 법에 따른 보상을 받을 자가 같은 원인에 대하여 다른 법률에 따라 손해배상을 받은 경우에 그 손해배상의 액수가 이 법에 따라 받을 보상금의 액수와 같거나

그보다 많을 때에는 보상하지 아니한다. 그 손해배상의 액수가 이 법에 따라 받을 보상금의 액수보다 적을 때에는 그 손해배상 금액을 빼고 보상금의 액수를 정하여야 한다.

③ 다른 법률에 따라 손해배상을 받을 자가 같은 원인에 대하여 이 법에 따른 보상을 받았을 때에는 그 보상금의 액수를 빼고 손해배상의 액수를 정하여야 한다.

제7조(관할법원) 보상청구는 무죄재판을 한 법원에 대하여 하여야 한다.

제8조(보상청구의 기간) 보상청구는 무죄재판이 확정된 사실을 안 날부터 3년, 무죄재판이 확정된 때부터 5년 이내에 하여야 한다.

제9조(보상청구의 방식) ① 보상청구를 할 때에는 보상청구서에 재판서의 등본과 그 재판의 확정증명서를 첨부하여 법원에 제출하여야 한다.

② 보상청구서에는 다음 각 호의 사항을 적어야 한다.

1. 청구자의 등록기준지, 주소, 성명, 생년월일
2. 청구의 원인이 된 사실과 청구액

제10조(상속인의 소명) 상속인이 보상을 청구할 때에는 본인과의 관계와 같은 순위의 상속인 유무를 소명(疏明)할 수 있는 자료를 제출하여야 한다.

제11조(상속인의 보상청구의 효과) ① 보상청구를 할 수 있는 같은 순위의 상속인이 여러 명인 경우에 그 중 1명이 보상청구를 하였을 때에는 보상을 청구할 수 있는 모두를 위하여 그 전부에 대하여 보상청구를 한 것으로 본다.

② 제1항의 경우에 청구를 한 상속인 외의 상속인은 공동청구인으로서 절차에 참가할 수 있다.

③ 법원은 제1항의 경우에 보상을 청구할 수 있는 같은 순위의 다른 상속인이 있다는 사실을 알았을 때에는 지체 없이 그 상속인에게 보상청구가 있었음을 통지하여야 한다.

제12조(보상청구의 취소) ① 같은 순위의 상속인이 여러 명인 경우에 보상을 청구한 자는 나머지 모두의 동의 없이 청구를 취소할 수 없다.

② 보상청구를 취소한 경우에 보상청구권자는 다시 보상을 청구할 수 없다.

제13조(대리인에 의한 보상청구) 보상청구는 대리인을 통하여서도 할 수 있다.

제14조(보상청구에 대한 재판) ① 보상청구는 법원 합의부에서 재판한다.

② 보상청구에 대하여는 법원은 검사와 청구인의 의견을 들은 후 결정을 하여야 한다.

③ 보상청구를 받은 법원은 6개월 이내에 보상결정을 하여야 한다. <신설

2018.3.20.>

④ 제2항에 따른 결정의 정본(正本)은 검사와 청구인에게 송달하여야 한다. <개정 2018.3.20.>

제15조(직권조사사항) 법원은 보상청구의 원인이 된 사실인 구금일수 또는 형 집행의 내용에 관하여 직권으로 조사를 하여야 한다.

제16조(보상청구 각하의 결정) 법원은 다음 각 호의 어느 하나에 해당하는 경우에는 보상청구를 각하(却下)하는 결정을 하여야 한다.

1. 보상청구의 절차가 법령으로 정한 방식을 위반하여 보정(補正)할 수 없을 경우
2. 청구인이 법원의 보정명령에 따르지 아니할 경우
3. 제8조에 따른 보상청구의 기간이 지난 후에 보상을 청구하였을 경우

제17조(보상 또는 청구기각의 결정) ① 보상의 청구가 이유 있을 때에는 보상결정을 하여야 한다.

② 보상의 청구가 이유 없을 때에는 청구기각의 결정을 하여야 한다.

제18조(결정의 효과) 보상청구를 할 수 있는 같은 순위의 상속인이 여러 명인 경우에 그 중 1명에 대한 제17조의 보상결정이나 청구기각의 결정은 같은 순위자 모두에 대하여 한 것으로 본다.

제19조(보상청구의 중단과 승계) ① 보상을 청구한 자가 청구절차 중 사망하거나 상속인 자격을 상실한 경우에 다른 청구인이 없을 때에는 청구의 절차는 중단된다.

② 제1항의 경우에 보상을 청구한 자의 상속인 또는 보상을 청구한 상속인과 같은 순위의 상속인은 2개월 이내에 청구의 절차를 승계할 수 있다.

③ 법원은 제2항에 따라 절차를 승계할 수 있는 자로서 법원에 알려진 자에게는 지체 없이 제2항의 기간 내에 청구의 절차를 승계할 것을 통지하여야 한다.

④ 제2항의 기간 내에 절차를 승계하는 신청이 없을 때에는 법원은 청구를 각하하는 결정을 하여야 한다.

제20조(불복신청) ① 제17조제1항에 따른 보상결정에 대하여는 1주일 이내에 즉시항고(卽時抗告)를 할 수 있다.

② 제17조제2항에 따른 청구기각 결정에 대하여는 즉시항고를 할 수 있다.

제21조(보상금 지급청구) ① 보상금 지급을 청구하려는 자는 보상을 결정한 법원에 대응하는 검찰청에 보상금 지급청구서를 제출하여야 한다.

② 제1항의 청구서에는 법원의 보상결정서를 첨부하여야 한다.

③ 보상결정이 송달된 후 2년 이내에 보상금 지급청구를 하지 아니할 때에는 권리

를 상실한다.

④ 보상금을 받을 수 있는 자가 여러 명인 경우에는 그 중 1명이 한 보상금 지급청구는 보상결정을 받은 모두를 위하여 그 전부에 대하여 보상금 지급청구를 한 것으로 본다.

제21조의2(보상금 지급기한 등) ① 보상금 지급청구서를 제출받은 검찰청은 3개월 이내에 보상금을 지급하여야 한다.

② 제1항에 따른 기한까지 보상금을 지급하지 아니한 경우에는 그 다음 날부터 지급하는 날까지의 지연 일수에 대하여 「민법」 제379조의 법정이율에 따른 지연이자를 지급하여야 한다.

[본조신설 2018.3.20.]

제22조(보상금 지급의 효과) 보상금을 받을 수 있는 자가 여러 명인 경우에는 그 중 1명에 대한 보상금 지급은 그 모두에 대하여 효력이 발생한다.

제23조(보상청구권의 양도 및 압류의 금지) 보상청구권은 양도하거나 압류할 수 없다. 보상금 지급청구권도 또한 같다.

제24조(준용규정) 이 법에 따른 결정과 즉시항고에 관하여는 이 법에 특별한 규정이 있는 것을 제외하고는 「형사소송법」의 규정을 준용한다. 기간에 관하여도 또한 같다.

제25조(보상결정의 공시) ① 법원은 보상결정이 확정되었을 때에는 2주일 내에 보상결정의 요지를 관보에 게재하여 공시하여야 한다. 이 경우 보상결정을 받은 자의 신청이 있을 때에는 그 결정의 요지를 신청인이 선택하는 두 종류 이상의 일간신문에 각각 한 번씩 공시하여야 하며 그 공시는 신청일부터 30일 이내에 하여야 한다.

② 제6조제2항 전단에 규정된 이유로 보상청구를 기각하는 결정이 확정되었을 때에는 제1항을 준용한다.

제26조(면소 등의 경우) ① 다음 각 호의 어느 하나에 해당하는 경우에도 국가에 대하여 구금에 대한 보상을 청구할 수 있다.

1. 「형사소송법」에 따라 면소(免訴) 또는 공소기각(公訴棄却)의 재판을 받아 확정된 피고인이 면소 또는 공소기각의 재판을 할 만한 사유가 없었더라면 무죄재판을 받을 만한 현저한 사유가 있었을 경우
2. 「치료감호법」 제7조에 따라 치료감호의 독립 청구를 받은 피치료감호청구인의 치료감호사건이 범죄로 되지 아니하거나 범죄사실의 증명이 없는 때에 해당되어 청구기각의 판결을 받아 확정된 경우

② 제1항에 따른 보상에 대하여는 무죄재판을 받아 확정된 사건의 피고인에 대한 보상에 관한 규정을 준용한다. 보상결정의 공시에 대하여도 또한 같다.

제27조(피의자에 대한 보상) ① 피의자로서 구금되었던 자 중 검사로부터 공소를 제기하지 아니하는 처분을 받은 자는 국가에 대하여 그 구금에 대한 보상(이하 "피의자보상"이라 한다)을 청구할 수 있다. 다만, 구금된 이후 공소를 제기하지 아니하는 처분을 할 사유가 있는 경우와 공소를 제기하지 아니하는 처분이 종국적(終局的)인 처분이 아니거나 「형사소송법」 제247조에 따른 것일 경우에는 그러하지 아니하다.

② 다음 각 호의 어느 하나에 해당하는 경우에는 피의자보상의 전부 또는 일부를 지급하지 아니할 수 있다.

1. 본인이 수사 또는 재판을 그르칠 목적으로 거짓 자백을 하거나 다른 유죄의 증거를 만듦으로써 구금된 것으로 인정되는 경우
2. 구금기간 중에 다른 사실에 대하여 수사가 이루어지고 그 사실에 관하여 범죄가 성립한 경우
3. 보상을 하는 것이 선량한 풍속이나 그 밖에 사회질서에 위배된다고 인정할 특별한 사정이 있는 경우

③ 피의자보상에 관한 사항을 심의·결정하기 위하여 지방검찰청에 피의자보상심의회(이하 "심의회"라 한다)를 둔다.

④ 심의회는 법무부장관의 지휘·감독을 받는다.

⑤ 심의회의 관할·구성·운영, 그 밖에 필요한 사항은 대통령령으로 정한다.

제28조(피의자보상의 청구 등) ① 피의자보상을 청구하려는 자는 공소를 제기하지 아니하는 처분을 한 검사가 소속된 지방검찰청(지방검찰청 지청의 검사가 그러한 처분을 한 경우에는 그 지청이 속하는 지방검찰청을 말한다)의 심의회에 보상을 청구하여야 한다.

② 제1항에 따라 피의자보상을 청구하는 자는 보상청구서에 공소를 제기하지 아니하는 처분을 받은 사실을 증명하는 서류를 첨부하여 제출하여야 한다.

③ 피의자보상의 청구는 검사로부터 공소를 제기하지 아니하는 처분의 고지(告知) 또는 통지를 받은 날부터 3년 이내에 하여야 한다.

④ 피의자보상의 청구에 대한 심의회의 결정에 대하여는 「행정심판법」에 따른 행정심판을 청구하거나 「행정소송법」에 따른 행정소송을 제기할 수 있다.

⑤ 심의회의 보상결정이 송달(제4항의 심판을 청구하거나 소송을 제기한 경우에는 그 재결 또는 판결에 따른 심의회의 보상결정이 송달된 때를 말한다)된 후 2년 이

내에 보상금 지급청구를 하지 아니할 때에는 그 권리를 상실한다.

제29조(준용규정) ① 피의자보상에 대하여 이 장에 특별한 규정이 있는 경우를 제외하고는 그 성질에 반하지 아니하는 범위에서 무죄재판을 받아 확정된 사건의 피고인에 대한 보상에 관한 이 장의 규정을 준용한다.

② 다음 각 호의 어느 하나에 해당하는 자에 대한 형사보상에 대하여는 이 장의 규정을 준용한다. 이 경우 "법원"은 "군사법원"으로, "검찰청"은 "군검찰부"로, "심의회"는 "「국가배상법」 제10조제2항에 따른 특별심의회 소속 지구심의회(地區審議會)"로, "법무부장관"은 "국방부장관"으로 본다. <개정 2016.1.6.>

1. 군사법원에서 무죄재판을 받아 확정된 자
2. 군사법원에서 제26조제1항 각 호에 해당하는 재판을 받은 자
3. 군검찰부 군검사로부터 공소를 제기하지 아니하는 처분을 받은 자

제3장 명예회복

제30조(무죄재판서 게재 청구) 무죄재판을 받아 확정된 사건(이하 "무죄재판사건"이라 한다)의 피고인은 무죄재판이 확정된 때부터 3년 이내에 확정된 무죄재판사건의 재판서(이하 "무죄재판서"라 한다)를 법무부 인터넷 홈페이지에 게재하도록 해당 사건을 기소한 검사가 소속된 지방검찰청(지방검찰청 지청을 포함한다)에 청구할 수 있다.

제31조(청구방법) ① 제30조에 따른 청구를 할 때에는 무죄재판서 게재 청구서에 재판서의 등본과 그 재판의 확정증명서를 첨부하여 제출하여야 한다.

② 상속인에 의한 청구 및 그 소명에 대하여는 제3조 및 제10조를 준용한다. 이 경우 "보상"은 "게재"로 보며, 같은 순위의 상속인이 여러 명일 때에는 상속인 모두가 무죄재판서 게재 청구에 동의하였음을 소명할 자료를 제출하여야 한다.

③ 대리인에 의한 청구에 대하여는 제13조를 준용한다. 이 경우 "보상"은 "게재"로 본다.

④ 청구의 취소에 대하여는 제12조를 준용한다. 이 경우 "보상"은 "게재"로 본다.

제32조(청구에 대한 조치) ① 제30조에 따른 청구가 있을 때에는 그 청구를 받은 날부터 1개월 이내에 무죄재판서를 법무부 인터넷 홈페이지에 게재하여야 한다. 다만, 청구를 받은 때에 무죄재판사건의 확정재판기록이 해당 지방검찰청에 송부되지 아니한 경우에는 무죄재판사건의 확정재판기록이 해당 지방검찰청에 송부된 날부터 1개월 이내에 게재하여야 한다.

② 다음 각 호의 어느 하나에 해당할 때에는 무죄재판서의 일부를 삭제하여 게재할 수 있다.

1. 청구인이 무죄재판서 중 일부 내용의 삭제를 원하는 의사를 명시적으로 밝힌 경우
2. 무죄재판서의 공개로 인하여 사건 관계인의 명예나 사생활의 비밀 또는 생명·신체의 안전이나 생활의 평온을 현저히 해칠 우려가 있는 경우

③ 제2항제1호의 경우에는 청구인의 의사를 서면으로 확인하여야 한다. 다만, 소재불명 등으로 청구인의 의사를 확인할 수 없을 때에는 「민법」 제779조에 따른 가족 중 1명의 의사를 서면으로 확인하는 것으로 대신할 수 있다.

④ 제1항에 따른 무죄재판서의 게재기간은 1년으로 한다.

제33조(청구에 대한 조치의 통지 등) ① 제32조제1항에 따라 무죄재판서를 법무부 인터넷 홈페이지에 게재한 경우에는 지체 없이 그 사실을 청구인에게 서면으로 통지하여야 한다.

② 제30조의 청구에 따른 집행절차 등에 관한 세부사항은 대통령령으로 정한다.

제34조(면소 등의 경우) ① 제26조제1항 각 호의 경우에 해당하는 자는 확정된 사건의 재판서를 게재하도록 청구할 수 있다.

② 제1항에 따른 청구에 대하여는 무죄재판사건 피고인의 무죄재판서 게재 청구에 관한 규정을 준용한다.

제35조(준용규정) 다음 각 호의 어느 하나에 해당하는 자에 대한 명예회복에 대하여는 이 장의 규정을 준용한다. 이 경우 "법원"은 "군사법원"으로, "검찰청"은 "군검찰부"로, "법무부장관"은 "국방부장관"으로 본다.

1. 군사법원에서 무죄재판을 받아 확정된 자
2. 군사법원에서 제26조제1항 각 호에 해당하는 재판을 받은 자

부칙 <15496호, 2018.3.20.>

이 법은 공포한 날부터 시행한다.